A RESOLUÇÃO dos CONFLITOS

e a função judicial
no contemporâneo
Estado de Direito

RODOLFO DE CAMARGO **MANCUSO**

A RESOLUÇÃO dos CONFLITOS

e a função judicial no contemporâneo Estado de Direito

3ª edição

Revista, atualizada e ampliada

2020

EDITORA JusPODIVM

www.editorajuspodivm.com.br

EDITORA
*Jus*PODIVM
www.editorajuspodivm.com.br

Rua Território Rio Branco, 87 – Pituba – CEP: 41830-530 – Salvador – Bahia
Tel: (71) 3045.9051
• Contato: https://www.editorajuspodivm.com.br/sac

Diagramação: Futura Editoração *(rogerio@futuraeditoracao.com)*

Capa: Marcelo S. Brandão *(santibrando@gmail.com)*

Esta obra passa a ser publicada pela Editora Juspodivm a partir da 3ª edição.

M269r Mancuso, Rodolfo de Camargo.
A Resolução dos Conflitos e a Função Judicial no Contemporâneo Estado de Direito. / Rodolfo de Camargo Mancuso – 3. ed. rev. ampl. e atual. – Salvador: Editora JusPodivm, 2020.
912 p.

ISBN: 978-85-442-3348-1

1. Conflitos, litígios em geral. 2. Estado de Direito. 3. Processo judicial. I. Mancuso, Rodolfo de Camargo. II. Título.

CDD 341.161

SUMÁRIO

Capítulo 1

OS CONFLITOS – SOCIAIS E INTERSUBJETIVOS – E SUA RECEPÇÃO PELO DIREITO 49

1. A higidez teórico-formal da norma não assegura sua efetividade e credibilidade. 49
2. A assunção, pela Justiça estatal, da resolução dos conflitos: o *déficit* no custo-benefício desse monopólio. 65
3. A releitura, contextualizada e atualizada, do *acesso à Justiça.* *74*
4. Os *meios alternativos* de solução de conflitos e os *elementos aceleratórios* do processo judicial. 89
5. O processo coletivo e o *tratamento molecular* dos megaconflitos. 102
6. O compromisso de ajustamento de conduta como instrumento de prevenção e superação das controvérsias. 114
7. A resolução dos conflitos, sob os prismas institucional e sociológico. 126
8. O engajamento do Estado-juiz no objetivo da composição justa dos conflitos. 137

Capítulo 2

A RECEPÇÃO JUDICIAL DOS HISTÓRICOS DE DANOS SOFRIDOS OU TEMIDOS 151

1. As diversas pretensões e sua recepção no ambiente processual. 151
2. Os danos temidos, as lesões virtuais e a tutela cautelar (*rectius:* tutela provisória) 163
3. A ruptura do monopólio estatal de distribuição da justiça. 177
4. A tendência à *desformalização dos procedimentos* e à *desjudicialização dos conflitos.* *191*
5. O direito sumular como *instrumento aceleratório* e *elemento de contenção* de processos. 202
6. A decisão condenatória e sua reduzida carga eficacial na sociedade contemporânea. 215

Capítulo 3

MEIOS UNILATERAIS DE PREVENÇÃO OU RESOLUÇÃO DAS CONTROVÉRSIAS 227

1. De ordem geral 227
2. A prevenção ou resolução dos conflitos concerne, imediata e precipuamente, aos próprios interessados. 238
3. Meios unilaterais em espécie. 249
   3.A) Renúncia 249
   3.B) Desistência 258
   3.C) Confissão 263
   3.D) Reconhecimento do pedido 268

Capítulo 4

MEIOS BILATERAIS OU POLICÊNTRICOS DE PREVENÇÃO OU RESOLUÇÃO DAS CONTROVÉRSIAS 273

1. De ordem geral 273
2. Conciliação/Transação. 286
3. Heterocomposição dos conflitos 298
   3.A) Heterocomposição através de órgãos parajurisdicionais. 307
4. A expansão dos meios paraestatais de distribuição da justiça 315
   4.1. Arbitragem 323
   4.2. Mediação. 339

Capítulo 5

A JUDICIALIZAÇÃO DOS MEGACONFLITOS EM FACE DA SEPARAÇÃO ENTRE OS PODERES 349

1. Revendo a separação entre os Poderes. 349
2. A questão da efetividade da resposta jurisdicional. 365
3. O Judiciário enquanto função do Estado contemporâneo. 377
4. O *déficit* de confiabilidade social no serviço judiciário estatal. 384

5. Os conflitos metaindividuais e sua recepção pelo Judiciário. 397
6. A autonomia, o autogoverno e o poder censório do Judiciário. 410
7. Os valores "estabilidade-certeza" e "justiça-ampla defesa" diante da divergência jurisprudencial. 422
8. A expansão dos limites da resposta judiciária para além das *quaestiones juris*. *436*
9. Tendência à coletivização do processo e as *pontes* com a jurisdição singular. 456
10. O *ativismo judiciário,* aderente aos megaconflitos. 465

Capítulo 6

A CONCEPÇÃO JURÍDICO-POLÍTICA DO ESTADO, PARAMETRIZANDO A ATUAÇÃO JURISDICIONAL 481

1. O papel das Cortes Superiores. 481
2. Uma sinopse do modelo brasileiro. 497
3. A *crise do STF* é, na verdade, uma crise do recurso extraordinário. 508
   3.A) A objetivação do recurso extraordinário. 527
   3.B) A tríplice função: nomofilácica – dikelógica – paradigmática. 538
   3.C) A prevenção ou eliminação dos pontos de tensão entre os Tribunais. 548
4. A inevitabilidade dos *elementos de contenção*. *556*
5. A excessiva duração dos processos. 573
6. A jurisdição é unitária e nacional. 586
7. A exigência do *prequestionamento*. *595*
8. O regime de controle de constitucionalidade. 603

Capítulo 7

O GUARDA DA CONSTITUIÇÃO:
O SUPREMO TRIBUNAL FEDERAL 615

1. A bifurcação dos *Tribunais da Federação* na Constituição Federal de 1988. 615
2. O realinhamento da organização judiciária federal. 633

3. A defesa das liberdades públicas....645
4. A prevenção/resolução das tensões internas da Federação. 653
5. O recurso extraordinário e sua tríplice finalidade....662
6. O controle de constitucionalidade....679
7. A função *paradigmática* do STF: a súmula vinculante, a *objetivação* do recurso extraordinário e o seu manejo *por amostragem*. 698

Capítulo 8

O GUARDA DO DIREITO FEDERAL COMUM: O SUPERIOR TRIBUNAL DE JUSTIÇA.... 713

1. Criação do STJ na Constituição Federal de 1988....713
2. O REsp e sua tríplice finalidade. 730
3. Os elementos de contenção: o direito sumular, no plano da jurisprudência defensiva e a *repercussão geral da questão federal, na admissibilidade do recurso extraordinário.*....*742*
4. A tutela das liberdades públicas....753
5. O controle difuso de constitucionalidade....767
6. Extraterritorialidade dos comandos judiciais....779
7. Prevenção e resolução das tensões internas entre autoridades judiciais, e destas em face de órgãos administrativos. 788
8. Tutela às situações de urgência....800
9. Criação do direito pretoriano....814
10. A função paradigmática do STJ....828

CONSIDERAÇÕES CONCLUSIVAS.... 839

BIBLIOGRAFIA.... 873

OUTRAS OBRAS DO AUTOR.... 907

ABREVIATURAS

AASP	-	Associação dos Advogados de São Paulo
ACP	-	Ação civil pública
ADCT	-	Ato das Disposições Constitucionais Transitórias
ADIn	-	Ação direta de inconstitucionalidade
ADCon	-	Ação direta de constitucionalidade
ADPF	-	Arguição de descumprimento de preceito fundamental
ADRs	-	*Alternative dispute resolutions*
AgInt	-	Agravo interno
AI	-	Agravo de instrumento
Ap	-	Apelação
AP	-	Ação popular
art.	-	artigo
BDA	-	Boletim de Direito Administrativo
CAC	-	Compromisso de ajustamento de conduta
CADE	-	Conselho Administrativo de Defesa Econômica
CC	-	conflito de competência
CCi	-	Código Civil
c/c	-	combinado com
CDC	-	Código de Defesa do Consumidor
CF	-	Constituição Federal
cf.	-	conforme
cit.	-	citado
CLT	-	Consolidação das Leis do Trabalho
CNJ	-	Conselho Nacional de Justiça
CP	-	Código Penal
CPC	-	Código de Processo Civil (Lei 13.105/2.015, alterada pela Lei 13.256/2.016)
CPP	-	Código de Processo Penal
CTN	-	Código Tributário Nacional
CSM	-	Conselho Superior da Magistratura
Dec.	-	Decreto
Dec.-lei	-	Decreto-lei
Des.	-	Desembargador
DJ*e*	-	Diário da Justiça eletrônico

DJU –	Diário da Justiça da União
DOE –	Diário Oficial do Estado
EC –	Emenda Constitucional
ECA –	Estatuto da Criança e do Adolescente (Lei 8.069/90)
Ed. –	edição
EDiv –	Embargos de divergência
EOAB –	Estatuto da Ordem dos Advogados do Brasil
ER –	Emenda regimental
HC –	*Habeas corpus*
HD –	*Habeas data*
IC –	Inquérito civil
j. –	julgamento
IBDP –	Instituto Brasileiro de Direito Processual
JSTF –	Jurisprudência do Supremo Tribunal Federal (*Lex*)
JSTJ –	Jurisprudência do Superior Tribunal de Justiça (*Lex*)
JTJ –	Jurisprudência do Tribunal de Justiça de São Paulo
LACP –	Lei da Ação Civil Pública (7.347/85)
LAP –	Lei da Ação Popular (4.717/65)
LICCi –	Lei de Introdução às normas do Direito Brasileiro (redenominação conferida ao Dec.-lei 4.657/1942 pela Lei 12.376/2010). Texto legal alterado pela Lei 13.655/2.018
LOMAN –	Lei Orgânica da Magistratura Nacional (Lei Complementar 35/79)
Med.Prov. –	Medida provisória
Med/Arb. –	Mediação com arbitragem
MI –	Mandado de injunção
Min. –	Ministro
MP –	Ministério Público
MS –	Mandado de segurança
PEC –	Projeto de emenda constitucional
PL –	Projeto de Lei
Proc. –	Processo
Provto. –	Provimento
Q. O. –	Questão de ordem
Rcl. –	Reclamação
RDA –	Revista de Direito Administrativo
RDP –	Revista de Direito Público
RBDP –	Revista Brasileira de Direito Processual
RDPC –	Revista de Direito Processual Civil
Revista *LTr* –	Revista Legislação do Trabalho

RE - Recurso extraordinário
REsp - Recurso especial
Rel. - Relator
Res. - Resolução
RISTF - Regimento Interno do Supremo Tribunal Federal
RISTJ - Regimento Interno do Superior Tribunal de Justiça
RITJSP - Regimento Interno do Tribunal de Justiça de São Paulo
RePro - Revista de Processo
RPGE - Revista da Procuradoria Geral do Estado de São Paulo
RSTJ - Revista do Superior Tribunal de Justiça
RT - Revista dos Tribunais
RTJ - Revista Trimestral de Jurisprudência (STF)
STM - Superior Tribunal Militar
STF - Supremo Tribunal Federal
STJ - Superior Tribunal de Justiça
Súm. - Súmula
SV. - Súmula vinculante
t. - tomo
trad. - tradução
TJSP - Tribunal de Justiça de São Paulo
TRF - Tribunal Regional Federal
TSE - Tribunal Superior Eleitoral
TST - Tribunal Superior do Trabalho
US Supreme Court - Corte Suprema dos Estados Unidos
Vol. - volume
v.g. - *verbi gratia*
v.u. - votação unânime

INTRODUÇÃO

A experiência judiciária brasileira vem passando por profundas transformações desde o último quartel do século passado, intensificando-se no limiar deste novo milênio. O sentido contemporâneo de "resolução de conflitos" e de "distribuição de justiça", justamente pela existência de vários meios, formas de expressão e modalidades, não mais permite uma exata identificação do serviço judiciário estatal com as demais prestações primárias típicas, ofertadas à população – *v.g.*, saúde, educação, saneamento básico, segurança pública, transportes, mobilidade urbana.

Embora hoje se vá gradualmente reconhecendo o anacronismo de qualquer ideia de "monopólio estatal" na distribuição da justiça – a ponto de o próprio CPC incentivar o manejo de outros meios auto e heterocompositivos (§§ 3º e 4º do art. 3º)-, não há negar, ainda assim, que a *cultura demandista* ou *judiciarista* ainda grassa entre nós, levando a que o serviço judiciário estatal seja ainda muito procurado, num crescente e incessante aumento da demanda, a que se tem tentado (equivocadamente) responder com o crescimento desmesurado da estrutura física do Judiciário, tudo ao final resultando na oferta de uma *justiça de massa*, prenhe de carências e deficiências bastante conhecidas. Ao propósito, aduz José Renato Nalini: "Todas as críticas se direcionam à Justiça, hoje considerada a mais disfuncional dentre as tarefas confiadas ao Estado. Ela é considerada lenta demais, inacessível aos excluídos, burocratizada, ineficiente e imprevisível".[1]

Esse grave contexto pode ser estudado e avaliado por enfoques e critérios diversos, levando a que Maria Teresa Sadek e Rogério Bastos Arantes identifiquem uma crise fundada em três bases: *institucional*, *estrutural* e *de procedimentos*. Sob o segundo desses enfoques, a partir de dados consistentes, observam os autores: "Esta debilidade torna-se ainda mais gritante quando se leva em consideração que apenas 33% das pessoas envolvidas em algum tipo de conflito dirigem-se para o Judiciário em busca de uma solução para seus problemas. A maior parte dos litígios sequer chega numa corte de justiça. Este dado é extremamente preocupante, uma vez que ele indica tanto

1. Os três eixos da Reforma do Judiciário. *Revista do Advogado* (AASP) n. 75, abr./2004, p. 67.

um descrédito na justiça quanto o fato de que, se a maior parte daqueles que supostamente deveriam recorrer ao Judiciário o fizessem, o sistema estaria próximo do colapso".[2]

Ao longo do presente trabalho, sustentamos a tese de que o *déficit* de qualidade na resolução dos conflitos em nosso país deriva, basicamente, de três fatores: (*i*) política judiciária calcada no incessante aumento da estrutura física, ou seja, oferta de *mais do mesmo*; (*ii*) avaliação de desempenho por critério quantitativo (*in put* e *out put* de processos); (*iii*) judicialização massiva dos conflitos, e o seu corolário: resistência aos outros meios resolutivos, ou mesmo parca informação a respeito.

(*i*) Sobre o primeiro enfoque (Judiciário enquanto Poder), sem embargo dos meritórios esforços de órgãos como o Conselho Nacional de Justiça, em aperfeiçoar os sistemas de controle e dotar os órgãos judiciários de novos e maiores recursos físicos e humanos, ainda assim subsiste a percepção de que essa exacerbação da oferta acaba por... *retroalimentar a demanda*; por outro lado, o incessante incremento de recursos humanos e materiais não consegue atacar a *causa*, consistente na *cultura demandista* que grassa entre nós. Por aí se vê que não ficam superadas as *consequências*, sendo a principal delas o crescimento constante da pletora de processos, a que (debalde) se tem buscado refrear com a inserção de restrições processuais diversas, tais a previsão de barreiras, "filtros", elementos de contenção, e, no âmbito dos tribunais, o vezo da chamada jurisprudência defensiva. De todo o contexto sobressai a constatação de que a crise na Justiça estatal está arraigada e disseminada, vindo atrelada a sistemas, valores e comportamentos resistentes às novas propostas, as quais sinalizam para renovados paradigmas e outros modos de se recepcionar e resolver os conflitos em modo menos impactante e oneroso e mais efetivo e duradouro.

Hoje se cogitam e se vão implementando outras fórmulas, para além da chamada *solução adjudicada estatal* (decisão judicial de mérito),[3] certo que

2. A crise do Judiciário e a visão dos juízes. *Revista USP* n. 21, mar./abr. 1994, p. 39.
3. Carlos Alberto de Salles aduz que "os processos de solução de controvérsias – entre eles o judicial – podem ser divididos em três espécies: (a) adjudicatórios; (b) consensuais; (c) mistos". Com relação ao primeiro deles, toma o "sentido habitual na literatura de língua inglesa para *adjudication*, encontrando correspondência em língua portuguesa, para referir-se à atividade pela qual um terceiro, estranho às partes, analisa o caso, indicando uma solução com força imperativa. Nesse sentido, o julgador *adjudica* uma solução, entre outras em tese possíveis, pondo fim ao conflito existente entre as partes". (Meca-

esta última vem impregnada do peso da intervenção estatal, a qual, a par de acarretar uma duração excessiva dos processos, resulta no acirramento dos ânimos, já desde antes exaltados pela própria judicialização da controvérsia, sistema que ao final acaba por converter e polarizar os contraditores em *vencedor* e *vencido*, insuflando a contenciosidade ao interno da coletividade.

Não estranha, destarte, a baixa credibilidade da população na Justiça estatal (lenta, desgastante, onerosa, imprevisível), restando aos jurisdicionados a opção entre (i) resignar-se a suportar prejuízos e insatisfações ou (ii) então, procurar os chamados *meios alternativos, que hoje se vão chamando meios adequados de resolução de conflitos.* Com relação a estes últimos, registre-se desde logo que tal expressão não é exatamente fiel à realidade histórica, porque as primitivas formas de resolução de conflitos permitiam que os próprios interessados interagissem, de per si ou com a intercessão de terceiro, fora e além da estrutura estatal, de resto incipiente nas priscas eras. Ao propósito, Sidnei Agostinho Beneti alerta que não se deve "deixar de prestigiar e implementar esses importantíssimos sucedâneos da jurisdição estatal, sob o fantasma da geral inconstitucionalidade – pois eles podem prestar, como têm feito no decorrer da história, relevantíssima contribuição à pacificação social, com a justiça da decisão não raro mais equânime do que a pura legalidade da decisão estatal. De qualquer forma, a atividade não estatal de solução de controvérsias surgiu antes do Estado".[4]

Os programas e estratégias que por décadas foram excogitados e implementados dentre nós, sob a égide de uma afirmada política judiciária, mostraram-se focados na vertente *quantitativa* do problema, isto é, no volume excessivo de processos: ao aumento da demanda (mais processos) buscou-se responder com um incessante crescimento da base física do Judiciário (mais fóruns, mais juízes, mais equipamentos de informática, mais serventuários, enfim: mais custeio), sem que se desse conta de que tal estado de coisas muito se aproxima da popular expressão *enxugar gelo*, a par de agravar a situação existente, na medida em que *o aumento da oferta acaba por retroalimentar a demanda*, disseminando junto à população a falácia de que toda e qualquer controvérsia pode e deve ser judicializada, quando, antes e superiormen-

nismos alternativos de solução de controvérsias e acesso à Justiça: a inafastabilidade da tutela jurisdicional recolocada. In: FUX, Luiz *et al.* (coords.). *Processo e Constituição: estudos em homenagem ao Professor José Carlos Barbosa Moreira.* São Paulo: Revista dos Tribunais, 2006, p. 786).

4. Resolução alternativa de conflito e constitucionalidade. *Revista do Instituto dos Advogados de São Paulo*, n. 9, jan./jun. 2002, p. 121.

te, caberia expandir a informação quanto ao acesso a *outros meios*, auto ou heterocompositivos.

O discurso básico e recorrente, nessa matéria, busca atrelar a intensidade do acesso à Justiça ao *exercício de cidadania*, induzindo uma avaliação calcada numa base meramente quantitativa: o número exorbitante de processos judiciais pendentes representaria, segundo tal argumento, abundância da oferta de justiça estatal, e, da parte do jurisdicionado, uma difusa crença na efetividade de tal sistema. Não é preciso grande esforço mental para aferir o imenso equívoco desse discurso, cuja prática tem resultado na alarmante situação atual da Justiça brasileira: o crescimento físico do Judiciário só faz retroalimentar a demanda, a par de exacerbar a *cultura demandista* e desestimular a busca por outras formas, auto e heterocompositivas, de resolução de controvérsias. A busca e o emprego destas outras modalidades resolutivas é que, à vera, representam o vero *exercício de cidadania*, na medida em que os próprios interessados buscam, por si mesmos ou com a intercessão de um agente facilitador, a prevenção ou a resolução justa do conflito.

De observar-se que o próprio texto constitucional traz uma expressiva sinalização do ideário ora afirmado, ao determinar que as controvérsias no âmbito do esporte sejam primeiro submetidas aos Tribunais Desportivos (art. 217, § 1.º). No plano da legislação ordinária, sinaliza-se com uma releitura do próprio *interesse de agir* (necessidade e utilidade da ação judicial), como se dá no âmbito da Lei 9.507/99, dispondo que a petição inicial de *habeas data* deve ser instruída com a prova "da recusa ao acesso às informações ou do decurso de mais de 10 (dez) dias sem decisão" (art. 8.º, I); em modo análogo, descabe mandado de segurança contra "ato do qual caiba recurso administrativo com efeito suspensivo, independentemente de caução" (Lei 12.016/2.009, art. 5º, I). Sob esse ideário, cabe destacar que a Lei 13.140/2.015 veio autorizar o emprego da mediação nos conflitos envolvendo a administração pública, ainda quando envolvam "direitos indisponíveis que admitam transação" (art. 3º, *caput*).[5] A

---

5. Há tempos, em sede doutrinária, havíamos preconizado o emprego da *conciliação* nas lides judiciais envolvendo o Poder Público, cf. o nosso estudo "O Plano Piloto de conciliação em segundo grau, do E. Tribunal de Justiça de São Paulo, e sua possível aplicação aos feitos de interesse da Fazenda Pública". In *Advocacia do setor público – estudos temáticos de Direito*, São Paulo: Saraiva, 2.013, p. 81-174. (Publicado, originalmente, na Revista dos Tribunais, nº 820, jan.2.004, p. 11-49). Dito estudo foi, também, publicado: in MARINONI, Luiz Guilherme (coord.), *Estudos de Direito Processual Civil – homenagem ao Professor Egas Dirceu Moniz de Aragão*, São Paulo: Revista dos Tribunais, 2.006, p. 850-855; Revista Autônoma de Processo, da Faculdade Autônoma de Direito - FADISP, nº 1, out./dez. 2.006, p. 133-197.

par disso, no âmbito trabalhista, a "convenção coletiva e o acordo coletivo de trabalho têm prevalência sobre a lei" nas matérias enumeradas nos incisos do art. 611-A da CLT, cf. inserção procedida pela Lei 13.467/2.017.

Em sede doutrinária, já alertara Araken de Assis: "Cumpre não olvidar a necessidade de criar-se a 'justiça' administrativa. Realmente, os conflitos entre o cidadão e os Estados-membros (assente que, figurando a União no litígio, a competência é da Justiça Federal) carecem da instalação de estrutura própria e independente para resolvê-los, desfazendo a orfandade atual do direito administrativo".[6]

O equívoco de se inferir *exercício de cidadania* a partir do exacerbado demandismo judiciário não passou despercebido a Maria Tereza Sadek, Fernão Dias de Lima e José Renato de Campos Araújo: "(...) mais do que a democratização no acesso ao Judiciário, defrontamo-nos com uma situação paradoxal: a simultaneidade da existência de demandas demais e de demandas de menos; ou, dizendo-o de outra forma, poucos procurando muito e muitos procurando pouco. Assim, o extraordinário número de processos pode estar concentrado em uma fatia específica da população, enquanto a maior parte desconhece por completo a existência do Judiciário, a não ser quando é compelida a usá-lo, como acontece em questões criminais. Desta forma a instituição seria muito procurada exatamente por aqueles que sabem tirar vantagens de sua utilização. E, tal como os dados indicam, estes têm se servido do Judiciário em uma quantidade extraordinária, provocando um crescimento significativo no número de processos entrados".[7]

Deve-se aclarar desde logo que entre os chamados *meios alternativos de resolução de conflitos, de um lado,* e a Justiça estatal, de outro, não existe antinomia ou incompatibilidade, mas, em verdade, trata-se de planos que devem se integrar e se complementar, até porque a tentativa de solução consensual da lide se inclui no conteúdo ocupacional do juiz, a teor do previsto no vigente CPC (arts. 3º e §§; 139, V; 334, caput; 565, *caput*). É bem por isso que certos equivalentes jurisdicionais, tais a transação e a sentença arbitral, formam títulos executivos judiciais (CPC, art. 515, II, III, VII).

Acerca do que ora se vai discorrendo, já observara Kazuo Watanabe: "Há mesmo, o que é lastimável, um *certo preconceito* contra esses meios alternativos, por sentirem alguns juízes que seu poder poderá ficar comprometido se

6. O direito comparado e a eficiência do sistema judiciário. *Revista do Advogado* (AASP) n. 43, jun. 1994, p. 19.
7. O Judiciário e a prestação da justiça. In: SADEK, Maria Tereza (org.). *Acesso à Justiça*, publicação Konrad Adenauer Stiftung (FFLCH – USP, pesquisas – n. 23), p. 40.

pessoas não pertencentes ao Poder Judiciário puderem solucionar os conflitos de interesses. E há, ainda, a *falsa percepção* de que a *função de conciliar é atividade menos nobre*, sendo a função de sentenciar atribuição mais importante do juiz. Não percebem os magistrados que assim pensam que a função jurisdicional consiste, basicamente, em *pacificar com justiça os conflitantes*, alcançando por via de consequência a solução do conflito".[8]

De outra parte, o incessante e desmesurado crescimento físico do Judiciário vai engendrando requisições crescentes de aportes orçamentários que, de outro modo, poderiam ser empregados nas prestações primárias a cargo do Estado, aderentes às necessidades básicas da população: saúde, educação, transporte público, saneamento básico, segurança pública, mobilidade urbana. Desde o advento da EC 45/2004, que criou o Conselho Nacional da Justiça, este órgão tem disponibilizado os dados concernentes à economia interna do Judiciário – em atendimento à necessária *transparência* a que se sujeitam todas as funções estatais – publicando anualmente o boletim nominado *Justiça em Números* – cujos dados vêm sendo repercutidos na mídia jornalística, contribuindo, assim, para uma avaliação continuada quanto ao desempenho da justiça estatal.

Nesse sentido, há algum tempo o jornal *O Estado de S. Paulo* repercutira depoimento do Min. Gilmar Mendes, do STF, onde este revelara "que o *Justiça em números*, mapeamento permanente do CNJ, identificou onde o Judiciário gasta mais. 'A Justiça gasta muito com pessoal e não sobra recurso para investimentos. Alguns tribunais estão na faixa do desespero, 99% gastam com pessoal, não têm nada para informática, para custeios básicos'". (...) "Apontou para a corte paulista, onde desembargadores batizaram de 'Represa do Ipiranga' o arquivo gigantesco do tribunal situado no bairro do Ipiranga. 'Reivindicam agora recurso para ampliar a informatização. Há um represamento de cerca de 600.000 processos nesse local, processos que estão encaixotados desde 1998. São ações distribuídas, mas não há espaço físico para guardar os autos nos gabinetes dos desembargadores. Isso precisa ser desvelado'".[9]

Sem embargo, continua-se a apostar no (acrítico) *crescimento físico* da Justiça estatal, de que foi exemplo, dentre outros, a Lei Federal 12.011/2009, criando 230 Varas Federais, 460 cargos de juiz e milhares de cargos de cargos e funções de assessoramento (analistas, técnicos judiciários), num total de

---

8. Cultura da sentença e cultura da pacificação. In: YARSHELL, Flávio Luiz; MORAES, Maurício Zanoide de (coords.). *Estudos em homenagem à Professora Ada Pellegrini Grinover*. São Paulo: DPJ, 2005, p. 686.

9. Edição de 01.08.2009, cad. A-12.

8.510 postos. Já o boletim Justiça em Números, do CNJ, veiculado em 2.018, ano-base 2.017, informa à p. 18: "O primeiro grau do Poder Judiciário está estruturado em 15.398 unidades judiciárias – um aumento de 20 unidades em relação ao ano anterior".[10]

Historicamente, o ora afirmado poderia aplicar-se à então projetada criação, pela EC 73/2013, de mais quatro Tribunais Regionais Federais, cuja implementação, contudo, fora suspensa, mercê de liminar concedida em 18.07.2013 pelo Min. Joaquim Barbosa, do STF, na ADIn 5017, relator Min. Luiz Fux, proposta pela Associação Nacional dos Procuradores Federais – ANPAF. Dentre os argumentos então agitados na petição inicial constava o do *vício de iniciativa*: "Ora, o art. 96, II, 'c' da CRFB/88 dispõe ser privativo do STF e dos Tribunais Superiores a possibilidade de propor a criação ou extinção dos tribunais inferiores. Se admitirmos que essa regra não se aplica aos casos dos autos, e se aceitarmos que o Poder Legislativo pode, sem a participação do Poder Judiciário, criar um Tribunal por Emenda Constitucional, teríamos também que entender que o Legislativo estaria igualmente autorizado a extinguir um Tribunal pela mesma via legislativa, da mesma forma e rito, sem a consulta e participação do Judiciário" (p. 20).

Sem embargo, não se pode deixar sem registro que, por vezes, a prevenção e/ou resolução de conflitos por meios auto ou heterocompositivos, fora e além da estrutura estatal, têm merecido alguma avaliação restritiva, como o faz Owen Fiss, escrevendo sobre a experiência norte-americana: "A adjudicação utiliza recursos públicos e não emprega estranhos escolhidos pelas partes, mas agentes públicos escolhidos por um processo do qual o público participa. Esses agentes, como os membros dos Poderes Executivo e Legislativo, possuem um poder que foi definido e conferido pelo direito público e não por ajuste privado. Seu trabalho não é maximizar os objetivos de particulares, nem simplesmente assegurar a paz, mas explicar e conferir força aos valores contidos em textos de grande autoridade, como a Constituição e as leis: para interpretá-los e deles aproximar a realidade. Essa tarefa não é desempenhada quando as partes celebram um acordo".[11]

É bem de ver, notadamente em temas complexos como a distribuição da justiça, que não cabe buscar uma solução única, ou ótima, devendo-se antes

---

10. Sítio www.cnj.jus.br, acesso em 11.09.2.018.
11. "Contra o acordo". In: FISS, Owen. *Um novo processo civil – Estudos norte-americanos sobre jurisdição, constituição e sociedade*. Trad. Daniel P. G. da Silva, Melina de M. Rós, coord. da tradução Carlos Alberto de Salles. São Paulo: Revista dos Tribunais, 2004, p. 139.

sopesar os prós e contras que cada alvitre pode oferecer, não se podendo, por exemplo, excluir a Justiça estatal em conflitos envolvendo interesses indisponíveis, não suscetíveis de transação, ou ainda em razão de peculiaridades da matéria (v.g., homologação de sentença estrangeira) ou ainda das pessoas concernentes à lide (v.g., ações inseridas na competência originária dos tribunais).

Essa proeminência do Judiciário, porém, não é de aplicar-se (ao menos não necessariamente) à cobrança da dívida ativa do Poder Público, a qual bem pode ser realizada no âmbito de seus próprios quadros administrativos, porque não ofende, direta ou obliquamente, o art. 5.º, XXXV, da CF, nem tampouco se choca com o sistema como um todo, porque, conforme a tese desenvolvida ao longo do trabalho ora introduzido, tal dispositivo não firma qualquer sorte de monopólio em prol da Justiça estatal, nem tampouco obriga as pessoas físicas ou jurídicas, de direito privado ou público, a submeterem suas pretensões a um órgão judicial, certo ainda que a obrigação tributária integra o âmbito do *interesse fazendário* (ou interesse público secundário), passível, portanto, de ser transacionado, conforme já sustentamos em sede doutrinária,[12] e mesmo vem previsto na Lei 13.045/2.015, consentindo o emprego da mediação nos conflitos envolvendo o Poder Público (art. 3º e §§; art. 35, incisos e §§).

Ao propósito, o vigente CPC procura distinguir entre os interesses público e fazendário, ao dispor no § 1º do art. 178: "A participação da Fazenda Pública não configura, por si só, hipótese de intervenção do Ministério Público".

(*ii*) Sob o segundo prisma ao início sinalizado (o Judiciário enquanto *função*), percebe-se que a *crise numérica* de processos não tem sido focada e manejada a partir de sua causa eficiente – *o demandismo judiciário*, à sua vez estimulado pela exacerbada e irrealista percepção do acesso à Justiça – e sim a partir da *consequência* que dali deriva, ou seja, do fato já consumado, valendo registrar o informado no boletim Justiça em Números, do CNJ, divulgado em 2019: "O Poder Judiciário finalizou o ano de 2018 com 78,7 milhões de processos em tramitação, aguardando alguma solução definitiva". [13]

Tentando *administrar* de algum modo o crescimento do demandismo judiciário, o constituinte revisor e o legislador ordinário – em que pesem as melhores intenções – acabaram por enveredar numa senda arriscada e

12. O plano piloto de conciliação em segundo grau de jurisdição, do Egrégio Tribunal de Justiça de São Paulo, e sua possível aplicação aos feitos de interesse da Fazenda Pública, cit., in *Advocacia do setor público*..., 2.013, cit., p. 81-174.

13. Sítio www.cnj.jus.br, acesso em 11.11.2.019. p. 73, 78.

enganosa, que se expressa na inserção de maiores requisitos para obtenção da resposta jurisdicional (*v.g.*, no STF, a exigência da *repercussão geral da questão constitucional*, para admissão do recurso extraordinário – CF, § 3.º do art. 102: EC 45/2004; CPC, art. 1.035 e § 1º); até mesmo no primeiro grau implantam-se restrições, como, v.g., a rejeição liminar da pretensão que se revela contrária a certos padrões decisórios, a teor do art. 332 e incisos do CPC, o que também se aplica, por maioria de razão, à súmula vinculante do STF (CF, art. 103-A e §§: EC 45/2.004; CPC, art. 927, II). De outra parte, intenta-se ofertar uma *justiça de massa*, estereotipada e funcionarizada, voltada à obsessiva *extinção rápida dos processos*, num discurso que arrisca degenerar na temível *injustiça célere*.[14]

No tocante à exigência da repercussão geral, para a admissibilidade do recurso extraordinário no STF, vale registrar o informado há algum tempo por Joaquim Falcão, Pablo de Camargo Cerdeira e Diego Werneck Arguelhes: "(...) o STF tem capacidade para lidar com apenas 50% dos processos que chegam com preliminar de repercussão geral. O número máximo de casos que ele poderia receber hoje seria, portanto, metade dos mais de 30 mil processos que está recebendo. Do contrário, pode-se esperar novo acúmulo de processos futuramente".[15]

O implemento de mecanismos de aceleração dos trâmites processuais não tem sido acompanhado da devida *massa crítica* acerca dos almejados resultados, o que permitiria questionar, dentre outros aspectos: (*i*) se, para além dos números absolutos, porventura não se está a descurar o fundamental compromisso com a *justiça* na resolução dos conflitos; (*ii*) se, acaso, não se está a lidar com a *consequência* (o aumento do volume da massa processual), deixando intocada a *causa* desse fenômeno; (*iii*) *last, but not least*, se é próprio da *jurisdição*, em sua concepção *contemporânea*, monopolizar a recepção de toda e qualquer controvérsia, mesmo daquelas repetitivas, desprovidas de maior complexidade ou de singularidades expressivas, que poderiam e deveriam, antes, ser apresentadas a outros órgãos e instâncias, em ordem a uma possível solução consensual.

---

14. Ao propósito, avalia Miguel Reale Junior: "**Nada pior do que a injustiça célere**. Aí reside a verdadeira denegação de justiça. E é isto que pretende a Reforma, ao alçar, sem critério de realidade, a celeridade como valor primeiro da prestação jurisdicional. Se hoje poder-se-ia afirmar que a justiça tarda, mas não falha, doravante parafraseia-se: a justiça será breve, mas falha" (Valores fundamentais da Reforma do Judiciário, *Revista do Advogado* (AASP) n. 75, abr./ 2004, p. 80, negrito no original).
15. I Relatório Supremo em Números – o múltiplo Supremo. Fundação Getúlio Vargas, Direito – Rio de Janeiro, 2.011, p. 61.

Por essa nova perspectiva, alvitrada ao longo do presente trabalho, restariam para o Judiciário, em registro *residual* (o *last resort*, referido na experiência norte-americana), as controvérsias que, em razão de fatores tecnicamente consistentes (complexidade da matéria, peculiaridades das partes envolvidas, inviabilidade de solução por outras formas ou esgotamento delas, ações ditas *necessárias*), efetivamente exigissem *passagem judiciária*.

Nesse sentido, afirma José Renato Nalini: "Dir-se-á que ideias adequadas para o mundo da competitividade sejam inaproveitáveis para o Judiciário, galardoado pelo privilégio do monopólio de realizar justiça. Todavia, isso é falacioso. Primeiro, porque a própria justiça está a encontrar inúmeros competidores. Todos os que não podem se subordinar ao ritmo de lentidão insustentável da Justiça convencional já adotaram outras estratégias para dela escapar". (...) "Depois, o juiz precisa conviver com esse novo quadro, estimular as alternativas de solução dos conflitos e não hostilizá-las. É conveniente para o Judiciário que ele se encarregue de decidir apenas as questões mais complexas, relegando a outras estratégias – com as quais deverá conviver pacificamente – a resolução dos pequenos conflitos".[16]

(Aplicação, portanto, do sábio aviso romano, atualizado e contextualizado: *de minimis non curat praetor*).

No sentido do que ora se vai expondo cabe considerar, na esteira da melhor doutrina, a perspectiva de uma *justiça coexistencial* (que busca resolver o conflito de modo não impactante, buscando preservar as relações entre os interessados), promovida num processo tendencialmente não adversarial, ambiente no qual a lide passa a ser vista não como um mal a ser eliminado drasticamente, mas como uma oportunidade para o manejo adequado da crise emergente, em ordem a uma possível composição *justa*. Mauro Cappelletti já observara que "a justiça *conciliatória* (ou coexistencial) é capaz de produzir resultados que, longe de serem de 'segunda classe', são melhores, até *qualitativamente*, do que os resultados do processo contencioso. A melhor ilustração é ministrada pelos casos em que o conflito não passa de um episódio em relação complexa e permanente; aí, a justiça conciliatória, ou – conforme se lhe poderia chamar – a 'justiça reparadora' tem a possibilidade de preservar a relação, tratando o episódio litigioso antes como perturbação temporária do que como uma ruptura definitiva daquela".[17]

---

16. Os três eixos da Reforma do Judiciário, cit., *Revista do Advogado* (AASP) n. 75, abr. 2004, p. 71.
17. Os métodos alternativos de solução de conflitos no quadro do movimento universal do acesso à Justiça. *Revista Forense*, vol. 326, abr. jun. 1994, p. 126, trad. José Carlos Barbosa Moreira.

(Um exemplo claro da inefetividade da judicialização de controvérsia que empolga múltiplos pontos conflitivos – ditos conflitos *multiplexos* – fora reportado por Celso Fernandes Campilongo em artigo publicado no jornal *O Estado de S. Paulo* de 12.08.2009, cad. A-2, matéria intitulada "Afirmação dos direitos na Vila Itororó", focando imóvel na capital paulista, de interesse histórico-cultural-artístico-paisagístico, então ocupado por famílias de baixa renda. Estavam pendentes uma desapropriação ajuizada pela Municipalidade e uma ação de usucapião especial, movida pelos moradores; esta última, à época sem decisão de primeiro grau e aquela primeira beneficiada por imissão na posse. "Surgem, inevitavelmente, paradoxos decorrentes da ponderação de valores e fins distintos ('justiça x eficiência'; 'patrimônio artístico-cultural' x 'moradia'; 'público x privado'), mas também paradoxos constitutivos e inerentes aos próprios valores e fins prestigiados. (...) A Vila Itororó mostra que uma concepção integrada de justiça não pode depender de decisões isoladas. (...) Basta, simplesmente, defender o patrimônio cultural, reconstruir e equipar a Vila Itororó, como deve ser feito, e, também oferecer condições de habitabilidade ao conjunto urbano. Cultura e moradia não são valores antagônicos".

Casos como esse, que empolgam crises de natureza e intensidade diversas, são cada vez mais ocorrentes na sociedade contemporânea, nos quais verifica-se a emergência de um dissídio nuclear, à sua vez cercado de pontos conflitivos periféricos, contexto muito complexo, que a via judicial não consegue recepcionar em sua inteireza nem tampouco responder eficientemente. Isso, quando a intervenção judicial já não resulta em agravar o quadro preexistente, pelo acirramento das posições contrapostas, assim recrudescendo e perenizando o conflito. Por certo, em situações congêneres, melhores resultados são obtidos no plano de uma ampla negociação, fora e além da judicialização do conflito (ou mesmo na pendência dela), podendo ser lembrada a trabalhosa negociação que ao longo de 2.018 possibilitou exitosa solução da controvérsia envolvendo o chamado Parque Augusta, na capital paulistana, com a participação da comunidade local, da Municipalidade, do Ministério Público e das empresas construtoras proprietárias da área.

Daí bem se entender o previsto no vigente CPC, para o caso de "litígio coletivo pela posse de imóvel", insurgência recorrente nas ocupações multitudinárias de glebas rurais, dispondo o § 4.º do art. 565: "Os órgãos responsáveis pela política agrária e pela política urbana da União, de Estado ou do Distrito Federal, e de Município onde se situe a área objeto do litígio poderão ser intimados para a audiência [de mediação], a fim de se manifestarem sobre seu interesse no processo e sobre a existência de possibilidade de solução para o conflito possessório".

A proposta de uma justiça de índole reparadora, não adversarial, prosperou no ordenamento positivo em face das volumosas *infrações penais de menor potencial ofensivo* (CF, art. 98, I), prevendo-se que na audiência preliminar no âmbito do Juizado Especial o juiz "esclarecerá sobre a possibilidade da composição dos danos e da aceitação da proposta de apreciação imediata de pena não privativa de liberdade", sendo que nos crimes de ação privada ou dependente de representação, "o acordo homologado acarreta a renúncia ao direito de queixa ou representação" (Lei 9.099/95, art. 72; § único do art. 74). Nesse plano criminal deve-se enfatizar a chamada justiça *restaurativa*,[18] em contraposição à justiça de índole retributiva, impactante e repressiva.

Em entrevista repercutida na revista *MPD Dialógico* n. 25/2009, do Movimento Ministério Público Democrático, de São Paulo, o juiz Eduardo Rezende Melo assim se pronunciara sobre a justiça restaurativa, implementada em sua judicatura: "A justiça ainda é o maior encaminhador de casos. Contudo, mais do que desafogar o Judiciário, o intuito é ter outra qualidade no atendimento. É conseguir o empoderamento das pessoas. Queremos que o cidadão ache justa a solução que lhe é oferecida. Mais do que tudo, que se cumpra a decisão. Tem que ser uma justiça que faça sentido para as pessoas. Não dá para pensar na justiça restaurativa, que tem essa lógica do encontro, sem repensar qual o papel da Justiça nesse contexto. Não basta punir, como ocorre na justiça retributiva". (...) "Uma das políticas do Tribunal de Justiça de São Paulo, hoje, é disseminar a justiça restaurativa para todo o estado." (...) "O importante é vencer o preconceito que ainda existe no Judiciário e perceber que através da justiça restaurativa o juiz tem um papel tão digno ou mais do que tinha na justiça comum. Precisamos mudar o paradigma".

Ainda naquele mesmo periódico supracitado, Renato Sócrates Gomes Pinto, integrante do Ministério Público paulista, ressaltava "o potencial que tem a justiça restaurativa de atender as necessidades que as pessoas e comunidades afetadas pela criminalidade têm em face do delito, através de um procedimento colaborativo, solidário e inclusivo, baseado na responsabilidade e na restauração dos traumas e lesões produzidas pelo crime, e não simplesmente na punição, num processo sem julgamento, mas com diálogo, já partir da abordagem holística e relacional do conflito

18. Sobre essa técnica, consulte-se a obra coletiva *Justiça restaurativa*, publicada pela Secretaria da Reforma do Judiciário, em parceria com o PNUD e apoio do Instituto de Direito Comparado e Internacional de Brasília, 2005.

e que cerca o fato delituoso, dentro de uma concepção ressignificada e ampliada de justiça".[19]

A não se aplicar a contemporânea proposta da justiça restaurativa, ficará mantido o assustador contexto descrito sucintamente por Maria Tereza Aina Sadek: "O quadro é desalentador: presos com penas integralmente cumpridas; inocentes presos sem julgamento; réus presos preventivamente há anos, também sem julgamento; indiciados presos, sem oferecimento de denúncia; presos com enfermidades graves, sem tratamento etc.". A analista refere a cifra resultante das inspeções e mutirões feitos pelo CNJ: "Em média, cerca de 40% dos indivíduos encarcerados se encontravam em situação irregular, que pode ser caracterizada como de abandono da lei". ("A favor do homem comum", jornal *O Estado de S. Paulo*, 12.08.2009, Cad. A-2).

A decantada *decisão judicial de mérito*, que poderá advir (não necessariamente) num indefinido ponto futuro no bojo de um processo contencioso, está gradualmente perdendo terreno, especialmente por não se mostrar adaptada às prementes e novas necessidades emergentes ao interno de uma sociedade de risco, massificada e globalizada, marcada pela velocidade dos acontecimentos e pela pressão de novos interesses de largo espectro sócio-político-econômico, tudo clamando por um *modo renovado* de resolução dos conflitos: de perfil consensual, menos impactante, mais célere, desburocratizado, e tendencialmente duradouro, porquanto a composição vem alcançada mediante a participação dos próprios interessados (e não com a exclusão deles), não sendo, pois, imposta coercitivamente. Essa nova perspectiva fica evidente no cotejo entre a *solução adjudicada*, estatal, e aquela alcançável através da mediação, como o demonstra Eduardo de Oliveira Leite: "A solução judicial aponta problemas, a mediação potencializa a capacidade de compreensão dos problemas e a possibilidade das respostas mais corretas; a solução judicial impõe normas e posturas, por isso na sua grande maioria não são respeitadas; a mediação conduz as partes a decidir o que é melhor para a continuidade da vida familiar pós-ruptura, o que justifica a maior adesão dos destinatários; a decisão judicial acirra o impasse da infinita litigância enquanto a mediação procura, no consenso, diminuir a gravidade da situação fática conduzindo as partes à segurança de resoluções sugeridas pelo mediador e pelos advogados".[20]

---

19. Críticas à implementação da justiça restaurativa no Brasil. Revista *MPD Dialógico*, n. 25, 2009, cit. p. 21.
20. A mediação no direito de família ou um meio de reduzir o litígio em favor do consenso. In: LEITE, Eduardo Oliveira (coord.). *Grandes temas da atualidade: mediação, arbitragem e conciliação*, Rio de Janeiro: Forense, 2008, p. 109.

É sob esse ideário que se pode compreender o disposto no *Estatuto da microempresa e da empresa de pequeno porte* (LC Federal 123/2006), no art. 75, *caput*: "As microempresas e empresas de pequeno porte deverão ser estimuladas a utilizar os institutos de conciliação prévia, mediação e arbitragem para solução dos seus conflitos".

Também a técnica da *conciliação* (que guarda símile com a mediação, mas com esta não se confunde)[21] está levando a resultados animadores, como referido por Andréa Pachá, juíza no Rio de Janeiro, então integrante do CNJ, discorrendo sobre o *Movimento "Conciliar é Legal"*, criado por esse órgão superior em 2006. "Durante uma semana, 56 Tribunais realizaram 306 mil audiências de conciliação em todo o país. Nessas audiências, 44,3% dos processos foram solucionados de forma definitiva, evitando o congestionamento do sistema e impedindo frustrações para as partes envolvidas. Os valores acordados chegaram à cifra aproximada de R$ 1 bilhão". (...) "Ao longo de 2008, o CNJ dedicou-se à formação profissional de conciliadores. Mutirões foram realizados em todos os Estados e só um grupo de trabalho criado junto ao INSS resultou na solução de mais de 100 mil processos". (...) "A conciliação preserva a garantia constitucional do acesso à Justiça e consolida a ideia de que um acordo bem construído é sempre a melhor solução. Com a divulgação necessária, é possível disseminar em todo o país a cultura da paz e do diálogo, desestimulando condutas que tendam a gerar conflitos e proporcionando à sociedade uma experiência de êxito na composição das lides".[22]

Por conta desse renovado ideário, o CNJ houve por bem emitir a Res. nº 225/2.016, que dispõe "sobre a Política Nacional de Justiça Restaurativa no âmbito do Poder Judiciário", lendo-se dentre os consideranda que "o direito ao acesso à Justiça, previsto no art. 5º, XXXV, da Carta Magna, além da vertente formal perante os órgãos judiciários, implica o acesso a soluções efetivas de conflitos por intermédio de uma ordem jurídica justa e compreende o uso de meios consensuais, voluntários e mais adequados a alcançar a pacificação de disputa".

Bem por isso, no trabalho ora introduzido, dedicamos todo um capítulo aos "Meios bilaterais ou policêntricos de prevenção ou resolução das controvérsias", justamente por conta da atualidade dessa proposta e por sua idoneidade enquanto alternativa eficiente à solução adjudicada estatal. Essa

---

21. No tema, de modo geral, v. Fernanda Tartuce, *Mediação nos conflitos civis*, São Paulo: Gen-Método, 2.018.

22. A sociedade merece um bom acordo. *Revista MPD Dialógico*, do Movimento Ministério Público Democrático, São Paulo, n. 25, 2009, p. 33.

perspectiva é recepcionada nos parágrafos do art. 3º do vigente CPC, e deve ser compreendida à luz do disposto no art. 4.º: As partes têm o direito de obter em prazo razoável a solução integral do mérito, incluída a atividade satisfativa": não há antinomia entre esses dispositivos, mas, antes, eles se harmonizam sob a égide de uma *jurisdição compartilhada*, na qual a oferta de justiça estatal não exclui nem desestimula a busca por *outros meios e modos* de resolução de conflitos.

(*iii*) Sob o terceiro enfoque ao início citado – *a cultura demandista* ou *judiciarista* – cabe dizer que, embora nossa Constituição Imperial (1824) previsse no art. 161 que "Sem se fazer constar que se tem intentado o meio da reconciliação, não se começará processo algum", fato é que no evolver histórico aquela sinalização para a busca prioritária de uma solução não estatal das pendências foi perdendo força, por conta de várias intercorrências sócio-político-econômico-culturais (inclusive a defasada e irrealista concepção exacerbada de acesso à justiça), levando a que gradualmente se formasse uma tendência à pronta judicialização dos conflitos ("ligação direta"), em detrimento da busca de outros meios, auto e heterocompositivos.

Conforme conhecido aforisma, "já se viu sociedade que mudou a lei, mas ainda não se viu lei que mudou a sociedade", e, por isso, em que pesem as múltiplas positivações dos chamados *meios alternativos*, a par dos vários órgãos e instâncias parajurisdicionais (*v.g.*, *conciliação e mediação*: CPC, art. 139, V; Lei 13.045/2.015; *arbitragem*: Lei 9.307/96; CPC, § 1º do art. 3º; Lei 9.099/95, art. 24; *convenção coletiva de consumo*: Lei 8.078/90, art. 107; *Comissões de conciliação prévia* na Justiça do Trabalho: CLT, art. 625-D, cf. Lei 9.958/2000;[23] *Tribunais Desportivos*: CF, art. 217, § 1.º; *Juiz de Paz*: CF, art. 98, II), ainda assim resistiu dentre nós a *cultura judiciarista*, em grande parte retroalimentada por uma leitura *ufanista e irrealista* do que se contém no art. 5.º, XXXV da CF, usualmente *escolhido* como sede da "garantia de acesso à Justiça" ou da "inafastabilidade/indeclinabilidade/ubiquidade da prestação jurisdicional".

Num contexto insuflado, de um lado, pelo "estímulo" à judicialização dos conflitos, e, de outro, pela desinformação quanto às outras possibilidades de resolvê-los, não é de estranhar a formação da imensa sobrecarga de processos judiciais, a evidenciar o claro equívoco da política que aposta no

23. Esse texto foi objeto da ADIn 2.139-7, apensa à ADIn 2.160-5, tendo sido deferida liminar em 13.05.2009 (*DOU* 22.05.2.009), para dar interpretação conforme a Constituição.

crescimento físico do Judiciário, descurando que o aumento da oferta acaba por retroalimentar a demanda, criando, ademais, uma expectativa exacerbada que o Estado não consegue, depois, atender.

O fato da *crise numérica* de processos não arrefecer, apesar das recorrentes reformas por que foi passando a lei processual, culminando com o advento do vigente CPC (Lei 13.105/2.015), é de per si uma forte evidência de que não se consegue debelar as carências e deficiências do sistema judiciário através da singela *nomocracia* (tendência a resolver problemas com mais normas), até porque a edição de novas leis implica no surgimento de novas dúvidas e controvérsias, num perverso círculo vicioso (posta la legge è fato l'imbroglio, diz o instigante ditado italiano).

Em verdade, a nomogênese, para surtir o efeito desejado, deve ser precedida pela investigação e identificação da verdadeira *causa* do problema – no caso, a *cultura demandista*, à sua vez incrementada pela percepção prodigalizada (e equivocada) de um acesso à Justiça generalizado e incondicionado –, por modo que esse diagnóstico realista engendrasse a *vontade política* de alterar o statu quo, a começar pela necessária informação ao público-alvo (os jurisdicionados) quanto aos ônus, encargos e riscos imanentes ao processo judicial e, bem assim, quanto aos *outros modos* de prevenir e resolver controvérsias.

É dizer, impende *desconstruir* a premissa – dogmatizada à custa de ser repetida – de que a via judicial é o escoadouro natural de toda e qualquer pretensão resistida ou insatisfeita, discurso populista que leva a generalizar (e banalizar!) o serviço judiciário estatal, em modo de uma porta larga e escancarada, franqueada a cada batida de um sedizente prejudicado. Essa cultura, aderente a uma percepção distorcida da justiça oficial, é o que verdadeiramente está à base da crise numérica de processos, não só pelo estímulo à contenciosidade, como também por dificultar que expressiva parcela dos conflitos seja encaminhada a outros agentes, órgãos e instâncias, o que aliviaria consideravelmente a carga que hoje assoberba a Justiça estatal e a impede de ofertar uma resposta de qualidade, que em outra sede identificamos como aquela revestida destes atributos: "*justa, jurídica, econômica, tempestiva, razoavelmente previsível e idônea à efetiva satisfação do direito, valor ou bem da vida reconhecidos no julgado*".[24]

A outro ângulo, as transformações por que vem passando a Justiça brasileira, desde o último quartel do século passado, permite inferir que, de

---

24. *Acesso à Justiça – condicionantes legítimas e ilegítimas*, 3ª ed., Salvador: JusPodivm, 2.019, p. 403.

um lado, algumas dessas mutações não são claramente percebidas pelos jurisdicionados, e até por boa parcela da comunidade jurídica, ao passo que outras intercorrências não estão sendo devidamente sopesadas ou não vêm merecendo a atenção que seria desejável.

Sob aquele primeiro enfoque, é de ser lembrada, *v.g.*, a *rota de aproximação* cada vez mais intensa entre o *civil law* (família romano-germânica, de perfil codicístico, com o primado na norma legal – CF, art. 5º e inciso II), e o *common law* (família anglo-saxã, radicada na *equity*, com ênfase no precedente judiciário (leading case): *stare decisis et non quieta movere*). Com efeito, enquanto naquele primeiro sistema torna-se cada vez mais evidente o crescimento e a valorização do produto final dos Tribunais (jurisprudência dominante ou vinculativa, com eficácia pan-processual), já no âmbito do *common law* há uma clara tendência à valorização do direito escrito (*v.g.*, na Inglaterra as *Federal Rules of Civil Procedure* e, nos Estados Unidos o *U.S Commercial Code*).

Já sob o enfoque das mútuas intercorrências entre aquelas famílias jurídicas, caberia incluir, *v.g.*, a clara tendência à *desjudicialização dos conflitos*, acompanhada, corolariamente, da oferta crescente dos meios auto e heterocompositivos que vão proliferando (*v.g.*, conciliação, mediação, arbitragem, avaliação neutra de terceiro, compromissos de ajustamento de conduta, credenciamento de órgãos e instâncias com poder decisório em matérias específicas), além das outras modalidades resultantes da combinação desses meios. Nesse sentido, é útil ter presente que, embora o CPC se vocacione, precipuamente, a instrumentar o processo judicial, com vistas à solução adjudicada estatal, o legislador deixa claro que o juiz e os demais operadores do Direito devem estimular o emprego dos outros meios, auto e heterocompositivos: §§ do art. 3º; art. 139, V; art. 359.

Essa contemporânea fenomenologia enseja (ou deveria ensejar) uma profunda *reavaliação* acerca do modo de ser da resolução de conflitos na experiência brasileira, implicando num repensar sobre o *critério legitimante* da justiça estatal (produtora da *solução adjudicada*) e pressupõe uma séria aferição da *performance* dessa *função* estatal em nosso país: trata-se, aí, de ver o Judiciário não mais (ou não apenas) como um *Poder* (dimensão estática, radicada no sentido da *auctoritas* e da soberania), mas no sentido que *realmente interessa para a população*, que é o da *função* desempenhada, em termos de custo-benefício e da vera efetividade do produto ao final apresentado. Dito de outro modo, pelo prisma *funcional* é que o Judiciário pode ser avaliado em sua dimensão *dinâmica*: esse é o *critério legitimante* por excelência, porque nenhuma instância do Poder Público pode se legitimar por si mesma, *ex propria auctoritate*, em modo *autopoiético*, mas apenas *se e na medida* em que mostra capacidade para alcançar o fim a que vem preordenada.

No caso do Judiciário, sua legitimidade está hoje a *dever à sociedade* uma efetiva demonstração quanto à sua capacidade de resolver as crises que lhe são submetidas (de certeza, de satisfação, de segurança), em modo tecnicamente consistente, preservando o sentido do justo, empregando tempo razoável e sem onerosidade excessiva.

A *reavaliação* antes referida passa, necessariamente, pela renovada compreensão do que *hoje* se deva entender por *acesso à Justiça*, expressão geralmente ubicada no art. 5.º, XXXV da CF, e que, à custa de ser largamente difundida, acabou superdimensionada, perdendo seu genuíno significado, vezo que, com o tempo, foi gerando mais de uma externalidade negativa, sendo a principal delas o fomento à *cultura demandista ou judiciarista* que grassa entre nós, sobrecarregando a Justiça estatal e, ao fim e ao cabo, desservindo a cidadania, na medida em que desestimula a busca por outros meios, auto e heterocompositivos.

Não raro, descuram os intérpretes daquele dispositivo constitucional que por ali não se objetiva, direta ou indiretamente, estabelecer qualquer "reserva de mercado" e, menos ainda, alguma sorte de *monopólio* estatal na distribuição da justiça; por outro lado, seu destinatário precípuo não é o jurisdicionado – efetivo ou potencial –, mas em verdade o próprio legislador, o qual fica avisado para não excepcionar litígios à *apreciação* do Judiciário. Portanto, *não se encontra*, na letra ou no espírito do inciso XXXV do art. 5º da CF: (*i*) incentivo para a judicialização de todo e qualquer interesse contrariado ou insatisfeito; (*ii*) vedação ou restrição a que as controvérsias sejam auto ou heterocompostas, fora e além da estrutura judiciária estatal; (*iii*) compromisso ou engajamento do Estado-juiz quanto à resolução do *meritum causae* e oportuna formação de coisa julgada, porque o direito à "solução integral do mérito" (CPC, art. 4º) depende de que estejam atendidos os pressupostos de existência e validade do processo (citação válida, capacidade das partes e regular representatividade)e que estejam presentes as condições da ação (CPC, arts. 17 e 319, III), porque, do contrário, o processo será extinto sem julgamento do mérito – CPC, art. 321 e § único; art. 330, II, III; art. 485, V.

Já a duração do trâmite processual (CF, art. 5º, LXXVIII; CPC, art. 139, II) ou, ainda a real *efetividade* do futuro comando judicial, mormente os de índole condenatória, ficam a depender: (i) no primeiro caso, da complexidade da causa e dos meios impugnativos disponibilizados e exercidos, observadas a razoabilidade e a proporcionalidade; (ii) no segundo caso, das peculiaridades do caso concreto, devendo o juiz zelar pela efetiva realização prática do comando, podendo valer-se de "todas as medidas indutivas, coercitivas, mandamentais ou sub-rogatórias necessárias" – CPC, art. 139, IV.

Ao propósito, vale colacionar a observação de Giovanni Verde: "A experiência tumultuosa destes últimos quarenta anos nos demonstra que a imagem do Estado onipotente e centralizador é um mito, que não pode (e talvez não mereça) ser cultivado. Desse mito faz parte a ideia de que a justiça deva ser administrada em via exclusiva por seus juízes".[25] (Sob esse ideário se aninham os chamados equivalentes jurisdicionais, valendo ter presente que pelo art. 18 da Lei 9.307/96 o árbitro é considerado "juiz de fato e de direito, e a sentença que proferir não fica sujeita a recurso ou à homologação pelo Poder Judiciário", tendo o STF, por maioria, no julgamento do processo SE 5.206-7 – 2001, ali não reconhecido eiva de inconstitucionalidade, no contraste com o art. 5.º, XXXV da CF; bem por isso, de resto, a sentença arbitral é considerada título executivo judicial – CPC, art. 515, VII).

Vai ganhando corpo o questionamento sobre a real capacidade do comando judicial condenatório (que comina prestações comissivas e omissivas) para resolver, com efetividade, as controvérsias de largo espectro, que emergem na contemporânea sociedade de massa, mormente aquelas que concernem a sujeitos muito numerosos (megaconflitos), ou as que tratam de relações multiplexas, empolgando pontos conflitivos de variada natureza e dimensão, ou ainda quando a efetividade prática do comando fica a depender, no plano prático, da *colaboração* da parte vencida; ou, enfim, quando o correto equacionamento do *thema decidendum* engendra consulta a subsídios não jurídicos, concernentes a outros ramos do conhecimento. (Sob este último aspecto, compreende-se a tendência à intervenção de *amici curiae* (CPC, art. 138 e §§)no âmbito de procedimentos jurisdicionais voltados à produção de paradigmas vocacionados a projetar eficácia *erga omnes*, ou ao menos pan-processual, como se dá: (*i*) na edição, revisão ou cancelamento de *súmula vinculante* do STF – Lei 11.417/2006, § 2.º do art. 3.º; (*ii*) na análise de *repercussão geral da questão constitucional* para admissão de recurso extraordinário – CPC, § 4º do art. 1.035); (*iii*) nas decisões no controle incidental e direto de constitucionalidade – Lei 9.868/99, § 2º do art. 7.º; CPC, § 3º do art. 950).

No vigente CPC, saliente-se o disposto no art. 138, caput: "O juiz ou o relator, considerando a relevância da matéria, a especificidade do tema objeto da demanda ou a repercussão social da controvérsia, poderá, por decisão

25. Arbitrato e giurisdizione, *in L'arbitrato secondo La Legge 28/83*, Nápoles: Jovene, 1985, p. 161-182, esp. p. 168 (tradução do excerto por Carlos Alberto Carmona, *Arbitragem e Processo*, 2.ª ed., São Paulo: Atlas, 2004, p. 45).

irrecorrível, de ofício ou a requerimento das partes ou de quem pretenda manifestar-se, solicitar ou admitir, em decisão irrecorrível, a participação de pessoa natural ou jurídica, órgão ou entidade especializada, com representatividade adequada, no prazo de 15 (quinze) dias de sua intimação". Esse ideário cooperativo-participatório é roborado no vigente CPC com a disciplina de atuação dos conciliadores e mediadores (arts. 165-175), de resto incluídos no rol dos auxiliares da justiça (art. 149).

Também sob esse ideário *pluralista* e *democrático* de resolução dos conflitos se insere a tendência contemporânea à *desjudicialização* de ocorrências antes sujeitas à intervenção do Estado-juiz (*v.g.*, separações, divórcios e extinção de união estável, quando consensuais, podem ser processados nos Tabelionatos: CPC, arts. 733 e §§; no Estado de São Paulo, o TJ, através do Provimento CGJ 17/2013, firmado pelo Corregedor Geral, Des. José Renato Nalini, autoriza os *notários e registradores* a "realizar mediação e conciliação nas Serventias de que são titulares" (art. 1.º); nos Juizados Especiais, frustrada a conciliação, podem as partes optar pelo juízo arbitral (Lei 9099/95, art. 24); consignações em pagamento podem ser celebradas nos Bancos oficiais (CPC, art. 539 e § 1º); a arbitragem pode ser utilizada (também) para "dirimir conflitos relativos a direitos patrimoniais disponíveis" (Lei 9.307/96, art. 1º, § 1º, este acrescido pela Lei 13.129/2.015); a mediação pode ser manejada (também) nos conflitos envolvendo o Poder Público (Lei 13.145/2.015, art. 3º e §§; art. 32, incisos e §§).Sob esse ideário, pode ainda ser lembrada a possibilidade de se outorgar algum benefício para a parte que *colabora* para a agilização do processo, como se dá com o locatário que, no prazo da resposta, se compromete a desocupar o imóvel, caso em que o juiz lhe assinará prazo de seis meses para tal, dita *sanção premial* (art. 61 da Lei 8.245/91).

No Direito estrangeiro, Mauro Cappelletti e Bryant Garth lembram que "alguns sistemas judiciais criaram incentivos para a conciliação extrajudicial. O mais conhecido desses mecanismos é o chamado 'sistema de pagar o julgamento' [*payment-into-Court*] usado prevalentemente na Inglaterra, mas também empregado na Austrália e no Canadá. A ideia básica é a de apenar o autor que aceite uma proposta de conciliação oferecida à corte pela outra parte, quando, após o julgamento, se comprove ter sido razoável essa proposta. A penalidade é o pagamento pelo autor dos custos de ambas as partes".[26]

Do que se vem expondo resulta que, em sede de política judiciária, é um grave equívoco centrar a estratégia no foco do singelo tratamento massivo

---

26. *Acesso à justiça*. Trad. Ellen Gracie Northfleet. Porto Alegre: Fabris, 1988, p. 88-89.

dos processos, tomando a carga judiciária em dimensão apenas quantitativa: por aí, a verdadeira *causa* do problema – a desmesurada demanda judiciária – não fica investigada nem resolvida, e, por isso mesmo, a curto ou médio prazo a tendência é que se reapresentem as consequências antes temidas, provavelmente exacerbadas, porque, como antes dito, o aumento da oferta da prestação jurisdicional acaba por *retroalimentar a demanda*, num perverso círculo vicioso.

Esse fenômeno é particularmente visível na experiência dos Juizados Especiais (antes ditos de Pequenas Causas), tanto estaduais como federais: nestes últimos, observa-se que sua proliferação (dita *interiorização*) não consegue absorver a demanda e ainda vem fomentá-la, revelando a falácia do discurso fundado no *gerenciamento quantitativo*, desacompanhado de uma vera *mudança de mentalidade*, assim dos operadores do Direito como da população, no tocante às (outras) formas de prevenção e solução de dissídios, a par da necessária vontade política de resolvê-los no âmbito administrativo, evitando que resultem judicializados.

Registre-se que há algum tempo, ao ensejo da sanção presidencial à Lei federal 12.011/2009, que ampliava, expressivamente, os quadros da Justiça Federal, o jornal *O Estado de S. Paulo*, de 05.08.2009, cad. A-11, repercutiu a solenidade, registrando a presença do Min. Gilmar Mendes, do STF, o qual, segundo a matéria, "disse que na criação dos juizados especiais federais havia uma estimativa de que esses órgãos iriam analisar cerca de 180 mil processos. Hoje, segundo ele, as 400 varas federais analisam dois milhões de processos. 'É o fracasso do sucesso. Por isso, é fundamental dar esse novo passo e criar mais varas', argumentou".

O oxímoro empregado pelo Ministro – *fracasso do sucesso* – é bastante sugestivo para evidenciar o equívoco da política que acaba levando ao *gigantismo da máquina judiciária*: sobre não resolver o problema em sua essência, ainda resulta em agravá-lo, na medida em que por aí se vai aumentando extraordinariamente o custeio, sem que, *na outra ponta da equação*, o destinatário final – o jurisdicionado – acabe satisfatoriamente atendido em termos de celeridade do processo e de qualidade na resposta judiciária.

Assim se passa porque o ideal da *facilitação do acesso à justiça* não tem como ser alcançado, *sic et simpliciter*, apenas com o aumento quantitativo da estrutura física do Judiciário, mas impõe-se a adoção de *ações afirmativas* capazes de reduzir *efetivamente* as desigualdades; por outro lado, impende que a população seja devidamente informada sobre os seus direitos, sobretudo aqueles concernentes ao chamado *mínimo existencial*, que ao nosso ver inclui a composição justa dos conflitos, em tempo razoável e tecnicamente consistente, já que tal garantia se enquadra no contexto da *existência digna*.[27]

Do contrário, a curto ou médio prazo se acabará instalando o contexto projetado por Boaventura de Souza Santos: "A desigualdade da proteção dos interesses sociais dos diferentes grupos sociais está cristalizada no próprio direito substantivo pelo que a democratização da administração da justiça mesmo plenamente realizada não conseguirá mais do que igualizar os mecanismos de reprodução da desigualdade".[28]

Na verdade, é inútil inflar a estrutura judiciária, na tentativa de *acompanhar* o crescimento geométrico da demanda por justiça, na medida em que essa estratégia leva, ao fim e ao cabo, a oferecer *mais do mesmo* (mais processos = mais crescimento físico da máquina judiciária), pondo em risco o equilíbrio com os demais Poderes e minando a desejável convivência harmoniosa entre eles: com o Executivo, assoberbado com as incessantes requisições de verbas orçamentárias para o crescente custeio da justiça estatal; com o Legislativo, acuado ante a diminuição de seu espaço institucional, por conta dos avanços do *ativismo judiciário* em áreas tradicionalmente reservadas à chamada *reserva legal. Ao propósito*, Elival da Silva Ramos vê exemplos de *atividade normativa atípica* do STF nos institutos da súmula vinculante e do mandado de injunção: "Por ativismo judicial, deve-se entender o exercício da função jurisdicional para além dos limites impostos pelo próprio ordenamento, que incumbe, institucionalmente, ao Poder Judiciário fazer atuar, resolvendo li-

---

27. O *mínimo existencial* é um conceito radicado no constitucionalismo alemão pós-segunda guerra mundial e que, na experiência brasileira contemporânea, é de ser tomado com alguma reserva, segundo a leitura de Elival da Silva Ramos: "Pretende-se que o mínimo existencial, derivado do princípio da dignidade da pessoa humana (art. 1.º, III, da Constituição de 1988), autorize o Poder Judiciário a assegurar o direito subjetivo a prestações estatais que, minimamente, assegurem uma existência digna, ficando ao alvedrio dos órgãos jurisdicionais a delimitação do âmbito de abrangência desse estatuto mínimo de direitos prestacionais, olvidando-se que na Constituição do Brasil em vigor foi contemplado um exaustivo elenco de direitos fundamentais sociais, os quais, se fundados em norma de eficácia limitada, ostentam desde logo uma eficácia indireta, compreensiva da cláusula de proibição do retrocesso. É por isso que se pode dizer que o mínimo existencial, no contexto do Sistema Jurídico brasileiro, está devidamente delimitado pela própria Constituição Federal, não ficando na dependência de construções doutrinárias e jurisprudenciais impregnadas de acentuada dose de subjetividade" (Controle jurisdicional de políticas públicas: a efetivação dos direitos sociais à luz da Constituição Federal de 1988. *Revista da Faculdade de Direito da USP*, vol. 102, 2007, p. 351, 352).
28. Introdução à sociologia da administração da justiça. In: FARIA, José Eduardo (org.). *Direito e justiça: a função social do Judiciário*. São Paulo: Ática, 1989, p. 56.

tígios de feições subjetivas (conflitos de interesse) e controvérsias jurídicas de natureza objetiva (conflitos normativos). Essa ultrapassagem das linhas demarcatórias da função jurisdicional se faz em detrimento, particularmente, da função legislativa, não envolvendo o exercício desabrido da legiferação (ou de outras funções não jurisdicionais) e sim a descaracterização da função típica do Poder Judiciário, com incursão insidiosa sobre o *núcleo essencial* de funções constitucionalmente atribuídas a outros Poderes".[29]

A afirmação de que *a quantidade exclui a qualidade* aplica-se não só na seara econômica, mas também no campo da distribuição da justiça, e evidencia que, ao invés do manejo massivo e impactante do volume excessivo de processos (que implica em *lidar com o consequente*), caberia antes e superiormente investigar *como e por quê a pletora de processos vem a se formar* e, a partir desse diagnóstico, estudar e implementar as estratégias e condutas capazes de imprimir manejo seguro a esse acervo. Dito de outra forma, é inútil (e, ao fim e ao cabo, frustrante) *esperar muito* das reformas processuais (a *nomocracia*, arraigada na cultura nacional), valendo antes pensar em como resolver o problema, pragmaticamente, mediante o implemento de programas e estratégias (*telocracia*), tudo acompanhado da imprescindível *mudança de mentalidade*, assim dos jurisdicionados como dos operadores do Direito: é o que faz a diferença entre *law in books* e *law in action*, conforme referido no constitucionalismo norte-americano.

Por exemplo, pouco significará a inclusão, no conteúdo ocupacional do juiz, do zelo pela atividade satisfativa (CPC, art. 4º; art. 139, IV), se, no plano prático, esse ideário não vier acompanhado de uma vera mudança de mentalidade por parte dos operadores do direito e dos demais atores da cena processual e se a estrutura judiciária não estiver dotada dos meios necessários à efetiva implementação dos comandos condenatórios, sob a égide de um processo civil de resultados.

Como se percebe do que até agora se vem expondo, é amplo e complexo o objeto investigado, com múltiplas concausas, resultando em que sua perquirição e análise não pode ser parcial, simplista ou reducionista, mas deve antes atentar para todos os aspectos relevantes que concorrem para o resultado, a saber, a notável e crescente *crise numérica* de processos judiciais. De observar-se que essa preocupante situação não pode ser *disfarçada* ou de algum modo *compensada* pela expressiva produção judiciária em números absolutos (não se nega nem se minimiza o esforço no sentido de dar vazão ao volume crescente

29. *Ativismo judicial – Parâmetros dogmáticos*. São Paulo: Atlas, 2010, p. 394 e, *passim*, p. 294, 300.

de processos), mas o que de fato conta para o destinatário ou consumidores da prestação jurisdicional é a avaliação sob o critério finalístico (qualidade e custo-benefício), isto é, saber, se ao fim e ao cabo *vale a pena* judicializar o conflito, mormente diante do contexto pouco animador que se vem apresentando de tempos a esta parte: duração excessiva e indefinida do processo; angústia ante a imprevisibilidade do desfecho; pendência do estado litigioso sobre a coisa ou a relação jurídica; incerteza quanto à real efetividade prática do julgado, após o trânsito em julgado, no caso dos comandos prestacionais.

Uma importante externalidade negativa que se agrega às deficiências antes lembradas em nosso sistema judiciário, diz com o que analistas estrangeiros chamam *jurisdictional uncertainty*, a saber, a difusa insegurança no tocante ao desfecho das controvérsias judicializadas (por vezes chamada *loteria judiciária*). Esse fato repercute no mundo dos negócios em geral, e é muito ponderado nas avaliações procedidas em contemplação de possíveis investimentos no Brasil. Luciana Gross Cunha observa que "os tribunais são instituições essenciais na garantia da segurança jurídica e podem afetar o crescimento econômico se: (*i*) sendo tendenciosos, imprevisíveis e lentos, tornam-se caros e incertos, reduzindo os incentivos de se procurar a Justiça; (*ii*) não se apresentarem como potenciais arenas de solução eficiente dos conflitos decorrentes de sua atividade econômica". (...) "Assim é que a ausência de regras estáveis e claras e a falta de previsibilidade da interpretação do Judiciário das regras do jogo faz com que os riscos sejam maiores e, portanto, seja maior o custo das transações econômicas, o que afasta os investidores. Sem investimento o desenvolvimento é inviabilizado".[30]

Atento a esse contexto, dispõe o art. 926, *caput*, do vigente CPC: "Os tribunais devem uniformizar sua jurisprudência e mantê-la estável, íntegra e coerente". Ao propósito, comenta José Miguel Garcia Medina: "A jurisprudência íntegra é, necessariamente, jurisprudência construída de modo coeso, em que as decisões 'conversam' entre si. Dessa ideia de integridade defluem as de uniformidade, estabilidade e coerência".[31]

A presente obra, que se propõe a examinar criticamente a resolução dos conflitos na atual realidade brasileira (*analisar o existente* e *apontar saídas*), não poderia passar ao largo desta vasta e complexa temática: (*i*) o sentido con-

---

30. Segurança jurídica: performance das instituições e desenvolvimento. *Poder Judiciário e desenvolvimento do mercado de valores mobiliários brasileiro*. São Paulo: Fundação Getúlio Vargas-Saraiva-Bovespa, 2007, p. 134.

31. *Novo Código de Processo Civil comentado*, 5ª ed., São Paulo: Thomson Reuters-Revista dos Tribunais, 2.017, nota I ao art. 926, p. 1.322, 1.323.

temporâneo de *jurisdição*; (*ii*) a acepção hodierna de *acesso à Justiça*, aderente à realidade judiciária brasileira; (*iii*) o atual e contextualizado significado do inciso XXXV do art. 5.º da CF; (*iv*) as funções institucionais do STF e do STJ (*nomofilácica, dikelógica, paradigmática*), interessando saber qual dentre elas hoje sobreleva para o eficiente manejo da crise numérica de processos e para o tratamento isonômico aos jurisdicionados; (*v*) o papel reservado aos chamados *meios alternativos* (ou complementares, ou equivalentes jurisdicionais), qual sua eficácia para a justa e tempestiva prevenção / resolução dos conflitos, e como podem contribuir para a redução do volume de processos judiciais; (*vi*) qual é, atualmente, o *critério legitimante* da justiça estatal: a *auctoritas*, ligada ao Poder, centrada no propalado (e anacrônico) *monopólio*, ou a capacidade de compor os conflitos de modo justo, convincente, tempestivo e duradouro?

O sentido *contemporâneo* de jurisdição já se desligou da acepção meramente semântica de "declarar o direito", seja porque tal função não é mais exclusiva dos órgãos jurisdicionais, mas consente o concurso de outros agentes, órgãos e instâncias (a chamada *jurisdição compartilhada*), seja porque o simples *dizer o direito* é muito pouco para que se tenha por atendido o *poder-dever de composição justa, efetiva, tempestiva e duradoura do* conflito, a que faz jus aquele cuja situação é tutelada pela ordem normativa ou ao menos é com ela compatível. Ao propósito, aduz Luiz Guilherme Marinoni: "Diante da transformação da concepção de direito, não há mais como sustentar as antigas teorias da jurisdição, que reservavam ao juiz a função de declarar o direito ou de criar a norma individual, submetidas que eram ao princípio da supremacia da lei e ao positivismo acrítico". Em passagem anterior observara o autor que "(...) a sentença que reconhece a existência de um direito, mas não é suficiente para satisfazê-lo, não é capaz de expressar uma prestação jurisdicional efetiva, uma vez que não tutela o direito, e, por isso mesmo, não representa uma resposta que permita ao juiz se desincumbir do seu dever perante a sociedade e os direitos".[32] Atento a esse ideário, o vigente CPC inclui no conteúdo ocupacional do juiz o empenho pela efetiva realização do direito, valor ou bem da vida reconhecidos no julgado: arts. 4º; 139, IV; 536 e § 1º.

No afã de alcançar o objetivo colimado, o trabalho ora introduzido igualmente busca analisar certas *intercorrências*, como a questão da baixa coercitividade da norma legal dentre nós (*déficit* de efetividade prática ou de adesão espontânea) fenômeno que se agrava, de um lado, pela desenfre-

---

32. A jurisdição no Estado contemporâneo. In: MARINONI, Luiz Guilherme (coord.). *Estudos de direito processual civil: homenagem ao professor Egas Dirceu Moniz de Aragão*. São Paulo: Revista dos Tribunais, 2006, p. 65 e 57, nessa ordem.

ada *fúria legislativa* e, de outro, pelas deficiências da técnica redacional (ao propósito, o Min. Nelson Jobim, então integrante do STF, certa feita chegara a referir-se à *linguagem criptográfica* de certos textos legais), tudo concorrendo para exacerbar a *explosão da litigiosidade* ao interno da coletividade, o que, à sua vez, insufla o demandismo judiciário. Verdade que esta última ocorrência apresenta como *concausa* o fato de as instâncias administrativas não conseguirem (ou não se predisporem) a resolver, satisfatoriamente, as pretensões que lhe são apresentadas: considere-se, *v.g.*, que a maior parte dos litígios previdenciários e assistenciais poderia e deveria encontrar solução ao interno do próprio INSS, o mesmo se podendo dizer em face das múltiplas autarquias e agências governamentais, nas áreas das respectivas competências. Nesse sentido aponta o jus novum, a teor do art. 1º, caput, da Lei 9.469/97, redação da Lei 13.140/2.015: "O Advogado-Geral da União, diretamente ou mediante delegação, e os dirigentes máximos das empresas públicas federais, em conjunto com o dirigente estatutário da área afeta ao assunto, poderão autorizar realização de acordos ou transações para prevenir ou terminar litígios, inclusive os judiciais".

Boaventura de Sousa Santos traça um panorama do contexto que ora se vai expondo, falando na "eclosão na década de 60 da chamada crise da administração da justiça"; (...) "conflitos emergentes dos novos direitos sociais [constituindo] conflitos jurídicos cuja dirimição caberia em princípio aos tribunais". (...) "De tudo isto resultou uma explosão de litigiosidade à qual a administração da justiça dificilmente poderia dar resposta".[33]

Evidentemente, tudo isso conflui para o estado de *insegurança geral* ao interno da contemporânea *sociedade de risco*, desestabilizando o comércio jurídico e fragilizando as relações pessoais e negociais entre os diversos agentes e destes em face do Poder Público. Esse quadro está à base do crescente prestígio do *processo cautelar – dito Tutela Provisória na terminologia do vigente CPC* - nisso que aí se trata de instrumento voltado a prevenir as *crises de segurança* que afetam pessoas, coisas, situações e até a própria relação processual, numa cognição que, embora não seja ampla (no sentido da extensão) e exauriente (no sentido da profundidade), permite responder com presteza às diversas urgências que emergem na vida em sociedade. Nesse sentido, dispõe o art. 300 do CPC: "A tutela de urgência será concedida quando houver elementos que evidenciem a probabilidade do direito [*fumus boni iuris*] e o perigo de dano ou o risco ao resultado útil do processo" [*periculum in mora*].

33. Art. cit., in: FARIA, José Eduardo (org.). *Direito e justiça...*, cit., 1989, p. 43, 44, *passim*.

No propósito de alcançar uma avaliação abrangente quanto ao objeto investigado, a obra ora introduzida não descura de outros aspectos adjacentes ao tema central:

(*i*) a necessária *releitura*, atualizada e contextualizada, do acesso à Justiça e da indeclinabilidade/ubiquidade da prestação jurisdicional;

(*ii*) o adequado tratamento *molecular* dos megaconflitos, com seu encaminhamento ao processo coletivo, meio idôneo para obtenção de resposta judiciária unitária, com eficácia expandida, capaz de prevenir a pulverização do *thema decidendum* em multifárias e repetitivas ações individuais;

(*iii*) o necessário engajamento do juiz no esforço comum pela composição justa e efetiva dos conflitos, não necessariamente através da sentença de mérito (e em certos casos até preferencialmente sem ela), mas consentindo outros meios, auto e heterocompositivos;

(*iv*) a *revalorização das sentenças*, hoje, não raro, relegadas a pouco mais do que um *rito de passagem* para os Tribunais, sendo pensável, *de lege ferenda*, a previsão de um intervalo entre a prolação do julgado e o início do prazo recursal, lapso possivelmente aproveitável pelas partes para uma ponderação sobre os riscos, custos e outros encargos inerentes ao prosseguimento da demanda, o que poderia, eventualmente, levar a uma resolução consensual do conflito;

(*v*) a comunicação efetiva à coletividade, através das diversas mídias, do produto final dos Tribunais, sobretudo dos superiores, dos padrões decisórios de eficácia panprocessual (CPC, art. 927 e incisos), tais as súmulas, a jurisprudência dominante, as decisões-quadro nos Recursos extraordinários e especiais afetados como representativos da controvérsia, os acórdãos nos incidentes de resolução de demandas repetitivas e de assunção de competência, visando tanto prevenir a formação de processos desde logo fadados ao insucesso como abreviar a duração daqueles já pendentes, assim contribuindo para o tratamento isonômico aos jurisdicionados (v.g., preordenam-se a ser liminarmente rejeitadas as pretensões que se revelam contrárias ao direito sumular: CPC, art. 332, I e IV);

(*vi*) a *crise de efetividade* dos comandos condenatórios ou prestacionais, impugnáveis por vários recursos, em regra com efeito suspensivo, o que, tendencialmente, vai minando a carga eficacial que deveria revestir a decisão prolatada, além de protrair a formação da coisa julgada a um indefinido ponto futuro;

(*vii*) a chamada *loteria judiciária*, a tornar imprevisível o desfecho das demandas, deixadas ao sabor da distribuição do feito a este ou aquele órgão judicial, em detrimento da garantia constitucional da *igualdade de todos* perante a lei, isonomia essa que não pode se restringir à norma enquanto posta abstratamente no ordenamento (dita "norma legislada"), mas deve ainda acompanhá-la quando vem a ter sua passagem judiciária (dita "norma judicada");

(*viii*) a crescente demanda pelos meios auto e heterocompositivos, fora e além da estrutura judiciária estatal, os quais vêm se expandindo, não só por conta de sua *performance*, mas também porque se valeram do vácuo deixado pelas deficiências e ônus da Justiça estatal, valendo lembrar que a arbitragem pode ser utilizada no âmbito da administração pública direta e indireta "para dirimir conflitos relativos a direitos patrimoniais disponíveis" (Lei 9.307/96, § 1º do art. 1º, acrescido pela Lei 13.129/2.015), ao passo que a mediação, dentre outras aplicações, pode ser utilizada no rito do litígio coletivo pela posse do imóvel (CPC, art. 565 e § 1º);

(*ix*) o superdimensionamento da função judiciária estatal, mormente ao influxo dos conflitos envolvendo políticas públicas, engendrando um *ativismo judiciário* não raro excessivo, podendo resultar num avanço sobre certas faixas insindicáveis do mérito dos atos e condutas da Administração Pública, ou quando se expande sobre áreas institucionalmente condicionadas à reserva legal;

(*x*) o confinamento da jurisdição singular nos quadrantes das lides de perfil tradicional, entre sujeitos determinados, em contraposição à irreversível tendência à *coletivização do processo*,[34] dado o crescente afluxo à Justiça de conflitos metaindividuais, envolvendo temas de largo impacto na coletivida-

34. O PL 5.139/2009, à época preordenado a regular a nova ação civil pública, previa no art. 63: "As ações coletivas terão tramitação prioritária sobre as individuais". (No sítio câmara.leg.br, consultado em 13.12.2.019, consta que o citado projeto recebeu parecer favorável na Comissão de Constituição, Justiça e Cidadania quanto à regularidade formal, porém foi rejeitado no mérito).

de, os quais, se não tratados em modo molecular, na terminologia de Kazuo Watanabe, arriscam se atomizar em multifárias e repetitivas demandas seriais (v., ao propósito, o disposto no inciso X do art. 139 do vigente CPC).

A *facilitação do acesso à Justiça* não pode ser sinônimo de generalização ou prodigalização desse acesso, sob pena de induzir a banalização da solução adjudicada estatal (fala-se hoje na *judicialização do cotidiano*), devendo-se, ainda, ter presente que o Judiciário empenha parcelas cada vez mais importantes do orçamento estatal. Ao propósito, informa o boletim Justiça em Números, do CNJ, divulgado em 2.019: "No ano de 2018 as despesas totais do Poder Judiciário somaram R$93,7 bilhões, o que representou um crescimento de 0,4% em relação ao último ano. (...) As despesas totais do Poder Judiciário correspondem a 1,4% do Produto Interno Bruto (PIB) nacional, ou a 2,6% dos gastos totais da União, dos Estados, do Distrito Federal e dos municípios. Em 2.018, o custo pelo serviço de justiça foi de R$449,53 por habitante, R$3,50 a menos, por pessoa do que no último ano (...)". [35]

Considere-se, ainda, que a decisão judicial de mérito é tendencialmente impactante, polarizando as partes em vencedor e vencido, a par de reportar-se a uma mirada retrospectiva, não raro desconsiderando o porvir e não preservando a continuidade das relações, ao risco de perenizar as desavenças ou lançar os gérmens de conflitos futuros. Mauro Cappelletti, escrevendo acerca da pluralidade de agentes, órgãos e agências encarregados de dirimir conflitos na experiência de vários países, reconhecia a "'privatização' como um dos elementos da evolução jurídica moderna" (...). "A privatização é evidentíssima na 'segunda onda' do movimento de acesso à justiça, em que indivíduos e associações privadas têm legitimidade para demandar a proteção de interesses de grupos coletivos (chamados difusos). Mas a privatização também emerge na 'terceira onda': considere-se o fato de que, em muitos expedientes de ADR, leigos assumem funções decisórias ou quase decisórias, assim como o fato de que, com frequência, o critério de julgamento é antes a equidade que o direito estrito".[36]

O (anacrônico e defasado) *monopólio estatal* na distribuição da justiça faz evocar a imagem, figurada alhures em doutrina, da construção de uma rodovia: se esta resultar muito atraente (bem pavimentada, iluminada, sem curvas acentuadas, com acostamentos largos, sem pedágio), os condutores

35. Sítio www.cnj.jus.br, acesso em 14.11.2.019, p. 62 do documento impresso.

36. Os métodos alternativos..., cit., *Revista Forense* n. 326, abr.-jun. 2004, p. 129.

de veículos das redondezas tenderão a procurá-la, abandonando as estradas vicinais, e com isso logo a *main road* estará congestionada e esburacada. Ao propósito, escreve José Marcelo Menezes Vigliar: "Lamentavelmente, fruto de reflexão desprovida de rigor, há quem ainda hoje imagine que o *acesso à justiça* implique apenas em possibilitar '*o acesso à Justiça enquanto instituição estatal*'. Trata-se de um equívoco. Sabe-se que fácil é a tarefa de se levar um conflito ao Judiciário; difícil é a obtenção da tutela jurisdicional devida para a situação reclamada. Acessar a '*ordem jurídica justa*' implica, portanto, em contar com meios adequados (técnica processual) para a solução dos conflitos de interesses, e, assim, obter uma adequada tutela que, tempestivamente, venha a proporcionar o cumprimento do direito material que disciplina a relação jurídica de direito material, que se encontra na base da relação jurídica processual".[37]

(Não por outro motivo se diz, com espírito: "entrar na Justiça é fácil; difícil é sair dela...").

Do modo como hoje se apresenta a Justiça estatal (lenta, onerosa, imprevisível, massificada, funcionarizada), ela projeta ainda outra externalidade negativa, ao distribuir *desigualmente* os ônus e encargos entre as classes de litigantes: os abonados, que podem sustentar financeiramente o processo, não têm dificuldade em aguardar o seu desfecho, ao contrário dos hipossuficientes (inclusive os ditos *carentes organizacionais*), que, mesmo quando assistidos pelo bom direito, não raro "aceitam" o encerramento prematuro do processo, recebendo menos do que fariam jus. Por isso, se reconhece em doutrina a distinção entre "clientes eventuais" e "clientes habituais" (*one shotters* e *repeat players*, na terminologia de Marc Galanter).[38]

Para os clientes habituais do Judiciário, dentre os quais avulta o próprio Poder Público, as mazelas do sistema pouco ou nada pesam (se é que delas não tiram proveito, ao menos para o fim de procrastinar o cumprimento das decisões que lhe são contrárias), justamente porque trabalham em economia de escala (escritórios renomados, advocacias *de partido*; Procuradorias), as-

---

37. "Litigiosidade contida (e o contingenciamento da litigiosidade)". In: SALLES, Carlos Alberto de (coord.), *As grandes transformações do processo civil brasileiro: homenagem ao Professor Kazuo Watanabe*, São Paulo: Quartier Latin, 2009, p. 50, 51.

38. Why the "haves" come out ahead: speculations on the limits of legal change. *Law and Society Review*, Denver: The Association, vol. 9, n. 1, 1974, p. 97, *passim*. (O estudo foi analisado na obra de Mauro Cappelletti e Bryan Garth. *Acesso à Justiça*, trad. Ellen Gracie Northfleet, Porto Alegre: Sérgio Antonio Fabris, 1988, p. 25, no item nominado "Litigantes 'eventuais' e litigantes 'habituais'").

sim não raro se beneficiando do que, numa *blague*, já se chamou de *mora judicialmente legalizada.*

Essas desigualdades, de ordinário, não as consegue superar o juiz togado, em que pese lhe competir "assegurar às partes igualdade de tratamento" (CPC, art. 139, I). Essa dificuldade de converter, *in concreto*, o valor enunciado na norma de regência nada mais é do que a repercussão, no âmbito do processo, de análoga dificuldade para implementar, na prática, a igualdade "assegurada" na Constituição Federal – art. 5.º, *caput* e inciso I.

Enquanto os meios alternativos de resolução de conflitos (mediação, conciliação, arbitragem, avaliação neutra de terceiro e suas combinações) revelam atributos atraentes – informalidade, celeridade, confidencialidade, perfil prospectivo, tendencial adesão das partes à decisão alcançada – já o comando judicial, mormente o condenatório, ressente-se de deficiências que o vão desprestigiando aos olhos da população: *perfil retrospectivo*, reportado a acontecimentos pretéritos, não raro irreversíveis; *lentidão*, em virtude mesmo do excesso da demanda e do formalismo procedimental; *imprevisibilidade*, assim quanto à duração do processo como quanto ao seu desfecho; *onerosidade*, a desequilibrar o custo-benefício. A tudo se soma o fato de que, em boa medida por conta de deficiência curricular nas Faculdades de Direito, o juiz togado não consegue estar familiarizado em modo proficiente com a multiplicidade de temas reportados a outros ramos do conhecimento, que hoje afluem à Justiça, ao contrário do que se passa, por exemplo, na arbitragem, onde, amiúde, os interessados escolhem um *expert* no assunto, seja pessoa física ou uma Câmara Arbitral.

O espectro da investigação a que se preordena o presente trabalho não poderia dispensar o exame do papel fundamental dos Tribunais da Federação – STF e STJ – por sua importância na consecução de uma *nova política de prevenção / resolução de conflitos*, e, corolariamente, de um *novo modelo de gestão judiciária*, razão pela qual a cada uma dessas Cortes vem dedicado capítulo específico, com ênfase na função *paradigmática*, que delas se espera e que hoje se vai avantajando sobre as outras duas (*nomofilácica* e *dikelógica*), na medida em que, como órgãos de superposição na pirâmide judiciária, devem fornecer às demais instâncias judiciais, assim como aos jurisdicionados, e até para a Administração Pública, o *padrão e o sentido unitário do justo e do jurídico.*

O ora afirmado é particularmente verdadeiro em face do advento do vigente CPC, de perfil claramente precedentalista, como se colhe de vários de seus dispositivos: arts. 332 e incisos; 489, § 1º e incisos; 521, IV; 927 e incisos; 947 e § 3º; 955, § único e incisos; 966, §§ 5º e 6º, estes acrescidos pela

Lei 12.256/2.016; 985, incisos e §§; 988 e incisos III e IV, estes com redação da Lei 13.256/2.016; 1.035, § 3º, I.

A precípua vocação dos chamados Tribunais da Federação é para lidar com os casos de estrito direito, efetivamente singulares, complexos, que não foram ou não podiam ser dirimidos em definitivo nas instâncias parajurisdicionais ou em outros órgãos colegiados, e, ainda, para aqueles que projetam repercussão para além do interesse individual das partes diretamente envolvidas. Ante esse contexto, o legislador houve por bem prever que os recursos *massivos e repetitivos*, consentem julgamento *em bloco ou por amostragem* (CPC, arts. 1.036-1.041; art. 927, III), por aí se reconhecendo, implicitamente, que o STF e o STJ são Cortes Superiores, e não Tribunais de terceira ou quarta instâncias; em simetria com essa premissa, o constituinte revisor previu que a admissibilidade do recurso extraordinário no STF fica a depender, dentre outras exigências, da *repercussão geral da questão constitucional* (CF, § 3.º do art. 102: EC 45/2004; CPC, art. 1.035 e § 1º), valendo observar que também o acesso ao TST passa por análoga exigência, ficando a admissão do recurso de revista dependente da demonstração de que "a causa oferece transcendência com relação aos reflexos gerais de natureza econômica, política, social ou jurídica" (CLT, art. 896-A, tendo a Lei 13.467/2.017 acrescido o § 1º-A).

Como se constata da pauta ora sumariada, a matéria investigada na presente obra apresenta largo espectro, mostrando-se complexa e multifacetada, tudo de molde a impor simetria e congruência entre a dimensão do objeto e a extensão-compreensão do trabalho.

A *tese central do trabalho* gravita sobre a premência em se rever e reavaliar a função judicial no Estado brasileiro, em ordem a eliminar os excessos que com o tempo se lhe foram agregando, em boa parte por conta de uma percepção *ufanista e irrealista* do acesso à justiça, usualmente ubicado no art. 5.º, XXXV da Constituição Federal. Esta leitura exacerbada, à força de ser difundida sem a devida massa crítica, acabou em certo modo dogmatizada, resultando num incentivo à litigiosidade e na corolária sobrecarga de processos, comprometendo em larga medida a eficiência do serviço judiciário estatal e assim desprestigiando a função jurisdicional ao interno da coletividade.

Urge o enfrentamento desse estado de coisas, mediante o implemento de uma política judiciária em mais de uma frente: mudança de mentalidade dos operadores do Direito; melhor informação ao jurisdicionado quanto aos outros meios e modos de resolução de conflitos; valorização e aplicação destes últimos mesmo no âmbito dos processos judiciais pendentes; prévio encaminhamento dos contraditores aos agentes, órgãos e instâncias capacitados à composição justa do conflito; concepção *residual* do acesso à Justiça estatal, por modo a valorizá-la e preservá-la para a recepção das lides relevantes para a comunidade, efetivamente complexas, ou ainda aquelas que, em razão de peculiaridades da matéria ou das pessoas envolvidas (inclusive as ações ditas necessárias), não comportam resolução por outros meios ou quando estes já tenham sido esgotados.

Os chamados *meios alternativos* (ou melhor se diria: *equivalentes jurisdicionais*), não visam, direta ou indiretamente, *concorrer* ou *disputar espaço* com a justiça institucionalizada, mas antes e superiormente, se oferecem como *estradas vicinais* por onde podem e devem transitar os conflitos que, por sua singeleza, valor envolvido, opção dos interessados ou outro critério consistente, consentem resolução fora e além da estrutura judiciária estatal. Se porventura não resulte dirimido o conflito nesses patamares intermediários, ele restará, quando menos, melhor definido e maturado, pavimentando o caminho para que as partes decidam com mais segurança o que melhor atenda aos seus interesses, assim restando como última hipótese o ajuizamento da demanda.

Uma vez aliviada a justiça estatal do peso das lides resolvidas por outros meios e modos, é lícito esperar, como externalidade positiva, que os juízes e Tribunais tenham mais tempo para se dedicarem ao exame e resolução de temas realmente afeiçoados à jurisdição estatal, que demandem cognição *ampla* no sentido da extensão, e *exauriente*, no sentido da profundidade, de que são exemplos, dentre tantos outros: apuração de ato de improbidade administrativa; degradações ambientais importantes, insuscetíveis de manejo ou composição através de compromisso de ajustamento de conduta; ações no controle direto de constitucionalidade; ações concernentes a liberdades públicas ou direitos e garantias individuais assegurados constitucionalmente; ações e impugnações inseridas na competência originária ou recursal dos Tribunais; ações coletivas; ação rescisória; ação de anulação de casamento; homologação de sentença estrangeira; ações envolvendo conflito não dirimido diretamente entre as partes ou com a intercessão de agente facilitador, e, de modo geral, as ações ditas *necessárias*.

Frise-se que, desde já, o ordenamento positivo está pontilhado de agentes, órgãos e instâncias que compõem e/ou decidem conflitos e ocorrências de variada natureza, sendo seus atos revestidos de força executiva ou de eficácia plena: (*i*) Tribunais de Contas – CF, art. 71, § 3.º; (*ii*) CADE – Lei 12.529/2011, art. 93; (*iii*) MP e demais colegitimados à ação civil pública – Lei 7.347/85, art. 5.º, § 6.º; CPC, art. 784, IV; (*iv*) Advogados – Lei 8.906/94, arts. 23, 24; (*v*) Administradores de Imóveis – CPC, art. 784, VIII, V; (*vi*) Tribunais de Arbitragem – Lei 9.307/96, art. 18; CPC, art. 515, VII; (*vii*) Tabelionatos – CPC, art. 610 e §§; Bancos oficiais – CPC, art. 539 e § 1º; Câmaras de prevenção e resolução administrativa de conflitos, no âmbito dos entes políticos – Lei 13.140/2.015, art. 32 e incisos; Procuradorias Fazendárias – Lei 9.469/97, art. 1º, caput e §§ 1º e 3º, cf. Lei 13.140/2.015.

Naturalmente, a gradual implementação de um novo *standard* de resolução de conflitos entre nós, como proposto no trabalho ora introduzido, implica na *quebra de paradigmas*, alguns até dogmatizados à força de serem repercutidos sem a devida atualização e contextualização, o que os fez perder aderência à realidade brasileira contemporânea. Permitimo-nos almejar que o trabalho em causa possa contribuir em algum modo para uma redefinição ou uma correção de rumos nos conceitos de *jurisdição* e de *acesso à Justiça* entre nós, decotando os excessos interpretativos que ao longo do tempo levaram a *colar* a resolução dos conflitos no aparato judiciário estatal, em modo monopolístico.

Sob o ideário de uma sociedade pluralista, instalada numa democracia participativa, cabe hoje consentir e incentivar o concurso de outros meios, agentes, órgãos e instâncias capazes de recepcionar e resolver larga parcela de controvérsias e de ocorrências, dando-lhes solução tecnicamente consistente, a baixo custo e em tempo reduzido, com o que só terão a ganhar o Estado e a coletividade. Sob essa diretriz se aninha o disposto no art. 6º do vigente CPC: "Todos os sujeitos do processo devem cooperar entre si para que se obtenha, em tempo razoável, decisão de mérito justa e efetiva".

Por fim, vale consignar que o ideário exposto na presente obra afina-se com as linhas mestras da *Política Judiciária Nacional*, estabelecida pelo CNJ, na Res. 125/2010 (*DJe* de 01.12.2010, republicada no *DJe* de 01.03.2011), colhendo-se de seus *consideranda* o reconhecimento de que "o direito de acesso à Justiça, previsto no art. 5.º, XXXV, da Constituição Federal, além da vertente formal perante os órgãos judiciários, implica acesso à ordem jurídica justa"; (...) "cabe ao Judiciário estabelecer política pública de tratamento adequado aos problemas jurídicos e dos conflitos de interesses que ocorrem em larga e crescente escala na sociedade, de forma a organizar, em âmbito nacional, não somente os serviços prestados nos processos judiciais, como, também, os que possam sê-lo mediante outros mecanismos de solução de conflitos, em especial dos consensuais, como a mediação e a conciliação"; tais meios, prossegue o documento, "são instrumentos efetivos de pacificação social, solução e prevenção de litígios, e que a sua apropriada disciplina em programas já implementados no país tem reduzido a excessiva judicialização dos conflitos de interesses, a quantidade de recursos e de execução de sentenças". Presente esse contexto, dispõe o § único do art. 1º dessa Resolução do CNJ:

"Aos órgãos judiciários incumbe, nos termos do art. 334 do Novo Código de Processo Civil combinado com art. 27 da Lei de Mediação, antes da solução adjudicada mediante sentença, oferecer outros mecanismos de soluções de controvérsias, em especial os chamados meios consensuais, como a mediação e a conciliação, bem assim prestar atendimento e orientação ao cidadão". (Redação cf. Emenda nº 2, de 08.03.2.016).

Registre-se que o Tribunal de Justiça de São Paulo, através do Provto. CSM nº 1.868/2011, estabelecera as diretrizes de funcionamento do *Núcleo Permanente de Métodos Consensuais de Solução de Conflitos*, constando dentre os *consideranda do Regimento Interno* a oferta de um "acesso qualificado à justiça ('acesso à ordem jurídica justa'), a disseminação da cultura da pacificação social por meio da centralização das estruturas judiciárias, da adequada formação e treinamento de servidores, conciliadores e mediadores, bem como do estruturamento e acompanhamento estatístico específicos", valendo registrar que dito Provimento evoca, expressamente, a antes referida Res. CNJ nº 125/2.010, que instituiu a Política Judiciária Nacional.

Aos propósitos antes delineados se predispõe a presente obra, ora em 3ª edição, na expectativa de que possa continuar a contribuir, em alguma medida, para o aprimoramento, atualização e contextualização da prestação jurisdicional em nosso país.

São Paulo, janeiro de 2020.

Capítulo 1

OS CONFLITOS – SOCIAIS E INTERSUBJETIVOS – E SUA RECEPÇÃO PELO DIREITO

Sumário: 1. A higidez téorico-formal da norma não assegura sua efetividade e credibilidade. 2. A assunção, pela Justiça estatal, da resolução dos conflitos: o *déficit* no custo-benefício desse monopólio. 3. A releitura, contextualizada e atualizada, do *acesso à Justiça*. 4. Os *meios alternativos* de solução de conflitos e os *elementos aceleratórios* do processo judicial. 5. O processo coletivo e o *tratamento molecular* dos megaconflitos. 6. O compromisso de ajustamento de conduta como instrumento de prevenção e superação das controvérsias. 7. A resolução dos conflitos, sob os prismas institucional e sociológico. 8. O engajamento do Estado-juiz no objetivo da composição justa dos conflitos.

1. A HIGIDEZ TEÓRICO-FORMAL DA NORMA NÃO ASSEGURA SUA EFETIVIDADE E CREDIBILIDADE.

A simples observação do que ordinariamente acontece em sociedade permite constatar que a generosidade e o altruísmo não se apresentam imanentes à natureza humana, e disso dão farta notícia as ocorrências ao longo da história da humanidade, reportadas na literatura e nas passagens bíblicas. O homem, como desoladamente o afirmou Thomas Hobbes, é o *lobo do homem*, e esse perfil predatório e egoísta tem permeado os diversos regimes político-jurídicos ao longo do tempo: assim os estruturados em normas escritas como aqueles regidos pelos costumes ou precedentes judiciários; assim os mais rudimentares, com predomínio da tradição oral, como os mais elaborados, de cultura codicística. Todos eles apresentaram como núcleo comum a imposição de padrões de conduta estabelecidos pelo Poder, sob sanções de diversa ordem, incidentes ora no patrimônio (confisco de bens, tributação exacerbada), ora na própria integridade física dos sujeitos recalcitrantes, tais os castigos corporais, ora sobre o direito de ir e vir dos afirmados infratores, tais as penas privativas de liberdade ou o degredo ou o exílio.

O uso da força pela instância dominante nem sempre se fez de modo ostensivo ou agressivo, mas também se deu por vias oblíquas, ou *disfarçadas*, como se passa(va) em nosso ambiente rural, segundo explica Eliane Botelho

Junqueira: "A 'bondade' da cessão de uma morada na cidade ou da doação de um animal, além de ser mais vantajosa para o proprietário, que assim *dribla* as obrigações trabalhistas, representa uma maneira de se garantir a relação de servidão, reinventando, na cidade, a 'moradia de favor'. Se, por um lado, as transformações rurais fundamentadas na introdução da legislação trabalhista no campo questionam diretamente a categoria do 'favor', por outro lado, instala-se uma outra forma de violência simbólica através da 'indústria do acordo'".[1]

Os romanos pontificaram na imposição de submissões diversas aos povos conquistados, e ao propósito já se observou que o império romano, tendo primeiro conquistado vastos territórios e subjugado muitos povos pela força das armas, depois, na fase do declínio, nem por isso caiu no desprestígio ou no ostracismo; antes, manteve-se onipresente, já agora pela pujança do Direito que houvera adrede constituído. Um dos múltiplos exemplos reside na vetusta *actio popularis*,[2] ainda hoje recepcionada em nosso ordenamento constitucional (art. 5.º, LXXIII) e amiúde exercida na *praxis* judiciária; ou ainda, nos vários interditos, aproveitados por nosso Direito nas diversas modalidades de proteção possessória.

Hoje, porém, num mundo globalizado, onde se embatem sociedades massificadas e competitivas, não raro sucede que o padrão de conduta, mesmo positivado numa norma cogente, não raro reforçada por sanções draconianas, não consegue conter ou mesmo reduzir o ambiente de conflituosidade geral, bastando constatar que em países onde se pratica a pena de morte e onde as penas privativas de liberdade são notoriamente severas, como nos Estados Unidos, nem por isso diminui a população carcerária, nem arrefece a tensão social, que explode em diversas modalidades, como amiúde vem repercutido na mídia.

Tais ocorrências induzem a conjecturar a existência de uma proporção direta entre a repressão normativa exacerbada e o paradoxal incremento da

1. *A sociologia do direito no Brasil*, Rio de Janeiro: Lumen Juris, 1993, p. 176-177.
2. A propósito, já escrevemos: "(...) embora a *actio romana* exigisse um *interesse pessoal e direto* exercido pelo *titular* do direito (*nemo alieno nomine lege agere potest*; *actio nihil aliud est quam jus persequendi judicio quod sibi debetur*), as ações populares eram aceitas como uma exceção àquele princípio, justamente porque através delas o cidadão perseguia um fim altruísta, de defesa dos bens e valores mais altos ao interno da *gens*. E assim, a primeira daquelas parêmias antes citadas acabou por merecer um apêndice, segundo Gaio, resultando esta dicção: *alterius nomine agere non licebat, nisi pro populo*" (*Ação popular*, 8. ed., São Paulo: Thomson Reuters- Revista dos Tribunais, 2015, p. 56).

conduta delituosa: assim, quanto mais se reprime e se pune com rigor crescente o uso de drogas, mais o tráfico se intensifica e se organiza, evidenciando que a divulgação da repressão massiva a uma conduta antissocial cria um espaço midiático que, perversamente, acaba laborando *em prol*, e não contra, a prática que se quer combater. Outro exemplo está na chamada *pichação*, disseminada nos grandes centros urbanos: apesar de prevista como crime ambiental (Lei 9.605/98, art. 65 e §§, com as alterações da Lei 12.408/2.011), nem por isso sua prática arrefece, acarretando danos aos imóveis particulares e aos monumentos públicos. De resto, é o que sói acontecer sempre que o contemporâneo Estado-leviatã se põe a combater as *consequências*, deixando de identificar e enfrentar as *causas* do problema, que, nos exemplos dados, estão nas condições precárias em que vive a maioria da população, desprovida de educação de qualidade, de orientação moral e cívica, sem trabalho digno e excluída da possibilidade de ascensão social.

Não raro, o operador do Direito se desacorçoa ao constatar a incapacidade da norma repressiva em alcançar o objetivo de prevenir ou desestimular o ilícito a que ela se preordena, como entre nós ocorreu, por exemplo, com a parte correcional do *Estatuto da Criança e do Adolescente* (Lei 8.069/90): a olhos vistos, a delinquência juvenil só faz aumentar, enquanto os órgãos competentes, em que pese o seu empenho, realizam *trabalho de Sísifo*: quanto mais aumenta a delinquência na menoridade, mais se exacerbam os investimentos públicos no setor, com a edificação de novos estabelecimentos para "tratamento e ressocialização" dos infratores; quanto mais esses institutos são depois degradados em incessantes rebeliões, novos e crescentes empenhos orçamentários são ativados para sua reparação ou reconstrução, e assim sucessivamente, num cruel círculo vicioso que exaure os recursos do Estado e impacta a população pagadora de impostos. Noutro exemplo, constata-se que quanto mais normas restritivas ao uso e ocupação do solo são editadas (Códigos de Edificação; Planos Diretores; o Estatuto da Cidade: Lei 10.257/2001; o Estatuto da Metrópole: Lei 13.089/2.015), mais aumentam as infrações edilícias, mais construções clandestinas são erguidas, sobretudo na periferia das megalópoles, com destaque para o avanço das ocupações irregulares nas áreas de mananciais.

Uma evidência dessa legiferação exacerbada está na positivação de leis diversas – não raro sobrepostas – incidindo sobre uma mesma fattispecie básica: o Estatuto da Criança e do Adolescente (Lei 8.069/90) e o Estatuto da Juventude (Lei 12.852/2.013); o Estatuto da Cidade (Lei 10.257/2.001) e o Estatuto da Metrópole (Lei 13.089/2.015); o Estatuto do Idoso (Lei 10.741/2.003) e o do "mais idoso" (Lei 13.466/2.017); a Lei de Improbidade Administrativa

(Lei 8.429/92) e a Lei 12.846/2.013 sobre a responsabilização de pessoas jurídicas pela prática de atos contra a administração pública.

São de variada ordem as *concausas* dessa nomogênese desenfreada, pondo em evidência a parca – ou por vezes nenhuma – eficiência da norma repressiva, indo desde a utópica presunção da *completude* da ordem jurídica até a falaciosa redução do Direito às normas pelas quais ele se expressa, quando na verdade a simples observação dos fatos evidencia que *a vida é mais rica do que o Direito* (ou "o território é maior do que o mapa"), e por isso a obsessiva produção de normas – dita *nomocracia* – acaba abrindo uma fenda abissal entre o mundo formal e téorico do *dever ser* (a configuração lógica) e o mundo efetivo e real do *ser* (a configuração ontológica). Tudo isso, na realidade pátria, induz à visualização de *dois Brasis*: um *legal*, outro *real*; isso é perceptível em muitas ocorrências contemporâneas, nos campos social, político, econômico, e desse contexto não se aparta a experiência jurídica, mesmo a da ciência processual, pese o seu caráter instrumental e não propriamente criador de situações jurídicas.

Com efeito, mais se introduzem inovações e alterações na legislação processual codificada e extravagante, mais se exacerbam as dúvidas e controvérsias entre os operadores, o que vem retardar o trâmite dos processos acumulados em primeira instância e nos Tribunais, pondo à calva um sensível *erro de diagnóstico*: a principal *causa* do volume excessivo de processos *não reside* em nosso arcabouço processual – tecnicamente idôneo e, a certos respeitos, até sofisticado – e sim na escassez de meios, materiais e humanos, para um melhor gerenciamento do exacerbado in put de processos, a que se agrega a *cultura judiciarista*, refratária à busca pelos meios alternativos de solução de conflitos, tudo resultando no agravamento da crise numérica de processos. [3]

No ponto, a avaliação de Humberto Theodoro Júnior: "A própria reforma do Poder Judiciário (EC 45), pela qual se debateu e se aguardou por mais de dez anos, acabou por decepcionar a todos. Não passou, na maioria de seus dispositivos, do campo abstrato das normas de competência. Na pura realidade, não está no âmbito das normas jurídicas a causa maior da demora na prestação jurisdicional, mas na má qualidade dos serviços forenses. Nenhum processo duraria tanto como ocorre na Justiça brasileira se os atos e prazos previstos nas leis processuais fossem cumpridos fielmente. A demora crônica decorre justamente do descumprimento do procedimento legal. São os atos

3. Informa o boletim *Justiça em Números*, do CNJ, divulgado em 2.019, ano-base 2.018, à p. 84: "Em média, a cada grupo de 100.000 habitantes, 11.796 ingressaram com uma ação judicial no ano de 2018". Sítio www.cnj.jus.br, acesso em 13.12.2019.

desnecessariamente praticados e as etapas mortas que provocam a perenização da vida dos processos nos órgãos judiciários. De que adianta reformar as leis, se é pela inobservância delas que o retardamento dos feitos se dá?"[4]

Sob outra mirada, não se pode minimizar a ineficiência ou a leniência das instâncias administrativas para recepcionar, equacionar e resolver os megaconflitos que hoje avultam em nossa sociedade, com isso permitindo que eles se potencializem e acabem judicializados, gerando uma massiva demanda por *justiça a qualquer preço*, a que, depois, o Estado não consegue atender, ou, tentando fazê-lo, responde a destempo e, não raro, de modo juridicamente inconsistente, gerando novas insatisfações. Considerem-se, por exemplo, as iterativas invasões de propriedades rurais, não raro com emprego de meios violentos, a despeito da existência de vários órgãos competentes na matéria, que poderiam e deveriam prevenir ou compor em modo justo tais ocorrências; a omissão ou a parca efetividade dessas instâncias leva a que tais megaconflitos acabem canalizados diretamente ao Judiciário, não raro antes do desejável ponto de maturação. Sensível a esse contexto, o vigente CPC em boa hora regulou a ação que tem por objeto o "litigo coletivo pela posse de imóvel", prevendo uma audiência de mediação, ainda antes da apreciação do pedido de medida liminar (art. 565 e § 1º).

A Justiça estatal, de ordinário, é precipuamente afeita a lidar com litígios entre *sujeitos determinados* (jurisdição singular), e por isso mesmo não revela a mesma aptidão quando se depara com ocorrências de largo espectro, envolvendo crises que relevam não só do âmbito jurídico, mas também (e não raro principalmente) dos planos social, político e econômico, ditos conflitos multiplexos. Nesse sentido, observa José Renato Nalini: "A mídia noticia com frequência casos de ordens judiciais não cumpridas. Os mecanismos existentes para coibir tais hipóteses se mostram insuficientes e são utilizados com singular sobriedade. Na retórica do discurso oficial e do discurso jurídico, todavia, continua-se a repetir *ad nauseam* que ordem judicial é para ser cumprida, não discutida".[5]

(Sirva de exemplo a quantidade expressiva de precatórios judiciais desatendidos, a despeito da severa sanção de intervenção federal ou estadual para os casos de descumprimento de decisão judicial: CF, arts. 34, VI, e 35,

4. A onda reformista do direito positivo e suas implicações com o princípio da segurança jurídica. In: CALDEIRA, Adriano; FREIRE, Rodrigo da Cunha Lima (orgs.). *Terceira etapa da reforma do Código de Processo Civil – Estudos em homenagem ao Min. José Augusto Delgado*. Salvador: JusPodivm, 2007, p. 213.
5. *A rebelião da toga*, Campinas (SP): Millenium, 2006, p. 149.

IV; o mesmo se diga do alarmante número de mandados de prisão retidos nas gavetas da burocracia, assim pavimentando o caminho para a prescrição dos delitos e contribuindo para a sensação de impunidade geral).

Essas e tantas outras constatações induzem a refletir que, nos dias de hoje, a função judicial precisa ser urgentemente repensada, reciclada e contextualizada, colocando-se em pauta prioritária a *reavaliação* dessa função estatal, que então deixaria de operar como uma oferta primária (como o induz uma leitura literal e apressada do art. 5.º, XXXV, dita *garantia de acesso à Justiça*), para já então ser compreendida como uma *cláusula de reserva*, a saber: uma *oferta residual*, para os casos que, ou não se afeiçoam à resolução pelos meios auto e heterocompositivos, em razão de singularidades da matéria ou das pessoas concernentes, ou, pela complexidade da crise jurídica, reclamam cognição judicial ampla e exauriente, inclusive as chamadas ações necessárias.

Nesse sentido, é salutar que se prestigie a tendencial desjudicialização dos conflitos, de que são exemplos a consignação em pagamento, que pode ser feita em Banco oficial (CPC, art.539 e § 1º); a realização de separações e divórcios consensuais nos tabelionatos (CPC, art. 733 e §§); o reconhecimento extrajudicial de usucapião (Lei 6.015/73, art. 216-A e §§, com alterações da Lei 13.105/2.015 e 13.465/2.017).

O contexto que ora se vai preconizando passa por uma releitura da tradicional divisão entre os *Poderes* (dimensão *estática* do Estado, aderente à ideia de soberania, por isso mesmo pouco transparente e de difícil compreensão pela maioria da população); convém que essa tradicional concepção seja vista à luz da perspectiva das *Funções* do Estado (dimensão *dinâmica*, por isso mesmo controlável quanto à efetividade e economicidade), numa vera *reengenharia de tarefas*, assim sumariada: (*i*) as escolhas primárias e opções políticas envolvendo bens e valores fundamentais para a população devem remanescer confiadas ao Parlamento – a *policy determination* – a cargo dos representantes da coletividade, que, no exercício de mandato popular, elaboram a norma legal – *geral, abstrata, impessoal, de obrigatoriedade geral*; (*ii*) a Administração Pública, em sentido largo, encarrega-se de dar *efetividade* à normação positivada – administrar é aplicar a lei, de ofício – fazendo-a valer, tanto para o Poder Público como ao interno da sociedade – *policy execution* – impondo as sanções para o caso de descumprimento (*v.g.*, multas, interdições e demais intervenções fundadas no poder de polícia); desse modo, (*iii*) sobejaria para o Judiciário o *policy control*, isto é, a emissão de comandos acerca dos conflitos que se revelam refratários à atuação daquelas instâncias antes indicadas, seja aqueles não resolvidos espontaneamente pela incidência natural da norma, seja os que não foram auto ou heterocompostos por outros meios.[6]

Nesse panorama, o Judiciário atuaria como *instância residual*, e não, como hoje acontece, *protagonizando* a cena em modo de uma instância primária, chamado a atuar ainda em meio à *eclosão* dos conflitos, sobretudo os metaindividuais, os quais poderiam e deveriam antes passar por um estágio de maturação e tentativa de resolução ou ao menos de equacionamento perante *outras* instâncias, consultivas ou decisórias, e bem assim, mediante *outros meios*, auto e heterocompositivos. Percebeu-o José Eduardo Faria, em aguda análise: "Se as decisões dos juízes se circunscrevem apenas aos autos e às partes, como devem agir quando a resolução dos litígios a eles submetidos implicam políticas públicas, de responsabilidade do Executivo? Como suas sentenças podem guardar um mínimo de coerência entre si, uma vez que o inflacionado, fragmentário e ilógico sistema legal em vigor não permite decisões unívocas? Como proceder quando os demais poderes batem nas portas dos tribunais solicitando decisões que não foram capazes de tomar consensualmente? Na medida em que os anacrônicos mecanismos processuais ainda em vigor não permitem uma filtragem correta e um encaminhamento adequado dos conflitos jurídicos, eles acabam chegando em estado bruto e, por consequência, com uma alta carga de passionalidade e explosividade à apreciação da magistratura".[7]

A gênese da crise de autoridade/efetividade/credibilidade da norma legal em verdade remonta ao próprio *processus* legislativo, já que de há muito a lei deixou de ser a resultante da *vontade geral*, expressada pelos representantes do povo, para se converter no produto final do encarnecido embate entre poderosas facções políticas, ou tensas *negociações* com o Executivo, ao final prevalecendo, não a fórmula que melhor consultaria ao interesse público, mas aquela de preferência do grupo político dominante. Nesse sentido, a avaliação

---

6. No ponto, esclarece Fábio Konder Comparato em seu estudo "Ensaio sobre o juízo de constitucionalidade de políticas públicas", Revista dos Tribunais nº 737, mar.-1997, p. 17: "O autor pioneiro nessa reclassificação das funções do Estado foi Karl Loewenstein, em sua obra *Political Power and the Government process*, publicada em 1957 pela *The University of Chicago Press* e republicada em 1968 em alemão, com extenso aditamento, sob o título *Verfassungslehre*, por J.C.B. Mohr (Paul Siebeck), de Tübingen (3. ed., em 1975). Para Loewestein, a nova tripartição dos Poderes é a de *policy determination*, *policy execution* e *policy control*. Como se percebe, houve apenas a substituição da lei pela política pública, mantendo-se a mesma separação entre a declaração, a execução e o controle (no sentido de um juízo de revisão)".

7. O Judiciário e seus dilemas. *Revista do Advogado* (AASP), n. 56, set./1999, p. 66.

de Luiz Guilherme Marinoni: "(...) a lei do Estado Contemporâneo está muito mais perto de constituir a vontade dos *lobbys* e dos grupos de pressão do que representar a vontade uniforme do Parlamento ou expressar a vontade do poder político que legitimamente o domina. A falta de conhecimento do direito – e até mesmo a tentativa de desprezo de direitos básicos e indisponíveis – por parte dos grupos de pressão gera a cada dia leis mais complexas e obtusas, frutos de ajustes e compromissos entre os poderes sociais em disputa".[8]

Entre nós, uma evidência da má-qualidade na confecção das leis (açodamento na aprovação, redação ambígua, sobreposição de textos, vícios de iniciativa etc.) está na proliferação das ações no controle direto de constitucionalidade – *ADIn, ADCon, ADPF*, inconstitucionalidade por omissão – e nas arguições incidentais de inconstitucionalidade, que ocupam grande espaço na pauta dos tribunais, em especial do STF, em detrimento do exame e julgamento das demais ações de competência originária e dos recursos ordinários e extraordinários. [9] Em criteriosa pesquisa, Joaquim Falcão, Pablo de Camargo Cerdeira e Diego Werneck Arguelhes afirmam: "Ao assegurar o acesso a recursos inerentes, a Constituição possibilita, individualmente, na quase totalidade dos casos, o direito mínimo a dois julgamentos, um inicial e um recurso, o duplo grau de jurisdição. (...) Na prática, no Brasil, se garante no mínimo o triplo grau de jurisdição, às vezes o quádruplo grau de jurisdição". [10]

Como se sabe, a tese da redução do Direito à norma levou a um exacerbado positivismo jurídico, proposto pela chamada *Escola da Exegese*, que encontrou um expoente em Hans Kelsen, com sua notória *teoria pura do Direito – Stufenbautheorie* – expondo um sistema fechado, escalonado e hierárquico de normas, cuja coesão interna derivava e hauria legitimidade de uma premissa não escrita, posta à cumeeira do sistema, dita *norma fundamental hipotética: pacta sunt servanda.*[11] Essa proposta reducionista, porém, como diz Mauro Cappelletti, implica uma "supersimplificação da realidade; o Direito e o sistema jurídico eram olhados exclusivamente em seu aspecto normativo, enquanto se negligenciavam seus componentes reais – sujeitos, instituições,

---

8. A jurisdição no Estado contemporâneo. In: MARINONI, Luiz Guilherme (coord.). *Estudos de direito processual civil: homenagem ao professor Egas Dirceu Moniz de Aragão*. São Paulo: Revista dos Tribunais, 2006, p. 24.
9. Consulte-se, a respeito, o sítio www.supremoemnumeros.com.br.
10. V Relatório Supremo em Números – o múltiplo Supremo. Fundação Getúlio Vargas, Direito-Rio, 2.019, p. 32 do documento impresso. Disponível no sítio fgv.br/supremoemnumeros/publicacoes.html, acesso em 13.12.2019.
11. *Teoria pura do direito*, tradução de João Baptista Machado, São Paulo: Martins Fontes, 2012, p. 244-246, *passim*.

processos e, mais genericamente, seu contexto social. O realismo jurídico foi uma primeira reação forte contra semelhante enfoque. Conforme bem se sabe, o realismo jurídico conduziu àquilo que se denominou 'cepticismo normativo'". (...) "O movimento de acesso à Justiça, como enfoque teórico, embora certamente enraizado na crítica realística do formalismo e da dogmática jurídica, tende a uma visão mais fiel à feição complexa da sociedade humana. A componente normativa do Direito não é negada, mas encarada como *um* elemento, e com grande frequência não o principal, do Direito. O elemento primário é *o povo, com todos os seus traços culturais, econômicos e psicológicos*."[12]

Daí a gradual superação do estrito positivismo jurídico, com o advento da chamada *jurisprudência dos valores ou dos interesses*, buscando salientar que o Direito não pode abstrair da *carga axiológica* que lhe é imanente, própria das ciências humanas, que descrevem e tipificam condutas no vasto mundo do dever-ser. Ao propósito, aduz José Rogério Cruz e Tucci: "Desse modo, afirmava Ihering que ao juiz não competia uma função apenas declarativa daquilo que está implícito no sistema jurídico, mas sim, uma tarefa criativa do próprio direito. Tal criação irrompe sobrelevando o escopo da lei, vale dizer, o interesse tutelado pela norma: abre-se, destarte, o caminho à *jurisprudência dos interesses*. Forçoso é reconhecer que, por essa concepção, a lei continuava sendo consagrada como principal fonte do direito, mas não a única, porquanto o ordenamento não é completo, possuindo lacunas que deveriam ser supridas quando do julgamento dos conflitos, prevendo-se a vontade do legislador, mediante a detecção dos interesses que ele pretendeu defender. E, nessa atividade mental, descortina-se a possibilidade ao juiz de criar direito".[13]

Por aí se compreende a contemporânea inclinação de nosso legislador pelos chamados *conceitos vagos ou indeterminados* ou *cláusulas gerais*, que deixam margem a que seu conteúdo venha preenchido *a posteriori*, pelo juiz, no caso concreto: um exemplo está na frase "a qualquer outro interesse difuso e coletivo", inserida no rol dos temas passíveis de judicialização por ação civil pública (Lei 7.347/85, inciso IV do art. 1.º); outro exemplo reside na expressão "questões relevantes do ponto de vista econômico, político, social ou jurídico, que ultrapassem os interesses subjetivos do processo", na caracterização da "repercussão geral da questão constitucional" (CPC, § 1.º do art. 1.035),

---

12. Os métodos alternativos de solução de conflitos no quadro do movimento universal de acesso à justiça. *Revista Forense*, n. 326, p. 121.
13. *Precedente judicial como fonte do direito*, São Paulo: Revista dos Tribunais, 2004, p. 216.

requisito essencial à admissibilidade do recurso extraordinário no STF (CF, § 3º do art. 102). Ao propósito, prevê o CPC no § 1.º do art. 489: "Não se considera fundamentada [e, portanto, é nula: CF, art. 93, IX] qualquer decisão judicial, seja ela interlocutória, sentença ou acórdão, que: (...) II – empregar conceitos jurídicos indeterminados sem explicar o motivo concreto de sua incidência no caso".

Entre nós, a incapacidade da norma para resolver, *de per si*, as crises a que ela vem preordenada fica evidente em muitos setores. Um caso emblemático é o do incremento de normas severas, voltadas à repressão dos ilícitos administrativos e tributários, tanto civis como penais (CF, art. 37, § 4.º; Lei 8.429/92; Lei 8.666/93; Lei Complementar Federal 101/2001; Lei 12.846/2.013); pese a índole cogente e imperativa desses textos, a par da gravidade das sanções, nem por isso se desestimulam ou arrefecem a corrupção, a sonegação de impostos e as lesões ao erário, conforme o denota a crescente carga de trabalho nas instâncias fiscalizadoras e repressivas: Tribunais de Contas, de Impostos e Taxas, *CADE*, Ministério Público, Polícia Federal, Unidade de Inteligência Financeira (antigo COAF, hoje vinculada ao Banco Central cf. Med.Prov. 893/2.019), Varas de Fazenda Pública e Varas Criminais, Câmaras de Direito Público nos Tribunais, Procuradorias Fazendárias, Conselho Nacional de Justiça.

Premido pelo crescente volume de lesões de toda ordem perpetradas contra o patrimônio público, o Estado brasileiro é instado a empenhar parcelas cada vez mais importantes do orçamento, em contínuas e crescentes aplicações em recursos humanos, materiais e operacionais, informatização sofisticada, serviços de inteligência e de segurança, construção e reforma de prédios etc., investimentos que, ao fim e ao cabo, são custeados pelo administrado e pelo jurisdicionado, ou seja, por aqueles a quem o sistema deveria proteger e bem servir com a escorreita gestão dos recursos já disponibilizados.

Ao propósito, Bruno Dantas Nascimento afirma que "a experiência brasileira com processo coletivo ainda é bastante incipiente, seja por falta de amadurecimento teórico-legislativo, seja porque ainda carece o nosso Judiciário de instrumental cognitivo e material para superar os percalços que se acumulam durante a tramitação das ações coletivas". Em nota de rodapé o autor evoca o "relatório estatístico" elaborado pelo Conselho Nacional de Justiça sobre ações que tenham por objeto atos de improbidade administrativa,[14] comentando a respeito: "Os resultados revelam que na Justiça Estadual de primeiro grau durante o ano de 2010 foram distribuídas 2.807 ações de

14. Disponível em: [http://www.cnj.jus.br/images/programas/cadastro-improbidade/Resultados/Dados_Consolidados_Improbidade_2010.pdf].

improbidade administrativa e julgadas 434, sendo que naquele ano tramitavam 8.422 ações".[15] O boletim Justiça em Números, do CNJ, versão 2.019, ano base 2.018, apresenta infográfico acerca do custo por ramo de Justiça, revelando que a "Justiça estadual representa 57,1% da despesa total".[16]

O tendencial crescimento físico da estrutura judiciária estatal não dá mostras de arrefecer, mas, ao contrário, continua em linha ascendente, de que foi exemplo a Lei Federal 12.011/2009, criando expressivo número de cargos destinados a prover as necessidades da "interiorização da Justiça Federal de primeiro grau e à implantação dos Juizados Especiais Federais no país" – art. 1.º. Posteriormente, foi promulgada a EC 73/2013, autorizando a criação de quatro novos TRF's, o que, todavia, foi impugnado na ADIn nº 5.017 da Associação Nacional de Procuradores Federais, tendo o Min. Joaquim Barbosa concedido liminar, suspendendo seus efeitos.[17] Repercutindo o caso, o jornal *O Estado de São Paulo*, de 07.08.2013, cad. A-3, afirmara em editorial que o fundamento da impugnação reside em que "mudanças na estrutura administrativa do Poder Judiciário só podem ser propostas pela cúpula da instituição e não pelo Legislativo, como foi o caso do projeto que resultou na EC 73". (...) "também tem a oposição do Executivo, que teme os gastos perdulários da Justiça Federal com a construção de sedes suntuosas e contratação indiscriminada de servidores. Recentemente, o Instituto de Pesquisa Econômica Aplicada (IPEA) divulgou levantamento que mostra que existem alternativas mais baratas e eficientes para a expansão da segunda instância da Justiça Federal e demonstra, com números, que os desembargadores de um dos TRF's ficarão sem ter o que fazer, por falta de demanda".

Todo esse contexto vem retroalimentado pelas expectativas e cobranças da coletividade em face da Justiça estatal, tendo em vista os níveis crescentes de barbárie, criminalidade e corrupção, a que se agrega a desalentadora sensação de "impunidade geral", para a qual concorrem vários fatores, disseminados pelos três Poderes da República: (*i*) *Legislativo*, instância em que infindáveis e obscuras CPI's, ao fim e ao cabo pouco ou nada apuram, além de provocarem, como *dano marginal*, o sobrestamento da discussão e aprovação de importantes projetos de lei; (*ii*) *Executivo*, instância em que o tempo útil e

15. "Tutela recursal plurindividual no Brasil: formulação, natureza, regime jurídico, efeitos". Tese de doutorado, sob orientação da Prof. Teresa Arruda Alvim Wambier, sustentada e aprovada na PUC de São Paulo, em 24.08.2013, p. 11 e rodapé n. 1.
16. Sítio www.cnj. jus.br, acesso em 13.12.2.019, p. 65 do documento impresso.
17. No sítio www.stf.jus.br, acessado em 13.12.2019, consta que a citada PEC foi excluída do calendário de julgamento pelo Presidente da Corte em 04.06.2.018.

os recursos orçamentários se desperdiçam nas recorrentes alternâncias de concentração/descentralização de órgãos na administração direta e indireta, valendo lembrar a existência, em 2013, de 39 Ministérios, inclusive um *Ministério da Pesca*, a que a crônica bem-humorada excogitara bifurcar entre "Pesca de água doce" e "Pesca de água salgada"; [18] (*iii*) *Judiciário*, instância em que conhecidas mazelas vão da excessiva duração dos processos à baixa efetividade dos comandos judiciais condenatórios, passando por rumorosos casos de corrupção, o que veio a engendrar a criação, pela EC 45/2004, do *Conselho Nacional de Justiça* (CF, art. 103-B), preordenado ao macroplanejamento, fiscalização e acompanhamento das atividades judiciais ao longo do território nacional.

O saudoso José Joaquim Calmon de Passos pintava em cores fortes o contexto existente em sua época, começando por observar que três coisas se podem esperar numa democracia – eleição dos dirigentes, governabilidade e responsabilização dos eleitos –, tríduo que, a seu ver, restou inviabilizado pela Constituição de 1988: "Nosso processo político é um faz de conta, o presidente que elegemos nada mais é que um prisioneiro dos interesses dos grupos de pressão transmudados em conventilhos políticos acampados no Congresso, o Judiciário deita e rola divertindo-se a nível micro e impotente a nível macro e o Ministério Público, desorientado pela indeterminação de suas atribuições, navega sem bússola, apenas tentando 'mostrar serviço' capaz de aparentemente justificar a importância que lhe deram sem cuidar de sua transparência e de sua legitimação democrática".[19]

O Estado disponibiliza toda uma infraestrutura físico-organizacional e correspondentes recursos humanos para prover e viabilizar o largo espectro que gravita em torno da norma legal – os que a propõem, os que a analisam, os que a redigem, os que a debatem e aprovam, os que a aplicam, os que a fiscalizam – e o faz à custa do contribuinte, já oprimido por pesada e crescente carga tributária, sem ao menos o conforto de ao final ver um positivo *resultado prático* do investimento estatal e dos sacrifícios individuais. Prova disso é que, apesar dos princípios, diretrizes, direitos individuais e sociais que abundam na Constituição Federal, são pífios os resultados e decepcionantes os retornos das aplicações em educação, saúde pública, transportes, segurança;

---

18. No sítio pt.wikipedia.org/wiki/ministérios_do_brasil, consultado em 13.12.2.019, consta que desde janeiro de 2.019 existem 22 pastas ministeriais, sendo 16 Ministérios.
19. Reflexões, fruto de meu cansaço de viver ou de minha rebeldia? In: SANTOS, Ernane Fidélis dos *et al.* (coords.). *Execução civil – Estudos em homenagem ao professor Humberto Theodoro Júnior*, São Paulo: Revista dos Tribunais, 2007, p. 837.

assim é que ficam os cidadãos com o ônus de subsidiar aquele valores e utilidades, arcando com os custos extras de escolas particulares, seguro-saúde, automóvel particular, moradia em edifícios e condomínios *fechados*. Tudo isso deixa para as pessoas físicas e jurídicas, ao fim e ao cabo, a desalentada sensação de terem *contribuído a fundo perdido*.

O quadro não se atenua quando o foco se desloca para a Justiça estatal, cuja notória deficiência leva a que o cidadão, não raro, "prefira" arcar com seu prejuízo a propor ação na defesa do seu direito, gerando o fenômeno que Kazuo Watanabe há algum tempo nominou "litigiosidade contida". Ou então, descrente da Justiça estatal – cujo maior cliente é o próprio Poder Público – a pessoa física ou jurídica "opta" pela Justiça *terceirizada*, não por livre escolha, mas para não se submeter aos riscos inerentes a um processo judicial lento, oneroso e de resultado imprevisível. No ponto, observa Per Henrik Lindblom: "Quando si preferisce l'arbitrato non per la sua superiorità, mas perché la procedura civile è antiquata o particolarmente poco invitante, quando cioè la scelta tra l'*Alternative Dispute Resolution* ed il processo civile ordinario diventa una scelta tra la peste ed il colera, l' acesso alla giustizia si trova realmente in pericolo".[20]

Entre nós, são plúrimas as fontes da tendência nacional a "enfrentar" os problemas com a edição de (novas) normas, muitas delas circunstanciais, *de ocasião*, deflagradas no calor de acontecimentos impactantes, como se dá a cada vez que advém um crime bárbaro ou a fuga em massa de um presídio ou um programa governamental desastroso, engendrando a chamada *nomocracia*, na contramão do judicioso aviso de que "já se viu sociedade mudar lei, mas ainda não se viu lei que mudou sociedade".

O problema da *fúria legislativa* se conecta ao da tendência de cada povo em optar por resolver os conflitos por meios autocompositivos ou, então, pela intercessão do Estado-juiz (solução *adjudicada*). Boaventura de Souza Santos, Maria Manuel Leitão Marques e João Pedroso observam: "Se em certas sociedades os indivíduos e as organizações mostram uma clara preferência por soluções consensuais dos litígios ou de todo modo obtidas fora do campo judicial, noutras a opção por litigar é tomada facilmente. (...) Os Estados Unidos foram considerados como tendo a mais elevada propensão a litigar, configurando uma 'sociedade litigiosa', como lhe chamou Lieberman (1981). (...) Avançaram-se então várias razões que alimentariam tal cultura litigiosa,

---

20. La privatizzazione della giustizia: osservazioni circa alcuni recenti sviluppi nel diritto processuale americano e svedese. *Rivista trimestrale di diritto e procedura civile*, n. 4, dez./1995, p. 1399.

desde a existência de um número excessivo de advogados até o enfraquecimento dos laços comunitários e dos compromissos de honra na gestão da vida coletiva. Segundo alguns, a propensão a litigar estaria a resultar numa enorme drenagem de recursos econômicos que de outra maneira poderiam ser afetados às tarefas do desenvolvimento".[21]

No ponto, acrescenta Michele Taruffo: "Sembra infati che la tendenza dominante nelle società asiatiche sia una sorta de *litigation aversion* che ha come naturale conseguenza una forte preferenza per la risoluzione delle controversie con metodi informali di *ADR*, principalmente facendo ricorso alla mediazione e alla conciliazione. Questa preferenza viene solitamente spiegata con il riferimento alla persistenza – nello stato profondo della cultura asiatica – dell'ideale confuciano dell'armonia sociale che non dovrebbe essere turbata e messa in crisi dal ricorso ai tribunali".[22]

A *explosão da litigiosidade*, que estigmatiza a sociedade contemporânea, apresenta complexa etiologia, passando pela possível identificação de povos naturalmente propensos e receptivos à regulação estatal (refletindo-se, *pour cause*, num reduzido arcabouço normativo), a par de outros mais resistentes às regras de conduta, cujos países, por isso mesmo, superabundam em normas, muitas delas sobrepostas e até supérfluas, o que dificulta sua compreensão e aplicação, tanto pelos operadores do Direito como pela população em geral. Muitas dessas normas são mal redigidas ou não são aderentes às reais necessidades da população, gerando o fenômeno conhecido popularmente como o das "leis que não pegam".

Com efeito, um país com superabundância de produção legislativa arrisca-se a ter um ordenamento positivo de baixa efetividade e credibilidade social, justamente porque o cipoal legislativo dificulta o conhecimento do Direito pelos destinatários, e se torna um obstáculo à própria fiscalização quanto ao cumprimento das normas. Ao propósito, afirma Gaudêncio Torquato: "Amparadas pela força da lei, coisas estapafúrdias como o Dia da Joia Folheada (toda última terça-feira de agosto), o Dia das Estrelas do Oriente, a Semana do Bebê e outras esquisitices povoam o manual do joio legislativo, escrito por parcela ponderável do corpo parlamentar". Na sequência, o articulista agrupa, sob a sigla PNBIL – Produto Nacional Bruto da Inocuidade Legislativa – algumas *pérolas* constantes de projetos de lei local, sobre temas como

21. Os tribunais nas sociedades contemporâneas. *Revista Brasileira de Ciências Sociais*, n. 30, fev. 1996, p. 48.
22. Dimensioni transculturali della giustizia civile. *Rivista Trimestrale di Diritto e Procedura Civile*, 4, dez.-2000, p. 1067.

"silêncio dos animais para evitar latidos de cachorros após as 22 horas"; outro projeto pelo qual "doentes deveriam morrer em cidades vizinhas por causa da superlotação das sepulturas"; outro projeto excogitava "construir Torres Gêmeas para a abrigar a prefeitura e as secretarias"; outro projeto propunha a instalação de um "neutralizador de odores nos caminhões de lixo"; enfim, um projeto de lei pelo qual "cavalos e burros teriam de usar fraldas, 'com exceção dos que participarem de eventos'" (Artigo nominado "Joio legislativo" – jornal *O Estado de São Paulo*, de 08.08.2013, cad. A-2). Outras pérolas da produção legislativa desenfreada são listadas por Alessandra Duarte e Chico Otávio, no texto "Brasil faz 18 leis por dia e a maioria vai para o lixo".[23]

A efetividade real e social da norma legal depende de que ela se agregue a uma definida e relevante necessidade social, econômica, política, carente de positivação no ordenamento (como entre nós se deu com os institutos da *união estável* ou do *bem de família*: CCi, arts. 1.723-1.727; Lei 8.009/90, nessa ordem), consentindo falar-se hoje nas situações de norma necessitada. Nesses casos, o comando legal vem a ser naturalmente recepcionado e observado pelos destinatários das normas permissivas e autorizativas; já quanto às normas repressivas, sua assimilação pela coletividade ou pelo segmento almejado se dá na proporção direta de sua capacidade de projetar o efeito preventivo geral, dissuasório, adrede traçado (*v.g.*, o crime ambiental de *pichação*: Lei 9.605/98, art. 65 e §§, com as alterações da Lei 12.408/2.011). Não havendo essa perfeita aderência entre a norma e o tecido social, ela remanesce numa vigência apenas formal ou teórica, e em consequência seus indigitados destinatários vão procurar contorná-la, furtando-se aos seus efeitos, de que é claro exemplo a massiva sonegação fiscal e a crescente economia informal. Ao contrário, as normas que se revestem de real efetividade juridicizam e conferem permanência às condutas tipificadas, assim conjugando a *validade formal* (vigência no tempo e eficácia no espaço) com a *validade real* (recepção social).

Esse *ponto ótimo* não vem sendo alcançado entre nós, pelos motivos antes indicados, dentre os quais se destaca a antes lembrada *fúria legislativa*,[24] exacerba-

23. http://oglobo.globo.com/politica/brasil-faz- 18-leis-por-dia-a-maioria-vai-para--lixo-2873389. Elaborado em 18.06.2.011 e atualizado em 03.11.2.011. Acesso em 13.10.2.018.

24. O magistrado paulista Valter Alexandre Mena fala num "'manicômio' que é normativo e não judiciário: sem contar as Emendas Constitucionais, Atos Institucionais e Complementares, Leis Complementares etc., no período 1946/1964, foram editados 39.720 diplomas (4.595 leis ordinárias e 35.125 decretos); entre 1965 e 1988, 39.054 normas (3.119 leis ordinárias, 2.485 decretos-leis, 24 medidas provisórias, 28.831 decretos); no período 1989/1999, foram 46.091 (2.238 leis ordinárias, 4.483 medidas provisórias e

da pelas *normas de ocasião*. No ponto, dizia o saudoso J. J. Calmon de Passos: "Daí nossa ousadia legislativa. Podemos tudo formalizar em termos de lei, pois sempre haverá uma distância quilométrica entre o que ela diz na sua forma e a aplicação que dela se fará nas relações sociais efetivamente travadas na sociedade".[25]

Esse sombrio panorama repercute negativamente na função judicial do Estado, já que a este cabe, precipuamente, aplicar, aos casos concretos, a norma formulada pelo Parlamento, e assim começam os problemas: aqui é a norma mal redigida, que não permite atinar o seu vero significado e finalidade; ali são as normas sobrepostas, redundantes, engendrando a tarefa adicional de prévia triagem entre elas, em ordem a saber qual delas – ou qual parte delas – segue em vigor; acolá são as normas editadas com vício de constitucionalidade, fomentando as arguições incidentais e as ações no controle direto. Este último tópico induz ainda o malefício residual da inserção de *novo fator de insegurança jurídica*, qual seja, a chamada "coisa julgada inconstitucional", antes prevista no § 1.º do art. 475-L do CPC/73, e hoje, recepcionada no § 12º do art. 525 do vigente CPC, pelo qual se torna *inexigível* (e, pois, inexequível) "a obrigação reconhecida em título executivo judicial fundado em lei ou ato normativo considerado inconstitucional pelo Supremo Tribunal Federal, ou fundado em aplicação ou interpretação da lei ou ato normativo tido pelo Supremo Tribunal Federal como incompatível com a Constituição Federal, em controle de constitucionalidade concentrado ou difuso".[26]

---

suas reedições, 39.370 decretos); e de 2000 a 2004, 3.371 diplomas (1.134 leis, 234 MPs, 2003 decretos). Editou-se novo Código Civil, novo Código de Menores, novo Código de Processo Civil (várias vezes reformado), nova Parte Geral do Código Penal. Melhorou? A morosidade só fez aumentar". Mais adiante, focando a *imprevisibilidade das decisões* e a desmesurada *divergência* entre elas, anota que tal decorre "da péssima redação das leis e da excessiva quantidade delas (especialmente Medidas Provisórias, que têm força de lei e são editadas diariamente como se fossem receitas de bolo)". (...) "É espantoso o descaramento na elaboração de determinadas normas, a ignorância da técnica legislativa prevista na Lei Complementar 95, de 26.2.98. Veja-se a Medida Provisória 2.171-43: reeditada 43 vezes, trata a um só [tempo] de assuntos totalmente diversos: entorpecentes, regime jurídico dos servidores, enriquecimento ilícito. É o manicômio legislativo". (Súmulas da jurisprudência predominante do Tribunal de Justiça de São Paulo – necessidade e inevitabilidade de sua instituição. *Revista da Escola Paulista da Magistratura*, ano 8, n. 2, jul.-dez./2007, p. 14, rodapé 6 e p. 21, rodapé 25).

25. Reflexões, fruto de meu cansaço de viver ou de minha rebeldia? In: SANTOS, Ernane Fidélis dos Santos *et al.* (coord.). *Execução civil – Estudos em homenagem ao professor Humberto Theodoro Júnior*, São Paulo: Ed. RT, 2007, p. 836.

26. Sobre o tema da coisa julgada inconstitucional v. os estudos constantes da obra *Coisa julgada inconstitucional*, coord. Carlos Valder do Nascimento, Rio de Janeiro: América Jurídica, 2.013.

Daí afirmar José Renato Nalini que, hoje, é "cada vez maior a responsabilidade do juiz. Se ele já foi o mero aplicador da lei, a boca pronunciadora das palavras da lei, sua missão hoje é muito distinta. O enfraquecimento do produto do Parlamento – o conceito clássico de lei – o converte em porta-voz do direito. Na divisão tradicional das funções estatais, o elaborador das regras era o poder de maior relevância. Restava ao juiz cumprir a lei na controvérsia e atuar como sancionador dos costumes. Só que a lei já não é a regra estabelecida para uma sociedade estável e previsível. Ela é o fruto do consenso possível entre interesses conflitantes, cada vez mais autônomos nos Parlamentos e nem sempre coincidentes com o interesse comum. Em todo o mundo a lei está em crise: 'Foi sagrada, enquanto expressão da vontade de deuses. Foi majestática, enquanto expressão da vontade de reis. Foi racionalizada, enquanto expressão da razão e da vontade soberana do povo. Foi expressão de valores, que incorporava, assumindo a imperatividade desses valores. Com a crise destes (crise de quarto grau!) e a entrada da vida moderna na sua fase paraética, ou eticamente neutra, as leis completaram o seu processo de perda de acatamento e altura. A lei não é hoje um instrumento respeitado – às vezes nem sequer respeitável – de regulação dos comportamentos. Consequência: o grau de acatamento da lei, pelos seus destinatários, atinge agora, nos tempos modernos, o seu nível mais baixo'". "É com essa lei", remata Nalini, "que o juiz conta para realizar o justo concreto. (...) O produto do processo legislativo contemporâneo não é senão uma obra inacabada, a reclamar suprimento do juiz, razão de não poucas incompreensões sofridas pelo Poder Judiciário".[27]

2. A ASSUNÇÃO, PELA JUSTIÇA ESTATAL, DA RESOLUÇÃO DOS CONFLITOS: O *DÉFICIT* NO CUSTO-BENEFÍCIO DESSE MONOPÓLIO.

Sempre que a norma legal não consegue obter adesão espontânea dos destinatários, deixando irrealizado seu conteúdo axiológico-impositivo, forma-se uma crise jurídica (de certeza, de satisfação, de segurança), que, à sua vez, traz subjacente uma crise sociológica, que pode mesmo degradar numa situação de aporia, em que ninguém mais conhece seus direitos nem está ciente de suas obrigações. Não por acaso, a aferição da "repercussão geral da

27. A democratização da administração dos tribunais. In: RENAULT, Sérgio Rabello Tamm; BOTTINI, Pierpaolo (coords.). *Reforma do Judiciário*, São Paulo: Saraiva, 2005, p. 174. (O trecho transcrito no texto colacionado é de Antonio Almeida Santos, Sobre a crise da Justiça, in: Antonio Barreto (org.), *Justiça em crise? Crises da Justiça*, Lisboa: Publicações Dom Quixote, 2000, p. 53).

questão constitucional", no juízo de admissibilidade do recurso extraordinário (CF, § 3.º do art. 102: EC 45/2004), passa pela avaliação, pelo STF, das "questões relevantes do ponto de vista econômico, político, social ou jurídico, que ultrapassem os interesses subjetivos do processo" – CPC, § 1º do art. 1.035.[28]

Em face da vedação da justiça de mão própria, o Estado é instado a intervir nos conflitos intersubjetivos e nos metaindividuais, mas o que se verifica é que o instrumento de que se vale – a massiva emissão de normas repressivas – não é acompanhada de programas e estratégias de médio e longo prazo: a chamada *telocracia.* Como resultado, a norma, isolada, mostra-se insuficiente, tanto para prevenir a formação do conflito como para resolvê-lo em modo consistente ou ainda para dissuadir os destinatários a não infringi-la, tudo levando a fomentar a *litigiosidade e o consequente demandismo judicial.*

Historicamente, a assunção, pelo Estado, da regulação dos conflitos e reivindicações existentes ao interno da sociedade foi ganhando corpo à medida que se fortaleciam as bases do Estado de Direito e, *em paralelo*, ia se firmando o ideário em torno dos direitos fundamentais da pessoa humana, mormente sob a égide da chamada *segunda geração* dos direitos fundamentais, a saber, a das *liberdades positivas*, pelas quais a sociedade acumula *créditos* em face do Estado (à educação, à saúde, à segurança, à sadia qualidade de vida) e ele, a seu turno, se encarrega de *provê-los*, enquanto arrecadador dos tributos e gestor do interesse geral. Para Jean Rivero, trata-se ali das *liberdades públicas*, que "confèrent à leur titulaire, non pas un pouvoir de libre option et de libre action, mais une créance contre la societé, tenue de fournir, pour y satisfaire, des prestations positives impliquant la création de services publics: Sécurité sociale, service de placement, enseignement etc."; (...) "des pouvoirs en vertu desquels l'homme, dans les divers domaines de la vie sociale, choisit lui-même son comportement, pouvoirs reconnus et organisés par le droit positif, qui leur accorde une protection renforcée en les élevant au niveau constitutionnel."[29]

Um exemplo, dentre nós, do antes referido, está na obrigação dos Estados, Municípios e Distrito Federal de aplicarem ao menos 25% de sua receita tributária na "manutenção e desenvolvimento do ensino" (CF, art. 212, caput), sob pena de sujeitar-se à intervenção federal (CF, art. 34, VII, *e*) e de, eventualmente, terem os Balanços dos respetivos Poderes Executivos glosados pelos Tribunais de Contas.

28. Ao propósito, v. o nosso *Recurso extraordinário e recurso especial*, 14. ed., São Paulo: Thomson Reuters –Revista dos Tribunais, 2018, cap. V, ítem 2.6.

29. *Les libertés publiques*, Paris: Presses Universitaires de France, 1981, t. I, p. 25 e 30.

Ainda sob o perfil histórico, vale registrar que, embora comumente se faça referência aos meios não estatais de resolução de controvérsias (*ADRs – alternative dispute resolutions*, na experiência norte-americana), em verdade a expressão "*alternativos*", aplicada nessa nomenclatura, pode induzir a um equívoco, qual seja o de que esses *outros meios* teriam advindo num momento posterior à instalação da Justiça Estatal, ao passo que a realidade histórica evidencia que os casos de autotutela é que foram pioneiros e iterativamente empregados na antiguidade e na Idade Média, antes, portanto, da perfeita instituição da Justiça estatal. Assim se passou com os atos de desforço pessoal, inclusive duelos, ordálias e os Juízos de Deus; a singela renúncia a certas pretensões; as retaliações; os justiçamentos populares; a redução à condição de escravo; a anexação de território estrangeiro. Já a Justiça estatal adveio como um *posterius*: gradativamente, foi avocando o processo e julgamento das controvérsias não auto ou heterocompostas, à proporção em que os casos de autotutela foram se reduzindo a poucas e singulares hipóteses: as dirimentes penais da legítima defesa e do estado de necessidade; a prisão na flagrância do delito (CP, arts. 24, 25; CPP, art. 301); o desforço imediato em defesa da posse (CCi, art. 1.210, § 1.º); a autoexecutoriedade dos atos administrativos (poder de polícia, *privilège du préalable. Súmula STF nº 473*); o exercício do direito de greve (CF, art. 9º e §§; art. 37, VII. Essa lenta e gradual evolução culminou com a atribuição exclusiva ao Estado do *jus puniendi*, e a consequente criminalização da justiça de mão própria – CP, art. 345.

Até mesmo na evolução do processo civil romano, verifica-se que o *árbitro privado antecedeu o magistrado estatal*, observando José Rogério Cruz e Tucci e Luís Carlos de Azevedo que, dos três períodos – ações da lei, formulário, *cognitio extra ordinem* – "a ordem dos juízos privados (*iudicia privata*) englobava os dois primeiros apontados períodos".[30]

Na experiência brasileira contemporânea, em que pese a garantia de acesso à Justiça - CF, art. 5.º, XXXV – (que para nós é uma *cláusula de reserva)*, não há negar que o próprio ordenamento positivo vai, gradualmente, buscando alterar a *cultura judiciarista*, ao disponibilizar e mesmo incentivar outros meios compositivos: CF, art. 98, I – Justiça de Paz; CF, art. 217, § 1.º – Justiça Desportiva; CPC, art. 610 e § 1º - inventários e partilhas realizáveis em tabelionatos; CPC, art. 733 e § 1º - realização mediante escritura pública, de separações e divórcios consensuais; Lei 12.529/2011, art. 4.º - caracterização do CADE como "entidade judicante, com jurisdição em todo o território

30. *Lições de história do processo civil romano*, São Paulo: Revista dos Tribunais, 1996, p. 41.

nacional"; Lei 13.140/2.015, art. 3º e §§; art. 32, incisos e §§ – emprego da mediação nos conflitos envolvendo a administração pública; Lei 9.307/96, § 1º do art. 1º, parágrafo acrescido pela Lei 13.129/2.015 - emprego da arbitragem no âmbito da administração pública; CPC, § 3º do art. 3º - incentivo ao emprego dos meios auto e heterocompositivos na solução de conflitos, inclusive por meio de conciliadores ou mediadores, considerados auxiliares da justiça (art. 140); CPC, art. 138 e §§ - intervenção de *amici curiae* sob o ideário da democratização dos julgamentos.

De outra parte, vão frutificando as modalidades *combinadas* dos meios auto e heterocompositivos (*v.g.*, mediação mesclada com arbitragem), ao mesmo tempo em que vai se firmando, ao interno da coletividade, a credibilidade nesses *equivalentes jurisdicionais*. No plano das relações internacionais, Petrônio Calmon observa que, "em que pesem a existência de tribunais internacionais e os esforços pelo fortalecimento da negociação e mediação diplomáticas, a autotutela ainda é uma forma usual de solução dos conflitos, onde se verificam a represália, o embargo, o bloqueio, a ruptura de relações diplomáticas e a guerra".[31]

Entre nós, por conta de ser *unitária* nossa Justiça, enfeixada em *numerus clausus* nos órgãos arrolados no art. 92 e incisos da CF, remanesce o vezo da *judicialização dos conflitos*, apesar das limitações que hoje se vão identificando na decisão judicial de mérito (*solução adjudicada*) como meio para se resolver *efetivamente* conflitos de largo espectro, que depassam a crise estritamente jurídica, tocando em aspectos sociais, políticos ou econômicos.

O Estado brasileiro, a par de credenciar o Legislativo para exercer a função nomogenética, também avocou o poder de interpretar a lei e aplicá-la aos casos concretos, configurando a indeclinabilidade, inafastabilidade ou ubiquidade da jurisdição. Ao contrário da função administrativa, que se exerce de ofício, porque é de índole primária, legitimada pela escolha popular do governante, já a função judicial em princípio é inerte, dependendo de provocação e respondendo nos limites desta (CPC, arts. 2.º, 490, 492 e § único), porque seus agentes detêm uma legitimação de caráter *técnico*, decorrente de aprovação em concurso público ou de admissão nos Tribunais pelo chamado *quinto constitucional* (CF, art. 94 e § único), a par das especificidades próprias para o ingresso nos Tribunais superiores.

Registre-se, nesse passo, que, embora a função precípua do Judiciário seja, naturalmente, a de proferir *julgamentos* (com ou sem resolução do

31. *Fundamentos da mediação e da conciliação*, São Paulo: Forense, 2007, p. 30.

mérito), excepcionalmente pode vir a exercer uma sorte de *ius respondendi*, aclarando situações e ocorrências que lhe são submetidas, como o fazem: (*i*) o TSE, ao responder "consultas que lhe forem feitas em tese por autoridade com jurisdição federal ou órgão nacional de partido político" (inciso XII do art. 23 da Lei 4.737/65 – Código Eleitoral); (*ii*) o STF, na arguição por descumprimento de preceito fundamental (CF, § 1.º do art. 102; Lei 9.882/99), ao definir o significado de certos direitos e situações *decorrentes* da CF (v. § 2.º do art. 5.º), ou seja, situados na chamada *zona de penumbra* (*penumbral rights*, diz-se no constitucionalismo norte-americano) ou nos desvãos do texto constitucional positivado.

No ponto, escreve Georghio Alessandro Tomerlin: "Entendemos que após o surgimento da *ADPF* no Direito Brasileiro cai por terra aquela vetusta afirmação de que o Supremo lá não está para emitir pareceres. O acórdão que encerra a apreciação da arguição – instrumento prestante à constatação dos preceitos fundamentais decorrentes da Constituição Federal – tem força vinculatória decursiva da própria Constituição, pois o Supremo Tribunal Federal foi o único órgão afetado a esta nobre função. Este ato de deliberação mais se assemelha, assim, a um 'parecer com força vinculante' do que a uma decisão judicial típica (regra individual que certifica disposições anteriores)". (...) "Pela *ADPF* o Supremo Tribunal Federal exerce o *ius respondendi* e fixa o conteúdo geral – por ato de vontade – dos preceitos fundamentais decorrentes ou do regime ou dos princípios adotados pela Constituição."[32]

Algo semelhante se passa com o STF, quando, sem declarar a inconstitucionalidade de uma lei, todavia exerce relevante função nomofilácica e paradigmática, ao (*i*) proceder à chamada "interpretação conforme a Constituição", ou (*ii*) fazer uma "declaração parcial de nulidade". Nesta última, aduz Luiz Guilherme Marinoni, "os órgãos do Poder Judiciário e a Administração Pública ficam proibidos de se valer das interpretações declaradas inconstitucionais, enquanto, na interpretação conforme, o Judiciário e a Administração ficam impedidos de realizar outra interpretação que não aquela que foi declarada como a única constitucional pelo STF".[33] Note-se que esse *jus respondendi*, do STF, pode projetar relevante efeito nas execuções por título judicial con-

---

32. Argüição de descumprimento de preceito fundamental: instrumento para uma remodelada "interpretação autêntica" dos direitos fundamentais. In: GRAU, Eros Roberto; CUNHA, Sérgio Sérvulo da (coords.). *Estudos de direito constitucional em homenagem a José Afonso da Silva*. São Paulo: Malheiros, 2003, p. 674, rodapé 41 e p. 689.

33. A jurisdição no Estado contemporâneo. In: MARINONI, Luiz Guilherme (coord.), *Estudos de direito processual civil*... cit., 2006, p. 32.

denatório, porque a interpretação fixada pelo *guarda da Constituição* (art. 102, *caput*) pode ser agitada como matéria de defesa – mais propriamente como *exceção de pré-executividade* – nos moldes do previsto no art. 525, III e § 12º do CPC.[34]

A assunção, pelo Estado-juiz, dos conflitos instaurados e não auto ou heterocompostos entre os interessados ou entre estes e a Administração Pública, não foi acompanhada de um igual empenho com a boa gestão da imensa massa de processos que foi se avolumando no acervo judiciário, de primeiro e segundo graus, assim como tampouco se atentou para um efetivo controle da *efetividade* da prestação jurisdicional, olvidando-se o aviso de que a *quantidade acaba por afetar a qualidade*. Na avaliação de Ada Pellegrini Grinover, "é preciso reconhecer um grande descompasso entre a doutrina e a legislação de um lado, e a prática judiciária, do outro. Ao extraordinário progresso científico da disciplina não correspondeu o aperfeiçoamento do aparelho judiciário e da administração da Justiça. A sobrecarga dos tribunais, a morosidade dos processos, seu custo, a burocratização da Justiça, certa complicação procedimental; a mentalidade do juiz, que deixa de fazer uso dos poderes que o Código lhe atribui; a falta de informação e de orientação para os detentores dos interesses em conflito; as deficiências do patrocínio gratuito, tudo leva à insuperável obstrução das vias de acesso à Justiça, e ao distanciamento cada vez maior entre o Judiciário e seus usuários. O que não acarreta apenas o descrédito na magistratura e nos demais operadores do Direito, mas tem como preocupante consequência a de incentivar a litigiosidade latente, que frequentemente explode em conflitos sociais, ou de buscar vias alternativas violentas ou de qualquer modo inadequadas (desde a Justiça de mão própria, passando por intermediações arbitrárias e de prepotência, para chegar aos 'justiceiros')".[35]

Como se diz em sede de "organização e método", *quem quer os fins, deve dar os meios*, e o que se constata é que o Estado brasileiro houve por bem assumir o monopólio de distribuir a Justiça, mas não revelou empenho e proficiência em dotá-la dos meios pessoais e materiais que lhe permitissem produzir um resultado final de boa qualidade, ou seja: uma resposta jurisdicional

---

34. V., ao propósito, as considerações de Nery & Nery in *Comentários ao Código de Processo Civil – Lei 13.105/2.015*, São Paulo: Thomson Reuters – Revista dos Tribunais, 2.015, notas nºs 47, 48 e 49 ao art. 525, p. 1.305, 1.306.

35. Conciliação e Juizados de Pequenas Causas – deformalização do processo e deformalização das controvérsias. *Novas tendências do direito processual de acordo com a Constituição de 1988*. Rio de Janeiro: Forense Universitária, 1990, p. 177.

dotada de seis atributos: *justa* (equânime); *jurídica* (tecnicamente consistente e fundamentada); *econômica* (equilíbrio entre custo e benefício); *tempestiva* (a razoável duração do processo – CF, art. 5.º, LXXVIII: EC 45/2004); *razoavelmente previsível* (o antônimo da *loteria judiciária*, a que se referia o Min. Victor Nunes Leal, nos anos sessenta do século passado, ao propugnar pela Súmula do STF); *idônea a assegurar a efetiva fruição do direito, valor ou bem da vida reconhecidos no julgado*.

Ao propósito, o novo CPC recepciona o ideário da *jurisdição integral*, ao dispor no art. 4.º: "As partes têm o direito de obter em prazo razoável a solução integral do mérito, incluída a atividade satisfativa"; a par disso, o juiz está autorizado a valer-se das medidas de apoio e astreintes que se fizerem necessárias à obtenção do cumprimento específico do comando judicial: art. 139, IV; art. 536 e § 1º.

Presentemente, o conceito de "Justiça estatal monopolizada" vai, gradualmente, cedendo espaço à chamada *jurisdição compartilhada*, ensejando um releitura de temas fundantes, tais a *universalidade da jurisdição e* a função *instrumental do processo*, sobre os quais pontificou Cândido Rangel Dinamarco,[36] passando a entender-se que o que realmente interessa é que a *Justiça* – estatal e/ou desenvolvida através de *outros meios auto ou heterocompositivos* – revele-se capaz de resolver as controvérsias de modo justo, convincente e tempestivo, sem deixar resíduos conflitivos, que, num ponto futuro, tendem a se degradar em novas lides, num perverso círculo vicioso.

Nesse sentido, Ada Pellegrini Grinover observa que se inserem "na ideia de universalidade da proteção jurisdicional as técnicas de revitalização das vias alternativas que, embora nem sempre jurisdicionais, se colocam num amplo quadro de política judiciária, como meios de solucionar conflitos fora do processo e sem necessidade deste: a conciliação e a arbitragem, poderosos instrumentos de desafogo da *litigiosidade contida*, na feliz expressão cunhada por Kazuo Watanabe, e cujo principal fundamento é a pacificação social".[37]

O sentido contemporâneo da palavra *jurisdição* é desconectado – ou ao menos não é acoplado necessariamente – à noção de Estado, mas antes sinaliza para um plano mais largo e abrangente, onde se hão de desenvolver esforços para (*i*) prevenir a formação de lides, ou (*ii*) resolver em tempo razoável e com justiça aquelas já convertidas em processos judiciais. Deve-se ter presente que as lides não resolvidas configuram um mal que se irradia em várias direções:

36. *A instrumentalidade do processo*, 6. ed., São Paulo: Malheiros, 1998, p. 304 e s.

37. Modernidade do direito processual brasileiro. *O processo em evolução*, Rio de Janeiro: Forense Universitária, 1996, p. 10.

esgarça o tecido social, sobrecarrega o Judiciário, estimula a litigiosidade ao interno da coletividade. Na visão contemporânea, o que interessa é que as lides possam ser *compostas com justiça*, mesmo fora e além da estrutura clássica do processo judicial, ou, em certos casos, até preferencialmente sem esse instrumento, de que são exemplos a consignação em pagamento realizável em Banco oficial (CPC, § 1º do art. 539) ou a resolução de controvérsia envolvendo o Poder Público, mediante atuação das Procuradorias Fazendárias (Lei 9.469/97, art. 1º, *caput*, redação da Lei 13.140/2.015; art. 2º, *caput*, redação desta última lei).

Essa renovada concepção projeta, como *externalidade positiva*, uma delimitação mais nítida do espaço propício à função judicial do Estado, que passa a ser ocupado pelas lides mais complexas e singulares, não dirimidas em outras instâncias, ou insuscetíveis de sê-lo em virtude de certas particularidades de matéria ou de pessoa, a par das ações ditas, *pour cause*, "necessárias".

Nesse sentido, José Joaquim Calmon de Passos deplora que a CF de 1988 tenha partido "do falso e superado pressuposto de que a solução dos conflitos, sejam eles quais forem, deve ser confiada a juízes togados, quando a experiência social aponta para soluções diversificadas, isto é, para conveniência de também ser confiada esta tarefa a outros atores sociais preservando-se, apenas, o controle togado em favor da efetividade das garantias constitucionais. A única exceção, mofina e que jamais deveria ser definida constitucionalmente em sua abrangência, como o foi, é a da faculdade de criação de uma Justiça de paz. Consequência desta insensatez foi termos transformado o desempenho da função jurisdicional numa tarefa que envolve altos custos e convida à ostentação e à suntuosidade, com prioridade precisamente no segmento menos fundamental, vale dizer, os tribunais".[38]

Sob outro ângulo, é consabido que os órgãos censórios e fiscalizadores ao interno do próprio Judiciário, ao longo de sua atuação, não lograram atingir plenamente a missão a que se preordenavam, em que pese terem sido cada vez mais exigidos, na medida em que aumentaram os casos de ineficiência funcional e mesmo de improbidade. Por isso, não deve causar espécie tenha a EC 45/2004 criado um órgão de macrocontrole, fiscalização e planejamento, de composição paritária e de atuação em âmbito nacional: o *Conselho Nacional de Justiça – art. 103-B e § 4º*. Acerca dos atos de corrupção, antes basicamente confinados aos demais Poderes, mas que depois se esten-

38. *Direito, poder, justiça e processo – julgando os que nos julgam*, Rio de Janeiro: Forense, 1999, p. 111.

deram às hostes do Judiciário, Jorge Malen Seña[39] cunhou uma instigante fórmula: "*Corrupção = monopólio + discricionariedade – responsabilidade*", e, a propósito, comenta José Ignácio Botelho de Mesquita: "As restrições à garantia do devido processo legal constituem sempre ampliações da discricionariedade. Somada ao monopólio da atividade jurisdicional e excluída a responsabilidade pelos danos causados, que não existe na jurisdição, o resultado favorece à corrupção interna da própria instituição, o desvio de suas finalidades constitucionais".[40]

À medida em que se vai evanescendo a ideia da distribuição *monopolística* da justiça pelo Estado e, em paralelo, vai ganhando corpo a ideia-força da *prevenção ou resolução dos conflitos com justiça*, ainda que por *outros meios*, auto e heterocompositivos (ditos *equivalentes jurisdicionais*), por certo tenderão a diminuir algumas mazelas que hoje comprometem a função judicial do Estado brasileiro: o retardo na resposta jurisdicional, a baixa efetividade prática das decisões condenatórias, a imprevisibilidade dos julgamentos; o desequilíbrio no custo-benefício. No ponto, o sábio aviso de José Renato Nalini: "O juiz brasileiro não pode ignorar – ao contrário – precisará conviver com inúmeras formulações – novas ou nem tão recentes – de realização do justo concreto. Assim como a normatividade não é monopólio do Legislativo, a realização do justo não é monopólio do Judiciário. Há lugar para a *mediação*, para a *arbitragem*, para a *negociação*, para o *juiz de aluguel* e outras modalidades de solução dos conflitos".[41]

Bem por isso, o CNJ, na Res. 225/2.016, busca definir e incentivar a "Política Nacional de Justiça Restaurativa", reconhecendo, a teor de um dos consideranda, que o art. 5º, XXXV da CF intenta promover o "acesso a soluções efetivas de conflitos por intermédio de uma ordem jurídica justa e compreende o uso de meios consensuais, voluntários e mais adequados a alcançar a pacificação da disputa".[42]

Sem embargo, insiste-se, como antes dito, na (equivocada) política do *crescimento físico do Judiciário*, descurando-se das causas do aumento da demanda por justiça. Todavia, a resposta adequada à crise numérica dos processos judiciais não está na desmesurada *expansão do Judiciário* – mais fóruns, mais juízes, mais servidores, informatização mais sofisticada –, mas,

---

39. A corrupção dos juízes. *Revista de Direito Mercantil*, n. 108, p. 163.
40. *Teses, estudos e pareceres de processo civil*, São Paulo: Revista dos Tribunais, 2005, vol. 1, p. 261-262.
41. *O juiz e o acesso à justiça*, 2. ed., São Paulo: Revista dos Tribunais, 2000, p. 100.
42. Sítio atos.cnj.jus.br/atos/detalhar/2289, acesso em 13.12.2.019.

ao contrário, tal política com ênfase na *quantidade*, sobre não resolver o problema, acaba agravando-o, na medida em que opera sobre a *consequência* – a crise numérica de processos – e não ataca a *causa*, que consiste na cultura demandista, em boa parte acarretada por uma leitura *ufanista e irrealista* do acesso à Justiça e pelo corolário desestímulo à busca de outros meios auto e heterocompositivos.

3. A RELEITURA, CONTEXTUALIZADA E ATUALIZADA, DO *ACESSO À JUSTIÇA*.

No último quartel do século passado, Mauro Cappelletti e Bryant Garth visualizaram *três ondas* de renovação do processo civil, cada qual voltada a um desiderato: a primeira voltou-se à assistência judiciária aos hipossuficientes; a segunda, à representação judicial dos interesses metaindividuais, mormente os difusos; enfim, a terceira cuidou da *ampliação do acesso à Justiça*, propondo uma nova concepção desse acesso, não mais exclusivamente centrado na prestação judiciária *oficial*, mas consentindo outras modalidades, auto e heterocompositivas, chamadas, *pour cause*, "meios alternativos". Escrevem os autores: "O novo enfoque de acesso à Justiça, no entanto, tem alcance muito mais amplo. Essa 'terceira onda' de reforma inclui a advocacia, judicial ou extrajudicial, seja por meio de advogados particulares ou públicos, mas vai além. Ela centra sua atenção no conjunto geral de instituições e mecanismos, pessoas e procedimentos utilizados para processar e mesmo prevenir disputas nas sociedades modernas. Nós o denominamos 'o enfoque do acesso à Justiça' por sua abrangência. Seu método não consiste em abandonar as técnicas das duas primeiras ondas de reforma, mas em tratá-las como apenas algumas de uma série de possibilidades para melhorar o acesso".[43]

No Brasil, o acesso à Justiça figura entre os *direitos e garantias fundamentais* (CF, art. 5.º, XXXV) e, no plano dos Estados, algumas Constituições a ele fazem referência, direta ou indireta. Assim, dispõe a Constituição paulista (1989): Art. 2.º. "A lei estabelecerá procedimentos judiciários abreviados e de custos reduzidos para as ações cujo objeto principal seja a salvaguarda dos direitos e liberdades fundamentais"; Art. 55: "Ao Poder Judiciário é assegurada autonomia financeira e administrativa. Parágrafo único. São assegurados na forma do art. 99 da Constituição Federal, ao Poder Judiciário, recursos suficientes para sua manutenção, expansão e aperfeiçoamento de suas atividades jurisdicionais, visando ao acesso de todos à Justiça". Saliente-se que o vigente

43. *Acesso à Justiça*, trad. Ellen Gracie Northfleet, Porto Alegre: Sérgio Antonio Fabris, 1988, p. 67-68.

CPC, em sintonia com o art. 5º, XXXV, da CF, dispõe no art. 3º, caput: "Não se excluirá da apreciação jurisdicional ameaça ou lesão a direito".

Sem embargo, para que a expressão *acesso à Justiça* mantenha sua atualidade e aderência à realidade sócio-político-econômica contemporânea, impende que ela passe por uma releitura, em ordem a não se degradar numa garantia meramente retórica, tampouco numa oferta generalizada e incondicionada do serviço judiciário estatal. Focando o primeiro desses dois tópicos, Marcelo José Magalhães Bonício observa que o disposto no inciso XXXV do art. 5.º da CF "é uma garantia que permanece no sistema brasileiro, ao menos para boa parcela da população, absolutamente inócua".[44]

Na experiência estrangeira, um *leading case* em tema de acesso à Justiça configurou-se em *Martin vs. Wilks* – 490 US 755 (1989) – no qual, segundo o relato de Owen Fiss, aqui sumarizado, a Suprema Corte dos Estados Unidos decidira pela "eliminação da discriminação racial contra negros no corpo de bombeiros de Birmingham. Um grupo de bombeiros que não figurava como parte no processo inicial em que a decisão judicial foi proferida pleiteou sua invalidação, afirmando que tal decisão exigia a prática de ações inconstitucionais pela Municipalidade. Esses bombeiros eram brancos e alegavam principalmente que o sistema de preferência por negros criados pela decisão judicial era uma forma de 'discriminação inversa'". Ante o caráter injuncional dessa decisão, Owen Fiss avalia que ela levaria a duas situações de risco: se ela de algum modo projetasse efeitos em face do grupo de bombeiros brancos, estes seriam por ela afetados, sem que tivessem participado da ação; de outro modo, a ser mitigada a eficácia subjetiva da decisão, então ela ficaria sujeita a "uma série de impugnações quase interminável", perspectiva incompatível com o espírito e a tradição do milenar princípio *stare decisis et non quieta movere* e bem assim de seu correspondente processual: a preclusão sobre questões decididas (*collateral estoppel* ou *issue preclusion*), institutos aproximados à nossa eficácia preclusiva da coisa julgada – CPC, art. 508.[45] Por isso, sustentara Owen Fiss que o "direito a ter um dia no Tribunal" – *day in Court* – não pode receber leitura exacerbada, mas deve ser visto como o direito de cada um a ter seu interesse devidamente representado; é dizer, "não é uma representação de indivíduos, mas uma representação de interesses. Não é que

---

44. *Proporcionalidade e processo – a garantia constitucional da proporcionalidade, a legitimação do Processo Civil e o controle das decisões judiciais*, São Paulo: Atlas, 2006, p. 68.

45. No tema, v. o nosso estudo Coisa julgada, *collateral stoppel* e eficácia preclusiva *secundum eventum litis*. *Revista dos Tribunais* nº 75, 1986, p. 23-33.

toda pessoa tem o direito de ser representada num processo judicial estrutural, mas apenas que todo interesse envolvido deve ser representado. Se o interesse de um indivíduo foi representado adequadamente, então ele não terá futuras postulações contra a sentença. O direito de representação é um direito mais coletivo do que individual, porque pertence a um grupo de pessoas situadas em uma mesma classe, em virtude de seus interesses compartilhados".[46]

Em certa medida, o vigente CPC parece recepcionar aquela técnica do *collateral stoppel*, ao prever no art. 503 que a "força de lei nos limites da questão principal expressamente decidida" estende-se, nos termos do § 1º, à "resolução da questão prejudicial, decidida expressa e incidentemente no processo, se: I – dessa resolução depender o julgamento do mérito; II – a seu respeito tiver havido contraditório prévio e efetivo, não se aplicando no caso de revelia; III – o juízo tiver competência em razão da matéria e da pessoa para resolvê-la como questão principal. § 2º. A hipótese do § 1º não se aplica se no processo houver restrições probatórias ou limitações à cognição que impeçam o aprofundamento da análise da questão prejudicial".[47]

Importante salientar que o direito de reportar um histórico de lesão sofrida ou temida a um juiz competente e imparcial – o *right to be heard*, da experiência norte-americana – não se limita à jurisdição singular, em que sujeitos determinados expõem suas pretensões e resistências, mas se estende à *jurisdição coletiva*, vocacionada a recepcionar interesses de largo espectro, concernentes a coletividades mais ou menos vastas, ou mesmo à inteira sociedade civil, vindo o *critério legitimante* não mais centrado na titularidade do interesse, mas no binômio *representação adequada – relevância social*, donde a coisa julgada não mais ficar confinada às partes (CPC, art. 506), mas projetar-se em modo expandido, proporcionalmente à dimensão do objeto litigioso (Lei 8.078/90 – CDC - art. 103 e incisos, c/c art. 117).[48]

De fato, em nosso sistema de tutela judicial aos interesses metaindividuais, *sub specie* "individuais homogêneos" (CDC, art. 81, § único, III), o interesse em lide – por exemplo, o da massa de indivíduos lesados por cálculo

46. A sedução do individualismo. In *Um novo processo civil – estudos norte-americanos sobre jurisdição, Constituição e sociedade*, trad. Daniel P.G. da Silva e Melina de M. Rós, coord. da trad. Carlos Alberto de Salles, São Paulo: Revista dos Tribunais, 2004, p. 204- 219 e rodapé n. 7, *passim*.

47. V., ao propósito, Marcos José Porto Soares, O *collateral stoppel* no Brasil. *Revista de Processo* n. 211, set. 2012, especialmente p. 137, 138.

48. Sobre o tema v. o nosso *Jurisdição coletiva e coisa julgada – teoria geral das ações coletivas*, 3ª ed., São Paulo: Revista dos Tribunais, 2012, especialmente capítulo 11.

feito *a menor* pelos Bancos nas cadernetas de poupança – pode ser portado em Juízo por uma associação consumerista; acolhida a ação, e fixado o *an debeatur*, a execução (*rectius:* o cumprimento da sentença – CPC, art. 513 e s.) poderá ser feita, ou por iniciativa de cada um dos lesados, ou, então, coletivamente – já agora sob a figura de representação – a cargo de qualquer dos colegitimados a esse tipo de ação coletiva: Lei 8.078/90, arts. 81, § único, III; 82 e incisos; 91, 95, 100). Comenta Ada Pellegrini Grinover: "A legitimação para a ação: a legitimação ativa, concorrente e disjuntiva, é atribuída, pelo dispositivo em foco, aos entes e pessoas indicados no art. 82. Aqui se trata inquestionavelmente de legitimação extraordinária, a título de substituição processual". (...) "E quando a liquidação e a execução forem ajuizadas pelos entes e pessoas enumerados no art. 82? A situação é diferente da que ocorre com a legitimação extraordinária à ação condenatória do art. 91. Lá, os legitimados agem no interesse alheio, mas em nome próprio, sendo indeterminados os beneficiários da condenação. Aqui, as pretensões à liquidação e execução da sentença serão necessariamente individualizadas: o caso surge como de *representação*, devendo os entes e pessoas enumeradas no art. 82 agirem *em nome das vítimas ou sucessores*."[49]

Causa espécie que o processo coletivo, apto a uma resposta judiciária unitária, capaz de evitar a pulverização do megaconflito em multifárias ações individuais, ainda desperte resistências, desconfianças e encontre tantas restrições ao julgamento do mérito, mormente na questão da legitimação para agir dos entes credenciados como portadores dos interesses metaindividuais. Observa Sérgio Cruz Arenhart: "O paradoxo dessa situação atual está em que muitas dessas restrições são criação da jurisprudência, originária dos mesmos órgãos que reclamam do acúmulo de feitos para julgamento, da contradição de decisões (a respeito de um mesmo assunto) e da multiplicação de causas semelhantes. O Poder Judiciário, que luta contra a morosidade, contra o excessivo volume de demandas (muitas vezes sobre um só tema) e contra a constante divergência de opiniões presentes em seus escalões, é exatamente o maior responsável pelo insucesso da tutela coletiva, especialmente para a tutela de massa".[50]

---

49. *Código Brasileiro de Defesa do Consumidor* (obra coletiva), 12ª ed., Rio de Janeiro: Gen-Forense, 2019, p. 954 e 974.

50. A tutela de direitos individuais homogêneos e as demandas ressarcitórias em pecúnia. In: GRINOVER, Ada Pellegrini *et al.* (coords.). *Direito Processual Coletivo e o anteprojeto de Código Brasileiro de Processos Coletivos*, São Paulo: Revista dos Tribunais, 2007, p. 216.

Esse panorama poderia ter-se alterado favoravelmente, caso houvesse prosperado o PLC 5.139/2009, à época preordenado a regular a nova ação civil pública, com destaque para estas disposições: Art. 9.º. "Não haverá extinção do processo coletivo, por ausência das condições da ação ou pressupostos processuais, sem que seja dada oportunidade de correção do vício em qualquer tempo ou grau de jurisdição ordinária ou extraordinária, inclusive com a substituição do autor coletivo, quando serão intimados pessoalmente o Ministério Público e, quando for o caso, a Defensoria Pública, sem prejuízo de ampla divulgação pelos meios de comunicação social, podendo qualquer legitimado adotar as providências cabíveis, em prazo razoável, a ser fixado pelo juiz". Art. 63. "As ações coletivas terão tramitação prioritária sobre as individuais". [51]

A concepção contemporânea de *Jurisdição* vai deixando de ser tão centrada no *Poder* – dimensão *estática*, ligada à ideia de *soberania* – para se tornar aderente à *função* (dimensão *dinâmica*) que o *Estado Social de Direito* deve desempenhar no sentido de promover a *resolução justa dos conflitos, num tempo razoável*. Isso leva a que esse desiderato possa ser exercido não mais em termos de monopólio estatal na distribuição da Justiça, mas consentindo outras modalidades e instâncias decisórias, ao pressuposto de que desempenhem com efetividade suas atribuições, donde o notório crescimento dos chamados *meios alternativos* ou *equivalentes jurisdicionais*.

Bem por isso, a *terceira onda* de renovação do processo civil, ao início lembrada, propugnara, no âmbito da facilitação do acesso à Justiça, por um novo tipo de processo e de prestação judicial: um processo de perfil não adversarial, isto é, não reduzido à dicotomia "vencedor e vencido", mas, antes, apto a se desenvolver num ambiente menos tenso, que recepciona as divergências e busca harmonizá-las. O que, de resto, afina-se com a diretriz da "solução pacífica dos conflitos", estabelecida na CF (art. 4º, VII) e estimulada no âmbito do CPC (§ 3º do art. 3º).

Ao propósito, escreveu Mauro Cappelletti: "Os conceitos e as categorias fundamentais do processo não são, portanto, apenas aqueles pertinentes à jurisdição, ação, decisão, execução etc. Dever-se-á cogitar de outros conceitos decorrentes da noção de **acesso à Justiça**, que compreende os problemas relativos aos custos e à demora dos processos, enfim, aos obstáculos (econômicos, culturais, sociais) que frequentemente se interpõem entre o

51. No sítio câmara.leg.br, consultado em 13.12.2.019 consta que dito projeto foi considerado formalmente regular pela Comissão de Constituição, Justiça e Cidadania da Câmara, mas foi rejeitado no mérito.

cidadão que pede Justiça e os procedimentos predispostos para concedê-la". (...) "Bastante relevante se apresenta a substituição da Justiça contenciosa (de natureza estritamente jurisdicional), por aquela que tenho chamado de **Justiça coexistencial**, baseada em formas de conciliação."[52]

Postura diversa, consistente na liberalização ou generalização incondicionada da oferta de justiça estatal a todo e qualquer histórico de direito ameaçado ou lesado, engendra três deletérios efeitos: fomenta a litigiosidade ao interno da sociedade; desestimula a busca pelos meios alternativos, e, ainda, resulta em sobrecarga ao Judiciário, atulhando-o de processos que, antes, poderiam e deveriam ser resolvidos por outros meios e modos. Claro e incisivo, nesse ponto, o posicionamento de Ada Pellegrini Grinover: "(...) o elevado grau de litigiosidade, próprio da sociedade moderna, e os esforços rumo à universalidade da jurisdição (um número cada vez maior de pessoas e uma tipologia cada vez mais ampla de causas que acedem ao Judiciário) constituem elementos que acarretam a excessiva sobrecarga de juízes e tribunais. E a solução não consiste exclusivamente no aumento do número de magistrados, pois quanto mais fácil for o acesso à Justiça, quanto mais ampla a universalidade da jurisdição, maior será o número de processos, formando uma verdadeira bola de neve".[53]

Neste passo, de interesse para o aclaramento conceitual dos *equivalentes jurisdicionais*, os discrímens assinalados por Cândido Rangel Dinamarco: "São coisas diferentes: a) a justiça alternativa, representada por órgãos pacificadores estranhos ao Poder Judiciário (não exercem a jurisdição mas procuram cumprir sua função social de pacificar); b) o direito alternativo, que são normas não estatais de comportamento, ditadas por pessoas dotadas de poder suficiente ou por entidades com ou sem legitimidade (o 'direito' das favelas); c) o uso alternativo do direito, representado pela interpretação da ordem jurídica estatal segundo a visão (teleológica) dos objetivos a realizar e (axiológica) dos valores a preservar".[54]

Os milhões de processos em curso em nosso aparelho judiciário estatal derivam, em larga medida, de uma leitura exacerbada e irrealista que tem

52. Problemas de reforma do processo nas sociedades contemporâneas. In: MARINONI, Luiz Guilherme (coord.). *O processo civil contemporâneo*. Curitiba: Juruá, 1994, p. 16, 19, negritos no original. (Também publicado na *Revista de Processo* n. 65, jan./mar.1992, p. 127-143, trad. José Carlos Barbosa Moreira).

53. Os fundamentos da justiça conciliativa. *Revista de Arbitragem e Mediação* n. 14, jul./set. 2007, p. 17,18.

54. *A instrumentalidade do processo*, 6. ed., São Paulo: Malheiros, 1998, p. 283.

sido feita do *acesso à Justiça* (também chamado princípio da *ubiquidade/ indeclinabilidade/inafastabilidade da jurisdição*), sediado no inciso XXXV do art. 5.º da CF: "A lei não excluirá da apreciação do Poder Judiciário lesão ou ameaça a direito", fórmula repetida no art. 3º, caput, do vigente CPC. Embora inserida no capítulo dos "direitos e deveres individuais e coletivos" (CF, art. 5.º e incisos), trata-se de norma precipuamente dirigida ao Legislativo, e só indiretamente aos jurisdicionados, porque aquele inciso adverte esse Poder – e, reflexamente o Executivo, quanto à propositura de projetos de lei ou medidas provisórias – para que se abstenham de apresentar textos tendentes a excluir certos conflitos ao contraste jurisdicional. Vale lembrar, desde logo, que o verbo "apreciar" é *axiologicamente neutro*, e assim aquela "garantia" não implica *compromisso* ou *engajamento* de que os históricos de lesão sofrida ou temida serão resolvidos em seu mérito, já que seu enfrentamento reclama atendimento a certos quesitos – condições da ação e pressupostos processuais – a par da inocorrência de certos óbices, tais a perempção, a litispendência, a exceção de coisa julgada, a convenção de arbitragem (CPC, art. 485, V e VII), bem por isso ditos pressupostos negativos da jurisdição estatal.

Além dessa redução conceitual na extensão e compreensão do citado texto constitucional, a mensagem nele contida é de ser compreendida e contextualizada no ambiente geral da *resolução das controvérsias* – tarefa não confiada *exclusivamente* ao Judiciário – tanto assim que os conflitos ocorrentes no desporto devem previamente ser submetidos aos Tribunais Desportivos (CF, art. 217, § 1.º), e, além disso, certas matérias e processos seguem afetos a certos órgãos parajurisdicionais como os Tribunais de Contas (CF, art. 71 e §§), a Justiça de Paz (CF, art. 98, II), os Tabelionatos (CPC, art. 610 e §§; art. 733 e §§), o CADE (Lei 12.529/2011, arts. 4.º e 93), sem falar que certas condutas e deliberações da Administração Pública são refratárias ao crivo jurisdicional, como se dá com os *atos puramente políticos* (*v.g.*, alteração do poder monetário, redução da taxa de juros, divisão do território de um Estado), a par dos estritamente *discricionários* (*v.g.*, priorização, pelo governante, de certos setores produtivos; escolha, em lista, de nome para compor Tribunal judiciário), aqueles e estes formando faixas de *insindicabilidade judicial.*

Em simetria com esse ideário, Carlos Alberto Alvaro de Oliveira propugna uma *visão cooperativista do processo*: "De tal sorte, conquanto lícito ao órgão judicial agir *sponte sua* com vistas a corrigir os fatos inveridicamente expostos ou suprir lacunas na matéria de fato, a iniciativa das partes pode exibir valor inestimável e merece ser estimulada de modo a possibilitar a mais rápida e segura verificação do material probatório. Volta à cena, assim, a necessidade da cooperação tantas vezes mencionada: a atividade probatória haverá de ser exercida pelo magistrado, não em substituição das partes, mas juntamente com elas, como um dos sujeitos interessados no resultado do processo".[55] Nesse sentido, prevê o art. 6º do vigente CPC: "Todos os sujeitos do processo devem cooperar entre si para que se obtenha, em tempo razoável, decisão de mérito justa e efetiva".

Vem ao encontro da *dessacralização* do acesso à Justiça – ou, se quiser, da tendência à *desjudicialização dos conflitos* – a heterocomposição via arbitragem, dispondo o art. 18 da Lei 9.307/96: "O árbitro é juiz de fato e de direito, e a sentença que proferir não fica sujeita a recurso ou a homologação pelo Poder Judiciário", valendo ressaltar que a Lei 13.129/2.015 veio permitir o emprego da mediação no âmbito da administração pública, "para dirimir conflitos relativos a direitos patrimoniais disponíveis" (§ 1º, acrescido ao art. 1º da Lei 9.307/96).

Noutra mirada, considere-se que o ajuizamento de uma ação não inclui – ao menos não necessariamente – a garantia de que o processo alcançará o patamar dos Tribunais Superiores, porque os recursos que levam a esse altiplano – revista (TST), especial (STJ), extraordinário (STF) – são de direito estrito, cuja procedibilidade é vinculada e altamente condicionada, estando tais apelos sujeitos a rigorosos elementos de contenção: a *transcendência*, na revista trabalhista – CLT, art. 896-A e § 1º, este último acrescido pela Lei 13.467/2.017; a *repercussão geral da questão constitucional*, no recurso extraordinário – CF, art. 102, § 3.º; CPC, art. 1.035 e § 1º; o *prequestionamento* do direito federal comum, no recurso especial (CF, art. 105, III; CPC, art. 1.025); o julgamento de RE's e REsp's repetitivos, *por amostragem*: CPC, arts. 1.036-1.041, na medida em que a *decisão-quadro*, firmada no STF ou no STJ, exerce uma eficácia pan-processual em face dos recursos sobrestados nos TJ's e TRF's (CPC, art. 927, III; art. 1.040 e incisos). Quanto ao citado *prequestionamento*, trata-se de exigência comum a todos os recursos excepcionais (Súmulas STF 282, 356; STJ 98, 211; TST 23;CLT, art. 896 e alíneas), porque essas altas Cortes configuram órgãos de cúpula, vocacionados a dizer o Direito em última instância, donde resulta que só podem apreciar questão que tenha sido antes expressamente enfrentada e decidida pelo Tribunal *a quo*; numa palavra, impende que se trate de *causa decidida*.

Portanto, o propalado *acesso à Justiça* não implica, necessariamente, que a causa venha a alcançar o patamar das Cortes superiores; de outra parte, tampouco induz um compromisso ou engajamento quanto ao exame do mérito

55. Poderes do juiz e visão cooperativa do processo. Disponível no sítio [http://mundojuridico.adv.br]. Acesso em: 22.05.2008.

da controvérsia, porque, ao contrário do direito de petição, que é genérico e incondicionado – CF, art. 5.º, XXXIV – o direito de ação é específico e muito condicionado, de sorte que, faltando algum dos pressupostos positivos ou, então, presente algum pressuposto negativo, não se forma validamente a relação jurídica processual, a impedir a resolução do *meritum causae* (CPC, art. 485, IV a VII).

Nesse sentido, Cândido Rangel Dinamarco fala numa *escalada de situações jurídicas*, que vai desde o singelo "*direito de demandar*, ou direito à administração da justiça", passando pela *ação*, vista como um poder que, "adequadamente exercido, será apto a proporcionar ao seu titular o pronunciamento sobre a pretensão que deduzir (o *meritum causae*) o que não ocorre quando ausentes as condições da ação e, portanto, inexiste esta"; até se alcançar o vero direito à tutela jurisdicional, devendo entender-se que "*só tem direito à tutela jurisdicional quem tiver razão perante o direito material*".[56] É sob tais refrações que se deve compreender o disposto no art. 4º do vigente CPC, dizendo que as partes têm o direito à resolução integral do mérito.

Impende, pois, no limiar deste novo milênio, uma *releitura*, atualizada e contextualizada, do constante no inciso XXXV do art. 5.º da CF, para o fim de que esse enunciado se torne aderente, assim à realidade judiciária brasileira – sufocada por uma massa quase inadministrável de processos – como às novas necessidades trazidas por uma sociedade massificada e conflituosa, comprimida num mundo globalizado. Urge não tomar *a nuvem por Juno*, vendo naquele dispositivo um conteúdo utópico e insustentável, ou seja, uma genérica, incondicional e prodigalizada oferta de prestação judiciária, promessa que nenhum Estado de Direito consegue cumprir, nem mesmo a maior potência econômica mundial – os Estados Unidos da América - identificando B. G. Garth uma verdadeira *litigation crisis* ou uma *litigation explosion*,[57] resultantes de sucessivas crises econômicas, sociais, políticas e até... jurídicas.

Nesse sentido, José Joaquim Calmon de Passos avaliava que a notória sobrecarga do nosso Judiciário "é fruto igualmente do incentivo à litigiosidade que uma leitura incorreta, *data venia*, da Constituição, somada à falta de sensibilidade política dos três Poderes, determinou a partir de 1988 e vem-se agravando progressivamente. Do dizer que nenhuma lesão pode ser subtraída da apreciação do Poder Judiciário colocou-se nossa democracia de ponta-ca-

56. *Fundamentos do processo civil moderno*, 3. ed., São Paulo: Malheiros, 2000, t. II, p. 820-822, *passim*.

57. Privatization and the New formalism: Making the Courts Safe for Bureaucracy. *Law and Social Inquiry*, 13 (1988), p. 173.

beça e hoje, poder mesmo é o detido por aqueles que o povo não elege, não participa de seu recrutamento e sobre os quais não tem nenhum poder de controle – o Judiciário, o Ministério Público e a Mídia".[58]

Urge, pois, *dessacralizar o acesso à Justiça*, despojando-o da aura que o tem erigido numa sorte de cláusula pétrea, contexto ainda agravado pelas limitações da capacidade financeiro-orçamentária do Estado, para prover os investimentos que seriam necessários ao "acompanhamento" do vertiginoso crescimento da demanda. O acesso à Justiça deve, assim, desvestir-se dos excessos que o têm feito operar como um perigoso "convite à demanda" para, realisticamente, reduzir-se a uma *cláusula de reserva*, a uma oferta residual, operante num renovado ambiente judiciário, plasmado sob duas premissas: (*i*) os conflitos – inter ou plurissubjetivos – constituem um mal em si mesmos, nisso que acirram a litigiosidade, esgarçam o tecido social, fomentam a cultura demandista e, ao final, engendram os males de um superdimensionamento do Judiciário; (*ii*) tais conflitos devem ter solução justa, num bom equilíbrio entre custo e benefício, e serem dirimidos em tempo razoável, mas *não necessariamente pela via judicial*, senão que também – e em certos casos até preferivelmente – por meio dos chamados *equivalentes jurisdicionais*, tais as formas alternativas de solução de conflitos, nas várias modalidades auto e heterocompositivas.

No ponto, adverte José Renato Nalini: "A sociedade brasileira não pode ser convertida num *grande tribunal*. Nem todas as causas podem ser submetidas ao convencionalismo de uma decisão judicial, lenta e custosa, hermética e ininteligível para a população. O Judiciário há de ser reservado para as grandes questões. Tudo aquilo que a comunidade puder solucionar por si, sob influxo da *noção de justiça* nela disseminada pela atuação do principal dos operadores jurídicos – o juiz – será satisfatório. Há de se ressuscitar o princípio da subsidiariedade e ainda o da solidariedade, não se pretendendo multiplicar o número de juízes até o infinito".[59]

Exemplo emblemático do ora afirmado se dá na Justiça do Trabalho, em que a jurisdição estatal (apta a emitir a "solução adjudicada", isto é, a decisão de mérito), aparece como *uma das formas* – não a mais ocorrente – de resolução dos conflitos, porque o universo de possibilidades a respeito se estende por outras modalidades, passando pela *autodefesa* (greve, *lock out*), pelo acordo

---

58. Reflexões, fruto de meu cansaço de viver ou de minha rebeldia? In: SANTOS, Ernane Fidélis dos *et al.* (coord.). *Execução civil – Estudos em homenagem ao professor Humberto Theodoro Júnior*, São Paulo: Ed. RT, 2007, p. 838.

59. *O juiz e o acesso à Justiça* cit., 2. ed., 2000, p. 100.

extrajudicial (CLT, art. 855-B, inserido pela Lei 13.467/2.017), pela conciliação (CLT, art. 831 e § único). Quanto a esta última, aduz Sérgio Pinto Martins: "No Brasil são previstos na CLT vários dispositivos que exigem a conciliação. O art. 764 esclarece que os dissídios individuais ou coletivos submetidos à apreciação da Justiça do Trabalho serão sempre sujeitos à conciliação. Os juízes e tribunais empregarão seus bons ofícios e persuasão no sentido de uma solução conciliatória dos conflitos (art. 764, § 1.º). Inexistindo o acordo, o juízo conciliatório transforma-se em arbitral (§ 2.º do art. 764). Mesmo após encerrado o juízo conciliatório, as partes poderão celebrar acordo para pôr fim ao processo (§ 3.º do art. 764). Em dois momentos, a conciliação é obrigatória: antes da contestação (art. 846) e após as razões finais (art. 850). Uma das funções principais dos juízes classistas era aconselhar as partes à conciliação (art. 667, *b*, da CLT)".[60] Ao propósito, saliente-se que a Lei 13.467/2.017 inseriu na CLT o art. 611-A, dispondo que nas matérias listadas nos incisos desse dispositivo, a "convenção coletiva e o acordo coletivo de trabalho têm prevalência sobre a lei (...)".

Assim, o acesso à Justiça, repaginado e compatibilizado com as características e necessidades da sociedade contemporânea e com as limitações orçamentárias do Estado, é de ser visto como uma *cláusula de reserva*, preordenada a atuar, subsidiariamente, em situações específicas: (*i*) casos que, por sua especial natureza ou imposição legal, exigem passagem judiciária, não comportando solução heterotópica: ações ditas necessárias, como anulação de casamento, ações no controle direto de constitucionalidade, ações consumeristas coletivas, lembrando Petrônio Calmon que "a insatisfação não ocorre somente quando a pretensão é resistida por obra de outrem, mas, igualmente, quando o próprio Estado impede a realização da pretensão ainda que não haja conflito entre pessoas. A pacificação social não é obstacularizada somente pela resistência, mas igualmente quando o próprio Estado impõe limites à plena e espontânea realização do direito";[61] (*ii*) casos insuscetíveis de solução negociada, por envolverem interesses substancialmente indisponíveis (*v.g.*, um dano ambiental de grande monta, irreversível, que não comporta compromisso de ajustamento de conduta, valendo contudo observar que a mediação é autorizada nos conflitos envolvendo a administração pública versando sobre "direitos indisponíveis que admitam transação" (Lei 13.140/2.015, art. 3º, *caput*), valendo lembrar que transações extrajudiciais,

---

60. *Direito processual do trabalho*, 25. ed., São Paulo: Atlas, 2006, p. 47, 49.

61. *Fundamentos da mediação e da conciliação*, Rio de Janeiro: Forense, 2007, p. 21, rodapé n. 6.

uma vez homologadas, formam título executivo judicial (CPC, art. 515, III); (*iii*) casos que, tendo sido antes submetidos às instâncias parajurisdicionais, engendraram alguma nulidade insanável ou devam comportar revisão judicial (*v.g.*, sentença arbitral proferida por quem "não podia ser árbitro" – Lei 9.307/96, art. 32, I, c/c art. 33 e § 1º, estes últimos com redações dadas pela Lei 13.129/2.015); servidor público que, condenado a recompor o erário por decisão de Tribunal de Contas, pretende resistir ao cumprimento do título exequendo – CF, § 4.º do art. 71, c/c CPC, arts. 784, XII e 917 e incisos); *(iv)* casos sujeitos à competência originária dos Tribunais, *v.g.*, a homologação de sentença estrangeira ou a concessão de extradição (CF, art. 105, I, *i; 102, I, g*); ações no controle direto de constitucionalidade (v.g., CF, art. 102, I, a).

Observe-se que a *passagem judiciária*, a que eventualmente se sujeitam as decisões dos órgãos paraestatais (v.g., sentença arbitral: Lei 9.307/96, art. 33 e §§; decisão da justiça desportiva: CF, art. 217 e § 1º), não autoriza concluir que aí opere uma *competência de derrogação*, como se dá, por exemplo, quando um Tribunal dá provimento a uma apelação, cujo efeito substitutivo faz com que o acórdão "fique no lugar" da sentença dita *reformada* (CPC, art. 1.008). Tomando como exemplo uma decisão de Tribunal de Contas (*v.g.*, que nega registro a uma aposentadoria) observa-se que nenhum dispositivo constitucional ou de direito federal comum indica o Judiciário como "instância revisora", até porque a Corte de Contas decide soberanamente, no limite de sua competência (CF, art. 71). Em casos que tais, a possível *passagem judiciária* é assegurada com vistas a manter a coesão interna do sistema republicano-federativo, em que o Judiciário aparece como instância de superposição, podendo *apreciar* os históricos de lesões temidas ou sofridas decorrentes de atos ou condutas dos demais. Tomando-se ainda esse exemplo, pode dar-se que o Judiciário, analisando o ato guerreado, verifique que a conduta da Corte de Contas foi escorreita, tendo ademais sido observado o devido processo legal, restando assim hígido o ato sindicado (súmula vinculante STF nº 3).

É dizer, o fato de cada uma das instâncias de Poder ter a sua faixa precípua de atuação estabelecida constitucionalmente, não impede que elas interajam e até se complementem, sendo tal integração saudável para a desejável transparência na atuação dos órgãos públicos e a participação democrática *através* da Justiça. Nesse sentido, o vigente CPC enfatiza o processo de estrutura cooperatória (art. 6º), inclusive dispondo sobre a cooperação internacional (arts. 26-41).

Situação um tanto singular se apresenta *ao interno* do próprio Judiciário, o qual apresenta estrutura piramidal, com órgãos singulares à base, colegiados regionais de permeio e Tribunais de cúpula no cimo, sendo então compreensível que a decisão do órgão *ad quem* se sobreponha à do órgão *a quo*, por modo que a decisão por último proferida é que, depois, virá a ser executada (ou "cumprida": CPC, arts. 1.008, c/c art. 513 e §§). Nesse sentido, a Súmula 454 do STF dispõe que a Corte, após conhecer do recurso extraordinário (= juízo de admissibilidade positivo), "julgará a causa, aplicando o direito à espécie", aí operando a chamada *função dikelógica*: tal atribuição, referida em sede doutrinária por Juan Carlos Hitters, vem explicada por Francisco Cláudio de Almeida Santos no sentido de que aí se trata de "fazer justiça do caso concreto, aparecendo, destarte, o recurso como meio impugnativo da parte para reparar um agravo a direito seu, ainda que a decisão contenha em si algo mais grave, qual seja a contravenção da lei".[62]

Ainda no que tange ao ambiente judiciário, observe-se que a postura do Tribunal superior pode assumir caráter repressivo (*errores in procedendo, erros de atividade*), e não só de revisão (*errores in iudicando, erros de avaliação*), quando, por exemplo, o STF *cassa* a decisão judicial contrária à súmula vinculante ou que a tenha aplicado indevidamente (CF, § 3.º do art. 103-A; Lei 11.417/2.006, art. 7º e §§; CPC, art. 988, III, inciso com redação da Lei 13.256/2.016): é que o órgão judicial *a quo* está inserido na *mesma* estrutura judiciária, encimada pelo *guarda da Constituição*. Diversamente se passa se foi o administrador público que infringiu súmula dessa natureza: sendo agente do Executivo – portanto, de *outro Poder* – não está, *hierárquica e funcionalmente*, subordinado ao STF, e é por isso que a eventual *anulação* do ato administrativo, em consequência do acolhimento de *reclamação*, não vem acompanhada de ordem para que outro ato seja emitido com ou sem aplicação da súmula vinculante, conforme o caso, estando prevista a advertência para que o agente faltoso passe a "adequar as futuras decisões administrativas em casos semelhantes, sob pena de responsabilização pessoal nas esferas cível, administrativa e penal" (art. 64-B da Lei 9.784/99, inserido pela Lei 11.417/2006). Tais disposições devem ser interpretadas à luz do disposto no art. 992 do vigente CPC: "Julgando procedente a reclamação [por descumprimento de súmula vinculante] o tribunal cassará a decisão exorbitante de seu julgado ou determinará medida adequada à solução da controvérsia".[63]

---

62. Recurso especial – visão geral. In: TEIXEIRA, Sálvio de Figueiredo (coord.). *Recursos no Superior Tribunal de Justiça*, São Paulo: Saraiva, 1991, p. 94. (Nota: v. art. 1.034 e § único do vigente CPC).

63. De modo amplo sobre o tema v. o nosso *Divergência jurisprudencial e súmula vinculante*, 6ª ed., Salvador: JusPodivm, 2.018, especialmente p.399 e s.

Em suma, na devida releitura, atualizada e contextualizada, do acesso à Justiça, cumpre visualizá-lo em termos de uma *oferta residual*, uma *garantia subsidiária*, disponibilizada para as controvérsias não dirimidas ou mesmo incompossíveis por outros meios, auto e heterocompositivos. Com isso, o Judiciário poderá então dedicar-se aos processos efetivamente singulares e complexos, ao invés de produzir *justiça de massa*, através de estruturas físicas cada vez maiores e complexas, que empenham parcelas crescentes do orçamento estatal e conduzem a um indesejável gigantismo da máquina judiciária. Esse crescimento físico, que atinge patamares alarmantes, sobre não resolver o problema – já que a crise numérica de processos é uma consequência e não a causa – é ainda inócuo, porque a oferta prodigalizada de justiça só faz exacerbar a demanda por ela, num perverso círculo vicioso.

Disse-o, precisamente, Humberto Theodoro Júnior: "Desde que a consciência jurídica proclamou a necessidade de mudar os rumos da ciência processual para endereçá-los à problemática do acesso à Justiça houve sempre quem advertisse sobre o risco de uma simplificação exagerada do processo judicial produzir o estímulo excessivo à litigiosidade, o que não corresponde ao anseio de convivência pacifica em sociedade. A proliferação de demandas por questões de somenos representa, sem dúvida, um complicador indesejável. Quando o recurso à Justiça oficial representa algum ônus para o litigante, as soluções conciliatórias e as acomodações voluntárias de interesses opostos acontecem em grande número de situações, a bem da paz social. Se porém, a parte tem a seu alcance um tribunal de fácil acesso e de custo praticamente nulo, muitas hipóteses de autocomposição serão trocadas por litigiosidade em juízo. É preciso, por isso mesmo, assegurar o acesso à Justiça, mas não vulgarizá-lo, a ponto de incentivar os espíritos belicosos à prática do 'demandismo' caprichoso e desnecessário".[64] Ou seja: o milenar aviso de *minimis non curat praetor...*

Impende pois laborar para que o direito de ação não se converta, ao fim e ao cabo, num... *dever de ação*, repassando à população a falaciosa ideia de que todo e qualquer interesse contrariado ou insatisfeito deva ser de pronto judicializado, numa leitura tão *atécnica* como *irrealista* do que se contém na propalada garantia de acesso à Justiça. No contemporâneo Estado de Direito, o serviço judiciário não pode converter-se numa *prestação primária* (como o saneamento básico, a educação, a saúde e segurança pública), mas antes deve preservar-se como uma *oferta residual*, para os casos efetivamente carentes de

64. Celeridade e efetividade da prestação jurisdicional. Insuficiência da Reforma das leis processuais. *Revista Síntese de Direito Civil e Processual Civil*, n. 36, jul./ago. 2005, p. 33.

passagem judiciária: as ações ditas *necessárias*; os conflitos incompossíveis por outros modos e perante outras instâncias; os dissensos que se singularizam por peculiaridades da matéria ou das pessoas envolvidas e, de modo geral, as lides efetivamente singulares e complexas, que demandam *cognitio et imperium*. No ponto, observa André Ramos Tavares: "Se, dentre outras virtudes, aproximou-se o jurisdicionado e o cliente dos serviços jurisdicionais do Judiciário, nem por isso o princípio do acesso ao Judiciário pode ser sobrevalorizado de tal forma que inviabilize a própria prestação jurisdicional".[65]

É preciso, pois, que o intérprete e o operador do Direito estejam atentos para não extrair do art. 5.º, XXXV da CF, *mais do que nele se contém*, em termos de extensão, compreensão e finalidade, dado que, a rigor, cuida-se de dispositivo *endereçado precipuamente ao legislador*, alertando-o para não excetuar da apreciação do Judiciário históricos de lesões sofridas ou temidas. No ponto, observa Marcelo José Magalhães Bonício: "(...) no Brasil, assim como em tantos outros países do mundo, há vários obstáculos que impedem as pessoas de ter acesso à Justiça, tais como a pobreza e a falta de cultura e informações, e a inexistência de programas e posturas oficiais a este respeito. De que adianta, então, a garantia da inafastabilidade, se grande parte da população não consegue sequer acessar a Justiça, para fazer valer seus direitos ?"[66]

Em estudo monográfico a respeito do tema em questão, ao tempo da elaboração do vigente CPC, permitimo-nos fazer esta proposta: "(...) ousamos sugerir a adição, ao citado art. 3.º do PLC 8.046/2010 ["Não se excluirá da apreciação jurisdicional ameaça ou lesão a direito"], deste apêndice: 'A lei indicará os casos em que a pretensão deverá ser previamente exposta à contraparte ou em que o conflito deverá ser antes submetido a agentes, órgãos ou instâncias do setor público ou privado, adequados à matéria, incentivando-se a utilização de meios auto ou heterocomposivos'". [67]

Sob esse ideário, vale lembrar que os conflitos desportivos devem antes ser submetidos às instâncias judicantes desportivas (CF, art. 217 e § 1º), ao passo que o ajuizamento do habeas data reclama a demonstração da pré-

---

65. *Tratado da argüição de preceito fundamental*, São Paulo: Saraiva, 2001, p. 300.
66. *Proporcionalidade e processo – A garantia constitucional da proporcionalidade, a legitimação do processo civil e o controle das decisões judiciais*. In: coleção Atlas de Processo Civil, coord. Carlos Alberto Carmona, São Paulo: Atlas, 2006, p. 68.
67. O direito à tutela jurisdicional: o novo enfoque do art. 5.º, XXXV, da Constituição Federal. *Revista dos Tribunais* n. 926, dez. 2012, p. 175. (Texto posteriormente inserido, revisto e atualizado, em outras sedes, tal a obra coletiva *Novo Código de Processo Civil*, 2ª ed., coord. Luís Antônio Gianpaulo Sarro, São Paulo: Editora Rideel, 2.016, p. 409-438).

via apresentação da pretensão à instância administrativa competente – Lei 9.507/97, art. 8º e incisos. Em ambos os casos, verifica-se que tais exigências se justificam com vistas à configuração do próprio interesse de agir (CPC, art. 17), configurado no binômio necessidade mais utilidade da intervenção jurisdicional.

4. OS *MEIOS ALTERNATIVOS* DE SOLUÇÃO DE CONFLITOS E OS *ELEMENTOS ACELERATÓRIOS* DO PROCESSO JUDICIAL.

Desde as fontes romanas (Celso: *nihil aliud est actio quam jus judicio persequendi quod sibi debetur*: D. 44, 7,51) subsiste a preocupação da ciência processual com a eliminação das *crises* que criam *bolsões de tensão* ao interno da sociedade, e que são de diversa natureza: crises de segurança, de satisfação e, sobretudo, as que levam à judicialização dos conflitos em ordem à *eliminação da incerteza*, finalidade buscada através da decisão de mérito, no ambiente da jurisdição contenciosa, atuando o juiz em cognição plena (no sentido horizontal, da extensão) e exauriente (no sentido vertical, da profundidade).

Verdade que hoje já se vai revendo essa teleologia do processo de conhecimento, seja porque a verdade aninhada nos fatos e revelada pela instrução probatória não se preordena a ser absoluta e sim relativa (haja vista as tantas presunções no campo probatório), seja porque a busca *proustiana* da verdade definitiva postergaria indefinidamente o processo, pondo em risco a diretriz de sua *duração razoável* (CF, art. 5.º, LXXVIII); seja, enfim, porque não há como assegurar que a *enésima decisão* lançada nos autos se revelará qualitativamente superior ou mais consistente do que a primeira antes proferida.

No ponto, observa Cândido Rangel Dinamarco: "O risco de errar é inerente a qualquer processo e a obsessão pela verdade é utópica. Ainda quando se prescindisse por completo do valor *celeridade* e se exacerbassem as salvaguardas para a completa segurança contra o erro, ainda assim o acerto não seria uma certeza absoluta. Por isso, ao estabelecer o equilíbrio entre as exigências de acelerar e de ponderar, o legislador e o juiz devem estar conscientes da inevitável falibilidade do sistema (projeção da própria falibilidade humana), convivendo racionalmente com o risco e dando força aos meios de sua correção. (...) E como a certeza absoluta é sempre inatingível, precisa o operador do sistema conformar-se com a probabilidade, cabendo-lhe a criteriosa avaliação da *probabilidade suficiente*." Um campo propício é o da avaliação da prova, segundo as regras de distribuição do ônus probatório (CPC vigente, art. 373 e incisos), prosseguindo o autor: "Tem-se como inexistente o fato alegado e não provado, mas não é legítimo, diante da regra de equilíbrio aqui considerada, considerar *não provada* uma alegação quando a ocorrência do fato for suficientemente reprovável. O juiz que pretenda chegar ao estado subjetivo de certeza absoluta fará *muitas injustiças* pelo temor de fazer *algumas*."[68]

A partir da segunda metade do século passado, instalou-se, e desde então se vem exacerbando, o fenômeno da *massificação* da sociedade contemporânea, comprimida num mundo *globalizado e competitivo*, fatores que agravaram as *crises* passíveis de judicialização, tanto em sua dimensão quantitativa como na sua intensidade, levando a que o processo civil – que opera como caixa de ressonância das ocorrências sociais – entrasse a excogitar fórmulas e instrumentos capazes de recepcionar e dar resposta adequada aos megaconflitos, os quais, quando irresolvidos ou mal equacionados nas instâncias primárias, costumam refluir ao Judiciário. Foi então preciso, de um lado, dar guarida à *litigiosidade contida*, na feliz expressão de Kazuo Watanabe, e, de outro, elastecer o âmbito de sindicabilidade judicial a searas antes refratárias, como se dava com as opções discricionárias da Administração Pública. Aquela primeira *frente de trabalho*, preordenada pelo art. 98, II, da vigente CF, foi atendida com a oferta dos Juizados Especiais para causas cíveis de menor complexidade e infrações criminais de menor potencial ofensivo, inicialmente pela Lei 7.244/84 e, depois, pelas Leis 9.099/95, 10.259/2001, 11.340/2.006. Já a segunda *frente de trabalho* abriu-se com a ação popular (Lei 4.717/65, cujo objeto ampliou-se no inciso LXXIII do art. 5.º da vigente CF); [69] ganhou impulso com a judiciabilidade dos interesses difusos e coletivos, primeiro na Lei 7.347/85, com a ação civil pública, [70] e depois na vigente CF (art. 129, III). Esse viria se otimizar com o reconhecimento do chamado *microssistema processual coletivo*, formado por aqueles textos e outros que se foram agregando, em temas socialmente impactantes, como *infância e juventude* – Lei 8.069/90; *improbidade administrativa* – Lei 8.429/92; *ordem urbanística* – Lei 10.257/2001; torcedores de competições desportivas – Lei 10.671/2.003, art. 40; *idosos* – Lei 10.741/2003; *biossegurança* – Lei 11.105/2005; *raças e etnias* – Lei 12.288/2010, art. 55; *ordem econômica e livre concorrência* – Lei 12.529/2011, art. 47 – com destaque para o *Código de Defesa do Consumidor* (Lei 8.078/90), que, a par das normas substantivas, trouxe importante e arrojada parte pro-

68. Os escopos do processo e a técnica processual. In: *Instituições de direito processual civil*, 2. ed., São Paulo: Malheiros, 2002, t. I, p. 142-144.

69. De modo amplo sobre o tema, v. o nosso *Ação Popular*, 8ª ed., São Paulo: Thomson Reuters-Revista dos Tribunais, 2.015

70. De modo amplo sobre o tema, v. o nosso *Ação Civil Pública – em defesa do meio ambiente, do patrimônio cultural e dos consumidores. Lei 7.347/85 e legislação complementar*, 15ª ed., São Paulo: Thomson Reuters-Revista dos Tribunas, 2.019.

cessual (arts. 81-104), aplicável à ação civil pública, mercê do disposto no art. 117 desse Código.

Compreende-se que a primeira das *ondas renovatórias do processo civil*,[71] lançadas no último quartel do século passado, tenha propugnado pela *democratização da Justiça*, em contemplação dos segmentos sociais vulneráveis e despossuídos, ao passo que a segunda *onda* concentrou-se na judicialização de certos macrointeresses, ditos *difusos*,[72] espécie do gênero *metaindividual*, caracterizado pelo binômio *indivisibilidade do objeto – indeterminação dos sujeitos*; já a *terza ondata*, dizia Mauro Cappelletti, "traz a lume o importante problema quanto à utilização de técnicas processuais diferenciadas para tornar a Justiça mais acessível: a *simplificação dos procedimentos e a criação de vias alternativas de Justiça*". (...) "Bastante relevante se apresenta a substituição da Justiça contenciosa (de natureza estritamente jurisdicional), por aquela que tenho chamado de **Justiça coexistencial**, baseada em formas de conciliação." Essa modalidade de justiça, ao contrário da contenciosa, prossegue o autor, "não está destinada a *trancher*, a decidir e definir, mas antes a **remendar** (falo precisamente de uma *mending justice* – Justiça de consertos), para aliviar situações de ruptura ou de tensão, com o fim de preservar um bem mais durável,

71. Na avaliação de Cândido Rangel Dinamarco: "Vieram essas ondas renovatórias com a pragmática postulação de alterações legislativas, a par da mudança da mentalidade dos operadores do sistema. E foi o mesmo Mauro Cappelletti quem advertiu para a necessidade de se adaptarem os espíritos, sob pena de nada valerem as reformas. A sua monumental pesquisa sobre *acesso à justiça* – traduzida nos volumes da obra que se denominou *Acces to Justice – the worldwide movement to make rights effective* – foi um marco histórico de primeiríssima grandeza no lavor de identificar erros e apontar caminhos" (Nasce um novo processo civil. In *Fundamentos do processo civil moderno*, 3. ed., São Paulo: Malheiros, 2000, t. I, p. 305).

72. O conceito de *interesse difuso* é estabelecido no inciso I do § único do art. 81 da Lei 8.078/90 – Código de Defesa do Consumidor, valendo lembrar que estando esse dispositivo inserido na parte processual desse Código (arts. 81 a 104), ele se traslada para o ambiente da ação civil pública da Lei 7.347/85, como autorizado pelo art. 117 do CDC. Em nossa tese de livre-docência na FADUSP, nos idos de 1986, apresentamos este conceito de interesses difusos: "são interesses metaindividuais que, não tendo atingido o grau de agregação e organização necessário à sua afetação institucional junto a certas entidades ou órgãos representativos dos interesses já socialmente definidos, restam em estado fluído, dispersos pela sociedade civil como um todo (*v.g.*, o interesse à pureza do ar atmosférico), podendo, por vezes, concernir a certas coletividades de conteúdo numérico indefinido (*v.g.*, os consumidores). Caracterizam-se: pela indeterminação dos sujeitos, pela indivisibilidade do objeto, por sua intensa litigiosidade interna e por sua tendência à transição ou mutação no tempo e no espaço" (*Interesses difusos – conceito e legitimação para agir*, 9. ed., São Paulo: Thomson Reuters-Revista dos Tribunais, 2.019, p. 160, 161).

qual seja, a pacífica convivência dos sujeitos que fazem parte de um grupo ou de uma relação complexa, de cujo meio dificilmente poderiam subtrair-se. A Justiça contenciosa não se preocupa tanto com estes valores, posto que olha mais para o passado do que para o futuro".[73]

Essa proposta doutrinária viria repercutir, tempos depois, no contemporâneo ideário da chamada justiça restaurativa, propugnada pelo CNJ na Res. 225/2.016.

Vislumbram-se diversas *externalidades positivas* no implemento da auto e da heterocomposição dos conflitos, fora e além da estrita jurisdição contenciosa, de estrutura adversarial. O Judiciário, uma vez desonerado das lides encaminhadas aos meios informais, pode esperar mais dos seus juízes, já que, presumivelmente, terão mais tempo para o estudo e deslinde dos casos efetivamente singulares e complexos; os jurisdicionados podem ter seus conflitos resolvidos de modo mais célere, a menor custo e com melhor qualidade; o Estado brasileiro, com uma Justiça de estrutura mais leve, vale dizer, menos dispendiosa, pode redirecionar os recursos assim *poupados* para outras áreas carentes de investimento público, especialmente no campo social. Com tudo isso, é de se augurar que gradualmente venha alterada a *cultura demandista ou judiciarista*, responsável em larga medida pela sobrecarga do serviço judiciário.

Impende conscientizar a população de que, num primeiro momento, as controvérsias podem e devem ser submetidas aos meios auto e heterocompositivos, inclusive os chamados *equivalentes jurisdicionais*, por modo que, se ainda assim não se chegar a bom termo, então restará a via judicial, já agora num grau mais avançado de maturação do conflito. Aliás, mesmo quando já instaurada a instância judicial, não fica descartado o emprego dos meios suasórios, afirmando o § 3º do art. 3º do vigente CPC que tal pode dar-se "inclusive no curso do processo judicial". Justifica-se essa possibilidade porque, apesar de já se ter formado a relação processual, com os ônus e encargos inerentes, é ainda possível alcançar uma justa resolução do conflito através de meios auto ou heterocompositivos, até porque esse objetivo nem sempre é alcançável através da decisão de mérito (solução adjudicada estatal), que se preordena a extinguir *o processo e a crise jurídica*, mas não assim a crise sociológica ou de outra natureza que remanescem subjacentes e, não raro, depois se transmudam em novas controvérsias, perenizando o ambiente contencioso.

---

73. Problemas de reforma do processo civil nas sociedades contemporâneas. In: MARINONI, Luiz Guilherme (coord.). *O processo civil contemporâneo*, Curitiba: Juruá, 1994, p.18-20, negritos no original. (Também publicado na *RePro* n. 65, jan./mar. 1992, p. 127-143, trad. José Carlos Barbosa Moreira).

Nesse sentido, registre-se a exitosa experiência com a *conciliação em segundo grau*, do TJSP (Res. CSM 743/2004; Provto. CSM 1.868/2011):[74] em princípio, o apelado, até então beneficiado pela sentença, não teria interesse numa solução negociada sobre o objeto litigioso; todavia, pode lhe ser conveniente pôr logo fim à pendência, até mesmo pela virtualidade de vir a prosperar o recurso da parte sucumbente; de resto, cabe não descurar que entre os deveres do magistrado se inclui o de "promover, *a qualquer tempo*, a autocomposição, preferencialmente com auxílio de conciliadores e mediadores judiciais" (CPC, art. 139, V).

Ada Pellegrini Grinover enaltece os benefícios decorrentes da conciliação prévia extrajudicial: "a) a *recuperação de controvérsias*, que permaneceriam sem solução na sociedade contemporânea, sobretudo no campo da denominada 'Justiça menor', em matéria de tutela do consumidor, de acidentes de trânsito, de questões de vizinhança e de família, das ligadas ao crédito etc.; b) a *racionalização da distribuição da Justiça*, com a consequente *desobstrução dos tribunais*, pela atribuição da solução de certas controvérsias a instrumentos de mediação, ainda que facultativos; c) o reativar-se de *formas de participação* do corpo social na administração da Justiça; d) a mais adequada *informação* do cidadão sobre os próprios direitos e sua *orientação jurídica*, elementos políticos de particular importância na conscientização das pessoas carentes. Tudo, aliado à convicção de que o método contencioso de solução das controvérsias não é o mais apropriado para certos tipos de conflitos, indicando a necessidade de atentar para os problemas sociais que estão à base da litigiosidade, mais do que aos meros sintomas que revelam a existência desses problemas".[75]

Exemplo sugestivo da inaptidão da jurisdição contenciosa, de perfil impositivo, para resolver controvérsias de cunho complexo ou policêntrico, deu-se na cidade de São Paulo, em episódio relatado pelo advogado Márcio Rachkorsky: havia uma área nos fundos de um condomínio residencial, utilizada para estacionamento descoberto de veículos. Convocou-se assembleia

74. No ponto, v. o nosso estudo "O plano piloto de conciliação em segundo grau de jurisdição, do Egrégio Tribunal de Justiça de São Paulo, e sua possível aplicação aos feitos de interesse da Fazenda Pública", inicialmente publicado na *Revista dos Tribunais* n. 820, p. 11-49, fev. 2004, e depois, revisto e atualizado: na *Revista Autônoma de Processo*, da Faculdade Autônoma de Direito – *FADISP*, n. 1, São Paulo: out.-dez. 2006, p. 133-197; em nossa obra *Advocacia do setor público – estudos temáticos de Direito*, São Paulo: Saraiva, 2.013, p. 81-174.

75. Deformalização do processo e deformalização das controvérsias. In *Novas tendências do direito processual de acordo com a Constituição de 1988*, São Paulo-Rio de Janeiro: Forense Universitária, 1990, p. 191.

para deliberar sobre a proposta de transferir aquelas vagas para o subsolo do prédio, preservando-se o número original das vagas de cada condômino, com o que aquela área descoberta, assim liberada, ficaria destinada ao lazer, mormente das crianças e adolescentes. A maioria dos condôminos presentes aprovou a ideia, mas, na sequência, alguns moradores, ausentes à reunião, opuseram-se, inclusive acenando com ação judicial. Concluía o advogado: "Agora, todos terão que esperar anos até a Justiça decidir e, enquanto isso, as crianças vão crescendo e a área dos fundos permanece inutilizada, algo paradoxal em nossa cidade violenta, carente de espaços seguros para nossos filhos".[76]

Em casos que tais, o tratamento da controvérsia num ambiente de negociação entre os interessados produziria melhores efeitos, em menor tempo, preservando uma boa equação custo-benefício, do que aquilo que se poderia esperar com a judicialização: morosidade na resposta, imprevisibilidade do desfecho final, acirramento das posições contrapostas; resistências diversas ao cumprimento do julgado, sem falar no constrangedor desgaste para as partes envolvidas, deteriorando as relações entre elas, como facilmente se infere de exemplos como o antes lembrado. É a situações como essa que quis referir-se Mauro Cappelletti: "A Justiça contenciosa vai muito bem para as relações do tipo tradicional, mas não para aquelas que têm se apresentado como as mais típicas e constantes da sociedade contemporânea, para as quais assume especial importância aquilo que os sociólogos denominam de *total institutions*, ou seja, instituições *integrais*, nas quais nós, enquanto membros de várias comunidades econômicas, culturais ou sociais, ficamos compelidos a dispender uma parte ponderável da nossa vida e da nossa atividade: fábricas, escolas, condomínios, freguesias de bairro etc."[77]

Em alguns casos, é certo, a natureza da lide e/ou a qualidade das partes envolvidas não permitem a solução negociada da demanda ou trazem limitações (*v.g.*, o Ministério Público não está legitimado para tratar de interesses

76. Ditadura da minoria X função social da propriedade. Jornal *Carta Forense*, São Paulo: maio 2007, p. 49. (O exemplo é bastante eloquente a demonstrar que, pese a afirmada "estabilidade do objeto litigioso", nas lides judicializadas, o fato é que, como diria o saudoso Cazuza, "a vida não para": no caso relatado, quando transitasse em julgado a decisão de mérito, as crianças e adolescentes já se teriam tornado adultos – pela inexorável passagem do tempo – o que subtrairia ou diminuiria a utilidade que o título judicial pudesse representar para o segmento "vitorioso" na demanda!).

77. Problemas de reforma... cit., *in*: MARINONI, Luiz Guilherme (coord.). *O processo civil contemporâneo* cit., p. 20, negritos no original. (Também publicado na *RePro* n. 65, jan./mar. 1992, p. 127-143, trad. José Carlos Barbosa Moreira).

individuais disponíveis – CF, art. 127, caput). Note-se que a excessiva duração dos processos de rito ordinário, com larga instrução probatória, implica alentado distanciamento temporal entre o trânsito em julgado e os fatos que constituíram o objeto litigioso, o que, não raro, compromete a desejável eficácia do comando judicial, confirmando o aforisma, de livre curso no jargão forense: "tempo que passa é verdade que foge...".

Não se desconhece a lapidar e notória diretriz de Giuseppe Chiovenda – "o processo deve dar, a quem tem o direito, e na medida do que for praticamente possível, tudo aquilo e exatamente aquilo a que ele faz jus" –[78] o que, numa leitura literal, pareceria afastar os sucedâneos, os *equivalentes jurisdicionais*, ou seja, as modalidades de resolução de conflitos fora e além do aparato estatal. Mas é preciso trazer aquela centenária assertiva para a realidade contemporânea, em que fica evidente que o Estado não tem como ofertar o serviço judiciário a *toda e qualquer controvérsia*, sendo incabível a analogia com outros serviços prestados ou postos à disposição da população, como o saneamento básico, a segurança pública ou o transporte coletivo: estas são prestações básicas, primárias, imanentes à *boa gestão da coisa pública* e ao *bem-estar da população*, tarefas típicas do administrador público, sendo algumas delas exercidas no âmbito do *poder de polícia*.

Não convence, pois, a analogia entre aquelas prestações primárias e o serviço judiciário estatal: posto seja este continuamente ofertado, é prestado se e quando solicitado (princípio da demanda: CPC, art. 2º), sob especificas condições (CPC, art. 17), sendo, além disso, remunerado por *taxa; n*esse sentido se diz que a função judicial é *substitutiva*. Por outras palavras, a Justiça estatal não pode tomar o proscênio no palco dos acontecimentos da contemporânea sociedade, mas deve operar em modo de oferta residual, como uma *cláusula de reserva*, inclusive para que o Estado não tenha seus recursos orçamentários exauridos com o *gigantismo da máquina judiciária*.

Ao propósito, afirma Cândido Rangel Dinamarco: "Constitui tendência moderna o abandono do *fetichismo da jurisdição*, que por muito tempo fechou

---

78. Dell'azione nascente dal contratto preliminare. *Saggi di diritto processuale civile*, 2. ed., Roma: Foro Italiano, 1930, t. I, n. 3, p. 110. Para Cândido Rangel Dinamarco, na proposição ora colacionada "está a síntese de tudo. É preciso romper preconceitos e encarar o processo como algo que seja realmente capaz de 'alterar o mundo', ou seja, de conduzir as pessoas à 'ordem jurídica justa'. A maior aproximação do processo ao direito, que é uma vigorosa tendência metodológica hoje, exige que o processo seja posto a serviço do homem, com o instrumental e as potencialidades de que dispõe, e não o homem a serviço da sua técnica" (*A instrumentalidade do processo*, 6. ed., São Paulo: Malheiros, 1998, p. 297, rodapé n. 1).

a mente dos processualistas e os impediu de conhecer e buscar o aperfeiçoamento de outros meios de tutela às pessoas envolvidas em conflitos. Os meios alternativos para a solução destes ocupam hoje lugar de muito destaque na preocupação dos processualistas, dos quais vêm recebendo especial ênfase a *conciliação* e a *arbitragem*. Não visam a dar efetividade ao direito material, ou à *atuação da vontade concreta da lei* – i.é, não são movidos pelo escopo jurídico que por muitas décadas se apontou como a mola legitimadora do exercício da jurisdição pelo Estado. Mas, tanto quanto esta, têm o *escopo pacificador* que é o verdadeiro fator de legitimidade da jurisdição mesma no Estado moderno".[79]

A rigor, nem caberia falar-se em "meios alternativos" já que, historicamente, eles *precederam* a Justiça estatal – *v.g.*, a autotutela – parecendo a Eduardo Silva da Silva que "as ideias de *restauração e preservação dos vínculos* são geralmente debatidas no contexto dos *meios complementares de acesso à justiça*. Costuma-se, dessa forma, vincular as experiências da conciliação, da mediação e da arbitragem à realização da chamada *justiça coexistencial*. Já não são poucos, contudo, os casos de emprego com expresso sucesso destas práticas pelo próprio Poder Judiciário".[80] Melhor se falaria, pois, em meios adequados à resolução de conflitos.

Sob esse ideário, impende também afastar o *fetichismo da sentença de mérito*, no qual por vezes incidem alguns julgadores, que relutam em homologar acordos ou participar de instâncias conciliatórias, por aí entreverem uma sorte de *capitis diminutio*, no contraste com o ato de *julgar*, propriamente, a causa. Os que assim pensam olvidam que o conceito contemporâneo de jurisdição se funda na *composição justa e tempestiva dos conflitos*, não importando o *modus* utilizado ou a instância que alcançou tal objetivo. Nem por outro motivo, a frase que atrelava o cumprimento do ofício jurisdicional à publicação da sentença de mérito (primitiva redação do art. 463 do CPC/73) veio a ser suprimida pela Lei 11.232/2005, dando nova redação desse dispositivo. Esse ideário vem reafirmado no vigente CPC, prevendo o art. 4.º que no conteúdo ocupacional do juiz se inclui a "atividade satisfativa" (e, portanto, não só cognoscitiva).

---

79. Tutela jurisdicional. *In Fundamentos* ..., t. II, cit., 3. ed., 2000, p. 837.

80. Contribuições da mediação ao Processo Civil: elementos para uma nova base científica ao Processo Civil. In: CARNEIRO, Athos Gusmão; CALMON, Petrônio (org.). *Bases científicas para um renovado Direito Processual*, Brasília: Instituto Brasileiro de Direito Processual, 2008, p. 227.

Acerca do tema, observa Kazuo Watanabe: "Há mesmo, o que é lastimável, um *certo preconceito* contra esses meios alternativos, por sentirem alguns juízes que seu poder poderá ficar comprometido se pessoas não pertencentes ao Poder Judiciário puderem solucionar os conflitos de interesses. E há, ainda, a *falsa percepção* de que a *função de conciliar é atividade menos nobre*, sendo a função de sentenciar a atribuição mais importante do juiz. Não percebem os magistrados que assim pensam que a função jurisdicional consiste, basicamente, em *pacificar com justiça os conflitantes*, alcançando por via de consequência a solução do conflito".[81]

De outra banda, o Direito brasileiro tem revelado preocupação com o descompasso entre o ritmo lento da resposta judiciária e o crescimento geométrico do número de demandas, e para tanto vem disponibilizando os chamados *elementos aceleratórios* do processo, a maioria deles voltada para o combate ao *tempo-inimigo* a que se referia Carnelutti.[82]

De fato, a excessiva duração dos processos é um *mal em si mesmo*, por isso mesmo profligada em vários textos plurinacionais: (*i*) Convenção Europeia para a Proteção dos Direitos do Homem e das Liberdades Fundamentais (1950), art. 6.º, § 1.º: Ogni persona ha diritto ad un'equa e pubblica udienza *entro un termine ragionevole*, davanti a un tribunale indipendente e imparziale (...)"; (*ii*) Pacto de São José da Costa Rica – Convenção Americana sobre os Direitos Humanos (1969), em vigor desde 18.07.1978 e aqui internalizado pelo Dec. 678/92, prevendo que "toda pessoa tem direito a ser ouvida com as devidas garantias e *dentro de um prazo razoável* (...)" – art. 8.º daquele Pacto; (*iii*) 6.ª Emenda à Constituição norte-americana, instituindo a assim chamada *speedy trial clause*, a saber, garantia do julgamento sem dilações excessivas.[83]

Entre nós, o art. 5.º, inciso LXXVIII, da CF, inserido pela EC 45/2004, veio dispor que "a todos, no âmbito judicial e administrativo, são assegurados a razoável duração do processo e os meios que garantam a celeridade de sua tramitação". José Rogério Cruz e Tucci, escrevendo *ainda bem antes* da inserção dessa garantia constitucional, já afirmava: "Impende reconhecer

---

81. Cultura da sentença e cultura da pacificação. In: YARSHELL, Flávio Luiz; MORAES, Maurício Zanóide de (coord.). *Estudos em homenagem à professora Ada Pellegrini Grinover*. São Paulo: DPJ, 2005, p. 686.

82. *Diritto e processo*, Nápoles: Morano, 1953-1958, n. 232, p. 354.

83. V., a propósito, Alessandra Mendes Spalding, Direito fundamental à tutela jurisdicional tempestiva à luz do inciso LXXVIII do art. 5.º da CF, inserido pela EC n. 45/2004. In: WAMBIER, Teresa Arruda Alvim *et al.* (coord.). *Reforma do Poder Judiciário – Primeiras reflexões sobre a EC 45/2004*, São Paulo: Revista dos Tribunais, 2005, p. 37.

que a garantia da ampla defesa e o correspectivo direito à tempestividade da tutela jurisdicional são constitucionalmente assegurados. É até curial que o direito de acesso à ordem jurídica justa, consagrado no art. 5.º, XXXV, da CF, não exprima apenas que todos podem ir a juízo, mas também, que todos têm direito à adequada tutela jurisdicional, ou melhor, 'à tutela jurisdicional efetiva, adequada e tempestiva'".[84] Registre-se que o vigente CPC recepciona, no art. 139, I, o previsto no art. 5º, LXXVIII da CF.

Empenha-se a doutrina pátria para diagnosticar a etiologia, ou melhor, as *concausas* da crônica duração excessiva dos processos em nossa Justiça. José Rogério Cruz e Tucci aponta três fatores: *institucionais*, *de ordem técnica e subjetiva* e ainda os de *insuficiência material*;[85] Fernando da Fonseca Gajardoni agrega ainda o *fator cultural* (resistência à advocacia preventiva e às práticas conciliatórias) e propõe mecanismos de aceleração do processo, agrupados em três técnicas: *extraprocessual* (reorganização administrativa, investimentos etc.); *extrajudicial* (auto e heterocomposição extrajudicial e autotutela; *judicial*: autocomposição, desformalização do processo, sumarização procedimental e outros meios.[86]

Hoje, o processo brasileiro está permeado de *meios aceleratórios*, ainda em *numerus apertus* – embora faltem dados objetivos para se aferir o seu efetivo peso na abreviação das demandas – certo que múltiplos fatores concorrem para a dilação excessiva, dentre os quais os chamados *tempos mortos* que grassam em nossa *praxis* cartorial; a cultura de esgotamento de recursos e demais incidentes processuais; a tendência a levar as causas até os Tribunais Superiores; a aguerrida resistência ao cumprimento dos comandos judiciais. Verdade que o vigente CPC intenta desestimular, dentro do possível, o uso desvirtuado ou abusivo do processo judicial, e isso, não somente quando a parte busca protelar o desfecho da causa: permite a majoração da honorária em segundo grau, para remunerar o trabalho adicional do advogado do recorrido (art. 85, § 11); considera litigante de má-fé a parte que pratica certas condutas tipificadas no art. 80 e incisos; considera conduta atentatória à dignidade da justiça o oferecimento de embargos à execução com fito manifestamente protelatório (§ único do art. 918); autoriza o juiz a coartar a colusão entre as partes (art. 142).

---

84. Garantia do processo sem dilações indevidas. In: CRUZ E TUCCI, José Rogério (coord.). *Garantias constitucionais do processo civil*, São Paulo: Revista dos Tribunais, 1999, p. 237.
85. *Tempo e processo*, São Paulo: Revista dos Tribunais, 1997, p. 99, *passim*.
86. *Técnicas de aceleração do processo*, São Paulo: Lemos & Cruz, 2003, p. 69, 76-77, *passim*.

Vale registrar o meritório e extenso rol dos meios aceleratórios já positivados, conforme esta resenha: a *penhora on line*, implementada inicialmente na Justiça do Trabalho e depois estendida à Justiça Federal, mediante convênio com o Banco Central (*BACEN/JUD*); as antecipações de *tutela* (CPC, arts. 354-356); a tutela da evidência (CPC, art. 311, incisos e § único); a ação *monitória* (CPC, arts. 700-702); a *representação*, ao Tribunal e/ou ao CNJ, contra o juiz que, imotivadamente, excede os prazos legais (CF, art. 103-B, § 4º, III; CPC, art. 235 e §§); a *citação via postal* (CPC, art. 247 e incisos); o *rito sumarizado e predominantemente oral nos Juizados Especiais*, Cíveis e Criminais, Estaduais e Federais (Leis 9.099/95 e 10.259/2001); o *processo sincrético*, consentindo a satisfação do comando judicial não mais no plano de um processo autônomo, *ex intervallo*, mas como uma *fase de cumprimento* da sentença (CPC, art. 513 e §§); as diversas *oportunidades de conciliação* (CPC, art. 139, V; art. 359); a *interposição concomitante dos recursos extraordinário e especial* (CPC, art. 1.029 e incisos); a *ampliação dos poderes do Relator* (CPC, art. 932 e incisos); a *dispensa da reserva de plenário* na arguição incidental de inconstitucionalidade (CPC, § único do art. 949); a prestação ininterrupta da atividade jurisdicional (CF, inciso XII do art. 93); a autorização ao Tribunal *ad quem*, no julgamento de apelação tirada contra sentença apenas terminativa, de *avançar para o exame do mérito, em se tratando de causa madura* (CPC, art. 1.013, § 3º, I); a atribuição aos *Tabelionatos* para resolução de inventários sem herdeiros menores ou incapazes, nem existência de litígio, assim como para realizarem divórcios, separações e extinção de união estável em não havendo conflito nem tampouco incapazes (CPC, art. 610 e § 1º; art. 733 e § 1º); o julgamento, *por amostragem*, de recursos extraordinários e especiais múltiplos e repetitivos, com vistas à emissão de decisão-quadro com eficácia pan-processual (CPC, art. 1.036 e §§; art. 927, III); a *súmula vinculante* do STF (CF, art. 103-A; CPC, art. 988, III, inciso com redação da Lei 13.256/2.016); o *incremento da jurisdição coletiva – ADIn, ADCon, ADPF*: CF, §§ 1.º e 2.º do art. 102 e das *ações coletivas consumeristas* (Lei 8.078/90, art. 91), como forma de prevenir a pulverização do conflito coletivo; a liminar improcedência do pedido contrário a certos padrões decisórios otimizados (CPC, art. 332 e incisos); [87] a positivação da tese da *coisa julgada inconstitucional* (CPC, § 12º

87. O CPC/73 trazia uma possibilidade análoga, no art. 285-A, inserido pela Lei 11.277/2.006, dispositivo que chegou a ser questionado na ADIn 3695, rel. Min. Alexandre de Moraes. No sítio www.stf.jus.br, acessado em 12.12.2018, consta ter sido extinto o processo sem resolução do mérito (RISTF art. 21, IX), constando trânsito em julgado.

do art. 525; § 5º do art. 535)[88]; a comunicação, aos colegitimados do processo coletivo, acerca da afluência expressiva de demandas seriais no Juízo (CPC, art. 139, X); a possibilidade de delimitação consensual das questões de fato e de direito (CPC, § 2º do art. 357).

Em paralelo, vai-se fomentando a solução extrajudicial dos conflitos, com destaque para os *termos de ajustamentos de conduta*, nos danos e ameaças a interesses metaindividuais (Lei 7.347/85, art. 5.º, § 6.º, c/c CPC, art. 515, III), o *compromisso de cessação de prática sob investigação* e *acordos de leniência* nos conflitos envolvendo a livre concorrência (Lei 12.529/2011, arts. 85, 86); a *arbitragem*, que, inclusive, opera como pressuposto processual negativo (Lei 9.307/96, art. 18; CPC, art. 485, VII); o plano de recuperação extrajudicial de empresa (Lei 11.101/2005, art. 162); a resolução dos conflitos de microempresários e empresas de pequeno porte através de conciliação prévia, mediação e arbitragem (LC 123/2006, art. 75); o emprego da mediação nos conflitos envolvendo a administração pública (Lei 13.140/2.015, art. 3º e §§; art. 32, incisos e §§).

Tais alvitres não devem ser vistos como obstáculos à judiciabilidade plena, acenada pelo art. 5.º, XXXV, da CF, mas antes, sob o ideário de um desejável *pluralismo* na composição justa dos conflitos, sob a égide de uma jurisdição compartilhada; numa metáfora, os meios alternativos predispõem-se a operar como *estradas vicinais*, em paralelo à via oficial da Justiça estatal, contribuindo para que esta última possa dar vazão ao pesado tráfego de processos que por ela passa, provocando gargalos e congestionamentos. No ponto, observa Carlos Alberto de Salles: "Trata-se, na verdade, de caminhar para uma nova concepção de jurisdição, não compreendida a partir do monopólio do Estado, mas concebida como uma entre várias formas de solucionar as disputas surgidas na sociedade. Nesse sentido, a jurisdição estatal deve ser vista como um dos instrumentos entre os vários existentes com a mesma finalidade. Respeitadas as garantias básicas da Constituição Federal, devem-se emprestar inteira validade e condições de efetividade aos mecanismos alternativos à jurisdição estatal".[89]

---

88. No ponto v. os estudos constantes da obra *Coisa julgada inconstitucional*, coord. Carlos Valder do Nascimento, Rio de Janeiro: América Jurídica, 2.003.

89. Mecanismos alternativos de solução de controvérsias e acesso à Justiça: a inafastabilidade da tutela jurisdicional recolocada. In: FUX, Luiz *et al.* (coords.). *Processo e Constituição: estudos em homenagem ao professor José Carlos Barbosa Moreira.* São Paulo: Ed. RT, 2006, p. 792.

O dado histórico vem em reforço das precedentes considerações, a se ter presente que, ao longo do desenvolvimento das instituições e das sociedades, a atividade de dizer o Direito – a *jurisdictio* – nunca se revelou uniforme, nem em seu conceito, nem em sua aplicação, ou mesmo em sua eficácia, aparecendo ora reportada a textos escritos (países da família *civil law*), ora a costumes e precedentes judiciários (a *equity*, na família *common law*); ora sendo monopolizada pelo Estado, ora sendo em certa medida *partilhada* com os próprios integrantes da coletividade. Ainda hoje se registram, entre nós, expressivos resquícios dessas ocorrências históricas nas figuras do *júri popular*, nos crimes dolosos contra a vida; nas homologações judiciais de transações alcançadas entre os próprios contraditores; no desforço pessoal em defesa da posse em caso de esbulho.

Dado esse contexto, resta de plena atualidade o pensamento de Piero Calamandrei: "Não se pode dar uma definição do conceito de jurisdição absoluta, válida para todos os tempos e para todos os povos. Não só as formas externas, através das quais se desenvolve a administração da Justiça, senão também os métodos lógicos do julgar, têm um valor contingente, que não pode ser determinado senão em relação a um certo momento histórico. – Relatividade histórica do conceito de jurisdição. – Hoje, nas principais legislações da Europa, o conteúdo da função jurisdicional não pode ser compreendido senão em relação ao sistema da legalidade; e o novo Código quer ser precisamente uma reafirmação da jurisdição como complemento e instrumento da legalidade".[90]

A notória e crescente utilização dos *meios alternativos* de solução de conflitos não se confina aos países de filiação jurídica romano-germânica, dos direitos codicísticos, mas igualmente se estende à experiência dos países da família *common law*, especialmente os Estados Unidos, onde se vem implementando, sobretudo após o advento do *Civil Justice Reform Act*, de 1990, a era do *active case management*, ou seja, a técnica ou o método do *gerenciamento do processo* pelo juiz, postura pró-ativa cujo resultado exitoso depende, naturalmente, de uma maior participação e cooperação das partes, em ordem ao desfecho justo, econômico e tempestivo da demanda.

Fábio Peixinho Gomes Correa esclarece, em monografia sobre a *governança judicial*: "A era do 'active case management' teve início após a adoção de quatro medidas voltadas a combater a ineficiência do Poder Judiciário, quais sejam, (*i*) a organização de grupos de trabalho nos distritos da Justiça

---

90. *Direito processual civil*, trad. de Luiz Abesia e Sandra Drina Fernandez Barbery, Campinas: Bookseller, 1999, vol. 2, p. 96.

federal norte-americana, com o fito de apoiar o planejamento de ações destinadas a mitigar custos e tempo dos processos; (*ii*) as *Federal Rules of Civil Procedure* sofreram alterações pontuais, em especial o art. 16 que trata do *Pre-trial*; (*iii*) a aprovação do *Civil Justice Reform Act* de 1990 pelo Congresso; e (*iv*) a implementação de reformas pela Casa Branca nos órgãos estatais que mais frequentemente se socorriam do Poder Judiciário. Além dessas medidas que contribuíram para a flexibilização do procedimento judicial, houve uma crescente adoção dos mecanismos alternativos de solução de conflitos (*Alternative Dispute Resolution*)".[91]

5. O PROCESSO COLETIVO E O *TRATAMENTO MOLECULAR* DOS MEGACONFLITOS.

A natureza *instrumental* do processo civil é de ser entendida sob mais de uma perspectiva: imprime concreção à vontade da lei, nos casos submetidos à Justiça; veicula os históricos de lesão sofrida ou temida, permitindo que tenham seu *momento judiciário*; promove uma relação de pertinência-proporcionalidade entre o tipo de interesse material (à segurança, ao acertamento, à satisfação) e o remédio preordenado a obter a máxima efetividade da resposta jurisdicional.

Não por outro motivo diz o art. 17 do CPC: "Para postular em juízo é necessário ter *interesse e legitimidade*", residindo aquele primeiro quesito no trinômio *necessidade – utilidade – adequação*, enquanto que a legitimação pode, sinteticamente, ser vista como a *pertinência subjetiva* do interesse judicializado, o qual, na jurisdição singular, é reportado ao afirmado titular da situação de vantagem, e, na jurisdição coletiva, é ubicado no *representante adequado do interesse metaindividual* (o *ideological plaintiff*, do processo norte-americano).

---

91. "Governança judicial – modelos de controle das atividades dos sujeitos processuais". Tese de doutorado, sob orientação do professor José Rogério Cruz e Tucci, aprovada na Faculdade de Direito da Universidade de São Paulo em 10.06.2008, p. 100-101, cuja Banca integramos, juntamente com os Professores José Roberto dos Santos Bedaque, Cássio Scarpinella Bueno e Flávio Cheim Jorge. Observe-se que algumas das *Federal Rules of Civil Procedure* foram sendo alteradas nas últimas décadas, com destaque para a regra n. 16, que, conforme a doutrina, "is explicitily intended to encourage the active judicial management of the case development process and of trial in most civil actions. Rule 16 calls on judges to fix deadlines for completing the major pretrial tasks and encourages judges to actively participate in designing case-specific plans for positioning litigaton as efficiently as possible for disposition by settlement, motion, or trial" (MOORE, James William; COQUILLETTE, Daniel R. *Moore's Federal Practice*, 3. ed., New York: Matthew Bender, 1997, vol. 3, cap. 16, p. 1).

O interesse de agir é de cunho *processual*, e sua conexão com o interesse material (pretensão) é devida ao fato de que a ação judicial deve estar referenciada a uma ocorrência *real e atual* da vida em sociedade (necessidades concretas ou ao menos razoavelmente prenunciadas), não se concebendo que sejam dirigidas ao Judiciário meras consultas acerca de situações hipotéticas. As raras exceções a esse contexto confirmam a regra antes indicada: somente em casos específicos, definidos em lei, um órgão judicial pode exercer o *ius respondendi*, como o TSE (art. 23, XII, do Código Eleitoral – Lei 4.737/65); e, em certa medida, o STF, na arguição de descumprimento de preceito fundamental – Lei 9.882/99, art. 10 e §§. Saliente-se que a exigência do interesse de agir não se aplica apenas aos históricos de danos sofridos, mas igualmente aos de danos temidos, caso em que tem lugar a tutela provisória, mormente a de urgência (CPC, art. 300, *caput*).

A relação de proporcionalidade entre meios e fins que o processo busca preservar se estende, igualmente, ao plano dos procedimentos (= *modo de ser* dos processos), daí se explicando, por exemplo, que os Juizados Especiais vêm preordenados às causas cíveis de menor complexidade e às infrações penais de menor potencial ofensivo, justamente porque o *rito* é sumarizado, predominantemente oral e informado pela equidade (Lei 9.099/95, arts. 2.º, 6.º, 29, 62), ao passo que nas ações por improbidade administrativa (CF, § 4.º do art. 37; Lei 8.429/92) e nas ações populares (CF, art. 5.º, LXXIII; Lei 4.717/65), vocacionadas a contraditório amplo e larga instrução probatória, o rito previsto é o ordinário.

Assim se passa porque, enquanto os ramos do Direito material – Constitucional, Civil, Penal, Comercial, Administrativo, Tributário, Trabalhista, Previdenciário, Ambiental – vocacionam-se a *criar* direitos subjetivos (individuais e públicos), interesses legítimos, situações jurídicas, já à ciência processual cabe propiciar as condições para que o Direito positivado, quando infringido ou ameaçado, e subsumido a uma pretensão judicializada, possa ser aplicado nos lindes do devido processo legal. Assim, por exemplo, os arts. 16 e 114 do CTN dão os contornos da *obrigação tributária, ao passo que* a norma processual, atenta ao fato de que a Fazenda Pública necessita de um meio expedito e eficaz para cobrança de sua dívida ativa, disponibiliza um processo de execução e até mesmo um Juízo especial – (Lei 6.830/80, arts. 1.º, 3.º, 5.º; CPC, art. 784, IX; Lei 12.153/2009). Outro exemplo: a Constituição Federal prevê a desapropriação (art.5.º, XXIV); a seu turno, a norma processual, atenta ao fato de que a Administração pode ter urgência na realização da obra pública, possibilita a concessão de liminar para imediata imissão na posse (Dec.-lei 3.365/1941, art. 15). Assim também se passa com a locação, que é tema de Direito Civil, mas, em ocorrendo a necessidade de desocupação do imóvel, resistida pelo locatário, a norma processual disponibiliza a ação de despejo (Lei 8.245/91, art. 59, §§ e incisos).

Algo semelhante, *mutatis mutandis*, se dá com as causas que o processo civil encaminha à jurisdição coletiva, em contraposição àquelas que remanescem na jurisdição singular. Neste último caso, trata-se de lides cujo espectro se confina a sujeitos determinados, envolvendo direitos subjetivos contrariados ou ameaçados, usualmente portados em juízo pelos seus próprios titulares, através de seus advogados (legitimação ordinária), vocacionando-se tais processos a uma coisa julgada de eficácia restrita às partes (CPC, art. 506). Já na jurisdição coletiva afluem os megaconflitos, assim entendidos os que se caracterizam: (*i*) pelo número expressivo dos sujeitos concernentes (a impossibilitar redução às figuras litisconsorciais – CPC, § 1º do art. 113), permitindo o enquadramento na rubrica dos *interesses individuais homogêneos* (Lei 8.078/90, art. 81, § único, III), ou então, a comunicação, aos colegitimados dos arts. 5º da Lei 7.347/85 e 82 da Lei 8.078/90, quanto à ocorrência de afluxo importante de demandas seriais no Juízo, para que afiram a pertinência de propositura de ação coletiva na espécie (CPC, art. 139, X); (*ii*) pela própria expansão e complexidade da controvérsia, cuja resolução irradia eficácia, em modo unitário e indivisível, sobre certos segmentos (caso dos *interesses coletivos em sentido estrito* – Lei supra, art. 81, § único, II), ou mesmo em face da inteira coletividade, no caso dos *interesses difusos* – Lei supra, art. 81, § único, I . Bem por isso, essas espécies de interesses metaindividuais se preordenam a modalidades de coisa julgada de eficácia expandida: Lei 8.078/90, art. 103 e incisos; Lei 7.347/85, art. 16.

Peculiares e distintos se revelam os planos da jurisdição singular, e da coletiva, em pontos fundamentais, tais o interesse de agir – *v.g.*, a questão da *pertinência temática*; a legitimação, de tipo *concorrente-disjuntiva* – art. 5.º e incisos da Lei 7.347/85; art. 82 e incisos da Lei 8.078/90; o foro competente, que conjuga os elementos *território* e *extensão do dano* – Lei 7.347/85, art. 2.º, c/c art. 93 do CDC; a prova, cujo ônus pode ser *invertido* nas ações consumeristas (CDC, art. 6.º, VIII) tendo o CPC recepcionado essa técnica de *produção dinâmica da prova*;[92] a sentença, que na ação popular e na civil pública pode fundar-se num *non liquet*: arts. 18 da Lei 4.717/65 e 16 da Lei 7.347/85; a coisa julgada, de eficácia expandida, *erga omnes* ou *ultra partes* – Lei 8.078/90, art. 103 e incisos; Lei 7.347/85, art. 16; a execução, rectius, cumprimento do julgado – *v.g.*, o *fluid recovery*, recepcionado nos arts. 99,

92. § 1º do art. 373.

100 do CDC; os recursos, com destaque para os efeitos da apelação que são determinados *ope iudicis*, nos termos do art. 14 da Lei 7.347/85, a par de outros tópicos que singularizam e distinguem esses dois grandes planos jurisdicionais.

A propósito, afirma Ada Pellegrini Grinover: "A análise dos princípios gerais do direito processual, aplicados aos processos coletivos, demonstrou a feição própria e diversa que eles assumem, autorizando a afirmação de que o processo coletivo adapta os princípios gerais às suas particularidades. Mais vistosa ainda é a diferença entre os institutos fundamentais do processo coletivo em comparação com os do individual. Tudo isso autoriza a conclusão a respeito do surgimento e da existência de um novo ramo do Direito Processual, o *Direito Processual Coletivo*, contando com princípios revisitados e institutos fundamentais próprios e tendo objeto bem definido: a tutela jurisdicional dos interesses ou direitos difusos, coletivos e individuais homogêneos".[93] Em posição consonante, aduz Gregório Assagra de Almeida: "O estudo do *direito processual coletivo* como ramo específico do direito processual vem coroar, mesmo que já no início de um novo século, o movimento de defesa dos interesses primaciais da comunidade, que deveria ter se iniciado, como observou José Ortega y Gasset, no século XIX, e possibilitar, com a criação de regras e princípios específicos de interpretação, uma tutela jurisdicional mais efetiva e dinâmica, como já havia manifestado Édis Milaré, ao sustentar que para uma sociedade de massa, há de existir igualmente um processo de massa".[94]

Sobre essa temática, assim nos pronunciamos em sede doutrinária: "(...) um processo é coletivo (e, portanto, passível de manejo na correspondente jurisdição) quando a finalidade perseguida diz com a tutela de um interesse metaindividual (difuso, coletivo em sentido estrito, individual homogêneo, conceituados nos incisos do § único do art. 81 da Lei 8.078/90), não bastando para tal configuração processual a circunstância de figurarem entre os colegitimados ativos os entes políticos e o Ministério Público. Com efeito, por aí não se encontraria critério seguro, porque, por exemplo, a ação popular é deferida ao cidadão-eleitor, sendo, todavia, inegável o seu caráter *público*, no sentido largo da palavra. Nem por outro motivo no Direito francês fala-se em *actions à but collectif*, justamente para diferenciá-las daquelas em que a finalidade perseguida concerne à órbita dos próprios contendores, de sorte que há de ser o *propósito de alcançar uma certa faixa do universo coletivo*,

93. Direito processual coletivo. In: LUCON, Paulo Henrique dos Santos (coord.), *Tutela coletiva*, São Paulo: Atlas, 2006, p. 308.

94. *Direito processual coletivo brasileiro – Um novo ramo do direito processual*, São Paulo: Saraiva, 2003, p. 45.

mediante a expansão da eficácia da coisa julgada, o que pode qualificar como coletiva uma dada ação".[95]

(Por aí se compreende que, ante o prestígio crescente da tese da *objetivação do recurso extraordinário*,[96] propondo que as decisões do STF devam projetar efeitos *ultra partes*, a admissão desse apelo passasse a depender da demonstração da *repercussão geral* da questão constitucional – CF, § 3.º do art. 102: EC 45/2004 – aferida a partir da existência de "questões relevantes do ponto de vista econômico, político, social ou jurídico, que *ultrapassem os interesses subjetivos do processo*" – CPC, § 1.º do art. 1.035); por análoga razão, a admissão do recurso de revista no TST depende da demonstração da transcendência da questão (CLT, art. 896-A e § 1º, este último inserido pela Lei 13.467/2.017).

Assentada, pois, a relação de *pertinência – proporcionalidade* entre os megaconflitos e a tutela processual coletiva que se lhes é destinada, deve-se ainda ressaltar que os processos coletivos prestam relevantes contributos para a composição justa dos conflitos: (*i*) recepcionam e dão tratamento adequado aos megaconflitos que hoje permeiam a contemporânea sociedade de massa, prevenindo sua pulverização (a *atomização*, no dizer de Kazuo Watanabe) em multifárias demandas individuais; (*ii*) consentem resposta judiciária unitária (*molecular*, no dizer de Kazuo Watanabe), assegurando o devido tratamento isonômico aos jurisdicionados que se encontram numa mesma situação fático-jurídica; (*iii*) preservam a isonomia entre os jurisdicionados, como se verifica no aproveitamento, para o âmbito das demandas individuais, da decisão-quadro proferida na ação coletiva por interesses individuais homogêneos – CDC, arts. 95-98.

Neste passo, cabe registrar que o encaminhamento dos conflitos metaindividuais para o plano processual coletivo é solução técnica que se afigura superior àquela antes prevista no art. 285-A do CPC/73, cf. Lei 11.277/2006, pela qual ficava o juiz autorizado a reproduzir, nas demandas múltiplas envolvendo unicamente matéria de direito – dispensada a citação dos indigitados réus – a sentença de total improcedência que tivesse proferido no processo tomado como paradigma. Com efeito, é tecnicamente mais consistente a previsão, no vigente CPC, da liminar improcedência do pedido que se apresenta contrário a certos padrões decisórios impositivos (CPC, art. 332 e incisos, c/c art. 927

95. *Jurisdição coletiva e coisa julgada*, 3. ed., São Paulo: Revista dos Tribunais, 2012, p. 69.

96. No ponto, v. o nosso *Recurso extraordinário e Recurso especial*, 14ª ed., São Paulo: Thomson Reuters – Revista dos dos Tribunais, 2.018, p. 199 e s.

e incisos).[97] Igualmente superior ao disposto naquele art. 285-A do CPC/73 apresenta-se agora o alvitre ofertado ao juiz para comunicar, aos colegitimados da ação coletiva, a existência, no Juízo, de afluxo importante de demandas repetitivas. [98] Registre-se, como dado histórico, que o PLC 5.139/2099, à época preordenado a regular a nova ação civil pública, previa no art. 35, § 1.º: "Não serão admitidas novas demandas individuais relacionadas com interesses ou direitos individuais homogêneos, quando em ação coletiva houver julgamento de improcedência em matéria exclusivamente de direito, sendo extintos os processos individuais anteriormente ajuizados".[99]

A resposta judiciária unitária e isonômica, que o processo coletivo pode proporcionar, é adequada e mesmo necessária em campos naturalmente propícios a eclosão de conflitos de largo espectro, envolvendo número expressivo de sujeitos indeterminados, como nas searas ambiental, consumerista, de ordem econômica, d ordem urbanística, infância e juventude, patrimônio público, planos governamentais, etc. Em simetria com a latitude do objeto litigioso, a decisão projetará eficácia *erga omnes* ou ao menos *ultra partes* (*v.g.*, Lei 7.347/85, art. 16; Lei 4.717/65, art. 18; Lei 8.078/90, art. 103 e incisos), a par da possibilidade do transporte, *in utilibus*, da coisa julgada coletiva para o âmbito das demandas individuais, como antes lembrado. Desse modo, *v.g.*, a premissa de que o tabagismo é prejudicial à saúde, posta como causa de pedir numa ação coletiva movida contra indústria do tabaco, virá examinada pelo Judiciário em apenas *um* processo, cujo julgamento também servirá como paradigma para a resolução das ações individuais concernentes ao tema, operando, outrossim, como elemento de contenção ou de prevenção de *outras* ações coletivas sobre o mesmo *thema decidendum*, a teor do parágrafo único do art. 2.º da Lei 7.347/85: "A propositura da ação prevenirá a jurisdição do juízo para todas as ações posteriormente intentadas que possuam a mesma causa de pedir ou o mesmo objeto".[100]

---

97. Ao propósito, v. as considerações de José Miguel Garcia Medina, in *Novo Código de Processo Civil comentado...*, 5ª ed., cit., 2.017, p. 590 e s.

98. Vigente CPC, art. 139, X.

99. Ao propósito, v. a obra coletiva *Direito Processual Coletivo...*, cit., Revista dos Tribunais, 2007, p. 453 e s.

100. A reunião, por conexão, com a fixação do Juízo prevento, é o que deve ocorrer quando co-existam ações coletivas ajuizadas acerca de um mesmo *thema decidendum* por alguns co-legitimados – MP, PROCONs, Defensorias Públicas, associações consumeristas – por exemplo em prol dos *poupadores* lesados pela correção feita *a menor* em seus ativos. A rigor não se justifica a replicação de ações coletivas com a mesma causa e pedido, cujo trâmite concomitante, sobre constituir uma superfetação, engendra o risco de decisões

Daí se extrai o corolário de que a existência de *repercussão geral da questão constitucional*, num recurso extraordinário (CF, § 3.º do art. 102: EC 45/2004), fica em qualquer sorte *presumida* quando o apelo extremo tenha sido tirado de acórdão em *ação de tipo coletivo* (civil pública, popular, ação consumerista coletiva), justamente por conta do largo espectro dos interesses aí envolvidos e da *expansão extra-autos da coisa julgada* que aí se venha formar, estendendo a eficácia do comando judicial a um número expressivo e indeterminado de sujeitos; isso porque aquela *repercussão geral* se considera presente quando nos autos se agitem "questões relevantes do ponto de vista econômico, político, social ou jurídico, que ultrapassem os interesses subjetivos do processo" (CPC, § 1.º do art. 1.035). Nesse sentido, Luiz Guilherme Marinoni e Daniel Mitidiero, escrevendo ao tempo do CPC/73 já anotavam: "Demandas envolvendo a 'tutela coletiva de direitos' e a 'tutela de direitos coletivos', tanto em seus aspectos materiais como processuais, também contam desde logo, em tese, com a nota da transcendência, aquilatada pela perspectiva quantitativa". [101] Aliás, aos casos em que a repercussão geral se considera presumida (CPC, § 3º, incisos I e III do art. 1.035) deve-se acrescentar a hipótese em que o recurso extraordinário venha tirado de acórdão do TJ ou TRF em incidente de resolução de demandas repetitivas (CPC, art. 987, § 1º). [102]

Embora o legislador tenha estabelecido que inexiste litispendência entre a demanda coletiva e as individuais (CDC, § 3.º do art. 103 e art. 104), subsiste como ideia-força a priorização do plano processual coletivo, por guardar simetria com o largo espectro do conflito metaindividual; outrossim assegura-se aos indivíduos que eles *não serão prejudicados* pela eventual rejeição da ação coletiva, a menos que a ela se tenham litisconsorciado – CDC art. 94, até porque nesse caso se tornaram *partes*. Ao propósito, o PLC 5.139/2009, à época voltado a regular a nova ação civil pública, previa que os membros do grupo, não comunicados do ajuizamento da ação coletiva ou que tivessem

---

qualitativamente diversas, senão já antagônicas, a par de confundir os jurisdicionados e desprestigiar o processo coletivo brasileiro. Aliás, estando o *thema decidendum* judicializado no plano coletivo, também não há razão para o prosseguimento, *em paralelo*, das ações individuais sobre o mesmo objeto litigioso, até porque a coisa julgada *coletiva* só pode se transportar para o plano individual para *beneficiar* as ações individuais (coisa julgada *in utilibus*), não para desfavorecê-las (CDC, § 3.º do art. 103; art. 104).

101. *Repercussão geral no recurso extraordinário*, São Paulo: Revista dos Tribunais, 2007, p. 38.

102. Ao propósito, v. o nosso *Incidente de resolução de demandas repetitivas – a luta contra a dispersão jurisprudencial excessiva*, 2ª ed., Salvador: JusPodivm, 2.018, p. 369 e s.

exercido tempestivamente o direito à exclusão, não seriam afetados pelos efeitos da coisa julgada coletiva.[103]

Instigante pesquisa empírica realizada sobre o impacto que os conflitos de massa projetam na Justiça estatal expõe um dado relevante: "O estudo de caso demonstrou que o lançamento de um cartão de crédito pode, por motivos diversos, acarretar substancial e súbito afluxo de demandas no Judiciário, que, despreparado para o ingresso repentino, sofre com os impactos do novo contingente de processos: 'Mega Bônus foi assim uma chaga que assolou a Justiça aqui do Estado do Rio de Janeiro porque de uma hora pra (*sic*) outra um produto colocado no mercado gerou pra (*sic*) nós aqui aproximadamente umas cinquenta mil ações, cinquenta mil demandas versando sobre o mesmo tema...nós na realidade não estávamos totalmente preparados pra (*sic*) esse recebimento dessa lide que nós aqui chamamos de maneira abreviada 'lide do Mega Bônus' (Juiz do JEC)".[104]

A carga eficacial das decisões na jurisdição coletiva deve guardar simetria com a extensão/compreensão do objeto litigioso, por exemplo: no caso do interesse difuso à defesa da saúde dos *brasileiros*, ameaçada pela comercialização massiva de certo fármaco, tal eficácia não pode ser regionalizada ou confinada apenas a um Estado da Federação, porque daí adviria uma *desequiparação ilegítima* entre brasileiros concernentes a um mesmo *thema decidendum*, a par do risco do trâmite concomitante de outra(s) demanda(s) coletiva(s) em outros Estados, com resultado eventualmente diverso ou até contraditório.

Tornada definitiva a decisão de mérito numa ação coletiva, por exemplo, contra indústrias do tabaco, daí derivam relevantes *externalidades positivas*: (*i*) a imutabilidade-indiscutibilidade da declaração judicial sobre a causa de pedir (= nocividade do tabagismo para a saúde dos fumantes), agregada pela coisa julgada material, com eficácia *erga omnes* (CDC, art. 103, III; Lei 7.347/85,art. 16); (*ii*) as demandas individuais que tenham ficado sobrestadas poderão ser retomadas, com *chance* praticamente total de êxito, já que sua causa de pedir coincide com a da ação coletiva; (*iii*) outras ações coletivas com o mesmo objeto serão obstadas, por força da coisa julgada material e do seu efeito preclusivo pan-processual (CDC, art. 103 e incisos; CPC, art. 505

---

103. V. o texto in *Direito Processual Coletivo*..., 2.007, cit., p. 454.

104. Daniela Monteiro Gabbay e Luciana Gross Cunha (orgs.), *Litigiosidade, morosidade e litigância repetitiva no Judiciário – uma análise empírica*, São Paulo: Saraiva, 2012, p. 135. (O excerto colacionado encontra-se no capítulo 4, nominado "Estudo de caso em consumidor", realizado por Fabiana Luci Oliveira, Luciana de Oliveira Ramos e Paulo Eduardo Alves da Silva).

e incisos); (*iv*) as demandas individuais pendentes, assim como as virtuais, poderão, as primeiras, ser autocompostas, e as segundas, dispensadas, em decorrência de possível acordo com as empresas demandadas. A propósito, saliente-se que formam títulos executivos judiciais as decisões homologatórias de autocomposição, assim *extrajudicial como judicial (CPC, art. 515, II e III).*

A par da *economia* de processos individuais que o processo coletivo pode propiciar, ele ainda desempenha missão de outra ordem, qual a de ensejar que o Judiciário participe da boa gestão da coisa pública – sob a égide da *democracia participativa* – sindicando, nos limites do que o permita a separação entre os Poderes, as condutas adotadas pela Administração Pública, ora em nome do interesse público, ora do interesse fazendário, de que é exemplo expressivo o ajuizamento de ação civil pública contestando o megaempreendimento da transposição das águas do Rio São Francisco, dando assim azo ao controle judicial da política pública de recursos hídricos.[105]

No ponto, observa Cândido Rangel Dinamarco: "O equilíbrio desejável nesse tema deve oscilar entre dois valores democráticos de primeira linha, a saber: a independência entre os Poderes do Estado e o zelo pelas liberdades públicas a serem preservadas mediante a tutela jurisdicional. Onde cessa o exercício legítimo do poder e se passa ao abuso ou desvio deste, ali cessa também a discricionariedade legítima e principia o campo da censura judiciária. Onde o sistema atribui ao legislador poder de efetuar escolhas legítimas segundo seu próprio juízo de oportunidade e conveniência, ali não é lícita a censura judiciária, sob pena de o Poder Judiciário substituir o juízo discricionário da Administração pelo seu. É indispensável o respeito a uma linha divisória para equilíbrio do sistema: nem invasão de competências, nem denegação de justiça".[106]

Recrudesce a responsabilidade do Judiciário nesse delicado terreno da tutela a interesses metaindividuais, porque pode dar-se que o ordenamento positivo não preveja, exatamente, a norma abstrata que se subsuma na espécie in concreto (haja vista a possibilidade de judicialização de "(...) *outros* interesses difusos e coletivos" – CF, art. 129, III; Lei 7.347/85, art. 1.º, IV), donde ganhar importância o fator *justiça* da decisão. Incide ainda, como complicador,

105. No ponto, o nosso estudo "Transposição das águas do rio São Francisco: uma abordagem jurídica da controvérsia". *Revista de Direito Ambiental*, São Paulo, n. 37, jan.-mar. 2005, p. 28-79. Também publicado in: MILARÉ, Édis (coord.). *Ação civil pública após 20 anos – efetividade e desafios*, São Paulo: Revista dos Tribunais, 2005, p. 519-557.

106. Universalizar a tutela jurisdicional. *Fundamentos do processo civil moderno*. 3. ed. São Paulo: Malheiros, 2000, t. II, p. 867.

o fato de que muita vez o conflito chega às barras da Justiça por conta de não ter sido dirimido – ou ao menos não satisfatoriamente – nas instâncias administrativas competentes (*v.g.*, a degradação da área de mananciais, tornada irreversível porque a autoridade administrativa foi leniente e não conteve, com seu poder de polícia, a invasão dos loteamentos clandestinos). Nesses casos, o juiz é chamado a intervir para a *pacificação social através do processo*, não raro tendo que priorizar um dos valores em conflito, em detrimento do outro, por exemplo: ao determinar a reintegração de posse de latifúndio agrário (*crise patrimonial*) ocupado por legião de pessoas ditas sem-terra (*crise social*).

O ponto ora focado é assim analisado por Vittorio Denti: "Come ho rilevato, la vicenda degli interessi diffusi è soprattutto una vicenda giurisprudenziale, caratterizzata da due fenomeni politici di fondo: a) la spinta sempre più forte, da parte di quelle che sono state definite le 'minoranze deboli' e le 'maggioranze diffuse', a tentare la via giudiziale per aprirsi forme di partecipazione ai processi decisionali, a loro negate nelle sedi politiche ed amministrative; b) il ruolo di 'supplenza' che la magistratura si è atribuito, con alterna fortuna, per coprire gli spazi lasciati vuoti dalla legislazione e dall'amministrazione sul terreno del controllo sociale dei fenomeni produttivi e della tutela delle libertà individuali".[107]

Em que pesem os esforços para uma uniformização de procedimentos na América Latina, em temas diversos, como o intercâmbio comercial (*Pacto Del Mercosur*) ou a proteção das liberdades públicas (*Pacto de San José da Costa Rica*), na verdade, tirante o fato de todos os países latinos, à exceção do Brasil, falarem a língua espanhola, inexiste uma uniformidade sócio-cultural-econômico-política entre eles, como se dá com certas comunidades europeias. Sobre o tema, observa Cândido Rangel Dinamarco que na América Latina a "diversidade cultural repercute nas instituições políticas dos diversos Estados da área, seja na determinação do sistema político (federativo ou unitário), seja no modo como os tribunais atuam sobre a vida da população e interferem na atuação do Governo e do Parlamento. Vê-se, por exemplo, uma significativa repartição de competências entre o Estado soberano e as unidades federativas em países como o México, a Argentina, o Brasil etc., em oposição ao centralismo unitário que há no Chile, Uruguai, Paraguai, Bolívia, Peru, Costa Rica, Nicarágua etc. O controle jurisdicional da Administração é feito, em alguns países, por uma justiça administrativa (o *contencioso administrativo*), como é o caso da Colômbia, México, Uruguai – ao passo que outros mantêm

107. Giustizia e participazione nella tutela dei nuovi diritti. In: GRINOVER, Ada Pellegrini *et al.* (coord.). *Participação e processo*, São Paulo: Revista dos Tribunais, 1988, p. 17.

a tradição de uma *jurisdição una* e ao Poder Judiciário competem todos os litígios, seja entre particulares, seja os que envolvem o Estado. Nesse quadro, variam também as opções sub-regionais no tocante aos modos de controle da constitucionalidade das leis e atos normativos do Governo – havendo os países que optam pelo sistema difuso (Argentina, México), ao lado dos que praticam o controle por um sistema misto (Uruguai, Colômbia, Brasil)".[108]

Uma evidência da falta de uniformidade nos sistemas jurídicos dos países latino-americanos está nos regimes de controle de constitucionalidade, explicando Ricardo Haro que a maioria daqueles optou por "un sistema mixto de control difuso y de control concentrado, ya sea en una Corte Suprema de Justicia – *v.g.*, como en *Venezuela, Brasil, México, El Salvador*; o en un Tribunal Constitucional en el ámbito Del PJ – como en los casos, *v.g.*, de *Colombia, Guatemala, Bolívia y Ecuador*, o fuera de él – como en *Perú y Chile*. Por otro lado, tenemos a *Uruguay, Paraguay, Costa Rica, Honduras, Panamá y Chile* (si bien con cierta particularidad) con exclusivo control concentrado; y finalmente, solo *Argentina* con exclusivo control difuso de constitucionalidad".[109]

(Sem embargo, registra-se dentre nós uma tendência à relativização ou amenização dessa dicotomia entre controle difuso e concentrado, por força do prestígio crescente da tese da *objetivação* do recurso extraordinário, pela qual se reconhece eficácia pan-processual às declarações emitidas pelo STF: (*i*) sobre a querela constitucional, mesmo no controle difuso, e (*ii*) sobre a repercussão geral da questão constitucional, na admissão do recurso extraordinário: CF, § 3.º do art. 102; CPC, § 1.º do art. 1.035; RISTF, arts. 326, 329, cf. ER 21/2007).

Sem embargo das diversidades sócio-cultural-econômico-político-jurídicas entre os países da América Latina, registram-se, no campo do Direito Processual, louváveis esforços no sentido de serem fixadas algumas diretrizes gerais, com destaque para o antes cogitado *Código Modelo de Processos Coletivos para a Latino América*, do Instituto Ibero-Americano de Direito Processual (texto aprovado nas XIX Jornadas Ibero-Americanas de Direito Processual, em Caracas, outubro de 2004). Registrou-se, também, um meritório esforço de aglutinar, num só texto, várias ações coletivas, no bojo do *Anteprojeto de*

---

108. A função das Cortes Supremas na América Latina. In *Fundamentos do processo civil moderno*, 3. ed., São Paulo: Malheiros, 2000, t. II, p. 780.

109. El rol paradigmático de las Cortes y Tribunales Constitucionales en el ejercicio del control jurisdiccional de constitucionalidad. *In*: GRAU, Eros Roberto; CUNHA, Sérgio Sérvulo da (coord.). *Estudos de direito constitucional – homenagem a José Afonso da Silva*, São Paulo: Malheiros, 2003, p. 477.

Código Brasileiro de Processos Coletivos, para o qual muito colaborou o Instituto Brasileiro de Direito Processual (IBDP). Segundo Ada Pellegrini Grinover, a ideia-força, naquele *Código Modelo*, é que ele servisse "não só como repositório de princípios, mas também como modelo concreto para inspirar as reformas, de modo a tornar mais homogênea a defesa dos interesses e direitos transindividuais em países de cultura jurídica comum". Já no tocante ao *Anteprojeto de Código Brasileiro de Processos Coletivos*, dizia a Professora, ele "engloba os atuais processos coletivos brasileiros – com exceção dos relativos ao controle da constitucionalidade, que não se destinam à defesa de interesses ou direitos de grupos, categorias ou classes de pessoas (..)".[110]

Na visão de Cândido Rangel Dinamarco, o citado *Código Modelo* "constituiu um esforço muito grande e legítimo no sentido de superar divergências, mas elas são tantas e tão profundas que já se sabe que nunca se chegará a uma utópica unificação processual. O máximo que se pode augurar, diante das realidades políticas e econômicas que se vão implantando, é a possível *homogeneização* capaz de facilitar a cooperação internacional".[111]

A seu turno, Elton Venturi, posicionando-se sobre aquele *Anteprojeto de Código Brasileiro de Processos Coletivos*, via com reservas a generosa empreita: "De fato, se tomarmos em conta o atual cenário brasileiro, no âmbito do qual, apesar de se preconizar a existência de um *microssistema de tutela coletiva*, necessariamente aberto e prospectivo, a jurisprudência e a doutrina dão veementes sinais de reacionarismo e dogmatismo, não parece provável que a unificação do tratamento dos procedimentos coletivos em torno de uma codificação possua força suficiente, por si só, para reverter tal quadro. Ao contrário, o temor de que a eventual codificação do processo coletivo acarrete, a curto prazo, indesejável sensação de fechamento sistemático e, por conseguinte, restrição ao processamento de causas *não contempladas*, parece superar as expectativas de evolução com que contam os seus defensores. De outro lado, a ideia de uma sectarização do processo civil, bipolarizado então entre o *individual e o coletivo*, não se revela adequada à afirmação de sua própria vocação instrumental".[112]

Parece indisputável que o ambiente judiciário brasileiro não mais pode *conviver* com os deletérios efeitos da pulverização dos megaconflitos em

110. Cf. *Direito processual coletivo*... cit., 2007, p. 449-450.

111. A função das Cortes... cit., *Fundamentos*... cit., t. II cit., p. 781.

112. *Tutela jurisdicional coletiva brasileira: elementos críticos, efetividade e afirmação*. Tese de doutorado, PUC, São Paulo, sob orientação do Prof. Nelson Nery Junior, aprovada em 21.11.2005, p. 31.

multifárias e repetitivas ações individuais, como sói ocorrer em recorrentes situações que empolgam número muito expressivo de sujeitos, em temas como benefícios previdenciários, exigências tributárias, planos de saúde, conflitos consumeristas, programas governamentais de poupança, de casa própria e outros. Uma alternativa seria a revisão, com vistas a uma consolidação, do vigente *microssistema processual coletivo*, formado, basicamente, pela ação popular, ação civil pública e a parte processual do Código do Consumidor, tendo o CPC como fonte subsidiária; quanto ao mandado de segurança *coletivo*, está regulado na Lei 12.016/2099, arts. 21 e 22, tendo sido expressamente revogada a precedente Lei 1.533/1951.

6. O COMPROMISSO DE AJUSTAMENTO DE CONDUTA COMO INSTRUMENTO DE PREVENÇÃO E SUPERAÇÃO DAS CONTROVÉRSIAS.

Na releitura, atualizada e contextualizada, do *acesso à Justiça*, impende ter presente que o art. 5.º, XXXV, da CF não pode ser visto em modo genérico e exacerbado, sob pena dessa garantia degenerar num indesejável *convite à demanda*, ou num *incentivo à litigiosidade*. Antes e superiormente, aquele permissivo é de ser concebido como uma *cláusula de reserva*, uma oferta *subsidiária* da prestação jurisdicional, tanto para os casos tornados incompossíveis entre os próprios interessados, após esgotados os meios suasórios, como para aqueles que, em razão de peculiaridades das pessoas envolvidas ou da natureza da matéria, reclamam *passagem judiciária*, como é o caso das assim ditas *ações necessárias*. A não se entender assim, o Judiciário continuará a receber uma quantidade excessiva de feitos, comprometendo a oferta de uma resposta judiciária de qualidade, em tempo razoável, situação que tende a se agravar, seja pelo aumento demográfico, seja pela exacerbação da litigiosidade ao interno da sociedade contemporânea.

Os modos pelos quais o Estado brasileiro tem buscado ao menos *atenuar* o problema do excesso de processos na Justiça – alterações na lei processual; investimentos sucessivos e crescentes na estrutura do Judiciário – não têm se revelado satisfatórios, pela boa razão de que por aí se está lidando *com a consequência, e não com a causa*, à semelhança de um médico que, ao invés de diligenciar o exato diagnóstico da moléstia, com vistas a prescrever o remédio eficaz, limita-se a atacar os sintomas, tal como a febre que acomete o paciente.

Algumas *concausas* podem ser identificadas para o acúmulo de processos judiciais: (*i*) a *cultura demandista*, que induz a população a procurar a Justiça estatal antes de tentar os outros meios, auto e heterocompositivos, numa sorte de "ligação direta" entre o afirmado dano sofrido ou temido e o ambiente forense; (*ii*) a falta de uma política judiciária de divulgação, junto à população, das diversas alternativas disponibilizadas para a solução das pendências, fora e além do processo judicial; (*iii*) o *desvirtuamento* da função judicial do Estado, cada vez mais *usada* pelos chamados *clientes habituais* – o próprio Poder Público, Bancos, INSS, empresas de telefonia, de planos de saúde etc. – como forma de postergação do cumprimento de suas obrigações, tudo em detrimento dos *clientes eventuais*, a saber, aquelas pessoas físicas ou jurídicas que, esporadicamente, se envolvem em processos judiciais.

Presente um tal contexto, assiste razão aos analistas Maria Teresa Sadek, Fernão Dias de Lima e José Renato de Campos Araújo: "Tornou-se lugar comum afirmar que sem uma Justiça acessível e eficiente coloca-se em risco o Estado de Direito. O que poucos ousam sustentar, completando a primeira afirmação, é que muitas vezes, é necessário que se qualifique de que acesso se fala. Pois a excessiva facilidade para um certo tipo de litigante ou o estímulo à litigiosidade podem transformar a Justiça em uma Justiça não apenas seletiva, mas sobretudo inchada. Isto é, repleta de demandas que pouco têm a ver com a garantia de direitos – esta sim uma condição indispensável ao Estado Democrático de Direito e às liberdades individuais".[113]

Um dos alvitres para lidar com tão grave situação está no incentivo aos *meios alternativos de prevenção e solução de conflitos*, de largo curso em países como os Estados Unidos, ao pressuposto de que por aqueles alvitres venha alcançada a *composição justa das controvérsias*, mesmo fora e além da estrutura judiciária estatal, ou, até, em certos casos, preferivelmente sem ela. Com efeito, observa Humberto Theodoro Júnior, a "prestação jurisdicional nunca foi o único meio de compor litígios. Sempre se conheceram outras formas alternativas ao lado do processo judicial, como a autocomposição, a autotutela e o recurso à intermediação de terceiros (...)".[114]

Igualmente ponderáveis e consistentes se apresentam as diretrizes do *aproveitamento máximo da relação jurídica processual* e da *universalidade / ubiquidade da jurisdição*. O primeiro desses enfoques está positivado no art. 4º do vigente CPC, dispondo que as partes têm direito à solução integral do mérito, o que se completa com o § 3º e incisos do art. 1.013, autorizando o tribunal ad quem a adentrar desde logo o mérito da lide, em verifican-

113. O Judiciário e a prestação de justiça. In: SADEK, M. T. (org.). *Acesso à Justiça*, São Paulo: Fundação Konrad Adenauer, 2001, p. 41.

114. A arbitragem como meio de solução de controvérsias. *Revista Síntese de Direito Civil e Processual Civil*, n. 2, nov./dez. 1999, p. 8.

do que se trata de causa madura, afirmando José Miguel Garcia Medina: "Não se permite ao tribunal decidir sobre questões que, embora suscitadas e discutidas pelas partes, a decisão apelada não as tenha julgado, e nem poderia ter julgado, em razão de a causa não se encontrar 'madura'" [115]. O segundo daqueles enfoques – universalidade / ubiquidade da jurisdição se bifurca: (*i*) uma vertente aponta para a necessidade da facilitação do acesso à Justiça, mormente aos segmentos ordinariamente dela excluídos (proteção ao hipossuficiente: a *primeira onda* de renovação do processo civil) e (*ii*) a outra vertente sinaliza que, contemporaneamente, a jurisdição não mais se confina nos lindes de um monopólio estatal, mas dela podem também se encarregar outros órgãos e instâncias, ao pressuposto de que consigam compor os conflitos com justiça, em tempo razoável. O próprio legislador o reconhece em várias passagens, como no caso do CADE – autarquia do Ministério da Justiça – ao defini-lo como "entidade judicante, com *jurisdição* em todo o território nacional" – art. 4.º da Lei 12.529/2011, e, também, no caso da arbitragem, ao dizer que o árbitro é "*juiz* de fato e de direito" – art. 18 da Lei 9.307/96.

Ao propósito, aduz Cândido Rangel Dinamarco: "Existem bolsões de conflitos e de lesões que ilegitimamente se mantêm à margem do controle jurisdicional, sem embargo da formal promessa constitucional de controle jurisdicional pleno – e daí o empenho em remover os fatores perversos que os imunizam ao controle. (...) Todos os princípios e garantias constitucionais estão sujeitos aos descontos decorrentes do convívio com outros princípios e outras garantias, não sendo nenhum deles absoluto e insuscetível de restrições legítimas. Mesmo a promessa de tutela jurisdicional e acesso à Justiça, se lhe emprestasse esse valor absoluto, seria fonte de distorções sistemáticas, de graves inconvenientes políticos e talvez mesmo de injustiças".[116]

No contexto que ora se vai desenvolvendo registra-se a *tendência à desjudicialização das controvérsias*, através de meios que, ora operam para *não deixar formar* as lides judiciais (*v.g.*, a convenção coletiva de consumo: CDC, art. 107; o compromisso de ajustamento de conduta: Lei 7.347/85, § 6º do art. 5º), ora laboram para *acelerar* o desfecho dos processos judiciais em curso, como a transação e a conciliação (CPC, art. 515, II, c/c art. 487, III, b). É louvável a intenção do legislador de fomentar a resolução extra*judicial* dos conflitos (que de outro modo tenderiam a formar lides, a exigir decisão de mérito), por

115. *Código de Processo Civil comentado*, 5ª ed., 2.017, cit., nota nº XI ao art. 1.013, p. 1.525.

116. Universalizar a tutela jurisdicional. *In Fundamentos*... cit., t. II, 2000, p. 873-874.

modo que eles venham autocompostos pelas partes do processo (conciliação), ou através de algum agente facilitador, tal o mediador, ficando os respectivos *Termos* representativos dos ajustes revestidos de eficácia executiva – judicial ou extrajudicial – conforme o caso.

A propósito, comentava Fernanda Tartuce, ainda ao tempo do CPC/73: "Concordamos com a assertiva de que a formação de um título executivo extrajudicial poderia ser suficiente; todavia, em termos de eficiência, as partes podem precisar de um reforço e para tanto parece relevante a nova previsão. Parece-nos que a intenção do legislador efetivamente corresponde a um esforço em dois sentidos: incentiva a verificação da autocomposição, revelando-a também vantajosa para as partes e assegura maior força à transação homologada, conferindo aos acordos maior possibilidade de efetivação pelos reforços inerentes ao novo sistema de execução dos títulos executivos judiciais. Trata-se de previsão pertinente e consentânea com o propósito de possibilitar acesso à Justiça e efetividade no comando das decisões, estimulando a adoção de vias alternativas à jurisdição. Merece destaque a menção expressa ao conteúdo do pacto, que pode conter acordo 'de qualquer natureza'. Assim, não haveria limitação apenas a questões eminentemente pecuniárias, como querem fazer crer aqueles que vinculam a disponibilidade do direito ao seu aspecto puramente econômico".[117] (Com efeito, o art. 3º, *caput*, da Lei 13.140/2.015 viria autorizar o emprego da mediação também nos conflitos envolvendo "direitos indisponíveis que admitam transação").

Dentre os meios alternativos tem se destacado o antes referido compromisso de ajustamento de conduta, dada sua aptidão, assim para prevenir como para solucionar controvérsias em áreas tendencialmente conflitivas, como o consumerismo, meio ambiente, patrimônio público, financiamento para aquisição de bens duráveis. De salientar que, enquanto o Ministério Público costuma elaborar esses compromissos no bojo de um *inquérito civil* (CF, art. 129, III; Lei 7.347/85, art. 8.º, § 1.º; Lei 8.625/93, art. 25, IV, e alíneas), já os demais colegitimados, inseridos na rubrica genérica dos "órgãos públicos", embora não disponham de igual instrumento, podem celebrar os ajustamentos de conduta no âmbito dos processos administrativos onde apuram as ameaças ou os danos aos interesses metaindividuais. Esclarece Susana Henriques da Costa que a tendência "é se reconhecer a possibilidade dos entes da adminis-

117. Lei 11.232/2005, art. 475-N, inciso IV: acordo extrajudicial de qualquer natureza homologado em juízo como título executivo judicial. *Revista da Escola Paulista de Direito*, n. 3, out./nov. 2006, p. 243.

tração indireta celebrarem compromissos de ajustamento, desde que voltados para a consecução do interesse público".[118]

Com relação ao *parquet*, é razoável entender-se que, sendo *uno e indivisível* e estando legitimado à defesa do *interesse social* e dos *individuais indisponíveis* (CF, art. 127, *caput*), beneficia de uma área mais extensa de atuação, ao passo que os demais colegitimados sofrem algum tipo de restrição, por exemplo, os entes políticos, mormente Estados e Municípios, cuja atuação se prende a contingenciamentos territoriais, como aduz Fernando Grela Vieira: "Todavia, se a ofensa atinge interesses localizados e afetos a mais de um município, parece intuitivo que a legitimidade se concentrará no Estado-membro ou dependerá da atuação conjunta dos municípios atingidos".[119] Outra sorte de limitação com relação aos demais colegitimados concerne à chamada pertinência temática, não se concebendo, v.g., que uma entidade como Procon, institucionalmente devotado às questões consumeristas, atue em matéria de meio ambiente; aliás, é o que deflui do inciso V, b, do art. 5º da Lei 7.347/85, redação do inciso cf. Lei 13.004/2014.

Naturalmente, a eficácia prática dos ajustamentos de conduta radica em sua força como *título executivo*: *extrajudicial*, no âmbito do inquérito civil (§ 6.º do art. 5.º da Lei 7.347/85) ou mesmo *judicial*, se levado à homologação do juiz nos autos de um processo (CPC, art. 515, III). Ao propósito, diz a *Súmula nº 9 do Conselho Superior do M.P. paulista*: "Só será homologada a promoção de arquivamento de inquérito civil, em decorrência de compromisso de ajustamento, se deste constar que seu não-cumprimento sujeitará o infrator a suportar a execução do título executivo extrajudicial ali formado, devendo a obrigação ser certa quanto à sua existência e determinada, quanto ao seu objeto".[120]

Na tendencial aproximação entre os ambientes da Justiça estatal e dos meios alternativos de solução de conflitos (como se dá quando um *compromisso de ajustamento* vem a ser homologado judicialmente), colocava-se o PLC 94/2002, que vinha preordenado a regular a *mediação paraprocessual* – prévia

---

118. Comentários ao art. 5.º da Lei 7.347/85. In: COSTA, Susana Henriques da (coord.). *Comentários à Lei de Ação Civil Pública e Lei de Ação Popular*, São Paulo: Quartier Latin, 2006, p. 427.

119. A transação na esfera da tutela dos interesses difusos e coletivos: compromisso de ajustamento de conduta. In: MILARÉ, Édis (coord.). *Ação civil pública – Lei 7.347/85 – 15 anos*, 2. ed., São Paulo: Ed. RT, 2002, p. 271.

120. V. essa súmula e seu fundamento in Hugo Nigro Mazzilli, *A defesa dos interesses difusos em Juízo*, 30ª ed., São Paulo: Saraiva, 2.017, p. 902.

ou incidental; judicial ou extrajudicial - então se prevendo, como regra, que na modalidade incidental ela era "*obrigatória* no processo de conhecimento", assinando-se aos interessados prazo máximo de noventa dias, findo o qual, "não sendo alcançado o acordo, dar-se-á continuidade ao processo" (art. 34 e parágrafo único). Ada Pellegrini Grinover avaliava que o citado PL 94/2002 "não fere o disposto no art. 5.º, XXXV da Constituição Federal", observando mais adiante: "A facultatividade tem sido sublinhada como um dos princípios fundamentais do instituto. No entanto, também tem sido apontada a necessidade de se operar uma mudança de mentalidade, para que a via consensual seja mais cultivada do que a litigiosa, o que é um dado essencial para o êxito das referidas vias consensuais, que compreendem a mediação. E o que é obrigatório, no projeto, é a mediação e não o acordo. Assentado que os chamados meios alternativos de solução das controvérsias, mais do que uma alternativa ao processo, configuram instrumentos complementares, 'multiportas' mais idôneas do que o processo para pacificação, é preciso estimular a sedimentação de uma cultura que permita seu vicejar. E, para tanto, a mediação obrigatória parece constituir o único caminho para alimentar essa cultura".[121]

Aliás, se a mediação obrigatória fosse incompatível com a garantia do art. 5.º, XXXV, da CF, também o seria a *cláusula arbitral*, já que por meio dela "as partes em um contrato comprometem-se a submeter à arbitragem os litígios que possam vir a surgir, relativamente a tal contrato" (art. 4.º, caput, da Lei 9.307/96), donde a convenção de arbitragem constituir-se em *pressuposto processual negativo*, levando à extinção do processo judicial sem julgamento do mérito (CPC, art. 485, VII). E o STF, apreciando incidentalmente tal questionamento (agravo regimental em homologação de sentença estrangeira - SE 5.206: *Informativo STF* 254), decidiu, por maioria, pela *constitucionalidade* da citada lei de arbitragem. Ao propósito, comenta Aluísio Gonçalves de Castro Mendes: "De fato, a Lei 9.307/96 não colide com a garantia constitucional supramencionada. A prestação jurisdicional constitui um direito dos jurisdicionados, mas não impõe o dever de levar ao conhecimento do Poder Judiciário qualquer contenda que se desenvolva entre pessoas físicas ou jurídicas".[122] A arbitragem recebeu notável impulso com a autorização para seu emprego pela administração pública direta e indireta "para dirimir conflitos

121. "Projeto de lei sobre a mediação e outros meios de pacificação". In *O processo - estudos e pareceres*, São Paulo: DPJ, 2006, p. 610.

122. Breves considerações em torno da questão da inafastabilidade da prestação jurisdicional. In: MARINONI, Luiz Guilherme (coord.). *Estudos de direito processual civil - Homenagem ao professor Egas Moniz de Aragão*, São Paulo: Revista dos Tribunais, 2006, p. 97.

relativos a direitos patrimoniais disponíveis" (§ 1º do art. 1º da Lei 9.307/96, parágrafo inserido pela Lei 13.129/2.015).

O *compromisso de ajustamento de conduta* é um meio consensual, extrajudicial, de prevenção ou resolução de conflitos envolvendo interesses metaindividuais, situando-se num ponto equidistante entre conciliação e mediação, não se identificando exatamente com cada qual dessas modalidades, mas ao mesmo tempo haurindo de cada uma delas algumas características, sempre ao pressuposto de que ao fim e ao cabo sobrevenha a *pacificação justa e tempestiva do conflito*. É controvertida a natureza jurídica desse ajuste: (*i*) se o definimos como um *acordo*, exsurge o óbice dos arts. 840 e 841 do Código Civil, pelos quais dá-se a *transação* quando os interessados previnem ou terminam o litígio "mediante concessões mútuas", limitado o acordo "a direitos patrimoniais de caráter privado", o que não se compadece com a temática de fundo social em sentido largo, em geral subjacente a tal solução negociada: meio ambiente, tutela coletiva de consumidores, ordens urbanística e econômica, patrimônio cultural e outros interesses metaindividuais (§ 6.º do art. 5.º da Lei 7.347/85, c/c art. 1.º e incisos dessa lei); (*ii*) se o definimos como *negócio jurídico bilateral*, pode-se questionar que, no caso, as obrigações e prestações são em verdade unilateralmente assumidas pelo promitente, sob cominações, o que comprometeria o perfil cooperatório que deve permear tal técnica compositiva.

Poder-se-ia enquadrar o compromisso de *ajustamento* de conduta (que, portanto, pressupõe conduta anterior, ilícita ou contrária ao padrão estabelecido na espécie) numa sorte de *transação especial*, como o faz Geisa de Assis Rodrigues, "diante da indisponibilidade intrínseca dos direitos transindividuais bem como da diversidade entre os legitimados a celebrar o ajuste e os titulares do direito material em questão".[123] Ou ainda, como propõe José dos Santos Carvalho Filho, tratar-se-ia de um "ato jurídico unilateral quanto à manifestação volitiva, e bilateral somente quanto à formalização, eis que nele intervêm o órgão público e o promitente".[124] Sem embargo do empenho pela precisão terminológica e pelo conteúdo conceitual a respeito, importa, substancialmente, registrar que o compromisso de ajustamento de conduta vem tendo utilização crescente pelos órgãos públicos e mormente pelo *parquet*, revelando-se eficiente, tanto para a prevenção como para a resolução de megaconflitos, os quais, de outro modo, afluiriam ao Judiciário.

---

123. *Ação civil pública e termo de ajustamento de conduta: teoria e prática*, Rio de Janeiro: Forense, 2002, p. 140.

124. *Ação civil pública*, 3. ed., Rio de Janeiro: *Lumen Juris*, 2001, p. 201.

É notório o retardamento da resposta judiciária dentre nós e por isso, não raro, a decisão condenatória, transitada em julgado após muitos anos, não raro revela parca eficácia prática em face dos fatos reportados a um passado longínquo. Um exemplo, repercutido na mídia nacional, foi o da judicialização da prospecção de petróleo em solo bandeirante, intentada pela empresa estatal *Paulipetro*, tendo a ação popular encontrado termo final no STJ, após quase três décadas de tramitação. A dilação excessiva faz evocar o dito, de uso corrente na práxis forense: *tempo que passa é verdade que foge...*

Saliente-se que, para além da previsão básica na Lei da Ação Civil Pública (nº 7.347/85, § 6.º do art. 5.º), outras leis especiais, em temas de grande relevância, também preveem a possibilidade de compromisso de ajustamento de conduta, embora com alguma variação terminológica: *idosos* – Lei 10.741/2003, art. 74, X; *infância e juventude* – Lei 8.069/90, art. 211; *ordem econômica e livre-concorrência* – Lei 12.529/2011, arts. 85, 86; nesse rol, acrescente-se a Lei 12.846/2.016, sobre a responsabilização de pessoas jurídicas por danos à administração pública, prevendo-se um acordo de leniência, cuja celebração "não exime a pessoa jurídica da obrigação de reparar integralmente o dano causado" (§ 3º do art. 16).

De outra parte, registre-se que é excepcional a exclusão, a priori, da celebração do compromisso de ajustamento de conduta, e por isso, tal vedação requer previsão legal expressa, como previsto para a ação versando sobre atos de improbidade administrativa – Lei 8.429/92, § 1.º do art. 17 (embora seja questionável a subsistência dessa restrição ante o advento da Lei 13.140/2.015 – diploma posterior – que veio autorizar o emprego da mediação para resolução de "conflito que verse sobre direitos (...) indisponíveis que admitam transação" (art. 3º, caput), para tal regulando a criação, ao interno dos entes políticos, de "câmaras de prevenção e resolução administrativa de conflitos, no âmbito dos respectivos órgãos de Advocacia Pública" (art. 32, *caput*).

Em verdade, no emprego de tal meio resolutivo impende que fique preservado o *núcleo essencial* do objeto tornado litigioso, por exemplo, que o erário reste devidamente ressarcido ou que o meio ambiente reste protegido, podendo ser estipulado um cronograma ou uma logística para que tais objetivos sejam atingidos. Susana Henriques da Costa esclarece a respeito: "Isso porque eventual condenação do réu ao ressarcimento ou à devolução de quantias não configuram sanções, mas sim decorrência natural da aplicação das regras de responsabilidade civil. Destarte, tais condutas podem ser ajustadas em sede de compromisso de ajustamento, pois dispensam a tutela jurisdicional nos casos em que haja acordo entre as partes, não se tratando de hipótese de jurisdição necessária".[125]

O ponto fulcral a ser corretamente entendido é que por meio do compromisso de ajustamento de conduta o órgão celebrante *não está dispondo* sobre o direito ou o interesse material objetivado - nem o poderia, já que deles não tem a titularidade - mas em verdade está *preservando* o interesse metaindividual em causa, em modo mais célere e eficaz do que se poderia esperar caso ocorresse a judicialização da controvérsia, engendrando os ônus, incertezas e percalços imanentes a todo processo judicial.

Sem embargo do estabelecido no art. 841 do Código Civil - "Só quanto a direitos patrimoniais de caráter privado se permite a transação" -, essa disposição não pode ser tomada ao pé da letra no domínio dos conflitos metaindividuais, em que os sujeitos são indeterminados e o objeto é indivisível. Neste campo, é recomendável proceder-se ao *diálogo das fontes*,[126] por modo a dar espaço e, por vezes, prevalência a dispositivos constantes de leis especiais, que consentem a prevenção e resolução de conflitos de largo espectro, seja por mútuo entendimento dos próprios envolvidos, seja com a intermediação de um órgão público, no caso do compromisso de ajustamento de conduta. Nesse sentido, tenha-se presente a Lei 13.655/2.018, que recepciona o chamado consequencialismo na avaliação das condutas sindicadas, dispondo o § único do art. 21, acrescido por essa lei ao Dec.-Lei 4.657/1.942 (Lei de Introdução às normas do Direito Brasileiro, redenominada cf. Lei 12.376/2.010) que a decisão, nas esferas administrativa, controladora ou judicial, "deverá, quando for o caso, indicar as condições para que a regularização ocorra de modo proporcional e equânime e sem prejuízo aos interesses gerais, não se podendo impor aos sujeitos atingidos ônus ou perdas que, em função das peculiaridades do caso, sejam anormais ou excessivos".

Presentes tais premissas, cabe estabelecer com o infrator uma *pauta mínima*, ao pressuposto de vir preservado o *núcleo essencial* ou o núcleo duro do interesse ou do valor ameaçado ou lesado, podendo-se mesmo incluir um cronograma voltado à gradual reparação do bem, quando tal seja possível, ou então a oferta de alguma prestação equivalente, até porque, no cumprimento de comando judicial cominatório, se constatada a impossibilidade da pres-

125. Comentários... cit., In: COSTA, Susana Henriques da (coord.). *Comentários à Lei de Ação Civil Pública*... cit., 2006, p. 426.

126. Expressão criada por Erik Jayme, citada por Claudia Lima Marques, in *Comentários ao Código de Defesa do Consumidor* (obra coletiva), 2. ed., São Paulo: Revista dos Tribunais, 2006, p. 62.

tação específica, torna-se viável a "obtenção de tutela pelo resultado prático equivalente" (CPC, art. 536, *caput*). Por exemplo: ante o desmatamento ilegal já consumado, o infrator, sem prejuízo da persecução criminal,[127] pode comprometer-se a pagar a multa e a replantar espécies nativas na área degradada ou mesmo em outro sítio (compensação ambiental). Dito de outro modo, trata-se de obter aqui e agora, na via consensual, aquilo que, com maior custo e num ponto futuro indefinido, se poderia *eventualmente* conseguir na via judicial.

Guardava sintonia com esse ideário o antes previsto no PL 5.139/2009, à época preordenado a regular a nova lei da ação civil pública: Art. 50. "O compromisso de ajustamento de conduta terá eficácia de título executivo extrajudicial, sem prejuízo da possibilidade da sua homologação judicial, hipótese em que terá eficácia de título executivo judicial. Parágrafo único. Quando o compromisso de ajustamento da conduta versar sobre bem indisponível, poderão ser estipuladas regras quanto ao prazo e ao modo de cumprimento das obrigações assumidas".[128]

Hugo Nigro Mazzilli aprova o alvitre da homologação judicial dos *TACs*: "É perfeitamente pertinente que as partes requeiram a homologação judicial de suas avenças, o que transmudará o compromisso em título executivo judicial e restringirá o campo das objeções do executado, em comparação com o que acontece com o título extrajudicial. Também a execução será diferente, quer se trate de título executivo judicial ou extrajudicial, consideradas as modificações que a Lei 11.232/2005 trouxe para o Código de Processo Civil". (Sim, porque os *TACs* homologados judicialmente (CPC, art. 515, III), se inadimplidos, darão azo ao *cumprimento* coercitivo por meio do rito do cumprimento de sentença (CPC, arts. 513 e s.), com destaque para o emprego de medidas de apoio com vistas ao cumprimento específico do quanto aventado (CPC, art. 536 e § 1º) ao passo que, se remanescerem como título extrajudicial (CPC, art. 784, IV), e sobrevier transgressão, haverá que ser proposto *processo de*

---

127. Registre-se que, para Édis Milaré, a obrigatoriedade da persecução penal, mesmo após o equacionamento da controvérsia através do ajustamento de conduta, pode operar como fator de desestímulo para a sua celebração: "Sob o aspecto do direito material, a formalização do TAC poderia, em certos casos, conduzir ao julgamento de improcedência da ação penal, quando a *conduta* investigada se caracterizasse como *socialmente adequada* e, assim, configurasse uma causa supralegal de exclusão da ilicitude" (O compromisso de ajustamento de conduta e a responsabilidade penal ambiental. In: MILARÉ, Édis (coord.). *Ação civil pública após vinte anos – efetividade e desafios*, São Paulo: Revista dos Tribunais, 2005, p. 164).

128. Dito projeto de lei, todavia, não veio a prosperar, acabando arquivado pela Comissão de Constituição Justiça e Cidadania da Câmara Federal.

execução, sujeito à ação incidental de embargos – CPC, art. 914 e §§). Mazzilli reconhece que o *TAC* (sigla para *Termo de Ajustamento de Conduta*) é "um grande avanço na composição extrajudicial de conflitos coletivos (de grupos, classes ou categoria de pessoas), e, assim, torna mais eficaz a defesa de interesses transindividuais. Desta forma, concorre grandemente para a obtenção da harmonia e paz social. Trata-se de instrumento que tem merecido intensa utilização, porque, por meio dele, morrem no nascedouro inúmeras demandas, o que traz grande proveito para a coletividade".[129]

Essa modalidade de heterocomposição de conflitos, fora e além da jurisdição contenciosa, atende a um dos princípios retores de nossa República Federativa, qual seja, a busca da "solução pacífica dos conflitos" (CF, art. 4.º, VII), o que, obviamente, não se compadece com a clássica resolução das lides mediante sentença de mérito, no contexto de um processo adversarial (solução adjudicada, que pressupõe a inviabilidade de auto ou heterocomposição na espécie), mas, ao contrário, abre caminho para os meios suasórios – espontâneos ou induzidos – assim aqueles tendentes a prevenir a formação de lides judiciais, como também aqueles voltados a propiciar a célere e antecipada resolução dos processos já formados; neste último caso, o art. 487 do CPC afirma que há "resolução do mérito quando o juiz: (...) III - homologar: (...) b) a transação", formando, pois, título executivo judicial – CPC, art. 515, II.

Poder-se-ia objetar – *gratia argumentandi* - que, do ponto de vista político-institucional, o compromisso de ajustamento de conduta representaria uma sorte de *atalho* ou, de certo modo, uma *capitis diminutio* em face da função judicial do Estado, que desse modo remanesce afastada da resolução, propriamente dita, do conflito. Mas impende ter presente que a função judicial do Estado não é primária, como o é a administrativa, e sim *substitutiva*, legitimada pela provocação da parte (princípio da demanda: CPC, art. 2º), assim se legitimando *se e enquanto remanesça o interesse em lide*, de sorte que, a qualquer momento, as partes podem avocar ou retomar a composição da pendência, restando ao Estado-juiz homologar o quanto acordado, agregando-lhe eficácia executiva. Bem por isso, aliás, entre os deveres do juiz está o de "promover, *a qualquer tempo*, a autocomposição, preferencialmente com auxílio de conciliadores e mediadores judiciais" (CPC, art. 139, IV).

---

129. Compromisso de ajustamento de conduta – análise à luz do anteprojeto do Código Brasileiro de Processos Coletivos. In: GRINOVER, Ada Pellegrini *et al.* (coord.). *Direito processual coletivo e o Anteprojeto de Código Brasileiro de Processos Coletivos*, São Paulo: Revista dos Tribunais, 2007, p. 242-243.

Poder-se-ia também objetar – ainda gratia argumentandi - que a autocomposição judicial, isto é, aquela feita perante o juiz, introduz um elemento de *jurisdição voluntária* no ambiente da jurisdição contenciosa. A tal argumento, responde-se que *jurisdição* é palavra plurívoca, compreensiva tanto da aplicação da lei aos fatos feita pelo juiz togado, como daquela feita pelo administrador público, com a diferença de que no primeiro caso a intervenção é provocada, e tende à formação da coisa julgada material, ao passo que no segundo caso a intervenção é de ofício (v.g., o poder de polícia) e, *eventualmente*, pode submeter-se à revisão judicial. E, mesmo a jurisdição estatal não se restringe ao contencioso, mas inclui a *administração pública de interesses privados*, à qual, aliás, o CPC dedica todo um capítulo do Título III do Livro I – "Procedimentos Especiais de Jurisdição Voluntária" (arts. 719-770) – sem prejuízo da função judicante porventura exercida nas instâncias parajurisdicionais, por exemplo, os Tabelionatos, competentes para resolver as separações consensuais e os inventários onde não haja menores, incapazes, nem conflito de interesses (CPC, arts. 610 e § 1º; 733, *caput*), e ainda os Bancos oficiais, competentes para a consignação em pagamento (CPC, art. 539 e § 1º).

Ao propósito, observa Hugo Nigro Mazzilli: "O que é afeto ao Poder Judiciário é prestar jurisdição *inter nolentes*; o que justamente não lhe é privativo, aliás muito pelo contrário, é homologar acordo *inter volentes*...".[130]

É extreme de dúvida que os chamados *TAC's* são uma experiência exitosa, o que explica seu prestígio e utilização crescente, em conflitos complexos e socialmente impactantes (meio ambiente, consumidores, ordens econômica e urbanística, etc.), que, de outro modo, ou ficariam desprovidos de um canal de expressão – em detrimento da democracia participativa e pluralista – ou se transmudariam em processos judiciais onerosos e de desfecho imprevisível, que, ao fim de longa tramitação por várias instâncias, pouco agregariam em termos de efetivo resultado prático. No caso dos TAC's levados à homologação judicial, estando por esse modo dirimida a controvérsia, restará ao juiz verificar os aspectos formais de tal composição, como lhe cabe fazer no âmbito da jurisdição voluntária (CPC, art. 725, VIII). Ao propósito, observa José Miguel Garcia Medina: "Não se pode dizer, assim, que o juiz ao 'homologar' acordo de vontade entre as partes, realiza algo atípico, impróprio ou anormal. Consideramos inadequado recorrer-se às expressões típica/atípica ou própria/imprópria para distinguir as decisões em que o juiz julga daquelas

130. Compromisso... cit., In: GRINOVER, Ada Pellegrini *et al.* (coord.). *Direito processual coletivo*... cit., 2007, p. 234.

em que o juiz homologa manifestação de vontade das partes que propicie a solução da lide".[131]

7. A RESOLUÇÃO DOS CONFLITOS, SOB OS PRISMAS INSTITUCIONAL E SOCIOLÓGICO.

A cultura *demandista* ou *judiciarista* instalou-se de forma crescente na sociedade brasileira, em boa medida por conta de uma leitura exacerbada, quiçá ingênua e irrealista, da garantia de acesso à Justiça (CF, art. 5.º, XXXV), com isso convertendo o Judiciário em desaguadouro geral e indiscriminado de toda e qualquer pretensão resistida ou insatisfeita, albergando até mesmo as desavenças que beiram o mero capricho ou o espírito de emulação, passando pelas controvérsias de mínima expressão pecuniária ou nenhuma complexidade jurídica, falando-se mesmo na judicialização do cotidiano. Em verdade, questiúnculas ou desavenças de parca complexidade, resolúveis entre os próprios sujeitos concernentes, de per si ou por intercessão de algum agente facilitador, não justificam a judicialização, na esteira do sábio aviso romano – *de minimis non curat praetor* – comportando solução por outros meios ou perante outras instâncias, fora e além do aparato judiciário estatal.

Dentre tantos exemplos de judicialização de ocorrências de parca ou nenhuma complexidade fática ou jurídica, pode ser lembrada aquela que, decidida em primeiro grau, ensejou apelação julgada há algum tempo pela 9.ª Câmara Cível do TJRS, em ação "movida por uma jovem, representada por sua mãe, em face do estilista que teria descumprido contrato de exclusividade ao confeccionar vestidos apontados como iguais, para um baile de debutantes. O Colegiado considerou que os vestidos não são idênticos e que exigir é natural que as debutantes se pareçam, por força da tradição que rege o evento. A jovem afirmava que o vestido custou R$ (...) e que, ao ter ido ao Clube (...), teria avistado uma debutante com um modelo idêntico ao seu. Garantiu que a situação causou abalo em sua vida social, pois se sentiu envergonhada e acabou evitando contato com os colegas durante o baile. O estilista sustentou que os vestidos não são iguais, com diferenças de modelagem, corte, bordado e movimento, e que se a autora tivesse sofrido tamanho dano não teria colocado uma fotografia sua no *Orkut* usando o vestido".[132]

---

131. *Novo Código de Processo Civil comentado...*, 5ª ed., 2.017, cit., nota VI ao art. 515, p. 858.

132. J. 24.05.2.006, cf. *Revista Trimestral de Direito Civil*, vol. 27, jul./set. 2006, Rio de Janeiro: Padma, p. 276.

Conquanto não se recuse a judiciabilidade, em abstrato, dos danos morais, não se pode olvidar que o Direito é fundado no *logos del razonable*, na conhecida expressão de Recaséns Siches, e assim a sua aplicação deve ser reservada para as ocorrências efetivamente *relevantes*, sob os pontos de vista sócio-político-econômico e jurídico. Dito de outro modo, situações destituídas de maior gravidade ou urgência *não precisam* chegar às portas da Justiça, devendo antes receber solução suasória, ou, em certos casos, uma postura de tolerância ou até de resignação, com vistas a preservar o interesse mais elevado, qual seja o convívio pacífico em sociedade.

A própria ciência processual promove o devido discrímen entre as situações contenciosas, em função do valor envolvido, ou da matéria, buscando uma simetria entre a *fattispecie* e o instrumento através do qual ela pode ser formalizada perante a Justiça. Assim, o sistema disponibiliza um foro informal, predominantemente oral, fundado em equidade, para causas cíveis de menor complexidade e infrações penais de menor potencial ofensivo (CF, art. 98, I; Lei 9.099/95, arts. 2.º e 6.º); nota-se, também, tal discrímen na vedação do acesso ao STJ para revisão dos julgados proferidos nesses Juizados (Súmula 203), assim se recepcionando, num e noutro caso, as *desequiparações legítimas*: tratamento desigual a situações desiguais. Mesmo o acesso ao STF, via recurso extraordinário, não é ofertado em modo generalizado, ante um simples histórico de sucumbência, mas é exigida a demonstração da repercussão geral da questão constitucional (CF, § 3º do art. 102; CPC, art. 1.035 e § 1º), não bastando, pois, a mera inconformidade da parte com o acórdão recorrido.

Não se trata de medir com o metro da pecúnia o *pretium doloris*, tampouco de estabelecer dosimetrias arbitrárias para o ingresso em Juízo; trata-se, antes, de uma postura racional e realista do que hoje se deva entender por *interesse de agir* (=necessidade mais utilidade do acesso à Justiça), o qual está a reclamar uma releitura, condizente com a espantosa *crise numérica* de processos em andamento na Justiça brasileira. Ao propósito, já escrevemos que "antes da apresentação de uma dada pretensão à contraparte, e antes de sua negativa ao cumprimento voluntário, não se pode, propriamente, falar em dissídio, conflito ou controvérsia que justifique deflagrar a jurisdição estatal. Assim, no caso das ações previdenciárias (...), parece-nos que o interesse de agir está a pressupor que o pleito tenha sido antes submetido ao INSS e por este recusado, ou retardado além de um tempo razoável".[133] Nesse sentido, Lúcio Picanço Facci informa que a AGU "tem sistematicamente invocado

133. O direito à tutela jurisdicional: o novo enfoque do art. 5.º, XXXV, da Constituição Federal. *RT* n. 926, dez. 2012, p. 167, 168. (Estudo republicado, revisto e atualizado,

em suas manifestações a falta de interesse de agir pela ausência de pretensão resistida pela União e suas autarquias em tais casos".[134]

Assim é que ao binômio *necessidade – utilidade* do acesso à Justiça, poder-se-ia agregar a nota do *prévio esgotamento de outros meios auto e heterocompositivos* – em simetria com o que já prevê a Constituição Federal com relação aos conflitos desportivos (art. 217 e § 1.º). Nesse sentido apontava o PL da Câmara 94/2002, prevendo uma fase de *mediação paraprocessual*, em regra obrigatória no processo de conhecimento, por modo que, somente "não sendo alcançado o acordo, dar-se-á continuidade ao processo" (art. 34, *caput* e parágrafo único). Analisando a espécie, em sede da *Exposição de Motivos*, Ada Pellegrini Grinover alertava: "(...) o que é obrigatório, no projeto, é a mediação e não o acordo. Assentado que os chamados meios alternativos de solução das controvérsias, mais do que uma alternativa ao processo, configuram instrumentos complementares, 'multiportas', mais idôneas do que o processo para a pacificação, é preciso estimular a sedimentação de uma cultura que permita seu vicejar. E, para tanto, a mediação obrigatória parece constituir o único caminho para alimentar essa cultura".[135]

(Milita em prol dessa proposta o argumento histórico, vez que nossa Constituição Imperial, de 1824 dispunha no art. 161, inserido no título "Do Poder Judicial": "Sem se fazer constar, que se tem intentado o meio da reconciliação, não se começará processo algum").

Outro exemplo evidencia o *ponto médio* onde prospera a virtude do bom senso na judicialização das controvérsias: embora o meio ambiente seja um valor transgeracional, *bem de uso comum do povo e essencial à sadia qualidade de vida* (CF, art. 225, *caput*), fato é que dada a extensão do território nacional e os parcos recursos com que contam os órgãos fiscalizadores e repressivos, torna-se impossível que toda e qualquer notícia de afronta ou ameaça ao meio ambiente venha cumpridamente investigada, tornando-se assim indispensável algum critério que *desequipare* as situações. Assim é que, embora o Ministério Público seja legitimado à ação civil pública em defesa daquele interesse difuso (CF, art. 129, III; Lei 7.347/85, arts. 1.º, I, e 5.º, I), a instituição não teria mãos a medir para analisar, investigar e judicializar

---

in Giampaulo Sarro, Luís Antônio (coord.), *Novo Código de Processo Civil - principais alterações do sistema processual civil*, 2ª ed., São Paulo: Rideel, 2.016, p. 409-438).

134. Conciliação no direito processual público: novos paradigmas e a experiência recente da Advocacia Geral da União. *Revista Dialética de Direito Processual* n. 196, jan. 2012, p. 92.

135. Projeto de lei sobre a mediação e outros meios de pacificação. *In O processo – estudos e pareceres*, São Paulo: DPJ, 2005, p. 611.

todo e qualquer histórico de dano efetivo ou virtual nesse campo, donde a necessidade de alguma *triagem* nos casos concretos, como se colhe à leitura da *Súmula nº 29 do Conselho Superior* do *parquet* paulista: "O Conselho Superior do Ministério Público homologará o arquivamento de inquéritos civis ou assemelhados que tenham por objeto a supressão de vegetação em área rural praticada de forma não continuada, em extensão não superior a 0,10 ha., se as circunstâncias da infração não permitirem vislumbrar, desde logo, impacto significativo ao meio ambiente".[136] Trata-se, no caso, de aplicação da contemporânea diretriz da *reserva do possível*, que remotamente radica no binômio *razoabilidade – proporcionalidade*, a balancear os meios e os fins na seara do Direito.

Sob o prisma constitucional, estamos sob uma democracia *participativa e pluralista*, e não apenas representativa (CF, § único do art. 1.º), significando que a boa gestão da coisa pública e a consecução da paz social não constituem encargos só do Poder Público e dos mandatários políticos, mas também da própria sociedade civil, através de cada um de seus indivíduos, isoladamente ou coalizados em grupos representativos. É dizer, a circunstância de os cidadãos elegerem os parlamentares e os governantes não exonera os votantes de, por um lado, fiscalizar permanentemente os eleitos (inclusive para o fim de, eventualmente, recusar-lhes um novo mandato; considere-se, na experiência norte-americana a possibilidade do recall), e, de outro lado, não libera os cidadãos em geral de participarem da cogestão da coisa pública, por exemplo, participando de audiências públicas e plebiscitos, apresentando projetos de lei de iniciativa popular, denunciando irregularidades na administração pública, propondo ações populares. Aliás, em mais de um ponto do regramento constitucional colhe-se o ideário da cogestão pluralista e participativa da coisa pública através da Justiça: o exercício da ação civil pública pelo MP "não impede a de terceiros, nas mesmas hipóteses (...)": § 1.º do art. 129; o patrimônio cultural do país é de ser protegido "pelo Poder Público com a colaboração da comunidade" (§ 1.º do art. 216); a defesa do meio ambiente compete "ao Poder Público e à coletividade" – CF, art. 225, *caput. Na legislação ordinária, considere-se que* a defesa do consumidor, posta entre os "princípios gerais da atividade econômica" – CF, art. 170, V – comporta legitimação ativa de tipo concorrente-disjuntivo, como se colhe do art. 82 e incisos do CDC, c/c art. 5º e incisos da Lei 7.347/85.

---

136. *Apud* Hugo Nigro Mazzilli, *A defesa dos interesses difusos em Juízo*, 30ª. ed., 2.017, cit., p. 909.

José Joaquim Calmon de Passos salientava que a democracia participativa pede "não a exclusão do sistema representativo-parlamentar, mas sua ultrapassagem; não a eliminação da intermediação partidária, mas o reconhecimento de sua insuficiência, institucionalizando-se corpos intermediários mais representativos e mais próximos do cidadão e dele mais dependentes; não a desagregação da administração, mas sua descentralização, democratizando-se a decisão regional, local, específica com a participação dos interessados-usuários; não a eliminação da iniciativa privada e da empresa estatal, sim a democratização da empresa, em todas as suas modalidades, colocada, ao lado da propriedade privada e da estatal, como extremos de formas de apropriação, a propriedade pública".[137]

Compreende-se, assim, que nas ações voltadas à proteção de interesses metaindividuais, a diretriz da democracia participativa tenha repercutido sob a modalidade de uma legitimação ativa de tipo concorrente-disjuntivo, como resulta dos arts. 103 e incisos da CF; 82 e incisos do CDC; 5.º e incisos da Lei 7.347/85; 2.º, I, da Lei 9.882/99, confirmando a vocação do processo civil para instrumentalizar as finalidades buscadas pelo Direito material, e reafirmando as ações coletivas como *fator de inclusão* de agentes e segmentos sociais, cujas pretensões, aspirações e insatisfações ganham um canal de expressão através de certos *representantes adequados*, credenciados pelo ordenamento.

Em paralelo e em decorrência do crescente acesso à Justiça dos megaconflitos, empolgando vastas coletividades e apresentando objeto indivisível, altera-se o papel e a conduta dos órgãos judiciais, dos quais se espera uma postura pró-ativa – o vero e prudente *ativismo judiciário* – afastando-se da clássica neutralidade e do distanciamento das crises metajurídicas, subjacentes às lides judiciais. Causaria espécie que a Constituição Federal, tendo recepcionado o ideário da democracia participativa, pela qual todos são chamados a zelar pelo bem comum, deixasse de fora o Poder Judiciário, assim relegando-o a um mero recebedor das queixas gerais, reduzido a um espectador dos acontecimentos e das grandes transformações sociais, apequenado no vetusto "*da mihi factum, dabo tibi jus*".

Escrevendo a propósito da obra de Renato Nalini, *A rebelião da toga* (ed. Millenium, São Paulo: 2006), ponderava Gilberto de Mello Kujawski: "Poder significa capacidade legítima de decisão, e o juiz brasileiro, transformado em simples sombra burocrática, já não tem nem a coragem, nem o discernimento, nem a independência para tomar decisões legítimas. (...) A perda de identidade

137. Democracia, participação e processo. In: GRINOVER, Ada Pellegrini *et al.* (coord.). *Participação e processo*, São Paulo: Revista dos Tribunais, 1988, p. 93.

do juiz o aprisiona à condição de simples 'autoridade judicial', e nada mais. Não basta. Para o juiz recuperar na íntegra seu legítimo papel constitucional e exercer com plenitude sua missão tem de se investir das funções de agente do poder e ainda agente da pacificação social. Somente ao se integrar na tríplice responsabilidade de autoridade judicial, agente do poder e agente da pacificação, o juiz vai retomar sua plena dignidade."[138]

Essa conduta renovada, que neste terceiro milênio se espera do magistrado, é particularmente importante quando se trata da tutela a conflitos metaindividuais, seja porque a resposta judiciária vai se expandir em face de sujeitos indeterminados, seja porque, não raro, para dirimir o *meritum causae* terá o juiz que *escolher* entre interesses primários, fazer opções impregnadas de caráter político, de que é emblemático exemplo a judicialização do mega empreendimento da transposição das águas do Rio São Francisco, episódio que contrapõe, de um lado, um programa governamental; de outro, a política pública de recursos hídricos, e, ainda, de permeio, o interesse das populações ribeirinhas e dos Municípios e Estados adjacentes ao curso d'água. O mesmo se diga da imensa responsabilidade do STF, assaz repercutida na mídia, ao ser instado em *ADIns* propostas pelo MP federal, acerca da constitucionalidade de dispositivos da Lei de biossegurança – 11.105/2005 – assim influindo decisivamente sobre os rumos da pesquisa científica sobre as células-tronco embrionárias.[139]

Em casos que tais, torna-se inevitável que o Judiciário abandone a clássica postura de neutralidade, para se agregar ao esforço comum pela melhor preservação de interesses públicos primários, embora com isso abra flanco à eventual crítica de que por aí se engendra risco para o equilíbrio entre os Poderes, e quiçá, se abra espaço para um ativismo judicial porventura excessivo.

É lícito inferir que numa democracia participativa, instalada num *Estado Social de Direito*, o setor público passa a ser visto e avaliado menos como "área reservada aos Poderes da República" e mais como a reunião das diversas *funções estatais*, as quais devem ser prestadas *satisfatoriamente* para o público-alvo, no caso, os jurisdicionados, enquanto *consumidores* do serviço estatal de distribuição da Justiça. Nesse sentido, o art. 22 e § único do

---

138. A perda de identidade do juiz, jornal *O Estado de S. Paulo*, caderno A-2, 15.03.2007.

139. Duas ADINs foram propostas em face da Lei 11.105/2005: nº 3510-0, contra o art. 5.º e parágrafos, rel. Min. Carlos Brito, julgada improcedente em maio-2008 (*DJe* 28.05.2010); nº 3526-6, contra o art. 6.º, VI e arts. 10, 14, 16, 30, 34-37 e 39. No sítio www.stf.jus.br, consultado em 13.12.2019 consta que os autos desta última ADIn estão conclusos ao relator, Min. Celso de Mello, desde 20.06.2.018.

Código de Defesa do Consumidor, cometem aos órgãos públicos a obrigação de "fornecer serviços adequados, eficientes, seguros e, quanto aos essenciais, contínuos", sujeitando-se, nos "casos de descumprimento" (e, acrescemos, nos casos de oferta insatisfatória), a "reparar os danos causados (...)".

Presentemente, não há mais lugar para o juiz neutro, asséptico, indiferente aos reclamos e às grandes transformações sociais, esperando-se desse operador do Direito a conscientização de seu papel de transformador da realidade injusta e opressiva que grassa na sociedade, assim libertando-se da *persona* de um conformado e mecânico aplicador da norma aos fatos da lide. Até porque, sobretudo nos conflitos de largo espectro, pode dar-se que o ordenamento positivo não preveja, especificamente, uma norma para o caso *sub judice*, como se passa com a cláusula que permite a judicialização de "*outros* interesses difusos e coletivos" – CF, art. 129, III; Lei 7.347/85, art. 1º, IV – ensejando o acesso à Justiça de novos valores e novas necessidades emergentes na contemporânea sociedade, massificada e competitiva.

Mauro Cappelletti trifurca os modelos de *responsabilidade judicial* em: (*i*) "**repressivo ou da sujeição**: situação de dependência, ou sujeição, do judiciário e/ou do juiz singular (...) em que o 'dever de prestar contas' é devido perante os poderes políticos e, especialmente, o executivo"; (*ii*) "**autônomo – corporativo ou do isolamento**: absolutização da independência, a ponto de fazer do judiciário um *corps séparé*, totalmente isolado do resto da organização estatal e da sociedade"; (*iii*) "**um modelo concebido 'em função dos consumidores' ou modelo 'da responsabilização social'**", que "aspira ser, em suma, a resposta moderna à famosa e antiga questão posta por Juvenal: *sed quis custodiet et ipsos custodes*?". Trata-se, prossegue, da responsabilidade judicial "vista não em função do prestígio e da independência da magistratura enquanto tal, nem em função do poder de uma entidade abstrata como 'o Estado' ou 'o soberano', seja este indivíduo ou coletividade. Ela deve ser vista, ao contrário, em função dos usuários, e, assim, como elemento de um sistema de justiça que conjugue a imparcialidade – e aquele tanto de separação ou isolamento político e social que é exigido pela imparcialidade – com razoável grau de abertura e de sensibilidade à sociedade e aos indivíduos que a compõem, a *cujo serviço exclusivo* deve agir o sistema judiciário".[140]

Este último modelo é o único compatível nos dias atuais, por guardar *aderência e compromisso* com as ocorrências da vida em sociedade, embora possa haver um *preço a pagar*, na medida em que o maior engajamento

140. *Juízes irresponsáveis?*, trad. e revisão Carlos Alberto Alvaro de Oliveira, Porto Alegre: Sérgio Antonio Fabris, 1989, p. 80-91, *passim*, negritos nossos.

do juiz com a crise sócio-político-econômica subjacente às *quaestiones iuris* versadas nos autos judiciais distende os limites de sua atuação, tradicionalmente parametrizada pelos princípios da *inércia* e da *adstrição do julgado ao pedido*. É preciso renovar esse contexto clássico, na verdade hoje defasado, e isso implica, observa Mauro Cappelletti, uma "tentativa de encontrar o ponto de equilíbrio entre os dois valores potencialmente conflitantes (...): a independência e a responsabilidade", cumprindo "levar em conta o fato de que emergiu na sociedade moderna o fenômeno de certo grau de inevitável politicização e socialização da função judiciária (...)".[141]

Esse é um *risco a correr*, o da *judicialização da política e da corolária politização do Judiciário*, se se quiser alcançar *uma nova postura*, em que a isenção e a imparcialidade do julgador não sejam obstáculos à assunção de um transparente posicionamento em face das prementes necessidades sociais, canalizadas por meio da via judiciária, dando vaza à vertente *política* do direito de ação. José Joaquim Calmon de Passos falava numa "mudança de enfoque [que] se põe como um desafio aos processualistas, chamados a recuperar, para o jurista, a condição de cientistas políticos sob pena de fazerem um discurso sem ouvintes e exercitarem uma ciência sem objeto". Propunha o jurista baiano alguns princípios para atingir tal desiderato, entre eles: "Superação do mito da neutralidade do juiz e do seu apoliticismo, institucionalizando-se uma magistratura socialmente comprometida e socialmente controlada, mediadora confiável tanto para solução dos conflitos individuais como dos conflitos sociais que reclamem e comportem solução mediante um procedimento contraditório, em que a confrontação dos interesses gere as soluções normativas de compromisso e conciliação dos contrários".[142]

Nos megaconflitos que hoje afluem à Justiça (*v.g.*, a polêmica sobre os fetos anencéfalos, envolvendo questionamento sobre a configuração da *vida humana* e o que se deva entender como *existência digna*), ocorre não existir uma específica norma regedora da *fattispecie*, até pela dificuldade em se tratar abstratamente desses temas de largo impacto social, e que comportam conflito entre valores e entre princípios, igualmente ponderosos. Por exemplo: na solução final dos resíduos urbanos de uma megalópole, não se perscruta a norma que, *a priori*, determine a opção pela usina de compostagem, em detrimento da construção de aterro sanitário; ou ainda, a norma que obrigue a produção de eletricidade por geradores termodiesel ao invés de usina hidrelétrica,

141. Idem, p. 90.

142. Democracia... cit., In: GRINOVER, Ada Pellegrini *et al.* (coord.). *Participação e processo* cit., p. 95.

para não falar de situações em que a tutela de um interesse legítimo implica o sacrifício ou a restrição a outro igualmente legítimo, como pode dar-se na construção de aeroporto internacional nos arredores de uma cidade: a par de externalidades positivas diversas (criação de empregos; fomentos financeiro, tributário, turístico; incremento da mobilidade), todavia, em contrapartida, o empreendimento pode comprometer o sossego da população circunvizinha, além de sobrecarregar a malha viária da região.

Por isso mesmo, não raro a solução judicial de controvérsias de largo espectro coloca o problema da *colisão entre direitos fundamentais*, a ser resolvida pela técnica da *ponderação* entre eles, já que, ao contrário das normas – que obedecem a uma lógica de certo/errado, inclusão/exclusão, ou uma lógica de *soma zero* – já os princípios, enquanto diretrizes de caráter geral, são todos relevantes, de sorte que somente as particularidades do caso concreto permitirão aferir qual deles deve receber peso maior do que outro, por aplicação do sobreprincípio da *proporcionalidade* e de seus subprincípios: o da proibição do excesso, o da máxima efetividade, o da menor restrição possível, o da proibição do retrocesso etc. Distinguindo entre regras e princípios, explicava Celso Ribeiro Bastos: "Uma das características do princípio é a generalidade. Ele envolve algo de grande abstração. Encerra em si um tipo de orientação que é passível de se concretizar em múltiplas situações. E admite-se na doutrina em geral que esses princípios têm uma precedência lógica relativamente às meras normas. É como se a Constituição fosse, inicialmente, nada mais do que um esqueleto formado duma dezena de princípios, ao que depois é juntada a carnação, consubstanciada nas meras regras ou normas não principiológicas".[143]

Bem por isso, uma das características dos interesses difusos (cujo acesso à Justiça constituiu o mote da *segunda onda* de renovação do processo civil, propugnada por Mauro Cappelletti e Bryan Garth) é justamente a *intensa conflituosidade interna*, porque subjacente a tais interesses *dessubstantivados* não se encontra uma específica regra jurídica que faça *opção apriorística* sobre os valores envolvidos, resumindo-se a descrever uma singela situação de fato (*v.g.*, residir em certa localidade, consumir certo produto, sujeitar-se a certa poluição sonora), como, aliás, se colhe do conceito legal: CDC, art. 81, § único, inc. I. No ponto, Vittorio Denti fala de "interessi generali che si pongono come antagonistici, ciascuno pretendendo di avere il sopravento sull'altro: la tutela della salute e dell'ambiente a fronte delle esigenze della produzione di beni e di energie; la tutela dei diritti della persona a fronte della libertà di informa-

143. *Hermenêutica e interpretação constitucional*, 2. ed., São Paulo: Celso Bastos, editor (Instituto Brasileiro de Direito Constitucional), 1999, p. 147-148.

zione rivendicata dai *mass-media*; la conservazione del patrimonio storico delle città a fronte delle exigenze dello sviluppo urbanístico; e via dicendo".[144]

Presentemente, considerem-se as questões sociais, e até jurídicas, emergentes dos avanços da informática, da internet e da velocidade da informação na *mass media*, em face de valores e interesses de há muito protegidos pelo ordenamento positivo, como a privacidade, a intimidade, os direitos autorais.

O titular originário do poder segue sendo o povo (CF, § único do art. 1.º), do qual o administrador público e o parlamentar são mandatários, mas, em certa medida, também o deve ser o juiz, respeitadas certas peculiaridades da função judicante: o magistrado, guardados os predicativos ínsitos à judicatura, tais a isenção e a imparcialidade, é (também) um *representante da coletividade*, seja porque remunerado pelo erário, à sua vez constituído pela soma dos impostos e contribuições, seja porque incumbido de "dar a cada um o que é seu", não podendo decidir segundo suas preferências pessoais, mas segundo o alegado e provado, e à luz da norma de regência. Hoje, a tônica da função judicial não se confina à singela extinção da lide em si mesma (a crise jurídica), como efeito da decisão de mérito, mas a par disso se valoriza cada vez mais o aspecto da *composição justa e tempestiva do conflito*, e isso, não necessariamente por meio da *solução adjudicada estatal*, mas consentindo outros meios e modos, auto e heterocompositivos, como deflui de vários dispositivos do vigente CPC: § 3º do art. 3º; art. 139, V; art. 359.

Essa reconfiguração conceitual e funcional não pode ser alcançada apenas com a alteração do arcabouço normativo, mas deve ser acompanhada de uma *mudança de mentalidade* dos operadores do Direito, irmanados em torno de uma nova proposta de processo, fora e além do *sistema adversarial*, mas apresentando uma *estrutura cooperatória*, no ambiente de uma *justiça coexistencial*, menos centrada numa final declaração de "certo-errado", que converte as partes em vencedor e vencido, e mais engajada na realização da *ordem jurídica justa*. Esse renovado contexto implica na resolução equânime e consistente da controvérsia, tanto em seu núcleo como nos pontos periféricos, sob a égide da jurisdição integral, recepcionada no vigente CPC, a teor do art. 4º, dispondo que as partes têm o direito "à solução integral do mérito", o que se completa com o art. 488, dispondo que, sendo possível, "o juiz resolverá o mérito sempre que a decisão for favorável à parte a quem aproveitaria eventual pronunciamento nos termos do art. 485"; (é dizer: quando, em princípio, fosse cabível a prolação de sentença apenas terminativa).

---

144. Giustizia e partecipazione nella tutela dei nuovi diritti. In: GRINOVER, Ada Pellegrini *et al.* (coord.). *Participação e processo*, São Paulo: Revista dos Tribunais, 1988, p. 15.

Fredie Didier Júnior afirma que atualmente "prestigia-se no Direito estrangeiro – mais precisamente na Alemanha, França e em Portugal, e já com alguma repercussão na doutrina brasileira, o chamado *princípio da cooperação*, que orienta o magistrado a tomar uma posição de agente colaborador do processo, de participante ativo do contraditório e não mais a de um mero fiscal de regras". (...) "O princípio da cooperação gera os seguintes deveres para o magistrado: a) **dever de esclarecimento**: (...) se o magistrado estiver em dúvida sobre o preenchimento de um requisito processual de validade, deverá providenciar esclarecimento da parte envolvida, e não determinar imediatamente a consequência prevista em lei para esse ilícito processual (extinção do processo, por exemplo)"; b) **dever de consulta às partes**: "Não pode o magistrado decidir com base em questão de fato ou de direito, ainda que possa ser conhecida *ex officio*, sem que sobre elas sejam as partes intimadas a manifestar-se"; c) **dever de prevenir**: Tem o magistrado, ainda, o dever de apontar as deficiências das postulações das partes, para que possam ser supridas".[145]

Esse ideário transparece no vigente CPC: (i) o art. 6º diz que "os sujeitos do processo devem cooperar entre si", sinalizando, pois, para um processo de estrutura cooperatória; (ii) o art. 10 consagra o direito à não-surpresa, ao dispor que é vedado ao juiz decidir "com base em fundamento à respeito do qual não se tenha dado às partes oportunidade de se manifestar, ainda que se trate de matéria sobre a qual deva decidir de ofício"; (iii) o § 2º do art. 357 permite às partes "apresentar ao juiz, para homologação, delimitação consensual das questões de fato e de direito (...)"; (iv) o § 1º do art. 489 considera não fundamentada (e, pois, é nula: CF, art. 93, IX) a decisão que "empregar conceitos jurídicos indeterminados, sem explicar o motivo concreto de sua incidência no caso"; (v)o inciso IV do art. 139 inclui no conteúdo ocupacional do juiz o poder-dever de "determinar as medidas indutivas, coercitivas, mandamentais ou sub-rogatórias necessárias para assegurar o cumprimento de ordem judicial (...)", sinalizando, pois, para um processo civil de resultados.

Há tempos, esse panorama vinha, em parte, sinalizado no bojo do PLC 5.139/2009, então preordenado a regular a nova ação civil pública, a teor do art. 9.º: "Não haverá extinção do processo coletivo, por ausência das condições da ação ou pressupostos processuais, sem que seja dada oportunidade de correção do vício em qualquer tempo ou grau de jurisdição, ordinária ou extraordinária (...)". Tratava-se, aí, de recepção do princípio *pro actione*, ou

145. O princípio da cooperação: uma apresentação. *Revista de Processo*, n. 127, set. 2005, p. 77-79, *passim*, negritos nossos.

favor actionis, sobre o qual se manifesta Robson Renault Godinho: "A extinção do processo por ilegitimidade ativa vem se tornando um problema crônico especialmente no que se refere às demandas coletivas, que, aliás, sofrem com a falta de julgamentos de mérito, o que é agravado pela manutenção de uma mentalidade individualista na análise de ações coletivas. Em razão disso, e da garantia do amplo e efetivo acesso à tutela jurisdicional, vem ganhando espaço o princípio *pro actione*, que significa que as normas sobre os requisitos processuais de admissibilidade devem ser interpretadas sempre no sentido mais favorável ao exame das pretensões processuais, para, como recentemente decidido pelo Tribunal Constitucional da Espanha, que se impeça que certas interpretações eliminem ou obstaculizem injustificadamente o direito dos cidadãos a que os tribunais conheçam e se pronunciem sobre as questões de fundo a eles submetidas".[146]

Sob esse renovado ideário se insere o § único do art. 931 do vigente CPC: "Antes de considerar inadmissível o recurso, o relator concederá o prazo de 5 (cinco) dias ao recorrente para que seja sanado vício ou complementada documentação exigível".

8. O ENGAJAMENTO DO ESTADO-JUIZ NO OBJETIVO DA COMPOSIÇÃO JUSTA DOS CONFLITOS.

As garantias do *juiz natural* (competente, imparcial e fixado antes dos fatos: CF, art. 5.º, XXXVII) e do *devido processo legal* (contraditório – ampla defesa: CF, art. 5.º, LV) completam o sentido do *acesso à Justiça* (CF, art. 5.º, XXXV), por modo que este último só se considera plenamente realizado quando o histórico de lesão sofrida ou temida vem cumpridamente examinado, não sob uma singela e fria subsunção dos fatos à norma de regência, mas com *algo a mais*, que vem a ser a *postura do juiz*, comprometido com a composição *justa* (e não só jurídica!) do conflito.

Esse desejável *salto de qualidade* na prestação jurisdicional faz a diferença entre o singelo "dizer o Direito" e a *realização equânime e convincente da ordem jurídica em sua integralidade*, tarefa que ultrapassa os lindes da estrita *crise jurídica*, para alcançar outros patamares, subjacentes ou pressupostos, tais as repercussões nos planos social, econômico e político. Só essa postura *holística* pode garantir que o conflito venha realmente superado, porque, do contrário,

---

146. Por uma leitura constitucional da admissibilidade da demanda e da distribuição do ônus da prova. In: CARNEIRO, Athos Gusmão; CALMON, Petrônio (org.). *Bases científicas para um renovado direito processual*. Brasília: Instituto Brasileiro de Direito Processual, 2008, vol. 2, p. 300-301.

os demais pontos de tensão, deixados em aberto, tenderão a recrudescer e formar novas lides, instalando-se um perverso círculo vicioso. Tenha-se como exemplo as perdas infligidas aos poupadores, pelos Bancos, que corrigiram *a menor* os ativos de poupança na primeira quinzena nos idos de junho de 1987: à época, alguns prejudicados conseguiram se ressarcir em Juízo, mas, como isso não representou a resolução do megaconflito em sua integralidade – o que só ocorreria se ele fosse judicializado em modo *molecular*, por meio de uma única demanda coletiva – deu-se que, às vésperas de consumar-se a prescrição vintenária (junho de 2007), o Judiciário viu-se atulhado de milhares de ações de *poupadores*, com os conhecidos efeitos deletérios: risco de decisões contraditórias, sobrecarga de trabalho, postergação do desfecho final da controvérsia, desprestígio da função jurisdicional.

Nesse sentido, uma instigante pesquisa acerca da Justiça brasileira revela que "(...) alguns atores veem o volume de demandas repetitivas como uma causa de morosidade, na medida em que, por mais que esses processos tenham um trâmite mais simplificado (por ser desnecessária uma análise mais detalhada dos fatos narrados), sua entrada geralmente se dá de forma massiva, atravancando o funcionamento do órgão judiciário".[147]

Verdade que a almejada *composição justa dos conflitos* deve ser considerada diversamente, conforme se trate de lide individual ou coletiva: no primeiro caso (sujeitos determinados; interesses ou direitos reportados por seus afirmados titulares) a decisão de mérito costuma revelar-se eficaz, justamente porque o acertamento basta à desejada eliminação da incerteza, resolvendo-se a pendência na dicotomia vencedor-vencido; já no segundo caso, a lide é complexa, tanto ao ângulo objetivo, por envolver um macro conflito, como também subjetivamente, por concernir a um número expressivo e indeterminado de indivíduos, aglutinados em certos segmentos sociais ou mesmo dispersos pela inteira coletividade. Daí os diferentes regimes de coisa julgada afetados a cada qual desses planos: *restrito às partes*, nos conflitos intersubjetivos (CPC, art. 506); expandido *extra-autos* / *erga omnes* ou ao menos *ultra partes*, nos conflitos metaindividuais: Lei 4.717/65, art. 18; Lei 7.347/85, art. 16; CDC, art. 103 e incisos.

Nos megaconflitos que hoje se expandem pela sociedade massificada e competitiva, a *solução adjudicada*, expressada pela decisão de mérito, não raro

---

147. *Litigiosidade, morosidade...*, cit., Saraiva, 2012, coord. Daniela Monteiro Gabbay e Luciana Gross Cunha (coords.), p. 82. (O excerto colacionado consta do cap. 3 – "Estudo de caso previdenciário", elaborado por Arthur Roberto Capella Giannattasio, Maria Cecília de Araújo Asperti e Paulo Eduardo Alves da Silva).

mostra-se deficiente ou inadaptada, entre outras razões porque ela resolve apenas a *crise jurídica* (de certeza, de satisfação, de segurança), deixando em aberto as subjacentes ou pressupostas crises de outra natureza, as quais, por não terem sido conjuntamente dirimidas, tenderão a *retornar* num ponto futuro, porventura até recrudescidas. Exemplo recorrente é o das ocupações de glebas rurais por grupos ditos sem-terra: judicializada a pendência pelo proprietário esbulhado, nos limites restritos de uma ação de reintegração de posse, não raro acontece que se retarda o cumprimento da liminar, ou quando ela finalmente vem a ser cumprida, sucede uma perda de eficácia, pela intercorrência de fatores diversos: conflito de atribuições entre os diversos órgãos e autoridades (Juízo de Direito, IBAMA, INCRA, Polícia Florestal, entes políticos); enfrentamento entre ocupantes e agentes policiais; interferência de ONG's e outros movimentos laicos ou religiosos; recidivas do grupo invasor na propriedade etc. Buscando conferir alguma racionalidade e eficiência à intervenção jurisdicional nesse campo, o CPC vigente traz disposições específicas a respeito, regulando o "litígio coletivo pela posse de imóvel", inclusive prevendo audiência de mediação: art. 565 e § 1º.

Diferentemente se passa quando o conflito é tratado como um todo, e não só em sua vertente jurídica, quando, por exemplo, uma Municipalidade, pretendendo revitalizar certa área urbana degradada, ocupada por loteamentos clandestinos, opta pela *solução negociada*: credencia agentes para contactarem os moradores; ressarce estes últimos pelas benfeitorias feitas de boa-fé; estabelece um cronograma para a desocupação gradual e ordeira do local; acomoda os ex-moradores em alojamentos provisórios até seu encaminhamento posterior a outro local, etc. Uma intervenção assim programada projeta externalidades positivas: ganho de tempo, com a liberação mais rápida da área ocupada; atenuação do impacto social; receptividade favorável por parte dos envolvidos, que se sentem valorizados por terem, de algum modo, *participado* da solução, ao invés de se verem tratados como um *problema*.

Quando se trata do equacionamento e solução dos conflitos intersubjetivos, ordinariamente basta a subsunção dos fatos à norma de regência, e a isso mesmo vem preordenada a jurisdição singular: no julgamento da lide, deve o juiz, em princípio, valer-se das normas legais; em não as havendo, então recorrerá aos *meios de integração* (CPC, 140 e § único). Ocorre que na sociedade conflitiva de hoje o problema principal não se reduz às controvérsias de tipo clássico (*Tício* versus *Caio*), mas se situa nos megaconflitos, caracterizados pela complexidade subjetiva e objetiva. Por isso mesmo, essas controvérsias de largo espectro reclamam a técnica da *ponderação* entre princípios, como, por exemplo, nos conflitos envolvendo o uso e ocupação do solo: propriedade privada *versus* função social; reordenação urbanística *versus* direito à moradia; proteção à mata nativa versus expansão do agronegócio. Em tais situações, um princípio, ao se revelar mais ponderoso in *concreto*, é priorizado em detrimento de outro, embora ambos tenham igual relevância e sigam em plena vigência.

A propósito, explica João Batista Lopes, reportando-se à doutrina de Robert Alexy: "Podemos afirmar que os princípios e as normas se distinguem segundo vários critérios: (a) critério da generalidade, mais intenso nos princípios que nas regras; (b) critério qualitativo, segundo o qual os princípios são *mandados de otimização*, podendo ser cumpridos em diversos graus, enquanto as regras impõem conduta determinada, só podendo ser cumpridas plenamente, ou descumpridas. A diferença essencial entre princípio e regra está em que o primeiro tem caráter fundante, isto é, é fundamento, base para a constituição de outras normas (regras). Sem embargo de constituírem mandados de otimização (*Optimerungsgebote*), os princípios não têm caráter absoluto, podendo ocorrer, com frequência, conflitos entre eles. Por exemplo, o princípio que veda as chamadas provas ilícitas pode entrar em colisão com o princípio da efetividade da tutela jurisdicional; o princípio da liberdade de expressão, com o da proteção à vida privada; o princípio da liberdade econômica com o da proteção ao consumidor etc. Ao contrário do que ocorre na hipótese de conflito entre regras – em que uma delas é banida do sistema – a colisão entre princípios leva, apenas, à opção pela aplicação de um deles, após avaliação dos interesses em jogo. Na concepção de Dworkin, os princípios, ao contrário das regras, são dotados de *pesos*, que devem ser considerados para a decisão do caso concreto. A referência a *pesos* nos conduz à ideia da balança da justiça, instrumentos para a solução dos conflitos mediante aferição ou avaliação. É precisamente essa avaliação que se denomina *princípio da proporcionalidade em sentido estrito* (*Abwägungsgebot*)".[148]

O crescente acesso à Justiça de conflitos de interesses metaindividuais, em áreas socialmente impactantes, como meio ambiente, consumerismo, patrimônio público em sentido largo, vai evidenciando que o termo *jurisdição* hoje não mais pode confinar-se ao senso clássico de "dizer o Direito", senão que também deve abranger a *efetividade* do comando judicial, ou seja, não basta garantir o singelo acesso à Justiça, mas a essa liberdade pública deve-se agregar o direito a um provimento jurisdicional idôneo a produzir os efeitos

148. Princípio da proporcionalidade e efetividade do processo civil. In: MARINONI, Luiz Guilherme (coord.). *Estudos de processo civil: homenagem ao professor Egas Dirceu Moniz de Aragão*, São Paulo: Revista dos Tribunais, 2.006, p. 136-137.

práticos a que ele se preordena, vale dizer: *direito à execução*, e não só direito à ação, é dizer, à singela eliminação da incerteza. A efetividade processual, segundo José Carlos Barbosa Moreira, deve ser de molde a que "(...)*(d)* em toda a extensão da possibilidade prática, o resultado do processo há de ser tal que assegure à parte vitoriosa o gozo pleno da específica utilidade a que faz jus segundo o ordenamento; *(e)* cumpre que se possa atingir semelhante resultado com o mínimo dispêndio de tempo e energias".[149] Bem por isso, o vigente CPC incluiu no conteúdo ocupacional do juiz o zelo pela atividade satisfativa (art. 4º), a par do empenho pela consecução da prestação específica do direito, valor ou bem da vida reconhecidos no julgado (art. 139, IV).

A observação do que ordinariamente acontece na *praxis* judiciária brasileira, revela que nos megaconflitos a solução adjudicada, via decisão de mérito, acaba projetando parca efetividade prática, pondo à calva a superioridade dos *equivalentes jurisdicionais* nesses campos socialmente impactantes, com destaque para os compromissos de ajustamento de conduta, a mediação, a arbitragem, a par das combinações entre essas modalidades (*v.g.*, med./arb.; mediação paraprocessual). Nesse sentido, o depoimento da Min. Fátima Nancy Andrighi, do STJ: "Por vivência, já temos a prova de que o sistema oficial do Estado de resolução dos conflitos perdeu significativamente a sua efetividade, e, portanto, a busca de sistema paralelo para colaborar com o modelo oficial é não só oportuna como fundamental".[150]

Isso é particularmente verdadeiro no âmbito das *crises multiplexas*, geradas pelos chamados *conflitos policêntricos*. Em casos tais, é recomendável a constituição de equipe multidisciplinar, por exemplo nas ocupações multitudinárias, ensejadas pelo avanço de loteamentos clandestinos em áreas de manancial, ocorrência na qual confluem vários interesses, todos eles relevantes, em maior ou menor intensidade: o direito dos munícipes a receberem água potável; a preservação do sítio ambiental; o direito à moradia, etc. Em tais situações a chamada *solução adjudicada*, via decisão judicial de mérito, não se tem mostrado eficaz, justamente porque ela se preordena a resolver só a *crise jurídica*, a par do inevitável protraimento do desfecho da demanda a um ponto futuro indefinido, quando então se formará a coisa julgada; esta, de per si, tampouco contribuirá para resolver o problema, na medida em que apenas agrega estabilidade e indiscutibilidade à decisão.

---

149. Notas sobre o problema da efetividade do processo. *Revista de Processo*, n. 27, 1986, p. 27.

150. Mediação – um instrumento judicial para a paz social. *Revista do Advogado* (AASP), n. 87, set./2006, p. 136.

Por tudo isso se tem diagnosticado a *inaptidão* do Judiciário para recepcionar e resolver eficazmente as lides de largo espectro, que depassam a crise estritamente jurídica e vão além do interesse particular dos sujeitos envolvidos. José Eduardo Faria observa que os juízes atuam "numa perspectiva exclusivamente técnica, não lhes cabendo, por exemplo, julgar a injustiça de um contrato, mas somente ordenar sua execução ou cumprimento. A litigância judicial teria assim horizonte retrospectivo, versando sobre eventos passados. (...) A realidade brasileira, contudo, é incompatível com esse modelo de Judiciário. Instável, iníqua e contraditória, ela se caracteriza por fortes desigualdades sociais, regionais e setoriais e por uma subsequente explosão de litigiosidade; por situações de pobreza absoluta que negam o princípio da igualdade formal perante a lei, impedem o acesso de parcelas significativas da população aos tribunais e comprometem a efetividade dos direitos fundamentais. (...) Se as regras processuais foram concebidas basicamente para canalizar e viabilizar a tramitação de litígios interindividuais e o contraditório foi arquitetado em termos bilaterais, obrigando assim os tribunais a atuarem como árbitros num jogo de soma zero, como devem enfrentar conflitos plurilaterais, principalmente os de natureza classista? Se as decisões dos juízes se circunscrevem apenas aos autos e às partes, como devem agir quando a resolução dos litígios a eles submetidos implicam políticas públicas, de responsabilidade do Executivo?"[151]

A essa capacidade limitada da decisão de mérito para resolução de conflitos policêntricos, agrega-se a escassa eficiência da norma legal para resolver *de per si* os problemas que antes engendraram sua positivação: a chamada *nomocracia*. Considerem-se, por exemplo, os infindáveis e inconclusivos debates sobre a diminuição da idade para imputabilidade penal ou sobre a legalização do aborto – e as recorrentes tentativas de regulação de tais temas – notando-se que nessa dialética infrutífera se esvai o tempo útil que o Poder Público deveria empregar no implemento de programas e estratégias governamentais – a *telocracia* – voltados à efetiva proteção da infância e juventude desassistidas e à conscientização social quanto à maternidade responsável. A *fúria legislativa* que assola nosso país é em si mesma um indicativo da parca eficiência da norma legal: instável, casuísta e em constante crise de credibilidade ao interno da sociedade.

Esse contexto repercute negativamente também no Judiciário, pela boa razão dele estar jungido a aplicar a norma legal aos fatos da lide. Ao invés de a nomogênese limitar-se às situações realmente carentes de inserção no ordenamento positivo (situações hoje ditas de norma necessitada), dá-se o

---

151. O Judiciário e seus dilemas. *Revista do Advogado* (AASP), n. 56, set./1999, p. 64-66.

contrário: por um lado se exacerba a *fúria legislativa*, e, de outro, insiste-se no *crescimento físico* do Judiciário, a quem cabe aplicar as leis: novos fóruns, ampliação dos existentes, criação de cargos, recrutamentos constantes de juízes e serventuários, investimentos crescentes em informática, tudo a acarretar mais e maiores requisições de verbas ao Executivo, informando o boletim Justiça em Números, do CNJ, veiculado em 2.019, ano-base 2.018: "As despesas totais do Poder Judiciário correspondem a 1,4% do Produto Interno Bruto (PIB) nacional, ou a 2,6% dos gastos totais da União, dos Estados, do Distrito Federal e dos municípios".[152]

Com isso tudo se vai *superdimensionando* a função judicial em termos *quantitativos*, e não *qualitativos*, sem um paralelo investimento na devida *mudança de mentalidade* dos magistrados, sobretudo dos que se iniciam na carreira, por modo a conscientizá-los de que receberam uma parcela de poder, não *pro domo sua*, mas para empregarem-na em prol de uma *ordem jurídica justa*, em contemplação do jurisdicionado, a saber, o credor de uma resposta de qualidade: *justa, jurídica, econômica, tempestiva, razoavelmente previsível e idônea a assegurar a fruição efetiva do direito, valor ou bem da vida reconhecidos no julgado.*

No ponto, avaliava José Joaquim Calmon de Passos: "Falar de instituição sem que existam atores sociais adequados é uma falácia, como falácia é mencionarmos atores sociais quando faltam sujeitos capazes de vivificar os respectivos papéis na conduta humana real. Por conseguinte, não é o dizer sobre as instituições, nem o formalizá-las normativamente em termos de linguagem o que é capaz de emprestar-lhes efetividade, sim a real existência de atores sociais, desempenhando os papéis que dão ser, realidade, existência (que representam) a instituição. Daí o acerto de Hauriou, muitos anos antes, distinguindo instituições – normas (formais) de instituições – órgãos (materiais)".[153]

Em paralelo, caberia a conscientização de que o acesso à Justiça é uma *cláusula de reserva*, descabendo sua prodigalização generalizada, ao risco de se incentivar a *cultura demandista*, ao risco de converter-se o direito de ação num *convite à litigância*. Antes, caberia dessacralizar a indeclinabilidade ou inafastabilidade da Justiça, desconectando-a da acepção – irrealista e simplista – de que todo e qualquer interesse contrariado ou insatisfeito *deve* ter passagem judiciária; os que assim pensam se esquecem de que a ação é um

152. Sítio www.cnj.jus.br, acesso em 13.12.2019, p.62 do documento impresso.

153. Reflexões... cit., In: SANTOS, Ernane Fidélis dos *et al.* (coord.). *Execução civil*... cit., p. 832.

direito do jurisdicionado, e *não um dever*! A procura, sôfrega e desenfreada, pelo aparato judicial do Estado, a par de ser um mal em si mesma, provoca *externalidades negativas*: fomenta a litigiosidade ao interno da coletividade; desacredita a busca pelas soluções alternativas de solução dos conflitos; cria uma irrefreável demanda por justiça a que o Estado não consegue atender; ou, pior, tentando fazê-lo, acaba fornecendo um produto final de baixa qualidade: lento, dispendioso, funcionarizado, massificado e de desfecho imprevisível, assim no conteúdo como no tempo incorrido.

Esse padrão de acesso à Justiça deixa um balanço muito negativo em vários pontos: (*i*) sobrecarga dos órgãos judiciários que, ou bem retardam o término dos processos, atritando a garantia da "razoável duração" (CF, art. 5.º, LXXVIII), ou bem intentam encerrá-los prematuramente, antes do desejável ponto de maturação do objeto litigioso e de sua prova, assim prodigalizando extinções de processo sem julgamento do mérito, que deixam as crises em aberto, quando não as recrudescem, pela perda de tempo, de dinheiro e pelo *stress* acarretado pela pendência da lide; (*ii*) preterição do devido processo legal (CF, art. 5.º, LV), em seu sentido substancial, notadamente o contraditório e a ampla defesa, como ocorre nas demandas e recursos seriais em que, a rigor, não é a espécie in concreto que vem julgada, mas um processo afetado como piloto ou representativo, no qual se alcança uma decisão-quadro, que passa a irradiar eficácia pan-processual (CPC, art. 1.040 e incisos; art. 927, III; art. 985 e incisos; art. 332 e incisos); (*iii*) prejuízo ao jurisdicionado, que recebe respostas de baixa consistência técnico-jurídica e prolatadas num momento cronológico defasado, contexto que compromete a eficiência esperada do comando judicial; (*iv*) oneração crescente do erário, mercê do empenhamento de parcelas orçamentárias cada vez mais expressivas, em ordem a prover o incessante crescimento físico e organizacional do Judiciário. Nesse sentido, o boletim Justiça em Números, do CNJ, divulgado em 2.018, ano-base 2.017 informa: "No ano de 2.017 as despesas totais do Poder Judiciário somaram R$90,8 bilhões, o que representou um crescimento de 4,4% em relação ao último ano, e uma média de 4,1% ao ano desde 2011".[154] Mal comparando, seria como um automóvel que consome um litro de combustível a cada quilômetro rodado, e, assim, não compensa tirá-lo da garagem...

Essa crise, sem deixar de ser *quantitativa* (*déficit* entre o *input* e o *output* dos processos) é, antes e até principalmente, *qualitativa*. A crise do Judiciário não é só (ou não é tanto) conjuntural – e por isso ela não arrefece, apesar dos recorrentes e massivos investimentos financeiros –, mas é precipuamente *es-*

154. Sítio www.cnj.jus.br, acesso em 11.09.2.018, p. 56 do documento impresso.

trutural e sistêmica, a exigir uma premente *mudança de estratégia* por parte dos órgãos dirigentes e planejadores da instituição, a começar pelo reconhecimento da inocuidade do superdimensionamento do Judiciário, à vista do crescimento geométrico do número de processos. Além disso, o (aparente) aumento da oferta de Justiça gera o crescimento da demanda, fomentando a litigiosidade ao interno da coletividade e desestimulando a procura por outros meios, auto e heterocompositivos. De outra parte, impende uma *mudança de mentalidade dos juízes*, no sentido de um maior engajamento social, conscientizando-se de seu fundante papel de formadores de opinião e de transformadores da realidade social, enquanto agentes políticos do Estado.

No ponto, manifesta-se Joaquim Falcão: "O sistema 'Poder Judiciário' é um sistema inserido em um sistema maior: o sistema social. Juízes participam de ambos os sistemas, embora com responsabilidades distintas. São os principais operadores/profissionais do sistema Poder Judiciário, ao mesmo tempo que são os cidadãos do sistema social. Operam a mudança e demandam mudança ao mesmo tempo. Daí surgem pelo menos duas responsabilidades: a jurisdicional e a cidadã. Até então, praticamente todas as decisões acerca dos rumos da reforma eram de responsabilidade política exclusiva de lideranças judiciais ou dos congressistas. Não mais. Os rumos dependem tanto da responsabilidade política quanto da jurisdicional e cidadã de cada um dos juízes – pois o desenrolar da reforma, como vimos, não se dá apenas dentro do Congresso, nem apenas na frente legislativa".[155]

É dizer, o serviço estatal de distribuição da Justiça não mais pode ser visto como uma singela *operação de meio* – algo simplesmente posto à disposição do jurisdicionado –, mas sim como uma *operação legitimada por uma precisa finalidade*, em simetria com o almejado *processo civil de resultados*, contemporaneamente reclamado pela doutrina, e já antes preconizado por Chiovenda em sua célebre premissa: "Na medida do que for praticamente possível, o processo deve dar, a quem tenha um direito, *tudo aquilo e precisamente aquilo* a que faz jus".[156] Caso contrário, remanescerá o desalentador panorama em que o credor por título judicial condenatório não consegue a realização prática do direito reconhecido, enquanto o devedor busca esgotar as várias oportunidades de impugnação, assim usufruindo da cômoda "mora judicialmente legalizada".

155. Estratégias para a reforma do Judiciário. In: RENAULT, Sérgio Rabello; BOTTINI, Pierpaolo (coord.). *Reforma do Judiciário*, São Paulo: Saraiva, 2005, p. 25.

156. Dell'azione nascente dal contratto preliminare, n. 3, p. 110. In: *Saggi di diritto processuale civile*, 2. ed., Roma: Foro Italiano, 1930, t. I.

A mudança de mentalidade dos julgadores, antes preconizada, passa, também, pela vontade política de implementar, na praxis forense, as sanções previstas para os casos de litigância de má-fé, por exemplo quando os embargos do devedor revelam-se "meramente protelatórios", caso em que tal conduta é considerada "atentatória à dignidade da justiça" – CPC, art. 918, III e § único.

Os economistas Persio Arida, Edmar Lisboa Bacha e André Lara-Rezende, em ensaio nominado *Credit, Interest, and Jurisdictional Uncertainty: Conjectures on the Case of Brazil* (2004: *www.cebrap.org.br/pdf*)), inferiram conclusões pouco animadoras sobre as causas da desconfiança e do retraimento dos investidores de longo prazo em nosso país. O estudo veio analisado por José Carlos Barbosa Moreira: "Na opinião dos autores, uma das causas principais, senão a principal, do retraimento dos possíveis investidores de longo prazo reside na tendência, apontada como dominante entre nós, a favorecer o devedor em eventual conflito com o credor, na execução dos contratos em que se regula aquele gênero de investimentos. (...) É certo, e já se registrou, que o ensaio não imputa somente a juízes a inclinação favorável aos devedores; ao contrário, aponta na consequente 'incerteza jurisdicional' um 'caráter difuso, que permeia as decisões do Executivo, do Legislativo e do Judiciário'. Todavia, parece claro que a responsabilidade maior recai sobre os ombros do Judiciário, visto que os atos praticados pelos outros poderes se sujeitam ao controle judicial ao passo que a recíproca não é verdadeira." (Barbosa Moreira ressalvava, porém, que o citado estudo deveria levar na devida conta o fato de que, antes de serem aplicadas nos casos concretos pelo Judiciário, as normas encontram-se em abstrato no ordenamento positivo, em que vários dispositivos atenuam o rigor do *pacta sunt servanda* e, de outra parte, albergam o *favor debitoris*: CCi, arts. 421; 156, c/c 171, II; 187; 413; CDC, arts. 6.º, 51).[157]

Buscando alterar o desalentador panorama da execução dos julgados – em que, não raro, o credor "ganha mas não leva" – a Lei 11.232/2005, ainda ao tempo do CPC/73 veio introduzir o chamado *processo sincrético*, a saber, a jurissatisfação posta como uma *fase*, ao final da cognição, sem formação de processo autônomo, colhendo-se na Exposição de Motivos o móvel dessa inovação: "Recebe então a parte vitoriosa, de imediato, sem tardança maior, o 'bem da vida' a que tem direito? Triste engano: a sentença condenatória é título executivo, mas não se reveste de preponderante eficácia executiva. Se o vencido não se dispõe a cumprir a sentença, haverá iniciar o processo de

157. Dois cientistas políticos, três economistas e a justiça brasileira. *Temas de direito processual*, 9.ª série, São Paulo: Saraiva, 2007, p. 401, 403, 409, 410, *passim*.

execução, nova citação, sujeitar-se à contrariedade do executado mediante 'embargos', com sentença e a possibilidade de novos e sucessivos recursos".[158]

O vigente CPC recepcionou o processo sincrético, ficando a atividade satisfativa, a cargo do Judiciário (art. 4º), realizável: (i) como uma fase de cumprimento de sentença, ao final do processo de conhecimento, com vistas à realização prática dos comandos prestacionais (art. 515 e incisos, c/c art. 513 e incisos); (ii) como processo de execução, voltado à realização prática dos títulos extrajudiciais (art. 784 e incisos; art. 771 e § único).

Impende reconhecer que não é por ter o juiz proferido *sentença de mérito* que ele fica desonerado de sua precípua função e assim desligado do processo, mas em verdade o pleno exercício da judicatura vai ainda além, projetando-se, conforme o caso, para a fase de cumprimento do julgado ou de execução. No ponto, aduz Luiz Guilherme Marinoni: "É fácil perceber que a discussão em torno do significado de tutela jurisdicional *obriga a uma ruptura com a ideia de que a função jurisdicional é cumprida com a edição da sentença (da declaração do direito ou da criação da norma individual), exigindo que, para compreensão do significado de prestação jurisdicional, caminhe-se um pouco além*".[159] Adiante, prossegue Marinoni: "Acontece que a sentença que reconhece a existência de um direito, mas não é suficiente para satisfazê-lo, não é capaz de expressar uma prestação jurisdicional efetiva, uma vez que não tutela o direito, e, por isso mesmo, não representa uma resposta que permita ao juiz se desincumbir do seu dever perante a sociedade e os direitos. Diante disso, não há dúvida de que a tutela jurisdicional só se aperfeiçoa, nesses casos, com a atividade executiva. Portanto, a jurisdição não pode significar mais apenas *iurisdictio* ou 'dizer o direito', como desejavam os juristas que enxergam na atividade de execução uma mera função administrativa ou uma 'função menor'. Na verdade, mais do que direito à sentença, o direito de ação, hoje, tem como corolário o direito ao meio executivo adequado".[160]

É louvável, assim, o previsto no vigente CPC, art. 4.º: "As partes têm o direito de obter em tempo razoável a solução integral do mérito, *incluída a atividade satisfativa*", comando que se completa com o disposto no art. 139, IV.

De outra banda, a ação judicial não mais pode ser vista sob a acanhada (e obsoleta) dimensão individualista do "direito em pé de guerra", e sim como

158. Texto firmado pelo Ministro da Justiça à época, Dr. Marcio Thomaz Bastos.

159. A jurisdição no Estado contemporâneo. In: MARINONI, Luiz Guilherme (coord.), *Estudos de direito processual civil*... cit., 2006, p. 57.

160. Idem, ibidem.

instrumento que, a par de veicular uma crise jurídica (pretensão resistida ou insatisfeita), deve ainda desempenhar um *escopo político*, a saber, a resolução ou o equacionamento da crise sociológica subjacente à lide, assim somando esforços para a composição justa dos conflitos, acima e além do frio tecnicismo de uma "extinção do processo com ou sem julgamento do mérito". Cândido Rangel Dinamarco assim se pronuncia a esse respeito: "É a tradição românica consistente em referir todo o direito ao indivíduo, desconsiderando o homem como integrante da sociedade jurídica e merecedor de condições para ter felicidade pessoal. É indispensável ver no processo, ramo do direito público, alguma destinação que vá além da aspiração individual à satisfação de interesses e (agora, mais do que está naquela fórmula insuficiente) além da realização fragmentária de cada preceito jurídico concreto. O próprio direito tem inegavelmente um 'fim político', ou fins políticos, e é imprescindível encarar o processo, que é instrumento estatal, como algo de que o Estado se serve para a consecução dos objetivos políticos que se situam por detrás da própria lei".[161]

Claro exemplo disso está no acesso ao STF – o *guarda da Constituição*(- CF, art. 102, *caput*)- via recurso extraordinário: justamente por se tratar de recurso de estrito direito, não pode a Excelsa Corte operar como terceira ou quarta instância, donde esse apelo extremo ter a sua admissão condicionada à demonstração da "repercussão geral da questão constitucional" (CF, § 3.º do art. 102: EC 45/2004; CPC, art. 1.035 e § 1º), justamente porque uma Corte Constitucional só pode ter sua competência recursal deflagrada quando a crise historiada vai *além* dos egoísticos interesses das partes, para concernir a dimensões mais amplas, por vezes metajurídicas, de modo que assim reste *potencializada* a resposta jurisdicional.

A propósito, já afirmamos em outra sede que essa avaliação "não se confunde com nem se reduz ao próprio mérito recursal, porque o STF analisa a repercussão geral para *admitir ou não* o RE (CF, § 3.º do art. 102; CPC, art. 1.035 e § 1º), portanto numa abordagem *cronologicamente antecedente e axiologicamente neutra*; desse modo, a avaliação positiva quanto a esse quesito apenas autoriza a sequência do exame formal quanto aos pressupostos objetivos e subjetivos de admissibilidade, sem nenhuma sinalização quanto ao oportuno provimento ou desprovimento do recurso extraordinário; já a avaliação negativa é absolutamente excludente, dispondo o art. 322, *caput*,

161. Escopos políticos do processo, In: GRINOVER, Ada Pellegrini *et al.* (coord.). *Participação e processo* cit., p. 123.

do RISTF que a Corte "recusará recurso extraordinário cuja questão constitucional não oferecer repercussão geral (...)".[162]

No contemporâneo Estado Social de Direito cada magistrado deve estar imbuído de sua condição de *agente político*, engajado no esforço comum pela melhor qualidade de vida da coletividade e do bem-estar social (*Welfare State*), assim contribuindo, com seu esforço e dedicação, para a composição dos conflitos, em modo justo, a baixo custo e em tempo razoável. Nesse sentido, escreve Gregório Assagra de Almeida: "O Poder Judiciário tanto pode transformar *positivamente* a realidade social, como sói de sua missão constitucional, quanto também pode transformá-la negativamente, em inaceitável retrocesso do Estado Democrático de Direito. Assim, o Poder Judiciário poderá transformar ou concorrer para a transformação negativa da realidade social – além de outras situações que poderiam ser apontadas – quando provocado e: *a)* preferir uma interpretação de bloqueio divorciada do texto constitucional como vem fazendo o STF em relação ao mandado de injunção como garantia constitucional fundamental; *b)* deixar de cumprir sua *especificação funcional constitucional protetora* do Estado Democrático de Direito e chancelar como constitucional medidas provisórias ou outras medidas legais restritivas de direitos e garantias constitucionais fundamentais, para atender aos ideários econômicos dos planos políticos do governo federal; *c)* concentrar-se nos comandos legais infraconstitucionais e esquecer de interpretá-los em conformidade com a Constituição como lei magna; *d)* procurar por todas as formas extinguir o processo sem julgamento do mérito, evitando-se o enfrentamento e a resolução do litígio; *e)* omitir decisão a bom tempo e não priorizar suas atividades jurisdicionais; *f)* deixar de fundamentar suas decisões jurisdicionais, em flagrante desrespeito ao devido processo legal (art. 5.º, LIV) e ao princípio da motivação das decisões judiciais (art. 93, IX)".[163]

É dizer, hoje não mais se consente um juiz acomodado em antigas posturas de isenção e distanciamento, desconectado da realidade de uma sociedade massificada e conflitiva, em verdade não protegida, mas praticamente acuada, de um lado pelo crescimento da violência em suas diversas formas, e, de outro, por um Estado-leviatã, meramente fiscalizatório e arrecadador. Nesse panorama, abre-se espaço legítimo para a intercessão do Judiciário, do

162. *Recurso extraordinário e recurso especial*, 14. ed., São Paulo: Thomson Reuters – Revista dos Tribunais, 2.018, p. 211, 212.

163. *Direito processual coletivo brasileiro – Um novo ramo do direito processual*, São Paulo: Saraiva, 2003, p. 153, 154.

qual se espera uma nova postura, que contribua para amenizar as prementes injustiças sociais, por meio de decisões engajadas e corajosas.

Dito de outro modo, se é flagrante o crescimento dos poderes do juiz brasileiro, especialmente os instrutórios,[164] impende que a isso se agregue a *vontade política* e a postura funcional *pró-ativa* dos magistrados em *fazer valer* tais poderes nos processos em que oficiam, como analisa Sidnei Amendoeira Júnior: "A contrapartida, no entanto, é que os magistrados, cada vez mais assoberbados não conseguem, efetivamente, dar vazão aos poderes que possuem, deixando de aplicá-los. Pior do que isso, esse aumento de poderes sem um aumento da responsabilidade dos magistrados e da estrutura a eles fornecida pode gerar um resultado diametralmente inverso daquele querido, ou seja, o uso inconsequente desses poderes e até permitir sejam proferidas decisões absolutamente não motivadas (como as que negam ou concedem liminares e/ou medidas de urgência, afirmando simplesmente estarem presentes, ou não, os requisitos legais, sem que se diga em que medida isso ocorreu), com base em uma discricionariedade judicial que certamente não pode ou deve existir e que, aliás, não existe (...)".[165]

---

164. Por todos, v. José Roberto dos Santos Bedaque, *Poderes instrutórios do juiz*, 2. ed., São Paulo: Revista dos Tribunais, 1994.

165. *Poderes do juiz e tutela jurisdicional. A utilização racional dos poderes do juiz como forma de obtenção da tutela jurisdicional efetiva, justa e tempestiva.* Coleção Atlas de Processo Civil, coord. Carlos Alberto Carmona, São Paulo: Atlas, 2006, p. 222.

Capítulo 2

A RECEPÇÃO JUDICIAL DOS HISTÓRICOS DE DANOS SOFRIDOS OU TEMIDOS

Sumário: 1. As diversas pretensões e sua recepção no ambiente processual. 2. Os danos temidos, as lesões virtuais e a tutela cautelar (*rectius:* provisória). 3. A ruptura do monopólio estatal de distribuição da Justiça. 4. A tendência à *desformalização dos procedimentos* e à *desjudicialização dos conflitos*. 5. O direito sumular como *instrumento aceleratório* e *elemento de contenção* de processos. 6. A decisão condenatória e sua reduzida carga eficacial na sociedade contemporânea.

1. AS DIVERSAS PRETENSÕES E SUA RECEPÇÃO NO AMBIENTE PROCESSUAL.

A afirmação do Processo como ciência *instrumental* é feita ao pressuposto de que, ordinariamente, são os ramos do Direito material que *criam*, *extinguem* ou *alteram* situações jurídicas (*v.g.*, o Penal, ao criminalizar certa conduta; o Tributário, ao positivar certa isenção ou imunidade; o Administrativo, ao regular as relações entre a Prefeitura de um município e os cidadãos), restando ao Processo uma sorte de *atuação residual*, ou *sequencial,* a saber, para a hipótese em que a norma substantiva de regência não venha realizada concretamente nem tampouco espontaneamente cumprida pelos destinatários: a ação penal contra o acusado, a quem a pena prevista abstratamente não bastou para dissuadi-lo de praticar o crime; os embargos, nos quais o contribuinte resiste à exação fiscal fundada em norma tributária incidente num dado fato gerador; a ação demolitória em face do munícipe que, descumprindo postura municipal de uso e ocupação do solo, alteou edificação em área de manancial.

Tal perspectiva da ciência processual, sem embargo de estar correta, todavia revela-se um tanto parcial ou reducionista, na medida em que a *instrumentalidade* do processo é também de aplicar-se: (*i*) em face de categorias originárias do próprio processo (*v.g.*, uma ação rescisória fundada em *incompetência absoluta* do órgão judicial – CPC, art. 966, II); (*ii*) em face de certas ações cujas pretensões não apontam para uma palpável utilidade prática ou a um vero bem da vida (dinheiro, coisa, prestação), mas se limitam a um mero acertamento, tal o reconhecimento de que certa relação jurídica não existiu ou que dado documento não é verdadeiro: ações declaratórias negativas – CPC, art. 19, I; ou ainda, as ações fundadas em nulidade, por exemplo, a ação pauliana, em caso de fraude contra credores.

A questão ora posta evoca, naturalmente, as teorias *unitária e dualista* do ordenamento jurídico, que remontam à clássica polêmica entre os romanistas alemães Bernhard Windsheid e Theodor Muther, em meados do século XIX. Em apertada síntese, o primeiro sustentava que o Direito romano era um *sistema de ações* (não por acaso a primeira fase chamou-se das *legis actiones*), certo ainda que no direito moderno o termo correspondente à *actio* romana seria a pretensão (*Anspruch*), explicada por Cândido Rangel Dinamarco como "uma situação jurídica substancial, distinta da ação e do direito subjetivo, ou seja, seria a faculdade de impor a própria vontade em via judiciária". Para Muther, seria válida uma assimilação entre os conceitos moderno e antigo de ação, sem embargo de que o Direito romano parecia priorizar o direito material em face da ação, como aliás se colhe do conceito de Paulo – *Nihil aliud est actio quam jus judicio persequendi quod sibi debetur* (D.44, 7,51): a ação nada mais é do que o direito de perseguir em juízo o que nos é devido, enunciado que se prescrutava na redação do art. 75 do Código Civil revogado: "A todo o direito corresponde uma ação, que o assegura".

O problema todo, completa Dinamarco, "expressa-se na pergunta: *o direito subjetivo nasce mediante o exercício da atividade desenvolvida no processo ou é anterior a ela*? A jurisdição é função criativa de direitos ou meramente recognitiva de direitos preexistentes? Preferir a primeira solução (o direito nasce do processo) é dizer que as normas jurídicas concretas se produzem ao longo do arco da colaboração entre as chamadas atividades legislativa e judiciária do Estado: o direito subjetivo nasce com o processo e com a sentença, antes dos quais não há senão interesses relevantes para o direito, interesses em conflito, mas direito subjetivo não. A norma que rege a *concreta* relação entre indivíduos depende, para existir, da atividade do juiz. A segunda solução significa que as atividades legislativa e jurisdicional, mediante as quais desempenha o Estado a sua função jurídica, distinguem-se nitidamente uma da outra. No plano legislativo são produzidos preceitos gerais e abstratos, que se tornam concretos e específicos (*i.é.*, que se *aplicam*) automaticamente, diante do ocorrer de um fato juridicamente relevante e a função jurisdicional não consiste senão em declarar essa vontade concreta do ordenamento jurídico (*i.é*, reconhecê-la e atuá-la praticamente". Onze anos após a polêmica, von Büllow daria fundamental contribuição (*Teoria das exceções dilatórias e dos pressupostos processuais* – 1868), demonstrando, prossegue Dinamarco, que o

Direito "forma-se escalonadamente, a principiar da norma incompleta contida na lei e consumando-se com a sentença que completa essa norma e faz nascer o direito subjetivo do caso concreto"; outrossim, von Bülow traçou "a *teoria da relação jurídica processual*, de natureza marcadamente pública, por vários aspectos distinta da relação substancial, incluindo em seu bojo também o Estado soberano, subordinada a pressupostos (os processuais) muito diversos daqueles exigidos para a relação material".[1]

A polêmica, fundamental que tenha sido para o lançamento das bases do moderno processo civil, foi gradativamente arrefecendo, à medida que se foram fincando os *três pilares da ciência processual – Jurisdição, Ação e Processo* – hoje concebidos, respectivamente, como: (*i*) a função de prevenir e/ou de compor controvérsias com justiça, não necessariamente mediante a intervenção da justiça estatal, hoje se propugnando pela chamada *jurisdição compartilhada, com outorga de função judicante a órgãos e instâncias parajurisdicionais, tal como o juízo arbitral*; (*ii*) o direito subjetivo público, abstrato, autônomo e condicionado, de pleitear um dado provimento jurisdicional num caso concreto, a que a CF busca assegurar no art. 5º, XXXV, embora o endereçamento precípuo desse dispositivo sinalize para o legislador; (*iii*) a relação jurídica de direito público, sujeita a pressupostos específicos de existência e validade, que opera como continente, assim se distinguindo da relação de direito material que lhe serve de conteúdo, a saber, o objeto litigioso, assim revelando a instrumentalidade como característica básica dessa relação.

A jurisdição, a seu turno, consente três dimensões: *Poder*, acepção ligada à ideia de soberania – dimensão *estática*; *Atividade*, com enfoque sobre a organização judiciária – dimensão *operacional*, compreensiva do *conteúdo ocupacional* dos juízes; *Função*, centrada sobre a atuação da vontade da lei, voltada à composição dos conflitos com justiça – dimensão *funcional*. Dessas três dimensões, hoje sobreleva esta última, porque aderente e afinada à concepção finalística do Estado Social de Direito e, outrossim, ao ideário de um *processo civil de resultados*.[2]

Este último escopo encontra respaldo no previsto na Res. CNJ 125/2010 (DJ*e* 01.12.2010, republicada no DJ*e* de 01.03.2012), art. 1.º: "Fica instituída a

---

1. Direito e processo, in *Fundamentos do Processo Civil Moderno*, 3. ed., São Paulo: Malheiros, 2000, t. I, p. 42-46; na mesma obra e tomo, v. Polêmicas do processo civil, p. 277 e s.
2. Sobre a matéria, ora sinteticamente exposta, discorremos em modo abrangente em nosso *Jurisdição coletiva e coisa julgada – teoria geral das ações coletivas*, 3. ed., São Paulo: Revista dos Tribunais, 2012, caps. III e VI.

Política Judiciária Nacional de tratamento dos conflitos de interesses, tendente a assegurar a todos o direito à solução dos conflitos por meios adequados à sua natureza e peculiaridade. Parágrafo único. Aos órgãos judiciários incumbe, nos termos do art. 334 do Novo Código de Processo Civil combinado com o art. 27 da Lei de Mediação, antes da solução adjudicada mediante sentença, oferecer outros mecanismos de soluções de controvérsias, em especial os chamados meios consensuais, como a mediação e a conciliação, bem assim prestar atendimento e orientação ao cidadão". O vigente CPC revela-se afinado a esse ideário, ao estimular a busca por outros meios e modos de resolução de conflitos, como se colhe do § 3º do art. 3º e do art. 139, V.

Ainda no tocante à dicotomia entre as posições unitária e dualista do ordenamento jurídico, vale lembrar que o antes lembrado art. 75 do nosso precedente Código Civil tentara uma aproximação entre aquelas propostas, ao estabelecer no art. 75: "A todo o direito corresponde uma ação, que o assegura", enunciado que tanto comportava uma leitura *civilista/imanentista* (a ação dependente do Direito material, que lhe conferia o conteúdo) quanto uma leitura *processual/abstracionista, a saber*: a ação *conectada a uma afirmada pretensão*, por modo a permitir a judicialização do *histórico* de lesão sofrida ou temida. O vigente Código Civil – Lei 10.406/2002 – embora não tenha recepcionado aquele precedente dispositivo do Código anterior, trouxe outro análogo, senão na letra, ao menos no espírito, dispondo o art. 189: "*Violado o direito, nasce para o titular a pretensão*, a qual se extingue, pela prescrição, nos prazos a que aludem os arts. 205 e 206".

Esta última concepção realça o fato de que a ação, sendo *abstrata e autônoma*, só pode assegurar – desde que presentes as correlatas *condições* – a aferição do *meritum causae*, não tendo, portanto, como assegurar que a avaliação final vá resultar favorável ao autor, já que a procedência do pedido depende, a um tempo, de que a pretensão material esteja amparada pelo bom direito (= que seja *fundada*) e que venha roborada pelas provas cabíveis. Nesse sentido se deve compreender o disposto no art. 490 do vigente CPC: "O juiz resolverá o mérito acolhendo ou rejeitando, no todo ou em parte, os pedidos formulados pelas partes".

A seu turno, o art. 515 do CPC ao dispor: "São títulos executivos judiciais (...): I – as decisões proferidas no processo civil que *reconheçam a* exigibilidade de obrigação de pagar quantia, de fazer, de não fazer ou entregar coisa", como que reintroduz na cena processual o antigo embate entre *unitaristas* e *dualistas*: (*i*) a obrigação já estava perfeitamente constituída no plano do Direito material e então só veio a ser descumprida pelo devedor ? ou (*ii*) ela só ganhou consistência jurídica no momento em que o juiz assim a reconheceu na decisão condenatória? Na verdade esses dois planos se pressupõem, se implicam mutuamente e se complementam na *plenitude da ordem jurídica*, cabendo, antes, deslocar o enfoque para um plano pragmático: impende que o processo civil disponibilize os meios para que o comando condenatório ou o título executivo extrajudicial se realize no plano prático com rapidez, efetividade e sob uma boa relação custo-benefício. É bem por isso que o CPC, na fase de cumprimento de comando de natureza prestacional, autoriza o juiz a "determinar, entre outras medidas, a imposição de multa, a busca e apreensão, a remoção de pessoas e coisas, o desfazimento de obras e o impedimento de atividade nociva, podendo, caso necessário, requisitar o auxílio de força policial" (§ 1º do art. 536).

Daí a releitura – cautelosa e despojada de excessos ufanistas – que se deve fazer do inciso XXXV do art. 5.º da CF ("A lei não excluirá da apreciação do Poder Judiciário lesão ou ameaça a direito"): *a uma*, trata-se de enunciado dirigido *precipuamente* ao legislador, e, só reflexa ou mediatamente, ao jurisdicionado, enquanto usuário do serviço judiciário estatal; *a duas*, o verbo *apreciar* é *axiologicamente neutro*, não implicando, portanto, nenhum compromisso ou engajamento *a priori* do Estado-juiz quanto ao acolhimento ou rejeição da pretensão deduzida. Numa palavra, o que por ali se assegura é uma leitura técnica sobre o *histórico* da pretensão exposta na petição inicial (ou na reconvenção/declaração incidental do réu na resposta), a ser feita por um órgão judicial competente e imparcial – o *fair day in Court; o right to be heard*, dos norte-americanos. Outrossim, vale lembrar que a própria relação processual pode, eventualmente, nem mesmo vir a se configurar com a citação do réu, em sobrevindo o indeferimento liminar da petição inicial ou mesmo a improcedência liminar do pedido: CPC, arts. 330 e incisos; 332 e incisos, nessa ordem.

De outra banda, as pretensões judicializadas guardam correlação com as respectivas necessidades ou crises existentes na vida em sociedade, e, nesse contexto, o processo civil a elas busca responder, como caixa de ressonância, ofertando os instrumentos adequados a cada caso: (*i*) *segurança* de pessoas, coisas, situações jurídicas e até do próprio processo, em havendo risco para o resultado útil do processo: ações e medidas cautelares, hoje enfeixadas no âmbito da Tutela Provisória - CPC, arts. 294-302; (*ii*) *satisfação* do credor do bem da vida, direito ou valor reconhecidos no título executivo judicial ou extrajudicial: cumprimento do julgado ou processo de execução, *stricto sensu*: CPC, art. 513 e §§; art. 771 e § único, nessa ordem; (*iii*) *eliminação da incerteza*, seja através de ação meramente declaratória (CPC, art. 19 e incisos) ou de conteúdo prestacional (CPC, art. 515, I), no bojo do processo de conhecimento.

Sob tais parâmetros é que se deve compreender o binômio *interesse de agir-legitimação* (CPC, art. 17): aquele primeiro quesito é aferido a partir do trinômio: *necessidade* da ação, sua *adequação* ao objeto litigioso e *utilidade* que o comando almejado possa produzir *in concreto. Já* a *legitimação* para a causa vem a ser, no clássico conceito, a *"pertinência subjetiva do interesse"*, levando a perquirir sobre qual sujeito – pessoa física ou jurídica, de direito público ou privado - detém o poder de agir, seja a título *primário* (legitimação ordinária, v.g., o dono do imóvel que pede a desocupação; a empresa que pede autofalência) ou, então, *excepcional* (legitimação extraordinária, v.g., a impetração de mandado de segurança em favor de terceiro: Lei 12.016/2009, art. 3º e § único. (Situação peculiar é a da legitimação para agir no âmbito da jurisdição coletiva, campo em que incidem certas particularidades, tais a adequada representação de quem se apresente em nome do interesse metaindividual judicializado e a pertinência temática entre o objeto litigioso e a finalidade institucional do portador judicial). [3]

No âmbito da jurisdição singular, a legitimação para agir pressupõe uma *correspondência*, no polo ativo, entre titularidade do direito afirmado e o autor da ação, e, no polo passivo, entre a situação de sujeição/obrigação historiada nos autos e o indigitado réu. Um tal desenho mostra-se apropriado ao ambiente da *jurisdição singular*, em que se contrapõem sujeitos determinados, singularmente ou litisconsorciados, mas já não assim no âmbito da jurisdição coletiva, na qual, de um lado, o interesse não tem propriamente um *titular*,[4] sendo genericamente reportado a segmentos mais ou menos vastos (v.g., o segmento de consumidores de certo produto), ou até mesmo à inteira coletividade (v.g., o meio ambiente)e, de outro lado, o portador em juízo não declina um histórico *pessoal* de dano sofrido ou temido, mas se apresenta como um adequado representante de um dado interesse metaindividual: Lei 7.347/85, art. 5.º; Lei 8.078/90, art. 82; Lei 12.016/2.099, art. 21 e § único.

Bem por isso, nas ações coletivas o objeto se apresenta *indivisível* (nos individuais homogêneos até o trânsito em julgado, já que a decisão é de "condenação genérica" - CDC, art. 81, § único, III, c/c art. 95) e os sujeitos são *in-*

---

3. V., ao propósito, nossas considerações in *Jurisdição coletiva e coisa julgada – teoria geral das ações coletivas*, 3ª ed., 2.012, cit., p. 451 e s.

4. *Aliter*, segundo Antonio Gidi: "Não vemos qualquer diferença ontológica entre as ações coletivas que defendem direitos superindividuais e aquelas propostas em defesa de direitos individuais homogêneos. Em ambos os casos há um titular (comunidade, coletividade ou conjunto de vítimas, conforme se trate de direito difuso, coletivo ou individual homogêneo) e um outro legitimado (LACP, art. 5.º e CDC, art. 82)". (*Coisa julgada e litispendência em ações coletivas*, São Paulo: Saraiva, 2005, p. 43).

determinados (em modo *absoluto*, nos interesses difusos; um tanto *relativizado*, nos coletivos em sentido estrito – CDC, art. 81, § único, I e II), esquema que se faz necessário para que a lide possa ser resolvida *molecularmente*, na feliz expressão de Kazuo Watanabe, evitando-se os deletérios efeitos da atomização do macro conflito: retardamento da prestação jurisdicional, sobrecarga ao serviço judiciário, risco de decisões discrepantes ou mesmo contraditórias. (Bem por isso, o vigente CPC autoriza o juiz, ao se deparar com afluxo importante de demandas seriais, a oficiar aos colegitimados do art. 5º da Lei 7.347/85 e art. 82 da Lei 8.078/90, para que analisem a pertinência e oportunidade de ajuizamento da ação coletiva adequada à espécie – art. 139, X).

Kazuo Watanabe explica, na introdução de seus comentários aos arts. 81 a 90 do CDC (Lei 8.078/90): "(...) o legislador claramente percebeu que, na solução dos conflitos que nascem das relações geradas pela economia de massa, quando essencialmente de natureza coletiva, o processo deve operar também como instrumento de mediação dos conflitos sociais neles envolvidos e não apenas como instrumento de solução de lides. A estratégia tradicional de tratamento das disputas tem sido de fragmentar os conflitos de configuração essencialmente coletiva em demandas-átomo. Já a solução dos conflitos na dimensão molecular, como demandas coletivas, além de permitir o acesso mais fácil à justiça, pelo seu barateamento e quebra de barreiras socioculturais, evitará a sua banalização que decorre de sua fragmentação e conferirá peso político mais adequado às ações destinadas à solução desses conflitos coletivos".[5]

(Exemplo emblemático de uma desnecessária e tumultuária fragmentação de interesse metaindividual verificou-se em 1987 no caso dos *poupadores* que, na época do chamado *plano Bresser*, foram lesados por cálculo feito *a menor* na remuneração desses ativos: apesar de terem sido ajuizadas contra os Bancos ações coletivas por interesses individuais homogêneos, milhares de pessoas se apressaram a ajuizar ações individuais, repercutindo o jornal *O Estado de S. Paulo*, de 13.08.2007, cad. B-9, que "14 mil ações deram entrada no Fórum João Mendes, apenas nos dias 30 e 31 de maio, quando vencia o prazo para a reclamação", estimando a juíza Maria Lúcia Pizzotti, então coordenadora do setor de Conciliações, que no Estado "haja 80 mil ações desse plano para serem julgadas". A notícia dava conta de que o regime projetado para o julgamento conjunto dessas ações é o de *mutirão*, sendo que "ninguém está obrigado a aceitar acordo e, no caso de quem o rejeitar, o processo terá

---

5. *Código Brasileiro de Defesa do Consumidor*, obra coletiva, 12ª ed., Rio de Janeiro: Gen-Forense, 2.019, p. 812.

prosseguimento normal. 'No acordo, o banco tem de pagar o valor acertado em 48 horas', diz. O acordo é definitivo e contra ele não cabe recurso". Sem embargo da louvável iniciativa e mesmo da criatividade do meio alvitrado para enfrentar a pletora de processos, não se justificava o açodamento revelado pelos lesados individuais, porque a prescrição vintenária – junho de 1987 a junho de 2007 – já fora interrompida com a citação dos Bancos nas ações coletivas, mormente porque estas foram ajuizadas em nome de interesses *individuais* homogêneos, e, portanto, o direito nelas historiado *coincidia* com o que viria deduzido nos pleitos particulares).[6]

Semelhantes episódios não são raros em nossa experiência judiciária, em função de ocorrências de diversa origem e natureza (planos governamentais; conflitos consumeristas; controvérsias envolvendo planos de saúde), estressando os jurisdicionados e congestionando o Judiciário. É de se augurar que, com o advento do novo CPC, outro panorama possa se apresentar, em prosperando os meios disponibilizados para o trato das chamadas demandas seriais: o *incidente de resolução de demandas repetitivas* (arts. 976-987)[7]; as decisões-quadro do STJ e do STF nos recursos especiais e extraordinários representativos da controvérsia (art. 927, III; art. 332, II); a previsão, antes lembrada, para que o juiz, ao constatar afluxo importante de ações repetitivas, oficie aos colegitimados do art. 5º da Lei 7.347/85 e art. 82 da Lei 8.078/90, a fim de que avaliem a oportunidade e adequação de ajuizamento da ação coletiva pertinente (art. 139, X).

Com efeito, tem sido recorrente na *praxis* judiciária nacional o afluxo desmesurado de ações replicadas, em situações de largo impacto ao interno da coletividade, como, v.g., a inserção de condições restritivas ou até abusivas em contratos de adesão (telefonia, cartões de crédito, seguro-saúde). Cândido Rangel Dinamarco já asseverava a respeito: "A experiência dos tribunais mostra litígios que se repetem com notável frequência entre sujeitos diferentes mas com os mesmíssimos contornos jurídico-materiais. É o caso, para ficar num só exemplo, dos pleitos de funcionários públicos em face do Estado (sem esquecer o dos aplicadores do sistema financeiro, em suas demandas

---

6. No ponto, o art. 202 do Código Civil: "A interrupção da prescrição, que somente poderá ocorrer uma vez, dar-se-á: (...) V – por qualquer ato judicial que constitua em mora o devedor; VI – por qualquer ato inequívoco, ainda que extrajudicial, que importe reconhecimento do direito pelo devedor".

7. Sobre o tema, v. o nosso *Incidente de resolução de demandas repetitivas – a luta contra a dispersão jurisprudencial excessiva*, São Paulo: Thomson Reuters-Revista dos Tribunais, 2.016, p. 34 e s.

visando a desbloquear cruzados novos). Tanto como sucede na tutela coletiva a interesses individuais homogêneos em sede de direitos dos consumidores, *de lege ferenda* aqui também comportar-se-ia a legitimidade de entes representativos para deduzir amplas pretensões. É legítimo cogitar, também, de mecanismos que permitam a expansão *ex officio* dos litígios individuais: um caso-piloto seria julgado com eficácia *ultra partes*, não obstante a proposta da demanda por um só ou por alguns dos titulares dos interesses homogêneos, (assim se dá nas *class actions* norte-americanas, que são o resultado de uma *certification* exarada pelo juiz no curso de um processo que originariamente era individual)".[8]

(Por outra senda se enveredava o PLC 5.139/2009, à época preordenado a regular a nova ação civil pública, prevendo-se que, frustrados os meios suasórios, o juiz "poderá separar os pedidos em ações coletivas distintas, voltadas à tutela dos direitos ou interesses difusos e coletivos, de um lado, e dos individuais homogêneos, do outro, desde que a separação represente economia processual ou facilite a condução do processo" (inciso II do art. 20). Já o PLC 8.046/2010, então preordenado ao novo CPC, previa a *conversão da ação individual em ação coletiva* (art. 333 e parágrafos), previsão que, todavia, acabou vetada).

Neste passo, vale observar que dentre nós se vai firmando a tendência ao tratamento *massificado* dos processos múltiplos e repetitivos, no que se vem chamando tutela plurindividual, postada a meio-caminho entre a jurisdição singular e a coletiva: (i) a tese jurídica firmada no bojo do incidente de resolução de demandas repetitivas, parametriza a resolução dos processos afins, individuais e coletivos (CPC, art. 985 e incisos);[9] (ii) os recursos especiais e extraordinários, repetitivos são resolvidos a partir da decisão-quadro firmada no recurso tomado como representativo da controvérsia, numa sorte de julgamento por amostragem (CPC, art. 927, III; art. 1.036 e §§, c/c art. 1.040 e incisos); (iii) o STF organiza em Temas as questões constitucionais a seu ver desprovidas de repercussão geral (CF, § 3º do art. 102; CPC, art. 1.035 e § 1º) e, a partir daí, são descartados os recursos extraordinários subsumidos em tal enquadramento (RISTF, arts. 322, 326); (iv) em primeiro grau, a contrariedade entre a pretensão inicial e certos padrões decisórios impositivos autoriza a improcedência liminar do pedido (CPC, art. 332 e incisos, c/c art. 927 e incisos); (v) os acórdãos em incidente de assunção de competência

8. Os gêneros de processo e o objeto da causa. In *Fundamentos*... t. II, cit., p. 887.

9. No ponto, v. o nosso *Incidente de resolução de demandas repetitivas – a luta contra a dispersão jurisprudencial excessiva*, 2ª ed., Salvador: JusPodivm, 2.019, p. 49 e s.

vinculam "todos os juízes e órgãos fracionários, exceto se houver revisão de tese" (CPC, § 3º do art. 947).

Em regra, as pretensões judicializadas não são autoexcludentes, o que explica a possibilidade de cumulação de pedidos e reunião de ações conexas, a par da viabilidade de ajuizamento de ação apenas declaratória, ainda que cabível ação condenatória (CPC, art. 20). Assim se dá, porque, de um lado, o interesse de agir é, ordinariamente, subjetivado num *afirmado* titular e, de outro, porque o Estado-juiz responde se e quando provocado e apenas no limite da provocação (CPC, arts. 2.º, 490, 492 e § único); além disso, o objeto litigioso é, num primeiro momento, delineado pelo autor (CPC, art. 319, III, IV), embora possa, ulteriormente, sofrer ampliações ou reduções, prevendo o vigente CPC que é dado às partes, ao ensejo do saneamento do processo, "apresentar ao juiz, para homologação, delimitação consensual das questões de fato e de direito (...)" (§ 2º do art. 357), além de poder o réu apresentar reconvenção (art. 343 e §§: *reus in exceptio fit actor).*

Segundo a chamada teoria da *asserção*, as condições da ação devem ser recepcionadas *in statu assertionis*, ou seja, no modo como venham expostas na fase postulatória, ou seja, como explica Cândido Rangel Dinamarco, "a partir do modo como a demanda é construída - de modo que se estaria diante de questões de mérito sempre que, por estarem as condições corretamente expostas na petição inicial, só depois se verificasse a falta de sua concreta implementação" [*v.g.*, só ulteriormente, na fase decisória, se vem a constatar que o indigitado réu na ação de despejo não é o locatário; a autoridade, imputada coatora, vem a atender o pedido administrativo do impetrante da segurança]. Criticando aquela vertente doutrinária, Dinamarco observa que "ao propor arbitrariamente essa estranha modificação da natureza de um pronunciamento judicial conforme o momento em que é produzido (de uma sentença terminativa a uma de mérito), a *teoria della prospettazione* incorre em uma série de erros e abre caminho para incoerências que desmerecem desnecessária e inutilmente o sistema. (...) As partes só poderão ter o direito ao julgamento do mérito quando, no momento em que este está para ser pronunciado, estiverem presentes as três condições da ação. Se alguma delas não existia no início, mas ainda assim o processo não veio a ser extinto, o juiz a terá por satisfeita e julgará a demanda pelo mérito sempre que a condição antes faltante houver sobrevindo no curso do processo. Inversamente, se a condição existia de início e já não existe agora, o autor carece de ação e o mérito não será julgado. Na experiência processual do dia a dia são muito mais frequentes os casos de condições que ficam excluídas (*pedido prejudicado*)". [10]

10. *Instituições de direito processual civil*, 2. ed., São Paulo: Malheiros, 2002, t. II, p. 317-318.

Vem em respaldo a essa explanação o fato de que as condições da ação não se submetem, inicialmente, a uma cognição exauriente e definitiva, mas a uma delibação prima facie, donde, aliás, não precluir para o juiz o exame delas (CPC, § 3.º do art. 485), tendo o legislador atendido ao prudente aviso de que nos casos mais complexos e singulares é só após a instrução probatória que sobejam elementos suficientes a indicar se as partes são, *realmente*, legitimadas, se está *de fato* presente o interesse de agir (necessidade mais necessidade da tutela) e se o pedido é *mesmo* albergado pelo ordenamento ou ao menos por ele não repelido *a priori*. Ainda concorre para robustecer esse argumento o fato de o art. 493, caput, do CPC, autorizar o juiz a levar na devida conta, de ofício ou a requerimento, a *superveniência* de algum fato constitutivo, modificativo ou extintivo do direito, capaz de influir no julgamento da lide.

Luigi Monaciani buscou explicar a legitimação para agir sob as luzes de uma *relação prodrômica*: "L'azione, comme diritto al provedimento di merito, in quanto si fonda su una legittimazione, e propriamente sulla *legitimatio ad causam*, deve far capo ad una situazione anteriore, che sia una situazione autonoma e peculiare, diversa dal rapporto sostanziale e tuttavia implicata e radicata in esso, o, può dirsi prodromica rispetto ad esso".[11] A seu turno, Donaldo Armelin obtempera que "(...) se o processo tem aptidão para afetar o próprio direito material questionado, não se lhe pode negar essa mesma aptidão para gerar uma relação legitimante, onde esta, no plano do direito material, inexista. Esta situação, remarque-se, é parificada, para efeitos processuais, à situação material existente".[12] Uma expressiva aplicação da *condição legitimante* encontra-se na fase postulatória da ação em matéria de improbidade administrativa, em que a peça inicial é recebida tão só para efeito de se estabelecer um prévio e sumário contraditório, no qual o indigitado réu é *notificado* para se manifestar (e não citado para contestar), após o que o juiz poderá, ou mandar citá-lo, ou rejeitar (*sic*) a ação, neste caso "se convencido da inexistência do ato de improbidade, da improcedência da ação ou da inadequação da via eleita" (Lei 8.429/92, §§ 7.º a 9.º do art. 17, inseridos pela Med.Prov. 2.225-45/2001).

Embora o direito de ação seja *autônomo* – no sentido de ser distinto da relação de direito material – e *abstrato* – no sentido de ser ofertado a quem tenha uma pretensão, fundada *ou não* (donde a virtualidade de uma ação tecnicamente bem proposta vir a ser julgada improcedente), fato é que, na grande

---

11. *Azione e legittimazione*, Milão: Giuffrè, 1951, p. 322.
12. *Legitimidade para agir no direito processual civil brasileiro*, São Paulo: Revista dos Tribunais, 1979, p. 94.

maioria dos casos, o histórico apresentado como causa de pedir preordena-se a um comando de *prestação*, positiva ou negativa – fazer, cumprir, abster-se, tolerar, pagar, entregar coisa – donde se enquadrarem nesse grupo as ações voltadas a um comando cominatório. Prevê ainda o CPC a ação monitória, disponibilizada a quem "afirmar, com base em prova escrita, sem eficácia de título executivo", ter direito de exigir do devedor pagamento, entrega de coisa ou adimplemento de obrigação (CPC, art. 700 e incisos).

Os títulos executivos judiciais (CPC, art. 515 e incisos) têm no inciso I a espécie mais ocorrente, a saber, os comandos prestacionais (pagar, fazer, não fazer, entregar coisa), mas impende ter presente que certas sentenças declaratórias (v.g., a que reconhece o excesso na exação fiscal na cobrança do crédito tributário) podem apresentar conteúdo condenatório (*leading case*: REsp 588.202-PR, 1.ª T., rel. Min. Teori Albino Zavascki, j. 10.02.2004, *DJU* 25.02.2004, p. 123). Essa exegese é afinada com o ideal da *máxima efetividade* dos comandos judiciais: uma vez declarado (e, pois, reconhecido) que houve excesso de exação, tendo o contribuinte pago a maior, implicitamente fica afirmado que o contribuinte *tem um haver*, a ser composto, seja em modo de uma restituição, seja de uma compensação. Por qual razão plausível, então, teria ele que mover ação condenatória, cujo acolhimento já se revelaria, de antemão, previsível?

Colacionando doutrina especializada, explica Fábio Guidi Tabosa Pessoa: "A ideia é que a formação do título e a consequente eficácia executiva surjam como efeito secundário da declaração, em decorrência direta da vontade da lei, e não como efeito imediato e querido do ato. Se, nas sentenças de condenação, a constituição de título executivo é desde logo desejada pelo autor da ação (para o caso de persistência do inadimplemento), integrando-se no objeto do ato judicial que decide a causa e dele decorrendo como efeito primário, no caso das sentenças declaratórias, esse efeito não se oferece como consequência jurídica natural do ato, mas como opção legislativa".[13]

Embora no jargão forense as ações tenham "nome" – despejo, renovatória de locação, expropriatória –, na verdade por aí se baralham categorias distintas: de um lado, a "ação", instituto processual de conteúdo unitário e abstrato, e, de outro, a "pretensão material" que por meio daquela primeira é veiculada, valendo ainda estas observações: (*i*) sendo o processo o continente e a ação o conteúdo, segue-se que num mesmo processo pode dar-se que o réu mova ação contra o autor, reconvindo ou arguindo prejudicial de mérito

13. O título executivo declaratório na Lei 11.232/2005. *Revista da Escola Paulista da Magistratura*, n. 2, jul./dez. 2006, p. 149.

(CPC, arts. 343 e §§; § 1º do art. 503, nessa ordem); (*ii*) algumas ações são dúplices, como as possessórias, as consignatórias, e em certo modo as *ADIns*, revelando, por um lado, que o autor da ação *não é o dono dela* (o temível *processo civil de autor*), mas apenas a parte ou interessado que, credenciado pelo ordenamento, tomou a iniciativa de judicializar a controvérsia, e, por outro lado, que o polo passivo também tem direito a participar expressivamente da ação, opondo a resistência que tiver (ou transacionando), o mesmo se dando com eventual terceiro interveniente (*v.g.*, o opoente) ou ainda com o *amicus curiae, que, a par de outras intervenções, pode recorrer da decisão que julga o incidente de resolução de demandas repetitivas* (CPC, art. 138 e § 3º, c/c art. 983 e §§); (*iii*) o interesse que justifica o acesso à Justiça não deflui, necessariamente, de uma lesão efetiva ou consumada, bem podendo tratar-se de lesão prenunciada, virtual (nesse sentido, o art. 5.º, XXXV, da CF, inclui as lesões *temidas*), tudo num dado espaço-tempo. Por exemplo, se o importador de um dado produto sabe, de antemão, que a autoridade alfandegária está impondo certa exigência fiscal, a seu ver abusiva ou arbitrária para o desembaraço desse gênero de mercadoria, pode impetrar mandado de segurança *preventivo*, ou uma medida cautelar, demonstrando, respectivamente, o direito líquido e certo ameaçado pelo ato da Autoridade, ou a iminência da lesão, ensejadora do justo temor de dano.

2. OS DANOS TEMIDOS, AS LESÕES VIRTUAIS E A TUTELA CAUTELAR (*RECTIUS:* TUTELA PROVISÓRIA).

Sem embargo de existirem, desde o Direito romano, provimentos judiciais que hoje poderiam passar por *cautelares*, num sentido largo (*v.g.*, as *stipulationes praetoriae*, especialmente a *cautio damni infecti*), fato é que, dos três processos – de conhecimento, de execução e cautelar –, este último é de configuração mais recente, tendo grangeado aclaramento conceitual, autonomia científica e positivação a partir de meados do século passado, podendo ser lembrados os *provvedimenti d'urgenza* (art. 700 do CPC italiano), a *juridiction des référés* no *Droit Judiciaire* francês, assim como as nossas *medidas preventivas*, no CPC de 1939.

A razão do ora exposto remonta ao fato de que, na formulação original da teoria da separação entre os Poderes, o Judiciário não se apresentava propriamente como um Poder, sendo ademais visto com uma certa reserva, confinado aos lindes de uma atuação meramente *declarativa* da ordem normativa: *la bouche qui prononce les paroles de la loi*. De outro lado, ficara o Judiciário restrito a dirimir os históricos de danos *efetivamente* sofridos e de infringências *consumadas* aos textos legais, um e outro caso reclamando, pois, um contencioso *concretizado*, o que suprimia espaço aos históricos de danos meramente *temidos* e de prejuízos *virtuais*. Assim é que, na *divisão dos trabalhos* do Estado moderno, a cura das situações de perigo, dos danos prenunciados, ficara a cargo, ou do Legislativo, a quem caberia aferir a conveniência ou mesmo a necessidade de elaborar a norma de regência (situações ditas de norma necessitada), ou do Executivo, por meio de sua atividade administrativa e de seu poder de polícia, cabendo ao Judiciário, residualmente, a seara da contenciosidade já consumada.

Esse contexto histórico vem assim explicado por Luiz Guilherme Marinoni: "Não é de admirar, assim, que o conceito de jurisdição, nessa época, não englobasse a necessidade de tutela preventiva, ficando restrita à reparação do direito violado. Mas a conotação repressiva da jurisdição não foi simplesmente influenciada pelo valor da liberdade individual, pois o princípio da separação dos poderes também serviu para negar à jurisdição o poder de dar tutela preventiva aos direitos, uma vez que, na sua perspectiva, a função de prevenção diante da ameaça de não observância da lei era da Administração. Esse seria um poder exclusivo de 'polícia administrativa', evitando-se, desse modo, uma sobreposição de poderes: a Administração exerceria a prevenção e o Judiciário apenas a repressão". Depois, prossegue o autor, com o advento da possibilidade da conversão em pecúnia dos danos sofridos – a ideia do *equivalente* – "logicamente não era necessária a prestação jurisdicional preventiva, bastando aquela que pudesse colocar no bolso do particular um equivalente em dinheiro".[14] (Nesse sentido, o vigente CPC fala em "efetivação da tutela específica ou a obtenção de tutela pelo resultado prático equivalente" (art. 536, *caput*).

A tutela cautelar, seja por se ter firmado em época mais recente, seja por sua aptidão para agregar um *plus* (o valor *segurança*) aos demais provimentos jurisdicionais voltados à eliminação da incerteza ou à satisfação dos direitos, ou ainda por sua capacidade de proteger, com presteza, um direito apenas *provável (o fumus boni iuris)*, sempre instigou os operadores do Direito, a ponto de, por vezes, surgirem algumas distorções e exageros em sua aplicação. Assim, Liebman, em estudo publicado em 1982, manifestava preocupação a esse respeito: "Già si vedono gravi fenomini degenerativi affiorare nel corpo del processo e addiritura fuori di esso; cito ad esempio l'uso di servirsi dei procedimenti d'urgenza dell'art. 700 CPC fuori del loro ambiente naturale, i

---

14. A jurisdição no estado contemporâneo. In: MARINONI, Luiz Guilherme (coord.), *Estudos de direito processual civil*... cit., 2006, p. 18.

quali da strumenti eccezionale di tutela preventiva e provvisoria tendono a trasformarsi in provvedimenti antecipatori e sostitutivi delle decisione finale".[15]

Também a experiência jurídica brasileira não se forrou a essa tendência – ora de empolgação, ora de certa confusão conceitual – acerca da tutela cautelar, como se deu, até pouco tempo, com o uso do mandado de segurança como um sucedâneo preventivo, para emprestar efeito suspensivo a recurso, ou ainda, as cautelares ditas *satisfativas*. A primeira dessas distorções acabou razoavelmente corrigida com o chamado *efeito ativo, agregando valor ao* agravo de instrumento (CPC, art. 1.019, I), e a segunda veio suprida com o advento e, depois, com o desenvolvimento dos provimentos antecipatórios (CPC, arts. 303-310), no bojo da tutela provisória.

Essa temática vem, no âmbito do vigente CPC, enriquecida com a regulação da tutela da evidência, cabível quando, "independentemente da demonstração de perigo de dano ou de risco ao resultado útil do processo" a parte fundar sua pretensão nos elementos de convicção indicados nos incisos do art. 311, com destaque para a prova documental pré-constituída e para o respaldo em decisão-quadro firmada em RE o REsp representativo, no rito dos recursos repetitivos. Quanto a esta última hipótese, entende José Miguel Garcia Medina que "igual solução deve observada, analogicamente, quando a tese tiver sido firmada em assunção de competência ou em outras súmulas (ainda que não vinculantes), em recurso extraordinário com repercussão geral reconhecida e, também, quando proferida decisão pelo STF em controle concentrado de constitucionalidade (art. 927, I do CPC/2015)".[16]

Boa parte dos equívocos e excessos envolvendo as medidas preventivas e cautelares (hoje, tutela provisória) pode ser debitada ao fato de não se ter devidamente atentado que o processo, tendo *estrutura bilateral e formulação dialética*, não pode *adiantar* ou favorecer a posição de uma parte (no caso, concedendo-lhe desde logo a tutela, ante um histórico de dano temido), sem que isso provoque algum impacto negativo ou um desequilíbrio na posição processual da outra parte. Essa correlação entre os sujeitos do processo – em modo de vasos comunicantes – ocorre porque, diferentemente do que se passa no Direito material, onde se imbricam direitos e obrigações, já o processo segue uma lógica diversa, ofertando *faculdades* que, bem aproveitadas, geram situações de vantagem e, mal ou não aproveitadas, deflagram situações de ônus ou de sujeição.

---

15. Per un nuovo Codice di Procedura Civile. *Rivista di Diritto Processuale Civile*, 1982, p. 28.
16. *Código de Processo Civil comentado*, 5ª ed., 2.017, cit., nota IV ao art. 311, p. 539.

Bem por isso, Ovídio A. Baptista da Silva falava num "deslumbramento com o processo cautelar, como *técnica de sumarização processual*"; em passagem anterior, pondera: "Os que, com certa ingenuidade, veem no processo cautelar esse sonhado mecanismo milagroso, em virtude do qual as partes poderiam obter uma justiça rápida e eficiente, esquecem que o juiz, infelizmente, não pode oferecer qualquer vantagem processual a um dos litigantes senão à custa do outro; e que a liminar não surge espontaneamente do nada, como um fenômeno de *geração espontânea*, sendo, ao contrário, determinada mediante a imposição de um correspondente sacrifício processual, como justamente observa Verde e como dissera Calamandrei (*Il processo come giuoco*, Opere Giuridiche, I, 553). As liminares manejadas por juízes desatentos, ou insuficientemente preparados para o exercício dessa forma delicada de tutela processual, poderão ser campo aberto a toda sorte de desvios de poder e abusos contra interesses respeitáveis do outro litigante que, eventualmente, pode sofrer as consequências irremediáveis dessas provisões *satisfativas*, de cunho *irreversível*".[17]

Não há como a experiência jurídica contemporânea minimizar ou passar ao largo da tutela cautelar, dada sua aptidão específica para proteger, com a desejável presteza, os valores e interesses emergentes na sociedade massificada e competitiva, não só os de ordem econômica, mas também os concernentes à personalidade, a interesses metaindividuais ligados ao meio ambiente, às relações de consumo, ao patrimônio público. Não admira o considerável número de liminares e medidas cautelares esparsas em tantas ações, como as *possessórias* (CPC, art. 562 e § único), a *popular* (Lei 4.717/65, art. 5.º, § 4.º), a *civil pública* (Lei 7.347/85, arts. 4.º e 12), a *ADIn* (Lei 9.868/99, art. 21), a ação por ato de *improbidade administrativa* (Lei 8.429/92, art. 16), a par daquelas medidas concessíveis nos Tribunais pelo Relator (CPC, art. 932, II). Dentre esses relevantes valores tuteláveis nesse plano, avultam os interesses metaindividuais (difusos, coletivos em sentido estrito, individuais homogêneos), pela boa razão de se referirem a sujeitos indeterminados, podendo mesmo ser *transgeracionais*, como é o caso do meio ambiente (CF, art. 225, *caput*).

No ponto, preleciona José Carlos Barbosa Moreira: "Considere-se por um instante o caso do interesse na sanidade do ambiente, ou na preservação das belezas naturais e do equilíbrio ecológico, ou na honestidade das mensagens de propaganda; o do interesse em que não se ponham à venda produtos alimentícios ou farmacêuticos nocivos à saúde, em que funcionem com regularidade e eficiência os serviços de utilidade pública, prestados pela

17. *Do processo cautelar*, 2. ed., Rio de Janeiro: Forense, 1999, p. 5.

Administração ou por particulares, e assim por diante. Se a Justiça civil tem aí um papel a desempenhar, ele será necessariamente o de prover no sentido de prevenir ofensas a tais interesses, ou pelo menos de fazê-las cessar o mais depressa possível e evitar-lhes a repetição; nunca o de simplesmente oferecer aos interessados o pífio consolo de uma indenização que de modo nenhum os compensaria adequadamente do prejuízo acaso sofrido, insuscetível de medir-se com o metro da pecúnia".[18]

As ações preordenadas a sentenças condenatórias configuram as mais recorrentes na *praxis* judiciária, reportando-se a danos efetivamente ocorridos, lesões sofridas, que necessitam de uma reparação ou de uma restituição ao *statu quo ante.* Entre os propósitos de *eliminação de incerteza* (processo de conhecimento) e de *satisfação/realização definitiva do direito* (mediante execução, ou fase de cumprimento do julgado) encontrou o processo cautelar uma *faixa intermediária*, deflagrada pelas situações de urgência ou que induzem risco ao resultado útil do processo, vindo assim devotado à preservação do valor *segurança*, tanto de *pessoas* (separação de corpos, interdições), como de *coisas* (sequestro), ou de *situações jurídicas* (interpelações) ou ainda mesmo do *próprio processo* (produção antecipada de prova).

Um espectro assim tão alargado dificulta encontrar um critério classificatório consistente para as medidas cautelares, mas parece-nos que Galeno Lacerda encontrara solução razoavelmente satisfatória, e ainda de atualidade, ao tomar tais provimentos sob três critérios: *(i)* segundo a finalidade, a segurança pode proteger a prova (exibição), os bens (sequestro) ou operar de modo antecipatório – provisório (guarda de filhos); *(ii)* segundo a posição processual e o caráter da medida, a cautelar pode ser antecedente – preventiva ou incidente (preventiva ou repressiva: atentado, prisão); enfim, *(iii)* quanto à natureza, a cautela pode revelar-se *jurisdicional*, com ação – lide – sentença (busca e apreensão) ou então *administrativa*, podendo ser (a) voluntária – sem lide ou fora dela (produção antecipada de prova) e (b) de ofício (reserva de bens em inventário).[19]

Como se vê, novas e prementes necessidades sociais foram se apresentando, e o processo civil, como *caixa de ressonância*, foi respondendo com tutelas diferenciadas, vocacionadas a *prevenir* a situação temida (o iminente prejuízo, o justo temor de dano, o risco ao resultado útil do processo, quesitos

18. Tutela sancionatória e tutela preventiva, *Temas de direito processual*, 2.ª série, 2. ed., São Paulo: Saraiva, 1988, p. 24.

19. *Comentários ao Código de Processo Civil*, t. I, 2. ed., Rio de Janeiro: Forense, 1984, vol. VIII, p. 15, 18, 19, *passim*.

basicamente enfeixados no binômio *periculum in mora – fumus boni iuris*), e isso, não só na esfera judicial propriamente dita, mas também nas instâncias parajurisdicionais. Neste último caso podem ser lembrados: na tutela ao meio ambiente, os compromissos de ajustamento de conduta (Lei 7.347/85, art. 5.º; § 6.º); no consumerismo, as convenções coletivas (Lei 8.078/90, art. 107); na livre concorrência e defesa da ordem econômica, o compromisso de cessação da prática sob investigação e o acordo de leniência (Lei 12.529/2009, arts. 85, 86); os acordos de leniência com as pessoas jurídicas responsáveis por condutas danosas à administração pública (Lei 12.846/2.013, art. 16 e §§). Não deixa, também, de ter certo caráter cautelar, no sentido largo, a contribuição do *amicus curiae*, mediante autorização do Relator, dada a possibilidade daquele agente aportar conhecimentos metajurídicos ao *thema decidendum*, e assim contribuir para maior segurança, consistência e perenidade do julgado (CPC, art. 138 e § 3º, c/c art. 983 e §§; art. 1.038, I).

Assim é que, no âmbito judicial, avultam em número e intensidade as tutelas *diferenciadas*, veiculadas por meio de procedimentos sumarizados, de cognição *parcial* (plano da extensão) e *não exauriente* (plano da profundidade), geralmente dotadas de vetores aceleratórios: *liminares*, concedidas em número crescente de ações; *cautelares*, preparatórias e incidentes, jurisdicionais ou administrativas; tutelas de evidência. Num quadro próximo, mas distinto em seus pressupostos e finalidade, situa-se a *antecipação de efeitos da tutela*, em primeiro e segundo graus, técnica empregada, de um lado, para deter o avanço das chamadas cautelares satisfativas e, de outro lado, para viabilizar a chamada *tutela judicial da evidência*, apresentando como externalidade positiva o condão de evitar que a duração excessiva do processo labore contra a parte a quem, numa perspectiva de plausibilidade, está assistida pelo bom direito, podendo ser destacada a possibilidade de concessão desse tipo de tutela quando "ficar caracterizado o abuso do direito de defesa ou o manifesto propósito protelatório da parte" (CPC, art. 311, I).

Ao propósito, esclarece Daniel de Amorim Assumpção Neves: "Ser provisória significa que a tutela provisória de urgência tem um tempo de duração predeterminado, não seno projetada para durar para sempre. A duração da tutela de urgência depende da demora para a concessão da tutela definitiva, porque, uma vez concedida ou denegada, a tutela de urgência deixará de existir. Registre-se que, apesar de serem provisórias, nenhuma das tutelas de urgência é temporária. Temporário também tem um tempo de duração predeterminado, não durando eternamente, mas, ao contrário da tutela provisória, não é substituída pela tutela definitiva; simplesmente deixa de existir, nada vindo em seu lugar". [20]

O vigente CPC houve por bem enxugar, por assim dizer, o plexo das medidas cautelares típicas, dispondo que, quando fundadas em histórico de urgência, podem ser efetivadas "mediante arresto, sequestro, arrolamento de bens, registro de protesto contra alienação de bem, e qualquer outra medida idônea para asseguração do direito" (art. 301), esta última frase apontando para o poder geral de cautela, igualmente versado no art. 139, IV, do CPC.

Há tempos, o PLS 186/2.005 preconizara a *estabilização da parte incontroversa da tutela antecipada*, que merecera avaliação positiva de Ada Pellegrini Grinover: "(...) é hora de desmistificar, sempre que necessário, os dogmas da universalidade do procedimento ordinário de cognição, da sentença e da coisa julgada, que não podem mais ser considerados como a única técnica processual para a solução jurisdicional das controvérsias". Nos termos da proposta elaborada por integrantes do *Instituto Brasileiro de Direito Processual* (além da Professora, ainda José Roberto dos Santos Bedaque, Kazuo Watanabe e Luiz Guilherme Marinoni), seriam introduzidas alterações no art. 273 do CPC[73], lendo-se na *Justificativa*: "Se o ponto definido na decisão antecipatória é o que as partes efetivamente pretendiam e deixam isto claro por meio de atitude omissiva consistente em não propor a ação de conhecimento (em se tratando de antecipação em procedimento antecedente) ou em não requerer o prosseguimento da ação (quando a antecipação é concedida no curso do processo de conhecimento), tem-se por solucionado o conflito existente entre as partes, ficando coberta pela coisa julgada a decisão proferida".[21]

Á época, foram também excogitadas alterações no CPC/73: inserção do § 2.º ao art. 273-B: "Não intentada a ação, a medida antecipatória adquirirá força de coisa julgada nos limites da decisão proferida"; parágrafo único ao art. 273-C: "Não pleiteado o prosseguimento do processo, a medida antecipatória adquirirá força de coisa julgada nos limites da decisão proferida".[22] Já a teor do vigente CPC, a cautelar concedida em caráter antecedente perde a eficácia, dentre outros motivos, quando "o autor não deduzir o pedido principal no prazo legal" (art. 309, I).

---

20. *Novo Código de Processo Civil comentado*, 3ª ed., Salvador: JusPodivm, 2.018, nota 1 ao art. 294, p. 493.
21. Tutela jurisdicional diferenciada – a antecipação e sua estabilização. In: MARINONI, Luiz Guilherme (coord.). *Estudos de direito processual civil*... cit., 2006, p. 230-231.
22. *Apud* Ada Pellegrini Grinover, *O processo – estudos e pareceres*, São Paulo: DPJ, 2006, p. 637.

Todo o contexto da tutela judicial aos *danos temidos* – justo temor de dano ao resultado útil do processo, judicializável ao pressuposto básico do *fumus boni iuris* e do *periculum in mora* – veio a tomar grande impulso com a *constitucionalização da tutela cautelar*, vocacionada aos históricos de danos temidos ou virtuais, como se colhe da redação do inc. XXXV do art. 5.º – garantia do acesso à justiça, ou da inafastabilidade/indeclinabilidade da jurisdição: "A lei não excluirá da apreciação do Poder Judiciário lesão ou *ameaça* a direito", notando-se que aí não se exige, para configuração do interesse de agir, um dano efetivo, consumado, bem podendo tratar-se daquele temido, prenunciado, iminente. A propósito, observa Clèmerson Merlin Clève: "Essa simples alteração na textura linguística da norma pode favorecer a emergência de teses que procuram restringir a liberdade de conformação normativa do Legislador quando atuada para suprimir mecanismos, ainda que de ordem infraconstitucional, existentes exatamente para a proteção de direitos ainda que não lesionados mas, entretanto, ameaçados de lesão".[23]

A sociedade contemporânea – massificada, competitiva e tendencialmente conflituosa – comprimida num mundo globalizado, é na verdade uma sociedade de risco, em que o *Estado leviatã* – onipresente, fiscalizador e repressivo – não consegue atender às expectativas crescentes da população pela fruição de certos valores básicos, prodigalizados na *Constituição Cidadã*, como moradia, emprego, educação, qualidade de vida, segurança pública. No ponto, observara J. J. Calmon de Passos: "Institucionalizamos uma democracia social, a mais ambiciosa do mundo, quando jamais fôramos sequer uma incipiente democracia social. Constitucionalizamos valores e objetivos já agredidos de modo selvagem pela globalização plenamente triunfante em fins da década de oitenta e lhes emprestamos o caráter de cláusulas pétreas. Aprisionamos tudo na camisa de força da constitucionalização, transformando nosso Pacto Máximo em um caleidoscópio de pretensões ingênuas".[24]

O *Estado-Providência*, delineado na Constituição Federal de 1988, revelou-se, com o passar do tempo, pouco mais que a somatória de afirmações retóricas, sem forças para realizar de per si as ambiciosas metas a que se predispôs (CF, art. 3º e incisos; art. 6º; art. 7º e incisos; art. 170 e incisos); em contrapartida, o que se viu foi a crescente formação de um Estado invasivo, onipresente, fiscalizador, não retributivo e não formador de riqueza, induzindo a população prestante a pagar impostos *a fundo perdido*, enquanto esse

23. Poder Judiciário: autonomia e justiça. *Revista dos Tribunais*, n. 691, maio 1993, p. 34.

24. Reflexões... cit., In: SANTOS, Ernane Fidélis dos *et al.* (coord.). *Execução civil...* cit., p. 836.

mesmo segmento produtivo assiste o lado *clientelista* desse Estado a distribuir benesses diversas aos chamados *excluídos*, entregando-lhes o peixe da subsistência mínima ao invés de lhes ensinar a pescar, com isso difundindo sub-repticiamente a mensagem de que é possível "viver sem trabalhar". Quanto à população ativa, não recebendo os bens e valores acenados no texto constitucional e prometidos pelos governantes (*v.g.*, o salário mínimo, incapaz de prover os itens indicados no art. 7.º, IV) vê-se compelida a buscá-los às próprias expensas: financiamento para a casa própria ou então pagamento de aluguel; economia informal e subemprego; contratação de seguro-saúde, de segurança particular; escolas particulares etc., tudo concorrendo para minar o resíduo pecuniário que deveria prover uma existência digna e ainda sobejar para a formação de uma modesta poupança popular.

A propósito da sociedade conflitiva e perigosa em que vivemos, diz Fabiana Paschoal de Freitas: "O processo de transformação do perigo em risco acompanhou a própria evolução da sociedade. Na sociedade pré-industrial havia apenas situações de perigo, como as pragas, as fomes, as guerras, as catástrofes naturais, ou seja, situações imprevisíveis as quais o homem não podia calcular. A partir da sociedade industrial, os riscos passaram a ser produzidos, mas eram riscos calculáveis com efeitos passíveis de previsão. Já na moderna sociedade de risco, em decorrência dos avanços da ciência, da técnica e da indústria, os riscos deixaram de ser calculáveis e seus efeitos passaram a ser imprevisíveis. Ou seja, a sociedade de risco opera além do limite de segurança estabelecido na fase industrial. A sociedade de risco refere-se, portanto, à sociedade contemporânea que permanece industrializada, porém seus riscos tornam-se mais complexos: constata-se a existência do risco, mas não se sabe exatamente o que o produz, como evitá-lo e quais os seus efeitos. A expansão dos riscos gerados durante o desenvolvimento das forças produtivas e a modernização da sociedade (como é o caso da presença de substâncias tóxicas no ar, na água e nos alimentos) não rompe com a lógica capitalista, apenas a eleva a um novo nível, uma vez que os riscos apresentam hoje novas características: a) incerteza; b) ocorrência imprevisível; c) probabilidade incalculável; d) dimensão transfronteiriça; e) grande potencial destrutivo; f) mas cujos efeitos ainda não são totalmente conhecidos".[25]

25. Risco de poluição das águas subterrâneas: o caso do aquífero guarani em Ribeirão Preto/SP. *Anais do 9.º Congresso Internacional de Direito Ambiental; 10.º Congresso Brasileiro de Direito Ambiental*, organizado e editado por Antonio Herman Benjamin/ Instituto "O Direito por um Planeta Verde", São Paulo: Imprensa Oficial do Estado, 3 de maio a 3 de junho de 2005, vol. 2, p. 50.

O processo cautelar é particularmente requisitado nos conflitos envolvendo o meio ambiente, por se tratar de *direito transgeracional* – concernente à presente e às futuras gerações – seara onde não se pode *arriscar*, como por vezes se dá com a realização de megaempreendimentos governamentais ao custo da integridade dos bens ambientais. Assim, por exemplo, não cabe pôr em risco a higidez de um rio interestadual de enorme importância para uma imensa bacia hidrográfica, e bem assim para uma vasta comunidade ribeirinha, como ocorreu com a transposição das águas do Rio São Francisco. Para obstar esse megaempreendimento, bastaria aplicar e otimizar o *princípio da precaução*, segundo o qual a falta de certeza científica quanto aos riscos e impacto ambiental inerentes a um programa, experimento ou empreendimento, não justifica que estes sejam implementados: *in dubio, pro natura*, conforme propusemos em estudo sobre a matéria.[26]

Desde a instalação da contemporânea *sociedade de risco*, verificou-se um correlato e crescente prestígio da tutela cautelar, a par de sua aplicação expandida por vários meios e instrumentos, tanto aqueles afetos ao processo de conhecimento (interpelações, protestos, busca e apreensão) como ao processo jurissatisfativo (sequestro, arresto). Sem embargo, uma possível deficiência da tutela cautelar residiria no fato dela engendrar uma cognição *parcial* (no sentido horizontal, da extensão) e *não exauriente* (no sentido vertical, da profundidade), o que se explica, de um lado, pelo prisma do *processo* e, de outro, pelo do *procedimento*.

Com efeito, preordena-se a tutela provisória ao aspecto da *segurança* (à pessoa, coisa, situação ou até ao próprio processo), o que não abrange o núcleo essencial da controvérsia – as crises de certeza ou de satisfação – e assim não resulta resolvida a lide como um todo. De outra parte, seguindo as cautelares um rito sumarizado (às vezes até *inaudita altera parte*), é claro que a dialeticidade não se realiza plenamente, ao menos com a largueza e as garantias referidas no inc. LV do art. 5.º da CF: contraditório e ampla defesa, com os meios e recursos inerentes.

Por isso mesmo, questiona-se sobre a existência de um vero *mérito cautelar*, na medida em que a *questão de fundo* fica para ser examinada na chamada "ação principal", em face da qual a cautelar teria a função de preservar a utilidade prática do comando judicial a ser ali proferido: portanto, cuida-se de

---

26. Transposição das águas do rio São Francisco: uma abordagem jurídica da controvérsia. *Revista de Direito Ambiental*, n. 37, p. 28-79, jan./mar. 2005. Também publicado *in*: MILARÉ, Édis (coord.), *A ação civil pública após 20 anos*, São Paulo: Revista dos Tribunais, 2005, p. 519-557.

uma *instrumentalidade hipotética*, porque a tutela à situação emergente (*v.g.*, sustação do protesto iminente) é concedida num momento em que (ainda) não se sabe se o direito acautelado – no caso, o crédito cambiário – efetivamente existe.

Sem embargo, esse argumento pode ser contestado: o direito de ação, mesmo quando referido à ação cautelar, é *abstrato*, de sorte que sua concessão não pode ficar a depender de evento futuro, incerto e imprevisível, qual seja a eventualidade de a ação dita principal vir a ser acolhida, donde contentar-se o CPC, na tutela cautelar requerida em caráter antecedente que o autor indique "a lide e seu fundamento, a exposição sumária do direito que se objetiva assegurar e o perigo de dano ou o risco ao resultado útil do processo" (art. 305, caput), tudo para que o juiz possa, num *approach* prospectivo, perscrutar a adequação entre o provimento cautelar e o pedido formulado principaliter (CPC, art. 308 e § 1º). Como assevera Cândido Rangel Dinamarco, o processo "não é feito somente de certezas (haverá *certezas* no espírito do juiz?), mas sobretudo de *probabilidades e riscos* a serem racionalmente assumidos".[27]

Depois, cada ação tem o seu objeto ou pedido, justificados por certo histórico ou causa de pedir, num dado espaço-tempo: no caso da cautelar, ela cumpre seu papel tanto que, em face de um dano temido ou iminente, o comando judicial seja capaz de coartar a situação emergente. E assim, por exemplo, o protesto é sustado, não numa cognição de certeza, mas sim de *probabilidade*, ante o histórico oferecido na inicial, dispensadas outras perquirições quanto às chances de sucesso da ação indicada como principal (que, aliás, até pode tornar-se dispensável, se, por exemplo, credor e devedor vêm a se compor extrajudicialmente e levam o acordo para homologação judicial – CPC, art. 487, III, b); ou, ainda, se a causa da apresentação do título ao protesto era falta de pagamento e este último vem a ocorrer, caracterizando perda ulterior do interesse de agir.

É, pois, irrelevante, para fim de se avaliar a higidez e a utilidade da cautelar, uma perquirição prospectiva das *chances* do pedido principal: não é nesse sentido que a cautelar é instrumental, e sim no sentido de que por meio dela se protege – aqui e agora – situação premente que, de outro modo, projetaria dano futuro de difícil ou incerta reparação. A não ser assim, ficariam suprimidas a autonomia e a utilidade da ação e do processo cautelares e, bem assim, das medidas preventivas em geral, tudo retrocedendo às

27. Escopos políticos... cit., In: GRINOVER, Ada Pellegrini *et al.* (coord.). *Participação e processo* cit., p. 118.

priscas eras do imanentismo, com a ação a reboque da pretensão material e por esta condicionada.

Nesse sentido, Ovídio A. Baptista da Silva assume a existência de um vero *direito substancial de cautela*, preordenado a um específico processo, qualificado por cinco pressupostos: sumariedade da cognição, iminência de dano irreparável, temporariedade, situação cautelanda e, enfim, sentença mandamental.[28]

A título ilustrativo, figurem-se os riscos iminentes a estas ocorrências: início de construção de hidrelétrica, ameaçando a cobertura vegetal adjacente; distribuição ao mercado de certo medicamento sobre o qual pesam fundadas suspeitas de graves efeitos colaterais; resolução recém-baixada pela Legislativo, elevando irregular e desmesuradamente os subsídios dos parlamentares. Em casos tais, é palpável a concessão de liminares nas ações: *civil pública* (Lei 7.347/85, art. 4.º), *consumerista* (Lei 8.078/90, art. 84, § 4.º); *popular* (Lei 4.717/65, art. 5.º, § 4.º); por ato de improbidade administrativa (Lei 8.429/92, art. 16 e §§).

Caso emblemático, a merecer pronta tutela cautelar em face do dano prenunciado, é o do meio ambiente, pela curial razão de que a natureza *não pode esperar* e, de outro lado, porque a consumação do dano pode vir a se revelar irreversível, como a de uma nascente d'água que está em risco de secar pelo avanço da supressão da mata ciliar, ou, ainda, a degradação do *habitat* de certa fauna, por conta de caça predatória, colocando-a em risco de extinção. É consabido que a devastação da floresta amazônica integra em boa medida a causa da elevação da temperatura no planeta, com reflexo no efeito estufa, permitindo antever, segundo certa corrente, que num futuro não muito distante, tal ecossistema poderá converter-se em savana ou serrado, com forte e irreversível repercussão climática.

No contexto cautelar coloca-se o balanceamento entre a *certeza jurídica* (só alcançável em contraditório pleno e cognição exauriente) e a necessidade de pronto atendimento à situação emergencial, levando a que o legislador, assumindo certos riscos (em parte compensados por possível contracautela: CPC, § 1º do art. 300) autorize a tutela *inaudita altera parte* (CPC, § 2º do art. 300). Ocorrência singular dá-se na ação de improbidade administrativa, da Lei 8.429/92, em que se concede uma dialeticidade vestibular e sumária, interstício no qual o indigitado réu é *notificado* a pronunciar-se sobre a imputação inicial, e só depois então, em resultando inconsistente essa defesa prévia,

---

28. *Do processo cautelar*, 2. ed., Rio de Janeiro: Forense, 1999 cit., p. 68-88, *passim*.

é que o juiz determina a citação (art. 17, §§ 6.º e s.). Essa aparente vantagem processual assegurada ao polo passivo é em parte compensada pela possibilidade do sequestro cautelar, cujo pedido pode incluir "a investigação, o exame e o bloqueio de bens, contas bancárias e aplicações financeiras mantidas pelo indiciado no exterior (...)" – § 2º do art. 16.

Comentando tal dispositivo, Marino Pazzaglini Filho anota que tal provimento sumário "visa garantir, em face da demora (normal ou anormal) do processo principal, mediante a indisponibilidade ou o sequestro de bens, o resultado útil da tutela jurisdicional futura, ou seja, os efeitos práticos, ainda incertos, do julgamento meritório do processo".[29]

A tutela cautelar, ensejada pela dupla necessidade de prevenir o dano iminente e de preservar a utilidade prática do comando a ser emitido *principaliter*, é de grande aplicação no campo do controle judicial das políticas públicas, justamente porque, não raro, nessa seara o juiz é chamado a ponderar entre princípios, valores e alvitres que, tradicionalmente, eram deixados às instâncias primárias da Administração Pública, como nestes exemplos: *opções na geração de energia* (usina termoelétrica – menos onerosa, porém mais poluidora; hidrelétrica – mais onerosa, porém não poluidora; *destinação final de resíduos urbanos* (aterro sanitário a céu aberto – menos oneroso, porém poluente; forno incinerador – mais oneroso, porém ecologicamente menos impactante).

Assim vem ocorrendo na antes referida judicialização do megaempreendimento de transposição das águas do Rio São Francisco: algumas ações civis públicas foram ajuizadas na Justiça Federal das capitais de alguns dos Estados banhados pela bacia hidrográfica, tendo em comum, como causa de pedir, a aplicação do princípio da precaução (ou da prevenção). À vista da iminência e da irreversibilidade do dano ambiental, liminares foram concedidas, a título *cautelar* (risco de dano de difícil ou incerta reparação), com o que se obstou, temporariamente, o prosseguimento das obras preliminares à implantação do empreendimento, de notório interesse político do governo federal. Todavia, houve por bem o STF cassar ditas liminares, ao argumento de que, tratando-se de rio interestadual e de obra de caráter regional, ou bem esta se realizava em sua integralidade ou não poderia ser implementada, donde ter o STF acolhido a *reclamação* interposta pela AGU (CF, art. 102, I, *f*) no Proc. 2.005.38.00.002238-0, 12.ª Vara Federal de Belo Horizonte, vislumbrando a excelsa Corte um virtual *conflito entre Estados*, capaz de pôr em risco a estrutura federativa do país.

29. *Lei de improbidade administrativa comentada*, 6ª ed., São Paulo: Atlas, 2.016, p. 196.

A propósito, comentamos em sede doutrinária: "(...) a se dar excessivo elastério à expressão *conflito entre Estados*, correr-se-ia o risco de prodigalizar a intervenção incidente (que devera ser) pontual e excepcional do STF nas causas pendentes nos demais órgãos judiciais do país, ficando assim o incidente previsto na citada alínea *f* do art. 102, I, da CF assimilado a uma sorte de *avocatória branca*, que alcançaria até mesmo casos não raro ocorrentes, como aqueles em que se verificam exigências tributárias em duplicidade, exercidas por dois Estados sobre um mesmo fato gerador, ou ainda, conflitos acerca de obra pública em região fronteiriça (ponte, viaduto), cujas extremidades se encontrem em Estados diversos. (...) No caso enfocado (*rio que é bem da União, por ser interestadual; dano de caráter regional; demanda dirigida em face de entes públicos federais*), o foro *naturalmente* competente vem a ser o de primeiro grau, seção judiciária da justiça federal na Capital dos Estados (Lei 7.347/85, art. 2.º, c/c Lei 8.078/90, art. 93, II e 117), podendo o *thema decidendum* ser, oportunamente, alçado às instâncias superiores, pela via normal, isto é, a recursal".[30]

O pré-citado posicionamento do STF fora, *data venia*, criticável, porque se tratava de evidente hipótese de aplicação do *princípio da precaução*, bastante para justificar o não prosseguimento da obra, à míngua de uma base mínima de segurança com relação às consequências para o próprio corpo d'água, que, como todo bem ambiental, é *transgeracional*. Desrespeitado aquele princípio, passou-se verdadeiro *cheque em branco* a ser apresentado, num ponto futuro indefinido, ao debilitado *Banco da Natureza* – onde a *conta* poderá não ter mais fundos – já que, nas condições de hoje, é impossível diagnosticar como se comportará a vazão do rio durante e após a propalada transposição. Veio a calhar o comentário feito por Ivo Dantas, embora a propósito de outra discutível decisão do STF, desta vez na *ADCon* interposta acerca do chamado "pacote do apagão" (final do governo Fernando Henrique Cardoso), tendo a Corte considerado constitucional o citado pacote de medidas: "Não cabe ao constitucionalista – nem ao STF – salvar planos econômicos, sociológicos, morais ou quaisquer que sejam. Cabe-lhe (sobretudo ao Pretório Maior) a Defesa da Constituição, e esta, não temos dúvida, aponta para várias inconstitucionalidades do plano. Aliás, pelo que noticiou a imprensa, nas palavras do Min. Sidney Sanches, isto fica bem claro,

---

30. Reflexos do licenciamento na competência da ação civil pública. *Anais do 9.º Congresso Internacional de Direito Ambiental, 10.º Congresso Brasileiro de Direito Ambiental*, org. e ed. Antonio Herman Benjamin/Instituto "O Direito por um Planeta Verde", São Paulo, maio 2005, p. 379-380.

exatamente quando afirmou que 'se o plano fosse julgado inconstitucional, o povo não respeitaria o seu conteúdo'".[31]

O processo cautelar, posto tenha experimentado desenvolvimento mais recente, na comparação com os de conhecimento e de execução, não exibe as marcas desse noviciado; ao contrário, tem se revelado firme em seus fundamentos e determinado em sua finalidade, encontrando, na contemporânea *sociedade de risco*, campo propício à sua expansão, dada a crescente demanda por tutelas céleres e adequadas ao pronto atendimento das situações urgentes que vão emergindo a cada passo numa sociedade marcada pela crescente velocidade nos acontecimentos e nas informações.

3. A RUPTURA DO MONOPÓLIO ESTATAL DE DISTRIBUIÇÃO DA JUSTIÇA.

A experiência jurídica guarda aderência aos fatos, valores e interesses ocorrentes e emergentes em sociedade, pela boa razão de que o Direito é, em essência, um *produto cultural*, no sentido mais largo da expressão, por aí se explicando que a ordem jurídica *vai se construindo e se reconstruindo* à medida em que se alteram aqueles fatos, valores e interesses, os quais operam, pois, como os *insumos* ou *fontes substanciais*, assim na formação (nomogênese) como na alteração do Direito positivo. Este último, para não se defasar e preservar sua efetividade e credibilidade, procura se manter aderente ao evolver de novas necessidades que vão surgindo na vida em sociedade – por exemplo, o advento dos institutos da *união estável*, da *família homoafetiva*, em resposta aos novos tipos de relacionamento surgidos ao interno da sociedade civil – [32] havendo, em contrapartida, outros tantos institutos e categorias que, gradualmente, foram perdendo prestígio e aplicabilidade (*v.g.*, enfiteuse, anticrese).

Nessa linha, certos ilícitos penais acabaram descriminalizados (*v.g.*, o adultério) e outros vão se deslocando para uma faixa de parca repressão, tal a contravenção *jogo do bicho*; noutra mirada, figuras negociais vão se formando pela conjunção e transformação de elementos preexistentes, cumprindo novas finalidades (*v.g.*, o *leasing*);[33] enfim, certas categorias e institutos, embora já assentados conceitualmente, vão consentindo releituras, como se deu com a

31. Supremo Tribunal Federal: Corte Constitucional ou academia sociológica? *Revista Consulex*, ano V, n. 108, 15.07.2001, p. 66.

32. Por todos, sobre o tema, v. Euclides de Oliveira, *União estável – do concubinato ao casamento, antes e depois do novo Código Civil*, 3. ed., São Paulo: Método, 2003.

33. De modo geral sobre a matéria, o nosso *Leasing*, 3. ed., São Paulo: Revista dos Tribunais, 2002.

chamada *relativização* da coisa julgada, em boa medida recepcionada no § 5º do art. 535 do CPC.[34]

O Direito, conquanto vocacionado a imprimir *permanência* aos atos com base nele praticados – até como exigência para a segurança do comércio jurídico – deve, todavia, se mostrar sensível aos *acidentes de percurso*, isto é, às intercorrências diversas que vão surgindo, aos novos reclamos sociais, cabendo-lhe responder a esses impulsos com as modificações no tecido normativo que se façam necessárias e se mostrem adequadas. Parece inconteste que o Direito não pode se *autolegitimar*, não pode ser *autopoiético*, assim explicando-se a si mesmo, mas deve se legitimar na medida em que seja capaz de regular adequadamente determinada situação considerada socialmente relevante, num dado contexto de espaço-tempo.

O Direito tem exibido uma linha evolutiva sinuosa (*corsi e ricorsi*), tanto no tocante aos seus institutos e categorias, como em face do seu próprio *modus* de conceber e distribuir *justiça*, de que é exemplo a propalada expressão "meios *alternativos* de solução de conflitos": embora ela possa sugerir algo que "veio depois" da Justiça institucionalizada, fato é que, historicamente, esses meios (autotutela; heterocomposição) em verdade foram pioneiros, visto que a jurisdição estatal, como hoje a concebemos, somente se estruturou como tal em meados do século XIX, e ainda assim apresentando diversa concepção e estrutura, em função de tempo e lugar e ainda conforme a família jurídica a que o país esteja filiado (*civil law, common law*). Mesmo ao interno de um mesmo grupo de países coalizados por uma mesma *filiação*, registram-se diferenças, como se dá na França, onde, por motivos que remontam à época pós-monárquica, o Judiciário não se apresenta propriamente como um *Poder*, como vem explicado por Clémerson Merlin Clève: "Na França, sob o prisma constitucional não existe verdadeiro Poder Judiciário, mas simplesmente uma autoridade judiciária. Um corpo de funcionários com regime jurídico peculiar. (...) Ademais, a autoridade judiciária, naquele país, sofre importante amputação, em virtude da existência do contencioso administrativo (Tribunais Administrativos e Conselho de Estado)."[35]

A própria palavra *Jurisdição*, que dentre nós aparece tradicionalmente atrelado ao Estado, hoje comporta outra acepção, distanciando-se do sentido monopolístico *oficial* e abrindo-se para outras instâncias: dir-se-ia, outras *estradas vicinais*, adrede pavimentadas para ofertar *justiça por outros meios e perante outros atores da cena judiciária*, sempre ao pressuposto de que o con-

---

34. Sobre o tema, v. os estudos constantes da obra *Coisa julgada inconstitucional*, coord. Carlos Valder do Nascimento, 2. ed., Rio de Janeiro: América Jurídica, 2003.

35. Poder Judiciário: autonomia e justiça. *Revista dos Tribunais*, n. 691, maio 1993, p. 35.

flito de interesses, prenunciado ou consumado, venha prevenido, ou, então, composto de modo justo, sob uma boa equação de custo-benefício.

De envolta com a reciclagem conceitual da Jurisdição, também a clássica bifurcação desta em *Contenciosa* (*inter nolentes*) e *Voluntária* (*inter volentes*)[36] vai se evanescendo, inclusive por conta da tendencial *desjudicialização dos conflitos*, de que é exemplo a consignação em pagamento realizável em Banco oficial (CPC, § 1º do art. 539) e a atribuição aos Tabeliães para o processamento de inventário, de extinção de união estável, a par de separações/divórcios em que não haja litígio ou incapazes (CPC, arts. 610 e § 1º; 733 e § 1º).

O modelo *conflitual* ou *adversarial* de jurisdição (*Tício versus Caio*), de corte retrospectivo, retributivo, informado pela polaridade entre certo/errado, assim convertendo as partes em vencedor e vencido, não mais se adapta às necessidades da sociedade contemporânea, na qual a complexidade das relações sociais pede um outro tipo de abordagem das controvérsias, de índole consensual, menos impactante e capaz de preservar a continuidade das relações interpessoais. Genacéia da Silva Alberton assim se manifesta, a respeito: "Quando se pretende o acesso cada vez maior à justiça, isso não significa tão somente acesso aos tribunais, mas à tutela eficaz com menor custo, que não precisa ser um procedimento judicial. Por isso, há de se convir que, frente à ineficiência da prestação jurisdicional, em decorrência do acúmulo excessivo de demandas e da impossibilidade de prestar um atendimento em tempo razoável, a solução não é a criação de mais tribunais, até porque a demanda por justiça é efetivamente elástica. (...) É preciso, pois, estimular a diminuição de litígios e utilizar instrumental que não os exacerbem. (...) A neurose do acesso à justiça como princípio constitucional conduz a exageros não coibidos, demandas repetitivas".[37]

---

36. Para José Ignácio Botelho de Mesquita "a jurisdição se apresenta como atividade de transformação da realidade para fazer prevalecer a ordem jurídica *stricto sensu*, que é o caso da *jurisdição contenciosa*; ou para fazer prevalecer a ordem política, econômico-financeira ou social, que é o caso da *jurisdição voluntária*. Aquela pressupõe lesão ou ameaça a interesses jurídicos e esta pressupõe lesão ou ameaça a interesses políticos, econômicos ou sociais". Linhas antes, o autor registrava que a "tendência atual, senão do direito processual, pelo menos de grande parte dos processualistas, se está mostrando na inclinação de atribuir à jurisdição contenciosa os fins da jurisdição voluntária, tendendo a fazer com que aquela venha a ser absorvida por esta". As novas tendências do direito processual: uma contribuição para o seu reexame. In *Teses, estudos e pareceres de direito processual*, São Paulo: Revista dos Tribunais, 2005, vol. 1, p. 265, 269.
37. Repensando a jurisdição conflitual. In: CARNEIRO, Athos Gusmão; CALMON, Petrônio (org.). *Bases científicas para um renovado Direito Processual*, vol. 2, Brasília: Instituto Brasileiro de Direito Processual (IBDP), 2008, p. 338.

Em nossos dias, tanto a concepção de jurisdição enquanto *Poder de Estado* – visão monopolística e estática, ligada à soberania nacional – como sua bifurcação em *Contenciosa* e *Voluntária* são ideias ou diretrizes que vão sendo revisitadas, e em boa medida superadas por uma compreensão abrangente ou *holística* da ideia de distribuição de justiça, pela qual não deve o Estado avocar a resolução de todo e qualquer conflito tornado incompossível; antes, impõe-se a implementação de uma política judiciária voltada a informar a população acerca de outros meios e instrumentos disponíveis para a pacificação das controvérsias em modo justo, a baixo custo, e com razoável celeridade. Nesse sentido, escreve Fernanda Tartuce da Silva: "Deve-se considerar ainda que, muitas vezes (talvez na maioria delas), a multifacetada configuração da controvérsia – que tem aspectos sociológicos, psicológicos e de outras índoles – faz que a resposta puramente jurídica seja insuficiente para o tratamento completo e eficaz do conflito, razão pela qual se revela importante contar com elementos interdisciplinares".[38]

Mesmo a clássica atividade *substitutiva*, que caracterizaria a justiça estatal[39] (v.g., ante a inadimplência do devedor, o Estado-juiz, instado pelo credor, determina o ato de expropriação patrimonial), vem perdendo prestígio, dadas as tantas situações em que pode o juiz atuar *de ofício*, portanto superando o dogma da inércia: *nemo iudex sine actore* – CPC, art. 2º. Assim, *v.g.*: CPC, art. 611 – *abertura de inventário*; art. 142 – prevenção da colusão entre as partes; 139, IV – adoção de medidas indutivas, coercitivas, mandamentais ou sub-rogatórias em ordem ao cumprimento específico do comando cominatório; CF, art. 195, I: *cobrança de contribuições sociais*; Lei 11.105/2005, art. 73: *convolação de recuperação judicial da empresa em falência*; Provto. TST 01, de 25.06.2003: na execução trabalhista, regulamenta a *penhora on line*, antes prevista no convênio TST – Banco Central, de 05.03.2002.[40]

Athos Gusmão Carneiro lembra ainda que o "caráter de substituição também inexiste nas ações 'constitutivas necessárias', tendentes à obtenção

38. *Mediação nos conflitos civis*, 5ª ed., São Paulo: Gen-Método, 2019, p. 107.

39. Giuseppe Chiovenda, *Instituições de direito processual civil*, tradução portuguesa, São Paulo: Saraiva, 1942, vol. 2, n. 140.

40. Sérgio Pinto Martins comenta: "Não vejo inconstitucionalidade nas normas do TST, pois a penhora *on line* incide sobre depósitos em dinheiro. Não se está legislando sobre processo, mas apenas operacionalizando a penhora no âmbito do Banco Central. Não fere a independência dos poderes, pois não está havendo intervenção de um poder em outro. Não houve, portanto, violação das atribuições do Congresso Nacional" (*Direito processual do trabalho*, 25ª ed., São Paulo: Atlas, 2006, p. 661).

de efeitos que só se podem produzir no processo, como a nulidade de casamento, separação pessoal dos cônjuges, nulidade de testamento, e ainda, nas ações de natureza estritamente cautelar".[41] Vale ainda mencionar as chamadas *jurisdições anômalas*, como o julgamento de *impeachment* do Presidente da República, pelo Senado (CF, art. 52, I); o julgamento das contas dos administradores públicos pelo Tribunal de Contas (CF, art. 71, II); o julgamento de conflitos desportivos pelos Tribunais com atuação específica nessa área (CF, §§ 1.º e 2.º do art. 217); o CADE, autarquia do Ministério da Justiça, configurado como "entidade judicante, com jurisdição em todo o território nacional" (art. 4.º da Lei 12.529/2009); o árbitro, definido como "juiz de fato e de direito" (art. 18 da Lei 9.307/96).

Em ciência da administração se afirma que "quem quer os fins, dá os meios". Mas o constituinte de 1988, tendo instituído uma Carta notoriamente extensa, analítica, garantista, pródiga em direitos (mas já não tanto assim quanto aos deveres...), com isso fomentou as expectativas sociais, dentre elas a demanda por justiça, que assim ficou exacerbada. Essa tensão se intensificou, ademais, pela frustração causada pelo não atendimento ou oferta insuficiente, por parte do Estado-administrador, dos numerosos direitos sociais prometidos no texto constitucional.

Esse ufanista *Estado-Providência* logo se revelaria incapaz de atender às prometidas benesses, levando cientistas políticos a falarem numa *crise do Estado-Providência*, que passa pela incapacidade da oferta de serviço judiciário em proporção ao notório crescimento da demanda, como asseverado pela doutrina: "(...) a resposta dos tribunais ao aumento da procura de tutela acabou por moderar essa mesma procura, na medida em que os custos e os atrasos da atuação dos tribunais tornaram a via judicial menos atrativa". (...) "Além disso, o aumento da litigação agravou a tendência para avaliação do desempenho dos tribunais em termos de produtividade quantitativa. Essa tendência fez com que a massificação da litigação desse origem a uma judicialização rotinizada, com os juízes a evitar sistematicamente os processos e os domínios jurídicos que obrigassem a estudo ou a decisões mais complexas, inovadoras ou controversas".[42]

A promessa de facilitação prodigalizada do acesso à Justiça foi em boa parte insuflada por fatores como a oferta de novos instrumentos (*habeas*

---

41. *Jurisdição e competência*, 10. ed., São Paulo: Saraiva, 2000, p. 10.

42. Boaventura de Souza Santos, Maria Manuel Leitão Marques & João Pedroso, Os tribunais na sociedade contemporânea. *Revista Brasileira de Ciências Sociais*, n. 30, fev. 1996, p. 38.

data, mandado de segurança coletivo, mandado de injunção coletivo, ações consumeristas); a ampliação das legitimações ativas para ações de tipo coletivo (ADIn/ADCon – art. 103; ação civil pública – § 1.º do art. 129). Para atender a esse largo espectro processual, o Estado deveria preparar-se para ofertar um *serviço judiciário de qualidade* (tecnicamente consistente, a baixo custo e sem dilações excessivas), a par de informar a população sobre a existência de outros meios e modos, auto e heterocompositivos, de prevenção ou resolução de conflitos. Todavia, ao que se constata pelo grau de insatisfação dos jurisdicionados, esses misteres não foram satisfatoriamente desempenhados.

Por isso, hoje se propugna um *sistema pluriprocessual* de resolução de controvérsias, concebido como o "ordenamento processual formado por um espectro de processos que compreende o processo judicial e a mediação, entre outros. O sistema pluriprocessual tem por escopo disponibilizar processos com características específicas que sejam adequados às particularidades do caso concreto, permitindo assim que se reduzam as ineficiências inerentes aos mecanismos de solução de disputa".[43] Para Fernanda Tartuce, a "oferta de mecanismos diferenciados para a realização de justiça não demanda que estes se excluam, mas considera que métodos variados podem e devem interagir, de modo eficiente, para proporcionar ao indivíduo múltiplas possiblidades de abordagem eficiente das controvérsias".[44]

Por essa vereda se encaminham, na experiência norte-americana, os chamados *Tribunais multiportas* – "multi-doors Courthouses". Nesse sistema, os jurisdicionados são orientados, à vista das peculiaridades do caso concreto, sobre o meio mais adequado de resolução da pendência, *fora e além da Justiça estatal*, como a conciliação, a mediação, a arbitragem, a avaliação neutra de terceiro, instâncias que, para facilitar a operacionalidade, funcionam no recinto do Fórum, em modo de diferentes *portas*, vocacionadas a recepcionar, equacionar e resolver a situação conflituosa *como um todo*, e não apenas em sua faceta estritamente jurídica. O ponto vem explicado por André Gomma de Azevedo: "Assim, havendo uma disputa na qual as partes sabem que ainda irão relacionar-se no futuro (*e.g.*, disputa entre vizinhos), em regra, recomenda-se algum processo que assegure elevados índices de manutenção de relacionamentos, como a mediação. Por outro lado, se uma das partes tiver interesse de estabelecer um precedente ou assegurar grande publicidade a uma decisão (*e.g.*, disputa relativa a direitos individuais homogêneos referentes a consu-

43. Glossário constante da obra *Estudos em arbitragem, mediação e negociação*, org. André Gomma de Azevedo, Brasília: Brasília Jurídica, 2002, vol. 3, p. 301.

44. *Mediação nos conflitos civis*, 5ª ed., 2.019, cit., p. 73.

midores), recomenda-se um processo que promova elevada recorribilidade, necessária para criação de precedente em tribunal superior, e que seja pouco sigiloso (*e.g.*, processo judicial)".[45]

Em simetria com essa proposta do *Tribunal multiportas* colocava-se, entre nós, o PLS 94/2002 ("institucionaliza e disciplina a mediação, como método de prevenção e solução consensual de conflitos na esfera civil"), na medida em que seu art. 16 consentia a comediação, "quando, pela natureza ou pela complexidade do conflito, for recomendável a atuação conjunta do mediador com outro profissional especializado na área do conhecimento subjacente ao litígio"; a par disso, o art. 43 daquele projeto propunha alterar o art. 331 do CPC/73, cujo § 3.º receberia, destarte, esta redação: "Segundo as peculiaridades do caso, outras formas adequadas de solução do conflito poderão ser sugeridas pelo juiz, inclusive a arbitragem, na forma da lei, a mediação e a avaliação neutra de terceiro". Pela Exposição de Motivos desse projeto, a inovação intentava "remodelar a audiência preliminar, sempre necessária, abrindo ao juiz um leque de opções, que configuram as 'multiportas', representadas por uma série de técnicas de solução do conflito, diversas da sentença autoritativa do poder estatal. E para que o juiz se sinta motivado a dedicar-se a esse viés, prevê-se expressamente que essa atuação seja reputada de relevante valor social e considerada para efeito de promoção por merecimento".[46]

Já no âmbito do vigente CPC, vem prevista uma preliminar audiência de conciliação ou de mediação, ressalvada a hipótese de as partes expressamente manifestarem desinteresse ou quando a espécie não comporte autocomposição (art. 334 e §§).

Registre-se que no âmbito dos Juizados Especiais, o juiz "esclarecerá as partes presentes sobre as vantagens da conciliação, mostrando-lhes os riscos e as consequências do litígio", e, em não sobrevindo a conciliação, "as partes poderão optar, de comum acordo, pelo juízo arbitral" – Lei 9.099/95, arts. 21 e 24. Já o novo CPC prevê no § 3.º do art. 3.º: "A conciliação, a mediação e outros métodos de solução consensual de conflitos deverão ser estimulados por magistrados, advogados, defensores públicos e membros do Ministério Público, inclusive no curso do processo judicial". Esse dispositivo tem seu sentido completado pelo art. 175, *caput*, dispondo que as regras do CPC sobre

45. Autocomposição e processos construtivos: uma breve análise de projetos-piloto de mediação forense e alguns de seus resultados. In: AZEVEDO, Antonio Gomma de (org.). *Estudos em arbitragem, mediação e negociação*, Brasília: Brasília Jurídica, 2002, p. 140.

46. *Apud* Ada Pellegrini Grinover, *O processo – estudos e pareceres*, São Paulo: DPJ, 2006, p. 624.

o tema "não excluem outras formas de conciliação e mediação extrajudiciais vinculadas a órgãos institucionais ou realizadas por intermédio de profissionais independentes, que poderão ser regulamentadas por lei específica".

No plano da *prevenção* dos conflitos virtuais, dos danos temidos, avulta a importância da heterocomposição não estatal, em que a intervenção de um *tertio* – árbitro, mediador – pode bastar para evitar que a lide prenunciada se converta em mais um processo judicial. Aí estão as várias modalidades consensuais, v.g., no campo trabalhista, as *Comissões de Conciliação Prévia* (CLT, art. 625-A e § único, cf. Lei 9.958/2.000) e, nos conflitos sobre interesses disponíveis, a *arbitragem, inclusive nos conflitos envolvendo a administração pública* (Lei 9.307/96, art. 1º e § 1º, este último acrescido pela Lei 13.129/2.015), e, ainda nesse campo, a mediação, conforme autorizado pela Lei 13.140/2.015, art. 3º e §§; art. 32, incisos e §§.

Vale lembrar que a existência de convenção de arbitragem opera como *pressuposto processual negativo* (CPC, art. 485, VII), a afastar a aferição do *meritum causae*, a par de a sentença arbitral não estar sujeita à revisão ou homologação judicial (Lei 9.307/96, art. 18), constituindo título executivo judicial (CPC, art. 515, VII).

Exemplo da possível e desejável integração entre as formas estatal e paraestatal de distribuição de justiça foi dado pelo Judiciário paulista, que, na esteira do recomendado pela Res. CNJ 125/2010 (estabelece a *Política Judiciária Nacional*), baixou o Provimento CGJ 17/2013, firmado pelo Corregedor Geral, Des. José Renato Nalini, dispondo o art. 1.º: "Os notários e registradores ficam autorizados a realizar mediação e conciliação nas Serventias de que são titulares". A propósito da atuação do TJSP no objetivo da resolução consensual dos conflitos, impressionam os números divulgados pelo jornal O Estado de São Paulo, de 16.11.2018, coluna da jornalista Sonia Racy: "Feitas as contas, a recém finda Semana Nacional de Conciliação do TJ paulista terminou em boa paz. Foram firmados 19.296 acordos – em 51% dos casos – envolvendo valores acima dos R$ 62 milhões e atendendo a 59 mil pessoas. Quem conseguiu? Um grupo de 2.366 magistrados apoiados por 3.847 conciliadores em 222 centros judiciários".

Sem embargo do notório crescimento e propalada efetividade dos chamados meios alternativos de solução de conflitos, José Carlos Barbosa Moreira questiona sua vera eficácia para o almejado fim de aliviar a sobrecarga do Judiciário. "Há boas razões para duvidar da correção desse raciocínio. Experiências realizadas em diferentes lugares não confirmam a rósea expectativa. Em termos específicos, no que tange à arbitragem, o que se pode razoavelmente esperar é que a ela se submetam conflitos que encontrariam com dificuldade outra sede adequada para exame e desate, na hipótese de não se lograr solução consensual. Afigura-se menos provável que ela consiga atrair para fora da esfera judicial parcela muito grande dos litígios que costumam atravancá-la". Adiante, prossegue: "É claro que não será ganho desprezível; mas pequeno impacto produzirá na atividade do Poder Judiciário. Ajunte-se que estão *a priori* excluídos da arbitragem os conflitos atinentes a relações jurídicas indisponíveis, os quais representam percentagem considerável da carga de trabalho dos juízes".[47] (Registre-se, porém, que, presentemente, o óbice da indisponibilidade do direito está em certa medida superado com o advento da Lei 13.140/2.015, cujo art. 3º, caput, autoriza o emprego da mediação nos conflitos envolvendo particulares e administração pública, inclusive quanto a "direitos indisponíveis que admitam transação").

Não há base empírica confiável para se aferir, com segurança, quantos processos vêm a ser *poupados* ao trâmite na Justiça estatal, por conta da auto e heterocomposição das controvérsias. Ainda assim, esta via é de ser incentivada, quando menos porque *algum* alívio à carga judiciária por certo daí decorre, o que, em números globais, representa peso expressivo. Há ainda um *ganho paralelo*, consistente na gradual *mudança de mentalidade* da população, que assim vai se conscientizando de que: (*i*) prejuízos ou insatisfações de pequena monta podem e devem ser tolerados, como um preço a pagar, inerente à convivência numa sociedade massificada, competitiva e tendencialmente conflituosa, autorizando incluir, pois, a *renúncia* e a *desistência* entre os meios de prevenção de conflitos; (*ii*) os demais interesses resistidos ou insatisfeitos devem, num primeiro momento, passar por um estágio de decantação ou maturação nas instâncias auto ou heterocompositivas, geralmente informais e menos desgastantes; (*iii*) os conflitos tornados incompossíveis nessas vias suasórias – ou a elas refratários, em razão de peculiaridades da matéria ou da pessoa – podem então ser encaminhados à Justiça estatal. Nesse contexto, a *ubiquidade da justiça* (CF, art. 5.º, XXXV) assume uma conotação mais condizente com a realidade nacional e com a disponibilidade da estrutura judiciária brasileira, consentindo conceber aquele dispositivo nos moldes de uma *cláusula de reserva*, de caráter subsidiário, superando a equivocada oferta primária e prodigalizada de Justiça estatal, que, nos espíritos menos avisados, acaba operando como um "convite à litigância".

Bem por isso, mais de um autor já excogitou, em diversa configuração, a *pirâmide de solução de conflitos*, podendo ser lembrada, dentre nós, a con-

---

47. O problema da duração dos processos: premissas para uma discussão séria. *Temas de direito processual*, 9.ª série, São Paulo: Saraiva, 2007, p. 375-376.

tribuição de Roberto Ferrari de Ulhoa Cintra: "O que se espera finalmente da eficiência da Pirâmide é que reste resolvida boa parte dos conflitos, desde o acesso aos primeiros degraus – havendo, ainda, dez oportunidades, dez degraus onde isso poderá ocorrer. Desta maneira, 'subirá' aos fóruns e Tribunais (colocados no topo da Pirâmide), uma quantidade residual de conflitos, agora propriamente chamados de ações".[48]

Eis nossa pirâmide de resolução de conflitos:[49]

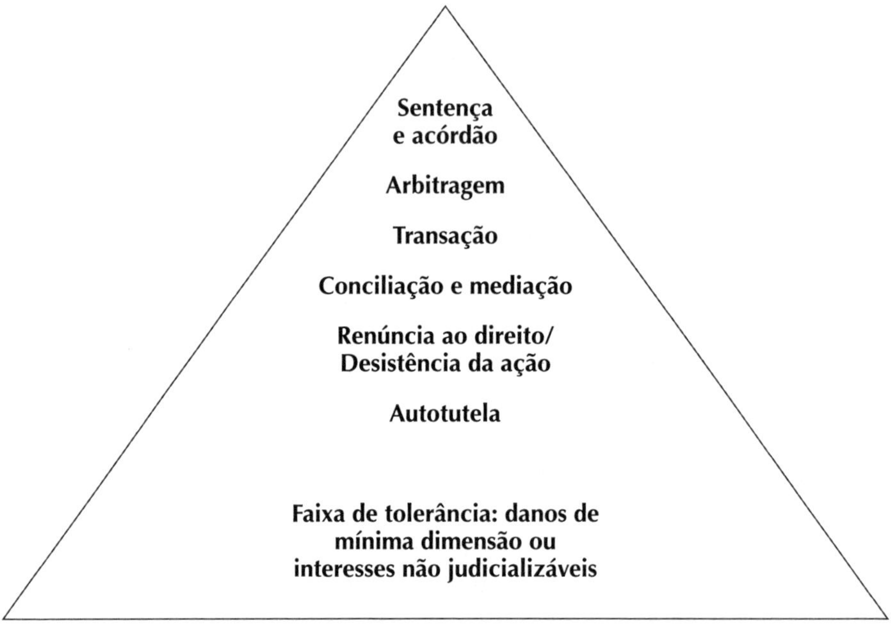

Tratar-se-ia, em última análise, da aplicação, ao ambiente judiciário, da chamada *reserva do possível*, técnica reclamada também para os Tribunais da Federação – STF e STJ – sobrecarregados de processos, por conta, principalmente, de não ter a vigente *Constituição* previsto, originalmente, algum *elemento de contenção*, papel antes exercido pela *arguição de relevância* no tocante ao STF (EC 01/69, art. 119, § único). Bem por isso, teve o constituinte revisor que instituir o pré-requisito genérico da *repercussão geral da questão constitucional*, para a admissão do recurso extraordinário (§ 3.º do art. 102:

48. A pirâmide da solução dos conflitos, Brasília: Senado Federal, 2008. p. 77.

49. Cf. o nosso *Teoria Geral do Processo*, São Paulo: Gen-Forense, 2.018, p. 166.

EC 45/2004). José Manoel de Arruda Alvim Neto preconizara para o STJ algo análogo à *arguição de relevância*, em contraposição à situação atual, que franqueia o acesso dos recursos especiais, sem levar em conta a capacidade instalada de um Tribunal da Federação a quem cabe fixar a exegese final da pletora de leis federais num país de dimensão continental. "Uma suposta solução ideal e injustificadamente ampla, que é a da situação atual, peca gravemente contra o valor-obstáculo do realismo, que é fundamental, sob pena dessa imaginada solução ideal não ter quaisquer das virtudes pregadas ou prometidas e esboroar-se na ordem prática. É que, não incomumente, o *pretensamente ótimo*, na ordem prática, realiza ou pode realizar mesmo até o *péssimo*, com injustificável carga de serviço, e sem proveito algum para a sociedade". Já uma concepção restritiva, prossegue o mestre, se porventura "não atinge as culminâncias de um idealismo irrealizável – Justiça perfeita e pronta para milhões – realiza muito melhor o que, diante das contingências, é *realmente possível operacionalizar*."[50]

O tendencial crescimento da justiça paraestatal vem ao encontro da *terceira onda* de renovação do processo civil, preconizada por Mauro Cappelletti, propondo um "conjunto geral de instituições e mecanismos, pessoas e procedimentos utilizados para processar e mesmo prevenir disputas nas sociedades modernas".[51] Essa proposta afina-se, outrossim, com o ideário de uma *jurisdição compartilhada*, que opera em paralelo à tendencial *desjudicialização dos conflitos*.

Poder-se-ia objetar, gratia argumentandi, que a resolução extrajudicial dos conflitos virtuais ou efetivos poderia engendrar, ao fim e ao cabo, um enfraquecimento ou um desprestígio da função judicial do Estado, na medida em que lhe subtrai parte dos processos que retroalimentam a máquina judiciária. Tal crítica, contudo, é falaciosa e induz uma sorte de *argumento circular*, que torna ao ponto inicial e não dá saída ao problema, cabendo antes e superiormente ter presente que: (*i*) o Judiciário recepciona os processos, que são o combustível da máquina judiciária; mas (*ii*) não consegue dar conta da *crise numérica*, com isso ofertando uma resposta judiciária incapaz de atender às

50. A alta função jurisdicional do Superior Tribunal de Justiça no âmbito do recurso especial e a relevância das questões. *Revista de Processo*, n. 96, out.-dez. 1999, p. 42. (Essa avaliação do mestre Barbosa Moreira viria encontrar eco, já ao tempo do CPC/73, na Lei 11.672/2008, que inseriu no CPC o art. 543-C, permitindo ao STJ julgar *por amostragem* os recursos especiais massivos e repetitivos, técnica recepcionada no vigente CPC – art. 1.036 e s.).

51. *Acesso à Justiça*, em conjunto com Bryan Garth, trad. Ellen Gracie Northfleet, Porto Alegre: Sérgio Antônio Fabris, 1988, p. 67-68.

expectativas, tanto no aspecto temporal quanto no de sua qualidade intrínseca; (*iii*) as instâncias parajurisdicionais atraem e resolvem parcela crescente das controvérsias que, de outro modo, formariam processos judiciais, valendo ressaltar as crescentes atribuições conferidas aos tabelionatos (CPC, art. 610 e § 1º; art. 733 e § 1º); sem embargo, (*iv*) segmentos mais conservadores opõem reservas à tendencial desjudicialização dos conflitos, sem, no entanto, justificar a baixa avaliação da função judicial aos olhos da população, nem apresentar proposta idônea a aperfeiçoar aquela função estatal; como resultado dessas premissas, (*v*) cresce o contingente de pessoas físicas e jurídicas na busca pela composição de suas divergências, de per si ou pela intercessão de um agente facilitador (árbitro, conciliador ou mediador); apesar de tudo, (*vi*) os meios auto e heterocompositivos continuam a ser vistos como *alternativos*, senão já com certo grau de desconfiança quanto à sua legitimidade ou eficiência, por se apresentarem despojados da expressão majestática da Justiça estatal.

A quebra desse círculo vicioso passa por uma imperiosa *mudança de mentalidade*, devendo todos os atores da cena processual se conscientizarem de que não está em pauta uma descabida *reserva de mercado* em prol do serviço estatal de distribuição da Justiça; ao contrário, interessa é que os danos temidos ou sofridos sejam *prevenidos ou compostos com justiça*, em tempo razoável e com bom equilíbrio no custo-benefício, não importando os meios e as instâncias utilizados para esse desiderato, desde que idôneos e eficazes.

A observação serena e objetiva do que se passa na praxis judiciária permite constatar que o modo clássico, impositivo, de *extinguir o processo* – a solução adjudicada: decisão de mérito - nem sempre assegura que a lide, em sua integralidade (incluídos os pontos conflitivos periféricos) fique realmente resolvida em modo justo e convincente, donde dizer-se, com espírito, que *o vencido nunca é convencido. Com efeito, a decisão de mérito é estigmatizada pelo peso da autoridade estatal*, polarizando as partes na dualidade *vencedor e perdedor*, o que acirra as animosidades e, não raro, engendra lides futuras, como sói acontecer em questões de família, de vizinhança, de vida acadêmica e nas crises corporativas, ditas relações de continuidade.

A esse contexto conflitivo se pretende sobrepor um ambiente mais leve e arejado, sob a égide de um processo de estrutura cooperatória, num ambiente de justiça coexistencial, que recepciona as divergências como uma oportunidade para compô-las com justiça, antes que buscar "extingui-las" drasticamente, no ambiente adversarial e estressante do processo judicial.

A todo o quadro desalentador que envolve a Justiça estatal – onerosa, burocratizada e de resultado imprevisível – acrescenta-se a *duração excessiva dos feitos*, aliás, reconhecida implicitamente pelo constituinte revisor, ao inserir no rol dos direitos e garantias individuais a *razoável duração do processo* (CF, art. 5.º, LXXVIII: EC 45/2004; CPC, art. 139, II). Em que pese certa vacuidade da expressão "razoável" (presente em outras searas jurídicas, *v.g.* na conhecida Súmula 400 do STF), é lícito intuir que pretendeu o constituinte revisor estabelecer um poder de exigir, uma *facultas agendi* em prol do jurisdicionado, prejudicado pela dilação excessiva do pleito judicial – ainda que o resultado final possa, eventualmente, lhe ter sido favorável; isso porque o só retardamento exagerado da prestação jurisdicional já causa o que Ítalo Andolina chamou *dano marginale*, "in quanto va progressivamente ad aggiungersi a quello eventualmente già sofferto anteriormente alla proposizione della domanda".[52]

É dizer, independentemente da eventual vitória ou sucumbência da parte, sobretudo aquela do polo ativo, o deslinde tardio do conflito judicializado já é, de per si, uma forma, *perversa*, de injustiça.

Escreve, a propósito, Paulo Hoffman: "A jurisdição deveria servir para pacificar conflitos, para garantir direitos e manter a tranquilidade na vida em sociedade, enfim, para que as pessoas se sentissem protegidas. Entretanto, o que se tem visto no sistema brasileiro é que, em razão da exagerada duração do processo, muitas vezes, favorece-se quem não tem razão em detrimento daquele que vem a juízo defender seu direito. (...) É comum ouvir acerca do descrédito no Poder Judiciário e sobre casos de injustiça patente, a ponto de banalizar-se e crer-se tal fato como irremediável e normal. Tal situação gera um descontrole e cria maior zona de conflitos, quando muitos se aproveitam dessa morosidade para descumprir as leis, desrespeitar contratos e não cumprir deveres e obrigações, criando um ciclo vicioso no qual, quanto maior a duração do processo pelo seu excessivo número, em mais casos é o Judiciário obrigado a intervir. Entendemos que a jurisdição civil deva ficar reservada a casos extremamente necessários e nos quais a solução dependa da chancela, supervisão ou decisão estatal. A chamada jurisdição voluntária deve ser revista, assim como situações em que é injustificável a intervenção estatal, privilegiando-se as formas de solução de conflito alternativas (câmaras de conciliação, arbitragem, juizados cíveis especializados etc.)."[53]

Esse novo ambiente é hoje preconizado mundialmente, reconhecendo-se que o retardamento da prestação jurisdicional agrava a tensão entre as partes, ao passo que a imprevisibilidade da resposta gera insegurança jurídica.

---

52. *Cognizione e "esecuzione forzata" nel sistema della tutela giurisdizionale*, Milão: Giuffrè, 1983, p. 17.

53. *Razoável duração do processo*, São Paulo: Quartier Latin, 2006, p. 23-24.

Verdade que, a rigor, não se trata de mazelas exclusivamente nacionais, mas estão presentes em muitos outros países, até porque na etiologia do problema radicam algumas concausas, dentre as quais sobressai a própria falência do modelo de justiça estatal como um todo, a saber: o Estado avoca a distribuição da justiça, ofertando-a como um direito subjetivo público disponível a quem pague a taxa judiciária e contrate um advogado (ou nem isso, no caso de Justiça gratuita e nos Juizados Especiais, em primeiro grau), mas, depois, não consegue atender à demanda assim insuflada, ou pior, buscando fazê-lo, passa a oferecer resposta judiciária massiva e de baixa qualidade, seja quanto à consistência jurídica, seja quanto à duração do processo, seja, enfim, no tocante ao custo-benefício. Portanto, é o próprio modelo judiciário como um todo que reclama premente revisão, incentivando-se os meios consensuais, auto ou heterocompositivos.

Sob esse ideário, a Justiça estatal desloca-se para um *plano residual*, no melhor sentido do termo, preordenando-se a recepcionar os conflitos refratários às outras modalidades resolutivas ou que a estas já foram submetidos sem êxito, e bem assim aquelas controvérsias que *precisam* ter passagem judiciária, como se dá com as ações ditas *necessárias*, e de modo geral, aquelas cuja judicialização se dá em razão da indisponibilidade do direito envolvido ou de peculiaridades da pessoa ou da matéria, por exemplo as ações no controle direto de constitucionalidade, a ação rescisória, a de anulação de casamento, as ações envolvendo agentes públicos que beneficiam de competência ratione muneris.

Nesse sentido, Kenneth E. Scott identifica dois modelos de processo civil: (*i*) *conflict resolution model*, focado objetivamente na resolução da lide instalada entre as partes, sob uma visão retrospectiva, correspondendo à nossa sentença de mérito (solução adjudicada); (*ii*) *behavior modification model*, que, como sugere a expressão, propõe uma mudança de mentalidade no tocante à solução das controvérsias, buscando ir além do estrito conflito de interesse (crise jurídica) para alcançar também o aspecto sociológico subjacente, portanto numa visão prospectiva e abrangente.[54] Com apoio em Lawrence Friedman, comenta Vittorio Denti aquela dicotomia: "il primo modello corrisponderebbe al modo di operare delle corti nei paesi occidentali, avendo di mira gli eventi passati, e non le loro conseguenze future, e tendendo a convertire i conflitti sociali in conflitti privati. Il secondo modello corrisponderebbe, invece, alla giustizia tribale ed alla giustizia popolare dei paesi socialisti, che guarderebbe al futuro, convertendo i conflitti privati in conflitti sociali".[55]

54. Two Models of the Civil Process, *Stanford. Law Review*, 27 (1975), p. 937.

55. I procedimenti non giudiziali di conciliazione come istituzioni alternative. *Rivista di Diritto Processuale*, n. 3, 2.ª série, jul.-set. 1980, p. 435-436.

Impõe-se, presentemente, o implemento de uma renovada e arrojada *política judiciária*, focada na ampla divulgação sobre os modos auto e heterocompositivos de solução de controvérsias, como uma alternativa à secular *cultura judiciarista*, cujas nefastas consequências hoje se fazem sentir tanto sobre o Estado como sobre os jurisdicionados. Nesse sentido, a avaliação de Carlos Alberto de Salles: "Para fins da questão central, (...) qual seja a de saber quanto à viabilidade jurídica de se restringir o acesso à justiça em benefício de mecanismos alternativos, deve-se considerar a existência de um forte elemento de opção política no tipo de proposta sob exame. Não por outra razão fala-se em políticas de limitação de acesso à justiça, buscando evidenciar não se cuidar de escolhas estritamente técnicas, mas submetidas direta ou indiretamente a critérios valorativos e condicionados a limites jurídicos".[56]

É razoável entender-se que, em boa medida, vem ao encontro do desejável panorama antes preconizado o quanto previsto no art. 174 do vigente CPC: "A União, os Estados, o Distrito Federal e os Municípios criarão câmaras de mediação e conciliação, com atribuições relacionadas à solução consensual de conflitos no âmbito administrativo, tais como: I – dirimir conflitos envolvendo órgãos e entidades da administração pública; II – avaliar a admissibilidade dos pedidos de resolução de conflitos, por meio de conciliação, no âmbito da administração pública; III – promover, quando couber, a celebração de termo de ajustamento de conduta".

4. A TENDÊNCIA À *DESFORMALIZAÇÃO DOS PROCEDIMENTOS* E À *DESJUDICIALIZAÇÃO DOS CONFLITOS*.

O vezo de se colocar a tônica da função judicial do Estado sob o registro do *Poder* (dimensão estática, reportada à ideia de soberania) muito tem contribuído para desviar o foco da avaliação sobre a eficácia desse serviço estatal, em detrimento de duas outras vertentes da distribuição da Justiça que, todavia, são de superlativa importância: a *Função* (dimensão dinâmica, ligada à ideia do produto final da Justiça estatal) e a *Atividade* (dimensão organizacional, ligada às estruturas judiciárias). Além disso, aquela concepção tradicional da *Justiça majestática* tem acarretado, como *externalidade negativa*, o desestímulo à busca pelos meios não estatais de resolução das controvérsias, como se estes

56. Mecanismos alternativos de solução de controvérsias e acesso à Justiça: a inafastabilidade da tutela jurisdicional recolocada. In: FUX, Luiz *et al.* (coord.). *Processo e Constituição: estudos em homenagem ao professor José Carlos Barbosa Moreira*, São Paulo: Revista dos Tribunais, 2006, p. 785.

configurassem uma "justiça menor" ou de "segunda classe", deficiente em sua consistência jurídica e carente de efetividade prática.

A *forma adjudicada* de solução de conflitos, via Justiça oficial, tem sido alvo de críticas severas, sob diversos prismas, que vão desde a *excessiva duração* dos processos até a *sofrível qualidade* das respostas (em boa medida por conta da sobrecarga do serviço e da excessiva funcionarização do Judiciário, em que pese o disposto no art. 93, XIV, da CF: EC 45/2.004), passando pela *cultura corporativa*, disseminada nos vários graus da instituição.

As críticas provêm não apenas de segmentos da sociedade, mas também dos outros dois Poderes, na avaliação de José Eduardo Faria: "Submetido a um intenso fogo cruzado, dificilmente o Judiciário brasileiro conseguirá manter intocadas suas estruturas atuais. Perante a sociedade, ele é visto cada vez mais como um inepto, viciado e moroso prestador de serviços. Já o Executivo o considera uma instituição perdulária e irresponsável, uma vez que seus gastos e suas liminares estariam comprometendo o ajuste fiscal, tolhendo as iniciativas da equipe econômica e impedindo as tão decantadas 'reformas'. Por fim, o Congresso o acusa de estar interferindo no processo legislativo, de 'judicializar' ou 'tribunalizar' a vida política e administrativa do país e, por consequência, de comprometer o equilíbrio institucional".[57]

Antes do que uma busca – estéril e infrutífera – dos "culpados" pela deficiente distribuição da Justiça em nosso país, valeria ter presente que o Direito é um *produto cultural*, e por isso nele repercutem – assim como se dá em face da Justiça estatal – as alterações emergentes no meio social. São notórias as transformações sociopolítico-econômicas por que vem passando nosso país desde o último terço do século passado, mutações que, todavia, *não foram acompanhadas* pelo Estado-juiz, o qual, assim, acabou sendo atropelado pelo evolver dos acontecimentos, confinando-se na tarefa de dirimir os clássicos conflitos intersubjetivos de tipo *Tício* versus *Caio*, no âmbito da jurisdição singular e confinando-se na acanhada função de "eliminar a incerteza". Este último dado sobressaía da primitiva redação do art. 463 do CPC/73 (depois alterada pela Lei 11.232/2.005), prevendo: "Ao publicar a sentença de mérito o juiz cumpre e acaba o ofício jurisdicional (...)" (!)

Ao propósito do que ora se vem expondo, preleciona José Eduardo Faria: "A realidade brasileira, contudo, é incompatível com esse modelo de Judiciário. Instável, iníqua e contraditória, ela se caracteriza por fortes desigualdades sociais, regionais e setoriais e por uma subsequente explosão de litigiosidade;

---

57. O Judiciário e seus dilemas. *Revista do Advogado* (AASP), n. 56, set. 1999, p. 64.

por situações de pobreza absoluta que negam o princípio da igualdade formal perante a lei, impedem o acesso de parcelas significativas da população aos tribunais e comprometem a efetividade dos direitos fundamentais (...)".[58]

Por conta disso, o Judiciário não tem mais como remanescer na tradicional postura do "Poder discreto", descomprometido e distanciado dos acontecimentos, atuando nos lindes de uma justiça meramente retributiva – *da mihi factum dabo tibi jus* –, mas deve procurar reciclar-se, assumindo uma *mudança de mentalidade*, que passa pelo engajamento no esforço geral pela pacificação justa dos conflitos e sob uma boa equação custo-benefício.

Trata-se da luta pela gradual mudança do vetusto ambiente judiciário do país, levando-se em conta este ideário: (*i*) o implemento de uma política judiciária de *informação ao jurisdicionado*, alertando-o de que a propalada *garantia de acesso à Justiça* (CF, art. 5.º, XXXV) é antes um *direito* (condicionado), a ser exercido em casos singulares e necessitados de cognição judicial, não podendo converter-se num *dever* de judicialização de todo e qualquer interesse contrariado ou insatisfeito, vezo que agrava a contenciosidade ao interno da sociedade e fomenta a cultura *demandista ou judiciarista*; (*ii*) a conscientização geral de que o citado *princípio da proteção judiciária* não é de ser visto como uma camisa de força a revestir necessariamente toda controvérsia tornada incompossível suasoriamente, mas, precipuamente, simboliza uma mensagem *in abstracto* ao legislador, e *in concreto* ao juiz e ao administrador público, alertando-os para que se eximam de subtrair, a priori, causas à apreciação judicial; (*iii*) esse contexto nada imbrica com a livre deliberação dos interessados de se autocomporem ou de submeterem suas pendências a órgão decisório parajurisdicional, ressalvados os casos em que o próprio ordenamento impõe *passagem judiciária*.

A propósito, aduz Carlos Alberto de Salles: "O modo judicial de solução de controvérsias deve ser visto como uma das formas dentro de um universo de alternativas parcial ou totalmente direcionadas aos mesmos fins. O reconhecimento dessa realidade permite melhor enquadrar a escolha e o momento de se recorrer a determinado mecanismo de solução de conflitos. Isso possibilita, em longo prazo, uma redução da sobrecarga do Judiciário, mas também tem a real importância de propiciar canais para uma resposta mais adequada à situação do interessado".[59]

58. Idem, p. 64-65.

59. Mecanismos alternativos... cit. In: FUX, Luiz *et al.* (coord.). *Processo e Constituição*... cit., p. 784.

Esses caminhos diversos ofertados às pessoas físicas e jurídicas para resolução de suas pendências, consentem, sempre que possível e não excluído pelo ordenamento, as escolhas entre: (*i*) o processo tradicional, perante o Estado-juiz, entendido como a relação jurídica de direito público, conectada, mas não subordinada, à relação de direito material que lhe dá o conteúdo, a par de *outros processos* perante as demais instâncias decisórias não estatais, por isso mesmo excluídas do rol do art. 92 da CF, por exemplo o Juízo Arbitral e o Juiz de Paz; (*ii*) os *procedimentos*, a saber, os modelos de trâmite processual, incluindo as singularidades da dilação probatória, a maior ou menor oralidade, a duração, etc., ou seja, numa palavra: o modo de ser do processo. Assim, por exemplo, o processo de conhecimento (Parte Especial do CPC, Livro I) contempla o procedimento comum (título I desse Livro), sem embargo de que, sob um rito mais informal, subsiste a opção pelo Juizado Especial para causas cíveis de menor complexidade e delitos de menor potencial ofensivo, sendo significativo o disposto no art. 2.º da Lei 9.099/95, aludindo a um processo (*rectius*: procedimento) fundado nos "critérios da oralidade, simplicidade, informalidade, economia processual e celeridade, buscando, sempre que possível, a conciliação ou a transação". Registre-se que a opção por esse Juizado implica a admissão de que a causa será julgada por *equidade* (art. 6.º da lei supra), podendo as partes, eventualmente, optar pelo *Juízo Arbitral* (arts. 6.º e 24), e também engendra, salvo ocorrendo conciliação, renúncia ao valor pecuniário excedente à alçada (art. 3.º, I, c/c § 3.º).[60]

Um indicativo da gradativa recepção, entre nós, da nova acepção de *Jurisdição* – não mais confinada aos quadrantes do Estado, mas estendida a outras instâncias idôneas a resolver o conflito com justiça e eficiência – pode ser localizado, segundo Kazuo Watanabe, na "tendência, que se nota hoje no mercado, de inclusão, principalmente nos contratos internacionais, de cláusula de mediação necessária antes do início de qualquer processo judicial ou de arbitragem. Isso se deve à percepção dos contratantes de que as soluções amigáveis dos conflitos atendem melhor aos interesses deles, e também por causa da preocupação deles quanto à demora e ineficiência dos processos judiciais".[61]

Em nosso CPC os tipos de *processo* guardam simetria com as *crises* existentes em sociedade: de *certeza* (conhecimento: livro I); de *satisfação* (cumprimento do julgado: título II do Livro I da Parte Especial; ou processo

60. Sobre os Juizados Especiais da Fazenda Pública v. Lei 12.153/2.009.

61. Cultura da sentença e cultura da pacificação. In: YARSHELL, Flávio Luiz; MORAES, Maurício Zanoide de (coord.). *Estudos em homenagem*... cit., 2005, p. 685.

de execução, no caso dos títulos extrajudiciais: livro II); de *segurança* (tutela provisória: livro V da Parte Geral). A maior parte das demandas aflui ao processo de conhecimento, justamente porque é preordenado à prolação da decisão de mérito (condenatória, declaratória, constitutiva, mandamental, executiva *lato sensu*) e consequente formação de coisa julgada material (CPC, arts. 487, incisos e alíneas e 502). Todavia, esse processo civil clássico, até por sua raiz romanística, revela-se mais afeiçoado às crises *estrita ou predominantemente jurídicas*, entre sujeitos determinados, as quais consentem resolução pela clássica subsunção da norma de regência aos fatos da causa, no chamado critério de *legalidade estrita* (CPC, art. 140 e § único; art. 490).

Esse tradicional sistema, se, por um lado, prestigia o ordenamento positivo e empresta segurança às decisões, por outro lado deixa em aberto os *insumos* das controvérsias, ou seja, os elementos que estão na origem da *crise sociológica* subjacente à lide judicial, assim deixando em terreno fértil as sementes de outras situações conflituosas, que num ponto futuro germinarão em forma de novos processos, num perverso círculo vicioso que insufla a tensão social, sobrecarrega o Judiciário e compromete a eficiência dos comandos judiciais, sobretudo os prestacionais.

Ada Pellegrini Grinover observa que a pacificação social, "via de regra, não é alcançada pela sentença, que se limita a ditar autoritativamente a regra para o caso concreto, que, na grande maioria dos casos, não é aceita de bom grado pelo vencido, o qual contra ela costuma insurgir-se com todos os meios na execução; e que, de qualquer modo, se limita a solucionar a parcela de lide levada a juízo, sem possibilidade de pacificar a lide sociológica, em geral mais ampla, da qual aquela emergiu, como simples ponta do *iceberg*. Por isso mesmo, foi salientado que a Justiça tradicional se volta para o passado, enquanto a Justiça informal se dirige ao futuro. A primeira julga e sentencia; a segunda compõe, concilia, previne situações de tensões e rupturas, exatamente onde a coexistência é um relevante elemento valorativo. Resulta daí que o método contencioso de solução das controvérsias não é o mais apropriado para certos tipos de conflitos, em que se faz necessário atentar para os problemas sociais que estão à base da litigiosidade, mais do que aos meros sintomas que revelam a existência desses problemas".[62]

Uma evidente inadequação e insuficiência do modo estatal de resolução dos conflitos fica patente nos conflitos de natureza multiplexa ou policêntrica,

---

62. A conciliação extrajudicial no quadro participativo. *Novas tendências do direito processual de acordo com a Constituição de 1988*, Rio de Janeiro: Forense Universitária, 1990, p. 221.

assim entendidos os que empolgam número importante de sujeitos, demandam instrução probatória ampla, envolvem questões nucleares a par de outras periféricas, não raro engendrando colisão entre princípios antinômicos ou de difícil convivência. Tomem-se como exemplo as invasões de loteamentos clandestinos nas áreas de mananciais das grandes metrópoles, onde imbricam valores atinentes ao direito à moradia, à existência digna, à ordenação do solo e à preservação do meio ambiente, a par de abranger segmentos sociais prioritariamente protegidos por legislação especial, tais como os hipossuficientes, mulheres gestantes, crianças e adolescentes, idosos, deficientes físicos, levando a que o Administrador Público não raro decline do acesso à Justiça em prol de uma solução *caseira*, de perfil conciliatório, optando por designar equipe multidisciplinar (advogados, assistentes sociais, ambientalistas) buscando resolver a um tempo a moléstia possessória, a realocação dos desalojados e a recuperação da área degradada.

Já a sentença de mérito, por se confinar, basicamente, à crise *jurídica*, e, de outro lado, por depender da força impositiva estatal para sua realização prática, acaba demonstrando parca eficiência em casos desse gênero, enquadrados nas chamadas *relações multiplexas*: "relações que unem os indivíduos através de múltiplos vínculos (amizade, família, religião, etnia, negócios)".[63]

Por aí bem se compreende que o vigente CPC traga disposições específicas para o caso de "litígio coletivo pela posse de imóvel", prevendo uma audiência de mediação, com a presença do Ministério Público, e, sendo o caso, da Defensoria Pública e ainda dos "órgãos responsáveis pela política agrária e pela política urbana da União, de Estado ou do Distrito Federal, e de Município onde se situe a área objeto do litígio (...) a fim de se manifestarem sobre seu interesse no processo e sobre a existência de possibilidade de solução para o conflito possessório" (art. 565 e §§). Trata-se, aí, de um modo de democratizar e legitimar o processo e julgamento de controvérsias objetivamente complexas e subjetivamente muito expandidas, assim aumentando as chances de efetividade prática da intervenção judicial.

Em casos que tais, a doutrina e mesmo a crônica jornalística têm evidenciado a baixa ou às vezes nenhuma eficácia do comando judicial constritivo ou injuncional, por se cuidar de ocorrências que se apresentam multifacetadas, abrangendo pontos conflitivos de diversa origem e natureza: grupos heterogêneos, reivindicações difusas, envolvimento de instâncias diversas,

---

63. Cf. Boaventura de Souza Santos, Maria Manuel Leitão Marques e João Pedroso: Os tribunais nas sociedades contemporâneas. *Revista Brasileira de Ciências Sociais*, n. 30, fev. 1996, p. 51.

largo espectro do campo litigioso, tudo a dificultar a redução da espécie a uma singela *crise jurídica* (como se dá nas moléstias possessórias típicas, enfrentáveis com os tradicionais remédios da reintegração, manutenção ou interditório proibitório). Kazuo Watanabe identifica entre nós uma "*cultura da sentença*, que se consolida assustadoramente". (...) "os juízes preferem proferir sentença, ao invés de tentar conciliar as partes para obter a solução amigável dos conflitos. Sentenciar é mais fácil e cômodo, para alguns juízes, do que pacificar os litigantes...".[64]

A população, em geral leiga nos assuntos jurídicos, e alheia à estrutura e funcionamento dos órgãos judiciários, depara-se, perplexa e desorientada, ante a parca eficiência da norma legal e do comando judicial preordenado a fazê-la valer, donde ir aos poucos *acreditando* nos "meios alternativos de solução do conflito". Dir-se-ia que boa parcela da população, não podendo fugir à incidência da lei (*lex prima facie valet*), tende a distanciar-se da Justiça estatal, exceção feita ao Juizados Especiais, justamente porque aí se desenvolve uma jurisdição por *equidade*, num processo predominantemente *oral* e razoavelmente *célere* (Lei 9.099/95, arts. 2.º e 6.º). À medida que os equivalentes jurisdicionais crescem em número e nas modalidades ofertadas, decai, em contrapartida, o prestígio da Justiça estatal, com evidente desgaste para a credibilidade do comando judicial e para a própria instituição, deixando ao fim e ao cabo a desalentada impressão de que hoje, o Estado-juiz ainda preserva a *cognitio*, mas vai, gradativamente, perdendo o *imperium*.

Para coartar as lides *prenunciadas*, em ordem a enfrentá-las no nascedouro e evitar que se transformem em processos judiciais, o ordenamento vai disponibilizando instrumentos e credenciando agentes, entidades e órgãos, que atuam na atividade conciliatória em sentido largo, valendo lembrar que forma título executivo judicial "a decisão homologatória de autocomposição extrajudicial de qualquer natureza" (CPC, art. 515, III).

No campo heterocompositivo não estatal, devem ser lembrados: (*i*) os *Tribunais de Arbitragem*, sobretudo nas controvérsias corporativas de grande porte entre pessoas jurídicas, lembrando que o árbitro é "juiz de fato e de direito" (art. 18 da Lei 9.307/96) e que a sentença arbitral é título executivo judicial (CPC, art. 515, VII); (*ii*) os *juízes de paz* (CF, art. 98, II), principalmente nas localidades mais afastadas, com precípua atividade nos casamentos, mas também no aconselhamento em casos de conflitos familiares, de vizinhança,

64. Cultura da sentença... cit. In: YARSHELL, Flávio Luiz; MORAES, Maurício Zanoide de (coord.). *Estudos em homenagem...* cit., 2005, p. 687.

de divisa entre propriedades, etc.; (*iii*) os *Promotores de Justiça*, cujo conteúdo ocupacional inclui a oitiva e orientação aos cidadãos (Lei 8.625/93, arts. 32, II, e 43, XIII), podendo facilitar transações que, uma vez homologadas operam como resoluções de mérito (CPC, art. 487, III, b), assim como celebrar compromissos de ajustamento de conduta, em matérias relevantes, como consumerismo, meio ambiente, patrimônio público, instrumentos esses que constituem título executivo extrajudicial (Lei 7.347/85, art. 5.º, § 6.º); (*iv*) o *CADE* – Conselho Administrativo de Defesa Econômica, autarquia do Ministério da Justiça, com atribuição para prevenir ou resolver importantes conflitos na área da livre concorrência e da ordem econômica, notadamente envolvendo *dumping* ou cartelização, celebrando *acordos de leniência* e *compromissos de cessação de prática sob investigação* (Lei 12.529/2.011, arts. 85, §§ e incisos; 86, incisos e §§); (*v*) *entidades associativas* e *organizações não governamentais*, na esfera de seus objetivos institucionais, valendo lembrar que as "entidades civis de consumidores e as associações de fornecedores ou sindicatos de categoria econômica podem regular, por convenção escrita, relações de consumo que tenham por objeto restabelecer condições relativas ao preço, à qualidade, à quantidade, à garantia e características de produtos e serviços, bem como à reclamação e composição do conflito de consumo" (Lei 8.078/90, art. 107); (*vi*) *Tribunais Desportivos*, cuja manifestação deve sempre preceder a eventual judicialização do conflito (CF, art. 217, § 1.º); (*vii*) *Defensorias Públicas*, colegitimadas à ação civil pública e, portanto, à celebração de compromissos de ajustamento de conduta (Lei 7.347/85, art. 5.º, II, e § 6.º);[65] (*viii*) *Tabeliães*, autorizados a processar inventários, partilhas, separações e divórcios consensuais, nas condições estabelecidas nos arts. 610 e § 1º; 733 e § 1º do CPC; (*ix*) bancos oficiais, competentes para processar consignações em pagamento, com eficácia liberatória da obrigação (CPC, art. 539 e § 1.º); (*x*) Advocacia-Geral da União, autorizada a realizar "acordos ou transações para prevenir ou terminar litígios, inclusive os judiciais" (Lei 9.469/97, art. 1º, caput, redação da Lei 13.140/2.015). Enfim, saliente-se o "processo de homologação de acordo extrajudicial na Justiça do Trabalho", nos termos do art. 855-B e §§ da CLT, inseridos pela Lei 13.467/2.017, valendo ainda destacar que esta lei inseriu na CLT o art. 611-A, prevendo que nas matérias listadas nos seus incisos, a "convenção coletiva e o acordo coletivo de trabalho têm prevalência sobre a lei".

65. V. o nosso estudo Contribuição esperada do Ministério Público e da Defensoria Pública na prevenção da atomização judicial dos mega-conflitos. *Revista de Processo* nº 164, out./2008, p. 152-169.

Como se vê, o próprio legislador vem se mostrando sensível à tendencial *desjudicialização* e até *privatização*[66] da resolução dos conflitos, como alternativa ao tradicional *monopólio* estatal da distribuição da Justiça. Portanto, uma pretendida "reserva de Justiça estatal", ao contrário do que se possa supor à primeira vista, não se extrai da letra nem do espírito do inciso XXXV do art. 5.º da CF; ao contrário, tal dispositivo, ao afirmar que "a lei não excluirá da apreciação do Poder Judiciário lesão ou ameaça a direito", não determina nem estimula que todas as demandas devam ser encaminhadas à Justiça, mas sim que tal acesso deve operar como uma *cláusula de reserva*, de cunho residual, preordenada às controvérsias porventura insolúveis por auto ou heterocomposição, ou aquelas que, em razão da pessoa ou da matéria, devem merecer passagem judiciária.

Sob outra mirada, tal "monopólio" não garante que a decisão judicial de mérito seja tecnicamente *melhor* do que, por exemplo, a sentença arbitral; ao contrário, como afirma Mauro Cappelletti, "a justiça *conciliatória* (ou coexistencial) é capaz de produzir resultados que, longe de serem de 'segunda classe', são melhores, até *qualitativamente*, do que os resultados do processo contencioso".[67]

O que ora se vai expondo harmoniza-se com a diretriz da *democracia participativa e pluralista* (CF, § único do art. 1.º), pela qual todas as pessoas físicas e jurídicas, de direito privado e público são credenciadas e legitimadas a participar do esforço comum para a boa gestão da coisa pública, o que passa pela busca da *justa composição dos conflitos*, inclusive nas causas que envolvem a própria Administração Pública (interesse fazendário ou público-secundário), como se dá, por exemplo, numa desapropriação amigável, mais eficiente, rápida e menos impactante do que a litigiosa, mormente tendo-se presente a Lei 13.140/2.015, que veio autorizar o emprego da mediação nas

---

66. Registre-se, porém, a crítica que José Carlos Barbosa Moreira endereça à expressão *privatização da justiça*: "Particulares são com frequência autorizados ou chamados a colaborar na atividade judicial tendente à decisão de lides, quer provocando-a, pela iniciativa de instaurar processo – como se dá com os cidadãos na ação popular, e eventualmente com associações privadas na ação civil pública –, quer participando diretamente dela, pela emissão de pronunciamento sobre o desfecho que se há de dar ao pleito – e é o que acontece no tribunal do júri e na Justiça do Trabalho. Pois bem: a meu ver, longe de ser o processo que assim se privatiza, ao contrário, os particulares é que veem sua atividade revestida de caráter público. Dá-se, a bem dizer, *publicização*, e não *privatização*" (Privatização do processo? *Temas de direito processual*, 7.ª série, São Paulo: Saraiva, 2001, p. 9).

67. Os métodos... cit., *Revista Forense*, n. 326, p. 126.

controvérsias envolvendo a administração pública, inclusive quanto aos "direitos indisponíveis que admitam transação" (art. 3º, *caput*).

Há algum tempo, em outra sede, já havíamos sustentado a viabilidade da inclusão, no sistema de *conciliação em segundo grau*, operante no TJSP, das causas envolvendo a Municipalidade paulistana[68]; de resto, não vemos óbice a que os precatórios possam ter seu *valor de face* negociados entre o Poder Público e o particular, sempre ao pressuposto de que venham preservados o erário, a publicidade na negociação e a ordem cronológica dos pagamentos. Esse contexto suasório libera uma *externalidade positiva*, cujo principal beneficiário é o próprio Judiciário: ao receber menos processos e poder resolvê-los em menor tempo, pode empregar o tempo assim poupado no exame e resolução dos casos mais complexos e singulares, tudo em contemplação de uma resposta de melhor qualidade.

Assim se passa, na experiência norte-americana, reportada por Vittorio Denti, com as *small claims*, também chamadas *misdemeanor cases*, que são na maior parte resolvidas extrajudicialmente, com o beneplácito da poderosa *American Bar Association*, porque representam "tentativi de razionalizzare l'apparato giudiziario, che rischia di soffocare sotto il peso della litigiosità minore". (...) "Alleggerire questo carico è un interesse primario del Bar, affinché le corti trovino spazio e tempo per i processi di maggiore importanza, e quindi economicamente più redditizi".[69]

Nesse pluralismo decisório (dita *jurisdição compartilhada*) *todos* os atores da cena jurídica saem ganhando: *o Estado-juiz*, liberado de boa parcela dos processos, pode manter uma estrutura judiciária mais enxuta e menos onerosa, por modo que o Estado-administrador pode realocar os recursos assim poupados para atendimento de outros segmentos carentes, especialmente na área social; *os jurisdicionados*, veem renovadas as expectativas de uma solução judicial justa, célere e a baixo custo, para suas controvérsias, antes necessariamente dependentes de uma decisão judicial de mérito, indefinida no tempo e imprevisível no resultado; *a coletividade*, à vista dos bons índices de êxito na via extrajudicial, pode, gradativamente, ir substituindo a cultura

---

68. O plano piloto de conciliação em segundo grau de jurisdição, do Egrégio Tribunal de Justiça de São Paulo, e sua possível aplicação aos feitos de interesse da Fazenda Pública. *RT*, n. 820, fev. 2004, p. 11-49. Texto republicado, revisto e atualizado, em nossa obra *Advocacia do setor público – estudos temáticos de direito*, São Paulo: Saraiva, 2.013, p. 81-174.

69. I procedimenti... cit., *Rivista di Diritto Processuale* n. 3, 2.ª série, jul. set. 1980, p. 415.

demandista ou judiciarista pela diretriz da solução consensual das pendências, por auto ou heterocomposição.

David Smith detecta uma tendência ao binômio *deformalization – deslegalization* na solução das controvérsias,[70] o que, em apertada síntese, significa uma tendência contemporânea à solução das controvérsias fora e além da pesada estrutura estatal, priorizando-se o valor *justiça* na composição dos litígios e incentivando-se a cultura da *solução negociada* entre os próprios interessados ou mesmo por intercessão de árbitro, conciliador, mediador ou outro agente facilitador.

Vittorio Denti vislumbra, no contexto da *deformalização*, "anche elusione del formalismo proprio della giustizia dello stato e tendenza verso un 'governo privato' della giustizia", e na *deslegalização*, "una soluzione non legalistica della controversia, e quindi prevalenza della composizione della lite sull'affermazione del diritto e del torto". Na sequência, reportando-se a Laura Nader, reconhece "la presenza di una sottocultura della composizione delle controversie anche negli stati industriali, analoga, nelle sue componenti, ai procedimenti informali propri delle società primitive".[71]

Essa nova realidade, aderente às necessidades impostas pela contemporânea sociedade de massa, comprimida num mundo globalizado e competitivo, pressupõe a difusão e o fortalecimento de duas vertentes: de um lado, a *mudança da mentalidade* dos operadores do Direito e dos jurisdicionados, preconizando Kazuo Watanabe que a "*cultura da sentença* será, com toda a certeza, paulatinamente substituída pela *cultura da pacificação*",[72] e, de outro lado, impende que o próprio Estado brasileiro assuma a contemporânea concepção da *Jurisdição*, identificada pela "composição justa dos conflitos" e não mais, ou não necessariamente, pela solução adjudicada, imposta pelo Estado-juiz.

Nesse sentido, José Roberto dos Santos Bedaque lembra os "três grandes obstáculos a serem superados para que o processo atinja seu escopo: econômico, organizacional e processual. O primeiro está relacionado à pobreza, que impede o acesso à informação e à representação adequada. O segundo refere-se aos interesses de grupos, denominados 'coletivos ou difusos', cuja

---

70. A warmer way of disputing: mediaton and conciliation, *Law in the USA, in the bicentennial era*, suplemento ao vol. 26 do *American Journal of Comparative Law*, 1978, p. 205.

71. I procedimenti... cit., *Rivista di Diritto Processuale* cit., p. 426-427.

72. Cultura da sentença... In: YARSHELL, Flávio Luiz; MORAES, Maurício Zanoide de (coord.). *Estudos em homenagem...* cit., 2005, p. 690.

proteção merece tratamento especial, pois constituem a grande característica da sociedade contemporânea. Por fim, depara-se com os óbices decorrentes da insuficiência do processo litigioso para a solução de determinados litígios. O movimento destinado a superá-los corresponde ao que se denominou 'ondas renovatórias' do direito processual".[73]

5. O DIREITO SUMULAR COMO *INSTRUMENTO ACELERATÓRIO* E *ELEMENTO DE CONTENÇÃO* DE PROCESSOS.

A *nomogenese*, isto é, a origem donde promanam as normas não segue igual protocolo nos vários países, e isso devido a fatores históricos e culturais de cada qual, o que inclui a diversa filiação a esta ou aquela *família jurídica*. Essa constatação não se infirma pelo fato de hoje estar *relativizada* a tradicional divisão dos sistemas jurídicos em *civil law* (primado da norma legal: países de direito codicístico, reportados à tradição romano-germânica) e *common law* (primado do precedente judiciário: países de tradição anglo-saxã, remotamente radicados na *equity*).

Sem embargo, registra-se tendência dos países do civil law a valorizarem cada vez mais a jurisprudência (caso do Brasil, com o advento da súmula vinculante do STF: CF, art. 103-A, redação da EC 45/2004; padrões decisórios impositivos: CPC, art. 332 e incisos; art. 927 e incisos; § 3º do art. 947) enquanto, em contrapartida, os países do common law têm revelado tendência a prestigiar o direito escrito (caso dos Estados Unidos, com o *Commercial Code*, ou da própria Inglaterra, com as *Rules of Civil Procedure*, de 1999 e ainda, na Inglaterra e no País de Gales o *Arbitraction Act*, de 1996). No caso inglês, a profunda alteração do milenar sistema centrado na fórmula *stare decisis et non quieta movere* deflagrou-se, segundo José Carlos Barbosa Moreira, a partir de um diagnóstico levado a cabo por Lord Woolf of Barnes, em que, ao fim e ao cabo, apurou-se a 'widespread public dissatisfaction with the delay, expense, complexity and uncertainty of pursuing cases through the civil courts".[74]

No caso brasileiro, o primado dos direitos e obrigações repousa na norma legal (CF, art. 5º e inciso II), sendo pois essa a forma básica e principal de expressão do Direito. Todavia, dado que as situações da vida e os interesses relevantes excedem os casos excogitados e tipificados pelo legislador, põe-se a questão da *integração* do Direito, em ordem a preservar ou a restabelecer

---

73. *Efetividade do processo e técnica processual*, São Paulo: Malheiros, 2006, p. 24.

74. Uma novidade: o Código de Processo Civil Inglês. *Temas de direito processual*, 7.ª série, São Paulo: Saraiva, 2001, p. 180 e rodapé 4.

a *presunção de completude* da ordem jurídica. Essa tarefa de colmatação das chamadas *lacunas* é feita através das formas secundárias ou subsidiárias de expressão do Direito: costumes, equidade, analogia, princípios gerais, regras de experiência comum (CPC, § único do art. 140; art. 375). Apesar de a Lei de Introdução ao Código Civil (1942), redenominada pela Lei 12.376/2010 *Lei de Introdução às normas do Direito Brasileiro*, não incluir entre os meios de integração a *jurisprudência* (art. 4.º), é certo que já a primeira Constituição Republicana (1891) autorizava os juízes federais a consultarem "a jurisprudência dos tribunaes locaes" (§ 2.º do art. 59), e, desde então, o produto final dos Tribunais sempre esteve presente em nossa *praxis* judiciária, com ênfase a partir do último quartel do século passado, de que é exemplo o § 3.º do art. 896 da CLT, estabelecendo que os TRT's "procederão, obrigatoriamente, à uniformização de sua jurisprudência" (redação da Lei 13.015/2.014), fórmula depois recepcionada no art. 926, *caput*, do vigente CPC.

Acerca das antes referidas *lacunas*, preenchíveis pelos ditos *meios de integração*, vale observar que mesmo os direitos e garantias fundamentais, constantes do art. 5º e incisos da CF, não estão em *numerus clausus*, porque "não excluem outros decorrentes do regime e dos princípios por ela adotados ou dos tratados internacionais em que a República Federativa do Brasil seja parte" (§ 2.º daquele artigo), evidenciando, pois, que mesmo no altiplano constitucional há espaço para a atividade integrativa, no caso desempenhada pelo STF ao interpretar o texto constitucional, na condição de seu *guarda* e exegeta maior (CF, art. 102, *caput*). Também a legislação infraconstitucional pode consentir atividade integrativa, quando contempla as chamadas *cláusulas de encerramento*, como se dá na tutela a interesses metaindividuais, os quais não estão arrolados em *numerus clausus*, mas incluem ainda "qualquer outro interesse difuso ou coletivo" – Lei 7.347/85, art. 1.º, IV.

Ainda em matéria de interpretação é importante ter presente que a Lei 13.655/2.018 recepcionou o chamado consequencialismo, ao inserir na antes referida Lei de Introdução o art. 22 e parágrafos, dispondo o caput: "Na interpretação de normas sobre gestão pública, serão considerados os obstáculos e as dificuldades reais do gestor e as exigências das políticas públicas a seu cargo, sem prejuízo dos direitos dos administrados".

O Direito é um produto cultural, e, assim, cabe-lhe guardar aderência aos acontecimentos emergentes ao interno da sociedade (ex facto oritur jus), para ir assim *respondendo* aos novos anseios e interesses por meio da formatação de categorias e institutos que sejam adequados e eficazes. Quando os Tribunais decidem os casos concretos mediante suas competências originária e recursal, realizam, em verdade, uma *tripla missão*: a primeira, imediata, de resolução do caso concreto em modo justo, dita função *dikelógica*; a segunda, mediata, dita função *nomofilácica*, de preservação da higidez da norma de regência e de sua eficácia; a terceira, dita *paradigmática*, que se realiza quando vem a ser emitida uma *decisão quadro* (*v.g.*, nos processos-piloto, representativos de recursos repetitivos) ou quando se forma uma coleção iterativa e homogênea de acórdãos sobre um mesmo tema, formando a jurisprudência, não raro permitindo a extração de um entendimento assentado, donde se origina o direito sumular. Dentre os instrumentos que permitem a extração de um padrão decisório que servirá para o balizamento da resolução dos casos aí subsumidos, destaca-se o incidente de resolução de demandas repetitivas, permitindo a extração de uma tese jurídica a ser aplicada aos processos individuais e coletivos nos quais venha agitada a mesma questão de direito, inclusive nos processos futuros (CPC, art. 985 e incisos). [75]

O prestígio crescente da jurisprudência não deveria causar espécie, quando se atenta para o fato de que o próprio Direito romano não teve origem na *norma*, propriamente dita, e sim no trabalho dos pretores, dos prudentes nas diversas ações judiciais – a *jurisprudência* – bastando lembrar que a fase mais remota foi justamente a das *ações* da lei (*legis actiones*), e o próprio conceito de direito subjetivo (pretensão material) era extraído a partir da possibilidade de sua judicialização, como esclarece José Cretella Júnior: "Chama-se ação, no dizer de Celso, o *direito de perseguir em juízo aquilo que a alguém é devido ou, ao pé da letra, outra coisa não é a ação senão o direito de perseguir em juízo o que a si é devido* (*Nihil aliud est actio quam jus judicio persequendi quod sibi debetur*. D. 44, 7, 51)".[76]

Séculos mais tarde, no antigo Direito lusitano, as Ordenações valorizaram a jurisprudência sob a modalidade dos *assentos obrigatórios*, depois recepcionados dentre nós, conforme já afirmamos em sede doutrinária: "(...) o Brasil-colônia estava integrado ao *Reino Unido de Portugal e Algarves*, de sorte que, mesmo proclamada nossa independência política (1822), aqui continuaram a projetar efeitos as Ordenações Filipinas e, juntamente com elas, os Assentos da Casa da Suplicação, conforme o autorizava um Decreto de 20.10.1823; e isso sem embargo de que a sobrevinda Constituição do Império (1824) não fizesse referência expressa às Ordenações, nem aos Assentos da Casa da Suplicação. Estes últimos viriam a ser recepcionados formalmente

75. Ao propósito, v. os comentários em nossa obra *Incidente de resolução de demandas repetitivas – a luta contra a dispersão jurisprudencial excessiva*, São Paulo: Thomson Reuters-Revista dos Tribunais, 2.016, p. 268 e s.

76. *Direito Romano*, São Paulo: Revista dos Tribunais, 1963, p. 262.

no direito pátrio pelo Decreto Legislativo 2.684, de 23.10.1875, o qual, sobre dar força de lei, no Brasil, àqueles Assentos da Casa da Suplicação (art. 1.º), autorizava o Supremo Tribunal de Justiça a levá-los na devida conta 'para inteligência das leis civis, comerciais e criminais, quando na execução delas ocorrerem dúvidas manifestadas por julgamentos divergentes havidos no mesmo Tribunal, Relações e Juízos de primeira instância nas causas que cabem na sua alçada'".[77]

Se é verdade que esses *assentos obrigatórios* vieram, com o tempo, a perder vigência e atualidade, fato é que eles remanesceram *em espírito* em nossa cultura jurídica, que, sob diversa nomenclatura, continuou a imprimir, em maior ou menor intensidade, uma certa *eficácia expandida* ao direito forjado nos Tribunais: (i) o art. 156, nº3, do Regulamento 737, de 1850[78] autorizava a emissão de "assentos para inteligência das leis civis, comerciais e criminais (...)"; (ii) o § 2.º do art. 59 da primeira Constituição Republicana (1891) dispunha que "a justiça federal consultará a jurisprudencia dos tribunaes locaes, e vice-versa (...)"; (iii) as Constituições Federais mantiveram a divergência jurisprudencial como fundamento autônomo para o recurso extraordinário ao STF, quadro apenas alterado com a CF de 1988, que, tendo criado o STJ, repassou tal fundamento para o recurso especial (alínea *c* do art. 105, III); (iv) no plano da legislação ordinária, o direito pretoriano continuou igualmente prestigiado, podendo ser lembrados: o *prejulgado* (CPC de 1939, art. 861); a *revista trabalhista* (CLT, art. 896, tendo a Lei 13.467/2.017 acrescido ao § 1º-A o inciso IV e dado nova redação ao § 14º, a par de acrescer os §§ 1º a 6º

77. *Divergência jurisprudencial e súmula vinculante*, 6. ed., Salvador: JusPodivm, 2.018, p. 266.

78. Esse famoso *Regulamento* vinha, inicialmente, preordenado a disciplinar o processo nas causas comerciais, como, aliás, o determinara o art. 27 do *Código Comercial* (Lei 556, de 25.06.1850); mas, proclamada a Republica, o Decreto 763, de 19.09.1890, o estendera às causas cíveis. Esclarece Moacyr Lobo da Costa: "Como Código do Processo Civil e Comercial, o Regulamento 737 manteve-se em vigor, nos Estados, mesmo após a promulgação da Constituição republicana de 24 de fevereiro de 1891, que instituiu o regime federativo e atribuiu aos Estados a competência para legislar sobre o processo civil, enquanto não o fizessem. Em São Paulo e na Paraíba, os dois últimos Estados a editar seus próprios Códigos de Processo, o Regulamento teve vida longa, até janeiro e dezembro de 1939, respectivamente. Em Goiás, Alagoas, Amazonas, que não promulgaram seus Códigos, esteve em vigor até março de 1940. Os Códigos de Processo estaduais, que foram promulgados em substituição ao Regulamento, para realização dos desígnios federalistas do novo regime político, entretanto, nada mais fizeram que reproduzir, na sua generalidade, os dispositivos simples, claros e precisos do velho diploma processual." (*Breve notícia histórica do Direito Processual Civil Brasileiro e de sua literatura*, São Paulo: Revista dos Tribunais e USP, 1970, p. 31).

ao art. 896-A); o incidente de *uniformização de jurisprudência* (CPC/73, art. 479); o incidente de *assunção de competência* (CPC vigente, art. 947 e §§); (v) as súmulas simples, do STF e do STJ (CPC, art. 927, IV)) e, em modo proeminente, as *súmulas vinculantes* do STF, cujo descumprimento ou aplicação equivocada, pelo juiz ou pelo administrador público, levam, respectivamente, à *cassação* da decisão judicial ou à *anulação* do ato (CF, § 3.º do art. 103-A: EC 45/2004), desafiando reclamação (CPC, art. 988, III, inciso com redação da Lei 13.256/2.016). Saliente-se que, em primeiro grau, a contrariedade entre o pedido inicial e o padrão decisório incidente na espécie autoriza a improcedência liminar (CPC, art. 332 e incisos).

Apesar de a jurisprudência, como antes dito, não vir prevista nominalmente entre os meios de integração do Direito, é inegável que ela, mormente quando qualificada pelos atributos da *predominância* ou do assentamento em *súmulas*, vem galgando posições cada vez mais proeminentes. Essa trajetória ascendente remonta à chamada "Lei dos Recursos" (8.038/90, art. 38),[79] passa pelo vigente CPC (art. 332 e incisos; art. 927 e incisos; § 3º do art. 947; art. 955 e § único; art. 988 e incisos; art. 1.040 e incisos), pela CLT (art. 896, § 3º, redação da Lei 13.015/2.014), até chegar, como antes lembrado, à culminância da súmula vinculante do STF, certo ainda que, no tocante ao STJ chegou-se a cogitar uma *súmula impeditiva de recursos* para o STJ, no bojo do PEC 358/2005. Quanto ao TST, vale ressaltar que a admissibilidade do recurso de revista exige a demonstração da "*transcendência* com relação aos reflexos gerais de natureza econômica, política, social ou jurídica" (CLT, art. 896-A), sendo que a Lei 13.467/2.017 acresceu parágrafos a esse artigo, sendo que o 1º explicita a configuração dessa transcendência, à semelhança do que se passa com a "repercussão geral da questão constitucional", necessária à admissão do recurso extraordinário no STF (CF, § 3.º do art. 102: EC 45/2004; CPC, art. 1.035 e § 1º). Essa tendencial potencialização da eficácia do direito pretoriano passa, também, pelo julgamento *em bloco* de RE's e REsp's repetitivos, através da técnica de *amostragem*: CPC, arts. 1.036-1.041.

Em contraponto a essa valorização crescente da jurisprudência, tomada como a "coleção harmônica e iterativa de acórdãos de um Tribunal ou de uma Justiça sobre uma dada matéria", registra-se, nos países de *common law*, uma valorização igualmente crescente da norma legal, como antes referido, induzindo uma tendencial e crescente *aproximação-integração* das famílias jurídicas da *civil law* e da *common law*. Esse fenômeno, em boa medida, guarda simetria com a aproximação dos países acarretada pela globalização da eco-

79. Dispositivo revogado pelo art. 1.072, IV, do vigente CPC.

nomia, pela transmigração dos povos, pela multinacionalização do Direito. Este último aspecto encontra exemplos expressivos nas regras de processo civil internacional (*principles and rules of transnational civil procedure*), aprovadas pelo Conselho da *Unidroit* (Instituto para a Unificação do Direito Privado) e pelo *American Law Institute* (Instituto de Direito Americano) no 2.º semestre de 2004[80] e ainda no Anteprojeto de Código Modelo de Processos Coletivos para Ibero-América.[81]

É bem possível que a *fúria legislativa* que assola nosso país – em boa parte insuflada pelas chamadas *leis de ocasião* –, a par da baixa qualidade redacional de muitos textos, operem como concausas para o *deficit* de eficácia e credibilidade da norma legal. No vácuo aberto por essa deficiência normativa tem se alojado e desenvolvido a jurisprudência, predominante ou sumulada, seja no projetar efeitos pan-processuais, como se dá no descarte de RE's ou REsp's sobrestados na origem, em caso de contrariedade com a decisão-quadro firmada no STF ou no STJ no recurso afetado como representativo da controvérsia (CPC, arts. 1.039 e § único; 1.040, I) ou ainda na cassação de decisão judicial recalcitrante em face de súmula vinculante do STF (CF, § 3.º do art. 103-A; CPC, art. 988, III, inciso com redação da Lei 13.256/2.016).

Nessa linha, afirma Sérgio Gilberto Porto: "A jurisprudência, portanto, é indiscutivelmente fonte de direito, vez que interpreta o direito legislado, colmata suas lacunas e cria direito nos casos em que não há produção legislativa ou, ainda, havendo esta há desuso, em face de sua absoluta desatualização social. (...) Com efeito, a jurisprudência ocupa assento entre as fontes do direito seja devido à sua própria historicidade e/ou função no ordenamento jurídico, seja, também, pela deficiência das demais fontes (no exemplo brasileiro, a deficiência da lei)".[82]

Essa potencialização do assim chamado *costume judiciário* acaba repercutindo no papel *sociopolítico* dos Tribunais, os quais, gradualmente, vão deixando a tradicional postura *inercial e retrospectiva*, de singela subsunção da lei a fatos consumados, para já então assumir uma postura *pró-ativa e*

80. V., a propósito, Cássio Scarpinella Bueno, Os princípios do processo civil transnacional e o Código de Processo Civil brasileiro. *RePro* 122, abr./ 2005, p. 167-186.

81. V. o texto em: GRINOVER, Ada Pellegrini *et al.* (coord.), *Direito processual coletivo e o Anteprojeto de Código Brasileiro de Processos Coletivos*, São Paulo: Revista dos Tribunais, 2007, p. 426-432.

82. A crise de eficiência do processo – a necessária adequação processual à natureza do direito posto em causa, como pressuposto de efetividade. In: FUX, Luiz *et al.* (coords.). *Processo e Constituição...* cit., p. 185.

prospectiva, na medida em que a jurisprudência, dominante e sobretudo sumulada, passa a *parametrizar* a decisão dos casos enquadrados na tese assentada, assim *aproximando as eficácias* do direito sumular e da norma legal, quanto aos atributos de impositividade, impessoalidade, abstração e generalidade.

Nesse sentido, Boaventura de Souza Santos, Maria Manuel Leitão Marques e João Pedroso reconhecem que "há muita criação de direito nos tribunais, tanto nos países da *common law* como nos países do direito europeu continental. Trata-se de uma criação precária, intersticial, caótica, mas nem por isso menos importante, e de algum modo destinada a aumentar de importância as circunstâncias que parecem estar a prevalecer no terceiro período jurídico-político, o período pós-Estado-providência A criação intersticial do direito prospera, de fato, à medida que colapsam os princípios de subsunção lógica na aplicação do direito. (...) Todos esses fatores fazem com que se atenuem ou sejam cada vez mais difusas as fronteiras entre a criação e a aplicação do direito. É nessas fronteiras que a criação judicial do direito tem lugar."[83]

Verdade que esse *ativismo judiciário* pode, alguma vez, desbordar as raias da razoabilidade-proporcionalidade, não raro abrindo focos de atrito e tensão com o Executivo no que pertine às suas atribuições para a gestão da coisa pública, e também com o Legislativo, no que toca às matérias afetas à reserva legal. Elival da Silva Ramos vê "atividade normativa atípica do STF" na emissão da súmula vinculante e no mandado de injunção. "Por ativismo judicial, deve-se entender o exercício da função jurisdicional para além dos limites impostos pelo próprio ordenamento que incumbe, institucionalmente, ao Poder Judiciário fazer atuar, resolvendo litígios de feições subjetivas (conflitos de interesse) e controvérsias jurídicas de natureza objetiva (conflitos normativos). Essa ultrapassagem das linhas demarcatórias da função jurisdicional se faz em detrimento, particularmente, da função legislativa, não envolvendo o exercício desabrido da legiferação (ou de outras funções não jurisdicionais) e sim a descaracterização da função típica do Poder Judiciário, com incursão insidiosa sobre o *núcleo essencial* de funções constitucionalmente atribuídas a outros Poderes".[84]

Ideal seria que os *princípios* – por exemplo, o da *eficiência* no serviço público (CF, art. 37, *caput*) – e as *normas* – por exemplo, a que manda interpretar os contratos "conforme a boa-fé e os usos do lugar de sua celebração"

---

83. Os tribunais nas sociedades contemporâneas. *Revista Brasileira de Ciências Sociais*, n. 30, fev. 1996, p. 57.

84. *Ativismo judicial – parâmetros dogmáticos*, São Paulo: Revista dos Tribunais, 2010, p. 293, 308.

(CCi, art. 113), operassem por *adesão espontânea* dos destinatários, à vista de sua natural e inerente carga impositiva, o que tanto bastaria para sua efetividade e credibilidade em face de seus destinatários, nos setores público e privado. Porém, a observação do que ordinariamente acontece em sociedade exibe um abismo entre o *país legal* e o *país real*: as normas, quando operam, fazem-no mais por conta da sanção prevista para o caso de resistência do que, propriamente, por uma recepção natural e imediata ao seu enunciado.

De modo geral, verifica-se uma baixa efetividade/credibilidade social do ordenamento positivo, com os destinatários da norma buscando por todas as formas furtar-se aos seus efeitos ou ao seu raio de incidência, de que é exemplo o que amiúde ocorre ante a norma tributária.

José Carlos Barbosa Moreira denuncia "a crença simplista de que, alterando a redação de um artigo ou introduzindo-lhe novo parágrafo, se pode dar como solucionado um problema da vida jurídica. A norma, vale sublinhar, nem é impotente, nem onipotente. Estou convencido de que a ânsia de modificar incessantemente a lei – tão sensível, nos últimos anos, no campo processual – cresce na razão inversa de nossa disposição para pesquisar a realidade com critérios técnicos. Terá algo de uma tentativa, consciente ou não, de supercompensar um déficit – mecanismo familiar à psicanálise."[85]

Essa tendencial nomocracia é uma *concausa*, que opera, juntamente com a *cultura demandista*, para insuflar a pletora de processos em trâmite na Justiça brasileira, situação caótica geralmente invocada como justificativa para a infindável introdução de novos institutos e novas técnicas processuais, que, sobre não resolverem eficazmente os problemas, ainda põem em risco a coesão interna do sistema, desorientam os operadores do Direito e trazem insegurança para o sistema como um todo.

Daí o importante papel do Direito sumular, assim na prevenção como na contenção dos processos em primeiro e segundo graus, podendo-se legitimamente prospectar que venham desestimuladas muitas ações cuja pretensão seja contrária a um enunciado sumulado e a outros padrões decisórios impositivos, porque essa dissonância autoriza a improcedência liminar do pedido (CPC, art. 332 e incisos).

No tocante essa referida improcedência liminar do pedido seguem em aberto alguns questionamentos: (*i*) saber se haverá número expressivo de sentenças subsumidas nos enunciados do direito sumular, aferição essa que

---

85. O futuro da justiça: alguns mitos, *Temas de direito processual*, 8.ª série, São Paulo: Saraiva, 2004, p. 10.

deve levar em conta que o *decisum* não se confina necessária ou exclusivamente ao dispositivo, mas pode alcançar algum outro ponto ou capítulo igualmente enfrentado e resolvido (*tot capita quot sententiae*); (*ii*) saber se a improcedência liminar do pedido conseguirá superar graves questionamentos que lhe têm sido opostos, entendendo Nery & Nery que tal inovação é inconstitucional: "Como pode o juiz julgar improcedente liminarmente o pedido do autor com base em 'entendimento' jurisprudencial, coarctando o exercício legítimo da garantia constitucional fundamental de ação sem a observância do due process ?".[86]

A isonomia de todos perante a lei (CF, art. 5.º, *caput*) não pode restringir-se à lei enquanto norma postada abstratamente no ordenamento (a "norma legislada"), mas deve *também* aplicar-se à norma que vem a ter o seu *momento judiciário (a "norma judicada"), e, sob esse prisma,* a rigor não se precisaria agregar à súmula do STF o qualificativo "vinculante" (CF, art. 103-A: EC 45/2004; Lei 11.417/2006), porque, tratando-se de enunciado oriundo de Tribunal que é *o guarda da Constituição* (CF, art. 102, *caput*), e sendo tal excerto representativo do entendimento assentado sobre uma determinada questão de direito, tal deveria bastar para que a súmula, tout court (dita súmula *simples),* operasse em modo naturalmente impositivo, dispensando o adjetivo indicativo de sua obrigatoriedade, o mesmo podendo dizer-se das súmulas do STJ no tocante ao direito federal comum.

Todavia, seja porque entre nós o primado segue sendo o da norma legal (CF, art. 5º e inciso II), seja porque disseminou-se o entendimento de que a súmula simples tem caráter só *persuasivo*, houve por bem o constituinte revisor autorizar o STF a indicar quais de suas súmulas ficariam vinculantes (EC 45/2004, art. 8.º), sujeitando os órgãos jurisdicionais como um todo e também a administração pública à sua estrita observância, sob pena, respectivamente, de *cassação* da decisão judicial e *anulação* do ato administrativo que tenham recusado (indevida e imotivadamente) aplicação a tais enunciados ou que os tenham aplicado equivocadamente (CF, § 3.º do art. 103-A; CPC, art. 988, III, inciso com redação da Lei 13.256/2.016 e art. 992).

Convivem então no STF duas modalidades de súmula, já que as não *confirmadas* como vinculantes – ditas súmulas simples – preordenam-se a ter um grau menor de eficácia, projetando eficácia *persuasiva,* isto é, no plano da influência, ao passo que as vinculantes, do STF, como o nome o indica, projetam eficácia impositiva e *dissuasória.* Ao propósito, José Carlos Barbosa Moreira

86. *Comentários ao Código de Processo Civil – novo CPC – Lei 13.105/2.015,* São Paulo: Thomson Reuters-Revista dos Tribunais, 2.015, nota nº 4 ao art. 332, p. 909.

fala na "impropriamente chamada 'súmula vinculante'"; "(...) a palavra 'súmula', inclusive em documentos oficiais (como o Regimento Interno do STF, arts. 102 e 103), não é empregada com referência a *cada uma* das proposições ou teses jurídicas consagradas pela Corte (ou, ajunte-se, por qualquer tribunal), senão para designar o respectivo conjunto, que lhe resume a jurisprudência: essa, aliás, a acepção abonada pela etimologia e acolhida pelos dicionários: *vide*, por exemplo, o verbete pertinente do *Novo Aurélio*, que define 'súmula' como 'pequena suma; breve resumo, epítome, sinopse'".[87]

Em verdade, causa espécie que a interpretação assentada em súmula de um *Tribunal da Federação*, tal o STF, se restrinja a operar como uma singela "orientação sugerida", ou seja, *mais que um conselho, menos que uma ordem*, como já se disse com espírito, tão só pela circunstância de não constar, expressamente, do rol daquelas nominadas como *vinculantes*.

O direito sumular vem desempenhando relevantes funções endoprocessuais e panprocessuais (CPC, art. 927,II, IV; art. 332, I, IV). , notadamente para agilizar e racionalizar os julgamentos nos Tribunais, donde, em boa hora, dispor o vigente CPC que os "tribunais devem uniformizar sua jurisprudência e mantê-la estável, íntegra e coerente", incumbindo-lhes ainda editar "enunciados de súmula correspondentes a sua jurisprudência dominante", certo ainda que, nesse mister, devem as Cortes "ater-se às circunstâncias fáticas dos precedentes que motivaram sua criação" (art. 926 e §§).

Com o advento da súmula vinculante do STF, o direito sumular passou a projetar notável expansão, operando: (*i*) como *elemento de contenção* do afluxo excessivo do recurso extraordinário ao STF, a par do pressuposto genérico da *repercussão geral da questão constitucional*: CF, § 3.º do art. 102; (*ii*) como *fator dissuasório* do próprio ajuizamento de ações cujas pretensões discrepam do enunciado sumular. No primeiro caso, porque é praticamente nenhuma a chance de vir a ser provido (ou mesmo conhecido!) um recurso extraordinário que se revela contrário a enunciado sumular; no segundo caso porque, sendo passível de cassação a decisão judicial contrária à súmula vinculante (CF, art. 103-A, § 3.º; § 2.º do art. 7.º da Lei 11.417/2006), é também praticamente nula a chance de acolhimento, em primeiro grau, de ação cujo pedido vá de encontro ao contido nesse tipo de súmula; (*iii*) como fator dissuasório da interposição de recursos aos tribunais, inclusive STF e STJ, ante o risco de majoração da verba honorária de sucumbência, prevista no § 11 do art. 85 do CPC, aí reconhecendo José Miguel Garcia Medina "uma consequência

87. Súmula, jurisprudência, precedente: uma escalada e seus riscos. *Temas de direito processual*, 9.ª série, São Paulo: Saraiva, 2007, p. 303 e rodapé n. 6.

indireta: antevendo haver poucas chances de êxito recursal, a parte poderá acabar decidindo por não recorrer".[88]

Sobre o tema, assim escrevemos em sede doutrinária: "(...) Nesse contexto, não há negar a influência direta e frontal que o direito sumular do STF e do STJ passa a exercer sobre as pretensões judicializadas, inclusive consentindo a improcedência liminar do pedido contrário a tais enunciados (CPC, art. 332, I) ou ainda a concessão de tutela da evidência, quando o pedido, provado documentalmente, encontra respaldo em súmula vinculante (CPC, art. 311, II).[89]

Com efeito, o antes afirmado *efeito preventivo genérico* projetado pela súmula vinculante do STF, ao inibir ou ao menos desestimular o ajuizamento de pretensões em senso contrário, encontra um expressivo argumento de reforço no vigente CPC, na medida em que aí se autoriza a *improcedência liminar do pedido* – "independentemente da citação do réu" – quando tal pretensão "contrariar súmula do Supremo Tribunal Federal ou do Superior Tribunal de Justiça" (art. 332, I): se assim vem projetada a eficácia *preclusiva* ou ao menos *dissuasória* das súmulas *simples* desses Tribunais da Federação, que dirá quando a contrariedade se configurar em face de súmula vinculante do STF!

O Direito sumular, a par do relevante propósito de prevenir ou superar a *divergência jurisprudencial*, atua, ainda, como *elemento aceleratório*, assim da interposição como do julgamento dos recursos, dizendo o § 4.º do art. 102 do RISTF: "A citação da Súmula, pelo número correspondente dispensará, perante o Tribunal, a referência a outros julgados no mesmo sentido"; igual enunciado encontra-se no art. 124 do RISTJ. Neste passo, cabe dizer que a divergência jurisprudencial, em si mesma, não é um mal, senão que deve ser vista como uma ocorrência virtual e previsível na estrutura judiciária brasileira, de desenho piramidal, com órgãos singulares à base, órgãos colegiados locais e regionais de permeio, e no cimo, os tribunais superiores, operando os colegiados em *competência de derrogação*, por conta do efeito substitutivo dos recursos (CPC, art. 1.008).

É só a partir de *certo ponto* da marcha dos processos que o dissenso pretoriano começa a projetar efeitos deletérios, mormente por engendrar o risco de tratamento não isonômico entre os jurisdicionados, donde o sistema processual disponibilizar meios adequados tanto para *prevenir* a divergência (v.g., a tese jurídica firmada no incidente de resolução de demandas repetiti-

---

88. *Novo Código de Processo Civil comentado*, 5ª ed., 2.017, cit., nota VI ao art. 85, p. 188.

89. *Divergência jurisprudencial e súmula vinculante*, 6. ed., Salvador: JusPodivm, 2.018, p. 495.

vas - CPC, art. 985 e incisos), como para superar o dissenso já instalado (v.g., o recurso especial pela alínea *c* do art. 105, III, da CF e ainda os embargos de divergência no STF e no STJ (CPC, art. 1.043-1.044). Registre-se, ainda, a possibilidade de embargos infringentes de ofício, nos moldes do art. 942 e §§ do CPC.

José Ignácio Botelho de Mesquita, escrevendo ao tempo do CPC/73, observara: "A divergência na interpretação da lei não é, em si mesma, nenhum mal. Basta considerar que a evolução da jurisprudência se processa mercê de interpretações novas que se contrapõem às antigas. O que é um mal é a decisão errônea ou a divergência que não corresponda a nenhuma evolução dos fatos que presidiram a criação da norma interpretada. Disse-o bem a Exposição de Motivos do Anteprojeto do Código de Processo Civil: 'o princípio da unidade do direito, como observa Calamandrei, deve ser entendido em relação ao espaço, não ao tempo: isto é, uma uniformidade contemporânea que não exclui uma diversidade sucessiva'. Essa uniformidade contemporânea é uma exigência óbvia da igualdade de todos perante a lei. Não será igual para todos a lei que, para alguns, seja interpretada num sentido e, para outros, seja interpretada em sentido oposto. A unidade do sentido da lei é pressuposto da igualdade perante a lei. Por esta razão, constitui imperativo constitucional e dever indeclinável dos tribunais uniformizar a sua própria jurisprudência. A uniformização, por sua vez, implica a atribuição de eficácia vinculante à interpretação que se pretende seja adotada uniformemente. Uniformização sem efeito vinculante é o mesmo que uniformização sem efeito uniformizante".[90]

A tendência à projeção pan-processual dos acórdãos consonantes dos Tribunais, especialmente quando extratificados em súmula, insere-se no que Cândido Rangel Dinamarco, escrevendo ao tempo do CPC/73, chamara de "caminhada de valorização da jurisprudência", nela identificando quatro passos evolutivos: (*i*) a Súmula do STF, nos anos sessenta do século passado, "que se destinou a favorecer a estabilidade da jurisprudência e, de igual modo, a simplificar o julgamento das questões mais frequentes"; (*ii*) a chamada Lei dos Recursos – n. 8.038/90 – que "trouxe para o plano legal o que era meramente regimental, ratificando aqueles poderes do relator e dando igual tratamento ao recurso especial, processado no Superior Tribunal de Justiça, instituído um ano antes"; (*iii*) a Lei 9.756/98, que "ampliou os poderes do relator, seja nos tribunais locais ou nos de superposição (Supremo Tribunal Federal e Superior

90. Uniformização de Jurisprudência. *Lex – Jurisprudência do STF*, n. 226, out. 1997, p. 7-8.

Tribunal de Justiça), sempre em associação com a observância de precedentes judiciários" (CPC/73, arts. 120, 480, §§ 3º e 4º do art. 544; 557 e § 1º-A); (*iv*) a tudo se soma, prosseguia Dinamarco, "o efeito vinculante das decisões do Plenário do Supremo Tribunal Federal no controle de constitucionalidade – quer difuso ou concentrado". Tais sucessos legislativos, rematava, "em relação à força dos precedentes reconfirma que a instituição de súmulas com eficácia geral e poder vinculante não constituirá uma ruptura nem um ato imprudente de aventura do constituinte".[91]

Essa tendencial escalada valorativa da jurisprudência reafirmou-se em cores fortes no vigente CPC, como se colhe dos padrões decisórios impositivos listados no art. 927 e incisos, valendo lembrar que o descumprimento de alguns deles desafia reclamação (art. 988, II e IV, redações dos incisos cf. Lei 13.256/2.016). A tal ponto vem potencializado o elemento pretoriano que a prestação de caução, no rito da execução provisória, pode ser dispensada se o título judicial exequendo "estiver em consonância com súmula da jurisprudência do Supremo Tribunal Federal ou do Superior Tribunal de Justiça ou em conformidade com acórdão proferido no julgamento de casos repetitivos" (CPC, art. 521, IV).

Para emprestar a devida *qualidade* à resposta judiciária não basta a composição justa do conflito, num processo de duração razoável, mas ainda há que atender o quesito da *razoável previsibilidade*, que vem a ser o antônimo (e o antídoto!) da temível *loteria judiciária*, perspectiva que assombra os jurisdicionados, inconformados ao verem casos iguais receberem respostas díspares de uma mesma Justiça, iniquidade que depois se pereniza com a agregação da coisa julgada. O fato de não ser o Direito uma ciência exata não é argumento bastante para que se deva *tolerar* o tratamento anti-isonômico aos jurisdicionados, até porque, como antes visto, o ordenamento processual disponibiliza incidentes e recursos justamente voltados para *prevenir* o dissenso, ou, se já configurado, para *superá-lo*. Instigante, no ponto, a ponderação de Roger Perrot: "Todo mundo reconhece ao juiz a faculdade de suprir a lei nos limites da interpretação. Mas não é de se admitir que o juiz lance um desafio à lei esquecendo que ele não extrai a legitimidade do seu poder senão da lei mesma e que, ao desejar ignorá-la, serra o galho sobre o qual ele se assenta".[92]

---

91. Súmulas vinculantes. *Revista Forense*, vol. 347, jul.-set. 1999, p. 56-57.

92. Crise du juge et contentieux judiciaire civil em droit français. In *La crise du juge*, Paris, 1990, p. 39. *Apud* J. I. Botelho de Mesquita, *Teses, estudos...* cit., p. 282.

6. A DECISÃO CONDENATÓRIA E SUA REDUZIDA CARGA EFICACIAL NA SOCIEDADE CONTEMPORÂNEA.

A leitura exacerbada e irrealista do contido no art. 5.º, XXXV, da CF – a chamada *indeclinabilidade* da função judicial do Estado – tem acarretado consequências deletérias, tanto para a administração da justiça como para o jurisdicionado, ao induzir a ilação de que quaisquer pretensões resistidas ou insatisfeitas *devem* ser judicializadas. Sem embargo, aquele princípio, ou aquela garantia, têm sido enaltecidos, seja pela *facilitação do acesso à Justiça*, posta pelo saudoso Mauro Cappelletti como *la prima ondata* de renovação do processo civil, seja porque ali se perscruta um exercício de cidadania, ou, se se quiser, um fator de inclusão social por meio da Justiça.

Todavia, a promessa de uma judiciabilidade plena, prodigalizada e incondicionada, além de gerar para o Estado uma demanda superior à sua capacidade de oferta, também fomenta a cultura *demandista* ou *judiciarista*, em detrimento da busca de outras formas auto e heterocompositivas dos conflitos, levando a que pessoas físicas e jurídicas declinem (ou desconfiem) desses outros meios, operantes fora e além do ambiente *oficial* da Justiça estatal. O açodamento na propositura de ações judiciais, além de dar azo à utilização dessa via para alcançar objetivos escusos e subalternos, ainda permite que, não raro, o ajuizamento se dê antes que a controvérsia tenha alcançado ponto razoável de maturação e de definição, estágio que deve ser tentado através da *decantação* do conflito junto às instâncias auto ou heterocompositivas.

Nem outra coisa se colhe da Res. STJ 125/2010, que estabelece a *Política Judiciária Nacional*), constando dentre seus *consideranda* que as práticas de conciliação e mediação têm "reduzido a excessiva judicialização dos conflitos de interesses, a quantidade de recursos e de execução de sentenças".[93] Bem por isso, a Lei 13.467/2.017, que alterou profunda e extensamente a CLT, veio estabelecer na Justiça laboral o "processo de jurisdição voluntária para homologação de acordo extrajudicial", instaurável "por petição conjunta", prevendo-se que, no "prazo de quinze dias a contar da distribuição da petição, o juiz analisará o acordo, designará audiência se entender necessário e proferirá sentença" (arts. 855-B e D, acrescidos por essa lei).

A seu turno, J. J. Calmon de Passos, focando o viés sociológico da temática ora versada, avaliava que a sobrecarga do serviço judiciário "é fruto igualmente do incentivo à litigiosidade que uma leitura incorreta, *data venia*, da Constituição, somada à falta de sensibilidade política dos três Poderes,

93. DJ*e* de 01.12.2010, republicada no DJ*e* de 01.03.2011.

determinou a partir de 1988 e vem-se agravando progressivamente. Do dizer que nenhuma lesão pode ser subtraída da apreciação do Poder Judiciário colocou-se nossa democracia de ponta-cabeça e hoje, poder mesmo, é o detido por aqueles que o povo não elege, não participa de seu recrutamento e sobre os quais não tem nenhum poder de controle – o Judiciário, o Ministério Público e a Mídia". Na sequência, propugnava o autor pela "destecnificação da solução de conflitos sociais, retirando da esfera do Poder Judiciário o que a maioria das nações desenvolvidas já excluiu. Recuperar organismos intermediários na sociedade, transferindo para eles o poder de composição dos conflitos".[94]

Por conta da difusão generalizada da ideia de uma justiça estatal ofertada em modo *genérico e incondicionado*, muitos se decepcionam com o quadro com que, posteriormente, se deparam, a partir do momento em que participam de uma ação judicial: o *stress* pela excessiva duração do processo, os custos incorridos para o seu manejo, a angústia pela imprevisibilidade do resultado final; a frustração ao constatarem que o processo pode se estender a um ponto futuro indefinido, por conta do manejo excessivo de recursos, impugnações e incidentes que o sistema disponibiliza.

Neste passo acode a instigante distinção entre *clientes eventuais* e *clientes habituais* do Judiciário: estes últimos, geralmente corporativos, são favorecidos pela "economia de escala" com que *administram* seus processos (têm Departamento Jurídico ou são *clientes de partido* de grandes escritórios ou, no caso do Poder Público, contam com Procuradorias e Assessoria Jurídicas) e por isso podem "tocar" os inúmeros processos que lhes concernem, até as instâncias superiores, buscando esgotar todas as possibilidades impugnativas; destarte, a deficiência da estrutura judiciária não lhes molesta expressivamente, senão que em muitos casos até lhes favorece, na medida em que as controvérsias remanescem *sub judice* por longo tempo, estagnadas como *objeto litigioso*, assim ensejando a postergação do cumprimento das obrigações, sob o manto da chamada "mora judicialmente legalizada". Já os clientes *eventuais*, geralmente pessoas físicas, ou mesmo jurídicas de pequeno porte, encontram-se rara e episodicamente como autores ou réus em ações judiciais, e por isso sofrem os ônus e os percalços da duração, dos custos e da imprevisibilidade do processo, de tal sorte que, se um dia conseguem a condenação da contraparte, essa "vitória" traz embutida *mais uma* decepção, porque lhes cabe ainda suportar novos incidentes e impugnações, da execução ou da fase de cumprimento de sentença.

94. Reflexões... cit. In: SANTOS, Ernane Fidélis dos *et al.* (coord.). *Execução civil...* cit., p. 838-839.

Nesse sentido, Boaventura de Souza Santos, Maria Manuel Leitão Marques e João Pedroso, escrevendo sobre o incremento da judicialização dos conflitos na sociedade contemporânea, informam que em sua investigação buscaram "averiguar em que medida o aumento da litigação era resultado da abertura do sistema jurídico a novos litigantes, ou era antes o resultado do uso mais intensivo e recorrente da via judicial por parte dos mesmos litigantes, os chamados *repeat players* (Galanter, 1974)".[95]

A plena e imediata *efetividade* do comando judicial, assim como a completa realização da norma de regência, subsumida ao caso concreto, só são de todo alcançadas nos provimentos cautelares que se revelam *satisfativos*, e, bem assim, nas sentenças *singelamente declaratórias* e nas *constitutivas*, justamente porque tais casos dispensam a execução forçada: as medidas cautelares apenas eliminam a situação emergencial; as sentenças declaratórias só objetivam a eliminação da incerteza (CPC, art. 19 e incisos) e as sentenças constitutivas já operam, de per si, a alteração no *statu quo ante*, como se dá com a rescisão de um contrato ou a anulação de um casamento, verificando-se que em todos esses casos a eficácia do julgado não depende de prestação da contra-parte, voluntária ou induzida coativamente.

Diferentemente se passa com as sentenças *condenatórias*, que são comandos de prestação – dar, fazer, não fazer, pagar, entregar coisa, tolerar, cumprir – casos em que só o *imperium* do comando judicial não basta para, de per si, assegurar a efetiva realização do direito afirmado no título judicial. Carlos Alberto Alvaro de Oliveira acentua a importância de se levar em conta os *efeitos práticos* do julgado, e não só sua configuração teórica: "A tutela do direito é momento imediatamente posterior ao último ato da tutela jurisdicional. Assim, por exemplo, a entrega do dinheiro satisfaz o direito do autor produzindo-se em consequência a tutela do direito, o ressarcimento. Completa-se, de tal sorte, o ciclo essencial do processo, pois a tutela jurisdicional deve partir da realidade material e à realidade material deve retornar".[96]

Nem outra coisa se colhe do art. 4º do vigente CPC: "As partes têm o direito de obter em prazo razoável a solução integral do mérito, *incluída a atividade satisfativa*", na esteira, portanto, de um processo civil de resultados.

Ainda ao tempo do CPC/73 o legislador brasileiro já se mostrara sensível aos problemas que não raro obstaculizam a realização prática dos

95. Os tribunais nas sociedades contemporâneas. *Revista Brasileira de Ciências Sociais*, n. 30, fev. 1996, p. 38.

96. Direito material, processo e tutela jurisdicional. In: FUX, Luiz *et al.* (coord.). *Processo e Constituição...* cit., p. 777.

comandos prestacionais, como se colhia da Exposição de Motivos da Lei 11.232/2005, preordenada a instituir um *processo sincrético*, com o cumprimento da sentença condenatório-pecuniária posto como uma *fase* ao final do processo de conhecimento, após breve *tempus iudicati*. "A execução permanece o 'calcanhar de Aquiles' do processo. Nada mais difícil, com frequência, do que impor no mundo dos fatos os preceitos abstratamente formulados no mundo do direito. Com efeito: após o longo contraditório no processo de conhecimento, ultrapassados todos os percalços, vencidos os sucessivos recursos, sofridos os prejuízos decorrentes da demora (quando menos o 'damno marginale in senso stretto' de que nos fala Ítalo Andolina), o demandante logra obter alfim a prestação jurisdicional definitiva, com o trânsito em julgado da condenação da parte adversa. Recebe então a parte vitoriosa, de imediato, sem tardança maior, o 'bem da vida' a que tem direito? Triste engano: a sentença condenatória é título executivo, mas não se reveste de preponderante eficácia executiva. Se o vencido não se dispõe a cumprir a sentença, haverá iniciar o processo de execução, efetuar nova citação, sujeitar-se à contrariedade do executado mediante 'embargos', com sentença e a possibilidade de novos e sucessivos recursos. Tudo superado, só então o credor poderá iniciar os atos executórios propriamente ditos, com a expropriação do bem penhorado, o que não raro propicia mais incidentes e agravos."[97]

De outra parte, é significativo tenha aquela mesma Lei 11.232/2005 suprimido do art. 463 do CPC/73 o trecho onde se dizia que o juiz, ao publicar a sentença de mérito, "*cumpre e acaba* o ofício jurisdicional" (!): é que, tirante as sentenças *terminativas*, as meramente declaratórias, as constitutivas e as que homologam soluções consensuais, no mais o ofício jurisdicional não pode ter-se por consumado simplesmente do fato de o juiz ter procedido o *acertamento*, a *definição* da situação conflituosa, *condenando à* prestação positiva ou negativa; impende que o órgão judicial não se desligue do processo, mas acompanhe os passos seguintes, em ordem a assegurar que o comando emitido venha *efetivamente cumprido*, isto é, que o bem da vida foi realmente entregue a seu legítimo titular, porque, de outro modo, a outorga de "tutela jurisdicional" a quem teve o direito *reconhecido* se reduz a decepcionante *vitória de Pirro*. É bem por isso que o CPC autoriza o juiz, com vistas à consecução da prestação específica do comando condenatório, a valer-se "de todas as medidas indutivas, coercitivas, mandamentais ou sub-rogatórias necessárias para

97. *Apud* opúsculo editado pelo *Instituto Brasileiro de Direito Processual*, Brasília, abril de 2006.

assegurar o cumprimento de ordem judicial, inclusive nas ações que tenham por objeto prestação pecuniária" (art. 139, IV).

Neste passo, ocorre evocar o exemplo emblemático dos *mandados judiciais de reintegração de posse* nos casos de invasões a propriedades rurais por grupos ditos *sem terra*: a mídia tem repercutido a escassa eficácia dessas ordens, por razões diversas, entre as quais uma certa relutância de proclamar, incisivamente, o direito de propriedade e o seu corolário: o direito do esbulhado a ser reintegrado em sua posse, "preferindo-se" deixar que o episódio se resolva "de alguma maneira" pela intercessão de outros órgãos, agências ou entidades. Nesse sentido, há algum tempo Denis Lerrer Rosenfield deu a conhecer documento emanado da *Ouvidoria Agrária Nacional*, de 28.02.2008, nominado *Diretrizes Nacionais para Execução de Mandados Judiciais de Manutenção e Reintegração de Posse Coletiva* (!), pelo qual, afirmava o articulista, "a unidade policial, ao receber a ordem de desocupação, deveria articular-se com os demais 'órgãos da União, Estado e Município (Ministério Público), Incra, Ouvidoria Agrária Nacional, Ouvidoria Agrária Estadual, Ouvidoria do Sistema de Segurança Pública, Comissões de Direitos Humanos, Prefeitura Municipal, Câmara Municipal, Ordem dos Advogados do Brasil, Delegacia de Polícia Agrária, Defensoria Pública, Conselho Tutelar e demais entidades envolvidas na questão agrária/fundiária) para que se façam presentes durante as negociações e em eventual operação de desocupação' ".[98]

(Desnecessário frisar que, após a "filtragem e decantação" da ordem judicial por tantas instâncias intervenientes, pouco ou nada restará de sua imperatividade original, levando de envolta a credibilidade social na função jurisdicional do Estado, e deixando perplexa e frustrada a parte a quem fora "reconhecido o bom direito". Já o vigente CPC, valendo-se de técnica mais adequada e eficiente, traz disposições específicas para o caso de "conflito coletivo pela posse do imóvel", prevendo-se até mesmo audiência de mediação: art. 565 e §§).

Cássio Scarpinella Bueno anotara que a antes referida alteração redacional no art. 463 do CPC/73 objetivara deixar claro que o processo "só tem término com a *realização concreta* do que tiver, perante o Estado-juiz, sido reconhecido como 'o' direito, independentemente da *forma* que deverá ser empregada para o atingimento desta específica finalidade". (...) "O proferimento da sentença de mérito tem de ser entendido apenas como o encerramento de uma 'etapa' do processo, pensando nele como um todo que envolve não só

98. "Ameaça à vista", artigo publicado no jornal *O Estado de S. Paulo*, de 28.04.2008, cad. A-2.

a atividade eminentemente intelectual do juiz (*definição* de quem tem e de quem não tem razão) mas, indo além disto, praticando atos materiais para *satisfação* daquele que tem razão. O processo envolve não só as atividades de *reconhecimento* do direito, mas também as atividades de *realização concreta deste mesmo direito* que (...) podem, para fins didáticos, ser agrupadas em uma diferente, embora relacionada, 'etapa'".[99] Bem por isso, o vigente CPC dota o juiz do poder-dever de determinar e acompanhar as medidas de apoio e astreintes que se façam necessárias para induzir o cumprimento específico do julgado: arts. 139, IV; 536 e § 1º; 537 e §§.

Apesar do déficit de efetividade e da baixa credibilidade social na *solução adjudicada* mediante comandos prestacionais, as pretensões resistidas ou insatisfeitas continuam a afluir em modo crescente aos Fóruns já sobrecarregados, entre outras razões por conta de uma *cultura demandista*, que estimula a judicialização de todo e qualquer conflito, em detrimento dos outros alvitres auto e heterocompositivos. Esse demandismo ora se deve ao espírito de emulação, por parte do credor, que o incita a infligir o desconforto da ação judicial ao inadimplente, quando, de outro modo, teria mais *chance* de receber seu crédito se facilitasse o pagamento ou concedesse um desconto; ora é o divórcio litigioso, que poderia ter sido evitado se as partes optassem por uma separação consensual, em que se resolveriam, inclusive, questões pertinentes à guarda e visita dos filhos, partilha do patrimônio, isso tudo perante um Tabelião (CPC, art. 733 e § 1º); ora é a ação possessória, que poderia ser evitada por uma negociação com o ocupante ou detentor, a quem se oferecesse uma compensação financeira pelo tempo decorrido, benfeitorias porventura feitas e pelas despesas de remoção e realocação (este, aliás, o expediente exitoso a que têm recorrido algumas empresas de construção civil, para liberação de área destinada para construção de edifício, quando se encontra ocupada por habitações subnormais ou invadida por grupos ditos *sem teto*).

Em sentido consonante ao que ora se vai expondo, vale citar o pensamento do Min. Gilmar Mendes, do STF, em pronunciamentos à mídia jornalística: "É preciso acabar com a velha mentalidade de que, no Brasil, o reconhecimento e a concretização de direitos só se dá por meio judicial". (...). "Se não houver uma revisão da 'praxis judicializante' em breve não haverá estrutura possível para a prestação jurisdicional que se exige no País", disse. Prossegue o texto: "Segundo ele, a judicialização 'pura e simples' das disputas é uma das causas da demora dos julgamentos. 'Acaba desaguando no conhecido círculo

---

99. *Curso sistematizado de direito processual civil*, São Paulo: Saraiva, 2007, vol. 2, t. I, p. 326, 369-370.

vicioso em que mais processos demandam mais juízes, mais cargos, maior infraestrutura e assim infindáveis recursos'". (jornal *O Estado de S. Paulo*, cad. A-10, 03.02.2009). A própria Exposição de Motivos do anteprojeto do vigente CPC reconhecia que "a satisfação efetiva das partes pode dar-se de modo mais intenso se a solução é por elas criada e não imposta pelo juiz".[100]

Entre as *concausas* da sobrecarga da Justiça brasileira há que se destacar a postura do próprio *Poder Público*, sabidamente o *maior cliente do Judiciário*, com sua "política" de postergar a realização dos direitos dos administrados, levando a que estes acabem judicializando suas pretensões, comportamento não raro "justificado" ao argumento da "indisponibilidade do interesse público". Essa recorrente afirmação não resiste à análise, já por descurar a básica distinção entre *interesse público* e *interesse fazendário*, ou, se se quiser, entre interesse público primário e secundário.[101] Explica Eduardo Talamini que a "Administração Pública não está dispondo, 'abrindo mão' do interesse público quando dá cumprimento a direito alheio. E isso pela óbvia razão de que, nessa hipótese, não há direito em favor da Administração, não há que se falar em interesse público. Há muito, a doutrina já esclareceu que interesses pragmáticos da Administração que não encontrem amparo no ordenamento não constituem interesse público, são meros interesses secundários, ilegítimos. O interesse de que o agente público deve buscar a satisfação não é, simplesmente, o interesse da Administração como sujeito jurídico em si mesmo ('interesse secundário'), mas sim, o 'interesse coletivo primário', formado pelo complexo de interesses prevalecentes na coletividade".[102]

(Justamente por isso, há tempos já houvéramos propugnado a inclusão das ações de interesse da Municipalidade paulistana no programa de conciliação em segundo grau, do TJSP).[103]

A judicialização dos danos consumados, em ordem à reparação do prejuízo ou à reposição do *statu quo ante*, raramente consegue eliminar os efeitos nefastos já espalhados pela lide – diretos e indiretos – e isso por vários fatores. Um deles prende-se ao fato, ocorrente na *praxis* judicial, de que a lide é, ge-

---

100. Publicação do Senado Federal, Brasília, 2.010, p. 30 do documento impresso.

101. Ao propósito dessa distinção v. Renato Alessi, *Sistema istituzionale del Diritto Amministrativo italiano*, Milão: ed. Giuffrè, 1953, p. 150 e ss.

102. A (in)disponibilidade do interesse público: conseqüências processuais. *Revista de Processo*, nº 128, out. 2005, p. 61.

103. O plano piloto de conciliação... cit. *RT*, n. 820, fev. 2004, p. 11-49. Estudo republicado, revisto e atualizado, em nossa obra *Advocacia do setor público – estudos temáticos de Direito*, São Paulo: Saraiva, 2.013, p. 81-174.

ralmente, de âmbito menor do que a integralidade da controvérsia, por conta das *reduções de complexidade* que ela sofre, antes e mesmo depois de chegar à Justiça: por exemplo, na locação de um imóvel, é o direito pessoal, obrigacional que vem à baila, com a cessão do uso oneroso do imóvel, ficando fora do objeto litigioso outra possível querela de cunho dominial, já que não se trata de ação real (= **primeira redução**). Se o inquilino descumpre as obrigações (não paga os aluguéis, subloca o imóvel sem autorização, usa-o para fim ilícito, não o conserva devidamente), o proprietário por certo não irá alegar *todos* esses fatos para retomar o imóvel, até porque isso aumentaria o ônus probatório, por lhe caber a prova dos fatos constitutivos (CPC, art. 373, I). Assim, ficando os limites da lide cingidos só ao despejo *por falta de pagamento*, a ação terá um objeto litigioso de desenho *menor* do que o universo dos pontos conflitivos entremeados na locação como um todo (= **segunda redução**). Poder-se-ia, numa metáfora, dizer que nesses casos, "o mapa (isto é, a lide, tal como judicializada) não recobre o inteiro território isto é, a controvérsia em sua integralidade, e por isso os pontos conflitivos periféricos ou não incluídos no objeto litigioso ficam em aberto, não raro recrudescendo no futuro e dando azo a novas lides.

Análoga redução de complexidade pode ser observada quando o autor, podendo propor uma ação declaratória de reconhecimento de obrigação (portanto, com carga executiva: CPC, art. 515, I), limita-se a ajuizar uma declaratória pura (CPC, art. 19, I), com isso limitando seu pedido só à *eliminação da incerteza*, ficando em aberto outros possíveis pontos controvertidos. Isso é possível por conta do princípio da demanda: a função judicial é inerte, respondendo se e quando provocada e nos limites da provocação (CPC, arts. 2.º, 490, 492); aplica-se, aí, a premissa de que "quem pode o mais (no caso, *cognitio* mais *imperium*) pode o menos" – só *cognitio*.

Por conta da atual nomenclatura do mais ocorrente título judicial condenatório – "decisões proferidas no processo civil que reconheçam a exigibilidade de obrigação de pagar quantia, de fazer, de não fazer ou de entregar coisa" (CPC, art. 515, I), abriu-se flanco para questionamento sobre a efetiva condenação do devedor a cumprir a obrigação, já que a palavra reconhecimento parece acomodar-se a um julgado de perfil declaratório. Todavia, assiste razão a José Miguel Garcia Medina quando afirma: "Nem por isso a sentença condenatória pode deixar de ser considerada título executivo. É que quando o juiz condena, naturalmente reconhece a existência de obrigação, nos termos referidos no inc. I do art. 515 do CPC/2.015. Essa característica é confirmada pelo art. 523 do Código, que se refere textualmente à decisão condenatória".[104]

---

104. *Novo Código de Processo Civil comentado...*, 5ª ed., 2.017, cit., nota nº II ao art. 515, p. 855.

Escrevendo ao tempo do CPC/73, Teori Albino Zavascki sustentava: "Tutela jurisdicional que se limitasse à cognição, sem medidas complementares para ajustar os fatos ao direito declarado na sentença, seria tutela incompleta. E, se a norma jurídica individualizada está definida, de modo completo, 'por sentença', não há razão alguma, lógica ou jurídica, para submetê-la, novamente, a juízo de certificação, até porque a nova sentença não poderia chegar a resultado diferente do da anterior, pena de comprometimento da garantia da coisa julgada, assegurada constitucionalmente. Instaurar a cognição sem oferecer às partes e principalmente ao juízo outra alternativa que não 'a de um resultado já prefixado', representaria atividade meramente burocrática e desnecessária, que poderia receber qualquer outro qualificativo, menos o de jurisdicional. Portanto (...) não há como negar executividade à sentença que contenha definição completa de norma jurídica individualizada, com as características acima assinaladas".[105]

A própria lei processual admite, implicitamente, que o desenho da lide posto na peça inicial pode não abranger a inteira controvérsia, donde permitir a ampliação *a posteriori* do objeto do processo, seja por iniciativa do polo passivo (reconvenção: CPC, art. 343 e §§), ou de terceiros intervenientes (denunciação da lide: CPC, art. 125 e incisos) ou mesmo do próprio autor, ao ensejo da réplica (questão prejudicial de mérito: CPC, art. 503 e incisos). Permite ainda o sistema processual que os transatores otimizem a eficácia do acordo, agregando-lhe a força de título executivo *judicial*, submetendo-o à homologação em Juízo (CPC, art. 487, III, b).

Nota-se que o próprio legislador,de certo modo, teve em conta que o título judicial condenatório, de per si, pode não bastar para resolver, no plano prático, as pretensões resistidas ou insatisfeitas. Buscando superar o dogma pelo qual as prestações específicas, uma vez desatendidas, resolvem-se em perdas e danos (*nemo potest praecise cogit ad factum*: CCi, art. 247), o CPC prevê medidas de apoio (v.g., astreintes, multa diária), voltadas à obtenção da *execução específica* da obrigação (art. 139, IV; art. 536 e § 1º; art. 537 e § 1º), na esteira, de resto, do que já antes vinha previsto no CPC/73 (arts. 287, 461, 461-A) e no art. 84 do Código do Consumidor (Lei 8.078/90), de sorte que a conversão em perdas e danos fica deslocada como última alternativa.[106]

---

105. *Comentários ao Código de Processo Civil*, 2. ed., São Paulo: Ed. RT, 2003, vol. 8, p. 195.

106. No ponto, v. o nosso estudo Considerações acerca de certa tendência legislativa à atenuação do dogma "*nemo ad factum praecise cogi potest*", *in*: CRUZ E TUCCI, José Rogério (coord.), *Processo civil – evolução – vinte anos de vigência*, São Paulo: Saraiva, 1995, p. 259-272.

Hoje se vai reconhecendo que os danos sofridos, os prejuízos consumados, dificilmente são cabalmente reparáveis mediante a prolação de uma sentença de cunho condenatório, porque esta apenas exonera o Estado-juiz da obrigação de "entregar a prestação jurisdicional", mas *não garante o principal*, que é a realização prática do direito nela reconhecido, etapa que apenas *começa* com o trânsito em julgado e se prolonga por tempo não determinável a priori, mercê da interposição de impugnações, embargos e outros incidentes, a ponto de o CPC considerar "conduta atentatória à dignidade da justiça" os embargos manifestamente protelatórios (CPC, art. 919, III e § único).

A concepção contemporânea de jurisdição não se compadece com uma postura burocrática e descompromissada por parte do Estado-juiz, em face da crise socioeconômica subjacente à lide estritamente jurídica, como explica Luiz Guilherme Marinoni: "A tutela jurisdicional é prestada quando o direito é tutelado e, dessa forma, realizado, seja por meio da sentença (quando ela é bastante para tanto), seja mediante a execução. De modo que passa a importar, nessa perspectiva, a maneira como a jurisdição deve se comportar para realizar os direitos ou implementar a sua atividade executiva. Ou melhor, o modo como a legislação e o juiz devem se postar para que os direitos sejam efetivamente tutelados (ou executados)".[107]

Análogo entendimento vem sustentado por José Miguel Garcia Medina: "Com efeito, se foi realizado o pedido e o juiz pode julgá-lo procedente e determinar o cumprimento da sentença respectiva, deve-se admitir, a fortiori, a tomada de medidas tendentes a assegurar que tais resultados se concretizem; o mesmo se deve pensar, mutatis mutandis, em relação à tomada de medidas assecuratórias em relação à tutela executiva".[108]

Pesem as boas intenções e a técnica legislativa empregada com vistas a otimizar a eficácia prática dos comandos prestacionais, é preciso, realisticamente, ter presente que as inserções no ordenamento positivo, de per si, não asseguram a desejada efetividade prática desses provimentos jurisdicionais. Nesse sentido, José Carlos Barbosa Moreira já ressaltava "a espantosa catadupa de reformas legislativas, no Brasil e noutros países, ao longo dos últimos tempos, com resultados às vezes melancolicamente decepcionantes". O autor

107. A jurisdição no Estado contemporâneo. In: MARINONI, Luiz Guilherme (coord.), *Estudos de direito processual civil*... cit., 2006, p. 58.

108. Cf. opúsculo Seminário Novas Reformas do Processo Civil, Brasília, abr. 2006, publ. Instituto Brasileiro de Direito Processual, p. 7.

ilustrava o afirmado evocando a norma (programática?) do inc. LXXVIII do art. 5.º da CF, a saber o quesito da "razoável duração dos processos".[109]

A proposta contemporânea sobre o acesso à Justiça, que ora vamos desenvolvendo, intenta (*i*) *dessacralizar* tal acesso, despojando-o de utópicas acepções ufanistas, por modo a trazer tal garantia, em simetria com a chamada *reserva do possível*, ao plano da realidade judiciária brasileira, assim deslocando a possibilidade de judicialização para um plano de subsidiariedade, e não de protagonismo ou de oferta primária; isso permitirá concentrar a força de trabalho do Judiciário nos casos em que sua intervenção seja realmente inevitável e profícua, em razão de peculiaridades da matéria ou das pessoas envolvidas (ações ditas necessárias) e bem assim aos conflitos incompossíveis nas instâncias suasórias; (*ii*) indigitar a sentença condenatória, proferida na jurisdição singular, precipuamente aos conflitos intersubjetivos de cunho patrimonial, por modo a deixar os megaconflitos, emergentes das chamadas *relações multiplexas*, para o campo da jurisdição coletiva, apta a resolvê-los em modo unitário e molecular, evitando o deletério fracionamento da macro lide em multifárias e repetitivas ações individuais.

Nesse sentido, Mauro Cappelletti explicava que a chamada "terceira onda" de renovação do processo civil passa pela "substituição da justiça contenciosa por aquela que denominei de *justiça coexistencial*, isto é, baseada em formas conciliatórias. (...) A decisão judicial emitida em sede contenciosa presta-se otimamente a resolver relações isoladas e meramente inter-individuais; ela se dirige a um episódio do passado, não destinado a perdurar. A justiça coexistencial, pelo contrário, não visa a *trancher*, a decidir e definir, mas antes a 'remendar' (falei justamente de uma *mending justice*) uma situação de ruptura ou tensão, em vista da preservação de bem mais duradouro, a convivência pacífica de sujeitos que fazem parte de um grupo ou de uma relação complexa, à qual dificilmente poderiam subtrair-se. (...) A justiça contenciosa é boa para as relações de tipo tradicional, não para aquelas cada vez mais típicas e frequentes nas sociedades contemporâneas, nas quais assumiram grande importância as que os sociólogos denominam de *total institutions*: instituições 'integrais' no sentido de que, enquanto membros de várias comunidades econômicas, culturais, sociais, somos constrangidos a passar nelas grande parte da nossa vida e atividade: fábrica, repartições públicas, escolas, bairros etc."[110]

---

109. O problema da duração dos processos: premissas para uma discussão séria. *Temas de direito processual*, 9.ª série, São Paulo: Saraiva, 2007, p. 373-374, *passim*.

110. Problemas de reforma do processo civil nas sociedades contemporâneas, trad. J. C. Barbosa Moreira. *Revista de Processo* nº 65, jan./mar. 1992, p. 132, 133.

Efetivamente, a só *situação de prejuízo individual* pode não ser *motivo suficiente* para deflagrar a ação judicial, se houver a intercorrência de outros fatores, mormente a disparidade de forças entre as partes ou a intenção de preservar certas *situações continuadas* (escola, trabalho, vizinhança, família, vínculo associativo) as quais ficariam em risco ante a judicialização do conflito. Nesse sentido, Boaventura de Sousa Santos, Maria Manuel Leitão Marques e João Pedroso observam que o lesado pode ter *boas razões* para não intentar a lide judicial se, por exemplo, isso "envolver o risco de pôr globalmente em perigo uma relação que em outros níveis é benéfica para o lesado. Isto sucede sobretudo no caso das relações multiplexas, isto é, relações que unem os indivíduos através de múltiplos vínculos (amizade, família, religião, etnia, negócios)".[111] (Pense-se nas relações de compadrio, entre patrão e empregado; nas relações entre meeiro e proprietário da gleba; na cessão gratuita de habitações aos *colonos*, por liberalidade do fazendeiro; nas relações entre os sócios de uma empresa ou de um empreendimento etc.).

Em suma, as sentenças de cunho condenatório, por se traduzirem em comandos de prestação, cuja realização prática fica a depender, ou da colaboração do obrigado ou de intromissão no seu patrimônio (penhora, hasta pública) ou de conduta comissiva / omissiva do devedor, não têm exibido a eficácia que delas se poderia esperar, diversamente do que se passa com as sentenças que de per si alteram o *statu quo ante* (constitutivas) ou eliminam a incerteza preexistente (meramente declaratórias).

Por aí se explica, aliás, o incremento das sentenças *mandamentais*, que, além de procederem ao acertamento, *impõem* a realização do ato, do fato ou da abstenção, sob pena de sanções severas, as quais, nos países de *common law* reúnem-se sob a rubrica do *contempt of court*, e, entre nós, incluem injunções diversas, como *astreintes*, multa diária, medidas de apoio, tudo em ordem ao cumprimento *específico* da obrigação. Comentando o art. 84, § 5º do CDC, Kazuo Watanabe alerta para a necessidade de *maior preparo dos juízes*, "quando se tem presente a ampliação de seus poderes, pela clara adoção pelo Código de novos e mais eficazes tipos de provimentos jurisdicionais, como a ação mandamental de eficácia assemelhada à injunction do sistema da common law e à 'ação inibitória' do Direito italiano (...)".[112]

---

111. Os tribunais nas sociedades contemporâneas. *Revista Brasileira de Ciências Sociais*, n. 30, fev. 1996, p. 51.

112. *Código Brasileiro de Defesa do Consumidor* (obra coletiva), 12ª ed., Rio de Janeiro: Gen-Forense, 2.019, comentário ao art. 84, p. 929.

Capítulo 3

MEIOS UNILATERAIS DE PREVENÇÃO OU RESOLUÇÃO DAS CONTROVÉRSIAS

Sumário: 1. De ordem geral. 2. A prevenção ou resolução dos conflitos concerne, imediata e precipuamente, aos próprios interessados. 3. Meios unilaterais em espécie: 3.A) Renúncia; 3.B) Desistência; 3.C) Confissão; 3.D) Reconhecimento do pedido.

1. DE ORDEM GERAL.

A cultura demandista, ou judiciarista – subproduto da leitura exacerbada e irrealista da garantia de acesso à Justiça – traz, como perverso efeito colateral, a (falsa) percepção de que todo e qualquer prejuízo temido ou sofrido *tem que* ser necessariamente reparado, não podendo ser relevado, renunciado ou composto suasoriamente, num discurso de *tolerância zero*, que só faz aumentar as tensões e as insatisfações ao interno da coletividade. Em verdade, a vida na sociedade contemporânea, globalizada, massificada e conflitiva, impõe a conscientização de que é preciso abrir algumas concessões e tolerar certos comportamentos, não havendo como converter cada interesse contrariado ou insatisfeito numa lide judicial, sob pena de se acirrar a conflituosidade ao interno da coletividade, com repercussão no assombroso número de processos judiciais pendentes nos escaninhos da Justiça estatal, como se colhe do informado pelo CNJ no boletim Justiça em Números, divulgado no segundo semestre de 2.019: "O Poder judiciário finalizou o ano de 2018 com 78,8 milhões de processos em tramitação, aguardando alguma solução definitiva".[1]

Esse ambiente marcadamente contencioso acaba redundando num perverso círculo vicioso, configurando um jogo de *soma zero*, do qual só resultam perdedores: a *organização da Justiça*, que não tem mãos a medir em face da pletora crescente de processos; *o Estado*, cujo orçamento é cada vez mais onerado em face das contínuas requisições de verba para custeio da máquina judiciária e de novos e crescentes investimentos nessa área; *o jurisdicionado*, que se frustra ao receber uma resposta judiciária de baixa qualidade: defasada,

1. Sítio www.cnj.jus.br, acesso em 18.11.2.019.

custosa e imprevisível; enfim, a *sociedade como um todo*, ao constatar, desolada, que a promessa da ubiquidade da justiça (CF, art. 5.º, XXXV) é meramente retórica, não guardando aderência à realidade brasileira.

Num país de dimensão continental, onde se espraiam – de forma heterogênea – mais de duzentas milhões de pessoas, é utópico esperar que a prestação jurisdicional consiga operar a contento em termos de uma efetiva *oferta primária*, como se passa com as típicas prestações sociais do Estado, tais as relativas à saúde, educação, segurança pública, ordem urbanística, mobilidade urbana. Depois, é preciso levar em conta que o acesso à Justiça, ofertado a quem o postula, não assegura que se vá alcançar a aferição do *mérito* do histórico de dano sofrido ou temido (e, muito menos, engaja alguma avaliação positiva quanto a ser *fundada* a pretensão).

Assim se passa, de um lado, porque, ao contrário do direito de petição, que é genérico e incondicionado, o direito de ação é específico a uma dada lide e muito condicionado (pressupostos de existência e validade do processo e condições de admissibilidade da ação); de outro lado, não há confundir o singelo *direito de demandar*, correspondente à simples movimentação da máquina judiciária (protocolo e distribuição da petição inicial), com o *direito à tutela jurisdicional* propriamente dita, já que esta pressupõe uma avaliação positiva quanto à higidez formal da ação e da relação processual (habilitando a análise do mérito) e, depois, outra avaliação positiva, já agora quanto a ser *fundada* a pretensão: a efetiva outorga da prestação jurisdicional. A não se entender assim se chegará ao que Celso Fernandes Campilongo identifica como um "perverso fenômeno de utilização do Direito para o descumprimento do Direito por meio de pretextos jurídicos".[2]

A par dos impedimentos de diversa ordem que inibem a apreciação do *meritum causae*, levando às sentenças meramente *processuais ou terminativas* (CPC, art. 485 e incisos), é possível que sequer a relação processual venha a se formar, restando linearmente confinada entre autor e juiz, como nos casos de indeferimento da petição inicial e de improcedência liminar do pedido ainda sem citação do réu (CPC, art. 330 e incisos; art. 332 e incisos, nessa ordem). Mesmo o acesso à instância recursal pode não alcançar o patamar dos Tribunais Superiores, caso não atendidos os rigorosos pressupostos constitucionais de admissibilidade (CF, art. 102, inciso III e § 3.º - STF; art. 105, III - STJ).

2. Direitos fundamentais e Poder Judiciário. In: *O direito na sociedade complexa*. São Paulo: Max Limonad, 2000, p. 109.

A par disso, pode dar-se que o próprio *duplo grau de jurisdição* não venha cabalmente observado, se o tribunal ad quem, apreciando apelação tirada contra sentença apenas terminativa, entender que se trata de causa madura, ficando, então, autorizado a adentrar o meritum causae (CPC, art. 1.013, § 3º, I). Como se infere dessa apertada síntese, a acessibilidade à Justiça, franqueada pelo art. 5.º, XXXV, da CF, é de ser apreendida *modus in rebus*, estando longe de ser uma oferta primária e liberalizada de justiça estatal, e bem mais próxima de uma *cláusula de reserva*, de cunho residual, ou seja, operante se e quando presentes específicos pressupostos e condições, e ainda, já agora sob uma renovada perspectiva, quando não sejam viáveis ou se tenham frustrado outras formas auto e heterocompositivas.

Assim parece a Carlos Alberto de Salles: "Aceitar a inclusão no conceito de jurisdição de mecanismos não judiciais de solução de conflitos permite uma interpretação mais próxima das finalidades da norma de inafastabilidade. (...) Afinal, o objeto do legislador constitucional não é outro do que aquele de propiciar uma resposta adequada a qualquer ameaça ou lesão a direito. A jurisdição estatal, nessa abordagem, deve ser vista como um recurso final, uma maneira de obter uma palavra final acerca de determinada controvérsia. A alternativa judicial deixa de significar, entretanto, a saída melhor ou necessária de solucionar uma controvérsia. O modo judicial de solução de controvérsias deve ser visto como uma das formas dentro de um universo de alternativas parcial ou totalmente direcionadas aos mesmos fins".[3]

Ademais, a acepção *ufanista* da garantia de acesso ao Judiciário carrega para o Estado o ônus de atender uma exacerbada demanda por justiça que, em verdade, ele não tem como atender; ou então, buscando fazê-lo sofregamente, cai na *armadilha* de ofertar *mais do mesmo*, engendrando o *gigantismo judiciário*: mais processos = mais juízes, fóruns, serventuários, investimentos em informática, enfim, mais custeio. Essa *política quantitativa*, sobre não resolver o problema, ainda o agrava, por aplicação de conhecido princípio pelo qual o *aumento da oferta fomenta a demanda*, assim incrementando a *cultura* judiciarista, a qual, à sua vez, retroalimenta o sistema, fechando um perverso círculo vicioso. Como *externalidade negativa*, tal contexto ainda desestimula a busca pela solução negociada dos conflitos, que seria o antídoto natural e eficaz para a preocupante *crise numérica de processos* que assola o Judiciário.

Bem por isso, o próprio ordenamento positivo sinaliza para a resolução das controvérsias fora e além do aparato judicial: os **conflitos desportivos**

3. Mecanismos alternativos... cit. In: FUX, Luiz *et al.* (coord.). *Processo e Constituição...* cit., p. 785.

só podem ser judicializados após submetidos aos Tribunais correspondentes (CF, art. 217 e §§); o **promissário comprador** de imóvel loteado deve ser previamente *notificado, pelo Registro de Imóveis,* para a possível purgação da mora (Lei 6.766/79, art. 32 e §§); o **acordo extrajudicial sobre direitos trabalhistas** pode ser levado à homologação judicial (CLT, art. 855-B, inserido pela Lei 13.467/2.017); o **juízo arbitral** pode ser manejado em caso de restar frustrada a conciliação, nos Juizados Especiais (Lei 9.099/95, art. art. 24 e §§) e pode ser utilizado pela administração pública direta e indireta (Lei 9.307/96, § 1º do art. 1º, parágrafo inserido pela Lei 13.129/2.015); a previsão de **arbitragem** nos instrumentos negociais, para o caso de eventual conflito, pode ser arguida na contestação do réu, implicando extinção do processo sem julgamento do mérito (CPC, art. 337, X; 485, VII); a **extinção de uma obrigação pecuniária** pode ser obtida mediante a consignação do valor num Banco oficial (CPC, art. 539 e § 1º); as decisões do **Tribunal de Contas,** de conteúdo pecuniário, assim como a do **plenário do CADE** que comine multa ou imponha obrigação de fazer ou não fazer, configuram título executivo extrajudicial (CF, art. 71, § 3º; Lei 12.529/2011, art. 93, nessa ordem); **inventários e partilhas; divórcios, separações e extinção de união estável**, sendo as partes capazes e não havendo litígio, podem ser realizados nos tabelionatos (CPC, art. 610, § 1º; art. 733 e § 1º); a **Advocacia-Geral da União e os dirigentes de empresas públicas federais** podem "autorizar a realização de acordos ou transações para prevenir ou terminar litígios, inclusive os judiciais" (Lei 9.469/97,art. 1º, caput, redação da Lei 13.140/2.015); a **União, os Estados, o Distrito Federal e os Municípios** podem criar câmaras de prevenção e resolução administrativa de conflitos, valendo-se da mediação, inclusive em se tratando de conflitos envolvendo interesses indisponíveis que admitam transação (Lei 13.140/2.015, art. 3º e incisos; art. 32, incisos e parágrafos); **interesses metaindividuais**, inclusive aqueles tuteláveis via ação civil pública, podem ser objeto de compromisso de ajustamento de conduta (Lei 7.347/85, § 6º do art. 5º), valendo como título executivo extrajudicial (CPC, art. 784, IV).

Essa tendência à jurisdição compartilhada é acompanhada da conscientização de que é válido e legítimo, tanto social como juridicamente, que os conflitos passem, previamente, por certo *estágio de decantação e de maturação,* assim entre os próprios interessados, na busca de possível conciliação, como mediante a intercessão de uma instância parajurisdicional ou de um agente facilitador, inclusive para perfeita caracterização do interesse de agir, em caso de sequencial ação judicial, já que aquela condição da ação (CPC, art. 17) se configura pela necessidade e utilidade do acesso ao Judiciário, o que, à sua vez, pressupõe o esgotamento de outros meios e modos de prevenção ou resolução da controvérsia.

Com efeito, a acepção mais exata do interesse de agir (CPC, art. 17), a saber, a *necessidade - utilidade* do processo judicial, autoriza inferir, *contrario sensu*, que se a controvérsia consente, em princípio, ser dirimida alhures, fora e além da estrutura judicial do Estado, então em verdade *não se justifica* a judicialização, se e enquanto não é tentada essa alternativa, respeitando-se, naturalmente, um razoável interstício temporal com vistas à possível solução consensual da controvérsia. Naturalmente, tal ideário não se aplica aos casos em que a passagem judiciária se faz necessária, seja pela natureza da matéria envolvida (v.g., controle direto de constitucionalidade), seja pela qualidade da pessoa (v.g., casos de competência judicial ratione muneris).

Essa acepção do Judiciário sob um enfoque *residual* já constava de nossa Constituição Imperial de 1824, art. 161: "Sem se fazer constar, que se tem intentado o meio da reconciliação, não se começará Processo algum"). Deveras, não raro, a pronta judicialização do conflito ("ligação direta") engendra *externalidades negativas*: fomenta a litigiosidade entre as partes, desestimula a auto ou heterocomposição fora e além da estrutura estatal, posterga para um ponto futuro indefinido o desfecho da pendência, acirra o ambiente de hostilidade ao interno da coletividade.

Por esse viés, o acesso à Justiça é de ser visualizado como uma *cláusula de reserva*, ou seja, para os casos excluídos *ex vi legis* do alcance dos chamados meios alternativos (v.g., uma ação rescisória ou a homologação de sentença estrangeira), ou aqueles em que tais meios não resultaram exitosos (v.g., uma pretensão previdenciária desacolhida pelo INSS). Esses meios alternativos (rectius: meios adequados) podem ser assim esquematizados: (*i*) *autotutela unilateral*: renúncia, desistência, confissão, reconhecimento do pedido; (*ii*) composição bilateral ou policêntrica: negociação, mediação, conciliação espontânea ou induzida, transação, acordo extrajudicial em matéria de direitos trabalhistas acordo de leniência, compromisso de ajustamento de conduta; (*iii*) meios heterocompositivos: arbitragem, convenção coletiva de consumo, convenção coletiva de trabalho, atos notariais em tabelionatos, Juízos de Paz, avaliação neutra de terceiro.

É bem de ver que a prestação jurisdicional a cargo do Estado (CF, art. 5.º, XXXV) não tem como continuar a ser vista sob um registro monopolístico, de resto desautorizado por uma leitura serena e desapaixonada daquele dispositivo. A não se entender assim, incorre-se no risco de incidir num vero *convite à litigância*, induzindo a que todo e qualquer interesse contrariado ou insatisfeito seja de pronto judicializado. Tal contexto já se mostra preocupante até mesmo em face do foro concebido para recepcionar a chamada *litigiosidade contida* – na feliz expressão de Kazuo Watanabe –, a saber, os Juizados Especiais (Leis 9.099/95; 10.259/2001; 12.153/2.009), cujas pautas já estão sobrecarregadas e se alongam consideravelmente.

Esse afluxo excessivo de causas aos Juizados Especiais sóe ocorrer em virtude de algumas concausas, por exemplo, o lançamento no mercado de certo produto ou serviço que atrai o interesse de largo segmento da população; a oferta de um novo cartão de telefonia celular; a disponibilização de linha de crédito por instituições financeiras; a oferta de seguro-saúde em condições aparentemente muito vantajosas. Ao propósito, relatam os autores de certa pesquisa judiciária: "Muitos consumidores ficaram insatisfeitos com o produto porque acreditaram que receberiam o cartão com a função 'cartão de crédito' ativada, e só descobriram a ausência desta quando tentaram, em vão, utilizá-la. Descobriram, ainda, que existia a obrigação de efetuar o pagamento de uma taxa de anuidade, ainda que o cartão tivesse apenas a função 'pré-pago'. Tais problemas foram levados ao Judiciário, especialmente ao Juizado Especial Cível do Rio de Janeiro, que chegou a receber 60 mil ações sobre essa questão em um curto período de alguns meses". [4]

A política de crescimento físico do Judiciário, sobre não resolver o problema do excesso da demanda, ao final se traduz em frustração aos jurisdicionados, que, ou bem se resignam a acompanhar o lento e estressante trâmite dos processos, ou bem aceitam antecipar seu término, não raro firmando acordos insatisfatórios, ou mesmo ruinosos, em detrimento de seus efetivos direitos (a assim chamada, em fina ironia... *injustiça célere*). De todo esse contexto sai abalada e desprestigiada a função judicial do Estado, que, soçobrando a uma pletora inadministrável de processos, passa a ofertar justiça de baixa qualidade: lenta, onerosa, imprevisível, massificada, enfim, numa palavra... *injusta*.

Uma das concausas desse fenômeno pode ser localizada na excessiva constitucionalização dos direitos e interesses, prodigalizada na vigente Constituição, de textura analítica, garantista e abrangente, que, a par da quantidade inusitada de direitos positivados (e poucos deveres...), não poupou desses excessos o próprio Judiciário, como há tempos percebera José Joaquim Calmon de Passos: "Parte-se do falso e superado pressuposto de que a solução dos conflitos, sejam eles quais forem, deve ser confiada a juízes

4. Fabiana Luci Oliveira, Luciana de Oliveira Ramos e Paulo Eduardo Alves da Silva, "Estudo de caso em consumidor". In: GROSS CUNHA, Luciana e MONTEIRO GABBAY, Daniela (orgs.), *Litigiosidade, morosidade e litigância repetitiva no Judiciário – uma análise empírica*, São Paulo: Saraiva, 2012, p. 133.

togados, quando a experiência social aponta para soluções diversificadas, isto é, para conveniência de também ser confiada esta tarefa a outros atores sociais, preservando-se, apenas, o controle togado em favor da efetividade das garantias constitucionais. A única exceção, mofina e que jamais deveria ser definida constitucionalmente em sua abrangência, como o foi, é a da faculdade de criação de uma justiça de paz. Consequência desta insensatez foi termos transformado o desempenho da função jurisdicional numa tarefa que envolve altos custos e convida à ostentação e à suntuosidade, com prioridade precisamente no segmento menos fundamental, vale dizer, os tribunais".[5]

A propósito de certo projeto de lei, que então se preordenava a instituir a *mediação prévia ou incidental* no processo civil (PL nº 94/2002), assim depusera a Min. Fátima Nancy Andrighi, do STJ: "Por vivência, já temos a prova de que o sistema oficial do Estado de resolução dos conflitos perdeu significativamente a sua efetividade, e, portanto, a busca de sistema paralelo para colaborar com o modelo oficial é não só oportuna como fundamental. Ao se examinar as formas alternativas de resolução de conflitos, observa-se que a mediação é a que mais se destaca pelos benefícios que pode proporcionar e, por isso, deve receber nosso maciço investimento".[6] Aliás, a Exposição de Motivos do anteprojeto do vigente CPC registrara análogo posicionamento: "Deu-se ênfase à possibilidade de as partes porem fim ao conflito pela via da mediação ou da conciliação. Entendeu-se que a satisfação efetiva das partes pode dar-se de modo mais intenso se a solução é por elas criada e não imposta pelo juiz".[7]

Do que ora se vai expondo, é lícito inferir que a concepção de um serviço de distribuição da Justiça monopolizado pelo Estado, acompanhado de uma concepção prodigalizada e incondicionada de prestação judiciária, tornou-se hoje insustentável, até porque se reporta a uma realidade judiciária já defasada, sem mais correspondência com a atualidade, revelando-se a um tempo (i) irrealista e (ii) atécnica.

(*i*) **Irrealista**, porque o notório acúmulo de processos em andamento, em descompasso com a capacidade instalada da estrutura judicial do Estado, premida por contingenciamentos orçamentários, é incompatível com a ideia de uma oferta generalizada de Justiça estatal. Entendimento diverso ficaria na

5. *Direito, poder, justiça e processo – Julgando os que nos julgam*. Rio de Janeiro: Forense, 1999, p. 111.
6. Mediação – Um instrumento judicial para a paz social. *Revista do Advogado* (AASP), n. 87, set. 2006, p. 136.
7. Publicação do Senado Federal, Brasília, 2.010, p. 30 do documento impresso.

contramão do quanto vem sendo historicamente sinalizado pelo legislador, ao positivar diversos *elementos de contenção*, ora preordenados a prevenir a formação dos processos, ora a obstar seu prosseguimento, ora a sumarizar ou trancar seu curso: o direito sumular, posto como obstáculo ao prosseguimento de ação cuja pretensão vai de encontro a um enunciado assentado (CPC, art. 332, I e IV); o acórdão em *assunção de competência, de observância impositiva a juízes e órgãos fracionários de tribunais* (CPC, § 3º do art. 947); a exigência de *repercussão geral da questão constitucional* para admissão do recurso extraordinário ao STF (CF, § 3.º do art. 102: EC 45/2004; CPC, art. 1.035 e § 1º), assim como a exigência da transcendência da questão para admissão do recurso de revista ao TST (CLT, art. 896-A e § 1º, este inserido pela Lei 13.467/2.017); a exigência do *prequestionamento*, na admissibilidade dos recursos excepcionais ao STF (Súmulas 282, 356) e STJ (Súmulas 98, 211); a *súmula vinculante* do STF, aplicável ao Judiciário e à Administração Pública (CF, 103-A: EC 45/2004), cujo desatendimento desafia reclamação (CPC, art. 988, III, inciso com redação da Lei 13.256/2.016) podendo levar à cassação da decisão exorbitante (CPC, art. 992); a potencialização das atribuições do Relator, no tribunal, com destaque para o descarte monocrático de recurso dissonante de certos padrões decisórios, em decisão agravável (CPC, art. 932, IV e alíneas, c/c art. 1,021 e §§); o descarte de RE's e REsp's sobrestados nos TJ's e TRF's quando os acórdãos guerreados acabem respaldados por decisão--quadro do STF ou do STJ no rito dos recursos repetitivos (CPC, art. 1.040, I). Esse rol evidencia que, se fosse viável a acessibilidade franca e genérica de toda e qualquer controvérsia à Justiça estatal, por certo, o próprio ordenamento não excogitaria e positivaria tantos filtros, barreiras e elementos de contenção.

(*ii*) **Atécnica**, porque o acesso à Justiça (CF, art. 5.º, XXXV), até pela expressão genérica de sua formulação, não equivale nem se equipara ao direito de ação, já que este é muito condicionado (as condições de admissibilidade; os pressupostos "positivos e negativos" de existência e validade do processo; a exigência de que a pretensão não se revele contrária a certos padrões decisórios vinculativos), de sorte que aquele "princípio da inafastabilidade da tutela judicial" não pode ser visto para além dos lindes de um singelo *direito de demandar*, sem maiores expansões ou comprometimentos de parte do Estado-juiz quanto à aferição do *meritum causae*; tratar-se-ia de fórmula assimilável ao *right to be heard*, ou ao *fair day in Court*, do direito norte-americano, cujo vero sentido, de resto, não tem o elastério que, por vezes, se lhe empresta, e, sim, como esclarece Owen Fiss, o sentido de que "todo interesse envolvido deve ser representado. Se o interesse de um indivíduo foi representado adequadamente, então ele não terá futuras postulações contra a sentença".[8] Entre nós, o que se garante é a *apreciação do histórico de lesão sofrida ou temida por um juiz competente e imparcial*, o que nem de longe implica qualquer compromisso com o exame do mérito (e muito menos com a procedência da pretensão), porque tais eventualidades dependem da *presença* de certos quesitos formais, como os antes lembrados, a par da *ausência* de outros, tais a litispendência, a coisa julgada, a perempção, a convenção de arbitragem, a prescrição.

Reportando-se a tal contexto, Cândido Rangel Dinamarco fala numa "escalada de situações jurídicas", com três patamares, sendo o primeiro o mero *direito de demandar*, o segundo o *direito de ação*, e o terceiro, o *direito à tutela jurisdicional*: "No quadro das situações jurídicas estudadas pelo processualista a *tutela jurisdicional* constitui o grau mais elevado na escalada que vai da mera *faculdade de ingresso em juízo*, passa pela ação e pelo efetivo *direito ao provimento de mérito* e só finalmente chega a ela. Todos têm a faculdade de deduzir suas pretensões num processo, seja como autor ou como réu. Por mais absurda ou inadmissível que seja a demanda proposta e ainda que o demandante seja desenganadamente carente de ação, é dever do juiz apreciá-la ainda que para indeferi-la ou mesmo para aplicar alguma sanção ao seu autor se for abusiva (litigância de má-fé). Tal é o primeiro significado da garantia constitucional da ação (Constituição art. 5.º, XXXV). É a chamada *ação incondicionada*, que, de tão ampla, a doutrina já chegou a dizer que carece de qualquer interesse científico. É o *direito de demandar*, ou direito à administração da justiça". O segundo patamar é o direito de ação, que, "adequadamente exercido, será apto a proporcionar ao seu titular o pronunciamento sobre a pretensão que deduzir (o *meritum causae*) – o que não ocorre quando ausentes as condições da ação e, portanto, inexiste esta". Enfim, o terceiro patamar, – a tutela jurisdicional propriamente dita – só é atribuída para "*quem tiver razão perante o direito material*. Ser 'tutelado' por uma sentença que me nega o bem pretendido seria um *non sense* semelhante ao *diritto di aver torto* da famosa expressão com que Giuseppe Chiovenda ironizou as teorias abstratas da ação".[9]

A seu turno, Petrônio Calmon Filho observa que, com o progresso dos meios alternativos de solução dos conflitos, ao sistema judicial estatal fica "atribuído o papel de *ultima ratio*. O fórum deixa de ser o local de referência

---

8. *Um novo processo civil*, tradução brasileira por Daniel Porto Godinho da Silva e Melina de Medeiros Rós, coord. da tradução Carlos Alberto de Salles, São Paulo: Ed. Revista dos Tribunais, 2004, p.219.

9. *Fundamentos do processo civil moderno*, São Paulo: Malheiros, 2000, t. II, p. 820-823, *passim*.

onde as soluções dos conflitos se iniciam; aos juízes deve caber o papel de receber o conflito somente depois que todos os outros meios possíveis já foram tentados, salvo aqueles especiais em que os meios alternativos não são recomendáveis, seja porque não há vontade das partes (sempre soberana), seja por causa do tipo de direito material envolvido ou por causa de característica especial da pessoa envolvida".[10]

Enfim, trata-se da acepção da justiça oficial realocada como *last resort*, como por vezes referido no *common law*, a teor do informado por Neil Andrews, escrevendo acerca da experiência inglesa: "A jurisdição exercida perante os Tribunais está se tornando um sistema de último recurso a ser perseguido apenas quando técnicas mais civilizadas e 'proporcionais' tenham falhado ou nunca tenham sido feitas para funcionar". (...) "O governo tem um forte interesse em promover os meios alternativos de resolução de conflitos porque eles são menos custosos que a jurisdição civil".[11]

Não há como negar que o chamado *monopólio estatal da distribuição da Justiça*, na acepção (absurda) de uma *reserva de mercado* das lides prenunciadas ou consumadas, não guarda aderência à realidade atual, devendo ser devidamente revisto e contextualizado, para se compatibilizar com as novas necessidades e interesses emergentes na contemporânea sociedade massificada e conflitiva. A tônica, hoje, se desloca para a composição *justa* dos conflitos (= equânime, juridicamente consistente, sob uma boa equação custo-benefício, consentindo um prognóstico de razoável previsibilidade), e isso, *não necessariamente* através de decisão judicial de mérito, e, em alguns casos, até preferivelmente sem ela. A partir desse renovado ideário, vislumbram-se algumas *externalidades positivas*: o tempo assim poupado será empregado pelos juízes e Tribunais para o estudo e resolução dos casos efetivamente complexos e singulares, cuja crise jurídica imponha passagem judiciária, com vistas a uma cognição plena e exauriente; o Estado, com sua função judicial assim aliviada, poderá realocar os recursos antes consumidos pelo custeio crescente da máquina judiciária, em outros setores carentes de investimento, sobretudo na área social.

Ao Poder Judiciário também se aplica a lei econômica pela qual *a quantidade exclui ou pelo menos afeta a qualidade*, de sorte que não há como esperar uma resposta judiciária de qualidade num ambiente de sobrecarga de processos, tanto em primeiro como em segundo grau. Entre nós, não se atacaram, tempestiva e eficazmente, as concausas do gigantismo judiciário, para o qual confluem, de um lado a cultura demandista e, de outro, a desinformação

10. *Fundamentos da mediação e da conciliação*, Rio de Janeiro: Forense, 2007, p. 155.

11. Mediação e arbitragem na Inglaterra. *Revista de Processo* n. 211, set./2.011, p. 299, 300.

acerca dos meios alternativos para a solução das controvérsias, levando a que, com o passar do tempo, as mazelas da justiça estatal se tornassem crônicas, e depois agudas, hoje alcançando patamar pré-caótico. Buscando enfrentar tal situação, mas já agora a um certo destempo, passou o legislador a positivar medidas severas, algumas de discutível constitucionalidade, como a que permite o trancamento inicial, mesmo sem citação dos indigitados réus, de processos cujas pretensões se chocam com certos padrões decisórios (CPC, art. 332 e incisos)[12] olvidando-se que o réu, tanto quanto o autor, tem *direito ao processo, o que inclui o direito a ser ouvido.*

Da garantia constitucional de acesso à justiça não se extrai, explícita ou implicitamente, que todo e qualquer interesse contrariado deva configurar um processo judicial, na qual o Estado aferirá, oportunamente, o *meritum causae*, como fora uma máquina, acionada a cada inserção de moeda. As medidas restritivas e os elementos de contenção à judiciabilidade precisam operar não só no plano da jurisdição singular, como antes exposto, mas também no dos processos coletivos, nestes até por maioria de razão, em virtude da *eficácia expandida* de que se revestirá a coisa julgada. Nessa linha, observa Ada Pellegrini Grinover que numa ação por interesses individuais homogêneos (Lei 8.078/90, art. 81, § único, III), só é possível a tutela coletiva "quando estes forem *homogêneos*. Prevalecendo as questões individuais sobre as comuns, os direitos individuais serão heterogêneos e o pedido de tutela coletiva se tornará juridicamente impossível".[13]

Em simetria com esse entendimento, afirma Bruno Dantas Nascimento: "(...) a exclusividade da tutela coletiva, especialmente da forma como se acha estruturada no Brasil, é insuficiente para proteger eficazmente os direitos individuais homogêneos, diante do duplo risco que representa: *i*) homogeneização artificial dos conflitos individuais, apenas para caberem na única técnica processual ofertada pelo sistema; ou *ii*) incentivo à troca da tutela coletiva por ações individuais, com incremento do risco de coexistência de decisões contraditórias, além do assoberbamento do Poder Judiciário com dezenas de milhares de casos idênticos". [14]

---

12. V., ao propósito, os argumentos de Nery & Nery in *Comentários ao Código de Processo Civil...*, 2.015, cit., notas n°s 3 e 4 ao art. 332, p. 908, 909.

13. Da *class action for damages* à ação de classe brasileira: os requisitos de admissibilidade. In: MILARÉ, Édis (coord.). *Ação civil pública - Lei 7.347/81 - 15 anos*, 2. ed., São Paulo: Revista dos Tribunais, p. 32.

14. "Tutela recursal plurindividual no Brasil: formulação, natureza, regime jurídico, efeitos". Tese de doutorado, PUC - São Paulo, aprovada em 23.08.2013, perante Banca presidida pela Prof. Teresa Arruda Alvim Wambier, p. 92, 93.

Nesse sentido, o PL 5139/2009, à época voltado a regular a nova ação civil pública, buscava aprimorar o conceito de *interesses individuais homogêneos* ("assim entendidos aqueles decorrentes de origem comum, de fato ou de direito, que recomendem tutela conjunta a ser aferida por critérios como facilitação do acesso à Justiça, economia processual, preservação da isonomia processual, segurança jurídica ou dificuldade na formação do litisconsórcio"), por modo que o juiz, uma vez frustrados os alvitres suasórios, "decidirá se o processo tem condições de prosseguir na forma coletiva" (arts. 2.º, III e 20, I), o que permite evocar a *certification order*, nas class actions da família *common law*.

2. A PREVENÇÃO OU RESOLUÇÃO DOS CONFLITOS CONCERNE, IMEDIATA E PRECIPUAMENTE, AOS PRÓPRIOS INTERESSADOS.

A função judicial do Estado não é *imposta* aos jurisdicionados, mas na verdade é uma prestação ofertada a quem dela necessite, em face de controvérsias não compostas suasoriamente ou então insuscetíveis de composição entre os diretamente interessados: neste último caso encontram-se as pendências que, por sua própria natureza ou pela especial qualificação dos envolvidos, *necessitam* ter passagem judiciária, por exemplo: o controle de constitucionalidade; os casos inseridos na competência originária dos Tribunais, tal a ação rescisória; a cobrança executiva da dívida ativa não transacionada administrativamente com o contribuinte; a desapropriação em que se frustrou a via amigável; o compromisso de ajustamento de conduta descumprido pelo promitente; o inventário no qual há interesse de menores ou há conflito; a separação conjugal litigiosa.

Por esse viés também se perscruta a *relatividade* da garantia de acesso à Justiça (CF, art. 5.º, XXXV), que, longe de ser uma cláusula pétrea, ou um dogma, na verdade configura uma *oferta residual*, feita sem prejuízo dos demais meios auto e heterocompositivos, e algumas vezes até *pressupondo* o prévio esgotamento destes, como se dá nos conflitos de natureza desportiva (CF, art. 217 e §§). Exemplo expressivo de conjugação entre os planos judicial e particular encontra-se nas ações de despejo: se a desocupação tiver sido *acordada* entre as partes (Lei 8.245/91, art. 9.º, I) – portanto, autocomposição bilateral – e, depois, o inquilino vier a descumprir o acordado, permanecendo no imóvel, a ação de despejo correrá por rito sumário, concedendo o juiz, mediante caução, liminar para desocupação em 15 dias, *inaudita altera parte* (§ 1.º do art. 59).

Tirante os processos de jurisdição voluntária, cuja iniciativa pode ser do Ministério Público (CPC, art. 720), de ordinário o serviço judiciário é prestado *se e quando requisitado pela parte, e na medida dessa postulação* (CPC, arts. 2.º, 490, 492), o que bem se compreende, porque aí não se trata de instância administrativa, que é de caráter primário e atua de ofício, mas de uma legitimação de caráter técnico, deflagrada por provocação da parte ou do interessado e operante nos limites dela.

Esse desenho, aplicável à matéria cível, altera-se sensivelmente na seara penal, pela boa razão de que aí se lobrigam valores indisponíveis, tais a liberdade, o *jus persequendi* do Estado, a defesa técnica ao acusado, a atuação do Ministério Público, *pro societate.* Aliás, mesmo em matéria que não é propriamente penal, mas em que prevalece o caráter de ordem pública, o *princípio dispositivo* aparece mitigado ou até se torna inaplicável, como na ação civil pública ambiental, em que, havendo suficientes elementos de convicção coligidos no inquérito civil, o *parquet deve*[15] propor a ação (Lei 7.347/85, § 4.º do art. 9.º); ou na ação por ato de improbidade administrativa, por intuitivas razões.

Em linha de princípio, apresenta-se a função judicial em modo *substitutivo*, por aí se entendendo que, na hipótese de a controvérsia não ter sido auto ou heterocomposta, esse vácuo vem a ser preenchido pela intervenção do Estado-juiz, desde que para tal convocado pela parte ou interessado. Justamente porque essa legitimação do julgador é de caráter *técnico* (decorrente de aprovação em concurso público ou recrutamento pelo *quinto constitucional*), e não de caráter político-representativo, como o do governante ou do parlamentar, o poder-dever judicial de dizer o direito no caso concreto só remanesce se e enquanto perdura a lide, isto é, o caráter contencioso do processo, sem prejuízo de restar em mãos das partes a titularidade quanto às pretensões materiais, o que lhes permite, a qualquer tempo, transacionar acerca do objeto litigioso.

Esse contexto explica a possibilidade de disposição sobre o próprio direito controvertido nos autos, como se dá, em face do réu, no *reconhecimento*

---

15. Hugo Nigro Mazzilli explica que, em verdade, o MP beneficia de um regime de *discricionariedade controlada*, na propositura da ação civil pública da Lei 7.347/85: "Tanto o princípio da obrigatoriedade como o da indisponibilidade da ação civil pública, que iluminam a atuação ministerial, não obstam, entretanto, a que, em casos excepcionais, o Ministério Público possa dela desistir, ou até desistir do recurso, *desde que entenda não estar presente hipótese em que a própria lei torne obrigatório seu prosseguimento*" (*A defesa dos interesses difusos em juízo*, 30. ed., São Paulo: Saraiva: 2017, p. 98).

jurídico do pedido (CPC, art. 487, III, a) e, em face do autor, na *renúncia ao direito sobre que se funda a ação* (CPC, art. 487, III, c), assim como a virtualidade de virem a se compor (CPC, § 3º do art. 3º; art. 487 III, b), em todos os casos extinguindo-se *a lide e o processo*, cessando, *ipso facto*, a intervenção *substitutiva* do juiz, antes referida.

Daí que, tirante os casos que *necessitam* de passagem judiciária, antes lembrados, em regra as pretensões judicializadas não implicam o afastamento irreversível dos titulares do direito material questionado, e é por isso que a qualquer momento: (*i*) é possível a suspensão do processo em contemplação de uma composição amigável - CPC, art. 313, II e §§ 4º e 5º; (*ii*) o juiz deve tentar conciliar as partes a qualquer tempo, afastando, assim, a necessidade de sentença de mérito - CPC, art. 3º, § 3º; art. 139, V; (*iii*) a coisa julgada material, que estabiliza comando condenatório, não impede que o beneficiado abra mão de executar o título, ou mesmo venha a se compor com a parte contrária, parcelando a dívida, aceitando prestação equivalente ou aceitando receber porcentagem do total, dando quitação global, *pro soluto*; (*iv*) separações consensuais mesmo já distribuídas no foro judicial podem, inobstante, ser reencaminhadas a solução extra judicial, em tabelionato (CPC, art. 733 e § 1º); (*v*) ainda que tenha sido ajuizada ação coletiva (*v.g.*, proposta por associação contra indústria do tabaco, ao argumento de ser o tabagismo prejudicial à saúde), nada impede que um indivíduo ajuíze sua própria ação contra aquela empresa, pleiteando ressarcimento pelas despesas com tratamento de moléstia compatível com o consumo de cigarros – CDC, § 3º do art. 103; art. 104.

Mesmo numa ação envolvendo *interesse público* (*v.g.* uma ADIn) ou *interesse fazendário* (*v.g.*, uma desapropriação) ocorrências externas podem interferir e até determinar o seu encerramento antecipado: o ato normativo sindicado judicialmente vem a ser revogado pela instância de origem, levando a que a ação no controle direto perca o objeto (*rectius*: perda ulterior do interesse de agir); a Administração pode compor-se com o expropriado, que aceita receber o valor estimado pelo expropriante, assim encerrando o processo judicial, com a expedição da carta de adjudicação; aliás, a Lei 13.140/2.015 veio autorizar o emprego da mediação nas ações envolvendo o Poder Público, inclusive quanto aos interesses indisponíveis que admitam transação (art. 3º, caput). É justamente pela circunstância, antes sobrelevada, de que o ajuizamento da ação não faz perimir a titularidade da pretensão material, a qual remanesce com as partes, é que, onde os atos de disposição processuais não são viáveis, a lei *deve dizê-lo expressamente*, como, por exemplo, quando veda a desistência da ação no controle direto de inconstitucionalidade (Lei 9.868/99, art. 5º). O ora exposto exibe, claramente, como são distintos, embora se pressuponham e se correlacionem, os planos do direito da ação e do direito material.

Mesmo em *segundo grau de jurisdição*, deflagrado pela interposição de apelação contra sentença de mérito (e, portanto, num contexto em que já há vencedor e vencido), remanesce a possibilidade de conciliação,[16] que pode levar ao término da lide e do processo, até porque tal pode dar-se *a qualquer tempo* (CPC, art. 139, V).

Bem por isso, o TJSP, há algum tempo, houve por bem instalar um "Setor de Conciliação ou de Mediação" nas Comarcas e Foros do Estado, conforme regulamentado no Prov. CSM 953/2005, valendo destacar que suas diretrizes afinam-se com o contemporâneo *processo de estrutura cooperatória* e de desenho *policêntrico*, como se colhe dos dispositivos seguintes: "Art. 7.º. Poderão ser convocados para a sessão de conciliação, a critério do conciliador e com a concordância das partes, *profissionais de outras áreas*, como médicos, engenheiros, contadores, mecânicos, funileiros, avaliadores, psicólogos, assistentes sociais e outros, apenas no intuito de, com neutralidade, esclarecer as partes sobre questões técnicas controvertidas e assim colaborar com a solução amigável do litígio, proibida a utilização desses esclarecimentos como prova no processo". (...) "Art. 9.º. O encaminhamento dos casos ao Setor de conciliação não prejudica a atuação do juiz do processo, na busca da composição do litígio ou a realização de *outras formas* de conciliação ou de mediação". Posteriormente, o TJSP, através da Res. CGJ nº 17/2013, firmada pelo Corregedor Geral, Des. José Renato Nalini, veio dispor no art. 1.º: "Os notários e registradores ficam autorizados a realizar mediação e conciliação nas Serventias de que são titulares"; dentre seus *consideranda veio sobrelevado* "que os meios alternativos de solução de conflito, como a mediação e a conciliação têm alcançado resultados expressivos". (Posteriormente o Setor de Conciliação, de início referido, foi reestruturado e redenominado como "Centro Judiciário de Solução de Conflitos em Segunda Instância e Cidadania", conforme Provto. 1.857/2011, a par do Núcleo Permanente de Métodos Consensuais de Solução de Conflitos", regulado pelo Provto. CSM 1.868/2011).

O Código Civil, ao dizer no art. 841 que "só quanto a direitos patrimoniais de caráter privado se permite a transação", parece atrelar esse alvitre à

16. No ponto, v. o nosso O plano piloto de conciliação em segundo grau de jurisdição, do Egrégio Tribunal de Justiça de São Paulo, e sua possível aplicação aos feitos de interesse da Fazenda Pública, *RT*, n. 820, fev. 2004, p. 11-49. Estudo republicado, revisto e atualizado, em nossa obra *Advocacia do setor público – estudos temáticos de Direito*, São Paulo: Saraiva, 2.013, p. 81 -174.

disponibilidade do direito envolvido, porém essa leitura não pode ser tomada ao pé da letra, ao menos não necessariamente, por haver conflitos que, a despeito de lobrigarem interesse público, ou metaindividual, nem por isso são excluídos, *a priori*, da solução consensual. Assim, por exemplo, na tutela do meio ambiente: a despeito de se tratar de um "bem de uso comum do povo e essencial à sadia qualidade de vida, impondo-se ao Poder Público e à coletividade o dever de defendê-lo e preservá-lo para as presentes e futuras gerações" (CF, art. 225, *caput*), nem por isso ficam vedados os compromissos de ajustamento de conduta, que, uma vez cumpridos, *dispensam* a propositura da ação civil pública, podendo também ser firmados no bojo desta (Lei 7.347/85, § 6º do art. 5º; CPC, art. 784, IV).

Aliás, a *praxis* tem revelado que os meios heterocompositivos, fora e além da estrutura estatal, têm apresentado melhores resultados – em termos de eficiência, redução de custos e ganho de tempo – do que os que se poderiam esperar da ação judicial e da respectiva decisão de mérito, naturalmente ao pressuposto de que fique preservado o *núcleo duro do interesse objetivado* (por exemplo, se houve desmatamento ilegal, a transação não pode dispensar o replantio das espécies nativas, nem tampouco o pagamento da multa punitiva). Escreve Fernando Grela Vieira: "Por serem de natureza indisponível os interesses difusos e coletivos – assim como o são os individuais homogêneos, quando objeto de defesa coletiva –, seria de se reconhecer, em princípio, a impossibilidade jurídica da transação, seja ela judicial ou extrajudicial. A experiência demonstrou, todavia, que a disposição do responsável pelo dano de se adequar às exigências da lei ou de satisfazer integralmente o dano acaba por atender, finalisticamente, aquilo que seria de se buscar ou já se estaria postulando na via judicial, por meio da ação civil pública. (...) A esfera passível de ajuste fica circunscrita à forma de cumprimento da obrigação pelo responsável, isto é, ao modo, tempo, lugar e outros aspectos pertinentes. A transação, portanto, simplesmente substitui a fase de conhecimento do processo judicial, pois deve refletir o mesmo conteúdo esperado na prestação jurisdicional, caso houvesse a ação e fosse ela procedente, desfrutando, da mesma forma, de eficácia executiva."[17]

Em alguns casos a *solução negociada* surgirá como a mais recomendável senão a única viável na espécie, por exemplo, se da conduta ilícita resultou

---

17. A transação na esfera da tutela dos interesses difusos e coletivos: compromisso de ajustamento de conduta. In: MILARÉ, Édis (coord.), *Ação civil pública – Lei n. 7.347/85 – 15 anos*. 2. ed., São Paulo: Revista dos Tribunais 2002, p. 267-268, 279.

prejuízo irreversível ao bem protegido (figure-se que o corte da mata ciliar levou à extinção do manancial: *ad impossibilia nemo tenetur*). Um *compromisso de ajustamento de conduta* em que o responsável pelo dano aceita pagar a multa cabível e assume os custos de uma compensação ambiental planejada pelo órgão competente, poderá se revelar mais efetivo do que o ajuizamento da ação judicial, de desfecho imprevisível e muito protraído, cujo comando terá ainda que ser executado, desafiando novos recursos e incidentes. Nesse sentido, Fernando Grella Vieira vê no compromisso de ajustamento de conduta (§ 6.º do art. 5.º da Lei 7.347/85) uma "hipótese de transação, pois destina-se a prevenir o litígio (propositura da ação civil pública) ou a pôr-lhe fim (ação em andamento) e ainda dotar os legitimados ativos de título executivo extrajudicial ou judicial, respectivamente, tornando líquida e certa a obrigação".[18]

Por conta disso, todo *equivalente jurisdicional* ou *meio alternativo* capaz de tornar dispensável a ação judicial ou de antecipar o desfecho daquela já em curso deve ser prestigiado, dentro de uma óptica finalística e instrumental, em se considerando os custos, ônus e incertezas inerentes a todo processo judicial. Trata-se de dar espaço à resolução das controvérsias fora e além do aparato judiciário estatal, seja por deliberação dos próprios interessados, seja por indução de um agente facilitador (conciliador, mediador), numa modalidade de justiça mais centrada no sentido do *equânime* do que no estritamente jurídico (nesse sentido de rígida "adstrição da norma de regência aos fatos"), com isso prevalecendo os ideais da "composição justa dos conflitos" e da "pacificação das partes", sobre o fetiche obsessivo da decisão de mérito.

Cândido Rangel Dinamarco identifica na "busca de pacificação das pessoas e grupos mediante a eliminação de conflitos" o "*escopo social magno da jurisdição*, que atua ao mesmo tempo como elemento legitimador e propulsor da atividade jurisdicional. Essa perspectiva teleológica do sistema processual sugere a equivalência funcional entre a pacificação estatal imperativa e aquelas outras atividades, nem sempre estatais e jamais dotadas do predicado da inevitabilidade, com que se buscam os mesmos objetivos e a mesma utilidade social".[19]

Alguma vez já se contra-argumentou que uma tal resolução de conflito, *à revelia* do Estado-juiz, apresentaria uma *externalidade negativa*, na medida em que a pluralidade de atores na cena jurídico-consensual acabaria por desviar o foco e a importância da precípua *função jurisdicional*, tradicionalmente centrada no ofício de ouvir as partes, avaliar suas provas e proferir decisão, se

18. A transação... cit. In: MILARÉ, Édis (coord.), *Ação civil pública*... cit., p. 289.

19. *Instituições de direito processual civil*, vol. I, 6. ed., São Paulo: Malheiros, 2009, p. 126.

possível de mérito, segundo a persuasão racional do magistrado. Por esse viés, a resolução estatal ("oficial") das lides traria a vantagem de ser juridicamente mais consistente, porque outorgada por agentes públicos preparados para resolver a crise jurídica, e também mais duradoura, pela oportuna agregação da coisa julgada. Assim já alertara Owen Fiss, para quem a via judicial, que culmina com a *adjudication*,[20] "utiliza recursos públicos e não emprega estranhos escolhidos pelas partes, mas agentes públicos escolhidos por um processo do qual o público participa. Esses agentes, como os membros dos Poderes Executivo e Legislativo, possuem um poder que foi definido e conferido pelo direito público e não por ajuste privado. Seu trabalho não é maximizar os objetivos de particulares nem simplesmente assegurar a paz, mas explicar e conferir força aos valores contidos em texto de grande autoridade, como a Constituição e as leis: para interpretá-los e deles aproximar a realidade. Essa tarefa não é desempenhada quando as partes celebram um acordo. (...) Ser contra o acordo é apenas sugerir que quando as partes celebram um acordo a sociedade obtém menos do que parece, por um preço que não sabe que está pagando. As partes podem compor-se amigavelmente sem que a justiça seja feita; (...) não obstante o fato de as partes estarem preparadas para viver sob as condições acordadas e embora tal coexistência pacífica possa constituir um pré-requisito necessário da justiça, cuidando-se de uma situação a ser avaliada, não há propriamente justiça. Celebrar um acordo significa aceitar menos do que o ideal."[21]

Verdade que, por vezes, alguns episódios em nossa *praxis* judiciária parecem, *em certa medida*, abonar tal linha de pensamento, podendo ser lembrado certo processo tramitado na Justiça paulista há alguns anos, bastante repercutido na mídia: um admirador de notório cantor popular escreveu alentada biografia sobre seu ídolo, mas, para sua surpresa, o homenageado melindrou-se com a obra e intentou, judicialmente, a interdição da comercialização e a retirada dos exemplares já distribuídos, além de outras

20. Explica Carlos Alberto de Salles: "*Adjudication* é a forma usual na literatura de língua inglesa para designar a atividade realizada pelo Judiciário na solução de conflitos. Não obstante o vocábulo correspondente em português seja mais utilizado nas relações de posse e propriedade (*e.g.*, a 'adjudicação compulsória'), é correta na sua extensão para o sentido utilizado na língua inglesa. O juiz, ao julgar um determinado caso, aplica a norma ao caso concreto adjudicando - isto é, atribuindo - uma solução, entre outras possíveis, para a controvérsia em questão". In: *Um novo processo civil*, de Owen Fiss, coord. da tradução por C.A de Salles, trad. Daniel P. G. da Silva e Melina de M. Rós, São Paulo: Revista dos Tribunais, 2004, nota de tradutor n. 1, p. 26.

21. *Um novo processo civil*, cit., p. 139, 140.

cominações, nos campos cível e penal. Sem embargo, celebrou-se ajuste em audiência, pelo qual o réu "concordou" com a apreensão de 10.700 exemplares, os quais, segundo comentário do jornalista André Petry, da revista *Veja*, foram alocados num depósito onde "poderão ter dois destinos: ou serão reciclados, rendendo cerca de 2,5 toneladas de papel, ou queimados numa fogueira".[22] Sem entrar no mérito da controvérsia ou das versões apresentadas pelos contraditores, não há negar que a ocorrência leva a refletir sobre o grave problema dos *limites*, da *razoabilidade*, e da *conveniência-oportunidade* nos acordos celebrados incidentalmente nos autos ou levados à homologação judicial, aspectos sobre os quais deve zelar o juiz: a *legitimidade* de uma transação pressupõe concessões recíprocas, paridade de armas e resultado equânime; caso contrário corre-se o risco de incorrer numa prosaica *legitimação pelo procedimento* na qual a forma prevalece sobre o conteúdo, não se alcançando um vero e consistente *acordo*, já que a parte mais fragilizada, financeiramente ou em termos de assessoramento jurídico, se intimidará e tenderá a se submeter às exigências da outra, valendo notar que *submissão não é transação*, por ausência de uma verdadeira liberdade volitiva da parte hipossuficiente.

(Vem a pêlo, neste passo, o aforisma de Andrè de Laubadère: "Entre o forte e o fraco, é a lei que liberta e a liberdade que escraviza". Nem por outro motivo os "atos de disposição de direitos, praticados pelas partes ou por outros participantes do processo e homologados em juízo, bem como os atos homologatórios praticados no curso da execução, estão sujeitos à anulação, nos termos da lei" (CPC, § 4º do art. 966), o que inclui os vícios da vontade, tais como o "erro, dolo, coação, estado de perigo, lesão (...)" – CCi, art. 171, II. Isso porque uma autocomposição, aparentemente razoável e satisfatória para ambas partes pode, sem embargo, mascarar o fato de que entre as partes não havia paridade de forças, e assim aquela mais vulnerável acabou se resignando a aceitar um acordo injusto ou ao menos insatisfatório.

De todo modo, vale reconhecer que são excepcionais os casos de transações judiciais e extrajudiciais veramente irrazoáveis, aberrantes do senso comum, podendo-se dizer que as auto e heterocomposições costumam observar o bom senso que induz ao razoável e ao equitativo nessas negociações. Assim, nos Juizados Especiais, a teor do art. 6º da Lei 9.099/95: "O juiz adotará em cada caso a decisão que reputar mais justa e equânime, atendendo aos fins sociais da lei e às exigências do bem comum"; nos Tribunais de Arbitragem, dispõe o § 6º do art. 13 da Lei 9.307/96: "No desempenho de sua função, o

22. A burrice do rei. Revista *Veja*, n. 18, maio 2007, p. 53.

árbitro deverá proceder com imparcialidade, independência, competência, diligência e discrição". No âmbito do vigente CPC, dispõe o art. 166, *caput*: "A conciliação e a mediação são informadas pelos princípios da independência, imparcialidade, da autonomia da vontade, da confidencialidade, da oralidade, da informalidade e da decisão informada".

Assim, parece-nos que descabe, *a priori*, desmerecer ou desestimular a auto ou heterocomposição dos conflitos, por conta de algum excesso ou equívoco porventura ocorridos em casos isolados, valendo lembrar que também uma sentença de mérito pode ser deficiente na motivação e equivocada na conclusão, por isso mesmo desafiando recurso de devolutividade ampla, como é a apelação, cujo provimento tanto pode levar à revisão, ficando o julgado *substituído* pelo acórdão, como à cassação, para que outra sentença seja proferida, a par de poder se rescindida em caso de graves errores in procedendo. Vale sempre ter presente que o processo judicial não é um fim em si mesmo, mas *um dos meios* para alcançar a pacificação justa de um conflito, sendo, ademais, historicamente *posterior* aos outros meios e modos, tanto unilaterais (autotutela: renúncia, desistência, submissão) como bilaterais (mediação, arbitragem), que durante séculos foram exercidos; nesse sentido *cronológico*, pois, não haveria excesso em se considerar a Justiça estatal como *alternativa*. Em segundo lugar, a afirmação de que a sentença do juiz togado, fundada em legalidade estrita, seria qualitativamente superior ao acordo, transação, laudo ou sentença arbitral, é argumento tisnado por *petição de princípio*, porque não há como, empiricamente, demonstrar tal premissa, que assim remanesce no plano da mera especulação, ou, como se diria em linguagem coloquial, um simples *achismo*.

Facilmente se constata a evolução e prestígio da justiça fundada em equidade, em comparação àquela pautada na *legalidade estrita, o que em boa medida pode explicar a expansão dos Juizados Especiais, antes restritos aos instalados nos Estados (Lei 9.099/95), já que as decisões, nessas instâncias judiciárias são, basicamente, fundadas na equidade ("a justiça do caso concreto", no conhecido conceito), até por conta da natureza dos conflitos que aí afluem. Justamente por conta do déficit de efetividade que se vem identificando na solução adjudicada estatal, fundada na legalidade estrita, vêm tomando corpo as* diversas modalidades de auto e heterocomposição, entre estas últimas destacando-se a arbitragem, cujo desenvolvimento se deve, dentre outros fatores, ao fato de a sentença arbitral não ficar sujeita a ulterior homologação judicial, a teor do art. 18 da Lei 9.307/96 (*aliter* nos Juizados Especiais – Lei 9.099/95, art. 26). Ao propósito, afirma Petrônio Calmon Filho, colacionando obra de Elena Highton e Gladys Alvarez: "Em geral apontam-se as seguintes vantagens na adoção dos meios alternativos de solução dos conflitos: rápidos, confidenciais, informais, flexíveis, econômicos, justos e exitosos".[23]

Não se vislumbra razão técnica ou política para que um processo, só por ter sido um dia instaurado, deva, necessariamente, culminar com uma decisão de mérito; ao contrário, o próprio sistema incentiva a composição endoprocessual (CPC, § 3º do art. 3º; art. 139, V; art. 359), a par de consentir a suspensão consensual do processo, em contemplação de possível autocomposição (CPC, art. 313, II). Em segundo lugar, não se deve descurar que o que realmente importa não é o "processo enquanto tal" e sim o objetivo fundamental, que é a *composição justa e tempestiva do conflito*: se isso pode ser alcançado em menor tempo, a baixo custo, e com menor desgaste para os envolvidos, não se vê por que se há de insistir, obstinadamente, na busca *proustiana* por uma decisão de mérito. Afinal, o papel do Estado é o de ofertar serviço judiciário de boa qualidade, disponibilizando-o para a coletividade, mas não em modo impositivo ou obrigatório, e sim residual, como uma válvula de segurança, que *pode* ser acionada se e quando falharem os outros meios de resolução, ou quando a natureza da matéria ou a condição da pessoa envolvida induzirem a inafastabilidade da justiça estatal.

Outro dado que não se pode descurar é que, se a forma tradicional de distribuir justiça – monopolizada e impositiva – fosse eficiente e satisfatória, o próprio sistema não incentivaria a auto ou heterocomposição, em tantas passagens, como as antes lembradas, nem os chamados meios alternativos experimentariam notória linha ascendente. Assim, nas relações de consumo, destacam-se os *PROCONs, podendo-se chegar a uma convenção coletiva de consumo (CDC, art. 107 e §§) ser*; nos conflitos ambientais, as transações mediante termos de ajustamento de conduta; nas relações de comércio e de mercado, os acordos de leniência e de cessação de atividade sob investigação, no âmbito do *CADE*; nas relações trabalhistas, os acordos extrajudiciais depois levados à homologação judicial; nas processos judiciais em curso, as conciliações incidentais, inclusive na instância recursal; nas controvérsias corporativas, os Tribunais de Arbitragem; nas demandas do desporto, os Tribunais Desportivos; nas lides tributárias, os Conselhos de Contribuintes e Tribunais de Impostos e Taxas; nos conflitos de vizinhança e desavenças familiares, o Juiz de Paz; na extinção de dívidas, as consignações em pagamento feitas nos Bancos oficiais; nas separações e divórcios consensuais, os

23. *Fundamentos da mediação e da conciliação*, Rio de Janeiro: Forense, 2007, p. 155.

Tabelionatos; nas controvérsias de natureza contábil-financeiro-orçamentária envolvendo instâncias do poder público, os Tribunais de Contas.

Aliás, o próprio sistema estabelece *pontes* entre as instâncias parajurisdicionais e a justiça estatal, haja vista as controvérsias resolvidas em instâncias diversas, que passam a configurar título executivo judicial ou extrajudicial: "a decisão homologatória de autocomposição extrajudicial de qualquer natureza" (CPC, art. 515, III); a sentença arbitral (CPC, art. 515, VII); o "instrumento de transação referendado pelo Ministério Público, pela Defensoria Pública, pela Advocacia Pública, pelos advogados dos transatores ou por conciliador ou mediador credenciado por tribunal" (CPC, art. 784, IV); as decisões de Tribunal de Contas "de que resulte imputação de débito ou multa", as quais se revestem de "eficácia de título executivo" (CF, art. 71, § 3.º; CPC, art. 784, XII); o "compromisso de cessação de prática sob investigação", firmado perante o CADE, o qual "constitui título executivo extrajudicial" (Lei 12.529/2011, art. 85, § 8.º); o reconhecimento "de pleno direito [dos] acordos celebrados no âmbito das comissões de conciliação prévia" (LC 123/2.006 – Estatuto da Microempresa).

Portanto, de um lado, o próprio legislador reconhece legitimidade e outorga validade a tais composições realizadas fora e além do aparato judiciário estatal, empoderando-as como título executivo, e, por outro lado, o próprio Estado empresta credibilidade e reconhece a proficiência dos trabalhos desenvolvidos nessas instâncias parajurisdicionais. É dizer, os planos estatal e paraestatal de distribuição da Justiça não se excluem, mas antes se integram, sendo que os trâmites extrajudiciais ainda agregam valor, por serem mais rápidos e, também, por aliviarem a carga do serviço judiciário do Estado.

Poder-se-ia contra-argumentar que esse desafogo da sobrecarga do serviço forense é aparente, porque os instrumentos compositivos, firmados nas instâncias parajurisdicionais, se descumpridos, acabam sendo levados à Justiça. A afirmação padece de consistência, porque, de um lado, o processo jurissatisfativo é, por definição, mais rápido do que o de conhecimento (que demanda instrução probatória e julgamento de mérito, sujeito a recursos), sem falar que a fase executória é diversificada: (*i*) "execução autônoma", sujeita a embargos, para os títulos extrajudiciais (CPC, art. 771 e s.); (*ii*) "cumprimento de sentença" para realização dos comandos prestacionais, sujeitos a singela impugnação – CPC, art. 513 e s. De outro lado, a "passagem judiciária" dos acordos alcançados nas instâncias parajurisdicionais não é obrigatória, já que essas transações formam título executivo extrajudicial, como antes indicado, o que, geralmente, basta para lhes emprestar a esperada efetividade, até porque se trata de solução alcançada pelos próprios transatores. É o caso, bastante ocorrente, dos Termos de Ajustamento de Conduta (*TAC*), firmados entre entidades públicas e pessoas físicas e jurídicas, envolvendo algum dos interesses metaindividuais mencionados no art. 1.º da Lei 7.347/85, documentos que têm "eficácia de título executivo extrajudicial" (§ 6.º do art. 5.º da Lei 7.347/85).

É dizer: o processo é uma relação jurídica de direito público, deflagrador da função judicial do Estado, operando como continente em face da ação que lhe dá o conteúdo; mas, como a pendência da lide desgasta as partes, torna a coisa litigiosa, onera o Estado e esgarça o tecido social, o ordenamento positivo, ao tempo em que consagra o devido processo legal e disponibiliza a Justiça estatal (CF, art. 5.º, LV e XXXV, respectivamente), também consente e estimula a auto e heterocomposição dos conflitos.

Em suma, os meios consensuais de solução de conflitos consultam ao ideário da vera e realista *instrumentalidade* do processo, a par de operarem para a aceleração/simplificação dos processos acaso já instaurados, inclusive mediante a compactação do rito. É nesse contexto que se inserem os modos unilaterais de autocomposição, seara em que se aninham a renúncia, a desistência, a confissão e o reconhecimento do pedido, nessa ordem abordados a seguir.

3. MEIOS UNILATERAIS EM ESPÉCIE.

3.A) Renúncia

Na tradição romana, o *Jus* e a *Actio* tiveram gênese concomitante, interagindo mutuamente, sendo a ação concebida como o direito de perseguir na Justiça o que nos é devido (*Nihil aliud est actio quam jus judicio persequendi quod sibi debetur* – Celso, D. 44, 7, 51), perspectiva que, muito depois, viria entre nós conhecida como a teoria *civilista* ou *imanentista da ação:* "não há ação sem direito; não há direito sem ação; a ação segue a natureza do direito".

Um possível resquício desse viés histórico da "ação de direito material" podia ser vislumbrado no art. 75 do nosso precedente Código Civil: "A todo o direito corresponde uma ação, que o assegura", dispositivo não recepcionado no vigente Código (Lei 10.406/2002), embora uma formulação semelhante possa ser identificada no art. 189: "Violado o direito, nasce para o titular a pretensão, a qual se extingue, pela prescrição, nos prazos a que aludem os arts. 205 e 206".

Concebido assim o direito subjetivo como o poder de exigir (*facultas agendi*), ou, na clássica concepção de Ihering, o "interesse juridicamente protegido", verifica-se que em sociedade há situações de vantagem, a que correspondem situações de ônus ou de sujeição, por modo que o titular daquelas primeiras deve defendê-las, seja *manu propria* (*v.g.*, desforço pessoal em defesa da posse – CCi, art. 1.210 e §§) ou por meio da Justiça (*v.g.*, reintegração de posse) se quiser continuar a usufruir e, eventualmente, dispor de seu patrimônio.

Esse contexto induz a que o titular do direito (ou do interesse legítimo) dele não se descuide, especialmente em face dos deveres de guarda, conservação e proteção judicial, sob pena de perdê-lo (*res derelicta*) ou até de responder por eventual dano a terceiro (responsabilidade pelo fato da coisa), como, por exemplo, pode dar-se com o aprovado em concurso público que não toma posse do cargo no tempo para tal fixado, ou o proprietário da gleba que a abandona e acaba por perdê-la em virtude de ação de usucapião manejada pelo possuidor com justo título e boa-fé. A tais ocorrências se agregam as figuras da supressio ("supressão, por renúncia tácita, de um direito ou de uma posição jurídica, pelo seu não exercício com o passar dos tempos") de que seria exemplo o disposto no art. 330 do CCi, e da surrectio ("um direito a favor do credor, por meio da supressio, direito este que não existia juridicamente até então, mas que decorre da efetividade social, de acordo com os costumes"), nas palavras de Flávio Tartuce.[24]

Essa estreita relação de imanência entre pessoas – físicas e jurídicas – e as coisas e situações jurídicas, repercute no plano do processo civil, estando à base de figuras como a *oposição*, na qual o agente, pretendendo a coisa ou direito sobre que controvertem as partes num dado processo, pode (ou, pragmaticamente, deve) ali intervir, objetivando afastar as pretensões das partes originárias, a fim de que a sua posição – de mesmo nível jurídico, mas incompatível com as das partes no processo – possa ao final prevalecer (CPC, art. 682).

É por isso que, por exemplo, embora o proprietário do veículo abalroado possa abrir mão de obter o ressarcimento junto ao culpado, de ordinário ele tentará recompor seu patrimônio; o mesmo se pode dizer do locador do imóvel cujos aluguéis estão em atraso: ele é livre para, eventualmente, decidir não cobrá-los; o usual, porém, é que acabe propondo ação de despejo por esse fundamento, tudo a indicar que os direitos existem para ser exercidos.

Sem embargo, tirante situações que envolvem direitos indisponíveis – e ainda assim com certos temperamentos – nada impede que o titular renuncie

---

24. *Manual de direito do consumidor – direito material e processual*, obra em co-autoria com Daniel Amorim Assumpção Neves, 8ª ed., São Paulo: Gen-Método, 2.019, p. 272.

a um direito ou a um interesse legítimo, e isso por mais de um motivo: ora é o valor pecuniário pouco expressivo envolvido na ocorrência (*de minimis non curat praetor*); ora são razões de ordem pessoal ou familiar (*v.g.*, renúncia de herança: CCi, § único do art. 1.804); ora é a intenção de alcançar outra situação de vantagem que o titular julgue mais atraente, como, *v.g*, a deliberação de não utilizar o seguro facultativo do automóvel abalroado, a fim de assegurar certo bônus por ocasião da renovação do contrato de seguro. Nesse sentido o instituto da *remissão de dívida*, albergado no art. 385 do Código Civil: "A remissão da dívida, aceita pelo devedor, extingue a obrigação, mas sem prejuízo de terceiro", o que, naturalmente, repercutirá na execução pendente, levando à sua extinção (CPC, art. 924, III).

Há casos de renúncia pura e simples, quando o titular do direito simplesmente abre mão do que lhe é devido – o que é legítimo, porque o direito subjetivo é um poder de agir (*facultas agendi*) e não uma obrigação de fazê-lo – excluindo-se desse contexto as situações excepcionais, justificadas ora pela natureza da situação, ora pela qualidade das partes envolvidas, de que é exemplo emblemático o direito a alimentos: CCi, art. 1.707 – "Pode o credor não exercer, porém lhe é vedado renunciar o direito a alimentos, sendo o respectivo crédito insuscetível de cessão, compensação ou penhora"; no setor público, lei pode autorizar a Autoridade a conceder remissão total ou parcial do crédito tributário (CTN, art. 172). Outro exemplo reside nas causas cíveis de menor complexidade, direcionadas aos Juizados Especiais, em que a parcela do pedido ressarcitório-pecuniário excedente à alçada de quarenta salários mínimos tem-se por *renunciada* – Lei 9.099/95, art. 3.º, I e § 3.º. Ainda no âmbito desses Juizados, já agora em sua competência criminal – delitos de menor potencial ofensivo – nos casos de "ação penal de iniciativa privada ou de ação penal pública condicionada à representação, o acordo homologado acarreta a *renúncia* ao direito de queixa ou representação" (Lei 9.099/95, § único do art. 74).

Petrônio Calmon considera que a renúncia "é um dos resultados possíveis da autocomposição, ocorrendo quando o titular da pretensão dela abre mão totalmente, em uma atitude que se pode considerar altruísta, sem qualquer tipo de contrapartida dos demais envolvidos no conflito. A renúncia é uma das espécies da autocomposição unilateral, e como há o abandono total da pretensão, sem qualquer exigência, prescinde da concordância da parte contrária. Pode ocorrer sem que haja processo judicial ou em seu curso, considerando a lei como o ato em que o autor renuncia ao direito sobre o qual se funda a ação".[25]

---

25. *Fundamentos da mediação e da conciliação*, Rio de Janeiro: Forense, 2007, p. 63.

No ordenamento positivo a irrenunciabilidade apresenta-se *excepcional*, tipificando situações que envolvem direitos indisponíveis, e por isso deve vir expressa, como, por exemplo, em face do Fisco, cujo ato de disposição sobre a obrigação tributária poderia, *sem a adoção das devidas cautelas*, pode caracterizar *renúncia de receita* (CTN, art. 141). Nas ações por ato de improbidade administrativa, o art. 17 da Lei 8.429/92 vedava a transação, mas essa restrição perdeu atualidade, porque, tinha sido instituída pela Medida Provisória nº 703, de 21.12.2.015 (DOU 22.12.2.015), mas, como explicam Nelson Nery Júnior e Rosa Maria de Andrade Nery, dita Medida "por força de ato do Congresso Nacional, tivera prorrogação de prazo a partir de 24.03.2.016. Contudo, em 29.05.2.016 perdeu a vigência".[26] A par disso, a Lei 13.140/2.015 veio autorizar o emprego da mediação nos conflitos envolvendo o setor público, inclusive quanto aos "interesses indisponíveis que admitam transação" (art. 3º, caput), de sorte que, ao nosso ver, uma vez preservado o núcleo duro do valor ou do bem da vida considerado na composição (notadamente a recomposição ao erário), no mais outras cláusulas podem ser pactuadas (v.g., um cronograma para a oferta das prestações acordadas), por modo a assim permitir a resolução da controvérsia.

Pode também ser lembrada a conduta do Ministério Público na ação penal pública, regida pelo princípio da *obrigatoriedade* (CPP, arts. 27, 42). Sem embargo, a nota da indisponibilidade não pode ser exacerbada, a ponto de excluir o Poder Público de qualquer modalidade consensual de resolução de conflitos, o que poderia até mesmo laborar *contra* o interesse social, como ocorreria se o Município, autor de ação civil pública ambiental, ficasse proibido de realizar com a empresa-ré um compromisso de ajustamento de conduta no qual se estipulasse o *modus operandi* de recuperação da área degradada ou da compensação ambiental afeiçoada à espécie.

Nesse sentido, Eduardo Talamini pondera que, se é verdade que "no que tange ao núcleo fundamental das tarefas, funções e bens essencialmente públicos, não há espaço para atos de disposição", todavia "essa afirmação comporta gradações. Existem atividades e bens que, em vista de sua absoluta essência pública, não podem ser abdicados ou alienados, ainda que mediante alguma contrapartida e nem mesmo com expressa autorização legal. Por exemplo, não se concebe que sequer por meio de lei o Poder Público possa renunciar, ainda que parcial ou pontualmente, ao seu poder de legislar ou à titularidade do poder de polícia. Do mesmo modo, não se admite que o Poder Público

26. *Leis constitucionais comentadas e anotadas*, São Paulo: Thomson Reuters-Revista dos Tribunais, 2.019, p. 1.290.

possa desfazer-se de uma parte do território nacional, ainda que autorizado por lei. Já em outros casos, embora o bem jurídico seja indisponível, outros valores constitucionais podem justificar que, mediante lei, o Estado renuncie a determinadas decorrências ou derivações do bem indisponível. Assim, a potestade tributária é indisponível, mas é possível lei autorizando a remissão, a anistia, do crédito fiscal".[27]

Mesmo o Ministério Público, em que pese estar encarregado da tutela "da ordem jurídica, do regime democrático e dos interesses sociais e dos individuais indisponíveis" (CF, art. 127, caput), não está propriamente *obrigado* a propor a ação civil pública "para a proteção do patrimônio público e social, do meio ambiente e de outros interesses difusos e coletivos" (CF, art. 129, III), sendo razoável que se lhe reconheça certa dose de liberdade para ponderar e deliberar, prudentemente, sobre tal iniciativa, podendo, a depender das peculiaridades do caso concreto, submeter ao Conselho Superior tanto a proposta de arquivamento do inquérito civil assim como a de não assumir a ação civil pública da qual tenha desistido outro colegitimado ativo (art. 9.º e parágrafos da Lei 7.347/85). Por isso, afirma Hugo Nigro Mazzilli que o *parquet* beneficia de uma "discricionariedade controlada", anotando, na sequência: "Para que o sistema proposto funcione adequadamente, será necessário estabelecer um sistema de controle da inércia, mediante o qual qualquer interessado possa reclamar aos órgãos de administração superior do Ministério Público em decorrência da falta ou da insuficiência de atuação de um de seus órgãos de execução, num caso concreto".[28]

Por aí se compreende a ratio da *Súmula* nº 7, do Conselho Superior do Ministério Público paulista, em tema de tutela judicial a *interesses individuais homogêneos*: "O Ministério Público está legitimado à defesa de interesses individuais homogêneos que tenham expressão para a coletividade, como: a) os que digam respeito à saúde ou à segurança das pessoas, ou ao acesso das crianças e adolescentes à educação; b) aqueles em que haja extraordinária dispersão dos lesados; c) quando convenha à coletividade o zelo pelo funcionamento de um sistema econômico, social ou jurídico".[29] Nesse sentido, o PLC 5.139/2009, à época preordenado a regular a nova ação civil pública, previa que o Ministério Público – colegitimado para a ação coletiva (art. 6.º, I) - "se não intervier no processo como parte, atuará obrigatoriamente como fiscal da

---

27. A indisponibilidade do interesse público: consequências processuais. *Revista de Processo*, n. 128, out. 2005, p. 60.
28. *A defesa dos interesses difusos em juízo*, 30. ed., São Paulo: Saraiva, 2.017, p. 100, 103.
29. Idem, p. 579.

ordem jurídica" (§ 2.º do art. 6.º).[30] O vigente CPC trata no art. 179 e incisos dos casos em que se dá a intervenção do M.P. como "fiscal da ordem jurídica".

Já as pessoas jurídicas de direito público, mormente os entes políticos, agem precipuamente em prol de seu interesse *fazendário* (dito interesse público secundário, que não se confunde e às vezes pode até colidir com o interesse público primário)[31] e é por isso que, embora tais entes geralmente *devam* propor as ações cabíveis, eventualmente *podem* não fazê-lo, por exemplo quando a própria Administração promove anistia ou isenção fiscal, ou quando expede alvará de conservação, tolerando certas infrações edilícias, ou ainda quando desiste de recurso ou a ele renuncia em face de decisão que a desfavorece, mas que está respaldada por jurisprudência assentada ou sumulada no STF ou STJ. Neste último caso, a Lei 9.469/97 dispõe no art. 4º: "Não havendo Súmula da Advocacia-Geral da União (arts. 4º, XII e 43 da Lei Complementar n. 73, de 1993), o Advogado Geral da União poderá dispensar a propositura de ações ou a interposição de recursos judiciais quando a controvérsia jurídica estiver sendo iterativamente decidida pelo Supremo Tribunal Federal ou pelos Tribunais Superiores".

Naturalmente, a conduta omissiva, configurada nos atos de renúncia a direito material ou a certas faculdades processuais, em princípio não se estende aos casos em que incida interesse público ou essencialmente metaindividual – difuso ou coletivo em sentido estrito – sendo inadmissível, por exemplo, que um Município se omita ou seja leniente na proteção à área de manancial, ameaçada pelo avanço de loteamento clandestino, ou que descure de seu patrimônio estético-paisagístico ameaçado pela *pichação* (crime ambiental: Lei 9.605/98, art. 65); ou ainda, que deixe o ente político de aplicar a devida percentagem orçamentária na "manutenção e desenvolvimento do ensino" – CF, art. 212, *caput*.

Quanto às pessoas físicas e jurídicas de direito privado, que geralmente atuam em legitimação ordinária, na defesa de interesses próprios, disponíveis, de caráter patrimonial, a possibilidade de renúncia opera largamente, tanto nos atos da vida civil como nas condutas processuais: um título de crédito, vencido e protestado, pode, inobstante, deixar de ser cobrado, e até prescrever, por inércia de seu titular; um dos herdeiros pode abrir mão de seu quinhão em prol dos demais; o aprovado em concurso público, e até já nomeado,

30. O projeto foi, depois, arquivado na Comissão de Constituição, Justiça e Cidadania da Câmara Federal.

31. No ponto, cf. a conhecida distinção feita por Renato Alessi, *Sistema istituzionale del diritto amministrativo italiano*, Milão: Giuffrè, 1953, p. 151-152.

pode, inobstante, não tomar posse do cargo, assim dando azo à nomeação do candidato sequencialmente classificado. Aliás, igual faculdade pode ser exercida nos demais *direitos potestativos*, que, como o próprio nome indica, podem ser recusados ou deixar de ser exercidos, a critério do titular ou do beneficiário (*v.g.*, o donatário pode, no prazo assinalado, recusar a doação, assim renunciando ao bem ou vantagem que dela decorreria – CCi, art. 539; o processo de execução se extingue se "o credor renunciar ao crédito" -CPC, art. 924, IV).

Não se pode, em pleno século XXI, prestigiar uma concepção antiga e defasada de ação judicial, de corte civilístico, que remonta ao Direito romano (*actio est jus persequendi quod sibi debetur*). Mesmo o antes citado art. 75 do precedente Código Civil – "A todo o direito corresponde uma ação, que o assegura" – não pretendia, por certo, afirmar que toda e qualquer afronta a direito ou interesse *deveria* induzir uma ação judicial, mas sim que esta ficava *disponível*, até porque o interesse de agir pressupõe a *necessidade – utilidade* do acesso à Justiça, e, portanto, pede uma prévia avaliação acerca daquele binômio. Hoje se deve entender que o direito subjetivo público de ação está apenas *ofertado* pelo Estado a quem reporte um histórico de lesão temida ou sofrida, independentemente de ser ou não fundada a *pretensão* material (aí o aspecto da *abstração* no direito de ação), mas tal oferta não pode degenerar num *convite à litigância*, nem implicar desestímulo à busca por outros meios, auto e heterocompositivos. Do fato de alguém ser titular de um direito material, ameaçado, resistido ou insatisfeito, não se extrai que tal controvérsia tenha que ser *necessariamente* levada a Juízo, notando-se que o poder de agir traz, implícito, o correspondente poder de... *não agir*, ou seja, de renunciar, abster-se, tolerar.

Nem por outro motivo, a ação judicial vem presidida pelos princípios da demanda (CPC, art. 2º) e do *dispositivo (CPC, arts.319, IV e 490)*, expressões que já identificam o sentido *facultativo* do acesso à Justiça estatal, tanto no sentido *quantitativo* (possibilidade de cumulação de pedidos) como no *qualitativo* (pedido apenas *declaratório*, mesmo quando poderia ser condenatório - CPC, art. 20); as exceções a esse contexto ficam por conta das ações ditas *necessárias*, ou daquelas que instrumentam interesse público, casos que refogem às posturas de disposição do direito envolvido, como, v.g., as ações no controle direto de constitucionalidade.

Ainda no plano processual, dada a facultatividade que permeia a interposição dos recursos – postos em *numerus clausus* no art. 994 do CPC – pode dar-se que a parte sucumbente *renuncie* ao recurso cabível, operando-se então a preclusão, *temporal* ou *lógica*, nos termos do arts. 999 e 1.000 e § único do

CPC, ou mesmo a *consumativa*, esta última ocorrendo, por exemplo, quando o acórdão recorrível contém questão constitucional e de direito federal comum e vem exercido só *um* dos recursos excepcionais cabíveis, dando azo à incidência da Súmula 283 do STF: "É inadmissível o recurso extraordinário, quando a decisão recorrida assenta em mais de um fundamento suficiente e o recurso não abrange todos eles", enunciado correspondente ao de nº 126, do STJ, no que tange ao recurso especial. Registre-se que se a decisão, de mérito ou só processual, consubstanciar-se em sentença ou acórdão, a renúncia ao recurso cabível implicará a formação da coisa julgada, material ou formal, nessa ordem.

Embora, em princípio, a tutela de um direito não devesse ficar condicionada à expressão monetária do valor ou interesse envolvidos, fato é que o *metro da pecúnia* é um parâmetro levado em conta pelo Direito, desde a milenar parêmia *de minimis non curat praetor*, passando pela dirimente penal dos *crimes de bagatela* (princípio da insignificância), podendo chegar a que o próprio ordenamento dê tratamento diferenciado a certas situações, em função do baixo valor: nas execuções fiscais das sentenças proferidas em causas de valor igual ou inferior a 50 OTNs "só se admitirão embargos infringentes e de declaração" (art. 34 da Lei 6.830/80);[32] para causas de valor não excedente a 40 salários mínimos especifica-se o processo no Juizado Especial (Lei 9.099/95, art. 3.º, I). Também, em função do pequeno valor envolvido ou da menor complexidade da causa, julgada pelo Juizado Especial, fica vedado o acesso ao STJ, via recurso especial (Súmula STJ 203), implicando que a parte, ao optar por essa justiça de equidade (art. 6.º da Lei 9.099/95) esteja – ciente ou não – *renunciando* a um futuro acesso ao STJ.

Por um ou outro dos motivos antes lembrados, pode dar-se que a parte, embora assistida pelo bom direito, opte por uma postura omissiva, ficando o prejuízo por conta de um *preço a pagar* pela continuidade pacífica da vida em sociedade, na qual algumas posições têm que ser sacrificadas em prol de outras; nesse viés se encaixa a velha e sábia filosofia popular – "mais vale um mau acordo do que uma boa demanda". O desatendimento a esse prudente aviso é uma das concausas da temível *explosão da litigiosidade* que hoje permeia a sociedade (inclusive a chamada litigância do cotidiano). Esse exacerbado demandismo não encontra, porém, um porto seguro e eficiente no foro judicial, como avaliam Maria Teresa Sadek e Rogério Bastos Arantes: "(...) apenas 33% das pessoas envolvidas em algum tipo de conflito dirigem-se para o Judiciário em busca de uma solução para seus problemas. A maior parte

32. Obs.: a Lei 7.730/89 extinguiu a OTN.

dos litígios sequer chega a uma corte de justiça. Este dado é extremamente preocupante, uma vez que ele indica tanto um descrédito na justiça quanto o fato de que, se a maior parte daqueles que supostamente deveriam recorrer ao Judiciário o fizessem, o sistema estaria próximo do colapso".[33] Ao propósito, o boletim Justiça em Números, divulgado pelo CNJ no segundo semestre de 2.019, informa: "Em média, a cada grupo de 100.000 habitantes, 11.796 ingressaram com uma ação judicial no ano de 2.018".[34]

É preocupante o fato de que processos judiciais deixem de ser formados, não por livre opção do prejudicado (que escolhe *outros meios*, ou mesmo renuncia ao seu direito), mas sim por ele *não confiar* na solução adjudicada estatal ou avaliar que *não vale a pena* judicializar o conflito. O ideal seria que as lides realmente *singulares e complexas*, ou marcadas por especial particularidade de pessoa ou matéria fossem encaminhadas à Justiça estatal, liberando as restantes controvérsias para as demais instâncias e os outros meios, auto e heterocompositivos. Essa otimizada "divisão de trabalho", porém, não infirma a validade da proposta de que os pequenos revezes, as frustrações inexpressivas, os prejuízos de pequena monta, inerentes à vida em sociedade, possam ser tolerados, liberando os envolvidos para investirem seu tempo e dinheiro em assuntos realmente relevantes.

A renúncia à judicialização das pretensões contrariadas ou insatisfeitas não se reduz à rubrica da *litigiosidade contida*, que em verdade é uma macro-ocorrência social a que o processo civil tem procurado responder com a oferta de uma tutela judicial diferenciada, caracterizada pela celeridade, informalidade e julgamento por equidade (arts. 3.º e 6.º da Lei 9.099/95), ao passo que a renúncia a um determinado direito ou interesse *in concreto* é uma postura personalíssima, que pode ser adotada, mas não deve ser imposta aos sujeitos concernentes. Quanto aos entes políticos, saliente-se que é dado ao Advogado-Geral da União "dispensar a inscrição de crédito, autorizar o não ajuizamento de ações e a não interposição de recursos, assim como o requerimento de extinção das ações em curso ou de desistência dos respectivos recursos judiciais para cobrança de crédito da União e das autarquias e fundações públicas federais, observados os critérios de custos de administração e cobrança" (Lei 9.469/97, art. 1º-A, caput, acrescido pela Lei 11.941/2.009).

No plano da autocomposição dos conflitos, a renúncia exerce relevante papel, tanto preventivo como resolutivo: no primeiro caso, ao renunciar a certo bem da vida ou situação de vantagem, o agente corta na raiz a possibilidade

33. A crise do Judiciário e a visão dos juízes. *Revista USP*, n. 21, mar.-maio 1994, p. 39.

34. Sítio www.cnj.jus.gov. , acesso em 19.11.2.019, p. 84 do documento impresso.

de formação da lide que, de outro modo, evoluiria para a exacerbação do ambiente conflitivo e, no limite, deflagraria uma ação judicial; no segundo caso, tratando-se de direito disponível, a parte – o autor, o terceiro interveniente, o réu reconvinte – pode *renunciar* à sua pretensão, valendo observar que aí, por se estar no plano material, e não apenas processual, tal ato de disposição levará à extinção do processo *com* resolução do mérito (CPC, art. 487, III, c). Observe-se que o Estado-juiz *não incentiva* essa tomada de posição do renunciante, mas tampouco a *reprime*, limitando-se a homologá-la, e é por isso que essa modalidade de ato judicial não desafia ação rescisória, preordenada às decisões de *mérito* transitadas em julgado (CPC, art. 485), ficando em aberto a possibilidade de ação anulatória, focada no *conteúdo* do próprio ato de disposição homologado em Juízo, interessando saber se ele porventura estava inquinado de falha insanável ou vício de consentimento (CPC, § 4º do art. 966).

3.B) Desistência

Diversamente do que se passa com a renúncia, que pressupõe uma conduta omissiva, em contemplação de ato ou conduta *ainda não praticados* (*v.g.*, renúncia à cobrança do crédito ou à interposição de recurso), já a desistência implica neutralizar os efeitos de ato ou conduta já praticados ou mesmo em andamento, mas ainda não consumados: desiste-se da oitiva de testemunha arrolada e porventura até presente no dia da audiência, com a consequente perda do direito a essa prova; desiste-se da apelação interposta, e, se esta for a única ofertada contra a sentença, dá-se o trânsito em julgado; antes da citação do réu, o autor desiste de um dos pedidos cumulados, assim restringindo o âmbito do objeto litigioso e, consequentemente, reduzindo o espaço deixado à sentença a ser prolatada; o autor abandona o processo, levando à sua extinção. Note-se que a desistência da ação pode ocorrer de modo implícito ou presumido, quando o autor não atende à determinação para a emenda da inicial (CPC, arts. 321 e § único).

Registre-se ainda que, embora o CPC fale em *desistir da ação* (art. 485, VIII) e *desistir da execução* (art. 775 e § único), a rigor, no primeiro caso, o de que se cuida é de desistência do *processo* – tanto que ele vem a ser extinto sem resolução do mérito –, ao passo que a "desistência da execução", justamente porque o exequente não é "o dono" do processo e sim uma das *partes*, a desistência alcançará apenas as questões processuais arguidas na impugnação ou nos embargos, dependendo, nos demais tópicos, de assentimento do impugnante ou do embargante (§ único e incisos do art. 775).

Enquanto a renúncia é, precipuamente, referenciada à própria pretensão material ou à prova dos fatos, já a desistência contempla situações eminentemente *processuais* e é por isso que, se a relação processual já está aperfeiçoada com a citação do réu, o autor não pode, sem o consentimento deste, desistir da ação (CPC, § 4º do art. 485), visto que ambas as partes têm *direito ao processo*, até porque poderia interessar ao réu a continuidade da relação processual, em ordem a alcançar a improcedência da ação e oportuna formação de coisa julgada material, a par da possibilidade de reconvenção. Petrônio Calmon explica que "fala-se em renúncia quando se abre mão do direito material e fala-se em desistência quando se refere apenas ao processo em curso. Em ambos os casos o processo é extinto. No primeiro, porém, o processo é extinto com julgamento de mérito. No segundo, a sentença que põe fim ao processo é apenas terminativa, pois aquele que deduziu sua pretensão em juízo poderá iniciar novo processo com o mesmo objeto, bastando que cumpra regras elementares de procedibilidade".[35]

Note-se que a possibilidade da desistência subsiste ao longo da duração do processo, alcançando a instância recursal (CPC, art. 998 e § único) e até mesmo sobrevive ao trânsito em julgado, já que o beneficiado pelo título executivo não mais sujeito a recurso pode, como antes lembrado, desistir da execução. Essas condutas de disposição processual são chanceladas pelo ordenamento porque, além de se confinarem à esfera pessoal da parte desistente ainda contribuem para a eliminação total ou parcial da lide, ou quando menos, nesta última hipótese, para a redução do *thema decidendum*.

O contraponto a esse contexto é dado pelo processo penal, em que, justamente por estarem em jogo interesses indisponíveis – a liberdade, o *jus puniendi* do Estado, a impositividade de normas de ordem pública – não se admite a retratação de quem tenha oferecido a representação, se já convertida em denúncia pelo M.P. (CPP, art. 25), nem a desistência da ação penal, pelo órgão ministerial (CPP, art. 42). Todavia, ainda assim, ao final da instrução probatória, em não se confirmando a inicial *opinio delicti*, o promotor de justiça pode propor a absolvição do acusado (CPP, art. 385).

Se nesses lindes opera a desistência no âmbito da jurisdição singular, sua efetividade se potencializa no plano dos conflitos coletivos, que hoje respondem por expressiva parcela dos feitos judicializados, nos quais, ao contrário do que se passa nas lides intersubjetivas, a eficácia da decisão irá se projetar *ultra partes*, ou mesmo *erga omnes*, envolvendo temas socialmente impactantes, concernentes a sujeitos indeterminados, seja numa dimensão *relativa*

35. *Fundamentos da mediação e da conciliação*, Rio de Janeiro: Forense, 2007, p. 63.

(caso dos interesses coletivos em sentido estrito), seja *absoluta*, no caso dos interesses difusos.

Nesse contexto, José Reinaldo Lima Lopes identifica "três espécies de conflitos emergindo com maior frequência e intensidade na última década, vindo a desaguar em controvérsias judiciais": (*i*) "questões de limitação dos poderes, atribuições, funções e competências entre os diversos poderes do Estado"; (*ii*) "conflitos chamados coletivos", envolvendo políticas públicas: "Tais conflitos encontram no Judiciário um canal para sua visibilidade, para se criar impasses que obriguem a negociações: evitaram que demandas básicas levassem a revoltas populares contínuas"; enfim, (*iii*) um tipo de conflito emergente na "sociedade de massas e de classes", em que a "repetição dos casos individuais semelhantes indica a existência de classes, grupos, conjuntos em que a solução de um caso antecipa a de outros semelhantes".[36]

Evidente que numa tal dimensão de litigiosidade se exacerbam as consequências do ato de desistência, enquanto manifestação de disponibilidade processual. É bem por isso que, embora seja possível a desistência do recurso extraordinário já reconhecido com repercussão geral ou do recurso extraordinário ou especial já afetado como representativo da controvérsia, no rito dos recursos repetitivos (CPC, art. 1.037, incisos e parágrafos), essa desistência não impede a continuidade do trâmite, já agora com vistas à emissão da decisão-quadro, justamente por conta do interesse público na fixação de um padrão decisório que irá parametrizar a resolução isonômica de um grande número de recursos sobrestados nos tribunais de origem (CPC, § único do art. 988, c/c art. 927, III e art. 1.030, I, a e b, caput com redação da Lei 13.256/2.016 e alíneas acrescidas por esta Lei).[37]

É no plano da tutela judicial aos interesses metaindividuais que a desistência opera importante papel na redução ou no contingenciamento do volume de processos em curso na Justiça, podendo-se tomar como exemplo a sobrecarga que teria sido infligida ao foro paulistano se fossem judicializadas tantas demandas individuais quantas fossem as pessoas físicas e jurídicas abrangidas pela Lei paulistana 14.223, de 2006, dita "da cidade limpa", texto de largo impacto sobre a coletividade, o qual instituiu severas restrições à chamada *mídia exterior*, implicando a supressão de um sem-número de *banners*,

---

36. Justiça e Poder Judiciário ou a virtude confronta a instituição. *Revista USP*, n. 21, mar./maio 1994, p. 23.

37. V. nossos comentários ao art. 1.030 incisos, alíneas e parágrafos do CPC, in SCARPINELLA Bueno, Cassio (coord.), *Comentários ao Código de Processo Civil*, v. 4, São Paulo: Saraiva, 2.017, p. 502 e s.

placas e *outdoors* de publicidade. Por conta de um desconhecimento que ainda grassa quanto à natureza e efetividade do processo coletivo para situações que tais, registrou-se o fenômeno da *concomitância* de processos coletivos, a par de certo número de ações individuais, quando, antes e superiormente, bastaria *uma única* ação coletiva, cuja decisão resolveria *molecularmente* o conflito e expandiria eficácia em face de todos os sujeitos concernentes.[38]

Justamente para fomentar a opção pela jurisdição coletiva, o ordenamento prevê que a pessoa física ou jurídica subsumida ao objeto judicializado nessa dimensão pode sobrestar ou mesmo *desistir* de sua ação individual, optando por aguardar o desfecho do pleito coletivo: se este for procedente, a coisa julgada aí formada se traslada, como se fora uma premissa assentada, para fim de resolução favorável das demandas individuais concernentes ao tema (CDC, arts. 95; 98 e §§). Ada Pellegrini Grinover esclarece, a respeito: "A sentença genérica do art. 95 é, portanto, certa e ilíquida. Enquadra-se no disposto nos arts. 491, § 1º; 509 e 512 do NCPC (correspondente ao art. 475-A do CPC/1973), que estabelecem que quando a sentença não determinar o valor devido proceder-se-á à liquidação".[39]

No exemplo antes figurado, da lei paulistana que trazia restrições à chamada mídia exterior, suponha-se que adviesse o reconhecimento de sua inconstitucionalidade, por invadir competência legislativa da União; tal decisum poderia ser utilizado em proveito das ações individuais, (chamado transporte *in utilibus*) com evidentes vantagens: economia de tempo e recursos materiais; prevenção da pulverização do conflito coletivo em multifárias demandas individuais; tratamento isonômico aos jurisdicionados (Lei 8.078/90, arts. 103, II, e § 3.º e 104, c/c art. 117). Note-se que na relação entre ação coletiva e individual, caso o autor desta última opte por não sobrestá-la, levando-a adiante, fará isso por sua conta e risco, não podendo aproveitar-se da futura e eventual coisa julgada favorável formada na ação coletiva (CDC, art. 104): *electa una via non datur regressus ad alteram.*

O vigente CPC, se de um lado não recepcionou a antes preconizada "conversão da ação individual em ação coletiva" (PLC 8.046/2.010, art. 333, vetado), por outro lado autorizou o juiz, em caso de afluxo importante de demandas seriais, a oficiar aos colegitimados do art. 5º da Lei 7.347/85 e art.

---

38. No ponto, cf. o nosso A concomitância de ações coletivas, entre si, e em face das ações individuais. *Revista dos Tribunais*, n. 782, dez. 2000, p. 20-47.

39. *Código Brasileiro de Direito do Consumidor...* (obra coletiva), 12ª ed., 2.019, cit., comentário ao art. 95, p. 969.

82 da Lei 8.078/90, para que avaliem a oportunidade e adequação da propositura da ação coletiva cabível na espécie (art. 139, X).

Nos processos afeitos à jurisdição singular, nos quais os sujeitos são determinados e, de ordinário, sustentam em nome próprio seus interesses, não se vislumbram maiores óbices à desistência das ações, tirante a prévia oitiva do réu, se já oferecida contestação (CPC, § 4.º do art. 485), porque nesse caso respeita-se o seu *direito ao processo.* Já nos processos da jurisdição coletiva outro panorama se descortina, porque, de um lado, há *interesse social* em que os megaconflitos sejam dirimidos no plano processual coletivo (inclusive para se alcançar uma coisa julgada de eficácia expandida – *erga omnes* ou *ultra partes*) e, por outro lado, porque o autor atua em legitimação extraordinária (o *ideological plaintiff*, das *class actions* norte-americanas), não tendo, assim, disponibilidade sobre o conteúdo *material* da ação. É por isso que, se o autor popular desistir da ação, ou abandoná-la, serão publicados editais a respeito, "ficando assegurado a qualquer cidadão bem como ao representante do Ministério Público, dentro do prazo de 90 (noventa) dias da última publicação feita, promover o prosseguimento da ação" (art. 9.º da Lei 4.717/65); e é também por isso que na *ADIn* não se admite desistência (art. 5.º da Lei 9.868/99), visto haver flagrante interesse público em saber se a lei ou o ato normativo sindicados são ou não conformes ao texto constitucional.

Quid juris se o texto sindicado vem a ser *revogado* na pendência da *ADIn*? Luiz Roberto Barroso esclarece: "Por longo tempo, a jurisprudência do STF foi no sentido de que 'a revogação superveniente de lei acoimada de inconstitucional não tem o condão, só por si, de fazer extinguir o processo de controle concentrado de constitucionalidade' (RTJ 54/710, 55/662, 87/758, 89/367 e 100/467; RDA 14041, 145/131 e 152/166). *Este entendimento foi modificado por decisões mais recentes*" (o autor indica acórdãos publicados *in* RDA 195/79, RDA 194/242; RTJ 152/740). E prossegue: "(...) o interesse de agir só existe se a lei estiver em vigor. Portanto, a revogação ulterior da lei questionada como inconstitucional realiza, em si, a função jurídica constitucional reservada à ação direta de expungir do sistema jurídico a norma inquinada de inconstitucionalidade (STF, *RDA* 197/180)".[40]

Em casos que tais, cuida-se de *perda ulterior do interesse de agir*, porque este pressupõe, a par da *necessidade* do acesso à Justiça, também a *utilidade* do provimento jurisdicional para o caso concreto, no momento em que aquele possa ser emitido; se o texto sindicado vem a ser revogado enquanto pendente

40. *Constituição da República Federativa do Brasil anotada*, 4. ed., São Paulo: Saraiva, 2003, p. 520-521.

a ação, fica atingido o *fim* que através da ação se pretendia alcançar, tornando superado o interesse de agir que de início se apresentava.

Questão deveras instigante, antes sinalizada, diz com a possibilidade de desistência de recurso extraordinário já reconhecido com repercussão geral (CF, § 3º do art. 102) ou de recurso extraordinário ou especial já afetados como *representativo da controvérsia* (CPC, art. 1.037 e incisos) e, como tal, aptos a receber decisão-quadro idônea a parametrizar o julgamento dos demais REsp's e RE's repetitivos, concernentes à mesma *quaestio iuris*, sobrestados nos Tribunais de origem. Em tal caso, considerando o interesse público subjacente à emissão, pelos Tribunais da Federação, de padrões decisórios de eficácia impositiva (CPC, art. 927, III; § 5º do art. 1.035), dispõe o CPC, no § único do art. 998: "A desistência do recurso não impede a análise de questão cuja repercussão geral já tenha sido reconhecida e daquela objeto de julgamento de recursos extraordinários ou especiais repetitivos". José Miguel Garcia Medina considera acertada tal disposição legal [41], valendo, contudo, gizar o posicionamento de Rodrigo Valente Giublin Teixeira: "(...) poderia, tranquilamente, ante aos inúmeros recursos especiais que também têm a mesma questão de direito e que até então se encontram sobrestados, ser escolhido, processado e julgado um outro que não houvesse o pedido de desistência".[42]

3.C) Confissão

É usual dizer-se que o juiz é o *destinatário da prova*, a qual constitui encargo das partes – *onus probandi incumbit ei qui agit*; *da mihi factum dabo tibi jus* – havendo mesmo regras legais no tocante à iniciativa de produção da prova e à sua avaliação; é certo ainda que o juiz, como um *tertio* imparcial, sobranceiro às partes, responde quando estas o provocam e no limite em que o fazem (*nemo iudex sine actore*): CPC, arts. 2.º, 490, 492. Sem embargo, essas diretrizes não devem ser vistas como dogmas intransponíveis ou inalteráveis, porque o Processo é uma ciência instrumental – um *meio*, e não um fim em si mesmo – e por isso deve zelar pela *atualidade e eficiência* de suas regras e princípios, adaptando aquelas e estes às novas necessidades emergentes na vida em sociedade, e à própria evolução do Processo enquanto ciência.

Mesmo a propalada *imparcialidade* do juiz hoje não pode mais ser vista no sentido de um *distanciamento olímpico* com as partes e suas pretensões (o

41. *Novo Código de Processo Civil comentado*, 5. ed., 2.017, cit., nota nº III ao art. 998, p. 1.487.

42. Recursos especiais repetitivos – recursos fundados em idêntica questão de direito no âmbito do Superior Tribunal de Justiça. *RePro* nº 191, jan./2.010, p. 176.

juiz estátua, a que alude José Renato Nalini): assim é que o chamado *modelo Stuttgart*, do processo alemão, estabelece para o Tribunal o *dever de esclarecimento prévio* às partes quanto às suas oportunidades e riscos, em vista do objeto litigioso, como esclarece Fritz Baur: "O tribunal discute abertamente a situação de fato e de direito com as partes, de maneira que estas não fiquem em dúvida sobre a opinião do órgão. Isso conduz em muitos casos a uma transação. Quando não, o tribunal, depois de conferenciar, profere a sentença". O mesmo pode-se dizer quanto à demonstração da verdade aninhada nos fatos, a qual não mais pode ser *relativizada* ou deixada à só perquirição judicial, mas antes constitui ônus das partes, como assegura Fritz Baur, analisando o § 138, 1.ª alínea, da ZPO alemã: "Assim, a tarefa do juiz, do ponto de vista da pesquisa da verdade material, é corretiva (se as partes expõem fatos inverídicos) e supletiva (se lacunosa a exposição e a produção de provas pelas partes, e por isso se faz necessário colher provas de ofício)".[43]

Dentre nós, alinha-se a esse ideário o direito à não surpresa, positivado no art. 10 do vigente CPC, assim como a possibilidade, aberta ao juiz, de "designar audiência para que o saneamento seja feito em cooperação com as partes, oportunidade em que o juiz, se for o caso, convidará as partes a integrar ou esclarecer suas alegações" (§ 3º do art. 357), o que guarda simetria com o processo de estrutura cooperatória, preconizado no art. 6º desse Código.

A releitura, atualizada e contextualizada, de antigas diretrizes probatórias, hoje se impõe dentre nós: nos conflitos consumeristas, onde se verifica embate entre agentes desiguais, sendo o consumidor a parte vulnerável, é possível a inversão do ônus probatório em prol deste último (CDC, art. 6.º, VIII); nos Juizados Especiais, vocacionados a causas cíveis de menor complexidade, não há, propriamente, uma *fase probatória*, mas uma compactação e concentração de toda a instrução no momento da audiência (Lei 9.099/95, arts. 28, 33); o vigente CPC, alberga a contemporânea proposta da *produção dinâmica da prova*, ou, quando menos, consente uma afetação do ônus probatório diversa da tradicional distribuição estática, a teor do previsto no art. 373 e §§. Acerca desse tema, o STJ houve por bem emitir a súmula nº 618: "A inversão do ônus da prova aplica-se às ações de degradação ambiental". Ainda no plano probatório, registre-se que o vigente CPC, sob a égide do processo de estrutura cooperatória, prevê que "as questões de fato, sobre as quais recairá a atividade

---

43. Transformações do processo civil em nosso tempo, trad. José Carlos Barbosa Moreira. *Revista Brasileira de Direito Processual*, n. 7, 1976, texto republicado na mesma revista, n. 59, jul./set. 2007, p. 116-117.

probatória" podem ser objeto de "delimitação consensual", a qual, uma vez homologada, "vincula as partes e o juiz" (art. 357, II e § 2º).

Quanto à *confissão*, prevista entre os meios probatórios, apesar de tradicionalmente ser considerada *rainha das provas* (ainda hoje é citada em primeiro lugar no rol dos meios de prova do negócio jurídico - CCi, art. 212, I), limita-se à admissão da *matéria de fato* (CPC, art. 389), não abrangendo sua avaliação jurídica, nem tampouco a aceitação das consequências que a contraparte possa extrair dos fatos historiados. Daí ser relevante distinguir a confissão da singela admissão do fato, como observa José Miguel Garcia Medina: "A lei processual distingue fato admitido como incontroverso e fato confessado (art. 374, II e III do CPC/2015). Na confissão há um plus em relação à mera admissão, que é a declaração de que o fato afirmado pela outra parte, contrário ao interesse do confitente é verdadeiro". [44]

A confissão é um ato de disposição, ou mesmo de liberalidade, e atua com mais de uma finalidade: no plano do direito material, prova o negócio jurídico (CCi, art. 212, I); no plano processual, notadamente no cível, é um *elemento acelerador do processo*, na medida em que torna incontroversos - e, pois, dispensados de prova - os fatos confessados, que assim se têm como contrários ao confitente e favoráveis à contraparte (CPC, arts. 391 e § único). Apesar disso, ela não determina, de *per si*, as consequências jurídicas que do fato admitido podem ser extraídas, e assim é que uma dívida pode estar confessada - e, portanto extreme de dúvida quanto à existência e conteúdo - e no entanto estar *prescrita*, assim engendrando a extinção do processo com resolução do mérito (CPC, art. 487, II e § único). Vale ainda ressaltar que o juiz "poderá julgar liminarmente improcedente o pedido se verificar, desde logo, a ocorrência de decadência ou prescrição" - CPC, § 1º do art. 332.

Além disso, a *presunção de veracidade*, que da confissão exsurge, é de índole relativa, donde poder a confissão ser tornada insubsistente, tanto no campo das obrigações, "se decorreu de erro de fato ou de coação" (CCi, art. 214), como no campo processual, via ação rescisória (CPC, art. 966, III) ou, a depender da espécie, via ação anulatória (CPC, § 4º do art. 966). No campo penal, no qual se lobrigam direitos indisponíveis, sobretudo a *liberdade*, o valor jurídico da confissão "se aferirá pelos critérios adotados para os outros elementos de prova, e para sua apreciação o juiz deverá confrontá-la com as demais provas do processo, verificando se entre ela e estas existe compatibilidade ou concordância", tudo em ordem à aferição da *verdade real* (CPP, art. 197).

---

44. *Novo Código de Processo Civil comentado*, 5ª ed., 2.017, cit., nota II ao art. 390, p. 697.

O fato constitutivo do direito do autor pode resultar comprovado - por exemplo, a mercadoria foi entregue ao comprador -, mas nem por isso a ação de cobrança será necessariamente acolhida, podendo o réu suscitar exceções substanciais ou provar fato contrário e dirimente ou ao menos limitador da pretensão inicial, por exemplo, que a mercadoria não atendia às especificações constantes da embalagem ou da mensagem publicitária; que foi entregue a destempo, ou ainda, que estava deteriorada: a matéria é tratada sob a rubrica da *distribuição dos ônus da prova* (CPC, art. 373 e incisos) e, também, das exceções substanciais e das questões prejudiciais de mérito que o réu pode suscitar, certo que no tocante a estas últimas, em havendo decisão a respeito, ficam recobertas pela coisa julgada material (CPC, art. 350; § 1º do art. 503, nessa ordem). Nesse sentido, esclarece José Miguel Garcia Medina: "É necessário que tenha havido julgamento sobre a questão incidental, e não manifestação inconclusiva".[45]

Em sede doutrinária, costuma-se distinguir a *confissão* e a *submissão*. Petrônio Calmon Filho afirma que a confissão "se refere unicamente aos fatos narrados pelo autor, enquanto submissão é o reconhecimento do direito sobre o qual se funda ação, ou seja, um dos resultados possíveis da autocomposição, em que aquele que exercia resistência à pretensão de outrem altera sua posição na disputa e submete-se ao outro, pondo fim ao conflito" (...). "Pode ocorrer sem que haja processo judicial ou em seu curso, considerando a lei como o ato em que o réu reconhece a procedência do pedido."[46] No campo processual, a submissão corresponde ao *reconhecimento jurídico do pedido*, elemento acelerador do processo, que assim pode ser extinto com resolução do mérito (CPC, art. 487, III, a), justamente porque a aceitação, não só dos fatos (até aí seria confissão), mas também das *consequências jurídicas* que deles extrai a parte que os expôs em Juízo, acaba por consumar a lide, não sobejando espaço para outras perquirições por parte do juiz.

Como ato de disposição, ou mesmo de liberalidade, o campo precípuo da confissão é o dos direitos disponíveis, geralmente de caráter patrimonial (CPC, art. 391, *caput*). Já no processo penal, como antes referido, o valor da confissão se relativiza, e, não raro, a crônica policial reporta casos em que o suspeito confessa os fatos, mas, inobstante, a investigação prossegue: é que, aos olhos da Autoridade, a confissão pode não parecer convincente, verossímel ou plausível, por não se harmonizar com outras declarações, outros fatos ou mesmo com a conduta do confitente, antes, durante ou após o episódio sindicado.

---

45. *Novo Código de Processo Civil comentado*, 5ª ed., 2.017, cit., nota V ao art. 503, p. 827.
46. *Fundamentos da mediação e da conciliação*, São Paulo: Forense, 2007, p. 64.

De outra parte, cumpre ter presente que nem todos os fatos têm interesse para a prova judiciária, senão aqueles que possam ter utilidade para o deslinde da controvérsia, donde se exige o implemento de específicas exigências: que os fatos sejam *relevantes* em face do objeto litigioso, *controvertidos*, *atuais* e *típicos*. Vale ainda lembrar que a *fórmula aberta* empregada no art. 369 do CPC – "As partes têm o direito de empregar todos os meios legais, bem como os moralmente legítimos, ainda que não especificados neste Código (...)" – abre espaço para outras modalidades probatórias que a tecnologia vai excogitando e disponibilizando, como, por exemplo, os documentos de base *digital*, admitidos pela Lei 11.419/2006, que dispôs sobre a informatização do processo judicial.

A confissão desempenha relevante papel na aferição da verdade e, corolariamente, para a redução do tempo de duração do processo, razão pela qual em certos ordenamentos ela é incentivada ou mesmo recompensada, como no processo norte-americano, em que o acusado, declarando-se culpado (*guilt*) pode receber pena menor ou alguma vantagem no regime de cumprimento da pena. O Direito brasileiro não é de todo infenso a esse sistema, podendo o acusado, no Juizado Especial Criminal, aceitar a imputação que lhe é feita, assim acordando com a Promotoria os termos da "composição dos danos e da aceitação da proposta de aplicação imediata de pena não privativa de liberdade" (Lei 9.099/95, art. 72); em modo análogo, a Lei 12.846/2.013, sobre os danos causados por pessoas jurídicas contra a administração pública prevê o acordo de leniência que "isentará a pessoa jurídica das sanções previstas no inciso II do art. 6º e no inciso IV do art. 19 e reduzirá em até 2/3 (dois terços) o valor da multa aplicável" (§ 2º do art. 16).

Trata-se, a certos respeitos, de algo semelhante ao que se passa no processo norte-americano (*adversary system*, de tipo acusatório), no qual, informa Petrônio Calmon Filho, "embora seja garantida ao réu a presunção de inocência, ele poderá abrir mão de sua defesa, e reconhecer a procedência da acusação, declarando-se culpado (*guilty plea*)".[47]

A confissão dos fatos imputados a uma parte e favoráveis à outra, na medida em que abrevia a instrução e concorre para a aferição da verdade, vem ao encontro da contemporânea tendência a um *processo de estrutura cooperatória (CPC, art. 6º)*, a desenvolver-se no ambiente de uma *justiça coexistencial*, em substituição ao tradicional processo de índole adversarial, em que as partes se polarizam em posições antagônicas, o que ao final as converte em *vencedora e perdedora*, não raro deixando estigmas para futuros conflitos,

47. Idem, p. 299.

num perverso círculo vicioso. Já por aquela proposta de perfil consensual, o processo deixa de ser arena de disputa onde se exacerbam os antagonismos, para operar como um foro receptor do diálogo entre posições antinômicas, as quais, num ambiente menos agressivo, podem evoluir para uma solução pacífica e razoavelmente satisfatória.

Assim é que, analisando aspectos do processo civil inglês (*Civil Procedure Rules*, em vigor desde 1999), afirma José Carlos Barbosa Moreira: "A ideia – central nos relatórios de Lord Woolf – de que a cultura *adversarial* devia ceder o passo a uma visão mais cooperativa das relações entre as partes logicamente conduz ao favorecimento da solução consensual do litígio. Na verdade, sempre foi alta na Inglaterra (e no mundo de *common law* em geral) a percentagem de feitos que terminam por acordo. As *CPR* prestigiaram essa voga e trouxeram novos incentivos ao *settlement*. Tal orientação fica bem clara desde a enumeração de modalidades de *active case management* vistas como apropriadas à consecução do 'objetivo primacial': entre os deveres do órgão judicial constantes da lista figura o de 'ajudar as partes a acordar sobre todo o litígio ou parte dele' (*rule* 1.4. (f)]".[48] Essencialmente, é o que preconiza nosso vigente CPC, ao autorizar o juiz a promover "a qualquer tempo, a autocomposição, preferencialmente com auxílio de conciliadores e mediadores judiciais" (art. 139, V).

3.D) Reconhecimento do pedido

Enquanto a confissão atua tanto no plano processual como nos atos da vida em sociedade (na medida em que pode ser extrajudicial – CPC, art. 389), já o reconhecimento do pedido – como o sugere tal nomenclatura – é figura precipuamente *endoprocessual*, de sorte que apenas excepcionalmente será formalizado em documento à parte, a ser, na sequência, juntado aos autos judiciais. Exemplo desta modalidade pode ocorrer no bojo de um *compromisso de ajustamento de conduta* – forma consensual de resolução de conflitos metaindividuais (Lei 7.347/85, § 6.º do art. 5.º) podendo-se figurar um litígio envolvendo fusão/incorporação de empresas, submetido ao *CADE* – Conselho Administrativo de Defesa Econômica: poderá ser juntado aos autos de uma ação civil pública, ajuizada por infração à ordem econômica (Lei 7.347/85, art. 1.º, V, c/c art. 47 da Lei 12.529/2011), o Termo de "Compromisso de Cessação de Prática sob Investigação", celebrado entre aquela autarquia e as empresas-rés (Lei 12.529/2011, art. 85).

---

48. A revolução processual inglesa, *Temas de direito processual*, 9.ª série, São Paulo: Saraiva, 2007, p. 82-83.

Nesse sentido o vigente CPC prevê no art. 487: "Haverá resolução de mérito quando o juiz: (...) III – homologar: a) o reconhecimento da procedência do pedido formulado na ação ou na reconvenção". Nery & Nery afirmam: "Caso seja feito por réu capaz e verse sobre direito disponível, o reconhecimento jurídico do pedido acarreta automática procedência do pedido, constituindo-se em circunstância limitadora do livre convencimento do juiz".[49]

Dada a teoria da *substanciação*, pela qual o objeto litigioso do processo abrange o pedido – mediato/imediato – e a causa de pedir – próxima/remota – (CPC, art. 319, III e IV), segue-se que, uma vez reconhecido pelo réu (ou pelo autor-reconvindo) o fundamento jurídico que embasa a pretensão da contraparte, estará *dirimida a lide*, nada mais restando a ser perquirido pelo juiz, cabendo-lhe extinguir o processo, com resolução do mérito, formando-se, oportunamente, a coisa julgada material.

Nesse sentido, José Miguel Garcia Medina, superando posicionamento anterior, em que sustentava ser a homologação de atos autocompositivos das partes uma "sentença de mérito atípica", reconhece que por aí "o juiz realiza atividade jurisdicional típica: a jurisdição tem por função além de julgar o pedido, também, de promover a solução da lide através de meios consensuais".[50]

Embora se deva repelir o indesejável *processo civil de autor* (já que o processo é de natureza dialético-bilateral, estando as partes em situação de igualdade - CPC, art. 139, I), não há como negar que a prova do fato constitutivo cabe ao autor, vale dizer, a quem tomou a iniciativa judicial – *onus probandi incumbit ei qui agit* (CPC, art. 373, I) –, de sorte que ao cabo da instrução probatória o juiz avaliará, em função do pedido formulado (pagamento, entrega de coisa, prestação de fazer ou não fazer) se o autor se desincumbiu a contento do ônus que lhe cabia, tratando-se, pois, de vera *regra de julgamento*. Sob outra mirada, optando o réu por não resistir à imputação que lhe é feita, mas, ao contrário, admitindo não só os fatos alegados mas também os efeitos jurídicos que deles extrai o autor, em verdade desaparece a lide e, com ela, a legitimidade e o espaço processual do juiz para dirimi-la, já que a função judicial depende de que a controvérsia remanesça em aberto; é dizer: o interesse de agir, além de real e pessoal, deve ser ainda *de atualidade*.

Essa é a razão pela qual a confissão, por operar no plano dos fatos, não figura entre os vetores da extinção do processo *com* resolução do mérito (CPC, art. 487 e incisos): é que um fato, mesmo admitido como verdadeiro

49. *Comentários ao Código de Processo Civil...*, 2.015, cit., nota nº III ao art. 487, p. 1.144.

50. *Novo Código de Processo Civil comentado*, 5ª ed., 2.017, nota nº II ao art. 487, p. 778.

e incontroverso, pode não bastar para deflagrar o efeito jurídico pretendido por quem o tenha demonstrado, segundo a avaliação soberana do juiz, que é o destinatário da prova (*iura novit curia*; *da mihi factum dabo tibi jus*). Por exemplo, numa ação de despejo, pode estar provado o fato de o inquilino estar na posse direta do imóvel, mas nem por isso, necessariamente, irá prosperar o pedido de retomada para uso próprio formulado pelo autor, bem podendo o réu provar a ilegitimidade ativa, ou mesmo a insinceridade da postulação ou alguma outra objeção prejudicial.

Diversamente, no reconhecimento do pedido, o réu admite ser fundada a pretensão do autor, ou seja, acata a consequência jurídica que este extrai da situação fática (inclusive a exegese dada à norma de regência), o que faz desaparecer o espaço para o Estado-juiz prosseguir na instrução, que vem preordenada a uma final *solução adjudicada*. É por isso que, tal seja o fundamento da ação de despejo, "se o locatário, no prazo da contestação, manifestar sua concordância com a desocupação do imóvel, o juiz acolherá o pedido fixando o prazo de seis meses para desocupação (...)" - art. 61 da Lei 8245/91: é que, a rigor, num tal caso, terá desaparecido a lide, no sentido carneluttiano de pretensão resistida.

Em termos de eficácia e da força preclusiva pan-processual, é bem mais relevante o reconhecimento do pedido do que a confissão, porque aquele primeiro irá oportunizar a formação da coisa julgada material, assim inibindo a repropositura da ação (*non bis in idem*; *exceptio rei iudicatae* - CPC, art. 508), assim acarretando a erradicação da lide e contribuindo para a estabilidade e segurança das relações jurídicas. Esse desenho, contudo, já não se aplica à confissão, por estar confinada ao plano dos fatos, valendo lembrar que a avaliação sobre a verdade dos fatos não integra os limites objetivos da coisa julgada (CPC, art. 504, II). Sem embargo dessa distinção (que remonta ao binômio *imutabilidade-indiscutibilidade* da coisa julgada), é possível subsumir as figuras do reconhecimento do pedido e da confissão no gênero "submissão", entendida esta, diz Petrônio Calmon Filho, "quando o titular da resistência dela abre mão totalmente, em uma atitude que se pode considerar altruísta, sem qualquer tipo de contrapartida dos demais envolvidos no conflito".[51]

Afinado com a diretriz da razoável duração do processo (CF, art. 5.º, LXXVIII; CPC, art. 139, II), atua o reconhecimento do pedido como um *elemento acelerador do processo*, na medida em que induz à compactação do rito (CPC, art. 354, caput), possibilitando desde logo o julgamento do mérito favorável ao autor, o que consulta ao ideal de que a duração do processo

---

51. *Fundamentos da mediação e da conciliação* cit., 2007, p. 64.

não deve laborar *contra* a parte que está assistida pelo bom direito. Aliás, vale lembrar que se reputa litigante de má-fé aquele que opõe "resistência injustificada ao andamento do processo" (CPC, art. 80, IV), certo ainda que, no processo de execução, a interposição de embargos "manifestamente protelatórios" configura "conduta atentatória à dignidade da justiça" (CPC, art. 918, III e § único).

Com o advento da *súmula vinculante* do STF (CF, art. 103-A: EC 45/2004; Lei 11.417/2006) é possível prognosticar um incremento nos casos de reconhecimento jurídico do pedido: se a pretensão (e sua causa) estão respaldadas por súmula vinculante do STF, estando o juiz, a seu turno, adstrito a tal enunciado obrigatório (sob pena de ser cassada sua decisão: CF, § 3.º do art. 103-A; CPC, art. 927, II, c/c arts. 988, III e 992), é natural que o réu se convença da mínima ou nenhuma chance de êxito de sua resistência. A propósito, já escrevemos: "Nesse contexto, não há negar a influência direta e frontal que o direito sumular do STF e do STJ passa a exercer sobre as pretensões judicializadas, inclusive consentindo a improcedência liminar do pedido contrário a tais enunciados (CPC, art. 332, I) ou ainda a concessão de tutela da evidência, quando o pedido, provado documentalmente, encontra respaldo em súmula vinculante (CPC, art. 311, II)".[52]

O vigente CPC prevê que tratando-se de "causas que dispensem a fase instrutória, o juiz, independentemente da citação do réu, julgará liminarmente improcedente o pedido que contrariar: I – súmula do Supremo Tribunal Federal ou do Superior Tribunal de Justiça" (*omissis*). Se tal efeito é atribuído à súmula *simples* ou *persuasiva* desses Tribunais da Federação – enunciados que laboram no plano da influência – com maior razão é de esperar análogo resultado quando o pedido se mostre em desconformidade com *súmula vinculante* do STF, até porque todos os órgãos judiciais, sem exceção, a ela estão jungidos, sob pena de cassação do julgado recalcitrante (CF, § 3º do art. 103-A; CPC, arts. 927, II; 988, III; 992).

52. *Divergência jurisprudencial e súmula vinculante*, 6. ed., Salvador: JusPodivm, 2.018, p. ~495.

Capítulo 4

MEIOS BILATERAIS OU POLICÊNTRICOS DE PREVENÇÃO OU RESOLUÇÃO DAS CONTROVÉRSIAS

Sumário: 1. De ordem geral. 2. Conciliação/Transação. 3. Heterocomposição dos conflitos. 3.A)A heterocomposição através de órgãos parajurisdicionais. § O *déficit* de efetividade da Justiça estatal. 4. A expansão dos meios paraestatais de distribuição da Justiça. § Os meios de heterocomposição parajurisdicional em espécie: 4.1. Arbitragem. 4.2. Mediação.

1. DE ORDEM GERAL

Questão premonitória a ser enfrentada diz com a correlação entre a Justiça estatal e aquela que é buscada mediante os chamados *meios alternativos*, os quais, numa apertada síntese, compreendem: (*i*) as instâncias ou órgãos parajurisdicionais (*v.g.*, Tribunais de Contas, de Impostos e Taxas, de Arbitragem; Juizados de Paz; CADE - Conselho Administrativo de Defesa Econômica; Tabelionatos); (*ii*) agentes e/ou métodos preordenados à composição justa dos conflitos, como a conciliação, a mediação, a avaliação neutra de terceiro, os compromissos de ajustamento de conduta, os acordos de leniência e até, a certos respeitos, o *amicus curiae*.

Com efeito, o *amicus curiae*, radicado no *common law*, vai ganhando espaço no Direito brasileiro, vindo regulado no CPC (art. 138 e §§), sendo recepcionado em ocorrências diversas: controles direto e incidental de constitucionalidade: Lei 9.868/99, art. § 2º do art. 7º; CPC, § 1º do art. 950, nessa ordem; repercussão geral da questão constitucional na admissão do recurso extraordinário: CPC, art. § 4º do art. 1.035; afetação do RE ou do REsp representativo da controvérsia, no rito dos recursos repetitivos: CPC, art. 1.038, I; edição, alteração ou revogação de súmula vinculante do STF: Lei 11.417/2006, § 2º do art. 3º. Tal intervenção afina-se com o ideário do processo de estrutura cooperatória (CPC, art. 6º) e com a democratização dos julgamentos, podendo enriquecer o discurso jurídico e contribuir para a composição justa de conflitos de variada espécie, na medida em que o *amicus*, em modo de um *tertio* equidistante e imparcial, aporta conhecimentos técnicos relevantes para o desate da controvérsia.[1]

O notório crescimento – quantitativo e qualitativo – dos *meios alternativos* de solução de conflitos se verifica em proporção inversa à perda de eficiência e prestígio do serviço estatal de distribuição da Justiça, comprometendo a credibilidade do Judiciário ao interno da coletividade. Numa metáfora, poder-se-ia figurar a Justiça estatal como uma autoestrada, ao passo que os meios alternativos seriam estradas vicinais: o tráfego tende a se encaminhar para estas, à medida em que aquela primeira se apresenta congestionada, malconservada, com excesso de pedágios. A imagem explica, em certa medida, a trajetória razoavelmente exitosa dos Juizados Especiais, justamente porque aí o rito é mais informal e célere do que o oferecido na Justiça ordinária (Lei 9.099/95, art. 2º).

Num desalentador paradoxo, porém, a facilidade do acesso aos Juizados acabou por retroalimentar a demanda por justiça (a chamada *litigiosidade contida*), a par de desestimular a busca por outros meios resolutivos, tudo ao final frustrando a expectativa de que aquela opção judiciária atenuaria a sobrecarga dos demais órgãos judiciais. No ponto, afirmam os autores de relevante pesquisa judiciária: "A criação de novas portas de acesso ao Judiciário, como os Juizados Especiais, não necessariamente reduz o volume de demandas, podendo gerar um crescimento desse volume e a visibilidade de demandas que antes não chegavam ao Judiciário. Abre-se um a porta, surgem mais demandas. Os Juizados Especiais Cíveis e Federais, por exemplo, não implicaram a redução de demandas, mas o seu aumento e visibilidade de demandas latentes que antes não chegavam ao Judiciário".[2]

Os meios auto e heterocompositivos ditos *alternativos* devem se justificar de per si e buscar seu próprio espaço (até porque a resolução dos conflitos não é monopólio do Estado), não devendo, pois, esses *outros meios* buscar afirmação social *apostando* na deficiência da Justiça oficial, num deletério *jogo de soma zero*.

1. Por tudo, sobre o tema, v. Cássio Scarpinella Bueno, *Amicus curiae no processo civil brasileiro – um terceiro enigmático*, São Paulo: Saraiva, 2006, especialmente capítulo IV.
2. MONTEIRO GABBAY, Daniela; GROSS CUNHA, Luciana. "Considerações acerca do aumento da litigiosidade e do combate às causas da morosidade do sistema de Justiça brasileiro". In: MONTEIRO GABBAY, Daniela; GROSS CUNHA, Luciana (coords.). *Litigiosidade, morosidade e litigância*...cit., São Paulo: Saraiva, 2012, p. 153, 154.

Até o presente, porém, a distribuição do serviço judiciário entre o Estado e os outros meios auto e heterocompositivos parece longe de se estabilizar num equilíbrio desejável, não tendo ainda sido vencido o clima de mútua desconfiança entre essas instâncias, e, até mesmo, perscruta-se uma preocupação com certa *reserva de mercado*. O contexto é assim visto por Boaventura de Souza Santos, Maria Manuel Leitão Marques e João Pedroso: "Em primeiro lugar, os mecanismos alternativos de resolução dos litígios desviaram dos tribunais alguma litigação, ainda que seja debatível até que ponto o fizeram. Em segundo lugar, a resposta dos tribunais ao aumento da procura de tutela acabou por moderar essa mesma procura, na medida em que os custos e os atrasos da atuação dos tribunais tornaram a via judicial menos atrativa".[3]

A logística do sistema, portanto, deve ser outra: partindo da premissa de que ambas as vertentes de distribuição da Justiça buscam objetivo comum – a justa composição dos conflitos num lapso temporal razoável – então é fundamental que as duas *funcionem bem*, situação otimizada que projetará mais de uma externalidade positiva: a demanda por justiça não ficará concentrada só no Judiciário, mas poderá se distribuir por outras modalidades resolutivas, ao mesmo tempo em que o consumidor final – o jurisdicionado – ficará bem servido, podendo escolher o meio ou o órgão mais apropriado ao caso concreto.

Em face da contemporânea sociedade massificada e conflitiva, impende que esses dois planos ou essas duas ofertas de justiça funcionem a contento – e não em modo competitivo ou autoexcludente: só essa convivência harmônica permitirá a distribuição, entre ambas (ainda que de modo não equânime), da crescente demanda. Uma coisa é o texto constitucional afirmar a *universalidade ou ubiquidade da jurisdição estatal* (CF, art. 5.º, XXXV), outra coisa é daí se extrair a ilação – irrealista e ufanista – de que todo e qualquer histórico de dano sofrido ou temido deva ser submetido ao Judiciário, ao risco de que, no limite, a ação deixe de ser um *direito subjetivo público*, para ser um... *dever* subjetivo público!

No ponto, Francesco P. Luiso observa que não se pode confundir a *priorità della giurisdizione* – garantida no texto constitucional italiano (arts. 24 e 111) – com a *centralità della giurisdizione*, ideia reportada a épocas passadas, e que induz o sedizente lesado a um suposto direito a "ricorrere immediatamente al giudice per la tutela dello stesso. Ebbene, in questa ottica la priorità della giurisdizione costituisce un antico retaggio, che oggi mal si concilia

3. Os tribunais nas sociedades contemporâneas, *Revista Brasileira de Ciências Sociais*, n. 30, fev. 1996, p. 38.

con una realtà che si fonda essenzialmente sul *principo di sussidiarietà*, in base al quale l'intervento autoritativo giurisdizionale – che resta pur sempre possibile e costituzionalmente dovuto – deve essere considerato come l'ultima delle *chances* a disposizione, alla quale si deve ricorrere quando le altre non rescono allo scopo". Na sequência, Luiso demonstra que a busca de justiça haveria de seguir uma ordem escalonada: "a) Le parti cerchino di risolvere da sole la controversia, atrraverso gli strumenti negoziali che l'ordinamento pone a loro disposizione; b) Se non vi riescono, che tentino sempre la risoluzione negoziale mediante l'intervento di un terzo, che funda da catalizzatore di una reazione chimica che non si è spontaneamente verificata; c) Se gli strumenti consensuali non funzionano, allora è necessario ricorrere a quelli *aggiudicativi*: all'arbitrato anzitutto; d) Ed infine, ma solo infine, se le parti non riescono neppure a raggiungere quell'accordo strumentale che è il patto compromissorio, vi è, garantita costituzionalmente, la giurisdizione statale".[4]

Numa palavra, pois, a jurisdição estatal sendo ofertada sob uma perspectiva residual, no melhor sentido da palavra, e não em caráter protagonista, recepcionando em "ligação direta" todo e qualquer histórico de afirmada lesão temida ou sofrida.

A ser de outro modo, correr-se-á o risco de ficar *no pior dos mundos*, com uma Justiça estatal sobrecarregada e, portanto, ineficiente e desacreditada, contexto negativo que, todavia, atende ao interesse de vários segmentos, assim os que não têm o direito material, os que intentam procrastinar o cumprimento de suas obrigações, os que auferem proveito em tornar a coisa litigiosa, uns e outros assim *apostando* na lógica do *quanto pior melhor*, como só ocorre com os chamados *clientes habituais*, os *repeat players* do Judiciário (*v.g.*, Bancos, empresas de seguro-saúde, operadoras de telefonia, administradoras de cartões de crédito, instituições financeiras, e até o próprio Poder Público, sabidamente o maior cliente do Judiciário).

Uma amostragem expressiva da formação da *crise numérica* dos processos judiciais verificou-se, há tempos, na justiça paulista, ao ensejo da extinção dos Tribunais de Alçada, determinada pela EC 45/2004, conforme fora à época ressaltado pelo Des. Caetano Lagrasta e pela cientista política Maria Tereza Sadek: "Como consequência dessa decisão, procedeu-se à distribuição de um acervo aproximado a 600 mil processos, cabendo a cada desembargador mais de 1.500. A esse volume, que não encontra paralelo nos demais Estados da Fe-

---

4. Presente e futuro della conciliazione in Italia. In: YARSHELL, Flávio Luiz; MORAES, Maurício Zanoide de (coords.). *Estudos em homenagem à professora Ada Pellegrini Grinover*, São Paulo: DPJ, 2006, p. 576.

deração, podemos acrescentar os recursos diariamente distribuídos (em 2005, 54.183; em 2006, 56.346 e em 2007, 62.606)".[5] Segundo o relatório *Justiça em Números*, do CNJ, divulgado em 2.018, ano-base 2.017 foram distribuídos 1.918 novos casos por desembargador no Tribunal de Justiça de São Paulo.[6]

Os *clientes habituais* da Justiça estatal praticam a assim chamada "mora judicialmente legalizada": são desprezados os meios alternativos, justamente por sua celeridade e eficiência, dando-se "preferência" à Justiça estatal, que, sendo lenta, onerosa e imprevisível, mostra-se melhor *adaptada* aos interesses subalternos dos procrastinadores. O fenômeno não passou despercebido a Petrônio Calmon Filho: "(...) não é difícil observar que pessoas se furtam à rápida solução alternativa porque a lentidão do Judiciário fará com que elas não precisem resolver logo o conflito, quando isso lhes é favorável, o que muitas vezes ocorre. Uma justiça que funciona bem é fator preponderante para se aceitar uma solução consensuada, pois, sendo a justiça estatal caracterizada pela possibilidade de se utilizar medidas práticas coercitivas para fazer valer suas decisões, quando esta coercibilidade funciona, as pessoas se sentem incentivadas a buscar a solução autocompositiva, pois seria natural evitar medidas judiciais; quando não funciona, ou funciona mal, poderá ser melhor esperar por uma solução estatal futura e incerta, apostando nas mazelas do processo, com seu formalismo e nulidades constantemente aferidas em inúmeros recursos. (...) Em outras palavras, para que os meios alternativos sejam eficientes, é fundamental que haja a possibilidade de uma opção idônea entre a solução contenciosa e consensual, o que não ocorre no caso de uma das opções apresentar-se morosa, caótica e ineficiente. (...) Deve-se afastar, então, a ideia de que o mau funcionamento da máquina judiciária constitui o pressuposto para a difusão dos meios alternativos. Ao contrário, o jurisdicionado será tanto mais livre para optar pela via consensual quanto estiver livre para optar entre dois sistemas paralelos e eficientes".[7]

A ideia-força consiste, pois, em que a jurisdição deve-se desconectar da antiga conotação de *Poder* (dimensão estática, monopolística, majestática), ligada à solução adjudicada ou imperativa do conflito, que trata a crise historiada apenas sob o viés jurídico, laborando na dicotomia *certo – errado, vencedor – vencido*, que ao final se degrada numa equação de *soma zero*, que, não raro, acaba por perenizar o conflito e deixar resíduos que formarão lides futuras. Hoje se propõe uma nova perspectiva, que vê a controvérsia numa di-

5. "Morosidade da Justiça". Jornal *O Estado de S. Paulo*, ed. 26.02.2008, cad. C-3.
6. Sítio cnj.jus.br, p. 103 do documento impresso, acesso em 12.12.2018.
7. *Fundamentos da mediação e da conciliação*, Rio de Janeiro: Forense, 2007, p. 48-49.

mensão abrangente das crises jurídica, econômica, social e política, como uma *oportunidade* para aproximação e interação dos envolvidos, em ordem a uma composição justa, não importando o órgão, a instância, o método ou os atores intervenientes. O próprio ordenamento positivo reconhece essa integração complementar, como se observa: (*i*) na *arbitragem*, que pode, eventualmente, vir a ter uma passagem judiciária (Lei 9.307/96, arts. 32, 33, com alterações da Lei 13.129/2.015; CPC, art. 515, VII); (*ii*) na *conciliação,* que pode incidir até mesmo em segundo grau, portanto quando já ofertada uma primeira resposta jurisdicional, como se passa no TJSP com o Centro Judiciário de Solução de Conflitos em Segunda Instância e Cidadania (Provto. 1.857/2.011); (*iii*) nos *Juizados Especiais*, onde há espaço para o Juízo arbitral - Lei 9.099/95, art. 24 e §§; 27 e § único; (*iv*) nas *comissões de conciliação prévia*, no âmbito da Justiça do Trabalho (CLT, art. 625-D, cf. Lei 9958/2000),[8] tendo a Lei 13.467/2.017 inserido o art. 855-B, prevendo um "processo de jurisdição voluntária para homologação de acordo extrajudicial"; (*v*) na *mediação*, método de crescente utilização, valendo ressaltar que a Lei 13.140/2.015 veio autorizar o seu uso nos conflitos envolvendo a administração pública, inclusive quando se trate de "direitos indisponíveis que admitam transação" (art. 3º, *caput*). Quanto à conciliação, a mediação e a arbitragem, ressalte-se que o vigente CPC prestigia sua adoção (§§ do art. 3º; art. 139, V; art. 515, VII), inclusive listando o conciliador e o mediador dentre os auxiliares da justiça - art. 149.

A auto e heterocomposição, fora e além da estrutura judiciária estatal, projeta diversas *externalidades positivas*: alivia a pressão causada pelo excesso de processos judiciais; estimula as partes e interessados a comporem suas divergências, de per si ou com intercessão de um facilitador; agrega estabilidade e permanência às soluções consensuais ou negociadas, pela natural tendência dos envolvidos a prestigiarem a fórmula por eles mesmos industriada; propicia ganho de tempo, que pode, assim, ser realocado para a análise mais aprofundada das lides singulares e complexas, bem como daquelas tornadas incompossíveis ou, ainda, aquelas que, por sua natureza ou qualidade da parte imponham uma passagem judiciária. Essa distribuição, *pluralista e democrática* dos processos pode atenuar o impacto, no orçamento estatal, dos crescentes investimentos na estrutura judiciária, que culminam por converter

8. O STF, apreciando duas *ADIns* (2139e 2160), concedeu liminar dispensando a necessária passagem das reclamações trabalhistas pelas Comissões de Conciliação Prévia. Repercutindo tais decisões, anotou o jornal *O Estado de S. Paulo*, de 18.05.2009, cad. A-3: "No julgamento do STF só o ministro Cezar Peluso votou contra a concessão da liminar, alegando que a posição da Corte estaria 'na contramão da História', pois a suspensão das comissões congestiona ainda mais as Varas Trabalhistas".

o Judiciário num megapoder, o qual, nem por isso, consegue corresponder à expectativa dos jurisdicionados. [9] No tocante, especificamente, à arbitragem, observa Aluísio Gonçalves de Castro Mendes que ela "possibilita que o conflito seja resolvido por pessoas que detenham especial conhecimento sobre o assunto a ser discutido, uma vez que incumbe às partes interessadas escolher os árbitros".[10]

Acerca desse aspecto do *específico conhecimento técnico* sobre a matéria litigiosa, observa-se, como antes dito, tendência à possibilidade de intervenção de certos terceiros – *experts, amici curiae* – (*v.g.*, uma *ADIn* sobre norma que autoriza aborto de feto anencefálico) os quais podem contribuir para um julgamento de melhor qualidade e eficiência: no exemplo dado, a permissão encontra-se no § 2º do art. 7º e no § 1.º do art. 20 da Lei 9.868/99; igualmente, pode dar-se tal intervenção por ocasião da avaliação, pelo STF, da "repercussão geral da questão constitucional", no juízo de admissibilidade do recurso extraordinário (CF, § 3.º do art. 102: EC 45/2004) pressuposto genérico que releva dos planos "econômico, político, social ou jurídico" (CPC, § 1.º do art. 1.035), razão por que é dado ao relator "admitir, na análise da repercussão geral, a manifestação de terceiros (...)"- CPC, § 4º do art. 1.035. Tudo isso sinaliza o progresso, dentre nós, do *processo de estrutura cooperatória (CPC, art. 6º)*, e da tendencial democratização dos julgamentos, fatores idôneos ao desenvolvimento de uma verdadeira *cultura da pacificação*, em substituição à *cultura da sentença*, conforme propugnado por Kazuo Watanabe.[11]

Os meios unilaterais de prevenção ou resolução de conflitos – renúncia, desistência, confissão, reconhecimento do pedido –, vistos no capítulo precedente, inibem, com diversa fortuna, a lide prenunciada ou então abreviam o processo já instaurado, neste último caso operando como *elementos aceleratórios*, configurando atos de disposição processual ou às vezes até do próprio direito material. Trata-se do exercício de verdadeiros direitos potestativos, já que *em regra* não podem ser obstados pela contraparte, nem dependem de seu assentimento (falta de interesse jurídico para a resistência) com exceção da desistência que, se postulada após oferecida a contestação, passa a depender

---

9. O boletim *Justiça em Números*, do CNJ, divulgado no segundo semestre de 2.019, informa: "No ano de 2.018, as despesas totais do Poder Judiciário somaram R$93,7 bilhões (...)" (p. 62 do documento impresso).

10. Breves considerações em torno da questão da inafastabilidade da prestação jurisdicional. In: MARINONI, Luiz Guilherme (coord.), *Estudos de direito processual civil...* cit., 2006, p. 97.

11. Cultura da sentença e cultura da pacificação. In: YARSHELL, Flávio Luiz; MORAES, Maurício Zanoide de (coords.). *Estudos em homenagem...* cit., 2005, p. 690.

do consentimento do réu (CPC, § 4º do art. 485); excepciona-se tal concordância quando a desistência tenha por base o quanto decidido pelo STF ou STJ no recurso representativo da controvérsia aplicável ao caso, no rito dos recursos repetitivos (CPC, §§ 1º e 3º do art. 1.040). Há que entender-se, em suma, que a eventual negativa por parte do réu no tocante à desistência da ação não pode dar-se imotivada ou abusivamente (STJ: RT 782/224), dado serem inconcebíveis, na relação processual, que é de direito público, condutas motivadas por mero capricho ou espírito de emulação.

Esse contexto sugere a imbricação de dois contextos aparentemente discrepantes: a maioria das normas processuais é *cogente*, o Direito Processual é um ramo do Direito *Público* e o Judiciário é um Poder *estatal*, mas, inobstante, a ação judicial vem disponibilizada a quem dela necessite, não havendo qualquer *reserva de mercado* ou indução obrigatória em prol da Justiça estatal; ao contrário, como antes dito, abre-se todo um largo espectro de outras possibilidades de solução de conflitos, fora e além do aparato oficial. Isso leva a que os jurisdicionados possam fazer uso do processo judicial *ou não*; e, mesmo o tendo feito, podem dele declinar a qualquer momento, observados certos quesitos que a lei processual indica, como, por exemplo, a suspensão do processo em trâmite, em contemplação de possível acordo (CPC, art. 313, II). Para mais, os próprios bens da vida ao final assegurados pelo comando judicial condenatório, estabilizado pela coisa julgada material – o dinheiro, a coisa, a prestação comissiva ou omissiva – podem eventualmente não vir a se realizar no plano prático, se assim o deliberarem o favorecido pelo título judicial ou os demais colegitimados, sendo assegurado ao exequente desistir da execução – CPC, art. 775, § único e incisos.

Tal se dá porque o princípio da demanda, presente ao início das ações (CPC, art. 2.º), remanesce ao longo do processo, inclusive reaparecendo na fase jurissatisfativa, podendo-se dizer que, do mesmo modo que, em regra, o titular do direito contrariado ou ameaçado não é obrigado a judicializar a questão, também não será obrigado a executar o título judicial que ao final do processo lhe seja favorável. Ao propósito, observa Aluísio Gonçalves de Castro Mendes: "A prestação jurisdicional constitui um direito dos jurisdicionados, mas não impõe o dever de levar ao conhecimento do Poder Judiciário qualquer contenda que se desenvolva entre pessoas físicas ou jurídicas".[12]

Dito de outro modo, o fato de o "exercício arbitrário das próprias razões" constituir crime (CP, art. 345), não legitima inferir, *contrario sensu*,

12. Breves considerações... cit. In: MARINONI, Luiz Guilherme (coord.), *Estudos de direito processual civil*... cit., 2006, p. 97.

que o sedizente prejudicado tenha que, necessariamente, buscar reparação na Justiça estatal, podendo, perfeitamente, valer-se dos *outros meios*, auto ou heterocompositivos ou, mesmo, deixar de exercer seu afirmado direito.

Sob outra mirada, o antes exposto serve a demonstrar que a coisa julgada não pode ser um *efeito* do julgado de mérito: efeitos são os *comandos* – a condenação, a declaração, a constituição, a ordem; esses nada têm de imutáveis, porque, projetando-se na vida de relação, nos atos civis ocorrentes em sociedade, podem ser (e geralmente são) afetados por sucessos ulteriores, ocorrentes na vida prática. Dito de outro modo, ao outorgar a tutela jurisdicional à parte favorecida pelo bom direito, o Estado-juiz dá por cumprida *apenas* a precípua função cognitiva de acertamento; remanesce com as partes ou interessados o poder de disposição acerca dos efeitos decorrentes da decisão de mérito. Por exemplo, o autor da ação de despejo, acolhida, pode optar pela não desocupação do imóvel e mesmo pode estabelecer nova relação locatícia com o réu; o autor da ação de cobrança, acolhida, pode decidir por não "executar" a dívida, ou aceitar pagamento parcial, *pro soluto*, dando quitação pelo total; o *valor de face* de um precatório pode vir a ser objeto de negociação entre a Fazenda Pública e o favorecido, e mesmo já se cogitou viabilizar sua cotação em Bolsa.

(Nessa linha, o jornal *O Estado de S. Paulo*, de 10.09.2007, caderno A-3, dá conta de que o STF "passou a autorizar cidadãos e empresas a utilizar precatórios vencidos e não pagos para compensar o recolhimento de tributos. Por iniciativa do Min. Eros Grau, a primeira decisão da Corte aceitando a utilização de precatórios alimentares para pagamento de ICMS foi tomada há um mês"). Exemplo emblemático do antes afirmado sobre a coisa julgada ocorre no processo da *ADIn*: o *elemento declaratório* do julgamento do STF, no sentido de que o texto sindicado é inconstitucional fica estabilizado, porque revestido da coisa julgada material; mas não assim os *efeitos práticos* que dali defluem, podendo o próprio STF "restringir os efeitos daquela declaração ou decidir que ela só tenha eficácia a partir de seu trânsito em julgado ou de outro momento que venha a ser fixado" (dita *modulação dos efeitos*: art. 27 da Lei 9.868/99); além disso, a lei ou o ato do Poder Público declarados inconstitucionais (plano da validade) podem, na sequência, vir a ser expressamente revogados pelo Legislativo ou Executivo, respectivamente (plano da existência).

Com vistas a preservar a proeminência da *solução adjudicada* – a decisão de mérito, proferida na Justiça estatal – em face de outras, ofertadas pelos meios alternativos, costuma-se argumentar que só aquela primeira se beneficia destes dois atributos, a saber, (*i*) a *reserva de sentença*, isto é, um ato jurisdicional somente por outro do mesmo Poder pode ser alterado, e, (*ii*) a *coisa julgada material*, que agrega à decisão de mérito os qualificativos da *estabilidade, imutabilidade* e *indiscutibilidade*, assim resolvendo definitivamente a crise judicializada.

Verdadeiros que sejam tais argumentos, eles não podem ser tomados em modo exacerbado, não se prestando para deslocar os *equivalentes jurisdicionais* a um segundo plano ou, pior, para degradá-los a uma sorte de justiça *de segunda classe*. Primeiro, como antes dito, a justiça estatal está *ofertada* (e não imposta) a quem dela se entenda necessitado, hoje se reconhecendo não se tratar de função monopolizada, sem falar que a garantia de acesso à Justiça se cinge à *apreciação* dos históricos de dano sofrido ou temido, sem nenhum compromisso quanto à aferição do mérito (aliás, *v.g.*, este nem será avaliado se as partes antes acordaram Juízo Arbitral - CPC, art. 485, VII); em segundo lugar, um título judicial condenatório, transitado em julgado, não assegura de per si o efetivo bem da vida, porque necessita passar por uma fase satisfativa, sujeita a recursos e incidentes diversos. Ademais, a coisa julgada material não se reveste da *haura sacralizada* que por vezes lhe é atribuída: ela não opera em várias hipóteses (*v.g.*, CPC, art. 504 e incisos); e, mesmo quando incide, está sujeita a limites diversos (subjetivos, objetivos, temporais), podendo ainda ser neutralizada em ação rescisória (CPC, art. 966 e incisos). A par disso, em certa medida, o ordenamento processual recepciona o entendimento de que ela pode ser *relativizada, em prosperando a exceção da coisa julgada inconstitucional: CPC, § 12º do art. 525; § 5º do art. 535.*

Em contrapartida, as soluções alcançadas mediante os meios alternativos se beneficiam de uma eficácia imediata e vocacionam-se à permanência quanto aos seus resultados, porque, ou resultam da avaliação por um terceiro livremente escolhido ou da negociação entre os próprios envolvidos, e assim tais composições não se sujeitam - salvo nulidade absoluta e insuperável - a recurso ou impugnação. A par disso, incide ainda favoravelmente o fator psicológico, por ser natural que os participantes da auto ou heterocomposição se predisponham a prestigiar e cumprir a solução entre eles mesmos alcançada.

(Neste passo, cabe registrar o incisivo posicionamento crítico de José Carlos Barbosa Moreira acerca da antes citada tese da *relativização da coisa julgada*: "Já não há lugar - salvo expressa exceção legal - para indagação alguma acerca da situação anterior. Não porque a *res iudicata* tenha a virtude mágica de transformar o falso em verdadeiro (ou, conforme diziam textos antigos em termos pitorescos, de fazer do quadrado redondo, ou do branco preto), mas simplesmente porque ela torna juridicamente irrelevante - sempre com a ressalva acima - a indagação sobre falso e verdadeiro, quadrado e redondo, branco e preto. (...) A sentença terá sido, porventura, injusta. De sua possível injustiça, todavia, só há cogitar se ainda é utilizável algum meio de tentar modificá-la. Formada a *res iudicata*, corre-se sobre a questão uma cortina opaca, que apenas disposição legal – a título excepcional, repita-se – pode consentir que se afaste. (...) Fora de semelhantes lindes, simplesmente não tem propósito tentar repor em questão a justiça do julgamento. Ressalvadas as hipóteses legalmente contempladas, com a coisa julgada material chegou-se a um *point of no return*. Cortaram-se as pontes, queimaram-se as naves; é impraticável o regresso. Não se vai ao extremo bíblico de ameaçar com a transformação em estátua de sal quem pretender olhar para trás; mas adverte-se que nada do que se puder avistar, nessa mirada retrospectiva, será eficazmente utilizável como aríete contra a muralha erguida. Foi com tal objetivo que se inventou a coisa julgada material; e, se ela não servir para isso, a rigor nenhuma serventia terá. Subordinar a prevalência da *res iudicata*, em termos que extravasem do álveo do direito positivo, à justiça da decisão, a ser aferida depois do término do processo, é esvaziar o instituto do seu sentido essencial").[13]

Diversamente do que se passa posteriormente à *solução adjudicada* estatal (acirramento da animosidade; polarização das partes em *vencedor e vencido; tendência ao esgotamento dos meios impugnativos)*, já um outro e aprazível ambiente, em geral estável e satisfatório, se descortina após a resolução do conflito pela conjunção de vontades (composição bilateral ou mesmo policêntrica): *(i)* as partes diretamente envolvidas se conciliam ou transacionam, de que é exemplo emblemático o *Compromisso de Ajustamento de Conduta* (Lei 7.347/85, § 6.º do art. 5.º), valendo salientar que o art. 79-A da Lei dos Crimes Ambientais – 9.605/98 – ressalva a possibilidade de os órgãos competentes firmarem com os responsáveis por atividades potencial ou efetivamente impactantes ao meio ambiente termo de compromisso, com força de título executivo extrajudicial, levando Édis Milaré e Flávia Tavares Rocha Loures a sustentarem a possibilidade de o Ministério Público "deixar de oferecer a denúncia, por razões de conveniência e oportunidade, como forma de incentivar a formalização do Termo de Ajustamento de Conduta na esfera cível";[14] *(ii)* a resolução do conflito ou a composição dos interesses se realiza fora do ambiente oficial e estressante da Justiça estatal, perante órgãos e instâncias de índole conciliatória, sob a diretriz contemporânea da desformalização do

13. Considerações sobre a chamada relativização da coisa julgada material. *Temas de direito processual*, 9.ª série, São Paulo: Saraiva, 2007, p. 242-244.

14. A responsabilidade penal ambiental em face dos compromissos de ajustamento de conduta. In: YARSHELL, Flávio Luiz; MORAES, Maurício Zanoide de (coord.). *Estudos em homenagem*... cit., 2005, p. 91.

procedimento e da desjudicialização dos conflitos: os acordos extrajudiciais na Justiça do Trabalho (CLT, art. 655-B, inserido pela Lei 13.467/2.017); os Tribunais Desportivos (CF, art. 217, § 1.º); os Tribunais de Arbitragem, cuja demanda é crescente no segmento empresarial; os Conselhos de Contribuintes e os Tribunais de Impostos e Taxas, onde questões tributárias são dirimidas e débitos podem ser parcelados;[15] os Conselhos Tutelares, nas questões de infância e juventude; os Tabelionatos, competentes para os divórcios e separações consensuais, inventários e partilhas, nas condições estabelecidas nos arts. 610 e § 1º e 733 e § 1º do CPC; a Justiça de Paz, de grande utilidade nas questões de família, casamento e vizinhança (CF, art. 98, II); o *CADE*, nas questões de livre-concorrência, ordem econômica e fusão/incorporação de empresas; os Tribunais de Contas, que desempenham atividade não só controladora e fiscalizatória, mas também pedagógica e de informação, como órgão de auxílio técnico do Legislativo; os *amici curiae*, que podem contribuir com seus específicos conhecimentos para o aperfeiçoamento das decisões de importantes órgãos colegiados, como a Comissão Técnica Nacional de Biossegurança - CTNBio, em matérias de grande repercussão e atualidade, tal como a liberação de produtos transgênicos (art. 26 do Decreto Federal 5.591/2005), podendo até mesmo agregar valor ao julgamento de uma *ADIn* no STF, na forma do § 2.º do art. 7.º da Lei 9.868/99.

Impende hoje desconectar o termo *jurisdição* de sua milenar ligação com o *monopólio estatal*, acepção aderente a uma (superada) *dimensão estática* do Judiciário enquanto Poder, para, antes e superiormente, sobrelevar o Judiciário enquanto Função, que consente o ideário de uma justiça restaurativa, centrada na composição justa dos conflitos – a *dimensão dinâmica* –, tarefa que pode (e em certos casos até mesmo deve) ser igualmente exercida por órgãos ou instâncias paraestatais, como preconizado na Res. CNJ nº 225/2.016 que dispõe sobre a "Política Nacional de Justiça Restaurativa no âmbito do Poder Judiciário".

Essa visão atualizada e contextualizada leva a que a garantia da universalidade da jurisdição (CF, art. 5.º, XXXV) seja vista não mais como oferta

15. *No município de São Paulo, o art. 44-A da Lei 14.107/2005, acrescido pela Lei 15.690/2013, prevê que o Presidente do Conselho Municipal de Tributos pode propor que a jurisprudência desse órgão seja objeto de "súmula, que terá caráter vinculante para todos os órgãos da Administração Tributária (...)", podendo também dita súmula derivar de "decisões definitivas de mérito, proferidas pelo Supremo Tribunal Federal em matéria constitucional ou pelo Superior Tribunal de Justiça em matéria infraconstitucional, em consonância com a sistemática prevista nos arts. 543-B e 543-C do Código de Processo Civil (...)".*

primária, mas como *cláusula de reserva*, numa perspectiva de *subsidiariedade*, por modo que reste a sentença estatal confinada: (*i*) às situações tornadas incompossíveis por outros modos; (*ii*) àquelas ocorrências que, *ex vi legis* (*v.g.*, matérias inseridas na competência originária dos Tribunais), ou por sua especial natureza, ou ainda pela peculiar qualidade da parte, mereçam ou reclamem *passagem judiciária*. José Maria Rossani Garcez observa que "cada vez mais se tem consciência da necessidade de se obter o consentimento da outra parte como método construtivo e de resultados duradouros para a produção de contratos e resolução de controvérsias". Na sequência, observa que, tratando-se de um método "personalíssimo, preserva a autoria e a autenticidade dos negociadores na solução dos próprios conflitos, não existindo nada mais adequado e duradouro do que uma solução autonegociada".[16] Nem outra coisa se colhe da Res. CNJ 125/2010 (*DJe* 01.12.2010, republicada no *DJe* de 01.03.2011), onde se estabelece a *Política Judiciária Nacional.*

Em simetria com o contemporâneo ideário de *jurisdição compartilhada*, Boaventura de Souza Santos apresenta uma "Pirâmide dos litígios e sua resolução",[17] que, a partir de sua base (*relações sociais com potencialidade de lesão*), segue estas etapas sequenciais: *lesão com percepção e avaliação da lesão*; *reclamação junto ao responsável pela lesão*; *polarização*; *tentativa de resolução por terceira parte*; *polarização*; *recurso ao Tribunal*; *julgamento*. Como se vê, apenas nos dois últimos estágios emerge o acesso à Justiça estatal, evidenciando que esta, para ser eficiente, deve atuar em modo *residual ou subsidiário*, quando esgotadas as demais possibilidades de resolução do conflito.

A seu turno, Roberto Ferrari de Ulhôa Cintra também apresenta sua *pirâmide*, já agora com *doze fases*, a saber: *a intimidade do cidadão*; *o núcleo familiar*; *a negociação*; *o pacificador*; *o moderador*; *o mediador*; *o árbitro*; *o juiz de paz conciliador*; *primeira instância judicial - processo aos cuidados de terceiro conciliador*; *primeira instância judicial -sentença*; *segunda instância judicial - processos aos cuidados do terceiro conciliador*; *segunda instancia judicial - decisão colegiada*. Como se vê, também aí se coloca a Justiça estatal numa perspectiva *subsidiária* em face de outros meios, auto e heterocompositivos: "(...) o Estado não deve realizar uma atividade que o próprio cidadão ou a sua comunidade possam realizar. Tal princípio pode ser aplicado também no que diz respeito a dirimir controvérsias que, até agora há pouco, era missão

---

16. *Negociação. ADRS. Mediação, conciliação e arbitragem*, 2. ed. Rio de Janeiro: Lumen Juris, 2004, p. 1 e 5.

17. *Os tribunais nas sociedades contemporâneas. Revista Brasileira de Ciências Sociais, n. 30, fev./1.996, p. 55.*

exclusiva do Estado, no caso, do Judiciário. Nossa tese afirmará insistentemente que boa parte do poder de dirimir controvérsias pode ser passada ao cidadão, bem como à própria sociedade sem que seja arranhado o princípio do monopólio da jurisdição estatal".[18]

2. CONCILIAÇÃO/TRANSAÇÃO.

Não se registra uniformidade terminológica ou conceitual no rol dos instrumentos que compõem a autocomposição bilateral dos conflitos, e por isso os termos *conciliação* e *mediação*, não raro, são tomados num sentido bastante aproximado, por vezes até como sinônimos. Todavia, o vigente CPC empenhou-se em extremar essas duas técnicas resolutivas: "O conciliador, que atuará preferencialmente nos casos em que não houver vínculo anterior entre as partes, poderá sugerir soluções para o litígio, sendo vedada a utilização de qualquer tipo de constrangimento ou intimidação para que as partes conciliem". "O mediador, que atuará preferencialmente nos caso em que houver vínculo anterior entre as partes, auxiliará aos interessados a compreender as questões e os interesses em conflito, de modo que eles possam, pelo restabelecimento da comunicação, identificar, por si próprios, soluções consensuais que gerem benefícios mútuos" (§§ 2º e 3º do art. 165). Nesse sentido, já antes o Provto. CGJ 17/2013, no âmbito do TJSP, dispunha que "notários e registradores ficam autorizados a realizar mediação e conciliação" (art. 1.º), sendo que o rol de oito princípios regedores dessa atividade concernem, assim, ao mediador como ao conciliador (art. 4.º).

Algo semelhante se passa na experiência estrangeira, como dá notícia Vittorio Denti: "Ad esempio, nell'esperienza americana si trovano usati i termini *mediation* e *conciliation*, talvolta senza differenze di significato, ma più spesso per designare due tipi di procedimenti diversi: il primo caraterrizzato da un *iter* più formale di contatti con le parti; il secondo caratterizzato da un più informale processo di agevolazione delle comunicazioni fra le parti ai fini del componimento". (...) "La conciliazione come procedimento prevale quindi, nell'uso linguistico, sulla conciliazione come atto negoziale. Ed è proprio la conciliazione come procedimento che si inserisce nel quadro dei movimenti di politica giudiziaria, intesi ad eliminare le cause di quella che con il celebre

18. *A pirâmide da solução dos conflitos*, Brasília: Senado Federal, 2008, p. 95-156, *passim*, especialmente p. 57. (O livro originou-se de tese de doutorado sustentada e aprovada na FADUSP, sob orientação do Professor Titular Enrique Ricardo Lewandowski, que prefacia a obra). (V. nossa pirâmide de resolução de conflitos em nossa obra *Teoria Geral do Processo*, 2.018, cit., p. 166).

adress di Pound si può definire, in un significato ormai classico, la insoddisfazione popolare per l'amministrazione della giustizia."[19]

A aproximação semântica entre conciliação e mediação, a despeito dos esforços do legislador em extremá-las, é, em boa parte, devida ao fato de que, basicamente, os conteúdos, métodos e finalidades das diversas modalidades auto e heterocompositivas se coalizam em torno de um *núcleo essencial*, que é o da *composição negociada e justa dos conflitos*, objetivo comum às figuras da conciliação e da mediação, e nisso se distinguem da *solução adjudicada* estatal, de perfil impositivo, representada pela decisão judicial. Mesmo no ordenamento positivo não se encontra um satisfatório discrímen terminológico a respeito, podendo ser lembrado que o CPC lista dentre os títulos executivos judiciais "a decisão homologatória de autocomposição extrajudicial de qualquer natureza" (art. 515, III), ao passo que inclui dentre os títulos executivos extrajudiciais "o instrumento de transação referendado pelo Ministério Público, pela Defensoria Pública, pela Advocacia Pública, pelos advogados dos transatores ou por conciliador ou mediador credenciado por tribunal" (art. 784, IV). A par disso, o CPC tipifica como título executivo extrajudicial "todos os demais títulos aos quais, por disposição expressa, a lei atribuir força executiva" (CPC, art.784, XII), o que faz com que aí se enquadrem os "compromissos de ajustamento de conduta" firmados perante os órgãos públicos legitimados à ação civil pública (Lei 7.347/85, art. 5.º, § 6.º), os *acordos de leniência* e de *cessação de atividade sob investigação*, celebrados perante o *CADE* (Lei 12.529/2011, arts. 85, 86) e as decisões dos Tribunais de Contas de cunho pecuniário (CF, § 3º do art. 71).

Saliente-se que nos Juizados Especiais Cíveis, o *acordo extrajudicial*, uma vez homologado em juízo, torna-se título executivo *judicial* (Lei 9.099/95, art. 57, *caput*), ao passo que vale como título *extrajudicial* "o *acordo* celebrado pelas partes, por instrumento escrito, referendado pelo órgão competente do Ministério Público (Lei 9.099/95, § único do art. 57). Já no âmbito dos Juizados Especiais Criminais, prevê-se uma fase de *conciliação*, voltada a alcançar a composição dos danos civis, a qual, uma vez homologada pelo juiz, "terá eficácia de título a ser executado no juízo civil competente" – Lei 9.099/95, art. 74, *caput*.

No âmbito trabalhista, a intervenção da Comissão de Conciliação Prévia aparece como uma etapa premonitória à eventual judicialização do conflito: sendo exitosa a tentativa de conciliação, ela configura "título executivo extraju-

---

19. I procedimenti non giudiziali di conciliazione come istituzioni alternative. *Rivista di Diritto Processuale*, n. 3, 2.ª série, jul.-set.1980, p. 411.

dicial e terá eficácia liberatória geral, exceto quanto às parcelas expressamente ressalvadas" (CLT, § único do art. 625-E, acrescido pela Lei 9.958/2.000); caso contrário, "será fornecida ao empregado e ao empregador declaração da tentativa conciliatória frustrada com a descrição de seu objeto, firmada pelos membros da Comissão, que deverá ser juntada à eventual reclamação trabalhista" (CLT, § 2.º do art. 625-D, acrescido pela Lei 9.958/2.000).[20] Saliente-se que a conciliação está na essência e na cultura dessa justiça especializada, como o indicava a precedente nomenclatura "Junta de *Conciliação* e Julgamento" (depois *Varas do Trabalho*: CF, art. 116, redação da EC 24/1999), dispondo o art. 764 da CLT: "Os dissídios individuais ou coletivos submetidos à apreciação da Justiça do Trabalho serão *sempre* sujeitos à conciliação. § 1.º. Para os efeitos deste artigo, os juízes e Tribunais do Trabalho empregarão *sempre* os seus bons ofícios e persuasão no sentido de uma solução *conciliatória* dos conflitos". A par disso, a Lei 13.467/2.017 acresceu à CLT os arts. 855-B a E, dispondo sobre o "processo de jurisdição voluntária para homologação de acordo extrajudicial" Ao fim e ao cabo, tudo reflui ao princípio que, na Constituição Federal, sinaliza para a "solução pacífica dos conflitos" – art. 4º, VII.

De interesse, na matéria, o esclarecido por Fernanda Tartuce: "São pontos comuns à mediação e à conciliação: 1. A participação de um terceiro imparcial; 2. A promoção da comunicação entre os envolvidos; 3. A não imposição de resultados; 4. O estímulo à busca de saídas pelos envolvidos; 5. O exercício da autonomia privada na elaboração de opções para os impasses".[21]

A *tentativa de conciliação* é bastante incentivada no CPC, na esteira da contemporânea tendência à autocomposição dos conflitos, cabendo ao juiz "promover, a qualquer tempo, a autocomposição, preferencialmente com auxílio de conciliadores e mediadores judiciais" (art. 139, V), diretriz aplicada em mais de uma oportunidade: (*i*) audiência preliminar, alocada entre o final da fase postulatória e o saneamento do processo, certo que, obtida a autocomposição, "será reduzida a termo e homologada por sentença" (§ 11º do art. 334); (*ii*) início da audiência de instrução e julgamento, quando "o juiz tentará conciliar as partes, independentemente do emprego anterior de outros métodos de solução consensual de conflitos, como a mediação e a arbitragem" (art. 359).

---

20. V., porém, supra, nota de rodapé n. 8.

21. *Mediação nos conflitos civis*, 4ª ed., São Paulo: Gen-Método, 2.018, p. 191. (O livro originou-se de dissertação de mestrado sustentada e aprovada na FADUSP, em 2.007, perante Banca integrada pelos Profs. Kazuo Watanabe e Teresa Celina de Arruda Alvim Wambier, da qual participamos como orientador da candidata).

Registre-se que, há tempos, preconizou-se, no bojo do PLC 94/2002, a mediação obrigatória no processo civil, valendo considerar o então exposto no item 3.º da Exposição de Motivos: "A conciliação judicial sofre atualmente uma série considerável de pressões adversas, de modo a tornar limitados seus resultados práticos: as pautas dos juízes estão lotadas, de tal sorte que estes não podem dedicar-se ao trabalho naturalmente lento da mediação; a atividade desenvolvida pelo juiz na conciliação não é reconhecida para efeito de promoção por merecimento; o juiz é voltado para a cultura da solução adjudicada do conflito e não para sua pacificação; as partes mostram a inibição e o receio de avançar posições, que podem posteriormente desfavorecê-las no julgamento da causa. Na realidade, sem maiores estímulos, a *praxis* forense fez com que a tentativa de conciliação prevista no art. 331 do Código de Processo Civil [1973] ficasse reduzida a mera formalidade, o que levou até mesmo a seu recente redimensionamento legislativo, com a nova redação que lhe foi dada".[22]

A tentativa de conciliação no processo civil tem exibido, no dizer de José Carlos Barbosa Moreira, escrevendo ao tempo do CPC/73, "um vaivém curioso", migrando do regime de obrigatoriedade da "audiência de conciliação" (cf. Lei 8.952/94) para o da facultatividade da "audiência preliminar" (cf. Lei 10.444/2002), agora permitido ao juiz excluir tal audiência se "o direito em litígio não admitir transação, ou se as circunstâncias da causa evidenciarem ser improvável sua obtenção" (CPC, § 3.º do art. 331). Sem embargo, Barbosa Moreira deplorava a falta de mais e melhores dados estatísticos que permitissem uma avaliação segura sobre qual dos dois regimes seria mais exitoso.[23]

É relevante para a compreensão do termo *conciliação* ter presente que os dispositivos legais colocam-na como uma atividade cometida ao juiz da causa, que depassa seu clássico conteúdo ocupacional de "destinatário da prova", para, indo além, assumir uma *postura pró-ativa*, atuando como um vetor de possível solução negociada da lide, numa evidência de que não são autoexcludentes as técnicas impositiva e suasória. É possível, como antes dito, identificar razoavelmente o sentido da *conciliação*, num contraste com a *mediação*: enquanto nesta última o profissional apresenta-se como um técnico que se limita a *equacionar* os termos do conflito, distinguindo os pontos mais atritivos daqueles mais próximos de um consenso, já o conciliador coloca-se mais próximo das partes, buscando criar ambiente de empatia entre

22. *Apud* Ada Pellegrini Grinover, *O processo – Estudos e pareceres* cit., São Paulo: DPJ, 2006, p. 610.

23. Vicissitudes da audiência preliminar, *Temas de direito processual*, 9.ª série, São Paulo: Saraiva, 2007, p. 129, 139-140, *passim*.

os partícipes, no intuito de favorecer possível acordo, buscando destacar as vantagens da autocomposição, no contraste com os ônus, encargos e incertezas imanentes ao processo judicial e à *solução adjudicada* que daí decorrerá, com a consequente imposição ao vencido dos ônus da sucumbência.

Fernanda Tartuce, invocando a doutrina de Juan Carlos Vezzulla, define a conciliação como a técnica de autocomposição pela qual "um profissional imparcial intervém para, mediante atividades de escuta e investigação, auxiliar os contendores a celebrar um acordo, se necessário expondo vantagens e desvantagens em suas posições e propondo saídas alternativas para a controvérsia sem, todavia, forçar a realização do pacto. O objetivo da atuação do conciliador é alcançar um acordo que evite complicações futuras com dispêndio de tempo e dinheiro".[24]

Entre *conciliação*, de um lado, e transação/acordo, de outro, há uma *relação de continente e de conteúdo*: aquela primeira é o meio, o instrumento, o veículo, de que estes últimos eventos constituem o objetivo almejado, ficando claro que, primeiramente, há uma *tentativa* de composição que, resultando exitosa, é formalizada num *acordo*, o qual, sendo homologado, constitui título executivo judicial (CPC, art. 515, II). Noutra perspectiva, a conciliação é o modo, a técnica, o método por que se tenta a justa composição do conflito, podendo ocorrer no plano judicial ou fora dele, ao passo que o acordo ou transação configuram o almejado resultado, ao final obtido por meio de concessões recíprocas. Exemplo emblemático é o da celebração de separação ou divórcio consensuais e outras avenças conexas, através da celebração de escritura em tabelionato, dispensada a homologação judicial (CPC, art. 733 e § 1º).

Deve-se, outrossim, ter presente a regulação do tema "transação" no Código Civil: ela previne ou termina o litígio "mediante concessões mútuas" (art. 840), somente sendo admitida "quanto a direitos patrimoniais de caráter privado" (art. 841), e "far-se-á por escritura pública, nas obrigações em que a lei o exige, ou por instrumento particular, nas em que ela o admite; se recair sobre direitos contestados em juízo, será feita por escritura pública, ou por termo nos autos, assinado pelos transigentes e homologado pelo juiz" (art. 842).

Esforça-se a doutrina para extremar as nomenclaturas em questão, tarefa nem sempre exitosa, de um lado, pelas próprias limitações da linguagem, e, de outro, porque, para além do rigor terminológico, as modalidades auto e heterocompositivas se coalizam pela identidade de fim, a saber, a *justa composição do conflito, num tempo razoável*, fora e além da estrutura judiciária estatal. Pe-

---

24. *Mediação nos conflitos civis*, 4ª ed. 2.018, cit., p. 49.

trônio Calmon distingue, de um lado, a *negociação*, e, de outro, a *conciliação* e a *mediação*: para ele, a negociação "é o mecanismo de solução de conflitos com vistas à obtenção da autocomposição caracterizado pela conversa direta entre os envolvidos sem qualquer intervenção de terceiro como auxiliar ou facilitador. (...) À inclusão informal ou formal de terceiro imparcial na negociação ou na disputa dá-se o nome de mediação, que é, pois, um mecanismo para obtenção da autocomposição caracterizado pela participação de terceiro imparcial que auxilia, facilita e incentiva os envolvidos". Já a conciliação, para o autor, vem a ser a autocomposição na "dimensão processual", abrangendo aquela "realizada em juízo ou quando as partes autocompostas fora do processo resolvem levar o 'acordo' para o processo, com vistas à homologação judicial; (...) O momento do acordo, a relação entre o acordo e o processo, bem como o papel do juiz é que definem a natureza jurídica autônoma desse instituto, justificando sua conceituação."[25] A seu turno, Athos Gusmão Carneiro destaca outra vertente: a conciliação judicial "marca um ponto de encontro entre a autocomposição e a heterocomposição da lide. É autocomposição porque as próprias partes tutelam seus interesses, fixando livremente o conteúdo do ato que irá compor o litígio; mas tal ponto de convergência é encontrado por iniciativa e sob as sugestões de um mediador qualificado, que buscará conduzir as partes no sentido de uma composição consoante com a equidade".[26] (Observar, nessa passagem, a aproximação terminológica dos termos *conciliação* e *mediação*).

Em face da crescente tendência à prevenção e resolução de conflitos por meio de consenso – espontâneo ou induzido – dos próprios envolvidos, poder-se-ia contra-argumentar que a função precípua e essencial do Estado-juiz é a de *julgar* as lides (técnica de *adjudicação*, mediante parâmetro de legalidade estrita), e nesse sentido parecia sinalizar a primitiva redação do art. 463 do CPC/73: "Ao publicar a *decisão de mérito* o juiz *cumpre e acaba* o ofício jurisdicional (...)",[27] permitindo então inferir, a partir de tal formulação: (*i*) que a função *precípua* do Estado-juiz é decidir o fulcro da demanda, o *meritum causae*; (*ii*) que antes e fora da decisão de mérito não se pode dizer propriamente *concluída* a tarefa do juiz, ou seja, a *jurisdição*.

Todavia, aquela primitiva redação do art. 463 do CPC/73 laborava em equívoco, ao atrelar a consumação do ofício jurisdicional à prolação da sentença de mérito: *a uma*, estando ausentes os pressupostos formais de existência

25. *Fundamentos...* cit., 2007, p. 113, 119, 141.

26. A conciliação no novo Código de Processo Civil, disponível no sítio [http://www.icj.com.br/artigos.htm#artigo01], acesso em 10.03.2.018.

27. Redação posteriormente alterada pela Lei 11.232/2.005.

e validade do processo, o juiz, simplesmente, *não pode* examinar o mérito, ainda que o quisesse, valendo observar que tanto é *sentença* a que decide o mérito como a que só encerra o processo – CPC, art. art. 203, § 1.º; *a duas*, o vero encerramento da *atividade jurisdicional* vai além do momento da prolação da sentença, a qual desafia apelação, a que se seguem os demais recursos contra os acórdãos nos Tribunais locais, regionais e superiores; de resto, nem mesmo com o advento da coisa julgada se pode dizer consumada a tarefa judicial, porque a ela se segue a fase de cumprimento da sentença, com outros recursos e incidentes próprios da fase satisfativa, sem falar na virtualidade de ação rescisória, presentes os seus pressupostos. O vigente CPC dispõe no art. 4º que as partes "têm o direito de obter em prazo razoável a solução integral do mérito, *incluída a atividade satisfativa, devendo contudo entender-se que a solução do meritum causae depende do atendimento aos pressupostos de existência e validade do processo e das condições de admissibilidade da ação.*

A intervenção suasória do julgador não implica qualquer *capitis diminutio* no conteúdo ocupacional de sua elevada função, mas em verdade configura uma releitura, atualizada e contextualizada, do vetusto *monopólio estatal* da distribuição da Justiça, que vai sendo superado pela diretriz da *composição justa do conflito*, a ser buscada não necessariamente no ato sentencial, mas também mediante os chamados *equivalentes jurisdicionais*, e, em muitos casos, preferentemente através destes. Aliás, dentre os casos listados no art. 487 do CPC em que se dá a resolução do *meritum causae*, só um deles alude, propriamente, à sentença de mérito (solução adjudicada): "quando o juiz: I - acolher ou rejeitar o pedido formulado na ação ou na reconvenção".

O que conta, portanto, não é a *origem* de onde promana o meio empregado – sentença judicial ou meio alternativo –, e sim a sua idoneidade para propiciar a pacificação das controvérsias, com justiça, sob uma boa relação custo-benefício. Dito de outro modo, a jurisdição não se realiza apenas no ambiente contencioso, isto é, *inter nolentes*, mas também, e até preferentemente, num ambiente autocompositivo, *inter volentes*, em que os interessados alcançam – por si mesmos ou induzidos por um agente *facilitador* – a solução para suas divergências, podendo submetê-la à homologação judicial, tal seja o caso. Por exemplo, o plano de recuperação extrajudicial da empresa, submetido à apreciação do juiz (Lei 11.105/2005, arts. 162, 163).

No ponto, escreve Carlos Alberto de Salles: "A jurisdição estatal, nessa abordagem, deve ser vista como um recurso final, uma maneira de obter uma palavra final acerca de determinada controvérsia. A alternativa judicial deixa de significar, entretanto, a saída melhor ou necessária de solucionar uma controvérsia. O modo judicial de solução de controvérsias deve ser visto como uma das formas dentro de um universo de alternativas parcial ou totalmente direcionadas aos mesmos fins".[28]

Sob outro prisma, pode-se também dizer que a decisão judicial de mérito resolve o processo (o continente) e a lide (o conteúdo, a crise judicializada), subsumindo os fatos à norma de regência, numa visão *retrospectiva* (fatos alegados e provados), ao passo que os meios suasórios voltam-se, precipuamente, à solução justa do conflito, abrangendo, pois a crise sociológica subjacente à lide, aumentando assim as *chances* de duração e permanência da solução alcançada pelos próprios contraditores: uma dimensão, portanto, *prospectiva*.

Verdade que, do fato de as partes se *conciliarem*, não deflui, necessariamente, que se tenha alcançado o ponto *justo*, *equânime*, porque essas qualidades não decorrem da técnica consensual em si mesma, e sim de seu *conteúdo*, e, mesmo, de particularidades do caso concreto, a saber, se as concessões recíprocas foram plausíveis, razoáveis, proporcionais; por aí se compreende a *válvula de segurança* posta pelo legislador, ao dispor que pela transação "não se transmitem, apenas se declaram ou reconhecem direitos" (CCi, art. 843). Na experiência norte-americana, por conta do alto custo dos processos judiciais, são comuns as soluções consensuais das controvérsias, anotando Owen Fiss que a norma n. 16 das *Federal Rules of Civil Procedure* "foi alterada para fortalecer a ação do juiz responsável pela condução do processo na realização de acordos pelas partes: a 'facilitação de acordos' tornou-se um propósito explícito das audiências que antecedem o julgamento e o juiz passou a ser convidado, se é que esse é o termo próprio, a agir considerando o 'acordo' e o uso de procedimentos especiais para ajudar na solução da controvérsia". O autor revela-se crítico quanto à expansão dessa prática, em detrimento da solução adjudicada (sentença judicial): "Não acredito que o acordo, como prática genérica, seja preferível ao julgamento ou deva ser institucionalizado em uma base extensa e ilimitada. (...) Assim como a transação penal, o acordo é uma rendição às condições da sociedade de massa e não deveria ser encorajado ou valorizado. (...) O acordo é também um produto dos recursos de que dispõem cada uma das partes para financiar o processo judicial, sendo certo que tais recursos são, frequentemente, distribuídos de maneira desigual."[29]

---

28. Mecanismos alternativos de solução de controvérsias e acesso à justiça: a inafastabilidade da tutela jurisdicional recolocada. In: FUX, Luiz *et al.* (coord.). *Processo e Constituição...* cit., p.784.

29. *Um novo processo civil – estudos norte-americanos sobre jurisdição, constituição e sociedade*, coord. da tradução Carlos Alberto de Salles, trad. Daniel P. G. da Silva e Melina de M. Rós, São Paulo: Revista dos Tribunais, 2004, p. 122-125, *passim*.

(A propósito desse posicionamento restritivo, acode o aviso de Andrè de Laubadére: "*Entre o forte e o fraco, é a lei que liberta, e a liberdade que escraviza*"). De todo modo, vale ter presente que a *solução adjudicada estatal*, via sentença de mérito, apresenta seus riscos, incertezas e desvantagens: prolonga o desfecho da lide, na medida em que pressupõe a produção de provas, sua avaliação, a par de abrir espaço para o manejo de recursos diversos; sua estabilidade fica a depender da oportuna formação de coisa julgada, à sua vez passível, em princípio, de ação rescisória; a realização prática do valor, interesse ou bem da vida, reconhecidos à parte vencedora, dependem da futura etapa satisfativa (cumprimento do julgado), também sujeita a incidentes e recursos. Na verdade, a opção entre Justiça estatal e meios alternativos não se faz em termos da polarização entre *certo/errado*, *melhor/pior*, mas sim considerando-se a *relação de adequação/proporcionalidade* entre a natureza da controvérsia e o *modus* apropriado para seu deslinde: não se pode resolver uma *ADIn*, senão mediante acórdão do Tribunal competente, ao passo que um conflito intersubjetivo, sobre direitos disponíveis, não só pode, como até *convém* que seja resolvido pela via suasória. E isso, até mesmo *na pendência de processo judicial*, como por exemplo numa ação de despejo em que o réu, no prazo da resposta, se dispõe a desocupar o imóvel; em tal caso, o juiz lhe assinará o prazo legal de seis meses, sendo que, ocorrida a desocupação prometida, ficará o réu isento das custas e honorários: a chamada *sanção premial* – Lei 8.245/91, art. 61.

A indeclinabilidade da jurisdição e o monopólio estatal da distribuição da justiça hoje passam por severa releitura e por uma correção de rumos, como se extrai de tantas passagens em que o próprio ordenamento positivo prevê ou mesmo incentiva: (*i*) a não formação do processo judicial (*v.g.*, CF, art. 217 e §§; CLT, art. 625-D); (*ii*) o trancamento daqueles apenas iniciados (CPC, arts. 330 e incisos; Lei 8.429/92, art. 17, § 8.º); (*iii*) a aferição administrativa do objeto litigioso em ação judicial dirigida contra a União, em ordem a verificar a *plausibilidade* da pretensão, para o fim de possível resolução homogênea do conflito em face de outros casos semelhantes (Decreto Federal 4.250/2002, art. 5.º, § único e incisos).

A tendência à compactação dos ritos ou mesmo à descontinuidade dos processos judiciais tomou tal dimensão que pode o juiz, no caso de a pretensão inicial ser contrária ao assentado em certos padrões decisórios, mormente o direito sumular, julgar liminarmente improcedente a ação (CPC, art. 332 e incisos); nos tribunais, o relator pode, em decisão monocrática agravável, negar provimento a recurso contrário a tais padrões decisórios (CPC, art. 932, IV e alíneas).

Na ciência da administração é comum dizer-se que "quem quer os fins, dá os meios", significando que não se pode esperar o êxito de uma conduta ou estratégia, sem reunir as condições para tal. Mas o Estado brasileiro, ao apregoar a *universalidade da jurisdição* (CF, art. 5.º, XXXV), descurou-se de que essa oferta generalizada acabaria por estimular a demanda, implicando em crescentes investimentos na estrutura e no funcionamento da máquina judiciária. Não se tendo adrede planejado uma proporcional e eficiente oferta de serviço jurisdicional, tornou-se inevitável a formação de uma preocupante *crise numérica* de processos que hoje assola nossa Justiça, resultando num *déficit* de credibilidade junto à população, a qual, gradativamente, vai se voltando para os meios auto e heterocompositivos, ditos *alternativos*. Nem por isso diminuiu, significativamente, o número de processos encaminhados à Justiça estatal, seja pelo crescimento da população, seja pela massiva litigiosidade, seja pela própria *cultura judiciarista* que ainda grassa entre nós.

A *crise numérica* dos processos judiciais deveria, antes e superiormente, ser enfrentada por duas vertentes, que não se excluem, mas antes se complementam: (*i*) a reserva da função judicial do Estado para os processos realmente *singulares e complexos*, incompossíveis por outros modos, cuja resolução reclama cognição plena e exauriente, sem prejuízo da utilização de certos padrões decisórios impositivos, com vistas à agilização dos trâmites e ao tratamento isonômico devido aos jurisdicionados; (*ii*) uma leitura reducionista – em verdade *realista* – da ubiquidade da Justiça, por modo que a garantia constante do art. 5.º, XXXV, da CF deixe o protagonismo exacerbado a que tem sido alçada e passe a operar *subsidiariamente, se e quando necessário*, isto é, quando em razão da natureza da matéria ou de singularidades da pessoa, ou ainda presente a impraticabilidade/esgotamento dos outros meios auto e heterocompositivos, se afigure inevitável a passagem judiciária.

Ao propósito, registre-se o ponderado aviso de José Miguel Garcia Medina: "Não basta, pois, conceber meios alternativos à jurisdição ordinária para solução de conflitos, ou, pior ainda, simplesmente impô-los aos litigantes. Faz-se necessário compreender a natureza do conflito para verificar qual o meio mais adequado para solucioná-lo ".[30]

A grave situação em que se encontra a Justiça brasileira é assim avaliada por Petrônio Calmon Filho: "A crise da justiça é um fenômeno que cresce dia após dia, pois o aumento razoável da estrutura judiciária (juízes, servidores, prédios e equipamentos), além de não acompanhar o aumento dos casos, não tem sido suficiente para melhorar a qualidade da condução dos processos e

30. *Novo Código de Processo Civil comentado*, 5ª ed., 2.017, cit., nota I ao art. 3º, p. 43.

das decisões, fazendo nascer outro problema, a falta de unicidade das decisões, situação que se tornou tão caótica a ponto de ser pejorativamente denominada de 'loteria judiciária'. A depender de qual juiz ou tribunal julgará o caso, a solução será diferente, proporcionando mais instabilidade à sociedade".[31]

Essa imprevisibilidade da resposta judiciária pesa expressivamente no chamado *custo Brasil*, chegando a desencorajar investimentos estrangeiros, alarmados com nossa *jurisdictional uncertainty*, como se colhe em estudo de José Carlos Barbosa Moreira acerca de um ensaio conduzido por eminentes economistas e sociólogos brasileiros, no qual esses constataram uma propensão da Justiça brasileira a favorecer os devedores...[32]

Cabe observar que transacionar (de *trans* e *agire*: superar, transpor) não significa *obter tudo* (o que caracterizaria a *submissão* da contraparte), nem tampouco *perder tudo* (o que caracterizaria a *renúncia*), mas apresenta um conteúdo específico e equilibrado, assim explicado por Petrônio Calmon Filho: "A transação situa-se entre a renúncia e a submissão, ou, em outras palavras, entre o abandono da pretensão material e o abandono da resistência a essa pretensão. Renúncia e submissão são as duas espécies de autocomposição unilateral, enquanto transação é a espécie de autocomposição bilateral".[33]

Assim, o acordo pressupõe uma postura generosa dos transatores, no sentido de que, se cada qual perder um pouco, ambos ganharão com a eliminação da lide, que de outro modo se converteria num processo judicial ou levaria à continuidade daquele que está em curso. Daí dizer Franco Carresi que "la transazione è il contratto con cui le parti compongono o prevengono la lite su una linea necessariamente mediana",[34] situando-se essa "linha mediana" na virtude do meio-termo, que sinaliza para o afastamento dos excessos e das posturas exacerbadas, em prol da eliminação das arestas e do *acordo possível*.

Com razão e espírito Francesco Carnelutti evocara o prudente aviso "meglio una magra transazione che una grassa sentenza", em passagem que merece ser transcrita: "Nella realtà delle cose, poichè purtroppo le difficultà grandissime di una buona organizzazione del processo ne esasperano il costo e ne compromettono il rendimento, la soluzione contrattuale guadagna

31. *Fundamentos da...* cit., 2007, p. 47.

32. Dois cientistas políticos, três economistas e a justiça brasileira. *Temas de direito processual*, 9.ª série, São Paulo: Saraiva, 2007, p. 401.

33. *Fundamentos da...* cit., 2007, p. 67.

34. Verbete "transazione (diritto vigente)", *Novissimo digesto italiano*, vol. 19, p. 483.

notevolmente, nel bilancio, sulla soluzione giudiziale: questa considerazione spiega la inclinazione dei pratici del foro a favorire le transazioni (meglio una magra transazione che una grassa sentenza)".[35] Nessa linha, nossa sabedoria popular igualmente reconhece que "mais vale um mau acordo do que uma boa demanda", sabendo-se, de antemão, que "o bom acordo é aquele do qual cada parte sai um tanto insatisfeita...". É que, no plano da transação, que pressupõe concessões recíprocas, vale o sábio aviso de que "o ótimo é inimigo do bom" e, por isso, na ponderação entre custo e benefício, há que se valorizar a vantagem que advém da eliminação da controvérsia, poupando-se as partes ao *stress*, à imprevisibilidade e aos custos imanentes ao processo judicial.

No plano doutrinário, sustenta-se que a sentença de mérito e a transação se equivalem do ponto de vista da eficácia prática[36] e, de fato, tanto uma como a outra levam à resolução do fulcro do processo, formando título executivo judicial (CPC, art. 487, I e III, b; art. 515, I e II). Se, do ponto de vista pragmático, há uma correspondência entre ambas essas categorias, já sob o prisma da natureza jurídica a sentença apresenta-se como ato exclusivo do Estado-juiz (CPC, art. 203, § 1.º), falando-se mesmo de uma *reserva de sentença* – um ato jurisdicional só por outro do mesmo Poder pode ser alterado –, ao passo que a transação advém por iniciativa das partes ou interessados, tendo, no vigente Código Civil, conotação *contratual*, não podendo ser anulada "por erro de direito a respeito das questões que foram objeto de controvérsia entre as partes" – CCi, § único do art. 849).

Além disso, ao ângulo da qualidade intrínseca do instrumento utilizado, a sentença de mérito tem em seu prol o fato de ser pronunciada no bojo de um processo iniciado pelo exercício do direito de ação, com contraditório e ampla defesa (CPC, art. 2.º; CF, art. 5.º, LV), e se preordena à imutabilidade-indiscutibilidade agregadas pela coisa julgada material (CPC, art. 502), ao passo que na transação são as próprias partes diretamente envolvidas que ditam a fórmula, fazendo-o, por vezes, na angústia de "se livrarem do problema", o que, não raro, pode induzir transações não equânimes, mormente quando os transatores estão desnivelados sob os aspectos sócio-cultural-econômicos.

Em desfavor da sentença de mérito como meio de resolução de conflitos, deplora-se o fato dela apresentar uma visão *em retrospectiva* – provê sobre ocorrências passadas, segundo o alegado e provado – sendo, outrossim, preordenada a resolver a lide sob a óptica estritamente jurídica – *da mihi factum,*

---

35. *Sistema del diritto processuale civile*, Padova: Cedam, 1936, vol. 1, p. 173.

36. Cf. Lucio Moscarini e Nicola Corbo, verb. "Transazione – Diritto civile", *Enciclopedia Giuridica*, vol. 31.

dabo tibi jus –, assim confinada aos limites demarcados no objeto da demanda (adstringência do julgado ao pedido), ao passo que a transação, resolvendo a controvérsia tal como se apresenta em sua feição atual, também pensa o futuro, buscando erradicar possíveis pontos conflitivos periféricos que, se deixados à margem, mais tarde poderiam recrudescer e eclodir em forma de novas lides. Não admira tenha Francesco Carnelutti chamado *equivalentes jurisdicionais* os modos e meios hoje conhecidos como "meios alternativos de solução de conflitos".[37]

Com efeito, o que é *equivalente* não é igual, menos ainda é idêntico, senão que apenas produz análogos efeitos práticos, como se dá, por exemplo, nos comandos judiciais para fazer ou não fazer, que, se desatendidos, autorizam o juiz a determinar as medidas necessárias à "tutela pelo resultado prático equivalente" (CDC, art. 84, § 5.º; CPC, art. 536, *caput*). Nesse sentido, afirma Cândido Rangel Dinamarco: "A crescente valorização e emprego dos meios não judiciais de pacificação e condução à ordem jurídica justa, ditos *meios alternativos*, reforça a ideia da equivalência entre eles e a atividade estatal chamada *jurisdição*".[38]

Dado que a sociedade contemporânea se caracteriza pelo pragmatismo e pela velocidade, compreende-se que as partes ou interessados queiram resolver suas pendências de modo seguro, célere e a baixo custo, atributos atualmente não ofertados – ao menos não integralmente - pela solução *adjudicada* do Estado, sendo hoje notória a desconfiança que o cidadão comum – *l'uomo dell'estrada*, na expressão de Calamandrei – nutre em face do processo judicial, e com boas razões: é lento, oneroso e de resultado imprevisível. Tais mazelas não se distribuem igualmente entre todos os jurisdicionados mas afligem sobretudo os chamados clientes eventuais, porque já os *clientes habituais* do Judiciário – inclusive o próprio Poder Público –, não raro tiram proveito das deficiências da justiça estatal, como por exemplo se passa com os que recalcitram em descumprir suas obrigações, alcançando com tal conduta o conveniente atestado de "mora judicialmente legalizada".

3. HETEROCOMPOSIÇÃO DOS CONFLITOS

Uma questão premonitória a ser desde logo enfrentada diz com o *conteúdo* da expressão *heterocomposição*: geralmente ela é empregada com relação à arbitragem, por conta de o árbitro ser um *tertius*, em regra escolhido pelos

---

37. *Sistema di diritto processuale civile*, Padova: Cedam, 1936, p. 154-179, *passim*.
38. *Instituições de direito processual civil*, 2. ed., São Paulo: Malheiros, 2002, t. I, p. 122.

interessados – ou excepcionalmente indicado pelo juiz togado (Lei 9.307/96, §§ 4.º e 6.º do art. 7.º; Lei 9.099/95, art. 24 e § 1º). Juiz e árbitro se sobrepõem às partes em modo equidistante e isento, tal não significando, porém, uma postura omissa e menos ainda indiferente, senão que ambos os julgadores devem se empenhar para alcançar a decisão mais adequada e eficiente para o caso concreto, a qual será impositiva para os contraditores, formando título executivo judicial – CPC, art. 515, I e VII. Aí, pois, um discrímen em face dos meios compositivos bilaterais – conciliação, mediação – em que a solução da crise é encontrada *pelos próprios envolvidos*, de per si ou induzidos por tais agentes facilitadores: CPC, §§ 2º e 3º do art. 165.

A heterocomposição inclui o juiz togado (vetor da *solução adjudicada*), porque ele está no vértice do triângulo processual (*actum trium personarum*), como órgão estatal isento, imparcial, destinatário da prova, cabendo-lhe prolatar a sentença, a menos que antes se obtenha a resolução da lide em modo consensual, como aliás incentivado pelo CPC: § 3º do art. 3º; art. 139, IV. Nesse sentido, pode-se dizer que tanto a sentença arbitral (art. 18 da Lei 9.307/96) como a judicial (CPC, art. 203, § 1.º) são espécies heterocompositivas, por resultarem ao final num *comando* emitido por um agente que sobrepaira aos contraditores.

Portanto, a heterocomposição caracteriza-se pelo fato de a resolução da controvérsia ser alcançada, não diretamente, *pelos* próprios interessados (ainda que por indução de *facilitadores*), mas pelo consenso em submeter a pendência a um *tertius*, um interveniente, que tanto pode ser: (*i*) um órgão judicial competente, isento e imparcial (dentre os relacionados em *numerus clausus* no art. 92 da CF) ou (*ii*) um órgão paraestatal (v.g., o CADE), um juiz de paz, uma Comissão de Conciliação Prévia na Justiça do Trabalho, uma Câmara de Arbitragem, um tabelião, instâncias que hoje alcançam notória credibilidade social, em boa medida por conta do déficit de confiabilidade na justiça estatal ao interno da coletividade, em função de fatores como a lentidão do processo, os custos incorridos, a imprevisibilidade da resposta.

No ponto, escreve Petrônio Calmon: "Vislumbra-se, pois, a multiplicação, proliferação, diversificação e aperfeiçoamento dos meios aptos a facilitar, incentivar ou colaborar para solução dos conflitos, tanto os que são administrados pelo Estado quanto os que são fruto da iniciativa de instituições não governamentais (como escritórios-modelos de Faculdades de Direito, associações comerciais etc.), retirando-se do Estado a responsabilidade exclusiva pela pacificação social. Tais meios são, a princípio, naturais, pois decorrem da própria natureza humana, que busca solução (auto ou heterocompositiva) para seus conflitos, independentemente da existência de mecanismos formais que a facilitem. Esse fenômeno pode ser considerado um retorno histórico ou o aperfeiçoamento de antigas instituições, anteriores ao surgimento da jurisdição estatal".[39] (Por este último dado, é lícito entender-se que a justiça estatal é que, ao menos na perspectiva cronológica, seria, então, *alternativa*, por se constituir um *posterius* em face dos meios unilaterais, bilaterais e heterocompositivos, praticados desde as priscas eras, inclusive a autotutela).

A disseminação de órgãos, métodos e instâncias de julgamento fora e além da organização judiciária estatal não significa, a rigor, uma *terceirização* ou *privatização* da Justiça, mas antes pode ser vista como uma *expansão* ou uma longa manus da própria distribuição da Justiça, numa releitura, atualizada e contextualizada, do próprio conceito de *jurisdição*, hoje descolada da clássica conotação *oficial* ou *majestática*, monopolizada pelo Estado, já agora norteando-se pelo objetivo precípuo da *justa composição do conflito*, num tempo razoável e sob uma boa equação custo-benefício, independentemente da instância realizadora.

Na experiência estrangeira, dispõe o art. 111 da Constituição Italiana: "La giurisdizione si attua mediante il *giusto processo* regulado dalla lege"; no Brasil, dentre as metas constitucionalmente firmadas para a democracia participativa, está a de "construir uma sociedade livre, *justa* e solidária" (art. 3.º, I), vindo incentivada a "solução pacífica dos conflitos" (art. 4º, VII); por certo, não se pode alcançar esse ideário ofertando ao jurisdicionado um processo lento, oneroso e de imprevisível desfecho. De outra parte, para alcançar o desejável *pluralismo* (CF, § único do art. 1.º), há que se entender por "jurisdição" não só aquela restrita aos órgãos judiciais do Estado, mas também aquela praticada por outras instâncias, ao pressuposto de que ao final resulte a *justa composição do conflito, num interregno temporal razoável.*

Henrique Véscovi robora "la participación popular en las diversas formas de Justicia alternativa que se proponen para subsanar las ineficiencias de la maquinaria judicial tradicional. En ese sentido y frente a las nuevas necessidades sociales, resulta muy compartible la solución de la Justicia conciliatoria, para expresarlo a través de una designación que comprende una vastedad de formas que conoce ampliamente la doctrina procesalista".[40]

---

39. *Fundamentos da mediação e da conciliação*, 2ª ed. Brasília: Gazeta Jurídica, 2013, p. 83.

40. Una forma natural de participación popular en el control de la justicia: el proceso por audiencia publica. In: GRINOVER, Ada Pellegrini *et al.* (coord.). *Participação e processo*, São Paulo: Ed. RT, 1988, p. 367-368.

Esse fenômeno está se expandindo em muitos países, independentemente da família jurídica a que se filiam: nos Estados Unidos, as ADRs – *alternative dispute resolutions*; na Argentina e demais países ibero-americanos, as RADs – *Resoluciones Alternativas de Disputas*; na França, os MARCs – *Modes Alternatifs de Règlement des Conflits*"; entre nós, os MASCs – *Meios Alternativos de Solução de Conflitos, dentre os quais avultam os Compromissos de* Ajustamento de Conduta, celebráveis pelos agentes e órgãos co-legitimados à ação civil pública (Lei 7.347/85, § 6º do art. 5º), e, também, os acordos de leniência (Lei 12.846/2.013, art. 16, incisos e parágrafos).

Historicamente, a mais remota e usual maneira de resolver as controvérsias contrapunha diretamente os próprios envolvidos na pendência (meios informais: a autotutela), que assim apelavam para uma solução de *força* (linchamentos, duelos, submissão do mais fraco, apossamento de território) ou, mais raramente, pelo mútuo entendimento, de sorte que, por esse viés histórico, a resolução pela via judicial estatal é que, a rigor, poderia ser vista como "alternativa", por conta de ter surgido *a posteriori*. No ponto, Cândido Rangel Dinamarco: "Sabe-se que a *autocomposição* dos conflitos entre pessoas corresponde até mesmo a uma natural impulsão psicológica e a história do processo mostra que desde os tempos primitivos ela sempre esteve presente na vida da humanidade".[41]

Aliás, em alguns países do mundo contemporâneo subsiste o modelo autocompositivo, sendo sabido que no Japão o acesso direto à Justiça, sem o prévio esgotamento dos meios suasórios, não é socialmente prestigiado, por não se afinar ao padrão cultural do país, que valoriza o entendimento direto entre os envolvidos na controvérsia, relegando-se para última hipótese o recurso à Justiça estatal. Essa parece ser uma característica dos países asiáticos, como assevera Michele Taruffo, falando, mesmo, numa *litigation aversion*.[42] Aliás, nossa Constituição Imperial (1824) previa algo semelhante, no art. 161: "Sem se fazer constar que se tem intentado o meio da reconciliação, não se começará Processo algum". Um resquício dessa diretriz pode ser encontrado na vigente Constituição Federal: os conflitos de natureza desportiva devem, primeiramente, ser submetidos aos Tribunais Desportivos (CF, art. 217, § 1.º).[43]

41. Aspectos constitucionais dos juizados especiais de pequenas causas. In: WATANABE, Kazuo (org.). *Juizados especiais de pequenas causas*, São Paulo: Revista dos Tribunais, 1985, p. 11.

42. Dimensioni transculturali della giustizia civile. *Rivista Trimestrale di Diritto e Procedura civile*, n. 4, dez./2000, p. 1067.

43. V. o nosso estudo "As lides de natureza desportiva em face da justiça comum. Uma contribuição para a superação das dificuldades daí resultantes", *RT* nº 631, maio/1988, p. 50-62.

A tendência contemporânea à *desformalização–desjudicialização* do processo explica-se, para além da premente necessidade de uma célere e equânime eliminação das lides, também pelo reconhecimento de que a garantia do acesso à Justiça (CF, art. 5.º, XXXV) é na verdade uma *oferta de prestação judiciária*, e não uma obrigatoriedade ou uma imposição, e menos ainda deve operar como um vetor de fomento à litigiosidade. Entendimento contrário, sob o pálio de uma exacerbada e irrealista *universalização* da prestação jurisdicional, acaba por instigar a *cultura demandista, desestimular a busca por outros meios resolutivos* e se constitui na causa principal da avassaladora crise numérica de processos.

Subsiste ainda outra razão para que não se devesse chamar "alternativos" os meios paraestatais de solução de conflitos: esses alvitres não se preordenam a *excluir* a jurisdição estatal propriamente dita, nem tampouco com ela concorrer, mas antes propõem-se a *interagir* num plano de mútua cooperação e harmônica convivência, como se dá com uma sentença arbitral que pode vir a ter *passagem judiciária* (Lei 9.307/96, arts. 32 e 33, alterados pela Lei 13.129/2.015; CPC, art. 515, VII) ou com um processo judicial que vem a ser suspenso por solicitação das partes, as quais, no interregno, celebram acordo e o submetem à homologação do juízo (CPC, arts. 313, II, e 487, III, b), ou ainda, uma decisão de Tribunal de Contas que declare em alcance certo agente público e o condene à reposição do erário, assim aparelhando execução judicial – CF, art. 71, § 3.º; CPC, art. 784, XII.

Caso não resultem exitosos os meios suasórios entre os contraditores, seja porque foram baldados, seja porque a espécie não comportava autocomposição, restará ainda o recurso à heterocomposição (mormente a arbitragem e, no campo trabalhista, o "processo de jurisdição voluntária para homologação de acordo extrajudicial" (CLT, art. 855-B, acrescido pela Lei 13.467/2.017), valendo lembrar que o árbitro é "juiz de fato e de direito" (art. 18 da Lei 9.307/96) e, quanto àqueles acordos trabalhistas, serão, depois, oficializados em sentença (CLT, art. 855-D, acrescido pela Lei 13.467/2.017).

Assim, a jurisdição estatal: (*i*) é compatível com os meios ditos alternativos de solução de conflitos, com eles interagindo e por vezes até os pressupondo; (*ii*) apresenta-se como um *posterius* em face das crises jurídicas e até sociológicas, e nesse sentido se diz que a função judicial é *substitutiva*, incidindo *post litem*, ressalvados os casos de danos temidos, tuteláveis preventivamente por medidas cautelares, hoje inseridas no âmbito da chamada tutela provisória (CPC, arts. 294-310). Já os chamados *meios alternativos* operam como um *prius* nesse contexto, porque almejam conjurar o conflito em seu nascedouro, antes que atinja a fase aguda e se converta em (mais um) processo judicial, atuando, assim, numa postura *prospectiva*.

Caso emblemático, nesse contexto, é o da convenção de arbitragem: a Constituição Federal garante o acesso à Justiça, mas o faz em termos de *oferta* de prestação jurisdicional, simplesmente (apreciação do histórico de lesão ou ameaça a direito por juiz competente e imparcial), não se cuidando, pois, de uma via obrigatória, e menos ainda da garantia de uma *efetiva tutela jurisdicional* a qual, para ser implementada, depende de que a pretensão seja *fundada (o meritum causae) e venha exposta num processo existente e válido*. É por isso que, vindo aos autos prova da existência de convenção de arbitragem, acerca da controvérsia judicializada, o processo é extinto sem julgamento do mérito - CPC, art. 485, VII.

Outros elementos ainda evidenciam a *integração-complementaridade* entre justiça estatal e certos agentes considerados auxiliares da justiça (CPC, art. 149): (i) na ação judicial pode ser necessária a prova técnica, realizada por perito especializado, nomeado pelo juiz (CPC, art. 465, *caput*), assim como na liquidação de sentença tem lugar o *arbitramento* (CPC, art. 509, I); (ii) pode a lide terminar por *transação*, como resultado de conciliação/mediação exitosa (CPC, art. 487, III, b); (iii) mesmo após a sentença de mérito, em se tratando de direitos disponíveis, podem as partes se compor na *instância recursal*, como ocorre, no TJSP, no Núcleo Permanente de Métodos Consensuais de Solução de Conflitos (Provto. CSM 1.868/2.011), em sintonia com a atribuição do juiz para "promover, a *qualquer tempo, a autocomposição (...)*" (CPC, art. 139, V); (iv) em mais de um momento processual está presente a tentativa de conciliação (CPC, arts. 334, *caput*; art. 359), inclusive no rito da ação para suprimento do compromisso arbitral recusado por um dos contratantes (Lei 9.307/96, § 2º do art. 7.º).

Esta última ocorrência configura caso emblemático da *integração- complementaridade* entre Justiça estatal e equivalentes jurisdicionais: a sentença judicial suprirá a manifestação de vontade não espontaneamente manifestada, passando a valer como o compromisso arbitral previsto no contrato, à semelhança da ação dita de "adjudicação compulsória", manejável pelo promissário comprador ante a recusa do promitente em outorgar a escritura definitiva (Dec.-lei federal n. 58, de 1937, art. 16 e § 2º, este com redação a Lei 6.014/73; súmula STJ nº 239); a diferença entre as duas ações é que, nesta última, o comando judicial substitui a *própria* prestação personalíssima inadimplida, ou seja, o ato notarial a que se recusara o promitente vendedor, ao passo que no primeiro caso a sentença, singelamente, supre o compromisso arbitral recusado pelo contratante recalcitrante, a saber, "a convenção através da qual as partes submetem um litígio à arbitragem de uma ou mais pessoas (...)" – Lei 9.307/96, art. 9º, caput. Neste último caso, terá curso o procedimento arbitral, com oportuna prolação da *sentença* (art. 23), *fechando o arco* entre os dois planos, o judicial *viabilizando* o arbitral.

Essa integração–complementaridade entre as Justiças estatal e parajurisdicional, se, por um lado, é louvável sob muitos pontos de vista, de outro lado engendra dificuldade para se alcançar um preciso enquadramento conceitual ou uma classificação satisfatória das diversas modalidades, até porque não há um consenso sobre as próprias nomenclaturas (nos Estados Unidos, por exemplo, prefere-se o termo *mediation ao invés de conciliation*; entre nós, por vezes, esses termos se confundem). Ao propósito, é útil o contributo de Humberto Dalla Bernardina de Pinho: "Um conflito pode ser solucionado pela via estatal (jurisdição) ou por vias chamadas alternativas. Classificamos as vias alternativas em puras e híbridas. Chamamos puras aquelas em que a solução do conflito se dá sem qualquer interferência jurisdicional; nas híbridas em algum ponto, mesmo que para efeitos de mera homologação, há a participação do Estado-Juiz. São formas puras a negociação, a mediação e a arbitragem. São meios híbridos, no direito brasileiro, a conciliação obtida em audiência ou no curso de processo já instaurado, a transação penal, a remissão prevista no Estatuto da Criança e do Adolescente e o termo de ajustamento de conduta celebrado numa ação civil pública".[44]

De fato, as espécies de auto e de heterocomposição não são estanques, podendo mesclar-se, tanto no plano judicial (a sentença arbitral executada na justiça estatal: CPC, art. 515, VII) como entre as próprias modalidades auto e heterocompositivas, com destaque para a mescla de mediação com arbitragem (*med/arb*). E, a depender da espécie, a mediação pode consentir o trabalho conjunto de mais de um agente, tornando-se pluriparticipativa, como fora há tempos excogitado no art. 16 do PL da Câmara Federal 94/2002, sobre a mediação: "É lícita a comediação quando, pela natureza ou pela complexidade do conflito, for recomendável a atuação conjunta do mediador com outro profissional especializado na área do conhecimento subjacente ao litígio. § 1.º A comediação será obrigatória nas controvérsias submetidas à mediação que versem sobre o estado da pessoa e Direito de Família, devendo dela necessariamente participar psiquiatra, psicólogo ou assistente social".

Nos meios heterocompositivos fora e além da estrutura judiciária estatal está sempre presente a intenção de solucionar não só a crise *jurídica*,

---

44. *Teoria geral do processo civil contemporâneo*, Rio de Janeiro: Lumen Juris, 2007, p. 358.

mas também, e até principalmente, a crise *sociológica* subjacente: a diferença entre ambas as abordagens está em que aquela primeira é restritiva (o objeto litigioso modela os limites da sentença), ao passo que a segunda é ampliativa, abrangendo também as *concausas* do conflito e buscando equacioná-las; a primeira é *retrospectiva* (voltada sobre o alegado e provado nos autos); a segunda é *prospectiva*, norteada pela preservação da qualidade das relações de continuidade (família, escola, trabalho, vizinhança) e buscando ainda a eliminação de possíveis pontos conflitivos periféricos, que, não enfrentados e dirimidos podem engendrar lides futuras.

A principal deficiência da *solução adjudicada estatal* (sentença de mérito) é que ela é preordenada e circunscrita a resolver a *crise jurídica* (*da mihi factum dabo tibi jus*: julgamento com base na legalidade estrita), e, por isso, revela-se deficiente quando o conflito judicializado apresenta-se policêntrico, empolgando aspectos outros, tais como o econômico, o social, o político, como sói ocorrer na contemporânea sociedade de massa. É por isso, aliás, que a "repercussão geral da questão constitucional", aferida pelo STF para a admissibilidade do recurso extraordinário (CF, § 3.º do art. 102: EC 45/2004) radica nas "questões relevantes do ponto de vista econômico, político, social ou jurídico, que ultrapassem os interesses subjetivos do processo" (CPC, § 1.º do art. 1.035), podendo inclusive o Relator, nos termos do § 4.º desse artigo, "admitir, na análise da repercussão geral, a manifestação de terceiros, subscrita por procurador habilitado (...)", dando azo, pois, à intervenção de *amicus curiae*. Também por essa razão, no rito do litígio coletivo pela posse de imóvel vem prevista uma audiência de mediação, com a participação de múltiplos atores: Ministério Público, Defensoria Pública, órgãos públicos responsáveis pela política agrária e urbana (CPC, art. 565 e §§).

A propósito do contexto geral onde se inserem as crises jurídicas, escreveu J. J. Calmon de Passos: "Inexiste *pureza* no direito. O jurídico coabita, necessariamente, com o político e com o econômico. Toda teoria jurídica tem conteúdo ideológico. Inclusive a teoria pura do direito. Nenhum instituto jurídico, nenhuma construção jurídica escapa dessa contaminação. Nem mesmo a dogmática jurídica. Nem o processo, um instrumento aparentemente neutro, estritamente técnico, foge desse comprometimento. Ele também está carregado de significação política e tem múltiplas implicações econômicas".[45] Com toda razão, pois, afirmara o *Justice* Oliver Wendell Holmes (1841-1935): "Aquele que sabe somente o Direito nem o Direito sabe"!

---

45. Democracia... cit., In: GRINOVER, Ada Pellegrini *et al.* (coord.). *Participação e processo* cit., p. 83.

A heterocomposição por intercessão do Estado-juiz se faz, basicamente, por duas maneiras ou, se se quiser, mediante dois instrumentos: (*i*) a decisão de mérito, a saber, a assunção, pelo Estado, da resolução da lide (CPC, art. 487, I) e, (*ii*) a conciliação incidental, multi-incentivada no vigente PC: § 3º do art. 3º; art. 139, V; § 3º do art. 357; art. 359. Observe-se que até mesmo na ação voltada a compelir a parte recalcitrante a se submeter à arbitragem antes pactuada, o juiz, antes de proferir sentença, deve tentar *conciliar* os contraditores (Lei 9.307/96, § 2.º do art. 7.º), em mais um exemplo da integração e complementaridade dos diversos meios de resolução dos conflitos.

No caso da heterocomposição por intercessão do Estado-juiz, o ponto ótimo reside na decisão de *mérito, porque dessa forma se resolvem, a um tempo, o processo (o continente) e a lide (o conteúdo), propiciando a oportuna agregação da coisa julgada material, diversamente do que se passa com as sentenças ditas terminativas,* que apenas extinguem o processo, mas não resolvem o fulcro da demanda (CPC, art. 485 e incisos) o que, a rigor, não contribui para a pacificação social, senão que até labora contra ela: tais decisões frustram as partes, na medida em que não eliminam a crise de incerteza; acirram os ânimos e os antagonismos ante a inócua judicialização da controvérsia; implicam dispêndio inútil de tempo e dinheiro; e, principalmente, não impedem a repropositura da ação, à míngua de coisa julgada material. Por aí se compreende a autorização para que o tribunal ad quem, nos casos de apelação tirada de sentença que extinguiu o processo sem resolução do mérito, possa avançar sobre o fulcro da demanda, em verificando que se trata de causa madura – art. 1.013, § 3º, I.

Com efeito, Celso Fernandes Campilongo deplora que "se julga quase tudo com pretexto de natureza processual", excogitando que "esteja ocorrendo um perverso fenômeno de utilização do Direito para o descumprimento do Direito por meio de pretextos jurídicos".[46] Deve-se, pois, enaltecer o previsto no novo CPC, ao prever no art. 4.º "As partes têm o direito de obter em prazo razoável a *solução integral do mérito*, incluída a atividade satisfativa".

O outro modo resolutivo – a conciliação incidental – fica a meio caminho entre a heterocomposição extrajudicial e aquela promovida perante o juiz, já que o desate da lide fica por conta das partes, embora se deva entender que tais negócios jurídicos processuais sujeitam-se à avaliação pelo juiz, que, *entendendo-os regulares e equânimes*, os homologa, numa sorte de juízo de delibação. No ponto, observa Petrônio Calmon: "Na homologação, se não aprecia criativamente o mérito da causa, o juiz o examina para cotejá-lo com

46. Direitos fundamentais e Poder Judiciário, *in*, do autor, *O Direito na sociedade complexa*, São Paulo: s/d, p. 109.

o ordenamento vigente. Ainda que se trate de direito disponível, não deve o juiz homologar acordos que demonstrem claramente ofender a legislação ou que seguramente não promoverão a pacificação almejada".[47]

Esse controle judicial sobre a conduta das partes nas soluções negociadas ganha especial relevo nas ações coletivas, porque nelas os sujeitos concernentes são indeterminados, estando apenas *representados* por um portador legalmente credenciado (art. 5.º da Lei 7.347/85; art. 82 da Lei 8.078/90), justificando-se, pois, o zelo quanto à aferição da adequada representação, mormente no caso de a lide terminar pela via suasória.

No ponto, o PL 5.139/2009, que à época vinha preordenado a regular a nova ação civil pública, previa no art. 9.º: "Não haverá extinção do processo coletivo, por ausência das condições da ação ou pressupostos processuais, sem que seja dada oportunidade de correção do vício em qualquer tempo ou grau de jurisdição ordinária ou extraordinária, inclusive com a substituição do autor coletivo, quando serão intimados pessoalmente o Ministério Público e, quando for o caso, a Defensoria Pública, sem prejuízo de ampla divulgação pelos meios de comunicação social, podendo qualquer legitimado adotar as providências cabíveis, em prazo razoável, a ser fixado pelo juiz".[48] Além disso, o citado projeto de lei inscrevia dentre os *princípios da tutela coletiva*, o "dever de colaboração de todos, inclusive pessoas jurídicas públicas e privadas, na produção das provas, no cumprimento das decisões judiciais e na efetividade da tutela coletiva" (art. 3.º, VII).[49]

Tratava-se, pois, aí, de um lado, do processo de estrutura cooperatória, e de outro, do direito à não-surpresa, diretrizes hoje recepcionadas nos art. 6º e 10 do vigente CPC, nessa ordem.

3.A) Heterocomposição através de órgãos parajurisdicionais.

§ O déficit de efetividade da Justiça estatal.

Embora não sejam autoexcludentes as formas jurisdicional e aquela dita "alternativa" de solução de conflitos, sendo ambas em verdade complementares e integrativas, não há negar que se a justiça estatal apresentasse boa

---

47. *Fundamentos da...* cit., 2007, p. 149.

48 Dito projeto foi depois arquivado na Comissão de Constituição, Justiça e Cidadania da Câmara Federal.

49 De modo geral, sobre os diversos aspectos sobrelevados nesse projeto de lei, v. *Direito Processual Coletivo*...org. GRINOVER, Ada Pellegrini *et al.*, cit., São Paulo: Revista dos Tribunais, 2007.

performance no atendimento e resolução dos históricos de lesões temidas ou sofridas, não haveria uma procura tão intensa e crescente dos chamados *equivalentes jurisdicionais*, não só entre nós, mas até mesmo no âmbito do *common law*, informando José Carlos Barbosa Moreira que a doutrina norte-americana alude ao "*delay of modern American litigation* e à consequente preferência de interessados por novos modelos de composição de conflitos, que se costumam reunir sob a designação de '*Alternative Dispute Resolution*' (abreviadamente, ADR)".[50]

Embora a baixa eficiência de nossa justiça estatal – lenta, onerosa, imprevisível – não seja a única causa do incremento dos meios alternativos de solução de conflitos (cabendo computar o crescimento populacional e, ainda, a boa performance de efetividade desses equivalentes jurisdicionais), não há negar que o *déficit* qualitativo da resposta judiciária contribui, em certa medida, para a demanda por justiça fora e além da estrutura oficial do Estado.

Algo semelhante se está passando com os Juizados Especiais, que, concebidos para operar como uma via célere e desburocratizada de serviço jurisdicional, logo provocaram uma externalidade inesperada, qual seja, o afluxo exacerbado de processos – a chamada *litigiosidade contida* – na feliz expressão de Kazuo Watanabe, acervo esse insuflado, ainda ao tempo do CPC/73, pela parcela dos processos que antes era recepcionada pelo rito sumário, previsto no art. 275 daquele Código. Em consequência, tais Juizados hoje enfrentam dificuldades, com pautas sobrecarregadas, como já há tempo vem repercutido na mídia: o jornal *O Estado de S. Paulo*, de 17.02.2008, cad. C-1, estampava matéria cujo título era de per si eloquente: "Juizado especial demora até 8 meses para marcar 1.ª audiência". (O texto teve por mote o lançamento da obra de Luciana Gross Cunha, professora da Escola de Direito da Fundação Getulio Vargas (SP), acerca da situação e do desempenho desses Juizados em todo o país).[51]

É por isso que, dada a possibilidade da interposição de recurso extraordinário ao STF a partir de decisão dos Colégios Recursais nesses Juizados (Súmula STF n. 640), a *subida* é de ser feita pelo sistema de *amostragem*, pelo qual um recurso afetado como representativo da controvérsia é enviado ao tribunal superior, por modo que a decisão-quadro ali proferida seja depois aplicada aos demais recursos sobrestados na origem (CPC, art. 1.040 e inci-

---

50 O problema da duração... cit., *Temas de direito processual*, 9.ª série, São Paulo: Saraiva, 2007, p. 371.

51 *Juizado especial: criação, instalação, funcionamento e a democratização do acesso à Justiça*, São Paulo: Saraiva, 2008.

sos; RISTF, art. 328 e § único), tudo como forma de não sobrecarregar ainda mais o alentado acervo de processos pendentes nos Tribunais da Federação.

Mauro Cappelletti lembra que o notável desenvolvimento das *ADR's* nos Estados Unidos não se deve, tanto, a uma concepção do acesso à justiça como direito social mas "antes como um 'problema social', do qual uma solução consiste em retirar dos tribunais boa quantidade de litígios. *ADR* adquiriu tamanha importância nos Estados Unidos que passou a ser objeto de cursos básicos em Faculdades de Direito".[52]

É conhecida, em sede de organização e método, a parêmia pela qual "quem não contribui para a solução torna-se parte do problema". Todavia, o Estado brasileiro, ao avocar a distribuição da Justiça (CF, art. 5.º, XXXV), não soube preparar-se para recepcionar a pletora de processos que se seguiu à *explosão de litigiosidade* ocorrida especialmente a partir da vigente Constituição Federal (1988), pródiga na enunciação de direitos e garantias individuais e coletivas, mas acanhada na indicação dos meios e nas fontes do custeio para atender à correlata demanda judicial por tais direitos e garantias. De sorte que, não tendo o braço judiciário do Estado se preparado para enfrentar o previsível problema, acabou por se tornar refém dele.

A exacerbada sobrecarga da justiça, mormente a do Estado de São Paulo é um expressivo exemplo do antes afirmado, ao que se colhe do informado no boletim Justiça em Números, do CNJ, veiculado em 2.019, ano-base 2.018: no TJSP foram 5.448.859 casos novos e 20.258.140 casos pendentes; o número de magistrados é de 2.709 e 68.852 servidores e auxiliares.[53]

A notória morosidade da prestação jurisdicional, decorrente do acúmulo de processos em primeiro e segundo graus, evidencia que a Justiça estatal não soube se antecipar aos fatos, nem ao menos traçar estratégias e programas de atuação para enfrentá-los, demorando a *internalizar* as sucessivas transformações por que foi passando a sociedade brasileira, massificada e globalizada, implicando profundas alterações nos costumes, interesses e necessidades, que recrudesceram os conflitos existentes e fizeram emergir outros novos.

Com efeito, não tendo a Justiça estatal acompanhado os acontecimentos, depois viu-se atropelada por eles. A agravar esse contexto, ainda concorre alguma resistência à recepção judicial dos conflitos metaindividuais, com segmentos mais conservadores entrincheirados nos conhecidos (e hoje acanhados) grotões da jurisdição singular, propícia aos singelos embates entre

52 Os métodos... cit., *Revista Forense*, n. 326, p. 128.

53 Sítio www.cnj.jus.br, acesso em 13.12.2019, p. 30 do documento impresso.

Tício e Caio, mas inadaptada à tendência contemporânea de coletivização do processo, de que são exemplos emblemáticos as *class actions for damages*, os *group litigations*, na experiência do *common law*, e, dentre nós, a *ação civil pública, a ação popular*, as *ações coletivas consumeristas, os mandados de segurança e de injunção coletivos, as ações no controle direto de constitucionalidade.*

Na avaliação de Humberto Theodoro Júnior, a partir "da conscientização social em torno da cidadania e da concepção de seus vínculos com a garantia de efetivo acesso à Justiça, que cada vez mais abria suas portas aos titulares de direitos subjetivos ofendidos ou ameaçados, as queixas da coletividade se voltaram contra a baixa e insatisfatória qualidade prática dos serviços jurisdicionais. Constatou-se a real impotência de tais serviços para proporcionar a resposta cívica e eficaz a que o Estado Democrático de Direito se comprometera. Isto porque a sociedade 'aprendeu a demandar' e passou a fazê-lo num ritmo sempre crescente e muito superior à capacidade de vazão dos organismos jurisdicionais".[54]

As ações de tipo coletivo, na medida em que permitem o trato processual *molecular*, na precisa expressão de Kazuo Watanabe, mostram-se adequadas à recepção dos megaconflitos emergentes na contemporânea sociedade de massa, revelando ainda, como *externalidade positiva*, franca aptidão para coalizar a controvérsia num só processo, evitando sua deletéria pulverização em plúrimas e repetitivas ações individuais. A propósito, aduz Maria Teresa Sadek: "A tutela dos direitos difusos e coletivos atende a uma demanda de maior racionalização do processo, já que uma única ação judicial pode englobar um número maior de agentes. Seu maior ganho, entretanto, está na possibilidade de democratizar o acesso à justiça, contemplando grupos e coletividades. Ademais, há o reconhecimento da existência de conflitos que não são de natureza individual, mas coletiva, não tendo por objetivo o indivíduo abstrato ou genérico, mas o indivíduo em sua especificidade, isto é, como consumidor, como criança, como idoso, como negro, como deficiente físico, como portador de uma doença, como desprovido de habitação. Em síntese, é um instrumento para corrigir desigualdades, um instrumento de justiça distributiva".[55]

O PLC 5.139/2009, à época voltado a regular a nova ação civil pública, revelava-se sensível aos riscos da pulverização do conflito coletivo em mul-

---

54 A arbitragem como meio de solução de controvérsias. *Revista Síntese de Direito Civil e Processual Civil*, n. 2, nov./dez.1999, p. 6.

55 Efetividade de direitos e acesso à Justiça. In: RENAULT, Sérgio Rabello Tamm; BOTTINI, Pierpaolo (coord.). *Reforma do Judiciário*, São Paulo: Saraiva, 2005, p. 286.

tifárias demandas individuais, ao prever no art. 64: "As ações coletivas terão tramitação prioritária sobre as individuais".[56]

Em vários países, se tem praticado a técnica de *julgamento em bloco* de demandas idênticas (*casi pilota; Pilotverfahren; test claims*) e, nomeadamente, o procedimento-modelo (*Musterverfahren*) da experiência alemã, o qual, fugindo às dificuldades postas pelo sistema representativo (*adequacy of representation*) próprio das ações coletivas (*v.g.*, art. 5.º da Lei 7.347/85; art. 82 da Lei 8.078/90), calcadas na legitimação extraordinária de certos agentes (*ideological plaintiffs*), permite alcançar uma decisão unitária, a ser depois aplicada na resolução das *pretensões isomórficas*, contidas nas numerosas ações individuais versando o mesmo *thema decidendum*.

Aquele procedimento-modelo, praticado na Alemanha, segundo Antonio do Passo Cabral, "tem espectro de aplicação bem restrito, já que inserto pelo legislador tedesco não em uma norma geral, mas na disciplina específica da proteção dos investidores no mercado de capital; (...) No *Musterverfahren* decidem-se apenas alguns pontos litigiosos *(Streitpunkte)* expressamente indicados pelo requerente (apontados concretamente) e fixados pelo juízo, fazendo com que a decisão tomada em relação a estas questões atinja vários litígios individuais". Uma vez admitido o requerimento para instauração desse procedimento (*Vorlagebeschuluss*) – que nos parece similar à *certification order*, das *class actions* do direito norte-americano – deflagra-se, prossegue o autor, a competência de "um tribunal de hierarquia superior a decidir sobre as questões coletivas". Antonio do Passo Cabral identificava, em nosso ordenamento, exemplos de tal procedimento bipartido na cláusula de *reserva de plenário* – CF, art. 97; CPC[73], art. 480 e s. – e no incidente de *uniformização de jurisprudência* – CPC[73], art. 476; lembrava ainda que no art. 14 e parágrafos da Lei 10.259/2001, sobre os Juizados Especiais Federais, prevê-se um *incidente de uniformização*, a cargo do STJ, para julgamento das questões federais reproduzidas em muitos processos represados naqueles Juizados. De se destacar o previsto no § 9.º daquele art. 14: "Publicado o acórdão respectivo [do STJ], os pedidos retidos (...) serão apreciados pelas Turmas Recursais, que poderão exercer juízo de retratação ou declará-los prejudicados, se veicularem tese não acolhida pelo Superior Tribunal de Justiça".[57]

---

56 Dito projeto acabou arquivado na Comissão de Constituição, Justiça e Cidadania da Câmara Federal.

57 O novo procedimento – modelo (*Musterverfahren*) alemão: uma alternativa às ações coletivas. *RePro*, n. 147, maio/2007, p. 132, 134, 143, 144, *passim*. (Em outra sede, buscamos identificar os pontos comuns e as diferenças entre o *musterverfahren*, da

Note-se que no caso de dano de *dimensão coletiva* (*v.g.*, lesão a um dado segmento de consumidores), o megaconflito pode e deve ser manejado mediante ação coletiva por interesses individuais homogêneos (CDC, art. 81, § único, III), na qual uma sentença de *condenação genérica* (CDC, art. 95) fixará o *an* o *quid* e o *quis debeatur*, ficando para a fase satisfativa a apuração dos *quanta debeatur*, devidos a cada um dos lesados.

Há tempos, figuramos hipótese de uma ação coletiva proposta por associação contra um Banco "em defesa dos interesses individuais homogêneos de seus investidores em poupança, ao argumento de que estes, em dado período, foram lesados por remuneração a menor. (...) Acolhida a ação, não poderia o juiz restringir, *ex propria aucthoritate*, o âmbito de projeção da coisa julgada, apenas aos poupadores que foram aderentes da associação autora: a *uma*, o objeto litigioso é a formação de título condenatório a favor de toda a coletividade dos poupadores do Banco, e não de parcela deles; *a duas*, não cabe ao julgador delimitar a expansão da coisa julgada *in concreto*, tratando-se de matéria afeta à lei federal (CF, art. 22, I), onde se atenderá à natureza e dimensão do interesse considerado, como, aliás, o faz o art. 103 da Lei 8.078/90; e, enfim, relembre-se que a associação autora figura no processo como uma *adequada representante* de um interesse tomado em sua acepção coletiva, com abstração, pois, dos sujeitos a ele concernentes".[58]

Por tudo isso, é possível surpreender um *alinhamento* entre as três sucessivas ondas de renovação do processo civil, idealizadas por Mauro Cappelletti (facilitação do acesso à Justiça; judicialização dos interesses difusos; solução dos conflitos por meios parajurisdicionais ou alternativos), e o ideário do Estado Social do Direito (*sozialerRechtsstaat*): "A filosofia para a qual também os pobres fazem jus à representação e informação, também os grupos, classes, categorias, não organizados devem ter acesso a remédios eficazes; enfim, uma filosofia que aceita remédios e procedimentos alternativos, na medida em que tais alternativas possam ajudar a tornar a Justiça equitativa e mais acessível".[59]

Em verdade, por muito tempo o Judiciário focou-se na sua expressão de *Poder* (dimensão estática), acabando por se distanciar do jurisdicionado, o qual almeja unicamente *efetividade* na resposta jurisdicional (dimensão

---

experiência alemã e o nosso incidente de resolução de demandas repetitivas, previsto no CPC vigente: *Incidente de resolução de demandas repetitivas – a luta contra a dispersão jurisprudencial excessiva*, 2ª ed., Salvador: JusPodivm, 2.019, p. 227 e s.

58 A concomitância de ações coletivas, entre si, e em face das ações individuais. *RT* nº 782, dez./2000, p. 42.

59 Os métodos... cit., *Revista Forense*, n. 326, p. 30.

dinâmica), levando a que, numa tentativa de recuperação de seu prestígio social, viessem implantados os Juizados Especiais, dos quais se esperava efetiva recepção da chamada *litigiosidade contida*. Seja por conta do excesso de demanda reprimida, seja por um subdimensionamento da estrutura desses Juizados (ou por ambas as causas), fato é após algum tempo essas instâncias começaram a dar sinais de esgotamento, com pautas sobrecarregadas e audiências muito protraídas, levando José Carlos Barbosa Moreira a aplicar ao caso sugestiva imagem figurada por autor norte-americano: "Construir um sistema de Justiça é como construir uma estrada; quanto melhor for a estrada, maior será o tráfego; e quanto maior o tráfego, mais depressa a estrada acusará o inevitável desgaste (...). A rapidez no processamento das causas, notável nos primeiros tempos de funcionamento, atuou como chamariz para grande leva de interessados na solução de problemas."[60]

Todo esse contexto acaba por engendrar uma desolada frustração à expectativa dos jurisdicionados, de que ao fim e ao cabo a Justiça dará "a cada um o que é seu",[61] promessa implícita na indeclinabilidade/inafastabilidade da jurisdição (CF, art. 5.º, XXXV), mas de difícil cumprimento no plano prático, ao menos na perspectiva dos *clientes eventuais* do Judiciário. E assim, ao interno da sociedade, vão vicejando a insatisfação, a desconfiança e o descrédito na Justiça, à proporção em que avulta a desalentada percepção de que a decisão de mérito, que deveria representar o *ponto ótimo* da função judicial do Estado, já não consegue atender – mormente quanto às lides plurissubjetivas, policêntricas e socialmente impactantes – às exigências de uma resposta de qualidade: *justa* (equânime, ponderada); *jurídica* (tecnicamente consistente e suficientemente motivada); *econômica* (balanço positivo no custo-benefício), *tempestiva* (sem dilações indevidas: CF, art. 5.º, LXXVIII – EC 45/2004), *razoavelmente previsível* (contrapondo-se à *loteria judiciária*) e *idônea a assegurar a efetiva fruição do direito, valor ou bem da vida reconhecidos no julgado. Acerca deste último atributo o art. 4º do vigente CPC* inclui, no direito de ação e no conteúdo ocupacional dos juízes, a consecução da *atividade satisfativa*).

Não há como negar a *crise de efetividade* que perpassa a Justiça estatal em nosso país, incapaz de produzir resposta judiciária qualificada pelos *seis atributos* supra indicados. E isso, saliente-se, sem embargo do notório, ace-

---

60 O problema da duração dos processos: premissas para uma discussão séria. *Temas de direito processual*, 9.ª série, São Paulo: Saraiva, 2007, p. 376-377.

61 Conhecida parêmia romanística, que, todavia, já mereceu cáustica releitura, atribuída a Anatole France: "A justiça existe para dar a cada um o que é seu: aos ricos a riqueza, aos pobres a pobreza...".

lerado e cada vez mais dispendioso crescimento físico do Judiciário: mais e maiores edifícios e instalações; contínuos recrutamentos de juízes, assessores e demais servidores; investimentos crescentes em informática, segurança e mobilidade etc., o que numa alegoria corresponderia a um automóvel que se movimenta ao custo de um quilômetro por litro de combustível, evidenciando a cada passo o *déficit* entre o custo e o benefício.

Em página sempre lembrada, José Carlos Barbosa Moreira indica os quesitos que o processo judicial *deveria* atender para ser *efetivo*: "a) o processo deve dispor de instrumentos de tutela adequados, na medida do possível, a todos os direitos (e outras posições jurídicas de vantagem) contemplados no ordenamento, quer resultem de expressa previsão normativa, quer se possam inferir do sistema; b) esses instrumentos devem ser praticamente utilizáveis, ao menos em princípio, sejam quais forem os supostos titulares dos direitos (e das outras posições jurídicas de vantagem) de cuja preservação ou reintegração se cogita, inclusive quando indeterminado ou indeterminável o círculo dos eventuais sujeitos; c) impende assegurar condições propícias à exata e completa reconstituição dos fatos relevantes, a fim de que o convencimento do julgador corresponda, tanto quanto puder, à realidade; d) em toda a extensão da possibilidade prática, o resultado do processo há de ser tal que assegure à parte vitoriosa o gozo pleno da específica utilidade a que faz jus segundo o ordenamento; e) cumpre que se possa atingir semelhante resultado com o mínimo dispêndio de tempo e energias".[62]

O Judiciário, na angustiada tentativa de responder às *crises polimórficas* e *policêntricas* que lhe vêm afluindo em proporção crescente, inclusive por meio dos processos coletivos (*v.g.*, *ADIn* envolvendo a controvérsia sobre os fetos anencéfalos ou sobre pesquisa com célula-tronco; ação civil pública sobre a transposição das águas do Rio São Francisco), não raro emite comandos que, depois, se revelam de parca efetividade no plano prático, justamente por lobrigarem controvérsias de largo espectro, que poderiam e deveriam ser antes resolvidas nas instâncias primárias, assim no plano legislativo (edição de norma) como no da pública administração, neste último caso pelo implemento de programas, políticas e estratégias de governo.

A *criatividade* que então o Judiciário se vê compelido a excogitar em casos que tais acaba por engendrar *externalidades negativas*, como as lembradas por José Eduardo Faria: "Em primeiro lugar, ela termina levando o Judiciário a desempenhar funções que não são meramente adjudicatórias, rompendo assim

62 Notas sobre o problema da efetividade do processo. *Temas de direito processual*, 3.ª série, São Paulo: Saraiva, 1984, p. 27-28.

a ideia de que a Justiça é uma atividade relativa, neutra, técnica e programada. Em segundo lugar, e esta é uma questão que, a meu ver, tem ficado à margem no atual debate sobre a reforma do Judiciário, a instituição não dispõe de meios próprios para implementar sentenças que pressupõem decisões dos demais setores da administração pública. À mercê de atos e serviços fora de sua jurisdição, este poder encontra-se assim numa encruzilhada".[63]

Poder-se-ia acrescer a esse contexto, já de per si preocupante, a gradual *perda de autoridade* e de efetividade dos comandos judiciais de cunho condenatório:[64] (*i*) na interface com os outros Poderes, em que o Executivo sóe postergar o cumprimento dos precatórios judiciais e não raro é leniente no atendimento das cominações para fazer e para se abster, contornando-as por expedientes diversos; o Legislativo, em que o Senado tarda ou se omite em suprimir normas legais declaradas inconstitucionais pelo STF no controle incidental (CF, art. 52, X), engendrando tratamento anti-isonômico entre os jurisdicionados; a Câmara dos Deputados, recorrente na *mora legislativa*, configurada no retardo ao atendimento das ordens emanadas dos mandados de injunção (CF, art. 5.º, LXXI), assim postergando o exercício de lídimos direitos cujo implemento depende de norma regulamentadora; *(ii)* na relação com as demais Autoridades e com os jurisdicionados pessoas físicas e jurídicas, de direito privado e público, como se constata em episódios diversos: protelação às reintegrações de posse de áreas invadidas por grupo numeroso (ocorrência hoje tratada no CPC: art. 565 e §§); reabertura ou retomada, por expedientes diversos, de obras e serviços paralizados; baixa eficiência dos comandos incidentes em situações multiplexas, como por exemplo no controle de programa governamental de reordenação urbanística e de ocupação de espaços públicos.

4. A EXPANSÃO DOS MEIOS PARAESTATAIS DE DISTRIBUIÇÃO DA JUSTIÇA.

Aparentemente, o crescimento dos chamados *meios alternativos* de resolução de conflitos se explicaria pela baixa efetividade da Justiça estatal, ou seja: quanto menos eficiente o desempenho do serviço estatal de distribuição de Justiça, mais crescem, em número, modalidades e credibilidade social, os *equivalentes jurisdicionais*. Essa lógica do "quanto pior, melhor", todavia, não deve ser buscada, nem incentivada, porque, ao fim e ao cabo, levará a um *jogo*

63 O Judiciário e seus dilemas. *Revista do Advogado* (AASP), n. 56, set. 1999, p. 66.

64 Cf. supra, cap. II.6.

de soma zero, em que todos perderão: a Justiça estatal continuará deficitária em qualidade e produtividade, e as instâncias paraestatais não conseguirão recepcionar o refluxo da litigância que deixará de bater às portas do Judiciário.

Com efeito, os *meios alternativos*, pelo fato de não terem seu custeio provido pelo Estado, têm crescimento limitado, não podendo acompanhar *pari passu* o aumento da demanda por uma Justiça célere, informal e de baixo custo; de outra parte, a parca eficiência da Justiça estatal deve ser combatida por *todos os meios* disponíveis, seja por se tratar de uma prestação ofertada constitucionalmente (art. 5.º, XXXV), seja porque muitas demandas precisam receber uma passagem judiciária, em virtude de peculiaridades da matéria ou da pessoa (ações ditas *necessárias*), seja, enfim, por se terem frustrado as tentativas de solução consensual.

Por outro lado, é insustentável (e discriminatória) a postura depreciativa em face dos meios alternativos – neles vislumbrando uma Justiça de segunda classe – como também o é a postura derrotista em face da Justiça estatal, apostando numa deficiência irreversível. A harmonização entre esses dois planos é a única estratégia viável, por modo a concebê-los em modo integrativo-complementar: os meios alternativos não se propõem a *concorrer* com a Justiça estatal, e sim a oferecer uma segunda via ou um alvitre subsidiário. Por outro lado, impende reconhecer que o Judiciário não tem como recepcionar *todos* os históricos de lesões temidas ou sofridas, donde ser de seu próprio interesse prestigiar os meios alternativos, por sua clara aptidão para *prevenir* a formação de novos processos, compondo a controvérsia em modo justo, ou mesmo abrindo outra opção para aqueles já em curso. Exemplo deste último caso dá-se nos Juizados Especiais Cíveis, nos quais, frustrada a tentativa de conciliação, podem as partes optar pelo juízo arbitral (Lei 9.099/95, art. 24 e parágrafos).

Para a contemporânea e conflitiva sociedade de massa não mais basta um processo de perfil "legalista e burocrático", fundado apenas na fria aplicação da norma legal aos fatos, e assim descompromissado com a *justiça* da decisão, com a *real efetividade do comando* e mesmo com o lapso temporal transcorrido até o desfecho da causa; ao contrário, a sociedade exige uma resposta judiciária de qualidade, que se apresente justa, jurídica, econômica, tempestiva, razoavelmente previsível e idônea a assegurar a efetiva fruição do direito, valor ou bem da vida reconhecidos no julgado.

A concepção contemporânea da relação jurídica *processual* prioriza o lado prático – o chamado processo civil de resultados - e já não tanto os aspectos teóricos ou acadêmicos, haurindo sua afirmação jurídica e legitimidade social a partir do momento em que, na esteira da diretriz romana, se consiga, tempestivamente, *dar a cada um o que é seu*, e não, singelamente, fornecer um sucedâneo qualquer, num tempo remoto, em que o direito, valor ou bem da vida terá escarça ou talvez nenhuma utilidade.

A propósito, afirma Humberto Theodoro Júnior: "O processo que chega ao novo milênio é o da *efetividade*, no qual não se cinge o Judiciário a dar aos litigantes uma solução conforme a lei vigente, mas que tenha como compromisso maior o de alcançar e pronunciar, no menor tempo possível, e com o mínimo sacrifício econômico, a melhor composição do litígio: a justa composição. A garantia do devido processo legal, herdada dos séculos anteriores, tornou-se em nosso tempo a garantia do processo justo. Somente com esse remédio de *efetividade* plena da ordem jurídica, em todos os seus modernos anseios, é que se pode compreender a tutela jurisdicional desenvolvida hodiernamente por meio de processo".[65]

Para a consecução desse objetivo as Justiças estatal e paraestatal não devem concorrer entre si e menos ainda disputar espaço ou "reserva de mercado", mas antes devem se integrar complementarmente, de que é exemplo a arbitragem, que, embora configure uma Justiça "privada" (livremente ajustada pelos interessados e por estes custeada), todavia consente eventuais passagens pela Justiça estatal: para obtenção de sentença que determine a efetiva realização da arbitragem, em caso de injusta resistência de uma das partes à sua instalação, ou de sentença que anule a decisão arbitral, quando eivada de nulidade insanável (Lei 9.307/96, § 2.º do art. 7.º; arts. 32, 33, com as alterações da Lei 13.129/2.015).

É com a integração entre esses dois planos - que, portanto, não são autoexcludentes - que pode ser alcançada a desejável composição justa dos conflitos em tempo razoável, devendo todo *operador do Direito* (juiz, advogado, promotor de justiça, defensor público, árbitro, conciliador, mediador, tabelião, juiz de paz) ter presente que o processo é um instrumento radicado no Direito Público, apresentando perfil instrumental e finalístico, por modo que só se justifica e se legitima na medida em que consegue promover a justa e consistente composição do conflito, em tempo razoável e sob uma boa equação custo-benefício.

O crescimento dos meios alternativos já fora há tempos prenunciado por Ada Pellegrini Grinover: "Não há dúvida de que o renascer da conciliação é devido, em grande parte, à crise da Justiça. É sabido que ao extraordinário

---

65 A arbitragem como meio de solução de controvérsias. *Revista Síntese de Direito Civil e Processual Civil*, n. 2, nov.-dez. 1999, p. 6.

progresso científico do direito processual não correspondeu o aperfeiçoamento do aparelho judiciário e da administração da Justiça. A sobrecarga dos tribunais, a morosidade dos processos, seu custo, a burocratização da Justiça, certa complicação procedimental; a mentalidade do juiz, que deixa de fazer uso dos poderes que os Códigos lhe atribuem; a falta de informação e de orientação para os detentores dos interesses em conflito; as deficiências do patrocínio gratuito, tudo leva à insuperável obstrução das vias de acesso à Justiça e ao distanciamento cada vez maior entre o Judiciário e seus usuários. O que não acarreta apenas o descrédito na magistratura e nos demais operadores do direito, mas tem como preocupante consequência a de incentivar a litigiosidade latente, que frequentemente explode em conflitos sociais; ou de buscar vias alternativas violentas ou de qualquer modo inadequadas (desde a justiça de mão própria, passando por intermediações arbitrárias e de prepotência, para chegar até os 'justiceiros')".[66]

(Note-se que esses justiçamentos – modalidades de linchamento – são ocorrentes ao interno dos próprios grupos marginais, que assombram as *favelas* e outros grupamentos de habitações subnormais, onde a população ordeira e trabalhadora, temerosa da ação dos meliantes, não raro é constrangida a pagar "taxa de proteção" a certas milícias armadas, num alarmante atestado de falência da função estatal de segurança pública em face do chamado crime organizado).

Embora por vezes ocorra a desejável integração-complementaridade entre as Justiças togada e paraestatal (*v.g.*, o título executivo, manejável na Justiça pelas Procuradorias Fazendárias, a partir de decisão condenatória proferida por Tribunal de Contas – CF, § 3.º do art. 71; CPC, art. 784, XII), esse *labor coordenado* nem sempre se verifica na maioria dos casos, levando a que a busca crescente pelos meios alternativos seja em boa medida creditada ao *déficit* de eficiência da Justiça estatal: erros de avaliação da situação de fato ou da questão jurídica; deficiente especialização do juiz togado em certas matérias diferenciadas; soluções injustas, depois perenizadas pela agregação da coisa julgada; parca efetividade dos comandos condenatórios ou prestacionais; imprevisibilidade do desfecho das lides; dilações indevidas e desarrazoadas.

A propósito da dilação temporal exagerada dos processos, vale mencionar um caso emblemático, repercutido no jornal *O Estado de S. Paulo,* de

---

66 A conciliação extrajudicial no quadro participativo. *Novas tendências do direito processual de acordo com a Constituição de 1988*, São Paulo: Forense Universitária, 1990, p. 217.

19.03.2008, cad. C-10: "A Assembleia Legislativa do Ceará aprovou ontem indenização de R$ 60 mil, proposta pelo governo estadual, a Maria da Penha Fernandes, de 63 anos, vítima de violência doméstica. O Estado levou 20 anos para punir o marido de Maria da Penha, que por duas vezes tentou matá-la e a deixou paraplégica. Pela demora no julgamento, a Comissão Interamericana de Direitos Humanos condenou o Brasil a pagar US$ 20 mil à vítima".

A heterocomposição (prevenção ou resolução da controvérsia por intercessão de um terceiro agente), quando realizada nas instâncias parajurisdicionais, distingue-se daquela promovida pelo Estado-juiz (endoprocessual, incidental) a mais de um título: (*i*) *pela origem ou qualidade de seus promoventes*, já que o juiz detém legitimidade técnica, decorrente de aprovação em concurso (ou ingresso pelo *quinto* constitucional), e fica jungido ao caso concreto em virtude da regra legal de competência, ao passo que o mediador ou o árbitro podem ser escolhidos pelos interessados (Tribunais ou Câmaras de Arbitragem); (*ii*) *pela natureza da decisão proferida*, que no âmbito estatal é de cunho técnico-jurídico (critério de legalidade estrita: CPC, arts. 140 e § único; art. 490; art. 492 e § único), imposta coercitivamente aos litigantes, ao passo que, nos meios alternativos, a solução encontrada resulta, ou do mútuo consenso, ou da proposta feita pelo agente facilitador, valendo ressaltar que a arbitragem, exceto quando envolva a administração pública, quando será sempre de direito, poderá nos demais casos ser de equidade se assim o estipularem as partes (Lei 9.307/96, art. 2º e §§, sendo o § 3º acrescido pela Lei 13.129/2.015; (*iii*) no que tange à *eficiência* do modelo resolutório, certo que, enquanto a sentença judicial engendra um vencedor e um vencido, acirrando as animosidades (*o vencido nunca é convencido*!), já a solução negociada resolve, a um tempo, a crise jurídica e a sociológica subjacente, desarmando os espíritos, eliminando, ao ensejo, outros pontos conflitivos tangenciais ou periféricos, que de outro modo poderiam recrudescer e eclodir sob forma de futuras lides; (*iv*) a sentença judicial tem uma mirada *retrospectiva* – o juiz decide segundo o alegado e provado, portanto sobre fatos pretéritos – ao passo que a heterocomposição extrajudicial é *prospectiva*, tem "pés no presente e olhos no futuro", e assim valoriza o aspecto da *continuidade* das relações fáticas e jurídicas entre os contraditores (relações de família, vizinhança, trabalho, escola), cuidando de aparar arestas que futuramente poderiam esgarçar a composição alcançada; (*v*) a sentença judicial de cunho condenatório, ao contrário do afirmado na primitiva redação do art. 463 do CPC/73, não "cumpre e acaba o ofício jurisdicional", mas na verdade *lhe dá sequência*, abrindo a fase recursal ou, alternativamente, a de execução ou de cumprimento do julgado, uma e outra sujeitas a incidentes e recursos diversos; já a heterocomposição não estatal compõe a controvérsia e encerra o processo, sem deixar resíduos conflitivos.

A propósito, avaliam Boaventura de Souza Santos, Maria Manuel Leitão Marques e João Pedroso: "No que respeita ao estilo decisório e em articulação com os poderes do decisor, é costume distinguir entre decisões mini-max e decisões soma-zero. As primeiras procuram maximizar o compromisso entre as pretensões opostas de modo a que a distância entre quem ganha e quem perde seja mínima e, se possível, nula. As decisões soma-zero, ou decisões de adjudicação, são aquelas que maximizam a distinção e a distância entre a pretensão acolhida e a pretensão rejeitada e, portanto, entre quem ganha e quem perde".[67]

Uma evidência da baixa efetividade da *solução adjudicada*, estatal, em comparação com a que é promovida pelas outras instâncias heterocompositivas, pode ser observada na intervenção judicial em megaconflitos, justamente pela multiplicidade dos aspectos envolvidos, como se constata, por exemplo, quando da paralisação de transporte público numa megalópole: de ordinário, o impasse acaba resolvido após rodadas de negociação com representantes dos grupos envolvidos, justamente pela percepção de que tal contexto é *largo demais* para ser comprimido nos estreitos lindes da solução adjudicada estatal via sentença de mérito, vocacionada para dirimir crises propriamente *jurídicas*, e já não tanto aquelas deflagradas por conflitos policêntricos, com intercorrência de elementos políticos, sociais, econômicos.

Nessas relações multiplexas, a judicialização não costuma revelar-se exitosa, por mais de um fator: dificuldade, para o órgão julgador, de captar a controvérsia em toda sua extensão, com todas as nuances e particularidades; tempo excessivamente longo para a instrução probatória; virtual intervenção de terceiros; necessidade de aguardar a formação de coisa julgada para ter-se como firme a decisão; leniência no cumprimento de mandados judiciais; recorrentes convocações da polícia judiciária para mantença da ordem; retorno dos manifestantes aos *piquetes*, locais invadidos e outros *topos* de resistência; conflitos periféricos deixados em aberto, como danos morais, prejuízos ao patrimônio público e privado etc.

Por aí bem se compreende que o vigente CPC preveja que em caso de "*litígio coletivo* pela posse de imóvel" (...) "o juiz, antes de apreciar o pedido de concessão da medida liminar, deverá designar audiência de mediação",

---

67 Os tribunais nas sociedades contemporâneas. *Revista Brasileira de Ciências Sociais*, n. 30, fev. 1996, p. 52-53.

para a qual, a par de outros atores (Ministério Público, Defensoria Pública), deverão ser convocados os "órgãos responsáveis pela política agrária e pela política urbana da União, de Estado ou do Distrito Federal, e de Município onde se situe a área objeto do litígio" (art. 565 e §§, *passim*). Reconhecimento, pois, de que em lides *multiplexas*, que depassam os lindes da crise jurídica, a efetividade da solução não pode (apenas) ficar na dependência da *solução adjudicada estatal* (decisão de mérito), geralmente alcançada pela técnica tradicional da *subsunção da norma aos fatos*.

Os títulos judiciais *prestacionais* (pagar, fazer, se abster, entregar) se preordenam a resolver lides entre pessoas determinadas, no âmbito da jurisdição singular, e, por isso mesmo, não demonstram a mesma aptidão para recepcionar e dirimir embates multifacetados, de largo espectro, emergentes na competitiva sociedade de massa, os quais, por isso mesmo, são mais propícios à solução consensual, em que as partes expõem seus posicionamentos, transigem em certos pontos e ao final tendem a aceitar a fórmula prevalecente.

Algo semelhante se dá nos megaconflitos consumeristas (suponha-se um medicamento comercializado antes da aprovação definitiva pela *Anvisa*, e cujos efeitos colaterais arriscam provocar uma endemia): a judicialização do conflito levaria anos, além do tempo despendido na fase de cumprimento do julgado; essa protelação poderia, superiormente, ser contornada por meio de uma heterocomposição, depois formalizada numa *Convenção Coletiva de Consumo*, prevista no art. 107 do CDC: "As entidades civis de consumidores e as associações de fornecedores ou sindicatos de categoria econômica podem regular, por convenção escrita, relações de consumo que tenham por objeto estabelecer condições relativas ao preço, à qualidade, à quantidade, à garantia e características de produtos e serviços, bem como à *reclamação e composição do conflito de consumo*. § 1.º. A convenção tornar-se-á obrigatória a partir do registro do instrumento no cartório de títulos e documentos".

Os modos de heterocomposição abrangem a chamada "avaliação neutra de terceiro" (*early neutral evaluation*, na experiência norte-americana), a qual chegou a ser preconizada no PLC 94/2002, então voltado a regular a mediação extraprocessual, prevendo o projetado art. 43 a inserção de parágrafos ao art. 331 do CPC/73: "(...) § 4º. A avaliação neutra de terceiro, a ser obtida no prazo a ser fixado pelo juiz, é sigilosa, inclusive para este, e não vinculante para as partes, sendo sua finalidade exclusiva a de orientá-las na tentativa de composição amigável do conflito. § 5º. Obtido o acordo, será reduzido a termo e homologado pelo juiz". O item 22.º da *Exposição de Motivos* desse projeto de lei esclarecia que tal *avaliação neutra de terceiro* "consiste no acordo entre as partes para a escolha de um operador do direito com experiência no tema específico, leva ao assentamento das questões relevantes e à avaliação acurada do possível desfecho da causa. Desse modo, as partes poderão compreender melhor suas respectivas posições e o provável resultado do processo, se insistirem no litígio. Fica claro no projeto que a avaliação neutra tem como único objetivo orientar os litigantes na tentativa de composição amigável do conflito, sendo sigilosa inclusive com relação ao juiz e não vinculante para as partes".[68]

Uma figura, a certos respeitos próxima da *avaliação neutra de terceiro*, é a do *amicus curiae*, que, a teor do previsto no novo CPC, poderá ser admitido a manifestar-se num processo *inter alios*, ante "a relevância da matéria, a especificidade do tema objeto da demanda ou a repercussão social da controvérsia", cabendo ao juiz ou ao relator definir os seus poderes (art. 138 e §§, *passim*). Uma relevante previsão para intervenção do amicus pode dar-se no rito de edição, revisão ou cancelamento de súmula vinculante do STF (Lei 11.417/2.006, § 2º do art. 3º).

É verdade que na ponderação entre as *cargas eficaciais* da sentença de mérito e da solução alcançada na heterocomposição não estatal labora em prol da primeira sua idoneidade para propiciar a formação de coisa julgada material, assim agregando ao comando o binômio imutabilidade/indiscutibilidade em face de sucessos futuros e de outros processos (*non bis in idem*: eficácia preclusiva pan-processual – CPC, art. 508).

Todavia, ainda assim impende ter presente que: (*i*) a coisa julgada material não é um qualificativo agregado *necessariamente* a toda decisão judicial de mérito, havendo ocorrências refratárias a ela (CPC, art. 504 e incisos; CCi, art. 1.699; Lei 5.478/1968, art. 15) e ainda outros em que ela opera com refrações especiais, como em matéria tributária e penal; (*ii*) a perenização do comando judicial de mérito depende do esgotamento dos recursos – e em alguns casos do reexame necessário – o que protrai a coisa julgada a um ponto futuro indefinido, prolongando a angústia das partes e aumentando o custo e a duração do processo; (*iii*) a coisa julgada não assegura, de per si, o efetivo cumprimento do julgado, nem mesmo quanto ao tempo a ser incorrido para tal, mormente nas execuções pecuniárias contra a Fazenda Pública, sujeitas ao regime de precatório e à ordem cronológica das requisições, com as dilações bastante conhecidas; (*iv*) a coisa julgada material não é de todo imune a ulteriores questionamentos, podendo ser infirmada via ação rescisória (CPC, art. 966 e incisos), sem falar na contemporânea tese da *relativização da coisa julgada* (CPC, § 12º do art. 525; § 5º do art. 535); (*v*) a sentença arbitral é,

68 *Apud* Ada Pellegrini Grinover, *O processo – Estudos e pareceres*, São Paulo: DPJ, 2006, p. 614.

ordinariamente, definitiva, porque não sujeita a recurso ou homologação, sendo excepcional seu reexame pelo Judiciário, mesmo assim restrito a uma delibação formal, envolvendo os quesitos de validade do procedimento (arts. 18, 32 e 33 da Lei 9.307/96, estes últimos dispositivos com as alterações da Lei 13.129/2.015).

§ Os meios de heterocomposição parajurisdicional em espécie.

4.1. Arbitragem

A heterocomposição configura-se pela resolução do conflito mediante a intercessão de um *tertius* – escolhido pelos interessados (*v.g.*, o árbitro, o mediador) ou determinado pelas regras de competência, no caso da justiça estatal – e compreende mais de uma modalidade ou método de aplicação: no Judiciário o critério de julgamento é o da legalidade estrita (CPC, art. 140, caput) e, excepcionalmente, o de equidade (CPC, § único do art. 140; § único do art. 723); já a Justiça parajurisdicional utiliza-se de diferentes instâncias, órgãos ou agentes, e diversa metodologia, conforme a natureza da matéria, a qualidade das partes e a finalidade almejada. Por exemplo, nos conflitos de consumo (que abrangem áreas socialmente impactantes, como as relações bancárias, securitárias, educação pública e particular, planos de saúde etc.), sobressaem os *PROCONs*, as Defensorias Públicas, as Promotorias de Defesa do Consumidor, as associações de defesa, como o *IDEC* – Instituto de Defesa do Consumidor –, salientando-se que todas essas instâncias estão legitimadas em modo *concorrente-disjuntivo* para, em caso de restar frustrada a via consensual, proporem a ação coletiva cabível (Lei 8.078/90, art. 82 e incisos; arts. 91-100; Lei 7.347/85, art. 5.º e incisos), ficando assim estabelecida uma *ponte* entre a atuação desses órgãos e a Justiça estatal propriamente dita.

A par disso, esses colegitimados podem ser instados pelo juiz togado, em caso de afluxo importante de demandas seriais em Juízo, para que analisem a oportunidade e pertinência da propositura da ação coletiva adequada à espécie: CPC, art. 139, X.

No caso dos interesses individuais homogêneos, uma vez transitada em julgado a sentença de condenação genérica (CDC, art. 95), e no caso de não afluírem à fase de liquidação "interessados em número compatível com a gravidade do dano, poderão os legitimados do art. 82 promover a liquidação e execução da indenização devida" (art. 100, *caput*): ou seja, esses colegitimados que, ao início da ação, atuaram como *substitutos processuais* dos lesados podem, na fase jurissatisfativa, voltar a tutelar seus interesses, já agora como *representantes*, visto que nesse momento ocorre a identificação dos sujeitos concernentes.

A integração/complementaridade entre os planos judicial e parajurisdicional, além de contribuir para uma resposta de melhor qualidade (mormente por conta da *distribuição* da demanda por justiça entre aqueles planos), justifica-se ainda pelo fato de que, desde tempos imemoriais até esta parte, a distribuição da Justiça nunca foi *monopolizada* por funcionários do Estado: no Direito romano, havia a fase *in iure*, a cargo do pretor, e a subsequente, *apud iudicem*, perante o árbitro; no medievo, eram comuns as ordálias, duelos, juízos de Deus, julgamentos assembleares, *justiçamentos* diversos. Ainda hoje se verifica a diversidade de órgãos e instâncias decisórios, estranhos aos quadros do Judiciário propriamente dito, estes últimos elencados em numerus clausus no art. 92 da CF: assim, aí estão os Tribunais de Contas, cujas decisões de caráter pecuniário formam título executivo – CF, § 3.º do art. 71; o *CADE* – Conselho Administrativo de Defesa Econômica, cujas decisões também beneficiam de tal eficácia – Lei 12.529/2011, art. 93; os Tabeliães, competentes para processar e resolver inventários, partilhas e separações em que não haja menores ou litígio entre os interessados – CPC, § 1º do art. 610; art. 733 e § 1º; os órgãos públicos, mormente o Ministério Público, cujos termos de ajustamentos de conduta revestem-se de força executiva (Lei 7.347/85, § 6.º do art. 5.º; CPC, art. 784, IV).

Nesse sentido, afirma Humberto Theodoro Júnior: "A prestação jurisdicional nunca foi o único meio de compor litígios. Sempre se conheceram outras formas alternativas ao lado do processo judicial, como a autocomposição, a autotutela e o recurso à intermediação de terceiros, o que nos permite visualizar pelo menos três modalidades principais de composição de litígios: a) a *mediação*, em que se usa a intermediação de um agente não para ditar e impor a solução autoritária do conflito, mas para conduzir negocialmente os litigantes a reduzirem suas divergências e a encontrarem, por eles mesmos, um ponto de entendimento (uma *autocomposição*, portanto); b) a *sentença judicial*, prolatada por magistrado integrante dos organismos especializados da Justiça estatal (forma de *heterocomposição jurisdicional* ou *oficial*); e c) a *arbitragem*, que proporciona a sentença arbitral oriunda de órgão particular, mas que, por convenção das partes, atua com imparcialidade e com observância de um procedimento equivalente ao da Justiça oficial".[69]

---

69 A arbitragem... cit., *Revista Síntese de Direito Processual Civil*, n. 2, nov.-dez. 1999, p. 8.

É conhecida a polêmica sobre a *natureza* – a saber: *se jurisdicional ou não* – da arbitragem, à luz da Lei 9.307/96. Filiando-se à tese afirmativa, aduz Carlos Alberto Carmona: "O art. 31 [da Lei 9.307/96] determina que a decisão final dos árbitros produzirá os mesmos efeitos da sentença estatal, constituindo a sentença condenatória título executivo que, embora não oriundo do Poder Judiciário, assume a categoria de judicial. O legislador optou, assim, por adotar a tese da **jurisdicionalidade da arbitragem**, pondo termo à atividade homologatória do juiz, fator de emperramento da arbitragem. Certamente surgirão críticas, especialmente de processualistas ortodoxos que não conseguem ver atividade processual – e muito menos jurisdicional – fora do âmbito da tutela estatal estrita".[70] Para Sérgio Pinto Martins tem "a arbitragem natureza de justiça privada, pois o árbitro não é funcionário do Estado, nem está investido por este de jurisdição, como acontece com o juiz".[71] Para Humberto Theodoro Júnior "a opção do legislador foi pela atribuição do caráter publicístico ao juízo arbitral, tornando-o um completo equivalente jurisdicional, por escolha das partes. Se a justificação de seu cabimento se radica numa relação negocial privada (a convenção arbitral), o certo é que, uma vez instituído o juízo arbitral, sua natureza é tão jurisdicional como a dos órgãos integrantes do Poder Judiciário".[72]

Fato é que a própria palavra *jurisdição* evoluiu semanticamente ao longo do tempo, com ênfase no último quartel do século passado, com o advento e expansão dos chamados *meios alternativos de solução de conflitos*, na esteira da *terceira onda* de renovação do processo civil, propugnada por Mauro Cappelletti, por modo que hoje perdeu atualidade o sentido *majestático* da jurisdição, ligado ao *monopólio estatal na distribuição da justiça* (*dimensão estática*, ligada ao *Poder* e ao sentido de *soberania*), ideário esse hoje superado pelo sentido do Judiciário enquanto *função estatal* (*dimensão dinâmica*, comportando aferição quanto à eficiência na *composição justa dos litígios*), tarefa não centrada exclusivamente no juiz togado, mas consentindo outras instâncias e órgãos, componentes da chamada justiça *paraestatal*: conciliadores, mediadores, árbitros, Tabelionatos, Ministério Público, Tribunais de Impostos e Taxas, de Contas, Desportivos, Comissões de Conciliação na Justiça do Trabalho, Juízes de Paz etc. É de tal ordem a força coercitiva hoje alcançada pelos meios suasórios ou consensuais que, no Direito do Trabalho,

---

70 *Arbitragem e processo: um comentário à Lei 9.307/96*, 3ª ed., São Paulo: Malheiros, 2.009, p. 26.

71 *Direito processual do trabalho*, 25. ed., São Paulo: Atlas, 2006, p. 39.

72 A arbitragem ... cit., *Revista Síntese* ... cit., n. 2, nov./dez. 1999, p. 12.

as convenções coletivas e os acordos coletivos, envolvendo, dentre outros, os temas listados nos incisos do art. 611-A da CLT (dispositivo acrescido pela Lei 13.467/2.017) "têm prevalência sobre a lei" !

Hoje pode-se dizer que onde ocorra composição justa e tempestiva de um conflito, aí mesmo terá havido... *jurisdição*, não no sentido clássico (e defasado) da expressão, confinado aos lindes do Estado-juiz, mas no senso amplo, atual e contextualizado, até porque o Direito não se compõe apenas de normas legais, mas de muitas outras formas de expressão, a par de elementos de integração (costumes, princípios, doutrina, jurisprudência, analogia, equidade, regras de experiência)e até mesmo de critérios interpretativos, como a contemporânea proposta do consequencialismo das decisões, incorporada à Lei de Introdução às normas do Direito Brasileiro (Dec.Lei 4.657/1.942, redenominada pela Lei 12.376/2.010), mercê dos dispositivos ali inseridos pela Lei 13.655/2.018.

Sem embargo, considerando-se que os órgãos judiciais, propriamente ditos, estão relacionados em *numerus clausus* no art. 92 da Constituição Federal, em cujo rol não consta a arbitragem, cremos que o dissenso conceitual antes referido pode ser razoavelmente equacionado concebendo-se o Juízo Arbitral como uma *instância parajurisdicional*, subjacente ou justaposta à estrutura judiciária estatal, com esta interagindo (Lei 9.307/96, § 2º do art. 7.º; § 2º do art. 22; arts. 32, 33 (com as alterações da Lei 13.129/2.015); CPC, § 1º do art. 3º; art. 515, VII; Lei 9.099/95, art. 24 e §§), mas com ela não se confundindo nem imbricando. Nesse sentido, Cândido Rangel Dinamarco entende "legítimo considerar ao menos *parajurisdicionais* as atividades exercidas pelo árbitro (...) porque não se endereça a todos os demais objetivos da jurisdição, especialmente o jurídico".[73]

O campo propício da Arbitragem são as pretensões de cunho condenatório – prestações de pagar, fazer, abster-se, entregar; sem embargo, não se podem descartar as pretensões declaratórias (eliminação de incerteza quanto à validade de documento ou de certa cláusula contratual) e ainda as de cunho constitutivo (v.g., alteração do *statu quo ante*, com alteração do ato negocial pretérito).

Não assim, porém, com relação aos comandos *mandamentais* porque, sendo imanentes a uma Autoridade ou órgão público, de ordinário tangenciam interesses cogentes, direitos indisponíveis; por isso, em necessitando

73 *Instituições de direito processual civil*, 2. ed., São Paulo: Malheiros, 2002, vol. 1, p. 122 e 679.

o árbitro de um ato coercitivo, deverá expedir carta arbitral, endereçada ao órgão jurisdicional competente na matéria, a fim de que este "pratique ou determine o cumprimento" (art. 22-C, *caput*, acrescido pela Lei 13.129/2.015).

Já quanto à tutela cautelar ("tutela provisória" na nomenclatura do novo CPC), os arts. 22-A e § único e 22-B e § único da Lei 9.307/96, inseridos pela Lei 13.129/2.015 estabelecem uma via binária: (i) se e enquanto não constituída a arbitragem, a medida preventiva deve ser pleiteada judicialmente; (ii) uma vez instaurada a arbitragem, compete ao árbitro manter, revogar ou modificar a medida cautelar ou de urgência antes concedida pelo Judiciário. Assim se passa porque as medidas preventivas e cautelares, com ou sem pedido liminar, bem como as antecipações de tutela, fundam-se em considerações de plausibilidade (e não de certeza), tais o justo temor de dano ou o risco para o resultado útil do processo, parecendo a legislador que, ao menos num primeiro momento devem tais provimentos ser pleiteados junto à autoridade judiciária. É dizer, embora a Lei 9.307/96, com as modificações introduzidas pela Lei 13.129/2.015 tenha aproximado as funções do juiz togado e do árbitro, na verdade delegou a este último a *cognitio*, mas não, propriamente, o *imperium*.

Quanto aos comandos executivos *lato sensu*, embora sua aplicação no juízo arbitral não seja vedada, é bem de ver que, se o comando arbitral não for espontaneamente acatado pelo destinatário, a contraparte terá que recorrer à Justiça estatal, por exemplo: se a empresa locatária se recusar a desocupar e entregar o imóvel, haverá que instaurar-se o rito de cumprimento daquela sentença, a teor do disposto no art. 515, VII e art. 538 e §§ do CPC.

É importante ter presente que, assim como a conciliação radica nos primórdios do Direito brasileiro (Constituição Imperial de 1824, art. 161), também a arbitragem remonta a priscas eras da legislação pátria, tendo mesmo sido *obrigatória* nas causas comerciais (Código Comercial de 1850, arts. 294, 348; Regulamento 737, de 1850, art. 411),[74] tendo desde então sobrevivido na legislação processual codificada (CPC de 1939: Título IX – "Do Juízo Arbitral"; CPC de 1973, arts. 1.072-1.102, depois revogados pela Lei 9.307/96; CPC vigente, § 1º do art. 3º; arts. 337, X; 485, VII). Na positivação original, o laudo (*sic*) arbitral reclamava *homologação judicial*, o que praticamente eliminava o atrativo maior que o instituto poderia oferecer enquanto *equivalente jurisdicional* do qual se esperava celeridade, eficiência e confidencialidade. Com efeito, Humberto Theodoro Júnior, explicava que a exigência da homologação convertia o procedimento arbitral num "sistema pesado, burocrático, sem agilidade, não adequado a dar vivacidade ao instituto, de modo que não

74 Dispositivos depois revogados pela Lei 1.350, de 14.09.1866.

era surpresa sua impotência para conseguir despertá-lo da letra fria em que sempre se manteve. Daí porque a arbitragem não foi mais do que letra morta no direito positivo brasileiro, até data recente".[75]

Neste passo, impende registrar que a própria *constitucionalidade* da Lei 9.307/96 chegara a ser questionada incidentalmente no STF, no bojo de agravo regimental tirado em processo de homologação de sentença estrangeira (Pleno, Proc. 5.206, j. 12.12.2001, *DJ* 30.04.2004), tendo a Colenda Corte, por apertada maioria (5 votos a 4, vencido o relator, Min. Sepúlveda Pertence), decidido pela constitucionalidade do Juízo Arbitral, considerando-o compatível com a garantia da universalidade da jurisdição (CF, art. 5.º, XXXV): "Constitucionalidade declarada pelo plenário, considerando o Tribunal, por maioria de votos, que a manifestação de vontade da parte na cláusula compromissória, quando da celebração do contrato, e a permissão legal dada ao juiz para que substitua a vontade da parte recalcitrante em firmar o compromisso não ofendem o art. 5.º, XXXV, da CF".

A propósito desse emblemático julgamento, vale transcrever excerto do voto do Min. Nelson Jobim, no qual transparece bem apreendido o conceito *contemporâneo* e *contextualizado* da *Jurisdição*: "A Constituição proíbe que lei exclua da apreciação do Poder Judiciário lesão ou ameaça de direito (art. 5.º, XXXV). Ela não proíbe que as partes pactuem formas extrajudiciais de solução de seus conflitos, atuais ou futuros. Não há nenhuma vedação constitucional a que partes, maiores e capazes, ajustem a submissão de conflitos, que possam decorrer de relações jurídicas decorrentes de contrato específico, ao sistema da arbitragem. Não há renúncia abstrata à arbitragem. Há isto sim convenção de arbitragem sobre litígios futuros e eventuais, circunscritos a específica relação contratual, rigorosamente determináveis. Há renúncia relativa à jurisdição. Circunscreve-se a renúncia aos litígios que decorram do pacto contratual, nos limites fixados pela cláusula. Não há de se ler na regra constitucional (art. 5.º, XXXV), que tem como destinatário o legislador, a proibição das partes renunciarem à ação judicial quanto a litígios determináveis, decorrentes de contrato específico. Lá não se encontra essa proibição. Pelo contrário, o texto proíbe o legislador, não o cidadão. É o reconhecimento da liberdade individual. É esse o âmbito de validez da L. 9.307/96".

Em conformidade com essa exegese, dispõe o vigente CPC: Art. 3º. "Não se excluirá da apreciação jurisdicional ameaça ou lesão a direito. § 1º *É permitida a arbitragem, na forma da lei.* § 2º. O Estado promoverá, sempre que possível, a solução consensual dos conflitos" (*omissis*). Ou seja: o fato de o

75 A arbitragem... cit., *Revista Síntese*... cit., v. 1, nº 2, nov./dez. 1998, p. 10.

Estado ofertar a justiça *oficial* não inibe a estruturação e disponibilidade de outros meios e modos de prevenção ou resolução de controvérsias, permitindo reconhecer que hoje está instalado dentre nós um ambiente de *jurisdição compartilhada*. Saliente-se que a Lei 13.129/2.015 acresceu à Lei 9.307/96 o art. 22-C prevendo que "O árbitro ou o Tribunal arbitral poderá expedir carta arbitral para que o órgão jurisdicional nacional pratique ou determine o cumprimento, na área de sua competência territorial, de ato solicitado pelo árbitro".

Além das antes referidas *pontes* entre os instrumentos de que se valem as justiças estatal e parajurisdicional *v.g.*: tentativa de conciliação, na ação voltada a constituir coercitivamente a arbitragem: Lei 9.307/96, § 2.º do art. 7.º; no habeas data, a prévia submissão da pretensão junto à instância competente: Lei 9.507/97, art. 8.º e incisos; nos conflitos desportivos, a prévia submissão da controvérsia ao Tribunal desportivo: CF, art. 217 e § 1º. Além disso, verifica-se uma *comunicação* entre os próprios meios alternativos, nisso que consentem a fusão ou combinação dos elementos de cada qual, formando novas figuras, em modo aproximado a um caleidoscópio, característica presente também na arbitragem, que pode se mesclar a outros instrumentos e métodos auto e heterocompositivos. Assim, Carlos Alberto Carmona esclarece, no tocante à arbitragem, que "três variações vêm sendo empregadas com sucesso: a primeira, denominada *med/arb*, leva os litigantes a estabelecer as premissas para uma mediação que, não produzindo resultados, autoriza o mediador a agir como árbitro e proferir uma decisão vinculante; a segunda, conhecida como *high-low arbitration*, procura reduzir os riscos de um laudo inaceitável, estabelecendo as partes, previamente, limites mínimo e máximo para a autoridade do árbitro; a terceira variação leva as partes a optarem por uma *arbitragem não vinculante*, ou seja, se a decisão é aceitável para os litigantes, eles a cumprirão; em caso contrário, poderão utilizar o laudo em suas negociações futuras".[76]

Não há dados empíricos que permitam avaliar a quantidade de processos poupados à justiça estatal por terem os contraditores optado pela instância arbitral, mas, de todo modo, não se pode negar que algum alívio à sobrecarga do Judiciário por certo resulta da atividade dos Tribunais de Arbitragem, que, estando capacitados para resolver os "litígios relativos a direitos patrimoniais disponíveis" inclusive quando envolvam a administração pública (art. 1.º, caput, e § 1º da Lei 9.307/96, este acrescido pela Lei 13.129/2.015), têm demonstrado especial aptidão para recepcionar as causas mercantis (como é da tradição da arbitragem), em que se lobrigam temas societários, como

76 *Arbitragem e processo – Um comentário à Lei. 9.307/96*, 3ª ed., São Paulo: Malheiros, 2009, p. 33, 34.

os atinentes à constituição, fusão e incorporação de empresas, abertura de capital, direito cambial, controle acionário, interpretação e aplicação da *lex mercatoria* etc. Nesse sentido, a lúcida percepção desse panorama, apresentada pela Min. Fátima Nancy Andrighi, do STJ: "Temos a exata noção e sabemos antecipadamente que não será com o perfilhamento desses instrumentos alternativos, haja vista a repercussão da adoção da arbitragem, que se banirá o problema da morosidade no processo judicial, mas é preciso reconhecer que eles prestarão valiosa contribuição. Sem usar antolhos, poderemos alcançar outros benefícios e atingir outros objetivos com a adoção desses instrumentos alternativos, como, por exemplo, a ampliação do mercado de trabalho para os profissionais da área jurídica, a democratização do Poder Judiciário com a participação de outras carreiras profissionais, a restauração das relações negociais e, principalmente a manutenção da integridade das relações interpessoais".[77]

Embora a Lei 9.307/96 possa qualificar-se como *processual* – na medida em que nela preponderam os dispositivos de caráter instrumental, a par de a sentença arbitral constituir título executivo judicial (CPC, art. 515, VII) – fato é que o *conteúdo* da arbitragem releva de ramos do Direito material, e por isso o antes citado art. 1.º, caput e § 1º dessa lei não bastam para demarcar o território da arbitragem, devendo a melhor exegese levar em conta alguns dispositivos do Código Civil: art. 840 – prevenção e resolução do litígio "mediante concessões mútuas"; art. 851 – previsão do compromisso judicial ou extrajudicial, como meio de "resolver litígios entre pessoas que podem contratar"; art. 852 – exclusão do compromisso de arbitragem para "solução de questões de estado, de direito pessoal de família e de outras que não tenham caráter estritamente patrimonial". art. 853 – inserção, nos contratos, de "cláusula compromissória, para resolver divergências mediante juízo arbitral, na forma estabelecida em lei especial".

Tratar-se-ia, pois, de estabelecer entre a lei da arbitragem – mais antiga e específica – e o Código Civil – mais recente e abrangente – um *diálogo das fontes*, à semelhança do que propõe Cláudia Lima Marques como método para a *convivência* entre a lei civil e o Código do Consumidor: diálogos de *coerência*, de *complementaridade – subsidiariedade* e de *adaptação sistemática*.[78]

José Carlos Barbosa Moreira faz alguma reserva quanto à efetiva contribuição que pode a arbitragem aportar à finalidade de aliviar a sobrecarga

77 Mediação – um instrumento judicial para a paz social. *Revista do Advogado* (AASP), n. 87, set. 2006, p. 135.

78 *Contratos no Código de Defesa do Consumidor – O novo regime das relações contratuais*, 5ª ed., São Paulo: Revista dos Tribunais, 2006, p. 693, 694, *passim*.

de processos do Judiciário: "Afigura-se menos provável que ela consiga atrair para fora da esfera judicial parcela muito grande dos litígios que costumam atravancá-la. (...) De jeito algum surpreende que ela sirva de escoadouro, em regra, a problemas de entidades economicamente poderosas, que sem essa possibilidade talvez se abstivessem pura e simplesmente de litigar. É claro que não será ganho desprezível; mas pequeno impacto produzirá na atividade do Poder Judiciário. Ajunte-se que estão *a priori* excluídos da arbitragem os conflitos atinentes a relações jurídicas indisponíveis, os quais representam percentagem considerável da carga de trabalho dos juízes."[79]

Este é, precisamente, um ponto premonitório na intercorrência da Justiça estatal com os chamados meios alternativos: ao contrário do que a princípio possa parecer, esses equivalentes jurisdicionais não devem nem pretendem *concorrer* ou *disputar mercado* com a Justiça estatal, nem tampouco apresentar-se como uma panaceia para resolver a generalizada e crescente frustração social com a baixa efetividade da justiça estatal. A ideia-força consiste em que cada um desses caminhos tenha o seu espaço e a sua *clientela*, preservando o foco principal, que é o de outorgar uma resposta de qualidade: justa, jurídica, econômica, tempestiva, razoavelmente previsível e idônea a assegurar a efetiva fruição do direito, valor ou bem da vida reconhecidos no julgado.

Até porque, como antes assinalado, não raro os meios não contenciosos de solução de conflitos aparecem de envolta com processos em trâmite na Justiça estatal, como se dá com a *conciliação* (CPC, art. 139, I; art. 359) e, em menor escala, com a *mediação* (CPC, art. 565, § 1º), não se podendo olvidar, ainda, a liquidação por *arbitramento* (CPC, art. 509, I). Atente-se, ainda, ao ponderado por Maria Teresa Sadek: "Esses meios alternativos para a solução de controvérsias, a despeito de seu significado para o mercado e de seu potencial de expansão, não cobrem nem poderiam cobrir todas as áreas da atividade humana. Há um imenso espaço ao desabrigo tanto da justiça estatal como desses meios alternativos. É exatamente nesse espaço de busca por soluções pacíficas que poderiam ser localizadas várias práticas lideradas pelo Ministério Público, pela Defensoria Pública, pela OAB, por entidades não governamentais, como, por exemplo, o projeto conhecido como 'justiça comunitária'. Em nenhum desses casos se trata de competir com a justiça estatal, mas de desempenhar funções educacionais e de pacificação que, inclusive, acabam por desafogar o Judiciário".[80]

79 O problema da duração..., cit., *Temas de direito processual*, 9.ª série cit., p. 375, 376.

80 A efetividade... cit. In: RENAULT, Sérgio Rabello Tamm; BOTTINI, Pierpaolo (coords.). *Reforma do Judiciário* cit., 2005, p. 281.

Também nos Juizados Especiais Cíveis, cujo rito caracteriza-se pela celeridade, informalidade, oralidade e vocação conciliatória, há lugar para o juízo arbitral (Lei 9.099/95, art. 24 e §§), o qual, todavia, comparado à arbitragem regulada na Lei 9.307/96, apresenta algumas diferenças: a dualidade sequencial *cláusula arbitral – compromisso de arbitragem* é simplificada, ficando dispensado o *termo de compromisso*, desde que haja "escolha do árbitro pelas partes", o qual será "escolhido dentre os juízes leigos"; enfim, não há menção à "sentença arbitral" e sim ao "laudo", a ser submetido ao juiz para fim de homologação (Lei 9.099/95, arts. 24 a 26).

Tenha-se ainda presente que na realidade brasileira contemporânea a economia depende em boa parte da contribuição das microempresas e empresas de pequeno porte; a LC 123/2006 (Estatuto da Micro Empresa) que lhes regula as atividades, em louvável disposição, diz que tais pessoas jurídicas "deverão ser estimuladas a utilizar os "institutos de conciliação prévia, mediação e *arbitragem* para solução dos seus conflitos" (art. 75, *caput*). O mesmo se diga da Lei 11.079/2004, sobre as *parcerias público-privadas*, prevendo o art. 11, caput, que o "instrumento convocatório", poderá, a par de outras disposições, prever: (...) III – o emprego dos mecanismos privados de resolução de disputas, inclusive *a arbitragem* a ser realizada no Brasil e em língua portuguesa, nos termos da Lei n. 9.397 de 23 de setembro de 1.996, para dirimir conflitos decorrentes ou relacionados ao contrato".

Como antes salientado, mormente nos conflitos de cunho corporativo, têm sobressaído os Tribunais de Arbitragem esclarecendo Rafael Francisco Alves que a arbitragem consiste na "técnica heterocompositiva extrajudicial por meio da qual um ou mais terceiros, capazes e de confiança das partes, decidem, com base em uma convenção, um conflito que envolve direitos patrimoniais disponíveis, segundo um processo informado pelo devido processo legal e tendo esta decisão a mesma eficácia jurídica de uma sentença judicial. Heterocompositiva, porque a decisão cabe a um terceiro. Extrajudicial, porque este terceiro não faz parte dos órgãos jurisdicionais estatais". Comparando a arbitragem e a transação, explica o autor: "Com efeito, em relação à disponibilidade de direitos, a arbitragem e a transação estão bastante próximas, inclusive tendo servido a segunda, no passado, como critério para se avaliar a viabilidade da primeira, nos termos do revogado art. 1.072, do Código de Processo Civil. Mesmo diante da Lei 9.307/96, que fala em direitos patrimoniais disponíveis, permanece a relação íntima entre os dois institutos, podendo-se dizer que, tanto no passado quanto hoje, 'são arbitráveis as controvérsias a cujo respeito os litigantes podem transigir'. A disponibilidade é causa e a transação, consequência. A diferença é que a remissão à disponibilidade que antes era oblíqua passou a ser direta".[81] A esse contexto a Lei 13.129/2.015 veio autorizar a administração pública, direta e indireta, a "valer-se da arbitragem para dirimir litígios relativos a direitos patrimoniais disponíveis".

Ressalte-se que, se no curso da arbitragem sobrevier controvérsia sobre direito *indisponível*, e que se apresente como uma *prejudicial de mérito*, deve o árbitro – para se manter fiel aos lindes de sua competência, aos marcos da convenção de arbitragem e evitar futura alegação de nulidade – sobrestar o procedimento e remeter as partes à Justiça estatal; uma vez aí resolvida definitivamente tal questão, e juntada a respectiva sentença ou acórdão ao procedimento arbitral, este seguirá o curso, em mais uma evidência de que, em princípio, a arbitragem não é preordenada a resolver a estrita *crise jurídica*, propriamente dita, e sim a *compor a controvérsia* em modo justo. Caso assim não proceda o árbitro, é dado à "parte interessada ingressar em juízo para requerer a prolação de sentença arbitral complementar, se o árbitro não decidir todos os pedidos submetidos à arbitragem" (Lei 9.307/96, § 4º do art. 33, acrescido pela Lei 13.129/2.015).

Impende avaliar com cautela o quesito da *indisponibilidade do direito*, geralmente tomado como pressuposto negativo para a instauração da arbitragem, porque hoje ele não opera em face de certas ocorrências: (*i*) *causas trabalhistas*, já que os contratos laborais, observadas as normas de regência e as exigências firmadas em dissídios coletivos, "podem ser objeto de livre estipulação das partes interessadas (...)" (CLT, art. 444), a par de o § 1.º do art. 114 da CF dispor: "Frustrada a negociação coletiva, as partes poderão eleger árbitros";[82] (*ii*) questões envolvendo entidades da Administração Pública indireta "que explorem atividade econômica de produção

81 A arbitragem no direito ambiental: a questão da disponibilidade de direitos. In: SALLES, Carlos Alberto de *et al.* (coord.). *Processos coletivos e tutela ambiental*, São Paulo: Universitária Leopoldianum, 2006, p. 203 e 214, rodapé 1.

82 Esclarece Sérgio Pinto Martins que a arbitragem é "facultativa, opcional e alternativa para solução de conflitos coletivos trabalhistas. É alternativa, pois a norma constitucional prevê como condição para o ajuizamento do dissídio coletivo a necessidade de negociação coletiva ou de arbitragem". Quanto à possibilidade de arbitragem nos *dissídios individuais*, embora haja controvérsia, mormente por conta da irrenunciabilidade dos direitos trabalhistas, o autor opina afirmativamente: "(...) a Lei 9.307 não proibiu a arbitragem como forma de solucionar conflitos individuais do trabalho. O que não é proibido é permitido. A Constituição não veda a arbitragem nos dissídios individuais" (*Direito processual do trabalho*, 25ª ed., São Paulo: Atlas, 2006, p. 63-64). (De interesse ter presente que a Lei 13.467/2.017 inseriu na CLT o art. 611-A, arrolando nos seus incisos os casos em que a "convenção coletiva e a acordo coletivo de trabalho têm prevalência sobre a lei (...))".

ou comercialização de bens ou de prestação de serviços", já que sujeitas "ao regime jurídico próprio das empresas privadas, inclusive quanto aos direitos e obrigações civis, comerciais, trabalhistas e tributários" (CF, § 1.º do art. 173 e inc. II), valendo observar que a Lei 8.987/95, dispondo sobre o regime de permissão e concessão de serviço público (CF, art. 175), prevê entre as cláusulas essenciais ao contrato aquela atinente "ao foro e ao *modo amigável* de solução das divergências contratuais" (art. 23, XV da lei supra);[83] (*iii*) *parcerias público-privadas* (*PPPs*), reguladas na Lei 11.079/2004, em que o instrumento convocatório deve prever, dentre outras cláusulas, o "emprego dos mecanismos privados de resolução de disputas, inclusive a arbitragem (...)"(inciso III do art. 11); (*iv*) divergências entre administrados e Poder Público, nas quais se contraponham os direitos individuais daqueles e o interesse *fazendário* deste último (excluído o *interesse público primário*!), em não havendo impedimento legal específico, podem, em princípio, ser compostas com emprego da arbitragem, como por exemplo pode ocorrer no trâmite de desapropriação de imóvel em que, pela singularidade da espécie, o devido valor venha a ser apurado por Câmara de Arbitragem, por esse modo atendendo-se ao ditame constitucional da "justa e prévia indenização em dinheiro" (CF, art. 5.º, XXIV); (*v*) *conflitos consumeristas*, devendo entender-se que a proibição da inserção contratual de cláusula que determina "a utilização compulsória de arbitragem" (CDC, art. 51, VII) restringe-se aos casos em que essa prática venha a colocar "o consumidor em desvantagem exagerada", ou seja, incompatível "com a boa-fé ou a equidade" – (inc. IV do art. 51); observe-se que, tratando-se de contratos de adesão, a validade da inserção de cláusula arbitral depende, ou de iniciativa do aderente, ou de seu assentimento "por escrito em documento anexo ou em negrito, com a assinatura ou visto especialmente para essa cláusula" (Lei 9.307/96, § 2.º do art. 4.º).[84]

---

83 Ada Pellegrini Grinover, após resenhar a *opinio doctorum*, conclui: "Em suma, não deve pairar qualquer dúvida sobre a admissibilidade da arbitragem envolvendo a Administração e, com maior certeza, órgãos da Administração indireta". *O processo – Estudos e pareceres* cit., São Paulo: 2006, p. 87. (V. § 1º do art. 1º da Lei 9.307/96, parágrafo acrescido pela Lei 13.129/2105).

84 Tais dispositivos, de clara finalidade protetiva ao consumidor, justificam-se, segundo Cláudia Lima Marques, nisso que "a arbitragem não estatal implica privilégio intolerável que permite a indicação do julgador, consolidando um desequilíbrio, uma unilateralidade abusiva ante um indivíduo tutelado justamente por sua vulnerabilidade presumida em lei". *Comentário ao Código de Defesa do Consumidor*, da autora, Antonio Hermann V. Benjamin e Bruno Miragem, 2. ed., São Paulo: Revista dos Tribunais, 2006, p. 704-705.

Como se dá com os demais meios alternativos de solução de conflitos, não cabe alimentar uma expectativa excessiva na capacidade dos Tribunais de Arbitragem para atrair e *filtrar* demandas que, de outro modo, fomentariam a *litigiosidade contida* e desaguariam no Judiciário, valendo ter presente o aviso de Michele Taruffo sobre a arbitragem: "*non è affatto una panacea per tutti i mali della giustizia civile*".[85] Até porque, a notória sobrecarga da Justiça brasileira já se tornou problema crônico,[86] de sorte que o *modus procedendi* para aliviar esse imenso acervo de processos pendentes é missão indeclinável das altas autoridades judiciárias, nomeadamente os Presidentes dos Tribunais, os Plenos e Órgãos Especiais dessas Cortes, o Conselho da Justiça Federal, e, sobretudo, o Conselho Nacional da Justiça.

A arbitragem tem recepcionado (e resolvido) parcela considerável de controvérsias, várias delas muito complexas, exigindo conhecimentos técnicos específicos, mas *aí termina* a contribuição que dela se pode esperar, restando em mãos do Judiciário, precipuamente, a tarefa de planejar, organizar e implementar a *distribuição da Justiça*, em tempo razoável (CF, art. 5.º, XXXV e LXXVIII), especialmente com o aporte técnico do Conselho Nacional de Justiça (CF, art. 103-B, VI e VII). Nesse sentido, aliás, o CNJ fixou, na Res. 125/2.010, as bases da Política Judiciária Nacional (DJe 01.12.2.010, republicado no DJe de 01.03.2.011).

No Direito estrangeiro a arbitragem vem se expandindo e se fortalecendo, por exemplo em Portugal, onde o art. 211 da Constituição prevê que "podem existir tribunais marítimos e tribunais arbitrais", levando a doutrina lusa, segundo anota Carlos Alberto Carmona, a "afirmar que os tribunais arbitrais (tanto os voluntários como os necessários) integram a ordem judicial portuguesa, exercendo então os árbitros função jurisdicional".[87] Já em face da experiência norte-americana, Petrônio Calmon Filho dá notícia de que vêm sendo praticadas modalidades diversas, inclusive mesclando e combinando elementos. Assim, a arbitragem *baseball* ou de última oferta – *final offer*: o árbitro escolhe entre os posicionamentos de cada uma das partes; arbitragem *night baseball*: a solução final será a favor daquela oferta que mais se aproximar da sentença do árbitro, somente ao final revelada às partes; *bounded ou*

85 Adeguamenti delle tecniche di composizione dei conflitti di interesse". *Rivista Trimestrale di Diritto e Procedura Civile*, nº 3, set./1999, p. 784.

86 Segundo divulgado pelo CNJ em 2.019, o "Poder Judiciário finalizou o ano de 2018 com 78,7 milhões de processos em tramitação, aguardando alguma solução definitiva" (p. 79 do documento impresso). Sítio www.cnj.jus.br, acesso em 11.11.2019.

87 *Arbitragem e processo...* cit., 1998, p. 46.

high-low: o valor monetário alcançado na sentença arbitral deve acomodar-se aos limites fixados pelas partes; *Court - annexed - arbitration*: o próprio Juízo incentiva as partes a se valerem de anexo serviço de arbitragem ou dos serviços de instituições privadas de arbitragem; *rent a judge*: o juiz de aluguel é contratado pelas partes apenas para prolatar uma sentença, em paralelo ao processo que corre na Justiça e onde se realizou a instrução.[88] Na Inglaterra, mormente após o advento do *Arbitration Act* (1996) as empresas, segundo relata Neil Andrews, "optam pela arbitragem principalmente para obter os seguinte: (*i*) a confidencialidade, (*ii*) a seleção pelas partes dos árbitros, das normas aplicáveis, e do procedimento de arbitragem (especialmente a escolha de um Tribunal 'neutro' para a arbitragem sobre litígios que são oriundos de diferentes países), (*iii*) rapidez e eficiência e (*iv*) coisa julgada".[89]

O sortido elenco das modalidades de arbitragem evidencia, de um lado, sua flexibilidade conceitual, consentindo subtipos diversos, que se amoldam às singularidades dos casos concretos, e, de outro, sugere tratar-se de experiência exitosa, já que ela não se expandiria tão notoriamente se os resultados práticos fossem insatisfatórios ou não apresentassem vantagens em comparação com o que as partes poderiam obter na via contenciosa estatal (solução *adjudicada*). Fábio Peixinho Gomes Correa salienta que na experiência norte-americana a técnica ou o método do *case management* (16.ª das *Federal Rules of Civil Procedure*) vem sendo aplicada no âmbito da arbitragem: "Essa preocupação com o gerenciamento do processo arbitral é um dos atrativos para que litigantes procurem resolver suas disputas por meio da arbitragem, se tiverem condições de fazer frente ao pagamento dos honorários dos árbitros e dos custos de administração da câmara. Essa função de sucedâneo do processo judicial permite que se considere o processo arbitral como parte da jurisdição, e essa, enquanto estrutura de governança, deve incluir no plano de gerenciamento dos escopos do processo civil a possibilidade de pacificação social por esse meio alternativo de solução de controvérsia".[90]

A sentença arbitral enquadra-se como um *equivalente jurisdicional* na medida em que "produz, entre as partes e seus sucessores, os mesmos efeitos

---

88 *Fundamentos da*... cit., p. 97-99, *passim* (no trecho colacionado o autor alude à doutrina de Carlos Alberto Carmona).

89 Mediação e arbitragem na Inglaterra. *Revista de Processo* nº 211, set./2.012, p. 303. (Os tradutores desse trabalho estão mencionados em "NT", à p. 282 dessa revista).

90 *Governança Judicial - modelos de controle das atividades dos sujeitos processuais*. Tese de doutorado sob orientação do Prof. José Rogério Cruz e Tucci, aprovada na Faculdade de Direito da Universidade de São Paulo em 12.06.2008, p. 256-257.

da sentença proferida pelos órgãos do Poder Judiciário e, sendo condenatória, constitui título executivo" (art. 31 da Lei 9.307/96), devendo entender-se, contudo, que não havendo adesão espontânea da parte vencida ao comando da sentença arbitral, esta terá que ser executada em Juízo (CPC, art. 515, VII). Por isso, a convenção de arbitragem opera como um *pressuposto processual negativo* (assim como as exceções de coisa julgada, litispendência e perempção), porque a comprovação de sua existência evidencia que os convenentes *preferiram renunciar* à Justiça estatal, nada mais restando ao juiz togado senão dar por extinto o processo, sem julgamento do mérito (CPC, art. 485, VII). Cuida-se aí de mais uma evidência de que a "inafastabilidade do controle jurisdicional" (CF, art. 5.º, XXXV) não é cláusula pétrea, nem dogma intransponível, mas, antes, configura uma *cláusula de reserva, favorecendo o reconhecimento de que* a prestação jurisdicional é de ser recepcionada em caráter *residual, subsidiário*, para os casos realmente dela necessitados, e não em termos de oferta primária, como se passa com outras prestações estatais (saúde, segurança, saneamento básico, educação), e, muito menos, como se fora um monopólio estatal.

Saliente-se que pode a sentença arbitral ser prolatada por critério de equidade (art. 2º, caput, da Lei 9.307/96), facultado ainda às partes "convencionar que a arbitragem se realize com base nos princípios gerais de direito, nos usos e costumes e nas regras internacionais de comércio" (§ 2.º do art. 2º da Lei 9.307/96), *regra de julgamento* que alarga o âmbito da cognição do árbitro e cria um ambiente mais propício à justa composição, em comparação com aquele imperante na justiça estatal, em que a sentença de mérito se dá com o afastamento das partes e a *imposição* do comando ao final estabelecido, convertendo os contraditores em vencedor e vencido (a *adjudication*, do sistema norte-americano).

Em suas várias modalidades praticadas em muitos países, a arbitragem consente *diferentes graus de eficácia*, assim sucintamente referidas: (*i*) não vinculante, a saber, não se exterioriza, propriamente, num laudo ou sentença, mas numa opinião técnica, conclusiva (semelhante à *legal opinio* de um jurisconsulto), que pode ainda ser utilizada pelas partes como referência para a ponderação sobre as *chances* de cada qual num eventual processo judicial ou, ainda, como roteiro para o avanço das negociações; consente a subespécie arbitragem *incentive*, na qual se prevê uma sanção pecuniária - geralmente o equivalente ao custo da arbitragem - a cargo da parte que despreza o aviso arbitral e ingressa em juízo; (*ii*) *mini-trial*, uma sorte de júri simulado, no qual os advogados expõem as posições de seus clientes perante um colégio presidido por um terceiro imparcial e composto pelos dirigentes das empresas envolvidas no episódio; serve também para que as partes ponderem sobre os riscos de eventual judicialização da controvérsia.[91]

Entre nós deve ser ainda ressaltado o papel do ouvidor ou *ombudsman*, cujas intercessões têm revelado aptidão para a composição dos conflitos incipientes, evitando que se exacerbem e se transformem em lides judiciais: um *expert* proficiente nas questões atinentes a um assunto, a um segmento social ou a um setor econômico (consumerismo, meio ambiente, educação, transporte público) pode vir credenciado por uma instituição ou órgão público (*v.g.*, Ouvidorias da Prefeitura do Município de São Paulo, da Universidade de São Paulo, da Companhia do Metropolitano), com atribuições de aconselhamento e orientação, e não de decisão.[92]

Saliente-se que o PL 5.139/2009, à época preordenado a regular a nova ação civil pública, previa no § 1.º do art. 19: "O juiz ouvirá as partes sobre os motivos e fundamentos da demanda e tentará a conciliação, sem prejuízo de outras formas adequadas de solução do conflito, como a mediação, a *arbitragem* e a avaliação neutra de terceiro, observada a natureza disponível do direito em questão".[93] Focando o processo coletivo, Antonio Gidi alerta, porém, que a *arbitragem coletiva* "é assunto extremamente complexo, que está começando a se desenvolver agora nos Estados Unidos, depois de vários anos de conflitos jurisprudenciais e doutrinários". (...) "Com efeito, é completamente desarrazoado que, em um processo coletivo, em que um legitimado

---

91 Informa Mauro Cappelletti: "Expediente alternativo frequentemente usado nos Estados Unidos é o chamado 'minijulgamento' ('mini-trial'), em que as partes submetem o caso a um 'conselheiro neutro', ou até a um 'júri de imitação' ('mock jury'): são os assim chamados *summary jury trials*". (Os métodos alternativos de solução de conflitos no quadro do movimento universal de acesso à justiça, trad. J.C. Barbosa Moreira. *Revista Forense*, n. 326, abr.-jun. 2004, p. 128).

92 Na sociedade contemporânea as pessoas convivem nas chamadas "instituições totais" (família, emprego, escola, edifícios em condomínio), onde passam a maior parte do tempo e onde têm que conviver e interagir, não raro tendo de enfrentar ou tolerar atritos e divergências, decorrentes da própria proximidade física entre elas e, em alguns casos, da mútua competição. Nesse contexto, a *avoidance*, ou seja, a fuga desses ambientes, torna-se dramática ou até inviável, porque implica "largar o que se conseguiu a duras penas". Mauro Cappelletti pondera que "isso pode explicar a tendência a instituir toda sorte de *ombudspersons* em universidades, fábricas, hospitais, até prisões, bem como *neighbourhood justice centers* em bairros urbanos e em áreas rurais". (Os métodos... cit., trad. J.C. Barbosa Moreira, *Revista Forense*, n. 326, p. 127).

93 Projeto arquivado na Comissão de Constituição, Justiça e Cidadania da Câmara Federal. Sítio câmara.leg.br/proposicoesweb/fichadetramitacao?idproposicao=218458, acesso em 13.12.2.019.

coletivo representa em juízo os interesses de um grande número de pessoas ausentes, desorganizadas e sem voz, que o juiz da causa se esquive de decidir a controvérsia, remetendo as partes à resolução privada".[94]

4.2. Mediação.

As expressões *mediação* e *conciliação* muitas vezes são tomadas como sinônimos, ainda que imperfeitos, o que em boa parte se explica pelo fato de ambas constituírem espécies do gênero "resolução paraestatal de conflitos", residindo a distinção nisso que o conciliador apresenta uma postura mais *pró-ativa*, com uma *intensidade participativa maior* junto aos contraditores e com o objeto litigioso, em comparação do que se passa com o mediador. O discrímen entre ambas as figuras vem posto no vigente CPC, nos parágrafos 2.º e 3.º do art. 165, nessa ordem: "O conciliador, que atuará preferencialmente nos casos em que não houver vínculo anterior entre as partes, poderá sugerir soluções para o litígio, sendo vedada a utilização de qualquer tipo de constrangimento ou intimidação para que as partes conciliem"; "O mediador, que atuará preferencialmente nos casos em que tiver havido vínculo anterior entre as partes, auxiliará aos interessados a compreender as questões e os interesses em conflito, de modo que eles possam, pelo restabelecimento da comunicação, identificar, por si próprios, soluções consensuais que gerem benefícios mútuos".

É útil contrastar esses conceitos com o que, há alguns anos, constara da Exposição de Motivos do PL 94/2002, da Câmara Federal, então voltado a regular a mediação: "Embora próximas, por tenderem ambas à autocomposição (e apartando-se, assim, da arbitragem, que é um meio de heterocomposição de controvérsias, em que o juiz privado substitui o juiz togado), conciliação e mediação distinguem-se porque, na primeira, o conciliador, após ouvir os contendores, sugere a solução consensual do litígio, enquanto na segunda o mediador trabalha mais o conflito, fazendo com que os interessados descubram as suas causas, removam-nas e cheguem assim, por si sós, à prevenção ou à solução da controvérsia".[95]

A lei 13.140/2.015, que veio autorizar e disciplinar o emprego da mediação nos conflitos envolvendo a administração pública, indica no art. 2º, caput, os princípios regedores da mediação: "I – imparcialidade do mediador;

---

94 *Rumo a um Código de Processo Civil Coletivo – a codificação das ações coletivas no Brasil*, Rio de Janeiro: Forense, 2008, p. 197,198.

95 *Apud* Ada Pellegrini Grinover, *O processo – Estudos e pareceres*, São Paulo: DPJ, 2006, p. 610.

II – isonomia entre as partes; III – oralidade; IV – informalidade; V – autonomia da vontade das partes; VI – busca do consenso; VII – confidencialidade; VIII – boa-fé".

Não só em termos conceituais, mas também quanto ao *método* utilizado é possível diferenciar mediação e conciliação, embora, naturalmente, ambas as atividades tenham como pano de fundo a superação das divergências e impasses, em ordem à composição justa do conflito. Esclarece Lilia Maia de Morais Sales: "Na conciliação o objetivo é o acordo, ou seja, as partes, mesmo adversárias, devem chegar a um acordo para evitar um processo judicial. Na mediação, as partes não devem ser entendidas como adversárias e o acordo é a consequência da real comunicação entre as partes. Na conciliação, o mediador sugere, interfere, aconselha. Na mediação, o mediador facilita a comunicação, sem induzir as partes ao acordo".[96] Na visão de Cândido Rangel Dinamarco, a "*conciliação* consiste na intercessão de algum sujeito entre os litigantes, com vista a persuadi-los à autocomposição. Pode dar-se antes do processo e com vista a evitá-lo, qualificando-se nesse caso como conciliação *extraprocessual*; quando promovida no curso do processo é *endoprocessual*. A *mediação* é a própria conciliação, quando conduzida mediante concretas propostas de solução a serem apreciadas pelos litigantes (ela é objeto de normas específicas em certos países como a França e a Argentina)".[97]

O Judiciário paulista tem implementado exitosos programas, tanto para prevenir a formação de lides judiciais como para acelerar a solução dos processos já instaurados, com destaque para o evento "Conciliar é Legal", que tem sido realizado todos os anos com exitoso resultado. Vale destacar que o Provto. CGJ 17/2013, firmado pelo então Corregedor Geral do TJSP, Des. José Renato Nalini, dispunha no art. 1.º: "Os notários e registradores ficam autorizados a realizar mediação e conciliação nas Serventias de que são titulares"; no § 1.º do art. 4.º vêm estabelecidas oito diretrizes, aplicáveis assim à mediação como à conciliação.

Outra experiência exitosa é a da chamada *Justiça Restaurativa*, definida como "um dos mais inovadores mecanismos alternativos ao sistema formal de Justiça para a resolução de conflitos que tem como finalidade o acordo. Um dos seus pilares são os círculos restaurativos – reuniões para sanar desentendimentos e tratar mais a fundo casos de atos infracionais de menores, com a participação dos envolvidos no conflito e de outros interessados. Cada círculo tem um facilitador que conduz a conversa até o acordo". O juiz Egberto de

---

96 *Justiça e mediação de conflitos*, Belo Horizonte: Del Rey, 2003, p. 38.

97 *Instituições de direito processual civil*, 2. ed., São Paulo: Malheiros, 2002, t. I, p. 123.

Almeida Penido foi "designado pelo TJSP para atuar no recém-criado Setor Piloto de Justiça Restaurativa, instalado no fórum das Varas Especiais da Infância e Juventude, no centro da capital". Igualmente, em Guarulhos (SP), o juiz Daniel Issler comanda o "Projeto de Mediação da Vara da Infância e Juventude de Guarulhos, contando com "uma equipe de sete pessoas, treinadas em técnicas de Justiça Restaurativa, e já realiza círculos no fórum local".[98]

Na capital paulista opera a "Câmara de Conciliação de Precatórios" (Dec. 52.011/2010, alterado pelo Dec. 52.312/2011), a qual, segundo repercutido na matéria nominada "Câmara de conciliação agiliza pagamento de precatórios", é "competente para aplicar o novo regime de precatórios introduzido pela Emenda Constitucional 62 de 2009 no âmbito do Município de São Paulo. Ao órgão, integrado à Procuradoria Geral do Município e composto por representantes de todos os Departamentos da Procuradoria, cabe a iniciativa de celebrar acordos diretos com credores de precatórios". [99]

A nomenclatura *heterocomposição* é, geralmente, reservada às formas *não estatais* de distribuição de Justiça, embora, tecnicamente, a Justiça Estatal (CF, art. 92 e incisos) igualmente se enquadre no âmbito da heterocomposição, na medida em que o exercício da função judicial implica o afastamento das partes (e nesse sentido ela se diz *substitutiva*), abrindo espaço para a intercessão do Estado juiz, que assim avoca o poder-dever de dirimir a lide mediante uma solução imposta unilateralmente: a *sentença*, norma jurídica concreta, imposta às partes (CPC, § 1º do art. 203), que, tendo resolvido o mérito, se preordena a se estabilizar com a oportuna agregação da coisa julgada material.

Entre nós, essa *solução adjudicada* ainda prepondera – a despeito do tendencial crescimento dos chamados meios alternativos – permitindo falar-se numa arraigada *cultura da sentença*, derivada de vários fatores: a *formação do operador do Direito*, que desde os bancos acadêmicos é orientado para um ambiente contencioso, a ser debelado mediante um ato impositivo do Estado, ao final resultando na polarização das partes em ganhador e perdedor; uma *percepção preconceituosa* em face dos meios consensuais de solução das lides, ao argumento de que estes não dirimem, propriamente, a crise *jurídica*, limitando-se a compor o litígio; o temor de que a iterativa *praxis* de homologação de acordos, ao invés do julgamento dos feitos, possa induzir uma avaliação desairosa dos juízes aos olhos da população e mesmo ao interno da instituição.

---

98 O texto colacionado encontra-se no Sítio old.secovi.com.br/files/arquivos/provimento-cgj17-2013.pdf, acesso em 13.12.2.019.

99 *Revista Causa Pública*, da Associação dos Procuradores do Município de São Paulo, n. 31, 2.012, p. 20.

Luciana Gross Cunha avaliou o desempenho dos Juizados Especiais, com ênfase na unidade do fórum central da Capital paulista, no período 1995-2005.[100] De seu depoimento ao jornal *O Estado de S. Paulo*, de 17.03.2008, cad. C-1 (matéria intitulada "Juizado especial demora até 8 meses para marcar 1.ª audiência"), colhe-se excerto em que vem revelado um fato deveras preocupante: "Em entrevistas com juízes, Luciana constatou que o trabalho no juizado não estimula muito porque não oferece possibilidades de ascensão na carreira. Segundo ela, 'no JEC Central, não houve vara (*divisão administrativa*) por muito tempo e não se podia medir a produtividade dos juízes'".

Efetivamente, Kazuo Watanabe reconhecera a existência de uma vera *cultura da sentença,*[101] *o que o CNJ vem intentando em certa medida suplantar, salientando a importância de outros meios e modos de resolução de conflitos, tendo estabelecido através da Res. 125/2.010 a Política Judiciária Nacional de tratamento adequado dos conflitos de interesses, dispondo o § único do art. 1º, com a redação da Emenda nº 2/2.016, que incumbe aos órgãos judiciários, "antes da solução adjudicada mediante sentença, oferecer outros mecanismos de solução de controvérsias, em especial os chamados meios consensuais, como a mediação e a conciliação, bem assim prestar atendimento e orientação ao cidadão"*

A solução da lide mediante a intercessão do Estado-juiz (*solução adjudicada*) é espécie do gênero heterocomposição, mas o juiz distingue-se do mediador em mais de um aspecto:

(*i*) o mediador é escolhido pelas partes, fora e além dos restritos parâmetros que conduzem ao *juiz natural* (imparcial e competente segundo regras estabelecidas antes dos fatos), e não avoca a resolução da controvérsia, mas facilita, equaciona, pondera e assim *pavimenta* o caminho para que as *próprias partes* encontrem a solução que melhor lhes atenda, ao passo que o juiz é um agente político do Estado, legitimado a proferir uma *sentença* que acolhe ou rejeita a pretensão formulada pelo autor ou pelo réu reconvinte, implicando no ônus da sucumbência a cargo do vencido, expondo uma relação claramente adversarial;

(*ii*) a solução adjudicada é *retrospectiva*, nisso que o juiz decide segundo o alegado e provado, e, portanto, reportando-se a ocorrências pretéritas ("causa de pedir"), ao passo que a mediação, asso, como os demais meios consensuais, vocaciona-se a resolver a pendência presente, mas com olhos no

100 *Juizado Especial: criação, instalação, funcionamento e a democratização do acesso à Justiça*, São Paulo: Saraiva, 2008.

101 Cultura da sentença e cultura da pacificação. In: YARSHELL, Flávio Luiz; MORAES, Maurício Zanoide de (coord.). *Estudos em homenagem*... cit., 2005, p. 689-690.

futuro, buscando equacionar, também, possíveis pontos conflitivos periféricos (visão *prospectiva*);

(*iii*) a sentença de mérito, por se fundar, basicamente, em critério de legalidade estrita (CPC, art. 140, *caput*), é preordenada a confinar-se na crise jurídica, deixando em aberto a crise sociológica ou econômica subjacente, ou seja, não elimina o conflito em todos os seus aspectos, e menos ainda pacifica os contendores, ao passo que a mediação induz os interessados a encontrarem, por eles mesmos, a melhor solução para o conflito, em sua integralidade;

(*iv*) a publicação da sentença de mérito não "cumpre e acaba o ofício jurisdicional" – como, em modo atécnico e reducionista, dizia a primitiva redação do art. 463 do CPC/73 – mas apenas representa uma primeira avaliação jurídica da lide, sujeita a recurso de efeito suspensivo e devolutividade ampla (apelação), assim deflagrando a competência da instância recursal, que poderá, eventualmente, estender-se até os Tribunais superiores;

(*v*) a realização prática do comando judicial condenatório fica, em regra, a depender de sua estabilização pela futura agregação da coisa julgada material e consequente fase de cumprimento do julgado, que também se sujeita a impugnações e incidentes, tudo a concorrer para distanciar temporalmente a resposta judiciária do remoto momento pretérito em que ocorreram os fatos da lide; já com a metodologia da mediação endoprocessual se consegue, em pouco tempo e com menor desgaste, a resolução do processo e a composição da pendência, liberando-se de imediato as partes;

(*vi*) a sentença de mérito, na medida em que polariza os contraditores sob a dicotomia *certo – errado* e os estigmatiza em *vencedor e vencido*, acirra a animosidade preexistente, não raro deixando o gérmen de futuras demandas; já a solução consensual, por intercessão de algum agente facilitador, tende à duração e à estabilidade, por ser menos impactante e também por recepcionar, em fim de contas, a solução preconizada pelos próprios interessados.

Naturalmente, não entram nesse cotejo de *avaliação de desempenho* entre a solução adjudicada, estatal, e a mediação, as lides que necessitam ter *passagem judiciária*, seja em função da natureza da matéria (v.g., ação rescisória) ou de peculiaridades das pessoas envolvidas (v.g., causas de competência originária dos tribunais, por *ratione muneris*).

Mesmo assim, do cotejo supra exposto ressuma nítida vantagem para a técnica da mediação, no contraste com a sentença estatal. A propósito, pondera a Min. Fátima Nancy Andrighi, do STJ: "Por vivência, já temos a prova de que o sistema oficial do Estado de resolução dos conflitos perdeu significativamente a sua efetividade, e, portanto, a busca de sistema paralelo para colaborar com o modelo oficial é não só oportuna como fundamental. Ao se examinar as formas alternativas de resolução de conflitos, observa-se que a mediação é a que mais destaca pelos benefícios que pode proporcionar e, por isso, deve receber nosso maciço investimento".[102]

As vantagens da composição obtida pela intercessão do mediador, em contraste com a *solução adjudicada*, imposta pelo Estado-juiz, são assim delineadas por Euclides Benedito de Oliveira: "Contra a lógica da força, advinda de uma solução ditada por sentença judicial, e quando impotente a lógica da conciliação, advinda de acordo sem enfrentar nem prevenir suas causas mais profundas, surge a lógica da mediação, que busca o ponto de equilíbrio, mediante o auxílio de terceira pessoa, para que as próprias partes, conscientes e responsáveis, encontrem uma solução que lhes garanta condições para projeção de um futuro saudável e feliz".[103]

O mediador, não se apresentando como um *julgador*, coloca-se entre (*in medio*) os interessados, buscando facilitar a composição do conflito: sugere caminhos (sem fixá-los!), apara possíveis arestas, valoriza certos dados porventura desconsiderados, enfim, zela para que as partes *não percam o foco* dos pontos relevantes da pendência, perdendo-se em detalhes de pormenor. Nesse sentido o art. 24 do antes citado PL 94/2002, então voltado a regular a mediação no processo civil, considerava *inadequada* (*sic*) a conduta do mediador que avança a fazer "sugestão ou recomendação acerca do mérito ou quanto aos termos da resolução do conflito, assessoramento, inclusive legal, ou aconselhamento, bem como qualquer forma explícita ou implícita de coerção para a obtenção de acordo".

Para Petrônio Calmon, a mediação "é essencialmente a negociação em que se insere um terceiro, que conhece os procedimentos eficazes de negociação e pode ajudar os envolvidos a coordenar suas atividades (...). Sem negociação não pode haver mediação". (...) "Ultrapassando esses limites, o terceiro imparcial deixa de ser um *mediador*, passando a agir como *árbitro*. Teríamos, nesse caso, a passagem da *autocomposição* para a *heterocomposição*." (...) "A mediação não possui formas rígidas, mas sua realização profissional é caracterizada por métodos elaborados e comprovados com rigor científico. Por isso se qualifica como um mecanismo. Suas principais características são a cooperação, a autocomposição, a confidencialidade, a ênfase no futuro e a

---

102 Mediação – um instrumento judicial para a paz social. *Revista do Advogado* (AASP), n. 87, set. 2006, p. 136.

103 O percurso entre o conflito e a sentença nas questões de família. *Revista do Advogado* (AASP), n. 62, mar. 2001, p. 107.

economia de dinheiro, tempo e energia." (...) "É fundamental que o mediador não expresse sua opinião sobre o resultado do pleito. Tal atitude consiste na regra de ouro do mediador, característica que diferencia a mediação de outros mecanismos que igualmente visam à obtenção da autocomposição".[104]

Justamente por conta da flexibilidade que a caracteriza, a mediação consente subtipos: na denominada mediação – arbitragem (med/arb), convenciona-se que, frustrada a negociação intentada pelo mediador, este fica autorizado a atuar como julgador; pode também dar-se hipótese contrária (arb/med): o árbitro constituído elabora a sentença, mas não a divulga às partes desde logo, conservando-a em lugar seguro e inviolável, assinando às partes certo prazo para reencetarem as tratativas consensuais; frustradas estas, o árbitro dá a conhecer a sentença, já agora vinculativa. Recente modalidade, passível de enquadrar-se como mediação, é a do Tabelião, agora competente para resolver partilhas amigáveis e separações consensuais (CPC, art. 610 e § 1º; art. 733, *caput*).

Eduardo Silva da Silva e Cristiano de Andrade Iglesias identificam "três tipos de mediação: (a) A mediação-facilitação na qual o mediador usa da sua criatividade para auxiliar as partes e seus advogados a fim de que juntos cheguem a uma solução adequada para o conflito. Já a (b) mediação-avaliação se caracteriza pela atuação do mediador no sentido da emissão de um parecer ou recomendação quanto ao valor do acerto ou quanto a alguma solução. O terceiro tipo, a (c) mediação-combinada vale-se inicialmente, da técnica da facilitação e, eventualmente, da avaliação, com a emissão do parecer".[105]

A mediação tem sido exitosamente praticada em áreas propícias a conflitos socialmente impactantes e/ou plurissubjetivos, como no consumerismo, relações de trabalho, divergências familiares, dissídios corporativos ou profissionais, operando tanto para resolver a pendência já formada como para prevenir sua conversão em demanda judicial. O mediador pode, por exemplo, ajudar a resolver conflito entre os usuários de certo medicamento de uso contínuo e o laboratório que o produz, buscando redução de preço e facilitação do acesso; nesse sentido, sua atuação pode resultar numa "convenção coletiva de consumo", objetivando "estabelecer condições relativas ao preço, à qualidade, à quantidade, à garantia e características de produtos e serviços, bem como

---

104 *Fundamentos da...* cit., 2007, p. 119, 120, 121, *passim*.

105 Contribuições da mediação ao Processo Civil: elementos para uma nova base científica ao Processo Civil. In: CARNEIRO, Athos Gusmão; CALMON, Petrônio (org.). *Bases científicas para um renovado Direito Processual*, vol. 2, Brasília: Instituto Brasileiro de Direito Processual (IBDP), 2008, p. 231, rodapé 22.

à reclamação e composição do conflito de consumo", convenção essa que "tornar-se-á obrigatória a partir do registro do instrumento no cartório de títulos e documentos" (CDC, art. 107 e § 1º). No âmbito das fusões corporativas, sobressai o trabalho do *CADE* - autarquia do Ministério da Justiça - na prevenção e repressão aos trustes e cartéis e violação de normas que regem a livre-concorrência, podendo estabelecer compromissos de ajustamento de conduta, ali chamados *acordos de leniência* ou de *cessação de atividade sob investigação - arts. 85-87 da Lei* 12.529/2.011.

Aplicação interessante da mediação nos parece possível no processo de recuperação de empresas, na medida em que o art. 161 da Lei 11.101/2005 autoriza o devedor, atendidos os requisitos do art. 48, a "propor e negociar com credores plano de recuperação extrajudicial". Tal plano, uma vez homologado judicialmente, forma título executivo judicial (§ 6.º daquele art. 161, c/c CPC, art. 515, III).

Também nos países do extremo oriente, industrializados e de economia altamente competitiva, registra-se prestígio crescente da mediação para solução de conflitos em áreas diversas. Mauro Cappelletti reporta que no Japão a chamada justiça coexistencial avança, segundo dados fornecidos por Takeshi Kojima, "em áreas como 'poluição pública', 'litígios de trabalho', 'conflitos relativos à construção', 'litígios de consumo', 'acidentes de trânsito' etc.". (...) "Recente visita que fiz à China forneceu outras provas, em mais de um país asiático, da tendência crescente para a justiça conciliatória, inclusive, e especialmente, arbitragem em causas comerciais."[106]

Nos Estados Unidos, segundo relata Kim Economides, "emergiu nesta área (família) novo fenômeno, a saber, conciliação e mediação, com o *National Family Conciliation Council* (NFCC) a assumir *status* de instituição de caridade em 1982, uma *Solicitors Family Law Association* (SFLA) a contar quarenta serviços filiados independentes em meados dos anos 80, e uma *Family Mediation Association* a surgir mais recentemente para proporcionar serviços de mediação".[107] Mauro Cappelletti lembra que outros campos "em que a justiça conciliatória tem potencial para constituir uma escolha 'melhor' abrangem: conflitos de vizinhança, e mais genericamente conflitos entre pessoas que vivem naquilo a que os sociólogos chamam 'instituições totais', isto é, em instituições como escolas, escritórios, hospitais, bairros urbanos, aldeias,

106 Os métodos alternativos de solução de conflitos no quadro do movimento universal de acesso à justiça. Trad. J.C.Barbosa Moreira. *Revista Forense*, vol. 326, abr./jun.2004, p. 126.

107 Idem, ibidem.

onde as pessoas são forçadas a viver em contato diário com vizinhos, colegas etc., entre os quais pode haver queixas de muitas espécies". (...) "Uma solução contenciosa de conflitos dentro de tais instituições poderia conduzir à respectiva exacerbação, ao passo que uma solução conciliatória ou coexistencial seria vantajosa para todos."[108]

Enfim, saliente-se que a mediação se potencializou consideravelmente com o advento da Lei 13.140/2.015, autorizando o seu emprego "no âmbito da administração pública", podendo incidir sobre "conflito que verse sobre direitos disponíveis ou sobre direitos indisponíveis que admitam transação" (art. 1º, caput; art. 3º, caput). Saliente-se ainda o disposto no § único do art. 42 dessa lei: "A mediação nas relações de trabalho será regulada por lei própria".

No tocante à convivência entre a citada Lei 13.140/2.015 e o CPC, que igualmente trata da mediação (arts. 162-175), Fernanda Tartuce evoca o chamado diálogo das fontes, consentindo "reconhecer a possibilidade de subsunção concomitante do Novo CPC e da Lei de Mediação; afinal, os dois sistemas normativos dispõem de princípios comuns ao expressar ter como pilares a autonomia da vontade, a imparcialidade, a confidencialidade, a oralidade e informalidade". [109]

108 Idem, p. 127.

109. *Mediação nos conflitos civis*, 5ª ed., São Paulo: Gen-Método, 2.019, p. 299.

Capítulo 5

A JUDICIALIZAÇÃO DOS MEGACONFLITOS EM FACE DA SEPARAÇÃO ENTRE OS PODERES

Sumário: 1. Revendo a separação entre os Poderes. 2. A questão da efetividade da resposta jurisdicional. 3. O Judiciário enquanto função do Estado contemporâneo. 4. O *déficit* de confiabilidade social no serviço judiciário estatal. 5. Os conflitos metaindividuais e sua recepção pelo Judiciário. 6. A autonomia, o autogoverno e o poder censório do Judiciário. 7. Os valores "estabilidade-certeza" e "justiça-ampla defesa"', diante da divergência jurisprudencial. 8. A expansão dos limites da resposta judiciária para além das *quaestiones iuris*. 9. Tendência à coletivização do processo e as *pontes* com a jurisdição singular. 10. O *ativismo judiciário,* aderente aos megaconflitos.

1. REVENDO A SEPARAÇÃO ENTRE OS PODERES.

A ideia-força, desenvolvida por Montesquieu, de que no Estado de Direito seria conveniente, senão já necessária, uma divisão tripartite dos Poderes em Executivo, Legislativo e Judiciário, veio sofrendo, ao longo do tempo, duas leituras que, gradativamente, acabaram por descaracterizar a original concepção da tese, além de torná-la defasada em face da concepção contemporânea de Estado de Direito e do próprio conceito de jurisdição.

(**A**) A primeira dessas leituras consiste na equivocada avaliação de que na França pós-monárquica se concebesse e se praticasse uma vera *distribuição equitativa* de atribuições entre os Poderes Legislativo, Executivo e Judiciário, quando em verdade se sabe que: (*i*) o Legislativo era o Poder predominante, representando *la volonté générale du peuple*, embora despojado dos exageros do *ancien régime,* estigmatizado na declaração monárquica – *l'État c'est moi*; (*ii*) o Executivo vinha a seguir, encarregado da aplicação das normas postas no ordenamento, a par das correlatas atribuições de fiscalização (poder de polícia da administração pública: *le pouvoir du préalable*); (*iii*) em terceiro plano, equidistante dos dois centros de Poder, vinha o Judiciário, ao qual sequer era dado interpretar as leis, restando-lhe apenas aplicá-las em sua literalidade, assim atuando como *la bouche qui prononce les paroles de la loi.*

Observa Fábio Konder Comparato: "Nem mesmo em Montesquieu aparece um autêntico Poder Judiciário, totalmente desvinculado do governo. O *Espírito das Leis* é, nesse passo, ambíguo. O famoso Cap. VI do Livro XI inicia-se com a afirmação: 'Em todos os Estados há três sortes de poderes: a potência legislativa, a potência executiva das coisas que dependem do Direito das Gentes e a potência executiva das que dependem do Direito Civil'".[1] (Ou seja: *policy determination* e *policy execution*, como, mais tarde, se diria no constitucionalismo norte-americano).

Dois anos após a Revolução Francesa, a Constituição de 1791 viria firmar a diretriz do Estado moderno no binômio *segurança-conservação*, ao declarar no art. 1º, 2.ª alínea: "A finalidade de toda associação política é a conservação dos direitos naturais e imprescritíveis do homem. Esses direitos são a liberdade, a propriedade, a segurança e a resistência à opressão". O conteúdo desses direitos fundamentais só poderia ser explicitado pela ordem normativa, donde a supremacia reconhecida ao Poder Legislativo, inclusive por sua legitimação originária e primária de representação da vontade geral, decorrente do mandato popular, podendo assim fazer escolhas primárias e opções políticas. Assevera Fábio Konder Comparato: "O outro Poder, encarregado de aplicar, tanto no foro judicial quanto no extrajudicial, o Direito proclamado pelo Legislativo foi denominado por Locke, sugestivamente, Executivo. Nessa concepção, como se vê, não há lugar para existência de um Poder Judiciário autônomo".[2]

Ainda hoje, segmentos mais conservadores pretendem que o Judiciário deva postar-se como um *Poder discreto*, avesso a expansões e engajamentos sociais e políticos, não só pelo risco de comprometimento da isenção/imparcialidade, mas também porque, ao contrário do que se passa com o Executivo e o Legislativo, não haure o Judiciário sua legitimidade a partir de um *mandato* outorgado pela população, detentora originária do Poder político (CF, § 1.º do art. 1.º). Tal argumento, verdadeiro que seja ao sobrelevar a legitimação de ordem *técnica* dos Juízes (dentre nós, aprovação em concurso ou recrutamento pelo *quinto constitucional*), todavia não autoriza dali inferir que devam os juízes limitar-se a pronunciar mecanicamente a letra da lei, despojando-se da condição de cidadãos inseridos num dado contexto sócio-político-econômico, ficando como que descompromissados com a *real efetividade* dos comandos que pronunciam.

---

1 Novas funções judiciais no Estado moderno. *Revista dos Tribunais*, n. 614, dez./ 1986, p. 18.

2 Idem, p. 15.

Bem por isso, ao tempo do CPC/73, a Lei 11.232/2005 houvera por bem suprimir do art. 463 do CPC a frase "ao publicar a sentença de mérito o juiz *cumpre e acaba* o ofício jurisdicional (...)", porque na verdade esse ato do juiz não finaliza nem mesmo o processo de conhecimento, dada a virtualidade da apelação, a par de casos em que se exige a remessa necessária (CPC, arts. 1.009, caput; 496 e incisos). Por aí se compreende tenha o vigente CPC incluído no conteúdo ocupacional do juiz o zelo pela efetividade prática do comando prestacional: art. 4º; art. 139, IV; art. 536 e § 1º; art. 537 e §§.

Num ambiente de *democracia participativa* (CF, § único do art. 1.º), há de entender-se que a participação direta da população não se confina ao voto popular para eleição de governantes e parlamentares, aos projetos de lei de iniciativa popular, ao plebiscito, referendo e às audiências públicas, senão que tal participação se faz também *por meio do processo*, visto como fator de *inclusão social*, na medida em que recepciona e encaminha ao Judiciário – ou aos meios alternativos, auto e heterocompositivos – os reclamos, anseios e pretensões da coletividade, os quais, sem essas formas de expressão, viriam fomentar a *litigiosidade* ao interno da coletividade. Portanto, o fato de em muitos países, como o nosso, os juízes não serem eleitos, não serve como argumento ou premissa para dispensá-los de dar o seu quinhão para a boa gestão da coisa pública e preservação do interesse geral, mediante os processos em que são chamados a atuar, sem prejuízo, quando possível, da "solução pacífica dos conflitos" (CF, inciso VII do art. 4º).

Nesse sentido, as precisas palavras de Juan Carlos Hitters: "En lo atinente a su 'legitimación democrática' hemos visto, por un lado que el parlamiento, no siempre resulta ser la expresión genuina del pueblo, sino que muchas veces, es la consecuencia de la mayor o menor fuerza que pueden tener ciertos grupos de presión; y por otro que esse 'consenso' se deve entender de modo distinto en el campo jurisdiccional que en los otros dos; ya que no interesa aqui tanto el modo de elección de sus miembros, como la 'forma' de ejercicio de su ministerio. *En definitiva, es la democracia un modo de gobierno que se caracteriza por la participación del pueblo*, y este no esta ausente – sino por el contrario – en los pedimentos judiciales. Desde tal óptica, esa 'representatividad', puede calificarse como indirecta, porque al aplicar los judicantes, la ley elípticamente – como los ballesteros – adquieren esse halo democrático que la norma legislativa posee".[3]

3 Legitimación democrática del poder judicial y control de constitucionalidad. In: GRINOVER, Ada Pellegrini *et al.* (coord.). *Participação e processo*, São Paulo: Revista dos Tribunais, p. 225.

Historicamente, não foi no período pós-monárquico francês a primeira vez que a função judicante ficou num plano subsidiário, senão secundário, valendo lembrar que nas origens romanas a justiça realizava-se precipuamente entre os próprios interessados (*ordo iudiciorum privatorum*), seja pelas modalidades de autotutela, seja mediante a intervenção de um árbitro, situação só alterada na terceira fase da evolução do processo civil romano, em que se estatizou a distribuição da justiça, com a concentração, em mãos do magistrado, das precedentes fases *iu iure* (a cargo do pretor) e *apud iudicem* (a cargo do *iudex* ou *arbiter*); não sem motivo, essa nova ordem judiciária viria a denominar-se *extraordinaria cognitio.*

Escreveu, a respeito, Sálvio de Figueiredo Teixeira: "Nesse novo Estado romano, passa a atividade de composição da lide a ser completamente estatal. Suprime-se o *iudex* ou *arbiter*, e as fases *in iure* e *apud iudicem* se enfeixam nas mãos do pretor, como detentor da *auctoritas* concedida pelo Imperador – donde a caracterização da *cognitio extraordinaria*, isto é, julgamento, pelo Imperador, por intermédio do pretor, em caráter extraordinário. Foi nesse contexto, como visto, que surgiu a figura do juiz como órgão estatal. E com ela a jurisdição em sua feição clássica, poder-dever de dizer o direito na solução dos litígios. A arbitragem, que em Roma se apresentava em sua modalidade obrigatória, antecedeu, assim, à própria solução estatal jurisdicionalizada".[4]

José Rogério Cruz e Tucci e Luiz Carlos de Azevedo assim explicam aquele período histórico: "Naqueles tempos primitivos, ainda que vagas nos cheguem as informações, parece que o *rex*, como chefe religioso e político, intervinha para fazer cessar a violência, transformando o litígio privado em 'lide processual', conhecendo e julgando pessoalmente as controvérsias. Com a introdução da *legis actione per iudiciis arbitrive postulationem* vêm instituídos o juiz e o árbitro laicos, escolhidos entre patrícios, senadores, e depois, inclusive entre plebeus".[5]

A usual expressão "meios *alternativos* de solução de conflitos" (ADR's, na sigla de uso corrente) pode induzir a *equívoco*, ao fazer crer que os meios não estatais de composição de controvérsias seriam cronologicamente *posteriores* à Justiça estatal. Ao contrário, as formas pioneiras de resolução de conflitos residiram em modalidades auto e heterocompositivas fora e além do aparelho estatal; depois, gradativamente, também nesse campo o Estado foi impondo sua *potestas* e o seu *imperium*, até chegar ao exacerbado *monopólio* da distribuição da Justiça, o qual, todavia, hoje não mais se sustenta, ante a notória

4 A arbitragem no sistema jurídico brasileiro, *RT*, n. 735, jan. 1997, p. 42-43.

5 *Lições de história do processo civil romano*, São Paulo: Ed. RT, 1996, p. 54.

sobrecarga do serviço judiciário. A atual *crise numérica* de processos vai, à sua vez, repercutindo em três vertentes: uma, a (equivocada) estratégia da resposta judiciária massificada; outra, a crescente (e, ao que tudo indica, irreversível) tendência à *desjudicialização dos conflitos; o terceiro viés é representado pela tendência à padronização dos julgamentos com eficácia panprocessual e até extraprocessual, como se dá, v.g., com a tese jurídica firmada ao cabo do incidente de resolução de demandas repetitivas (CPC, art. 985 e incisos)* [6] *e com a decisão-quadro alcançada no rito dos recursos extraordinários e especiais repetitivos (CPC, arts. 927, III; 1.040 e incisos).*

A percepção do Judiciário, tal um "receptor universal" de todo e qualquer histórico de dano temido ou sofrido, foi se desvanecendo a partir da segunda metade do século passado, de um lado pela notória incapacidade da própria instituição em atender à demanda insuflada pela contemporânea *explosão da litigiosidade* e, de outro lado, pelo notável crescimento dos chamados *meios alternativos*, cuja afirmação social alcançou tal projeção e credibilidade que, segundo Sálvio de Figueiredo Teixeira, fala-se, no ambiente jurídico anglo-americano, "na substituição da expressão 'meios alternativos de soluções de conflitos [*alternative dispute resolutions*] por 'meios propícios a soluções de conflitos' (*Judicial Reform Roundtable II*, Williamsburg, Va., Estados Unidos, maio, 1996)".[7] Nesse sentido, Eduardo Silva da Silva prefere a expressão "meios complementares de acesso à justiça".[8]

Enquanto a função *nomogenética* segue sendo própria e específica do Parlamento (dado que a norma deve repercutir o pensamento e o sentimento médios da população que outorgou o mandato político), a função de implementação/fiscalização da norma e das políticas públicas segue atrelada ao Executivo, já o mesmo não se passa com a função de prevenção e resolução dos conflitos, porque muitos órgãos e instâncias podem e devem praticá-la, fora e além do Judiciário, permitindo hoje reconhecer-se um ambiente de jurisdição compartilhada. De outra sorte, em não havendo essa *participação solidária, democrática e pluralista*, toda a massa de conflitos acaba refluindo ao Judiciário, o qual, a seu turno, não conseguindo atender à pletora crescente de processos, remanesce num dilema:

---

6. V., ao propósito, o nosso *Incidente de resolução de demandas repetitivas – a luta contra a dispersão jurisprudencial excessiva*, 2ª ed., Salvador: JusPodivm, 2.019, p. 337 es.

7 A arbitragem no sistema jurídico brasileiro cit., RT, n. 735, jan. 1997, p. 43.

8 Meios complementares de acesso à justiça: fundamentos para uma teoria geral. *Revista Processo e Constituição*, Faculdade de Direito da UFRGS: Porto Alegre, 2004, p. 163-192.

(i) ou represa os processos nos escaninhos cartoriais, formando o estoque de 78, 7 milhões de processos pendentes, segundo o boletim Justiça em Números, do CNJ, divulgado em 2.019, ano-base 2.018; [9] ou

(ii) passa a fornecer resposta judiciária de baixa qualidade: *massiva e funcionarizada* (pese a vedação para delegação de atos de caráter decisório – CF, art. 93, XIV: EC 45/2004); *tardia* (o que pode engendrar responsabilidade do Estado: CF, art. 5.º, LXXVIII: EC 45/2004); *juridicamente inconsistente* (o que pode levar à nulidade da decisão por fundamentação deficiente – CF, art. 93, IX: EC 45/2004; CPC, § 1º e incisos do art. 489); *descompromissada com o justo* (que é um dos escopos da jurisdição); *onerosa* (deficitária na relação custo-benefício) e *imprevisível*: a deletéria *loteria judiciária*, que hoje se procura combater com a crescente valorização da jurisprudência dominante ou sumulada, ideário claramente recepcionado no vigente CPC, como deflui de vários dispositivos: art. 332 e incisos; art. 927 e incisos; § 3º do art. 947; § 4º do art. 966, parágrafo acrescido pela Lei 13.256/2.016; art. 985 e incisos; art. 988, III e IV, incisos com redação da Lei 13.256/2.016; art. 1.035, § 3º, I; art. 1.040, I e II.

Contemporaneamente, não mais se pode conceber o Judiciário como o receptor *necessário e inarredável* de todo e qualquer histórico de lesão temida ou sofrida – como o poderia induzir uma leitura literal (ufanista e irrealista) da garantia de acesso à Justiça: CF, art. 5.º, XXXV – até porque, como observa Carlos Alberto de Salles, há uma "coincidência de fins entre a jurisdição estatal e as alternativas a ela propostas, sendo a solução de conflitos o núcleo de ambas. Suas diferenças são, sobretudo, pautadas em questões de forma e qualidade, as quais são relativas à maneira como produzem uma resposta para determinada situação conflitiva". (...) "Não há razão de ordem prática ou jurídica, em todo caso, a permitir a afirmação da precedência das formas judiciais sobre as demais. Tal precedência não encontra razão técnica ou jurídica a justificá-la."[10]

A *primeira leitura*, quiçá acrítica, da teoria da separação entre os Poderes, pode levar à equivocada persuasão de que ela tinha por premissa uma *real trifurcação*, equitativa, das tarefas do Estado, entre o Legislativo, Executivo e Judiciário, quando em verdade não havia o *nivelamento* deste último aos dois

9. Sítio www.cnj.jus.br, acesso em 11.11.2.019.

10 Mecanismos alternativos de solução de controvérsias e acesso à justiça: a inafastabilidade da tutela jurisdicional recolocada. In: FUX, Luiz *et al.* (coords.). *Processo e Constituição: estudos em homenagem ao Professor José Carlos Barbosa Moreira*, São Paulo: Revista dos Tribunais, p. 785.

primeiros; a busca pela distribuição equânime das fontes do Poder entre essas instâncias é relativamente recente, e ainda não está completamente firmada, havendo resistências e críticas, notadamente no campo do *controle judicial das políticas públicas*, dando azo ao binômio *judicialização da política / politização do Judiciário*. No ponto, preconizava Fábio Konder Comparato, escrevendo pouco antes do advento da vigente Constituição Federal: "(...) ao invés de se inscrever na Constituição uma norma geral de competência do Judiciário para impor a execução de políticas governamentais – o que esbarraria no obstáculo antes apontado da necessidade de adaptação do provimento judicial aos objetivos específicos da demanda – entendo que o Direito Constitucional deve prever hipóteses tópicas de exercício dessa nova função judicial, adequando-se a intervenção do Judiciário ao caso concreto".[11]

Em verdade, a atual sobrecarga do Judiciário deriva de certas concausas, dentre elas a *praxis*, disseminada pelo Legislativo e Executivo, de responder aos problemas com (mais) normas – a *nomocracia* – ao invés do zelo pelo cumprimento e eficiência daquelas já existentes, a par da efetiva implementação dos programas de ação governamental adrede estabelecidos – a *telocracia*. Na seara do Judiciário, a *fúria legislativa* repercute negativamente, seja pela superfetação de normas sobre um mesmo tema básico (v.g., Estatuto da Criança e do Adolescente – Lei 9.069/90 e Estatuto da Juventude – Lei 12.852/2.013; Estatuto da Cidade – Lei 10.250/2.001 e Estatuto da Metrópole – Lei 13.089/2.015), seja pela sofrível redação de várias leis. Não conseguindo o juiz debelar a crise jurídica, pela falta, insuficiência ou deficiência da norma de regência, nem tampouco podendo pronunciar um *non liquet*, vê-se na contingência de cunhar a solução *in concreto*, assim arriscando-se a um desabrido *ativismo judicial*, mormente no campo do controle das políticas públicas.

Não por outro motivo, a Lei 13.655/2.018, sob a égide do chamado consequencialismo das decisões, veio estabelecer diretrizes hermenêuticas no tocante à avaliação da conduta dos agentes públicos, para tal inserindo dispositivos na Lei de Introdução às normas do Direito Brasileiro (Dec.Lei 4.657/1.942, redenominada pela Lei 12.376/2.010), podendo ser destacado o art. 22, acrescido à citada Lei de Introdução, dispondo o § 1º: "Em decisão sobre regularidade de conduta ou validade de ato, contrato, ajuste, processo ou norma administrativa, serão consideradas as circunstâncias práticas que houverem imposto, limitado ou condicionado a ação do agente".

O controle judicial das políticas públicas, em não sendo exercido sob parâmetros razoáveis, arrisca depassar para um preocupante ambiente de

11 Novas funções... cit., RT, n. 614, dez. 1986, p. 20.

politização do Judiciário ou *tribunalização da política*, tudo concorrendo para, no limite, atritar a separação entre os Poderes (mesmo em sua atenuada acepção contemporânea), fenômeno assim avaliado por José Eduardo Faria: "Sempre descrito de modo simplista pela mídia, a 'judicialização' da política e da economia é um fenômeno complexo, que envolve diferentes fatores. Um é a incapacidade do Estado de controlar e regular, com os instrumentos normativos de um ordenamento jurídico resultante de um sistema romano, rígido e sem vínculos com a realidade contemporânea, mercados cada vez mais integrados em escala planetária. Pressionado por fatores conjunturais, enfrentando contingências que desafiam sua autoridade, condicionado por correlações circunstanciais de forças, obrigado a exercer funções muitas vezes incongruentes entre si e levado a tomar decisões em contradição com os interesses sociais vertidos em normas constitucionais, o Estado tende a legislar desenfreadamente com o objetivo de coordenar, limitar e induzir o comportamento dos agentes produtivos". (...) "Como a ordem jurídica assim produzida não oferece aos operadores do direito as condições para que possam extrair de suas normas critérios constantes e precisos de interpretação, ela exige um trabalho interpretativo contínuo. E como seu sentido definitivo só pode ser estabelecido quando de sua aplicação num caso concreto, na prática os juízes são obrigados a assumir um poder legislativo. Ou seja, ao aplicar as leis a casos concretos, eles terminam sendo seus coautores. Por isso, a tradicional divisão do trabalho jurídico no Estado de Direito é rompida pela incapacidade do Executivo e do Legislativo de formular leis claras e sem lacunas, de respeitar os princípios gerais de direito e de incorporar as inovações legais exigidas pela crescente integração dos mercados. Isso propicia o aumento das possibilidades de escolha, decisão e controle oferecidas à promotoria e à magistratura, levando assim ao protagonismo judicial na política e na economia. E, na medida em que o 'sistema de Justiça' tem de decidir questões legais de curto prazo e com enormes implicações socioeconômicas ele se converte numa instituição 'legislativamente' ativa."[12]

(**B**) *A segunda leitura* da separação entre os Poderes, de início anunciada, a recepciona em sua literalidade, sem se dar conta da inviabilidade de uma perfeita e estanque divisão de trabalho, no sentido de uma *distribuição* equitativa e isonômica de atribuições entre os Poderes, quando na verdade o Poder Estatal é unitário, concepção de per si incompossível com a ideia de

12 O sistema brasileiro de Justiça: experiência recente e futuros desafios. *Revista Estudos Avançados* (USP), n. 51, maio/ago. 2004, p. 108-109.

um fracionamento ou divisão ao interno do Estado, o que poderia até fragilizar sua coesão interna. A *dimensão estática* do Estado, ligada ao binômio Poder–Soberania, veio sendo gradativamente substituída pela dimensão *dinâmica* – o Estado-função – encarregado de prestações positivas e negativas em prol da coletividade, e por aí se explica a *comunicação* e *complementação* entre as funções de administrar, legislar e julgar, ocorrente no texto da vigente Constituição Federal: o Presidente da República *decide* (art. 84, X) e em certo modo *legisla* (art. 62); o Legislativo *administra* (arts. 51, IV; 52, XIII) e *julga* (art. 52, I e II); o Judiciário *administra* (arts. 96, I; 99) e, em certos casos toma a iniciativa de projetos de lei ou mesmo atua como legislador negativo (arts. 93; 96, II; 102, § 2.º). Outra evidência dessa *integração–complementaridade* se verifica no *processus* envolvendo a criação e a vigência da norma legal: o Parlamento a produz, mas, depois, em sobrevindo de o STF considerá-la inconstitucional, no bojo de um recurso extraordinário (controle incidental ou *in concreto*), o Senado é instado a *suspender a execução* (*sic*) daquele texto (CF, art. 52, X), pelo curial motivo de que, de outro modo, essa norma ficaria inconstitucional somente em face das partes do processo judicial em que fora arguido o incidente, o que afrontaria o tratamento isonômico devido a todos os jurisdicionados.

O fato de a separação dos Poderes constar dentre as *cláusulas pétreas* (CF, art. 60, § 4.º, III) não autoriza que esse enquadramento seja tomado em modo exacerbado, desconectado do contexto geral da Constituição, a qual igualmente prevê que esses Poderes, sem prejuízo de sua independência, são "harmônicos entre si" (art. 2.º), expressão que basta a evidenciar que o constituinte deseja a *convivência ordeira e eficiente* entre as instâncias políticas, inclusive para a mantença da desejável coesão interna da República Federativa. Não há, portanto, antinomia entre os termos "independente" e "harmônico", aquele primeiro significando, apenas, que cada qual dos três Poderes tem sua missão institucional a realizar, não podendo invadir a seara alheia, embora possa, em várias circunstâncias, desempenhar papéis anômalos ou atípicos, como os antes lembrados.

Discorre, a propósito, Ives Gandra da Silva Martins: "Por separação de poderes, há de se entender aquela plasmada na atual Constituição, isto é, uma separação em que certa interferência de um poder no outro existe. Na parte orçamentária, por exemplo, os três poderes apresentam sua proposta, dois deles discutem-na e só um a aprova, ou seja, apenas o Poder Legislativo. Por outro lado, pode o Poder Legislativo sustar atos do Executivo, mas, à evidência, não do Poder Judiciário, que possui a capacidade de julgar os demais, nada obstante a redação do art. 49, inciso XI, da Constituição Federal fazer menção aos três poderes. O Executivo, de seu lado, pode legislar por leis delegadas e medidas provisórias, sobre ter o direito de veto aos projetos de lei do Legislativo. Há, portanto, independência e convergência de atividades, nos estritos limites da Constituição. A harmonia decorre dessa convergência de funções comuns ou alternativas, nada obstante alguns críticos entenderem que, se o poder é independente, não pode ser harmônico e se é harmônico não pode ser independente. A harmonia implica redução da independência, quando não conforma dependência".[13]

A relação entre os Poderes hoje se caracteriza por uma *integração – complementaridade*, inclusive por conta da atenuação da vetusta *separação* entre eles, permitindo antes reconhecer uma desejável *divisão de tarefas*, por modo que a antiga postura *monopolizadora* ou *exclusivista* (na produção legislativa, no gerenciamento da coisa pública, na distribuição da Justiça) se possa resolver sob uma lógica do *elemento preponderante*, ou seja, o Legislativo, o Executivo e o Judiciário têm a seu cargo, *principalmente* e nessa ordem: a nomogênese, a administração pública, a composição dos conflitos. No ponto, observa Celso Antonio Bandeira de Mello: "Com efeito, ninguém duvida que o Poder Legislativo, além dos atos tipicamente seus, quais os de fazer leis, pratica atos notoriamente administrativos, isto é, que não são nem gerais, nem abstratos e que não inovam inicialmente na ordem jurídica (por exemplo, quando realiza licitações ou promove seus servidores) e que o Poder Judiciário, de fora proceder a julgamentos, como é de sua específica atribuição, pratica estes mesmos atos administrativos a que se fez referência".[14]

A atribuição constitucional ao Judiciário para se autogovernar, isto é, planejar e praticar atos de sua economia interna, é um corolário da independência que se lhe reconhece, como condição para que ele possa exercer com isenção e independência suas elevadas funções. A autonomia do Judiciário, afirma Luís Roberto Barroso, "ficaria vulnerada se a manutenção de sua estrutura e o provimento de suas necessidades fossem confiados à decisão discricionária de agentes externos de outros Poderes".[15]

Portanto, a propalada "tripartição dos Poderes", dentre nós, já vem *amenizada de origem*, consentindo o art. 2.º da Constituição Federal uma leitura

---

13 Conselho Nacional de Justiça. In: RENAULT, Sérgio Rabello Tamm; BOTTINI, Pierpaolo (coord.). *Reforma do Judiciário*, São Paulo: Saraiva, 2005, p. 87-88.

14 *Curso de direito administrativo*, São Paulo: Malheiros, 2003, p. 31.

15 Constitucionalidade e legitimidade da criação do Conselho Nacional de Justiça. In: RENAULT, Sérgio Rabello Tamm; BOTTINI, Pierpaolo (coords.). *Reforma do Judiciário*, São Paulo: Saraiva, 2005, p. 57.

que consente uma autonomia *relativizada*, seja com o objetivo de prevenir o superdimensionamento de um Poder em face dos outros, seja porque o contemporâneo Estado Social de Direito (*Wellfare State*) não comporta rígidas *separações estanques* entre suas funções. Aliás, como observa Tercio Ferraz Sampaio Junior, mesmo na originária concepção de Montesquieu, não se tratava de uma vera *separação de poderes*, "mas de inibição de um pelo outro de forma recíproca; no exercício desta função, dos três, o Judiciário era o que menos tinha a ver com força política; por isso dizia Montesquieu: 'dos três poderes mencionados, o de julgar é em certo modo nulo. Não restam senão dois'".[16]

Numa palavra, trata-se antes de uma divisão *de trabalho*, voltada a equilibrar, mediante uma *compensação* entre as forças políticas, as tensões internas do próprio Estado, ao pressuposto de que "só o Poder controla o Poder", premissa que no constitucionalismo norte-americano aparece sob a fórmula "checks and ballances". Esse limite entre as atribuições de cada Poder se evidencia quando vem judicializada uma dada *política pública* (de saneamento básico, de ordenamento urbanístico, de destinação final de resíduos urbanos), como no caso decidido pelo STJ, envolvendo pretensão a que certa Municipalidade fosse condenada a realizar obras de infraestrutura em conjunto habitacional: "É pacifico o entendimento, tanto nos Tribunais Superiores como nesta Corte de Justiça, de que constitui ingerência do Poder Judiciário a imposição de obrigação de fazer relativa a obras de saneamento, construção de condomínios habitacionais e de escolas à Administração Pública, na medida em que tal atribuição é de competência do Poder Executivo. Isso porque, segundo preceitos constitucionais, cabe a este determinar a utilização de seus recursos financeiros, mediante o próprio juízo de conveniência e oportunidade" (STJ, REsp 1.565.817/SC, rel. Min. Sérgio Kukina, *DJU* 10.11.2017).

Aliás, também ao *interno* da função estatal de distribuição de Justiça as instituições não são estanques, mas interagem, tanto o Judiciário como o Ministério Público, e ambos com a Advocacia e a Defensoria Pública, estas últimas compondo, com o *parquet*, as "funções essenciais à Justiça" – CF, arts. 127-135. Essa intercomunicação não é infirmada pelo fato de a Justiça ser *unitária e nacional* e o Ministério Público ser *uno e indivisível*: trata-se aí de uma exigência de coesão interna que labora a favor da *eficiência* dessas instituições, as quais não se justificam de per si, e sim na medida em que se desincumbem a contento de suas elevadas funções, por modo a servir ade-

16 O Judiciário frente à divisão dos Poderes: um princípio em decadência? *Revista USP*, n. 21, mar./maio 1994, p. 14.

quadamente o destinatário final, que é o jurisdicionado. Um exemplo disso está na legitimação *concorrente-disjuntiva* para o exercício de ações de largo espectro, como a *ADIn* (CF, art. 103 e incisos) e a civil pública, esta última prevendo, inclusive, o litisconsórcio entre os Ministérios Públicos Federal e Estadual – Lei 7.347/85, art. 5.º e § 5.º, c/c CF, art. 129, § 1º.

Esse contexto não impede que, por razões pragmáticas, ocorra a distribuição da massa de processos entre os vários órgãos de uma mesma instituição, em função de critérios diversos: *competência de jurisdição* (Justiça Federal, comum e especial – trabalhista, militar, eleitoral; Justiça Estadual); Ministério Público dos Estados e da União, este último subdividido em Procuradoria da República e Ministérios Públicos do Trabalho, Militar, Eleitoral, e ainda nos Tribunais de Contas; distribuição das ações em função da matéria, pessoa, território ou prerrogativa de função, levando a que a maioria delas se encaminhe ao primeiro grau e outras se enquadrem na competência originária dos Tribunais.

Pode-se dizer que já perdeu atualidade o perfil de um Judiciário neutro e desengajado, como um dia fora concebido por Montesquieu, em nome de uma rígida separação entre os Poderes. Avalia, ao propósito, José Ignácio Botelho de Mesquita: "A proposta de Montesquieu, compreensivelmente, era radical. Elevava ao extremo o brocardo *dura lex, sed lex*. Do ponto de vista do poder, o juiz deveria personalizar um ser *inanimado*, não sendo mais do que *a boca da lei*. Era vedado ao juiz o ato de interpretar a lei, o que não lhe competiria fazer nem mesmo para *mitigar suas asperezas*. A tarefa de interpretar a lei não poderia ser desempenhada senão pelo Poder Legislativo e exclusivamente mediante outra lei, dita interpretativa".[17]

A evolução histórica e social que se seguiu alterou profundamente esse incipiente e precário panorama, com a gradual intercorrência de diversos fatores, tais o fortalecimento e expansão da forma federativa dos Estados, a crescente politização da sociedade civil, a conquista gradativa de direitos individuais e coletivos e, sobretudo, o reconhecimento de que a atribuição ao Judiciário da tarefa de interpretar as leis e aplicá-las aos conflitos *in concreto* labora *em favor* da estabilidade e da coesão interna do próprio Estado, na medida em que evita o enfrentamento direto entre seus órgãos e instâncias e a consequente formação de zonas de tensão. Daí não haver excesso em dizer que hoje o Judiciário é um Poder que sobrepaira aos demais, na medida em que lhes julga os atos e condutas, comissivos e omissivos, ao passo que o pro-

17 *Teses, estudos e pareceres de processo civil*, vol. 1, São Paulo: Revista dos Tribunais, 2005, p. 270, 271, itálicos no original.

duto final do Judiciário – sentenças e acórdãos – somente a própria Justiça os pode rever (*v.g.*, ação rescisória), na assim chamada *reserva de sentença.*

Em alguns países como a França, a Itália, observa-se uma divisão na distribuição da Justiça: uma primeira vertente, que se diria Justiça *comum*, voltada a dirimir conflitos entre os cidadãos e destes com pessoas jurídicas de direito privado; a segunda, uma Justiça *administrativa*, dirigida às controvérsias envolvendo o próprio Estado. Entre nós, por conta de não se ter implementado o contencioso administrativo (preconizado nos arts. 110 e 111 da EC 01/69), a Justiça estatal restou *unitária*, confinada em órgãos fixados em *numerus clausus* (CF, art. 92 e incisos), o que não impede que eventualmente eclodam conflitos envolvendo autoridades judiciárias e administrativas, sobre tema não jurisdicional (*v.g.*, entre Vara de Infância e Juventude e Conselho Tutelar, acerca de critérios de ressocialização dos internos), a serem dirimidos mediante o *conflito de atribuição* – CPC, art. 959; CF, art. 105, I, *g*.

O princípio da separação dos Poderes ainda repercutiu no desenvolvimento da própria ciência processual, nomeadamente no relevante capítulo das tutelas ofertadas aos jurisdicionados, e por aí se explica o motivo de a tutela cautelar (na nomenclatura do vigente CPC inserida no âmbito da tutela provisória) ter se desenvolvido por último, posteriormente à afirmação das tutelas cognitiva e executória. É que, por conta de uma rígida concepção da tripartição entre os poderes, entendia-se à época que a *prevenção* dos danos e dos riscos era tarefa precípua da Administração Pública, mormente por meio do *poder de polícia* (tarefas de regulação e de fiscalização; providências antecipatórias, *v.g.*, o desassoreamento dos bueiros e galerias *antes* da estação chuvosa), ficando a cargo do Judiciário a repressão/reparação aos danos sofridos, isto é, a recepção dos históricos de prejuízos consumados. Por essa pragmática *distribuição de tarefas*, não se concebia que pudesse o Estado-juiz intervir nos conflitos apenas *prenunciados*, isto é, ainda não concretizados (ou que, porventura, quiçá nem viessem a se concretizar).

Ao propósito, observa Luiz Guilherme Marinoni: "Mais precisamente, a jurisdição tinha a função de viabilizar a reparação do dano, uma vez que, nessa época, não se admitia que o juiz pudesse atuar antes de uma ação humana ter violado o ordenamento jurídico. Se a liberdade era garantida na medida em que o Estado não interferia nas relações privadas, obviamente não se podia dar ao juiz o poder de evitar a prática de uma conduta sob o argumento de que ela poderia violar a lei. Na verdade, qualquer ingerência do juiz, sem que houvesse sido violada uma lei, seria vista como um atentado à liberdade individual. (...) Mas a conotação repressiva da jurisdição não foi simplesmente influenciada pelo valor da liberdade individual, pois o princípio da separação dos poderes também serviu para negar à jurisdição o poder de dar tutela preventiva aos direitos, uma vez que, na sua perspectiva, a função de prevenção diante da ameaça de não observância da lei era da Administração. Esse seria um poder exclusivo de 'polícia administrativa', evitando-se, desse modo, uma sobreposição de poderes: a Administração exerceria a prevenção e o Judiciário apenas a repressão."[18]

A evolução e a afirmação do Judiciário como Poder operou-se *em paralelo* à gradual evolução do Processo como ramo autônomo do Direito Público, e o consequente reconhecimento de quesitos básicos de existência e validade da relação jurídica processual, máxime o binômio *contraditório–ampla defesa* (CF, art. 5.º, LV). No ponto, observara Sálvio de Figueiredo Teixeira: "A atividade processual, no entanto, somente veio a definir-se como ramo de direito em meados do século passado, na Europa Central, com o denominado 'processualismo científico', de onde tiveram início as grandes construções doutrinárias, até desaguar na fecunda fase atual do processo contemporâneo, com suas 'ondas', suas tendências e busca de soluções mais rápidas e eficazes, hoje uma inquietação mundial, ante a triste realidade da ineficiência das decisões judiciais, ensejada sobretudo pelo arcaísmo das organizações judiciárias e pela inexistência de órgãos permanentes de planejamento e reflexão no universo estatal do Judiciário".[19]

Entre nós, o Judiciário, além de estruturado como *Poder*, ainda *sobrepaira* aos outros dois – mormente por meio dos Tribunais Superiores, ditos *órgãos de superposição* – na medida em que lhes julga os atos e condutas. Assim, uma ação popular pode questionar uma licitação em andamento na Administração Pública, e uma *ADIn* pode questionar a validade de uma norma legal. A par disso, beneficia o Judiciário da chamada *reserva de sentença*, a garantir que *um ato judicial só possa ser revisado ou cassado por outro ato judicial*: o acórdão que provê a apelação, resulta na *reforma* da sentença (CPC, art. 1.008); o acórdão na ação rescisória acolhida desconstitui a decisão de mérito (CPC, art. 974, caput); a sentença estrangeira, para aqui produzir efeitos, deve passar pelo juízo de delibação do STJ (CF, art. 105, I, i). Pode-se dizer que hoje as matérias e pendências infensas ao crivo judiciário – faixas de *insindicabilidade judicial* – vão se tornando raras, praticamente reduzidas a poucas hipóteses, tais o ato *tipicamente discricionário* (*v.g.*, escolha, pela Autoridade competente,

---

18 A jurisdição no Estado contemporâneo. In: MARINONI, Luiz Guilherme (coord.), *Estudos de direito processual civil – homenagem ao Professor Egas Dirceu Moniz de Aragão*, São Paulo: Revista dos Tribunais, 2006, p. 18.

19 A arbitragem... cit., RT nº 735, jan./1997, p. 40.

de nome constante de lista tríplice, para nomeação a certo cargo público) e o ato *puramente político*, por exemplo, a deliberação governamental de alterar o padrão monetário.

Uma exceção à livre convicção ou persuasão racional do julgador pode ocorrer nos casos subsumidos a uma *súmula vinculante* do STF (CF, art. 103-A: EC 45/2004; CPC, art. 988, III, inciso com redação da Lei 13.256/2.016), mas é bem de ver que a grave sanção de *cassação* da decisão judicial (CF, § 3.º do art. 103-A) haverá de ser aplicada com prudência e parcimônia, restrita às decisões que, ou recusaram *indevida/desmotivadamente* a incidência de tal súmula, ou a aplicaram de modo equivocado, sem prejuízo da liberdade intelectiva do juiz, tanto para alcançar a exata extensão-compreensão do enunciado obrigatório, como para aferir se o caso concreto realmente ali está subsumido.[20]

De outra parte, embora em alguns países, como os Estados Unidos, os juízes sejam *eleitos* em alguns Estados, fato é que, de ordinário, nas democracias representativas o Legislativo e o Executivo é que detêm mandato popular, que os legitima a fazerem escolhas primárias e opções políticas em nome do povo. Assim, por exemplo, os parlamentares podem descriminalizar uma dada conduta (*v.g.*, o adultério), ou alterar o sistema tributário (*v.g.*, a recorrente proposta do imposto único); o Executivo delibera inovar na política de recursos hídricos, por exemplo, o megaempreendimento da transposição das águas do Rio São Francisco, ou ainda opta por fomentar certos segmentos da economia em detrimento de outros.

Por conta de o Executivo e o Legislativo exercerem suas precípuas funções mediante delegação popular – legitimidade de base primária – não raro sucede que, quando uma lei ou um ato/conduta da Administração Pública vêm a ser questionados em processo judicial, o Judiciário tende a adotar uma postura prudentemente *conservadora*, tendencialmente voltada a preservar o ato ou a lei sindicados, salvo quando o objeto examinado revela-se franca e irremissivelmente inconstitucional ou insuscetível de convalidação ou sanação de algum modo. Nesse sentido, quando uma decisão judicial descumpre súmula vinculante e vem a ser objeto de reclamação, o tribunal, acolhendo-a,

20 Essa, em apertada síntese, a conclusão a que chegamos em nossa obra *Divergência jurisprudencial e súmula vinculante*, 6. ed., Salvador: JusPodivm, 2.018, p. 475-477, em resposta às perguntas: "A súmula vinculante comporta interpretação pelo juiz e pelo administrador público ?"; "O que se entende por contrariar ou descumprir a ´sumula vinculante ?" (fls. 497-499).

"cassará a decisão exorbitante de seu julgado ou determinará medida adequada à solução da controvérsia" (CPC, art. 992).

Essa postura judicial remete a mais de uma fonte: (*i*) a Súmula STF nº 473, reconhecendo que a administração pública pode "anular seus próprios atos, quando eivados de vícios que os tornam ilegais, porque deles não se originam direitos; ou revogá-los, por motivo de conveniência ou oportunidade, respeitados os direitos adquiridos e ressalvada, em todos os casos, a apreciação judicial"; (*ii*) os poderes atribuídos ao STF para, na declaração de inconstitucionalidade (CF, art. 102, § 2.º), "restringir os efeitos daquela declaração ou decidir que ela só tenha eficácia a partir de seu trânsito em julgado ou de outro momento que venha a ser fixado", podendo, ainda, optar pela "interpretação *conforme a Constituição* e a declaração parcial de inconstitucionalidade *sem redução de texto* (...)" (art. 27 da Lei 9.868/99); (*iii*) certos posicionamentos pretorianos, na linha do decidido pelo STJ no REsp 1.733.412/SP, rel. Og Fernandes, j. 17.09.2.019 (DJe 20.09.2.019, v.u.,), colhendo-se da ementa: "(...) Nos processos estruturais, a pretensão deve ser considerada como de alteração do estado de coisas ensejador da violação dos direitos, em vez de se buscar solucionar pontualmente as infringências legais, cuja judicialização reiterada pode resultar em intervenção até mais grave na discricionariedade administrativa que se pretenderia evitar ao prestigiar as ações individuais".[21]

Luís Roberto Barroso mostra que, nessa delicada imbricação entre os Poderes, o "ponto máximo de tensão se encontra no controle de constitucionalidade: a possibilidade de órgãos judiciais paralisarem a eficácia de atos normativos em geral, especialmente os emanados do Poder Legislativo, órgão de representação da vontade majoritária. Aí surge a *dificuldade contramajoritária*: nessa expressão, lavrada por Alexander Bickel, reside um universo de potencialidades e contradições, decorrentes do fato de órgãos que não trazem o batismo da legitimação popular terem o poder de afastar ou conformar normas e políticas públicas produzidas por representantes eleitos".[22]

É dizer, o fato de a CF vigente disponibilizar vários instrumentos para o controle direto de constitucionalidade – *ADIn*, *ADCon*, *ADPF*, ação de inconstitucionalidade por omissão – não autoriza seu uso indiscriminado ou mesmo banalizado junto ao STF, em iniciativas que podem vir tisnadas por oportunismo ou emulação política. Não é razoável supor que a Constituição, como diz Luís Roberto Barroso, tenha tido "a pretensão de suprimir a deli-

21. Sítio scon.stj.jus.br, acesso em 13.12.2.019.

22 Constitucionalidade e..., cit. In: RENAULT, Sérgio Rabello Tamm; BOTTINI, Pierpaolo (coord.). *Reforma do Judiciário* cit., 2005, p. 60.

beração legislativa majoritária e jurisdicizar além da conta o espaço próprio da política. O juiz constitucional não deve ser prisioneiro do passado, mas passageiro do futuro".[23] Em outro estudo, Barroso alerta que a "declaração de inconstitucionalidade de uma norma, em qualquer caso, é atividade a ser exercida com autolimitação pelo Judiciário, devido à deferência e ao respeito que deve ter em relação aos demais Poderes. A atribuição institucional de dizer a última palavra sobre a interpretação de uma norma não dispensa de considerar as possibilidades legítimas de interpretação pelos outros Poderes. No tocante ao controle de constitucionalidade por ação direta, a atuação do Judiciário deverá ser ainda mais contida. É que, nesse caso, além da excepcionalidade de rever atos de outros Poderes, o Judiciário desempenha função atípica, sem cunho jurisdicional, pelo que deve atuar parcimoniosamente".[24]

O ponto de equilíbrio entre os Poderes – inclusive a delimitação da interferência do Judiciário – veio alcançado pelo STF ao julgar o MS 23.452-RJ, rel. Min. Celso de Mello (*DJ* 12.05.2000), que se pode tomar como leading case, tendo por objeto o controle judicial de atos de Comissão Parlamentar de Inquérito: "A essência do postulado da divisão funcional do poder, além de derivar da necessidade de conter os excessos dos órgãos que compõem o aparelho de Estado, representa o princípio conservador das liberdades do cidadão e constitui o meio mais adequado para tornar efetivos e reais os direitos e garantias proclamados pela Constituição. Esse princípio, que tem assento no art. 2º da Carta Política, não pode constituir e nem qualificar-se como um inaceitável manto protetor de comportamentos abusivos e arbitrários, por parte de qualquer agente do Poder Público ou de qualquer instituição estatal. (...) O sistema constitucional brasileiro, ao consagrar o princípio da limitação de poderes, teve por objetivo instituir modelo destinado a impedir a formação de instâncias hegemônicas de poder no âmbito do Estado, em ordem a neutralizar, no plano político-jurídico, a possibilidade de dominação institucional de qualquer dos Poderes da República sobre os demais órgãos da soberania nacional".

2. A QUESTÃO DA EFETIVIDADE DA RESPOSTA JURISDICIONAL.

Em nosso regime jurídico-político o Poder Judiciário não haure sua condição legitimante a partir de escolha direta dos jurisdicionados, mas reveste-se

23 Idem, p. 61-62.

24 *Interpretação e aplicação da Constituição*, São Paulo: Saraiva, 2004, p. 177.

de uma legitimidade de caráter técnico, quando recruta seus integrantes por meio de concurso público, sem embargo de que *um quinto* da composição dos Tribunais locais/regionais advêm, diretamente, do Ministério Público e da Advocacia (CF, art. 94 e § único) – salvo para o STF e STJ, que, nesse particular, apresentam singularidades: CF, § único do art. 101; § único e incisos do art. 104, respectivamente.

Quanto àquele *quinto constitucional*, argumenta-se que ele contribui para um desejável pluralismo na composição dos Tribunais, na medida em que previne a formação de "castas" de magistrados de carreira. Em verdade, esse recorrente argumento não tem a consistência que geralmente lhe vem atribuída: o correto e eficaz recrutamento de juízes, assim como de desembargadores e Ministros de Tribunais Superiores, depende menos do método utilizado – concurso público ou quinto constitucional – e muito mais da vocação do operador do Direito para o elevado exercício da magistratura, a par, naturalmente, da proficiência das Bancas examinadoras dos concursos ou dos órgãos colegiados dos Tribunais que elaboram as *listas* dos membros do Ministério Público ou da Advocacia, no caso do acesso pelo *quinto constitucional*. Os quesitos "de *notório* saber jurídico e de reputação ilibada" (CF, art. 94 e 101), a se querer preservar o precípuo significado das palavras, numa ciência nomotética, como é o Direito, não podem ser *relativizados*, ou, pior, reduzidos a conceitos vagos ou indeterminados.

De registrar-se a visão crítica de José Renato Nalini: "Vencem os mais capazes de memorização. Daí o sucesso dos *cursinhos preparatórios* de carreira jurídica, mecanismos de revisão – com intensidade e técnicas mnemônicas – de todo o curso jurídico. Cuja eficiência trata até mesmo de um *treino de performance* do candidato perante a banca. Aquele que conseguiu vencer a corrida de obstáculos dos concursos tem razões de sobra para reforço de sua autoestima. Afinal, insere-se na rotina dos concursos as avaliações ácidas tecidas pelas bancas em relação à qualidade dos candidatos. Critica-se a sofrível qualidade jurídica dos concorrentes, a falência do ensino jurídico, a seriedade e rigorismo dos examinadores e chega-se a uma vanglória calcada no aproveitamento final de percentagem mínima dentre aqueles inicialmente inscritos".[25]

No que tange ao acesso pelo *quinto constitucional*, o procedimento configura ato composto, porque o *iter* passa pela interferência do Legislativo, que promove a chamada *sabatina* do candidato indicado pelo Chefe do Executivo (CF, arts. 52, III, *a*; 101 e § único; 104 e § único), arguição essa que nem sempre

25 *O juiz e o acesso à justiça*, 2. ed., São Paulo: Revista dos Tribunais, 2000, p. 152.

tem apurado cumpridamente o binômio "notável saber jurídico e reputação ilibada", a ponto de que, com o tempo, tal exigência acabou tomando senso meramente retórico, praticamente reduzida a uma singela *homologação* do candidato. A propósito, Clèmerson Merlin Clève tem uma visão crítica: "O próprio Senado deveria levar mais a sério a arguição que realiza antes de sua manifestação sobre a escolha presidencial".[26]

Enquanto a Administração Pública atua no plano direto e imediato (administrar, no clássico conceito, é *aplicar a lei, de ofício*), já o Judiciário atua se, quando e na medida em que é provocado (CPC, arts. 2º e 490),[27] donde os corolários da proibição, em regra, da justiça de ofício, da vedação da decisão *ultra*, *infra* ou *extra petita* (CPC, art. 492) e da criminalização da justiça de mão própria (CP, art. 345). Esse contexto está à base da afirmação de que a atividade jurisdicional é de natureza *substitutiva*, nesse sentido de não-originária, por aí se entendendo que, ao contrário do Executivo, que é *pró-ativo*, o Judiciário rege-se pelo princípio da inércia, nesse sentido de que sua intervenção depende de provocação da parte ou interessado, com vistas a dirimir a lide não resolvida entre os próprios interessados nem tampouco pelos meios heterocompositivos não estatais; a par disso, integram o âmbito de atuação do Judiciário aquelas ações ditas *necessárias*, que, em virtude de peculiaridades da matéria ou da pessoa envolvida, exigem *passagem judiciária, tal, v.g., uma ação rescisória ou anulatória de casamento.*

Um conceito de jurisdição que se tornou clássico é o de Giuseppe Chiovenda, pondo a tônica na nota da *substitutividade* da conduta das partes, que, por assim dizer, fica avocada ou assumida pelo Estado-juiz, no caso concreto: "A mim se me afigurou que o critério realmente diferencial, correspondente, em outros termos, à essência das coisas, reside em que a atividade jurisdicional é sempre atividade de substituição; é – queremos dizer – a substituição de uma atividade pública a uma atividade alheia".[28]

---

26 Poder Judiciário: autonomia e justiça. RT nº 691, maio/1993, p. 38.

27 A exceção corre por conta da chamada *jurisdição voluntária* (= *inter volentes*, ao contrário da *contenciosa*, que se dá *inter nolentes*), certo que naquela primeira se reconhece ao juiz o poder de atuar de ofício, como no caso de herança jacente (CPC, art. 738). Bem se compreende tal particularidade, porque a jurisdição voluntária, no clássico conceito, é uma "administração pública de interesses privados", tanto assim que, na esteira da contemporânea proposta de *desjudicialização das controvérsias*, hoje se permite que separações e divórcios consensuais sejam processados e resolvidos nos Tabelionatos: CPC, art. 733, *caput*.

28 *Instituições de direito processual civil*, 2. ed., Campinas (SP): Bookseller, 2002, vol. 2, p. 16-17.

É preciso entender-se, porém, que essa "substitutividade" judicial não significa "assunção monopolística" de todo e qualquer conflito de interesses pelo aparelho judiciário estatal, valendo observar que o art. 102 da Constituição Italiana, apesar de garantir (assim como a nossa: art. 5.º, XXXV) o *acesso à Justiça* e vedar (assim como a nossa: art. 5.º, XXXVII) os *foros de exceção*, contém cláusula que sinaliza para uma acepção mais aberta ou pluralista de *jurisdição*: "Podem apenas ser instituídos junto aos órgãos judiciários ordinários seções especializadas para determinadas matérias, inclusive com a *participação de cidadãos estranhos à magistratura*. A lei regulará os casos e as formas da *participação direta do povo na administração da Justiça*".

Dentre nós, o vigente CPC concita os operadores do Direito a estimularem a "conciliação, a mediação e outros métodos de solução consensual de conflitos", inclusive, quando possível, a arbitragem (§§ 1.º e 3.º do art. 3.º), certo ainda que o juiz e o relator poderão admitir a intervenção de *amicus curiae*, "considerando a relevância da matéria, a especificidade do tema objeto da demanda ou a repercussão social da controvérsia" (art. 138, caput), tal como se dá, v.g., no rito dos recursos extraordinário e especial repetitivos (CPC, art. 1.038, I e II), dada a eficácia pan-processual que projetará a decisão-quadro firmada no recurso afetado como representativo da controvérsia.

De tempos a esta parte aquela nota da *substitutividade*, em se tratando de decisão de mérito, vem sendo revisitada e mesmo questionada quanto à sua real efetividade para atendimento cabal e satisfatório dos históricos de lesão temida ou sofrida, especialmente as sentenças mandamentais (*v.g.*, os comandos inibitórios) e as *executivas lato sensu* (despejos, possessórias), tendentes umas e outras à consecução *específica* da prestação por parte do obrigado, finalidade hoje buscada, de um lado, pelo sincretismo entre cognição e execução (superando a execução ex intervallo), e, de outro, pela superação do dogma *nemo potest praecise cogi ad factum*.

Por meio daquele sincretismo – evocado já ao tempo do CPC/73 na Exposição de Motivos da Lei 11.232/2005 (que inseriu a *fase de cumprimento* do título judicial como uma *etapa* ao final do processo de conhecimento)[29]

---

29 Exposição de Motivos, item 5º: "(...) As posições fundamentais defendidas são as seguintes: (...) *b)* a 'efetivação' da sentença condenatória será feita como etapa final do processo de conhecimento, após um '*tempus iudicati*', sem necessidade de um 'processo autônomo' de execução (afastam-se princípios teóricos em homenagem à eficiência e brevidade); processo 'sincrético', no dizer de autorizado processualista. Assim no plano doutrinário, são alteradas as 'cargas de eficácia' da sentença condenatória, cuja 'executividade' passa a um primeiro plano; em decorrência, 'sentença' passa a ser o ato "de julgamento da causa, com ou sem apreciação do mérito". (Cf. opúsculo do *IBDP* –

– intenta-se alcançar o resultado prático a que faz jus o titular do direito reconhecido no julgado, dotando-se este comando de certas sanções (*astreintes*) e das chamadas *medidas de apoio*, em ordem ao cumprimento *específico* das obrigações de fazer, não fazer e entregar coisa (CPC, arts. 536 e § 1º; 538 e § 3º), ou, quando tal não se revele possível, ao menos a obtenção do "resultado prático equivalente" (CPC, art. 536, caput). Além disso, busca-se evitar que a duração excessiva do processo labore contra a parte a quem, provavelmente, assiste o bom direito, donde a inserção, no arsenal processual, de *elementos aceleradores* e de compactação ou sumarização de ritos, tais as astreintes, as antecipações de tutela e a ação monitória (CPC, arts. 537 e § 1º; 303-310; 700, incisos e parágrafos, nessa ordem).

O espaço deixado pelo afastamento dos contraditores, a que se segue a intercessão do Estado-juiz, não se pode ter como suprido apenas com a prolação da sentença, desacompanhada do devido acompanhamento quanto à real *efetividade* do comando, porque uma tal postura neutra e desengajada não consulta a contemporânea acepção da *função* judicial do Estado Social de Direito (*dimensão dinâmica* da jurisdição), dado que a competitiva e conflitiva sociedade de massa necessita de uma célere prestação *específica* do interesse, valor ou bem da vida judicializados, ainda que para tal se tenha que atuar diretamente sobre a vontade do obrigado, ou, se inviável ou inoperante essa via, mediante subrogação da prestação num resultado prático equivalente. Nesse sentido, escreve Sidnei Amendoeira Júnior: "Para nós somente há que se falar em tutela efetiva se a tutela jurisdicional efetivamente entregue for plena, ou seja, não se tratar de mero provimento judicial concedido a quem tem razão, mas da necessária entrega ao jurisdicionado detentor de um direito, do bem da vida solicitado (não qualquer um, mas especificamente o bem da vida solicitado – de modo que a tutela só é efetiva se também for específica quando este for o provimento solicitado) e adequada à crise de direito material lamentada".[30]

Nesse sentido, o vigente CPC inclui no conteúdo ocupacional do juiz o zelo pela atividade satisfativa (art. 4º), autorizando o manejo dos meios para consecução de tal finalidade – art. 139, IV.

Instituto Brasileiro de Direito Processual, ofertado no Seminário "Novas Reformas do Processo Civil", Brasília, 3 a 5 de abril de 2006, p. 9).

30 *Poderes do juiz e tutela jurisdicional. A utilização racional dos poderes do juiz como forma de obtenção da tutela jurisdicional efetiva, justa e tempestiva.* Coleção Atlas de Processo Civil, coord. Carlos Alberto Carmona, São Paulo: Atlas, 2006, p. 221.

Por outro lado, ganha corpo a proposta de um processo de *estrutura cooperatória*, desenvolvido num ambiente de justiça *coexistencial*, no qual as partes ou interessados são estimulados a aproveitarem ao máximo a relação processual instaurada (chamada *jurisdição integral*), como uma oportunidade para a composição justa e tempestiva do conflito em todas as suas arestas. Essa nova perspectiva se oferece como alternativa ao processo de estrutura adversarial, instalado na arena judiciária, da qual, não raro, o *vencido não sai convencido*, e o vencedor, não raro, sai com a sensação de uma *vitória de Pirro*, seja pelo parco resultado do balanço entre custo e benefício, seja pelos custos incorridos e pelo *stress* experimentado ao longo da demanda, seja, enfim, pela distância entre o reconhecimento do direito e sua realização prática.

Por isso mesmo, como o reconhece Mauro Cappelletti, "há situações em que a justiça *conciliatória* (ou coexistencial) é capaz de produzir resultados que, longe de serem de 'segunda classe', são melhores, *até qualitativamente*, do que os resultados do processo contencioso. A melhor ilustração é ministrada pelos casos em que o conflito não passa de um episódio em relação complexa e permanente: aí, a justiça conciliatória, ou – conforme se lhe poderia chamar – a 'justiça reparadora' tem a possibilidade de preservar a relação, tratando o episódio litigioso antes como perturbação temporária do que como ruptura definitiva daquela; isso, além do fato de que tal procedimento costuma ser mais acessível, mais rápido e informal, menos dispendioso, e os próprios julgadores podem ter melhor conhecimento do ambiente em que o episódio surgiu e mostrar-se mais capazes e mais desejosos de compreender o drama das partes".[31]

A frustrante distância entre a *cognição* (acertamento, eliminação da incerteza) e a *realização efetiva* do comando judicial condenatório vinha, desoladamente, já reconhecida ao tempo do CPC/73, no item 3.º da Exposição de Motivos da citada Lei 11.232/2005, que viria instaurar o antes referido *processo sincrético*: "Triste engano: a sentença condenatória é título executivo, mas não se reveste de preponderante eficácia executiva. Se o vencido não se dispõe a cumprir a sentença, haverá iniciar o processo de execução, efetuar nova citação, sujeitar-se à contrariedade do executado mediante 'embargos', com sentença e a possibilidade de novos e sucessivos recursos". Observe-se que no vigente CPC a interposição de embargos manifestamente protelatórios é considerada "conduta atentatória à dignidade da justiça" - § único do art. 918.

31 Os métodos alternativos de solução de conflitos no quadro do movimento universal de acesso à justiça. *Revista Forense*, vol. 326, abr./jun. 2004, p. 126.

Conquanto se reconheça que o problema da efetividade da resposta jurisdicional não se coloca, ao menos precipuamente, em relação aos comandos *só declaratórios, na medida em que estes* apenas eliminam a crise de incerteza, nem tampouco em relação aos *constitutivos, porque estes* já alteram de per si o *statu quo ante,* não há negar que a carência de efetividade circunda os comandos judiciais *mais ocorrentes*, quais sejam os condenatórios, que cominam uma prestação positiva ou negativa – fazer, abster-se, tolerar, entregar, pagar – ficando a depender, pois, ou da *colaboração* do obrigado ou de um ato coercitivo estatal. Note-se que, se é verdade que na ação monitória a pretensão do autor pode, à míngua de resistência do réu, converter-se em título executivo (CPC, § 2º do art. 701; § 8º do art. 702), não é menos verdade que isso apenas aparelha a fase satisfativa, sem garantir, contudo, a concreta prestação do objeto, tendo em vista os possíveis incidentes e recursos, inclusive apelação contra a sentença que decide os embargos -§ 9º do art. 702.

Neste passo, vale registrar o afirmado por Cândido Rangel Dinamarco: "O sistema repele, todavia, a existência de sentenças que sejam somente mandamentais, sem serem condenatórias. O *mandamento*, ou comando a ter determinada conduta, é em alguns casos acrescido à eficácia de condenação, mas sem excluí-la. Existem, portanto, sentenças condenatórias puras e *sentenças condenatórias mandamentais*; e a eficácia de comando, ou mandamento, é acrescida pela lei nos casos em que o legislador entende conveniente, com o objetivo de promover com mais rapidez e agilidade a efetivação do preceito contido em sentença".[32]

Nessa linha exegética, o art. 515, I, do CPC fala nas "decisões proferidas no processo civil que *reconheçam a existência* de obrigação de pagar quantia, de fazer, de não fazer ou de entregar coisa", formulação que, de um lado, expande a extensão-compreensão desse título judicial e, de outro, potencializa a "eficácia contida" tradicionalmente reconhecida às sentenças (apenas) declaratórias, preordenadas a tão somente eliminar a incerteza (CPC, art. 19 e incisos). Essa evolução já vinha sinalizada no âmbito do STJ (REsp 588.202/PR, 1.ª T., rel. Min. Teori Albino Zavascki, j. 10.02.2004, *DJU* 25.02.2004, p. 123; REsp 526.655/SC, 1.ª T., rel. Min. Luiz Fux, j. 17.02.2005, *DJU* 14.03.2005, *in Lex STJ* 188/106; REsp 1.100.820/SC, 1ª Turma, rel. Min. Teori Albino Zavascki, j. 18.09.2012), mormente no respeitante às ações declaratórias de indébito fiscal, julgadas procedentes, entendendo-se que tal acolhimento já implica a formação, em prol do contribuinte, de um crédito em face do Fisco, podendo ser usado para fins de compensação ou execução via precatório.

---

32 *A reforma da reforma*, 4. ed., São Paulo: Malheiros, 2003, p. 231.

Nesse sentido, dispõe a súmula STJ nº 461: "O contribuinte pode optar por receber, por meio de precatório ou por compensação, o indébito tributário certificado por sentença declaratória transitada em julgado".

Fábio Guidi Tabosa Pessoa aplaude essa jurisprudência construtiva: "A ideia é que a formação do título e a consequente eficácia executiva surjam como *efeito secundário* da declaração, em decorrência direta da vontade da lei, e não como efeito *imediato e querido* do ato".[33]

Essas e outras inovações advindas ao longo da prolongada reforma por que vieram passando, desde o último quartel do século passado, o CPC/73 e a legislação processual extravagante, visaram otimizar e racionalizar o produto final da atividade judiciária do Estado, até como uma sorte de *compensação*, aos jurisdicionados, já que excluídos de promover justiça de mão própria. É dizer, se o Estado se reserva o monopólio da distribuição da Justiça (princípio da indeclinabilidade da jurisdição: CF, art. 5.º, XXXV), não pode se pretender liberado desse encargo com a singela oferta de uma decisão *qualquer*, mas sim com uma *resposta de qualidade*, que, a nosso ver, deve atender a seis atributos: justa, jurídica, econômica, tempestiva, razoavelmente previsível e idônea a assegurar a efetiva fruição do direito, valor ou bem da vida reconhecidos no julgado.

Nesse sentido, numa alegoria com o que se passa nas relações de consumo, pode o Estado-juiz ser visto como o *prestador* do serviço judiciário, em face do jurisdicionado, à sua vez posto como o *consumidor final* (não por acaso se fala em *clientes* eventuais ou habituais da Justiça), tudo ao fim e ao cabo se subsumindo ao espírito do art. 22, *caput*, do Código de Defesa do Consumidor: "Os *órgãos públicos*, por si ou suas empresas, concessionárias, permissionárias ou por qualquer outra forma de empreendimento, são obrigados a fornecer serviços *adequados*, *eficientes*, seguros e, quanto aos essenciais, *contínuos*". É inquestionável que o serviço de distribuição da justiça não pode sofrer solução de continuidade, o que veio confirmado pela EC 45/2004, ao inserir o inciso XII ao art. 93 da CF, determinando que "a atividade jurisdicional será ininterrupta, sendo vedado férias coletivas nos juízos e tribunais de segundo grau, funcionando, nos dias em que não houver expediente forense normal, juízes em plantão permanente".

Trata-se, pois de serviço *contínuo*, prestado ou posto à disposição do jurisdicionado, prestação remunerada pela taxa judiciária, donde responder o Estado pela recusa, deficiência ou oferta insuficiente da resposta jurisdi-

33 O título executivo declaratório na Lei 11.232/2005. *Revista da Escola Paulista da Magistratura*, ano 7, n. 2, jul./dez. 2006, p. 149.

cional, mormente nos casos em que o processo perdura por tempo excessivo e irrazoável (CF, art. 5.º, LXXVIII: EC 45/2004). Por conta do princípio da igualdade de todos perante a lei – que abrange não só a lei abstratamente posta no ordenamento como também aquela que tem sua passagem judiciária – e do advento de padrões judiciários impositivos (CF, art. 927 e incisos), é possível cogitar que o Estado haverá de responder por eventual prejuízo causado pela não aplicação de tais assentos obrigatórios ou por sua aplicação indevida; não por acaso, tal descumprimento desafia reclamação – CPC, art. 988, III e IV, incisos com redação da Lei 13.256/2.016.

Malgrado os esforços legislativos empreendidos em muitos países no sentido de remover alguns dos obstáculos à efetividade da resposta judicial, ainda ressoa forte o que Vittorio Denti, com respaldo em Roscoe Pound, chamou "la insoddisfazione popolare per l'amministrazione della giustizia".[34]

Tal deficiência só parece superável mediante a oferta ao jurisdicionado de *estradas vicinais* que possam recepcionar a crescente demanda por justiça, exacerbada numa sociedade massificada, competitiva e tendencialmente contenciosa. *Gritam os números* do gigantismo judiciário e da sobrecarga de processos judiciais, como estampado no boletim Justiça em Números, do CNJ, divulgado no segundo semestre de 2.019: "O Poder Judiciário finalizou o ano de 2018 com 78,7 milhões de processos em tramitação, aguardando alguma solução definitiva".[35] Ainda, informa esse mesmo boletim Justiça em Números, do CNJ: "Os cinco maiores tribunais estaduais (TJRS, TJPR, TJSP, TJRJ e TJMG) concentram 64% do Produto Interno Bruto (PIB) nacional e 51% da população brasileira, ao passo que os cinco menores tribunais estaduais (TJRR, TJAC, TJAP, TJTO, TJAL)abarcam apenas 2% do PIB e 3% da população".[36]

O crescimento geométrico da demanda por justiça evidencia que é inócuo tentar responder com o mero crescimento *físico* do Judiciário (mais fóruns, informática, servidores, juízes, enfim, mais custeio), escalada que vai empenhando parcelas cada vez mais expressivas do orçamento público, gerando focos de tensão com o Poder Executivo, já que este é igualmente pressionado a dispender recursos em setores prioritários e socialmente impactantes, como saúde, segurança pública, educação, saneamento básico.[37]

---

34 I procedimenti non giudiziali di conciliazione come istituzioni alternative. *Rivista di Diritto Processuale*, n. 3, jul.-set. 1980, p. 411.

35 Sítio www.cnj.jus.br, p. 79 do documento impresso, acesso em 11.11.2019.

36. Idem, p.27 do documento impresso, acesso em 11.11.2.019.

37 É preciso, pois, distinguir entre atividade-meio e atividade-fim, mormente para que se possa avaliar o custo-benefício na persecução de um dado objetivo. Com certeza, o

Nesse sentido, afigura-se que a única estratégia eficaz deve operar em duas frentes: (i) a oferta e o fomento de *outros meios* auto e heterocompositivos, que possam recepcionar a demanda reprimida; (ii) a implantação de uma verdadeira *política judiciária* de esclarecimento ao jurisdicionado, por modo a deixá-lo informado de que a justiça estatal não é o desaguadouro necessário de todo e qualquer interesse contrariado ou insatisfeito, havendo outras (e não raro mais adequadas) possibilidades de solução das controvérsias fora e além do custoso, lento e imprevisível processo judicial.

Esse contexto não se confina apenas à realidade brasileira, mas igualmente à experiência de países do *common law*, como os Estados Unidos, onde é notório o crescimento das *alternative dispute resolutions* (ADR's), não só como instrumentos ofertados aos interessados, mas como método diferenciado de composição de controvérsias e de prevenção à formação de lides judiciais, de que é exemplo o Tribunal Multi-Portas (*Multidoors Courthouse*).

Esclarecem André Gomma de Azevedo e Cyntia Cristina de Carvalho e Silva, reportando-se a Frank Sander e E. Donald Eliott: "Esta organização judiciária proposta pelo Fórum de Múltiplas Portas – FMP compõe-se de um poder judiciário como um centro de resoluções de disputas, com distintos processos, baseado na premissa de que há vantagens e desvantagens de cada processo que devem ser consideradas em função das características específicas de cada conflito. Assim, ao invés de existir apenas uma 'porta' – o processo judicial – que conduz à sala de audiência, o FMP trata de um amplo sistema com vários distintos tipos de processo que formam um 'centro de justiça', organizado pelo Estado, no qual as partes podem ser direcionadas ao processo adequado a cada disputa".[38]

Há alguns anos, Ada Pellegrini Grinover observara não haver dúvida de que "o renascer da conciliação é devido, em grande parte, à crise da Justiça. (...) O que não acarreta apenas o descrédito na magistratura e nos demais operadores do direito, mas tem como preocupante consequência a de incentivar a litigiosidade latente, que frequentemente explode em conflitos sociais, ou de buscar vias alternativas violentas ou de qualquer modo inadequadas (desde a justiça de mão própria, passando por intermediações arbitrárias e de prepotência, para chegar até os 'justiceiros').(...) Por isso mesmo, foi sa-

elevado custo da Justiça estatal não induz um saldo favorável quando cotejado com seu almejado produto final, a saber, a decisão de mérito definitiva, transitada em julgado.

38 Autocomposição, processos construtivos e a advocacia: breves comentários sobre a atuação de advogados em processos autocompositivos. *Revista do Advogado* (AASP), n. 87, set. 2006, p. 118.

lientado que a justiça tradicional se volta para o passado, enquanto a segunda compõe, concilia, previne situações de tensões e rupturas, exatamente onde a coexistência é um relevante elemento valorativo. Resulta daí que o método contencioso de solução das controvérsias não é o mais apropriado para certos tipos de conflitos, em que se faz necessário atentar para os problemas sociais que estão à base da litigiosidade, mais do que aos meros sintomas que revelam a existência desses problemas."[39]

Seria exagero afirmar que a função judicial configura uma *operação de resultado*, já que a fase de cumprimento do julgado pode não resultar exitosa em função de contingenciamentos e outras circunstâncias externas ao processo, como a liquidez do obrigado, a existência de ativos no patrimônio do vencido, e mesmo, em certos casos, a predisposição do obrigado a emitir um ato volitivo. Mas, por outro lado, não há negar que hoje o conceito de jurisdição não mais se limita ao singelo *dizer o direito*, nem à mera *eliminação da incerteza*, senão que compete ao Estado-juiz *acompanhar de perto* as ocorrências supervenientes, por modo a se tentar obter, no limite do praticamente possível, a *justaposição* entre o afirmado no comando judicial e a outorga concreta do direito, valor ou bem da vida.

Bem, por isso, já ao temo do CPC/73 a Lei 11.232/2005 veio suprimir da redação do art. 463 a expressão pela qual se considerava *cumprida e acabada* a função jurisdicional tanto que publicada a decisão de mérito; em verdade, esse momento processual não desconecta o juiz do processo, mas deflagra o início da fase recursal, na qual o magistrado, no tribunal, segue tendo funções a desempenhar (CPC, art. 932 e incisos), e, posteriormente, tornando o processo ao Juízo prolator da sentença recorrida, outras tarefas se apresentam na fase satisfativa (competência por conexão sucessiva: CPC, art. 516, II).

No senso que ora se vai desenvolvendo, afirma Luiz Guilherme Marinoni: "(...) a sentença que reconhece a existência de um direito, mas não é suficiente para satisfazê-lo, não é capaz de expressar uma prestação jurisdicional efetiva, uma vez que não tutela o direito e, por isso mesmo, não representa uma resposta que permita ao juiz se desincumbir do seu dever perante a sociedade e os direitos. Diante disso, não há dúvida de que a tutela jurisdicional só se aperfeiçoa, nesses casos, com a atividade executiva".[40]

---

39 A conciliação extrajudicial no quadro participativo. In: GRINOVER, Ada Pellegrini *et al.* (coord.), *Participação e processo*, São Paulo: Revista dos Tribunais, 1988, p. 278, 283.

40 A jurisdição no Estado Contemporâneo. In: MARINONI, Luiz Guilherme (coord.), *Estudos de direito processual civil*... cit., 2006, p. 57.

Note-se que mesmo em se tratando de processo de cunho *cominatório*, preordenado à consecução da prestação específica do objeto (mediante a imposição de *astreintes*, multa diária, medidas de apoio), tal configuração não garante que seja alcançada a almejada satisfação, até porque ali não se trata de providências de cunho sub-rogatório, e sim de coerção. É o que se colhe de sugestivo caso relatado por Jefferson Aparecido Dias, a propósito de certa ação civil pública movida pelo Ministério Público contra Anatel e Telesp: "Esta última foi condenada, em primeira instância, a recalcular as suas tarifas, sob pena de pagar uma multa diária de R$ 50.000,00, valor que em um mês podia chegar a R$ 1.500.000,00. Contudo, neste caso, o descumprimento da decisão gerava um lucro mensal aproximado de R$ 5,00 por conta de telefone, valor que, multiplicado pelo número de assinantes existentes em junho de 2004, que era 12.220.787, atinge valores superiores a R$ 61.000.000,00. Pela comparação dos números, percebemos que compensava à Telefônica não cumprir a decisão judicial, pois assim garantia o recebimento de aproximadamente R$ 61 milhões e tinha que pagar 'apenas' R$ 1,5 milhão de multa o que demonstra que o valor da multa fixada era totalmente insuficiente para pressionar pelo seu cumprimento (...)".[41] (Bem por isso, dispõe o § 1º do art. 537 do vigente CPC: "O juiz poderá, de ofício ou a requerimento, modificar o valor ou a periodicidade da multa vincenda ou excluí-la, caso verifique que: I - se tornou insuficiente ou excessiva").

Não convence o contra-argumento de que um engajamento mais incisivo do Judiciário no tocante à realização prática do comando judicial desbordaria de sua precípua e inerente função de entregar a prestação jurisdicional. Não é mais de atualidade a antiga concepção do processo de conhecimento, obstinada na erradicação da lide, pela imposição de um ato de força estatal simbolizado na sentença (a "solução adjudicada"), mas, diversamente, deve o juiz moderno trabalhar com a hipótese de que a *incerteza é imanente aos fatos da vida* e por isso mesmo ocorrente no comércio jurídico, cabendo antes ao julgador priorizar a *composição justa e tempestiva* da controvérsia, assim da demanda-núcleo como de eventuais pontos conflitivos periféricos, gerenciando um processo de estrutura cooperatória e não adversarial, em simetria com o *case management*, de uso corrente nos países de *common law*.

---

41 A efetividade das decisões proferidas em ação civil pública. In: OLIVEIRA NETO, Olavo (coord.). *Tutelas coletivas e efetividade do processo*, Bauru (SP): ed. Centro de Pós-Graduação do Instituto Toledo de Ensino, 2005, p. 49. (Outros informes sobre o caso relatado estão disponíveis em [http://www.stj.gov.br]).

No ponto, anota Diogo de Figueiredo Moreira Neto: "Assim é que o conceito antigo de ação pública – tradicionalmente burocrático, monolítico, centralizado e conduzido pela fé na imperatividade *à outrance* – tende a ceder com o despontar de uma nova concepção de ação pública criativa, flexível, descentralizada, negociada e orientada pela consensualidade. Com ela, o diálogo político e o administrativo se expandem e se processualizam para ganhar segurança, precisão e visibilidade, o que transforma, aos poucos, a decisão imposta em decisão composta, ou, como hoje já se convencionou identificar: o governo – a única solução imperativa, como método exclusivo de decisão política nas sociedades fechadas – cada vez mais se torna governança, a alternativa de solução dialogada e negociada, como método optativo de decisão política nas sociedades abertas".[42]

3. O JUDICIÁRIO ENQUANTO FUNÇÃO DO ESTADO CONTEMPORÂNEO.

Ao longo da história do Direito e da evolução das instituições, o Judiciário não apresentou um perfil homogêneo e estável, tanto em sua estrutura como em sua organicidade e, principalmente, no tocante à efetividade/credibilidade de suas decisões; essa diversidade conceitual e operacional se fez sentir na dupla perspectiva espacial e temporal. Basta atentar para a existência, em tantos países, de variadas formas de recrutamento de magistrados, ou ainda a diversa eficácia prática dos comandos judiciais, e mesmo para a própria credibilidade da instituição na avaliação dos jurisdicionados. Não estranha que a ideia-força do Judiciário tenha ficado mais atrelada à concepção de *Poder* e de soberania (*dimensão estática*, que respalda a força coercitiva das decisões) do que a uma vera *função de Estado* – a *dimensão dinâmica* – que possibilita uma avaliação continuada quanto ao *desempenho*.

Sob esse prisma o que interessa é saber se o produto final do Judiciário se legitima, não por si mesmo (autorreferente), mas pelas qualidades de que se reveste: a consistência jurídica das decisões; a credibilidade perante os jurisdicionados; a aptidão para implementar *in concreto* a solução prevista, *in abstracto*, na norma de regência.

Numa palavra, trata-se da *efetividade* exigida de toda a Administração Pública, em sentido largo, por textos de natureza cogente, a começar pelo art. 37, *caput*, da CF, passando pela Lei 9.784/99, reguladora do processo

---

42 Governo e governança em tempos de mundialização: reflexões à luz dos novos paradigmas do direito. *Revista do Tribunal de Contas de Minas Gerais*, n. 01/2007, disponível no sítio [www.tce.mg.gov.br], acesso em: 19.05.2008.

administrativo federal (art. 2.º), até o Código de Defesa do Consumidor – Lei 8.078/90 –, neste último texto podendo enquadrar-se o jurisdicionado como o *destinatário final do serviço estatal de distribuição da justiça*, ficando o Estado-juiz, em contrapartida, obrigado a fornecê-la, segundo as exigências fixadas no art. 22 e § único desse Código, dispositivo direcionado aos *órgãos públicos em geral*: a todos estes, sob pena de "reparar os danos causados", é cometida a obrigação de prestar "serviços adequados, eficientes, seguros, e quanto aos essenciais contínuos".

É dizer, aos jurisdicionados é reconhecido o direito (subjetivo público, porque exercido em face do Estado) a uma resposta judiciária de qualidade, a saber, aquela que atenda a *todos* estes quesitos: justa, jurídica, econômica, tempestiva, razoavelmente previsível e idônea a assegurar a efetiva fruição do direito, valor ou bem da vida reconhecidos no julgado.

Ao contemporâneo Estado Social de Direito não mais contenta uma singela divisão em *Poderes* (palavra que denota um ranço autoritário, ligado a uma concepção arcaica e estática da Autoridade Pública), mas, antes e superiormente, cabe falar numa divisão em *Funções*, visão mais afinada com a ideia de um Estado *retributivo e prestador*, engajado socialmente – o ideário do *Wellfare State* – e comprometido com a consecução de metas e programas adrede estabelecidos, no ambiente de uma desejável *telocracia*.

O chamado Estado Social de Direito, diz Fábio Konder Comparato, é aquele "em que os Poderes Públicos não se contentam em produzir leis ou normas gerais, mas dirigem efetivamente a coletividade para o alcance de metas predeterminadas". A legitimidade do Estado, prossegue, "passa a fundar-se, não na expressão legislativa da soberania popular, mas na realização de finalidades coletivas, a serem concretizadas programadamente; o critério classificatório das funções e, portanto, dos Poderes estatais só pode ser o das políticas públicas ou programas de ação governamental".[43]

Na era moderna, o *rito de passagem* de um Estado *nomocrático* (obcecado em "responder" aos problemas com *mais* normas), para o plano de um Estado social, prestador, solidário, engajado com o bem-estar da coletividade, deixou pegadas no terreno do Direito. Com efeito, hoje se pode reconhecer, mesmo nos ramos instrumentais, como o Direito Processual, que a nomogênese não pode ter um caráter apenas tecnicista, regulador, mas deve atender às exigências da responsabilidade social, no caso as justas expectativas do

43 Ensaio sobre o juízo de constitucionalidade de políticas públicas, *RT*, n. 737, mar./1997, p. 15-17, *passim*.

jurisdicionado com a oferta de uma resposta judiciária de qualidade, dotada dos seis atributos antes referidos.

A experiência recente tem revelado que é escusado buscar a otimização do processo e a satisfação dos jurisdicionados pelo singelo caminho das intermináveis alterações legislativas (*posta la legge è fatto l'imbroglio...*), fenômeno recorrente no Direito Processual, tais as idas e vindas em torno da audiência preliminar, do cambiante regime dos agravos, da imbricação entre cautela e antecipação de tutela, etc.. José Carlos Barbosa Moreira, ao tratar do que denominou "alguns mitos" na função judicial do Estado, confessa estar "convencido de que a ânsia de modificar incessantemente a lei – tão sensível, nos últimos anos, no campo processual – cresce na razão inversa de nossa disposição para pesquisar a realidade com critérios técnicos. (...) Ora, não tenho notícia de pesquisas que precedam as sucessivas reformas do Código de Processo Civil, ministrando aos projetos base firme em dados concretos. (...) Cumpre renunciar à ilusão de que a vida da norma termina no momento em que começa a viger, e daí por diante já não precisamos interessar-nos pelo respectivo destino. Muito ao contrário: nesse preciso momento é que se inicia a sua verdadeira vida – e é a partir daí que ela demanda nossa maior atenção."[44]

Assim como uma norma legal não se legitima por si mesma – ou seja, não pode ser *autopoiética* – mas sim em função de uma dada realidade pressuposta que ela se propõe a *modificar* (visão retrospectiva) ou de uma realidade que ela vem *criar* (visão prospectiva), também a atividade judicial de distribuição da Justiça não pode contentar-se com a singela e neutra "prestação jurisdicional", em si mesma (vide o expressivo número de extinções de processo sem julgamento do mérito), olvidando-se que esse *serviço público* colhe sua legitimidade na razão direta de sua *qualidade intrínseca*, isto é, de sua aptidão a resolver não só a relação processual, mas, e até principalmente, o seu conteúdo, isto é, a *crise:* de certeza, de satisfação, de segurança.

André de Albuquerque Cavalcanti Abbud anota que a "evolução política, que não deixou de marcar a transformação da ciência jurídica, representou nesta a passagem de uma concepção estruturalista para outra, de ordem funcionalista. As preocupações do jurista devem, assim, voltar-se hoje não mais à investigação autocentrada de naturezas e definições, desvinculadas de um propósito definido, mas sim ao estudo, criação e aprimoramento finalístico

44 O futuro da justiça: alguns mitos, *Temas de direito processual*, 8.ª série, São Paulo: Saraiva, 2004, p. 10, 11, 12.

dos institutos, com os olhos postos sobre os objetivos que sua existência ou advento procuraram alcançar".[45]

Assim ocorre (ou deveria ocorrer!) entre nós, considerando-se as metas, programas e compromissos fixados no texto constitucional, por exemplo o art. 3º, no qual constam os "objetivos fundamentais da República Federativa do Brasil" ("III – erradicar a pobreza e a marginalização e reduzir as desigualdades sociais e regionais"); o art. 212, *caput*, dizendo que o investimento municipal na manutenção e desenvolvimento do ensino deve onerar "vinte e cinco por cento, no mínimo, da receita resultante de impostos, compreendida a proveniente de transferências"; ou ainda, os "direitos sociais" concernentes a valores básicos, como "a educação, a saúde, o trabalho, a moradia, o lazer, a segurança, a previdência social, a proteção à maternidade e à infância, a assistência aos desamparados (...)" – art. 6.º, *caput*. A ninguém, seriamente, é dado sustentar que disposições como essas, presentes no texto fundamental do país, sejam meras sugestões, ou indicações, deixadas ao alvitre dos destinatários, em modo de singelas normas programáticas, desprovidas de impositividade e de remota possibilidade de aferição quanto à sua implementação prática.

O mesmo se diga quanto à função judicial: quem fixa os fins deve prover os meios, e assim o Estado, ao avocar a distribuição da Justiça (CF, art. 5.º, XXXV) a ser feita tempestivamente (CF, art. 5º, LXXVIII), assume (ou deveria assumir!) também o poder-dever de ofertar aos jurisdicionados uma resposta judiciária de qualidade, até como uma sorte de *compensação* por lhes haver suprimido a justiça de mão própria (CP, art. 345).

Panorama um tanto diverso do que se passa entre nós, em termos de controle de políticas públicas – inclusive a política judiciária – se descortina em países como os Estados Unidos, onde, por meio das chamadas *ações afirmativas*, o Governo é instado – geralmente mediante ações judiciais promovidas por advogados especializados – *public interest-lawyers* – a pôr em prática e controlar a efetividade das normas, diretrizes e programas concernentes a temas de largo impacto social, como a política ambiental, a segregação nas escolas, a igualdade sexual, a inclusão das minorias. A função judicial do Estado, tanto quanto o processo no qual ela se realiza, não pode quedar estática, alheia ao contexto sócio-político-econômico, certo que os pagadores de impostos (no caso dos jurisdicionados, a taxa judiciária) legitimam-se a ter acesso a números, cifras e dados objetivos que lhes permitam avaliar, criticamente, os resultados alcançados. Ao propósito, afirma Fábio Konder Comparato:

45 O conceito de terceiro no processo civil, *Revista da Faculdade de Direito da USP*, vol. 99, 2004, p. 850.

"Ora, se o Estado contemporâneo tem por finalidade última a transformação social, segue-se que a sociedade como um todo ou os diferentes grupos por ela beneficiados têm em conjunto um direito à aplicação dos programas de ação conducentes a esse resultado. E, se têm esse direito, devem ter também uma ação judicial que o assegure".[46]

Portanto, também o Judiciário, antes e além da *dimensão majestática* de um Poder da República, deve legitimar-se enquanto *Função* do Estado, cuidando para dela se desincumbir *eficazmente*, pacificando os conflitos com *justiça*, *razoável previsibilidade* e *sem dilações excessivas*. Novos instrumentos e institutos vêm sendo para tal disponibilizados, inclusive dentre os direitos e garantias individuais (e, portanto, como norma autoexecutável, *self enforcing*), como se dá com o direito de todo jurisdicionado à "razoável duração do processo" (CF, art. 5.º, LXXVIII, cf. EC 45/2004). Outrossim, o constituinte revisor inseriu (*rectius*, ampliou) a força vinculativa das súmulas do STF, autorizando a anulação do ato administrativo e a cassação da decisão judicial discrepantes das súmulas vinculantes, ou que as tenham aplicado indevidamente (art. 103-A, § 3.º, cf. EC 45/2004; CPC, art. 992).

Ainda no plano constitucional, potencializou-se a eficácia do recurso extraordinário, primeiro com a objetivação que se lhe foi reconhecendo, depois, com a otimização de sua função paradigmática, a partir da exigência adicional da "repercussão geral da questão constitucional" (§ 3.º do art. 102: EC 45/2004; CPC, art. 1.035 e §1º), por modo que, uma vez reconhecida a inexistência de tal repercussão, "o presidente ou o vice-presidente do tribunal de origem negará seguimento aos recursos extraordinários sobrestados na origem que versem sobre matéria idêntica" (CPC, § 8º do art. 1.035).

De outra parte, ao menos em termos de previsão constitucional, têm os usuários do serviço jurisdicional e parajurisdicional um canal de expressão de suas insatisfações, junto ao *Conselho Nacional de Justiça*, competente para "receber e conhecer das reclamações contra membros ou órgãos do Poder Judiciário, inclusive contra seus serviços auxiliares, serventias e órgãos prestadores de serviços notariais e de registro que atuem por delegação do poder público ou oficializados (...)" – art. 103-B, § 4.º, III: EC 45/2004.

O fato de a função judicial do Estado gozar de autonomia orçamentária, financeira e organizacional, não significa que ela possa realizar-se eficazmente em modo estanque, distanciada dos demais Poderes da República, até porque as missões institucionais do Estado contemporâneo revelam nítida interação

---

46 Novas funções judiciais no Estado moderno. *Revista dos Tribunais*, n. 614, dez./1986.

e complementaridade, de que é exemplo emblemático o procedimento para o *impeachment* do Chefe do Executivo, do qual participam: o Legislativo, ao decidir sobre a acusação contra essa Autoridade; o Judiciário, ao ceder o *locus* para os trabalhos, sob a condução do Presidente do STF (CF, art. 86 e §§). De outra parte, as competências legislativas são múltiplas e diversificadas: espraiam-se pelos entes políticos da República; comportam modalidades e diferentes cargas eficaciais (exclusivas, concorrentes, comuns, residuais); e, mesmo ao interno de um Tribunal judiciário, para além da atribuição precípua de julgar os processos, são desempenhadas outras tarefas, tais a de autogoverno, a correcional, de planejamento etc.

Nesse sentido, pondera Mônica Sifuentes: "É ponto pacífico na doutrina constitucional que a rígida teoria da separação de poderes encontra-se hoje mais bem representada pela ideia de interdependência e colaboração entre eles. O estabelecimento, portanto, de uma reserva, seja de legislação, jurisdição ou administração, expressa a necessidade de garantia mínima de que o órgão público destinado a realizar determinada função o faça de modo efetivo, sem a interferência dos demais, ao menos naquele núcleo de competências que lhe fora constitucionalmente destinado. Sob esse ponto de vista, poder-se-ia afirmar, ainda que com algum exagero, *que a reserva é o novo nome da separação dos Poderes.*[47]

Não há um consenso doutrinário acerca das funções hoje desempenhadas pelo Judiciário nos Estados de direito. Eugenio Raúl Zafaroni sobreleva o que considera *funções manifestas*, mormente a de *solucionar conflitos de interesses* (que a nosso ver é uma nota necessária, mas não exclusiva, porque, além dos órgãos propriamente judiciais (CF, art. 92 e incisos), há muitos outros que decidem controvérsias - Tribunais de Contas, de Impostos e Taxas, Desportivos, Marítimos - cabendo antes reconhecer como discrímens consistentes: (*i*) somente a decisão judicial de mérito fica imunizada com a agregação da *coisa julgada material*; (*ii*) sentenças e acórdãos judiciários só podem ser revistos (alterados/cassados) por outro julgado, no que se convencionou chamar *reserva de sentença*; (*iii*) o *autogoverno da magistratura* (CF, arts. 93, 95, 96) com vistas a preservar a necessária autonomia e independência aos órgãos judicantes; *(iv)* o *controle constitucional das leis*, chamada jurisdição constitucional, instrumentada na dupla via - difusa e concentrada - esta última consentindo vários meios (*ADIn* nas modalidades

---

47 *Súmula vinculante: um estudo sobre o poder normativo dos tribunais*, São Paulo: Saraiva, 2005, p. 88 (Nota: a expressão em itálico aparece referenciada à obra de Paulo Castro Rangel, *Reserva de Jurisdição*, cf. rodapé n. 238).

direta, interventiva e por omissão; *ADCon, ADPF*).[48] Luiz Flávio Gomes acrescenta a esse rol mais duas atribuições que singularizam o Judiciário: promover a *tutela dos direitos e garantias fundamentais* (*habeas corpus, habeas data*, mandado de segurança, mandado de injunção) e garantir *o Estado constitucional e democrático de Direito*.[49]

Importa reconhecer que a função judicante, outrora recepcionada e até monopolizada pelo Estado, hoje consente muitas modalidades, técnicas e instâncias auto e heterocompositivas, para além dos órgãos estatais arrolados no art. 92 e incisos da CF. Pode-se dizer que, atualmente, o critério determinativo dessa função deslocou-se da *auctoritas*, da *potestas*, que a atrelavam exclusivamente ao *poder estatal*, para ser reconhecida sempre que um órgão, instância ou agente seja idôneo a prevenir ou resolver um conflito de modo justo, em tempo razoável e com observância do devido processo; e isso não necessariamente por critério de legalidade estrita, mas, em muitos casos, por equidade, como é o caso da arbitragem (Lei 9.307/96, art. 2º, *caput*), ou na via consensual, pela intercessão de conciliador, mediador ou algum outro agente facilitador.

Um exemplo emblemático da *integração – complementaridade* entre os planos estatal e privado de distribuição da Justiça situa-se na arbitragem: os partícipes de uma relação jurídica obrigacional são livres para escolher aquela modalidade, como forma de dirimir futura e eventual pendência, assim renunciando *a priori* à Justiça estatal; mas, uma vez instalado o Juízo arbitral com a aceitação de tal encargo pelos que o irão compor (art. 19 e §§ da Lei 9.307/96), opera-se uma sorte de *oficialização* ou *jurisdicização* dessa instância, tornando-se o árbitro "*juiz* de fato e de direito, e a *sentença* que proferir não fica sujeita a recurso ou a homologação pelo Poder Judiciário" (Lei supra, art. 18). Sem embargo, ainda por conta da *integração-complementaridade* antes referida, em mais de uma oportunidade pode dar-se uma *passagem judiciária* da lide preordenada ao Juízo Arbitral: se houver resistência de uma das partes a constituir o *compromisso* (art. 7.º, *caput*, e § 7.º); se houver necessidade de condução coercitiva de testemunha ou de providência de caráter cautelar (§ 2.º do art. 22); se, enfim, a sentença arbitral estiver inquinada de alguma nulidade insuprível (arts. 32, 33, com as alterações promovidas pela Lei 13.129/2.015).

---

48 *Poder Judiciário: crise, acertos e desacertos*, trad. Juarez Tavares, São Paulo: Revista dos Tribunais, 1995, p. 22, 35, 36, *passim*.

49 *A dimensão da magistratura no Estado constitucional e democrático de direito*, São Paulo: Revista dos Tribunais, 1997, p. 21 e s.

4. O *DÉFICIT* DE CONFIABILIDADE SOCIAL NO SERVIÇO JUDICIÁRIO ESTATAL.

O *compromisso com o social* é um engajamento precípuo e permanente de toda função desempenhada pelo Estado contemporâneo, não só porque a gestão da coisa pública é feita em contemplação do atendimento ao interesse geral, mas também porque toda atividade estatal implica, ao fim e ao cabo, alguma oneração do patrimônio público, entendendo-se este, em sentido largo, como o espectro dos "bens e direitos de valor econômico, artístico, estético, histórico ou turístico" (§ 1º do art. 1.º da Lei 4.717/65), valendo lembrar que o *erário* é formado pela somatória dos tributos e demais contribuições financeiras aportados pelos *contribuintes*, expressão que, naturalmente, inclui os jurisdicionados.

Sendo pois a oferta de serviço judiciário uma prestação estatal, sujeita-se à nota da *eficiência*, que permeia toda a Administração Pública em sentido largo (CF, art. 37, *caput*); além disso, o jurisdicionado, enquanto destinatário final daquele serviço é equiparável a um *consumidor*, em face do qual o Estado obriga-se a cumprir as exigências do art. 22 e § único do CDC: "Os órgãos públicos (...) são obrigados a fornecer serviços adequados, eficientes, seguros e, quanto aos essenciais, contínuos", podendo a tanto ser compelidos, além de "reparar os danos causados, na forma prevista neste Código".

Fábio Peixinho Gomes Correa anota que "o exercício da jurisdição passa a envolver não apenas a aplicação das regras de Direito material e processual no caso concreto, mas também a interpretação do direito fundamental à participação e de outros valores democráticos, além da busca pela efetividade na prestação jurisdicional. Esse intenso comprometimento da ordem processual com a política faz com que o sistema processual reflita três aspectos fundamentais do Estado, quais sejam, 'a capacidade estatal de decidir imperativamente (poder)', 'o culto ao valor da liberdade' e 'assegurar a participação dos cidadãos'. A missão política que o Estado confia aos Juízes não é adequadamente desempenhada quando um desses aspectos fundamentais é desconsiderado, pois o modelo processual civil será estruturado a partir de técnicas que não visam ao atingimento do escopo político. Para evitar que isso ocorra, o exercício do poder jurisdicional deve ser organizado mediante atribuição, ao Juiz, de uma função gerenciadora dos escopos que o modelo processual deve atingir".[50]

---

50 *Governança judicial: modelos de controle das atividades dos sujeitos processuais*. Tese de doutorado sob orientação do Prof. José Rogério Cruz e Tucci, aprovada na Faculdade de Direito da Universidade de São Paulo em 12.06.2008, p. 215. (No excerto colacionado, o autor reporta-se ao estudo de Cândido Rangel Dinamarco, Escopos políticos... cit., In:

É dizer, ao Estado-juiz não é dado, sob qualquer pretexto ou motivo, fornecer prestação jurisdicional de baixa qualidade, e, em contrapartida, o jurisdicionado tem direito a uma resposta juridicamente consistente, inclusive no tocante aos quesitos da *motivação* e da prolação em *tempo razoável* (CF, art. 93, XI e art. 5.º, LXXVIII: EC 45/2004), parecendo-nos que tal resposta judiciária deve revestir-se de seis qualidades: *justa, jurídica, econômica, tempestiva, razoavelmente previsível e idônea assegurar a efetiva fruição do direito, valor ou bem da vida reconhecidos no julgado.*

A seu turno, José Carlos Barbosa Moreira entende que a relação processual, para ser efetiva, deve atender a estes requisitos: "a) o processo deve dispor de instrumentos de tutela adequados, na medida do possível, a todos os direitos (e outras posições jurídicas de vantagem) contemplados no ordenamento, quer resultem de expressa previsão normativa, quer se possam inferir do sistema; b) esses instrumentos devem ser praticamente utilizáveis, ao menos em princípio, sejam quais forem os supostos titulares dos direitos (e das outras posições jurídicas de vantagem) de cuja preservação ou reintegração se cogita, inclusive quando indeterminado ou indeterminável o círculo dos eventuais sujeitos; c) impende assegurar condições propícias à exata e completa reconstituição dos fatos relevantes, a fim de que o convencimento do julgador corresponda, tanto quanto puder, à realidade; d) em toda a extensão da possibilidade prática, o resultado do processo há de ser tal que assegure à parte vitoriosa o gozo pleno da específica utilidade a que faz jus segundo o ordenamento; e) cumpre que se possa atingir semelhante resultado com o mínimo dispêndio de tempo e energias".[51]

A *agenda de exigências* acerca da qualidade da prestação jurisdicional se intensificou, há algumas décadas, com a proclamação, por Mauro Cappelletti e Bryan Garth, das conhecidas três *ondas de renovação* do processo civil (*tre ondate*): "O recente despertar de interesse em torno do acesso efetivo à Justiça levou a três posições básicas, pelo menos nos países do mundo Ocidental. Tendo início em 1965, estes posicionamentos emergiram mais ou menos em sequência cronológica. Podemos afirmar que a primeira solução para o acesso – a primeira 'onda' desse movimento novo – foi a assistência judiciária; a segunda dizia respeito às reformas tendentes a proporcionar representação jurídica para os interesses 'difusos', especialmente nas áreas da

GRINOVER, Ada Pellegrini *et al.* (coord.). *Participação e processo*, São Paulo: Revista dos Tribunais, 1988, p. 124).

51 Notas sobre o problema da efetividade do processo, *Temas de direito processual*, 3.ª série, São Paulo: Saraiva, 1984, p. 27-28.

proteção ambiental e do consumidor; e o terceiro – e mais recente – é o que nos propomos a chamar simplesmente 'enfoque de acesso à justiça' porque inclui os posicionamentos anteriores, mas vai muito além deles, representando, dessa forma, uma tentativa de atacar as barreiras ao acesso de modo mais articulado e compreensivo".[52]

A facilitação do acesso à Justiça é de ser vista numa perspectiva de *inclusão social*, o que implica a compreensão do que Kazuo Watanabe chamou *litigiosidade contida*, mote principal da implantação, entre nós, dos *Juizados Especiais*, de início denominados "de pequenas causas", nos moldes da Lei 7.244/84, sendo, depois, regulados por leis diversas, atinentes à diversidade das matérias e à competência de foro: Leis 9.099/95 (nos Estados); 10.259/2001 (Justiça Federal); 11.340/2006, art. 29 (violência doméstica e familiar); 12.153/2009 (Fazenda Pública). Escrevendo ao tempo daquela primeira regulação, observava Cândido Rangel Dinamarco: "Dos escopos desta [da jurisdição] o drama da vida contemporânea em sociedade põe em patético realce o de pacificação social, eliminação de conflitos através do processo e das medidas imperativas a que ele conduz (escopo social da jurisdição). A angústia da via cara e complicada de acesso aos órgãos do Poder Judiciário, mais as prolongadas esperas pelo produto acabado dos demorados processos que este celebra formalmente, constituem fatores que, se não os agravam, impedem que o Estado possa eficazmente eliminar os conflitos que, no convívio social, conduzem à infelicidade pessoal de cada um e a atitudes de perigosa desconfiança em face das instituições estatais e descrença dos valores da sociedade. É preciso uma verdadeira cruzada contra a *litigiosidade contida*, a que alude com muita preocupação, em seu abnegado trabalho pela instituição dos Juizados de Pequenas Causas, o Des. Kazuo Watanabe, jurista de fina sensibilidade e amigo estimado, a quem é dedicado este livro".[53]

Em obra na qual avaliou o desempenho dos Juizados Especiais em nosso país, afirmou Luciana Gross Cunha: "A análise da variável 'qualificação das partes' constatou que 99,2% dos casos que compunham a amostra foram conduzidos por pessoas físicas e 0,8% por microempresas. Este resultado parece indicar que o Juizado Especial Cível Central da cidade de São Paulo cumpre um dos objetivos pelos quais foi criado, que é atender as demandas individuais do cidadão comum".[54]

---

52 *Acesso à Justiça*, trad. Ellen Gracie Northfleet, Porto Alegre: Sérgio Antonio Fabris, 1988, p. 31.

53 *Manual das pequenas causas*, São Paulo: Revista dos Tribunais, 1986, p. 1-2.

54 *Juizado Especial – Criação, instalação, funcionamento e a democratização do acesso à justiça*, São Paulo: Saraiva, 2008, p. 135.

A segunda das *ondas renovatórias* do processo civil, antes referidas, propugnou pela judiciabilidade dos interesses que se diriam *dessubstantivados*, esparsos por vastas coletividades de sujeitos indeterminados, sendo indivisível o objeto – os interesses difusos –, mencionados no art. 129, III, da CF e definidos no art. 81, § único, I, do CDC – e que, ainda antes dessa positivação, assim os havíamos conceituado em outra sede : "São interesses metaindividuais, que, não tendo atingido o grau de agregação e organização necessários à sua afetação institucional junto a certas entidades ou órgãos representativos dos interesses já socialmente definidos, restam em estado fluído, dispersos pela sociedade civil como um todo (*v.g.*, o interesse à pureza do ar atmosférico), podendo, por vezes, concernir a certas coletividades de conteúdo numérico indefinido (*v.g.*, os consumidores). Caracterizam-se: pela indeterminação dos sujeitos, pela indivisibilidade do objeto, por sua intensa litigiosidade interna e por sua tendência à transição ou mutação no tempo e no espaço".[55]

O reconhecimento da judiciabilidade desses interesses "sem dono" repercutiu em pontos nevrálgicos do processo civil: (*i*) conferiu uma *identidade processual* a certos valores e outras situações legítimas, fora e além do desenho clássico dos direitos subjetivos propriamente ditos, ao deslocar o eixo da legitimação para agir, do clássico atrelamento à *titularidade do direito* ("pertinência subjetiva do interesse")para o binômio *relevância social do interesse-representatividade adequada* do portador judicial; (*ii*) essa ocorrência revelou-se tendencialmente capaz de evitar a deletéria atomização do conflito coletivo, ao permitir a prolação de uma resposta judiciária unitária, com eficácia expandida (CDC, art. 103, I), assim propiciando o tratamento molecular do objeto judicializado, técnica em boa medida recepcionada na ratio do art. 139, X, do vigente CPC; (*iii*) potencializou-se a eficácia do processo, tradicionalmente vocacionado às lides entre sujeitos determinados, passando a operar como instrumento de reivindicações sociais de largo espectro, assim inserindo a via judicial no contexto da democracia participativa; (*iv*) alterou-se a postura do Estado-juiz, já agora induzido a deixar a clássica neutralidade desengajada, para se inserir no esforço comum por uma melhor gestão da coisa pública e preservação do interesse geral mormente quando instado em ações coletivas nas quais vêm questionadas políticas públicas.

Acerca deste último tópico é de expressiva importância a adoção, na Lei 13.655/2.018, do ideário do consequencialismo das decisões, por modo que o juiz, ao avaliar a conduta do agente público sindicada nos autos, levará em

55 *Interesses difusos – Conceito e legitimação para agir*, 8. ed., São Paulo: Thomson Reuters-Revista dos Tribunais, 2.013, p. 153.

conta, dentre outros parâmetros indicados nessa Lei, "as circunstâncias práticas que houverem imposto, limitado ou condicionado a ação do agente" (§ 1º do art. 22, inseridos por aquele texto legal na Lei de Introdução às normas do Direito Brasileiro (Dec. Lei 4.657/1.942,redenominado pela Lei 12.376/2.010).

Naturalmente, o acesso ao Judiciário de conflitos de largo espectro nos domínios sócio-político-econômicos engendra o risco da chamada *judicialização ou tribunalização da política*, mas o balanço das vantagens e ônus ainda assim resulta favorável à postura de um juiz compromissado com o escopo social do processo – mesmo que, eventualmente, possa incidir em algum excesso, corrigível na via recursal – no contraste com a postura do juiz distante das partes, desengajado, limitado à fria subsunção dos fatos à norma, esquecido de que o processo judicial não é um fim em si mesmo, mas um instrumento de participação social, que somente se legitima quando através dele se alcança o ideal da pacificação dos conflitos com justiça.

Observa, ao propósito, Ada Pellegrini Grinover: "Aos acrescidos poderes do juiz no processo; à sua transformação, de árbitro de contendas puramente jurídicas, em árbitro de conflitos sociais e políticos, não podem deixar de corresponder efetivos mecanismos de controle e fiscalização: seja no sentido negativo, de maior responsabilidade, seja no sentido positivo, de estímulo para a ascensão na carreira. Pois hoje, mais do que nunca, torna-se crucial a pergunta de Juvenal: *Quis custodiet custodes?*".[56]

A terceira *onda renovatória*, à sua vez, veio propor uma renovada leitura da jurisdição, até então monopolizada pelo Estado, pondo em realce que o Judiciário é que está jungido ao Estado, *e não o conflito*, este último podendo, perfeitamente, comportar modalidades diversas de prevenção e resolução, inclusive mediante a renúncia à Justiça estatal, em optando as partes pela arbitragem (CPC, § 1º do art. 3º; art. 485, VII). Nesse passo, constata-se que o legislador brasileiro está afinado com a tendência mundial de fomento aos chamados *meios alternativos*, ao repassar aos Tabelionatos atribuição para processar e resolver inventários, partilhas, separações e divórcios consensuais em que as partes sejam capazes e não haja conflito (CPC, art. 610 e § 1º; art. 733, caput), assim como ao repassar aos Bancos oficiais atribuição para recepcionar e resolver consignações em pagamento (CPC, art. 539 e § 1º).

Mauro Cappelletti afirmou que essa tendência implica em romper com a velha concepção *ptolemaica*, "que consistia em ver o direito sob a única

---

56 A crise do Poder Judiciário, *Revista da Procuradoria Geral do Estado de São Paulo*, dez./1990, p. 23.

perspectiva dos 'produtores' e de seu produto: o legislador e a lei, a administração pública e o ato administrativo, o juiz e o provimento judicial. A perspectiva de acesso consiste, ao contrário, em dar prioridade à perspectiva do consumidor do direito e da justiça: o indivíduo, os grupos, a sociedade como um todo, suas necessidades, a instância e as aspirações dos indivíduos, grupos e sociedades, os obstáculos que se interpõem entre o direito visto como 'produto' (lei, provimento administrativo e sentença) e a justiça vista como demanda social, aquilo que é justo. A tentativa é aquela de aproximar o direito da sociedade civil".[57]

A necessária oferta de *estradas vicinais* que possam atrair o excessivo trânsito de processos em curso na *main road* da Justiça estatal é particularmente premente nos países pobres e nos que estão em desenvolvimento, nos quais é mais exacerbada e direta a relação entre a falta ou oferta insuficiente de justiça e o aumento das tensões sociais e da violência ao interno da coletividade; esse contexto, ocorrente em grande parte do planeta, torna imperiosa e urgente a disponibilização dos chamados *equivalentes jurisdicionais*. A propósito, aduz Eduardo Silva da Silva: "Em tempo em que todos reconhecem a necessidade de aprimoramento do Judiciário e, mais do que isto, de que a sociedade que é *plural* encontre soluções também *plurais* para as suas tantas, atuais e futuras crises, os meios alternativos não podem ser vistos de *per se* como enfraquecedores do Estado enquanto juiz".[58]

No Brasil, malgrado as sucessivas alterações na legislação processual, voltadas a agilizar a resposta judiciária - iniciativas em geral carentes de um acompanhamento quanto ao seu efetivo desempenho - não há negar que, aos olhos da população, a confiabilidade na função jurisdicional está em baixa, sendo múltiplos os fatores e diversa a etiologia desse descrédito, amiúde repercutido na mídia: vai desde a *cultura judiciarista* (o vezo arraigado de levar toda e qualquer controvérsia à Justiça, em detrimento da auto ou heterocomposição não estatal), passa pela consequência dessa *praxis* - a crise numérica dos processos pendnetes - até alcançar a inevitável postergação da resposta jurisdicional, sem falar em outras deletérias externalidades negativas: a imprevisibilidade dos julgamentos (a chamada *loteria judiciária*);[59] os

57 Acesso à justiça e função do jurista em nossa época, *Revista de Processo*, n. 61, p. 156.

58 Meios alternativos de acesso à Justiça: fundamentos para uma teoria geral. Revista *Processo e Constituição*, Faculdade de Direito da Universidade Federal do Rio Grande do Sul, n. 1, dez./2004, p. 186.

59 Ao propósito da *justiça lotérica*, escreveu o magistrado paulista Walter Alexandre Mena: "Natural e previsível, portanto, mas exclusivamente em primeiro grau, do que decorre a

estipêndios dos integrantes da justiça estatal, em evidente descompasso com os praticados em face dos operadores do Direito no contexto geral do país; benesses funcionais despropositadas, que as sucessivas emendas constitucionais não conseguem extinguir; casos – felizmente esporádicos – de improbidade.

Uma prestigiada pesquisadora da estrutura e funcionamento da Justiça brasileira, Maria Teresa A. Sadek identifica um *Brasil legal* ("o país da igualdade, da incorporação de direitos, do respeito às normas", e um *Brasil real* ("o país da desigualdade, da exclusão, do desrespeito aos princípios legais"). (...) "As deficiências do Judiciário muito contribuíram para esse diagnóstico. O repertório popular é cáustico em relação à instituição e à universalidade das leis. Além da morosidade, julga-se que o Judiciário é inacessível para a maior parte da população e que as leis não valem de igual modo para todos. Esses traços, por si sós, impediriam uma aproximação entre os dois Brasis."[60]

O magistrado paulista Walter Alexandre Mena foi incisivo a respeito desse preocupante panorama. "Ninguém discorda: o Judiciário está em crise, fazendo-se desacreditado pela sua exagerada morosidade, cujo sinônimo é a sensação de impunidade, que estimula a transgressão das leis, a violência, o descumprimento das obrigações, o que faz aumentar a quantidade de litígios e produz mais morosidade. É um círculo vicioso perverso, aparentemente sem solução. Aliado a isso aponta-se também a imprevisibilidade das decisões, tudo a produzir o descrédito na justiça oficial e inibir investimentos estrangeiros".[61]

Um fator ponderoso dessa baixa *performance* – e que não tem recebido a devida atenção – reside na leitura exacerbada do (princípio? garantia? cláusula

---

divergência entre os mais variados juízes, cada qual interpretando a lei de modo diverso, a ausência de perfeita 'previsibilidade' das decisões judiciais. O que não se admite, porém, é a persistência dessa divergência nos Tribunais estaduais, cuja missão é justamente a de uniformizar a jurisprudência no âmbito estadual, nem a divergência dentro dos Tribunais Superiores, que têm a missão de uniformizá-la em âmbito nacional. (...) É necessário acabar com a *justiça lotérica*: dentro do mesmo Tribunal, Câmaras ou Turmas decidem de forma antagônica, como se cada uma delas não representasse o próprio Tribunal, mas cada qual um tribunal distinto. Como explicar que dois funcionários em idêntica situação dentro da mesma repartição, demandando o mesmo direito, recebam decisões em sentido oposto?" (Súmulas da jurisprudência predominante do Tribunal de Justiça de São Paulo: necessidade e inevitabilidade de sua instituição. *Revista da Escola Paulista da Magistratura*, ano 8, n. 2, jul./dez. 2007, p. 21, 22, itálicos no original).

60 Efetividade de direitos e acesso à Justiça. In: RENAULT, Sérgio Rabello Tamm; BOTTINI, Pierpaolo (coords.). *Reforma do Judiciário*, São Paulo: Saraiva, 2005, p. 275.

61 Súmulas..., cit., *Revista da Escola Paulista da Magistratura*, ano 8, n. 2, jul./dez. 2007, p. 14.

pétrea?) *acesso à Justiça, dita* indeclinabilidade, ubiquidade ou inafastabilidade do controle jurisdicional (CF, art. 5.º, XXXV): "A lei não excluirá da apreciação do Poder Judiciário lesão ou ameaça a direito". O exacerbado e irrealista elastério com que tem sido interpretado esse dispositivo tem deixado como resíduo negativo a popularizada (e atécnica) percepção de que há uma oferta genérica, prodigalizada e incondicionada do serviço judiciário, o que, não raro, acaba operando como um convite ou estímulo à litigância. Essa equivocada percepção provoca graves efeitos colaterais: (*i*) desestimula a busca pelo mútuo entendimento entre os próprios contraditores; (*ii*) desprestigia as formas alternativas de solução de conflitos, auto ou heterocompositivas, fora e além do aparato judiciário estatal; (*iii*) sobrecarrega os órgãos jurisdicionais, que, não podendo atender satisfatoriamente ao excesso de demanda, ou bem postergam indefinidamente o desfecho dos processos, atritando a diretriz da razoável duração dos processos (CF, art. 5.º, LXXVIII) ou então passam a fornecer resposta judiciária sofrível, sobretudo nos quesitos da fundamentação e do exame singular de cada caso concreto, assim sucumbindo à *justiça de massa*. (Ao propósito deste último aspecto, o vigente CPC identifica as decisões consideradas não-fundamentadas (§ 1º e incisos do art. 489), vale dizer: nulas - CF, art. 93, IX).

A *leitura ufanista* e irrealista do pré-citado dispositivo constitucional peca, ainda, por abstrair ou minimizar o fato de que o acesso à Justiça não é deflagrado por mero *direito de petição* (CF, art. 5.º, XXXIV, a: formulação genérica, informal e incondicionada), e sim pelo *direito de ação*, que, diversamente do primeiro, pressupõe atendimento a quesitos específicos, chamados – *pour cause* – *condições* da ação (CPC, art. 17: interesse e legitimidade; art. 319, III: fundamento jurídico do pedido), reclamando-se ainda, para configuração de um processo existente e válido, o atendimento a certos pressupostos – negativos e positivos – sem o que o juiz simplesmente não pode adentrar o mérito do litígio (CPC, art. 485, IV, VI).

(Ao início da vigência do atual CPC registrou-se alguma controvérsia quanto à subsistência da condição da ação dita "possibilidade jurídica do pedido", antes mencionada no art. 295, § único, III, do CPC/73; todavia, nos parece que ela, simplesmente, não ter como ser dispensada, porque a pretensão judicializada há de estar, ao menos in statu assertionis, radicada em algum ponto do ordenamento positivo. Ao propósito, José Miguel Garcial Medina observa que o vigente CPC "optou por admitir a improcedência liminar do pedido, em casos em que a pretensão do autor seja nitidamente contrária a norma jurídica (cf. comentário ao art. 332 do CPC/2015), situação que se aproxima daquela que, à luz do CPC1973 poderia ser considerada impossibilidade jurídica da ação, orientação que nos parece acertada (nesse sentido, cf. FPPC, Enunciado 36").[62]

A configuração do interesse de agir a partir da prévia passagem da controvérsia por certas instâncias parajurisdicionais se evidencia tomando-se o mote dos meios alternativos da solução de conflitos, tanto na Justiça comum como na Justiça Desportiva: no primeiro caso, a existência de convenção de arbitragem (Lei 9.307/96) leva à extinção do processo sem julgamento do mérito (CPC, art. 485, VII), a par de o art. 42 dispor que a competência do juiz togado para julgar a causa depende de que as partes não tenham antes optado pelo juízo arbitral; forte nessas disposições, José Miguel Garcia Medina afirma: "Fica clara, diante disso, a opção do legislador em dar-se primazia à jurisdição arbitral, quando as partes tiverem convencionado nesse sentido"; [63] na segunda hipótese, a judicialização do conflito condiciona-se à prévia submissão da controvérsia ao Tribunal Desportivo (CF, art. 217 e § 1.º). Tais ocorrências evidenciam que o acesso à Justiça estatal pode (e até deve) consentir certos *filtros* ou elementos de contenção, por modo a se preservar a função judicial aos casos singulares, complexos ou tornados incompossíveis pelos outros meios. Essa é a ratio subjacente à admissão do habeas data, ao exigir a Lei 9.507/97, no art. 8º e incisos, que a petição inicial venha instruída com a prova da recusa, pela origem, de atendimento ao pleito do interessado.

Examinando o problema da sobrecarga de processos que afluem ao Superior Tribunal de Justiça, José Manuel de Arruda Alvim Neto observa não haver outra saída senão "sacrificar aquilo que patentemente, é destituído de importância. Se assim não se agir, mas partir-se de premissa *manifestamente falsa*, de que *tudo* (todas as causas e questões) é importante, o que acaba acontecendo é que haverá um emperramento imobilizador da atividade jurisdicional, com o que o prejuízo resulta geral e positivamente indiscriminado. Quando se diz que *tudo é importante*, disso normalmente resulta que *nada ou quase nada é tratado como realmente importante*". A positivação de *filtros* ou *elementos de contenção*, prossegue Arruda Alvim, "se não atinge as culminâncias de um idealismo irrealizável – Justiça perfeita e pronta para milhões –, realiza muito melhor o que, diante das contingências, é *realmente possível operacionalizar*".[64]

---

62. *Novo Código de Processo Civil comentado* 5ª ed., 2.017, cit., nota II ao art. 17, p. 92. (Nota: a sigla FPPC refere-se ao Fórum Permanente de Processualistas Civis).
63. Idem, nota IV ao art. 337, p. 611.
64 A alta função jurisdicional do Superior Tribunal de Justiça no âmbito do recurso especial e a relevância das questões. *Revista de Processo*, n. 96, out./dez. 1999, p. 42.

É o que se verifica no acesso ao TST: tratando-se de Corte superior, e sendo o recurso de revista um apelo de estrito direito, houve por bem o legislador exigir que a admissão de tal recurso fica a depender, a par do atendimento a outros quesitos, ainda da demonstração da transcendência da questão (CLT, art. 896-A e § 1º, este último acrescido pela Lei 13.467/2.017).

Numa palavra, tratar-se-ia da aplicação, no ambiente judiciário, da chamada *reserva do possível.* Com efeito, a seleção dos processos por critérios predeterminados, como requisito para o acesso às Cortes Superiores - *v.g.*, repercussão geral/transcendência da questão de direito; formação de paradigma para aplicação isonômica a casos análogos – revela-se inarredável, pena de se inviabilizar o funcionamento desses Tribunais de cúpula, que de outro modo ficariam convertidos em *mais uma* instância de revisão.

Não há negar que a leitura exacerbada e irrealista do contido no inc. XXXV do art. 5.º da CF veio, em boa medida, insuflada pela prodigalizada inserção, no texto constitucional e infraconstitucional, de uma pletora de novos (ou expandidos) direitos individuais, sociais e coletivos, à sua vez instrumentados por ações diferenciadas: demandas individuais diversas, em campos naturalmente conflitivos, como planos de seguro-saúde, telefonia celular, crediários, contas correntes e de poupança, programas governamentais de casa própria; ações coletivas consumeristas, em nome de interesses individuais homogêneos - CDC, arts. 81, § único, III, e 91; mandado de segurança individual e coletivo; *habeas data;* mandado de injunção individual e coletivo (respectivamente: CF, art. 5.º, LXX, LXXI, LXXII); *ADPF, ADin, ADCon, ADin por omissão* (respectivamente: CF, §§ 1.º e 2.º do art. 102; § 2.º do art. 103); ações coletivas de entidades associativas em defesa de seus aderentes (CF, art. 5.º, XXI); ação civil pública (CF, art. 129, III), ampliação do objeto da ação popular (CF, art. 5.º, LXXIII); inserções da ação civil pública em estatutos concernentes a segmentos específicos, como os da *criança e adolescente* (Lei 8.069/90, art. 201, V), *consumidor* (Lei 8.078/90, art. 117), *idoso* (Lei 10.741/2003, arts 78 a 92), *torcedores* (Lei 10.671/2003, art. 40), *raças e etnias* (Lei 12.288/2010, art. 55).

Não há negar que uma tal prodigalidade legislativa e instrumental, se, por um lado, fomentou o exercício da cidadania, por outro lado, contribuiu para criar um certo *clima de euforia* e uma *expectativa exagerada* na solução de conflitos pela via judicial.

No ponto, analisa José Renato Nalini: "Após a Constituição de 1988, aquela que mais acreditou na solução judicial dos conflitos, multiplicaram-se as lides. As pessoas acreditaram na Justiça. Essa uma das causas da pletora de processos. O Judiciário padece de excesso de saúde. Os tribunais atulhados de processos significam a prova de que a comunidade ainda não desacredita o Judiciário".[65] Talvez se devesse acrescentar, nessa ponderada avaliação, que a coletividade – a um tempo destinatária da prestação jurisdicional e provedora de seu custeio, como pagadora de impostos e das taxas judiciárias – *ainda* acredita no sistema judiciário, mas o afluxo crescente dos processos em curso, a par de outras mazelas ressaltadas ao longo deste trabalho, põem em risco a eficiência esperada, levando de envolta a credibilidade da população esse serviço estatal.

A saída possível desse impasse pressupõe uma conjugação de fatores: um, de caráter social, a saber, a superação da *mentalidade demandista* e da *cultura judiciarista*, com o fomento de outros meios, auto e heterocompositivos; outro fator, ligado à vontade política, consistente na produção de leis processuais progressistas e inovadoras, acompanhadas dos devidos investimentos em estrutura e logística, de que é exemplo a Lei 11.419/2006, sobre a informatização do processo judicial. Em contrapartida, um exemplo de conservadorismo retrógrado se observa na resistência à implantação das *teleaudiências*, no processo criminal, medida claramente preordenada a agilizar o rito, desonerar o Estado da deslocação do detento até o Fórum e proteger a população, dada a virtualidade de evasão durante esse trajeto.

Em verdade, *gritam os números* no balanço entre o *in put* e o *out put* dos processos na Justiça brasileira, conforme se colhe do boletim Justiça em Números, do CNJ, divulgado no segundo semestre de 2.019, ano-base 2.018: "(...) mesmo que não houvesse ingresso de novas demandas e fosse mantida a produtividade dos magistrados e dos servidores, seriam necessários aproximadamente 2 anos e 6 meses de trabalho para zerar o estoque".[66] Já em números globais, informa o citado boletim: "Em média, a cada grupo de 100.000 habitantes, 11.796 ingressaram com uma ação judicial no ano de 2018". [67]

Em verdade, não se preparou o Judiciário brasileiro para a *explosão da litigiosidade* prenunciada por fatores como o crescimento demográfico, o adensamento da população nas grandes cidades, o *déficit* de emprego, o aumento da violência, o baixo investimento em educação. Vendo-se impotente para enfrentar tantas concausas, restou ao Judiciário – em modo deliberado ou não – adotar posturas de sobrevivência, ora exacerbando a *funcionarização* da atividade judiciária (por vezes atritando o disposto na CF, art. 93, XIV: EC

---

65 A democratização da administração dos tribunais cit. In: RENAULT, Sérgio Rabello Tamm; BOTTINI, Pierpaolo (coords.). *Reforma do Judiciário* cit., 2005, p. 172.

66 Sítio www.cnj.jus.br, acesso em 11.11.2019, p. 80 do documento impresso.

67 Sítio www.cnj.jus.br, acesso em 11.11.2.019, p. 84 do documento impresso.

45/2004), ora persistindo no vezo da extinção dos processos sem resolução do mérito, ora revelando escassa aptidão para dirimir os megaconflitos, que transcendem a *crise jurídica*, empolgando questões multifacetadas, de largo espectro social.

José Renato Nalini toca o delicado ponto da deficiente formação dos magistrados nos assuntos metajurídicos: "Olhar o que acontece no mundo todo e analisar a verdadeira revolução operada nos outros setores. Entregar as tarefas especializadas a especialistas. Não pretender que juízes sejam onipotentes e devam entender de todos os assuntos e assumir tarefas para as quais não foram formados. Se o juiz sabe confiar no perito dentro do processo, por que não entregar a *experts* os setores de que não sabem desincumbir-se?".[68]

Esse aspecto da especialidade do julgador é um dos fatores do crescimento e prestígio dos Tribunais de Arbitragem, exigindo o § 6º do art. 13 da Lei 9.307/96 que o árbitro seja *competente*, vale dizer, proficiente na matéria submetida à sua resolução, e não um "especialista em generalidades" como, por vezes, à falta de outra opção, acaba atuando o juiz togado. Esclarece Carlos Alberto Carmona: "Espera-se que o julgador escolhido pelas partes seja um especialista no assunto e que tenha razoável experiência na matéria. Não raro estabelecem as partes, quando delegam a indicação de árbitros a órgãos institucionais, que o julgador deverá ter um mínimo de tantos anos de experiência em tal ou qual atividade, ou que deverá ter participado de uma grande empresa de determinado ramo pelo menos durante tantos anos. Quer-se do árbitro – não se pode esquecer – decisão técnica, especializada, melhor do que aquela que seria de esperar de um juiz estatal!".[69]

Um exemplo da *postura judiciária restritiva e reducionista*, no campo da judicialização de novos direitos e das formas de instrumentá-los, deu-se com o *mandado de injunção*, instituído pela CF de 1988. Sua *praxis* no STF fora precedida de enorme expectativa, mormente pela alardeada aptidão daquele instrumento para implementar relevantes direitos constitucionais deixados em estado latente por falta de norma regulamentar (CF, art. 5.º, LXXI): entendeu a Corte Suprema, inclusive por argumentos que relevam da separação entre os Poderes, que só lhe caberia *instar* junto ao Poder indigitado em mora *legislativa* ou *regulamentar*, para que suprisse tal omissão, dado não poder o STF atuar como *legislador positivo*. Emblemático, nesse sentido, o decidido

---

68 "Nem tudo é dinheiro", artigo publicado no jornal *O Estado de S. Paulo*, 02.07.2007, cad. A-2.

69 *Arbitragem e processo: um comentário à Lei n. 9.307/96*, 3. ed., São Paulo: Atlas, 2009, p. 243.

no MI 584, rel. Min. Moreira Alves, *DJ* 22.02.2002: "Esta Corte, ao julgar a ADIN n. 4, entendeu, por maioria de votos, que o disposto no § 3.º do art. 192 da Constituição Federal [depois revogado pela EC 40/2003] não era autoaplicável, razão por que necessita de regulamentação. Passados mais de doze anos da promulgação da Constituição, sem que o Congresso Nacional haja regulamentado o referido dispositivo constitucional, e sendo certo que a simples tramitação de projetos nesse sentido não é capaz de elidir a mora legislativa, não há dúvida de que esta, no caso, ocorre. Mandado de injunção deferido em parte, para que se comunique ao Poder Legislativo, a mora em que se encontra, a fim de que adote as providências necessárias para suprir a omissão, deixando-se de fixar prazo para o suprimento dessa omissão constitucional em face da orientação firmada por esta Corte". [70]

Ao propósito desse julgado do STF comenta Ricardo de Barros Leonel, "o Pretório Excelso equiparou a eficácia jurídica e prática do mandado de injunção à ação declaratória de inconstitucionalidade por omissão (art. 103, § 2.º da CF). Essa linha de raciocínio contraria a própria essência do mandado de injunção e o torna, na prática, inócuo: sua finalidade é justamente permitir o exercício de um direito que não está sendo usufruído, porque a Constituição, quanto a ele, não foi regulamentada".[71]

Saliente-se que a Lei 13.300/2.016 veio regulamentar o inciso LXXI da CF, valendo destacar o disposto no art. 8º: "Reconhecido o estado de mora legislativa, será deferida a injunção para: I – determinar prazo razoável para que o impetrado promova a edição da norma regulamentadora; II – estabelecer as condições em que se dará o exercício dos direitos, das liberdades ou das prerrogativas reclamados ou, se for o caso, as condições em que poderá o interessado promover ação própria visando a exercê-los, caso não seja suprida a mora legislativa no prazo determinado". § único (omissis). Saliente-se ainda

70. A Lei 13.300/2.016, no art. 8º e incisos, estabelece os parâmetros da decisão no mandado de injunção, após "reconhecido o estado de mora legislativa".

71 Anteprojeto de Código Brasileiro de Processos Coletivos: a ação popular, a ação de improbidade, o mandado de segurança coletivo e o mandado de injunção. In: SALLES, Carlos Alberto de *et al.* (coord.). *Processos coletivos e tutela ambiental*, São Paulo: Universitária Leopoldianum, 2006, p. 192. (A seu turno, Elival da Silva Ramos qualifica o mandado de injunção, assim como a súmula vinculante, como "atividade normativa atípica do STF", esclarecendo que "evoluiu a Corte para abraçar a posição mais ousada em matéria de suprimento normativo pela via injuncional, assumindo que lhe cabe proceder, subsidiária e provisoriamente, à regulamentação do 'modo de exercício do direito com eficácia *erga omnes*'" (*Ativismo judicial – parâmetros dogmáticos*, São Paulo: Saraiva, 2010, p. 292, 302, 303.).

que a decisão poderá ter eficácia ultra partes, *erga omnes* ou ainda pan-processual, nos termos do art. 9º e §§ 1º e 2º daquela lei. Enfim, destaque-se ainda a previsão do mandado de injunção coletivo: art. 12, incisos e § único; art. 13 e § único.

Em verdade, o déficit de confiabilidade no serviço judiciário estatal apresenta variada etiologia – causas estruturais, organizacionais, orçamentárias e até conceituais – tudo a recomendar a premente conscientização dos operadores do Direito em ordem a uma corajosa *mudança de mentalidade* de parte dos órgãos e autoridades encarregados do planejamento e avaliação de desempenho da Justiça brasileira, máxime o Conselho Nacional de Justiça. Essa *mudança de mentalidade* tem como precípuo destinatário o próprio juiz do caso concreto, porque decide segundo sua persuasão racional, calcada no alegado e provado nos autos.

Nesse contexto é de ser devidamente ponderada e debatida, dentre nós, a contemporânea técnica da *governança judicial do processo*, de livre curso na experiência norte-americana (o *case management*), anotando, a propósito, Sidnei Agostinho Beneti: "O juiz deve ser encarado como um gerente de empresa, de um estabelecimento. Tem sua linha de produção e o produto final, que é a prestação jurisdicional. Tem de terminar o processo, entregar a sentença e a execução. Como profissional de produção é imprescindível mantenha ponto de vista gerencial, aspecto da atividade judicial que tem sido abandonado".[72]

5. OS CONFLITOS METAINDIVIDUAIS E SUA RECEPÇÃO PELO JUDICIÁRIO.

Em decorrência da separação entre os Poderes, os conflitos de interesse, entre nós, costumam se encaminhar a instâncias diversas, em função de sua diversa natureza, ou ainda, por peculiaridades dos sujeitos envolvidos: os dissídios entre pessoas determinadas, assim os ocorrentes entre sujeitos singulares como entre os litisconsorciados, são recepcionados pela jurisdição singular, que tem seu expoente normativo no Código de Processo Civil, ao passo que os conflitos concernentes a sujeitos indeterminados (absoluta ou relativamente), envolvendo interesse indivisível (absoluta ou relativamente), têm seara própria na jurisdição coletiva.

Um exemplo do antes afirmado está no controle de constitucionalidade: no modo difuso, incidental, *in concreto*, ou por via de exceção, um contribuinte pode arguir a inconstitucionalidade da lei na qual radica a pretensão

---

72 *Da conduta do juiz*, 3. ed., São Paulo: Saraiva, 2003, p. 12.

tributária: a decisão a respeito ficará cingida a essas duas partes, por força dos limites subjetivos da coisa julgada (CPC, art. 506, c/c art. 948), até que o Senado, no controle político, haja por bem emitir resolução suspendendo a execução (*sic*) da norma questionada (CF, art. 52, X). Já no modo concentrado, direto, abstrato, por *ADIn* ou *ADCon*, tal declaração terá eficácia *erga omnes* (perspectiva horizontal) e efeito vinculante (perspectiva vertical: CF, § 2.º do art. 102), havendo possibilidade de modulação temporal dos efeitos desse julgado, nos moldes do art. 27 da Lei 9.868/99 e do art. 11 da Lei 9.882/99. Algo análogo se passa na Justiça do Trabalho, no contraste entre os dissídios *individuais* (reclamações trabalhistas, dirigidas às Varas do Trabalho: CF, art. 116) e os *coletivos*, cuja decisão pelo Tribunal projeta eficácia expandida: CLT, arts. 856-871.

Em outra sede já afirmamos que a jurisdição coletiva "apresenta-se, antes de mais nada, como um *modo de ser* do braço judiciário do Estado, voltada a dirimir conflitos de largo espectro, em grande parte motivados ou pela inação/incompetência das instâncias administrativas que deveriam tê-los satisfatoriamente dirimido, ou pela oferta irregular/insuficiente das medidas e programas implementados. Por aí se vê que a jurisdição coletiva revela-se como uma receptora de interesses e valores que, desatendidos ou mal manejados, vão *aumentando a pressão social*, operando assim a via judicial como uma sorte de *válvula de escape*, em boa parte porque as grandes tensões sociais e os megaconflitos geralmente não encontram guarida oportuna e eficaz junto às instâncias do Executivo e do Legislativo, tirante certos expedientes (de trâmite lento e discutível praticidade), como os projetos de lei de iniciativa popular, o plebiscito, as audiências públicas. (...) Numa palavra, a jurisdição coletiva possibilita a otimização dos comandos judiciais, mercê do tratamento *molecular* dos conflitos, na consagrada expressão de Kazuo Watanabe, assim ensejando o tratamento isonômico aos jurisdicionados e prevenindo a pulverização do conflito em múltiplas e repetitivas ações individuais."[73]

Dado que a jurisdição singular é a mais conhecida e praticada no país (inclusive por ser aquela precipuamente laborada nas Faculdades de Direito), compreende-se que ainda hoje se note uma certa resistência ao trato coletivo de certos temas de largo impacto social, não raro "tolerando" que se atomizem em demandas individuais – sujeitos singulares ou litisconsorciados, ao invés do desejável manejo de uma única ação de tipo coletivo, cujo resultado final

73 *Jurisdição coletiva e coisa julgada*, 3. ed., São Paulo: Revista dos Tribunais, 2012, p. 92, 93.

se expandiria – *erga omnes ou ultra partes* - conforme a espécie do interesse metaindividual judicializado.

Não raro, a atecnia da judicialização desses interesses de largo espectro se exacerba com o deplorável trâmite *concomitante* de ações individuais e ações coletivas por interesses individuais homogêneos, tudo a ensejar a formação de um caos judiciário, seja porque os interesses referidos nas ações coletivas são *os mesmos*, substancialmente, daqueles veiculados nas ações individuais, seja porque a eficácia da coisa julgada em cada qual dessas ações coletivas já vai operar *erga omnes* por força de lei! (CDC, art. 103, III). Pode-se especular que ocorrências desse gênero devem ter motivado o legislador do vigente CPC a prever que incumbe ao juiz, em se deparando com afluxo importante de demandas repetitivas, oficiar aos colegitimados do art. 5º da Lei 7.347/85 e do art. 82 da Lei 8.078/90 para que verifiquem a oportunidade da propositura da ação coletiva adequada ao caso (art. 139, X).

Admite-se que, ainda hoje, o ambiente da jurisdição coletiva não esteja suficientemente difundido e aclarado na experiência brasileira, o que explicaria (mas não justificaria!) certas posturas conservadoras, tradicionalistas, infensas a novas propostas e experimentos. No campo do Direito, a genérica tendência a *manter posições assentadas* pode ser explicada pelo escopo de preservação da *segurança* (às vezes em detrimento do valor justiça!), de que é um corolário o notório e crescente prestígio da jurisprudência dominante e do direito sumular, dispondo o vigente CPC que os tribunais "devem uniformizar sua jurisprudência e mantê-la estável, íntegra e coerente" (art. 926, *caput*). Assim, *v.g.*, a súmula vinculante, do STF, prioriza o binômio *certeza-segurança*, a ponto de ensejar a *cassação* da decisão judicial recalcitrante ou quando aplique indevidamente tal enunciado (CF, § 3.º do art. 103-A; CPC, arts. 927, II; 988, III, inciso com redação da Lei 13.256/2.016).

Em nossos dias não basta ao Judiciário apresentar-se como um *Poder* (dimensão *estática*, ligada à ideia de soberania), nem tampouco se admite possa ele ter como *cumprido e acabado* seu ofício pelo só fato de ter publicado a decisão de mérito (conforme dispunha a primitiva redação do art. 463 do CPC/73, em boa hora alterada pela Lei 11.232/2005), mas sua legitimidade deve ser buscada alhures, na *eficiência* de sua atuação, como, de resto, se passa com os órgãos públicos em geral, nos termos do art. 37, *caput*, da CF e do art. 22 e § único da Lei 8.078/90. Dito de outro modo, justifica-se a *função* judicial, não por ser uma emanação de Poder estatal, mas, se e na medida em que ela consegue prevenir ou resolver a lide mediante a oferta de uma resposta de qualidade, revestida de seis atributos: *justa, jurídica, econômica, tempestiva, razoavelmente previsível, e idônea a assegurar a efetiva fruição do direito, valor ou bem da vida reconhecidos no julgado.*

Para que a Justiça possa bem desempenhar sua função, em face de uma sociedade massificada e competitiva, no contexto de um mundo globalizado, torna-se imprescindível que os operadores do Direito se predisponham a uma releitura, atualizada e contextualizada, do trinômio *ação – processo – jurisdição*, cujo significado se altera profundamente quando aplicado fora e além do contexto restrito dos conflitos entre sujeitos determinados, no âmbito da jurisdição singular, passando a instrumentar os megaconflitos que hoje se expandem pela sociedade contemporânea. Em palestra há tempos proferida, dissera José Carlos Barbosa Moreira palavras que viriam a se revelar proféticas: "Realmente, as características da vida contemporânea produzem a emersão de uma série de situações em que, longe de achar-se em jogo o direito ou o interesse de uma única pessoa, ou de algumas pessoas individualmente consideradas, o que sobreleva, o que assume proporções mais imponentes, é precisamente o fato de que se formam conflitos nos quais grandes massas estão envolvidas. É um dos aspectos pelos quais o processo recebe o impacto desta propensão do mundo contemporâneo para os fenômenos de massa: produção de massa, distribuição de massa, cultura de massa, comunicação de massa, e porque não, processo de massa?".[74]

O *medo do desconhecido*, antes aludido, se exacerbou por conta do acesso à Justiça de certos megaconflitos, empolgando interesses que se diriam *dessubstantivados* – por não configurarem direitos subjetivos afetados a um titular exclusivo – e que por isso ficavam relegados, no dizer de Anna de Vita, a uma sorte de *limbo jurídico*,[75] segundo a óptica individualista e materialista pela qual "o que pertence a todos não concerne a alguém determinado, e por isso não é judicializável". Esse entendimento, conectado à ideia da *pessoalidade* do interesse de agir, viria a ser gradualmente substituído, ao influxo do Estado Social de Direito, pelo reconhecimento de que os megaconflitos não podem ter sua legitimação ativa judicial atrelada à titularidade ou afetação a um sujeito determinado, bastando, antes, a configuração do binômio *relevância social do interesse / idoneidade* do portador judicial (*adequacy of representation*, se diz nas *class actions* do Direito norte-americano).

---

74 Ações coletivas na Constituição Federal de 1988. *Revista de Processo* nº 61, p. 187.

75 "La tutela giurisdizionale degli interessi collettivi nella prospettiva del sistema francese. Aspetti principali del problema e specificazioni in tema di protezione degli interessi dei consumatori". *La tutela degli interessi diffusi nel diritto comparato*, Milão: Giuffrè, 1976, p. 383.

Essa alteração da *condição legitimante*, a par da *eficácia expandida* apresentada pela coisa julgada nos processos coletivos (*erga omnes*, *ultra partes*), abalaram os padrões tradicionalmente praticados na jurisdição singular, não raro engendrando certa postura restritiva, acanhada, por parte dos operadores do Direito, quando instados a lidar com interesses metaindividuais.

Sem embargo, a tutela processual coletiva é absolutamente indispensável para o correto manejo dos conflitos metaindividuais, que, de outro modo, se fragmentam em multifárias e repetitivas ações individuais, como, infelizmente, ocorre em nosso ambiente judiciário, com deletérias e previsíveis consequências: desprestígio para a tutela coletiva, postergação do desfecho dos processos, risco de contradições (lógicas e práticas) entre os planos coletivo e individual. A tutela judicial *molecularizada* (compreensiva das *demandas – átomo*, na nomenclatura de Kazuo Watanabe) é a única indicada para esse gênero de controvérsia, em que os sujeitos aparecem indeterminados e o objeto se mostra indivisível, daí resultando *externalidades positivas*: muitos processos individuais deixam de formar-se, já que seu objeto está abrangido no âmbito da ação coletiva correspondente ao mesmo *thema decidendum*; o tempo dos operadores do Direito, assim poupado, pode, então, ser realocado para o exame de casos singulares e complexos; previne-se o risco de respostas jurisdicionais discrepantes, sempre virtual quando se dá a atomização da macro-lide.

Nesse sentido, Patrícia Miranda Pizzol conclui sua alentada e fundamentada tese de livre-docência sustentada na Faculdade de Direito da PUC-São Paulo, em 2.018, perante Banca que tivemos a honra de integrar: "Por todo o exposto no presente trabalho, é possível concluir: a) mesmo com todos os defeitos apontados, com todo o potencial para produzir melhores resultados, o processo coletivo é, sem sombra de dúvida, instrumento eficaz, eficiente e efetivo na solução dos conflitos transindividuais; b) há outros instrumentos destinados à solução de conflitos que atingem a coletividade, como o incidente de resolução de demandas repetitivas e o julgamento de recursos repetitivos; c) os instrumentos voltados à padronização das decisões judiciais podem contribuir para a otimização da função jurisdicional e auxiliar no cumprimento dos objetivos de segurança jurídica e isonomia; d) as técnicas de julgamento de casos repetitivos podem conviver em harmonia com as ações coletivas, nas as substituindo; e) a ação coletiva é o instrumento processual, por excelência, destinado à tutela jurisdicional dos direitos coletivos; f) o processo coletivo é ao ambiente adequado para discussão das questões jurídicas relevantes para a sociedade, permitindo que a solução dos conflitos transindividuais seja obtida de modo democrático, com a participação da sociedade (especialmente por intermédio de seus representantes adequados) e a cooperação dos sujeitos do processo; g) a ação coletiva é o melhor instrumento processual de que dispõe a coletividade para a tutela efetiva e adequada de seus direitos". [76]

Compreende-se que na experiência brasileira a recepção judicial dos novos conflitos de massa não se tenha feito *sic et simpliciter*, e isso em função de vários fatores, entre eles o escasso treinamento dos operadores do Direito – advogados, juízes, promotores, defensores públicos – para lidarem com um ambiente processual relativamente pouco elaborado em nossa práxis judiciária, certo que a jurisdição coletiva tem premissas próprias e visa objetivos diferenciados, em comparação com o que se passa na jurisdição singular. A propósito, indaga José Eduardo Faria: "Se a regras processuais foram concebidas basicamente para canalizar e viabilizar a tramitação de litígios interindividuais e o contraditório foi arquitetado em termos bilaterais, obrigando assim os tribunais a atuarem como árbitros num jogo de soma zero, como devem enfrentar conflitos plurilaterais, principalmente os de natureza classista? Se as decisões dos juízes se circunscrevem apenas aos autos e às partes, como devem agir quando a resolução dos litígios a eles submetidos implicam políticas públicas, de responsabilidade do Executivo?[77]

Foi, aos poucos, se registrando uma gradual tendência à coletivização do processo, em simetria, de resto, com a crescente massificação da sociedade e a configuração de macrolides, ambiente a que se mostrou sensível a vigente Constituição Federal, ofertando instrumentos diversos para atender essa *migração do individual para o coletivo*. Nesse sentido, Ada Pellegrini Grinover, após passar em revista os princípios e categorias processuais à luz do processo coletivo (acesso à Justiça, universalidade da jurisdição, pluralismo nas iniciativas judiciais, instrumentalidade, legitimação, representatividade adequada, coisa julgada), assim conclui: "A análise dos princípios gerais do direito processual, aplicados aos processos coletivos, demonstrou a feição própria e diversa que eles assumem, autorizando a afirmação de que o processo coletivo adapta os princípios gerais às suas particularidades. Mais vistosa ainda é a diferença entre os institutos fundamentais do processo coletivo em comparação com os do individual. Tudo isso autoriza a conclusão a respeito do surgimento e da existência de um novo ramo do direito processual, o

76. Tutela coletiva: processo coletivo e técnicas de padronização das decisões, p. 592, 593. Banca presidida pelo Prof. Nelson Nery Júnior e integrada pelos Profs. Vidal Serrano Nunes Júnior, Sérgio Seiji Shimura, Nestor Duarte e Rodolfo de Camargo Mancuso, em 11 e 12.12.2018.

77 O Judiciário e seus dilemas. *Revista do Advogado* (AASP), n. 56, set. 1999, p. 66.

direito processual coletivo, contando com princípios revisitados e institutos fundamentais próprios e tendo objeto bem definido: a tutela jurisdicional dos interesses ou direitos difusos, coletivos e individuais homogêneos".[78]

O acesso crescente dos conflitos metaindividuais à Justiça, insuflado pela *explosão de litigiosidade* prenunciada por Mauro Cappelletti no último quartel do século passado, acabou por afetar e transformar os *três pilares* em que se assenta o processo civil: (*i*) a *ação* se otimizou, ganhando aderência aos impactantes conflitos sociais de largo espectro, indo muito além das lides intersubjetivas, para já agora concernir a certos segmentos (interesses coletivos em sentido estrito), ou mesmo à inteira sociedade (interesses difusos), ou ainda a um grupo expressivo de indivíduos, coalizados pela origem comum do prejuízo experimentado por cada qual (interesses individuais homogêneos); (*ii*) o *processo* depassou a finalidade de servir como instrumento para a judicialização de conflitos entre sujeitos determinados (singulares ou litisconsorciados), passando a engajar-se no esforço comum de *participação social por meio da Justiça*, exigindo, para tal, *uma mudança de mentalidade* dos operadores do Direito e uma releitura das categorias básicas como a legitimação, o interesse de agir, a coisa julgada; enfim, (*iii*) a *jurisdição* passou a ser vista menos em sua dimensão estática, enquanto manifestação de um *Poder* da República, e mais como uma *função* do Estado (dimensão dinâmica), como tal sujeita às exigências de *eficiência, transparência e controle*, o que trouxe para os juízes o gradual distanciamento da tradicional postura de neutralidade, agora substituída por uma conduta *pró-ativa*, comprometida com a oferta de uma resposta judiciária de boa qualidade, e com os meios para fazer esse comando operar concretamente no plano prático, por modo a atender as prementes necessidades da sociedade contemporânea.

Escrevendo pouco antes do advento da Constituição de 1988, afirmara Fábio Konder Comparato: "A era do juiz politicamente neutro, no sentido liberal da expressão, já foi superada. Os juízes deixam de ser, como têm sido até agora, exclusivamente árbitros distantes e indiferentes de conflitos privados ou de litígios entre indivíduos e o Estado. Doravante, incumbe também à Justiça realizar, no seu campo de atividade, os grandes objetivos sócio-econômicos da organização constitucional".[79]

---

78 Direito processual coletivo. In: GRINOVER, Ada Pellegrini *et al.* (coord.). *Direito processual coletivo e anteprojeto de Código Brasileiro de Processos Coletivos*, São Paulo: Revista dos Tribunais, 2007, p. 15.

79 Novas funções... cit., *RT*, n. 614, p. 22.

Muito tem contribuído para o incremento e facilitação da recepção judicial aos megaconflitos o disposto no inciso III do art. 129 da CF, franqueando a ação civil pública para tutela de certos valores metaindividuais indicados em *numerus apertus*, já que ali se acenou para "outros interesses difusos e coletivos". Em decorrência, hoje o espectro da tutela coletiva está avantajado, podendo-se falar num *núcleo básico*, formado por aquele dispositivo constitucional, pelas ações consumeristas (CDC, arts. 81 a 104), ação popular (Lei 4.717/65), civil pública (Lei 7.347/85) e, subsidiariamente, pelo CPC, a par de um *entorno normativo* que gravita à volta daquele núcleo, formado pelas várias leis que preveem ações de tipo coletivo em temas os mais diversos, como meio ambiente, patrimônio público, investidores no mercado de capitais, deficientes físicos, infância e juventude, defesa do erário, controle direto de constitucionalidade, ordem urbanística, ordem econômica, idosos, *torcedores* de competições desportivas, biossegurança, raças e etnias.

A par dessas ações coletivas, que têm o condão de prevenir a pulverização do megaconflito, o legislador segue excogitando novas fórmulas, com destaque para os julgamentos *em bloco* de ações individuais múltiplas e repetitivas através da técnica de *amostragem*, permitindo ao STF e ao STJ a emissão de uma decisão-quadro no processo afetado como *representativo da controvérsia* (CPC, arts. 1.036-1.041; 927, III), ou aos TJ's e TRf's firmarem uma tese jurídica de cunho paradigmático, no bojo do incidente de resolução de demandas repetitivas (CPC, art. 985 e incisos; art. 927, III), sob a égide da contemporânea tutela plurindividual.

A judicialização dos megaconflitos, por segmentos numericamente expressivos ao interno da sociedade, não consente redução cômoda às fórmulas tradicionais do processo civil clássico, em que reina uma *legitimação ativa* calcada na *correspondência* entre autor e titularidade do direito, e bem assim um *interesse de agir* ligado *direta e pessoalmente* à parte ou ao interveniente, consentindo a clássica afirmação de que a legitimação para agir configura-se na pertinência subjetiva do interesse, vindo ambas as condições referidas no art. 17 do CPC. Todavia, o acesso à Justiça dessas lides metaindividuais tem provocado resistências diversas, inclusive ao argumento de que, presente a separação entre os Poderes, não caberia ao Judiciário, e sim ao Executivo e/ou ao Legislativo, enquanto instâncias primárias, prover os meios para a efetiva realização do interesse geral, cabendo à Administração Pública, como instância primária, avocar a resolução das crises metajurídicas (sociológicas, econômicas, políticas), assim deixando ao Judiciário a atribuição de dirimir as crises propriamente jurídicas, ou seja, aquelas que consentem resolução pela clássica subsunção dos fatos a uma norma de regência – *solução adjudicada estatal* – mediante uma decisão de mérito.

Nesse sentido, escreve José Ignácio Botelho de Mesquita: "Objeto precípuo da atividade do Judiciário é corrigir ou prevenir lesão ou ameaça a direito. Cabe ao Poder Judiciário a apreciação de lesões que consistam em violação da ordem jurídica e cuja prevenção ou correção, por isso mesmo, dependa apenas do restabelecimento da ordem jurídica violada. Lesão para cuja correção sejam necessários meios de outra natureza, como são os meios econômicos, financeiros, políticos, técnicos, científicos, artísticos etc., não constituem objeto da função jurisdicional. Constituem objeto da administração pública ou da função legislativa".[80]

Sem embargo, advindo o Direito a partir dos fatos – *ex facto oritur jus* – segue-se que as crises de certeza, de satisfação, de segurança que afluem à Justiça não têm como se limitar apenas à seara jurídica, mas, inevitavelmente, repercutem em outros campos – o político, o social, o econômico – de que é exemplo o que se passa com o quesito da "repercussão geral da questão constitucional", no juízo de admissibilidade do recurso extraordinário: tal *dimensão expandida* será aferida pelo STF, a partir da "existência ou não de questões relevantes do ponto de vista *econômico, político, social ou jurídico*, que ultrapassem os interesses subjetivos do processo" (CPC, § 1.º do art. 1.035). Igualmente, o TST, para conhecer do recurso de revista (recurso de estrito direito), antes examina se "a causa oferece *transcendência* com relação aos reflexos gerais de natureza econômica, política, social ou jurídica" (CLT, art. 896-A), tendo a Lei 13.467/.2017 explicitado, no § 1º acrescido a esse artigo, o conteúdo daquela transcendência.

Nem por outro motivo, aliás, o método interpretativo mais acanhado e limitado é o *gramatical*, justamente porque se funda na literalidade do texto e abstrai os insumos e valores que presidiram a produção da norma (a nomogênese) – dados históricos, sociológicos, econômicos, axiológicos, teleológicos – os quais, todavia, precisam ser levados na devida conta, se se quiser alcançar o real significado e a melhor extensão-compreensão da norma sindicada. Bem por isso, Miguel Reale vê o *campus nomogenético* como "um raio luminoso (impulsos e exigências axiológicas que, incidindo sobre um prisma (o multifacetado domínio dos fatos sociais, econômicos, técnicos etc.), se refracta em um leque de 'normas possíveis', uma das quais apenas se converterá em 'norma jurídica', dada a interferência do Poder".[81]

---

80 A crise do Judiciário e do processo. *Teses, estudos e pareceres de processo civil*, São Paulo: Revista dos Tribunais, 2005, p. 293.

81 *Filosofia do direito*, 5ª ed., vol. 2, São Paulo: Saraiva, 1969, p. 485-486.

A postura restritiva ou reducionista do Judiciário, máxime diante de questões de largo espectro (*v.g.*, ação civil pública objetivando compelir o Poder Público a dar destinação adequada aos resíduos urbanos de uma megalópole), costuma vir associada a uma exacerbada (e, a certos respeitos, defasada) percepção da separação entre os Poderes, de que se teve emblemático episódio no âmbito do Supremo Tribunal Federal, por ocasião do julgamento do *leading case* sobre mandado de injunção (MI 107-3-DF, rel. Min. Moreira Alves, *DJU* 21.09.1990). Nessa oportunidade, frustrando as otimistas expectativas da comunidade jurídica, a Corte entendeu que, diante das limitações decorrentes da tripartição dos Poderes, não poderia o guarda da Constituição (CF, art. 102, *caput*) arvorar-se em produtor da norma ou do ato faltantes para o exercício do direito ou do interesse legítimo – o que converteria o STF em *legislador positivo* – limitando-se com isso a Corte a (*i*) reconhecer a omissão faltosa quanto à emissão da norma ou o ato reclamados; (*ii*) considerar em mora a Autoridade ou órgão público increpados de omissão; (*iii*) instar os impetrados a adotarem as providências necessárias à purgação da falha denunciada. Fixou-se no citado julgado a orientação de que o mandado de injunção pode ser manejado "com a finalidade de que se dê ciência ao omisso dessa declaração, para que se adotem as providências necessárias, à semelhança do que ocorre com a ação direta de inconstitucionalidade por omissão (art. 103, § 2.º)".[82]

Em outra oportunidade, quando do julgamento de mandado de segurança impetrado em face de Comissão Parlamentar de Inquérito, o STF cuidou de extremar – ainda uma vez em afirmada homenagem à separação entre os Poderes – os campos da atuação jurisdicional e legislativa, em *leading case* no qual se recepcionou o princípio da *reserva da jurisdição*, com ênfase no art. 58, § 3.º, da CF, pelo qual as CPI's têm "poderes de investigação próprios das autoridades judiciais". Disse o relator, Min. Celso de Mello, invocando a doutrina de J.J. Gomes Canotilho: "O postulado da reserva constitucional de

82 Luís Roberto Barroso informa que, posteriormente, o próprio STF viria atenuar o rigor desse entendimento inicial, colacionando, a propósito, este acórdão: "Mora legislativa na edição da lei necessária ao gozo do direito à reparação econômica contra a União, outorgado pelo art. 8.º, § 3.º do ADCT: deferimento parcial, com estabelecimento de prazo para purgação da mora e, caso subsista a lacuna, facultando o titular do direito obstado a obter, em juízo, contra a União, sentença líquida de indenização por perdas e danos" (*RDA* 185/204, MI 283, rel. Min. Sepúlveda Pertence)". *Constituição da República Federativa do Brasil anotada*, 4ª ed., São Paulo: Saraiva, 2003, p. 176. Posteriormente, a Lei 13.300/2.016 veio regulamentar o art. 5º, LXXI da CF, adequando, no art. 8º incisos e § único, o mandado de injunção às suas reais finalidades.

jurisdição importa em submeter, à esfera única de decisão dos magistrados, a prática de determinados atos cuja realização, por efeito de explícita determinação constante do próprio texto da Carta Política, somente pode emanar do juiz, e não de terceiros, inclusive daqueles a quem se haja eventualmente atribuído o exercício de 'poderes de investigação próprios das autoridades judiciais'. A cláusula constitucional da reserva de jurisdição – que incide sobre determinadas matérias, como a busca domiciliar (CF, art. 5.º, XI), a interceptação telefônica (CF, art. 5.º, XII) e a decretação da prisão de qualquer pessoa, ressalvada a hipótese de flagrância (CF, art. 5.º, LXI) – traduz a noção de que, nesses temas específicos, assiste ao Poder Judiciário, não apenas o direito de proferir a última palavra, mas, sobretudo, a prerrogativa de dizer, desde logo, a primeira palavra, excluindo-se, desse modo, por força e autoridade do que dispõe a própria Constituição, a possibilidade do exercício de iguais atribuições, por parte de quaisquer outros órgãos ou autoridades do Estado".[83]

Sob outra mirada, deve-se ter em conta o formidável poder atribuído ao STF para emitir súmulas vinculantes, as quais, se imotivadamente recusadas ou equivocadamente aplicadas, autorizam o manejo de *reclamação*, cujo provimento leva à *cassação* do julgado ou à *anulação* do ato administrativo (CF, § 3.º do art. 103-A: EC 45/2004), ou ainda, no dizer do art. 992 do CPC, enseja a adoção da "medida adequada à solução da controvérsia". É dizer, os destinatários diretamente vinculados a tais súmulas são os órgãos judiciais e a Administração Pública; todavia, o princípio da separação dos poderes não permite que tal vinculação se dê na mesma dimensão e intensidade entre aquelas duas instâncias do Poder. Assim é que o constituinte revisor previu que o STF, acolhendo reclamação contra a recusa imotivada/inconsistente de tal súmula ou sua aplicação indevida/equivocada por parte de órgão judicial, *cassa* o julgado e *determina que outro seja proferido*, "com ou sem aplicação da súmula, conforme o caso" (CF, § 3.º do art. 103-A: EC 45/2004); já o mesmo não pôde vir previsto em face da Administração Pública – que não se situa ao interno da pirâmide judiciária –, por modo que ela terá seu ato *anulado*, ficando, no mais, advertida a Autoridade de que deverá "adequar as *futuras* decisões administrativas em casos semelhantes, sob pena de responsabilização pessoal nas esferas cível, administrativa e penal" (art. 64-B da Lei 9.784/99, acrescido pelo art. 9.º da Lei 11.417/2006).

Ao tomar como parâmetro de suas decisões o enunciado vinculativo do STF, muito pode contribuir a Administração Pública para resolver os conflitos em seu nascedouro, antes que se convertam em processos judiciais,

83 MS 23.452-RJ, Pleno, j. 16.09.1999, *DJ* 12.05.2000, p. 20.

sobretudo nos casos que envolvem número expressivo de sujeitos, com isso conferindo o desejável *tratamento isonômico* aos administrados: trato igual aos iguais e desigual aos desiguais. Mesmo em face de ações já em curso nos Juizados Federais (Lei 10.259/2.001), o Decreto Federal 4.250/2002 autoriza os órgãos administrativos federais, ao receberem "solicitações das procuradorias e departamentos jurídicos das autarquias e fundações", e em "verificando a plausibilidade da pretensão deduzida em juízo e a possibilidade de solução administrativa", a formarem processo administrativo, "para exame no prazo improrrogável de trinta dias", em ordem à "verificação da existência de requerimentos administrativos semelhantes, com a finalidade de dar tratamento isonômico" (art. 5.º, § único e incisos, *passim*).

Esse desiderato da resolução uniforme de pretensões seriais estende-se também ao *direito sumular*, que vem permitindo o trato isonômico e célere dos *processos*, tanto em primeiro grau, em que o juiz está autorizado à dar pela liminar improcedência do pedido inicial que se revela contrário a enunciado sumular (CPC, art. 332, I e IV) como nos tribunais, em que, pelo art. 932, IV, do CPC, ao relator é dado, em decisão agravável, "negar provimento a recurso que for contrário a: a) súmula do Supremo Tribunal Federal, do Superior Tribunal de Justiça ou do próprio tribunal". Saliente-se que a *repercussão geral da questão constitucional, necessária à admissão do recurso extraordinário no STF* (CF, § 3.º do art. 102: EC 45/2004), fica presumida, nos termos do § 3º do art. 1.035 do CPC, quando "o recurso impugnar acórdão que: I – contrarie súmula ou jurisprudência dominante do Supremo Tribunal Federal". Essas ocorrências confirmam a tendência ao trato dos processos em modo célere e isonômico, a partir de certos padrões decisórios impositivos.

A alternância da conduta autorizada ao STF – *cassar* a decisão judicial resistente à súmula vinculante ou que a tenha aplicado indevidamente; *anular* o ato administrativo em análoga infração – explica-se, como antes acenado, porque o órgão judicial faltoso está inserido no *mesmo* Poder Judiciário, encimado pelo STF – vinculação vertical – enquanto que o administrador público é integrante de *outro* Poder: o Executivo.

Esse aspecto já foi por nós abordado em sede doutrinária: "A se entender diversamente, haveria o risco de um impasse sistêmico-institucional, ou ao menos de uma descontinuidade ou turbação na prestação do serviço púbico questionado, podendo ser figurado como exemplo um despacho decisório do IBAMA, anulado pelo STF, por ser incompatível com a súmula vinculante: a radical *determinação* do STF para que a Autoridade necessariamente emitisse outro ato poderia chocar-se com o próprio conteúdo ocupacional do cargo por ela exercido, tratando-se de atividade vinculada a um espectro de atribuições estabelecido na lei de regência (no setor púbico, *quem pode, deve*). Outrossim, não se pode descartar a hipótese de as partes envolvidas virem a se compor através de uma solução negociada, firmando, *v.g.*, um termo de ajustamento de conduta (Lei 7.347/1985, § 6.º do art. 5.º), tanto mais que a Lei 13.140/2.015 autoriza a mediação no âmbito da administração pública, inclusive quando verse 'sobre direitos indisponíveis que admitam transação' (art. 3º, *caput*)".[84]

A evolução do Direito brasileiro vai exibindo uma *crescente migração do individual para o coletivo*, e isso, inclusive, como condição para a própria *sobrevivência* do sistema judiciário como um todo, hoje atolado em multifárias ações individuais plúrimas e repetitivas, em descompasso com o ideário do processo coletivo, em que se busca uma resposta *unitária* que possa aplicar-se, como padrão decisório, a todas as pretensões individuais ali subsumidas, de que é exemplo emblemático o processo coletivo consumerista, permitindo a prolação de uma sentença de condenação genérica, no caso dos interesses individuais homogêneos, isto é, aqueles "decorrentes de origem comum" (CDC, art. 81, § único, III; art. 95). Avalia, a respeito, Ada Pellegrini Grinover: "De um modelo processual individualista a um modelo social, de esquemas abstratos a esquemas concretos, do plano estático ao plano dinâmico, o processo transformou-se de individual em coletivo, ora inspirando-se no sistema das *class actions* da *common law*, ora estruturando novas técnicas, mais aderentes à realidade social e política subjacente. (...). Pode-se afirmar, por certo, que os processos coletivos transformaram no Brasil todo o processo civil, hoje aderente à realidade social e política subjacente e às controvérsias que constituem seu objeto, conduzindo-o pela via da eficácia e da efetividade. E que, por intermédio dos processos coletivos, a sociedade brasileira vem podendo afirmar, de maneira mais articulada e eficaz, seus direitos de cidadania".[85]

Efetivamente, pode-se avançar que o processo coletivo, a par de outras virtudes antes delineadas, é ainda *fator de inclusão social*, nisso que credencia certos entes exponenciais – Ministério Público, associações, órgãos públicos, entes políticos – a portarem em juízo pretensões concernentes a vastas comunidades, empolgando interesses metaindividuais (v.g., defesa do consumidor, tutela do patrimônio público, preservação do meio ambiente) que, de outro modo, ou bem ficariam desprovidos de tutela pronta e eficaz (liminares, antecipação de tutela), ou ficariam a depender de providências dos outros

---

84 *Divergência jurisprudencial e súmula vinculante*, 6ª ed., Salvador: *JusPodivm*, 2.018, p. 482.

85 Significado social, político e jurídico da tutela dos interesses difusos, *A marcha do processo*, Rio de Janeiro: Forense Universitária, 2000, p. 17-23.

Poderes, ordinariamente sujeitas a trâmites intrincados e condicionadas pelo ambiente político do momento; ou ainda, num panorama indesejável, tais megaconflitos viriam pulverizados em multifárias demandas individuais. O antídoto para esse sombrio ambiente consiste no reconhecimento de um vero *interesse social* no encaminhamento dos conflitos de largo espectro para o plano processual coletivo.

Assim se passa, exemplificativamente, com a defesa do meio ambiente, área propícia às ações civis públicas, propostas pelo Ministério Público e, em menor grau, por associações e outros colegitimados, embora, paradoxalmente, tal expressiva judiciabilidade não venha acompanhada de uma correlata diminuição nas afrontas à natureza. Cabe, então, indagar: se se trata de "bem de uso comum do povo e essencial à sadia qualidade de vida, impondo-se ao Poder Público e à coletividade o dever de defendê-lo e preservá-lo para as presentes e futuras gerações" (CF, art. 225, *caput*); se já remontam há vários anos as leis de proteção ambiental – 6.938/81; 7.347/85; 9.605/98; 12.651/2.012 – como então se explica que os bens naturais continuem a ser vilipendiados: incessantes desmatamentos ilegais, contaminação de rios, caça e pesca predatórias? Como observa Paulo Velten, "ou o poder público não conhece a lei, e aí o argumento é pífio, pois já se vão duas décadas e meia da instituição da referida política pública, que estabelece claramente princípios dos quais o Poder Público não pode dispor, mas que ao contrário deve submissão, quase que resignada. Ou não está preocupado com o cumprimento da lei, e aí, a impressão que fica é que é por opção que o poder público opta por 'escorar-se' no judiciário (usando-o como muleta), talvez fiado na morosidade deste, para não cumprir e não fazer cumprir os destinos traçados pelo legislador constitucional".[86]

6. A AUTONOMIA, O AUTOGOVERNO E O PODER CENSÓRIO DO JUDICIÁRIO.

A independência do Judiciário, entre nós, não é apenas *enunciativa ou formal*, porém é real e constitucionalmente assegurada, em primeiro lugar, por se tratar de um dos *Poderes* da República (art. 2º) e, em segundo, por radicar num plexo de princípios positivados, que podem ser agrupados em duas ordens de *autonomia*: (*i*) *institucional*, compreensiva do *autogoverno* (art. 96, I, *a*), da *administração própria* (art. 96, I, *b*, *c*, *f*), da *competência legislativa* (art. 93 e incisos), da autonomia financeira (art. 168); (*ii*) *funcional*, abrangente do

86 O executor das sentenças ambientais em ações de jurisdição coletiva contra Administração Pública. *Revista de Direitos Difusos*, vol. 36, mar.-abr. 2006, p. 111.

sistema de garantias (art. 95, I, II e III), do *regime de vedações* (art. 95, § único e incisos), aquelas e estas voltadas a garantir predicativos básicos da magistratura, quais sejam, a isenção e a imparcialidade. Deve-se ainda ter presente que, ao contrário dos outros dois Poderes, cujos atos e condutas podem vir a ser sindicados na Justiça (princípio da indeclinabilidade ou inafastabilidade da Justiça – art. 5.º, XXXV), os atos jurisdicionais somente podem ser contrastados pelo próprio Judiciário, por meio do sistema de recursos ou por ação rescisória ou anulatória, na assim chamada *reserva de sentença.*

Quanto ao eventual exercício anômalo de "função judicante" por órgãos legislativos – *v.g.*, a Mesa do Senado, as CPI's – a rigor não se trata, propriamente, de exceção ao monopólio da distribuição da justiça pelo Poder Judiciário, já que os produtos finais dessas instâncias se sujeitam, em princípio, ao crivo jurisdicional, sem falar que suas atuações como centros de apuração ou resolução são episódicas, ou ao menos pontuais, ao contrário da função judicial, que é permanente e contínua. Com relação às CPI's, o que lhes fica deferido são os "poderes de *investigação* próprios das autoridades judiciais" (art. 58, § 3.º); com relação ao Senado, é questionável, diz Clèmerson Merlin Clève, "se tal competência constitui, mesmo, exercício de função jurisdicional. Ademais, pela lógica do sistema constitucional de controle recíproco entre os Poderes, deve mesmo caber ao Legislativo, e não ao Judiciário, o julgamento de questão que envolve, afinal, juízo tipicamente político e, pois, não jurídico como aquele atuado pelos exercentes de cargos judiciais".[87]

A *tríplice garantia* – vitaliciedade, inamovibilidade, irredutibilidade de vencimentos – configurou um atributo *gradualmente* incorporado ao *status* funcional dos magistrados. O recorrente discurso com que vinham justificadas aquelas vantagens centrava-se na preservação da *independência funcional*, a qual, segundo essa óptica, ficaria comprometida se os juízes, a exemplo do que se passa com os funcionários públicos, pudessem ser removidos *ex officio*, demitidos ao cabo de singelo inquérito administrativo, ou pudessem ter seus subsídios diminuídos ou não corretamente atualizados. Assim é que já dizia a Constituição Imperial (1824): Art. 153 – "Os Juizes de Direito serão perpetuos, o que todavia se não entende, que não possam ser mudados de uns para outros Logares pelo tempo, e maneira, que a Lei determinar"; Art. 155 – "Só por Sentença poderão estes Juizes perder o Logar". A seu turno, previa a primeira Constituição Republicana (1891): Art. 57. "Os juízes federaes são vitalicios e perderão o cargo unicamente por sentença judicial. § 1º. Os seus vencimentos serão determinados por lei e não poderão ser diminuidos"; ainda

87 Poder Judiciário: autonomia e justiça, *RT*, n. 691, maio 1993, p. 34.

nesse artigo, vinha a previsão do foro privilegiado, *rectius*, por *prerrogativa de função*: § 2º. "O Senado julgará os membros do Supremo Tribunal Federal nos crimes de responsabilidade, e este os juizes federaes inferiores". Com o tempo, outras vantagens foram sendo incorporadas, como o regime próprio de aposentadoria (CF 1946, art. 94 e §§ 1.º e 2.º). Em 1979, adveio a Lei Orgânica da Magistratura (LC 35), que sistematizou tais conquistas, trazendo, a par de normas de natureza estrutural e funcional, todo um título (III) sobre as *garantias* e as *prerrogativas* do magistrado, a par de outro título (IV) sobre "vencimentos, vantagens e direitos".

Verdade que, se de um lado esses e outros apanágios da magistratura serviram para tornar mais atraente a função judicial, no contraste com outras carreiras abertas aos operadores do Direito, de outro lado engendraram, como externalidade negativa, certa aura discriminatória ou privilegiada aos olhos dos demais servidores públicos, que sempre relutaram em aceitar as afirmadas diferenças entre "funcionários" e "agentes políticos", ou entre "servidores burocráticos" e "carreiras de Estado". De todo modo, a vigente Constituição Federal manteve os predicados da carreira, detalhando-os (art. 93, incisos e alíneas) e, no ponto que aqui mais interessa, reafirmou que ao Judiciário "é assegurada autonomia administrativa e financeira" (art. 99, *caput*), sendo que os "Estados organizarão sua Justiça, observados os princípios estabelecidos nesta Constituição" (art. 125).

As ocorrências ulteriores a 1988 vieram evidenciar que todo o extenso e minudente arcabouço normativo em torno do Judiciário, se por um lado o fortaleceu enquanto Poder, de outro não o *justificou* aos olhos da população, enquanto função estatal revestida da *eficiência* que o art. 37 da Constituição Federal e o art. 22 do CDC exigem dos órgãos públicos em geral; e isso, basicamente, porque a alentada *Reforma do Judiciário* (EC 45/2.004) não foi precedida de um diagnóstico preciso sobre as concausas da baixa performance da função judicial dentre nós, o que possibilitaria o estabelecimento de um agenda progressista e renovadora nesse campo.

A gravidade da situação judiciária no país, já em 1990 – início do funcionamento do recém-criado STJ –, era descrita em cores fortes por Ada Pellegrini Grinover: "A crise da Justiça está na ordem do dia: dissemina-se e serpenteia pelo corpo social, como insatisfação dos consumidores de Justiça, assumindo as vestes do descrédito nas instituições; atinge os operadores do direito e os próprios magistrados, como que impotentes perante a complexidade dos problemas que afligem o exercício da função jurisdicional; desdobra-se em greves e protestos de seus servidores; ricocheteia, enfim, pelas páginas da imprensa e ressoa pelos canais de comunicação de massa, assumindo dimensões alarmantes e estimulando a litigiosidade latente. A Justiça é inacessível, cara, complicada, lenta, inadequada. A Justiça é denegação de Justiça. A Justiça é injusta. Não existe Justiça".[88]

A PEC 96/1992, então preordenada a uma ampla *Reforma do Judiciário*, surgiu, segundo Sérgio Rabello Tamm Renault e Pierpaolo Bottini, "em um contexto político de reavaliação da ordem constitucional de 1988, no processo de revisão constitucional, ou seja, envolta em um ambiente propício à retomada de discussões e avaliações históricas sobre o desempenho das instituições públicas em um Estado Democrático de Direito". Seguiram-se muitas discussões, sugestões e apresentação de outras PEC´s, até a aprovação, em dezembro de 2004, da PEC 29/2000, renumerada como EC 45/2004. Para esses autores, tal Emenda "aborda quatro grandes grupos de temas, quais sejam: a) a democratização do Poder Judiciário; b) a criação de mecanismos que concedam celeridade à prestação jurisdicional; c) o fortalecimento das carreiras jurídicas; e d) a solidificação da proteção aos direitos fundamentais". Mais adiante, reconhecem os articulistas que o "modelo de organização do Judiciário no País encontra problemas para o desenvolvimento de políticas nacionais de integração e planejamento. (...) A falta de padronização de dados dificulta até mesmo a elaboração e compilação estatística, e a construção de diagnósticos precisos sobre números de processos entrados, julgados, classificação desses processos, tempo de duração etc. Não existe possibilidade de avaliar se o gargalo do Poder Judiciário é o excesso de recursos, o excesso de litigância, a dificuldade de citação ou a falta de funcionários, porque não existem meios de aferir esta realidade, porque cada Estado dispõe ou sistematiza de maneiras diferentes as informações".[89]

Em que pese tal carência de dados e elementos objetivos, houve por bem a EC 45/2004 positivar uma das medidas mais polêmicas à época, qual fosse a criação do *Conselho Nacional de Justiça* (CF, art. 103-B), que mais de um doutrinador chegou a increpar de inconstitucional, ora ao argumento de infringir a autonomia do Judiciário, ora por uma afirmada superfetação, já que para a atividade censória já existiam (e continuam a existir) os Conselhos Superiores da Magistratura e as Corregedorias, ora, enfim, pela dificuldade de "encaixar" tal Conselho dentre os órgãos listados no art. 92 da CF.

---

88 A crise do Poder Judiciário. *Revista da Procuradoria Geral do Estado de São Paulo*, n. 34, dez. 1990, p. 12.

89 Primeiro passo. In: RENAULT, Sérgio Rabello Tamm; BOTTINI, Pierpaolo (coords.). *Reforma do Judiciário*, São Paulo: Saraiva, 2005, p. 5, 6.

Domingos Franciulli Netto, resenhando os argumentos críticos a esse órgão, afirmava: "Em nome de uma discutível abertura democrática, não se justifica essa aberração";[90] Erik Frederico Gramstrup, a seu turno, verberava: "Malferido é o princípio da independência entre Poderes, pois o controle externo ora instituído inclui representantes do Executivo e do Legislativo, com capacidade de pressão, como já demonstramos, sobre as decisões jurisdicionais. E, mesmo que não a tivesse, terão o poder de imiscuir-se em decisões administrativas diuturnas do Poder Judiciário. Embora haja freios e contrapesos na Constituição Brasileira, não há notícia de intrusão tão profunda, de autêntica eliminação do equilíbrio e harmonia de Poderes".[91]

A *Associação dos Magistrados Brasileiros* chegou a ajuizar, no STF, a ADIn 3.367-DF, a qual, segundo sintetiza Luís Roberto Barroso, fundava-se em "três grandes linhas de fundamentação": (*i*) violação do princípio da separação de Poderes; (*ii*) violação do princípio federativo; e (*iii*) *inconveniência constitucional* da medida". O autor, depois Ministro do STF, enfrentou, percucientemente, cada qual desses argumentos e os foi descartando, por inconsistentes: o CNJ "é órgão do próprio Judiciário, não de outro Poder, e suas atividades dizem respeito à fiscalização e à supervisão de atividades administrativas, não da atividade privativa do Judiciário"; o CNJ "é órgão *nacional* e não do ente central ou de qualquer dos entes locais, de modo que não há subordinação das estruturas estaduais do Judiciário a um órgão do ente central"; "a suposta inconveniência da inovação introduzida pela EC 45/2004 não é um parâmetro válido de controle de constitucionalidade em geral e muito menos constitui uma cláusula pétrea capaz de eivar de invalidade emenda constitucional".[92]

Presentemente, mesmo superada a querela constitucional, por não ter o STF acolhido a antes mencionada *ADIn*, vale registrar que os pré-citados Renault e Bottini apoiavam o novel colegiado, do qual se esperava, diziam, "a coordenação e a padronização [dos] trabalhos administrativos do sistema judicial, a racionalização dos procedimentos e o desenvolvimento de projetos de solução com bases em estudos precisos e diagnósticos seguros. (...) O Conselho Nacional de Justiça terá apenas o papel de coordenar e fiscalizar

---

90 Reforma do Poder Judiciário. Controle externo. Súmula vinculante. In: WAMBIER, Teresa Arruda Alvim *et al.* (coords.). *Reforma do Judiciário – Primeiras reflexões sobre a EC 45/2004*, São Paulo: Revista dos Tribunais, 2005, p. 142.

91 "Conselho Nacional de Justiça e controle externo: roteiro geral". In: *Reforma do Judiciário – primeiras reflexões* ... cit., 2005, p. 199.

92 Constitucionalidade e legitimidade da criação do Conselho Nacional de Justiça. In: RENAULT, Sérgio Rabello Tamm; BOTTINI, Pierpaolo (coords.). *Reforma do Judiciário* cit., 2005, p. 443.

as atribuições administrativas do Poder Judiciário, ou seja, a utilização do erário público para manter ou para aprimorar sua estrutura material, e tal competência não implica a usurpação das funções nucleares e fundamentais dos magistrados, que permanecerão com suas prerrogativas intocadas, especialmente a independência."[93]

Parece-nos que as críticas ao então criado CNJ não procediam: ele é órgão integrante do Judiciário (CF, art. 92, I-A), sendo que um Ministro do STF o preside (CF, § 1.º do art. 103-B), e, portanto, não é um corpo estranho à instituição e, muito menos, um *controle externo*, já que em sua composição prevalecem, numericamente, os magistrados (CF, art. 103-B, incisos I a IX). Ademais, os atos do CNJ sujeitam-se ao crivo do STF (CF, art. 102, I, *r*); sua atuação não imbrica nem se confunde com as dos Conselhos Superiores da Magistratura e Corregedorias, porque aqueles e estas atuam pontualmente, no âmbito dos respectivos Tribunais, ao passo que o CNJ é um colégio de sobreposição, atuando ao nível macro, como se infere de suas competências: CF, § 4.º e incisos do art. 103-B.

Com efeito, dentre as funções do CNJ está a de "zelar pela observância do art. 37 [vale dizer, pela *eficiência* dos serviços] e apreciar, de ofício ou mediante provocação, a legalidade dos atos administrativos praticados por membros ou órgãos do Poder Judiciário (...)", podendo "receber e conhecer das reclamações contra membros ou órgãos do Poder Judiciário, inclusive contra seus serviços auxiliares (...) sem prejuízo da competência disciplinar e correicional dos tribunais, podendo avocar processos disciplinares em curso e determinar a remoção, a disponibilidade ou a aposentadoria com subsídios ou proventos proporcionais ao tempo de serviço e aplicar outras sanções administrativas, assegurada ampla defesa" (incisos II e III do § 4.º do art. 103-B).

Fica evidente que, sob o prisma do arcabouço *normativo*, estão plenamente assegurados o autogoverno e o poder censório do Judiciário nacional; resta saber se todo esse empenho na produção de normas será acompanhado de igual compromisso com a consecução prática das medidas necessárias, isto é, com a *vontade política* indispensável à realização das diretrizes fixadas, mormente ante a difusão midiática de notícias sobre malversação de verbas orçamentárias, fóruns e gabinetes suntuosos, casos de abusos de autoridade, fruição de vantagens indevidas ou injustificadas.

---

93 Primeiro passo cit., In: RENAULT, Sérgio Rabello Tamm; BOTTINI, Pierpaolo. *Reforma do Judiciário* cit., 2005, p. 6-7.

Nesse sentido, Oscar Vilhena Vieira lança um olhar crítico sobre o CNJ: "Seria fundamental que lhe fossem dadas competências de gerenciamento profissional e a formulação de políticas de *governo judiciário*. Sem isso, nada de novo e de concreto será criado. Em suma: a proposta de criação do Conselho Nacional da Justiça não pode se limitar à criação de um órgão, hierarquicamente mais destacado na estrutura judiciária, destinado a reprimendas administrativas com poderes, até, de desconstituição de atos administrativos praticados no âmbito dos Tribunais (§ 4.º, III)". Adiante, remata: "Nessas condições, entendemos que a proposta da criação do Conselho Nacional de Justiça mostra-se muito aquém das propostas de criação de um controle efetivamente externo da magistratura competente tanto para a sua fiscalização como para a formulação de políticas de gerenciamento e governo da magistratura".[94]

Ao nosso ver, a *reforma do Judiciário*, já agora no plano da desejável realização prática, haveria que ser encetada em quatro frentes: (*i*) expressivo investimento na informatização da Justiça – prevista na Lei 11.419/2006 – com a gradual eliminação da base papel e priorização do processo eletrônico; (*ii*) mudança de mentalidade do magistrado, que se deve conscientizar de seu papel primordial na *pacificação dos conflitos com justiça*, antes e além do que a singela condução dos processos até sua extinção (o que nem sempre garante a solução efetiva e cabal da inteira controvérsia, ou seja, da *crise sociológica*, na perspectiva de uma desejável *jurisdição integral*); (*iii*) gradativa superação da *cultura demandista*, mediante uma política judiciária receptiva aos *meios alternativos de solução de pendências*, como forma de, a um tempo, prestigiar essas *estradas vicinais* assim *poupando* o tempo que poderá ser realocado para o exame dos casos realmente singulares, complexos e ainda daqueles não resolvidos ou mesmo incompossíveis por outros meios auto e heterocompositivos; (*iv*) priorização da tutela coletiva para os megaconflitos, assim prevenindo sua pulverização em plúrimas e repetitivas demandas individuais, e ainda propiciando tratamento isonômico aos jurisdicionados.

Tais instrumentos processuais coletivos, avalia Clèmerson Merlin Clève, "são de extremada importância porque a um, permitem amplo acesso dos cidadãos ao Judiciário, e, a dois, permitem decisões judiciais únicas incidentes sobre todo um universo coletivo, o que implica em celeridade e economia processuais. Importa, entretanto, que o Judiciário não crie embaraços à utilização desses institutos, o que muitas vezes ocorre em face da formação acentuadamente liberal-individualista dos Juízes".[95]

---

94 Que reforma? *Revista Estudos Avançados*, USP, n. 51, vol. 18, 2004, p. 200-201.

95 Poder Judiciário... cit., *RT*, n. 691, maio/1993, p. 42.

O autogoverno da magistratura conecta-se à tripartição dos Poderes, especialmente a nota da independência entre eles, aspecto que se singulariza, no caso do Judiciário, por se cuidar de *instância de superposição ou de supra-poder*, seja porque avalia em *ultima ratio* os atos e as condutas comissivas e omissivas dos outros dois Poderes, seja por conta da *imanência* das autoridades judiciárias nos respectivos órgãos singulares e nos colegiados (inamovibilidade e vitaliciedade), em contraste com o caráter predominantemente *transitório* dos cargos de governo e do Legislativo. *Em compensação*, os *mandatários* – governantes e parlamentares – se beneficiam de uma legitimidade *de base popular*, o que lhes permite fazer escolhas primárias e opções políticas em nome do povo (*v.g.*, positivar certa conduta identificada como socialmente relevante; fomentar certo segmento produtivo em detrimento de outros, etc.), funções que já não assistem aos magistrados, cuja legitimidade é de base técnica – aprovação em concurso público ou ingresso pelo *quinto constitucional* – donde sua intervenção se dizer *substitutiva*, porque dependente de provocação da parte ou interessado, ficando a resposta jurisdicional jungida aos lindes do objeto litigioso (CPC, arts. 2.º, 490, 492), cabendo ao juiz buscar na lei (CF, art. 5.º, *caput*) ou nos meios de integração do Direito (CPC, art. § único do art. 140; art. 4º do Dec.Lei 4.657/1.942 – Lei de Introdução às normas do Direito Brasileiro, redenominada cf. Lei 12.376/2.010, art. 4º) a solução para o caso concreto.

Hoje pode-se dizer que estão desatreladas as expressões *jurisdição* e *justiça estatal*: aquela primeira adquiriu acepção mais larga, abarcando as várias instâncias, órgãos e agentes capazes de promover a prevenção ou a resolução dos conflitos com justiça nas suas respectivas áreas de atuação (os diversos meios auto e heterocompositivos), ao passo que a Justiça estatal, confinada, em *numerus clausus*, aos órgãos constantes do Poder Judiciário (CF, art. 92 e incisos), atua pela via *oficial* do aparelho judiciário. Assim, hoje se evanesce o decantado *monopólio* estatal na distribuição da justiça, consentindo falar-se num ambiente de jurisdição compartilhada.

Corolariamente, o acesso à Justiça (CF, art. 5.º, XXXV) não pode ser prodigalizado incondicionalmente, ao risco de transformar-se num "convite à litigância", mas deve, antes, ser visto como uma *cláusula de reserva*, da qual sempre se pode lançar mão quando tiverem falhado – ou não tiverem atuado eficazmente ou ainda se mostrarem inaplicáveis – os demais meios voltados à prevenção ou composição suasória das pendências; numa palavra, um acesso compreendido como *direito* de ação, e não *dever* de ação.

Esse renovado panorama está descerrado na Res. CNJ nº 125/2010(DJ*e* de 01.12.2010, republicada no DJ*e* de 01.03.2011), que estabelece os marcos da

Política Judiciária Nacional, colhendo-se de seus *consideranda* que "o direito de acesso à Justiça, previsto no art. 5.º, XXXV, da Constituição Federal além da vertente formal perante os órgãos judiciários, implica acesso à ordem jurídica justa", e, ainda, que cabe ao Judiciário "organizar, em âmbito nacional, não somente os serviços prestados no processos judiciais, como também os que possam sê-lo mediante outros mecanismos de solução de conflitos, em especial dos consensuais, como a mediação e a conciliação". Reconhecimento, pois, de uma vera *jurisdição compartihada*.

A propósito do tema que ora se vai discorrendo, escreve Mônica Sifuentes: "A função jurisdicional implica a criação de órgãos especializados. Não se pode, portanto, fazer referência ao estatuto da função jurisdicional, abstraindo os órgãos a quem ela está confiada – os tribunais. A existência de órgãos estatais que desempenhem simultaneamente funções judiciárias e quaisquer outras pertence ao passado da civilização ocidental". (...) "O Poder Judiciário, com a missão de distribuir com exclusividade a justiça é uma instituição moderna. É somente nos séculos XVIII e XIX que se desenha com o perfil que ora se conhece, e que supõe uma perfeita distinção entre o sistema jurídico e os demais sistemas que compõem a sociedade, como o político e o econômico."[96]

É dizer, a Justiça estatal e a paraestatal (Tribunais de Arbitragem, Tabelionatos, Tribunais de Justiça Desportiva, de Impostos e Taxas, Juízes de Paz etc.) operam como estradas paralelas, coalizadas pela identidade de fim, qual seja, o da justa composição de conflitos, assim se permitindo aos contraditores renunciar à forma estatal (solução adjudicada), se tal lhes parecer conveniente e não for excluído pelo título jurídico, pela natureza da matéria ou pela qualidade das partes, como se dá, por exemplo, quando optam pelo Juízo Arbitral.

Não compromete, pois, a autonomia do Judiciário, nem constitui alguma *capitis diminutio* em face das Corregedorias dos Tribunais e Conselhos Superiores da Magistratura, a criação, pela EC 45/2004, do *Conselho Nacional da Justiça*, com atribuições de planejamento, controle, fiscalização e atividade censória: trata-se de órgão de amplitude nacional, de vocação permanente (embora seus membros exerçam mandato de dois anos, permitida uma recondução – CF, art. 103-B, *caput*), integrado à hierarquia do Judiciário – art. 92, I-A. Aliás, é lícito conjecturar que se o tradicional sistema das Corregedorias e colegiados afins tivesse, ao longo do tempo, revelado melhor proficiência no controle e repressão dos casos de desídia funcional ou mesmo de impro-

96 *Súmula vinculante: um estudo sobre o poder normativo dos tribunais* cit., 2005, p. 86 e rodapé n. 234.

bidade, tais deficiências não teriam se avantajado, nem, possivelmente, teria o constituinte revisor excogitado a criação do CNJ. A propósito daqueles tradicionais órgãos censórios, Clèmerson Merlin Clève, escrevendo ainda antes da CF de 1988, observava que se "esses mecanismos, quanto aos juízes de primeiro grau, têm funcionado, a verdade é que são quase inoperantes quanto à fiscalização da atuação dos órgãos jurisdicionais de grau superior. Isso precisa mudar".[97] Adiante, projetando a criação do CNJ, obtemperava o autor: "Não há razão para o Judiciário temer algo que, em si, não tem a finalidade de amesquinhar sua independência ou sua autonomia, mas contribuir para legitimação de sua atuação.[98]

Como antes acenado, a composição do CNJ é paritária e pluralista (magistrados em sua maioria, membros do Ministério Público e da Advocacia, além de "dois cidadãos de notório saber jurídico e reputação ilibada"), de sorte que não há como ver nesse colegiado algum laivo de *controle externo*, como ocorreria se se tratasse de órgão *estranho* ao Judiciário, a se imiscuir em assuntos de sua economia interna.

Aliás, quando um órgão ou serviço público é *ineficiente*, isso tanto basta para se ter por contrariado um básico princípio constitucional, aplicável ao serviço público *como um todo* (CF, art. 37, *caput*), e, por isso, tal carência não pode ficar confinada *intra muros*, mas deve ser sindicada e exposta com toda transparência, cabendo prestação de contas à coletividade pagadora de impostos e em cujo nome, aliás, *todo o Poder é exercido* (CF, § único do art. 1.º). Pondera Luís Roberto Barroso: "(...) o poder de juízes e tribunais, como todo poder em um Estado democrático, é representativo. Vale dizer: é exercido em nome do povo e deve contas à sociedade. Embora tal assertiva não se afaste do conhecimento convencional, a verdade é que a percepção concreta desse fenômeno é relativamente recente. O distanciamento em relação à sociedade, à opinião pública e aos meios de comunicação fazia parte da tradição de isenção e de autopreservação do Judiciário. Embora a intenção fosse a da reserva e da virtude, a consequência foi uma disseminada incompreensão acerca do papel e da importância das instituições judiciais".[99]

Ressalte-se, ainda uma vez, que a *maioria absoluta* da composição do CNJ é *oriunda da magistratura*, levando a que Luís Roberto Barroso anote,

---

97 Poder Judiciário... cit., RT, n. 691, maio 1993, p. 38-39.

98 Idem, p. 39.

99 Constitucionalidade e legitimidade da criação do Conselho Nacional de Justiça. In: RENAULT, Sérgio Rabello Tamm; BOTTINI, Pierpaolo (coords.). *Reforma do Judiciário*, São Paulo: Saraiva, 2005, p. 54.

com razão: "Não é tecnicamente preciso, portanto, referir-se ao Conselho como um órgão de controle *externo*".[100]

Vale ressaltar que tal Conselho, de âmbito nacional – e, pois, não local nem regional – preordena-se a funções não jurisdicionais, mas de cunho administrativo, no sentido largo do termo. Na concepção contemporânea da função judicial prevalece o aspecto *funcional* (dimensão dinâmica, ligada à ideia de *efetividade* da prestação ofertada) antes do que a de *Poder* (dimensão estática, ligada ao binômio *soberania*), donde ser absolutamente natural e previsível que devam os órgãos judiciários *prestar contas* de suas atividades, especialmente apresentando relatórios (CF, art. 103-B, incisos VI e VII) com base nos quais possa o Conselho aferir da sua produtividade – não só quantitativa, mas, e principalmente, qualitativa – como se dá, de resto, com os demais órgãos públicos, "obrigados a fornecer serviços adequados, eficientes, seguros, e, quanto aos essenciais, contínuos" (CDC, art. 22, *caput*), aplicável a uns e outros o quesito da *razoável duração do processo* (art. 5.º, LXXVIII: EC 45/2004).

Cândido Rangel Dinamarco analisa que o CNJ "é um *órgão judiciário*, porque integra o Poder Judiciário (art. 92, I-A, com redação da EC n. 45, de 08.12.2004), mas não é um órgão *jurisdicional* porque não exerce jurisdição".[101]

Na etiologia da instituição do CNJ, pesou em boa medida a reduzida credibilidade/efetividade (ressalvadas as honrosas exceções) na atuação dos órgãos de controle interno do Judiciário, que, de resto, continuam existindo nos Tribunais, a par dos Órgãos Especiais, estes também com "atribuições administrativas (...) delegadas da competência do Tribunal Pleno" (CF, art. 93, XI, redação da EC 45/2004), assim como também se passa com o Conselho da Justiça Federal. Como observa Ricardo Cunha Chimenti, "a prática evidenciou que o autogoverno de cada Tribunal se mostra incapaz de garantir o bom funcionamento de um Poder que atua essencialmente na prestação de serviço público essencial de caráter nacional. De sistemas informatizados que não conversam entre si a denúncias de impunidade quanto às faltas cometidas por magistrados no exercício de atividades jurisdicionais e administrativas, o sistema de autogoverno se mostrou incapaz de atender aos reclamos sociais por um sistema judiciário célere, eficiente e seguro. Daí a criação do Conselho Nacional de Justiça, órgão que dentre outras atribuições controlará a atuação administrativa e financeira do Poder Judiciário, além do cumprimento dos

---

100 Constitucionalidade e... cit. In: RENAULT, Sérgio Rabello Tamm; BOTTINI, Pierpaolo(coords.). *Reforma do Judiciário* cit., 2005, p. 73.

101 O processo civil na reforma constitucional do Poder Judiciário. In: RENAULT, Sérgio Rabello Tamm; BOTTINI, Pierpaolo (coords.). *Reforma do Judiciário* cit., 2005, p. 293.

deveres funcionais dos juízes, desembargadores e Ministros dos Tribunais Superiores".[102]

Esse novo regime de controle-fiscalização-planejamento do Judiciário é completado pelas *Ouvidorias de Justiça* a serem criadas pela União, "para receber reclamações e denúncias de qualquer interessado contra membros ou órgãos do Poder Judiciário, ou contra seus serviços auxiliares, representando diretamente ao Conselho Nacional de Justiça (CF, § 7.º do art. 103-B). Em modo análogo, já agora com relação ao *parquet*, o § 5.º do art. 130-A da Constituição prevê que leis federais e leis estaduais "criarão ouvidorias do Ministério Público, competentes para receber reclamações e denúncias de qualquer interessado contra membros ou órgãos do Ministério Público, inclusive contra seus serviços auxiliares, representando diretamente ao Conselho Nacional do Ministério Público".

Para José Renato Nalini "é importante o *feed back*, o retorno ao reclamante ou proponente, para a criação de um canal constante de diálogo com a comunidade de utentes". Além disso, prossegue, a Ouvidoria "é uma via de mão dupla. A par de abrir espaço para a coleta da opinião da comunidade dos destinatários da Justiça, é uma claraboia de transparência do sistema de administração judicial. Sob tal vertente, insere-se no conceito amplo de *acesso à justiça*, já que este compreende 'o direito à informação sobre o sistema, sua organização e suas regras de funcionamento e também o direito de participação ativa nele. Por aqui se rompe o círculo fechado de uma autopoiese estéril que anula a comunicação entre o sistema de justiça e o cidadão, abrindo-se aquele ao reconhecimento e à integração de elementos de influência que relevam das circunstâncias próprias de uma cidadania material e concreta por forma a que o cidadão se identifique e se reconheça no sistema assim concebido'".[103]

Ao contrário do que se passa com Legislativo e Executivo, que soem ter seus atos e condutas sindicados pelo Judiciário (*v.g.*, uma lei é questionada numa *ADIn* ao STF – CF, § 2.º do art. 102; um ato administrativo infringente de súmula vinculante é impugnado numa reclamação ao STF – CF, § 3.º do art. 103-A; CPC, art. 988, III, inciso com redação da Lei 13.256/2.016), já o

---

102 Órgão Especial. O Conselho Nacional de Justiça e os predicamentos da magistratura. In: TAVARES, André Ramos *et al.* (coord.). *Reforma do Judiciário, analisada e comentada*, São Paulo: Método, 2005, p. 150.

103 A democratização... cit., In: RENAULT, Sérgio Rabello Tamm; BOTTINI, Pierpaolo. *Reforma do Judiciário* cit., 2005, p. 168. (O excerto colacionado é de Álvaro Laborinho Lúcio: "Justiça – da responsabilidade da crise à crise da responsabilidade", *in Justiça em crise? Crises da Justiça*, org. Antonio Barreto, Lisboa: Publicações Dom Quixote, 2000, p. 34).

Judiciário é o único que controla suas próprias decisões - a chamada *reserva de sentença* - predicativo a que não se excepcionam nem mesmo as decisões de mérito transitadas em julgado, que podem ser desconstituídas via ação rescisória - CPC, art. 966, incisos e parágrafos. Mesmo a responsabilidade por via regressiva, a que se sujeitam os servidores em geral (CF, art. 37, § 6.º), no caso dos magistrados se reveste de algumas singularidades, porque a atuação judicial não se pauta, como regra, por critério de livre escolha ou parâmetro discricionário (as decisões por equidade são excepcionais: CPC, § único do art. 140), mas pelo critério da legalidade estrita (CPC, art. 140, caput). É por isso que a *reforma* da decisão *a quo* pelo Tribunal *ad quem, por força do efeito devolutivo do recurso (CPC, art. 1.008),* não se traduz - salvo nos casos de nulidade insanável ou severo *error in procedendum* - em algum tipo de censura, cassação ou alguma *capitis diminutio*, mantendo-se a revisão nos lindes normais da chamada *competência de derrogação*, ínsita no *iudicium rescindens* e aderente à configuração piramidal do Judiciário.

É dizer: a lei de regência é aplicada pelo juiz aos fatos trazidos pelas partes; em caso de má interpretação da lei ou do contrato ou de equivocada avaliação dos fatos, a decisão desafiará o recurso cabível, não constando, dentre os deveres funcionais do juiz, o de *acertar sempre* ou de emitir decisões absolutamente incensuráveis, ou mesmo o de apenas proferir decisões conformes à jurisprudência, salvo quando assentada em certos padrões decisórios impositivos, listados no art. 927 e incisos do CPC.

Não sendo o Direito uma ciência exata, não raro ocorre de um mesmo texto comportar mais de uma inteligência, donde resulta que a virtualidade de respostas judiciárias diversas acerca de uma mesma *fattispecie* não constitui, salvo ocorrências teratológicas, alguma falha funcional, donde, aliás, o sistema disponibilizar *recursos* fundados em dissenso jurisprudencial (CF, art. 105, III, *c*; CPC, arts. 942 e §§; 1.043, 1.044). Todo esse singular contexto leva a que a responsabilidade funcional dos magistrados se afigure *sui generis*, praticamente confinada a casos graves de ineficiência funcional, que delineiem prevaricação ou concussão/corrupção, valendo lembrar que compete ao CNJ "representar ao Ministério Público, no caso de crime contra a administração pública ou de abuso de autoridade" (CF, art. 103-B, § 4.º, IV).

7. OS VALORES "ESTABILIDADE-CERTEZA" E "JUSTIÇA-AMPLA DEFESA" DIANTE DA DIVERGÊNCIA JURISPRUDENCIAL.

Uma diferença essencial entre as leis das chamadas *ciências exatas* (matemática, biologia) e as leis morais e jurídicas reside em que as leis científicas são de natureza *especulativa*, expõem um resultado extraído da reiterada observação do que ocorre num dado espaço-tempo (método indutivo, que vai do singular ao geral), sendo classicamente conceituadas como "a relação necessária que resulta da natureza das coisas". Já as leis morais e jurídicas enquadram-se no universo do *dever-ser*, dizendo-se *nomotéticas*, porque avaliam e dedescrevem um dado fato ou conduta por meio de um modelo normativo, a ser, depois, subsumido aos casos concretos: método dedutivo, que vai do geral ao particular.

Conquanto as normas moral e jurídica sejam espécies do gênero Ética (do grego *ethikós:* o que deve ser; o parâmetro de conduta), distinguem-se, nisso que a norma jurídica é provida do *poder de exigir*, outorgado a um dado titular, diversamente do que se passa com a norma moral. Esses dois planos ficam evidenciados quando uma dívida é paga pelo devedor apesar de o título representativo estar prescrito: o pagamento foi feito a justo título, porque no plano dos fatos a dívida *existia*, embora, no campo jurídico, tivesse perdido a exigibilidade. Nesse sentido, o art. 882 do Código Civil: "Não se pode repetir o que se pagou para solver dívida prescrita, ou cumprir obrigação judicialmente inexigível". Assim também o título judicial exequendo, fundado em lei que o STF veio a considerar inconstitucional: o comando judicial remanesce no plano da *existência*, mas já não assim no da *eficácia/validade,* por ter perdido a *exigibilidade* (e, pois, a exequibilidade: CPC, § 5º do art. 535; § 12º do art. 525).[104]

Enquanto as leis naturais se destinam, pois, a serem singelamente constatadas e implementadas, já as normas jurídicas, por seu conteúdo axiológico (fato + *valor* = norma, na *teoria tridimensional* de Miguel Reale),[105] e ainda pelo *locus* de onde derivam – o foro parlamentar, propício à dialética – consentem prévio labor exegético, não só para que reste apurada sua real extensão e compreensão, mas também para que possam ser corretamente aplicadas aos casos concretos nelas subsumidos. Esse panorama é comum tanto ao administrador como ao juiz, com a diferença de que aquele primeiro atua a norma *de ofício* (*v.g.*, o poder de polícia), ao passo que o juiz o faz quando e no limite em que para tal venha provocado (*nemo iudex sine actore*: CPC, arts. 2.º, 490, 492).

---

104 Ao tempo do CPC/73 a chamada coisa julgada inconstitucional, que dava margem à exceção de pré-executividade, era tratada nos arts. 741, § único e 475-L, § 1º.

105 "Podemos comparar, para facilidade de compreensão, o 'campus nomogenético' à imagem de um raio luminoso (impulsos e exigências axiológicas) que, incidindo sobre um prisma (o multifacetado domínio dos fatos sociais, econômicos, técnicos etc.), se refracta em um leque de 'normas possíveis', uma das quais apenas se converterá em 'norma jurídica', dada a interferência do Poder" (*Filosofia do Direito*, vol. 2, 5. ed., São Paulo: Saraiva, 1969, p. 485).

A circunstância de ser a norma jurídica sujeita à interpretação (superado o velho aforisma *in claris cessat interpretatio*), induz a virtualidade de que um mesmo texto legal consinta mais de uma inteligência – donde o brocardo popular "cada cabeça uma sentença" – agregando irremissível carga subjetiva no labor exegético, como obra humana. Ao ângulo processual, a divergência interpretativa é, a um tempo, reconhecida como *inevitável* e *previsível*, seja porque os órgãos judiciais estão sobrepostos, atuando os tribunais numa *competência de derrogação (em virtude dos efeitos devolutivo e translativo dos recursos)*, seja porque o dissenso acerca da exegese de uma norma tanto pode ser *endógeno* (= ao interno dos órgãos fracionários de um Tribunal, *v.g.*, os embargos de divergência no STF e no STJ: CPC, art. 1.043, incisos e parágrafos) como *exógeno*: entre Tribunais diversos, *v.g.*, a revista trabalhista (CLT, art. 896-A) ou o recurso especial ao STJ pela alínea *c* do art. 105, III, da CF. Até mesmo em primeiro grau pode-se registrar dissenso interpretativo, por exemplo, entre as Varas de Fazenda Pública de uma dada comarca, acerca do ressarcimento devido ao expropriado pela perda da clientela e do *ponto*, no caso de imóveis envolvendo fundo de comércio; ainda, o dissenso pode se configurar nos TJ's e TRF's, quando do julgamento da apelação, em não sendo unânime o resultado, dando ensejo aos embargos infringentes de ofício (CPC, art. 942, §§ 1º a 3º e incisos).

Sem embargo, esse contexto não legitima a ilação de que o sistema jurídico aceita ou tolera resignadamente a divergência jurisprudencial; ao contrário, apesar de levá-la na devida conta, como algo inerente à *estrutura piramidal* do Judiciário, o sistema labora no sentido de prevenir ou superar o dissenso pretoriano, na busca de uma uniformidade contemporânea, que não exclua uma eventual alteração sucessiva, se e quando esta se justifique.

Esse *processus* é implementado por mais de um instrumento: (*i*) *incidentes:* de assunção de competência (CPC, art. 947 e §§) e de resolução de demandas repetitivas (CPC, arts. 976-987), voltados a *prevenir* o dissídio prenunciado; (*ii*) *recursos* fundados na divergência jurisprudencial: o especial ao STJ (CF, art. 105, III, *c*); os embargos de divergência ao STF e STJ (CPC, arts. 1.043, 1.044); o de revista ao TST (CLT, art. 896, § 1º e art. 896-A); (*iii*) *súmulas*, sobretudo do STF e do STJ, valendo lembrar que o relator, nos tribunais, está autorizado, em decisão monocrática agravável, a descartar recurso que se mostra contrário a tais enunciados (CPC, art. 932, IV, a), valendo ainda ter presente que o vigente CPC incumbe os tribunais do dever de uniformizar sua jurisprudência e de emitir súmulas quando aquela venha a se estabilizar – arts. 926 e §§; (iv) decisões-quadro, do STF e do STJ nos recursos extraordinário e especial afetados como representativos da controvérsia, no rito dos recursos repetitivos (CPC, art. 927, III, parte final).

Uma instigante aplicação da força expansiva panprocessual de certos padrões decisórios impositivos está na dispensa da caução, no rito do cumprimento provisório do julgado, quando este último se mostre "em consonância com súmula da jurisprudência do Supremo Tribunal Federal ou do Superior Tribunal de Justiça ou em conformidade com acórdão proferido no julgamento de casos repetitivos" CPC, art. 525 e inciso IV), valendo ressaltar que a expressão "julgamento de casos repetitivos" abrange os acórdãos em incidente de resolução de demandas repetitivas e nos recursos especial e extraordinários repetitivos (CPC, art. 928 e incisos).

O empenho contra a dispersão jurisprudencial excessiva foi expressamente assumido na Exposição de Motivos do anteprojeto do vigente CPC, valendo observar que esse ideário se estende até mesmo ao primeiro grau, estando o juiz autorizado a julgar liminarmente improcedente o pedido que se revela contrário ao direito sumular: art. 332, I e IV. Ao propósito, comenta José Miguel Garcia Medina: "(...) as hipóteses que à luz do CPC/73 poderiam ser encartadas como de impossibilidade jurídica da ação podem ensejar a improcedência liminar do pedido, desde que a contrariedade à norma jurídica possa ter a jurisprudência como referência, nos termos do art. 332 do CPC/2.015)". [106]

A meio caminho entre a *jurisprudência* (= coleção de acórdãos consonantes e reiterados, sobre uma certa matéria, num dado Tribunal ou no âmbito de uma certa Justiça) e o *Direito sumular* (= enunciados representativos do extrato da jurisprudência assentada) encontra-se a *jurisprudência dominante*, a ela se referindo o CPC vigente: (i) ao dizer que a emissão de súmula deve ter por referência a jurisprudência dominante no tribunal (§ 1º do art. 926); (ii) ao autorizar a modulação dos efeitos, no âmbito dos tribunais superiores, no caso de alteração de sua jurisprudência dominante (§ 3º do art. 927); (iii) ao presumir a repercussão geral da questão constitucional quando o acórdão recorrido contrariar "(...) jurisprudência predominante do Supremo Tribunal federal" (§ 3º,I, do art. 1.035).

A imperiosidade de uniformização ao interno de uma Corte de Justiça avulta naquelas que contam com grande número de integrantes, como é o caso emblemático do TJSP, com mais de trezentos Desembargadores, distribuídos

---

106 *Novo Código de Processo Civil comentado*, 5ª ed., 2.017, cit., nota II ao art. 332, p. 592.

em múltiplos órgãos fracionários, deixando palpável o risco de decisões discrepantes acerca de uma mesma *quaestio juris*, em detrimento do *tratamento isonômico* devido aos jurisdicionados. O magistrado paulista Walter Alexandre Mena escrevera, há algum tempo: "Veja-se: a Seção Criminal é composta por 14 Câmaras. A Seção de Direito Privado, por 36; a de Direito Público, por 17 Câmaras (Resolução 194/2004). Inevitável a diversidade de orientação entre umas e outras a respeito de uma mesma tese jurídica. Mas, como a decisão de uma Câmara representa a decisão do próprio tribunal, a impressão que fica é de que no Estado existe mais de um Tribunal de Justiça – o que não se justifica. Para eliminar o enorme estoque de recursos aguardando decisão, parece que, uniformizada a jurisprudência através de Súmulas, o Tribunal de Justiça poderia adotar o procedimento de *pautas temáticas* implantado no Supremo Tribunal Federal: processos relacionados ao mesmo tema são julgados em sequência na sessão; e listados os casos que já tenham jurisprudência assentada, são julgados todos os processos em um só".[107]

De tudo ressuma que o sistema, ao tempo que reconhece a virtualidade da divergência jurisprudencial, empenha-se em preveni-la ou superá-la, sem, todavia perder de vista o parâmetro da *razoabilidade*, que permeia toda a ciência do Direito (o *logos de lo razonable* a que aludia Récasens Siches), e que está à base de duas súmulas do STF, cuja *ratio* pode ser assim sintetizada: se o acórdão recorrido discrepa, em certa medida, da inteligência dada por outro a um mesmo texto legal, mas essa desconformidade não desborda os limites da razoabilidade, deve-se preservar o julgado atacado, em nome da estabilidade das decisões e da segurança do comércio jurídico. A primeira dessas súmulas (nº 400) nega recurso extraordinário quando o acórdão recorrido tenha dado "razoável interpretação à lei, ainda que não seja a melhor", e a outra (nº 343) nega ação rescisória, fundada em descumprimento da norma pela decisão rescindenda, quando o texto indigitado era, ao tempo, "de interpretação controvertida nos tribunais".[108]

---

107 Súmulas da jurisprudência predominante do Tribunal de Justiça de São Paulo – necessidade e inevitabilidade de sua instituição. *Revista da Escola Paulista da Magistratura*, ano 8, n. 2, jul.-dez./2007, p. 28.

108 É discutível a permanência da Súmula STF n. 343, a prosperar o decidido em acórdão unânime do STF no RE 328.812, rel. Min. Gilmar Mendes, em que se admitiu rescisória quando a sentença transitada em julgado tenha contrariado interpretação do STF, ainda que esta seja superveniente. O aresto vinha comentado no *Jornal do Advogado* (OAB-SP), n. 326, mar./2008: "O Ministro Cezar Peluzo salientou que, em seu entender, a Súmula 343, que não permite a admissão de ação rescisória em situações de interpretação controvertida de leis infraconstitucionais, poderia até mesmo ser cancelada" (o aresto

Ressalve-se que esse dissídio exegético é, até certo ponto, consentido – nos lindes da razoabilidade – com relação à lei, e não a texto da Constituição Federal, porque esta última, sendo o parâmetro básico e paradigmático do sistema como um todo, há de ter conteúdo axiológico unitário, não podendo comportar mais de uma inteligência: se uma exegese é a certa, então a outra é errada – *tertium non datur* – porque, de outro modo, perderia o STF, enquanto *guarda da Constituição* (CF, art. 102, *caput*), o *parâmetro* para decidir os recursos extraordinários, onde se contrastam leis, tratados e atos normativos em face do texto constitucional (CF, art. 102, III, e alíneas). Em segundo lugar, ambas as súmulas antes citadas, conquanto originárias do STF, ao aludirem à divergência na interpretação de *lei*, acabaram redirecionadas ao STJ: *a uma*, porque este, criado pela CF de 1988, ficou com a atribuição de uniformizar a interpretação do Direito federal comum; *a duas*, porque é só o recurso especial ao STJ, e não o recurso extraordinário ao STF, que tem como *fundamento autônomo* o dissídio interpretativo (CF, art. 105, III, *c*).

De todo modo, como o REsp pode ser tirado a partir de acórdão local/regional que *contrariou lei* (sentido mais amplo) e não apenas que lhe *negou vigência* (sentido mais estrito), esvaziou-se em boa medida o enunciado daquelas súmulas antes citadas, porque a razoabilidade da interpretação, que permitiria a mantença da decisão recorrida, não se coaduna com a singela *contrariedade*, com base na qual o recurso poderia ser conhecido. Em outra sede, afirmamos: "Nesse sentido já se decidiu no STF que, em se tratando de alegação de ofensa à CF, é inaplicável a Sumula 400, porque 'ou bem a decisão mostra-se harmônica com a Constituição Federal, ou a contraria, não havendo campo propício a enfoque intermediário' (RTJ 145/303)".[109]

É por conta da antes referida previsibilidade ou mesmo inevitabilidade do dissenso jurisprudencial que os *errores in iudicando* – má apreciação da prova; errônea interpretação da lei ou do contrato; equivocada subsunção do direito ao fato – consideram-se *erros de avaliação*, apenas impugnáveis pelo recurso cabível (CPC, art. 994 e incisos), até mesmo ao interno do STF e do STJ (CPC, arts. 1.043, 1.044), não importando num juízo censório ou reprobatório em face da decisão recorrida. Mesmo os *errores in procedendo*, enquadráveis como *erros de atividade*, quando toleráveis ou supríveis, não in-

tratava, assim, da tese da chamada *coisa julgada inconstitucional*, à época prevista no § único do art. 740 e no § 1.º do art. 475-L do CPC/73, e hoje recepcionada no § 5º do art. 535 e no § 12º do art. 525 do vigente CPC).

109 *Recurso extraordinário e recurso especial*, 14ª ed., São Paulo: Thomson Reuters-Revista dos Tribunais, 2.018, p. 293.

duzem a responsabilidade funcional dos magistrados, que fica assim confinada aos casos extremos de dolo intenso, inescusável incúria ou improbidade. Sem embargo, dado que o vigente CPC institui a eficácia impositiva dos padrões decisórios listados no art. 927, é cabível ação rescisória, com fundamento no inciso V do art.966 ("violar manifestamente norma jurídica") quando a decisão transitada em julgado tenha aplicado "súmula ou acórdão proferido em julgamento de casos repetitivos" sem contudo considerar "a existência de distinção entre a questão discutida no processo e o padrão decisório que lhe deu fundamento" (CPC, § 5º do art. 966, inserido pela Lei 13.256/2.016); isso porque em tal caso a decisão de mérito considera-se não fundamentada (CPC, § 1º, VI, do art. 489) e, portanto, é nula: CF, art. 93, IX.

Os recursos fundados em dissídio jurisprudencial, assim como os incidentes voltados à prevenção ou purgação dessa divergência, polarizam os binômios *certeza-segurança* e *justiça-ampla defesa*. O balanço entre esses valores sinaliza que a obstinada persecução da justiça das decisões – *fiat justitia et pereatur mundus* – pode comprometer o razoável equilíbrio entre o custo e o benefício, porque o manejo de infindáveis recursos acarreta o excessivo prolongamento dos feitos, o que, além de contrariar a diretriz da *razoável duração dos processos* (art. 5.º, LXXIII - EC 45/2004), sequer assegura que a decisão prolatada no enésimo recurso venha a ser qualitativamente melhor do que a primeira proferida nos autos!

Superiormente, caberia antes valorizar o binômio *razoabilidade – proporcionalidade*, bastante para sustentar a lógica de que uma decisão singular, uma vez revista por órgão colegiado, mercê de recurso de devolutividade ampla (matéria de fato e de direito, *v.g.*, apelação) atende, na maioria dos casos, à exigência do *duplo grau*, de sorte que apenas os casos excepcionais, caracterizados pela relevância social, política, jurídica ou econômica do *thema decindendum*, é que poderiam, ainda, ter acesso aos Tribunais de cúpula. (Note-se que até mesmo a apelação contra sentença terminativa (CPC, art. 485 e incisos) pode ser conhecida amplamente pelo tribunal e ensejar o deslinde do mérito, se a Corte entender que se trata de causa madura - CPC, art. 1.013, § 3º, I).

Cumpre levar na devida conta as precedentes considerações, se se quiser preservar a oferta de uma resposta judiciária de qualidade: *justa, jurídica, econômica, tempestiva, razoavelmente previsível e idônea a assegurar a fruição efetiva do direito, valor ou bem da vida reconhecidos no julgado*. Por aí se explicam certas súmulas de nossos Tribunais de cúpula – STF, nºs. 279, 280; STJ nºs. 5, 7 – sinalizando que, atingido certo estágio do debate processual, impõe-se o seu término, sob pena de perder-se a própria *efetividade* das decisões judiciais, por advirem num momento muito distanciado daquele em que se deram os fatos da lide.

Embora o conceito de *Direito* não se possa desconectar do valor *justiça* (*jus est ars boni et aequo*), fato é que a busca obsessiva pela *melhor* decisão possível padece de petição de princípio, qual seja, a suposição de que a *verdade definitiva* ou a *plena certeza* advirão ao fim e ao cabo do prolongado embate das posições contrárias; além disso, a dilação excessiva do processo, provocada por infindáveis impugnações, posterga para um indefinido ponto futuro a fruição do direito, valor ou bem da vida, já se tendo observado que a *justiça tardia é uma forma perversa de injustiça*! Esse ideário está à base do disposto no § único do art. 918 do CPC, considerando "conduta atentatória à dignidade da justiça o oferecimento de embargos [à execução] manifestamente protelatórios"; igualmente, configura "litigância de má-fé" a interposição de "recurso com intuito meramente protelatório" (CPC, art. 80, VII).

Ao propósito do que ora se vai discorrendo neste item, ponderamos em sede doutrinária: "O exame isento e desapaixonado da questão vai pondo em evidência que a *origem dos males*, na questão da divergência jurisprudencial, está na sua ocorrência em situações em que ela não se justifica, ou quando ela se distende para além do que seria razoável, à semelhança do que se passa com as células no organismo humano: sua reprodução é fenômeno normal, fisiológico e necessário, mas o descontrole exacerbado nessa multiplicação conduz a quadros patológicos, de difícil e, às vezes impossível tratamento. A divergência jurisprudencial incidente sobre casos análogos, à exceção de situações em que o dissenso é compreensível ou mesmo se mostra inevitável (*v.g.*, decisões de primeiro grau, em jurisdição singular; lides onde predomina a matéria de fato; teses jurídicas ainda não assentadas), deixa de ser aceitável na ausência dos fatores que poderiam justificá-la, a saber: a defasagem da norma em face da alteração de suas originárias fontes substanciais; a superveniência de direito novo; o advento de exegese jurídica em muito superior à precedentemente assentada".[110]

O que ora se vai expondo avulta em importância quando se trata de Tribunal com expressivo número de integrantes, como é o caso emblemático do TJSP, na medida em que o desenvolvimento dos serviços reclama a divisão da estrutura em órgãos fracionários, tais as Seções, as Câmaras, as Turmas, o que engendra o risco de entendimentos diversos sobre uma mesma *quaestio juris*, em detrimento do valor *justiça* e do lídimo direito dos jurisdicionados

---

110 *Divergência jurisprudencial e súmula vinculante*, 6ª. ed., Salvador: JusPodivm, 2.018, p. 201.

ao *tratamento isonômico* ao interno de uma mesma Corte (o *stare decisis* em sentido horizontal). O fato de a CF de 1988 ter atribuído ao STJ a função *paradigmática* quanto à inteligência do direito federal comum em face dos demais órgãos judiciais (art. 105, III, *c*: o *stare decisis* em sentido vertical), não inibe nem exonera os Tribunais locais e regionais (TJ's, TRF's, TRT's) de *uniformizarem* sua jurisprudência (havendo mesmo, quanto aos TRT's, determinação específica a respeito (CLT, art. 896, § 3.º, redação da Lei 13.015/2.014) e, quanto aos demais, previsão específica no art. 926 e §§ do vigente CPC.

No ponto, há algum tempo escrevia o magistrado paulista Walter Alexandre Mena, ao tempo do CPC/73: "Injustificável a resistência do Tribunal de Justiça, cujo Regimento Interno disciplina a Uniformização da Jurisprudência como 'processo incidente', desde que suscitado pelo juiz, pela parte ou pelo terceiro interessado (arts. 644/656), em sumular sua jurisprudência, sob fundamento de se tratar de 'corte de passagem', sujeito à revisão por Tribunais Superiores. Ora, então também inútil decidir os recursos, porque igualmente revisível pelo Terceiro Grau". Em nota de rodapé, o articulista colacionava acórdão do TJSP, assim ementado: "Uniformização de Jurisprudência – Incidente – Pedido de instauração – Existência de apenas dois julgados que não autorizam a instauração do incidente – Falta de posições antagônicas sedimentadas neste Tribunal sobre a matéria que pudesse dar guarida ao pedido ora apreciado. Criação do Superior Tribunal de Justiça pela Constituição de 1988, que praticamente esvaziou o conteúdo do art. 476 do Código de Processo Civil – Indeferimento. (Ap. cível n. 9.634-4 São Paulo, 1.ª Câmara de Direito Privado, rel. Guimarães e Souza – 25.11.1997, v.u.) (TJSP Emenda 169.335)". Na sequência imediata, averbava o autor: "Ora, a simples existência de decisões antagônicas é suficiente para a uniformização; por que exigir a sedimentação?"[111]

No processo civil, a verdade dos fatos não é de ser buscada em perquirição infindável ou em termos absolutos, mas impende manter essa investigação nos limites do razoável, e nesse sentido laboram as muitas *presunções*, assim no plano cognitivo como no probatório. Ademais, como sabido, "o vencido nunca é convencido", de sorte que, na falta de elementos de contenção, a tendência

---

111 Súmulas da jurisprudência predominante do Tribunal de Justiça de São Paulo – necessidade e inevitabilidade de sua instituição. *Revista da Escola Paulista da Magistratura*, ano 8, n. 2, jul./dez. 2007, p. 24 e rodapé 29. (Ao propósito, escrevemos, sob a égide do CPC/73: "(...) se somente a divergência *já consumada* servisse à instauração do incidente de uniformização, este perderia muito de sua utilidade prática mormente no que tange ao propósito de *prevenir* a divergência, quando esta se afigure iminente". *Incidente de Uniformização de Jurisprudência*, São Paulo: Saraiva, 1989, p. 49).

natural da parte sucumbente será de esgotar as impugnações disponibilizadas pelo sistema, o que milita em prejuízo da parte a quem assiste o bom direito, impedida de usufruir do bem da vida, o qual segue inacessível, por conta das infindáveis insurgências.

O processo civil tem se mostrado receptivo à diretriz pela qual a dilação excessiva do processo não deve laborar contra a parte provavelmente assistida pelo bom direito, e, por isso, disponibiliza *elementos aceleratórios*, preordenados a imprimir *trato desigual às situações desiguais*: ação *monitória* (CPC, art. 700, incisos e §§); *antecipações de tutela (CPC, arts. 303-310*); tutela da evidência (CPC, art. 311, incisos e § único), tudo a permitir que a convicção por verossimilhança baste ao atendimento da pretensão em tais casos.

Na luta contra o "tempo inimigo",[112] já agora no plano recursal, deve ser destacado o julgamento por amostragem, no rito dos recursos extraordinários e especiais repetitivos, com vistas à fixação de uma decisão-quadro capaz de parametrizar a resolução dos demais recursos sobrestados na origem (CPC, arts. 1.036—1.041; art. 927, III). Na verdade, já antes dispunha o art. 127, caput, do RISTF: "Podem ser julgados conjuntamente os processos que versarem a mesma questão jurídica, ainda que apresentem peculiaridades". Informava o boletim *Valor Econômico*, de 14.01.2008: "Na estreia do novo sistema, em 9 de fevereiro [de 2007] foram decididos de uma só tacada 4.845 processos sobre a disputa em torno do cálculo do valor da pensão por morte concedida pelo INSS. Outros dois casos que se beneficiaram do julgamento em bloco foram as disputas sobre a limitação dos juros de mora em ações de servidores contra a União e sobre a exigência de depósito prévio em recursos fiscais administrativos".

A garantia constitucional da *razoável duração do processo* (art. 5.º, LXXVIII - EC 45/2004) afina-se com o disposto no art. 8.º da Convenção Americana de Direitos Humanos (*Pacto de São José da Costa Rica*), da qual o Brasil é signatário: "Toda pessoa tem o direito de ser ouvida com as devidas garantias e dentro de um prazo razoável por um juiz ou tribunal competente, independente e imparcial, instituído por lei anterior (...)"; dispositivo análogo encontra-se no art. 6.º, § 1.º da Convenção Europeia para Proteção dos Direitos Humanos e Liberdades Fundamentais. Na Itália, a Lei 89, de 24.03.2001 regula o direito à indenização a que faz jus a parte prejudicada pela inobservância do disposto naquela Convenção. A propósito, comentava José Augusto Delgado: "O normativo italiano citado revela a substancial importância com que o tema *entrega da prestação jurisdicional em tempo razoável* foi concebido. A

112 Cf. Francesco Carnelutti, *Diritto e processo*, Nápoles: Morano, 1958, p. 354.

concepção do que seja tempo razoável para duração do processo, na legislação supracitada, está condicionada ao exame da complexidade do caso, e, em relação a ele, o comportamento das partes e do órgão julgador, além de se considerar o envolvimento de outras autoridades que foram chamadas a concorrer ou contribuir para com a demora na solução do litígio. (...) Registramos, por exemplo, que o Tribunal Europeu de Direitos Humanos já impôs condenação à Espanha em ação que lhe foi movida pela empresa Sanders S/A, por reconhecer que o Judiciário demorou mais de sete anos para decidir causa que não se revestia de maior complexidade".[113]

A oferta de meios impugnativos às partes deve ser feita com parcimônia e ser presidida por critérios consistentes, como os da *unicidade*, *utilidade*, *tipicidade*, a fim de que a efetividade da decisão recorrida não se venha a perder, em decorrência de uma busca *proustiana* de um *ponto ótimo* na solução da lide, o qual bem pode nunca vir a ocorrer, valendo o aviso de que *o ótimo é inimigo do bom*. Esgotados os recursos de tipo comum e, quando seja o caso, interpostos os de índole excepcional, impende que a demanda tenha fim, seja para pôr termo à angústia das partes, seja para a estabilidade do comércio jurídico, seja, enfim, porque as lides em aberto atentam contra a paz social.

Com efeito, essa é uma importante missão institucional do STJ: ao decidir o caso concreto e assim resolver o conflito entre as partes, a Corte atinge também objetivo transcendente ao interesse direto delas, qual seja, o de fixar, ao nível nacional, a interpretação acerca de uma dada questão federal, assim ofertando parâmetro confiável para a resolução de análogas controvérsias pendentes ou futuras. Demais disso, a jurisprudência do STJ, mormente a preponderante e a sumulada, há de ser, em primeiro lugar, prestigiada ao interno de seus próprios órgãos componentes, tendo o Min. Sálvio de Figueiredo Teixeira, em acórdão de sua relatoria, observado não se justificar "que os órgãos julgadores se mantenham renitentes à jurisprudência sumulada, cujo escopo, dentro do sistema jurídico, é alcançar exegese que dê certeza aos jurisdicionados em temas polêmicos, uma vez que ninguém fica seguro do seu direito ante jurisprudência incerta".[114]

O trinômio *estabilidade/certeza/ampla defesa* vem sendo revisitados, inclusive o clássico sistema de *adequação* entre o tipo de crise jurídica existente

---

113 Reforma do Poder Judiciário – art. 5.º, LXXVIII da CF. In: WAMBIER, Teresa Arruda Alvim *et al.*, (coord.). *Reforma do Judiciário – Primeiras reflexões sobre a EC 45*, São Paulo: Revista dos Tribunais, 2005, p. 367, 371.

114 REsp 14.945/MG, STJ, 4.ª T., *DJ* 13.04.1992, p. 5.002.

em sociedade e a modalidade de processo que lhe corresponde: (i) para a crise de *segurança* (= justo temor de dano de difícil ou incerta reparação), a tutela provisória, antes nominada processo cautelar; (ii) para a crise de *satisfação* de direitos reconhecidos, mas inadimplidos, o processo de execução ou a fase de cumprimento do comando condenatório: CPC, arts. 771; 513 e s.); enfim, (iii) para a crise de *certeza*, o processo de conhecimento, único vocacionado à decisão de mérito, a qual, oportunamente, se estabilizará com a agregação da coisa julgada material. O processo de conhecimento consente subtipos de comandos judiciais, adaptados a crises específicas, como esclarece Cândido Rangel Dinamarco: "a) crise de certeza, tutela declaratória, resultado *certeza*; b) crise de situações jurídicas, tutela constitutiva, resultado *modificação jurídica*; c) crise de adimplemento, tutela executiva, resultado *atribuição do bem da vida*".[115]

Verdadeira que seja essa abordagem, ao ângulo dogmático, todavia não se pode perder de vista que a busca da certeza jurídica, por meio do processo, hoje deve ser vista *com um grão de sal*, e isso por mais de um fator: primeiro, porque a própria verdade processual é *relativa* (considerem-se, v.g., as várias presunções), descabendo esperar um grau de certeza absoluta, ainda que se exacerbem as possibilidades impugnativas; em segundo lugar, a partir do momento em que uma crise jurídica se torna um objeto litigioso, no bojo de uma relação processual, forma-se um ambiente propício à incidência do imponderável, seja pelo subjetivismo na interpretação dos textos de regência, seja pelo dissenso jurisprudencial sobre o *thema decidendum*, seja, enfim, porque o próprio sistema prevê tutelas que não radicam no valor *certeza*, mas em graus inferiores a ela, como o juízo de *plausibilidade-probabilidade*, nas cautelares, ou de *verossimilhança*, nas antecipações de tutela e na tutela da evidência. Por vezes, uma tutela potencializada é concedida à míngua de resistência da contraparte, como pode dar-se no procedimento monitório (CPC, § 2º do art. 701).

Acerca dos valores *celeridade* e *segurança*, observa Fernando da Fonseca Gajardoni: "Brevidade e segurança são forças antagônicas que têm de conviver. Como operadores do direito, o nosso papel é mediar esse constante conflito, fazer com que essas forças se conciliem da melhor maneira possível". (...) "Tudo está a evidenciar, portanto, que o dilema de ontem, entre segurança e a celeridade, hoje, deve ser repensado. Segurança, sem dúvida, e indispensável. Todavia, em benefício da rapidez das decisões, da

115 *Instituições de direito processual civil*, 6. ed., São Paulo: Malheiros, 2009, t. I, p. 156.

prioridade que deve ser dada à celeridade dos processos, nada impede que algumas garantias sejam arranhadas."[116]

Sob outra mirada, dado que a divergência jurisprudencial, *para além de certo limite*, torna-se um fator desestabilizante das relações jurídicas, assiste-se, de tempos a esta parte, notório crescimento do Direito sumular e da jurisprudência dominante, como forma de assegurar uniformidade interpretativa aos textos, dar tratamento isonômico aos jurisdicionados, a par de agilizar os trâmites e os julgamentos nos Tribunais (CPC, art. 927, II e IV) e mesmo em primeiro grau (CPC, art. 332, I e IV). Essa tendência contemporânea encontra seu ponto culminante na *súmula vinculante* do STF, aplicável tanto ao interno do Judiciário como perante a Administração Pública, levando a que decisões judiciais ou administrativas que a contrariem ou a apliquem indevidamente sejam, nessa ordem, cassadas ou anuladas (CF, art. 103-A e § 3.º).

Discorrendo sobre a *neutralização política da Justiça e aplicação do Direito*, Tercio Ferraz Sampaio Junior observara: "(...) agora, o direito é visto como um programa funcional, hipotético e condicional (se...então), donde uma certa automaticidade do julgamento, que se libera de complicados controles de finalidades de longo prazo e se reduz a controles diretos, caso a caso (...). Só assim é possível lidar-se, no Judiciário do estado de direito burguês, com altos graus de insegurança concreta de uma forma suportável: a segurança abstrata, como valor jurídico, isto é, como certeza e isonomia, é diferida no tempo pela tipificação abstrata dos conteúdos normativos (generalidade da lei) e pela universalização dos destinatários (igualdade de todos perante a lei), aparecendo como condição ideologicamente suficiente para a superação das decepções concretas que as decisões judiciais trazem para as partes".[117]

Por tudo isso vem ganhando corpo a proposta de um *processo de estrutura cooperatória*, desenvolvido num ambiente de *justiça coexistencial*, como já antes sustentado por Mauro Cappelletti,[118] em que a crise historiada não seja vista como um mal a ser radicalmente debelado mediante uma *solução adjudicada estatal*, mas sim como uma oportunidade para que os sujeitos das posições polarizadas possam expô-las livremente, cientes de que nenhuma

---

116 O princípio constitucional da tutela jurisdicional sem dilações indevidas e o julgamento antecipadíssimo da lide. *Revista IOB de Direito Civil e Processual Civil*, n. 45, jan.-fev. 2007, p. 105-106.

117 O Judiciário frente à divisão dos Poderes: um princípio em decadência? *Revista USP*, n. 21, mar./maio 1994, p. 16.

118 Os métodos alternativos de solução de conflitos no quadro do movimento universal de acesso à Justiça. *Revista Forense*, vol. 326, abr./jun. 2004, p. 126-127.

delas está ao abrigo da verdade absoluta e que a radicalização dos posicionamentos apenas exacerbará o conflito e postergará seu desfecho, com prejuízo para todos.

O ora afirmado não se confina apenas à realidade judiciária brasileira, mas também àquela praticada em países do primeiro mundo: na Inglaterra, Lord Woolf, em seu relatório final sobre o desempenho da Justiça (1996), chegara a afirmar: "Minha visão da justiça civil é a de que, sempre que possível, os litígios devem ser resolvidos sem processo"; nos Estados Unidos, John Anthony Jolowicz, em estudo de onde extraímos aquele excerto, afirma: "A solução de litígios, embora nunca possa deixar por completo de ser um dos fins sociais do processo civil, já não constitui seu fim principal. Na verdade, tornou-se claro que o processo já não é o método favorito de solução de litígios, como era quando a única alternativa consistia na violência. Isso sugere mais do que um desejo de que os litígios sejam resolvidos menos extravagantemente; sugere o sentimento de que o tempo dos tribunais e juízes – especialmente dos mais altos – não deveria ser gasto em casos cuja decisão nada fará senão resolver um conflito individual".[119]

Dentre nós, Carlos Alberto Alvaro de Oliveira ressalta a "recuperação do valor essencial do diálogo judicial na formação do juízo, que há de frutificar pela cooperação das partes com o órgão judicial e deste com as partes, segundo as regras formais do processo. O colóquio assim estimulado, assinale-se, deverá substituir com vantagem a oposição e o confronto, dando azo ao concurso das atividades dos sujeitos processuais, com ampla colaboração, tanto na pesquisa dos fatos quanto na valorização da causa".[120] Nesse sentido, o vigente CPC, no art. 6º, preconiza o processo de estrutura cooperatória.

O sistema jurídico-político brasileiro hoje bem pode qualificar-se como *misto ou eclético*, seja porque o sistema consente, a par da Justiça estatal, outros meios e modos, auto e heterocompositivos, seja porque, além da norma legal, como parâmetro básico, existem outras formas de expressão do Direito, e ainda os meios de integração, estes últimos voltados a colmatar as chamadas *lacunas* do ordenamento positivo, mormente a equidade (CPC, § único do art. 40; Lei 9.307/96, art. 2º e § 2º; art. 4º do Dec. Lei 4.657/1.942, redenominado Lei de Introdução às normas do Direito Brasileiro pela Lei 12.376/2.010). Qualquer que seja o critério ou o parâmetro utilizado, impende que ao final

119 Justiça substantiva e processual no processo civil: uma avaliação do processo civil, trad. José Carlos Barbosa Moreira. *Revista de Processo* n. 135, maio 2006, p. 175-176.

120 O formalismo valorativo no confronto com o formalismo excessivo". *Revista de Processo* n. 137, jul. 2006, p. 17, 18.

resulte uma solução equânime e juridicamente consistente, que, ademais, assegure o *tratamento isonômico* aos sujeitos concernentes.

Esse é o sentido *substancial* do princípio constitucional da igualdade de todos perante a *lei* (CF, art. 5.º, *caput* e inciso II) – tomada a palavra lei em sentido largo, como norma geral, abstrata e impessoal, de obrigatoriedade a todos imposta – e é também o sentido *substancial* do seu corolário, qual seja, a interpretação *isonômica* do texto de regência – trato igual aos iguais e desigual aos desiguais – por modo a evitar as *desequiparações ilegítimas; essa exegese permite equiparar, sob o prisma da isonomia, a norma legislada (produto final do Parlamento) e a norma judicada, a saber, aquela que teve sua passagem judiciária.*

Ao propósito, observam José Miguel Garcia Medina, Luiz Rodrigues Wambier e Teresa Arruda Alvim Wambier: "(...) se a lei comporta *diversas interpretações*, e o sistema não engendra meios eficazes para uniformizá-las, fazendo com que uma delas passe definitivamente a prevalecer, o fato é que ao invés de *uma* pauta de conduta, o jurisdicionado terá *tantas* pautas *quantas* interpretações houver. Daí percebe-se serem ofendidos, nesta situação, tanto o Princípio da Legalidade quanto o Princípio da Isonomia, pois, entendendo-se que a lei deva ser aplicada a todos, é evidente que se entende que estes deverão ter a sua atividade disciplinada por uma *única interpretação*".[121]

8. A EXPANSÃO DOS LIMITES DA RESPOSTA JUDICIÁRIA PARA ALÉM DAS *QUAESTIONES JURIS*.

A função judicial não apresentou evolução uniforme no tempo, nem no espaço, alternando progressos, retrocessos e exibindo nuances diversas, tanto no seu modo de ser como na eficácia de seus comandos: (*i*) no Direito romano, a atribuição do *quod sibi debetur* não se fez da mesma maneira em cada qual das três fases evolutivas – *leges actiones, per formulas* e *extra ordinem* – assim como a própria função judicante, em vastos períodos, veio exercida por árbitros privados, escolhidos pelas partes; (*ii*) na Idade Média, por conta da recepção de costumes e tradições de povos de diversa cultura e de tradição nômade, floresceram os julgamentos assembleares, empíricos, de base popular (duelos, juízos de Deus, ordálias); (*iii*) conforme a filiação de um país a uma dada família jurídica – romano-germânica, de índole codicística, dita *civil law*; anglo-saxã, radicada na equidade, dita *common law* – a função judicante

121 A súmula vinculante, vista como meio legítimo para diminuir a sobrecarga de trabalho dos tribunais brasileiros. *Revista do Advogado* (AASP), n. 92, jul. 2007, p. 8.

tem apresentado diverso *modus operandi*, no primeiro caso tomando como primado a norma escrita (entre nós: CF, art. 5º e inciso II), e no segundo, o precedente judiciário: *stare decisis et non quieta movere.*

A par dessa fluidez conceitual e funcional, verifica-se que ainda se mesclam as regras de julgamento e os níveis de cognição ao interno de um mesmo sistema judiciário, como se observa entre nós:

(*i*) o juiz estatal, em princípio, julga por critério de *legalidade estrita* (CPC, art. 140, caput), mas também pode fazê-lo por *equidade*, onde a norma assim o autorize (CPC, § único do art. 140; § único do art. 723), como se dá nos Juizados Especiais (Lei 9.099/95, art. 6.º), e mesmo pode valer-se das *regras de experiência comum subministradas pelo que ordinariamente acontece* (CPC, art. 375); ainda, em princípio, o juiz togado só atua quando provocado e nos limites em que o seja (CPC, arts. 2.º, 490, 492), mas também pode proceder *de ofício* (CPC, art. 536, caput);

(*ii*) em regra, a distribuição da Justiça cabe ao Estado (CF, art. 5.º, XXXV), mas a Lei 9.307/96 diz no art. 18 que o árbitro é "juiz de fato e de direito e a sentença que proferir não fica sujeita a recurso ou à homologação pelo Poder Judiciário", certo ainda que nos Juizados Especiais podem as partes optar pelo juízo arbitral (art. 24 e §§ da Lei 9.099/95); nas causas trabalhistas, a Lei 13.467/2.017 veio prever um "processo de jurisdição voluntária para homologação de acordo extrajudicial" (CLT, art. 855-B e §§), ao passo que os conflitos de natureza desportiva devem, antes, passar pelo crivo do Tribunal Desportivo (CF, art. 217, §§ 1º e 2º);

(*iii*) em regra, as condutas comissivas e omissivas dependem de *lei* que as determine ou autorize – princípio da reserva legal: CF, art. 5º e inciso II; todavia, desde a EC 45/2004, a súmula vinculante do STF impõe-se assim aos órgãos judiciais como para a administração pública (CF, § 3.º do art. 103-A; CPC, art. 927, II);

(*iv*) em regra, título executivo *judicial* é, naturalmente, o formado na Justiça estatal, por meio de decisão condenatória; todavia, a sentença arbitral e o acordo extrajudicial também podem se revestir daquela mesma eficácia (CPC, art. 515, VII e III);

(*v*) em sintonia com o que se vem passando em vários países, registra-se dentre nós uma clara tendência à *desjudicialização dos conflitos*, de que é exemplo a atribuição aos Tabelionatos para processarem inventários, separações, divórcios e partilhas em que não haja conflitos ou incapazes (CPC, art. 610 e § 1º; art. 733, caput), enquanto aos Bancos oficiais é dado recepcionar as consignações em pagamento (CPC, art. 539 e § 1º).

A *integração/complementaridade* da Justiça estatal com os chamados *meios alternativos* passa pela contemporânea revisão conceitual e operacional da ideia de *jurisdição*, hoje distanciada do Judiciário-Poder (dimensão estática) e do modelo de "monopólio estatal", e já agora aderente à diretriz da "composição justa do conflito iminente ou consumado", não importando o *modus*, o *locus* ou a instância mediante a qual se venha alcançar aquele desiderato.

Nesse sentido, a *universalidade da jurisdição* (CF, art. 5.º, XXXV) passa a ser vista não mais como um receptor genérico de todo e qualquer histórico de lesão temida ou sofrida – concepção que arrisca degenerar num "convite à litigância" –, mas como *uma das possibilidades* de solução do conflito, *a par* de várias outras, auto e heterocompositivas, que o sistema oferta e até preconiza o emprego (CPC, § 3º do art. 3º). Numa palavra, impende cuidar para que o *direito de ação*, não degenere em *dever de ação*.

O implemento concreto dessa nova concepção fica a depender de uma *mudança de mentalidade do juiz*, que precisa abandonar a antiga postura neutra e desengajada, para, como diz Tercio Ferraz Sampaio Junior, compreender que hoje ele "é chamado a exercer uma função socioterapêutica, liberando-se do apertado condicionamento da estrita legalidade e da responsabilidade exclusivamente retrospectiva que ela impõe, obrigando-se a uma responsabilidade prospectiva, preocupada com a consecução de finalidades políticas das quais ele não mais se exime em nome do princípio da legalidade (*dura lex sed lex*). (...) Ou seja, como o Legislativo e o Executivo, o Judiciário torna-se responsável pela coerência de suas atitudes em conformidade com os projetos de mudança social, postulando-se que eventuais insucessos de suas decisões devam ser corrigidos pelo próprio processo judicial."[122]

É dizer: propugna-se por um juiz que seja responsável pela condução do processo, pela prolação de uma decisão justa em tempo razoável e, ainda, por seu acompanhamento sequencial, em ordem a aferir a efetividade prática do quanto decidido, inclusive atentando para a consequência prática das decisões, como preconizado no art. 22 e §§, introduzidos pela Lei 13.655/2.018 na Lei de Introdução às normas do Direito Brasileiro (Dec.-Lei 4.657/1.942, redenominado pela Lei 12.376/2.010).

A par do antes exposto, vale ressaltar que o registro jurídico-político do país já não se pode dizer *rigorosamente* filiado à família *civil law*, por conta, de um lado, da crescente valorização da *equidade* – a justiça do caso concreto

122 O Judiciário frente à divisão dos Poderes: um princípio em decadência? *Revista USP*, n. 21, mar./maio 1994, p. 19.

– e, de outro lado, do notório incremento da jurisprudência (sobretudo a dominante ou sumulada) como *fonte do direito*: CPC, art. 332 e incisos; art. 927 e incisos; § 3º do art. 947; § único do art. 955; art. 985 e incisos; §§ 5º e 6º do art. 966, parágrafos acrescidos pela Lei 13.256/2.016; art. 988, III e IV, incisos com redação da Lei 13.256/2.016; art. 1.040, I e II; CF, § 2.º do art. 102; art. 103-A. Assim é que José Rogério Cruz e Tucci, após resenhar os argumentos doutrinários a respeito, conclui: "Não há dúvida, outrossim, de que a força obrigatória (...) acentua o caráter de fonte de direito dos *precedentes judiciais* do Supremo Tribunal Federal. Como bem pontuado, a propósito, os efeitos vinculantes da jurisprudência, previstos expressamente pelo ordenamento legal, alçam a atividade judicial ao mesmo nível da hierarquia da lei, em todos aqueles sistemas nos quais esta ocupara posição de absoluta preeminência".[123]

A valorização do dado jurisprudencial, como fator de tratamento isonômico às partes e de agilização da prestação jurisdicional, tem ganhado corpo à medida em que se identificam as concausas que comprometem a efetividade desse serviço estatal, tais como a judicialização massiva e desmesurada; os processos múltiplos e repetitivos; a dispersão judiciária excessiva; a pulverização dos conflitos coletivos em multifárias ações individuais, sem falar na própria *cultura demandista*, resistente à busca por outros meios auto e heterocompositivos.

Cândido Rangel Dinamarco relata ter integrado grupo de estudos (Ada Pellegrini Grinover, Kazuo Watanabe, Waldemar Mariz de Oliveira Júnior), todos "interessados naquele quadrinômio que, no direito americano, se invoca em justificativa do sistema do *stare decisis*, ou seja, *igualdade – segurança – economia – respeitabilidade*. Em exercício no Tribunal de Justiça de São Paulo, três dos integrantes do grupo sentíamos de perto as angústias de casos que se repetem, que atravancam a Justiça pela grande quantidade, que muitas vezes terminavam com resultados diferentes dependendo da aleatória distribuição a câmaras ou julgadores de tendências desiguais, tudo para desgaste do Poder Judiciário e enorme insegurança para os sujeitos litigantes. E observávamos o *cinismo* de um sistema que permitia *decisões desiguais* para casos substancialmente *iguais* e depois, quando algum sucumbente tornava a juízo com uma ação rescisória, dava-lhe a resposta de que o julgado rescindendo fora proferido em meio a uma jurisprudência vacilante nos tribunais, sendo por isso insuscetível de rescisão (Súmula 343)".[124]

---

123 *Precedente judicial como fonte de direito*, São Paulo: Ed. RT, 2004, p. 275.

124 *Fundamentos do processo civil moderno*, São Paulo: Malheiros, 2000, t. II, p. 1.129.

Presente um tal contexto, não deve causar espécie a *escalada de valorização da jurisprudência* que se assiste no Brasil de tempos a esta parte, tendência crescente e irreversível, respaldada no próprio *princípio da igualdade*, tomado em sentido *substancial*, e não apenas retórico, formal ou programático: se todos são iguais perante a lei, essa igualdade não pode ficar assegurada apenas se e enquanto a norma está posta, abstratamente, no ordenamento, mas igualmente (e até principalmente!) impõe-se que tal isonomia siga observada quando tal norma vem a ter sua *passagem judiciária*, assim resolvendo o caso concreto em modo isonômico. Numa palavra: igualdade perante a norma *legislada* e também em face da norma *judicada*. Do contrário, ter-se-ia que admitir – sem qualquer racionalidade – que uma *mesma* lei possa operar sob diversa eficácia ou com *dois pesos e duas medidas*: ser *igual para todos* enquanto singelo enunciado, postado abstratamente no ordenamento, mas passando a consentir interpretações as mais discrepantes, quando aplicada em casos *iguais*, judicializados, em detrimento do tratamento isonômico devido aos jurisdicionados, sombrio panorama que vem ao final agravado com a agregação da coisa julgada, a perenizar iniquidades.

À vista do rol dos padrões decisórios impositivos constante do art. 927 e incisos do CPC ("Os juízes e os tribunais observarão", diz o caput) é lícito afirmar-se que o regime jurídico-político brasileiro torna-se, em boa medida, eclético, postado a meio caminho *entre* as famílias *civil law* e *common law*, absorvendo e elaborando contributos de cada uma delas, numa verdadeira rota de aproximação e de coalizão.

Dissemos *em boa medida* porque, por intuitivas razões históricas, culturais e mesmo de organização judiciária, a assimilação entre as duas famílias não pode ser completa, dentre outros motivos porque, como explica Michele Taruffo, "gli orientamenti storici e politici nei confronti dei valori *adversarial* che stanno alla base del sistema processual di *common law* da un lato, e dall'altro lato la concezione dello Stato como il centro dell'amministrazione della giustizia che sta alla base dei sistemi processuali di *civil law*, sono tra i più importanti fatori culturali e ideologici che spiegano i due grandi modelli di processo e de loro differenze sistematiche".[125]

Em face do reconhecimento da impositividade da jurisprudência em suas expressões otimizadas, já sustentamos em outra sede: "Não seria um excesso ou exagero tivesse o constituinte revisor acrescido ao art. 5.º, II da CF (princípio da reserva legal) o apêndice '(...) ou de súmula vinculante do

125 Dimensioni transculturali della giustizia civile. *Rivista Trimestrale de Diritto e Procedura Civile*, n. 4, dez. 2000, p. 1050.

STF'. Parece-nos que a filiação jurídica do Brasil se tornou híbrida ou eclética, a meio-caminho entre o *common law* (o *binding precedent*, sistema do *stare decisis*) e o *civil law* (direitos codicísticos) ou seja, a fonte de direitos e obrigações dentre nós deixou de ser apenas a *norma*, para incluir a *súmula vinculante*. Dessa *rota de aproximação* entre as duas famílias jurídicas há exemplos emblemáticos na experiência estrangeira, como o advento do Código de Processo Civil inglês, em 1999, e o prestígio, nos Estados Unidos, do *Uniform Comercial Code*; ainda, neste país, registre-se o advento, em 2005, do *Class Action Fairness Act*".[126]

O contemporâneo prestígio e a expandida eficácia do dado jurisprudencial é, em verdade, produto de longa e sinuosa evolução, bastando lembrar que na experiência europeia do século XVIII, no período subsequente à monarquia francesa, o produto judiciário do Estado limitava-se a reproduzir textualmente a lei, ficando o juiz restrito a operar como *la bouche qui prononce les paroles de la loi*. Nessa fase radica a chamada *legalização da justiça*, expressada, diz Mônica Sifuentes, na "proibição ao juiz de toda liberdade interpretativa do texto legal. Essa regra se encontra na lei francesa de Organização Judicial de 16-24 de agosto de 1790, que impôs aos tribunais a obrigação de se dirigir aos membros do corpo legislativo sempre que entendessem necessário interpretar uma lei: os tribunais '*não poderão fazer regulamentos e se dirigirão ao Corpo Legislativo todas as vezes que o creiam necessário, seja para interpretar uma lei, seja para fazer uma nova*'. Para fazer respeitar essa proibição formal de interpretar as leis, a Constituinte criou, pela lei de 27 de novembro – 1 de dezembro de 1790, uma *Cour de Cassation*, cujo objetivo era 'quebrar' (*casser*), ou seja, anular, qualquer decisão judicial que tivesse feito uma interpretação em desconformidade com a lei".[127]

Sob o ideário do liberalismo individualista vigente àquela época, compreende-se que o Judiciário ficasse limitado a mero aplicador da fria letra da lei, sem maiores expansões, por conta de então se entender que os direitos subjetivos eram aqueles respaldados pela norma legal, à sua vez debatida e aprovada no Legislativo; esse discurso levava a se ter por inconcebível que uma lide pudesse ser decidida, não à luz do estrito modelo legal, mas em decorrência de alguma interpretação judicial que, imprimindo certo elastério ou uma dada redução ao sentido originário da lei, permitisse o enquadramento nela de hipótese não excogitada pelo legislador; a clareza da lei deveria bastar

---

126 *Divergência jurisprudencial e súmula vinculante*, 6ª ed., Salvador: JusPodivm, 2.018, p. 479.

127 *Súmula vinculante*... cit., 2005, p. 40, 41, itálicos no original.

para sua exata aplicação aos casos que nela devessem ser subsumidos: *in claris cessat interpretatio*. Corolariamente, a atuação judicial ficava, nesse contexto, restrita aos lindes da *crise jurídica*, sem maiores expansões, porque as demais crises, reportadas a outros campos – o social, o político, o econômico –, ou bem seriam recepcionadas e oportunamente positivadas pelo legislador, caso as reputasse relevantes (situações ditas de norma necessitada), ou bem seriam manejadas pela Administração Pública, mormente através do poder de polícia, ou, então, remanesceriam no plano fenomenológico, postadas à margem da nomogênese e da *praxis* judiciária.

No Estado liberal, vicejaram as chamadas *liberdades negativas* (= não impedimento às condutas individuais: a primeira geração dos direitos fundamentais), contexto que depois migrou para o *Estado Social de Direito*, com as chamadas *liberdades positivas* (*direitos de prestação*, a cargo do Estado, gerando *créditos* para os destinatários), certo que essa passagem engendrou um efeito colateral, consistente na crescente convocação do Judiciário a dirimir não apenas crises propriamente jurídicas (de *certeza:* processo de conhecimento; de *segurança:* processo cautelar; de *satisfação:* processo de execução / cumprimento de sentença), mas também as de índole econômica, política e social, não raro induzindo o julgador a escolher entre valores primários, tarefa tradicionalmente afeta à Administração ou ao Legislativo, enquanto Poderes cuja legitimação radica no mandato popular.

(Nesse sentido, considere-se que para o reconhecimento da repercussão geral da questão constitucional, no juízo de admissibilidade do recurso extraordinário, é considerado não só o aspecto jurídico, mas também outros, que relevam dos planos sócio-político-econômicos (CPC, art. 1.035, § 1º), à semelhança do que se passa com a transcendência da questão, na admissibilidade do recurso de revista, na Justiça do Trabalho (CLT, art. 896-A e § 1º, este último acrescido pela Lei 13.467/2.017).

Daí promana o fenômeno hoje conhecido como a *judicialização da política* (ou seu corolário exacerbado: a *politização do Judiciário*), deflagrado com as demandas que envolvem ou tangenciam opções de caráter político ou escolhas primárias, como as relativas à disposição da malha viária de uma megalópole; a destinação final dos resíduos urbanos; a supressão da vegetação para formação de lago adjacente a uma hidrelétrica; as opções de mobilidade urbana. Em tais casos, verifica-se que a pendência, justamente por não residir (ao menos não exclusivamente) na seara jurídica, não tem como ser resolvida pela técnica usual da subsunção de uma norma de regência (que até pode nem existir na espécie) aos fatos da lide, exigindo, como alternativa, uma *ponderação entre princípios*, por modo a priorizar aquele que, *in concreto*, se afigure prevalecente. No exemplo supra, da hidrelétrica, pode o juiz considerar a disponibilidade de outros meios alternativos para obtenção de energia, menos onerosos e ecologicamente sustentáveis, o que o levará a descartar o alvitre da supressão da cobertura vegetal: *prevalência*, nesse caso, da preservação do meio ambiente (in dubio, pro natura)- CF, art. 225, *caput*.

(Nesse sentido se coloca o contemporâneo ideário do consequencialismo das decisões, positivado na Lei 13.655/2.018, que para tal inseriu dispositivos na Lei de Introdução às normas do Direito Brasileiro (Dec. Lei 4.657/1.942, redenominado pela Lei 12.376/2.010).

Em caso de inexistência de parâmetro específico que, *a priori*, estabeleça qual dos princípios incidentes no caso concreto deva prevalecer, a opção por um deles haverá de ser feita mediante aplicação da técnica de ponderação, à luz do binômio *razoabilidade – proporcionalidade*, e não por critério de exclusão, como se passa no conflito entre normas legais, que operam num ambiente que se diria de soma zero: se uma se aplica, outra fica excluída.

Ao propósito, observa Sabrina Dourado França Andrade: "(...) os princípios se distinguem das regras, as quais figuram como relatos objetivos, descritivos de determinadas condutas aplicáveis a um conjunto delimitado de situações, ao passo que os princípios contêm relatos com maior grau de abstração, não especificam as condutas a serem seguidas e se aplicam a um conjunto mais amplo de situações. (...) A proporcionalidade configura-se como valor superior do ordenamento jurídico. Impõe-se como instrumento essencial ao poder judiciário, haja vista que funciona como instrumento de resolução dos conflitos entre princípios e normas."[128]

Não raro, a intervenção judicial em lides metajurídicas ocorre por conta de o Judiciário ter sido *atraído pelo vácuo* formado pela inação, retração ou leniência do Legislativo ou do Executivo, que, recusando ou postergando suas específicas atribuições, mormente em temas socialmente impactantes, *preferem* – não raro para se pouparem do desgaste político – dar ensejo a que o conflito seja judicializado, com o que conseguem o confortável *álibi* de estar a questão *sub judice*. Com isso, repassam às mãos do Judiciário o conflito que poderia e deveria ter sido antes enfrentado e corretamente equacionado nas instâncias primárias, a saber o Legislativo ou o Executivo. Em casos tais, se uma crise existe, em verdade ela é de autoridade ou, então, de vontade política em ordem a prevenir ou resolver as pendências, mormente aquelas emergentes

128 O princípio da proporcionalidade e o poder de criatividade judicial. In: DIDIER JUNIOR, Fredie *et al.* (coord.). *Constituição e processo*, Salvador: ed. Podivm, 2007, p. 674, conclusões ns. 8 e 13.

de relações multiplexas, onde imbricam elementos sócio-político-econômicos, e não apenas jurídicos, como, aliás, sói comumente ocorrer na competitiva sociedade contemporânea, comprimida num mundo globalizado e massificado.

Exemplo do antes exposto se dá quando o Legislativo produz texto legal formal ou substancialmente inconstitucional: submetido ao Chefe do Executivo, este nem o sanciona (porque é alertado sobre o vício que inquina o projeto), nem o emenda (porque não quer ligar-se ao episódio), tampouco o veta, porque não quer se indispor com a base parlamentar. Tornando o texto ao Legislativo, a Presidência da casa, de indústria, adota análoga postura omissiva: não promulga o texto e deixa que ele *passe* por decurso de prazo. Na sequência, algum dos colegitimados ao controle direto de constitucionalidade (CF, art. 103 e incisos), nomeadamente o Ministério Público, ajuíza *ADIn*, de modo que o Judiciário acaba *fechando o circuito*, que, a rigor, nem deveria ter se iniciado, caso houvesse um rigor maior na confecção das leis, assim em seu conteúdo como nos aspectos formais. A propósito, uma pesquisa do CNJ, nominada Supremo em Ação, divulgada em 2.017, ano-base 2.016, informava: "Os processos de controle concentrado de constitucionalidade apresentam as maiores taxas de congestionamento". [129] Adiante, a pesquisa ressalvava que nas ações no controle direto "são discutidas as grandes questões nacionais, de imensurável importância político-jurídica, ensejando, não raro, providências para abertura dos debates constitucionais à comunidade com a realização de audiências públicas, intervenção de amicus curiae etc.".[130]

Some-se a isso a acolhida, já ao tempo do CPC/73, da chamada *coisa julgada inconstitucional*, a suprimir exigibilidade dos títulos judiciais condenatórios formados com base em lei que, *em paralelo*, veio a ser declarada inconstitucional pelo STF, e ter-se-á uma noção da flagrante crise de segurança jurídica daí defluente (CPC/73, § 1º do art. 475-L; § único do art. 740; no CPC vigente, v. § 12º do art. 525 e § 5º do art. 535).[131]

Considere-se, a título ilustrativo, o episódio repercutido há algum tempo, da *farra do boi*, evento popular radicado na tradição açoriana, praticado durante largo tempo em Santa Catarina. Entre os valores envolvidos na ocorrência – (*i*) folclore exógeno, introduzido no território nacional e praticado por um segmento minoritário e, (*ii*) dignidade do animal, afrontada por ato de crueldade, para "diversão" dos circunstantes, em clara infringência à CF,

---

129 Sítio www.cnj.jus.br, acesso em 14.10.2.018.

130 Idem, ibidem.

131 V., ao propósito, os estudos constantes da obra *Coisa julgada inconstitucional*, coord. Carlos Valder do Nascimento, Rio de Janeiro: América Jurídica, 2.013.

art. 225, VII –, parece evidente que este segundo alvitre era prevalecente, o que tanto bastaria para deflagrar o poder-dever da Administração Pública, se necessário com o concurso da força policial, para reprimir e proibir a prática. Todavia, o retardo ou a leniência na adoção da conduta apropriada fizeram com que o tema acabasse judicializado, e, ao final, resolvido pelo STF, no RE 153.531-8/SC, julgamento em que o voto vencedor aludiu à "turba ensandecida".[132] O tema foi objeto da EC 96/2.017, resultando no acréscimo do § 7º ao art. 225: "'Para o fim do disposto na parte final do inciso VII do § 1º deste artigo, não se consideram cruéis as práticas desportivas que utilizem animais, desde que sejam manifestações culturais, conforme o parágrafo 1º do art. 215 desta Constituição Federal, registradas como bem de natureza imaterial, integrante do patrimônio cultural brasileiro, devendo ser regulamentada por lei específica que assegure o bem estar dos animais envolvidos". A Lei 13.873/2.019 alterou a Lei 13.364/2.016 para incluir o laço, bem como as respectivas expressões artísticas e esportivas, como manifestação cultural nacional.

Até certa medida, concede-se que a *crise jurídica* venha impregnada de dados que promanam das searas política, social ou econômica, seja por conta do próprio ambiente dialético donde deriva a norma legal – o Parlamento –, seja porque a nomogênese não tem como se legitimar, em modo *autopoiético ou autorreferente*, a partir do próprio Direito a que ela dá origem.

Há várias evidências do ora afirmado no ordenamento jurídico, por exemplo, quando o juiz dispensa a exigência da pré-constituição da associação autora da ação civil pública em havendo "manifesto interesse social evidenciado pela dimensão ou característica do dano, ou pela relevância do bem jurídico a ser protegido" (art. 5.º, V, *a*, e § 4º da Lei 7.347/85), ou ainda no caso emblemático da "repercussão geral da questão constitucional", na admissibilidade do recurso extraordinário, a qual vem aferida pelo STF a partir da "existência, ou não, de questões relevantes do ponto de vista econômico, político, social ou jurídico, que ultrapassem os interesses subjetivos do processo" (CPC, § 1º do art. 535). Impende, portanto, não confundir casos que tais, perfeitamente justificáveis, com os excessos em que por vezes incide o Judiciário, não raro *atraído pelo vácuo* da omissão, retração ou leniência dos outros Poderes. (Por certo, foi considerando esse contexto que o legislador, ao regulamentar o

---

132 Sobre o episódio, v. Flávio Quinaud Pedron, A ponderação de princípios pelo STF: balanço crítico. *Revista CEJ – Centro de Estudos Judiciários* – Brasília, n. 40, jan./mar.2008, p. 22. (Nota: O Decreto federal 9.975, de 16.08.2.019 (*DOU* 19.08.2.019) dispõe sobre a avaliação do protocolo de bem-estar animal elaborados por entidades promotoras de rodeios pelo Ministério da Agricultura, Pecuária e Abastecimento).

ajuizamento do mandado de injunção (CF, art. 5º, LXXI), cuidou de indicar os parâmetros da resposta jurisdicional, após o reconhecimento do "estado de mora legislativa" (Lei 13.300/2.016, art. 8º, incisos e § único).

José Joaquim Gomes Canotilho chega a falar num contemporâneo *Estado ponderador*, "um dos cavalos de Troia da erosão da juridicidade estatal. As relações funcionais e competenciais entre o poder legislador e o poder judiciário deslocam-se, estreitando a margem de conformação política de quem, ao fazer política deve fazer o balanceamento justo em caso de conflito de bens, e alargando o espaço discricionário de quem, não fazendo política, é agora o ponderador, em termos definitivos, da solução de conflitos de direitos e bens".[133] (Ao propósito, considere-se o ocorrido com a judicialização da transposição das águas do Rio São Francisco, tema vinculado à política pública de recursos hídricos: caberia ao Judiciário, cuja legitimação não é de base popular, traçar escolhas primárias, isto é, definir se é ecologicamente sustentável irrigar o semiárido mediante captação das águas do *velho Chico*?).

O acesso à Justiça dos megaconflitos, empolgando interesses metaindividuais de largo espectro, se de um lado trouxe, como externalidade positiva, *a inclusão do Judiciário* no debate sobre temas socialmente impactantes (células-tronco embrionárias, alimentos transgênicos, fetos anencéfalos, destinação final de resíduos radioativos, eutanásia a doentes terminais), de outro lado colocou a instituição na posição, não raro desconfortável, de fazer escolhas primárias ou mesmo opções políticas, as quais, se antes fossem assumidas e resolvidas de modo eficiente pelas instâncias competentes, deixariam de gerar as lides que, ao final, desembocam no Judiciário.

O cientista político Gaudêncio Torquato vê nesse contexto o que chama de *judiciocracia*: "A nova arquitetura da política nacional pode ser vista sob a perspectiva do contencioso que locupleta as estantes judiciais. O Poder Executivo inunda canais da Justiça para ampliar e garantir suas decisões. O Legislativo instaura copiosa agenda de Comissões de Inquérito, ampliando frentes de luta política, principalmente contra o Executivo. O Ministério Público flagra ilícitos de toda ordem, encaminhando farta pauta de conflitos ao Judiciário, na convicção de que a sociedade brasileira é 'hipossuficiente' e, portanto, carece de braços mais longos de defesa. Minorias políticas recorrem às Cortes para fazer valer direitos. Associações civis e esferas governativas produzem uma montanha de Ações Diretas de Inconstitucionalidade (ADINs). Quase 3.900 ADINs aportaram no Supremo Tribunal Federal (STF)

---

133 Um olhar jurídico-constitucional sobre a judicialização da política. *RDA*, n. 245, maio-ago. 2007, p. 90.

desde 1998. Até aí tudo bem. A questão é: esse novo modo de fazer política melhora a qualidade da democracia? Ou confere excessivo poder aos Tribunais, resultando em desmesurada intervenção nos conflitos políticos? (...) A passagem da política pelos túneis judiciários se tornou mais intensa, a partir de 88, quando a 'Constituição Cidadã' escancarou o portão das demandas de classes e grupos. Os textos legais, por seu lado, férteis em ambiguidade, propiciaram condições para a instalação de um processo de juridificação da vida social. Disputas multiplicaram-se nas esferas pública e privada. (...) O fato é que a intervenção jurídica no campo político não pode passar despercebida. Ocorre que o Legislativo dá mostras de fragilidade. O que faz é questionado e o que deixa de fazer é corrigido por outras áreas. Já o Executivo se apresenta como fonte inesgotável do caudal da política judicializada, contribuindo para que o Poder que diz a lei seja o mesmo a dizer como deve funcionar a política. Quando juízes se tornam agentes políticos da lei, periga a doutrina da tripartição dos Poderes".[134]

A causa remota desse fenômeno que vem excedendo a capacidade instalada da Justiça estatal e *superdimensionando* o Judiciário enquanto instituição, remete à chamada *segunda onda de renovação do processo civil*, preconizada por Mauro Cappelletti e Bryan Garth, propugnando a judicialização dos chamados *interesses difusos*, valores *dessubstantivados*, indivisíveis, concernentes a sujeitos indeterminados, como o meio ambiente, a tutela coletiva do consumidor, a ordem urbanística, o patrimônio cultural. A judicialização desses *interesses sem dono*, se assim podemos nos expressar, ganhou notável impulso com as *class actions* do direito norte-americano e, entre nós, com a recepção desses interesses, em modo pioneiro, pela ação popular (Lei 4.717/65), depois pela ação civil pública (Lei 7.347/85), a que tudo se agregaram os conceitos legais no bojo do CDC (Lei 8.078/90, art. 81, § único e incisos), formando o hoje reconhecido microssistema processual coletivo, a que se agregam os mandados de segurança e de injunção coletivos (Lei 12.016/2.009, arts. 21, § único e incisos; art. 22 e §§; Lei 13.300/2.016, art. 13 e § único, nessa ordem). No entretempo, em 1988, a Constituição Federal viria reafirmar a ação civil pública como meio adequado para tutela judicial dos interesses difusos e coletivos (art. 129, III), dispondo ainda que a legitimação ativa do M.P. "não impede a de terceiros, nas mesmas hipóteses, segundo o disposto nesta Constituição e na lei" (§ 1º do art. 129).

É preciso ter presente, outrossim, as sucessivas gerações de direitos fundamentais, começando pela primeira delas, a das liberdades *negativas*,

134 A judiciocracia ameaça? Jornal *O Estado de S. Paulo*, 05.05.2007, caderno A-2.

sinalizando o dever de abstenção do Estado à livre fruição, pelos cidadãos, do direito de ir e vir, de se associar, de exercer profissão etc.; passando pela *segunda geração*, das liberdades *positivas*, estabelecendo o dever do Estado de ofertar certas prestações positivas, voltadas a assegurar, concretamente, o exercício dos direitos de caráter econômico e social; enfim, a geração seguinte, dos direitos de *solidariedade ou de fraternidade*, os quais, depassando limites territoriais e contingenciamentos sócio-político-culturais, concernem à humanidade como um todo, como agora se observa com o movimento mundial pela preservação da água potável, pelo controle do aquecimento global, premissas necessárias à sobrevivência da presente e futuras gerações, e ainda pelos protocolos internacionais visando coibir o tráfico de mulheres ou a venda de órgãos humanos para fins de transplante.

No ponto, observa Ada Pellegrini Grinover: "Mas não bastava reconhecer os direitos de solidariedade. Era preciso que o sistema jurídico os tutelasse adequadamente, assegurando sua efetiva fruição. Da declaração dos novos direitos era necessário passar à sua tutela efetiva, a fim de se assegurarem concretamente as novas conquistas da cidadania. E como cabe ao direito processual atuar praticamente os direitos ameaçados ou violados, a renovação fez-se, sobretudo, no plano do processo. De um modelo processual individualista a um modelo social, de esquemas abstratos a esquemas concretos, do plano estático ao plano dinâmico, o processo transformou-se de individual em coletivo, ora inspirando-se ao sistema das *class actions* da *common law*, ora estruturando novas técnicas, mais aderentes à realização social e política subjacente".[135]

A facilitação do acesso à Justiça desses novos direitos de acentuado corte social, se, por um lado, colocou o processo coletivo a serviço da *inclusão* de certos pleitos metaindividuais na agenda da Justiça, de outro lado esse afluxo acabou por distender os lindes da atuação do Judiciário, assim sob o ângulo qualitativo do alcance de suas decisões, que ultrapassaram os marcos tradicionais da crise puramente jurídica, como sob o prisma do crescimento físico da instituição, reclamando o aporte incessante e crescente de recursos orçamentários, não raro criando zonas de tensão com o Executivo.

De outra parte, alterou-se o perfil da Justiça enquanto função do Estado, antes limitada a dirimir conflitos entre sujeitos determinados, sobre questões a eles confinadas, mas já agora incidindo sobre searas de largo espectro, como, por exemplo, numa ação popular em que se impugna a construção de aterro sanitário por uma Municipalidade, pretendendo o autor que a opção

135 Significado social, político e jurídico da tutela dos interesses difusos. *Revista de Processo*, n. 97, jan./mar. 2000, p. 10.

ecologicamente correta seria uma estação incineradora dos detritos. É deveras significativo, no sentido do ora exposto, que o STF, no juízo de admissibilidade do recurso extraordinário, tenha, desde a EC 45/2.004, que avaliar, desde logo, se está demonstrada a repercussão geral da questão constitucional (CF, § 3º do art. 102), para tanto aferindo "a existência ou não, de questões relevantes do ponto de vista econômico, político, social ou jurídico, que *ultrapassem os interesses subjetivos do processo*" (CPC, § 1.º do art. 1.035), assim como cabe ao TST aferir se a questão agitada no recurso de revista se reveste de transcendência (CLT, art. 896-A e § 1º, este último acrescido pela Lei 13.467/2.017).

De outra banda, exacerbou-se a carga eficacial da decisão de mérito – e com isso a responsabilidade em emiti-la –, porque, enquanto na jurisdição singular ela se preordena a uma coisa julgada material confinada "às partes" (CPC, art. 506), já nos conflitos metaindividuais ela tem que se expandir extra-autos – *ultra partes* ou mesmo *erga omnes* (*v.g.*, Lei 8.078/90, art. 103 e incisos, c/c art. 117; Lei 7.347/85, art. 16), até como condição para a realização prática do direito, valor ou bem da vida reconhecido no julgado, que deverá projetar-se ao interno de vastos segmentos sociais ou mesmo da inteira coletividade.

Esse, de resto, o mote para as restrições quanto à arguição *incidental* de inconstitucionalidade no âmbito da ação civil pública: dado que aí a coisa julgada terá eficácia *erga omnes*, o acolhimento daquele arguição faria com que a declaração sobre tal questão prejudicial acabasse, na prática, projetando-se em modo pan-processual, assim convertendo tal ação, em boa medida, num sucedâneo da *ADIn* (CF, § 2.º do art. 102), a qual, no plano federal, é de competência do STF e deferida aos colegitimados indicados no art. 103. Ponderável que seja tal objeção, o fato é que o controle incidental de constitucionalidade de lei ou ato normativo pode ser feito em *qualquer* ação judicial, de distribuição livre em primeiro grau ou originária de Tribunal, de modo que a ação civil pública não poderia ficar excluída desse contexto; já a expansão extra-autos da eficácia dessa declaração incidental condiciona-se, em segundo grau, à cláusula de *reserva de plenário* (CF, art. 97, c/c CPC, § único do art. 949; Súmula Vinculante STF nº 10). (Em sintonia com esse entendimento, previa o PL da Câmara Federal nº 5.139/2009, à época preordenado a regular a nova ação civil pública, no § 2.º do art. 2.º: "A análise da constitucionalidade ou inconstitucionalidade de lei ou ato normativo poderá ser arguida incidentalmente, como questão prejudicial, pela via do controle difuso").[136]

136 Dito projeto acabou arquivado na Comissão de Constituição, Justiça e Cidadania da Câmara Federal.

A ampliação dos horizontes do comando judicial para além da crise estritamente jurídica, alcançando o patamar sócio-político-econômico, trouxe novos *pontos de tensão* entre o Judiciário e os demais Poderes, a saber: (*i*) uma propensão ao não enfrentamento do mérito nos conflitos metaindividuais, mormente aqueles derivados de omissão ou ineficiência da Administração Pública, deflagrados por conta da recusa ou oferta insuficiente das prestações devidas à coletividade, tendo o STJ decidido, ao propósito: "(...) 25. Compete ao governo local implementar sua legislação urbanística, em especial seu plano diretor, à luz das diretrizes constitucionais. São elas que, no atacado, determinam as prioridades e orientam o direcionamento dos recursos públicos, previstos na legislação orçamentária. Nesse contexto, a intervenção do Judiciário, determinando a atuação da prefeitura, caberia apenas na hipótese de descumprimento das políticas urbanísticas locais, conforme traçadas nas normas aplicáveis" (REsp 1.164.893/SG, rel. Min. Herman Benjamin, j. 23.11.2.016, v.u.);[137] (*ii*) resistência ao cumprimento de ordens judiciais socialmente impactantes (*v.g.*, protelação ou não cumprimento dos mandados de reintegração de posse nos megaconflitos fundiários)[138] ou quando se trata de ordens judiciais que repercutem no erário (atraso no pagamento de precatórios): no primeiro caso, por não querer a instância administrativa assumir o custo político-social subjacente à desocupação da área, como não raro se observa nos avanços de loteamentos clandestinos sobre áreas de mananciais; no segundo, por conta da recorrente afirmação de *dificuldades de caixa*, geralmente imputadas a administrações precedentes, argumento geralmente respaldado na excludente da chamada *reserva do possível*; (*iii*) omissão ou retardo do Legislativo quanto à produção da norma regulamentadora de direitos assegurados no texto constitucional, levando à impetração de mandados de injunção no STF (CF, art. 5.º, LXXI, c/c art. 102, I, *q*), aos quais, todavia, o STF respondeu (inicialmente) em modo parcimonioso, temendo converter-se em *legislador positivo*: "Mandado de injunção deferido para declarar-se o estado de mora em que se encontra o Congresso Nacional,

---

137 DJ*e* 01.07.2.019.

138 Significativo, nesse ponto, o noticiado no jornal *O Estado de S. Paulo*, de 26.03.2008, cad. A-6: "Fazendeiros do Pontal do Paranapanema (SP) estão contratando seguranças depois que o Movimento dos Sem-Terra retomou as ocupações na região e suas lideranças prometeram reeditar o 'abril vermelho', com nova onda de invasões. 'Não adianta entrar com ação de reintegração de posse', criticou (...) dono da Fazenda (...), que contratou quatro seguranças". (Nota: o vigente CPC traz regulação específica para o caso de "litígio coletivo pela posse do imóvel", cujo rito prevê audiência de mediação a ser realizada antes da deliberação acerca do pedido liminar – art. 565 e §§).

a fim de que, no prazo de seis meses, adote ele as providências legislativas que se impõem para o cumprimento da obrigação de legislar decorrente do art. 195, § 7.º, da Constituição, sob pena de, vencido esse prazo sem que essa obrigação se cumpra, passar o requerente a gozar da imunidade requerida" (MI 232-1, rel. Min. Moreira Alves, *DJU* 27.03.1992, p. 3.800);[139] (*iv*) leniência do Legislativo em assumir seu poder jurídico-político de suprimir a norma declarada inconstitucional pelo STF no controle incidental (CF, art. 52, X), assim engendrando *desequiparação ilegítima* entre os jurisdicionados, já que, no tocante às partes nos *demais processos* envolvendo a mesma *quaestio iuris*, a norma sindicada, por não ter sido *desativada*, continuará em vigor.

Este último tópico tangencia a proposta da *objetivação do recurso extraordinário* – nesse sentido da potencialização *ultra partes* dos efeitos da decisão aí proferida, portanto em controle difuso – tendo o Min. Gilmar Mendes e Samantha Meyer Pflug assinalado: "O Supremo Tribunal Federal percebeu que não poderia deixar de atribuir significado jurídico à declaração de inconstitucionalidade proferida em sede de controle incidental, ficando o órgão fracionário de outras Cortes exonerado do dever de submeter a declaração de inconstitucionalidade ao plenário ou ao órgão especial, na forma do art. 97 da Constituição. Não há dúvida de que o Tribunal, nessa hipótese, acabou por reconhecer efeito jurídico transcendente à sua decisão. (...) Esse entendimento está hoje, consagrado na própria legislação processual civil (CPC, art. 481 [1973], parágrafo único, parte final, na redação da Lei 9.756, de 17.12.1998)".[140]

A judicialização dos conflitos metaindividuais, que envolvem crises não exclusivamente jurídicas e concernem a vastos segmentos da sociedade, quando não a ela como um todo, aportou mais um abalo à já combalida tripartição de Poderes, porque converteu o Judiciário, de instância isenta e confinada à aplicação da norma de regência aos fatos da lide, num partícipe da cogestão dos interesses gerais da coletividade, como ocorreu há tempos, quando do

---

139 Sobre a evolução da jurisprudência do STF nos mandados de injunção v. Elival da Silva Ramos, *Ativismo judicial – parâmetros dogmáticos*, São Paulo: Saraiva, 2012, p. 300 e ss. (Nota: a Lei 13.300/2.016 veio regulamentar o mandado de injunção, inclusive no tocante à modalidade coletiva – arts. 12, incisos e § único; art. 13 e § único).

140 Passado e futuro da súmula vinculante: considerações à luz da Emenda Constitucional 45/2004. In: RENAULT, Sérgio Rabello Tamm; BOTTINI, Pierpaolo (coord.). *Reforma do Judiciário*, São Paulo: Saraiva, 2005, p. 366-367. (Nota: no vigente CPC, v. § único do art. 949).

implemento do programa governamental de venda ("terceirização") de empresas estatais, contexto que trazia a reboque a questão do chamado *custo Brasil.*

Posteriormente, deu-se a judicialização da transposição das águas do Rio São Francisco, trazendo à berlinda o gerenciamento da política de recursos hídricos. Este último caso trouxe um novo desafio para os Tribunais da Federação, no caso o STF: atendendo reclamação da AGU, que se insurgia contra liminar em ação civil pública concedida pela 12.ª Vara da Justiça Federal de Belo Horizonte (Proc. 2.005.38.00.002238-0), a Presidência da Corte houve por bem cassar a liminar, que impedia a realização do megaempreendimento em Minas Gerais, ao argumento de que um tal comando inibitório implicaria risco para o pacto federativo, na medida em que, tratando-se de rio interestadual e, portanto, um bem ambiental regional, ou bem a obra se realizava em todos os Estados da bacia hidrográfica, ou então não se realizava; com base em tal argumento, entendeu-se usurpada a competência originária do STF, no ponto em que lhe cabe processar e julgar "as causas e os conflitos entre a União e os Estados, a União e o Distrito Federal, ou entre uns e outros (...)" (CF, art. 102, I, *f*).

Discordando, *maxima venia*, dessa exegese, assim nos pronunciamos, à época, noutra sede: "A prosperar a interpretação extensiva do contido na alínea *f* do art. 102, I da CF, incorre-se em dois indesejados efeitos colaterais: (*i*) abre-se precedente contra a efetiva garantia de acesso à Justiça (CF, art. 5.º, XXXV), já que então, ações de finalidade coletiva poderão, sob aquele argumento, vir a ser abortadas ainda na fase postulatória, já que a assunção do *thema decidendum* pelo STF, ainda que em cognição parcial e não exauriente, operará em certa medida um efeito similar ao de uma *prejudicialidade externa*, assim condicionando em boa parcela o resultado final da lide; (*ii*) maltrata-se o princípio do *juiz natural* (CF, art. 5.º, LIII), que, na leitura de Nery & Nery, vem a ser aquele '*preconstituído* pela lei, isto é, constituído primeiro do que o fato a ser julgado'. No caso enfocado (*rio que é bem da União, por ser interestadual; dano de caráter regional; demanda dirigida em face de entes públicos federais*), o foro *naturalmente* competente vem a ser o de *primeiro grau*, seção judiciária da Justiça Federal na Capital dos Estados (Lei 7.347/85, art. 2.º, c/c Lei 8.078/90, arts. 93, II e art. 117), podendo o *thema decidendum* ser, oportunamente, alçado às instâncias superiores, pela via normal, isto é, a recursal".[141]

141 Reflexos do licenciamento na competência da ação civil pública. *Paisagem, natureza e direito*, Anais do 9.º Congresso Internacional de Direito Ambiental – 10.º Congresso Brasileiro de Direito Ambiental, org. Antonio Herman Benjamin/Instituto "O Direito por um Planeta Verde", São Paulo: Imprensa Oficial, 2005, p. 380.

O acesso à Justiça dos megaconflitos, típicos da sociedade de massa e do mundo globalizado, tem impactado o Judiciário, historicamente pouco afeito a dirimir controvérsias de largo espectro, envolvendo lide multiplexa (não por acaso, o conceito clássico de interesse de agir exige que este seja real, atual e *pessoal*), posto que nos megaconflitos a eficácia do comando judicial tem que se expandir extra-autos, não raro tangenciando ou mesmo atritando a esfera de atribuições da Administração Pública, legitimada a fazer escolhas primárias e opções políticas, por força do mandato popular outorgado ao governante.

Todavia, foi justamente para dar espaço judicial a esses novos "interesses sem dono" que se configurou a segunda das três ondas renovatórias que alavancaram o processo civil em direção a um compromisso social com a composição justa e célere dos conflitos, movimento esse que teve sua gênese na Itália, no chamado *Projeto Florença*, sob as premissas, explica José Ignácio Botelho de Mesquita, da "ampliação do acesso à Justiça, chamado também de acesso à *ordem jurídica justa*, a atribuição de maior celeridade e efetividade à prestação jurisdicional, a redução da 'litigiosidade contida', a promoção do bem comum e da pacificação social. Correspondem aproximadamente às três ondas sucessivas de reformas referentes ao acesso à justiça, que teriam sido levantadas pelos estudos feitos no âmbito do Projeto Florença; a saber: 'a primeira vaga pesquisou as facilidades concedidas aos pobres e outros menos favorecidos pela sociedade; a segunda vaga tratou da proteção dos interesses difusos ou fragmentados; e a terceira vaga teve por objeto o estudo de soluções outras que não o recurso às vias judiciais, ou alternativamente, a transformação do papel atualmente atribuído aos juízes'".[142]

Focando a segunda dessas ondas – que fomentou a judicialização dos interesses metaindividuais – anotamos em sede doutrinária que uma das características dos interesses difusos é justamente sua *intensa litigiosidade interna*,[143] e, de fato, o saudoso Mauro Cappelletti já houvera prenunciado que se estava na iminência de uma vera *explosão de litigiosidade.*[144] A esse

---

142 *Teses, estudos...* cit., p. 295. Em nota de rodapé n. 44, esclarece o autor: "*The Florence Access to Justice Project*, foi uma vastíssima pesquisa patrocinada pela *Ford Foundation* e empreendida pelo Conselho Nacional de Pesquisa italiano, em conjunto com o Instituto Universitário Europeu, entre 1978/1979. Está contida numa publicação de quatro volumes, dividida em tomos". Em nota de rodapé n. 45 vem informado que o trecho transcrito é um excerto do "prefácio de René David à obra *Accès a la justice et état providence*, dirigida por Mauro Cappelletti, Paris: Econômica, 1984, p. 8".

143 *Interesses difusos: conceito e legitimação para agir*, 9ª. ed., São Paulo: Thomson Reuters–Revista dos Tribunais, 2.019, p. 109 e s.

144 *Giudice legislatori?* Milão: ed. Giuffrè, 1984, p. 8.

contexto Mônica Sifuentes acresce a "'patologia' de uma legislação oscilante entre a inflação de alguns setores e o esvaziamento de outros. As várias formas de inatividade do legislador ou, por outro lado, de sua superatividade representam uma das principais causas que estão na origem do alargamento dos poderes do Judiciário". E mais adiante: "É particularmente importante, no contexto desta discussão, a referência ao fenômeno denominado 'tribunalização da política', ou mais genericamente, 'judicialização da vida pública', que diz respeito à difícil relação entre o Judiciário e os demais Poderes do Estado no atual contexto".[145]

Esse *alargamento dos poderes do Judiciário* tem sofrido a crítica de que esse Poder, não haurindo sua legitimação a partir de um mandato popular (como o Legislativo e o Executivo), não teria justo título para interferir – em modo decisivo – em escolhas primárias ou opções políticas que, justamente, compõem o ambiente clássico dos megaconflitos. Tal se dá, por exemplo, numa ação civil pública ambiental, em que o juiz deve *ponderar* entre valores que são relevantes, social, econômica e politicamente – mas incompossíveis entre si –, tais como a preservação da cobertura vegetal *versus* sua supressão, necessária ao avanço da fronteira agrícola (CF, art. 170, III, VI e VII): optando pelo primeiro desses valores, preserva-se a natureza, mas perde-se em geração de empregos, arrecadação de impostos, desenvolvimento regional. Trata-se, no limite, de saber qual deva ser, hoje, o sentido da *jurisdição*: se é de permanecer aderente só à *crise jurídica* ("dar a cada um o que é seu"), ou se deve ser atualizado e contextualizado, abarcando crises de outra origem e natureza.

José Ignácio Botelho de Mesquita, manifestando-se sobre o *direito à jurisdição* (CF, art. 5.º, XXXV), parece inclinar-se para aquela primeira postura antes indicada: "Exemplificando, uma medida de ordem econômica, como a elevação ou diminuição da taxa do câmbio, pode prejudicar intensamente o balanço das empresas de determinado setor, sem importar, contudo, qualquer lesão a direito. A solução, se necessária, terá que vir sob a forma de auxílio econômico, financeiro, ou tributário, e não pela modificação da taxa de câmbio por sentença".[146]

Essa questão está hoje reconduzida à berlinda, justamente por conta do superdimensionamento do Judiciário, acarretado, entre outros fatores, pela facilitação do acesso à Justiça de certas controvérsias de largo espectro, con-

---

145 *Súmula vinculante*... cit., 2005, p. 69.

146 As novas tendências do direito processual: uma contribuição para o seu reexame. *Teses, estudos e pareceres de processo civil*, São Paulo: Revista dos Tribunais, 2005, vol. 1, p. 293.

cernentes a grupos numericamente expressivos, senão já à inteira coletividade, e que antes eram recepcionadas, conforme o caso, pelo Legislativo ou pela Administração Pública. Ao argumento que circunscreve a jurisdição à crise estritamente jurídica, pode-se objetar que, bem vistas as coisas, não se vislumbra ação judicial cujo objeto gravite *exclusivamente* em torno de *quaestiones iuris*: e isso, seja porque a matéria fática também compõe o objeto litigioso do processo (CPC, art. 319, III), seja porque é do fato que advém o direito (*ex facto oritur jus*), seja, enfim, porque na lide (porção da controvérsia que foi judicializada), sempre incidirão elementos metajurídicos, derivados dos campos econômico, político, social e até mesmo *ideológico-religioso* (sob este último binômio, considere-se a judicialização, em *ADIn* no STF, da questão das células-tronco embrionárias, trazendo ao debate o que se deva entender como *termo inicial da vida humana*; ou, sob o prisma sociológico, a ação civil pública questionando política ou conduta governamental envolvendo raça ou etnia – Lei 12.288/2010, arts. 1.º e 55). Nada há de estranho nessa interação, quando se tem presente que o Direito é um *produto cultural*, formatado no meio social onde ele se forma e é aplicado, num dado contexto espacial-temporal, o que explica, por exemplo, que num dado *locus* de um mesmo país haja pena de morte e não assim em outro, como se dá nos Estados Unidos.

Assim é que uma singela ação de despejo – pretensão jurídica à desocupação de imóvel – passa por uma questão *social*, já que a Constituição Federal garante o direito à moradia (art. 6º); uma ação de repetição de indébito abrange um elemento econômico-financeiro, já que os tributos compõem o erário público e também um elemento de justiça social, porque a alíquota não pode ter índole confiscatória ou ser impeditiva da atividade; uma ação popular, conquanto seja um remédio processual-constitucional (CF, art. 5.º, LXXIII; Lei 4.717/65), todavia inclui um dado para-jurídico, na medida em que o autor deve estar no gozo dos direitos políticos, além do que o espectro dessa ação inclui a sindicabilidade da própria *moralidade administrativa*. Daí, não estranha que a "repercussão geral da questão constitucional" (CF, § 3.º do art. 102: EC 45/2004), embora se trate de pressuposto precipuamente *jurídico-processual*, concernente ao juízo de admissibilidade do recurso extraordinário no STF, todavia é aferida a partir de dado econômico, político, social ou – até mesmo – jurídico: CPC, § 1.º do art. 1.035. Nem por outro motivo, uma das hipóteses em que se deveria ter por *presumida* a existência da *repercussão geral* é a das *ações coletivas*, como afirmam Luiz Guilherme Marinoni e Daniel Mitidiero: "São exemplos de transcendência qualitativa: demandas envolvendo a 'tutela coletiva de direitos' e a 'tutela de direitos coletivos', tanto em seus aspectos materiais como processuais, também contam desde logo, em tese, com a nota da transcendência, aquilatada pela perspectiva quantitativa".[147]

Na jurisdição singular as partes são determinadas e geralmente postulam em nome próprio acerca de interesses disponíveis de caráter patrimonial (legitimação ordinária) e por isso *prepondera* na resposta judiciária a resolução da *crise jurídica* historiada pelas partes. Todavia, o que hoje sobreleva e empolga a atenção do mundo jurídico não é a solução de conflitos *intersubjetivos* – até porque seus partícipes podem solucioná-los por outros meios, auto e heterocompositivos –, e sim o acesso à Justiça dos megaconflitos emergentes na contemporânea sociedade de massa. Nas demandas de largo espectro, cremos que não há meio de a resposta judiciária cingir-se à estrita crise jurídica, desconhecendo ou minimizando os demais pontos conflitivos incidentes na espécie. Daí bem se compreender a previsão do antes citado PL 5.139/2009, à época voltado a regular a nova ação civil pública: "A tutela dos direitos ou interesses difusos, coletivos e individuais homogêneos presume-se de relevância social, política, econômica ou jurídica"(§ 1º do art. 2.º).[148]

9. TENDÊNCIA À COLETIVIZAÇÃO DO PROCESSO E AS *PONTES* COM A JURISDIÇÃO SINGULAR.

A *jurisdição singular* tem, tradicionalmente, predominado dentre nós, caracterizada pelo acesso à Justiça de conflitos intersubjetivos, geralmente portados pelos próprios titulares dos valores em conflito (legitimação, por isso, dita *ordinária*), sendo o objeto litigioso circunscrito à polaridade *pretensão-resistência*, sem maiores expansões extra-autos, donde se compreender que a sentença, estabilizada pela coisa julgada, fique confinada "às partes entre as quais é dada, não prejudicando terceiros" – CPC, art. 506. (Bem vistas as coisas, alguns terceiros *podem* ser atingidos – e não raro o são – não, porém, pela coisa julgada em si mesma, mas por alguns *efeitos reflexos do próprio julgado*, em virtude mesmo do inter-relacionamento existente nas situações fático-jurídicas ao interno da sociedade, donde as possibilidades de ingerência em processo *inter alios*, tais as intervenções de terceiro, a ação de embargos de terceiro, o recurso de terceiro prejudicado – CPC, arts. 119-132; 674 e §§; 996 e § único, nessa ordem).

---

147 *Repercussão geral no recurso extraordinário*, São Paulo: Revista dos Tribunais, 2007, p. 38. (Nota: o vigente CPC contempla hipóteses de presunção da repercussão geral, mas não inclui a dos acórdãos em ação coletiva: § 3º do art. 1.035).

148 Citado projeto veio a ser arquivado na Comissão de Constituição, Justiça e Cidadania da Câmara Federal.

Já a *autoridade da coisa julgada (CPC, art. 502)*, que pereniza o *elemento declaratório* do julgado de mérito, fica restrita às partes que integraram o contraditório, operando em dupla dimensão: (i) *positiva, ao* estabilizar o direito, valor ou bem da vida reconhecido ao vencedor da demanda; e, (ii) *negativa, ao* impedir a rediscussão do quanto se tenha *imunizado* pela agregação da coisa julgada à decisão de mérito: o *non bis in idem* ou a *exceptio rei iudicatae* (CPC, art. 337, VII; art. 485, V; art. 508).

Explica, a propósito, José Ignácio Botelho de Mesquita, louvando-se na conhecida distinção de Enrico Tullio Liebman entre a *eficácia natural* do julgado, que se projeta em face de todos, e a *autoridade da coisa julgada*, restrita às partes: "Tal função positiva, como bem alertou Liebman, não é mais que a eficácia natural da sentença, nada tendo a ver com a autoridade da coisa julgada em si mesma. O que se poderia designar como função negativa seria apenas a de impedir todo o juízo diferente que contradiga os efeitos da primeira sentença, pois ao instituto da coisa julgada não importa a existência de um novo juízo, desde que este apresente resultados idênticos aos do anterior. Liebman conferiu ainda uma nova formulação às noções de coisa julgada formal e coisa julgada material, considerando a primeira como a imutabilidade da sentença enquanto ato processual e a segunda como a mesma imutabilidade em relação ao seu conteúdo e, mormente, aos seus efeitos. Poder-se-ia dizer que a primeira é interna e a segunda externa ao processo".[149]

Todo esse desenho, de acentuado corte individualista, que perpassa o processo desde a fase postulatória até a de cumprimento do julgado, revela-se bem adaptado às lides singulares, portadas em Juízo por seus legítimos contraditores, os quais serão direta e pessoalmente atingidos pelos efeitos do julgado de mérito e, oportunamente, pela imunização decorrente da coisa julgada. Porém, tal esquema se revela inadaptado em face dos megaconflitos que permeiam a contemporânea sociedade massificada e competitiva, os quais não apresentam símile com as clássicas lides de tipo *Tício* versus *Caio.* Nas concausas da *explosão da litigiosidade* que grassa pela sociedade contemporânea, está o próprio Poder Público, seja por não responder satisfatoriamente às promessas e diretrizes no âmbito social a que se propôs, assim aumentando a tensão dos segmentos despossuídos; seja porque se comporta como um Estado-inimigo, um Leviatã, com insaciável sanha tributária e fiscalizatória; seja, enfim, por disseminar a mensagem subliminar de que é possível *viver sem trabalhar*, mercê de benesses distribuídas a títulos vários, numa postura

149 A autoridade da coisa julgada, *Teses, estudos e pareceres de processo civil*, vol. 2, São Paulo: Revista dos Tribunais, 2005, p. 117.

clientelista e paternalista, cuja conta final é paga pela população ativa, a saber, os contribuintes.

Analisa, a respeito, Kazuo Watanabe: "O Estado brasileiro, portanto, é um grande gerador de conflitos. Além dos conflitos mencionados ['invasões de propriedade e a desobediência civil, conflitos que põem à mostra a constrangedora impotência do Judiciário'], inúmeros outros têm sido provocados pelo Estado em vários campos de atuação, principalmente nas áreas fiscal e administrativa. Grande parte desses conflitos é encaminhada ao Poder Judiciário, cuja carga de serviços se agiganta cada vez mais. As várias demandas que a ele afluem apresentam, num dos polos, principalmente no passivo (na condição de réu), o Estado ou uma de suas emanações (autarquias, empresas públicas ou sociedades de economia mista). Pode-se afirmar assim, sem qualquer receio de exagero, que o litigante mais frequente nos foros do país é, hoje, o Estado em seus vários níveis de organização política e suas várias formas de atuação no mundo jurídico".[150]

Verdade que tem o legislador brasileiro revelado preocupação com a baixa eficiência do processo judicial, em pontos relevantes, tanto no plano constitucional - a duração excessiva, a deficiente motivação (CF, art. 5.º, LXXVIII; art. 93, IX) - como no da legislação, donde ter procurado eliminar pontos de estrangulamento (v.g., a supressão dos embargos infringentes no vigente CPC) a par de inserir *elementos aceleratórios, tais as antecipações de tutela; a tutela da evidência; a liminar improcedência do pedido; o descarte de recursos contrários à decisão-quadro do STF ou do STJ no recurso afetado como representativo da controvérsia*. Além disso, o novo CPC recepciona o ideário do processo civil de resultados (C.R.Dinamrco), ao inserir no conteúdo ocupacional do juiz o zelo pela atividade satisfativa (art. 4º), disponibilizando os meios para consecução desse objetivo (CPC, art. 139, IV), no que se alinha, no plano do direito comparado, ao previsto no art. 2-1 do CPC português: "A protecção jurídica através dos tribunais implica o direito de obter, em prazo razoável, uma decisão judicial que aprecie, com força de caso julgado, a pretensão regularmente deduzida em juízo, *bem como a possibilidade de a fazer executar*".

Com efeito, o sentido contemporâneo de *jurisdição* não se esgota com o mero *reconhecimento do direito*, tampouco com a singela *eliminação da incerteza*, mas deve ir além, compreendendo o *acompanhamento* do efetivo cumprimento do comando judicial, em simetria com a proposta do *processo*

---

150 Acesso à justiça e sociedade moderna. In: GRINOVER, Ada Pellegrini *et al.* (coord.). *Participação e processo*, São Paulo: Revista dos Tribunais, 1988, p. 131.

sincrético, dentre nós positivado desde o CPC/73 com a Lei 11.232/2005, por modo que se justapõem, sequencialmente, cognição e satisfação. Escrevendo ao tempo do CPC/73, aduzia, a propósito, Luiz Guilherme Marinoni: "Dar tutela a um direito nada mais é do que lhe outorgar proteção. Mas, exceto quando o autor postula uma sentença declaratória da existência ou da inexistência de uma relação jurídica ou a constituição ou a desconstituição de uma situação jurídica (sentença *des*constitutiva), e assim, além da sentença não é necessária qualquer *atividade de complementação da prestação jurisdicional*, não há como admitir que a sentença é *suficiente* para o juiz se desincumbir do seu dever de prestar a tutela jurisdicional. (...) Diante disso, não há dúvida de que a tutela jurisdicional só se aperfeiçoa, nesses casos, com a atividade executiva. Portanto, a jurisdição não pode significar mais apenas *iurisdictio* ou 'dizer o direito', como desejavam os juristas que enxergam na atividade de execução uma mera função administrativa ou uma 'função menor'. Na verdade, mais do que direito à sentença, o direito de ação, hoje, tem como corolário o direito ao meio executivo adequado."[151]

A questão da *efetividade do processo* reclama, como antes dito, um "processo civil *de resultados*", como alerta Cândido Rangel Dinamarco,[152] o que repercute, naturalmente, na sentença de mérito, porque é a partir dela que se hão de produzir os efeitos, sobremodo os condenatórios, isto é, aqueles cuja realização prática (pagamento, entrega de coisa, prestações positivas ou negativas) pressupõem ato ou conduta da parte vencida. Hoje se reconhece que, tal seja a expansão ou a intensidade do conflito judicializado, a sentença de mérito, nos lindes da jurisdição singular, apresenta dificuldades para sua realização e concreção no plano prático. Figure-se uma reintegração de posse requerida por proprietário de latifúndio rural, invadido por numeroso grupo dito "sem terra", integrado inclusive por crianças, idosos, pessoas portadoras de necessidades especiais, segmentos especialmente protegidos – CF, arts. 227 e §§; 230 e §§; Leis 8.069/90, 10.741/2003, 7.853/89 – e considerando, ainda, que o sistema garante a propriedade, mas a condiciona à sua função social (CF, art. 186 e incisos). Pergunta-se: num contexto assim complexo o singelo comando para a reintegração da posse, vocacionado a extinguir a *crise jurídica, a saber, o* esbulho possessório, conseguirá resolver o problema como um todo e de modo permanente? Ou a *crise sociológica*, subjacente, ficando em aberto (ou mesmo acirrada pela desocupação forçada), a curto ou médio

---

151 A jurisdição no estado contemporâneo. In: MARINONI, Luiz Guilherme (coord.), *Estudos de direito processual civil*... cit., 2006, p. 57, 58.

152 *Fundamentos do processo civil moderno*, 3. ed., São Paulo: Malheiros, 2000, p. 457.

prazo tornará a se manifestar, no mesmo local ou em sítio próximo, num perverso círculo vicioso? Bem por isso, o vigente CPC houve por bem regular, especificamente, a ação em caso de litígio coletivo pela posse de imóvel, prevendo inclusive audiência de mediação – art. 565 e §§.

Fala-se ainda na *litigiosidade remanescente*, definida por André Gomma de Azevedo e Cyntia Cristina de Carvalho e Silva como "aquela que persiste entre as partes após o término de um processo de composição de conflitos em razão da existência de conflitos de interesses que não foram tratados no processo judicial – seja por não se tratar de matéria juridicamente tutelada (*e.g.*, vizinhos que permanecem em posições antagônicas em razão de comunicação ineficiente entre ambos) seja por não se ter aventado tal matéria juridicamente tutelada perante o Estado".[153]

De outra parte, a doutrina vem evidenciando a insuficiência da *solução adjudicada* para acompanhar o crescimento geométrico dos processos judiciais, cabendo abrir espaço para outros meios, auto e heterocompositivos, até como estratégia para a própria sobrevivência da Justiça estatal. A propósito, pondera Kazuo Watanabe: "(...) num país como o nosso, que adota o sistema da jurisdição una, em que ao Judiciário cabe dizer a última palavra em matéria de direito, não se pode pensar apenas no sistema de resolução dos conflitos através da adjudicação da solução pela autoridade estatal. Conflitos há, mormente aqueles que envolvem pessoas em contato permanente, como nas relações jurídicas continuativas (*v.g.*, relações de vizinhança, de família, de locação), para os quais a *mediação* e a *conciliação* são adequadas, pois não somente solucionam os conflitos como têm a virtude de pacificar os conflitantes. E há outros em que o arbitramento é perfeitamente cabível, com possibilidade de amplos resultados positivos".[154]

Nos quadrantes da jurisdição singular os sujeitos envolvidos são determinados, ainda que possam estar agrupados em alguma figura litisconsorcial (e mesmo neste caso, há sinalização restritiva quanto à formação de litisconsórcio multitudinário: CPC, § 1º do art. 113), numa clara indicação de que as situações envolvendo número expressivo de sujeitos escapam dos estreitos lindes da jurisdição singular, até porque nesta última a coisa julgada material terá que se confinar aos que integraram o contraditório, sem expansões extra-autos

---

153 Autocomposição, processos construtivos e a advocacia: breves comentários sobre a atuação de advogados em processos autocompositivos. *Revista do Advogado*, n. 87, set./2006, p.121.

154 Acesso à Justiça... cit., In: GRINOVER, Ada Pellegrini *et al.* (coord.). *Participação e processo* cit., p. 132-133.

(CPC, art. 506). Mas, justamente, o que hoje caracteriza a sociedade massificada são os megaconflitos, em que os sujeitos aparecem indeterminados e o objeto se apresenta indivisível – absoluta ou relativamente, conforme se trate, respectivamente, de interesse difuso ou coletivo em sentido estrito – e assim o processo civil clássico, preordenado a conflitos intersubjetivos, judicializáveis por legitimação ordinária, não consegue atender aos prementes reclamos e às novas necessidades da sociedade contemporânea.

Desde o último quartel do século passado, foi tomando vulto o fenômeno da *coletivização* dos conflitos, à medida que, paralelamente, se foi reconhecendo a inaptidão do processo civil clássico para instrumentar essas megacontrovérsias, próprias de uma conflitiva sociedade de massas. Isso explica a proliferação de ações de cunho coletivo, tanto na Constituição Federal (arts. 5.º, XXI; LXX, *b*; LXXIII; 114, § 2.º; 129, III) como na legislação processual extravagante, empolgando segmentos sociais de largo espectro: consumidores, crianças e adolescentes; deficientes físicos; investidores no mercado de capitais; idosos; *torcedores* de modalidades desportivas; integrantes de raças e etnias, etc. Logo se tornou evidente (e premente) a necessidade da oferta de novos instrumentos capazes de recepcionar esses conflitos assim potencializados, seja em função do número expressivo (ou mesmo indeterminado) dos sujeitos concernentes, seja em função da indivisibilidade do objeto litigioso, que o torna insuscetível de partição e fruição por um titular exclusivo.

Esse contexto fora, há tempos, prognosticado por José Carlos Barbosa Moreira: "Realmente, as características da vida contemporânea produzem a emersão de uma série de situações em que, longe de achar-se em jogo o direito ou o interesse de uma única pessoa, ou de algumas pessoas individualmente consideradas, o que sobreleva, o que assume proporções mais imponentes, é precisamente o fato de que se formam conflitos nos quais grandes massas estão envolvidas. É um dos aspectos pelos quais o processo recebe o impacto desta propensão do mundo contemporâneo para os fenômenos de massa: produção de massa, distribuição de massa, cultura de massa, comunicação de massa, e porque não, processo de massa?"[155]

Por conta do crescente afluxo à Justiça de tantos interesses objetiva e subjetivamente complexos, foi-se formando uma tendência à valorização do processo coletivo, entre outros motivos por sua reconhecida capacidade de absorver e resolver, com economia de custos e em modo isonômico, os megaconflitos, os quais não comportam redução aos quadros do processo

155 Ações coletivas na Constituição Federal de 1988, palestra proferida em 1989, *Revista de Processo*, n. 61, p. 187.

civil clássico, de índole individualista e patrimonialista. A massificação da sociedade e a globalização do mundo acabaram repercutindo no processo civil, pela boa razão de que ele, por seu caráter instrumental, opera como *caixa de ressonância* do que ocorre em sociedade, e assim procura responder aos novos reclamos e desafios, até como condição para não ser atropelado pelos acontecimentos. No ponto, aduz Carlos Alberto de Salles: "Trata-se, na verdade, do reconhecimento de uma necessária ampliação das funções jurisdicionais para apreciação de interesses que permaneciam sub-representados na sociedade, os quais, sem essa abertura da justiça cível, quedar-se-iam sem a devida representação".[156]

O legislador brasileiro procurou se mostrar sensível a essa nova realidade, ao tempo em que se manteve alerta quanto à preservação do devido processo legal, especialmente quanto à proteção dos sujeitos ausentes, apenas representados nos autos por um ente exponencial, e por isso excogitou uma *regra de convivência* para o trâmite concomitante entre ações coletivas e individuais. É dizer: embora o melhor cenário seja o da concentração do conflito coletivo numa única ação coletiva, que assim receberá, na expressão de Kazuo Watanabe, *tratamento molecularizado*, prevenindo a pulverização da controvérsia e a multiplicação de processos repetitivos, fato é que não há como impedir a judicialização de pleito(s) individual(is), ou sua continuidade, pelo fato de estar tramitando ação coletiva com análoga causa de pedir. O que se pode fazer, sem atritar os direitos e garantias individuais – inclusive o *right to be heard* e o *fair day in Court*, de uso corrente na experiência norte-americana – é a *priorização da dimensão coletiva*, como, aliás, vinha previsto no art. 64 do antes citado PL 5.139/2009, à época voltado a regular a nova ação civil pública: "As ações coletivas terão tramitação prioritária sobre as individuais".[157]

Por conta do antes exposto, teve o legislador que excogitar uma *ponte* entre o processo coletivo e os individuais, estabelecendo uma sorte de *protocolo* entre esses planos, desde logo reconhecendo inexistir litispendência entre elas (CDC, art. 104) e, de outro lado, ofertando ao lesado individual o duplo alvitre de: (*i*) não propor ou então sobrestar sua demanda particular, no aguardo do desfecho da ação coletiva; (*ii*) litisconsorciar-se à ação coletiva. Na primeira hipótese, dado que a coisa julgada coletiva (*rectius*: a causa de

---

156 Processo civil de interesse público. In: SALLES, Carlos Alberto de (org.). *Processo Civil e interesse público: o processo como instrumento de defesa social*, São Paulo: Revista dos Tribunais, 2003, p. 57.

157 Tal projeto de lei acabou arquivado na Comissão de Constituição, Justiça e Cidadania da Câmara Federal.

pedir reconhecida naquela ação) só se "transporta" ao feito individual para beneficiar (coisa julgada *in utilibus*: CDC, § 3.º do art. 103), caso sobrevenha a rejeição do pleito coletivo, o indivíduo estará livre para propor sua ação (ou retomar a que ficara sobrestada), tocando-a para ganhar ou perder. Na segunda hipótese (supra, *ii*), como o assistente litisconsorcial é equiparado à parte, então o julgamento do mérito da coletiva, após prova plena, qualquer que seja o resultado, fará coisa julgada *também* para esse interveniente (CDC, § 2º do art. 103).

Sem embargo, buscando, por um lado, prevenir a nefasta proliferação de ações individuais múltiplas e repetitivas e, de outro, evitar contradição entre julgados advindos das dimensões coletiva e individual, o antes citado PL 5139/2009, à época preordenado a regular a nova ação civil pública, previa no § 1.º do art. 35: "Não serão admitidas novas demandas individuais relacionadas com direitos ou interesses individuais homogêneos, quando em ação coletiva houver julgamento de improcedência em matéria exclusivamente de direito, sendo extintos os processos individuais anteriormente ajuizados".[158] O STJ, em emblemático julgamento (2.ª Seção, REsp 1.110.549-RS, j. 28.10.2009, maioria), entendeu, pelo voto do Relator, Min. Sidnei Beneti, em manter o acórdão recorrido, o qual determinara de ofício a suspensão das ações individuais que tramitavam em paralelo à ação coletiva consumerista: "(...) não bastaria, no caso, a utilização apenas parcial do sistema da lei dos Processos Repetitivos, com o bloqueio de subida dos processos ao Tribunal Superior, restando a multidão de processos, contudo, a girar, desgastante e inutilmente, por toda a máquina jurisdicional em 1.º grau e perante o Tribunal de Justiça competente".

Em sede doutrinária, tivemos oportunidade de examinar a *ponte* existente entre os planos processuais individual e coletivo, inclusive focando a instigante questão da contradição entre as coisas julgadas dali promanadas. Tomando o exemplo figurado por Hugo Nigro Mazzilli[159] ("na ação de índole coletiva, a coisa julgada tenha reconhecido um direito extensivo a todos os servidores públicos, enquanto, ao mesmo tempo, em ação individual, o servidor X viu formar-se coisa julgada a negar-lhe esse mesmo direito"), escrevemos: "Em casos como esse, de flagrante discrepância entre as respostas judiciárias sobre um mesmo tema, impende evitar *o mal maior*, que seria o desbordamento da contradição entre coisas julgadas, do plano lógico para o plano prático. Como proposta de trabalho, pode-se pensar no transporte da coisa julgada

---

158 Idem.

159 *A defesa dos interesses difusos em juízo*, 30. ed., São Paulo: Saraiva, 2017, p. 705.

mais benéfica, para aplicação aos casos porventura julgados de forma diversa, tendo em vista a insustentabilidade de que, num mesmo espaço-tempo, e num mesmo *ambiente judiciário*, uma coisa possa *ser e não ser* (*v.g.*, uma coisa julgada coletiva, mandando ressarcir os danos à saúde causados pelo tabagismo, e outro, individual, negando tal ressarcimento): aplicar-se-ia, então, a parêmia *odiosa restringenda, benigna amplianda*".[160]

Dita proposta tangencia, como se vê, a tese da "coisa julgada inconstitucional" (em certa medida positivada no vigente CPC: § 12º do art. 525; § 5.º do art. 535), a qual, à sua vez, se insere no âmbito maior da discussão sobre a "relativização da coisa julgada". Dentre os argumentos invocados por Cândido Rangel Dinamarco em prol desta última, podemos destacar: "A garantia constitucional do acesso à ordem jurídica justa, que repele a perenização de julgados aberrantemente discrepantes dos ditames da justiça e da equidade".[161]

Outra *ponte* importante entre a jurisdição coletiva – no sentido largo de projeção de eficácia extra-autos – e a jurisdição singular está se erguendo no campo do controle de constitucionalidade, promovido pelo STF: antes, a potencialização da eficácia da declaração de inconstitucionalidade de uma lei, no regime incidental ou difuso (CPC, art. 948), ficava a depender de que o Senado, instado pelo STF, retirasse de vigência o texto sindicado (CF, art. 52, X). Todavia, considerando-se que a inconstitucionalidade de uma lei federal, proclamada pelo STF, não comporta confinamentos geográficos nem acepções subjetivas – por tratar-se de pronunciamento unitário e incindível – passou a ganhar corpo o entendimento que consente uma *aproximação* ou uma *assimilação*, em termos de efeitos práticos, entre os regimes direto/concentrado e incidental/difuso. Em acórdão que se tornaria paradigmático, a 1.ª Turma da Excelsa Corte, relator o Min. Sepúlveda Pertence, entendeu que "a decisão plenária do Supremo Tribunal declaratória da inconstitucionalidade de norma, *posto que incidente* (...), elide a presunção de sua constitucionalidade; a partir daí, podem os órgãos parciais dos outros tribunais acolhê-la para fundar as decisões de casos concretos ulteriores, prescindindo de submeter a questão de constitucionalidade ao seu próprio plenário".[162]

É que, como acentuara o Min. Gilmar Mendes, em sede doutrinária, "a natureza idêntica do controle de constitucionalidade, quanto às suas fi-

160 A concomitância das ações coletivas, entre si e em face das demandas individuais. *RT*, nº 782, dez./2000, p. 46.

161 Relativizar a coisa julgada material. In: NASCIMENTO, Carlos Valder do (coord.), *Coisa julgada inconstitucional*, 2.003, cit., p. 53.

162 RE 191898/RS, *DJU* 22.08.1997, p. 38.781.

nalidades e aos procedimentos comuns dominantes para os modelos difuso e concentrado, não mais parece legitimar a distinção quanto aos efeitos das decisões proferidas no controle direto e no controle incidental".[163] Tal tese, em boa medida, está positivada no vigente CPC, prevendo o § único do art. 949: "Os órgãos fracionários dos tribunais não submeterão ao plenário, ou ao órgão especial a arguição de inconstitucionalidade quando já houver pronunciamento destes ou do plenário do Supremo Tribunal Federal sobre a questão".

10. O *ATIVISMO JUDICIÁRIO*, ADERENTE AOS MEGACONFLITOS.

A condição legitimante do juiz togado é de fonte técnica, decorrente, ou da aprovação em concurso público, ou de ingresso pelo chamado *quinto constitucional*, ao contrário do que se passa com os integrantes dos outros dois Poderes, legitimados pelo mandato popular. Daí decorre, dentre outras consequências, que o legislador e o administrador beneficiam de certa *área de liberdade* em suas atuações, ao contrário do juiz, que, em virtude do princípio da inércia, ou da demanda, só intervém quando provocado e só decide nos limites em que é instado (CPC, arts. 2º, 490, 492).

Assim é que: (*i*) o Legislativo discute e avalia os interesses, valores e costumes relevantes para a sociedade, interessando saber quais deles merecem ser positivados (*v.g.*, o interesse difuso à previsibilidade da resposta judiciária, levando à constitucionalização da súmula vinculante, do STF); quais os que perderam atualidade (*v.g.*, a descriminalização do adultério); e, enfim, quais os que reclamam alteração em suas originais concepções (*v.g.*, a família, originária das justas núpcias, evoluindo para os grupos ditos homoafetivos e a união estável; (*ii*) o Executivo, ao qual se reconhece o poder-dever de agir *sponte propria* ("administrar é aplicar a lei, de ofício": *v.g.*, o poder de polícia), e igualmente se reconhece uma certa discricionariedade para fazer escolhas primárias e opções políticas, as quais, mantidas em certos limites, configuram *faixas de insindicabilidade judicial.*

Por esse contraste, compreende-se que o Estado-juiz, que até meados do século XIX ainda não se houvera firmado universalmente como um vero *Poder*, tenha transmitido aos seus integrantes uma postura de neutralidade e distanciamento dos fatos e das partes, em nome da imparcialidade e isenção necessárias a um julgamento justo e isento; falava-se, nesse sentido, do Judiciário como o "poder discreto". Essa postura perdurou longo tempo, aderente

---

163 O papel do Senado Federal no controle de constitucionalidade: um caso clássico de mutação constitucional. *Revista de Informação Legislativa*, n. 162, abr.-jun. 2004, p. 164.

e adequada aos conflitos intersubjetivos de tipo *Tício* versus *Caio*, com poucas expansões, tanto *objetivas* (cumulação de pedidos, reunião de ações) como *subjetivas* (figuras litisconsorciais, intervenções de terceiros), mas, gradativamente, com a massificação da sociedade, a globalização da economia e a explosão da litigiosidade, aquela postura de neutralidade e distanciamento ficou defasada e, consequentemente inadaptada em face do acesso à Justiça dos megaconflitos.

As profundas alterações do quadro sócio-político-econômico, aceleradas a partir de meados do século passado, e a judicialização dos conflitos daí decorrentes, engendraram a necessidade de uma *nova postura judicial*, engajada com esse evolver dos acontecimentos. A propósito, escreve Fábio Konder Comparato: "A era do juiz politicamente neutro, no sentido liberal da expressão, já foi superada. Os juízes deixam de ser, como têm sido até agora, exclusivamente árbitros distantes e indiferentes de conflitos privados ou de litígios entre indivíduos e o Estado. Doravante, incumbe também à Justiça realizar, no seu campo de atividade, os grandes objetivos sócio-econômicos da organização constitucional".[164]

Presentemente, na esteira da técnica do *case management*, de livre curso na experiência judiciária norte-americana, preconiza-se a figura de um juiz *pró-ativo*, em contraposição a um estático "destinatário das provas e dos argumentos das partes", mas um verdadeiro *gerente do processo*, preocupado e comprometido em lhe imprimir curso célere, racional e seguro, capaz de ofertar uma resposta idônea a resolver a controvérsia em modo justo, tempestivo e consistente.

Esse *ponto ótimo* do processo e da função judicial não pode ser alcançado sem a devida previsão das fontes de custeio e o implemento das demais providências de ordem estrutural e funcional, como avalia Fábio Peixinho Gomes Correa: "Respeitadas as características do caso concreto, o exercício da jurisdição pelo 'Juiz gerente' não pode prescindir de um plano predeterminado de como usar o processo civil para cumprir sua função de administração da Justiça. Essa foi a constatação do Congresso norte-americano que motivou a aprovação do *Civil Justice Reform Act* de 1990, cuja finalidade primordial foi estabelecer os princípios que deveriam estar incorporados em um programa de gerenciamento: (1) gerenciamento diferenciado dos casos (regras diferentes para casos de diferentes complexidades); (2) gerenciamento judicial na fase inicial; (3) monitoramento e controle de casos complexos; (4) encorajamento de uma instrução que tenha boa relação custo-benefício mediante troca vo-

164 Novas funções judiciais no Estado moderno. *RT*, n. 614, dez. 1986, p. 22.

luntária de informações entre as partes e mecanismos de produção de provas em cooperação; (5) melhores esforços na resolução das questões probatórias antes de apresentar impugnações; e (6) encaminhamento dos casos apropriados para programas que adotem meios alternativos de solução de disputa".[165]

Quando hoje se fala na diretriz do "processo civil de resultados" não se quer referir apenas e tão somente àquela relação processual desenvolvida no âmbito da jurisdição singular, que serve de veículo ao embate entre a pretensão de uma parte e a resistência da outra, mas pretende-se algo mais: quer-se um instrumento que, sem perder de vista a finalidade de resolver a lide intersubjetiva, todavia vá além desse desiderato, para alcançar plano mais elevado e objetivo mais largo, por modo que o processo sirva, não só para a realização da ordem jurídica e para "dar a cada um o que é seu", mas igualmente para compor o litígio sob um ambiente cooperativo, num tempo razoável e numa boa relação custo-benefício. Esses dois planos – o objetivo e o subjetivo – ficam bem evidentes no ambiente do recurso extraordinário: ao *admiti-lo*, o STF emite juízo positivo quanto à presença dos pressupostos constitucionais desse apelo extremo, inclusive o pré-requisito da repercussão geral da questão constitucional (CF, art. 102, III e § 3º); ao *dirimir seu mérito*, a Colenda Corte *dá razão a quem a tem*, no âmbito dos efeitos devolutivo e substitutivo desse recurso. É o que se colhe da Súmula STF n. 456: "O Supremo Tribunal Federal, conhecendo do recurso extraordinário, julgará a causa aplicando o direito à espécie", enunciado recepcionado no art. 1.034, caput, do vigente CPC.

Sobre o tema ora versado pronunciou-se Cândido Rangel Dinamarco: "O direito moderno não se satisfaz com a garantia da ação como tal e por isso é que procura extrair da formal garantia desta algo de substancial e mais profundo. O que importa não é oferecer ingresso em juízo, ou mesmo julgamentos de mérito. Indispensável é que, além de reduzir os resíduos de conflitos não jurisdicionalizáveis, possa o sistema processual oferecer aos litigantes resultados justos e efetivos, capazes de reverter situações injustas desfavoráveis, ou de estabilizar situações justas. Tal é a ideia da efetividade da tutela jurisdicional, coincidente com a da plenitude do acesso à justiça e a do processo civil de resultados".[166]

---

165 *Governança judicial: modelos de controle das atividades dos sujeitos processuais*. Tese de doutorado sob a orientação do professor José Rogério Cruz e Tucci, aprovada na Faculdade de Direito da Universidade de São Paulo em 12.06.2008, p. 216.

166 *Fundamentos do processo civil moderno*, 3. ed., São Paulo: Malheiros, 2000, t. II, p. 798-799.

Outra aplicação dessa dualidade – a *nomofilácica*, preordenada à preservação da ordem normativa, e a *dikelógica*, voltada à justa resolução do caso concreto – está subjacente no quesito da *repercussão geral da questão constitucional*, no juízo de admissibilidade do recurso extraordinário, esclarecendo o § 1.º do art. 1.035 do CPC que tal transcendência é de ser aferida a partir da "existência, ou não, de questões *relevantes* do ponto de vista econômico, político, social ou jurídico, que *ultrapassem os interesses subjetivos do processo*": é dizer, a par do interesse em recorrer, legitimamente exercido pelo sucumbente, impende aferir se a decisão da causa vai além do restrito âmbito das partes envolvidas, e mesmo além da crise jurídica, porque um *Tribunal da Federação*, posto como *guarda da Constituição* (art. 102, *caput*), não tem como operar eficazmente se for iterativamente chamado a operar *no varejo* dos milhares de recursos que afluem a seus onze Ministros, a par de sua larga competência originária (CF, art. 102, I).

Daí que, acima e além do interesse individual no julgamento de cada recurso *in concreto*, sobrepaira o interesse geral a que apenas as *quaestiones juris* com aptidão para se expandirem extrapartes alcancem a cognição plena e exauriente de uma Corte superior. Com isso também se atinge outra importante finalidade, qual seja, a do *tratamento isonômico* aos casos iguais, e nesse sentido dispõe o § 8.º do art. 1.035 do vigente CPC: "Negada a existência da repercussão geral, o presidente ou o vice-presidente do tribunal de origem negará seguimento aos recursos extraordinários sobrestados na origem que versem sobre matéria idêntica".

Essa desejável *potencialização* das decisões do STF está em simetria com os padrões decisórios impositivos listados no art. 927 e incisos do vigente CPC. Afinal, cuidando-se de uma Corte suprema, é razoável entender-se que o recurso extraordinário que a ela dá acesso não se vocacione a, singelamente, corrigir afirmadas injustiças ou alegação de má apreciação de prova (pontos antes exploráveis em apelação, recurso de devolutividade ampla). Por isso, é lícito entender-se que o acórdão proferido num recurso excepcional deva expandir-se *ultra partes*, permitindo a extensão da tese firmada aos demais casos análogos, assim atingindo um objetivo de interesse geral. De resto, já existem aplicações dessa vertente em nosso direito positivo: Lei 10.259/2001, art. 14, § 7.º, 2.ª parte – Juizados Especiais Federais; Lei 9.868/99, arts. 7.º e 18 – *ADIn*; CPC, art. § único do art. 949 – arguição incidental de inconstitucionalidade; Lei 9.882/99, art. 6.º, § 1.º – *ADCon*.

Em sede doutrinária, avaliam o Min. Gilmar Mendes e Samantha Meyer Pflug: "Esse novo modelo legal traduz, sem dúvida, um avanço na concepção vetusta que caracteriza o recurso extraordinário entre nós. Esse instrumento deixa de ter caráter marcadamente subjetivo ou de defesa de interesse das partes, para assumir, de forma decisiva, a função de defesa da ordem constitucional objetiva. Trata-se de orientação que os modernos sistemas de Corte Constitucional vêm conferindo ao recurso de amparo e ao recurso constitucional (*Verfassungsbschwerde*). Nesse sentido, destaca-se a observação de Häberle segundo a qual 'a função da Constituição na proteção dos direitos individuais (subjetivos) é apenas uma faceta do recurso de amparo', dotado de uma 'dupla função', subjetiva e objetiva, consistindo esta última em assegurar o Direito Constitucional objetivo". Anotam ainda aqueles articulistas: "Orientação idêntica há muito mostra-se dominante também no direito norte-americano", reportando e traduzindo palavras do *Chief Justice* Vinson: "Para permanecer efetiva, a Suprema Corte deve continuar a decidir apenas os casos que contenham questões cuja resolução haverá de ter importância imediata para além das situações particulares e das partes envolvidas".[167]

Verdade que o Judiciário, ao ocupar os vazios abertos pela inércia, ineficiência ou leniência dos outros Poderes, arrisca-se à crítica de um ativismo excessivo, ou pior, à crítica de que, com sua intervenção, acaba por oferecer *álibis* do tipo "a questão está *sub judice*" às omissões normativas e administrativas dos outros Poderes. Analisando o tema, escreve Elival da Silva Ramos: "(...) o próprio modelo de Estado-providência constitui força impulsionadora do ativismo judicial, levando juízes e tribunais a relevar, em algumas situações, a existência de limites impostos pelo próprio ordenamento cuja atuação lhes incumbe, na ilusão de poderem 'queimar' etapas, concretizando, no presente o programa que a Constituição delineou prospectivamente".[168]

Hoje se reclama, portanto, o reconhecimento de uma *dupla dimensão instrumental* do Processo: num plano objetivo, a realização do Direito Positivo; num plano subjetivo, a condução, por meio da ação adequada, da pretensão e da resistência das partes envolvidas (o *conteúdo* da lide), operando o Processo como o *continente*. Ao fim e ao cabo, harmonizam-se ambos os planos, sob o objetivo comum de *servir ao jurisdicionado*, que vem a ser o *consumidor final* da prestação judicial, com direito a ver o processo resolvido *em modo justo e num tempo razoável*.

Observara, a respeito, Mauro Cappelletti: "(...) o direito em geral, e o direito processual em particular, antes se vê examinado do ponto de vista

167 Passado e futuro da súmula vinculante: considerações à luz da Emenda Constitucional n. 45/2004. In: RENAULT, Sérgio Rabello Tamm; BOTTINI, Pierpaolo (coord.). *Reforma do Judiciário*, São Paulo: Saraiva, 2005, p. 374, 375.

168 *Ativismo judicial...*, cit., p. 271.

de seus *usuários* do que somente do de seus *produtores*. Os conceitos e as categorias fundamentais já não são, destarte, apenas a jurisdição, a sentença, a execução etc., mas também a *acessibilidade*, e, por conseguinte o custo, a duração, e em geral os *obstáculos* – econômicos, culturais, sociais – que com tanta frequência se interpõem entre o cidadão que demanda justiça e o procedimento destinado a concedê-la."[169]

Com tudo isso, vai se evanescendo a concepção de uma resposta judiciária neutra, distante e desengajada, hoje se reclamando uma nova postura do juiz, que se diria *pró-ativa*, nesse sentido de não apegada apenas ao desenvolvimento válido e regular do devido processo legal (CF, art. 5.º, LV), mas, e até principalmente, comprometida com a justa composição do litígio num razoável lapso temporal, por modo a resolver não só a crise estritamente jurídica, mas também as de outra natureza que lhe possam estar subjacentes, envolvendo aspectos sócio-político-econômicos, assim propiciando o *aproveitamento máximo* da relação processual, num ambiente de *jurisdição integral*. (Figure-se a escassa ou nenhuma *valia social* derivada do cumprimento de um mandado de reintegração de posse de um edifício abandonado, ocupado por moradores de rua, se, paralelamente, não for providenciado o pronto e adequado realojamento dessas pessoas).

Nesse sentido, analisa Kazuo Watanabe: "O acesso à ordem jurídica justa supõe, ainda, um corpo adequado de juízes, com sensibilidade bastante para captar não somente a realidade social vigente, como também as transformações sociais a que, em velocidade jamais vista, está submetida à sociedade moderna, e isso evidentemente requer cuidados com o recrutamento e com o aperfeiçoamento constante dos juízes ao longo de sua carreira. A população tem direito à justiça prestada por juízes inseridos na realidade social, comprometidos com o objetivo de realização da ordem jurídica justa, e não à justiça praticada por juízes sem qualquer aderência à vida".[170]

Países filiados a outras famílias jurídicas também já despertaram para uma visão abrangente ou *holística* do tripé do Direito Processual – *Jurisdição, Ação, Processo* – como os Estados Unidos, por meio de sua Corte Suprema, ao que se colhe do relato de Fábio Konder Comparato: "O caráter político ou largamente social das causas que ascendem à decisão do mais alto Tribunal dos Estados Unidos é marcado pela constante intervenção de assistentes litis-

169 Problemas de reforma do processo civil nas sociedades contemporâneas. *Revista de Processo*, nº 65, jan./mar. 1992, p. 130.

170 Acesso à justiça e sociedade moderna. In: GRINOVER, Ada Pellegrini *et al.* (coord.), *Participação e processo*, São Paulo: Revista dos Tribunais, 1988, p. 134.

consorciais do tipo *amicus curiae*, que representam de fato interesses grupais. Nesse sentido, os autores norte-americanos falam da substituição do processo bipolar pelo processo policêntrico. Ora, o princípio da força vinculante do precedente jurisprudencial transforma, de certo modo, as decisões tomadas em tais processos em verdadeiras regras gerais para o futuro, com força de lei".[171]

Nosso STF também parece se encaminhar por essa senda, agora que a admissibilidade do recurso extraordinário passa a depender, a par dos clássicos pressupostos subjetivos e objetivos, também do quesito da *repercussão geral* (política, social, econômica, jurídica) da questão constitucional discutida no caso, podendo-se figurar um apelo extremo em que se discuta o tema dos produtos geneticamente modificados, ou da privacidade ameaçada pelos chamados *grampos telefônicos*, ou a questão dos fetos anencéfalos: em casos que tais, o "relator poderá admitir, na análise da repercussão geral, a manifestação de terceiros (...)" – CPC, § 4.º do art. 1.035 – tratando-se, pois, de hipótese de intervenção de *amicus curiae – CPC, art. 138 e §§.*

Poder-se-ia objetar, *gratia argumentandi*, que o campo de atuação de um Tribunal judiciário deveria cingir-se à matéria... *jurídica*, já que essa é a formação de seus integrantes, que, ademais, não beneficiam de uma legitimação política, de caráter popular, como se dá com os mandatários que atuam nos Poderes Legislativo e Executivo. Todavia, esse argumento embute uma redução de complexidade: o Direito exsurge dos fatos (*ex facto oritur jus*), e esse campo fenomenológico é preenchido por fatores e elementos metajurídicos, concernentes a campos diversos, como a sociologia, a economia, a política, de sorte que não há como falar-se numa crise *exclusivamente* jurídica. Assim, se um viaduto deixa de ser demolido em função de uma liminar concedida numa ação popular, fica claro que a crise não é somente jurídica – equacionada, temporariamente, pela liminar inibitória –, mas concerne igualmente a outros valores e interesses, como a estética urbana, a preservação da malha viária, a defesa do erário, a moralidade administrativa, a mobilidade urbana.

No ponto, escreve Cláudio Pereira de Souza Neto: "Assim, um dos argumentos centrais para a restrição do ativismo judicial nessa área é justamente o da legitimação democrática. Observe-se que esta é a mesma crítica oposta à prerrogativa da jurisdição constitucional de invalidar normas produzidas pelo Poder Legislativo legitimado democraticamente. Inobstante isso, tais críticas podem ser superadas sob o prisma da própria teoria democrática, sem que tenhamos que recorrer a argumentos de caráter metafísico. A questão central é: se considerarmos que certos direitos sociais são condições procedimentais

171 Novas funções judiciais no Estado moderno, *RT*, n. 614, dez. 1986, p. 19.

da democracia, então o Judiciário, como seu guardião, possui também a prerrogativa de concretizá-los, quando tem lugar a inércia dos demais ramos do estado na realização dessa tarefa. Note-se bem: se o Judiciário tem legitimidade para invalidar normas produzidas pelo Poder Legislativo, mais facilmente pode-se afirmar que é igualmente legítimo para agir diante da inércia dos demais Poderes, quando essa inércia implicar um óbice ao funcionamento regular da vida democrática. Vale dizer: a concretização judicial dos direitos sociais fundamentais, independentemente de mediação legislativa, é um *minus* em relação ao controle de constitucionalidade".[172]

Ainda em se concedendo que o ativismo judiciário – mormente no controle judicial de políticas públicas – possa por vezes extrapolar, atritando o equilíbrio entre os Poderes, não há negar que a rígida separação entre eles hoje é de interesse apenas histórico, tantas e tais são as situações excepcionadas, inclusive positivadas no ordenamento. De outro lado, embora por vezes ocorra, mormente em ações civis públicas, algum excesso que pode desbordar para uma excessiva ingerência judicial na esfera do Executivo ou do Legislativo, não se pode negar ao Judiciário o poder de *controlar* (*judicial review*) as condutas comissivas e omissivas dos outros Poderes, quando a tanto venha instado em ação judicial adequada.

Assim se passa porque, uma vez presentes os pressupostos de existência e validade do processo e as condições da ação, o juiz não pode declinar de adentrar o mérito (ou seja: não pode se escudar num *non liquet*), assim como não pode deixar de decidir "sob a alegação de lacuna ou obscuridade do ordenamento jurídico" (CPC, art. 140, *caput*).

Figure-se a pendência de ações de tipo coletivo em que se questionem: a aplicação da percentagem mínima do orçamento na manutenção e desenvolvimento do ensino fundamental (CF, art. 212, caput); a eficiência de certo programa de tratamento de resíduos urbanos (CF, art. 37, caput); a afirmada inconstitucionalidade por omissão (CF, § 1.º do art. 103) ou descumprimento de preceito fundamental (CF, § 1.º do art. 102) ou ainda eventual mora regulamentar imputada a certa instância leniente ou faltosa (CF, art. 5.º, LXXI). Em casos que tais, apurada recusa ou oferta insuficiente da prestação devida, ou um *facere* tardio ou ineficiente, ou ainda uma abstenção culposa, que possam acarretar lesão ao erário ou a outros valores fundantes da administração pública, impor-se-á a remessa dos processos ao Ministério Público para apuração

---

172 Fundamentação e normatividade dos direitos fundamentais: uma reconstrução teórica à luz do princípio democrático. In: BARROSO, Luís Roberto (org.). *A nova interpretação constitucional*, Rio de Janeiro: Renovar, 2003, p. 323-324.

da responsabilidade do agente público ou da Autoridade, à semelhança do que se passa nos casos de improbidade administrativa (CF, § 4.º do art. 37; Lei 8.429/92, art. 7.º).

Ao propósito, analisa Fábio Konder Comparato: "Ao Judiciário, segundo entendo, não se haveria de atribuir o poder constitucional de criar políticas, mas tão só o de impor a execução daquelas já estabelecidas na própria Constituição ou em lei, ou adotadas pelo governo dentro dos quadros legais. Em segundo lugar, ao invés de se inscrever na Constituição uma norma geral de competência do Judiciário para impor a execução de políticas governamentais – o que esbarraria no obstáculo antes apontado da necessidade de adaptação do provimento judicial aos objetivos específicos da demanda – entendo que o Direito Constitucional deve prever hipóteses tópicas de exercício dessa nova função judicial, adequando-se a intervenção do Judiciário ao caso concreto".[173]

O papel ativo do Judiciário, consistente em *participar*, por meio de seus comandos, na boa gestão da coisa pública, potencializou-se a partir do reconhecimento da judiciabilidade dos megaconflitos, envolvendo sujeitos indeterminados ou vastos segmentos sociais, representados por vários colegitimados (art. 5.º da Lei 7.347/85; art. 82 da Lei 8.078/90), valendo destacar que, para além de certos valores e interesses já positivados (meio ambiente, consumidor, patrimônio público, ordem econômica, ordem urbanística etc.), tal acesso está disponibilizado para "outros interesses difusos e coletivos" (CF, art. 129, III; Lei 7.347/85, art. 1.º, IV). Trata-se, aí, de uma *opção política* de deixar tais valores e interesses em *numerus apertus*, justificada pelo fato de que novos e insuspeitados interesses podem se apresentar a qualquer momento na sociedade massificada e competitiva de hoje: figure-se o pleito das pessoas em situação de rua em ocupar os baixos dos viadutos, *versus* o interesse da Municipalidade em instalar gradis, vedando acesso a tais recintos; ou ainda, o interesse dos "donos" de canais de televisão aberta em "faturar" com programas de baixa qualidade *versus* o interesse difuso da coletividade em usufruir de programação televisiva de boa qualidade (CF, art. 221 e incisos);[174] ou mesmo o interesse de certos segmentos da sociedade na liberalização do aborto *versus* o posicionamento contrário, propugnando o irremissível e incondicional direito à vida.

173 Novas funções judiciais... cit., RT, n. 614, dez. 1986, p. 19, 20.

174 Cf. o nosso estudo O controle jurisdicional do conteúdo da programação televisiva. *RT*, n. 793, nov./2001: *Boletim dos Procuradores da República*, n. 40, ago. 2001. *Revista Jurídica Consulex*, n. 132, jul./2002.

Elival da Silva Ramos, analisando a evolução da jurisprudência do STF identifica "um avanço do ativismo judicial", ilustrando-o com quatro ocorrências: (*i*) emprego da modulação temporal (art. 27 da Lei 9.868/99) em ADIns, "sem decidir, previamente, a questão de constitucionalidade que pesa sobre o dispositivo [sindicado]"; (*ii*) "julgados sobre perda de mandato por desfiliação partidária, na medida em que se procedeu ao desdobramento ou reforço de um princípio constitucional (princípio da representação proporcional), sem se atentar para a necessidade de obrigatória intervenção de cunho normativo, de alçada do Poder Constituinte de revisão ou do legislador ordinário"; (*iii*) proscrição do nepotismo, "prática ativista consistente em desdobramento exorbitante de princípio constitucional"; (*iv*) "decisões ativistas pelas quais o STF declarou de eficácia plena e aplicabilidade imediata a norma constitucional assecuratória do direito à educação infantil, em creche e pré-escola, pois não é dado ao Poder Judiciário definir, discricionariamente, o nível de eficácia de norma constitucional, em sede de direitos fundamentais ou não".[175]

O ativismo judiciário ganha, naturalmente, maior dimensão no âmbito do processo coletivo, na medida em que ele opera como *fator de inclusão* de amplos interesses concernentes a certos grupos ou segmentos, ou mesmo à inteira coletividade, os quais, de outro modo, ou bem não receberiam resposta judiciária adequada e unitária, ou bem acabariam pulverizados em multifárias ações individuais, que sobrecarregam o Judiciário, exacerbam a duração dos processos e engendram o risco de decisões anti-isonômicas e até contraditórias. O princípio da universalidade da jurisdição, afirma Ada Pellegrini Grinover, "assume dimensão distinta no processo coletivo, pois é por intermédio deste que as massas têm a oportunidade de submeter aos tribunais as novas causas, que pelo processo individual não tinham sequer como chegar à justiça. O tratamento coletivo de interesses e direitos comunitários é que efetivamente abre as portas à universalidade da jurisdição". Análoga potencialização se passa com relação ao *princípio de participação*: "Há, assim, no processo coletivo, em comparação com o individual, uma participação maior *pelo processo*, e uma participação menor *no processo*: menor, por não ser exercida individualmente, mas a única possível num processo coletivo, onde o contraditório se exerce pelo chamado 'representante adequado'".[176]

O crescente acesso à Justiça de novos megainteresses que vão eclodindo ao interno da sociedade deverá ser manejado sob um prudente, comedido e lúcido *ativismo judiciário*, que alguma vez exigirá certa dose de *criatividade*,

175 Ativismo judicial – parâmetros dogmáticos, São Paulo: Saraiva, 2010, p. 313, 314.

176 Direito processual coletivo. In: LUCON, Paulo Henrique dos Santos (coord.). *Tutela coletiva*, São Paulo: Atlas, 2006, p. 304-305.

justificada e ponderada, em ordem à formulação da norma concreta capaz de resolver a pendência em modo justo. Até porque, não raro, ocorre de o ordenamento positivo não prever uma específica norma de regência, mormente quando a lide contrapõe interesses igualmente legítimos e relevantes (*v.g.*, o interesse da população de certa cidade à não edificação de presídio de segurança máxima *versus* o das Autoridades do sistema penitenciário em aumentar a oferta de vagas; o interesse dos insulino-dependentes em receber uma dose diária gratuita em todos os hospitais do país *versus* o interesse da rede hospitalar em ser remunerada por esse atendimento), conflitos a serem resolvidos pela técnica da *ponderação*, sob a égide da razoabilidade/proporcionalidade.

Por conta de o processo coletivo operar como *fator de inclusão* de valores e anseios que, de outro modo, ficariam tolhidos de um vetor de expressão, a decisão de mérito, sobretudo quando incide sobre interesses difusos, acaba tendo uma eficácia aproximada à da norma legal – impessoalidade, generalidade, abstração, impositividade geral – por conta da coisa julgada *erga omnes* (CDC, art. 103, III; Lei 7.347/85, art. 16), como se nota, por exemplo, numa ordem judicial inibitória do fabrico de certo produto largamente comercializado, mas avaliado como nocivo ou perigoso à saúde humana. Embora num caso ou noutro essa potencialização da resposta judiciária possa atritar a separação entre os Poderes, trata-se aí de *um preço a pagar*, até porque o contemporâneo Estado Social de Direito é estruturado menos em função dos *Poderes* (dimensão estática, ligada à ideia de soberania) e muito mais em função de programas e metas a serem eficazmente implementados em benefício da coletividade: o Legislativo – *policy determination*; o Executivo – *policy execution*; o Judiciário – *policy control*, na terminologia do constitucionalismo norte-americano, tratando-se, pois, de uma concepção radicada nas *funções* do Estado contemporâneo, a saber, na sua dimensão dinâmica.[177]

Esse contexto, quando reportado à função judicial do Estado, abre ensejo, segundo Luciana Gross Cunha, a uma *segunda vertente do acesso à justiça*, já agora ligado "com a atuação e com a *performance* do Poder Judiciário na distribuição de um serviço público. Neste contexto, o desafio é atender com eficiência as demandas de solução dos conflitos que a sociedade apresenta e beneficiar um número cada vez maior de pessoas".[178]

---

177 V., ao propósito, Fábio Konder Comparato, Ensaio sobre o juízo de constitucionalidade de políticas públicas, RT 737/1997, especialmente a remissão à doutrina de Karl Loewenstein, p. 17 e rodapé 22.

178 *Juizado Especial – Criação, instalação, funcionamento e a democratização do acesso à justiça*, São Paulo: Saraiva, 2008, p. 5-6.

Nesse renovado contexto abre-se espaço legítimo para a repercussão sócio-político-econômica dos comandos judiciais, implicando uma *convocação* dos juízes para participarem do esforço comum em prol da boa gestão da coisa pública e da tutela do interesse geral. Fábio Konder Comparato afirma: "O Estado torna-se telocrático e o Poder principal desloca-se, decididamente, para o núcleo governamental, que somente por força da tradição ainda continua a se denominar Executivo. Ora, se o Estado contemporâneo tem por finalidade última a transformação social, segue-se que a sociedade como um todo ou os diferentes grupos por ela beneficiados têm em conjunto um direito à aplicação dos programas de ação conducentes a esse resultado. E, se têm esse direito, devem ter também uma ação judicial que o assegure".[179]

Por conta da eficácia expandida da decisão nos conflitos coletivos e, portanto, dos desdobramentos sociais da resposta judiciária, avulta a importância de uma renovada postura judicial – *pró-ativa* – na produção e avaliação da prova nas ações de tipo coletivo. Bem por isso, o antes referido PL 5.139/2009, à época voltado a regular a nova ação civil pública, preconizara a adoção da chamada *carga dinâmica da prova*, podendo o juiz "a todo o momento, rever o critério de distribuição da responsabilidade da produção da prova, e das despesas com seu custeio, diante de fatos novos, observado o contraditório e ampla defesa" (inciso VI do art. 20).[180] O vigente CPC igualmente alberga tal alvitre, no § 1º do art. 373: "Nos casos previstos em lei ou diante de peculiaridades da causa, relacionadas à impossibilidade ou à excessiva dificuldade de cumprir o encargo nos termos do *caput* [distribuição estática] ou à maior facilidade de obtenção da prova do fato contrário, poderá o juiz atribuir o ônus da prova de modo diverso, desde que o faça por decisão fundamentada, caso em que deverá dar à parte a oportunidade de se desincumbir do ônus que lhe foi atribuído".

Em consonância com o que ora se vem expondo, Elton Venturi observa que "a muito pouco se prestaria a atividade jurisdicional se limitada à mera atuação das sanções legalmente determinadas nos casos de danos provocados ao meio ambiente, aos consumidores, ao patrimônio público, enfim, aos direitos metaindividuais. Mais do que tutelar eventuais lesões produzidas a tais direitos, espera-se da função estatal judicante uma atuação verdadeiramente promocional, eis que, vale sempre recordar, tratam-se de interesses que durante muito tempo foram (e ainda são, em certa medida) absolutamente

179 Novas funções... cit., RT, n. 614, dez. 1986, p. 16.

180 Dito projeto acabou arquivado na Comissão de Constituição, Justiça e Cidadania da Câmara Federal.

desconsiderados quanto a uma eventual proteção jurisdicional, em função da ausência de uma coordenação social ajustada à sua defesa e a resistência quanto à sua afirmação como direitos subjetivos".[181]

Por aí se compreende que nos Juizados Especiais, vocacionados a recepcionar a *litigiosidade contida* que se aninha nas pendências de menor complexidade, está o juiz autorizado a decidir por equidade, estimular a autocomposição e mesmo encaminhar as partes para o juízo arbitral (Lei 9.099/95, arts. 6.º; 22 e § único; 24 e §§).

Não deve o juiz moderno, engajado com os anseios e reclamos da comunidade temer alguma *capitis diminutio* na postura de incentivar a solução consensual das lides ao invés da solução adjudicada, via sentença de mérito. Kazuo Watanabe alude à "*falsa percepção de que a função de conciliar é atividade menos nobre*, sendo a função de sentenciar a atribuição mais importante do juiz. Não percebem os magistrados que assim pensam que a função jurisdicional consiste, basicamente, em *pacificar com justiça os conflitantes*, alcançando por via de consequência a solução do conflito".[182] Com efeito, caberia aos juízes refletir sobre o alerta de Roger Perrot, expressado há tempos: "(...) neste fim do século XX, o jurisdicionado aspira a uma Justiça mais simples, menos solene, mais próxima de suas preocupações quotidianas, àquilo que numa palavra se denomina uma 'Justiça de proximidade'".[183]

Tais ponderações são particularmente aplicáveis no plano do controle judicial das políticas públicas, podendo ser lembrado acórdão do STJ reconhecendo legitimidade ao Judiciário para cominar ao Estado a prestação efetiva do dever de ofertar tratamento médico-cirúrgico a crianças e adolescentes, lendo-se na ementa: "(...) As meras diretrizes traçadas pelas políticas públicas não são ainda direitos senão promessas de *lege ferenda*, encartando-se na esfera insindicável pelo Poder Judiciário, qual a da oportunidade de sua implementação. 10. Diversa é a hipótese segundo a qual a Constituição Federal consagra um direito e a norma infraconstitucional o explicita, impondo-se ao Judiciário torná-lo realidade, ainda que para isso, resulte obrigação de fazer, com repercussão na esfera orçamentária. 11. Ressoa evidente que toda im-

---

181 *Tutela jurisdicional coletiva brasileira: elementos críticos, efetividade e afirmação*, tese de doutorado, PUC – São Paulo, sob orientação do Prof. Nelson Nery Júnior, aprovada em 23.11.2005, p. 106-107.

182 Cultura da sentença e cultura da pacificação. In: YARSHELL, Flávio Luiz e MORAES, Maurício Zanoide de (coord.). *Estudos em homenagem...* cit., 2005, p. 686.

183 O processo civil francês na véspera do século XXI (conferência), trad. José Carlos Barbosa Moreira, *Revista Forense*, vol. 342, abr.-jun. 1998, p. 166.

posição jurisdicional à Fazenda Pública implica em dispêndio e atuação, sem que isso infrinja a harmonia dos poderes, porquanto no regime democrático e nos estados de direito o Estado soberano submete-se à própria justiça que instituiu. Afastada, assim, a ingerência entre os Poderes, o Judiciário, alegado o malferimento da lei, nada mais fez do que cumpri-la ao determinar realização prática da promessa constitucional (...) 13. Recurso especial provido para, reconhecida a legitimidade do Ministério Público, prosseguir-se no processo até o julgamento do mérito".[184]

Essa é a postura *engajada e pró-ativa* que se espera do Judiciário contemporâneo, até porque, como observa Alberto da Silva Franco, uma "sociedade marcada por profunda exclusão social não se compatibiliza com o perfil de um juiz apegado ao texto da lei, insensível ao social, de visão compartimentada do saber, autossuficiente e corporativo. E, acima de tudo, com um juiz que ainda não teve a percepção de que a sua legitimação não se apoia na vontade popular ou nas leis de mercado, mas substancialmente na sua função central de garantidor dos direitos, que atribuem dignidade ao ser humano, e dos valores axiológicos incorporados aos modelos sociais que têm a democracia como uma garantia irrenunciável. Se o atual arquétipo de juiz não tem serventia, é mister que se componha um juiz com um novo perfil, que se mostre adaptável a uma sociedade de extrema complexidade e que, como nunca foi registrado na história, seja capaz de provocar vulnerações profundas nos direitos humanos básicos".[185]

O mesmo STJ contribuiu incisivamente para o fomento do controle judicial dos atos e condutas, comissivos e omissivos, que põem em risco ou afrontam a coisa pública, espancando dúvidas sobre a validade das iniciativas do *parquet* nesse campo, como se colhe destes enunciados: súmula 329: "O Ministério Público tem legitimidade para propor ação civil pública em defesa do patrimônio público"; súmula 601: "O Ministério Público tem legitimidade ativa para atuar na defesa de direitos difusos, coletivos e individuais homogêneos dos consumidores, ainda que decorrentes da prestação de serviço público".

De outra parte, a postura *pró-ativa* do juiz moderno não se coaduna com o singela pronunciamento do direito aplicável, ou seja, com a mera eliminação da incerteza, mas o sentido contemporâneo de *jurisdição encampa o* compromisso com a efetiva *realização* do direito reconhecido no julgado,

---

184 1.ª T., REsp 577.836-SC, rel. Min. Luiz Fux, j. 21.10.2004, *DJ* 28.02.2005, p. 200.

185 O perfil do juiz na sociedade em processo de globalização. In: *Estudos em homenagem à professora Ada Pellegrini Grinover*, cit., 2005, p. 817.

ideário em certa medida contemplado no chamado *processo sincrético*, em que a satisfação do direito proclamado no julgado é buscada numa fase de *cumprimento do julgado*, sem instauração de um autônomo processo de execução, *ex intervallo* (CPC, art. 513 e s.).

Esse compromisso com a *efetividade prática* da resposta judicial é incisivamente reclamado do juiz moderno, como alerta Sidnei Agostinho Beneti: "Tem-se que decidir e executar. De nada adianta à parte ver a bela sentença ornada de citações poliglotas e abstrata doutrina de sutis filamentos. A parte quer saber do dinheiro dela; o réu criminal deseja ver se recebeu a pena adequada ou foi absolvido; a vítima busca verificar se quem lhe causou dano foi condenado; o locador quer o despejo do inquilino inadimplente. A prestação jurisdicional não se exaure no escrito da sentença, muitas vezes, aliás, incompreensível para o jurisdicionado devido ao palavreado técnico. Só se realiza a prestação jurisdicional com a practização do decidido, simples fato, cuja beleza, para o juiz, é mais significativa do que arranjos florais de extratos de livros pinçados no afogadilho das últimas horas – que geralmente não provam cultura, mas simplesmente acesso a uma biblioteca própria ou alheia".[186]

Esse ideário da prestação específica do comando judicial vem recepcionado em vários dispositivos do vigente CPC: arts.4º; 139, IV; 536 e § 1º; 537 e § 1º.

186 *Da conduta do juiz*, São Paulo: Saraiva, 2003, p. 13.

Capítulo 6

A CONCEPÇÃO JURÍDICO-POLÍTICA DO ESTADO, PARAMETRIZANDO A ATUAÇÃO JURISDICIONAL

Sumário: 1. O papel das Cortes Superiores. 2. Uma sinopse do modelo brasileiro. 3. A *crise do STF* é, na verdade, uma crise do recurso extraordinário. 3.A) A *objetivação* do recurso extraordinário. 3.B) A tríplice função: *nomofilácica–dikelógica–paradigmática*. 3.C) A prevenção ou eliminação dos pontos de tensão entre os Tribunais. 4. A inevitabilidade dos *elementos de contenção*. 5. A excessiva duração dos processos. 6. A jurisdição é unitária e nacional. 7. A exigência do *prequestionamento*. 8. O regime de controle de constitucionalidade.

1. O PAPEL DAS CORTES SUPERIORES.

Ao longo da evolução do Direito, a atividade que hoje se conhece como *jurisdição* (= dizer o Direito) passou por várias acepções e mesmo algumas crises, ora não sendo reconhecida como um vero *Poder estatal*, ora tendo reduzido seu campo de atuação, sendo conhecida a passagem de Montesquieu, referindo-se aos juízes como "la bouche qui prononce les paroles de la loi; des êtres inanimés, qui n'en peuvent modérer ni la force, ni la rigueur".[1] Séculos antes, segundo reporta Mauro Cappelletti, "Justiniano procurou proibir todo comentário jurídico ao seu *Corpus Juris*, e assim impedir que no futuro os juristas, 'com sua verbosidade', causassem confusão à acabada clareza de sua legislação (*Codex*, I, 17, 12). Tentativa similar, com proibição aos juízes de interpretar as leis é a instituição do *référé législatif*, que de modo utópico reservava ao legislador tal interpretação, foi realizada pelos legisladores da Revolução Francesa, sob a influência, entre outras, da filosofia de Rousseau e Montesquieu".[2]

Não admira tenha Napoleão nutrido tanta expectativa acerca de seu *Codice Civile* (1804), em termos de clareza terminológica e precisão de concei-

1 *De l'Esprit des Lois*, L. XI, cap. VI. *Oeuvres complètes de Montesquieu*, org. A. Masson, Paris: Les Editions Nagel, 1950, t. I, p. 217.

2 *Juízes legisladores?* Porto Alegre: Sérgio Antonio Fabris, 1993, reimpressão 1999, p. 32, rodapé n. 32.

tos, a ponto de pretender que tal texto dispensava qualquer esforço exegético para alcançar o exato conteúdo dos dispositivos: *in claris cessat interpretatio*.

Assim, compreende-se que na França pós-monárquica tenha o Judiciário enfrentado crise de credibilidade social e de prestígio institucional em face dos demais Poderes, contexto que, à época, levou à criação de um Tribunal superior, justamente destinado a fiscalizar a estrita aplicação da lei pelos juízes - a *Cour de Cassation* - colhendo-se da palavra *casser* (quebrar) que dita Corte podia tornar insubsistente a decisão judicial que "ousasse" *interpretar* a lei, em vez de se limitar a aplicá-la em sua literalidade.

Mauro Cappelletti lembra que à Corte de Cassação cabia o controle de constitucionalidade, instituído em 1790, "como um *órgão não judicial* de 'controle constitucional', em outras palavras, órgão colocado junto do poder legislativo (...) para evitar que os órgãos judiciários, no exercício de suas funções, invadissem a esfera do poder legislativo, subtraindo-se à estreita e textual observância das leis.(...) O *Tribunal de Cassation* foi, em síntese, uma típica expressão da desconfiança profunda dos legisladores revolucionários nos juízes franceses (...)."[3] De igual sentir, António Castanheira Neves: "Instituídos, após a queda do *ancien régime*, para a defesa de uma legalidade com que, política e normativamente, se passou a identificar o direito, os supremos tribunais da generalidade dos países europeus continentais tinham o carácter de instâncias apenas de cassação: não julgavam, fiscalizavam simplesmente a obediência à lei nos julgamentos das instâncias".[4]

A França é um país territorial e politicamente unitário, mas, administrativamente, é "parcelado" em circunscrições ditas *Departamentos* (a *ville de Paris* é o 12.º Departamento). Já a organização judiciária é bifurcada no que poderíamos chamar *Justiça Comum* (conflitos de pessoas físicas, entre si ou em face de pessoas jurídicas de direito privado) e o *Contencioso Administrativo*, destinado às causas que envolvem a Administração Pública, opção política voltada a evitar que os conflitos entre o Estado e os administrados sejam processados numa mesma instância judiciária, afinal instituída e custeada pelo próprio Estado. (Diversamente, pois, do que se passa entre nós, em que, justamente, o maior *cliente habitual* do Judiciário é... o próprio Estado, ocorrência particularmente visível na Justiça Federal, precipuamente organizada *ratione*

3 *O controle judicial de constitucionalidade das leis no direito comparado*, tradução de Aroldo Plínio Gonçalves, revisão de José Carlos Barbosa Moreira, Porto Alegre: Fabris, 1984, p. 40-41.

4 *O instituto dos assentos e a função jurídica dos Supremos Tribunais*, Coimbra: Coimbra Ed., 1983, p. 646.

personae, isto é, em contemplação da União Federal, como ente político, e de seus entes da administração indireta, como se colhe do art. 109 e incisos da Constituição Federal).

No Brasil, chegou-se a prever no plano constitucional o *Contencioso Administrativo*, que, todavia, não chegou a ser implementado, como esclarece Maria Sylvia Zanella Di Pietro: "No direito brasileiro, a Constituição de 1967 previu o contencioso administrativo para decidir litígios decorrentes de relações de trabalho dos servidores com a União, autarquias e empresas públicas federais (art. 111), bem como para a decisão de questões financeiras e previdenciárias, inclusive as relativas a acidentes do trabalho (art. 203). No entanto, esse contencioso, que não chegou a ser implementado, não tinha símile perfeito com o instituto de mesmo nome adotado em outros países, pois que as decisões desse projetado modelo brasileiro não teriam força de coisa julgada, então prevista no art. 153, § 4.º daquela Constituição. Em resumo, sua projetada instituição apenas se preordenava à prévia exaustão das vias administrativas para ingresso em juízo, conforme constava expressamente do último dispositivo citado. A Constituição de 1988 não prevê o contencioso administrativo, e mantém, no art. 5.º, XXXV, a *unidade da jurisdição*, ao determinar que 'a lei não excluirá da apreciação do Poder Judiciário lesão ou ameaça a direito'".[5]

Em consequência de não ter se efetivado, dentre nós, o preconizado *Contencioso Administrativo*, nossa Justiça segue sendo *unitária*, composta, em *numerus clausus*, pelos órgãos elencados no art. 92 e incisos da CF, sem embargo de a *função judicial* bifurcar-se em dois grandes segmentos: (i) – *Federal*, subdividida em comum e especial, esta última compreensiva dos ramos militar, eleitoral e trabalhista; (ii) *Estadual*. Quanto aos Municípios, embora elevados a entes políticos (CF, arts. 1.º, *caput*, e 29, *caput*), não dispõem de estrutura judiciária própria, e por isso se valem daquela organizada pelos Estados (Varas de Fazenda Pública) ou pela União, conforme o determine a regra de competência, em razão do local, da matéria, da pessoa ou ainda *ratione muneris*, quando seja o caso.

A unitariedade da nossa Justiça guarda simetria com a indeclinabilidade/inafastabilidade da jurisdição (CF, art. 5.º, XXXV), permitindo visualizar este panorama: a distribuição da Justiça é monopolizada pelo Estado (que, justamente por isso, criminaliza a justiça de mão própria – CP, art. 345), mas isso não impede a coexistência de múltiplas instâncias que processam e decidem litígios, apesar de não integrarem o Judiciário, propriamente dito: Tribunais

5 *Direito administrativo*, 13ª ed., São Paulo: Atlas, 2001, p. 496.

de Contas, de Impostos e Taxas, de Arbitragem, Desportivos, o CADE, a par dos chamados *meios alternativos de solução de conflitos* (Justiça de Paz, Tabelionatos, Órgãos de Mediação e de Conciliação, Procon's, Bancos oficiais) cujas intervenções, todavia, sujeitam-se, eventualmente, a passar pelo crivo do Judiciário, quando menos num juízo formal ou de delibação.

O que realmente singulariza, distingue e caracteriza o Poder Judiciário não é o *decidir* controvérsias (já que muitos outros órgãos paraestatais, singulares e colegiados também decidem, por vezes até formando título executivo, v.g., o Tribunal de Contas: CF, § 3º do art. 71), mas sim o conjunto destes elementos: (*i*) o fato de a *ultima ratio* caber ao juiz estatal, em face da garantia (*rectius*, para nós, uma *cláusula de reserva*) do acesso à Justiça – CF, art. 5.º, XXXV; (*ii*) o fato de a coisa julgada material imunizar a *decisão judicial de mérito*, preservando-a sob dupla dimensão: uma, *positiva*, que estabiliza o valor, o direito ou o bem da vida reconhecidos à parte vencedora, operando, pois, num sentido *retrospectivo*; outra, *negativa*, que afasta virtuais investidas contra a higidez e eficácia da decisão trânsita em julgado – *non bis in idem* – mediante o manejo da exceptio rei iudicatae, enquanto *pressuposto processual negativo*, num sentido, pois, *prospectivo*: CPC, art. 337, VII, e § 4.º; art. 485, V; (*iii*) o fato de um ato judicial só poder ser alterado (revisado / cassado / integrado) *por outro ato judicial*, na chamada *reserva de sentença*, a que não se forra nem mesmo a decisão judicial infringente de súmula vinculante ou que a tenha aplicado indevidamente, já que o STF, acolhendo reclamação a respeito, poderá cassá-la: CF, § 3.º do art. 103-A - EC 45/2004; CPC, art. 988, III, inciso com redação da Lei 13.256/2.016; art.992.

A propósito do binômio *revisão/cassação*, Bruno Dantas Nascimento traça interessante e útil discrímen entre os nossos Tribunais da Federação (STF, STJ) e o que se passa nas Cortes de Cassação europeias: "A distinção entre os modelos de *cassação* e *revisão* não se situa no tipo de vício que cada um examina, mas na existência do efeito devolutivo, vale dizer, na competência funcional para ditar a nova decisão, após a anulação da que havia sido impugnada. O *iudicium rescindens*, em um e outro modelo, abrange tanto os *errores in procedendo* quanto os *errores in iudicando*, pois no juízo de cassação a Corte superior examina a adequação formal e material da decisão recorrida, mantendo-a caso esteja correta, ou cassando-a caso esteja equivocada. Cassada a decisão, passa-se à etapa seguinte, a do *iudicum rescissorium*, e é aqui que se situa a principal distinção entre os dois modelos. Nos sistemas como o do Brasil, em que se segue o modelo germânico de *revisão*, se a anulação da decisão recorrida se der por *error in procedendo*, há o reenvio para que o tribunal inferior julgue novamente a questão. Se a anulação se der por *error in iudicando*, o próprio tribunal *ad quem* se investe de competência e julga o caso. Vê-se, portanto, que no modelo de *revisão* o *iudicium rescissorium* ora é realizado pelo tribunal *a quo*, ora pelo *ad quem*, a depender do tipo de vício impugnado. Nos sistemas inspirados no modelo francês de *cassação* pura, o *iudicium rescissorium* é realizado exclusivamente pelo juízo *a quo*. É bem verdade que mesmo a França e a Itália vêm reformando seus sistemas, de modo que também nesses países há hipóteses em que a própria Corte de Cassação realiza o *iudicium rescissorium*". [6]

As propaladas expressões "ubiquidade da justiça", "monopólio estatal da função jurisdicional" e outras que à custa de serem repetidas se tornaram dogmáticas, hoje precisam ser revistas e contextualizadas, para ganharem um significado renovado e aderente à realidade atual, inclusive como condição para que a função judicial do Estado e a função decisória das várias instâncias e órgãos paraestatais possam interagir em modo harmônico. Essa diretriz encontra guarida em alguns pontos do ordenamento positivo: no Juizado Especial Cível, frustrada a conciliação, podem as partes buscar o Juízo Arbitral (Lei 9.099/95, art. 24 e §§); a sentença arbitral condenatória, não cumprida pelo vencido, é exequível na Justiça estatal (CPC, art. 515, VII), o mesmo se passando com aquelas de cunho pecuniário, proferidas pelos Tribunais de Contas (CF, art. 71, § 3.º, c/c CPC, art. 784, XII) e com as prolatadas pelo *CADE* - Conselho Administrativo de Defesa Econômica (Lei 12.529/2011, art. 93, c/c CPC, art. 784, XII); os conflitos desportivos devem antes ser submetidos aos tribunais desportivos (CF, art. 217, § 1º).

Assim se dá porque - diversamente do que poderia sugerir uma leitura apressada, *ufanista e irrealista* do acesso à Justiça (CF, art. 5.º, XXXV) - na verdade aí se *oferta* uma prestação jurisdicional *a quem a* reclame (= para quem entenda dela necessitar), tratando-se, pois, de um *direito* subjetivo público, exercido em face do Estado, e nunca de *um dever*, e muito menos de um incentivo à *cultura judiciarista*; é por isso, aliás, que o titular de um direito ou o favorecido por uma situação de vantagem podem perfeitamente *declinar* de fazê-los valer em Juízo, ou, mesmo tendo obtido ganho de causa, podem não instaurar a fase de cumprimento do julgado ou instaurar o processo de execução. Esse contexto igualmente permite que os contratantes possam validamente estabelecer que, em sobrevindo litígio, este não será judicializado, bastando para tal a inserção, no instrumento, de uma cláusula compromissória

6 "Tutela judicial plurindividual no Brasil - formulação, natureza, regime jurídico, efeitos". Tese de doutorado, sob orientação da Prof. Teresa Arruda Alvim Wambier, sustentada e aprovada na PUC - SP, em 23.08.2.013 (itálicos no original).

(Lei 9.307/96, art. 4.º), implicando numa vera renúncia, *in concreto*, à justiça estatal. O ordenamento chancela tal disposição de vontade, tanto que, se for desrespeitada aquela cláusula, com o ajuizamento de ação judicial, bastará o réu comprovar a existência da convenção de arbitragem – *pressuposto processual negativo* – para que sobrevenha a extinção sem resolução do mérito (CPC, art. 485, VII).

Os sucessivos textos constitucionais que incluem a cláusula de acesso à Justiça o fazem, observa Carlos Alberto Carmona, com vistas à "proteção do cidadão contra eventual atitude do legislador que quisesse afastar do controle jurisdicional – à força, portanto – a tutela contra lesão de direitos. Não determinou a Constituição (nem as de ontem, nem a de hoje) que os cidadãos resolvam necessariamente suas pendências com o auxílio do Poder Judiciário. A transação, obtida através da conciliação ou da mediação, patrocinada por instituições especializadas, por sacerdotes, por advogados, por membros do Ministério Público, é largamente utilizada em nosso país, e não se tem notícia de que alguém afirme ser este meio de solução de controvérsias inconstitucional. Não é demais lembrar que os acordos referendados por advogados ou por membros do Ministério Público também constituem – tal qual a sentença judicial, a sentença arbitral ou alguns títulos de crédito – títulos executivos. Em síntese apertada, a norma inserida na Constituição Federal (art. 5.º, XXXV) encarta uma proibição dirigida ao legislador, e não àqueles que precisam resolver um litígio".[7]

No Estado democrático de direito o Judiciário não segue um modelo homogêneo - funcional ou estruturalmente - até porque os regimes políticos variam de país a país, tais como o presidencialismo e o parlamentarismo, a par de outras modalidades intermédias, o que, em maior ou menor medida, acaba repercutindo na composição, nas atribuições e na dimensão social e política do Judiciário. Isso fica evidente no recrutamento dos magistrados para as Cortes Superiores, onde é expressiva (quando não determinante) a influência conjunta do Executivo e do Legislativo: entre nós, os Ministros do STF são "nomeados pelo Presidente da República, depois de aprovada a escolha pela maioria absoluta do Senado Federal" (CF, art. 101, § único), sendo notório e compreensível, nesse processo, a influência exercida pela OAB e pelas entidades de classe da magistratura e do Ministério Público, conforme a *classe* donde provenha o candidato.

---

7 *Arbitragem e processo – Um comentário à Lei n. 9.307/96*, 3ª ed., São Paulo: Atlas, 2.009, 392.

Contemplando o modelo político parlamentarista, de países europeus, observa Erik Frederico Gramstrup que "o Governo é uma extensão do Legislativo. Por razões históricas, o Judiciário nem chega a destacar-se como uma estrutura à parte e, embora seja garantida formalmente a autonomia dos magistrados, frequentemente estão atrelados ao Ministério da Justiça. Além de não possuírem as mesmas atribuições que seus equivalentes brasileiros, pois não é incomum a dualidade de jurisdições, com órgãos de contencioso administrativo".[8]

A relação entre o desenho jurídico-político de um Estado e a estrutura, organicidade e funcionamento do Judiciário ocorre tanto nos Estados unitários como nos federativos. Portugal é um exemplo de Estado unitário, avaliando J. J. Gomes Canotilho que daí "resulta a *imediaticidade* das relações jurídicas entre o poder central e os cidadãos (não existem 'corpos intermediários' a servir de *écran* entre o Estado e os cidadãos)"; daí prossegue, "deriva ainda a ideia de indivisibilidade territorial. Em suma: unidade do Estado significa República una, com uma única Constituição e órgãos de soberania únicos para todo o território nacional".[9]

Por aí se entende a existência, em Portugal, de um Tribunal Constitucional – voltado a preservar a integridade positiva e uniformidade interpretativa da Constituição, secundado pelo Supremo Tribunal de Justiça, como guardião da legislação infraconstitucional. Assim também na França, com o *Conseil d'État*, a *Cour de Cassation*, a par das várias *Cours d'Appel*, estas últimas operando como Tribunais de grande instância, à semelhança de nossos TJ's e TRF's. Nesses Estados unitários, a organização judiciária torna-se mais coesa, visível e também mais compreensível aos cidadãos em geral, inclusive quanto à dicotomia entre *Justiça Comum* (litígios intersubjetivos em geral) e o *Contencioso Administrativo* (conflitos envolvendo o próprio Estado).

Lembra José Afonso da Silva que "todos os Estados possuem um órgão jurisdicional de hierarquia superior, cuja finalidade precípua é a de dar interpretação uniforme ao direito escrito vigente". (...) "Mesmo nos Estados unitários, onde os órgãos jurisdicionais são unificados e a fonte normativa do Direito é única, existe aquele órgão de cúpula e, geralmente, um recurso processual com que se cumpre a missão de interpretar e aplicar uniformemente o Direito escrito. Corte de Cassação na Itália, na França e na Espanha

8 Conselho Nacional de Justiça e controle externo: roteiro geral. In: WAMBIER, Teresa Arruda Alvim *et al.* (coords.). *Reforma do Judiciário – Primeiras reflexões sobre a EC 45/2004*, São Paulo: Ed. Revista dos Tribunais, 2005, p. 196.

9 *Direito constitucional e teoria da Constituição*, 5. ed., Lisboa: Almedina, 2002, p. 357.

e os respectivos recursos de cassação; Corte de revisão e Recurso de revisão na Alemanha".[10]

Uma mirada panorâmica das Cortes Superiores, nos diversos países, revela que algumas se apresentam como Cortes *apenas de cassação* (não "rejulgam" a causa), limitando-se a fixar a tese jurídica a ser observada na instância *a quo*, como a *Cour de Cassation*, na França; ou são *também* de revisão, como o nosso Supremo Tribunal Federal, como se colhe à leitura da Súmula 454, sobre o recurso extraordinário, dispondo que uma vez concluído o juízo positivo de admissibilidade, a Corte "julgará a causa, aplicando o direito à espécie", enunciado recepcionado, no essencial, no art. 1.034, *caput*, do CPC. É dizer: após o cumprimento da *função nomofilácica*, voltada à preservação da inteireza positiva dos fundamentos constitucionais do apelo extremo, passa-se à *função dikelógica*, voltada à resolução justa do caso concreto, em ordem a "dar a cada um o que é seu".

Nos Estados federativos ou confederativos a estrutura e organicidade do Judiciário cresce em complexidade, exacerbando as tensões entre o Poder Central e os regionais e locais, o que se observa entre nós, com os iterativos conflitos de competência (entre órgãos jurisdicionais) e também de *atribuição* (entre autoridades judiciária e administrativa, sob matéria não jurisdicional: CPC, art. 959), contexto corroborado pelo *desenho piramidal* de nosso Judiciário, com órgãos sobrepostos, atuando em competência de derrogação: singulares à base, regionais de permeio, órgãos de cúpula no ápice da pirâmide.

A complexidade dessa estrutura vai ao ponto de consentir que o STF, por conta do acolhimento de uma reclamação, possa determinar a um órgão da Administração Pública que passe a conformar suas deliberações ao enunciado de uma dada súmula vinculante, emitida por aquele Tribunal da Federação (art. 64-B da Lei 9.784/99, inserido pela Lei 11.417/2006). É que a súmula vinculante só pode ter como conteúdo matéria *constitucional* (CF, art. 103-A: EC 45/2004), de sorte que o seu desrespeito ou aplicação indevida equivalem a se ter por infringido o próprio texto constitucional, até porque o STF é o *guarda* dela (CF, art. 102, *caput*). Aplicação, pois, do princípio da *supremacia da Constituição*, do qual deriva a chamada *compatibilidade* vertical, assim explicada por José Afonso da Silva: "(...) as normas de grau inferior somente valerão se forem compatíveis com as de grau superior, que compõem a Constituição; as que não forem compatíveis com esta serão inconstitucionais, de acordo com a regra *lex superior derrogat lex inferior*, as quais não podem

---

10 *Do recurso extraordinário no direito processual brasileiro*, São Paulo: Revista dos Tribunais, 1963, p. 4.

prevalecer, porque seria admitir a alteração da Constituição pelos 'meios comuns', com infringência, pois, das normas nela mesma contidas, sobre o processo de sua reforma".[11]

A propósito do que ora se vai expondo, explica ainda José Afonso da Silva: "A Federação brasileira estabeleceu-se com a Constituição de 1891 como um imperativo histórico-cultural do povo brasileiro, condicionada ainda pela grande extensão e diversidade do território nacional. Partimos do unitarismo para a forma federativa, num processo inverso ao das federações americana e suíça; essas formaram-se da união de Estados soberanos, os quais conferiram, à União, parte de sua competência. No caso do Brasil, o contrário se deu, isto é, o Poder central, único, foi que transferiu, às comunidades regionais, a parcela de poder que, depois, vieram a possuir, constituindo-se em Estados autônomos".[12]

Já nos Estados Unidos o acesso à Suprema Corte norte-americana dava-se por meio do *writ of error*, instrumento que, depois, serviria de inspiração ao nosso recurso extraordinário. Aquele *writ*, na análise de José Afonso da Silva, desempenhou, desde as origens, em 1787, o papel de "instrumento de unidade do Direito federal e, sobretudo, de manutenção da supremacia da Constituição Federal americana".[13]

Os Estados Unidos da América constituíram-se em modo de uma *confederação*, a partir da agregação das treze colônias originárias, coalizadas em torno de um pacto político, em que elas acordaram em ceder *parte* de suas atribuições em prol da formação de um Poder central, e isso, em boa medida, explica: (*i*) o conciso texto da Constituição Americana, pouco reformada desde sua origem, visto tratar-se, basicamente, de uma sistematização dos princípios fundantes naquela nação; (*ii*) o fato de temas polêmicos e impactantes, como a pena de morte, o aborto, receberem diverso tratamento em um ou outro Estado; (*iii*) que a maior parte do direito positivado remanesça estadual, permitindo à Suprema Corte concentrar-se nas *federal questions*, assim se poupando da grande massa de processos. Além disso, se reconhece à Suprema Corte a prerrogativa do *discricionary review*, isto é, o poder de fazer uma triagem prévia nos *cases* a ela dirigidos, julgando apenas aqueles que, ao seu elevado critério, pareçam *meritorius*. Esclarece José Carlos Barbosa Moreira que o *Supreme Court Case Selections Act* (1988) "restringiu drasticamente o

---

11 Tribunais constitucionais e jurisdição constitucional. *Revista Brasileira de Estudos Políticos*, nºs. 60-61, jan./jul. 1985, p. 502.

12 *Do recurso extraordinário*... cit., p. 5.

13 Idem, p. 28.

uso do *appeal* como meio de provocar a revisão. Praticamente, remanesce apenas a via do *certiorari*, sujeita, como já se acentuou, à plena discrição da Suprema Corte".[14]

Já com o nosso Supremo Tribunal Federal deu-se fenômeno contrário: o Brasil partiu de um desenho unitário (Império) passando, depois, por uma divisão político-jurídica do território, primeiro com as capitanias hereditárias, e, depois, com a criação dos Estados e Municípios. Por aí se explica que a maior parte de nosso direito positivado tenha remanescido *federal*, em sentido largo, ficando os Estados com a competência legislativa residual, e os Municípios com o concernente ao interesse local, desenho facilmente constatável à leitura dos arts. 22 a 24 e 29 e incisos da CF. A tudo se agrega o fato de a Constituição de 1988 ser, notoriamente, analítica, abrangente e garantista: pródiga em direitos e escassa em deveres... O previsível resultado desse contexto foi a sobrecarga de trabalho no STF, que antes se tentou atenuar com a exigência da *arguição de relevância* na admissibilidade do recurso extraordinário (RISTF, art. 325), depois com a criação do STJ (CF de 1988); e, mais recentemente, com a exigência da *repercussão geral* da questão constitucional – CF, § 3.º do art. 102: EC 45/2004; CPC, art. 1.035 e § 1º.

Segundo Hannis Taylor, o poder atribuído à Suprema Corte dos Estados Unidos de preservar, em *ultima ratio*, a validade do direito nacional "adveio da invenção americana das limitações constitucionais ao Poder Legislativo, pelo qual todos os juízes, tanto estaduais como federais, têm o direito, nas suas respectivas esferas, de apreciar a validade de cada lei emanada da legislatura estadual ou federal".[15] Em duas oportunidades (1813 – *case* Martin v. Hunters Lesses; 1821 – *case* Cohens v. Virginia) chegou-se a questionar a constitucionalidade daquela posição sobranceira da Suprema Corte em face das Justiças estaduais, mas depois, como esclarece Osmar Mendes Paixão Côrtes, acabou prevalecendo a tese da "necessidade de uma jurisdição recursal, pelo *writ of error*, nos Estados Unidos até para preservar a supremacia da Constituição".[16]

14 *Comentários ao Código de Processo Civil*, vol. 5º, 16. ed. Rio de Janeiro: Forense, 2012, p. 578.

15 *Jurisdiction and Procedure of the Suprem Court of the United States*. Nova Yorque: The Lawyers Cooperative Publishing Company, 1905, p. 1.

16 *Recurso extraordinário – Origem e desenvolvimento no direito brasileiro*, Rio de Janeiro: Forense, 2005, p. 180. (*Desde o Judiciary Act to Establish the Judicial Courts of the United States*, que organizou a Justiça da União (1789) outros *Acts* advieram (1891, 1911, 1914, 1916, 1925, 1928, 1948), sendo que estes dois últimos acabaram por fixar o *writ of certiorary* e o *appeal* como as vias de acesso à Suprema Corte, em substituição ao venerando *writ of error*).

Após a decisão *in* Cohens v. Virginia, atesta Matos Peixoto, "não se contestou mais a competência da Corte Suprema para, nos termos do art. 25 do *Judiciary Act*, de 1789, rever e reformar ou confirmar as sentenças de última instância dos tribunais dos Estados. Têm-se apenas discutido as condições e circunstâncias em que essa jurisdição pode ser exercida".[17]

A estrutura e funcionalidade do Poder Judiciário, nos vários países, não é só resultante dos sucessos históricos, como os antes lembrados, mas também – ou talvez até principalmente – de certas características da relação entre Estado (Poder) e nação (Povo), passando por dados como a dimensão territorial, os traços culturais, as tendências comportamentais. Com relação aos países da Ibero-América, Cândido Rangel Dinamarco aponta a "debilidade de uma pretensa *unidade cultural* entre eles. Dessas causas decorre a *regionalização cultural* dos países integrantes desse grupo multiforme, que se podem reunir em subgrupos determinados pela língua que falam (América hispânica e América lusófona, Brasil), pelas feições institucionais que adotam ou mesmo pelas regiões em que se situam (Cone Sul, Andes, Caribe). (...) Essa diversidade cultural repercute nas instituições políticas dos diversos Estados da área, seja na determinação do sistema político (federativo ou unitário), seja no modo como os tribunais atuam sobre a vida da população e interferem na atuação do Governo e do Parlamento. Vê-se, por exemplo, uma significativa repartição de competências entre o Estado soberano e as unidades federativas em países como o México, a Argentina, o Brasil etc., em oposição ao centralismo unitário que há no Chile, Uruguai, Paraguai, Bolívia, Peru, Costa Rica, Nicarágua etc. O controle jurisdicional da Administração é feito, em alguns países, por uma justiça administrativa (o *contencioso administrativo*), como é o caso da Colômbia, México, Uruguai – ao passo que outros mantêm a tradição de uma *jurisdição una* e ao Poder Judiciário competem todos os litígios, seja entre particulares, sejam os que envolvem o Estado. Nesse quadro variam também as opções sub-regionais no tocante aos modos de controle da constitucionalidade das leis e atos normativos do Governo – havendo os países que optam pelo sistema difuso (Argentina, México), ao lado dos que praticam o controle por um sistema misto (Uruguai, Colômbia, Brasil)."[18] Na Colômbia, prossegue o autor, a Corte Constitucional é *sui generis*, sendo "órgão competente para declarar inexequíveis as normas de qualquer origem que colidam com a Constituição – sem prejuízo da competência de qualquer juiz

17 *Recurso extraordinário*, Rio de Janeiro: Freitas Bastos, 1935, p. 96.

18 A função das Cortes..., cit., em *Fundamentos*... cit., 3ª ed. t. II, p. 779-780.

ou tribunal, mesmo a Corte Suprema, para negar aplicação a leis ou decretos portadores de igual vício".[19]

Em países como o Brasil, que praticam os dois tipos de controle constitucional – o concentrado e o difuso - exacerba-se o papel da Corte Constitucional como órgão de superposição em face dos outros Poderes, os quais têm seus atos controlados por aquela, com eficácia *erga omnes* (perspectiva horizontal) e *efeito vinculante* (perspectiva vertical) – *ADIn* e *ADCon*: CF, § 2.º do art. 102 – a par de outros importantes controles, como a *arguição de descumprimento de preceito fundamental* – CF § 1.º do art. 103; Lei 9.882/99, e, de certo modo, o mandado de injunção (CF, art. 5º, LXXI; Lei 13.300/2.016). De salientar-se a súmula vinculante nº 10 do STF: "Viola a cláusula de reserva de plenário (CF, artigo 97) a decisão de órgão fracionário de tribunal que, embora não declare expressamente a inconstitucionalidade de lei ou ato normativo do poder público, afasta sua incidência, no todo ou em parte".

Deve também ser lembrado, como ponderável fator de eficiência nesse sistema de controle, o *Pacto de San José da Costa Rica* ("Convenção Americana de Direitos Humanos", de 22.11.1969, aqui ratificada em 25.09.1992), que, entre outras premissas e diretrizes, firmou o direito à tutela jurisdicional *justa* e em *tempo razoável*, podendo o Estado ser responsabilizado por transgredir tais parâmetros. Uma aplicação dessa normativa, entre nós, está no inciso LXXVIII do art. 5.º da CF – EC 45/2004: "A todos, no âmbito judicial e administrativo, são assegurados a razoável duração do processo e os meios que garantam a celeridade de sua tramitação". Ainda sobre o relevante aspecto da proteção aos direitos humanos, a EC 45/2004 trouxe duas importantes contribuições: a equiparação, ao patamar de emendas constitucionais, dos tratados e convenções internacionais, e a submissão à jurisdição do Tribunal Penal Internacional a que o país tenha aderido: CF, §§ 4.º e 5.º do art. 5.º.

Um dos relevantes aspectos em que se registra diversidade na atuação das Cortes Supremas da Latino-América está na dupla função de *cassar* (tornar insubsistente) ou, então, *substituir* (o efeito devolutivo – CPC, art. 1.008) o acórdão a elas submetido, atribuições que algumas têm, e outras não. Na Argentina, país constituído pela reunião das diversas *Províncias*, a Corte Suprema de Justiça da Nação, ao prover o recurso extraordinário por inconstitucionalidade, *cassa* a decisão afrontosa, fixa a tese a ser observada pelo

---

19 A função das Cortes... cit., em *Fundamentos*... cit., 3. ed., t. II, p. 787 (Ainda, sobre o recurso extraordinário no Direito Comparado, v. R. Ives Braghittoni, *Recurso extraordinário – uma análise do acesso do Supremo Tribunal Federal*, São Paulo: Atlas, 2007, p. 13- 37).

Tribunal *a quo* e a este reenvia o processo; no Uruguai e na Colômbia, sendo países unitários, suas Cortes Superiores, salvo raras exceções, ao cassarem a decisão afrontosa, na sequência decidem a causa.[20] O Brasil, República que nasceu federativa, dispõe de um recurso extraordinário que tanto serve para o STF apreciar *incidenter tantum* querela envolvendo leis e atos normativos em face da Constituição Federal, como para resolução da lide *in concreto*, quando a *fattispecie* se enquadra numa das alíneas do art. 102, III, da CF, ao pressuposto de estar atendido o quesito adicional da "repercussão geral da questão constitucional" (§ 3.º do art. 102, cf. EC 45/2004; CPC, art. 1.035 e § 1º). Já o *recurso especial* leva ao STJ o conhecimento das questões de direito federal comum, enquadradas numa das alíneas do art. 105, III, da CF.

De interesse o estabelecido no art. 1.034, caput, do CPC: "Admitido o recurso extraordinário ou o recurso especial, o Supremo Tribunal Federal ou o Superior Tribunal de Justiça julgará o processo, aplicando o direito". Em outra sede comentamos que esse dispositivo "implica o reconhecimento de que STF e STJ não são (precipuamente) Cortes de cassação – como se passa com alguns tribunais superiores em países como a França e a Itália – mas, em verdade, por força do efeito devolutivo, ainda que limitado, do RE e do REsp (e, por vezes, em decorrência do efeito translativo), uma vez conhecidos tais recursos deve a Corte adentrar o mérito da causa assim resolvendo, a um tempo, o processo (continente) e o conflito (conteúdo)".[21]

STF e STJ atuam como *órgãos de superposição* na estrutura judiciária nacional, e o fazem em dupla perspectiva, de cassação e revisão dos acórdãos que lhe são submetidos: ao proverem o recurso, substituem, pelo seu, o acórdão recorrido, no âmbito da devolutividade. No ponto, explica Nelson Nery Júnior: "(...) a substitutividade se dá quando a decisão recursal dá provimento ao recurso, reformando a decisão recorrida, parcial ou integralmente. Tanto no caso de provimento como no de improvimento, somente existe *efeito substitutivo* quando o objeto da impugnação for *error in iudicando* e, portanto, o tribunal *ad quem* tiver de manter ou reformar a decisão recorrida. Quando, ao contrário, se tratar de recurso que ataque *error in procedendo* do juiz, a substitutividade somente ocorrerá se negado provimento ao recurso, pois, se

---

20 As condições em que se dá a *cassação* no âmbito dos recursos extraordinários dos países da América Latina vêm expostas por Juan Carlos Hitters, *Técnica de los recursos extraordinarios y de la casación*, 2. ed., La Plata: Libreria Editora Platense, 1998, p. 131-171.

21. In SCARPINELLA BUENO, Cassio (coord.), *Comentários ao Código de Processo Civil*, vol. 4º, São Paulo: Saraiva, 2.017, p. 522.

este for provido, anulará a decisão recorrida e por óbvio não poderá substituí-la".[22] É com tais precisões que se deve entender o enunciado, comum assim ao STF como ao STJ, no sentido de que a Corte, uma vez *conhecido* o recurso (portanto, juízo positivo de admissibilidade), *julgará a causa, aplicando o direito à espécie*: RISTJ, art. 257; STF, súmula 454.

Cândido Rangel Dinamarco explica que são *órgãos de superposição* "os tribunais que, nos limites das competências constitucionalmente fixadas, têm o poder de rever decisões dos órgãos mais elevados de cada uma das Justiças. O Superior Tribunal de Justiça sobrepõe-se às Justiças locais e à Justiça Federal. O Supremo Tribunal Federal, a seu turno, sobrepõe-se a *todas* as Justiças e ao próprio Superior Tribunal de Justiça. Isso não significa que eles só tenham essa *competência de superposição*: a *competência originária* de cada um deles, composta de hipóteses fortemente conotadas de componentes políticos, é um capítulo importante e politicamente significativo da teoria da competência. Nesse quadro, o estudo da competência originária e recursal dos dois tribunais de superposição entrelaça-se com a tomada de consciência das justificativas políticas de sua existência no sistema. São razões que, como se sabe, ligam-se a três fatores fundamentais: (a) a harmonia entre os Poderes do Estado, (b) o regime federativo brasileiro e (c) a convivência internacional com outros Estados soberanos".[23]

Em que pese o ideal da tripartição e equilíbrio entre os Poderes do Estado moderno, registram-se inevitáveis e previsíveis tensões entre eles, desde a origem do constitucionalismo norte-americano, em que se buscava aparar tais arestas pela técnica do *checks and ballances*. Por isso, a atribuição ao STF para fixar, em *ultima ratio*, a inteligência do texto constitucional e assim contrastá-lo em face das leis e atos do Poder Público, acaba por erigir a Excelsa Corte em órgão de suprapoder, o que ora mais se evidencia na redação dada pela EC 45/2004 ao § 2.º do art. 102, dizendo que as decisões de mérito nas *ADIns* e *ADCons* "produzirão *eficácia contra todos e efeito vinculante*, relativamente aos demais órgãos do *Poder Judiciário* e à *administração pública* direta e indireta, nas esferas federal, estadual e municipal". O surgimento da súmula vinculante, do STF, veio acentuar ainda mais essa posição sobranceira, porque a obrigatoriedade de tais enunciados opera não só em face de todos os órgãos jurisdicionais, mas também perante a Administração Pública: a recusa imotivada/equivocada ou a aplicação indevida de tais enunciados, por

---

22 *Teoria geral dos recursos*, 6. ed., São Paulo: Revista dos Tribunais, 2004, p. 489.

23 Competência dos Tribunais de superposição. *Instituições de direito processual civil*. 6ª ed. São Paulo: Malheiros, 2009, t. I, p. 465.

parte de órgão judicial, desafia reclamação e leva à *cassação* do julgado; se por parte do Executivo, leva à *anulação* do ato (CF, § 3.º do art. 103-A), valendo contudo registrar que o art. 992 do CPC prevê que acolhendo a reclamação, "o tribunal cassará a decisão exorbitante de seu julgado ou determinará medida adequada à solução da controvérsia".

A par disso, o STF, exercendo o controle constitucional das leis e atos normativos, participa, reflexamente, da própria gestão da coisa pública em sentido largo – escolha entre valores primários e fixação de opções políticas –, tarefa que, tradicionalmente, caberia às instâncias primárias, a saber, o Legislativo e o Executivo. Figure-se que o Ministério da Saúde e a *ANASA* – Agência Nacional de Saúde hajam por bem autorizar, excepcionalmente, o aborto de feto anencéfalo; submetido ao STF o ato normativo emitido a respeito, pode a Corte vir a julgá-lo inconstitucional, por atentar contra o direito à vida (polêmica que hoje se reacende, por conta da controvérsia envolvendo as células-tronco embrionárias). Por vezes, busca o STF até mesmo *antecipar-se* à querela constitucional, prevenindo-a ou buscando superá-la, de que é exemplo emblemático a intervenção da Corte no âmbito do chamado *acordo do século*, no qual milhões de correntistas do *FGTS* foram autorizados, por lei complementar federal, a transacionar seus saldos com a Caixa Econômica Federal; por certo, temendo o *tsunami* de processos judiciais que poderiam questionar a validade de tais ajustes ou sua expressão pecuniária, houve por bem o STF emitir a *Súmula vinculante* nº 1: "Ofende a garantia constitucional do ato jurídico perfeito a decisão que, sem ponderar as circunstâncias do caso concreto, desconsidera a validade e eficácia de acordo constante do termo de adesão instituído pela Lei Complementar 110/2001".[24]

Casos como esses colocam para as Cortes Superiores a transcendente questão de saber se os temas submetidos ao *judicial review*, no controle de constitucionalidade, comportam certos limites, por modo a ficarem excluídas as questões que não configuram, exata ou precipuamente, verdadeiras *crises jurídicas*, mas se apresentam mescladas – em maior ou menor intensidade –, com aspectos políticos, econômicos ou sociais. Com efeito, no sistema norte-americano de controle constitucional colocam-se restrições às "non-justiciable or political questions", porque, reconhece Mauro Cappelletti, sem tal cautela uma Corte Constitucional pode ficar tisnada de "uma coloração excessivamente política, ao invés de judicial". Sem tal cautela, prossegue, engendra-se o risco de "uma muito grave ameaça de interferências das próprias Cortes na

24 Sobre as súmulas vinculantes do STF, v. o nosso *Divergência jurisprudencial e súmula vinculante*, 6. ed., Salvador: JusPodivm, 2.013, especialmente item 3.4.

esfera do Poder Legislativo e, indiretamente, também na do poder executivo e de governo". Todavia, concede o autor, esse é um efeito colateral que parece inevitável nesse campo, reconhecendo-se nos Estados Unidos da América que o controle da constitucionalidade "can never be scientific or completely disinterested and neutral". E assim, remata: "O controle judicial de constitucionalidade das leis sempre é destinado, por sua própria natureza, a ter também uma coloração política mais ou menos evidente, mais ou menos acentuada, vale dizer, a comportar uma ativa, criativa intervenção das Cortes, investidas daquela função de controle, na dialética das forças políticas do Estado".[25]

Esse inevitável *viés político* está também presente em nossas Cortes Superiores, podendo ser lembrada a antiga exigência da *arguição de relevância*, na admissibilidade do RE (EC 01/69, art. 119, parágrafo único), que vigorou de 1975 a 1988, agora repaginada e tornada à cena sob as vestes da "repercussão geral da questão constitucional" (CF, art. 102, § 3.º; CPC, art. 1.035 e § 1º), notando-se nessa expressão que aquilo que é "geral" não pode ser apenas *jurídico*; o mesmo pode-se dizer com relação ao quesito da *transcendência* na admissibilidade do *recurso de revista* ao TST, referindo o art. 896-A que esse qualificativo é de ser apurado pelo TST "com relação aos reflexos gerais de natureza econômica, política, social ou jurídica", tendo o § 1º, acrescido pela Lei 13.467/2.017, trazido os indicativos dessa transcendência. Aliás, dificilmente uma questão de tal intensidade capaz de deflagrar o acesso a uma Corte Superior se confinará, *apenas*, ao campo estritamente jurídico, podendo ser lembrado o conteúdo da Súmula Vinculante 1, antes transcrita, onde se mesclam aspectos econômicos, sociais, políticos e, *também*, jurídicos.

Nesse sentido, Ricardo Haro salienta que uma Corte Suprema, seja no controle difuso, seja no concentrado de constitucionalidade, *adquiere siempre una dimensión política*, (...) "ya sea desde la perspectiva de la tripartición montesquiana del Poder, como desde la moderna división de las funciones en 'gobierno y control', cuando los jueces ejercen el control de constitucionalidad evidentemente están asumiendo un control jurídico, pero de profundas connotaciones políticas. En el desempeño de esta revisión jurisdiccional, los jueces asumen y desenvuelven funciones superlativas del poder político del Estado, a poco que se repare que no es aceptable que se reconozca carácter político a la elaboración de la ley (*pouvoir d'établir*) y se le niegue a la potestad de enervarla, marginándola del ordine jurídico aplicable por ser inconstitucional (*pouvoir d'empêcher*)". Na sequência, o autor colaciona Karl Loewenstein, para quem o controle de constitucionalidade "es, esencialmente *control político* y

25 *O controle judicial de constitucionalidade das leis...* cit., p. 113-114, *passim*.

cuando se impone frente a los otros detentadores del poder es en realidad una *decisión política*. Cuando los tribunales proclaman y ejercen su derecho de control, dejan de ser meros órganos encargados de ejecutar la decisión política y se convierten, por própio derecho, en un detentador de poder, semejantes, cuando no superiores, a los otros detentadores del poder instituídos".[26]

2. UMA SINOPSE DO MODELO BRASILEIRO.

A Justiça brasileira e seu modelo operacional - organização judiciária bifurcada em Federal e Estadual - sofrem influência de fatores diversos, que vão desde a dimensão continental do território até a expressiva população excedente a duzentos milhões, passando por nosso desenho republicano-federativo, no qual a maior parcela do Direito Positivo está concentrada na União - Constituição Federal e direito federal comum e especial: CF, art. 22, I - ficando os Estados com uma competência residual, e os Municípios com o que concerne ao interesse local.

Esse contexto induz, dentre outras externalidades, a que o Judiciário Federal receba o maior fluxo de demandas, em seus ramos *comum* (direito federal comum, cuja exegese final cabe ao STJ) e *especial* (trabalhista, militar, eleitoral, com os respectivos órgãos de cúpula: TST, o STM e TSE). Já o STF, posicionado como *guarda da Constituição* (art. 102, *caput*), a rigor não é exatamente "federal", mas antes um Tribunal *nacional* (compondo, junto com o STJ, os chamados *Tribunais da Federação*), cabendo ao STF processar e julgar, originariamente ou via recursal, as causas decididas por *todas as instâncias judiciárias*, à condição de estar configurada uma *questão constitucional* que, em se tratando de recurso extraordinário, deve ainda apresentar *repercussão geral* (CF, art. 102, incisos e § 3.º), o que se aplica até mesmo às decisões de Colégio Recursal ou Turma de Uniformização nos Juizados Especiais (Súmula STF 727; RISTF, art. 328, cf. ER 21/2007), já que o inciso III do art. 102 da CF, ao referir-se à instância recorrida, não fala em "acórdão de Tribunal", e sim em "causas decididas em única ou última instância".

A par desses fatores de natureza *funcional*, militam outras concausas, de ordem *estrutural* e mesmo *contingencial*, como as lembradas por Arthur Mendes Lobo: "Desde a vigência do Código de Processo Civil, em 11.01.1973, a sociedade brasileira passou por profundas transformações que ocasionaram a sobrecarga no número de processos e, por conseguinte, a lentidão da

26 El rol paradigmático... cit., *Estudos de Direito Constitucional - Homenagem a José Afonso da Silva cit.*, 2003, p. 491-292 (itálicos no original).

prestação jurisdicional. Nesse período, a população brasileira aumentou em aproximadamente 100 milhões de habitantes. A nova ordem constitucional garantiu o acesso à Justiça e criou novos mecanismos para o controle judicial dos atos da administração pública. Consolidaram-se os direitos chamados de terceira e quarta gerações, bem como os microssistemas de tutela dos interesses metaindividuais e de proteção dos indivíduos hipossuficientes. Novos institutos protegem especialmente o consumidor, o meio ambiente ecologicamente equilibrado, a criança, o adolescente, o idoso, os deficientes físicos etc. Consequência inevitável foi o aumento progressivo de demandas judiciais. Todavia, tal aumento não veio acompanhado do necessário investimento público em infraestrutura e agentes públicos em número razoável, indispensáveis que são à administração da Justiça".[27]

O afluxo de processos num dado ramo da Justiça brasileira é na verdade uma repercussão dos sucessos ocorrentes tanto no plano fático como jurídico, de que é exemplo a Justiça do Trabalho: inicialmente, ela não integrava os quadros do Poder Judiciário, situando-se no plano administrativo, atuando ao lado do Ministério do Trabalho e das Delegacias Regionais do Trabalho; com o advento da CLT (1943) a Justiça trabalhista foi se estruturando, ganhando *status* constitucional (CF 1946, arts. 94, V, e 122) e foi se firmando até chegar hoje a compor a maior estrutura judiciária do país. Todavia, de tempos a esta parte, a redução do emprego formal e o paralelo crescimento da economia informal passaram a sinalizar um horizonte mais restrito, a ponto de a EC 45/2004 ter alterado o inciso I do art. 114 da CF (suprimindo a alusão a "dissídios individuais e coletivos entre *trabalhadores e empregadores*") e incluído o inc. IX: "outras controvérsias decorrentes da *relação de trabalho*, na forma da lei", sabido que "relação de trabalho" é expressão mais ampla do que "relação de emprego".

O ponto vem assim comentado por Amauri Mascaro Nascimento: "Em princípio, será de trabalho toda relação jurídica cujo objeto residir na atividade profissional e pessoal de pessoa física para outrem, o que abrangerá não apenas as relações de emprego, mas outras relações jurídicas ou contratos de atividade profissional de trabalhadores, embora a outro título. (...) O aumento da carga processual pode ser enfrentado com uma visão mais aberta para a importância das formas alternativas de solução dos conflitos trabalhistas, contrária à que é adotada por um ou outro Juiz do Trabalho ao acolher ações movidas pelo Ministério Público do Trabalho pleiteando a extinção de Comis-

---

27 Breves comentários sobre a regulamentação da súmula vinculante. *Revista IOB de Direito Civil e Processual Civil*, n. 45, jan.-fev. 2007, p. 78.

são de Conciliação Prévia, quando o melhor seria a anulação da conciliação supostamente defeituosa e a condenação da empresa a pagar diferenças para o empregado se a conciliação o prejudicar de modo lesivo e ficar provado vício do ato jurídico".[28]

O novo desenho competencial da Justiça laboral, se, por um lado, ampliou o seu horizonte, de outro lado abriu flanco a instigantes controvérsias, por exemplo, saber se ali devem afluir os conflitos envolvendo servidores da Administração Pública indireta,[29] prestadores de serviço, inclusive profissionais liberais, e mesmo os conflitos de consumo, já que tais controvérsias tocam em mais de um ponto do ordenamento positivo (CF – art. 109, I; art.114 e inc. XI: EC 45/2004; art. 173, II; Código Civil, arts. 593, 2.043; Código do Consumidor, arts. 3.º e § 2.º; 4.º, III; 6.º, VI e VIII; 14, § 4.º). Considere-se, nessa imbricação de textos que o CDC é lei *especial*, voltada a regular as relações entre *desiguais* (já que o consumidor é considerado a *parte vulnerável*: art. 6.º, VIII), ao passo que o Código Civil é lei *geral*, voltada a regular relações entre *iguais*, sendo *federais* ambas as codificações, de cunho predominantemente cogente, sendo o Código Civil *mais recente* (2002) do que o CDC (1990).

Tradicionalmente, tais imbricações seriam resolvidas pelos conhecidos critérios de vigência das leis no tempo (direito intertemporal), constantes da *Lei de Introdução ao Código Civil* (Dec. Lei 4.657/1942) – redenominada *Lei de Introdução às normas do Direito Brasileiro, cf.* Lei 12.376/2010; mas hoje, ante a inflação (ou *fúria*) legislativa, a par do advento de novos ramos do Direito Objetivo, tais antigos critérios exegéticos já não se mostram suficientes, demandando uma releitura contextualizada.

Na busca de um *protocolo de convivência* entre textos que, em maior ou menor extensão, incidem sobre um mesmo tema, ou os tangenciam, vem ganhando corpo a proposta do *diálogo das fontes*, em substituição ao tradicional regime de abrogação/derrogação/revogação, do qual resulta, *sic et simpliciter*, o afastamento de uma norma e a prevalência de outra.

Cláudia Lima Marques explica que a expressão diálogo das fontes foi "criada por Erik Jayme, em seu curso de Haia (Jayme, *Identité culturelle et*

---

28 Novas competências da Justiça do Trabalho. In: RENAULT, Sérgio Rabello Tamm; BOTTINI, Pierpaolo (coord.). *Reforma do Judiciário*, São Paulo: Saraiva, 2005, p. 201, 205. (Nota: a Lei 13.467/2.017 acresceu à CLT um capítulo prevendo o "Processo de Jurisdição Voluntária para Homologação de Acordo Extrajudicial" - arts. 855-B a E).

29 O STF, em 27.01.2005, concedeu liminar com efeito *ex tunc* na ADIn 3.395-6, interpretando o art. 114, I, da CF. No sítio www.stf.jus.br consta retirada de pauta do julgamento virtual em 10.10.2019, estando o processo distribuição ao Min. Alexandre de Moraes.

intégration...cit., p. 259), significando a atual aplicação simultânea, coerente e coordenada das plúrimas fontes legislativas, leis específicas e gerais, com campos de aplicação convergentes. (...) Assim, por exemplo, uma lei anterior, como o CDC de 1990 e uma lei posterior, como o novo CC de 2002, estariam em 'conflito': daí a necessária 'solução' do 'conflito' através da prevalência de uma lei sobre a outra e a consequente exclusão da outra do sistema (ab-rogação, derrogação, revogação). A doutrina atualizada (SAUPHANOR, *L'influence du droit de la consommation sur le système juridique*, p. 23 a 32), porém, está à procura hoje mais da harmonia e da coordenação entre as normas do ordenamento jurídico (concebido como sistema) do que da exclusão. (...) A solução sistemática pós-moderna, em um momento posterior à decodificação, à tópica e à microrrecodificação, procura uma eficiência não só hierárquica, mas funcional do sistema plural e complexo de nosso direito contemporâneo; deve ser mais fluida, mais flexível, tratar diferentemente os diferentes, a permitir maior mobilidade e fineza de distinções. Nestes tempos, a *superação* de paradigmas é substituída pela *convivência dos paradigmas*, a revogação expressa pela incerteza da revogação tácita indireta através da incorporação (veja o art. 2.043 do CC/2002). Há convivência de leis com campos de aplicação diferentes, campos por vezes convergentes e, em geral diferentes (no que se refere aos sujeitos), em um mesmo sistema jurídico; há um 'diálogo das fontes' especiais e gerais, aplicando-se ao mesmo caso concreto."[30]

Essa integração de fontes legislativas tem como pano de fundo o estreitamento das relações que se diriam *multiplexas*,[31] empolgando o ordenamento trabalhista, a relação de emprego, o desenvolvimento econômico, como, há algum tempo, avaliara Valter Uzzo: "Uma mudança profunda nos direitos coletivos e individuais do trabalho e na organização sindical produzem a necessidade inadiável de alteração da Justiça do Trabalho, posto que se complementam e se permeiam dialeticamente". O autor deplora o quadro hoje existente: "Uma estrutura arcaica, com falta de recursos humanos e materiais, tendo que resolver anualmente cerca de dois milhões de processos, não tem como funcionar a contento. A demora dos feitos trabalhistas desnatura o sentido moralizador e pedagógico do processo, elimina todos os sentimentos subjetivos das partes e as remete para outra realidade, que nada tem a ver

30 *Comentários ao Código de Defesa do Consumidor*, 2. ed., São Paulo: Revista dos Tribunais, 2006, p. 62-63 (obra coletiva, integrada ainda por Antonio Hermann V. Benjamin e Bruno Miragem).

31 Valemo-nos, nesse passo, dessa expressão, utilizada por Boaventura de Souza Santos, em seu estudo "Os Tribunais nas sociedades contemporâneas". *Revista Brasileira de Ciências Sociais*, n. 30, fev. 1996, p. 51.

com aquela que originou o conflito. São dois estranhos, o clima de litigiosidade esmaeceu no tempo, o reclamante de agora está a receber o direito de quem não o conhece, e como as pessoas jurídicas deste país têm vida curta, provavelmente um estranho sucessor lhe dará o que um outro se lhe negou. Destrói-se, assim, o componente subjetivo fundamental do processo, que é o reconhecimento do sentimento justo, a reparação da injustiça sofrida, a satisfação subjetiva da titularidade do direito, a pedagogia do processo e da justiça".[32]

O trabalho de bastidores, no plano político-legislativo, voltado a preservar ou mesmo expandir o espaço competencial da Justiça do Trabalho, resultou, naturalmente, no aumento do número de processos o que, em boa medida, explica o temor de que tal *inflação* na base da pirâmide desemboque numa *crise numérica* no seu ápice, isto é, no recurso de revista ao TST, donde se compreender a *válvula de segurança* inserida no art. 896-A da CLT, reclamando a demonstração prejudicial de que o *thema decidendum* apresenta "*transcendência* com relação aos reflexos gerais de natureza econômica, política, social ou jurídica" (CLT, art. 896-A), tendo a Lei 13.467/2.017 acrescido o § 1º com indicações para aferição dessa transcendência.

Tais ocorrências servem a demonstrar que as Cortes Superiores não preordenam a operar como *terceira ou quarta instâncias*, ou como singelas fontes de *mais uma* prestação jurisdicional, mas antes devem se concentrar no deslinde das questões *singulares, complexas e de estrito direito*, que, ademais, apresentem aptidão para repercutirem em muitas outras controvérsias análogas, ao largo e ao longo do país. Somente assim se preservará o ambiente necessário à efetividade dos trabalhos desenvolvidos nas Cortes Superiores, ao mesmo tempo em que se criam condições para a formação de jurisprudência assentada, necessária, assim à prevenção de futuros processos como à resolução isonômica daqueles pendentes.

Ainda outros fatores repercutem no modelo jurisdicional de nosso país, com destaque para a diversidade quantitativa e qualitativa na distribuição, entre os entes políticos, das competências legislativas para a produção do direito público e privado, material e processual, com franca prevalência da União Federal – CF, art. 22, I. Vale observar que também por esse ângulo distinguem-se as experiências norte-americana e brasileira: lá, a abrangência das matérias disciplinadas por leis estaduais é sensivelmente maior (do fato de a União ter se formado a partir da outorga, primeiramente pelas 13

---

32 A reforma trabalhista necessária é possível. *Revista Estudos Avançados*, do *Instituto de Estudos Avançados da USP*, n. 51, maio-ago. 2004, p. 210-212.

colônias originárias, e depois pelos Estados, de importantes parcelas de suas competências), em comparação com o espectro da normação federal, o que reduz sensivelmente a carga de processos dirigidos à Suprema Corte, a qual, de resto, está autorizada a *escolher* aqueles de que conhecerá, em função da relevância nacional do tema judicializado: o *discricionary sistem of review.*

Ocorrência algo semelhante se passou com o nosso STF, autorizado, pela EC 01/69, art. 119, III, e parágrafo único, a indicar, no Regimento Interno, as causas de que conheceria via recurso extraordinário fundado nas alíneas *a* e *d* daquele dispositivo. Ao dispor sobre aquela atribuição no art. 325 de seu Regimento Interno (ER 03/75, depois 02/85), o STF elencara nos incisos I a X daquele artigo as causas que desafiavam o apelo extremo, e, como *válvula de segurança do sistema*, dispunha no inciso XI: "em todos os demais feitos, quando reconhecida a *relevância da questão federal*". Aí se tratava – especialmente na modelagem advinda com a ER 02/85 – de um *fator de inclusão*, porque uma causa em princípio não enquadrada numa das alíneas I a X do art. 325 do RISTF poderia ainda assim desafiar recurso extraordinário pelas alíneas *a* e *d* do art. 119, III, da CF, se para tal a Colenda Corte reconhecesse a *relevância* da questão federal (e, cumulativamente, fossem atendidos os demais pressupostos, subjetivos e objetivos de admissibilidade).

A propósito, anotava Theotônio Negrão: "Não é um novo caso de recurso extraordinário, mas apenas um pré-requisito de admissibilidade do recurso extraordinário: antes de se verificar se ele preenche as condições exigidas no art. 119-III *a* e *d*, examina-se a existência ou não de questão federal relevante. Negada esta, o recurso extraordinário é incabível, ainda que tenha havido negativa de vigência de lei federal ou que exista dissídio jurisprudencial".[33]

Em (mais um) reconhecimento de que uma Corte Constitucional necessita de algum *elemento de contenção* para regular o afluxo de processos, observa-se que, passados tantos anos desde a não recepção da arguição de relevância pela vigente CF (1988), eis que a EC 45/2004 veio autorizar o STF a só conhecer de recurso extraordinário quando demonstrada, a seu exclusivo juízo, a "repercussão geral da questão constitucional" (CF, § 3.º do art. 102; CPC, § 1.º do art. 1.035), o que pode ser visto como uma *reentrée* da antiga arguição de relevância, embora *com o sinal trocado*, porque, enquanto esta última servia para excepcionalmente *incluir* um recurso extraordinário, já a repercussão geral preordena-se a operar como um óbice, na medida em que o STF está autorizado a fixar, *pro domo sua*, um rol de temas que não se revestem

33 *Código de Processo Civil e legislação processual em vigor*, 17. ed., São Paulo: Revista dos Tribunais, 1987, nota nº 17 ao art. 325 do RISTF.

da referida "repercussão geral da questão constitucional", assim permitindo o descarte de grande número de recursos extraordinários.

Nesse sentido, dispõe o § 8º do art. 1.035 do CPC: "Negada a repercussão geral, o presidente ou o vice-presidente do tribunal de origem negará seguimento aos recursos extraordinários sobrestados na origem que versem sobre matéria idêntica". Pelo art. 329 do RISTF (cf. ER 21 – *DOU* 03.05.2007), a Presidência da Corte "promoverá ampla e específica divulgação do teor das decisões sobre repercussão geral, bem como formação e atualização de banco eletrônico de dados a respeito". Tal dispositivo evidencia que tal *ementário* acaba operando em duplo efeito: um, *paradigmático*, permitindo o descarte, *em bloco*, de recursos extraordinários repetitivos sobrestados na origem, em caso de negativa de repercussão geral no recurso afetado como representativo da controvérsia; outro efeito, *preventivo-geral*, buscando dissuadir a interposição de recursos extraordinários sobre temas que o STF, *a priori*, já tenha considerado desprovidos de *repercussão geral* nos campos social, econômico, político e, mesmo, jurídico.

Aquele primeiro efeito – *paradigmático* – opera sobretudo na hipótese de multiplicidade de recursos extraordinários sobre questão idêntica, sobrestados na instância *a quo* (por exemplo, uma Turma de Uniformização dos Colégios Recursais, nos Juizados Especiais – Lei 10.259/2001, art. 14 e §§), caso em que o STF aferirá, no feito tomado como paradigma, a existência ou não da repercussão geral na espécie: resultando negativa tal avaliação, "serão considerados automaticamente inadmitidos os recursos extraordinários cujo processamento tenha sido sobrestado" (CPC, § único do art. 1.039). Já o segundo efeito – *preventivo-geral teve aplicação emblemática em face dos* recursos extraordinários cujo início do prazo de interposição ocorrera a partir de 03.05.2007, data da publicação da Emenda Regimental nº 21, do STF, conforme assentara o STF em *Questão de Ordem* então firmada por unanimidade no julgamento do AI 664567-2/RS, relator Min. Sepúlveda Pertence (Pleno, j. 18.06.2007).

Meritório que seja o empenho do STF para agilização dos trâmites dos recursos extraordinários, especialmente a divulgação dos temas reconhecidos ou não com repercussão geral, todavia ficam em aberto instigantes questionamentos: (*i*) embora o art. 127 do RISTF já preveja que podem ser "julgados conjuntamente os processos que versarem a mesma questão jurídica, ainda que apresentem peculiaridades", por aí não fica resolvida a questão *prejudicial* quanto a saber se a autorização para tal julgamento *em massa* cabe nos estreitos limites de dispositivo *regimental*, ou se, antes, por se tratar de matéria processual, quiçá procedimental, haveria necessidade de previsão legislativa (CF, art. 22, I; 24, XI), como, aliás, se fez no caso dos recursos extraordinários que são decididos *por amostragem* – CPC, arts. 1.036-1.041; (*ii*) o julgamento *em bloco*, de um recurso de estrito direito, exacerba o vezo da *funcionarização* na prestação jurisdicional, num *locus* pouco afeito ao manejo massificado, parecendo ir de encontro ao aviso constitucional de que só podem ser delegados "atos de administração e atos de mero expediente sem caráter decisório" (CF, art. 93, XIV: EC 45/2004); (*iii*) tal julgamento massivo deixa implícito o risco de que, no extenso rol dos recursos reunidos para julgamento conjunto, porventura se aninhe algum que seja diferenciado, donde, aliás, poder a parte, em tal caso, pleitear ao relator a exclusão de seu recurso do rol dos sobrestados (CPC, § 9º do art. 1.037).

Tornando ao quesito da "repercussão geral da questão constitucional", na admissibilidade do recurso extraordinário, deve-se observar que, quando *reconhecida* por no mínimo quatro Ministros, ela opera como *fator de inclusão* necessário, *mas não suficiente*, porque, de um lado, não induz avaliação positiva quanto aos *demais* quesitos de admissibilidade a serem igualmente apurados (legitimidade, interesse, prazo, preparo, prequestionamento, adequação) e, de outro lado, não significa que o recurso vá ser provido; todavia, quando venha *negada* aquela *repercussão*, "por dois terços dos seus membros" (CF, parágrafo 3.º do art. 102), tal avaliação negativa opera como *prejudicial excludente absoluta*, tornando irrelevante – e, pois, dispensável – a aferição sobre os demais quesitos formais. Nesse sentido, o § 3.º do art. 102 da CF diz que a demonstração da repercussão geral serve para que o STF "examine a *admissão* do recurso (...)". Parece-nos que não se pode dar à palavra *admissão* outro senso que não o de avaliação prévia, delibação primária, necessária ao *conhecimento* do recurso, em ordem ao seu sequencial provimento ou desprovimento, no mérito.

Em outra sede, posicionamo-nos no sentido de que a citada exigência da *repercussão geral* "não se confunde com nem se reduz ao próprio mérito recursal, porque o STF analisa a repercussão geral para *admitir ou não* o RE (CF, § 3.º do art. 102; CPC, art. 1.035 e § 1º), portanto numa abordagem *cronologicamente antecedente e axiologicamente neutra*; desse modo, a avaliação positiva quanto a esse quesito apenas autoriza a sequência do exame formal quanto aos pressupostos objetivos e subjetivos de admissibilidade, sem nenhuma sinalização quanto ao oportuno provimento ou desprovimento do recurso extraordinário; já a avaliação negativa é absolutamente excludente, dispondo o art. 322, caput, do RISTF que a Corte "recusará recurso extraordinário cuja questão constitucional não oferecer repercussão geral (...)". Na sequência, acrescemos que a repercussão eral "não é uma prejudicial de mérito, porque não determina (condição subordinante) o conteúdo do julgamento do RE (decisão subordinada)".[34]

Cássio Scarpinella Bueno, considera "difícil, contudo, estabelecer se ela [a repercussão geral] deve ser apreciada antes da verificação das demais hipóteses, gerais ou específicas, de cabimento do recurso extraordinário." (...) "Ocorre, contudo, que uma vez indicadas pelo Supremo Tribunal Federal quais as hipóteses que ele entende para tal finalidade, a operação mental será invertida: tratando-se de decisão que oferece 'repercussão geral' já reconhecida por aquele Tribunal, importa verificar se os demais pressupostos recursais, genéricos e específicos, estão presentes".[35]

A *praxis* judiciária evidencia a indispensabilidade de um *elemento de contenção* no acesso às Cortes Superiores de um país republicano-federativo, de dimensão continental, com expressiva população, onde grassa a *cultura judiciarista*. Daí os pré-citados quesitos da *transcendência*, no recurso de revista ao TST, e da "repercussão geral da questão constitucional", no recurso extraordinário ao STF. A par disso, RE's e REsp's massivos e repetitivos comportam manejo *por amostragem* (CPC, arts. 1.036—1.041). No tocante ao STJ, saliente-se que no bojo da PEC 358/2005 - parte do PEC 29/2000 que depois voltou à Câmara dos Deputados - preconizava-se dotar aquela Corte da chamada *súmula impeditiva de recurso* (projetado art. 105-A), que consistiria em "impedimento à interposição de quaisquer recursos contra a decisão que a houver aplicado (...)".

A decisão-quadro proferida pelo STF ou pelo STJ no RE ou no REsp afetado como representativo da controvérsia projeta eficácia panprocessual, assim ao interno dos tribunais (CPC, art. 932, IV, b e V, b: juízo de admissibilidade feito pelo relator) como em primeiro grau, neste caso autorizando a improcedência liminar do pedido que se mostra contrário àquela decisão-quadro (CPC, art. 332, II). Acerca deste último caso, José Miguel Garcia Medina concebe uma aproximação conceitual entre essa improcedência liminar e a impossibilidade jurídica do pedido, prevista no CPC/73, "desde que a contrariedade à norma jurídica possa ter a jurisprudência como referência".[36]

---

34 *Recurso extraordinário e recurso especial*, 14ª ed., São Paulo: Thomson Reiters-Revista dos Tribunais, 2.018, p. 212.

35 *Curso Sistematizado de Direito Processual Civil*, vol. 5, São Paulo: Saraiva, 2008, p. 259.

36 *Novo Código de Processo Civil comentado*, 5ª ed., 2.017, cit., nota II ao art. 332, p. 592.

Importante ter presente que as medidas restritivas de acesso aos Tribunais – já tomadas ou em trâmite – não surtirão efeito se não forem acompanhadas de providências concretas em mais de um setor: (i) investimento constante nos recursos materiais e pessoais, máxime a informatização/digitalização, por modo a, gradativamente, livrar o Judiciário dos processos em base física papel; (**ii**) aprimoramento do sistema de recrutamento dos juízes, que não pode mais ficar restrito à singela aferição mecânica de pontuais conhecimentos teóricos, devendo antes valorizar o conhecimento geral, a cultura humanística, o raciocínio lógico, a efetiva vocação para o exercício do cargo; (iii) o fomento e divulgação das formas alternativas de solução de conflitos, por modo que o Judiciário possa desvencilhar-se daquelas controvérsias que poderiam e deveriam ser *maturadas e decantadas* em instâncias intermediárias, e/ou dirimidas por auto ou heterocomposição parajurisdicional, passando a Justiça estatal a operar em modo *residual*, como uma *cláusula de reserva*, disponibilizada para as lides singulares e complexas, e, bem assim, as que se revelaram incompossíveis de outro modo, devido a particularidades de matéria ou de pessoa.

A *explosão da litigiosidade*, prenunciada há tempos por Mauro Cappelletti, a que se agregou a crescente judicialização de novos direitos, está à base da oferta crescente dos chamados *equivalentes jurisdicionais*, os quais vêm ocupar os vazios deixados pelas carências da Justiça estatal. Mauro Cappelletti afirmava que, mesmo nos países do *Common Law*, "emergiram miríades de novos organismos quase-judiciários – *adjudicatory agencies, tribunals* etc. – com o fim de suprir, senão de completar, os tribunais ordinários no cumprimento da nova tarefa. (...) Se desejamos nos ater à realidade, afastando a ficção, devemos reconhecer que hoje, na verdade, não há sentido em descrever como 'juízes' e como 'magistratura' apenas os que trabalham nos tribunais ordinários. A *ordre judiciaire* atualmente constitui apenas uma parte, e na realidade a menor, do poder judiciário real. Juízes profissionais e laicos tomam assento também em numerosíssimos outros organismos; eles e sua atividade não podem ser ignorados se desejarmos compreender o efetivo papel do 'terceiro ramo' nos sistemas jurídicos modernos."[37]

Entre nós, infelizmente, a secular cultura cartorial-burocrática induz a descaminhos e equívocos, focados no mero *crescimento físico* do Judiciário. Essa *lógica quantitativa* não resolve a crise numérica de processos e ainda retroalimenta a demanda, valendo registrar que por conta do volume excessivo de processos nos Juizados Especiais e da interiorização da Justiça Federal, a

37 *Juízes legisladores?* Trad. Carlos Alberto Alvaro de Oliveira, Porto Alegre: Sérgio Antonio Fabris, 1999, p. 52.

Lei 12.011/2009 veio criar *milhares* de cargos no Judiciário Federal; outro exemplo foi a proposta de mais quatro TRF's, pela EC 73/2013, a qual veio a ser objeto da ADIn 5.017, proposta pela Associação Nacional dos Procuradores Federais – ANPF, tendo sido concedida liminar pelo Min. Joaquim Barbosa, estando a relatoria a cargo do Min. Luiz Fux, cf. o sítio www.stf.jus.br, consultado em 13.12. 2.019.

Ainda outro fator concorre para a sobrecarga de processos no STF: embora o STJ esteja encarregado da interpretação e uniformização do Direito federal comum, ainda assim pode dar-se que, de envolta com a questão federal se lobrigue questão constitucional, o que tanto basta para deflagrar a competência do STF, via recurso extraordinário. Isso mesmo veio reconhecido pela EC 45/2004, ao acrescer a alínea *d* ao art. 102, III, da CF, para abranger o caso de o acórdão recorrido "julgar válida lei local contestada em face de lei federal". É que, no caso, o Tribunal *a quo* terá, então, prestigiado a normação local (estadual, municipal) em detrimento da federal, o que basta a deflagrar a intervenção do STF, enquanto *guarda da Constituição* (CF, art. 102), para aferir se aquela exegese estava correta ou, ao contrário, se houve malferimento da competência federal na matéria (CF, art. 22, I).

De outro lado, pode dar-se, como antes acenado, que o acórdão emanado das instâncias locais/regionais (TJ's, TRF's) reclame, sob pena de preclusão consumativa, manejo *concomitante* de REsp e de RE, se no acórdão recorrido confluírem questões de extração constitucional e de direito federal comum (CPC, art. 1.031 e §§). Não se trata, aí, de exceção ou infringência ao princípio da *singularidade* dos recursos, e sim do manejo, independente, mas concomitante, do recurso cabível em face de cada *capítulo* do acórdão recorrido: o recurso extraordinário, sobre a parte constitucional, e o especial sobre a parte de direito federal comum.

As duas ocorrências ora gizadas – questões de extração constitucional e de direito federal comum incidentes num mesmo acórdão; manejo concomitante de RE e REsp –, além de concorrerem para a sobrecarga de processos no STF, põem à calva certa frustração na expectativa inicial de que a criação do STJ aliviaria em boa medida o volume de trabalho no STF. Na verdade, essa *comunicação* entre ambas as Cortes, a bem dizer, é inevitável: funda-se, de um lado, no fato de ambas constituírem os *Tribunais da Federação* e, de outro, no fato de o STJ ter sido criado pela vigente CF *a partir* de atribuições antes afetas ao STF, genericamente inseridas na rubrica "questão federal", remanescendo, assim, certa *faixa comunitária* entre ambas as Cortes.

Essa imbricação competencial entre os dois Tribunais da Federação está à base da doutrina do "fundamento suficiente", assim explicada por Gleydson Cleber Lopes de Oliveira: "Na hipótese de o recurso extraordinário ser prejudicial em relação ao especial, o eventual julgamento deste, sem que haja julgamento daquele, mostra-se dispiciendo, inócuo, uma vez que não tem o condão de reformar a decisão recorrida. Isso porque, por ser prejudicial, o julgamento a ser proferido no recurso extraordinário condiciona o teor do julgamento do recurso especial".[38] Sobre o tema existem estas Súmulas: STF 283 – "É inadmissível o recurso extraordinário, quando a decisão recorrida assenta em mais de um fundamento suficiente e o recurso não abrange todos eles"; STJ 126 – "É inadmissível recurso especial, quando o acórdão recorrido assenta em fundamentos constitucional e infraconstitucional, qualquer deles suficiente, por si só, para mantê-lo, e a parte vencida não manifesta recurso extraordinário". Tais enunciados, prossegue Lopes de Oliveira, "retratam hipótese de ausência de um requisito de admissibilidade dos recursos – interesse em recorrer – porquanto, com a interposição apenas do recurso especial ou extraordinário, quando a decisão recorrida se assente em fundamentos constitucional e infraconstitucional suficientes autonomamente para mantê-la, não é possível o recorrente alcançar uma situação jurídica mais favorável, uma vez que, mesmo que seja dado provimento àquele recurso interposto, a decisão de que se recorreu se manteria pelo fundamento inatacado".[39]

É possível que o antes referido acréscimo de uma hipótese de cabimento de recurso extraordinário (CF, alínea *d* ao art. 102, III – EC 45/2004) se explique no plano de uma *política judiciária*, almejando-se um balanceamento e equilíbrio entre as cargas de trabalho do STF e do STJ, ou ainda como uma sorte de *compensação*, ante o realinhamento que a EC 45/2004 promoveu nas precedentes atribuições do STF: a homologação de sentenças estrangeiras e o *exequatur* nas cartas rogatórias passaram para o STJ (CF, art. 105, I, *i*), o qual, à sua vez, não obteve a positivação da antes preconizada *súmula impeditiva de recurso*, ao contrário do STF, que já beneficia da súmula vinculante e da exigência da repercussão geral da questão constitucional no juízo de admissibilidade do recurso extraordinário (CF, art. 103-A; § 3.º do art. 102, nessa ordem).

3. A *CRISE DO STF* É, NA VERDADE, UMA CRISE DO RECURSO EXTRAORDINÁRIO.

Uma avaliação – estrutural e funcional – do STF deve partir da premissa de que, nos Estados de direito, a chamada *jurisdição constitucional* se espraia

---

38 Prejudicialidade do recurso extraordinário em relação ao recurso especial. In: NERY JUNIOR, Nelson; WAMBIER, Teresa Arruda Alvim (coord.). *Aspectos polêmicos e atuais dos recursos cíveis e de outras formas de impugnação às decisões judiciais*, São Paulo: Revista dos Tribunais, p. 499-500.

39 Idem, p. 496-497.

por uma seara comum aos campos do Direito e da Política, caracterizando-se, pois, como *jurídico-política*, tendo entre suas funções mais relevantes a de preservar o equilíbrio entre os Poderes, velando para que não se sobreponham uns aos outros, arriscando desestabilizar a coesão interna, necessária à preservação da forma federativa do Estado.

Ao tempo do Império, tal função vinha, precipuamente, exercida pelo "Imperador Constitucional e Defensor Perpétuo do Brazil", titular do *Poder Moderador*, que era "a chave de toda a organização Política, e é delegado privativamente ao Imperador, como Chefe Supremo da Nação, e seu primeiro Representante, para que incessantemente vele sobre a manutenção da Independência, equilíbrio, e harmonia dos mais Poderes Políticos" (arts. 100 e 98 da Constituição de 1824, nessa ordem). Não admira, assim, tivesse o Imperador ingerência sobre os próprios juízes, podendo "suspendel-os por queixas contra elles feitas, precedendo audiencia dos mesmos Juizes, informação necessaria, e ouvido o Conselho de Estado" (art. 154).

No ponto, analisa José Afonso da Silva: "A defesa da Constituição repousava no *poder moderador*, encarregado de resolver os conflitos constitucionais entre os poderes executivo, legislativo e judiciário, de acordo com a formulação de Benjamin Constant, pois, 'quando esses poderes crescem desordenadamente, chocam-se entre si e se estorvam – diz ele –, é necessária uma força que os reduza a seu próprio lugar. Esta força não pode estar em nenhum deles, porque serviria para destruir os demais. É preciso que esteja fora, que seja neutra, em certo modo, para que sua ação se aplique necessariamente onde seja necessária sua aplicação e para que seja preservadora, reparadora, sem ser hostil' ".[40]

Na experiência europeia, tal poder jurídico-político vinha, inicialmente, concentrado em mãos do monarca, e somente depois viria a migrar para um órgão judicial de cúpula, com específica atribuição de contraste constitucional sobre normas e atos do Poder Público. Nessa fase se origina, esclarece José Afonso da Silva, "por obra de Kelsen, o *sistema austríaco de justiça constitucional*, com a criação, pela Constituição da Áustria de 1920, da primeira Corte Constitucional, com a qual se iniciou na Europa o princípio de que as questões constitucionais relativas à tutela dos direitos fundamentais e ao controle da constitucionalidade dos atos de autoridade deveriam ser submetidas a um *tribunal especializado em matéria constitucional*".[41]

---

40 Tribunais constitucionais e jurisdição constitucional. *Revista Brasileira de Estudos Políticos*, nºs. 60-61, jan./jul. 1985, p. 498.

41 Idem, p. 499.

No caso brasileiro, embora diga a Constituição Federal que o STF é o *guarda da Constituição* (art. 102, *caput*), em verdade ele exerce muitas outras funções, para além do contraste constitucional de leis e atos do Poder Público, o que facilmente se constata à simples leitura de sua vasta competência – art. 102, incisos e alíneas – em que se mesclam o processo e julgamento de autoridades por crimes comuns e políticos, o exercício de instância recursal ordinária e extraordinária e as causas de sua competência originária. Coloque-se ainda, num polo da equação, o fato de ser o Brasil um país de dimensão continental, com expressiva população, onde grassa a cultura judiciarista, e, no outro polo, o reduzido número de Ministros do STF, e ter-se-ão identificadas as concausas do secular represamento de processos em nossa Corte Suprema.

Desde logo é preciso ter presente que a propalada "crise do STF" remonta há várias décadas, vindo reconhecida pelo Min. Victor Nunes Leal, desde os anos sessenta do século passado, quando ele se empenhava pela criação da súmula do STF, como mais tarde o reconheceria o Min. José Carlos Moreira Alves, em 1989, nos albores da instalação do STJ, então criado pela CF de 1988: "O que se convencionou denominar a crise do Supremo Tribunal Federal, e que, em verdade, é a crise do recurso extraordinário, deu margem a uma série de providências legais e regimentais para que a Corte não soçobrasse em face do volume de recursos que a ela subiam". Na sequência, o Ministro passa em resenha as providências de ordem constitucional, legal e regimental implementadas com tal finalidade, desde a Lei 3.396, de 1958 (exigência de motivação, pelo Tribunal *a quo*, do despacho de admissão do RE), passando pelas Emendas Constitucionais 16/1965, 01/1969, 07/1977; ainda, o RISTF de 1970, alterado pela ER 03/1975, trazendo a *arguição de relevância da questão federal*; a ER 02/85, que "alterou o sistema de restrições ao recurso extraordinário, enumerando os casos de cabimento dele nas hipóteses das letras *a* e *d* o inciso III do art. 119 da Emenda Constitucional n. 01 de 1969, o último dos quais é o de acolhimento da arguição de relevância da questão federal nos feitos não mencionados". Quanto a este *elemento de contenção*, explicava o Ministro que para sua adoção "inclinou-se o Supremo pela consideração de que o recurso extraordinário, inclusive no âmbito estritamente legal, é instrumento de viabilização dos Estados federativos com a preservação do direito nacional contra atentados graves por sua repercussão jurídica, moral, social, política ou econômica, não tendo por finalidade principal, a correção de erros de direito (...)". Explicava ainda que tal expediente regulatório do fluxo de recursos extraordinários foi inspirado no *Judiciary Act* de 1925, o qual "outorgou à Suprema Corte Americana o poder discricionário de só julgar, das questões que lhe são submetidas, as que considera mais importantes pelo interesse público que encerram; esse diploma foi justificado por Wiliam Taft com a observação de que as partes têm os seus direitos suficientemente protegidos pelos julgamentos de primeiro e de segundo graus de jurisdição, ao passo que a missão da Corte Suprema não é a de remediar erro sofrido por um dos litigantes mas a de examinar os casos que envolvem princípios de amplo interesse governamental ou público".[42]

É provável que a *origem dos males*, na crise numérica dos processos dirigidos ao STF, radique nos próprios *modelos*, tanto do recurso extraordinário como do próprio Tribunal a que se destina, sinalizando para um *vício estrutural* ou uma *falha de diagnóstico*, que resultaram numa exacerbação do apelo extremo e no subdimensionamento da Corte. Numa mirada retrospectiva se remontaria ao Dec. 510, de 1890 (ano seguinte à proclamação da República), no qual radicam a criação do recurso extraordinário e do próprio STF, não se tendo, à época, dado o devido valor ao fato de que os modelos inspiradores, a saber, o *writ of error* e a *Supreme Court*, da experiência norte-americana, não poderiam, *sic et simpliciter*, ser para cá singelamente transplantados, em face das profundas diversidades históricas, políticas, sociológicas e jurídicas que singularizavam (e distanciavam) o Brasil e os Estados Unidos.

Com efeito, além de se cuidar de países filiados a *famílias jurídicas distintas* – o Brasil, no *civil law*, dos países codicísticos, os Estados Unidos no *common law*, com o primado no precedente judiciário – este último país surgiu como uma *confederação*, a partir da outorga, pelas treze colônias originárias, de algumas de suas atribuições, para a formação de um governo central. Isso levou a que a maior parte da competência legislativa até hoje remanesça nos Estados (*v.g.*, alguns têm pena de morte, outros não; uma mesma conduta é tipificada diversamente nos diversos Estados), o que à sua vez veio contribuir – a par do *discricionary review*, reconhecido à *Supreme Court* – para restringir substancialmente a carga de processos a ela dirigidos. Já o Brasil seguiu trajetória diametralmente oposta: foi um Estado unitário desde o Império, e assim prosseguiu ao longo da República, centralização essa que não arrefeceu significativamente com a precária e temporária "divisão" geopolítica em capitanias hereditárias. Assim se compreende que a maior parte de nosso Direito positivo seja até hoje de base *federal* (confira-se o art. 22 da CF de 1988), inclusive o Direito Processual, este com breve passagem pela competência dos Estados, mas depois sendo assumido em definitivo pela União, com a CF de 1934.

42 O Supremo Tribunal Federal em face da nova Constituição: questões e perspectivas. *Arquivos do Ministério da Justiça*, Brasília, jul.-set. 1989, p. 1-2.

O *nomen juris* recurso extraordinário adviria com o Regimento Interno do STF (26.02.1891), denominação repetida na Lei 221, de 20 de novembro do mesmo ano, daí passando para a Constituição de 1934 e para as que lhe sucederam.

José Afonso da Silva explica que teria havido certo açodamento na positivação do recurso extraordinário como meio de acesso ao STF, em detrimento do recurso de revista, já que a seu ver este último remédio "poderia transformar-se no atual Recurso Extraordinário, sem precisar recorrer-se ao Direito americano. Mas na época, as instituições americanas constituíam-se em modelo para as brasileiras. É compreensível que se tenha de lá tirado, também o Recurso Extraordinário. Transplantou-se o recurso, mas não se podia transplantar uma tradição jurisprudencial e doutrinária que, na América do Norte, lhe dera base segura e aprimorada, para a federação americana. E, como sempre acontece, quando se adota técnica existente em sistema cultural diferente, o recurso sofreu, aqui, os azares da incompreensão, o que certamente não ocorreria se proviesse de uma evolução da revista".[43]

No ponto, aduz Adhemar Ferreira Maciel: "Historicamente, como se sabe, a Federação americana resultou imediatamente de uma confederação débil. O Brasil, diferentemente, de Estado unitário se transformou, do dia para a noite, em federação. Em decorrência, a administração da justiça no Brasil é, no fundo, a mesma para toda e qualquer unidade federada. O mesmo não se deu com os diversos Estados-Membros da Federação americana, onde cada um tem sua organização, com nomenclatura própria. Lá, o mais importante é oferecer serviço rápido, sem maior preocupação com seu encaixe sistemático, científico".[44]

Entre nós prevaleceu a tese da unidade da legislação substantiva, concentrada no Poder Central (CF, arts. 21 e 22), ficando os Estados com uma competência *residual* (art. 25 e § 1.º) e os Municípios com o que diz respeito aos interesses locais (art. 30). Por exigência do pacto republicano-federativo, a Constituição Federal intenta, além disso, estabelecer uma comunicação entre esses entes políticos, fixando competências de tipo concorrente e comum (arts. 23, 24). Na parte do Poder Judiciário notam-se claramente estas interfaces: a União legisla sobre processo (art. 22, I); os Estados organizam

43 *Do recurso extraordinário no direito processual brasileiro*, São Paulo: Revista dos Tribunais, 1963, p. 30.

44 Observações sobre os Tribunais Regionais Federais. In: TEIXEIRA, Sálvio de Figueiredo (coord.). *Recursos no Superior Tribunal de Justiça. São Paulo: Saraiva, 1.991.* p. 299, rodapé n. 4.

suas Justiças (de cuja estrutura se valem os Municípios: art. 125 e § 1º); União e Estados legislam, concorrentemente, acerca de "procedimentos em matéria processual" (art. 24, XI). Focando esse contexto, observa Leonardo Greco: "Estou convencido de que não só a flexibilização dos ritos, mas especialmente a centralização de muitos atos processuais das mãos do juiz para outros sujeitos (auxiliares da Justiça e advogados) e o avanço tecnológico seriam grandemente favorecidos pela transferência da competência legislativa em matéria processual das regras de competência privativa da União (art. 22) para as da competência concorrente (art. 24)".[45]

A tendência legislativa centralizadora ainda prossegue, com a gradativa inserção de novos ramos jurídicos na competência da União, como o aeroespacial e a propaganda comercial (incisos XXVIII e XXIX do art. 22). Adicionando-se a esse contexto os fatores antes lembrados – dimensão continental do território; expressiva população; cultura judiciarista; Corte Superior com atribuições excessivas – é fácil compreender que a propalada *crise do STF*, parafraseando Gabriel Garcia Marques, fora desde sempre a "crônica de uma crise anunciada", porquanto previsível em face do panorama preocupante que se ia descortinando.

Nesse sentido, esclarece José Afonso da Silva: "Partimos do unitarismo para a forma federativa, num processo inverso ao das federações americana e suíça; estas formaram-se da união de Estados soberanos, os quais conferiram, à União, parte de sua competência. No caso do Brasil, o contrário se deu, isto é, o Poder central, único, foi que transferiu, às comunidades regionais, a parcela de poder que, depois, vieram a possuir, constituindo-se em Estados autônomos".[46]

O número excessivo de processos encaminhados ao STF já preocupava juristas como Levi Carneiro nos anos vinte do século passado.[47] A seu turno, Liebman, em conferência pronunciada em 1940, já alertava que, ao contrário do que se passa nos Estados Unidos, entre nós "os Tribunais estaduais aplicam direito federal com frequência muito maior, vale dizer mais precisamente na imensa maioria dos casos. Trata-se, é verdade, de uma diferença de quantidade, conservando-se invariadas as relações de qualidade. Mas os problemas quantitativos têm nos fenômenos sociais muita importância e

45 A reforma do Poder Judiciário e o acesso à Justiça. *Revista Dialética de Direito Processual*, nº 27, jun./2005, p. 75.

46 *Do recurso extraordinário no direito processual brasileiro*, 1963, cit., p. 5

47 Ainda a crise do Supremo Tribunal Federal. *Arquivos do Ministério da Justiça e dos Negócios Interiores*, nº 2, agosto de 1943, p. 2.

sempre acabam por repercutir sobre as soluções jurídicas".[48] A seu turno, José Carlos de Matos Peixoto criticava as "disposições, diffusas e mal articuladas do dec. n. 848 (quão diversas das normas correspondentes, concisas e elegantes da Constituição do Governo Provisório, nas quaes transparece o esmeril de Ruy Barbosa!) moldaram-se também pelo *Judiciary Act*, sem se levar em conta que as prescrições dessa lei, promulgada para um país onde os estados federados legislam sobre direito substantivo, somente poderiam applicar-se ao Brasil, se elles aqui tivessem egual competencia, a menos que se quisesse erigir o Supremo Tribunal em instância de revista, sempre que, interpretando a legislação federal, a justiça dos Estados decidisse contra o direito pleiteado pela parte, com apoio nessa legislação".[49]

Quem se proponha a uma análise comparativa entre os sistemas judiciários de países de culturas jurídicas diversas deve atentar para o risco (ou a tentação!) de se deixar seduzir por cifras ou *performances* meramente aritméticas, ou dados estatísticos envolvendo quantidade de processos, tempo médio de seu trâmite, pautas de audiência, coeficiente de satisfação dos jurisdicionados etc. Isso porque o Direito é um produto cultural, no sentido largo do termo, donde sua realização na *praxis* judiciária vir condicionada por muitos fatores que singularizam cada país, como a filiação a esta ou aquela família jurídica, a densidade populacional, a oferta maior ou menor de meios alternativos ou de equivalentes jurisdicionais, o custo/duração dos processos, a facilitação do acesso à Justiça, a credibilidade social no Judiciário, a tendência da população à resolução consensual ou, então, judiciarista das controvérsias etc.

Assim é que, por exemplo, José Carlos Barbosa Moreira demonstra o equívoco de se supor que a "excessiva duração dos processos é mazela tipicamente brasileira", lembrando que num país de primeiro mundo, como a Itália, a avaliação é de que "é notória e crônica a lentidão da Justiça italiana – motivo, entre outras coisas, de numerosas condenações impostas pela Corte Europeia de Direitos Humanos: só em 2002, consoante informação fidedigna, atingiram elas a cifra de 289"; adiante, a partir de dados da *internet*, reporta o autor que, pelo relatório da *Corte di Cassazione*, na inauguração do ano judiciário de 2006, os processos têm "uma duração média de 35 meses (quase três anos) na primeira instância e de 65 meses (cerca de cinco anos e meio) em grau de apelação". Já na justiça norte-americana, prossegue, fontes confiáveis dão conta de que "em muitos órgãos é necessária uma espera de quatro ou cinco anos

---

48 Perspectivas do recurso extraordinário. *Revista Forense*, vol. LXXXV, janeiro de 1941, p. 601-602.

49 *Recurso extraordinário*, Rio de Janeiro: Freitas Bastos, 1935, p. 108.

para chegar ao julgamento (...), donde os autores fazerem referência ao 'delay of modern American litigation' e à consequente preferência de interessados por novos modelos de composição de conflitos, que se costumam reunir sob a designação de 'Alternative Dispute Resolution' (abreviadamente, ADR)". Ainda sobre a experiência norte-americana, observa o autor que "poucos processos chegam a percorrer todo o itinerário teoricamente previsto: os civis, pela grande frequência de acordos (*settlements*) no curso da tramitação; os penais, pela alta percentagem de soluções também consensuais, resultantes do chamado *plea bargaining*, negociação por força da qual o réu concorda em reconhecer-se culpado, em troca de vantagens proporcionadas pela acusação, como a limitação da denúncia a um dos vários delitos em tese apontáveis, o pedido de aplicação de pena mais branda e assim por diante".[50]

Por aí se compreende que nos Estados Unidos, ao início do século passado Roscoe Pound tenha considerado *impopulares* os procedimentos judiciários, em seu célebre discurso "The causes of popular dissatisfaction with the Administration of Justice" (1906). Os juízes norte-americanos de então, segundo analisara o saudoso Mauro Cappelletti, eram "excessivamente acomodados à concepção 'contenciosa' ou '*adversary*' na solução de conflitos – com procedimentos, por sua vez, demasiadamente formalísticos, lentos e caros (...) para, com sucesso, serem capazes de estender sua função às novas áreas de conflito que estavam se expandindo como mancha de azeite".[51]

Num contraste entre o nosso Supremo Tribunal Federal e a Corte Suprema dos Estados Unidos, é preciso levar em conta que o nosso recurso extraordinário, antes da Constituição de 1988, consentia um manejo demasiadamente expandido, sendo tirado a partir de qualquer acórdão que lobrigasse uma questão federal em sentido largo, abrangendo, pois, o direito federal constitucional e o comum, bastando, para sua admissão, a presença de pressupostos objetivos (prazo, preparo, adequação, prequestionamento) e subjetivos (legitimação, interesse) – no que, portanto, pouco se distinguia dos demais recursos. Esse contexto só depois se alteraria, com o *elemento de contenção* representado pela arguição da relevância da questão federal (EC 01/69, parágrafo único do art. 119; RISTF, art 325: ER 03/75 e 02/85) e, muito depois, com a exigência da *repercussão geral da questão constitucional* (CF vigente, § 3.º do art. 102: EC 45/2004; Lei 11.418/2006), ao passo que

50 Problemas da duração dos processos: premissas para uma discussão séria. *Temas de direito processual*, 9.ª série, São Paulo: Saraiva, 2007, p. 370-371.

51 *Juízes legisladores?*, trad. Carlos Alberto Alvaro de Oliveira, Porto Alegre: Sérgio Antonio Fabris, 1993, reimpressão em 2003, p. 51 e rodapé n. 86.

o *writ of certiorari*, que deflagra a competência recursal da Corte Suprema norte-americana, é de aferição discricionária e reservada.

Sem embargo, ao longo de sua história a *Supreme Court* também sofreu os males do afluxo excessivo de *appeals*, *certioraris* e *writs of errors*, sobretudo após o fim da Guerra da Secessão (1861-1865), levando a que a *mandatory jurisdiction* (jurisdição recursal obrigatória) tivesse que ser refreada em 1925, a partir do *Judges Bill*, idealizado por William Howard Taft, em que se estabeleceu a ampla discricionariedade na admissão do *writ of certiorari*, como vem sumariado por Bruno Dantas Nascimento: "Assim, conforme a lei aprovada em 1925, a jurisdição recursal da Suprema Corte restara preservada tão somente em quatro casos, sendo que apenas nos dois primeiros ela era obrigatória: i) *writ of error*; ii) *writ of appeal*; iii) *writ of certiorari*; iv) *certification of questions*. Ademais disso, houve uma drástica redução do cabimento do *writ of error* e do *writ of appeal*, de modo que em todas as outras hipóteses a jurisdição recursal da Corte se daria por *certiorari* ou *certification of questions*". Com o passar do tempo, mesmo a *judicial discretion* exercida pela Suprema Corte viria a não se revelar suficiente para o manejo da massa de processos, levando a que em 1988 adviesse o *Supreme Court Case Selection Act*, pelo qual, prossegue o autor, "um processo só pode chegar à Suprema Corte através do *certiorari* ou da *certification of questions*".[52]

A propósito, esclarece Ives Gandra da Silva Martins Filho que "o *writ of certiorari* está sujeito ao *discritionary method of review*, pela qual se selecionam os casos que serão realmente julgados. Semanalmente, os juízes realizam uma reunião especial e secreta, denominada 'conference', na sala contígua ao gabinete do Presidente da Corte (*Chief Justice*), na qual elaboram a 'discuss list', dos processos a serem efetivamente apreciados, e a 'dead list', dos processos que a Corte não examinará, que são rejeitados sem maiores considerações (...)".[53]

Já as Cortes Superiores dos países filiados ao *civil law* (primado da norma escrita; direitos codicísticos; família romano-germânica), dado não disporem de análoga *discricionariedade* na escolha dos recursos que lhes são dirigidos, se sujeitam, dizia Mauro Cappelletti, a ficarem "afogadas por grande número de recursos por decidir, daí resultando também o grande número de juízes e a pluralidade das seções". Na sequência, colacionando André Tunc, observava: "É difícil crer que uma corte que produz 35.000 decisões por ano, com uma proporção de 100 decisões por magistrado (como no caso da Corte de

---

52 *Repercussão geral*, 3ª ed. São Paulo: Revista dos Tribunais, 2012, p. 103, 104.

53 Critério de transcendência no recurso de revista – Projeto de Lei 3.267/00, *Revista LTr*, vol. 65, nº 8, ago./2001, p. 908.

Cassação italiana), possa agir com o mesmo cuidado do que um tribunal prolator de 50 decisões, com proporção de 5 por magistrado, como no caso da Grã Bretanha".[54] (Que se dirá, então, de nosso Supremo Tribunal Federal, onde, no ano judiciário de 2017 foram registrados 49.973 processos; distribuídos 102.227; julgados 105.329 casos com decisões terminativas e 21.155 com decisões não terminativas, segundo dados atualizados até 02.08.2018).[55]

Como antes dito, e sem embargo das competências comuns e concorrentes entre União, Estados e Municípios, é notória a extensão e a predominância do direito federal – comum e especial – levando à competência exclusiva da União sobre matérias de transcendente relevância, como os direitos civil, comercial, penal, processual, eleitoral, agrário, marítimo, aeronáutico, espacial e do trabalho (CF, art. 22, I). Por aí se entende tenha o constituinte de 1988 destinado ao então criado STJ – competente para decidir sobre a inteireza positiva, validade, interpretação e autoridade do Direito federal comum – "no *mínimo trinta e três ministros*" (CF, art. 104, caput), em face dos *onze* do STF (art. 101, caput). Essa peculiaridade de nosso Direito Positivo aumenta, enormemente, a virtualidade das controvérsias envolvendo o direito federal, em sentido largo, o que repercute diretamente na sobrecarga do serviço judiciário dos Tribunais da Federação; não admira, por isso mesmo, o notório *déficit* histórico entre processos recebidos e decididos no STF, fenômeno que acabou conhecido como a *crise do Supremo Tribunal Federal.*

Como se sabe, *a quantidade afeta a qualidade*, assim como o *excesso de oferta retroalimenta a demanda*, não havendo como esperar uma resposta judiciária de bom nível num contexto de sobrecarga de processos, observando Ives Gandra da Silva Martins Filho, quanto aos nossos dois Tribunais da Federação, que "as cifras não podem ser vistas como sinal de eficiência na solução de conflitos, na medida em que o volume de causas pendentes de julgamento nessas Cortes é maior ainda do que as já julgadas, e a forma de julgamento, em verdadeira linha de produção, tem comprometido a qualidade das decisões".[56]

A propósito, são expressivos os dados então coligidos pelo Min. Gilmar Mendes, do STF, quanto à movimentação de autos em nossa Corte Suprema: em 1950 foram recebidos 3.091 processos; em 1988, quando entrou em vigor a atual CF, a cifra marcara 21.328; em 2004 o *input* de processos

54 *Juízes legisladores?* cit., p. 118-119 e rodapé 264.

55 Disponível em: cnj.jus.br/wp-content/uploads/2017/06/fd55c3e8cece47d9945bf147a-7a6e985.pdf, com acesso em 13.12.2.019.

56 Critério de transcendência... cit., *Revista LTr*, vol. 65, n. 8, ago. 2001, p. 907.

ascendeu a 83.667 processos. Observava, então, o Ministro: "Recorde-se que o número de processos julgados ou recebidos pela Corte Constitucional alemã entre 1951 e 2002, de 141.712 processos, é equivalente ao número de pleitos que o STF recebe em um ano. Assinale-se que, em períodos de maior crise, a Corte Constitucional alemã jamais recebeu um número superior a 5.911 processos em um mesmo ano". Entre as causas do volume excessivo de processos no STF lembra o Ministro que a maioria dos casos ressuma dos chamados conflitos de massa, envolvendo temas repetitivos (planos econômicos, reajuste de funcionários, revisão de benefícios previdenciários, FGTS, sistema financeiro habitacional). E remata: "No quadro do atual sistema processual, o Supremo Tribunal Federal e as demais instâncias judiciais decidem essas questões de forma singularizada ou individualizada, o que explica a explosão no número de processos. A rigor, temos praticado o controle incidental perante o STF, especialmente o recurso extraordinário, tal como ele foi concebido no início da nossa experiência republicana; não o adaptamos para uma sociedade de massas".[57]

Em verdade, até mesmo por um imperativo lógico, as macrolides não deveriam se pulverizar em demandas seriais que, depois, irão ensejar os recursos repetitivos, responsáveis em larga medida pela sobrecarga dos tribunais. Antes e superiormente, caberia encaminhar esses conflitos de largo espectro para a jurisdição coletiva, muito embora, como já observamos em outra sede, esse sistema processual diferenciado tenha, ao longo do tempo, exibido "deficiências, ora por incompreensões conceituais, ora pelo vezo do trâmite concomitante de ações coletivas com um mesmo objeto, propostas por diferentes colegitimados, ora, enfim, porque – dada a garantia constitucional de acesso à Justiça (CF, art. 5º, XXXV) – o sistema consente que, na pendência da ação coletiva, é possível o ajuizamento da demanda individual concernente ao mesmo thema decidendum (Lei 8.078/90, § 2º do art. 103; art. 104), sem prejuízo do transporte in utilibus, secundum eventum probationis, da coisa julgada coletiva favorável, em prol dos indivíduos que optaram por não ajuizar suas ações ou que as sobrestaram".[58]

Ao propósito, Maria Teresa A. Sadek *et alii*, avaliam a relação entre processos entrados e julgados nos Tribunais do país, especialmente o STJ e o STF, observando que a grandeza dos números sugere, à primeira vista, que

57 Novas perspectivas do recurso extraordinário: a experiência dos Juizados Especiais Federais e sua repercussão sobre o sistema judicial comum. *Repertório de Jurisprudência IOB*, n. 8, 2.ª quinzena de abril de 2005, vol. 3, p. 249.

58 *Incidente de resolução de demandas repetitivas...*, 2ª ed., 2.019, cit., p. 42.

"o Judiciário é um serviço público de primeira grandeza, muito utilizado, apresentando uma tendência de crescimento ainda em seu movimento ascendente". Na sequência, porém, demonstra que essa avaliação é apressada e equivocada: "Tanto a sociedade brasileira não possui esse grau de organização e autonomia quanto o Judiciário não sofreu qualquer reforma que implicasse a abertura de suas portas para a maior parcela da população. Desta forma, a explicação deve ser buscada em outra parte. Ou seja, talvez tenhamos que recolocar o problema, salientando que, mais do que a democratização no acesso ao Judiciário, defrontamo-nos com uma situação paradoxal: a simultaneidade da existência de demandas demais e de demandas de menos; ou, dizendo-o de outra forma, poucos procurando muito e muitos procurando pouco".[59]

A criação do STJ, na CF de 1988, buscara responder aos anseios e preocupações da comunidade jurídica ante as sombrias perspectivas que se delineavam para o STF, caso continuasse a operar como guardião do direito constitucional *e* federal. Já antes o reconhecia Teothônio Negrão, em estudo publicado em 1989: "Atualmente, o STF já não pode mais exercer, em toda a sua plenitude, ambas essas funções, pois vale como reconhecimento de tal fato a circunstância de haver limitado de acordo com o valor das causas, o cabimento do recurso extraordinário. Pode-se ter a certeza de que a situação se agravará muito em futuro bastante próximo". Na sequência, o saudoso jurista lembrava a relação direta entre o advento de novos Códigos (então prospectados) e o aumento da carga de trabalho do STF: "(...) será verdadeiramente assombroso o número de feitos que irão ter à nossa mais alta corporação judiciária. Ora, de duas, uma: ou se aumenta o número de seus juízes, ou se retira do STF a função que não lhe é essencial, que vem a ser a que respeita à uniformização do entendimento do Direito federal".[60]

Como se sabe, prevaleceu na CF de 1988 o segundo desses alvitres. Numa forma (ou tentativa) de atenuar a sobrecarga de processos do STF, repassou-se ao então criado STJ a competência para zelar pela higidez, autoridade, validade e uniformidade exegética do direito federal, comum. Na avaliação de Cândido Rangel Dinamarco, ele "foi instituído em momento de grande desproporção entre a solicitação de serviços e a capacidade de trabalho do Supremo Tribunal Federal. Eram mais de vinte Estados com seus Tribunais

---

59 O Judiciário e a prestação de justiça (estudo em conjunto com Fernão Dias de Lima e José Renato de Campos Araújo). *Acesso à Justiça*, org. Maria Tereza Sadek, disponível na Biblioteca da Faculdade de Filosofia, Ciências e Letras da USP, publ. Konrad Adenauer Stiftung, volume de pesquisas n. 23, p. 39, 40.

60 Uma nova estrutura para o Judiciário, *RT* nº 639, jan./1989, p. 244.

de Justiça e alguns de Alçada, mais o Tribunal Federal de Recursos, mais os tribunais das Justiças Especiais da União, alimentando o Supremo com causas que ali iam ter pela via do recurso extraordinário e agravos de instrumento (afora a competência originária e casos de recursos ordinários). A mais alta Corte do país, então como único órgão de superposição, era manifestamente insuficiente para acolher tanta solicitação".[61]

Frustrando em certa medida as expectativas iniciais, a criação do STJ não repercutiu de modo tão expressivo para a atenuação da crise numérica dos processos encaminhados ao STF, e para isso laboraram algumas concausas: de um lado, a virtualidade da *interposição conjunta* de recurso especial ao STJ e de extraordinário ao STF, nos casos em que no acórdão recorrido (TJ's, TRF's) coexistem questões de extração constitucional e de direito federal comum (*v.g.*, dispositivos do CTN e princípio constitucional tributário) gerando campo propício à incidência do chamado *fundamento suficiente* (Súmulas STF n. 283 e STJ n. 126); de outro lado, a extensão e a complexidade da produção legislativa não raro engendra *zonas cinzentas* ou quando menos uma imbricação entre as competências de ambos os Tribunais da Federação, a ponto de a EC 45/2004 ter feito um *realinhamento* do quadro então existente, repassando ao STF o contraste entre *lei local e lei federal* (alínea *d*, acrescida ao art. 102, III), matéria antes afeta ao STJ.

Enfim, no transplante do modelo norte-americano para o nosso país, não nos demos conta, como assinala Cândido Rangel Dinamarco, de que aquele regime "é diferente do brasileiro e conta com outros remédios que servem para pôr cobro às injustiças mediante acesso à Suprema Corte (p. ex., *writ of certiorari*). A técnica é diferente, com diferentes critérios de distinção entre os variados caminhos".[62]

Em verdade, a propalada boa *performance* da *Supreme Court*, antes acessada pelo *writ of error*, pelo *appeal*, e hoje, precipuamente, pelo *writ of certiorari*, é de ser creditada, menos a uma excepcional capacidade de trabalho dos *Justices* ou à excelência das condições estruturais, e mais a um contexto sócio-jurídico-político-histórico muito diferente do nosso, a engendrar, co-

---

61 Superior Tribunal de Justiça e acesso à ordem jurídica justa. In: TEIXEIRA, Sálvio de Figueiredo (coord.). *Recursos no Superior Tribunal de Justiça* cit., 1991, p. 249. (Notas: (*i*) o art. 4.º da EC 45/2004 extinguiu os Tribunais de Alçada; (*ii*) a competência do Tribunal Federal de Recursos, no realinhamento promovido por essa Emenda, acabou repassada aos cinco Tribunais Regionais Federais então criados).

62 Superior Tribunal de Justiça... cit. In: TEIXEIRA, Sálvio de Figueiredo (coord.). *Recursos no Superior Tribunal de Justiça* cit., p. 251, rodapé n. 6.

mo *externalidade positiva* para a Suprema Corte norte-americana, que um número reduzido de processos – cerca de trezentos por ano – acabe sendo efetivamente julgado. Contexto muito diverso tem se passado entre nós, e por isso, com o passar do tempo, o STF não teve mãos a medir e viu-se engolfado por um volume excessivo de recursos extraordinários que a ele afluíram em número crescente. É o que, aliás, sói ocorrer quando *translados intercontinentais* de modelos jurídicos distintos são feitos sem a devida ponderação sobre as singularidades dos ambientes judiciários, assim do país de origem como do receptor.

No ponto, ressalta José Miguel Garcia Medina uma "consequência importante, que não foi notada quando da importação do modelo norte-americano: considerando que as leis federais, desde a criação do recurso extraordinário, têm, no Brasil, âmbito de incidência muito mais amplo que as leis estaduais, o volume de recursos encaminhados ao Supremo Tribunal Federal atingiria, inexoravelmente, números muito elevados, dificultando sobremaneira a atividade desse Tribunal".[63]

Esse aspecto não escapara à acuidade do saudoso Pedro Lessa, escrevendo ao tempo em que ao STF incumbia o zelo pela inteireza positiva, unidade interpretativa, validade e autoridade, assim do direito constitucional como do federal comum, observando o Ministro que uma diferença entre o nosso recurso extraordinário e o *writ of certiorari* está em que, "competindo pela Constituição norte-americana aos Estados legislar sobre o direito civil, comercial e penal, e sendo essa atribuição entre nós conferida ao Congresso Nacional, maior há de ser necessariamente em nosso país o número de casos em que tal recurso pode e deve ser interposto; pois sua função no Brasil consiste em manter não só a autoridade da Constituição e de algumas leis federais, como a autoridade, e consequentemente a unidade, do direito civil, comercial e penal, em todo território da União. Para os Estados, apenas autônomos, a autoridade do direito substantivo, federal e portanto uno, é intangível; e o meio de fazer respeitar essa legislação material unitária de toda nação é o recurso extraordinário".[64]

Verdade que, como antes assinalado, houve uma importante defecção nas competências do STF com a criação do STJ, ao ensejo da CF de 1988, ficando este encarregado de dar a *ultima ratio* no direito federal comum; mas, com o passar do tempo essa *reengenharia competencial* foi perdendo

63 *O prequestionamento nos recursos extraordinário e especial*, 3. ed., São Paulo: Revista dos Tribunais, 2002, p. 112.

64 *Do Poder Judiciário*, Rio de Janeiro: Francisco Alves, 1915, p. 103-104.

operacionalidade e eficiência: por um lado, não era possível eliminar (ou desconsiderar) a virtualidade de o acórdão provindo do TJ ou do TRF lobrigar a um tempo questão federal *e* constitucional, cada capítulo a desafiar um recurso de tipo excepcional para uma daquelas Cortes; de outro lado, aquela redistribuição da carga judiciária acabou, em boa medida enfraquecida, porque o STF veio a perder, naquela mesma Constituição, o *elemento de contenção* antes representado pela arguição de relevância (EC 01/69, art. 119, parágrafo único), a qual, bem ou mal, servira como um filtro nos recursos extraordinários dirigidos ao STF no interregno 1975 – 1988. Com efeito, era permitido à Corte declarar *irrelevantes* certos temas, a teor do inc. VI do § 5.º art. 328 do RISTF (ER 2/85): "O exame da arguição de relevância *precederá sempre* o julgamento do recurso extraordinário ou do agravo". (Com a EC 45/2004, o STF voltou a contar com um elemento de contenção, agora sob as vestes da "repercussão geral da questão constitucional", que é de ser apresentada em modo de uma preliminar (senão já uma questão prejudicial !) às razões do recurso extraordinário, para ser aferida com exclusividade pelo STF, com vistas ao juízo de admissibilidade do apelo extremo: CF, § 3.º do art. 102; CPC, art. 1.035 e § 1º).

É preciso ainda levar em conta outros fatores que operam como *concausas* para a sobrecarga de processos no STF e STJ: (*i*) a distribuição da massa de processos entre múltiplos órgãos judiciários, reportados a mais de uma *Justiça – Federal*, comum e especializada; *Estadual* – cujas decisões poderão, num determinado momento, desafiar recurso extraordinário (CF, art. 102, III) ou ainda o ordinário constitucional (CF, art. 102, II), sem falar nos incidentes que afluem à competência originária da Corte, como a *reclamação* (CF, art. 102, I, *l*), que agora toma notável impulso, servindo para os casos de recusa imotivada ou aplicação indevida de súmula vinculante – CF, art. 103-A, § 3.º; CPC, art. 988, III, inciso com redação da Lei 13.256/2.016 (*ii*) os conflitos de competência e as ações no controle direto de constitucionalidade (*ADIn, ADCon, ADPF* – CF, art. 102, I, *o*, *p*; art. 102, §§ 1.º e 2.º e art. 103, § 2.º); (*iii*) o fato de nossa Justiça ser, por um lado, *unitária* (nesse sentido de não contar com o Contencioso Administrativo), mas, por outro lado, estar, orgânica e funcionalmente bifurcada entre os planos Federal (comum e especial) e Estadual, um e outro desses ramos produzindo acórdãos virtualmente atacáveis por recurso extraordinário; (*iv*) a reserva, à União, da competência para legislar sobre direito material e processual (CF, art. 22, I), o que tudo acaba por multiplicar as hipóteses em que as lides tangenciarão, ao mesmo tempo, o direito federal comum e a CF, como ocorre nas ações civis públicas que judicializam políticas públicas (*v.g.*, CF, arts. 216, 225; Lei

n. 7.347/85, art. 1.º), ensejando, ao final, acesso ao STF, via recurso extraordinário (art. 102, III; CPC, art. 1.029, incisos e parágrafos) e ao STJ, via recurso especial (CF, art. 105, III); (*v*) as decisões dos Tribunais de cúpula nas áreas trabalhista (TST)[65] e eleitoral (TSE)[66] podem, em princípio, desafiar recurso extraordinário ao STF, porque a competência recursal deste último pressupõe que se trate de *causa decidida* (= definida e esgotada na instância *a quo*) e também porque, se assim não fosse, poderia ocorrer que o TST ou o TSE viessem a conhecer de matéria que *também* tangenciasse questão constitucional, sem que sobre este último aspecto tivesse o STF oportunidade de dar a *ultima ratio*.

Situação peculiar é a possibilidade de o recurso extraordinário ser tirado a partir de decisão de Colégio Recursal nos Juizados Especiais (Súmula STF 640): é que, não comportando tais decisões recurso especial ao STJ – Súmula STJ 203 – poderia dar-se que, dessa forma, uma decisão claramente inconstitucional prolatada naqueles Juizados viesse transitar em julgado sem passar pelo crivo do *guarda da Constituição*. Visto que a esses Juizados, tanto estaduais como federais (Leis 9.099/95 e 10.259/2001), costumam afluir causas plúrimas e repetitivas, haverá ensejo para o trâmite do apelo extremo pelo rito dos recursos repetitivos, aplicável quando "houver multiplicidade de recursos extraordinários ou especiais com fundamento em idêntica questão de direito (...)" (CPC,, art. 1.036, caput), com vistas à afetação de um recurso paradigma, idôneo a receber a decisão-quadro, capaz de parametrizar a resolução dos demais recursos sobrestados na origem (CPC, art. 1.040 e incisos).

Escrevendo ainda ao tempo do CPC/73, Bruno Dantas Nascimento afirmava: "O legislador brasileiro, ao editar os arts. 543-B e 543-C, fez inserir no sistema uma técnica de tutela recursal plurindividual na qual o juízo emitido pelo STJ e pelo STF no recurso-piloto é em linhas gerais um misto entre revisão e cassação e reenvio, com algumas adaptações necessárias para conformar a

---

65 Explica Sérgio Pinto Martins: "As decisões passíveis de recurso extraordinário são as proferidas pela Seção de Dissídios Individuais ou Coletivos e do Pleno do TST, sendo em relação a este último a declaração da constitucionalidade ou não das leis. No processo do trabalho, o recurso extraordinário é interposto contra a última decisão proferida no TST, geralmente de embargos. A Súmula 281 do STF esclarece que 'é inadmissível o recurso extraordinário, quando couber, na Justiça de origem, recurso ordinário da decisão impugnada'" (*Direito processual do trabalho*, 25. ed., São Paulo: Atlas, 2006, p. 453).

66 Súmula STF 728: "É de 3 (três) dias o prazo para a interposição de recurso extraordinário contra decisão do Tribunal Superior Eleitoral, contado, quando for o caso, a partir da publicação do acórdão, na própria sessão de julgamento, nos termos do art. 12 da Lei 6.055/74, que não foi revogado pela Lei 8.950/94".

técnica importada de outros países ao acúmulo de experiência que o nosso sistema tem proporcionado".[67]

É possível entender-se que a expressão "Tribunais da Federação" comporta uma acepção que ultrapassa o circuito STF – STJ, para incluir os demais Tribunais Superiores na linha federal especial. Assim pensa Nelson Rodrigues Netto, embora ressalve não se tratar de similitude perfeita: "O ponto de contato entre o Superior Tribunal de Justiça, o Tribunal Superior do Trabalho e o Tribunal Superior Eleitoral está no fato de todos eles serem *Tribunais da Federação*, Cortes que possuem competência territorial sobre todo o Estado brasileiro".[68]

Presente a premissa de que os Tribunais da Federação devem assentar a exegese dos textos normativos de incidência nacional, compreende-se que o sistema processual preveja um recurso – embargos de divergência – voltado a uniformizar o entendimento ao interno dos órgãos fracionários daquelas Cortes – CPC, art. 1.043, incisos e parágrafos; art. 1.044 e parágrafos - a par de caber recurso especial ao STJ pelo fundamento autônomo da divergência jurisprudencial entre TRF's e TJ's – CF, art. 105, III, *c*. No ponto, disserta Cândido Rangel Dinamarco: "A capilaridade da malha judiciária de um país, desenhada em vasos de menor tomo situados em sua base e em canais gradualmente mais amplos à medida em que se sobe na escala, é responsável pela elevação dos níveis em que as causas e suas questões são apreciadas e, com isso, pela redução dos riscos de dispersão de julgamentos. Não fora o sistema dos órgãos judiciários estruturados em graus, haveria sempre o risco de julgados tão contraditórios que, na prática, o direito substancial nacional seria praticado de modo diferente nas diversas regiões ou até mesmo em cada uma das diversas cidades".[69]

Em suma, pode-se dizer que a crônica *crise do STF* tem como causa necessária (embora não única nem suficiente) o fato do Colendo Tribunal, em que pese apresentar-se como uma *Corte Constitucional* (art. 102, *caput*), na realidade acaba por operar como terceira ou quarta instância, sem falar nas causas e incidentes que compõem sua alentada competência originária, a qual inclui até mesmo o processo e julgamento de ações penais em

---

67 "Tutela recursal plurindividual no Brasil – Formulação, natureza, regime jurídico, efeitos". Tese de doutorado, sob orientação da Prof.ª Teresa Arruda Alvim Wambier, sustentada e aprovada na PUC – São Paulo, em 23.08. 2.013, p. 156, conclusão nº 48.

68 *Interposição conjunta de recurso extraordinário e de recurso especial*, São Paulo: Dialética, 2005, p. 26.

69 A função das Cortes... cit., *in Fundamentos...* cit., 3. ed., t. II, p. 796.

intrincados assuntos políticos, como se deu com o chamado "escândalo do mensalão" (2007) e outros tantos do gênero, a ocuparem, em larga medida, o tempo que, de outro modo, poderia ser empregado no exame de matérias de alta relevância jurídica, com projeção *ultra partes ou mesmo erga omnes*, processos mais afeiçoados ao perfil e à missão de uma Corte Constitucional.

Ao propósito, afirmamos em outra sede: "Embora tanto o STF como o STJ desempenhem tríplice missão – nomofilácica (proteção da higidez técnico-jurídica do ordenamento), dikelógica (preservação da justiça nas decisões) e paradigmática (produção de padrões exegéticos para solução igualitária de controvérsias isomórficas) – constata-se, de tempos a esta parte, que esta última finalidade vem se avantajando, ficando tendencialmente otimizada, com destaque para a súmula vinculante do STF, que se irradia em face dos órgãos judiciais e da Administração Pública (CF, art. 103-A e parágrafos: EC 45/2.004), passando pela prolação de decisões-quadro em processos-piloto afetados pelo STF e pelo STJ como representativos da controvérsia, para solução isonômica de Re's e REsp's repetitivos e massivos (CPC/73, arts. 543-B e C; novo CPC, arts. 1.036-.041), tudo sob a égide da tendencial padronização decisória".[70]

Ao tentar livrar-se, açodadamente, da excessiva carga de processos, entra o STF pelo arriscado atalho do julgamento massivo de recursos extraordinários *em bloco*, ou *por mutirão*, o que sempre engendra o risco de inclusão e julgamento, em meio à pletora de recursos reunidos, de alguns que sejam estranhos ao *thema decidendum*, assim propiciando *error (in iudicando? in procedendo?)*, embora seja dado a qualquer recorrente, cujo processo tenha sido incluído no rol dos sobrestados, demonstrar a "distinção entre a questão a ser decidida no processo e aquela a ser julgada no recurso especial ou extraordinário afetado", com vistas ao "prosseguimento do seu processo" (CPC, § 8º do art. 1.037).

De todo modo, não há negar que uma Corte Constitucional deve ofertar prestação jurisdicional de alta qualidade, em casos singulares e complexos, cujo julgamento produza (também) efeitos externos, ultra partes ou erga omnes, descabendo se deixar seduzir por enganosos critérios *quantitativos*, que alimentam as frias estatísticas da *movimentação dos processos* e da *produção judiciária massiva*.

Dito de outra forma, impenderia não incidir no terrível equívoco de *substituir a crise de quantidade pela crise de qualidade*, deixando-se levar pela

---

70 In SCARPINELLA BUENO, Cassio (coord.), *Comentários ao Código de Processo Civil*, vol. 4, São Paulo: Saraiva, 2.017, nota ao art. 1.029, p. 490.

sedução dos julgamentos massivos, que impressionam pelo aspecto da "desova de processos", mas induzem o risco de julgamentos açodados, porventura carentes de exame acurado e consistente fundamentação. Já no início da implantação da técnica de julgamento em bloco ou por amostragem, lia-se no *Relatório de Atividades do STF*, atinente ao ano de 2007, que em 28 de fevereiro desse ano "foi julgado pelo Plenário o RE 453.740, precedente sobre o assunto 'juros de mora', o que alavancou o julgamento de 4.380 processos referentes ao tema. Em 28 de março o pleno julgou o RE 389.393, sobre 'depósito prévio', que também possibilitou dar vazão a 1.091 processos. O julgamento em bloco se tornou possível após a alteração instituída pelo art. 131 do Regimento Interno do STF".[71]

Interessante observar, sob esse enfoque histórico, o reflexo da exigência da preliminar de *repercussão geral da questão constitucional* (CF, § 3.º do art. 102) no acervo de recursos extraordinários em que aquela questão vinha replicada (CPC/73, art. 543-B): no gráfico então exibido pela Corte, os processos restituídos à origem somaram 348 em 2.007; 11.200 em 2.008; 9.883 em 2.009; 19.950 em 2.010; 24.232 em 2.011; 15.997 em 2.012; 9.813 em 2.013.[72]

Se os objetivos colimados na práxis da justiça de massa é o de *potencializar a eficácia* da resposta jurisdicional e preservar o *tratamento isonômico* devido aos jurisdicionados, poder-se-ia, antes e superiormente, adotar outros alvitres: (*i*) o encaminhamento dos megaconflitos às modalidades de *processo coletivo,* em que a coisa julgada atua *ultra partes* ou *erga omnes*, conforme a espécie – *v.g.*, art. 103 e incisos do CDC); (*ii*) a emissão de *súmula vinculante*, que é obrigatória não só para todos os órgãos judiciais como também para a Administração Pública, e, justamente, preordena-se a pacificar "controvérsia atual entre órgãos judiciários ou entre esses e a administração pública que acarrete grave insegurança jurídica e relevante multiplicação de processos sobre questão idêntica" (CF, § 1.º do art. 103-A); (iii) submissão da questão de direito replicada em muitos processos ao rito do incidente de resolução de demandas repetitivas, idôneo à formulação de uma tese jurídica capaz de parametrizar a decisão isonômica de todos os processos nos quais essa temática venha replicada (CPC, art. 985 e incisos).

Já a técnica de julgamento em bloco de RE's e REsp's repetitivos, conquanto impressione em termos *quantitativos*, pode, se não for bem manejada,

71 V. o sítio [www.stf.gov.br/arquivo/cms/principalDestaque/anexo/relativo 2007.pdf.], p. 21, acesso em: 04.01.2008.

72 Disponível em: [www.stf.jus.br/portal/cms/verTexto.asp?servico=jurisprudenciaRepercussaoGeral&pagina=numeroRepercussao]. Acesso em: 02.10.2013.

converter-se em *parte do problema*, agudizando-o, conforme alerta de Bruno Dantas Nascimento: "(...) é opinião comum entre estudiosos e operadores do direito que o STJ e, em menor medida, o STF não vem dedicando à seleção do recurso-piloto, representativo da controvérsia jurídica, a atenção que a nova técnica exige para ser aplicada com correção e legitimidade. Tanto é assim que o CNJ externou preocupação com a seleção dos recursos representativos de controvérsia e a gestão das demandas que ficam sobrestadas nos tribunais de origem. Na qualidade de conselheiro do CNJ, apresentei, e o Plenário aprovou à unanimidade, a Resolução 160/2012, que determinou que todos os tribunais do país criassem um 'Núcleo de Repercussão Geral e Recursos Repetitivos' (NURER), vinculado à autoridade responsável pela realização do juízo de admissibilidade dos recursos especiais e extraordinários de cada tribunal".[73]

A seu turno, Patrícia Miranda Pizzol, após cotejar a eficiência das técnicas de padronização decisória em face do que se poderia obter com o correto manejo do processo coletivo, conclui pela supremacia deste: "é o ambiente adequado para discussão das questões jurídicas relevantes para a sociedade, permitindo que a solução dos conflitos transindividuais seja obtida de modo democrático e legítimo, com a participação da sociedade (especialmente por intermédio de seus representantes adequados) e a cooperação dos sujeitos do processo".[74]

3.A) A objetivação do recurso extraordinário.

O sentido substancial do *devido processo legal* (CF, art. 5.º, LV: "contraditório e ampla defesa com os meios e recursos a ela inerentes") abrange, *pour cause*, as *possibilidades impugnativas*: recursos, indicados em *numerus clausus* no art. 994 e incisos do CPC, e ações autônomas de impugnação, *v.g.*, embargos de terceiro, mandado de segurança, ação rescisória. Enquanto a *defesa* (contestação, exceções substanciais e preliminares processuais, reconvenção) apresenta um caráter que no âmbito penal é absoluto, vindo um tanto relativizado no cível, já os *recursos* contra as decisões proferidas no processo submetem-se a um regime próprio:

(*i*) são *facultativos*, nesse sentido de que sua falta não compromete a higidez do ato decisório, nem da relação processual como um todo, acarre-

---

73 Tese de doutorado citada, PUC – São Paulo, 2.013, p. 122, 123. (Nota: v. o sítio [www.cnj.jus.br/atos-administrativos/atos-da-presidencia/resolucoespresidencia/21725-resolucao-n-160-de-19-de-outubro-de-2012]).

74. *Tutela coletiva – processo coletivo e técnicas de padronização das decisões*, São Paulo: Thomson Reuters-Revisa dos Tribunais, 2.020, p. 664.

tando tão só um determinado ônus, consistente em algum tipo de preclusão – temporal, lógica, consumativa –, podendo chegar à formação de coisa julgada material, se a sentença ou acórdão impugnados tiverem resolvido o mérito. Por exemplo, havendo no acórdão recorrível matéria de direito federal comum e questão constitucional, a só oferta do recurso especial ao STJ faz precluir, consumativamente, a possibilidade de recurso extraordinário ao STF, a teor da Súmula STJ 126: "É inadmissível recurso especial, quando o acórdão recorrido assenta em fundamentos constitucional e infraconstitucional, qualquer deles suficiente por si só, para mantê-lo, e a parte vencida não manifesta recurso extraordinário", enunciado cuja contra-face encontra-se na súmula 283 do STF;

(*ii*) enquanto os recursos de tipo comum, máxime a apelação, apresentam largo âmbito de devolutividade, empolgando a matéria de fato e de direito (inclusive as questões não decididas, por força do chamado *efeito translativo*: CPC, art. 1.013 e § 1º), já os recursos de tipo excepcional (revista trabalhista ao TST; recurso especial ao STJ; recurso extraordinário ao STF) são de estrito direito, o que restringe consideravelmente o juízo de admissibilidade no Tribunal *ad* quem, ainda que hoje se exijam quesitos adicionais e prejudiciais, tais a demonstração da *repercussão geral da questão constitucional*, para o recurso extraordinário (CF, § 3.º do art. 102) e a "transcendência com relação aos reflexos gerais de natureza econômica, política, social ou jurídica", para a revista trabalhista ao TST (CLT, art. 896-A).

À força de ser reiterado, tornou-se clássico o conceito de *recurso*, proposto por José Carlos Barbosa Moreira: "O remédio voluntário idôneo a ensejar, dentro do mesmo processo, a reforma, a invalidação, o esclarecimento ou a integração de decisão judicial que se impugna". Aponta ainda o autor a distinção entre *recursos* e *ações impugnativas autônomas*, nisso que "os remédios da segunda classe se dirigem contra decisões *já transitadas em julgado*, ao passo que os da primeira são exercitáveis, precisamente antes de formada a *res iudicata*, com o efeito precípuo de impedi-la".[75]

De fato, recursos e ações autônomas de impugnação apresentam como núcleo comum o fato de virem previstas taxativamente no ordenamento positivo (CPC, arts. 994 e incisos; 966 e incisos) e de objetivarem *infringir*,[76]

75 *Comentários ao Código de Processo Civil*, 16. ed., Rio de Janeiro: Forense, 2012, vol. 5, p. 230, 233.

76 Caso singular é o dos *embargos de declaração* que, posto elencados no rol dos recursos (CPC, art. 994, IV), em regra não têm caráter infringente, e sim de *integração* da decisão; nada obstante, podem, excepcionalmente, ganhar caráter *modificativo*, quando manejados ao argumento de suprir *ponto omisso* na decisão atacada. Podem, ainda,

em maior ou menor intensidade, uma dada decisão judicial; já o discrímen reside em que as ações impugnativas implicam a formação de *nova* relação processual, ao passo que os recursos são manejados no bojo do *próprio processo* em que proferida a decisão atacada, assim acarretando o protraimento, a um ponto futuro, do desfecho da demanda. Nery & Nery trazem, ainda, outras precisões: "Além dos relacionados no CPC 994, há outros recursos existentes no sistema de leis extravagantes (*v.g.*, LR, LJE, LEF, LMS e ECA). Não são recursos: remessa necessária (CPC 496); correição parcial; pedido de reconsideração; MS para dar efeito suspensivo a recurso; ação rescisória; reclamação".[77]

Podem os recursos distinguir-se em: (*i*) de *tipo comum*, que reclamam a condição de sucumbente ou de prejudicado por uma decisão judicial (CPC, art. 996 e § único), máxime a apelação, por sua ampla devolutividade, abrangendo a reinterpretação do direito e a reapreciação das provas (CPC, art. 1.013 e §§); e (*ii*) de *tipo excepcional*, ou de estrito direito, os quais reclamam a *sucumbência e um plus*, a saber, a subsunção da quaestio iuris a algum topos da Constituição Federal ou do direito federal comum, como se dá, nessa ordem, com os recursos *extraordinário*, endereçado ao STF (CF, art. 102, III) e especial, dirigido ao STJ (CF, art. 105, III). A par dos pressupostos gerais de admissibilidade – tempestividade, preparo, adequação, legitimação, interesse – o RE e o REsp reclamam ainda atendimento ao *prequestionamento*, posto só caberem de *causa decidida*, assim exigindo que o Tribunal *a quo* tenha expressamente se pronunciado sobre a indigitada *quaestio juris*, o que bem se compreende porque, de outro modo, a matéria viria examinada em modo pioneiro pelo Tribunal *ad quem*, que então deixaria de operar como instância de *revisão*.

Conquanto o *extraordinário*, como espécie do gênero "recurso", objetive, naturalmente, melhorar a situação processual de quem o promove, na verdade ele é preordenado a mais de uma finalidade, e isso possibilita ao STF exercer *mais de uma* missão institucional: (*i*) a revisão (*error in iudicando*) ou mesmo a cassação (*error in procedendo*) de decisões das Justiças estaduais e das federais nas linhas comum e especial, desde que se trate de *causa decidida*

servir ao propósito do *prequestionamento*, necessário ao conhecimento do RE e do REsp. Nesse sentido, a Súmula 98 do STJ: "Embargos de declaração manifestados com notório propósito de prequestionamento não têm caráter protelatório", enunciado cuja *ratio* aparece recepcionada no art. 1.025 do vigente CPC.

77 *Comentários ao Código de Processo Civil – novo CPC – Lei 13.105/2.015*, São Paulo: Thomson Reuters-Revista dos Tribunais, 2.015, nota nº 2 ao art. 994, p. 2.002.

(instâncias esgotadas ou instância única) em que tenha sido *prequestionada* a querela constitucional (Súmulas STF 282 e 356); (*ii*) a expansão da carga eficacial – objetiva e subjetiva – de suas decisões de mérito, qualidade agora reforçada pelo fato de a admissibilidade do recurso extraordinário depender (também) do atendimento ao quesito da "repercussão geral da questão constitucional" (§ 3.º do art. 102 da CF; CPC, art. 1.035, § 1º), em simetria com o que se espera de uma *Corte Constitucional*, não vocacionada a atuar como terceira ou quarta instância; (*iii*) a consecução, *a um tempo*, de dois desideratos: o primeiro, de ordem pública, consistente na preservação da inteireza positiva do texto constitucional e na uniformidade de sua interpretação, para fim de aplicação isonômica aos jurisdicionados, ao largo e ao longo do território nacional;[78] o segundo, de interesse do recorrente, consistente no *efeito substitutivo* do recurso extraordinário, derrogatório do acórdão recorrido, ensejando que o STF decida a causa, *aplicando o direito à espécie* – Súmula 456; CPC, art. 1.034, *caput*.

Note-se que esses planos também interagem no *julgamento por amostragem* do Re e REsp repetitivos (CPC, arts. 1.036-1.041), como explicamos em outra sede: "Trata-se de uma aplicação da tendencial padronização decisória, com que se tenta agilizar os trâmites e amenizar o excessivo afluxo de recursos extraordinários e especiais envolvendo conflitos de massa, buscando-se ainda, com isso, alcançar o devido tratamento isonômico aos jurisdicionados".[79]

Registre-se que o RE (assim como o REsp) pode ainda servir para efetivar *tutelas de urgência*, ao nível cautelar ou de antecipação de tutela. A primeira delas está positivada no art. 5.º, XXXV, da CF, onde se assegura o acesso à Justiça, tanto das lesões sofridas como das *temidas*, ou seja, tanto os danos consumados como os virtuais ou iminentes. A tutela cautelar se insere nas atribuições do Relator (RISTF, art. 12, VIII, c/c art. 21, IV; RISTJ, art. 21, XIII, *c*, c/c art. 34, V e VI), que pode decidir de plano, *ad referendum* do Pleno, em homenagem ao princípio da *colegialidade*. Já as antecipações de tutela (CPC, arts. 303-310), embora se preordenem, de ordinário, à fase postulatória do

---

78 Por isso, Theotônio Negrão, nos idos de 1974, escrevera: "Em nosso sistema constitucional tem dupla função o STF (impropriamente denominado Supremo Tribunal Federal, porque, sendo órgão de cúpula de toda Justiça nacional, tanto especial como comum, esta dividida em federal e estadual, não pode ser denominado Federal; será, isto sim, Nacional): ou é o supremo intérprete da Constituição Federal; ou declara o exato entendimento da lei federal" (Uma nova estrutura para o Judiciário, *RT* nº 639, jan./1989, p. 244).

79 In SCARPINELLA BUENO, Cassio (coord.), *Comentários ao Código de Processo Civil*, vol. 4, 2.017, cit., nota ao art. 1.036, p. 549.

processo em primeiro grau, nada impede que venham pleiteadas na fase recursal, se a antecipação de todos ou alguns dos efeitos pretendidos apresenta-se justificada ou necessária na espécie (CPC, art. 932, II). Assim, incluem-se entre as competências do STF e do STJ a efetivação das medidas de urgência, no plano da chamada tutela provisória (CPC, arts. 294-310).

A recorrente afirmação de que o RE e o REsp se destinam, *precípua e prioritariamente*, a resguardar o interesse público – a que as decisões judiciais guardem conformidade ao texto constitucional – e, apenas *reflexa ou secundariamente*, a dirimir o conflito intersubjetivo, deve ser vista com algum temperamento. Com efeito, aquela afirmação precisa ser entendida em sintonia com o quesito do interesse em recorrer – pressuposto geral de admissibilidade dos recursos – e que deriva, em fim de contas, do *fato objetivo da derrota* infligida pelo julgado recorrido. Tal ocorrência processual, que repercute no plano material, é que motiva a parte vencida (CPC, art. 996 e § único) a buscar, na instância recursal, o que não obtivera no grau judiciário precedente, ou a atenuar, em qualquer modo, a situação de prejuízo em que se encontra: sucumbência total ou parcial.

Verdade que o Ministério Público, quando oficia como *custos legis*, pode pugnar pelo acolhimento do recurso *no interesse da lei*, como se passa no ordenamento italiano, no qual o art. 363 do CPC italiano prevê um recurso com tal finalidade, mas seu escopo, explica Enrico Tullio Liebman, é "soltanto quello di censurare una sentenza che il massimo organo del pubblico ministero ritiene contrario alla legge ed eliminare così un precedente che potrebbe essere fuorviante per la giurisprudenza",[80] o que coloca tal impugnação num plano muito diverso daquele do nosso recurso extraordinário. Entre nós, o recurso extraordinário desempenha, claramente, dupla função – *nomofilácica e dikelógica* –, como deflui da leitura atenta da Súmula 456 do STF: "O Supremo Tribunal Federal, conhecendo do recurso extraordinário [*isto é, avaliando positivamente sua conformação aos quesitos de admissibilidade fixados na CF*], julgará a causa aplicando o direito à espécie", a saber: *proverá ou desproverá o recurso (em seu mérito), dando a cada um o que é seu*. Nessa mesma linha se coloca o § 5º do art. 255 do RISTJ, incluído pela ER 24/2.016.

Também não resulta convincente ou suficiente em ordem a explicar a natureza de nosso recurso extraordinário a perquirição de possível analogia com remédios recursais existentes no processo norte-americano (*writ of error; appeal; writ of certiorari*), aproximação que, segundo Cândido Rangel Dinamarco, revela-se "insuficiente para demonstrar a indiferença ético-de-

80 *Manuale di diritto processuale civile*, Milão: Giuffrè, 1981, t. II, n. 336, p. 333.

ontológica do recurso extraordinário, até mesmo porque o sistema norte-americano é diferente do brasileiro e conta com outros remédios que servem para pôr cobro às injustiças mediante acesso à Suprema Corte (p. ex., *writ of certiorari*). A técnica é diferente, com diferentes critérios de distinção entre os variados caminhos". E mais adiante, remata: "O recurso extraordinário era, como é, ligado aos objetivos dos recursos em geral, ou seja, (a) preservar a ordem jurídica em sua autoridade e unidade de interpretação, mas também (b) servir de canal para as insatisfações e inconformismos e, portanto, meio instrumental da justiça".[81]

Sem embargo de poder servir ao escopo almejado pelo recorrente, isto é, de melhorar sua posição processual mediante reforma (ou cassação) do acórdão recorrido, não há negar que o recurso extraordinário vocaciona-se num primeiro momento a escopo de maior amplitude, qual seja, o de possibilitar à Colenda Corte zelar pela inteireza positiva, validade, autoridade e uniformidade interpretativa do texto constitucional, em simetria com sua elevada missão de *guarda da Constituição* (CF, art. 102, *caput*), e objetivando, ainda, o tratamento isonômico aos jurisdicionados, e aqui já se delineia a terceira função das Cortes Superiores: a *paradigmática*, ou seja, a emissão de *súmulas* e *decisões - quadro*, capazes de parametrizar o desfecho dos muitos recursos coalizados pela identidade da questão jurídica debatida e sobrestados nos tribunais de origem (CPC, art. 1.040, I).

Esse desejável tratamento igualitário pode ser efetivado: (*i*) pela técnica do recurso extraordinário *por amostragem*, em ordem à aferição da *repercussão geral da questão constitucional*, quando se registre "multiplicidade de recursos extraordinários (...) com fundamento em idêntica questão de direito" (CPC, art. 1.036, caput), já que a avaliação do STF no processo afetado como paradigma será, na sequência, estendida aos processos análogos, repetitivos, que ficaram sobrestados nas instâncias de origem (CPC, art. 1.040, I); (*ii*) pela chamada *objetivação do recurso extraordinário*, técnica cujo prestígio remete a um *leading case* no qual o STF concedera efeito suspensivo ao RE interposto pela Caixa Econômica Federal ainda ao tempo do CPC/73, envolvendo, como consta do despacho da relatora, Min. Ellen Gracie, o "maior acordo do mundo" (milhões de correntistas do FGTS), autorizado pela LC 110/2001, pelo qual eles poderiam renunciar aos juros remuneratórios a partir de 10.07.2001, ficando apenas com a atualização pelo índice da *TR* em suas contas. O STF concedeu liminar na medida cautelar interposta para imprimir efeito sus-

81 Superior Tribunal de Justiça e acesso à ordem jurídica justa. In: TEIXEIRA, Sálvio de Figueiredo (coord.). *Recursos no...* cit., p. 251-252.

pensivo ao RE, nos termos do despacho da Min. relatora, que determinara "a suspensão na origem, até o advento do pronunciamento da Corte sobre a matéria, de todos os processos ora em tramitação perante os Juizados Especiais e Turmas Recursais da Seção Judiciária Federal do Estado do Rio de Janeiro, nos quais se discuta desconsideração, como ato jurídico perfeito, de acordos comprovadamente firmados, decorrentes do termo de adesão previsto na LC 110/2001, o que faço com base no recém editado inciso I do § 5.º do art. 321 do Regimento Interno desta Casa" (despacho de 30.06.2004).

Tempos depois (maio/2007), esse pronunciamento do STF acabaria recepcionado na *Súmula vinculante* nº 1: "Ofende a garantia constitucional do ato jurídico perfeito a decisão que, sem ponderar as circunstâncias do caso concreto, desconsiderar a validez e a eficácia de acordo constante do termo de adesão instituído pela Lei Complementar 110/2001". (Precedentes: RE 418.918, rel. Min. Ellen Gracie, *DJ* 1.º.07.2005; RE (AgR-ED) 427.801, Rel. Min. Sepúlveda Pertence, *DJ* 02.12.2005; RE (AgR) 431.363, rel. Min. Gilmar Mendes, *DJ* 16.12.2005). Ao propósito, tenha-se presente que a súmula vinculante do STF é de aplicação obrigatória para todos os órgãos judiciais do país e pela Administração Pública direta e indireta, federal, estadual e municipal (CF, § 3º do art. 103-A); bem por isso, o descumprimento de súmula vinculante – entenda-se: recusa imotivada/inconsistente; aplicação indevida/equivocada – posta como fundamento de recurso extraordinário, configura presunção legal de *repercussão geral da questão constitucional*, para fins de admissibilidade desse apelo extremo (CPC, § 3º, I, do art. 1.035, interpretado *a fortiori*).

A propósito da liminar concedida pelo STF na medida cautelar antes referida, Eduardo Lamy avaliara que "o atual crescimento da importância da jurisprudência do STF na aplicação e interpretação do direito no Brasil, que após a inserção da súmula vinculante deixou de ser apenas modelar, passa pelo reconhecimento da existência de um interesse social que transcende o interesse das partes e que, de certa forma, justifica, inclusive, o não cabimento do recurso extraordinário nas causas em que este não se faça presente; justifica – juntamente do eterno argumento da diminuição do número de recursos a serem julgados – a necessidade da chamada 'repercussão geral', sem a qual o recurso extraordinário poderá não ser conhecido, nos termos do § 3.º do art. 102 da CF".[82]

82 Repercussão geral no recurso extraordinário: a volta da arguição de relevância? In: WAMBIER, Teresa Arruda Alvim *et al.* (coord.). *Reforma do Judiciário*, São Paulo: Revista dos Tribunais, 2.005, p. 173-174.

Observe-se ainda que a técnica da *objetivação* estende-se ao recurso extraordinário tirado de decisão nos Juizados Especiais (arts. 14, § 5.º e 15 da Lei 10.259/2001), como se colhe do parágrafo único do art. 328 do RISTF, cf. ER 21/2007: "Quando se verificar subida ou distribuição de múltiplos recursos com fundamento em idêntica controvérsia, a Presidência do Tribunal ou o(a) Relator(a) selecionará um ou mais representativos da questão e determinará a devolução dos demais aos tribunais ou turmas de juizado especial de origem, para aplicação dos parágrafos do art. 543-B do Código de Processo Civil".

O Min. Gilmar Mendes, do STF, avalia positivamente a evolução do recurso extraordinário rumo à sua *objetivação*, por modo que a sua carga eficacial se expanda para além do âmbito restrito das partes, independentemente da intervenção do Senado (CF, art. 52, X): "No plano do controle incidental, é possível que a Lei 10.259/2001 constitua a primeira tentativa clara de ruptura com o paradigma individualista e irracional que caracterizava o recurso extraordinário de feição tradicional". Observa ainda que essa lei, ao autorizar "o relator a conceder liminar para suspender, de ofício ou a requerimento do interessado, a tramitação dos processos que versem sobre idêntica controvérsia constitucional" (...) assemelha-se "ao estabelecido no art. 21 da Lei 9.868/99, que prevê a cautelar na ação declaratória de constitucionalidade, e no art. 5.º da Lei 9.882/99, que autoriza a cautelar em sede de arguição de descumprimento de preceito fundamental".

Destaca ainda o Ministro Mendes a modernidade da legislação em causa, nisso que, afinando-se com tendência contemporânea, recepciona a figura do *amicus curiae* (Lei 9.868/99 arts. 7.º e 18; Lei 9.882/99, art. 6.º, § 1.º). Para mais, esclarece que o STF já está promovendo a suspensão liminar dos processos repetitivos, retidos nos Juizados Especiais (RE 376.852-SC, de sua relatoria, matéria previdenciária, *DJ* 24.10.2003; AC 272 MC/RJ, rel. Min. Ellen Gracie, matéria alusiva ao FGTS, *DJ* 14.10.2004), justificando que, em tais casos "estavam presentes os requisitos viabilizadores da concessão da liminar, pois, enquanto o *periculum in mora* decorreria do efeito multiplicador de demandas similares com considerável sobrecarga da máquina judiciária, tendo em conta o fato de que cerca de 32 milhões de correntistas do FGTS tinham aderido ao acordo nos termos da LC n. 110/2001, o *fumus boni juris*, por sua vez, restaria configurado com a conjugação dos pressupostos de existência de juízo positivo de admissibilidade do recurso extraordinário, de viabilidade deste e da plausibilidade jurídica do pedido". Para o Min. Gilmar Mendes, a Lei n. 10.259/2001 "traduz, sem dúvida, um avanço na concepção vetusta que tem caracterizado o recurso extraordinário entre nós. Esse instrumento deixa de ter caráter marcadamente subjetivo ou de defesa de interesse das partes para assumir, de forma decisiva, a função de defesa da ordem constitucional objetiva. Trata-se de orientação que os modernos sistemas de Corte Constitucional vêm conferindo ao recurso de amparo e ao recurso constitucional (*Verfassungsbeschwerde*). Nesse sentido, destaca-se a observação de Häberle, segundo a qual 'a função da Constituição na proteção dos direitos individuais (subjetivos) é apenas uma faceta do recurso de amparo', dotado de uma 'dupla função', subjetiva e objetiva, 'consistindo esta última em assegurar o Direito Constitucional objetivo'".[83]

Ao tempo em que tramitava o PL 1.343/2003, fonte dos arts. 543-A e 543-B do CPC/73, o mesmo Min. Gilmar Mendes assim avaliava a questão: "Começa-se a emprestar um perfil objetivo ao recurso extraordinário, especialmente àquele incidente sobre questões de massa, que tornará dispensável a ocupação do Tribunal com dezenas de milhares de recursos idênticos, dando ensejo a que tais matérias sejam decididas, em um *leading case*, com a participação dos demais interessados. É possível que a nova fórmula possa contribuir, decisivamente, para superar as crises numérica e temporal que acometem o processo decisório em matéria constitucional".[84]

Uma sorte de *objetivação* pode ser também aplicada aos *recursos especiais* massivos e repetitivos, direcionados ao STJ (CF, art. 105, III), imprimindo-se-lhes um manejo *em bloco*, mediante a seleção, nos TJ's e TRF's de um ou mais recursos representativos da *questio iuris* discutida (CPC, art.1.036, caput). Ao propósito da expressão "idêntica questão de direito", constante deste último dispositivo, posicionou-se o STJ no § 1º do art. 257 de seu Regimento Interno, dispondo que a seleção, no tribunal de origem, do recurso representativo da controvérsia levará em conta, "preferencialmente: I – a maior diversidade de fundamentos constantes do acórdão e dos argumentos do recurso especial; II – a questão de mérito que puder tornar prejudicadas outras questões suscitadas no recurso; II – a divergência, se existente, entre órgãos julgadores do Tribunal de origem, caso em que deverá ser observada a representação de todas as teses em confronto" (dispositivos incluídos pela ER 24/2.016).

Sem embargo da clara intenção de reduzir a crise numérica de processos nas Cortes Superiores, pode-se obtemperar que o tratamento processual *massivo* de recursos de estrito direito, por um lado, não está em exata consonância com as elevadas e precípuas atribuições de uma Corte Constitucional, ou mesmo dos *Tribunais da Federação* e, de outro lado, esse julgamento *em*

83 Novas perspectivas do recurso extraordinário... cit., *Repertório de Jurisprudência IOB*, n. 8, vol. 3, 2.ª quinzena de abril de 2005, p. 247-249.

84 Idem, ibidem, p. 246.

bloco induz o risco de inserção, no rol dos processos reunidos, de recursos porventura estranhos ao *thema decidendum*. Esse temor já se faz sentir na classe dos advogados, ao que se colhe de matéria publicada no boletim *Valor Econômico*, de 14.01.2008: "O julgamento de ações em massa no Supremo, ainda que reconhecido como uma saída para o excesso de processos na corte gera apreensão entre advogados diante do risco de jogar na vala comum casos com peculiaridades ou aspectos processuais próprios".[85]

Preferivelmente a um julgamento *em massa* de recursos extraordinários – que implica em *lidar com a consequência* e não com a causa –, a melhor técnica sinalizaria, antes e superiormente, para *outros caminhos e outras condutas*: (*i*) a *prevenção* da formação de lides múltiplas e repetitivas através da propositura de um só *processo coletivo* – ADIn, ADCon, ADPF, Mandado de segurança e de Injunção coletivos, ação civil pública, ação popular, ações coletivas consumeristas – o que ensejaria uma resposta judiciária unitária, de projeção expandida, oportunamente revestida de uma coisa julgada igualmente otimizada, com efeito vinculante (sentido vertical) e eficácia *erga omnes* (sentido horizontal): CF, § 2.º do art. 102; Lei 9.882/99, § 3.º do art. 10; Lei 7.347/85, art. 16; Lei 4.717/75, art. 18; CDC, art. 103 e incisos; (*ii*) a releitura, contextualizada e atualizada, da eficácia do controle difuso ou incidental de constitucionalidade, no bojo do recurso extraordinário, a qual não mais pode restar confinada ao recorrente e recorrido, sob pena de apequenar a dimensão do julgado do STF e de infligir tratamento anti-isonômico aos demais jurisdicionados, cabendo antes se entender que a declaração de inconstitucionalidade de uma norma legal ou de um ato de Poder Público, por apresentar caráter *unitário e incindível*, não comporta redução em seu espectro subjetivo;[86] (*iii*) a expansão extra-autos dessa declaração não tem mais por que ficar na dependência da intervenção – *incertus quando* – do Senado (CF, art. 52, X), cabendo, de *iure condendo*, rever-se esse procedimento, até porque, *substancialmente*, não há diferença entre os controles no âmbito concreto / incidental e abstrato/concentrado.

A mantença do *statu quo* nessa matéria contribui, ao ver de José Afonso da Silva, "para o desrespeito ao princípio da igualdade perante a Justiça". (...) "O leigo realmente não pode compreender uma coisa dessas, e há de ficar

85 A propósito, v. Patrícia Miranda Pizzol, *Tutela coletiva*..., cit., 2.019, p. 664.

86. Um *encaminhamento* nesse sentido pode ser vislumbrado no § único do art. 949 do vigente CPC, ao dispor: "Os órgãos fracionários dos tribunais *não submeterão* ao plenário ou ao órgão especial a arguição de inconstitucionalidade quando já houver pronunciamento destes ou do plenário do Supremo Tribunal Federal sobre a questão".

indagando pelo resto da vida: como que o primeiro demandante teve ganho de causa com a declaração da inconstitucionalidade da lei, julgada assim inaplicável ao caso concreto, enquanto o segundo perdeu a causa exatamente porque foi aplicada a mesma lei ao seu caso?...”[87] No mesmo diapasão, pondera Gilmar Mendes: “De qualquer sorte, a natureza idêntica do controle de constitucionalidade, quanto às suas finalidades e aos procedimentos comuns dominantes para os modelos difuso e concentrado, não mais parece legitimar a distinção quanto aos efeitos das decisões proferidas no controle direto e no controle incidental”.[88]

O controle difuso de constitucionalidade de leis e atos normativos toma um matiz especial quando é feito no bojo de ação de tipo coletivo, em particular a *ação civil pública*. O elemento complicador reside em que a coisa julgada coletiva projeta efeitos *erga omnes* (art. 16 da Lei 7.347/85), assim se aproximando, em termos de eficácia prática, ao regime das decisões de mérito do STF nas *ADIns* e *ADCons* (CF, § 2.º do art. 102). Focando tal particularidade, dispunha o PL 5.139/2009, então voltado a regular a nova ação civil pública “A análise da constitucionalidade ou inconstitucionalidade de lei ou ato normativo poderá ser arguida incidentalmente, como questão prejudicial, pela via do controle difuso” (§ 2.º do art. 2.º);[89] vale dizer: a querela constitucional ali não poderia ser deduzida *principaliter*. Ao propósito, obtempera Antonio Gidi: “Com forma de estabelecer um compromisso político que assegure a constitucionalidade da legislação, pode ser conveniente condicionar a eficácia da sentença coletiva em casos envolvendo a declaração difusa de inconstitucionalidade de uma lei a um ‘recurso extraordinário necessário’. Tal dispositivo asseguraria o controle pelo Supremo Tribunal Federal. Essa solução parece ser superior e mais consentânea com a nossa tradição jurídica do que aquela aventada por Gilmar Mendes, de suprimir o controle difuso e remeter a questão constitucional ao STF”.[90]

---

87 Tribunais constitucionais e jurisdição constitucional. *Revista Brasileira de Estudos Políticos*, nºs. 60-61, jan./jul. 1985, p. 516-517.

88 O papel do Senado Federal no controle de constitucionalidade: um caso clássico de mutação constitucional. *Revista de Informação Legislativa*, nº 162, abr./jun. 2004, p. 164. *Contra*, com veementes argumentos, v. Nery & Nery. *Constituição Federal comentada e legislação constitucional*, 3. ed. São Paulo: Revista dos Tribunais, 2012, notas 13-17 ao art. 102, X, p. 501-505.

89 Dito projeto acabou arquivado na Comissão de Constituição, Justiça e Cidadania da Câmara Federal.

90 *Rumo a um Código de Processo Civil Coletivo – a codificação das ações coletivas no Brasil*, Rio de Janeiro: Forense, 2008, p. 424, 425. (O estudo do Min. Gilmar Mendes, mencionado

Tenha-se ainda presente que a presunção legal de *repercussão geral da questão constitucional*, quando o fundamento do recurso extraordinário reside em contrariedade à "súmula ou jurisprudência dominante do Supremo Tribunal Federal" (CPC, § 3º, I do art. 1.035), representa, em nosso ordenamento: (*i*) a *objetivação* do recurso extraordinário, porque o julgamento do mérito do recurso se expandirá pelos campos econômico, político, social ou jurídico, em simetria com a eficácia panprocessual do direito sumular (v.g., CPC, art. 332, I); (*ii*) a *aproximação* entre os modelos difuso e concentrado, porque, embora a decisão do STF se dê no âmbito do conflito intersubjetivo, ela acabará projetando eficácia expandida, à semelhança do que ocorre nos julgamentos de mérito em *ADIn* e *ADCon* (CF, § 2º do art. 102: EC 45/2004). Isso, principalmente, quando o STF orientar seu entendimento no sentido de que certo tema *não* se reveste de repercussão geral, avaliação essa que passa a valer "para todos os recursos sobre questão idêntica" (RISTF, art. 326, redação da ER 21/2007).

3.B) A tríplice função: nomofilácica – dikelógica – paradigmática.

Enquanto a norma legal, como produto final do Poder Legislativo, reveste-se das características de *generalidade*, *impessoalidade* e *abstração* (portanto eficácia *erga omnes*), posta como parâmetro genérico das condutas em sociedade (CF, art. 5º e inciso II), já a decisão judicial de mérito, seja sentença ou acórdão, preordena-se, de ordinário, a projetar efeitos *inter partes*. Esta eficácia endoprocessual ocorre por mais de um motivo: (*i*) o tipo de jurisdição mais ocorrente é a *singular*, aderente aos conflitos intersubjetivos, e por isso é natural que a decisão alcançada se restrinja às partes que integraram o contraditório (CP, art. 506); (*ii*) o interesse de agir (CPC, art. 17), como regra, é real, atual e *pessoal*, daí resultando que o tipo de legitimação mais ocorrente é a *ordinária* (postulação em nome próprio, de direito próprio), classicamente definida como a *pertinência subjetiva do interesse*, aparecendo a legitimação extraordinária ou a substituição processual como a exceção, confirmatória daquela regra (CPC, art. 18 e § único); (*iii*) a coisa julgada apresenta uma dupla função: *positiva*, nesse sentido de agregação definitiva do bem, valor ou interesse ao patrimônio moral ou material do vencedor da lide; *negativa*, nisso que imuniza essa estabilidade em face de processos futuros (a *exceptio rei iudicatae*) e, por isso, em regra, ela apresenta *limites subjetivos – res inter*

---

pelo autor, intitula-se Ação civil pública e controle de constitucionalidade. In: MILARÉ, Édis (coord.). *A ação civil pública após 20 anos: efetividade e desafios*. São Paulo: Revista dos Tribunais, 2005, p. 205).

alios acta nec prodest, nec nocet - e, apenas excepcionalmente, projeta eficácia expandida, *ultra partes* ou *erga omnes*, no ambiente da jurisdição coletiva (*v.g.*, CF, § 2º do art. 102; CDC, art. 103 e incisos; Lei 7.347/85, art. 16).

É dizer, tradicionalmente, a *função judicial* se realiza em cada processo *in concreto* e, por isso, ao menos no plano da jurisdição singular, as expansões subjetivas e objetivas são limitadas a poucas ocorrências, como as figuras litisconsorciais, a intervenção de terceiros, a reunião de processos para julgamento conjunto, a cumulação de pedidos, a reconvenção. Registre-se que um *espaço intermediário* começa a se delinear entre os planos singular e coletivo, com o advento do tratamento judiciário *massivo* de ações e recursos repetitivos, no plano da chamada tutela plurindividual. Disso se deu conta Bruno Dantas Nascimento: "O mau funcionamento do modelo de tutela coletiva de direitos individuais homogêneos, somado à necessidade de se adotar técnicas que permitam a eficiência e racionalização da atividade do Poder Judiciário, foi a causa eficiente da elaboração em nosso país de técnicas de tutela plurindividual".[91]

Impende ter presente que nos países de *civil law*, como o nosso, a função judicial opera tendo como parâmetro a *norma de regência*, em decorrência do princípio constitucional da legalidade - art 5º e inciso II - e, no plano processual, em virtude do princípio da legalidade estrita - CPC, art. 140 e § único; as exceções ficam por conta dos casos em que o juiz é autorizado a decidir por equidade (v.g., Lei 9.099/95, art. 6.º), ou quando é obrigado a aplicar *súmula vinculante* do STF, sob pena de cassação do julgado - CF, § 3.º do art. 103-A. Ora, a aplicação igualitária da lei a todos se revelaria formal ou retórica, e não substancial e imanente, se, em face de situações análogas ou idênticas, ela recebesse, na instância encarregada da *ultima ratio*, diversa inteligência, desigualdade essa que depois se estabilizaria com a oportuna agregação da coisa julgada, assim perenizando injustiças.

Concede-se que, sendo a lei a formulação abstrata de um dado valor incidente sobre um certo fato ou conduta, destina-se ela a ser interpretada (inclusive para aferição de sua exata compreensão e extensão), donde se compreender que um mesmo texto receba mais de uma leitura, à medida que é analisado e aplicado nas várias instâncias judiciais. Esse curial dissenso verifica-se desde o primeiro grau de jurisdição, por exemplo quando as Varas de Fazenda Pública de um dado foro divergem no entendimento de uma mesma lei tributária. Essa virtualidade é compreensível porque o debate acerca de um dado texto legal consulta ao saudável ambiente democrático e

---

91 "Tutela recursal plurindividual"...cit., tese de doutorado, PUC – São Paulo, 2013, p. 151, conclusão n. 33.

contribui para se alcançar a melhor exegese, preparando o terreno para que as instâncias superiores possam, oportunamente, assentar o entendimento a ser doravante observado.

A jurisprudência não se apresenta como uma categoria autônoma e independente, em si mesma, porque, de um lado, o termo não se aplica às sentenças de primeiro grau (pela boa razão de que podem ser alteradas), e, no tocante aos acórdãos dos Tribunais, a jurisprudência depende, não propriamente dos acórdãos em si mesmos, mas de uma *qualidade* que a eles pode vir agregada, qual seja, a *reiteração* de um dado entendimento, formando uma sequência harmônica de acórdãos sobre uma mesma matéria. Esse o motivo por que o ordenamento, quando menciona a *jurisprudência*, está a referir-se aos órgãos colegiados de segundo grau, por exemplo o § 3.º do art. 896 da CLT (redação da Lei 13.015/2.014), dizendo que os TRT's "procederão, obrigatoriamente, à uniformização de sua jurisprudência", ou o 926, *caput*, do CPC, dizendo que os tribunais "devem uniformizar sua jurisprudência e mantê-la estável, íntegra e coerente".

Isso tudo evidencia que o sistema não é indiferente ao dissenso pretoriano: ao contrário, pressupondo sua eventualidade, procura *prevenir* sua formação ou debelá-la, se já configurada (por exemplo, através do incidente de resolução de demandas repetitivas - CPC, art. 985 e incisos), inclusive disponibilizando recursos fundados no dissídio pretoriano, tais os embargos de divergência no STF e no STJ (CPC, arts. 1.043, 1.044); o recurso especial ao STJ pela alínea *c* do art. 105, III, da CF; o recurso de revista ao TST (CLT, art. 896 e alíneas, cf. Leis 9.756/98 e 13.105/2.014). Mesmo o direito sumular, do STF e do STJ, acaba projetando uma eficácia preventiva, na medida em que busca coartar na origem os futuros dissensos, ao permitir a liminar improcedência do pedido que se revela contrário a tais enunciados – CPC, art. 332, I.

Pode ainda a jurisprudência alçar patamares mais altos, ganhando novos atributos – e em consequência uma irradiação potencializada – quando ela se torna *dominante*, ou quando vem a ser *sumulada*, podendo, nesses casos, operar como parâmetro para o julgamento de ações e recursos (CPC, § 1º do art. 926; art. 927, IV) e, *a fortiori*, se vem qualificada como *vinculante* pelo STF, já que neste caso a recusa inconsistente/imotivada ou a aplicação indevida/equivocada podem levar à *cassação* do julgado (CF, § 3.º do art. 103-A; CPC, art. 992). Nesse sentido, José Rogério Cruz e Tucci não hesita em afirmar "o caráter de fonte de direito dos *precedentes judiciais* do Supremo Tribunal Federal"; (...) "os efeitos vinculantes da jurisprudência, previstos expressamente pelo ordenamento legal, alçam a atividade judicial ao mesmo nível da hierarquia da lei, em todos aqueles sistemas nos quais esta ocupara posição de absoluta preeminência".[92]

Sobretudo por conta da tendencial atenuação da separação entre os Poderes, hoje já não causa espécie que as decisões judiciais, sobretudo dos Tribunais Superiores, projetem certa *eficácia normativa* ou *expandida extra-autos*, por exemplo as decisões de mérito do STF no controle direto de constitucionalidade, que produzem "eficácia contra todos e efeito vinculante relativamente aos demais órgãos do Poder Judiciário e à administração pública direta e indireta, nas esferas federal, estadual e municipal"(CF, § 2º do art. 102); ou a Justiça do Trabalho, quando decide o dissídio coletivo de natureza econômica (CF, § 2.º do art. 114), valendo ressaltar que, nas matérias listadas nos inciso do art. 611-A da CLT, cf. Lei 13.467/2.017, a "convenção coletiva e o acordo coletivo têm prevalência sobre a lei". Ainda, considere-se que a coisa julgada que reveste a decisão de mérito na ação civil pública projeta "eficácia *erga omnes* nos limites da competência territorial do órgão prolator" (art. 16 da Lei 7.347/85, dispositivo a ser interpretado à luz dos arts. 93, 103 e 117 do CDC.

A gradual (e a nosso ver irreversível) otimização da eficácia da jurisprudência ganha matizes ainda mais fortes em face da tendência à *judicialização da política* e virtual *politização do Judiciário*, porque cada vez mais os temas e assuntos que antes eram enfrentados e dirimidos (ou deveriam sê-lo!) ao interno do Executivo e do Legislativo vêm sendo cada vez mais *transferidos* para o plano judiciário. Considerem-se as decisões judiciais sobre os poderes instrutórios das CPI's; liberação de plantio de produtos transgênicos; fidelidade partidária dos parlamentares; direito à vida dos nascituros anencéfalos; liberação das pesquisas com células-tronco embrionárias; demarcação de terra indígena. Esse *processus*, se, por um lado, permite o engajamento do Judiciário em temas sócio-político-econômicos de alta relevância, deixando assim a secular postura de neutralidade e distanciamento, de outro pode engendrar, como *externalidade negativa*, ou um excesso de ativismo, ou um confortável álibi para a conduta omissiva ou leniente dos outros Poderes, dando azo a que o conflito acabe judicializado, assim ficando litigioso o objeto, enquanto a controvérsia estiver *sub judice*.

A tendência a judicializar os conflitos ao invés de tentar resolvê-los diretamente com a contraparte ou mediante a intercessão de um agente facilitador, é recorrente nos *clientes habituais* do Judiciário, que trabalham em economia de escala, dispõem de Departamentos Jurídicos ou Procuradorias

---

92 *Precedente judicial como fonte do direito*, São Paulo: Revista dos Tribunais, 2004, p. 275.

especializadas, de sorte que não lhes causa grande mossa o retardo da resposta jurisdicional nem tampouco a imprevisibilidade do desfecho. A propósito, com base em dados do CNJ, afirma Bruno Dantas Nascimento: "(...) a maior parte dos setores que figuram no topo da lista dos maiores litigantes corresponde a atividades reguladas pelo Estado, tais como setor bancário, telefonia, seguros, transporte e planos de saúde". [93]

Verdade que essa *cultura judiciarista* poderia, em boa medida, ser coartada ou desestimulada mediante uma postura mais rigorosa dos juízes, por exemplo, aplicando sanções por litigância de má-fé, ou quando haja intuito protelatório, ou mesmo reconhecendo falta de interesse de agir quando a pretensão não tenha, antes, sido apresentada à contra-parte, ou debatida extrajudicialmente. Tal postura seria, segundo a nomenclatura proposta por José Renato Nalini, a do *juiz que se incomoda*. A conduta oposta vem assim descrita pelo autor: "Não incomoda o sistema iníquo, nem os poderosos, nem procura transformar o mundo, que essa não é sua tarefa. Nem se incomoda com aquilo que não interessa no universo de suas preocupações. Não o atormenta a avaliação das consequências concretas de suas decisões. A sua tarefa é dizer o direito dentro dos autos. O mais não guarda pertinência com sua missão").[94] Bem por isso, o CNJ, ao dispor na Res. 125/2.010 sobre as bases da Política Judiciária Nacional, preconiza que cabe aos órgãos judiciários "antes da solução adjudicada mediante sentença, oferecer outros mecanismos de soluções de controvérsias, em especial os chamados meios consensuais, como a mediação e a conciliação, bem assim prestar atendimento e orientação ao cidadão" (§ único do art. 1º, redação da Emenda nº 2/2.016).

Hoje se reconhece crescente importância à função *paradigmática* aos Tribunais, máxime quanto às Cortes Superiores, ante a reconhecida aptidão da jurisprudência, tanto para *prevenir* a formação das lides (ao desestimular a judicialização de pretensões contrárias à corrente dominante ou às teses sumuladas) como para acelerar os julgamentos, antecipando-os e compactando os procedimentos, pela curial inocuidade do prosseguimento de processos cujo conteúdo se mostra contrário a entendimento jurisprudencial já assentado. Assim, pode dar-se até mesmo a liminar improcedência do pedido contrário a certos padrões decisórios impositivos, tais os listados no art. 332 e incisos do CPC, parecendo a José Miguel Garcia Medina que "as hipóteses em que à luz do CPC/73 poderiam ser encartadas como de impossibilidade jurídica da ação podem ensejar a improcedência liminar do pedido, desde que a con-

---

93 "Tutela recursal"...cit., tese de doutorado, PUC – São Paulo, 2013, p. 36.

94 *O juiz e o acesso à Justiça*, 2. ed., São Paulo: Revista dos Tribunais, 2000, p. 154.

trariedade à norma jurídica possa ter a jurisprudência como referência, nos termos do art. 332 do CPC/2.015".[95]

Assim também, em se tratando de recursos extraordinários múltiplos e repetitivos, eles podem ficar sobrestados na origem, à espera do retorno do(s) recurso(s) enviado(s) *por amostragem* ao STF, cujo pronunciamento sobre a *repercussão geral da questão constitucional* servirá como parâmetro para o deslinde dos demais apelos extremos onde se agite a mesma matéria (CPC, § 1º do art. 1.035).

É, pois, relevante a contribuição que o Direito Processual vem aportando à atuação de nossos Tribunais da Federação, ao otimizar sua missão institucional de assegurar *tratamento isonômico* aos jurisdicionados, sobrelevando Ricardo Haro que "esa *función paradigmática* deve manifestarse no sólo en los aspectos sustanciales del orden jurídico, sino también en sus aspectos procesales, de modo tal que el sistema jurídico en su totalidad sirva en última instancia para lograr el mayor objetivo de las Cortes o de los Tribunales Constitucionales, cual es el de *afianzar un orden de convivencia más justo en la sociedad*".[96] E, mais adiante, completa: "A esta altura de los tiempos que vivimos, no cabe duda que deve afirmarse con convicción operante lo siguiente: *la economía de mercado sin solidaridad es Capitalismo salvaje; y la solidaridad sin economía de mercado es una utopía*. Es entonces cuando el valor 'justicia' requiere que promueva y afiance el valor de la *solidaridad*, pues sólo ella puede mitigar esta terrible dicotomia entre el progreso econômico y una más justa distribución de la riqueza".[97]

Justamente por conta da exacerbação da eficácia dos julgados do STF e do STJ, nesse sentido de uma projeção *ultra partes* ou mesmo *erga omnes*, recrudesce, em contrapartida, a exigência de *qualidade intrínseca* dos acórdãos desses Tribunais da Federação, tanto no aspecto redacional como no de seu conteúdo. Embora a diretriz da *razoabilidade* permeie, como um vero *sobreprincípio*, todo o serviço público em sentido largo, fato é que, no plano da interpretação constitucional ou legal procedida pelo STF e STJ, nessa ordem, não basta que a decisão se mostre apenas *razoável*, senão que terá que ser a *certa*, a *única*, para que possa servir de parâmetro para todas as demais, propiciando o tratamento isonômico aos jurisdicionados de todo o país: numa palavra, impende a fixação do *padrão unitário do justo e do jurídico*.

---

95 *Novo Código de Processo Civil comentado*, 5ª ed., 2.017, cit., nota II ao art. 332, p. 592.

96 El rol paradigmático... cit., em *Estudos de Direito Constitucional...* cit., p. 495, itálicos no original.

97 Idem, ibidem, p. 498, itálicos no original.

Nem se poderia sustentar diversamente, já que o STF opera como *guarda da Constituição* (CF, art. 102, *caput*) e o STJ detém a *ultima ratio* no direito federal comum (CF, art. 105, III). Assim, a decisão lançada por tais Cortes, em suas competências originária, recursal ordinária e recursal excepcional, há de ser sempre... *a melhor*, dentre aquelas porventura excogitáveis. Escrevendo em contemplação do STJ, avalia José Manuel de Arruda Alvim Neto: "A expectativa, senão mesmo a imprescindível necessidade social – em relação às decisões de um Tribunal de cúpula, e, no caso, o Superior Tribunal de Justiça é o fecho da abóbada da justiça sobre a legalidade infraconstitucional –, é a de que sejam paradigmáticas, pois que o rumo dessas vale como roteiro para os demais Tribunais e jurisdicionados, mercê dos precedentes assentados. As decisões do Superior Tribunal de Justiça configuram o referencial máximo em relação ao entendimento havido como o correto em relação ao direito federal infraconstitucional".[98]

No plano dos Tribunais da Federação não há espaço para a assim chamada (impropriamente) *discricionariedade judicial*, com que se pretende certa *flexibilização* no papel *nomofilácico* dessas Cortes, isto é, uma atenuação em seu papel de preservar a inteireza positiva, a autoridade, a validade e a uniformidade exegética da ordem normativa. Ao nosso ver, uma vez chegada a causa ao STF ou ao STJ – tratando-se de *Tribunais da Federação*, encarregados da *ultima ratio* sobre a matéria constitucional ou legal, respectivamente –, se evanesce o espaço para *zonas cinzentas* ou dubiedades, devendo antes seus acórdãos, sobretudo quando coalizados na jurisprudência dominante ou assentados em súmula, sinalizarem claramente para todos os jurisdicionados a interpretação *correta* do texto, implicando o afastamento das demais exegeses, porventura praticadas nas instâncias anteriores.

Isso tudo sem embargo de a Súmula STF nº 400, ao invocar a *razoabilidade*, mencionar a expressão "lei" e não "Constituição", podendo inculcar a equivocada impressão de que, no tocante ao STJ, bastaria que as decisões fossem razoáveis para serem juridicamente hígidas ou ao menos aceitáveis. Um acórdão do STF, porém, de relatoria do Min. Celso de Mello, jogou luzes nessa questão, consentindo uma leitura analógica *a pari*: "Em matéria constitucional não há que cogitar de interpretação razoável. A exegese de preceito inscrito na Constituição da República muito mais do que simplesmente razoável, há de ser juridicamente correta" (AI 145.680, *DJ* 30.04.1993, 1.ª Turma). Nem outro entendimento seria sustentável, porque a Constituição é o texto

98 A alta função jurisdicional do Superior Tribunal de Justiça no âmbito do recurso especial e a relevância das questões. *Revista de Processo* nº 96, out./dez. 1999, p. 38.

fundante e legitimador de todos os demais; logo, a interpretação da Constituição, pelo STF, que é o seu *guarda* – CF, art. 102, *caput* –, há de ser única, a *melhor dentre as possíveis*, porque do contrário o sistema jurídico ficaria desestabilizado, dando azo à insegurança social, gerando insuportável crise de incerteza e comprometendo a credibilidade de nossa Corte Constitucional. Igual raciocínio, a nosso ver, aplica-se ao STJ, seja porque sua competência foi extraída dentre aquelas que, antes da CF de 1988, assistiam ao STF, seja porque cabe ao STJ *uniformizar a exegese* do direito federal comum (CF, alínea *c* do art. 105, III), inclusive pacificando o dissídio entre suas Turmas, via embargos de divergência.

Com efeito, se bastasse aos Tribunais Superiores uma interpretação apenas *razoável* dos textos questionados nos processos, ter-se-ia, forçosamente, de admitir que, presentes duas interpretações possíveis, bastaria ao Tribunal de origem optar *por uma delas* para que restasse trancada a via excepcional. Dito de outro modo, a defesa do texto constitucional não poderia ser exercida se o STF coonestasse, indiferentemente, mais de uma inteligência sobre um mesmo dispositivo. Análoga função paradigmática cabe ao STJ, já agora na fixação da inteligência, validade e autoridade do direito federal comum, o que, ao fim e ao cabo, guarda simetria com a garantia constitucional da isonomia (CF, art. 5º, *caput*), valendo lembrar que a igualdade de todos perante a norma legal não se pode reduzir a uma igualdade formal ou retórica, que apenas operasse perante a norma *in abstracto* no ordenamento, mas, estranhamente, perdesse tal isonomia quando subsumida aos casos concretos nas ações judiciais!

Tal proposta de leitura *flexibilizada* ou relativizada da inteligência da norma legal é inaceitável e nem se ameniza ao argumento da diversidade de órgãos judiciais esparsos por nossa organização judiciária: por um lado, o próprio ordenamento prevê recursos e incidentes voltados à eliminação do dissenso pretoriano (e não o faria se este fosse irremissível); de outro lado, o processo de conhecimento é, justamente, preordenado à eliminação da *incerteza* (= processo de *acertamento*). Seria absurdo que, mesmo após a superveniência da resposta judiciária, tal incerteza subsistisse ou até se exacerbasse com a agregação da coisa julgada material, assim *perenizando o injusto*. Essa dualidade na carga eficacial das normas: isonômica enquanto tomada *in abstracto*; desigual quando aplicada *in concreto* nos processos judiciais, engendra uma grave *desequiparação ilegítima*, ou seja, o trato desigual a situações iguais, ou vice-versa.

Ao início do funcionamento do STJ, Cândido Rangel Dinamarco recomendava cautela na aplicação da pré-citada Súmula STF 400, que chancela a interpretação apenas *razoável*: "Se não se afastar por completo a orientação contida na Súmula 400, pelo menos é preciso restringir adequadamente o conceito de *razoabilidade*, no sentido de evitar que decisões manifestamente injustas permaneçam imunes à censura nas instâncias de superposição somente porque 'razoável' a interpretação". E exemplificava: "Muito alvissareiro é recente acórdão do Superior Tribunal de Justiça, declarando que, 'à míngua de uma melhor disciplina legal, a melhor interpretação do art. 3.º da Lei 4.121, de 27 de agosto de 1962, é a que recomenda a exclusão da meação da mulher casada em cada bem do casal e não na indiscriminada totalidade do patrimônio'" (4.ª T., Resp 1.164, j. 7-9-1989, rel. Sálvio de Figueiredo Teixeira, Bol. AASP n. 1.651, 15/21 ago. 1990, p. 189). Em regime de plena aplicação do critério da razoabilidade (Súmula 400-STF), dir-se-ia que ambas as interpretações seriam razoáveis, negar-se-ia conhecimento ao recurso e renunciaria o Tribunal a impor solução comprometida com o valor do justo".[99]

A questão da razoabilidade da interpretação do direito federal no acórdão recorrido tornou à berlinda na CF de 1988 por ter albergado no art. 105, III, *a*, a fórmula "contrariar tratado ou lei federal ou negar-lhe vigência", diversamente da EC 01/69 (época em que ainda não existia o STJ), cujo art. 119, III, *a*, mencionava a *negativa de vigência*. Dado que a extensão-compreensão do verbo *contrariar* é mais larga do que a do verbo *negar*, por aí se deveria consentir que o acórdão recorrido pudesse emprestar ao texto federal uma exegese que, *sem ser a melhor ou a única*, todavia não se mostrasse absurda ou delirante, aninhando-se, assim, numa certa faixa de razoabilidade, e com isso abrindo espaço para aplicação da premissa contida na Súmula STF 400. Comenta Vicente Greco Filho: "A intenção do constituinte, pois, revigorando a expressão *contrariar a lei*, foi ampliar o cabimento do recurso ao Superior Tribunal de Justiça, atendendo aos reclamos de certas correntes que lamentavam a excessiva rigidez do cabimento do recurso extraordinário. Cremos, contudo, que essa rigidez era, e é, inevitável, sob pena de se inviabilizarem os julgamentos, dado o volume de causas que serão submetidas ao Superior Tribunal de Justiça, porque o maior número de leis aplicadas no processo é indubitavelmente de federais. De qualquer maneira cabe a distinção: contrariar a lei significa desatender seu preceito, sua vontade; negar vigência significa declarar revogada ou deixar de aplicar a norma legal federal".[100]

Nossos dois *Tribunais da Federação*, ao *conhecerem* (= avaliação positiva do enquadramento do RE ou do REsp no invocado permissivo constitucional

---

99 Superior Tribunal de Justiça e acesso à ordem jurídica justa. In: TEIXEIRA, Sálvio de Figueiredo (coord.). *Recursos no...* cit., p. 256 e rodapé n. 13.

100 *Direito Processual...* cit., vol. 2, 16ª ed., p. 337.

e preenchimento dos demais pressupostos objetivos e subjetivos) passam a dirimir a lide *in concreto* (função *dikelógica*), nos limites da devolutividade dos recursos de estrito direito – RISTF, art. 324; RISTJ, art. 257; CPC, art. 1.034, caput. Esta função justifica-se nisso que os recursos excepcionais, sem embargo de preservarem a higidez do Direito Positivo, reclamam, *ainda*, uma situação de sucumbência, do ponto de vista do recorrente, não por acaso falando o art. 996, *caput*, do CPC que o recurso é manifestado pela " parte vencida": nesse ponto, também o RE e o REsp devem cumprir a finalidade de *dirimir o conflito com justiça*, no âmbito da devolutividade permitida por esses recursos de estrito direito. Ao fazê-lo, porém, os Tribunais Superiores desempenham outra função, de transcendente importância, qual seja, a de preservar a inteireza positiva, validade e autoridade do ordenamento positivo: a função *nomofilácica* (ou *nomofilática*) (*nómos*: lei; *phylaktikós*: guardar, proteger).

Esclarece, a propósito, Bruno Dantas Nascimento: "O vocábulo *nomofilático* deriva da junção de duas palavras de origem grega; *nómos*, que significa 'uso', 'regra', 'norma', 'lei' e *phylaktikós*, que significa 'que tem a virtude de preservar ou conservar'. Daí a palavra *nomifilático*, que, tradicionalmente assumiu o conceito de proteção da letra da lei, ter se consagrado nos meios jurídicos, especialmente a partir da Revolução Francesa, quando o apego à letra da lei foi elevado a níveis exacerbados. A palavra, porém, deve significar, atualmente, apenas a busca pela manutenção da inteireza do *direito*, e não mais estritamente da *letra da lei*. Fala-se hoje em *nomofilaquia dialética* ou *tendencial*, pretendendo-se significar, com essas expressões, que se contraporiam à *nomofilaquia tradicional* a persecução da unidade do direito mediante a utilização de processos hermenêuticos na identificação da solução mais racional e afinada com preceitos constitucionais, vale dizer, por intermédio de processo dialético que possibilite ao juiz aferir, dentre as múltiplas interpretações possíveis, aquela que melhor equaciona a lide".[101]

Além das missões *nomofilácica* e *dikelógica*, ainda outra está reservada aos Tribunais de cúpula, justamente por serem *órgãos de superposição* na organização judiciária: cabe-lhes pacificar os entendimentos sobre a extensão-compreensão das normas que lhes são submetidas, a fim de que possam ser uniformemente aplicadas pelas demais instâncias judiciárias: a função *paradigmática, relevantíssima para assegurar a segurança jurídica*.

Essa *eficácia expandida* das decisões dos Tribunais superiores independe da família jurídica a que se filie o país – *civil law* ou *common law* –, observan-

---

101 "Tutela recursal plurindividual"...cit., tese de doutorado, PUC – São Paulo, 2013, p. 128, rodapé nº 234.

do-se que a finalidade paradigmática do *writ of certiorari* vem sendo sobrelevada na Corte Suprema dos Estados Unidos, como se colhe das palavras do *Chief Justice* Vinson: "To remain effective, the Supreme Court must continue to decide only those cases which present questions whose resolutions *will have immediate importance far beyond the particular facts and parties involved*". (Para permanecer efetiva, a Suprema Corte deve continuar a decidir apenas os casos que contenham questões cuja resolução haverá de ter importância imediata para além das situações particulares e das partes envolvidas).[102]

Essa tríplice dimensão é assim exposta por Juan Carlos Hitters, escrevendo em face do recurso extraordinário argentino: "A modo de síntesis última es necesario destacar la *finalidad trifásica* del medio impugnatorio 'sub análisis'; donde no sólo se busca el control del cumplimiento del derecho objetivo (*función nomofiláctica*); o la uniformidad de la jurisprudencia (*función uniformadora*) sin también y como no podía ser de otro modo, la *justicia del caso* (*función dikelógica*) y esto último teniendo en cuenta que el organo de marras *pertenece al poder judicial y cumple funciones jurisdiccionales*".[103]

3.C) A prevenção ou eliminação dos pontos de tensão entre os Tribunais.

No Estado contemporâneo, os Tribunais de cúpula não têm como restringir suas funções apenas ao mundo do Direito, mas desempenham outros relevantes papéis enquanto órgãos de sobreposição: operam como uma sorte de *fiel da balança* nos atritos entre os Poderes; aparam arestas surgidas entre os numerosos órgãos públicos; zelam, enfim, pela profícua continuidade do modelo republicano-federativo. Tais expansões não devem causar espécie, se considerados, em conjunto, alguns fatores: (*i*) o recrutamento de magistrados para os Tribunais Superiores obedece a critérios preponderantemente políticos, envolvendo Executivo e Legislativo, como se passa entre nós (CF, art. 52, III, *a*); (*ii*) o conceito contemporâneo de jurisdição não se restringe ao modelo estatal – dita *solução adjudicada* –, mas vai além, compreendendo todos os modos ou instrumentos capazes de prevenir ou solucionar os conflitos, com

---

102 *Apud* Gilmar Mendes, inclusive a tradução do excerto, *in* Novas perspectivas do recurso extraordinário: a experiência dos Juizados Especiais Federais e sua repercussão sobre o sistema judicial comum. *Repertório de Jurisprudência IOB*, 2.ª quinzena de abril de 2005, vol. 3, p. 247. Em nota de rodapé 9, o autor colaciona Stephen M. Griffin, *The Age of Marbury, Theories of Judicial Review vs. Theories of Constitucional Interpretation*, 1962-2002, p. 34.

103 *Técnica de los recursos extraordinarios y de la casación*, 2. ed., La Plata: Libraria Editora Platense, 1998, p. 182-183.

justiça e num tempo razoável, concepção já recepcionada pelo ordenamento, *v.g.*: força executiva atribuída aos acordos extrajudiciais (CPC, art. 784, III); encaminhamento das partes em processo judicial para o Juízo arbitral (Lei 9.099/95, art. 24 e §§); atribuição aos Tabeliães para *processarem* separações, divórcios e inventários (CPC, arts. 610 e § 1º; art. 733 e § 1º), ideário respaldado pelo disposto no § único do art. 1º da Res. CNJ nº 125/2.010 (redação da Emenda nº 2/2.016), a qual estabelece a Política Judiciária Nacional; (*iii*) o produto final, otimizado, dos Tribunais - a saber, a jurisprudência, dominante ou sumulada - passa a revestir-se de eficácia expandida, praticamente equiparada à da norma legal, servindo como parâmetro para decisão de número expressivo de processos: CPC, art; 332 e incisos; art. 521, IV; § 3.º do art. 947; art. 927 e incisos; art. 955, § único e incisos; art. 985 e incisos; art. 988 e incisos; art. 1.040 e incisos.

Essa expansão do produto final da atividade judiciária engendra a redução das *faixas de insindicabilidade* outrora reconhecidas - atos discricionários; condutas políticas; contraste de políticas públicas - não raro levando a atritos com os outros dois Poderes, engendrando o risco da chamada *judicialização da política*. Todavia, ao que tudo indica, trata-se de tendência irreversível, que vai alçando o Judiciário ao patamar de um Poder sobranceiro, com as virtudes, os defeitos, as vantagens e os ônus desse protagonismo e dessa superexposição.

Para essa reengenharia e esse superdimensionamento do Judiciário muito contribui a própria complexidade estrutural do Estado contemporâneo, com suas múltiplas instâncias e órgãos que processam, encaminham e decidem ocorrências e pendências de toda ordem, e isso ao interno de cada um dos três Poderes. No *Legislativo*, o Plenário, a Comissão de Constituição, Justiça e Cidadania, as CPIs; na *Administração Pública*, o Chefe do Executivo, Ministros e Secretários, Autarquias, entidades de administração indireta, Conselhos consultivos e deliberativos diversos; no Judiciário, um expressivo número de órgãos singulares à base da pirâmide (Varas), colegiados regionais de permeio (TJ's, TRF's, TRT's, TER's) e órgãos de cúpula - STF, STJ, TST, STM, TSE, a par do CNJ, igualmente integrante do Judiciário (CF, art. 92, I-A), embora sem função judicante propriamente dita. Em que pese a distribuição da competência de uns e outros desses órgãos ser estritamente positivada, desde a Constituição Federal, passando pelas Constituições Estaduais, leis processuais e normas de organização judiciária, ainda assim sobeja espaço para o surgimento de eventuais *pontos de tensão* - questionamentos, controvérsias, excessos - a reclamarem uma decisão, com vistas a evitar o acirramento das posições contrapostas e a solução de continuidade dos trabalhos nas instâncias envolvidas.

À parte os órgãos que compõem a Justiça estatal propriamente dita, dispostos em *numerus clausus* no art. 92 da CF, coexistem muitos outros para além desse ambiente judiciário, com suas competências decisórias estritamente estabelecidas, podendo ser lembrados os Tribunais de Contas, o Conselho Administrativo de Defesa Econômica – CADE, os Tribunais de Arbitragem, cujas deliberações, de resto, formam títulos executivos (nessa ordem: CF, § 3.º do art. 71; Lei 12.529/2011, art. 93; CPC, art. 515, VII), a par dos Bancos oficiais (CPC, art. 539 e § 1º), Tribunais Desportivos (CF, art. 217 e §§); Juizados de Paz (CF, art. 98,II). Note-se que, mesmo quando o ordenamento positivo não confere força executiva às decisões de algumas dessas instâncias parajurisdicionais, ao menos as coloca como etapa intermediária a ser esgotada antes do ingresso em Juízo, como se dá com antes lembrados Tribunais Desportivos (CF, art. 217 e § 1.º), num reconhecimento da tendência à *desjudicialização das controvérsias*. Com relação à Administração Pública, sua conduta, comissiva ou omissiva, infringente à súmula vinculante do STF, é impugnável por Reclamação (CF, § 3.º do art. 103-A), mas isso só "após o esgotamento das vias administrativas", completa o § 1.º do art. 7.º da Lei n. 11.417/2006, valendo lembrar que a Lei 13.140/2.015 veio autorizar o emprego da mediação nos conflitos envolvendo o setor público (art. 3º e incisos), assim como a Lei 13.129/2.015 veio autorizar o emprego da arbitragem nesse campo (Lei 9.307/96, § 1º do art. 1º, parágrafo acrescido por aquela Lei). Ressalte-se ainda que o ajuizamento do habeas data fica a depender da demonstração de que a pretensão da parte foi antes submetida à instância competente na espécie (Lei 9.507/97, art. 8º, § único e incisos). Com isso tudo se intenta evitar o açodamento no acesso à Justiça estatal, vale dizer, a "ligação direta" entre a controvérsia e o Judiciário, sem um prévio estágio do conflito junto a certas instâncias, órgãos ou agências, capazes, em princípio, de resolver a pendência.

A prévia submissão dos conflitos às instâncias parajurisdicionais é, quando menos, importante para sua *decantação e maturação*, prevenindo seu acesso à Justiça em estado ainda incipiente, no calor dos embates entre as posições contrapostas. Nesse sentido, observa José Eduardo Faria: "Na medida em que os anacrônicos mecanismos processuais ainda em vigor não permitem uma filtragem correta e um encaminhamento adequado dos conflitos jurídicos, eles acabam chegando em estado bruto e, por consequência, com uma alta carga de passionalidade e explosividade à apreciação da magistratura".[104] (É o que se passa, claramente, com os megaconflitos fundiários, decorrentes das invasões de grandes glebas rurais por grupos ditos *sem-terra*, episódios que,

104 O Judiciário e seus dilemas. *Revista do Advogado*, n. 56, set. 1999, p. 66.

não raro, são judicializados ainda antes de possíveis tentativas de composição suasória, panorama que o vigente CPC intenta alterar prevendo em tais casos uma prévia audiência de mediação – art. 565 e parágrafos.

Ante a extrema complexidade dos órgãos e funções do Estado contemporâneo, torna-se inevitável que, num ou noutro caso concreto, surjam dissensos e disputas acerca dos limites de cognição e resolução das controvérsias, mormente quando se trata de instâncias que atuam em áreas afins a mais de uma corporação ou entidade, como *segurança pública* (Polícias do Exército, Militar e Civil), *meio ambiente* (Ibama, Polícia Florestal, Ministério do Meio Ambiente), *repressão à criminalidade* (Delegacias de Polícia, Ministério Público), ordenamento urbanístico (Prefeituras, Polícias Civis Metropolitanas), alfândegas de aeroportos (Polícia Federal, Receita Federal). Esses *pontos de tensão* podem ocorrer: (*i*) entre o órgão administrativo e o judicial, sobre matéria não jurisdicional, como, por exemplo, entre a Vara das Execuções Penais e o Conselho Penitenciário, acerca da regulamentação de visitas aos detentos; entre a Vara de Direito Ambiental e o Ibama, acerca do modo pelo qual se deverá executar o replantio de espécies nativas numa área degradada: tais casos tipificam *conflito de atribuições* – CPC, art. 959; CF, art. 105, I, *g*; (*ii*) entre órgãos judiciais, singulares e colegiados, valendo distinguir dentre os diversos critérios determinativos das respectivas competências, porque alguns daqueles, por serem mais relevantes, quando desatendidos comprometem de modo insanável os atos praticados (casos de incompetência absoluta: *ratione materiae, personae, muneris), podendo mesmo ensejar ação rescisória* (CPC, art. 966, II), ao passo que outros, relacionados a critérios de menor expressão (território, valor), reclamam arguição pela parte a quem aproveitem, pena de convalescer o Juízo antes indicado: prorrogação da competência (CPC, art. 65 e § único).

Sem embargo, por conta da tendência à *desjudicialização das controvérsias*, e da releitura que hoje se vem fazendo da garantia de acesso à Justiça (*rectius*: cláusula de reserva – CF, art. 5.º, XXXV), hoje se registra uma integração/complementação entre os órgãos judiciais e os paraestatais de resolução de conflitos. Assim, o árbitro ou o Tribunal de Arbitragem podem expedir carta arbitral para que "o órgão jurisdicional pratique ou determine o cumprimento, na área de sua competência territorial, de ato solicitado pelo árbitro" (Lei 9.307/96, art. 22-C, acrescido pela Lei 13.129/2.015); as decisões de cunho pecuniário emanadas dos Tribunais de Contas podem ser judicialmente executadas (CF, § 3.º do art. 71, c/c CPC, art. 784, XII); os instrumentos de transação, tais os compromissos de ajustamento de conduta, firmados por diversos atores, são judicializáveis em caso de descumprimento, com força de título executivo (Lei n. 7.347/85, § 6.º do art. 5.º; CPC, art. 784, III); o plano extrajudicial de recuperação de empresa, após homologação judicial, reveste-se de força executiva (Lei 11.101/2005, § 6.º do art. 161).

Esse contexto de integração e complementaridade se estende, em boa medida, aos Tribunais Superiores, sob um viés que se distingue, conceitual e funcionalmente, da clássica *solução adjudicada* (resolução impositiva do mérito das lides *in concreto*), passando aqueles a operar como *órgãos de convergência*, na sugestiva expressão de Cândido Rangel Dinamarco, isto é, cuidando-se para que seu produto final – a *jurisprudência*, especialmente a dominante ou sumulada – desempenhe um relevante *valor agregado*, qual seja, o de prevenir a conversão de conflitos em processos judiciais ou de acelerar o desfecho destes últimos. Segundo o autor, "(...) o Supremo Tribunal Federal e o Superior Tribunal de Justiça recebem e julgam recursos contra acórdãos proferidos em todo o território nacional.(...) "Essa grande abertura qualifica-os como os grandes responsáveis pela efetividade do direito nacional e uniformidade de sua aplicação. (...) De operação em operação e à medida que caminha em direção aos órgãos de superposição, a causa ou incidente vai recebendo influência dos precedentes dos tribunais destinatários do recurso subsequente (STF, STJ) ou dos outros tribunais do mesmo nível que o de origem. Dá-se, portanto um *afunilamento*, com redução de margens para divergências ou dispersões jurisprudenciais."[105]

Bem por isso, a estrutura judiciária nacional observa um desenho *piramidal*, com órgãos sobrepostos numa competência de derrogação, em simetria com a chamada *reserva de sentença*: garantia de que uma decisão judicial só pode ser revista por outra do mesmo Poder, como se passa com a ação rescisória.

Esse *afunilamento* em direção aos órgãos de cúpula de nosso Judiciário sintoniza-se, em termos de política judiciária, com o conteúdo principiológico de um texto originário do Banco Mundial, braço financeiro do FMI, a saber, o *Documento Técnico n. 19*, de 1996, intitulado "O Setor Judiciário na América Latina e no Caribe – elementos para reforma". Segundo analisa Hugo Cavalcanti Melo Filho, tal texto foi "produzido nos Estados Unidos, com suporte técnico de Malcolm D. Rowat e Sri-Ram Aiyer e pesquisa de Manning Cabrol e Bryant Garth". Destaca Melo Filho que, entre os objetivos traçados naquele

---

105 Competência dos tribunais de superposição. *Instituições de Direito Processual Civil*, 6ª ed., 2009 t. I, cit., p. 473, 474.

documento, está o da "prevalência jurisprudencial da cúpula do Judiciário".[106] Por aí se explicariam não só a mantença, entre nós, da estrutura judiciária *piramidal*, mas também a relevante função *paradigmática* desempenhada pelas Cortes Superiores, não só no caso emblemático das súmulas vinculantes do STF, mas também naqueles em que as decisões dessa Corte, bem como do STJ, projetam notória força persuasiva, quando configuram jurisprudência dominante ou sumulada ou quando se expressam em decisões-quadro, no rito dos recursos repetitivos. Saliente-se que o § 1º do art. 926 do CPC incumbe aos tribunais o zelo de editar "enunciados de súmula correspondentes à sua jurisprudência dominante", os quais projetarão eficácia impositiva – CPC, art. 332, I, IV; art. 927, IV.

Hoje, a jurisprudência do STF e do STJ, mormente quando dominante ou sumulada, serve a parametrizar decisões *não só* ao interno do Judiciário, como seria curial, mas também em face da Administração Pública, dispondo o art. 4º, VI, da LC nº 73/93 que compete ao Advogado-Geral da União "editar enunciados de súmula administrativa, resultantes de jurisprudência iterativa dos tribunais", por modo que, na hipótese de não haver tais súmulas, a AGU poderá "dispensar a propositura de ações ou a interposição de recursos judiciais quando a controvérsia jurídica estiver sendo iterativamente decidida pelo Supremo Tribunal Federal ou pelos Tribunais Superiores (Lei 9.469/97, art. 4º). Esse ideário viria a se confirmar com a EC 45/2.004, tendo o constituinte revisor jungido também a Administração Pública à eficácia da súmula vinculante do STF (CF, art. 103-A e § 3.º: EC 45/2004), no que foi secundado pelo legislador ordinário (Lei 11.417/2006), inserindo na Lei 9.784/99, sobre o processo administrativo federal, este art. 64-B, de corte bastante incisivo: "Acolhida pelo Supremo Tribunal Federal a reclamação fundada em violação de enunciado da súmula vinculante, dar-se-á ciência à autoridade prolatora e ao órgão competente para o julgamento do recurso, que deverão adequar as futuras decisões administrativas em casos semelhantes, sob pena de responsabilização pessoal nas esferas cível, administrativa e penal".

Saliente-se que não somente as súmulas vinculantes do STF projetam essa eficácia expandida, prevenindo ou sanando pontos de tensão entre os Poderes, mas também as deliberações da Colenda Corte acerca das matérias que a seu ver projetam *repercussão geral*, nos domínios social, político, econômico e jurídico, para fins de admissão de recurso extraordinário (CF, § 3.º

106 A Reforma do Poder Judiciário brasileiro: motivações, quadro atual e perspectivas. *Revista do Conselho da Justiça Federal*, nº 21, abr./jun. 2003, p. 80, 81.

do art. 102; CPC, § 1.º do art. 1.035). Assim é que uma vez negada pelo STF a repercussão geral, o tribunal de origem "negará seguimento aos recursos extraordinários (...) que versem sobre matéria idêntica" (CPC, § 8.º do art. 1.035), o que repercute particularmente ao interno da Administração Pública, notória *cliente habitual* do Judiciário, cuja conduta costuma pautar-se pelo esgotamento das possibilidades impugnativas nos processos de que participa. Algo próximo se pode dizer quanto ao TST, autorizado a só receber *recurso de revista* (sucedâneo do extraordinário na seara trabalhista) quando, a seu juízo, a causa "oferece transcendência com relação aos reflexos gerais de natureza econômica, política, social ou jurídica" (CLT, art. 896-A), tendo a Lei 13.467/2.017 inserido o § 1º, trazendo os elementos configuradores dessa transcendência.

Estando todos os Poderes da República coalizados, em última análise, sob o ideário comum da boa gestão da coisa pública, compreende-se que as decisões de mérito dos Tribunais de cúpula não tenham sua eficácia confinada apenas a cada processo de per si (lides intersubjetivas), mas possam também projetar outros efeitos – preventivos, dissuasórios – sobretudo em face da própria Administração Pública, direta e indireta, sabidamente a *maior cliente do Judiciário*, conforme o relatório do CNJ, referente a 2011, nominado "100 Maiores Litigantes", em cujo *ranking* figuram nos cinco primeiros lugares, pela ordem: Setor Público Federal; Bancos; Setor Público Municipal; Setor Público Estadual; Telefonia".[107] Na avaliação de Bruno Dantas Nascimento, "(...) tanto o Judiciário quanto o direito processual civil brasileiro carecem de muitos aprimoramentos, mas a leitura correta dos dados trazidos aponta para uma *crise da atuação do Estado*, que falha ao prestar e ao fiscalizar serviços públicos que, noutra quadra histórica, não estavam ao alcance de tantos brasileiros quanto atualmente. Com essas constatações, se percebe que o volume de processos passa a ser tema recorrente, e o aspecto quantitativo começa a determinar a própria noção qualitativa da justiça civil, o que impõe a racionalização do direito processual civil".[108]

A presença constante do Poder Público em Juízo acaba por inflacionar a crise numérica dos processos judiciais, projetando, como externalidade negativa, uma exacerbação da estrutura judiciária, cujo crescente custeio gera zonas de tensão com o Executivo, e pesa, em última análise, sobre o contribuinte.

---

107 Disponível em: [www.cnj.jus.br/images/pesquisas-judiciárias/Publicacoes/100_maiores_litigantes.pdf]. Acesso em: 12.12.2012.

108 "Tutela recursal plurindividual".. cit., tese de doutorado PUC – São Paulo, 2013, p. 36.

J. J. Calmon de Passos reconhece "no processo global de produção do Direito, uma primeira redução de complexidade de natureza predominante, mas não exclusivamente política, para determinação de um universo de dever ser formalizado em termos genéricos e abstratos, a par de uma segunda redução de complexidade de natureza predominante, mas não exclusivamente técnica, a partir daquela, para concreção do que foi definido genericamente, tendo em vista sua aplicação a casos concretos". Mais adiante, prossegue o autor: "Por via de consequência, e conclusão necessária, se inexistir no sistema instrumentos mediante os quais se empreste, no máximo possível, segurança e coerência nessa segunda redução de complexidade, portanto, previsibilidade, negar-se-á (ou se anulará) o quanto antes afirmado, disfuncionalizando-se o sistema como um todo. Essa exigência fala em favor da força vinculante de certas decisões dos tribunais superiores (...)". Adiante, afirma que "o fixado em termos genéricos, frise-se, em termos genéricos, pelos tribunais superiores obriga aos tribunais e juízes inferiores, tanto quanto a lei. Falar-se em decisão de tribunal superior sem força vinculante é incidir-se em contradição manifesta. Seriam eles meros tribunais de apelação, uma cansativa *via crucis* imposta aos litigantes para nada, salvo o interesse particular do envolvido no caso concreto, muito nobre, porém muito pouco para justificar o investimento público que representam os tribunais superiores".[109]

Saliente-se que já se cogitou de estender, com a devida adaptação, a exigência da *repercussão geral da questão constitucional* (CF, § 3º do art. 102), para o juízo de admissibilidade do recurso especial ao STJ, então prevendo o substitutivo ao projeto de Lei 1.343/2003 que este recurso de estrito direito, tirado "por ofensa à lei federal somente será conhecido quando o julgado recorrido tiver repercussão geral, aferida pela importância social ou econômica da causa, requisito que será dispensado quando demonstrada a gravidade do dano individual" (projetado § 2.º ao art. 541 do CPC de 1973).[110]

É dizer, cabe aos nossos dois Tribunais de cúpula proceder em modo que o texto constitucional (STF) e o direito federal comum (STJ) recebam *exegese uniforme*, atingindo, *a um tempo*, mais de um desiderato: a preservação do interesse público na higidez e efetividade do direito federal constitucional e comum; a composição justa do conflito no caso concreto; a formação de precedentes que servirão como parâmetro para resolução das lides enquadra-

109 Súmula vinculante. *Gênesis – Revista de Direito Processual Civil*, n. 6, set./dez. 1997, p. 629 e 632, negritos no original.

110 *Apud Cadernos IBDP – série Propostas Legislativas*, vol. 4, out./2005, org. Petrônio Calmon Fiho, p. 185.

das nesses enunciados (jurisprudência dominante, súmulas, vinculantes ou persuasivas). Sob este último tópico, registre-se que o art. 5º e inciso II da CF contemplam, a um tempo, o primado da norma legal (a qual, todavia, reclama interpretação e assim consente a virtualidade de respostas qualitativamente diferentes), e o tratamento *isonômico* de todos em face da lei, que por óbvio se estende à lei aplicada no caso concreto, isto é, à lei *judicada*. Pode ocorrer uma *aparente antinomia* entre essas diretrizes, donde resulta que os pontos de tensão causados pelas diversas interpretações, não só judiciais, como ao interno da Administração, devem ser enfrentados pelos meios exegéticos disponíveis, aos quais hoje se agrega, superlativamente, a jurisprudência, predominante ou sumulada dos Tribunais Superiores.

O argumento de que seria lícito ao STF ou ao STJ, como Tribunais de cúpula, darem à espécie *sub judice* uma *qualquer* interpretação, ao argumento de se tratar da última, ainda que não seja *a melhor*, vai frontalmente de encontro às funções *nomofilácica e paradigmática* desses Tribunais da Federação. Ademais, por aquela assertiva ficariam sem explicação os recursos e expedientes justamente fundados no dissídio pretoriano e por isso mesmo voltados a preveni-lo ou superá-lo: (*i*) *embargos de divergência*, cabíveis em caso de dissenso entre Turmas do STF ou do STJ sobre uma mesma matéria (CPC, arts. 1.043, 1.044); (*ii*) *embargos infringentes* de ofício, no julgamento de apelação, nos moldes do art. 942 e §§ do CPC; (*iii*) *reclamação* ao STF em caso de recusa imotivada/inconsistente ou aplicação indevida/equivocada de súmula vinculante (CF, § 3.º do art. 103-A; CPC, art. 988, III, redação do inciso cf. Lei 13.256/2.016), já que a súmula vinculante obriga "aos demais órgãos do Poder Judiciário e à administração pública direta e indireta, nas esferas federal, estadual e municipal", tendo "por objetivo a validade, a interpretação e a eficácia de normas determinadas, acerca das quais haja controvérsia atual entre órgãos judiciários ou entre esses e a administração pública que acarrete grave insegurança jurídica e relevante multiplicação de processos sobre questão idêntica" (CF, §§ 1º e 2º do art. 103-A); (*iv*) incidente de *assunção de competência*, quando, presente "relevante questão de direito, com grande repercussão social, sem repetição em múltiplos processos", certo que o acórdão aí proferido "vinculará todos os juízes e órgãos fracionários, exceto se houver revisão de tese" (CPC, art. 947, caput e § 3º); (*v*) recurso especial ao STJ pela alínea *c* do art. 105, III da CF.

4. A INEVITABILIDADE DOS *ELEMENTOS DE CONTENÇÃO*.

Ao contrário do que num primeiro momento possa parecer, não é a *inteira controvérsia*, ocorrente ao interno da vida em sociedade (crises de segurança, certeza, satisfação) que se traslada para o plano judicial, mas, na verdade, é a porção ou a parcela dela que, uma vez tornado litigioso o *thema decidendum*, acaba por configurar a *lide ("conflito de interesses qualificado por pretensão resistida", no clássico conceito carneluttiano).* Assim se passa, em decorrência do *princípio dispositivo*, segundo o qual a oferta de prestação jurisdicional pelo Estado é feita no limite e na dimensão em que ela vem requisitada pelas partes: as pretensões do autor e, também, do réu reconvindo; a questão prejudicial de mérito; as demandas secundárias; as pretensões de terceiros intervenientes; as exceções processuais e substanciais. Por exemplo, diversos podem ser os pontos controversos envolvendo uma dada locação de imóvel (má conservação; uso indevido; inadimplemento de IPTU e taxas condominiais; conflitos de vizinhança); mas se vem proposta uma ação de despejo por *falta de pagamento de aluguéis*, será nesse contorno que se colocará a pretensão do locador, vale dizer, o binômio *pedido – causa de pedir*, que, por isso mesmo, constitui a *substanciação* da demanda (CPC, art. 319, III), a balizar os limites da resposta jurisdicional: CPC, art. 490, 492, *caput*.

A propósito deste último aspecto, esclarecem Nery & Nery: "Nosso sistema processual adotou a teoria da substanciação do pedido. A ela se opunha a teoria da individuação, que exigia apenas a indicação dos fundamentos jurídicos para caracterizar a causa de pedir e tornar admissível a ação. (...) Hoje a teoria da individuação se encontra superada e não guarda mais nenhuma importância jurídica".[111]

O *déficit* – quantitativo e qualitativo – entre as dimensões da inteira controvérsia e a porção dela que veio a ser judicializada é uma relevante concausa da baixa eficiência hoje atribuída à decisão de mérito na jurisdição contenciosa – a chamada *solução adjudicada estatal* –, justamente porque o que fica "resolvida" é tão só a crise *jurídica* (assim mesmo *em termos*, dados os percalços e incertezas que cercam a fase jurissatisfativa), ficando em aberto não só as crises de outra natureza (sócio-político-econômica), mas também os demais pontos conflitivos periféricos, deixados sem solução, em decorrência daquele *déficit* antes referido, associado à exigência da *estabilização* do objeto litigioso ao final da fase postulatória, composto pelo desenho composto pelas partes.

A *solução adjudicada*, aderente à "cultura demandista", é condicionada pelas *reduções de complexidade* antes mencionadas (assim como o "mapa não é o território", a ação judicial não reflete a inteira controvérsia) e por isso não resulta dirimida a *litigiosidade remanescente*, definida por André Gomma

---

111 *Comentários ao Código de Processo Civil...*, 2.015, cit., nota 9 ao art. 319, p. 886.

de Azevedo e Cyntia Cristina de Carvalho e Silva como "aquela que persiste entre as partes após o término de um processo de composição de conflitos em razão da existência de conflitos de interesses que não foram tratados no processo judicial – seja por não se tratar de matéria juridicamente tutelada (*e.g.*, vizinhos que permanecem em posições antagônicas em razão de comunicação ineficiente entre ambos) seja por não se ter aventado tal matéria juridicamente tutelada perante o Estado".[112]

Considere-se, por exemplo, que uma liminar de reintegração de posse de gleba rural invadida, por se restringir aos lindes do esbulho possessório, deixa em aberto as *demais questões* de outra ordem (tal a crise sociológica, *v.g.*, o realojamento dos ocupantes; a presença de segmentos especialmente protegidos, tais os idosos, deficientes físicos, crianças, adolescentes), questões essas que, insufladas pela própria judicialização da controvérsia, geram um ambiente negativo de ressentimentos e vinditas, o que, não raro, predispõe à eclosão de novos conflitos. Daí o crescimento dos *meios alternativos* de solução de controvérsias, e, no plano da ciência processual, o crescente prestígio de propostas que acenam para um processo de *estrutura cooperatória (CPC, art. 6º)*, num espaço de *justiça coexistencial*, como propugnado por Mauro Cappelletti.[113]

Ao contrário da atividade administrativa, cuja legitimação é de caráter primário, permitindo-lhe atuar de ofício, a atividade jurisdicional repousa numa legitimação técnica, dado o tipo de recrutamento de seus integrantes, e é de caráter *substitutivo* (nisso que se coloca *inter partes*), donde depender de provocação e responder apenas no limite dela. O tema é positivado no CPC em vários dispositivos, como o que recepciona o princípio *nemo iudex sine actore* (art. 2.º), o que veda o julgamento *ultra*, *citra* ou *extra petita* (art. 492, caput), o que permite a delimitação consensual da lide (art. 357 e § 2º).

De outra parte, conquanto a prestação jurisdicional *tenda* à realização do justo (e isso já vinha reconhecido desde o conceito romano – *jus est ars boni et aequo*), fato é que, por intuitivas razões (o desgaste infligido às partes; a dilação excessiva do processo; a instabilidade social provocada pela lide em aberto; a imprevisibilidade do desfecho), impende que num determinado momento as lides *terminem*, ainda que não se tenha alcançado o ponto ótimo

---

112 Autocomposição, processos construtivos e a advocacia: breves comentários sobre a atuação de advogados em processos autocompositivos. *Revista do Advogado* (AASP), nº 87, set./ 2006, p. 121.

113 Os métodos alternativos de solução de conflitos no quadro do movimento universal de acesso à justiça. *Revista Forense*, vol. 326, abr./jun. 2004, p. 125, 126, *passim*.

de uma solução perfeita (valendo lembrar o aviso pelo qual *o ótimo é inimigo do bom*). A partir de um determinado ponto do trâmite processual, passa a prevalecer o valor *certeza*, que, aliás, compõe o *fundamento político* da coisa julgada, a saber: o interesse da sociedade e do Estado em que as pendências terminem definitivamente, e não possam ser reabertas no futuro: *non bis in idem* – eficácia preclusiva pan-processual, correspondente, no ambiente da *common law*, ao princípio *stare decisis et non quieta movere*.

Por esse parâmetro fica melhor compreendido o princípio do *duplo grau de jurisdição* – que não está previsto com essa nomenclatura na Constituição Federal ou na legislação processual, mas pode ser inferido do desenho piramidal da estrutura judiciária – a significar que, em verdade, *duas* oportunidades de cognição são ofertadas aos jurisdicionados: uma, monocrática ou singular, seguida de uma revisão por órgão colegiado, ensejada pelo efeito devolutivo do recurso. A partir desse ponto já se ingressa no plano da cognição excepcional dos Tribunais Superiores, os quais, *pour cause*, não se predispõem a atuar como terceira ou quarta instâncias, mas sim, no caso do STF, como o *guarda da Constituição*, e no do STJ, como o intérprete máximo do direito federal comum.

Esse contexto explica, ainda, certas súmulas do STF e do STJ que não deixam dúvida quanto à *delimitação* do espaço jurisdicional ocupado por essas Cortes Superiores, indicando que elas não se vocacionam a examinar alegações de injustiça do julgado recorrido ou a equivocada apreciação da prova ou a errônea interpretação do contrato: Súmulas STF 279 e STJ 5, 7. A par disso, o acesso a esses Tribunais de cúpula é pontilhado de exigências específicas, como o *prequestionamento*, o esgotamento dos recursos cabíveis na origem (o quesito da "causa decidida"), o estrito enquadramento nos permissivos constitucionais (CF, arts. 102, III, e 105, III), o juízo de admissibilidade "repartido" com o Tribunal *a quo* (CPC, art. 1.030 e incisos, cf. Lei 13.256/2.016) e, no caso do STF, a avaliação do pressuposto genérico da *repercussão geral da questão constitucional* (CF, § 3º do art. 102; CPC, § 1º do art. 1.035).

Embora, historicamente, o § único do art. 119 da EC 01/69 autorizasse o STF a indicar no seu Regimento as causas de que conheceria com fulcro nas alíneas *a* e *d* daquele dispositivo (permissão recepcionada na ER n. 3/75, que ainda inseriu a arguição de relevância como *contrapeso* ao estrito rol de causas constante do art. 325), fato é que nem assim logrou o STF livrar-se da sobrecarga de processos, ficando engolfado no que então passou a ser conhecido como a "crise do Supremo". Daí ter, gradualmente, ganhado corpo a ideia da criação de *outro* Tribunal de cúpula – o STJ, encarregado do direito federal comum – objetivo enfim concretizado na CF de 1988. Esta última Corte, porém, com o tempo, passou a padecer dos mesmos males que afligiam aquela que lhe dera origem, assim engendrando *sua própria crise numérica de processos.* No afã de atenuá-la, passou a emitir súmulas restritivas ao recebimento do recurso especial, como as antes lembradas, mormente a de nº 203, vedando acesso aos RESp's tirados de decisões provindas dos Juizados Especiais.

Na linha dessa tendência restritiva, a Lei 11.672/2008 veio inserir no CPC/73 o art. 543-C, parágrafos e incisos, objetivando racionalizar e uniformizar a admissão dos recursos especiais múltiplos e repetitivos, em molde assemelhado ao rito observado pelo STF nos recursos extraordinários massivos (CPC/73, art. 543-B, cf. Lei 11.418/2006). A par disso, chegou-se a cogitar, na PEC 358/2005, a inserção da exigência de repercussão geral da questão federal, para acesso ao STJ via recurso especial.

Os vários expedientes excogitados para regular o afluxo de processos aos nossos Tribunais de cúpula prendem-se a um comum denominador: o reconhecimento de que órgãos judiciais de sobreposição, na estrutura judiciária de um país de dimensão continental e expressiva população, afeita à *cultura judiciarista*, não podem operar como *mais uma* instância revisora, sob pena de ficarem engolfados numa pletora de processos que os impossibilitará de exercer suas altas funções, donde a imprescindibilidade de algum *filtro*, *barreira*, ou *elemento de contenção*, para a continuidade dos trabalhos em modo eficiente. Do contrário, ou bem a Corte sucumbe à crise numérica de processos, ou, buscando livrar-se dela a qualquer custo, acaba ofertando justiça massiva, de sofrível consistência, assim *substituindo a crise de quantidade pela crise de qualidade*. Victor Nunes Leal, então Ministro do STF, lembrava que a opção pela *arguição de relevância* não surgiu de cogitação originária do STF, *pro domo sua*: "Inspirou-se na experiência da Côrte Suprema dos Estados Unidos, consoante a reforma ali realizada, em 1925, por sugestão dos próprios ministros. Nas palavras de Stern e Gressmann, 'qualquer tipo de questão que chegue à Côrte Suprema, sofre um processo preliminar de triagem e somente sobrevive naqueles casos que a Côrte considera suficientemente importantes ou significativos (*important or meritorius*) para justificar uma nova revisão'".[114]

É por isso que, numa admissão implícita de que uma Corte Constitucional não pode operar como um Tribunal *de grande instância* – como, entre nós, o fazem os TJ's, os TRF's, os TRT's – a EC 45/2004 buscou *suprir a lacuna* deixada pela não recepção da *arguição de relevância* na nova formatação do STF advinda com a Constituição de 1988. Para tanto, instituiu o pressuposto

114 O requisito da "relevância" para a redução dos encargos do Supremo Tribunal Federal. *Revista de Direito Processual Civil*, vol. 6, jul./dez. 1962, p. 17.

genérico da *repercussão geral das questões constitucionais discutidas no caso* (CF, art. 102, § 3º), como tal se considerando, segundo o § 1º do art. 1.035 do vigente CPC aquelas "relevantes do ponto de vista econômico, político, social ou jurídico, que ultrapassem os interesses subjetivos do processo", como tal se presumindo, segundo o § 3º do art. 1.035 do CPC a hipótese do RE contra "acórdão que: I – contrarie súmula ou jurisprudência dominante do Supremo Tribunal Federal; (...) III – tenha reconhecido a inconstitucionalidade de tratado ou de lei federal, nos termos do art. 97 da Constituição Federal". Trata-se, e, tais casos, de uma repercussão geral *absoluta*, porque derivada de uma presunção legal – portanto *iuris et de iure* –, diversamente, pois, daquela que se pode tipificar como *relativa*, por depender da oportuna avaliação, a cargo do STF, quanto à indigitada relevância da questão sob os ângulos econômico, político, social ou jurídico. Naquele primeiro caso, observa José Theóphilo Fleury, "se a matéria foi objeto de súmula ou se cuida de julgados reiteradamente decididos no mesmo sentido, é porque diante de questão de interesse maior se está, e que se coloca acima daquele dos próprios particulares envolvidos no recurso".[115]

Em que pese a falta de uniformidade vernacular – *relevância*, no caso da antiga arguição; *transcendência*, no caso da revista trabalhista ao TST; *repercussão geral*, no caso do recurso extraordinário – subjaz como núcleo comum o fato incontestável de que as Cortes Superiores não podem atuar de forma massiva, como terceiro ou quarto graus, e sim como Tribunais de cúpula do sistema, concentrando tempo e energia nos casos singulares e complexos, cuja solução possa expandir eficácia por número expressivo de sujeitos, ou diga respeito a tema socialmente impactante, ou ainda repercuta sobre notável quantidade de processos análogos. Ives Gandra da Silva Martins Filho observa que o próprio ordenamento positivo reconhece "que o aumento contínuo de processos para o Supremo exige, independentemente de outros mecanismos de racionalização do trabalho, a adoção de critério de seleção discricionária das causas cuja relevância efetivamente exija um pronunciamento final da Suprema Corte".[116]

Ao contrário da *ratio* subjacente à antiga *arguição de relevância*, que em verdade operava como *fator de inclusão*, permitindo o conhecimento de RE fora das hipóteses tipificadas nos incisos I a X do art. 325 do RISTF (ER 02/85), já a *repercussão geral*, bem vistas as coisas, opera como *fator de exclusão*, por-

115 *Recurso especial e extraordinário. Interposição simultânea. Fundamentos suficientes e prejudicialidade*, Curitiba: Juruá, 2007, p. 198.

116 Critério de transcendência... *Revista LTr*, vol. 65, n. 8, ago./2001, p. 912.

que, apesar de se exigir o voto de "dois terços dos seus membros" (vale dizer: oito ministros: CF, § 3º do art. 102), para a avaliação negativa quanto a esse quesito, ainda assim subjaz a intenção de fazer com que tal quesito opere como um *filtro*, barreira ou elemento de contenção, até porque, de outro modo não se compreenderia a inserção de uma *exigência adicional*, à admissibilidade daquele recurso. (Não é razoável supor que, ante a notável crise numérica de processos que assoberba o STF, o constituinte revisor viesse a instituir um quesito *a mais*, na admissibilidade do RE, para...franquear o acesso à Corte).

O antes afirmado ressuma de um conjunto de elementos de convicção: (*i*) a repercussão geral é, na verdade, um *pré-requisito genérico*, já que exige uma avaliação positiva para a "*admissão* do recurso" (CF, § 3º do art. 102-EC 45/2004), tratando-se, pois, de pressuposto adrede colocado *antes* dos demais requisitos formais (prazo, preparo, cabimento, prequestionamento, esgotamento dos recursos cabíveis), os quais podem até estar presentes, mas ficarão prejudicados em resultando negativa a avaliação sobre a repercussão geral; (*ii*) tal avaliação, quando negativa, é *irrecorrível* (RISTF, art. 326, cf. ER 21/2007); (*iii*) os dados para a avaliação a respeito desse quesito, em que pese incluam o elemento *jurídico*, em sua maioria são *metajurídicos* (o *econômico, o político, o social*: CPC, § 1.º do art. 1.035), ensejando ao STF expressiva discricionariedade para regular, *pro domo sua*, o afluxo de recursos extraordinários; (*iv*) a negativa da repercussão geral não obsta só à admissibilidade do recurso *in concreto*, mas serve de paradigma para descarte dos demais em que se postule matéria idêntica (RISTF, arts. 326 e 328, cf. ER 21/2007).

Sob este último enfoque, não há negar que o pré-requisito da repercussão geral acaba operando um efeito que se diria *preventivo geral, de eficácia pan-processual*, na medida em que desestimula, atuando no plano dissuasório, a interposição de recursos extraordinários nos casos iguais àquele(s) que antes receberam no STF avaliação *negativa* quanto ao quesito da repercussão geral. Assim é que dispõe o § 8º do art. 1.035 do CPC: "Negada a repercussão geral, o presidente ou o vice-presidente do tribunal de origem negará seguimento aos recursos extraordinários sobrestados na origem que versem sobre matéria idêntica"; ou seja: eficácia pan-processual dessa avaliação negativa. Vale ainda lembrar que, nos termos do art. 329 do RISTF (ER 21/2007), a Presidência da Corte "promoverá ampla e específica divulgação do teor das decisões sobre repercussão geral, bem com formação e atualização de banco eletrônico de dados a respeito".

Acerca do pré-requisito em causa, escreve Renato Luís Benucci: "A doutrina denomina a repercussão geral também de *transcendência*, e de fato, com o advento da repercussão geral, para que o Supremo Tribunal Federal aprecie a questão constitucional debatida no recurso extraordinário, a questão deve *transcender* o plano estritamente jurídico (transcendência jurídica). Além disto, a questão deve *transcender* o simples interesse subjetivo da causa, de modo a atingir alcance geral (transcendência individual)". Na sequência, aduz o articulista que a "posição doutrinária que prestigia o cariz de Tribunal Constitucional do Supremo Tribunal Federal é defendida, entre outros, por Miguel Reale Júnior, para quem a repercussão geral é compatível com a competência de uma Suprema Corte no campo constitucional, que deve ocupar-se apenas com questões de relevo e de interesse geral. Com efeito, o acesso à jurisdição é garantido pela possibilidade de recurso das causas já julgadas pelo juiz de primeiro grau, uma única vez, conforme a abrangência em que foi delimitada a garantia do duplo grau de jurisdição, e não pela litigiosidade contínua e postergatória, possibilitada por um número excessivo de recursos, que não derivam da garantia do duplo grau de jurisdição, como é o caso típico do recurso extraordinário".[117]

Considerando-se que o STF, a par da Presidência, compõe-se de duas Turmas de cinco Ministros, vale colacionar a doutrina de Nery & Nery: "Caso a decisão positiva, admitindo a repercussão geral, seja tomada por 4 (quatro) dos 5(cinco) Ministros, a própria Turma continuará incontinenti o julgamento dos demais requisitos de admissibilidade e do próprio mérito do RE. Na hipótese de a) ser afirmada a existência da repercussão geral por 3(três) ou menos dos cinco Ministros da Turma ou de b) ser negada a existência da repercussão geral, os autos deverão ir ao Pleno do STF, que somente poderá rejeitar a admissibilidade do RE por inexistência da repercussão geral, por, pelo menos, 8(oito) de seus 11(onze) Ministros (CF 102 § 3º)". [118]

De outra parte, reforçando a tese da *objetivação do recurso extraordinário*, verifica-se que a declaração do STF acerca da "repercussão geral", quando negativa, projetará, ainda, um importante *efeito preventivo geral*, dissuadindo a interposição de recursos sobre as matérias que o STF já tenha assentado como não transcendentes conforme a divulgação determinada no art. 329 do RISTF. Essa expectativa de que, com o tempo, não venham a ser interpostos recursos extraordinários em matérias que o STF já tenha considerado carentes

---

117 A repercussão geral no recurso extraordinário como instrumento de gestão judiciária. *Revista Dialética de Direito Processual* n. 63, jun. 2008, p. 116-117 (o artigo de Miguel Reale Júnior, mencionado pelo articulista, denomina-se "Valores Fundamentais da Reforma do Judiciário", publicado na *Revista do Advogado* n. 75, ano 24, São Paulo: AASP, abril de 2004).

118. *Constituição Federal comentada e legislação constitucional*, 3ª ed., São Paulo: Thomson Reuters-Revista dos Tribunais, 2.012, nota 99 ao art. 102, p. 608.

de repercussão geral, já vinha esperada nos albores da experiência com a arguição de relevância, nos anos sessenta do século passado, como prognosticara o saudoso Min. Victor Nunes Leal: "Nos precedentes que o Tribunal fosse formando, as partes encontrariam numerosos exemplos para bem discernir o pressuposto da relevância, e dentro de algum tempo, as incertezas estariam reduzidas ao mínimo".[119]

(Instigante efeito paralelo do ora exposto se projeta em face da Súmula 126 do STJ, inspirada na técnica do "fundamento suficiente" e endereçada aos acórdãos que contêm questões que relevam, a um tempo, do campo constitucional e do direito federal comum: tal súmula precisará ser flexibilizada, porque nas matérias que o STF fixar, *a priori*, como carentes de repercussão geral, não faria sentido que o recorrente continuasse jungido à interposição concomitante de RE e REsp; aliás, se o fizesse, por certo o RE seria indeferido liminarmente, visto tratar-se de recurso de fundamentação vinculada, sendo a repercussão geral exigida para a sua *admissão* (*sic*): CF, § 3.º do art. 102).

No tocante ao rito dos recursos extraordinário e especial repetitivos (CPC, arts. 1.036-1.041)vale salientar o disposto no § único do art. 328 do RISTF, cf. ER 21/2007, dispondo que em se verificando "subida ou distribuição de múltiplos recursos com fundamento em idêntica controvérsia, a Presidência do Tribunal ou o(a) Relator(a) selecionará um ou mais representativos da questão e determinará a devolução dos demais aos tribunais ou turmas de juizado especial de origem, para aplicação dos parágrafos do art. 543-B do Código de Processo Civil" [de 1973, correspondentes aos parágrafos do art. 1.036 do vigente CPC].

No tocante ao critério de seleção dos recursos por amostragem, no rito dos repetitivos, Nery & Nery avaliam que "o tribunal a quo deverá escolher os RE que demonstrem maior viabilidade de serem conhecidos, porque a fixação da tese jurídica pelo STF é de interesse geral e social, transcende o interesse subjetivo da parte e o tribunal local é imparcial, de modo que não tem interesse em ver prevalecer a tese afirmada por ele no acórdão recorrido".[120]

Observe-se que, em face desses recursos extraordinários múltiplos e repetitivos, uma vez negada pelo STF no processo paradigma a repercussão geral, ou, se for julgado o seu mérito em sentido contrário ao das decisões tomadas nas instâncias de origem, opera-se, para estas, um efeito vinculativo-

---

119 O requisito da relevância... cit., *Revista de Direito Processual Civil*, vol. 6, jul./dez. 1962, p. 18.

120 *Repercussão geral no recurso extraordinário*, São Paulo: Revista dos Tribunais, 2007, p. 59-60.

-derrogatório: (*i*) no primeiro caso, "os recursos sobrestados considerar-se-ão automaticamente não admitidos, e (*ii*) no segundo caso, conquanto se abra às instâncias de origem o duplo alvitre (CPC, art. 1.040, I e II) de (*a*) se retratarem/declararem tais recursos prejudicados, ou (*b*) manterem as decisões e mandarem *subir* tais recursos, tudo indica que se tratará de diligência inócua, porque, decerto, o STF irá prestigiar seu posicionamento no recurso piloto. Trata-se, pois, de expressivo exemplo de *vinculação vertical* da jurisprudência assentada nos Tribunais da Federação. No ponto, afirma Bruno Dantas Nascimento: "O efeito vinculante vertical limitado ao tribunal *a quo*, e não aos juízos de primeiro grau, decorre da sistemática de cassação e reenvio da técnica de tutela recursal plurindividual".[121]

Não é de hoje que, no âmbito do STF, além da tendência à *objetivação* do recurso extraordinário – que o faz operar (também) como elemento de contenção – viceja a tese da *potencialização da eficácia do controle difuso de constitucionalidade*, realizado incidentalmente no bojo dos recursos extraordinários. Uma aplicação dessa tese encontra-se no § único do art. 949 do CPC, dispensando os órgãos fracionários dos Tribunais de colher a oitiva do Pleno ou do órgão especial, nas arguições de inconstitucionalidade (CF, art. 97: *reserva de plenário*; súmula vinculante nº 10), "quando já houver pronunciamento destes ou do plenário do Supremo Tribunal Federal sobre a questão"; outra aplicação situa-se no § 12º do art. 525 do CPC, dispondo que se considera "inexigível a obrigação reconhecida em título executivo judicial fundado em lei ou ato normativo considerado inconstitucional pelo Supremo Tribunal Federal, ou fundado em aplicação ou interpretação da lei ou do ato normativo tido pelo Supremo Tribunal Federal como incompatível com a Constituição Federal, em controle de constitucionalidade concentrado ou difuso". (Análoga disposição é prevista no cumprimento de sentença contra a Fazenda Pública: CPC, § 5º do art. 535).

Trata-se, nesses casos, de aplicação da tese que vem tomando corpo no STF, no sentido da potencialização da eficácia do controle de constitucionalidade pela via difusa, praticada no bojo dos recursos extraordinários, assim aproximando-a da eficácia *erga omnes*, típica do controle pela via direta (*ADIn*, *ADCon*: CF, § 2.º do art. 102, redação da EC 45/2004). Esse entendimento visa, a par de outros objetivos, prevenir situações paradoxais ocorrentes na *praxis* judiciária nacional: o STF afirma num processo intersubjetivo, na jurisdição singular, a inconstitucionalidade de uma norma ou de um ato normativo,

121 "Tutela recursal plurindividual"...cit., tese de doutorado, PUC – São Paulo, 2013, conclusão n. 53, p. 157.

mas tal declaração, por força dos limites subjetivos da coisa julgada (CPC, art. 506) fica confinada às partes desse processo, de sorte que em outros, mesmo análogos ou até idênticos, aquela norma ou ato continuam a ser aplicados, como se pudessem ser inconstitucionais *em face de alguns e não de outros*, num evidente tratamento anti-isonômico aos jurisdicionados. (Figurem-se duas empresas, praticantes do mesmo fato gerador regulado pelo mesmo dispositivo de lei tributária, tendo uma delas ajuizado ação em que logrou a declaração dessa inconstitucionalidade pontual, no bojo de recurso extraordinário interposto contra acórdão favorável à Fazenda: essa empresa ficará livre da exigência fiscal, a qual, todavia, continuará a ser exigida da concorrente, subsumida ao mesmo fato gerador).

Sobre a matéria, afirma o Min. Gilmar Mendes, do STF: "De qualquer sorte, a natureza idêntica do controle de constitucionalidade, quanto às suas finalidades e aos procedimentos comuns dominantes para os modelos difuso e concentrado, não mais parece legitimar a distinção quanto aos efeitos das decisões proferidas no controle direto e no controle incidental".[122] A seu turno, afirmou o Min. Celso de Mello, no julgamento da Reclamação n. 2.986: "Com efeito, o Supremo Tribunal Federal, em recentes julgamentos, vem dando mostras de que o papel do recurso extraordinário na jurisdição constitucional está em processo de redefinição, de modo a conferir maior efetividade às decisões. Recordo a discussão que se travou na Medida Cautelar no RE 376852, de relatoria do Min. Gilmar Mendes (Plenário, por maioria, *DJ* 27.03.2003). Naquela ocasião, asseverou Sua Excelência o caráter objetivo que a evolução legislativa vem emprestando ao recurso extraordinário, como medida racionalizadora de efetiva prestação jurisdicional".[123]

Essas qualidades que, gradualmente, se vão agregando ao recurso extraordinário – sua expansão, para além do círculo restrito do interesse das partes recorrentes; sua função paradigmática, ensejando o julgamento isonômico de recursos múltiplos e repetitivos – projetam relevantes *externalidades positivas*: (*i*) reduz-se a distância entre os controles difuso/incidental e direto/abstrato de constitucionalidade, na medida em que a lei ou o ato normativo declarados incidentalmente inconstitucionais num dado processo não ficam (mais) a depender da vontade política do Senado Federal (CF, art. 52, X) para que

---

122 O papel do Senado Federal no controle de constitucionalidade: um caso clássico de mutação constitucional. *Revista de Informação Legislativa* nº 162, abr./jun. 2004, p. 164.

123 *Informativo STF*, n. 379.

projetem eficácia *erga omnes* e efeito vinculativo;[124] (*ii*) a decisão proferida no mérito de um dado recurso extraordinário tomado como paradigma passa a parametrizar a decisão de outros recursos pendentes sobre o mesmo tema (CPC, art. 1.040, I); (*iii*) análoga expansão projeta o decidido pelo STF sobre a repercussão geral da questão constitucional numa dada matéria (CPC, § 8º do art. 1.035). Com esse conjunto de medidas, é razoável esperar que o tempo útil dos Ministros do STF será consideravelmente poupado, podendo ser empregado no exame acurado de casos transcendentes, singulares e complexos, cuja questão constitucional debatida apresente repercussão geral.

Também o STJ, naturalmente, realiza, no bojo de suas competências originária e recursal (CF, art. 105 e incisos) o controle difuso/incidental de constitucionalidade, com eficácia *inter partes*. Todavia, por um lado, sem embargo de suas altas atribuições, não está ele postado como o *guarda da Constituição* (CF, art. 102, *caput*), e, de outro lado, se no caso concreto houver a dupla incidência de questão federal e questão constitucional, a ensejar a interposição conjunta de RE e de REsp, é dado ao relator do recurso especial, no STJ, "considerar *prejudicial* o recurso extraordinário, em decisão irrecorrível", caso em que "sobrestará o julgamento e remeterá os autos ao Supremo Tribunal Federal" (CPC, § 2º do art. 1.031); na sequência, pode dar-se que o relator no STF entenda diversamente, rejeitando tal prejudicialidade, caso em que "devolverá os autos ao Superior Tribunal de Justiça para o julgamento do recurso especial (CPC, § 3º do art. 1.031). Observe-se que, justamente porque o contraste entre *lei local contestada em face de lei federal* traz subjacente uma questão constitucional – no mínimo, o debate sobre repartição das competências legislativas – houve por bem a EC 45/2004 repassar ao STF a resolução de tal imbricação (alínea *d*, acrescida ao art. 102, III da CF), matéria antes afeta ao STJ, pela precedente redação da alínea *b* do art. 105, III.

Compreende-se que o STF, ao desempenhar a elevada função de *guarda da Constituição* (art. 102, *caput*), não se restrinja só a dizer o Direito, mas também proceda – como destinatário do recurso extraordinário – a uma prévia triagem sobre a natureza e a intensidade jurídico-política das questões que lhe são submetidas, por modo a recepcionar e julgar aqueles recursos cuja matéria apresente *transcendência* para além do interesse individual das partes, projetando-se, num patamar mais alto e largo, tocando já ao próprio interesse público, ou, quando menos, ao interesse de segmentos vastos e importantes

---

124 Ponderáveis argumentos em senso contrário são expendidos por Nery & Nery: *Constituição Federal anotada...* cit., 3ª ed., 2.012, notas 13-17 ao art. 52, X, p. 501-505.

da coletividade.[125] Por aí é lícito excogitar que a *repercussão geral da questão constitucional* tanto pode ser aferida num padrão *qualitativo* – consentindo avaliação quanto à afirmada repercussão econômica, política, social ou jurídica (CPC, § 1º do art. 1.035) – como num padrão *quantitativo*, já agora quando o *thema decidendum* venha afetado a um número expressivo de sujeitos e/ou venha repercutido em múltiplos processos.

Sob outro ângulo, cuida-se de um *choque de gestão* aplicado no regime de admissibilidade do recurso extraordinário, que passa a contar com um *pré-requisito genérico e premonitório*, já não mais bastando o interesse em recorrer, decorrente da situação de sucumbência, e o atendimento aos demais quesitos básicos (prazo, preparo, prequestionamento, cabimento, esgotamento das vias ordinárias). Tudo em ordem a possibilitar que o STF possa cumprir, em tempo hábil e eficientemente, sua conspícua função de uma vera Corte Constitucional, e não de uma terceira ou quarta instância. No ponto, reconhece Renato Luís Benucci que a exigência da repercussão geral "deve ser entendida também como um instrumento de *gestão judiciária*, a permitir a tramitação mais célere dos processos judiciais, tendo como objetivo o sobreprincípio da 'efetividade da atividade jurisdicional', verdadeira pedra fundamental sobre a qual se edifica o processo civil moderno. (...) Verifica-se, portanto, a nítida tendência do legislador nacional em introduzir instrumentos de angustura dos recursos submetidos aos órgãos de cúpula do Poder Judiciário. Tais instrumentos são aplicados por inúmeros outros países, como Estados Unidos e Alemanha, e devem ser recebidos não como formas de cercear o livre acesso ao Poder Judiciário ou à ampla defesa, mas antes como importantes mecanismos de gestão judiciária".[126]

Escrevendo ainda antes do início da experiência com a arguição *de relevância*, na admissibilidade do recurso extraordinário, o Min. Victor Nunes Leal localizava no *interesse público* o parâmetro mais seguro para a avaliação daquele quesito nos casos concretos e figurava como exemplos: "A definição de um instituto tributário – que interessa a centenas e milhares de pessoas – atende ao requisito da relevância. Tem o mesmo caráter a interpretação de uma lei que abranja extensa categoria de funcionários públicos. De igual modo, uma norma legal que aplicada de um ou de outro lado, pode afetar

125 Bem por isso, o PL 5.139/2009, à época preordenado a regular a nova ação civil pública, previa: "A tutela dos direitos ou interesses difusos, coletivos e individuais homogêneos presume-se de relevância social, política, econômica ou jurídica" (§ 1.º do art. 2.º).

126 A repercussão geral..., cit., *Revista Dialética de Direito Processual* n. 63, jun. 2008, p. 117.

fundamente todo um ramo da produção ou o comércio. O mesmo se dirá do dissídio jurisprudencial em torno de uma lei de aplicação frequente (como a de locação)".[127]

No ano judiciário de 2007, entre as quinze primeiras decisões sobre a existência ou não de *repercussão geral*, as avaliações resultaram negativas em seis recursos extraordinários, significando, portanto, 40% de eliminação com base nesse pressuposto. Por exemplo: RE 556.385-5 MS, relatoria do saudoso Min. Menezes Direito, maioria, versando sobre multa processual diária aplicada contra o INSS por descumprimento de decisão determinando a apresentação de certidão de tempo de contribuição; RE 565.138-BA, rel. Min. Menezes Direito, maioria, envolvendo ação por danos morais contra a Confederação Brasileira de Futebol, que fora condenada a indenizar o autor por danos morais e materiais resultantes de indigitada manipulação de resultados de jogos; RE 565.653-DF, rel. Min. Cármen Lúcia, maioria, envolvendo parcelamento de precatório em indenização por desapropriação; RE 568657 MS, rel. Min. Carmen Lúcia, maioria, versando sobre a exigibilidade de cobrança administrativa prévia em execução fiscal.

Dentre os outros *nove* recursos extraordinários que, em 2007, tiveram *reconhecida* a *repercussão geral da questão constitucional* pelo STF podem ser indicados: *RE 561.908-7 RS*, rel. Min. Marco Aurélio, v.u., sobre a constitucionalidade do art. 4.º da LC 118/2005, envolvendo milhares de ações de repetição de indébito movidas contra a União; *RE 567.932-2 RS*, relator Min. Marco Aurélio, maioria, sobre a constitucionalidade do art. 13 da Lei 8.620/93, incidindo sobre a responsabilidade solidária dos sócios em relação ao pagamento de contribuição para seguridade social, devida por pessoa jurídica de responsabilidade limitada; no *RE 566.471-6 RN*, rel. Min. Marco Aurélio, v.u., envolvendo a interpretação de dispositivos constitucionais, com reflexo sobre a obrigatoriedade do Estado de fornecer medicamentos de alto custo; no *RE 561.836*, rel. Min. Eros Grau, maioria, versando sobre conversão de vencimentos de servidor público em URVs. A esse elenco soma-se um caso bastante expressivo, estampado no *Jornal do Advogado* (OAB-SP 337, março 2009, p. 20): o Plenário do STF, em Questão de Ordem suscitada no A.I. 712743, por unanimidade, reconheceu *repercussão geral* de matéria envolvendo a progressividade do IPTU, na esteira do assentado na súmula 668. Segundo a nota, a Ministra relatora, Ellen Gracie, "justificou a proposta de reconhecimento da repercussão geral, argumentando que esta lhe parecia 'indiscutível, diante de

127 O requisito da relevância... cit., *Revista de Direito Processual Civil*, vol. 6, jul./dez. 1962, p. 18.

sua relevância econômica, social e jurídica'. Ela lembrou que as duas Turmas da Corte continuam aplicando a jurisprudência consolidada na Súmula 668".

Por outro lado, entre os recursos extraordinários oriundos de demandas múltiplas e repetitivas, enviados ao STF *por amostragem*, registrou-se uma Questão de Ordem no de n. *556.664*, rel. Min. Gilmar Mendes (recorrente o INSS, envolvendo a prescrição quinquenal de contribuições sociais, em razão da inconstitucionalidade dos arts. 45 e 46 da Lei 8.212/91), tendo a Corte, por unanimidade, estabelecido que todos os recursos e agravos envolvendo essa matéria deveriam ficar sobrestados na origem, determinando-se, ainda, a devolução à origem dos RE's ainda não distribuídos no STF. No *RE 560.626*, rel. Min. Gilmar Mendes, maioria, determinou-se análogo sobrestamento, na origem, dos RE's envolvendo discussão sobre obrigatoriedade de lei complementar para regular decadência e prescrição de contribuições previdenciárias. Conforme dados e gráficos constantes do sítio www.stf.gov.br/portal/jurisprudenciaRepercussaoGeral arquivo/estudo RepercussaoGeral.pdf, organizado pelo Gabinete Extraordinário de Assuntos Institucionais do STF, consultado em 20.12.2007, os RE's repetitivos, envolvendo execução fiscal/prescrição do crédito tributário/contribuição previdenciária, chegaram a *zerar* no período de 22 a 26.10.2007, subindo a *três* no interstício de 05 a 09.11.2007. Informa-se naquele sítio: "A distribuição da matéria caiu por força da decisão que determinou o sobrestamento na origem (RE 556.664, de 21.09.2007)".

Segundo informado no boletim Supremo em Ação, do CNJ, divulgado em 2.018, ano-base 2.017, foram julgados 101 casos de repercussão geral, sendo 63 (62,4%) e, exame preliminar, dos quais em 30 (47,6%) se decidiu pela rejeição e em 33 (54,4%), pela existência da repercussão.[128]

A repercussão geral da questão constitucional, ventilada no bojo do RE, guarda sintonia com a natureza subjetivo-objetiva desse apelo extremo, que, no plano imediato – do interesse das partes do processo – presta-se a que o STF possa "aplicar o Direito à espécie", mas no plano mediato, onde se contemplam os demais cidadãos e pessoas jurídicas, conduz a um objetivo mais expandido, qual seja, o da preservação da inteireza positiva do texto constitucional e fixação de sua exegese ao largo e ao longo do território nacional, assim desempenhando uma missão a um tempo nomofilácica e paradigmática. Assim se passa porque, como pondera Ricardo Haro, "las Cortes y los Tribunales Constitucionales solo deben o solo deberían resolver los casos en que, por su importancia y trascendencia institucional, se encuentran seriamente

---

128 Disponível em: cnj.jus.br/wp-content/uploads/2017/06/fd55c3e8cece47d9945bf147a-7a6e985.pdf.Acesso em: 13.120.2019.

comprometidos tanto los valores y los fines constitucionales como el ámbito, el sentido y el alcance de las normas fundamentales".[129]

A seu turno, observa Nelson Rodrigues Netto que a "repercussão geral da questão constitucional, nos termos da lei, funcionará como um requisito de admissibilidade do recurso extraordinário. É razoável afirmar que, de forma semelhante ao que estabelecia o art. 327, § 1.º do Regimento Interno do Supremo Tribunal Federal de 1985, o regramento legal deverá conter um viés político, no sentido de que o Pretório Excelso estabelecerá os elementos 'morais, econômicos, políticos ou sociais', relevantes e que reflitam na ordem jurídica, para admissão do recurso extraordinário".[130]

Compreende-se a inserção desse quesito adicional para o conhecimento de recursos excepcionais, de natureza vinculada, como o são o extraordinário e a revista trabalhista, porque de outro modo os órgãos de cúpula aos quais eles se dirigem acabariam operando, singelamente, como *mais uma* instância recursal, a rever decisões cujo interesse não transcende o das próprias partes. A propósito, Rodrigo Barioni sugere dois casos que poderão lobrigar a repercussão geral da questão constitucional, assim configurando o *interesse recursal* e deflagrando a competência do STF: "Uma demanda na qual se discute a constitucionalidade da cobrança de determinado tributo. O fato de o recurso extraordinário originar-se de uma demanda de interesse meramente individual do recorrente não lhe retira a repercussão geral, consistente na provável repetição de causas de idêntica natureza. O conjunto dos atingidos pela suposta cobrança de tributo inconstitucional eleva o objeto do recurso a patamar de relevância suscetível de julgamento pelo STF". Exemplifica ainda o autor com um "processo no qual se discute o direito à liberdade de expressão de uma parte em face do direito à intimidade da parte contrária. Dirigido o recurso extraordinário ao STF, exsurge o interesse geral no pronunciamento judicial em máxima instância".[131]

O advento da "repercussão geral da questão constitucional" é em boa medida explicado pelo insucesso do precedente regime da arguição de relevância (1975-1988), assim avaliado por Ives Gandra da Silva Martins Filho:

---

129 El rol paradigmático... cit., em *Estudos de Direito Constitucional em homenagem a José Afonso da Silva*, São Paulo: Malheiros, 2003, p. 493.

130 *Interposição conjunta de recurso extraordinário e de recurso especial*, São Paulo: Dialética, 2005, p. 25.

131 O recurso extraordinário e as questões constitucionais de repercussão geral. In: WAMBIER, Teresa Arruda Alvim *et al.* (coord.). *Reforma do Judiciário*, São Paulo: Ed. RT, 2005, p. 622.

"Das mais de 30.000 apreciadas pelo STF durante o período de funcionamento do sistema, o Pretório Excelso não acolheu mais do que 5%, sendo que 20% *deixaram de ser conhecidas* por deficiência de instrumentação e 75% *foram rejeitadas*. A discricionariedade no processo de seleção, aliada ao reduzidíssimo número de arguições acolhidas, contribuiu para que a classe dos advogados se opusesse ao sistema, esperando contar com maior número de recursos para prosseguir litigando, quando vencidos".[132]

Essa retrospectiva pouco animadora no tocante à arguição de relevância não deve, porém, servir para sinalizar um porvir igualmente sombrio para os quesitos da *repercussão geral*, na admissibilidade do RE, pelo STF, ou da *transcendência*, no conhecimento da revista trabalhista pelo TST (art. 896-A da CLT),[133] dado que, de um lado, a continuidade dos trabalhos depende da inserção de filtros e elementos de contenção no acesso a essas Cortes, e, de outro lado, impende que as suas decisões tenham abrangência nacional, não restando apenas restritas aos interesses de recorrente e recorrido, para que possam elas cumprir sua missão paradigmática.

José Augusto Rodrigues Pinto considera a qualificadora da *repercussão geral* "até agora ineficaz, por falta da definição dos perfis que a qualificarão como econômica, política, social e jurídica". Para o autor, com tal exigência "repete-se uma experiência falida, cujo fundamento reconhecido é a *discricionariedade de trato do interesse individual*, sob color de um vago *interesse geral*, que não se sabe de quem é nem que medida tem. Estamos, pois, diante de um autêntico *remake*, no melhor sentido do cinema americano acostumado à refilmagem de seus grandes sucessos de bilheteria, com a trágica diferença que nosso constituinte derivado patrocinou o *remake* de um fracasso. E *remake* até do modelo, conhecida como é sua origem na Suprema Corte americana, onde dá certo porque lá a *cultura, a mentalidade, a responsabilidade no trato do Direito* são outras, precisamente as que ainda nos faltam".[134]

Sem embargo, parece-nos que com *engenho e arte* o STF e o TST conseguirão identificar e divulgar os temas que a seu ver têm ou não repercussão

---

132 Critério da transcendência no recurso de revista – Projeto de Lei n. 3.267/00. *Revista LTr*, 65-08, p. 912, itálicos no original.

133 O STF, instado na ADIn 2527-9, proposta pelo Conselho Federal da OAB, considerou *constitucional* o quesito da *transcendência*, constante do art. 896-A da CLT, em julgamento liminar concluído em 16.08.2007. A Lei 13.467/2.017 acrescentou um § 1º a esse artigo, trazendo os elementos identificadores da citada transcendência.

134 O pressuposto da repercussão geral no recurso extraordinário. *Revista LTr*, 69-01, jan./2005, p. 47 (itálicos no original).

geral/transcendência, nessa ordem, assim se evanescendo, com o tempo, as restrições e desconfianças com relação ao "subjetivismo", que, segundo alguns, comprometeria a precisão exegética daqueles conceitos. Nesse sentido, o art. 329 do RISTF, redação da ER 21/2007 dispõe: "A Presidência do Tribunal promoverá ampla e específica divulgação do teor das decisões sobre repercussão geral, bem como formação e atualização de banco eletrônico de dados a respeito".

E, no tocante ao propalado *subjetivismo*, que numa visão apressada comprometeria as avaliações quanto à "relevância", "transcendência" ou "repercussão geral" do *thema decidendum*, vale relembrar que o saudoso Min. Victor Nunes Leal o considerava, no limite, um *falso problema:* "O ato de julgar é, por definição, inseparável da ideia de discernimento, critério, bom-senso, que sempre contém larga margem de subjetivismo, que dizer então, da concepção do *justo*, de que nenhum bom julgador pode abrir mão ? Como diz Cardozo, 'podemos tentar ver as coisas tão objetivamente quanto quisermos. Não obstante, nunca as podemos ver senão com os nossos próprios olhos'".[135]

5. A EXCESSIVA DURAÇÃO DOS PROCESSOS.

Dentre tantos temas que ao longo do tempo têm despertado vivo interesse dos processualistas (*v.g.*, direito de ação, coisa julgada, relações entre Direito e Processo) não teve igual acolhida o problema do *tempo no processo*. Esse fato deriva de mais de uma causa: (*i*) para muitos, a "passagem do tempo" é questão parajurídica, concernindo à seara filosófica, ou ao mundo fenomenológico; (*ii*) argumenta-se, de outro lado, que o tempo gasto ao longo do trâmite de um processo depende de singularidades diversas, insuscetíveis de controle *a priori*, tais a complexidade da matéria discutida, as vicissitudes probatórias, a virtualidade de solução consensual incidente; (*iii*) para os que insistem no vezo de *lidar com as consequências, em vez de combater as causas*, o problema da excessiva dilação dos processos pode ser enfrentado por providências de caráter quantitativo - mais juízes, mais fóruns, mais equipamentos de informática, mais serventuários, enfim, *mais custeio*: trata-se de visão *simplista e reducionista* que mal disfarça a magnitude do problema, agregando-lhe um outro mal, qual o do *superdimensionamento* do Judiciário ("mais do mesmo"), com deletérios efeitos, que vão desde o crescente empenhamento dos recursos orçamentários até o comprometimento do equilíbrio entre os Poderes.

135 O requisito da... cit., *Revista de Direito Processual Civil*, n. 6, jul./dez. 1962, p. 20.

Em verdade, não há negar a relação direta entre a excessiva dilação dos processos e sua crise numérica, à sua vez retroalimentada pela *cultura judiciarista* esparsa ao interno da população. A não aceitação ou a subavaliação desse contexto tem levado a equívocos estratégicos no manejo do formidável acervo de processos: ora o problema é minimizado, como fora um mal irremissível a que devem se resignar os que procuram a Justiça estatal para ver reconhecidos seus direitos (tirante os que daí tiram proveito, notadamente os *clientes habituais*); ora se dá tratamento *massivo* aos processos, exacerbando a *funcionarização* do serviço judiciário (não raro atritando a diretriz estabelecida no art. 93, XIV, da CF): julgamentos de ações por *mutirão*, em primeiro grau, e, de recursos, *em bloco* nos Tribunais, inclusive nos Superiores; rejeição liminar de ações cujos pedidos contrariam padrões decisórios impositivos (CPC, art. 332 e incisos); descarte de recursos, pelo relator, quando se revelam contrários a certos padrões decisórios impositivos (CPC, art. 932, IV e alíneas). Tais providências vão firmando verdadeira *tendência sumarizante*, e, se por um lado, atendem ao objetivo de "*aliviar a sobrecarga a qualquer custo*", de outro lado acabam por atritar princípios retores, enfeixados no *devido processo legal*, a par de expor a tutela jurisdicional ao virtual risco de erros diversos, decorrentes do próprio *tratamento massificado*.

Fernando da Fonseca Gajardoni assim pondera: "O estudioso que imagina que a questão da duração do processo é irrelevante e não tem importância científica não é só alheio ao mundo em que vive, como também não tem a capacidade de perceber que o tempo do processo é fundamento dogmático de vários importantes temas do processo contemporâneo (tutela antecipada, ação monitória, Juizados Especiais, entre outros)".[136] Na sequência, o autor colaciona Luiz Guilherme Marinoni, que deplora a "mais desoladora indiferença por parte da doutrina, que, ainda inacreditavelmente, encara os problemas relacionados ao custo e à duração dos processos como algo - se não propriamente irrelevante e incidente - pelo menos de importância marcadamente secundária, por não serem propriamente científicos".[137]

A relação processual constitui-se numa sucessão de atos encadeados, coalizados pela unidade do fim almejado, o qual pode ser: (*i*) a *segurança* de coisas, pessoas, relações jurídicas ou até do próprio processo (medidas caute-

---

136 O princípio constitucional da tutela jurisdicional sem dilações indevidas e o julgamento antecipadíssimo da lide. *Revista IOB de Direito Civil e Processual Civil*, n. 45, jan./fev. 2007, p. 102.

137 *Tutela antecipatória, julgamento antecipado e execução imediata da sentença*, 4. ed., São Paulo: Revista dos Tribunais, 2000, p. 16.

lares no bojo da tutela provisória: CPC, Parte Geral, Livro V); (*ii*) a *eliminação da incerteza*, a reclamar uma cognição ampla e exauriente, culminando numa sentença de mérito (processo de conhecimento: CPC, Parte Especial, Livro I); (*iii*) a satisfação de direitos já reconhecidos, seja no plano judicial (*v.g.*, sentença que reconhece a existência de obrigação) ou no extrajudicial (*v.g.*, títulos cambiais): fase de cumprimento do julgado ou processo de execução, conforme o caso (CPC, art. 513 e s.; art. 771 e s.).

Assim, é exato dizer que, enquanto o processo é definido a partir de sua essência ou substância, caracterizando-se como uma *direção no movimento*, já o procedimento define-se por circunstâncias ou ocorrências que se diriam *externas*, tais o modo, a forma, a velocidade maior ou menor por que se vai desenvolvendo a relação processual.

A *excessiva duração* dos processos não é fenômeno de hoje, nem se confina a um dado sistema jurídico, seja da família *civil law* ou *common law*. Focando o primeiro daqueles aspectos, lembra Donaldo Armelin que a morosidade na prestação jurisdicional "sempre foi uma questão a desafiar a argúcia e o talento dos cientistas do processo e dos legisladores. A bula *Clementina Saepe* demonstra que, há séculos, tal problema afligia a todos, tal como ocorre na atualidade. Todavia não será ele resolvido apenas por meio de leis, devendo mesmo se arredar tal enfoque que constitui marca de subdesenvolvimento, o de pensar que problemas marcadamente econômicos possam ter soluções meramente legislativas".[138] Sobre o segundo daqueles tópicos, observa José Carlos Barbosa Moreira: "Habituamo-nos a enxergar no universo anglo saxônico o padrão insuperável de onímoda eficiência. Todavia, a Inglaterra estava tão descontente com o desempenho de sua Justiça civil – e muito especialmente com o ritmo dos pleitos, mencionado em documentos incontáveis como problema capital – que se dispôs a adotar, quebrando multissecular tradição, a partir exatamente de abril do ano passado [1999], um código de processo civil bastante aproximado, em vários traços, do modelo continental europeu. Quanto aos Estados Unidos, para onde costumam voltar-se, com admiração que beira o êxtase, as miradas de tantos, lê-se em obras de autores norte-americanos, logo insuspeitos, que em muitos lugares um feito civil de itinerário completo (isto é, que se estenda até o *trial*) chega a durar em média, na primeira instância, nada menos que três a cinco anos".[139]

---

138 Acesso à justiça. *Revista da Procuradoria Geral do Estado de São Paulo*, n. 31, jun./1989, p. 172-173.

139 O futuro da justiça: alguns mitos. *Temas de direito processual*, 8.ª série, São Paulo: Saraiva, 2004, p. 3.

Tais relatos permitem inferir que a questão da duração do processo não tem a ver, exatamente, *com ele mesmo* enquanto categoria jurídica – uma sucessão de atos coalizados pela unidade do fim colimado –, e sim com circunstâncias e concausas diversas que gravitam *em torno* do processo, e ao fim e ao cabo acabam repercutindo negativamente no *tempo* incorrido desde sua formação, a partir da citação do réu (CPC, art. 238), passando pelos sucessos probatórios, até a consecução do objetivo colimado, ou seja, até que o valor, o bem da vida, o interesse, seja reconhecido ou outorgado a quem de direito. Portanto, a fiel compreensão do tormentoso (e crônico) problema da duração excessiva dos feitos pressupõe um prévio aclaramento sobre o que se deva entender por *manejo* e *final resolução* de um processo, a saber: se basta uma perspectiva formal, no sentido de *alguma resposta* ofertada ao jurisdicionado, em qualquer tempo, ou se, antes, impende adotar uma perspectiva substancial, vendo o processo como um instrumento preordenado, assim à realização do Direito Objetivo como a *dar a cada um o que é seu*, por meio de um julgamento qualificado: *justo, jurídico, econômico, tempestivo, razoavelmente previsível* e *idôneo a assegurar a efetiva fruição do direito, valor ou bem da vida reconhecidos no julgado*.

Essa é a leitura, atualizada e contextualizada, da clássica parêmia *chiovendiana* pela qual o processo deve dar, a quem tenha um direito, e no limite do que seja praticamente possível, *precisamente* aquilo a que faz jus (= prestação específica do objeto).

O legislador processual brasileiro está, tendencialmente, preordenado a imprimir *efetividade* aos comandos judiciais de prestação, como se infere de algumas alterações promovidas desde a Lei 11.232/2005, ao tempo do CPC/73, e agora recepcionadas e ampliadas no vigente CPC: o processo sincrético, com uma fase satisfativa acoplada sequencialmente à prolação do comando prestacional, sem a formação de processo autônomo, ex intervallo (arts. 513 e s.); o ideário do processo de estrutura cooperatória (art. 6º); a dispensa do reexame necessário quando a sentença tenha-se fundado em certos padrões decisórios impositivos ou em orientação vinculante firmada ao interno da própria administração pública (§ 4º e incisos do art. 496); a dispensa de caução, na execução provisória, quando o título exequendo esteja em consonância com súmula do STF ou do STJ ou com acórdão proferido no rito dos recursos repetitivos (art. 521, IV); a autorização para o juiz valer-se de astreintes e medidas de apoio, em ordem à consecução da prestação específica do objeto (art. 139, IV; art. 536 e § 1º).

Esses posicionamentos do legislador revelam uma releitura do conceito clássico de *jurisdição*: não mais, simplesmente, jungido ao poder-dever estatal de "dizer o Direito", ante um histórico de lesão temida ou sofrida, mas já agora engajado com a *concreção e realização* dessa resposta no plano prático, a ser ofertada sem dilações indevidas. Se o Estado avoca a distribuição do serviço judiciário (CF, art. 5.º, XXXV), e veda a justiça de mão própria (CP, art. 345), deve arcar com a consequência dessa opção jurídico-política, valendo o aviso de que "quem quer o fim dá os meios", e assim fica o Estado *obrigado* (CDC, art. 22 e parágrafo único) a prestar *efetiva* tutela, em tempo razoável, e numa boa relação custo-benefício. Nesse sentido, o art. 4º do CPC consagra o ideário da *jurisdição integral*, prevendo o art. 4.º: "As partes têm o direito de obter em prazo razoável a solução integral do mérito, *incluída a atividade satisfativa*".

A propósito do que ora se vai discorrendo, afirma Luiz Guilherme Marinoni: "Por isso, não há mais qualquer legitimidade na velha ideia de jurisdição voltada à atuação da lei, esquecendo-se que o Judiciário deve compreendê-la e interpretá-la a partir dos princípios constitucionais de justiça e dos direitos fundamentais. (...) Frise-se que o direito de ação – visto como contrapartida da proibição da autotutela e da reserva do poder de dirimir os conflitos ao Estado – foi concebido, já há bastante tempo, como direito a uma sentença de mérito. Acontece que a sentença que reconhece a existência de um direito, mas não é suficiente para satisfazê-lo, não é capaz de expressar uma prestação jurisdicional efetiva, uma vez que não tutela o direito e, por isso mesmo, não representa uma resposta que permita ao juiz se desincumbir do seu dever perante a sociedade e os direitos. Diante disso, não há dúvida de que a tutela jurisdicional só se aperfeiçoa, nesses casos, com a atividade executiva."[140]

Essa resposta judiciária *de qualidade* não é compatível com aquela prestada *fora de um tempo razoável*, seja pelo risco da *perda de eficiência* (inclusive o de prescrição intercorrente !), seja porque é injusto para com a parte assistida pelo bom direito, a qual arca com o que Ítalo Andolina chamou "danno marginale in senso stretto, oppure como 'danno marginale da induzione processuale', appunto in quanto esse è specificamente causato, e non soltanto genericamente occasionato, dalla distenzione temporale del processo".[141]

Verdade que a excessiva duração dos processos é hoje um problema que assola muitos países, variando apenas os dados constantes das *crises numéricas*, em função de fatores diversos, como a densidade populacional, a cultura quanto ao modo de resolução de conflitos, a oferta maior ou menor de meios

140 A jurisdição no Estado contemporâneo. In: MARINONI, Luiz Guilherme (coord.), *Estudos de direito processual civil...* cit., 2006, p. 25, 57.

141 *Cognizione ed esecuzione forzata nel sistema della tutela giurisdizionale*, Milão: Giuffrè, 1993, p. 20.

alternativos, etc.. Egas Dirceu Moniz de Aragão chegou a reconhecer que "no limiar do novo século não se conhece fórmula capaz de resolver o mais grave problema do processo civil: o volume crescente de litígios a afligir todos os países: alguma houvesse, por certo teria sido adotada e copiada. Devemos contentar-nos com paliativos"; na sequência, sinalizava para algumas providências que podem e devem ser tomadas, sem, porém, excessiva expectativa quanto aos resultados: "(...) convém alterar rumos e estruturas, simplificar e eliminar procedimentos, corrigir abusos e distorções, adotar técnicas modernas inclusive as de administração, máxime quanto a pessoal, incrementar soluções alternativas de disputas, tudo porém sabendo não existir receita milagrosa a prescrever".[142]

As dificuldades começam na própria acepção do que seja "um processo que se alonga desmesuradamente no tempo", isto é, para além de uma *raggionevole durata*, a que alude a doutrina italiana ou que depassa a *razoável duração*, como afirmou nosso constituinte revisor (CF, art. 5.º, LXXVIII: EC 45/2004). O problema radica, antes de mais nada, no contraponto entre ponderáveis valores: de um lado, a *segurança – certeza*, binômio que fica comprometido quando a resposta judicial protrai indefinidamente; de outro lado, a *justiça – ampla defesa*, binômio que igualmente pode ficar abalado se houver excessiva compactação dos ritos e exagerada sumarização. O próprio sobreprincípio do *devido processo legal* – CF, art. 5.º, LV – deve ser tomado com parcimônia, a fim de que, em seu nome, não se desvirtue a finalidade básica da relação processual, ou seja, para que não se dê abertura para o uso desvirtuado do processo, posto a serviço de interesses subalternos, máxime o de simplesmente "ganhar tempo", postergando o cumprimento das obrigações. Nem por outro motivo, o CPC considera "conduta atentatória à dignidade da justiça" o manejo dos embargos à execução com finalidade apenas protelatória (§ único do art. 918).

Acerca do que ora se vai discorrendo, observa Luiz Guilherme Marinoni: "O procedimento comum, como já foi dito, faz com que o peso do tempo do processo seja suportado unicamente pela parte autora. Isto, como é óbvio, não é justo, ainda que autor e réu, no momento da propositura da demanda, tenham iguais índices de probabilidade de ter direito ao bem em litígio. O tempo do processo não pode prejudicar o autor e beneficiar o réu, já que o Estado, quando proibiu a justiça de mão própria, assumiu o compromisso de tratar os litigantes de forma isonômica e de tutelar de forma pronta e efetiva os direitos".[143]

---

142 O processo civil no limiar de um novo século. *RT*, nº 781, nov./2000, p. 70.

143 Direito à tempestividade da tutela jurisdicional cit., *Genesis – Revista de Direito Processual Civil*, n. 17, jul./set. 2000, p. 549.

Com efeito, os dois princípios constitucionais – o do *devido processo legal*, cujo núcleo reside no contraditório e ampla defesa, e o da *razoável duração do processo*, a garantir o jurisdicionado contra dilações indevidas – têm que ser interpretados num modo harmônico, de sorte que a prevalência de um não implique o sacrifício do outro, já que ambos têm a mesma hierarquia e preordenam-se a relevantes finalidades. De fato, enquanto as normas trabalham sob uma lógica de "tudo ou nada" (*all-or-nothing fashion*), em que a aplicação de uma implica o descarte de outra, já os princípios, enquanto *mandados de otimização* (Robert Alexy) devem operar num sistema de ponderação *in concreto*, já que todos são importantes para a estrutura e coesão do sistema jurídico como um todo.

No ponto, afirma Flávio Quinaud Pedron: "Destarte, em face de uma colisão entre princípios, o valor decisório será dado a um princípio que tenha, naquele caso concreto, maior peso relativo, sem que isso signifique a invalidação do princípio compreendido como de peso menor. Em face de outro caso, portanto, o peso dos princípios poderá ser redistribuído de maneira diversa, pois nenhum princípio goza antecipadamente de primazia sobre os demais".[144]

Assim, do mesmo modo que é inconcebível um processo carregado de *tempos mortos* que postergam seu desfecho a um ponto futuro indefinido, também não se pode aceitar um processo *despropositadamente acelerado*, por modo que a almejada presteza seja alcançada ao preço do cerceamento da prova e das devidas faculdades processuais do réu, contexto que ao final implicaria a substituição de *um mal por outro*, talvez ainda maior: o da *injustiça célere*. No ponto, observa Paulo Hoffman: "Um processo adequado e justo deve demorar exatamente o tempo necessário para a sua finalização, respeitado o contraditório, a paridade entre as partes, o amplo direito de defesa, o tempo de maturação e compreensão do juiz, a realização de provas úteis e eventuais imprevistos, fato comum a toda atividade; qualquer processo que ultrapasse um dia dessa duração já terá sido moroso".[145]

O excessivo retardamento no curso dos processos configura um *mal em si mesmo*, isto é, independentemente do resultado final da demanda, na medida em que uma resposta judiciária proferida a destempo já é, de *per si*, deficiente e insatisfatória, por infligir um prejuízo autônomo à parte que tinha razão,

---

144 A ponderação de princípios pelo STF: balanço crítico. *Revista CEJ – Centro de Estudos Jurídicos* – Brasília, n. 40, jan./mar. 2008, p. 24.

145 O direito à razoável duração do processo e a experiência italiana. In: WAMBIER, Teresa Arruda Alvim *et al.* (coord.). *Reforma do Judiciário – Primeiras reflexões sobre a EC 45/2004*, São Paulo: Revista dos Tribunais, 2005, p. 577.

mormente nos casos em que a pretensão era *evidentemente* fundada. Demais disso, da parte do Estado, a dilação indevida acarreta ainda uma *inconstitucionalidade por omissão*, já que dentre os "direitos e garantias fundamentais" (CF, art. 5.º) a EC 45/2004 inseriu "a razoável duração do processo e os *meios* que garantam a celeridade de sua tramitação" (inc. LXXVIII daquele artigo), por aí impondo o *dever de implementar os instrumentos* que permitam a consecução daquela meta. O CPC incumbe o juiz de "velar pela duração razoável o processo" (art. 139, II) e considera litigante de má-fé aquele que "interpuser recurso com intuito manifestamente protelatório" (art. 80, VII), a par de o *Pacto de San José da Costa Rica*, incorporado ao nosso ordenamento pelo Dec. 678, de 09.11.1992, dispor no art. 8.º, § 1.º: "Toda pessoa terá o direito de ser ouvida, com as devidas garantias e dentro de um prazo razoável, por um juiz ou Tribunal competente, independente e imparcial, estabelecido anteriormente por lei, na apuração de qualquer acusação penal formulada contra ela, ou na determinação de seus direitos e obrigações de caráter civil, trabalhista, fiscal ou de qualquer outra natureza".[146]

Ainda ao tempo do CPC/73, dentre os meios preordenados a imprimir uma duração razoável aos processos vale relembrar parágrafo único do art. 154, acrescido pela Lei 11.280/2006: "Os tribunais, no âmbito da respectiva jurisdição, poderão disciplinar a prática e a comunicação oficial dos atos processuais por meios eletrônicos, atendidos os requisitos de autenticidade, integridade, validade jurídica e interoperabilidade da Infraestrutura de Chaves Públicas Brasileira – ICP-Brasil", tendo a Med.Prov. 2.200-2/2001 instituído a referida Infraestrutura de Chaves Públicas Brasileira – ICP Brasil. Na observação de José Renato Nalini, "impõe-se à sociedade dos interessados impulsionar reclamos para que os Tribunais não convertam o dispositivo em norma programática, sem qualquer risco de vir a ser efetivamente implementada. (...) Seria mais um preceito programático? Ou é norma constitucional que reclama efetividade e pode ser invocada por qualquer prejudicado, independentemente de ter ou não razão em seu pleito judicial?"[147]

---

146 Nery & Nery comentam a respeito: "Percebe-se, da leitura do dispositivo da CIDH 8º 1, que a preocupação do tratado internacional foi a de fazer com que fosse dada tramitação célere à ouvida de quem é preso e, em tese, sujeito a um processo penal. É expediente assemelhado ao já existente no Brasil desde a nossa Constituição Imperial – seria a nota de culpa da CI/1824 179 VIII -, que já se referia ao prazo razoável (...)". (*Constituição Federal comentada...*, 3ª ed., 2.012, cit., nota 136 ao art. 5º, p. 247).

147 *A rebelião da toga*, Campinas (SP): Millenium Editora, 2006, p. 139, rodapé n. 41 e p. 141.

A excessiva duração dos processos na Justiça brasileira é notória e está à base de desalentadas expressões populares, tal a conhecida afirmação de que "é melhor um mau acordo do que uma boa demanda". Observe-se que até mesmo os procedimentos deformalizados, caracterizados pela celeridade, oralidade e equidade, como os Juizados Especiais (Lei 9.099/95, arts. 3.º e 6.º), correm sério risco de não levar a bom termo o propósito de recepcionar e resolver a *litigiosidade contida*: sob a promessa de oferecerem um rito diferenciado e célere, tais Juizados tornaram-se atraentes, passando a receber processos em quantidade excedente à sua capacidade instalada, confirmando a assertiva de que a facilitação do acesso estimula a demanda. Ao propósito, Joel Dias Figueira Júnior observa: "Na prática, de forma geral, os Juizados terminaram por ser dimensionados e implementados de maneira ainda muito ortodoxa, baseados na resolução do conflito por meio de sentença de verificação do mérito (procedência ou improcedência do pedido), centrados na figura do clássico juiz togado, e, por conseguinte sem muita distinção da justiça tradicional. Não foi à toa que se ouviu dizer tratar-se de uma 'justiça menor' ou 'inferior'...".[148]

Luciana Gross Cunha, em monografia na qual avaliava o desempenho dos Juizados Especiais, afirma: "(...) imaginar que um caso pode levar mais de seis meses para ser resolvido, ou mais que o juízo comum, pode indicar que os princípios do sistema dos juizados não são cumpridos e que alguns procedimentos e a burocracia que atende o juízo comum são reaproveitados pelos juizados. Esta hipótese talvez possa ser comprovada pelo volume de casos nos juizados e pelo seu fluxo: o acompanhamento das atividades do cartório do JECC mostra que ele em nada se diferencia de um cartório do juízo comum. A reutilização de pessoal e da estrutura do juízo comum nos juizados em São Paulo pode ser um indício de que o sistema dos juizados não é capaz de atender aos seus princípios norteadores". (...) Mais adiante, completa a autora: "(...) é importante verificar a *performance* do juizado ao longo do tempo, indicando-nos esta que os processos têm levado cada vez mais tempo para encontrarem uma solução, chegando, em 2002, a uma média de 128 dias

148 *Juizados Especiais Cíveis e Criminais – comentários à Lei 9.099/95*, 7ªed., São Paulo: Revista dos Tribunais, 2.011, p.58. (Vale, para o caso, a metáfora de que um órgão judiciário funciona em modo semelhante ao de uma rodovia: se é bem asfaltada, com poucas curvas e é bem sinalizada, tem acostamentos seguros, não há cobrança de pedágio, logo atrairá a maioria dos veículos que circulavam pelas outras rodovias e estradas vicinais, e assim, em breve tempo, a *main road* estará congestionada e com o pavimento deteriorado...).

para ser resolvido. Neste ponto, não é possível afirmar que o sistema atende às expectativas previstas em lei".[149]

Verdade que a excessiva lentidão dos processos não estigmatiza apenas nossa Justiça, e disso se tem evidente demonstração nas recorrentes condenações impostas a diversos países a título de indenização por prejuízos acarretados às partes por conta da lentidão dos processos judiciais, como dá notícia José Renato Nalini: após frisar que a "chaga maior da Justiça brasileira é sua lentidão", concede que isso não é exclusividade nossa: "(...) também da Justiça italiana, inúmeras vezes condenada pelo Tribunal Europeu dos Direitos Humanos – Corte de Estrasburgo – por duração desarrazoada dos processos. E também da Justiça Argentina, da qual diz Roberto Dromi: 'A substanciação e conclusão dos processos soem demandar maior tempo, às vezes com excesso, que o legalmente previsto ou razoavelmente estimado. Tal circunstância, denominada morosidade judicial ou lentidão da justiça, ocupa um lugar comum em todos os inventários de reprovações à funcionalidade do Poder Judicial' (*El Poder Judicial*, Ediciones Ciudad Argentina, Buenos Aires, 1996, p. 187). Não é diferente a Justiça Espanhola: 'No que se refere aos problemas quantitativos... resulta paradigmático o das dilações e a excessiva duração dos procedimentos judiciais. Sem dúvida, constitui este o tema mais recorrente em qualquer consideração sobre a Justiça, e representa um dos tópicos comuns e arraigados na opinião pública' (Libro Blanco de la Justicia, *Conselho Geral do Poder Judicial*, Madrid, 1997, p. 21)".[150]

Não há negar que na aferição da "razoabilidade" da duração de um processo judicial – inclusive como pré-requisito para configuração da responsabilidade estatal pelos danos daí decorrentes – não se pode tomar o *tempo* como um *fator negativo absoluto*, a ser debelado a qualquer custo, sem as devidas ponderações quanto à singularidade e complexidade dos casos concretos, valendo ter presente o sábio aviso *summum jus, summa injuria*. Sem essa cautela, o ataque compulsivo e exacerbado ao fator *tempo*, isoladamente, pode deflagrar o perigoso contragolpe da *injustiça célere*, em que o foco excessivo na rapidez da resposta jurisdicional pode levar a práticas aberrantes do bom senso, prejudiciais às próprias partes e à higidez técnico-jurídica da relação processual, sem falar no vezo (crescente) da extinção dos processos sem resolução do mérito.

---

149 *Juizado Especial – Criação, instalação, funcionamento e a democratização do acesso à Justiça*, São Paulo: Saraiva, 2008, p. 138, 139.

150 *A rebelião da toga* cit., p. 140, rodapé n. 43.

O tempo a ser incorrido no trâmite dos processos, até final decisão, dificilmente pode ser prognosticado com a desejável segurança, porque a duração deles se sujeita à intercorrência de certas variáveis que não têm como ser previstas ou controladas *a priori*, dentre outros motivos porque os processos apresentam diversa complexidade e singularidade, tanto fática como jurídica, por exemplo: algumas provas são mais demoradas e complexas do que outras; alguns feitos comportam o emprego de elementos aceleratórios, como as antecipações de tutela (CPC, arts. 303-310); a delimitação consensual da matéria fática e jurídica (CPC, art. 357 e § 2º); a improcedência liminar do pedido (CPC, art. 332 e incisos); outros processos vocacionam-se a um rito sumarizado, com prova preconstituída, como o mandado de segurança (Lei 12.016/2.009), ou a ação monitória (CPC, art. 700, incisos e §§); para alguns processos, basta uma cognição parcial, como se passa nas desapropriações (Dec.-lei 3.365/41, art. 20); outros, todavia, pedem larga instrução probatória e se preordenam à cognição ampla e exauriente (*v.g.*, ação popular - Lei 4.717/65; ação civil pública - Lei 7.347/85); a par disso o processo pode seguir trâmite prioritário se entre as partes encontra-se pessoa idosa ou acometida de moléstia grave ou ainda menor de idade (CPC, art. 1.048, incisos e §§).

A isso tudo se soma a imprevisibilidade de certas ocorrências, tais a realização de transação judicial; a preclusão de certa prova ou do recurso cabível; eventual desistência na instância recursal; a predisposição do vencido a levar a causa até os Tribunais superiores; impugnações na fase de cumprimento de sentença ou no processo de execução, etc. Assim, uma dado lapso temporal pode ser considerada excessivo para num processo que tramitou no Juizado Especial, por ser a celeridade um de seus atributos (Lei 9.099/95, art. 2º), e, todavia, essa mesma dilação temporal pode ser considerada razoável para um processo de ação popular que tramitou numa Vara da Fazenda Pública, envolvendo controvérsia complexa.

Daí a acertada conclusão de Márcia Fernandes Bezerra: "Em suma, não se podem precisar os contornos da expressão 'duração razoável'. O que se pode dizer é que razoável é o *tempo suficiente para a completa instrução processual e adequada decisão do litígio e, ao mesmo tempo, hábil para prevenir danos derivados da morosidade da justiça e para assegurar a eficácia da decisão. Em outras palavras, o processo julgado de forma célere, mas que prescinda de prova necessária à sua adequada instrução, terá duração tão desarrazoada quanto aquele que, embora tendo solução acertada, gere danos às partes e comprometa a eficácia da decisão*".[151]

151 O direito à razoável duração do processo e a responsabilidade do Estado pela demora na outorga da prestação jurisdicional, itálicos no original. In: WAMBIER, Teresa Arruda

Com efeito, para uma singela ação de despejo, o decurso de um ano até a sentença pode não ser excessivo, a depender de vicissitudes da massa probatória, recursos e impugnações da defesa, intervenção de terceiro, pauta de audiência sobrecarregada etc.; já com relação a uma ADIn, que é uma ação de estrito direito, veiculada num processo de caráter objetivo, em princípio não há motivo para retardo no trâmite e julgamento, certo ainda que nesse tipo de ação a demora é particularmente perniciosa, porque há evidente *interesse geral* em saber se uma lei ou ato do Poder Público estão ou não em conformidade com o texto constitucional.

A duração excessiva dos processos responde ainda por um *dano marginal*, na feliz expressão de Ítalo Andolina, na medida em que por conta disso se distribui de modo *injusto e desigual* os riscos, custos e encargos, entre os clientes *eventuais* e os *habituais* do Judiciário: aqueles primeiros são as pessoas físicas e jurídicas que, episódica e contingentemente, vêm a figurar nos polos ativo ou passivo de uma ação judicial, e, por isso mesmo, para eles a duração desarrazoada da lide *pesa muito*: a angústia pelo lento andamento do processo e o stress por seu imperscrutável desfecho; as custas e despesas incorridas; o fato de a coisa remanescer litigiosa; os honorários de advogado, etc. Já outro panorama se descortina para os clientes *habituais*, ditos *repeat players*, para os quais um processo é apenas... *mais um*, dentre os muitos dos quais participam como autores, réus ou intervenientes, bem assistidos e representados por seus próprios departamentos jurídicos ou por grandes escritórios de quem são "clientes de partido", ou, no caso do Poder Público, por suas próprias advocacias institucionalizadas (Procuradorias Fazendárias).

Esses *clientes habituais* trabalham em *economia de escala*, num *trato continuado* com a Justiça, de sorte que as mazelas desta não lhes causa grande mossa, donde poderem protrair o desfecho da causa, com o esgotamento de todos os recursos e incidentes processuais; quando menos, a permanência *sub judice* da causa lhes propicia o benefício da assim chamada *mora judicialmente legalizada*. Isso, sem falar que, transitada em julgado a condenação pecuniária contra o Poder Público, apresentam-se novos percalços: a execução segue rito diferenciado, por conta de certos privilégios fazendários, como a requisição de pagamento segundo a ordem cronológica dos precatórios judiciais (CF, art. 100, *caput*, redação da EC 62/2009; CPC, arts. 534, incisos e §§; art. 535, incisos e §§).

A propósito daquele referido discrímen entre os grupos componentes do público-alvo do Judiciário, Mauro Cappelletti e Bryant Garth, com apoio

---

Alvim *et al.* (coord.). *Reforma do Judiciário*... cit., 2005, p. 470.

em Galanter, explicam que os *litigantes habituais* se beneficiam de várias vantagens: "1) maior experiência com o Direito possibilita-lhes maior planejamento do litígio; 2) o litigante habitual tem economia de escala, porque tem mais casos; 3) o litigante habitual tem oportunidades de desenvolver relações informais com os membros da instância decisória; 4) ele pode diluir os riscos da demanda com maior número de casos; 5) pode testar estratégias com determinados casos, de modo a garantir expectativa mais favorável em relação aos casos futuros. Parece que, em função dessas vantagens, os litigantes organizacionais são, sem dúvida, mais eficientes que os indivíduos".[152]

Esse *reduto privilegiado* é composto, entre nós, por conhecidos *clientes habituais*, como os Bancos, as chamadas "financeiras", a Previdência Social, as empresas de seguro-saúde, as administradoras de cartões de crédito, as concessionárias de serviços públicos, máxime na área de telefonia, e, de modo geral e preponderante, o próprio Poder Público.

Com efeito, em que pese o fato de o *Código de Defesa do Consumidor* - Lei 8.078/90, art. 3.º, § 2.º: Súmula STJ 297 - incluir os Bancos dentre os prestadores de serviços, não raro tais instituições, quando adotam práticas que causam prejuízo a seus usuários, costumam deixá-los ajuizar suas pretensões. A resistência à solução negociada do conflito - que poderia ser alcançada numa convenção coletiva de consumo (CDC, art. 107) ou numa instância de mediação - prende-se, ainda uma vez, à *cultura judiciarista*, gerando as previsíveis mazelas, bem conhecidas dos jurisdicionados brasileiros: profusão de ações individuais múltiplas e repetitivas; sobrecarga do serviço judiciário; protelação do desfecho a um indefinido ponto futuro; trâmite concomitante de ações coletivas, entre si e em face de ações individuais; risco de decisões discrepantes ou até contraditórias, tudo exacerbado pela futura agregação da coisa julgada, que nas ações coletivas por interesses individuais homogêneos opera *erga omnes* (CFC, art. 103, III) e, portanto, é incompatível com a intercorrência de mais de uma ação coletiva sobre um mesmo *thema decidendum*.

A propósito, analisam Maria Teresa Sadek *et alii*: "Assim, o extraordinário número de processos pode estar concentrado em uma fatia específica da população, enquanto a maior parte desconhece por completo a existência do Judiciário, a não ser quando é compelida a usá-lo, como acontece em questões criminais. Desta forma, a instituição seria muito procurada exatamente por aqueles que sabem tirar vantagens de sua utilização. E, tal como os dados indicam, estes têm se servido do Judiciário em uma quantidade extraordinária,

---

152 *Acesso à justiça*, trad. Ellen Gracie Northfleet, Porto Alegre: Sérgio Antonio Fabris, 1988, p. 25-26.

provocando um crescimento significativo no número de processos entrados".[153] Isso tudo evidencia a parca eficácia dissuasória de dispositivos como os que tipificam como litigância de má-fé o manejo de recurso "com intuito manifestamente protelatório", sujeitando o *improbus litigator* à multa e indenização à parte contrária (CPC, art. 80, VII; art. 81 e §§), o que também pode dar-se em segundo grau, com o agravo interno que venha a ser declarado pelo órgão colegiado, à unanimidade, "manifestamente inadmissível ou improcedente" (CPC, § 4º do art. 1.021).

A par disso, dois outros fatores poderão muito contribuir para a agilização dos processos e/ou sua resolução antecipada, além de poderem evitar a formação de outros: a *súmula vinculante*, do STF (CF, art. 103-A), e a *repercussão geral da questão constitucional*, pressuposto de admissibilidade do recurso extraordinário ao STF (CF, § 3º do art. 102). A súmula vinculante, como o próprio nome revela, é de aplicação obrigatória para todo o Judiciário e também para o Executivo, pena de *cassação* da decisão judicial ou de *anulação* do ato administrativo (§ 3.º daquele art. 103-A); já o acórdão do STF no recurso extraordinário reconhecido com repercussão geral servirá como paradigma "para todos os recursos sobre questão idêntica" (RISTF, art. 326). Sendo assim, é de se esperar que as ações entre particulares, ou destes com a Administração Pública, nas quais a pretensão se ponha em confronto com aqueles enunciados vinculativos, tendam a não ser propostas, até porque estariam fadadas ao insucesso; além disso, as que estiverem em andamento tenderão a ter seu curso abreviado, dada a clara previsibilidade do resultado final, o que, inclusive, pode induzir uma possível solução suasória da lide.[154]

6. A JURISDIÇÃO É UNITÁRIA E NACIONAL.

Por conta de uma proximidade conceitual que tangencia os termos "Jurisdição", "Competência", "Foro", não raro sucede que no discurso jurídico – até mesmo nos textos positivados – se instale certa *zona cinzenta*, onde operadores do Direito, menos avisados, acabam baralhando aqueles conceitos.

153 Acesso à justiça cit., Biblioteca da Faculdade de Filosofia, Ciências e Letras da USP, caderno *Pesquisas*, n. 23, p. 40.

154 Hélio Sílvio Ourem Campos chega a propugnar pela extensão do quesito da *repercussão geral* ao âmbito do STJ, o que se realizaria pela inserção de um parágrafo ao art. 105 da CF: "No recurso especial, o recorrente deverá demonstrar a repercussão geral das questões federais discutidas no caso, nos termos da lei, a fim de que o Tribunal examine a admissão do recurso". Questão de repercussão geral. Propostas. *Revista da ESMAPE – Escola Superior da Magistratura de Pernambuco*, n. 21, jan./jun. 2005, p. 233.

Exemplo disso reside na redação do art. 2.º-A da lei 7.347/85, sobre a ação civil pública, dispondo que a "sentença civil prolatada em ação de caráter coletivo proposta por entidade associativa, na defesa dos interesses e direitos dos seus associados, abrangerá apenas os substituídos que tenham, na data da propositura da ação, domicílio no âmbito da competência territorial do órgão prolator": a extensão subjetiva dos efeitos do julgado não pode depender do fator *domicílio*, que é critério concernente a outro campo processual, qual seja o do *foro competente*, de resto regulado no art. 2.º da Lei 7.347/85; a aplicação fria e literal daquele texto engendraria situações anti-isonômicas entre os jurisdicionados, em função de *desequiparação ilegítima*, qual seja, o fator contingencial de serem domiciliados na comarca ou seção judiciária onde foi distribuída a ação.

Impende, portanto, não confundir os sentidos de *Jurisdição* (Poder, Função, Atividade); *Competência* (distribuição da massa de processos a certos órgãos jurisdicionais, por critérios específicos – matéria, pessoa, território, local do dano, valor, *ratione muneris*), *Foro* (critério de divisão judiciária, compreensivo das *comarcas*, reunidas em *entrâncias*, na Justiça estadual, e das *seções*, agrupadas em *regiões*, na Justiça Federal).

À primeira vista, poderia causar espécie a afirmação de que a Justiça brasileira é *unitária e nacional*, em se considerando, por um lado, que ela se espraia pelos ramos *federal* (comum e especial) e *estadual*, independentes entre si, e, por outro lado, pelo fato de serem *dois* os Tribunais da Federação – STF e STJ, aquele encarregado do Direito constitucional e este do Direito federal, comum; a isso tudo se soma o fato de que, por conta da tendência à *desjudicialização dos conflitos*, o próprio legislador atribui função jurisdicional (no sentido renovado e contextualizado da expressão) a certas instâncias, como o Juízo Arbitral (Lei 9.307/96, art. 18) e o CADE (Lei 12.529/2011, art. 4.º).

De outra parte, o Direito Positivo deriva de *mais de uma fonte legislativa*: é federal em sua maior parte (CF, art. 22, I), ficando os Estados com uma competência *residual* e os Municípios com o que concerne ao interesse *local*. Sem embargo, não só a Justiça Federal, mas também juízes e Tribunais estaduais aplicam diuturnamente o Direito *federal* (ações de locação, possessórias, desapropriação, execuções fiscais e as próprias leis processuais), tal se explicando, por um lado, pelo nosso desenho republicano-federativo e, de outro, pela antes lembrada predominância do Direito federal, levando a que a Justiça estadual aplique o Direito federal, sem, porém, emitir sobre ele a *ultima ratio*, atribuição cometida ao STJ, via recurso especial: CF, art. 105, III. Por exemplo, a lei federal 9.099/95, que regula os Juizados Especiais Cíveis e Criminais, é utilizada tanto pelos Juizados Estaduais como pelos Federais, estes últimos contemplados na Lei Federal 10.259/2001.

Sob outra mirada, tendo havido uma defecção no espectro competencial do STF, a partir da criação do STJ na CF de 1988 – ao qual ficou atribuída a exegese final do direito federal comum – reservando-se ao STF o papel de *guarda da Constituição* (art. 102, *caput*), a rigor caberia falar-se em Supremo Tribunal *Nacional*, já que significativa parcela de suas decisões tende a expandir eficácia extra-autos, seja *ultra partes* – por efeito da *objetivação* do recurso extraordinário –, seja *erga omnes*, nas ações no controle direto de constitucionalidade (CF, § 2.º do art. 102), seja, enfim, porque a admissão do recurso extraordinário depende da demonstração da *repercussão geral da questão constitucional* (CF, § 3º do art. 102), assim considerada aquela reportada a "questões relevantes do ponto de vista econômico, político, social ou jurídico que ultrapassem os interesses subjetivos do processo" (CPC, § 1.º do art. 1;035).

Ao propósito, avalia José Afonso da Silva: "(..) se examinarmos bem a fundo, concluiremos que a Corte Suprema norte-americana exerce função muito aproximada das cortes constitucionais do sistema europeu, porque ela é efetivamente uma corte de garantia constitucional. O nosso Supremo Tribunal Federal não o é". Mais adiante, afirma o autor que o STF (...) "tem uma gama de atribuições muito mais amplas que não permitem sequer que ele possa ser um Tribunal basicamente constitucional, como é a Corte Suprema norte-americana, que tem praticamente suas funções reduzidas ao controle de constitucionalidade e à proteção dos direitos humanos, com eficácia *erga omnes*".[155]

De outra parte, não se pode negar certo *hibridismo* na formação de nosso sistema político-jurídico, com reflexos no sistema judiciário: enquanto nosso *processo constitucional* e a própria estrutura do STF tiveram forte inspiração no modelo norte-americano – filiado ao *common law* –, já o nosso processo infraconstitucional é fortemente influenciado pelo modelo continental europeu, ligado à família *civil law*. Por isso, Cândido Rangel Dinamarco chega a identificar, nessa imbricação, "um grande *paradoxo metodológico* decorrente da aceitação de conceitos e propostas técnico-processuais hauridas na obra de Mestres europeus, especialmente alemães e italianos, ao mesmo tempo em que nossa fórmula político-constitucional de separação dos Poderes do Estado tem muito mais do modelo norte-americano".[156]

---

155 Tribunais constitucionais e Jurisdição constitucional. *Revista Brasileira de Estudos Políticos*, nºs 60-61, jan./jul. 1985, p. 514, 515.

156 *Instituições*... cit., vol. 1, 6. ed., 2009, p. 180.

Aliás, aquele hibridismo hoje se nota até mesmo nos países antes alojados na dicotomia *civil law – common law*; nesse sentido, Artur da Fonseca Alvim, colacionando Guido Fernando Silva Soares (*Common law: introdução ao direito dos Estados Unidos da América.* 2.ed. São Paulo: Revista dos Tribunais, 2000, p. 52) afirma: "Embora fundamentalmente construído a partir do modelo inglês, o desenvolvimento histórico fez com que o direito norte-americano se distanciasse de uma rigorosa classificação na esfera da *common law*. Apenas para fim de ilustração, cumpre lembrar que o Estado de Lousiana mantém quase todas as características do sistema romano-germânico, possuindo codificação e procedimentos diferenciados dos demais Estados. Em vista disto, pode-se afirmar que o sistema jurídico norte-americano seria melhor classificado como um sistema de caráter misto, predominantemente da *common law*". [157]

A garantia constitucional (*rectius*, cláusula de reserva) de que danos sofridos e temidos não podem ser subtraídos, pelo legislador, à apreciação do Judiciário (CF, art. 5.º, XXXV) deve ser entendida com moderação, descartando-se a interpretação literal e isolada. O que ali se prevê, numa visão atualizada e contextualizada, é a *oferta* – a nosso ver *residual* – da prestação jurisdicional estatal, sem prejuízo, e até na pressuposição, da virtual intercorrência de muitas outras instâncias decisórias (*v.g.*, Tribunais de Contas; Juizados de Paz, Tribunais Desportivos, CADE, respectivamente: CF, arts. 71; 98, II; 217 e § 1.º; Lei 12.529/2.011), sem falar que a sentença arbitral é insuscetível de revisão judicial, pelo mérito (arts. 18 e 33 da Lei 9.307/96, cf. Lei 13.129/2.015).

Além disso, há muitas outras exceções ou mitigações à sindicabilidade judicial, como se dá com os atos administrativos discricionários e os puramente políticos, cabendo ainda registrar a tendência contemporânea à antes lembrada *desjudicialização dos conflitos*, com a proliferação dos meios alternativos (conciliação, mediação, meios auto e heterocompositivos): por exemplo, a competência atribuída aos Tabeliães para processarem e resolverem separações e divórcios consensuais e inventários (CPC, art. 610 e § 1º; art. 733 e § 1º); ou ainda, a possibilidade de consignação de valor pecuniário em Banco, com força liberatória da obrigação (CPC, art. 539 e § 1º).

O correto encaminhamento do tema ora focado passa pelo reconhecimento de que nossa Justiça é *unitária e nacional*, não infirmando esse binômio o fato de termos uma organização judiciária complexa, espraiada pelos planos federal e dos Estados, estes autorizados a organizar suas Justiças (CF, art. 125

---

157 Coisa julgada nos Estados Unidos. *RePro* nº 132, fev./2006, p. 75.

e § 1.º). Quanto aos Municípios e ao Distrito Federal, valem-se das estruturas judiciárias federal ou estadual, a depender do enquadramento da causa em função da regra de competência aplicável *in concreto*.

A coesão interna desse intrincado sistema guarda simetria com nossa estrutura judiciária de desenho *piramidal*, com órgãos singulares ou monocráticos à base, Tribunais locais ou regionais de permeio e, no ápice, o STF, como guarda da Constituição (art. 102, *caput*), o STJ como exegeta final do direito federal comum, a par dos demais Tribunais Superiores, na linha da Justiça Federal especial: TST, STM TSE. No ponto, afirma José Miguel Garcia Medina, com esteio em Pinto Ferreira: "No regime federativo, ao lado da Justiça da União, há também a Justiça dos Estados. Essa dualidade favorece a autonomia dos estados-membros, que organizam o seu sistema de justiça. Não se quer dizer com isso, porém, que existam jurisdições diversas, mas, sim, que há distribuição de competências, porquanto o Poder Judiciário é nacional".[158]

Da resistência que por vezes se observa à aceitação de que a jurisdição brasileira é *unitária e nacional*, derivam equívocos graves, de que é exemplo emblemático a inserção, inicialmente via medida provisória, de cláusula tendente a restringir o alcance do art. 16 da Lei 7.347/85 sobre a ação civil pública, por modo a "circunscrever geograficamente" a coisa julgada *erga omnes* (!) "aos limites da competência territorial do órgão prolator". O equívoco, todavia, é evidente: em primeiro lugar, o citado dispositivo, a todas as luzes, não trata de *competência* (= distribuição de grupos de processos aos diversos órgãos judiciários, sob critérios determinativos ou modificativos, tema objeto do art. 2º dessa lei, c/c art. 93 da Lei 8.078/90), e sim de *limites subjetivos* da coisa julgada (= quais sujeitos ficam sob o alcance do comando judicial estabilizado); em segundo lugar, se a autoridade judiciária é competente (= o juiz natural, isento e imparcial, estabelecido conforme a norma de regência), então a eficácia de sua decisão, mesmo em sede liminar, em primeiro grau de jurisdição, tem que se projetar *até onde se estenda o interesse objetivado*. Assim, por exemplo, se o comando é para suprimir propaganda enganosa de produto comercializado em todo o país – interesse difuso à publicidade responsável – o comando judicial, pouco importando o *grau* do órgão emissor da ordem, deverá ser cumprido em todos os pontos do território nacional onde aquela mídia esteja exposta, único modo de dar *efetividade* à resposta jurisdicional e proteger – isonomicamente – os consumidores, efetivos ou virtuais.

No ponto, esclarecem Advane de Souza Moreira e Maria do Carmo de Araújo: "Se a tutela coletiva for segmentada para abranger apenas 'parcela'

158 *O prequestionamento* ... cit., 2002, p. 106.

do conflito e das pessoas envolvidas, sendo então necessário o ajuizamento de várias ações coletivas para abranger o conflito coletivo em toda a sua dimensão, evidentemente, a razão de ser desse sistema especial de tutela ficará drasticamente comprometida, na mesma proporção em que a sua utilidade e vantagens ficarão reduzidas a quase nada".[159] Em senso consonante, indaga Elton Venturi: "Ainda, seguindo-se a míope lógica do atrelamento da eficácia subjetiva do julgamento aos limites territoriais do órgão prolator, por qual motivo os juízes estaduais e federais das Capitais dos Estados estariam autorizados a processar e julgar causas relativas a danos nacionais, se não exercem competência territorial nacional? Qual a lógica no processamento de uma ação civil pública envolvendo o território de mais de um Estado do país perante juízo do Distrito Federal ?".[160]

(Há algum tempo, pretendendo corrigir, ou ao menos amenizar o equívoco legislativo antes referido, previa o PL 5.139/2009 então voltado a regular a nova ação civil pública, no § 2.º do art. 5.º: "Na hipótese de litispendência, conexão ou continência entre ações coletivas a versar ao mesmo bem jurídico, a reunião dos processos poderá ocorrer até o julgamento em primeiro grau").[161]

Sem embargo, José Manoel de Arruda Alvim Netto aponta a existência de entendimento diverso, no âmbito do STJ, reconhecendo como "competência jurisdicional nacional só a dos Tribunais superiores, como é o caso do Supremo Tribunal Federal e do citado Superior Tribunal de Justiça".[162] Com a devida vênia, pensamos que tal argumento *toma a nuvem por Juno*, baralhando conceitos de natureza diversa: a *jurisdição* – que é uma função de Estado, exercida nacionalmente – com a *competência*, que é uma dimensão operacional daquela, preordenada à afetação de grupos de processos a este ou

---

159 A O.J. 130 da S.D.I. II do Col. Tribunal Superior do Trabalho – competência territorial e alcance da decisão proferida na ação civil pública. *Revista Trabalhista – Direito e Processo*, vol. 12, out./dez. 2004, p. 444.

160 *Processo civil coletivo – a tutela jurisdicional dos direitos difusos, coletivos e individuais homogêneos no Brasil – Perspectivas de um Código Brasileiro de Processos Coletivos.* São Paulo: Malheiros, 2007, p. 277. (A obra deriva da tese de doutorado nominada *Tutela jurisdicional coletiva brasileira: elementos críticos, efetividade e afirmação*, sob orientação do Prof. Nelson Nery Junior, aprovada na PUC de São Paulo em 23.11.2005, Banca que integramos, juntamente com os Professores Teresa Arruda Alvim Wambier, Paulo Cézar Pinheiro Carneiro e Patrícia Miranda Pizzol).

161 Dito projeto acabou arquivado na Comissão de Constituição, Justiça e Cidadania da Câmara Federal.

162 *Mandado de segurança, direito público e tutela coletiva*, São Paulo: Revista dos Tribunais, 2002, p. 64.

aquele órgão judicial, de primeiro ou segundo graus. Tal dicotomia é assim explicada por Egas Dirceu Moniz de Aragão: "(...) o fracionamento para efeito judiciário torna os limites territoriais da competência de cada juízo menores do que a extensão territorial sobre a qual repercute validamente a sua atuação jurisdicional. Esta última, como emanação da soberania nacional, que é, se estende por todo o território do País, embora limitada, às vezes, por um ou outro caso de extraterritorialidade ou dilatada por um outro de ultraterritorialidade. De fato, o ato jurisdicional praticado em qualquer juízo brasileiro é válido em todo o território nacional, desde que caia na competência (territorial ou não) de quem o praticou".[163]

Com efeito, entendimento contrário levaria a situações iníquas, ou mesmo bizarras, até mesmo nos lindes da jurisdição singular: um contrato, rescindido na justiça gaúcha, todavia continuaria a valer no restante do país; um casal divorciado em São Paulo continuaria, porém, casado nos demais Estados da federação; o condenado pela justiça criminal fluminense continuaria, porém, réu primário alhures...

A confusão entre categorias processuais distintas, como competência, jurisdição, limites subjetivos do julgado, não ecoa apenas no plano da crítica doutrinária, mas repercute no volume de processos em andamento, levando à indesejável e perigosa concomitância de ações coletivas sobre um mesmo *thema decidendum*, quando, antes e superiormente, bastaria o ajuizamento de *uma só* ação coletiva em defesa dos interesses individuais homogêneos, que assim ocuparia o *espaço processual disponível*, permitindo que a decisão condenatória genérica, oportunamente imunizada pela agregação da coisa julgada *erga omnes* (CDC, arts. 81, § único, III; 95; 103, III), solucionasse *molecularmente* o conflito, na conhecida expressão de Kazuo Watanabe. Segundo ele, a "estratégia tradicional de tratamento das disputas tem sido de fragmentar os conflitos de configuração essencialmente coletiva em demandas-átomo. Já a solução dos conflitos na dimensão molecular, como demandas coletivas, além de permitir o acesso mais fácil à justiça, pelo seu barateamento e quebra de barreiras socioculturais, evitará a sua banalização que decorre de sua fragmentação e conferirá peso político mais adequado às ações destinadas à solução desses conflitos coletivos".[164]

---

163 *Comentários ao Código de Processo Civil*, 9ª ed., Rio de Janeiro: Forense, 1998, vol. 2, p. 134.

164 *Código de Defesa do Consumidor, comentado pelos autores do anteprojeto* (obra coletiva), 8. ed. Rio de Janeiro: Forense Universitária, 2005, p. 787.

Sem embargo, *preconizou-se, há algum tempo,* uma infeliz recorrência na confusão entre jurisdição, competência e limites subjetivos da coisa julgada, no bojo da *PEC* 358/2005, na parte que inseria um § 2º no art. 105 da CF, dispondo que "nas ações civis públicas e nas propostas por entidades associativas na defesa dos direitos de seus associados, representados ou substituídos, quando a abrangência da lesão ultrapassar a jurisdição de diferentes Tribunais Regionais Federais ou de Tribunais de Justiça dos Estados ou do Distrito Federal ou Territórios, cabe ao Superior Tribunal de Justiça, ressalvada a competência da Justiça do Trabalho e da Justiça Eleitoral, definir a competência do foro e a extensão territorial da decisão". Em última análise, por aí se intentava criar uma sorte de *avocatória* – restrita à definição de competência! –, propósito assim criticado por Elton Venturi: "A lógica parece refutar por si só, que se criem medidas processuais para que a mais alta Corte do país em matéria de direito comum seja ainda mais abarrotada para apreciar o óbvio: se a pretensão deduzida em juízo diz respeito à tutela de direitos essencialmente indivisíveis, como são os difusos e coletivos, então pouco importa os limites territoriais do órgão julgador, eis, que, naturalmente a eficácia da decisão deverá espalhar-se *erga omnes em todo o território nacional*, em atenção, também, aos princípios da unidade e da indivisibilidade da jurisdição".[165]

Acertadamente, pois, o antes citado PL 5.139/2009, à época voltado a regular a nova ação civil pública, previa no art. 33: "A sentença no processo coletivo fará coisa julgada *erga omnes*, independentemente da competência territorial do órgão prolator ou do domicílio dos interessados".[166]

A circunstância de a jurisdição ter caráter *unitário e nacional* – da qual uma *quota-parte* se encontra ubicada em cada juiz ou Tribunal do país – em nada rivaliza com o fato de nossa Justiça apresentar uma distribuição complexa e variada, esparsa por extensa malha judiciária da União e dos Estados: cabe aos Tribunais da Federação a relevante missão institucional de preservar a *unidade do direito ao longo do território nacional* (em matéria constitucional, o STF; no federal comum, o STJ), tarefa de que essas Cortes se desincumbem ao prevenir ou superar o dissenso interpretativo instaurado nos diversos processos que ali têm acesso, pela via recursal ou na competência originária. Essa elevada atribuição conecta-se ao princípio da igualdade de todos perante a lei (CF, art. 5.º, *caput*), já que a norma legal há de ser tomada em sentido *substancial* (e não apenas retórico ou formal), porque do contrário tal isonomia se pulverizaria ou se reduziria a uma mera norma programática,

165 *Processo civil coletivo...*, cit., p. 287, 288.

166 V. supra, nota n. 153.

ao risco de deixar os jurisdicionados desorientados e desprotegidos quanto aos seus efetivos direitos e obrigações.

A propósito, avalia Teresa Arruda Alvim Wambier: "A lei é uma só (necessariamente vocacionada para comportar um só e único entendimento, no mesmo momento histórico, e nunca dois ou mais entendimentos simultaneamente válidos...). Todavia, no plano dos fatos, decisões podem ser diferentes, porque os tribunais podem decidir diferentemente. É comum haver duas ou mais decisões, completamente diferentes, a respeito do mesmo (mesmíssimo!!) texto, aplicáveis a casos concretos idênticos. Isto gera insegurança nos jurisdicionados e descrédito do Poder Judiciário. É, portanto, inteiramente nefasto do ponto de vista jurídico".[167]

Sob outra mirada, o caráter *unitário e nacional* de nossa jurisdição contribui para dar respaldo – lógico e jurídico – à *súmula vinculante* e à exigência da *repercussão geral da questão constitucional*, ambas reportadas ao STF. No primeiro caso, aquela súmula qualificada tem eficácia vinculativa (perspectiva *vertical*) sobre todos os órgãos judiciais e ainda sobre a Administração Pública e efeitos *erga omnes* (perspectiva *horizontal*) ao largo e ao longo do território nacional, porque o STF é o intérprete máximo do texto constitucional (CF, art. 102, *caput*), num país de desenho republicano-federativo, o que legitima nossa Corte Suprema a emitir enunciados obrigatórios sobre certos temas controvertidos, que, de outro modo, poderiam acarretar "grave insegurança jurídica e relevante multiplicação de processos sobre questão idêntica" (CF, § 2.º do art. 103-A).

Esse contexto jurídico-político se estende ao instituto da *repercussão geral* (CF, § 3.º do art. 102), aditando-se ainda o fato de que o STF, como *Tribunal da Federação*, não se preordena a dirimir litígios singelamente intersubjetivos – que poderiam e deveriam ter sido solucionados nas instâncias precedentes –, e sim as controvérsias de largo espectro, de natureza constitucional, donde se justificar que a admissão do recurso extraordinário se condicione à demonstração da repercussão geral da questão constitucional discutida no caso (CF, § 3.º do art. 102), isto é, litígios "relevantes do ponto de vista econômico, político, social ou jurídico que ultrapassem os interesses subjetivos do processo" – CPC, § 1.º do art. 1.035.

---

167 Súmulas e inadmissibilidade da apelação. In: CALDEIRA, Adriano; FREIRA, Rodrigo da Cunha Lima (org.). *Terceira etapa da reforma do Código de Processo Civil – Estudos em homenagem ao Ministro José Augusto Delgado*, Salvador (BA): JusPodivm, 2007, p. 324.

(Note-se, aí, como ambos esses institutos se tangenciam em mais de um ponto, havendo mesmo uma hipótese de repercussão geral *absoluta*, ou *presumida*: quando o acórdão impugnado por recurso extraordinário tenha contrariado "súmula ou jurisprudência dominante do Supremo Tribunal Federal" [STF]: CPC, § 3.º, I, do art. 1.035).

7. A EXIGÊNCIA DO *PREQUESTIONAMENTO*.

Poucas exigências à admissibilidade dos recursos excepcionais (*extraordinário* ao STF; *especial* ao STJ; *revista* ao TST) terão despertado na comunidade jurídica tanta incompreensão, resistência e, por que não dizer, até certa *má vontade*, quanto a do *prequestionamento*. Ora visto como um entrave à apreciação do mérito desses recursos, ora como um elemento regulador de seu afluxo nos órgãos de cúpula, ora, numa visão mais severa, como um simples expediente para o descarte em massa de processos pelos Tribunais Superiores (dita "jurisprudência defensiva"), fato é que, inobstante, esse quesito se justifica tecnicamente, a despeito de não constar, *expressis verbis*, nos dispositivos constitucionais ou mesmo legais, que regem tal matéria.

Em verdade, tratar-se-ia de um *silêncio eloquente* – passe o oxímoro – do ordenamento a respeito desse quesito, porque ele é de intuitiva percepção, sendo extraído sem esforço do próprio ambiente recursal dos Tribunais da Federação: sendo eles encarregados de dar a *ultima ratio* nas suas respectivas áreas, compreende-se que, ao atuarem sua competência *recursal* (recorrer = *correr de novo*), é curial que só possam prover sobre decisões que, no Tribunal *a quo*, foram cumpridamente analisadas, em modo de uma *objetiva e derradeira* manifestação local ou regional sobre a *vexata quaestio* (constitucional ou federal, comum ou especial, conforme o caso), porque do contrário estariam as Cortes Superiores pronunciando-se em modo *originário*.

Trata-se, ademais, de exigência respaldada na tradição jurídica brasileira, porque, um ano antes da primeira Constituição Republicana, o Dec. 848, de 1890, já se utilizara da locução "posta em questão" quando se referia ao contraste entre a normação local e lei federal, trilha seguida pela CF de 1891, a qual, embora ainda não se valesse da expressão "recurso extraordinário", mencionava que seu manejo era possível "quando se questionar sobre a validade ou aplicação de tratados e leis federais e a decisão do tribunal dos Estados for contra a lei" (art. 59, III). A referência ao *prequestionamento* apareceria ainda nas Cartas de 1934 e 1937, porém não mais a partir da CF de 1946, silêncio mantido na Carta atual (art. 102, III: RE; art. 105, III: REsp), onde aparecem os verbos *contrariar* e *contestar*.

Sem embargo, a *mens legis* segue sendo a mesma: é preciso que a *federal question* (constitucional ou de direito federal comum) tenha sido agitada e decidida na origem, seja espontaneamente, ou por força de embargos declaratórios, ditos, *pour cause*, "prequestionadores", porque do contrário o STF ou o STJ acabariam por conhecer do *thema decidendum* em primeira mão, contrariando sua vocação para atuar como Cortes (finais) de *revisão* (= "ver de novo") das decisões locais ou regionais em matéria constitucional ou de direito federal comum. É preciso ter presente que tais recursos não são de tipo comum (máxime a apelação, cujo amplo efeito devolutivo devolve ao Tribunal *ad quem* a matéria de fato e de direito e mesmo as questões de ordem pública, mercê do *efeito translativo - CPC, art. 1.008; art. 1.013 e §§ - vindo o* interesse em recorrer fundado na singela sucumbência), mas, diversamente, são recursos de devolutividade restrita às *quaestiones iuris* sobre as quais já se tenha claramente pronunciado a instância precedente, donde se poder dizer que os recursos extraordinário e especial integram, juntamente com a revista trabalhista, a classe dos apelos excepcionais.

A ser de outro modo, o STF e o STJ acabariam conhecendo de pontos controvertidos, antes apenas identificados ou excogitados, já no altiplano da instância superior (numa sorte de *pós-questionamento* !), o que, para mais, surpreenderia a contraparte, em desalinho com o direito à não-surpresa (CPC, art. 10).

Para Alcides de Mendonça Lima, o prequestionamento "não é exigência descabida, mas serve para pôr freio a situações sem sentido processualmente. Se assim não for, a controvérsia não fica circunscrita à propositura da ação e à contestação, alargando-se, de modo sem limite, para surgirem questões novas apenas no final da causa, em verdadeira surpresa para o adversário, tumultuando o processo. O mesmo requisito serve para o recurso especial pelo objetivo similar ao recurso extraordinário. É da tradição do direito norte-americano em remédio semelhante ao nosso, remontando ao *Judiciary Act* de 04.09.1789, pois a questão federal tinha de ser suscitada e resolvida pelo Tribunal do Estado, não bastando alegá-la no *writ of error*".[168] Essa também a avaliação de José Carlos Barbosa Moreira: "A Suprema Corte tem competência para reexaminar todas as decisões dos tribunais federais de segundo grau, bem como das supremas cortes estaduais, quando hajam decidido questões de direito federal".[169]

---

168 Recurso extraordinário e recurso especial. In: TEIXEIRA, Sálvio de Figueiredo (coord.). *Recursos no Superior Tribunal de Justiça*, São Paulo: Saraiva, 1991, p. 140.

169 A Suprema Corte norte-americana: um modelo para o mundo? *Temas de direito processual*, 8.ª série, São Paulo: Saraiva, 2004, p. 242.

O manejo de embargos de declaração para fim de 'induzir' o Tribunal *a quo* a se pronunciar sobre o ponto federal ou constitucional, em contemplação de futuro recurso ao STJ e/ou STF, embora represente um uso um tanto anômalo desse meio de integração das decisões judiciais, tem em seu prol o fato de que o questionamento deve ser... *prévio*, e por isso configura ônus da parte recorrente: natural, portanto, que o não exercício dessa faculdade processual, ou seu manejo inadequado venha a piorar a situação processual da parte, o que de resto é típico do ambiente processual, onde não cabe falar em direitos e obrigações, e sim em *faculdades* que, bem exercidas levam a situações de vantagem e, do contrário, acarretam situações de sujeição ou de ônus, que até mesmo podem deflagrar preclusões ou formação de coisa julgada.

Nesse sentido, aduz José Miguel Garcia Medina: "Os embargos declaratórios prestar-se-iam, e quando muito, a incitar o órgão julgador a suprir determinada omissão, e nesse suprimento talvez fique demonstrada a existência de violação a disposição federal".(...) "Interpostos embargos de declaração e não suprida a omissão, caberá recurso para atacar a decisão proferida no sentido do não suprimento da omissão."[170] (O vigente CPC veio amenizar esta última exigência, ao dispor no art. 1.025: "Consideram-se incluídos no acórdão os elementos que o embargante suscitou, para fins de prequestionamento, ainda que os embargos de declaração sejam inadmitidos ou rejeitados, caso o tribunal superior considere existentes erro, omissão, contradição ou obscuridade").

O tema do prequestionamento, por sua relevância, é objeto de *súmulas*, tanto no STJ (98: "Embargos de declaração manifestados com notório propósito de prequestionamento não têm caráter protelatório"; 320: "A questão federal somente ventilada no voto vencido não atende ao requisito do prequestionamento") como no STF (282: "É inadmissível recurso extraordinário, quando couber, na Justiça de origem, recurso ordinário da decisão impugnada"; 356: "O ponto omisso da decisão, sobre o qual não foram opostos embargos declaratórios, não pode ser objeto de recurso extraordinário, por faltar o requisito do prequestionamento").

Para Cândido Rangel Dinamarco, "não se pode prescindir pura e simplesmente do *prequestionamento* como requisito para sua admissibilidade. Ponto não prequestionado é ponto em que não houve infração à ordem jurídica federal e portanto, falharia em casos assim o fundamento político-federativo do recurso especial. O que não se toleraria é o exagero oposto, consistente em radicalizar a exigência de prequestionar. O chamado prequestionamento implícito há de ser suficiente, desde que esteja fora de dúvida a intenção das

---

170 *O prequestionamento*... cit., p. 409.

partes em discutir a causa sobre fundamentos ligados à ordem jurídica federal".[171] Outras duas hipóteses excludentes da exigência do prequestionamento são lembradas por Vicente Greco Filho: "No caso de o fundamento novo aparecer exclusivamente no próprio acórdão recorrido, por exemplo, se o acórdão julga *extra* ou *ultra petita* sem que esse fato tenha ocorrido na sentença; e se, a despeito da interposição dos embargos de declaração, o tribunal se recusa e examinar a questão colocada".[172]

Sob outra mirada, o prequestionamento se entrelaça com um requisito comum à competência dos Tribunais Superiores, qual seja, a exigência de se tratar de "causa decidida", o que bem se compreende, porque órgãos de cúpula na organização judiciária não podem operar como terceira ou quarta instâncias, o que ocorreria se fossem instados a conhecer *originariamente* de questões jejunas de debate e posicionamento na instância recorrida. Isso é da tradição do Direito brasileiro, desde o Império, cuja Constituição falava em *causas* e na competência das Relações das províncias para julgá-las (art. 158), assim como do Supremo Tribunal de Justiça para o exame das *revistas* interpostas naquelas causas (art. 164).

A exigência de o RE e o REsp se reportarem à *causa decidida* (CF, art. 102, III, e 105, III) lança raízes na tradição judiciária norte-americana (case Muskrat v. US 219; US 346, 357, 1911), no qual, relata Roberto Rosas, a "Corte examinara a causa e não somente a questão federal", e com o sistema alemão, onde, diz o autor, "a demanda de nulidade (*Nichtigkeilage*) e a demanda de restituição (*Restitutionsklage*) modos pelos quais ocorre a revisão do direito alemão, são medidas extraordinárias, mas sob a forma de ação". Na experiência brasileira, o conceito de *causa*, para fins de manejo dos recursos excepcionais, foi gradualmente se alargando, passando a abranger os procedimentos de jurisdição voluntária, as ações cautelares, os conflitos de competência, podendo, segundo Roberto Rosas, estender-se ao processo de *dúvida*, suscitado por Registro Público: "Se este fixar-se nas características da Lei 6.015 e resolver uma relação jurídica, logo existirá a causa que permitirá o exercício da competência do Supremo Tribunal Federal. Concluímos, com Castro Nunes, que a expressão causa deve ser entendida com ampla compreensão".[173]

---

171 Superior Tribunal de Justiça e acesso à ordem jurídica justa. In: TEIXEIRA, Sálvio de Figueiredo (coord.). *Recursos no*...cit., p. 254-255.

172 *Direito processual civil brasileiro*, 16. ed. São Paulo: Saraiva, 2003, vol. 2, p. 336.

173 A causa como pressuposto do recurso. In: TEIXEIRA, Sálvio de Figueiredo (coord.). *Recursos no*... cit., p. 210, 211-213.

Os planos das instâncias judiciárias brasileiras são assim visualizados por Ives Gandra da Silva Martins Filho: "As *instâncias ordinárias* correspondem ao direito do cidadão de ver sua causa *apreciada por um juiz singular* (juiz de direito, juiz federal ou juiz do trabalho) e *reexaminada por um colegiado* (Tribunal de Justiça, Tribunal Regional Federal ou Tribunal Regional do Trabalho), tanto nos seus *aspectos de direito* quanto nos seus *aspectos fáticos*. Já as *instâncias extraordinárias* dizem respeito ao direito do Estado Federado ter suas normas aplicadas e interpretadas de modo uniforme em todo o território nacional, quer se trate de *lei federal* (cujos guardiães são o Superior Tribunal de Justiça e o Tribunal Superior do Trabalho), quer se trate da própria *Constituição Federal* (que tem o Supremo Tribunal Federal como guardião máximo)". (...) "Pode-se dizer que, atualmente, com a avalanche de processos que chegam ao STF, STJ e TST, em face da facilidade que têm as partes de recorrer e pela necessidade de um pronunciamento obrigatório sobre todas elas, o extraordinário se transformou em ordinário: *vulgarizou-se a via de acesso às Cortes Superiores*".[174]

A necessidade dessa manifestação explícita do Tribunal *a quo* sobre a questão federal ou constitucional é matéria assentada, assim no STJ (súmulas 98, 320) como no STF (súmulas 282, 356), como antes assinalado. Sob outra mirada, é o prequestionamento mais uma evidência de que o acesso aos Tribunais Superiores obedece a critérios próprios e específicos, distintos daqueles observados nos recursos de tipo comum, estes fundados, basicamente, na *sucumbência*, ou seja, na situação de prejuízo infligida à parte por certa decisão ou por capítulo dela. Por aí se compreende a dicção do art. 996, caput, do CPC, sede do *interesse recursal*: "O recurso *pode* [porque em regra é facultativo] ser interposto pela parte *vencida*, pelo terceiro *prejudicado* e pelo Ministério Público, como parte ou como fiscal da ordem jurídica".

O prequestionamento se explica, ainda, pelo efeito *substitutivo* dos recursos em geral (CPC, art. 1.008), também aplicável aos recursos excepcionais: o acórdão do Tribunal Superior, em linguagem simples, *ficará no lugar* daquele emitido pela instância de origem, e então é preciso que conste dos autos o pronunciamento claro e objetivo daquele órgão *a quo*, a fim de prevenir qualquer ambiguidade ou para que não se instale alguma *zona cinzenta* entre os dois provimentos; laboram nesse sentido os enunciados do art. 257, 2ª parte, do RISTJ, a Súmula 456 do STF e o art. 1.034, caput, do vigente CPC.

---

174 Critério de transcendência no recurso de revista – Projeto de Lei n. 3.267/2000. *Revista LTr*, vol. 65, n. 08, ago./2001, p. 906-907.

Bem por isso, o prequestionamento remonta à *praxis* observada desde as origens do STF, depois repassada ao STJ, o que se compreende, porque este último constituiu-se a partir de uma defecção da competência antes exercida pelo STF, no campo do direito federal comum. Com efeito, as Constituições Federais, a partir da republicana de 1891, ao tratarem da competência recursal do STF valeram-se da expressão "quando se *questionar* (...)", sinalizando que, sendo aquele um Tribunal de última instância, postado à cumeeira da estrutura judiciária do Estado brasileiro, é natural que seu pronunciamento incida sobre o prévio e explícito posicionamento da instância de origem acerca da *quaestio juris* devolvida ao Tribunal Superior.

Bruno Mattos e Silva explica que, basicamente, haveria duas definições para o prequestionamento: segundo a primeira orientação, "mesmo se o tribunal não apreciar a questão, a parte poderia interpor recurso especial ou extraordinário com fundamento na questão não apreciada, uma vez que, antes do julgamento do tribunal de apelação, a parte prequestionou a matéria, isto é, suscitou a questão"; pela segunda corrente, "o prequestionamento decorre de um ato do julgador e não da parte, embora a atuação do julgador seja, na maior parte dos casos, decorrente de um pedido da parte". Na sequência, esclarece o autor que tem prevalecido este segundo entendimento, descabendo, outrossim, perscrutar alguma eiva de inconstitucionalidade em tal exigência, ao argumento de o texto constitucional não a mencionar às expressas; isso porque os textos de regência para o RE (art. 102, III) e para o REsp (art. 105, III) falam em *causas decididas*, o que há de significar prévio enfrentamento e resolução o Tribunal *a quo*. Assim, conclui o autor: "Apenas questões decididas podem ser objeto de recurso especial e extraordinário. Dentro dessa visão, como podemos também concluir, prequestionamento é a apreciação da questão por parte do órgão julgador e não sua mera suscitação prévia pela parte".[175]

É preciso ainda ter presente que tanto o STF como o STJ não foram concebidos para operar como uma *terceira ou quarta instâncias*, mas sim como *órgãos de superposição* na estrutura judiciária brasileira, não fazendo sentido sua intervenção *originária* sobre *quaestiones iuris* de natureza constitucional ou de direito federal comum, carentes de claro e objetivo posicionamento pelos Tribunais de origem. O argumento é tão mais verdadeiro quanto se considere que até mesmo decisões no âmbito dos Juizados Especiais Cíveis e Criminais desafiam recurso extraordinário (Súmula STF n. 640). Não seria razoável que uma Corte Constitucional ficasse a esmiuçar uma decisão em

175 *Prequestionamento, recurso especial e recurso extraordinário – roteiro para advocacia no STJ e no STF*, Rio de Janeiro: Forense, 2002, p. 4 e 6, *passim*.

causas de menor complexidade ou sobre delito de pequeno potencial ofensivo, a ver se surpreende a questão constitucional sobre a qual o órgão de origem deveria ter-se pronunciado! Sem embargo, a falta de explícita referência, no plano constitucional, quanto à exigência de prequestionamento, levou, diz José Miguel Garcia Medina, a que parte da doutrina entendesse "que havia sido dispensado o requisito do prequestionamento, entendimento, contudo, que não logrou prosperar. A jurisprudência, apesar de conflitante no início, acabou por considerar que, apesar de a norma constitucional não trazer expressamente a exigência do prévio questionamento, esta exigência encontrar-se-ia implícita, em face da natureza excepcional do recurso".[176]

É toda uma conjunção de fatores que legitima e fundamenta a citada exigência: os recursos excepcionais são de *fundamentação vinculada*, voltados à revisão *de iure*, dirigidos a órgãos de cúpula do sistema judiciário, e assim não se vocacionam a operar como *mais uma* instância de revisão, tudo justificando a indispensabilidade do prequestionamento, como, aliás, assentado nas súmulas do STF e STJ, antes lembradas. Tais enunciados deixam claro – em que pese um leve dissenso no que concerne ao prequestionamento *implícito* – que o pronunciamento da instância de origem deve ser feito em modo *frontal e direto*, até porque, de outro modo, se transferiria às Cortes Superiores a tarefa de *destrinchar* o acórdão *a quo*, na busca do ponto ou do capítulo onde se aninharia a *vexata quaestio*, de índole constitucional ou legal.

Instigante relação se verifica entre a exigência do *prequestionamento* e o pressuposto de admissibilidade do recurso extraordinário, consistente na "demonstração da repercussão geral da questão constitucional discutida no caso" (CF, § 3.º do art. 102). À primeira vista, dado ser ônus do recorrente demonstrar, em preliminar do recurso extraordinário, a existência de tal "repercussão", poder-se-ia inferir que o regime do prequestionamento se estenderia ao quesito da "repercussão geral". Essa impressão, todavia, se desfaz quando se observa que o prequestionamento induz o Tribunal *a quo* a se pronunciar, conclusivamente, sobre o ponto constitucional controvertido, ao passo que, no tocante à repercussão geral é do STF a competência *exclusiva* para tal avaliação (CPC, § 2.º do art. 1.035), consistente em aferir se na espécie há "questões relevantes do ponto de vista econômico, político, social ou jurídico que ultrapassem os interesses subjetivos do processo" (CPC, § 1.º do art. 1.035); bem por isso, o STF apreciará a "repercussão geral" para fins de *admissão* (*sic*) do RE, ou seja, para o seu *conhecimento* em caso de avaliação

176 *O prequestionamento nos recursos extraordinário e especial*, 3. ed., São Paulo: Revista dos Tribunais, 2002, p. 122.

positiva acerca dessa exigência, a par, naturalmente, dos demais pressupostos objetivos e subjetivos. Dito de outra forma, ambas as exigências se aproximam, no sentido operarem *cumulativamente*; todavia, elas não se imbricam e preservam cada qual seu regime processual autônomo.

O fato de não poder o Tribunal *a quo* fazer "juízo de valor" sobre a repercussão geral da questão constitucional discutida no caso, não implica vedação absoluta para verificar, objetivamente, se o recorrente a arguiu como preliminar do recurso extraordinário, até porque compete ao recorrente demonstrar o "cabimento do recurso interposto" (CPC, art. 1.029, II), e, no caso do recurso extraordinário, esse cabimento depende do atendimento ao quesito da repercussão geral da questão constitucional. Assim se passa porque de todo modo remanesce, no âmbito do RE, o *sistema de admissibilidade desdobrado ou bipartido*[177] entre o Tribunal *a quo* e o STF (com avaliação definitiva por este último, como deixa claro o § 2º do art. 1.035 do CPC. É dizer, o que não pode fazer a instância de origem é avaliar o *fulcro* da "repercussão geral" arguida, interessando saber se ela é ou não *fundada* ou *consistente*; deve apenas limitar-se a um posicionamento *axiologicamente neutro* a esse respeito, restrito a registrar a presença ou a falta da citada preliminar, negando seguimento ao recurso nesta última hipótese (CPC, art. 1.030, I, a, caput com redação da Lei 13.256/2.016 e alínea acrescida por esta Lei), em decisão sujeita a agravo interno – CPC § 2º do art. 1.030, parágrafo acrescido pela Lei 13.256/2.016.

Assim se passa porque seria inócua a *subida* ao STF de RE desacompanhado de tal preliminar, a teor do art. 327 do Regimento Interno (com a redação dada pela ER 21/2007): "A Presidência do Tribunal recusará recursos que não apresentem preliminar formal e fundamentada de repercussão geral (...)". § 1.º. "Igual competência exercerá o (a) Relator (a) sorteado, quando o recurso não tiver sido liminarmente recusado pela Presidência". Nesse sentido, escreve Sandro Marcelo Kozikoski: "Portanto, em matéria de juízo de admissibilidade, não é razoável que o juízo *a quo* negue seguimento ao recurso extraordinário por não visualizar a repercussão geral das questões constitucionais. (...) Por outro lado, a ausência da abordagem e fundamentação do recorrente em relação à repercussão geral das questões constitucionais configurará inépcia da peça recursal, faltando-lhe regularidade formal."[178]

---

177 Desenvolvemos esse ponto no nosso *Recurso extraordinário e recurso especial*, 14ª ed., São Paulo: Thomson Reuters-Revista dos Tribunais, 2.018, p. 181 e s.

178 A repercussão geral das questões constitucionais e o juízo de admissibilidade do recurso extraordinário. In: WAMBIER, Teresa Arruda Alvim *et al.* (coord.). *Reforma do Judiciário – Primeiras reflexões sobre a EC 45/2004*. São Paulo, 2005, cit., p. 756.

Pelas razões antes expendidas, pode-se afirmar que continua de atualidade a exigência do prequestionamento, tanto no STF como no STJ, devendo-se contudo ressalvar que ela hoje perdeu a conotação rígida e peremptória de outrora, ao influxo das diretrizes da razoabilidade e da proporcionalidade (inclusive o disposto no art. 1.025 do vigente CPC), sinalizando no sentido de que tal requisito não se destina a operar como *elemento de contenção* do afluxo de processos ao STF e ao STJ (como antes fora, para o STF, a *arguição de relevância*, depois repaginada como *repercussão geral da questão constitucional* – CF, § 3.º do art. 102).

Noutra sede, escrevemos a respeito do prequestionamento: "Desde que se possa, sem esforço, aferir no caso concreto que o objeto do recurso está razoavelmente demarcado na instância precedente, cremos que é o bastante para satisfazer essa exigência que, de resto, não é excrescente, mas própria dos recursos de tipo excepcional, malgrado não conste, *às expressas*, nos permissivos constitucionais que os regem".[179]

8. O REGIME DE CONTROLE DE CONSTITUCIONALIDADE.

Quando se fala no "controle de constitucionalidade", acode à mente a apreciação, pelo Judiciário, de *normas legais* – produto final do Legislativo – e de *atos normativos ou públicos* – produto final do Executivo, a ver se estes ou aquelas guardam conformidade e simetria com o texto constitucional, de onde devem haurir *legitimidade e coercitividade*. O princípio retor, nesse campo, é o da *supremacia da Constituição*, já que esta é o parâmetro básico e inarredável para aferição da *validade* de leis e atos do Poder Público, sendo conhecida esta passagem de Alfredo Buzaid: "(...) sempre se entendeu, entre nós, de conformidade com a lição dos constitucionalistas, que toda lei adversa à Constituição é absolutamente nula, não simplesmente anulável. A eiva de inconstitucionalidade a atinge no berço, fere-a *ab initio*. Ela não chegou a viver, nasceu morta. Não teve pois, nenhum momento de validade".[180]

Um *complicador* que hoje se agrega ao temário do controle de constitucionalidade reside nisso que a *nomogenese* não mais se limita ao Legislativo e ao Executivo, em suas concepções e dimensões clássicas, mas, por conta da *pulverização das instâncias de Poder*, observa-se uma farta e prodigalizada "produção normativa", com a emissão desenfreada de leis, decretos e atos

179 *Recurso extraordinário e recurso especial*, 14ª ed., 2.018, cit., p. 312 e s.

180 *Da ação direta de declaração de inconstitucionalidade no direito brasileiro*, São Paulo: Saraiva, 1958, n. 58, p. 129.

normativos de todo gênero, que não raro se superpõem, dificultando sua interpretação e aplicação. Essa *fúria legiferante*, a que não raro se agrega a baixa qualidade redacional de alguns textos, opera como concausa para a sobrecarga de trabalho do STF, no *controle direto*, e dos demais Tribunais, *no controle incidental* da constitucionalidade. Afirma Ives Gandra da Silva Martins Filho: "Pode-se dizer, na esteira do Min. Nelson Jobim, que, pelo modo como são feitas as leis, sempre haverá necessidade de recurso ao Poder Judiciário. Isto porque, nos embates congressuais na elaboração legislativa, sempre que nenhum dos grupos de interesses é suficientemente forte para fazer prevalecer seu ponto de vista, tem-se uma *redação legal criptográfica*, cujo sentido parece atender aos grupos em confronto, mas que apenas transfere para o Poder Judiciário a disputa que não se conseguiu vencer no Poder Legislativo".[181]

Todo esse contexto concorre para um acúmulo, no STF, de ações no controle direto de constitucionalidade (ADIn's, ADCon's, ADPF's, ações de inconstitucionalidade por omissão),[182] o que causa espécie, mormente em se considerando ainda que o controle de constitucionalidade abrange o que é feito pelo modo incidental, no bojo dos recursos extraordinários, e tendo ainda presente que, em fim de contas, as leis e atos do Poder Público se presumem... *constitucionais*.

A par da *fúria legislativa* que há tempos assola o país, registra-se um incremento nas *fontes* de onde elas promanam, por modo que cada parcela de Poder, por mais reduzida ou subalterna, vê-se legitimada a emitir ordens jurídicas de todo tipo: Portarias, Regulamentos, Ordens de Serviço, Instruções Normativas, Regimentos Internos, Circulares, que, não raro, extravasam os limites da organização interna dos órgãos emissores, para atingirem os próprios administrados, em proporção e eficácia crescentes, na contramão do *princípio da legalidade*, pelo qual as condutas comissivas e omissivas se parametrizam pelo que consta em *norma legal* (CF, art. 5º e inciso II), só se admitindo ordens jurídicas menores e/ou regulamentares quando não atropelem a *reserva legal* e sejam hierarquicamente compatíveis com o sistema.

Sobre esse contemporâneo fenômeno, escreve Celso Fernandes Campilongo: "Não são apenas as novas estruturas normativas – pluralismo jurídico, desregulamentação, autorregulação social, desterritorização da lei, sistemas

---

181 Critério de transcendência no recurso de revista no projeto de Lei n. 3.267/2000. *Revista LTr*, vol. 65, n. 08, ago./2001, p. 916.

182 Disponível em: [www.stf.jus.br/portal/cms/verTexto.asp?servico=estatistica&pagina=adi] Acesso em 02.10.2018.

normativos circulares etc. – que aduzem exigências inéditas ao Judiciário. Mudanças na própria normatividade estatal igualmente despertam perplexidade no julgador. Vale a pena sumariar algumas delas: a) *Hipertrofia legislativa*, inclusive com a legalidade produzida fora do parlamento (mudança quantitativa); b) *Variabilidade de normas*, modificando constantemente a regulação dos mais diversificados aspectos da vida social e tornando a legislação instável (mudança qualitativa); c) Como síntese dos aspectos negativos das duas características anteriores, *problemas de coerência interna* do ordenamento".[183]

O controle de constitucionalidade das leis e atos normativos não se faz apenas por via judicial – *a posteriori*, portanto –, mas também *a priori*, ou preventivamente, seja pelas Assessorias Jurídicas e Procuradorias junto ao Executivo ou das Comissões de Constituição e Justiça nos Parlamentos (por exemplo, quando identificam vício de iniciativa num projeto de lei), seja ainda pelo poder de veto assegurado ao governante (CF, art. 84, V). De outra parte, a inconstitucionalidade tanto pode ser *de forma* (*v.g.*, inobservância do *quorum* especial para votação de lei complementar) como *de fundo*, por exemplo um projeto de lei tendente a infringir ou minimizar garantia assegurada por cláusula pétrea (CF, § 4º e incisos do art. 60).

Ainda, cabe falar em (*i*) inconstitucionalidade *por ação*, que por sua vez se liga ao pré-citado princípio da *supremacia da Constituição*, significando que a produção normativa deve guardar simetria e compatibilidade com o sobranceiro texto constitucional, sob pena de invalidade, e (*ii*) inconstitucionalidade *por omissão*, que ocorre quando a Constituição institui certa garantia ou prerrogativa, todavia dependente de regulamentação ou de certo procedimento, e o órgão ou Autoridade concernente recusa-se ou retarda a emissão do ato-condição: aí abre-se o campo da ação de inconstitucionalidade por omissão, da arguição por descumprimento de preceito fundamental e do mandado de injunção – CF, § 2.º do art. 103; § 1.º do art. 102; art. 5.º, LXXI, nessa ordem, tendo o mandado de injunção sido regulamentado pela Lei 13.300/2.016, inclusive na modalidade coletiva.

Para José Afonso da Silva, o binômio *rigidez constitucional – supremacia da Constituição* significa "que a Constituição se coloca no vértice do sistema jurídico do país, a que confere validade, e que todos os poderes estatais são legítimos na medida em que ela os reconheça e na proporção por ela distribuídos".[184]

---

183 O Judiciário e a democracia no Brasil. *Revista USP*, n. 21, mar.-maio 1994, p. 122.

184 *Curso de direito constitucional positivo*, 19. ed., São Paulo: Malheiros, 2001, p. 45.

No contemporâneo Estado de Direito, cujo critério legitimante repousa menos no binômio *Poder – Autoridade* e mais no binômio *funcionalidade – eficiência*, avulta a delicada questão das inconstitucionalidades *derivadas*, tanto do não implemento de programas governamentais e políticas públicas determinados na Constituição Federal, quanto da oferta insuficiente deles. Exemplos: (*i*) a Constituição Federal prevê que a programação televisiva deve priorizar as "finalidades educativas, artísticas, culturais e informativas"; "promoção da cultura nacional e regional"; "respeito aos valores éticos e sociais da pessoa e da família" (art. 221 e incisos, *passim*), mas é notório que a televisão *aberta* está longe de promover tais diretrizes; isso quando não as transgride frontalmente, veiculando programação de baixo nível, com palavreado grosseiro, expondo situações constrangedoras, em detrimento da família e dos bons costumes, difundindo a ignorância e a violência, sobretudo em meio às camadas menos aculturadas da população, e especialmente em face da infância e da juventude;[185] (*ii*) a Constituição Federal erige o meio ambiente em "bem de uso comum do povo e essencial à sadia qualidade vida, impondo-se ao Poder Público e à coletividade o dever de defendê-lo e preservá-lo para as presentes e futuras gerações" (art. 225, *caput*), mas o que se vê é a degradação do ecossistema em proporções alarmantes, com ênfase no desmatamento da floresta amazônica e da mata atlântica, a par da poluição e assoreamento das bacias hidrográficas.

Bem por isso, vencendo o preconceito de que no controle de constitucionalidade o STF só poderia operar como "legislador negativo", a própria Constituição Federal disponibiliza as pré-citadas ação direta de inconstitucionalidade *por omissão* (§ 2.º do art. 103) e a arguição por *descumprimento de preceito fundamental* (§ 1.º do art. 102). Fábio Konder Comparato pondera, a respeito: "(...) a inconstitucionalidade de uma política governamental pode ocorrer, não apenas em razão de sua própria finalidade, mas também por efeito dos meios ou instrumentos escolhidos para a sua realização. É o que sucederia, por exemplo, se a política agrícola do governo federal instituísse alguma espécie de incentivo, suscetível de favorecer a manutenção de latifúndios improdutivos. Parece óbvio que haveria, aí, afronta à norma constitucional que impõe a compatibilidade da reforma agrária com a política agrícola (art. 187, § 2.º)". Adiante, observa o autor ser desejável que "a demanda de inconstitucionalidade de políticas públicas pudesse ter, além do óbvio efeito desconstitutivo (*ex nunc*, como assinalado), também uma natureza injuntiva

185 No ponto, v. o nosso estudo O controle jurisdicional do conteúdo da programação televisiva, *RT* nº 793, nov./2001, p. 89-102.

ou mandamental. Assim, antes mesmo de se realizar em pleno um programa de atividades governamentais contrário à Constituição, seria de manifesta utilidade pública que ao Judiciário fosse reconhecida competência para impedir, preventivamente, a realização dessa política".[186]

(Pense-se, por exemplo, no megaempreendimento da *transposição das águas do Rio São Francisco*, concernente à política pública de recursos hídricos, matéria judicializada em mais de uma ação coletiva, em seções diversas da Justiça Federal).[187]

O regime de controle judicial de constitucionalidade compreende os sistemas: (*i*) concentrado, abstrato, por ação direta; (*ii*) difuso, *in concreto*, incidental e não se apresenta uniforme entre as Cortes Supremas latino-americanas. Há países onde impera o sistema *misto* (Brasil, Uruguai, Colômbia), ao passo que em outros, como a Argentina, prevalece o modelo norte-americano, de controle difuso ou incidental. Entre nós, a qualquer juiz é dado conhecer, *incidentalmente*, da questão constitucional arguida em qualquer processo, podendo mesmo negar, motivadamente, aplicação ao texto legal ou ato normativo do qual se convença da inconstitucionalidade, não podendo contudo assim *declará-lo com eficácia ultra partes*, porque, de um lado, deve ser observada a chamada *reserva de Plenário* (CF, art. 97; CPC, art. 948; súmula vinculante nº 10), e, de outro lado, a agregação de *eficácia expandida* aos comandos incidentais de inconstitucionalidade depende de intervenção do Parlamento (Senado - CF, art. 52, X; Assembleia Legislativa (v.g., Constituição paulista - 05.10.1989 - art. 20, XIII).

Exemplo deveras instigante fora dado por Joel Dias Figueira Júnior, que, analisando a prioridade a ser dada aos processos em que figure como parte ou interveniente pessoa com sessenta e cinco anos ou mais, conforme então previsto no CPC/73 (arts. 1.211-A, B, C, inseridos pela Lei 10.173/2001 [alterados pela Lei 12.008/2009]), entendera que dita lei era *inconstitucional*, por malferir o princípio da isonomia (CF, art. 5.º, *caput* e inciso I), igualdade essa que, naturalmente, estende-se à lei processual. "Ora, com a devida vênia, o ancião assim considerado exclusivamente com base em sua idade cronológica não é e nunca foi um hipossuficiente ou incapaz merecedor de tratamento

186 Ensaio sobre o juízo de constitucionalidade de políticas públicas. *RT*, n. 737, mar./1997, p. 20, 21.

187 Sobre a matéria, v. o nosso estudo Transposição das águas do Rio São Francisco: uma abordagem jurídica da controvérsia. *Revista de Direito Ambiental*, nº 10, jan./mar. 2.005, p. 28-79. Também publicado *in* MILARÉ, Édis (coord.), *A ação civil pública após 20 anos - Efetividade e desafios*. São Paulo: Revista dos Tribunais, 2005, p. 519-557.

processual diferenciado. Muito mais desiguais do que os idosos são os doentes mentais, os menores, os pobres, os miseráveis e os deficientes físicos (*v.g.*, cegos, paraplégicos) entre outros, e, se fôssemos manter a quixotada legislativa, haveríamos de estender para estes grupos o mesmo benefício, mais dia ou menos dia". Ao final de suas considerações, augura o autor que a matéria venha, em breve futuro, submetida, *principaliter*, ao STF. "Enquanto isso, mediante a utilização do controle constitucional difuso, haverão os juízes, por dever de ofício (art. 125, I, do CPC), de garantir a igualdade de tratamento entre as partes, independentemente de suas idades e, com base no art. 5.º, *caput* e seu inc. I, negar vigência à Lei n. 10.173, de 09.01.2001, diante de sua flagrante e reprovável inconstitucionalidade."[188]

(Em verdade, essa delicada questão segue em aberto, seja porque a referida prioridade nos processos vem contemplada no Estatuto do Idoso (Lei 10.741/2.003, art. 71 e §§ 1º a 4º) sendo até mesmo estendida ao "mais idoso" (§ 5º do art. 71 do citado Estatuto, parágrafo acrescido pela Lei 13.466/2.017), seja porque o vigente CPC igualmente versa o tema, referindo-se não só ao idoso como à pessoa "portadora de doença grave" - art. 1.048, I. A questão envolve, também, a necessária interpretação sistemática com o disposto no art. 139, I, do CPC, determinando ao juiz o zelo pela "igualdade de tratamento" às partes).

No caso do STF, o controle difuso ou incidental ocorre precipuamente no âmbito do recurso extraordinário (e mais raramente, no recurso ordinário, dito apelação constitucional – CF, art. 102, II), cabendo na sequência a comunicação ao Senado, para fim do disposto no art. 52, X, da CF, a saber, para que ele possa, num controle político *a posteriori*, "suspender a execução, no todo ou em parte, de lei declarada inconstitucional por decisão definitiva do Supremo Tribunal Federal". Nesse sentido, dispõe o art. 178 do RISTF, embora mencionando dispositivo constitucional que remete à EC 01/1969: "Declarada, incidentalmente, a inconstitucionalidade, na forma prevista nos arts. 176 e 177, far-se-á a comunicação, logo após a decisão, à autoridade ou órgão interessado, bem como, depois do trânsito em julgado, ao Senado Federal, para os efeitos do art. 42, VII da Constituição". Luís Roberto Barroso explica: "Ainda no regime constitucional anterior, o STF, no julgamento do processo administrativo 4.477/72, estabeleceu o entendimento de que a comunicação ao Senado somente é cabível na hipótese de declaração incidental de

188 O princípio constitucional da igualdade em confronto com a lei que confere tratamento processual privilegiado aos idosos – Análise da constitucionalidade da Lei 10.173, de 09.01.2001. *RePro* nº 106, abr./jun. 2002, p. 296.

inconstitucionalidade, isto é, a apreciação de caso concreto. No controle por via principal concentrado, a simples decisão da Corte, por maioria absoluta, já importa na perda de eficácia da lei ou ato normativo (STF, *DJU* 16.05.1977, p. 3123)".[189]

É dizer, fora e além do contexto antes considerado, a carga eficacial da declaração incidental de inconstitucionalidade de lei ou ato normativo, quer tenha sido promovida de ofício ou a partir de arguição como preliminar, fica restrita às partes, assim guardando simetria com o regime processual da coisa julgada nas lides intersubjetivas, na jurisdição singular – CPC, art. 506. Por exemplo, se numa ação de repetição do indébito tributário o juiz se convence de que a lei municipal, definidora do fato gerador, afronta a Constituição Estadual, pode assim afirmá-la como fundamento para o acolhimento da demanda; todavia, no julgamento da apelação, o órgão fracionário deve submeter a matéria ao Pleno ou ao Órgão Especial, em respeito à reserva de plenário: CF, art. 97; súmula vinculante STF nº 10; CPC, art. 949, incisos e § único. Ao propósito, v. acórdão do STF no AgRg no AgIn 615.686/RS, j. 18.09.2.007, rel. Min. Celso de Mello).

No controle concentrado ou abstrato, por via de ação direta de inconstitucionalidade, tanto que publicada a decisão que acolheu a ação direta, agrega-se ao *decisum* a eficácia *erga omnes*. Assim se passa no plano federal em que o STF, sendo o *guarda da Constituição* (art. 102, *caput*), tem competência originária para processar ações desse gênero: *ADIn* e *ADCon* (CF, art. 102, I, *a*, c/c art. 103 e Lei 9.868/99); *arguição de descumprimento de preceito fundamental* (CF, § 1.º do art. 102 e Lei 9.882/99); *ação de inconstitucionalidade por omissão* (CF, art. 103, § 2.º), a par do *mandado de injunção* (CF, art. 5.º, LXXI, c/c art. 102, I, *q*), sempre ao pressuposto de se estar no ambiente normativo federal. O sistema completa-se com as *ADIn's locais* (leis e atos do Poderes Públicos estaduais/municipais contrastados em face das Constituições Estaduais: competência originária dos Tribunais de Justiça (CF, § 2.º do art. 125), valendo observar que mesmo a lei municipal increpada de ofensa à CF pode vir a sofrer contraste direto pelo STF, via *arguição de descumprimento de preceito fundamental* (Lei 9.882/99, art. 1.º, parágrafo único, I). Com isso integrou-se o ente político *Município* no ambiente do controle objetivo de constitucionalidade, o que vem ao encontro do disposto no art. 18, caput, da CF: "A organização político-administrativa da República Federativa do Brasil

---

189 *Constituição da República Federativa do Brasil anotada*, 4ª ed., São Paulo: Saraiva, 2003, p. 52.

compreende a União, os Estados, o Distrito Federal e os *Municípios, todos autônomos*, nos termos desta Constituição".

Ressalte-se que mesmo no controle incidental, difuso, de inconstitucionalidade pelo STF, há precedentes no sentido de que as demais instâncias judiciárias do país podem, *desde logo*, tomar como premissa, para julgamento dos casos afins, a declaração assentada pelo STF, embora na jurisdição singular, o que dispensaria os órgãos fracionários dos Tribunais de colher a oitiva do Plenário, segundo a regra do art. 97 da CF. No RE 191.898, 1.ª Turma, relator Min. Sepúlveda Pertence (*DJ* 22.08.1997, p. 38.781), ficou assente que "a decisão plenária do Supremo Tribunal declaratória de inconstitucionalidade de norma, posto que incidente, sendo pressuposto necessário e suficiente a que o Senado lhe confira efeitos *erga omnes*, elide a presunção de sua constitucionalidade; a partir daí, podem os órgãos parciais dos outros tribunais acolhê-la para fundar a decisão de casos concretos ulteriores, prescindindo de submeter a questão de constitucionalidade ao seu próprio plenário".

O Min. Gilmar Mendes aplaude essa vertente evolutiva: "Esse entendimento marca uma evolução no sistema de controle de constitucionalidade brasileiro, que passa a equiparar, praticamente, os efeitos das decisões proferidas nos processos de controle abstrato e concreto".[190] A tese afina-se com o disposto no § único do art. 949 do CPC, que dispensa os órgãos fracionários dos Tribunais de sobrestarem o julgamento em curso e de remeterem a arguição de inconstitucionalidade ao Pleno ou ao órgão especial, "quando já houver pronunciamento destes ou do Plenário do Supremo Tribunal Federal sobre a questão". A propósito, dispõe a *súmula vinculante* do STF, n. 10: "Viola a cláusula de reserva de plenário (CF, artigo 97) a decisão de órgão fracionário de Tribunal que, embora não declare expressamente a inconstitucionalidade de lei ou ato normativo do poder público, afasta sua incidência, no todo ou em parte".

A doutrina antes referida repercute no cumprimento de comando condenatório pecuniário, quando ele se tenha fundado em lei que – contemporaneamente ou *a posteriori* – veio a ser declarada inconstitucional pelo STF, ou ainda, se a fundamentação do *decisum* originou-se de interpretação tida pelo STF como incompatível com a Constituição Federal: em tais casos, o indigitado título judicial *perde a exigibilidade* (e com isso a exequibilidade), conforme previsto no CPC (§ 12º do art. 525; § 5º do art. 535), parecendo-nos

190 O papel do Senado Federal no controle de constitucionalidade: um caso clássico de mutação constitucional. *Revista de Informação Legislativa* (Senado Federal), nº 162, 2004, p. 157.

cuidar-se de matéria que, por sua natureza prejudicial, é suscetível de arguição via *exceção de pré-executividade.*[191]

Esse entendimento é particularmente relevante no plano das ações coletivas, porque nelas também se pode arguir, incidentemente, a inconstitucionalidade de lei ou ato normativo, mas com o diferencial de que aí a coisa julgada apresenta eficácia expandida *ex vi legis* (*erga omnes* ou *ultra partes*: art. 18 da Lei 4.717/65 – ação popular; art. 16 da Lei 7.347/85 – ação civil pública; art. 103 e incisos da Lei n. 8.078/90 – ações consumeristas). Dado que nosso sistema processual acolhe o princípio da *substanciação*, pelo qual a causa de pedir integra o objeto litigioso (CPC, art. 319, III), e uma vez que os limites objetivos da coisa julgada abrangem a questão suscitada como *prejudicial* (CPC, art. 503, § 1º e incisos), poderia dar-se que, por esse viés, a ação civil pública passasse, praticamente, a operar como uma sorte de sucedâneo de *ADIn*, a partir do momento em que a querela constitucional viesse dirimida no Tribunal *ad quem* como questão prejudicial, no julgamento da apelação. Daí a resistência a que ações coletivas tragam, ainda que *sub color* de causa de pedir, a declaração de inconstitucionalidade de lei ou ato normativo, já que a eficácia pan-processual, nesse campo, deve ser reservada para o âmbito das ações no controle direto, que têm seus próprios legitimados ativos e seu foro exclusivo (CF, art. 102, I, c/c art. 103).

Sem embargo, já entendeu o STJ: (*i*) "A declaração incidental de inconstitucionalidade na ação civil pública não faz coisa julgada material, pois se trata de controle difuso de constitucionalidade, sujeito ao crivo do Supremo Tribunal Federal, via recurso extraordinário, sendo insubsistente, portanto, a tese de que tal sistemática teria os mesmos efeitos da ação declaratória de inconstitucionalidade" (REsp 621.378/GO, Rel. Min. Eliana Calmon, 2.ª T., j. 15.09.2005, p. 179) e (*ii*) "a arguição de inconstitucionalidade de norma tributária municipal no âmbito de Ação Civil Pública é, *in casu*, incidental, porquanto nesses casos a questão da ofensa à Carta Federal tem natureza de 'prejudicial', sobre a qual não repousa o manto da coisa julgada" (AgRg no REsp 601.114/MG, Rel. Min. Francisco Falcão, rel. p/ acórdão Min. Luiz Fux, 1.ª T., j. 06.04.2004, *DJ* 16.05.2005, p. 238). Comentando tais decisões, aduz Marcos Paulo Veríssimo: "Admitida a incidência plena da coisa julgada sobre as questões prejudiciais decididas incidentalmente no plano coletivo (como ocorre nas verdadeiras hipóteses de *issue preclusion* do direito norte-

191 A questão passa, igualmente, pela chamada "coisa julgada inconstitucional". V., ao propósito, Daniel Amorim Assumpção Neves, *Novo Código de Processo Civil comentado*, 3ª ed., Salvador: JusPodivm, 2.018, p. 967.

-americano, ou como ocorre, no direito brasileiro, nos casos de declaração incidente), estar-se-ia, indiretamente, contradizendo a *ratio* utilizada pelas decisões acima, com o eventual risco de estabelecer-se uma hipótese adicional de controle efetivamente concentrado de constitucionalidade, distinta daquelas estabelecidas no texto constitucional em que a competência é originária do STF".[192]

Note-se que nos recursos extraordinários tirados de acórdão em ação de tipo coletivo, é razoável entender-se *presumido* o pressuposto genérico da "repercussão geral da questão constitucional" (CF, § 3.º do art. 102), já que essa transcendência é aferida a partir da existência, na decisão recorrida, de "questões relevantes do ponto de vista econômico, político, social ou jurídico que *ultrapassem os interesses subjetivos do processo*" (CPC, § 1.º do art. 1.035). Não há negar que os recursos extraordinários tirados de acórdão nessas ações que envolvem conflitos metaindividuais atendem ao citado quesito, porque a coisa julgada nesse tipo de ação tem eficácia expandida pan-processual (*erga omnes* ou ao menos *ultra partes*), e, portanto, o comando judicial – por exemplo, inibitório de certa publicidade abusiva ou enganosa – terá, por definição, *repercussão geral*. Nesse sentido, José Miguel Garcia Medina, Luiz Rodrigues Wambier e Teresa Arruda Alvim Wambier pensam que a repercussão geral "deverá ser pressuposta em um número considerável de ações coletivas só pelo fato de serem coletivas".[193] (Sem embargo, essa hipótese não vem contemplada, ao menos expressis verbis, nos casos em que a repercussão geral é presumida: CPC, § 3º e incisos do art. 1.035. Considere-se, porém, o afirmado por Nery & Nery: "Serão de repercussão geral para os efeitos da CF 102 § 3º, por exemplo, questões atinentes aos direitos humanos (CF 5º); dignidade da pessoa humana (CF 1º III); cidadania, nacional e direitos políticos; soberania nacional; cultura e símbolos nacionais; ordem econômica etc.)".

A declaração sobre a inconstitucionalidade – positiva ou negativa – a rigor não pode ficar introjetada apenas nos autos em que foi emitida (eficácia endoprocessual), nem pode ficar restrita aos sujeitos que integraram o contraditório (como se passa na jurisdição singular: CPC, art. 506), dado que aquela resposta judiciária incide sobre matéria de natureza *unitária e*

---

192 Comentário ao art. 16 da Lei de Ação Civil Pública. In: COSTA, Susana Henriques da (coord.). *Comentários à Lei de Ação Civil Pública e à Lei de Ação Popular.* São Paulo: *Quartier Latin*, 2006, p. 549.

193 Repercussão geral e súmula vinculante. Relevantes novidades trazidas pela EC 45/2004. In: WAMBIER, Teresa Arruda Alvim *et al.* (coord.). *Reforma do Judiciário: primeiras reflexões sobre a EC 45/2004*, 2005, cit., p. 377.

incindível, não se concebendo, em boa lógica, que uma mesma lei ou ato normativo possam ser inconstitucionais... *em face de alguns* e não assim de todos. (Provavelmente, aí reside a *ratio* do § 12º do art. 525 e do § 5º do art. 535 do CPC, antes lembrados, negando exigibilidade – e pois, exequibilidade – "à obrigação reconhecida em título executivo fundado em lei ou ato normativo considerado inconstitucional pelo Supremo Tribunal Federal ou fundado em aplicação ou interpretação da lei ou ato normativo tido pelo Supremo Tribunal Federal como incompatível com a Constituição Federal, em controle concentrado ou difuso").

A tese restritiva à arguição de inconstitucionalidade posta como prejudicial, em ação civil pública, acabou rechaçada em ambos os Tribunais da Federação: (*i*) "O Supremo Tribunal Federal tem reconhecido a legitimidade da utilização da ação civil pública como instrumento idôneo de fiscalização incidental de constitucionalidade, pela via difusa, de quaisquer leis ou atos do Poder Público, mesmo quando contestados em face da Constituição da República, desde que nesse processo coletivo a controvérsia constitucional, longe de identificar-se como objeto único da demanda, qualifique-se como simples questão prejudicial, indispensável à resolução do litígio principal. Precedentes" (RCL 1733-SP, rel. Min. Celso de Mello, *Informativo* STF n. 212, *DJU* 01.12.2000); (*ii*) "1. É possível a declaração incidental de inconstitucionalidade, na ação civil pública, de quaisquer leis ou atos normativos do Poder Público, desde que a controvérsia constitucional não figure como pedido, mas sim como causa de pedir, fundamento ou simples questão prejudicial, indispensável à resolução do litígio principal, em torno da tutela do interesse público. 2. A declaração incidental de inconstitucionalidade na ação civil pública não faz coisa julgada material, pois se trata de controle difuso de constitucionalidade, sujeito ao crivo do Supremo Tribunal Federal, via recurso extraordinário, sendo insubsistente, portanto, a tese de que tal sistemática teria os mesmos efeitos da ação declaratória de inconstitucionalidade. (...)" (STJ, 2.ª Turma, Resp 299271-PR, rel. Min. Eliana Calmon, *DJU* 08.09.2003, p. 269).

Nesse melhor caminho, pois vinha postar-se o PL 5.139/2009, à época voltado a regular a nova ação civil pública, prevendo o § 2.º do art. 2.º: "A análise da constitucionalidade ou inconstitucionalidade de lei ou ato normativo poderá ser arguida incidentalmente, como *questão prejudicial, pela via do controle difuso*".[194]

194 Dito projeto acabou arquivado na Comissão de Constituição, Justiça e Cidadania da Câmara Federal.

Capítulo 7

O GUARDA DA CONSTITUIÇÃO: O SUPREMO TRIBUNAL FEDERAL

Sumário: 1. A bifurcação dos *Tribunais da Federação* na Constituição Federal de 1988. 2. O realinhamento da organização judiciária federal. 3. A defesa das liberdades públicas. 4. A prevenção/resolução das tensões internas da Federação. 5. O recurso extraordinário e sua tríplice finalidade. 6. O controle de constitucionalidade. 7. A função *paradigmática* do STF: a súmula vinculante, a *objetivação* do recurso extraordinário e o seu manejo *por amostragem*.

1. A BIFURCAÇÃO DOS *TRIBUNAIS DA FEDERAÇÃO* NA CONSTITUIÇÃO FEDERAL DE 1988.

Proclamada a República em 1889, adotou-se o *regime federativo* na Constituição de 1891 (art. 1.º), como antes já fora preconizado desde o *Manifesto de Itu* (SP) em 1870. Para Alcides de Mendonça Lima essa opção pelo federalismo era bem compreensível: "Pela extensão geográfica do País e pela variedade de problemas sociais, econômicos e jurídicos em torno de população já grande naquela época, com diversidade, até, de formação cultural, a federação se impunha em lugar do regime unitário imperial. (...) Como consequência da federação, tornou-se necessário criar um recurso com o fim de preservar a legislação federal em sua inteireza e uniformidade na aplicabilidade em todo o território nacional. (...) Para julgar o recurso extraordinário, teve de ser instituído juízo próprio e especial para este fim na cúpula do Poder Judiciário, como 'órgão de superposição', na expressão de José Frederico Marques, que se tornaria clássica. Surgiu, assim, o Supremo Tribunal Federal, que difere do Supremo Tribunal de Justiça do Império, cuja competência principal era a de 'conceder ou denegar revista nas causas e pela maneira que a lei determinar' (Const. Política do Império, art. 164, I)."[1]

---

1 Recurso extraordinário e recurso especial. In: TEIXEIRA, Sálvio de Figueiredo (coord.). *Recursos no Superior Tribunal de Justiça*, São Paulo: Saraiva, 1991, p. 135-136.

No Brasil colonial a distribuição da Justiça passava pela lisboeta Casa da Suplicação e pelos poucos Tribunais da Relação aqui existentes, ainda sob a égide das Ordenações e dos chamados assentos obrigatórios. Uma vez proclamada a independência, e ao influxo do ideário republicano, logo se fez sentir a necessidade da criação de um recurso, dirigido ao Tribunal de cúpula da Federação, que ensejasse, a um tempo, a revisão das decisões locais e, principalmente, o resguardo da autoridade, validade e uniformidade interpretativa do texto constitucional, em ordem a equilibrar as tensões entre o Poder Central e as províncias locais. Daí que, na Constituição Imperial (1824) já se previa um recurso de revista, dirigido ao Supremo Tribunal de Justiça (art. 163), valendo observar que nesse período imperial essa Corte não detinha competência para o controle de constitucionalidade, como relata Afonso Arinos de Melo Franco: "A verdade é que a principal função política do Judiciário, que é a defesa da Constituição em face do Poder Legislativo, por meio da revisão da constitucionalidade das leis, o Judiciário imperial não a possuía".[2] Daí que, por esse tempo, essa relevante atribuição era desempenhada pelo próprio Legislativo, que, a par da *nomogênese*, exercia também a sua contrapartida, a saber, o poder de revogar as leis, inclusive ao argumento de inconstitucionalidade.

Na sequência, após proclamada a República, o Dec. 848, de 11.10.1890, organizou a Justiça Federal e criou o STF, atribuindo-lhe, pelo art. 9.º, § único, um recurso claramente inspirado no *writ of error*, norte-americano: "Haverá também recurso para o Supremo Tribunal das sentenças definitivas proferidas em última instância pelos tribunais e juízes dos Estados: a) quando a decisão houver sido contrária à validade de um tratado ou convenção, à aplicabilidade de uma lei do Congresso Federal, finalmente, à legitimidade do exercício de qualquer autoridade que haja obrado em nome da União, qualquer que seja a alçada; b) quando a validade de uma lei ou ato de qualquer Estado seja posta em questão como contrária à Constituição, aos tratados e às leis federais, e a decisão tenha sido em favor da validade da lei ou ato; c) quando a interpretação de um preceito constitucional ou de lei federal ou de cláusula de um tratado ou convenção seja posta em questão e a decisão final tenha sido contrária à validade do título, direito, privilégio ou isenção, derivado do preceito ou cláusula". Tal recurso ainda não detinha o nome de *extraordinário*, o que adviria somente no primeiro RISTF, de 1891 (art. 33, § 4.º e art. 99), e apareceria depois na Lei 221, de 1894 (art. 24), e na Carta de 1934, art. 76:

2 *Curso de direito constitucional brasileiro*, Rio de Janeiro: Malheiros, 1960, p. 99.

"À Corte Suprema compete: (...) 2) julgar: (...) III em recurso extraordinário, as causas decididas pelas justiças locais, em única ou última instância (...)".

A primeira Constituição republicana (1891) previra em seu art. 56 que o STF teria quinze juízes, anotando Alexandre Moraes, colacionando boa doutrina, que a Excelsa Corte "nasceu com o papel de intérprete máximo da Constituição republicana, e o controle difuso de constitucionalidade instalou-se de forma efetiva no Brasil com a Lei Federal 221, de 1894, que concedeu competência aos juízes e tribunais para apreciarem a validade das leis e regulamentos, e deixarem de aplicá-los aos casos concretos, se fossem manifestamente inconstitucionais. Posteriormente, o constitucionalismo brasileiro aliou ao tradicional controle difuso de constitucionalidade a possibilidade de o Supremo Tribunal Federal analisar abstratamente a compatibilidade do ordenamento jurídico com a Constituição, por meio do controle concentrado".[3]

Na verdade, os próprios fundamentos do recurso extraordinário naqueles textos remotos denotavam a clara relação entre a recém-instaurada República federativa e a previsão de um recurso de cunho excepcional, dirigido ao Tribunal de cúpula do país, voltado a resolver as tensões entre União e Estados, na interpretação e aplicação do direito federal - constitucional ou comum - uniformizando a exegese de um e outro ao largo e ao longo do território nacional.

Com o advento da Constituição Federal de 1988 (e, depois, com a extinção, pela EC 24/99, da representação classista na Justiça do Trabalho - os ditos *vogais*), a estrutura judiciária brasileira, em forma *piramidal*, podia ser visualizada em *quatro planos*: (*i*) na base, duas "Justiças": a *comum*, com juízes de primeiro grau, estaduais (comarcas) e federais (seções) e a *especial*, com juízes do trabalho, eleitorais e auditores militares; (*ii*) o segundo plano, situado em meio da pirâmide, composto pelos órgãos colegiados, preordenados à consecução do *duplo grau de jurisdição*: na Justiça comum, os TJ's e os TRF's; na Justiça federal especial, os TRT's, os TRE's, e, onde houver, os Tribunais de Justiça Militar;[4] (*iii*) o terceiro plano, composto por Tribunais constituídos, precipuamente, no interesse do Estado brasileiro e preordenados a preservar a higidez do ordenamento positivo, a saber, sua autoridade, validade e uniformidade interpretativa (funções nomofilácica e paradigmática): na linha da Justiça comum, o STJ (guarda do direito federal comum) e, na Justiça especial,

3 Jurisdição constitucional: breves notas comparativas sobre a estrutura do Supremo Tribunal Federal e a Corte Suprema Norte-Americana. *Revista Direito Mackenzie*, Universidade Presbiteriana Mackenzie (SP), nº 2, 2001, p. 40, 41.

4 CF, § 3.º do art. 125, redação da EC 45/2004.

o TST, o TSE e o STM; enfim, (*iv*) no cimo da pirâmide, o STF, que, por isso mesmo, é um Tribunal *nacional*, e não exatamente um "Tribunal federal", porque sua competência, recursal e originária, tem a Constituição Federal como parâmetro, donde ser ele o seu *guarda* (CF, art. 102, *caput*). Por isso, havendo uma querela constitucional, aí mesmo se deflagra a competência – recursal ou originária – do STF (CF, art. 102 e incisos), sendo que, no caso do recurso extraordinário, a matéria constitucional deverá ter sido *prequestionada* (Súmulas 282 e 356) e, além disso, a admissibilidade do recurso extraordinário no STF fica a depender da demonstração do pré-requisito da *repercussão geral da questão constitucional* (CF, § 3.º do art. 102; CPC, art. 1.035 e § 1º), a par da exigência de se cuidar de causa decidida na instância a quo. Por aí se explica que até mesmo decisões originárias dos Juizados Especiais (Leis 9.099/95 e 10.259/2001; 12.153/2009) podem ser revistas pelo STF (Súmula nº 640), não havendo, outrossim, restrições quanto ao ramo do Direito de onde provenha a controvérsia: civil, penal, administrativo, tributário etc.

Saliente-se que a "divisão de trabalho" entre o STF e o STJ não é rígida, porque, não raro ocorre que no acórdão local ou regional confluam questões que relevam dos planos constitucional e do direito federal comum, levando à necessidade da interposição conjunta do recurso extraordinário (STF) e especial (STJ) - CPC, art. 1.031 e §§ - com vistas a prevenir o risco do "fundamento não atacado", que pode levar à inadmissão do recurso extraordinário ou especial (súmulas STF 283 e STJ 126). A par disso, alerta Humberto Theodoro Júnior: "Há muitos temas no direito substancial contemporâneo em que os regramentos são complexos e transitam promiscuamente pelo terreno do direto constitucional e do direito comum, sem que se consiga, com segurança, preestabelecer até quando a normatização é de ser tratada por um ou outro dos dois segmentos do ordenamento jurídico. É o que frequentemente se pode dar no direito tributário, no concorrencial e no ambiental, entre outros".[5]

Ante esse contexto, não é de causar espécie que, mesmo com a criação do STJ – que ficou como *guarda* do direito federal comum – tenha o STF continuado a receber acervo formidável de processos: cautelares, ações no controle direto de constitucionalidade, ações originárias, ações penais, rescisórias, agravos, conflitos de competência, exceções de litispendência e de suspeição, extradição, *habeas corpus*, *habeas data*, inquéritos, pedidos de intervenção federal, mandados de injunção, mandados de segurança, recursos ordiná-

5. O futuro do processo civil brasileiro. *Revista do TRF da 1ª Região*, v. 30, nº 7/8, julho/agosto 2.018, p. 35.

rios, reclamações, recursos extraordinários, revisões criminais, suspensões de segurança e de tutela antecipada, petições diversas.

No documento nominado Supremo em Ação, divulgado em 2.017, ano-base 2.016, o CNJ informa: "Somente em 2016, dos 89.959 processos ingressados no STF, 83,25 % foram Recursos Extraordinários, o que dá a dimensão da carga de trabalho empregada para a análise da admissibilidade de tais recursos e, por consequência, sua filtragem pelo mecanismo da repercussão geral". [6] Ainda segundo o informado pelo CNJ no boletim Justiça em Números, divulgado em 2.019, segue elevado, em termos globais, o número de processos em andamento na Justiça brasileira: "O Poder Judiciário finalizou o ano de 2018 com **78,7 milhões de processos em tramitação** aguardando alguma solução definitiva". [7]

Vários fatores, ao longo do tempo, concorreram para se chegar ao preocupante quadro atual, à semelhança de uma moléstia que, à falta de diagnóstico preciso, foi recebendo tratamentos paliativos, até se tornar aguda ou quiçá irreversível. Todavia, eram perceptíveis os fatores que, operando em modo cumulativo, levariam inexoravelmente à chamada *crise do STF*: aumento da população, sobretudo na segunda metade do século passado, hoje superando os 200 milhões de habitantes; explosão da litigiosidade ao interno de uma sociedade competitiva e massificada, em boa medida por conta da baixa efetividade na atuação de vários órgãos, agências e instâncias parajurisdicionais na solução satisfatória dos pleitos que lhes são endereçados; maior conscientização dos direitos individuais e coletivos e sua consequente judicialização; incremento da oferta de instrumentos processuais no texto constitucional; judicialização exacerbada, por conta de uma leitura *ufanista* e *irrealista* do contido no art. 5.º, XXXV, da CF, em detrimento dos outros meios, auto e heterocompositivos (ideário agora incentivado pelo § 3º do art. 3º do vigente CPC); desconhecimento ou dificuldade de compreensão quanto à estrutura, operacionalidade e finalidade dos processos coletivos, que, se bem manejados, evitariam a pulverização dos macroconflitos em múltiplas demandas individuais, as quais, depois, poderão dar ensejo a recursos especiais e extraordinários repetitivos (CPC, arts. 1.036-1.041).

Na primeira Constituição republicana (1891) o organograma piramidal de nossa Justiça era singelo: na base, juízes federais, estaduais e municipais; de permeio, os Tribunais de Justiça; no altiplano, isolado, o Supremo Tribunal Federal. A partir daí, contudo, delineou-se uma tendência claramente expansiva

6 Sítio www.cnj.jus.br, acesso em 11.11.2.019, p. 79 do documento impresso.

7 Sítio www.cnj.jus.br, acesso em 11.10.2.018, p. 73 do documento impresso.

de nossa estrutura judiciária, como sintetiza Ives Gandra da Silva Martins Filho: "A criação das Cortes Superiores derivou de um processo paulatino, levado a cabo pelas Constituições Federais de 1934 (quanto ao TSE), 1946 (quanto ao TST) e 1988 (quanto ao STJ), de *transferência de parte da competência recursal do STF* para essas Cortes, de modo a que o STF pudesse ser substancialmente (ainda que não o seja nos moldes atuais) uma *Corte Constitucional.* Assim, pode-se dizer que o Supremo Tribunal Federal e os Tribunais Superiores (excluído o Superior Tribunal Militar, que, na verdade, é uma Corte de 2.ª instância) têm uma *comum natureza de instância extraordinária.* Daí o parentesco entre o *recurso extraordinário* para o STF, o *recurso especial* para o STJ e o *recurso de revista* para o TST, possuindo os três, em comum: * *Vedação de reexame de matéria fático-probatória* (só se discute matéria de direito); * Necessidade de demonstração do requisito do *prequestionamento* (manifestação explícita da Corte inferior sobre a matéria que se pretende ver reexaminada); e * Preenchimento de *pressupostos especiais de admissibilidade* (ofensa direta à Constituição ou à lei federal, ou divergência jurisprudencial)".[8]

A *crise numérica* dos processos endereçados ao STF tem sido uma preocupação constante ao longo de sua existência, a qual remonta ao Dec. 848, de 11.10.1890, de permeio, portanto, entre a proclamação da República (1889) e a primeira Constituição Republicana (1891). Embora se tenha comumente atribuído aquela crise ao volume de recursos extraordinários, reconhecia Alfredo Buzaid que, à época de sua criação, juristas e escritores como Lúcio Mendonça, Epitácio Pessoa e Pedro Lessa "justificaram amplamente a necessidade do recurso extraordinário, atendendo, de um lado, à índole do regime federativo, que autorizava a dualidade legislativa, emanada respectivamente da União e dos Estados e, de outro lado, à dualidade de justiça, uma federal e outra estadual: reconhecida a soberania da União e a obrigatoriedade das leis federais em todo o território da República, fôrça era colocá-las sob a proteção de um Tribunal Federal que lhes reconhecesse a supremacia quando desconhecida ou negada a sua validade e aplicação pelas Magistraturas dos Estados. Se o Congresso Constituinte não tivesse incluído entre as atribuições do Supremo o poder de anular tais sentenças, cada Estado se arvoraria em unidade soberana na aplicação do direito e poderiam surgir tantas maneiras de dizer a lei quantas fossem as justiças locais".[9]

8 Critério de transcendência no recurso de revista – Projeto de Lei 3.267/2000. *Revista LTr*, vol. 65, nº 8, ago./2001, p. 907.

9 A crise do Supremo Tribunal Federal. *Revista de Direito Processual Civil*, n. 6, jul./dez. 1962, p. 36.

É dizer, na *origem dos males* não estaria, propriamente, o recurso extraordinário *em si mesmo* (enquanto *writ* constitucional aderente ao nosso desenho republicano-federativo), mas sim a falta de acuidade, de antevisão ou de vontade política para, gradualmente, ir se adequando o *gerenciamento* do apelo extremo, em proporção ao aumento da demanda. Diversamente se passou com a Suprema Corte dos Estados Unidos, na qual os *Justices* sempre estiveram atentos à questão do crescimento da carga de processos, donde o advento dos sucessivos *Judiciary Acts*: 1891 – supressão da prática da presidência dos Tribunais locais pelos *Justices* e implantação do *discretionary method of review*); 1925 – ampliação dessa seletividade dos *cases* a serem efetivamente julgados; 1988, ano em que, segundo esclarece José Carlos Barbosa Moreira, adveio o "*Supreme Court Case Selections Act*, que restringiu drasticamente o uso do *appeal* como meio de provocar a revisão. Praticamente, remanesce apenas a via do *certiorari*, sujeita, como já se acentuou, à plena discrição da Suprema Corte".[10]

No caso do STF, fazia-se necessário que, oportuna e eficazmente, se tivesse redimensionado o recurso extraordinário, por modo a mantê-lo em simetria, de um lado, com o reduzido número de Ministros, e de outro com o expressivo crescimento demográfico do país, a que tudo se agrega a *cultura demandista* ou *judiciarista*, pouco afeita aos modos auto e heterocompositivos, fora e além da justiça estatal. Por muito tempo, descurou-se da necessidade de algum *elemento de contenção* do afluxo de processos ao STF, dado que a *arguição de relevância* só viria prevista na EC 01/1969, implementada na Emenda 03/75 ao RISTF, e, depois, reformulada na Emenda 02/85. Nesse sentido, Alfredo Buzaid colacionava o Min. Filadelfo Azevedo, quando este, "fundado em dados estatísticos verdadeiramente alarmantes, dizia que se atirou aos chicanistas 'a melhor das oportunidades de eternizar as demandas, mantendo, por mais algum tempo, a insegurança de relações jurídicas e diferindo a formação do caso julgado; por outro lado, é de elementar apuração psíquica que o litigante se torne rebelde em conformar-se com a perda da questão e, sinceramente ou não, conserva esperança no êxito de seu nôvo exame – assim todo mundo pretende trazer seu *casinho* ao Supremo, por menos interêsse social que possa envolver'".[11]

Assim, nas Constituições seguintes – 1934, 1937, 1946, 1967, EC 01/69 – não se atentou para a absoluta necessidade de preservar o STF como uma vera *Corte Constitucional*; ao contrário, foram se lhe agregando competências

10 *Comentários ao Código de Processo Civil*, v. V, 16ª ed., Rio de Janeiro: Forense, 2012, p. 578.

11 A crise... cit., *Revista de Direito Processual Civil*, nº 6, jul./dez. 1962, p. 40.

diversas, como a de julgar recursos extraordinários tirados de acórdão em mandado de segurança, a par da competência recursal ordinária (dita apelação constitucional), sem falar no crescimento de sua competência originária. Caso paradigmático consta do *Relatório de Atividades do STF em 2007*, à página 26, relatando que no *Inquérito do Mensalão* – Proc. 2.245, depois reautuado como ação penal nº 470 – dispenderam-se "cinco sessões de julgamento"; foram "digitalizados 65 volumes dos autos principais e 262 volumes de apensos, totalizando 79.694 páginas de arrazoados e documentos". A par do elevado custo em termos de tempo e dinheiro público para o manejo dessa formidável carga de processos, cabe ainda a indagação premonitória: tal gênero de inquirição, a reclamar extensa carga probatória, é atribuição imanente a uma Corte Constitucional?!

Entre as concausas da sobrecarga do STF devem ainda ser contados certos fatores conjunturais intercorrentes, tais como a excessiva produção normativa no sentido largo da expressão (a chamada *fúria legislativa)*; a notória predominância da competência legislativa da União sobre a dos Estados e Municípios (CF, ar. 22, I); as imbricações entre os planos federal, estadual e municipal e destes com a Carta Magna, facilitando excogitar uma *questão constitucional* em muitas controvérsias; as sucessivas alterações na legislação codificada, especialmente a processual, ensejando recurso extraordinário e mesmo *ADIn's* em temas de direito não material.

É significativo o fato de o constituinte, no longínquo 1946, ter criado o Tribunal Federal de Recursos – uma segunda instância da Justiça federal comum – numa tentativa de aliviar a sobrecarga do STF, forte no objetivo (ou esperança ?) de que um expressivo número de causas ali encontraria derradeiro patamar; previu-se mesmo que a "lei poderá criar, em diferentes regiões do país, outros Tribunais Federais de Recursos, mediante proposta do próprio Tribunal e aprovação do Supremo Tribunal Federal (...)" – art. 105. (Tendo o TFR ficado aquém das expectativas iniciais, houve por bem o constituinte de 1988 suprimi-lo, *distribuindo* sua competência pelos então criados cinco Tribunais Federais Regionais – cf. arts. 107, 108 – no escopo de *regionalizar* a segunda instância da Justiça Federal comum, ao tempo em que se iria promovendo uma gradual *interiorização* dessa Justiça).

No tocante especificamente ao número de Ministros do STF, verificou-se ao longo da evolução histórica um curioso paradoxo: sua expressão numérica foi se colocando em ordem *inversa* ao aumento da população e da quantidade de processos a ele endereçados em número crescente, como alertava Cândido de Oliveira Filho: "Em relação ao Supremo Tribunal houve coisa muito pior; diminuíram-lhe os juízes, à proporção que a população foi aumentando. Em

1882, o Supremo Tribunal de Justiça compunha-se de 17 juízes: a população do Brasil orçava em 10.112.061 habitantes. Em 1891, a população era de 24.333.915 habitantes: passou a ser de 15 o número de Ministros. Em 1931, esse número passou a ser de 11, número que foi mantido pelas Constituições de 1934 e de 1937. Neste ano, a população foi estimada em 43.246.931 habitantes".[12] Na Constituição de 1946 o número manteve-se em onze, assim como na EC 01/69 e na vigente Constituição de 1988, art. 101, caput. (Registre-se que bem antes, em breve interregno, o AI nº 02/65 aumentara o número de Ministros para dezesseis – v. CF de 1967, art. 113 –, cifra todavia logo reduzida a onze pelo Ato Institucional nº 6 de 1969).

Ante esse histórico, é lícito inferir que a criação do STJ, na CF de 1988, na verdade configurou *mais uma tentativa* – com a positivação da *arguição de relevância* de permeio (1975-1988), e depois, com a *repercussão geral* (CF, § 3.º do art. 102: EC 45/2004) – na obstinada tentativa de aliviar a sobrecarga de serviço do STF. Todavia, como o número de Ministros reduziu-se a onze e aí se manteve, enquanto o estoque de processos só fez se avantajar, uma simples inferência aritmética induz a conclusão de que a chamada *crise do STF* fora, desde sempre, uma *tragédia anunciada*, por conta do evidente déficit entre o *input* e o *output de processos*. No ponto, escrevendo para o Judiciário de maneira geral, analisa Joaquim Falcão que "não existe apenas uma única maneira de diminuir a defasagem entre demanda e oferta. Existem três: a) pode-se acelerar a produção de sentenças; b) pode-se reduzir o número de demandas que chegam ao Judiciário; c) podem-se ainda combinar essas duas estratégias e promover simultaneamente a redução do *input* e o aumento do *output* do sistema".[13]

Sem embargo, tenha-se presente que não é razoável, nem se mostra consistente pretender-se avaliar o desempenho de uma Corte Superior por critério meramente *numérico*, ou estatístico, singelamente reportado à quantidade de processos julgados, porque a obstinada e açodada fixação no pragmático objetivo de reduzir a qualquer preço a *crise numérica*, engendra dois perigos: o de se promoverem *injustiças céleres* e o de se *trocar a crise de quantidade pela de qualidade.*

Na verdade, a chamada *crise do STF* apresenta causalidade plúrima e multifacetada, passando (mas não só) pelo reduzido número de seus Ministros, em óbvia desproporção com a amplitude de sua competência originária,

---

12 A crise do Supremo Tribunal Federal, *RT*, nº 156, jul./1945, p. 870.

13 Estratégias para a reforma do Judiciário. In: RENAULT, Sérgio Rabello Tamm; BOTTINO, Pierpaolo (coords.). *Reforma do Judiciário*, São Paulo: Saraiva, 2005, p. 16.

recursal excepcional e recursal ordinária. O próprio incremento na produção industrial e agropecuária do país, de um lado favorece a economia mas de outro propicia aumento dos pontos de tensão entre os diversos segmentos envolvidos, acarretando um aumento de litigiosidade que ao fim e ao cabo deságua em novos processos judiciais – a busca da chamada *solução adjudicada* –, mormente em se considerando ser ainda incipiente a oferta e a divulgação de outros meios, auto e heterocompositivos de solução de conflitos. A essas concausas do excessivo afluxo de processos no STF, adite-se o fato dele ter perdido, no interregno entre a CF de 1988 e a EC 45/2004, o elemento de contenção antes representado pela *arguição de relevância*.

Não há negar ou minimizar o princípio pelo qual *a quantidade acaba por afetar a qualidade*, e, por isso, a sobrecarga de trabalho acarretou ao STF, como *externalidade negativa*, um certo comprometimento na qualidade das decisões, na avaliação de J. J. Calmon de Passos: "E o Supremo, que não teve os seus quadros proporcionalmente aumentados, nem teve suas competências proporcionalmente reduzidas, viu-se a braços com sério problema: o do congestionamento dos feitos submetidos a seu julgamento, o que, sem dúvida, também determinou, sob a pressão dos interesses legítimos, progressiva perda de substância nas decisões por ele proferidas".[14]

Tão largo foi se tornando o rol de atribuições do STF (contexto agravado por conta de seu Presidente acumular a Presidência do CNJ (CF, art. 103-B, I e § 1º), que a rigor nem caberia qualificá-lo como *Corte Constitucional*, propriamente dita, em que pese o *caput* do art. 102 chamá-lo *guarda da Constituição*. O fato de desempenhar o STF o controle de constitucionalidade não é um diferencial suficiente, porque também o fazem os Tribunais de Justiça Estaduais, nas chamadas *ADIn's locais* (CF, art. 125, § 2.º; v.g., o TJSP: Constituição paulista, art. 74, VI), o mesmo se aplicando ao controle difuso ou incidental desempenhado por *qualquer* Tribunal do país (CPC, art. 948), inclusive, portanto, o STJ – RISTJ, art. 199 e §§.

No ponto, esclarece José Afonso da Silva: "O Brasil seguiu o sistema norte-americano, evoluindo para um sistema misto e peculiar que combina o critério de controle difuso por via de defesa com o critério de controle concentrado por via de ação direta de inconstitucionalidade, incorporando também agora timidamente a ação de inconstitucionalidade por omissão (arts. 102, I, *a*, e III e 103). A outra novidade está em ter reduzido a competência do Supremo Tribunal Federal à matéria constitucional. Isso não o converte

14 O recurso extraordinário e a Emenda n. 3 do Regimento Interno do Supremo Tribunal Federal, *Revista de Processo*, n. 5, ano 2, jan./mar. 1977, p. 44.

em Corte Constitucional. Primeiro porque não é o único órgão jurisdicional competente para o exercício da jurisdição constitucional, já que o sistema perdura fundado no critério difuso, que autoriza qualquer tribunal e juiz a conhecer da prejudicial de inconstitucionalidade, por via de exceção. Segundo, porque a forma de recrutamento de seus membros denuncia que continuará a ser um Tribunal que examinará a questão constitucional com critério puramente técnico-jurídico, mormente porque, como Tribunal, que ainda será, do recurso extraordinário, o modo de levar a seu conhecimento e julgamento as questões constitucionais nos casos concretos, sua preocupação, como é regra no sistema difuso, será da primazia à solução do caso, e, se possível, sem declarar inconstitucionalidades".[15]

De fato, tanto o julgamento da *ADIn* como da *ADCon* podem realizar-se em ordem a uma "interpretação conforme a Constituição e a declaração parcial de inconstitucionalidade sem redução de texto", nos termos do parágrafo único do art. 28 da Lei 9.868/99.

Ao tempo da CF de 1967, os recursos extraordinários que apresentavam maior *crise de quantidade* eram os fundados nas alíneas *a* (inteireza positiva do texto constitucional) e *d* (uniformidade de sua interpretação) do art. 114, inciso III,[16] levando a que a EC 01/69 viesse prever que, com relação aos recursos extraordinários fundados nesses pressupostos, o STF poderia indicar em seu regimento interno as causas de que conheceria, atendendo "à sua natureza, espécie ou valor pecuniário" (§ único do art. 119). Estava assim o STF autorizado a inserir, em seu Regimento Interno, um *elemento de contenção* no juízo de admissibilidade do recurso extraordinário, o que se configurou no instituto da *arguição de relevância*, inicialmente positivada no art. 308, redação da ER 03/75, onde se indicava o rol de casos *excluídos* do âmbito daquele recurso, salvo ofensa à Constituição ou "na hipótese de relevância da

15 *Curso de direito constitucional positivo*, 19ª ed., São Paulo: Malheiros, 2001, p. 557-558.

16 Esclarece Gleydson Kleber Lopes de Oliveira: "A competência normativa conferida pela norma constitucional ao Supremo Tribunal Federal teve como alicerce, sobretudo, a experiência da Suprema Corte dos Estados Unidos de poder selecionar os recursos em virtude da importância ou relevância da matéria neles retratada, nos termos do *Judiciary Act* de 1925. Segundo dados da época, oitenta por cento dos recursos extraordinários interpostos tinham como fundamento as alíneas *a* e *d* do mencionado preceito. Donde se extrai que, a par da configuração da relevância da questão federal como consectário decorrente da natureza excepcional do recurso extraordinário, o legislador constitucional teve como propósito, com a previsão constitucional de competência normativa do Supremo Tribunal Federal, atenuar ou reduzir o crescente número de recursos extraordinários" (*Recurso especial*, São Paulo: Revista dos Tribunais, 2002, p. 139-140).

questão federal". Depois o critério se inverteria, e o art. 325 do RISTF,[17] cf. ER 02/85, traria nos incisos I a X as causas que *comportavam* recurso extraordinário, a par daquelas que, pelo inciso XI, seriam excepcionalmente admitidas, quando demonstrada a sua *relevância*, assim entendida aquela que "pelos reflexos na ordem jurídica, e considerados os aspectos morais, econômicos, políticos ou sociais da causa, exigir a apreciação do recurso extraordinário pelo Tribunal": RISTF, art. 327, § 1.º (artigo cuja redação atual é determinada pela ER 21/2007, referindo-se o *caput* à "preliminar formal e fundamentada de repercussão geral").

Ao longo dos treze anos de vigência da *arguição de relevância* (1975 – 1988) essa técnica enfrentou forte resistência, mormente por parte da classe dos advogados, cujas críticas iam do afirmado subjetivismo na sua aferição, até o caráter secreto das deliberações em sessão do Conselho, passando pelo argumento de que todas as questões federais, no contraste com o texto constitucional, são, por definição... *relevantes*, de sorte que atribuir ao STF poder de fazer uma *triagem* sob esse critério implicaria erigi-lo à condição de um *legislador positivo*, tudo enfim agravado pelo fato de que a competência para dispor sobre matéria *processual* (admissibilidade de recurso) é do legislador federal (CF, art. 22, I): *reserva legal*, pois.

A não recepção, pela CF de 1988, do elemento de contenção antes representado pela arguição de relevância, naturalmente implicou num certo aumento no in put de processos no STF, o que, depois, viria em certa medida *compensado* pela criação de *outro Tribunal da Federação* – o STJ –, ao qual se atribuiu a competência de zelar pela inteireza positiva, autoridade, validade e interpretação do *direito federal comum*. À época, esse *realinhamento* – que derivou de uma defecção em algumas precedentes atribuições do STF – foi visto por alguns observadores como uma sorte de *capitis diminutio*; todavia, a resistência inicial acabou arrefecendo, postando-se então o STJ como órgão de cúpula para a tutela do direito federal comum, sob a otimista expectativa de que por esse modo viesse a operar como eficiente elemento de controle da sobrecarga de processos do STF.

Ao longo dos anos de funcionamento do STJ esse prognóstico inicial viria apenas parcialmente confirmado, por razões diversas, inclusive por não se ter atentado que o repasse de competências ao STJ tinha caráter *relativo*, na medida em que deixava *resíduos e zonas cinzentas*, nos quais a *questão federal*

---

17 A ER nº 42/2.010 atualizou a redação do art. 325-A do RISTF: "Reconhecida a repercussão geral, serão distribuídos ou redistribuídos ao Relator do recurso paradigma, por prevenção, os processos relacionados ao mesmo tema"

aparecia de envolta com matéria *constitucional* e vice-versa, levando a que a parte, para forrar-se ao óbice do "fundamento inatacado" (súmulas STF 283 STJ 126: preclusão consumativa), fosse instada a *interpor conjuntamente* o RE e o REsp (CPC, art. 1.031 e §§). Também passou despercebido ao constituinte de 1988 o fato de que, não se tendo mencionado o termo *acórdão de Tribunal* no inciso III do art. 102 da CF, mesmo as decisões dos Colégios Recursais e Turmas de Uniformização nos Juizados Especiais poderiam desafiar recurso extraordinário, o que depois veio reconhecido pelo STF na Súmula 640; de tal forma se avolumou a quantidade de recursos extraordinários provindos dessas instâncias que a Lei 11.418/2006, ainda ao tempo do CPC/73, veio prever a possibilidade de seu julgamento no STF pelo regime de *amostragem*, inclusive quanto ao quesito da *repercussão geral da questão constitucional.*

De outra parte, à época da constituinte, não se deu o devido valor ao fato de que se estava gestando uma Carta de tipo dirigente, analítica e excessivamente garantista, com a constitucionalização de temas e matérias que poderiam e deveriam ser deixadas ao legislador ordinário (*v.g.*, o art. 217, sobre conflitos desportivos), sem falar no extenso rol dos direitos e garantias individuais e sociais, que, uma vez ameaçados ou lesados, acabariam, num dado momento, batendo às portas do STF.

Num contexto comparativo, algo semelhante viria a se passar com as expectativas em torno da criação do STJ: a Justiça Federal comum (que lida com o direito federal *não especial*, isto é, não trabalhista, militar ou eleitoral) tinha, no segundo grau de jurisdição, o Tribunal Federal de Recursos, sediado em Brasília (EC 01/69, art. 121). A CF de 1988 não recepcionou esse Tribunal ao redesenhar e ampliar a Justiça Federal comum: o primeiro grau deixou de ser alocado apenas nas Capitais dos Estados e foi se expandindo por cidades do interior do país; a competência do (então extinto) TFR foi repassada para os recém-criados cinco Tribunais Regionais Federais, ao passo que o também criado STJ recebeu a competência, antes afeta ao STF, de zelar pela inteireza positiva, validade, autoridade e interpretação do direito federal comum (CF, arts. 104-110).

Depois, a EC 45/2004 veio confirmar essa tendência expansionista, instituindo um órgão federal superior, com funções de correição, controle e planejamento do Judiciário – o Conselho Nacional de Justiça (arts. 92, I-A, e 103-B) – ao tempo em que inseriu na competência dos juízes federais "as causas relativas a direitos humanos" (art. 109, V-A e § 5.º). Some-se a isso a notória superabundância da legislação federal em comparação com o direito local (estadual/municipal) a fomentar querelas federais de todo tipo, e não será difícil compreender que a *crise*, confinada ao STF, passou, com o tempo, a rondar o próprio STJ.

Com efeito, é notória a *federalização* dos temas jurídicos, a partir da simples leitura das competências legislativas da União (art. 22, I), a que, tendencialmente, se agregam outras matérias, inclusive aquelas atribuídas aos Juizados Especiais Federais, pela Lei 10.259/2001. Tudo a acarretar, em consequência, o gigantismo da Justiça, em especial a Federal comum, fenômeno assim analisado por José Renato Nalini: "(...) passou-se a conceber a Justiça Federal como Justiça comum, açambarcando número cada vez maior de questões, fenômeno consequente com a macrocefalia do Executivo. Estão cada vez mais tênues as fronteiras entre o que interessa à União e o que é peculiar às unidades federadas. O avantajamento da Justiça Federal não é apenas quantitativo, mas incide sobre esferas antes submetidas à Justiça Estadual. Esta, aos poucos, vai se convertendo a uma Justiça de pequenas causas". Em nota de rodapé, remata o autor: "No Estado que se concebe onipotente e centralizador, as grandes políticas são impostas pelo Executivo Federal, restando apequenadas as atribuições cometidas às unidades federadas. Consequência disso é que o exame das questões momentosas e efetivamente incidentes sobre a vida das pessoas é matéria-prima do Judiciário Federal. Os interesses periféricos e de menor relevância é que são decididos pela Justiça Estadual".[18]

(Tome-se como exemplo, dentre outros, a questão da *transposição das águas do Rio São Francisco* – política pública de recursos hídricos –, objeto de ações civis públicas perante a Justiça Federal dos vários Estados banhados por esse curso d'água: trata-se de competência *ratione materiae*, já que os rios interestaduais são bens da União – CF, art. 20, III –, e também *ratione personae*, já que figuram no polo passivo órgãos federais – CF, art. 109, I).

Do fato de serem dois os nossos *Tribunais da Federação*, por vezes resulta uma *comunicação* ou uma *aproximação* entre eles: para além da ocorrência, antes lembrada, da interposição *conjunta* de RE e REsp (CPC, art. 1.031 e §§), vale ainda observar um resquício da antiga competência do STF sobre o direito federal comum, repristinada pela EC 45/2004 e por assim dizer "devolvida " ao STF, assim tornado competente para julgar recurso extraordinário tirado contra decisão que "julgar válida lei local contestada em face de lei federal": alínea *d* do art. 102, III. (Explica-se esse repasse pelo fato de que, sendo o STF o *guarda da Constituição* – CF, art. 102, *caput* – é de seu precípuo interesse aferir, no caso concreto, se a priorização do direito local, em detrimento do federal, porventura não terá infringido a distribuição das competências legislativas

18 *A rebelião da toga* cit., 2006, p. 33 e rodapé nº 30.

– CF, arts. 22, 23, 24 –, o que configura de per si uma *questão constitucional*). Em *compensação*, a EC 45/2004 manteve no STJ a competência para julgar REsp tirado de acórdão que "julgar válido *ato de governo local* contestado em face de lei federal" – alínea *b* do art. 105, III, ao tempo em que lhe repassou a competência, que antes era do STF, para processar e julgar "a homologação de sentenças estrangeiras e a concessão de *exequatur* às cartas rogatórias" (alínea *i* do art. 105, I).

Essa interface ou comunicação entre os dois *Tribunais da Federação* que se funda, ora na *complementaridade*, ora na *divisão de tarefas*, pode ainda ser inferida a partir de outras ocorrências: (*i*) as súmulas do STF e do STJ podem ensejar o que configuraria um *julgamento antecipadíssimo do mérito de processos, mormente quando* múltiplos e repetitivos, sob a forma da liminar improcedência do pedido que contrarie aqueles enunciados (CPC, art. 332, I); (*ii*) a EC 45/2004 atribuiu ao STF o poder de emitir súmulas vinculantes em matéria constitucional, oponíveis assim aos órgãos judiciais como à Administração Pública (CF, art. 103-A e § 3.º); embora igual atribuição não tenha sido prevista para o STJ, é possível que, *de iure condendo*, algo semelhante venha a contemplar esta última Corte, caso torne à berlinda a PEC nº 358/2005, voltada a inserir na CF o art. 105-A, criando a *súmula impeditiva de recursos* endereçada precipuamente à Administração Pública, sabidamente o maior *cliente habitual* do Poder Judiciário.

A par disso, Humberto Theodoro Júnior ressalta a ocorrência de "conflitos entre STF e STJ no âmbito da função jurisdicional nomofilática: "(...) tanto no recurso extraordinário como no especial, o Tribunal ad quem, uma vez admitido o recurso, exercerá não só o juízo de cassação, mas também o de juízo de reeexame do caso, aplicando o direito pertinente (CPC, art. 1.034). Ora, em grande número de processos a questão de mérito a resolver envolve normas infraconstitucionais. Dessa maneira, quase sempre, o STF, após a resolução da questão constitucional, interpretará e aplicará o direito substancial comum em seus acórdãos".[19]

A seu turno, Nery & Nery, colacionando Georges Abboud, falam da função contramajoritária do STF, esclarecendo que tal não significa, necessariamente, "ir sempre contra a vontade da maioria, mas sim, ter poder para contrariá-la quando for necessário em prol do texto constitucional, para assegurar a preservação dos direitos fundamentais do cidadão e das minorias".[20]

---

19 O futuro do processo civil brasileiro, cit., *Revista do Tribunal Regional Federal da 1ª Região* jul./ago.2.018, p. 35.

20 *Constituição Federal comentada*, 3ª ed., 2.012, cit., nota 8 ao art. 102, p. 590.

O antes referido repasse do contraste entre lei local e lei federal, do STJ para o STF (CF, art. 102, III, *d*: alínea acrescida pela EC 45/2004), veio assim descrito por Nelson Rodrigues Netto, invocando lição do ex Min. Moreira Alves, do STF: "Quando o acórdão recorrido tiver julgado válida lei ou ato de governo local contestado em face de lei federal, exatamente por violação da competência legiferante distribuída na Constituição Federal entre União, Estado, Distrito Federal e Municípios, com invasão pela lei federal de área atribuída à lei local (estadual, distrital ou municipal)".[21]

À semelhança do que se passa com o recurso extraordinário, no âmbito do STF, também o recurso especial ao STJ – como espécie de recurso excepcional – desempenha *dupla função*, assim descrita pelo então Ministro do STJ, Francisco Cláudio de Almeida Santos: "Não é um recurso de terceiro grau de jurisdição, inexistente em nosso sistema, pois não basta a sucumbência da parte para legitimá-la; é preciso mais, ou seja, o preenchimento de um dos requisitos constitucionais ou causa para que o recurso possa ser interposto. É o recurso cabível para o STJ e tem ele uma dúplice finalidade: uma pública e outra privada. É público seu fim, tendo em vista sua função de provocar o STJ, ao lado do Supremo, este em nível de filactério constitucional, Tribunal Superior, que é órgão garantidor da aplicação do direito positivo, na sua exatidão, do respeito pela autoridade da lei federal, e da harmonia de interpretação da lei, de forma a evitar decisões conflitantes dos Tribunais de Apelação na sua labuta jurisdicional. (...) A primeira dessas finalidades é, portanto, a defesa do direito objetivo e a unificação da jurisprudência. (...) O outro fim, que para Jaime Guasp é o único, pois, segundo ele, nenhum instituto processual tem índole predominantemente política, corresponde à função que Juan Carlos Hitters denomina *dikelógica*, isto é, fazer justiça do caso concreto, aparecendo, destarte, o recurso como meio impugnativo da parte para reparar um agravo a direito seu, ainda que a decisão contenha em si algo mais grave, qual seja a contravenção da lei. Sem dúvida, essa é uma finalidade indisfarçável, visto que, sem a ofensa a direito da parte, não poderia esta sequer recorrer, já que não há no Brasil o recurso de cassação, no interesse da lei, como na França, de iniciativa do Ministério Público."[22]

Em modo análogo ao que se estabeleceu para o RE a partir da CF de 1988, também o REsp não foi concebido para operar em modo seletivo em

---

21 *Interposição conjunta de recurso extraordinário e de recurso especial*, São Paulo: Dialética, 2005, p. 27.

22 Recurso especial – visão geral. In: TEIXEIRA, Sálvio de Figueiredo (coord.). *Recursos no Superior Tribunal de Justiça*, São Paulo: Saraiva, 1991, p. 93, 94.

função da natureza, matéria, ou valor da causa, e isso, dizia o Min. Almeida Santos, porque o constituinte entendeu "serem relevantes todas as questões. Penso que o princípio é revelador de desprestígio dos Tribunais Federados e Federais em geral, e talvez provoque, no futuro, uma carga de trabalho impossível de ser suportada, em especial, no STJ".[23] As palavras viriam a se revelar proféticas, não só para o STJ como para o STF: este, ante a supressão da *arguição de relevância* no período entre 1988 e 2004, viu-se engolfado na *crise numérica* nos recursos extraordinários, levando o constituinte revisor, em 2004, a ter que (re) introduzir um elemento de contenção, desta vez sob as vestes da "repercussão geral da questão constitucional" (CF, § 3.º do art. 102).

Não deixa de causar espécie o fato de análogo pressuposto não vir previsto no juízo de admissibilidade do REsp ao STJ, em se considerando que a massa de questões federais é expressivamente maior do que a de questões constitucionais (de que é seguro indicativo a diferença numérica dos Ministros de ambas as Cortes), ponto que não passou despercebido a José Miguel Garcia Medina, Luiz Rodrigues Wambier e Teresa Arruda Alvim Wambier: "É surpreendente, todavia, que tenha entendido o legislador constitucional deverem-se distinguir questões relevantes das não relevantes, *no plano do direito constitucional e não no plano da lei federal*, como se tudo o que constasse da lei federal fosse relevante. Desconhecemos inteiramente as razões que podem ter levado a que se chegasse a esse incompreensível resultado final na redação da Constituição Federal".[24]

A *crise numérica* de recursos extraordinário e especial, dirigidos aos órgãos de cúpula da Justiça brasileira, radica numa causa comum: recursos de tipo excepcional – como o nome já o indica – não podem fundar-se, como ocorre nos de tipo ordinário, na singela *sucumbência* ou na alegação de *prejuízo* que a decisão judicial recorrida possa ter infligido à parte, mas exigem ainda um *plus*, que projete o *thema decidendum* a um plano transcendente, seja em função da matéria ou do número importante dos sujeitos envolvidos. Impende que a controvérsia seja relevante *de per si* (e não apenas na perspectiva das partes), e isso sob os prismas econômico, social, político ou jurídico, por modo a projetar-se, em maior ou menor intensidade, em face de vastos segmentos sociais, senão já pela inteira coletividade.

---

23 Idem, p. 97.

24 Repercussão geral e súmula vinculante – relevantes novidades trazidas pela EC 45/2004. In: WAMBIER, Teresa Arruda Alvim *et al.* (coords.). *Reforma do Judiciário – Primeiras reflexões sobre a EC 45/2004*, 2005, cit., p. 373, 374.

Nesse sentido, seguindo de perto a trilha antes demarcada para a arguição de relevância (RISTF, primitiva redação do art. 326), o § 1.º do art. 1.035 do CPC identifica repercussão geral nas "questões relevantes do ponto de vista econômico, político, social ou jurídico que ultrapassem os interesses subjetivos do processo". Por identidade de razão, o TST, no juízo de admissibilidade do recurso de revista, verifica previamente se a causa oferece "transcendência com relação aos reflexos gerais de natureza econômica, política, social ou jurídica" (CLT, art. 896-A), salientando-se que a Lei 13.467/2.017 inseriu um parágrafo 1º a esse artigo, explicitando o conteúdo daquela transcendência. [25]

Numa palavra, as múltiplas missões institucionais do STF estão enfeixadas em sua atribuição nuclear, de operar como *guarda da Constituição* (CF, art. 102, *caput*).[26] Essa excelsa missão começa com a fixação do sentido e do conteúdo das normas constitucionais, porque, se é verdade que estas obrigam a todos, é igualmente verdadeiro o quanto obtemperado pelo *Chief Justice* Hughes, da Corte Suprema dos Estados Unidos: "Estamos todos regidos por uma Constituição, mas esta é o que os juízes decidem que ela é".[27] Um acórdão do STF, mesmo isolado, ou de corrente minoritária, só pelo fato de derivar do órgão de cúpula de nossa organização judiciária, projeta uma influência pan-processual, assim sobrepairando o ambiente judiciário do país, embora seja inegável que a maior proeminência e os efeitos processuais mais intensos derivem das formas qualificadas da produção do STF, quais sejam: (*i*) a jurisprudência *dominante*, por sua capacidade de induzir o julgamento dos casos análogos nela subsumidos, e também por seus relevantes efeitos processuais, valendo observar que o vigente CPC alude à "jurisprudência dominante do Supremo Tribunal Federal e dos tribunais superiores", quando autoriza a modulação dos efeitos em caso de alteração no entendimento antes assentado (§ 3º do art. 927); (*ii*) a jurisprudência *sumulada*, na medida em que seus enunciados operam como *leading cases*, vale dizer, como veros precedentes, propiciando tratamento isonômico aos casos análogos, prevenindo a judicialização de pretensões contrárias aos entendimentos assentados e

---

25 V. o estudo de Ives Gandra da Silva Martins Filho, Critério de transcendência... cit., *Revista LTr*, vol. 65, n. 08, ago./2001, p. 916.

26 Sem embargo, constam dentre as atribuições do STF algumas que desbordam a fronteira da matéria estritamente constitucional ou então apenas a tangenciam indiretamente, *v.g.*: apuração de infrações penais imputadas a certas altas Autoridades; julgamento de ação envolvendo interesses da magistratura; competência recursal ordinária: CF, art. 102, I, *b*, *c*, *n* e inciso II, nessa ordem.

27 *Apud* Tercio Ferraz Sampaio Junior, O Judiciário frente à divisão dos Poderes: um princípio em decadência? *Revista USP*, n. 21, mar./maio 1994, p. 16.

facilitando o trabalho da Corte e dos advogados, já que a súmula dispensa "a referência a outros julgados no mesmo sentido" (RISTF, art. 102, § 4.º). Nesse sentido, o art. 927, IV, do vigente CPC, diz que "juízes e tribunais observarão (e, não, que "poderão observar") as súmulas do STF e do STJ, as quais, dentre outras aplicações, autorizam a improcedência liminar do pedido que se afigura contrário a tais enunciados – CPC, art. 332, I.

2. O REALINHAMENTO DA ORGANIZAÇÃO JUDICIÁRIA FEDERAL.

Nelson Nery Junior reporta os sucessos históricos à época da constituinte de 1988, que acabaram desenhando o perfil do STF, o qual vem "cumulando funções de órgão judicial e de Corte Constitucional. Deveria haver uma corte acima do Supremo Tribunal Federal. A proposta da Constituição Federal de 1988 era a da criação de uma Corte Suprema e o Supremo Tribunal Federal viraria o que é hoje o Superior Tribunal de Justiça, um Tribunal federal. Na última hora, no plenário da Assembleia Nacional Constituinte, quando a Comissão criava a Corte Constitucional e o Supremo seria rebaixado a um Tribunal Federal, os Ministros fizeram um *lobby* violento e mudou-se essa sistemática. Manteve-se o Supremo Tribunal Federal, então como órgão máximo do Poder Judiciário e criou-se o Superior Tribunal de Justiça. O Estado brasileiro perdeu uma grande oportunidade de se organizar corretamente, no que diz respeito ao Poder Judiciário e ao poder de Estado em geral".[28]

A vigente Constituição Federal criou o STJ e extinguiu o TFR, tornando assim inevitável uma *reengenharia* no sistema judiciário federal, segundo um plano estruturado num conjunto de diretrizes: (*i*) a declarada configuração do STF como uma *Corte Constitucional* (ao menos na dicção do art. 102, *caput* – o "guarda da Constituição" –, embora o extenso rol de suas atribuições, não raro, torne inevitável alguma incursão na legislação infraconstitucional; (*ii*) a migração das competências do TFR para os então criados cinco Tribunais Regionais Federais; a estas Cortes regionais, na avaliação de Athos Gusmão Carneiro caberia o papel de aproximar "dos litigantes os colegiados recursais dos Juízes federais. Finalmente, o STJ, como tribunal nacional, posto acima dos Tribunais Federais e dos Tribunais dos Estados, irá exercer, sem óbices regimentais, a guarda da legislação federal infraconstitucional, nos casos previstos na Lei Maior".[29]

---

28 Codificação ou não do processo coletivo? *De Jure* – Revista do Ministério Público do Estado de Minas Gerais, n. 7, jul./dez. 2006, p. 152.

29 Anotações sobre o recurso especial. In: *Recursos*... cit., p. 111.

Observe-se que, ao contrário da organização judiciária estadual, que é dividida em comarcas, agrupadas em entrâncias, já a Justiça federal, comum, é dividida em seções, agrupadas em regiões: por exemplo, a 3.ª Região, sediada na Capital paulista, abrange as seções *Estado de São Paulo* e *Mato Grosso do Sul.*

A missão institucional do STJ consiste em preservar a integridade positiva, autoridade, validade e uniformidade exegética do direito federal *comum*. Tirante, pois, as matérias eleitoral, trabalhista e militar, afetas a outros Tribunais superiores (TSE, TST, STM), pode-se dizer que o espectro da cognição do STJ não sofre outras defecções, bastando, para o manejo do recurso especial (CF, art. 105, III), que o acórdão recorrido tenha se posicionado sobre uma *questão federal* (= o prequestionamento), não importando se a instância de origem é da Justiça estadual ou federal; outrossim, o *thema decidendum* pode ser atinente ao Direito Privado (civil, comercial) ou Público (*v.g.*, administrativo, internacional, tributário, previdenciário, penal, ambiental, consumerista).

As decisões oriundas das Turmas Recursais nos Juizados Especiais Federais, embora não desafiem recurso especial (Súmula STJ 203), podem submeter-se à uniformização exegética pelo STJ, nos moldes do rito estabelecido no art. 14 e parágrafos da Lei 10.259/2001, dispondo o § 4.º: "Quando a orientação acolhida pela Turma de Uniformização, em questões de direito material, contrariar súmula ou jurisprudência dominante no Superior Tribunal de Justiça – STJ, a parte interessada poderá provocar a manifestação deste, que dirimirá a divergência". Semelhante proceder se aplica ao STF, no julgamento de RE tirado de decisão de Juizado Especial (Súmula STF 640), como o autoriza o art. 15 da citada Lei 10.259/2001. Ressalte-se o disposto no Enunciado nº 480, firmado no Fórum Permanente de Processualistas Civis: "Aplica-se no âmbito dos juizados especiais a suspensão dos processos em trâmite no território nacional, que versem sobre a questão submetida ao regime de julgamento de recursos especiais e extraordinários repetitivos, determinada com base no art. 1.037, II".

No rito de julgamento dos RE's e REsp's repetitivos; no REsp interposto com base na alínea *c* do art. 105, III da CF; nos embargos de divergência no STF e STJ (CPC, arts. 1.043, 1.044); no recurso especial ou extraordinário tirado de acórdão local ou regional que decidiu o incidente de resolução de demandas repetitivas (CPC, art. 985, I e II, c/c § 2º do art. 987), fica evidente a relevante *função paradigmática* de nossas Cortes Superiores, ao fixarem a *ultima ratio* em matéria de estrito direito: constitucional (STF) ou de direito federal comum (STJ). No tocante ao STF, embora a CF de 1988 não tenha recepcionado o RE com fundamento autônomo em *divergência jurisprudencial* (EC 01/69, alínea *d* do art. 119, III), não há negar que, ao prover tal recurso sob os outros fundamentos, o Pretório Excelso acaba assentando entendimentos que, na sequência, irão parametrizar a solução dos demais casos neles subsumidos, em trâmite em todos os Tribunais do país, pela natural proeminência e autoridade dos acórdãos emanados da mais alta Corte de Justiça do país. O mesmo pode-se afirmar do STJ, devendo ser sobrelevada sua decisiva contribuição para a pacificação dos entendimentos em matéria penal, empolgando o processo e julgamento de altas Autoridades Federais, tanto em crimes comuns como em matéria de liberdades individuais, como nos *habeas corpus* de competência originária (CF, art. 105, I, *a*, *b*) ou recursal-ordinária (art. 105, II, *a*). Ressalte-se que a EC 45/2004 inseriu este § 5.º ao art. 109 da CF: "Nas hipóteses de grave violação de direitos humanos, o Procurador-Geral da República, com a finalidade de assegurar o cumprimento de obrigações decorrentes de tratados internacionais de direitos humanos dos quais o Brasil seja parte, poderá suscitar, perante o Superior Tribunal de Justiça, em qualquer fase do inquérito ou processo, incidente de deslocamento de competência para a Justiça Federal".

Assim como cabe ao STF preservar a integridade positiva, autoridade, validade e uniformidade interpretativa do texto constitucional, ao largo e ao longo do território nacional, análoga missão vem afeta ao STJ, em igual dimensão territorial, já agora no âmbito do direito federal comum, donde se poder dizer que ambas as Cortes são *Tribunais da Federação*, como explica José Afonso da Silva: "O que dá característica própria ao STJ são suas atribuições de controle da inteireza positiva da autoridade e da uniformidade de interpretação da lei federal, consubstanciando-se aí jurisdição de tutela do princípio da incolumidade do Direito objetivo que 'constitui um valor jurídico – que resume certeza, garantia e ordem – valor esse que impõe a necessidade de um órgão de cume e um instituto processual para a sua real efetivação no plano processual'".[30]

No sentido do que ora se vai expondo, destaca-se este emblemático acórdão: "O Superior Tribunal de Justiça foi concebido para um escopo especial: orientar a aplicação da lei federal e unificar-lhe a interpretação, em todo o Brasil. Se assim ocorre, é necessário que sua jurisprudência seja observada, para se manter firme e coerente. Assim sempre ocorreu em relação ao Supremo Tribunal Federal, de quem o STJ é sucessor, nesse mister. Em verdade, o Poder Judiciário mantém sagrado compromisso com a justiça e a segurança.

---

30 *Curso de direito constitucional positivo*, 19. ed., São Paulo: Malheiros, 2001, p. 564. (O excerto colacionado é da obra do mesmo autor, *Do recurso extraordinário no direito processual brasileiro*, São Paulo: Revista dos Tribunais, 1963, p. 440-444).

Se deixarmos que nossa jurisprudência varie ao sabor das convicções pessoais, estaremos prestando um desserviço a nossas instituições. Se nós – os integrantes da Corte – não observarmos as decisões que ajudamos a formar, estaremos dando sinal, para que os demais órgãos judiciários façam o mesmo. Estou certo de que, em acontecendo isso, perde sentido a existência de nossa Corte. Melhor será extingui-la".[31] Bem por isso, dispõe o art. 926, *caput*, do vigente CPC: "Os tribunais devem uniformizar sua jurisprudência e mantê-la estável, íntegra e coerente".

O que ora se vai afirmando é particularmente verdadeiro em face das *decisões-quadro*, emitidas pelo STF e pelo STJ no julgamento de RE's e REsp's afetados como representativos da controvérsia, no rito dos recursos repetitivos (CPC, arts. 1.036-1.041), como afirma Bruno Dantas Nascimento: "Quando o STF ou o STJ aprecia o recurso-piloto e emitem juízo de cassação acompanhado da expedição de comando normativo sobre questão de direito, a consequência prática é que todos os acórdãos impugnados nos recursos sobrestados na origem deixam de existir juridicamente, seguindo o mesmo destino do acórdão impugnado no recurso-piloto. Diante do vazio jurídico e da vinculação no juízo de reenvio dos tribunais de origem ao comando normativo exarado pelo tribunal superior, as cortes de apelação já não poderão apreciar livremente os casos, devendo fazê-lo nos limites do juízo de reenvio. Vale dizer, ou acatam a orientação da corte superior, ou realizam analiticamente o *distinguishing*".[32]

Ressalte-se que o poder-dever imposto ao julgador de realizar a devida distinção entre certo padrão decisório e o caso concreto, quando tal seja cabível, pode, em caso de omissão ou de recusa imotivada, configurar decisão não motivada (CPC, § 1º, VI, do art. 489, e, pois nula: CF, art. 93, IX), podendo mesmo desafiar ação rescisória (§§ 5º e 6º do art. 966, acrescidos pela Lei 13.256/2.016)

A vigente Constituição Federal promoveu um *realinhamento* nas Cortes Superiores do país, na linha do direito constitucional e do federal comum, preservando o STF como *guarda da Constituição* e deixando para o então criado STJ a função de interpretar e uniformizar, em última instância, o direito federal, comum. Este mister é alcançado mediante três funções: a *nomofi-*

---

31 Corte Especial, AgRg em EDiv no REsp 228.432-RS, rel. Min. Humberto Gomes de Barros, *DJ* 18.03.2002, p. 163.

32 "Tutela recursal plurindividual", tese de doutorado aprovada na PUC – São Paulo, em 23.08.2013, sob orientação da Profa. Teresa Arruda Alvim Wambier, p. 157, conclusões 56, 57.

lácica,[33] a saber, o zelo pela integridade positiva, validade e autoridade da ordem normativa federal; a *dikelógica*, a saber, a solução justa da controvérsia *in concreto*; a *paradigmática*, consistente na produção de jurisprudência uniforme e na emissão de súmulas que permitam parametrizar a solução dos casos análogos, em curso nas várias instâncias da justiça brasileira, assim possibilitando tratamento isonômico aos jurisdicionados, valendo observar que o vigente CPC enfatiza essa última função no art. 926 e §§.

Aquelas duas primeiras funções vêm assim explicadas por Bruno Dantas Nascimento: "O vocábulo *nomofilático* deriva da junção de duas palavras de origem grega: *nómos*, que significa 'uso', 'regra', 'norma', 'lei', e *phylaktikós*, que significa 'que tem a virtude de preservar ou conservar'. Daí, a palavra *nomofilático*, que, tradicionalmente assumiu o conceito de *proteção da letra da lei*, ter se consagrado nos meios jurídicos, especialmente a partir da revolução francesa, quando o apego à letra da lei foi elevado a níveis exacerbados. A palavra, porém, ao nosso ver, pode ser subtraída da ideologia maniqueísta em que foi concebida, de modo a significar, nos dias de hoje, simplesmente manutenção da inteireza do *direito*, e não estritamente da letra da lei. Fala-se hodiernamente em *nomofilaquia dialética ou tendencial*, pretendendo-se significar com essas expressões, que se contraporiam à *nomofilaquia tradicional*, a persecução da unidade do direito mediante a utilização de processos hermenêuticos na identificação da solução mais racional e afinada com preceitos constitucionais, vale dizer, através de um processo dialético que possibilite ao juiz aferir, dentre as múltiplas interpretações possíveis, aquela que melhor equaciona a lide". Quanto à função *dikelógica*, prossegue o autor, a palavra "de origem grega é composta pela partícula *dike*, que significa 'justiça', e pelo pospositivo *lógiko*, cujo significado é 'relativo à razão'. Assim, a função *dikelógica* está associada

---

33 Temos utilizado o termo *nomofilácico*, como o fazem, dentre outros, Danilo Knijnik, in *O recurso especial e a revisão da questão de fato pelo Superior Tribunal de Justiça*, Rio de Janeiro: Forense, 2005, *passim*; Francisco Cláudio de Almeida Santos, Recurso especial – visão geral. In: TEIXEIRA, Sálvio de Figueiredo (coord.). *Recursos no Superior Tribunal de Justiça* cit., 1991, p. 94). Todavia, não se trata de questão fechada, como se colhe do aviso de Bruno Dantas Nascimento: "Preferimos o vocábulo *nomofilático*, que é largamente consagrado nos idiomas espanhóis (*nomofiláctico*) e italiano (*nomofilattico*). Ademais, ainda que os dicionários brasileiros não registrem quaisquer das duas palavras, acreditamos que a origem grega das palavras que a compõem, especialmente *phylatikós*, aponta no sentido de que é mais adequado falar em *nomofilático* do que *nomofilácico*" (Da repercussão geral – investigação sobre os aspectos processuais civis do instituto e a mudança de perfil imposta por seu advento ao recurso extraordinário brasileiro, dissertação de mestrado, PUC, São Paulo, 2007, aprovada em 02.08.2007, sob orientação da Profa. Teresa Arruda Alvim Wambier, p. 26, rodapé 26).

à busca de justiça no caso levado ao tribunal, mediante a correta aplicação do direito. Trata-se, pois, da tutela do chamado *ius litigatoris*".[34]

Sob outra mirada, a função *nomofilácica* responde, a um tempo, a uma exigência do regime republicano-federativo e a um interesse da coletividade, qual seja, o de que os textos normativos de projeção nacional recebam leitura unificada no Tribunal encarregado da *ultima voce* no direito federal comum; já a função *dikelógica* é ligada ao aspecto subjetivo, do interesse em recorrer CPC, art. 996, caput), ligando-se ao próprio julgamento do caso concreto. Nesse sentido, tanto a Súmula 456 do STF como o art. 257 do RISTJ dispõem que a Corte, ao conhecer do recurso (= juízo de admissibilidade positivo, inclusive quanto à *repercussão geral*, no caso do RE), "julgará a causa, aplicando o direito à espécie", fórmula recepcionada, no essencial, no art. 1.034, caput, do vigente CPC. Quanto à função *paradigmática*, presente tanto no STF como no STJ, vem sendo recepcionada em modo crescente pelo ordenamento processual, que empresta relevantes funções para a jurisprudência dos tribunais, mormente a traduzida em súmulas, podendo ser lembrado que o juiz está autorizado a dar pela liminar improcedência do pedido que se mostra contrário ao direito sumular (CPC, art. 332, I e IV).

Também ao interno da coletividade e no comércio jurídico como um todo se faz sentir a influência dos posicionamentos do STF e do STJ, como, por exemplo, na regulação das relações familiares, de vizinhança, nos direitos e obrigações e, especialmente, no trato com a Administração Pública, à qual se aplicam as súmulas vinculantes do STF (CF, art. 103-A e § 3.º; Lei 11. 417/2006, art. 7.º). Tenha-se ainda presente que, uma vez interposto recurso extraordinário ou especial a partir de acórdão local/regional em incidente de resolução de demandas repetitivas, a tese jurídica firmada por qualquer daqueles Tribunais da Federação "será aplicada no território nacional a todos os processos individuais ou coletivos que versem sobre idêntica questão de direito" - CPC, § 2º do art. 985.

No tocante ao RE, dirigido ao STF, e ao REsp, endereçado ao STJ, as duas funções - objetiva e subjetiva - desses apelos se complementam como as faces de uma mesma moeda, podendo-se, no limite, dizer que aquela primeira acaba *preponderando*, por se tratar de recursos de direito estrito e fundamentação vinculada à CF, não bastando a mera alegação de prejuízo ou a inconformidade com a apreciação da prova, no acórdão recorrido, para induzir o conhecimento daqueles recursos excepcionais. Não resta dúvida quanto à ocorrência daquelas duas funções, uma voltada à higidez do ordenamento positivo, outra ao desate

---

34 *Repercussão geral*, 3. ed., São Paulo: Revista dos Tribunais, 2012, p. 40, 41, 71.

da pretensão recursal, não havendo, ademais, previsão para o recurso fundado singelamente, *no interesse da lei*, como se passa alhures. Essa dualidade entre o público e o privado vem assim explicada por J. J. Calmon de Passos: "É o interesse privado, em última análise, o que pesa, porque é o indivíduo quem se procura tutelar quando se formaliza o Direito. (...) Kelsen, com sua genial acuidade, demonstrou que, desde o momento em que uma norma de Direito protege um interesse particular, esta proteção já se constitui, por si mesma, um interesse geral, público, conseguintemente. Por outro lado, com referência a cada norma de Direito Administrativo ou Penal, tipicamente ramos do Direito Público, pode-se determinar a existência de um interesse particular, cuja proteção é objeto da norma. Todo preceito jurídico, portanto, é expressão de um interesse público e protege um interesse particular."[35]

Enquanto nos Estados Unidos da América, por conhecidas razões históricas, o direito estadual se revela mais extenso do que o federal, já dentre nós operou-se fenômeno contrário, com uma expressiva preponderância do direito federal, em mãos da União, ficando os Estados com uma competência residual, e os Municípios com o que concerne ao interesse local (CF, arts. 22; 25, § 1.º; 30, I, nessa ordem). Evidentemente, esse contexto exacerba e potencializa a missão do STJ na preservação da inteireza positiva, validade, autoridade e uniformidade interpretativa do direito federal, comum. Ao tempo da instalação do STJ (*circa* 1991), escrevera José Manoel de Arruda Alvim Neto: "A função do recurso especial é uma exigência síntese do Estado Federal em que vivemos. Diante da circunstância de termos *três poderes políticos*, a União, os Estados-Membros e o Município, e de se constituir a legislação federal a mais importante, necessário é que exista um Tribunal para fixar, com atributos de alta qualificação, o entendimento da *lei federal*. É uma Corte de Justiça que proferirá, dentro do âmbito das questões federais *legais*, decisões paradigmáticas, que orientarão a jurisprudência do País e a compreensão do Direito *federal*".[36]

Nota-se nessa avaliação – que se aplica, *mutatis mutandis*, ao recurso extraordinário – dois pontos básicos, que identificam a atividade precípua das Cortes Superiores: (*i*) a *supremacia do interesse público* na preservação da higidez positiva e na exata exegese do direito federal em sentido largo, sobre o interesse estritamente individual das partes, aspecto sobrelevado no quesito

35 O recurso extraordinário... cit., *Revista de Processo*, nº 5, ano 2, jan./mar. 1977, p. 53.

36 O antigo recurso extraordinário e o recurso especial (na Constituição Federal de 1988). In: TEIXEIRA, Sálvio de Figueiredo (coord.). *Recursos no Superior Tribunal de Justiça* cit., 1990, p. 153.

da "repercussão geral da questão constitucional", que é configurado a partir da "existência ou não, de questões relevantes do ponto de vista econômico, político, social ou jurídico, que *ultrapassem os interesses subjetivos do processo*" (CPC, § 1.º do art. 1.035). É também por isso que, posto seja possível a desistência dos recursos a qualquer tempo (CPC, art. 998, *caput*), já em se tratando de recurso extraordinário reconhecido com repercussão geral ou de RE ou REsp já afetado como representativo da controvérsia, a recepção dessa desistência não impedirá que o prosseguimento do processo com vistas à resolução da quaestio iuris na decisão-quadro (CPC, § único do art. 998). Ao tempo do CPC/73, escrevera o Min. Antônio de Pádua Ribeiro, nos albores da instalação do STJ: "Tanto quanto nos países europeus em que há juízos de cassação e revisão, parte o nosso sistema jurídico de que, para a satisfação dos anseios dos litigantes, são suficientes dois graus de jurisdição: sentença de primeira instância e julgamento do Tribunal. Por isso, ao apreciar o recurso especial, o Superior Tribunal de Justiça, mais que o exame do direito das partes, estará a exercer o controle da legalidade do julgado proferido pelo Tribunal *a quo*";[37] (*ii*) a supremacia da *quaestio juris* sobre a *quaestio facti*, fundada na premissa de que o *error juris* é mais impactante do que o *error facti*, porque este último, achando-se circunscrito a determinada causa, não transcende os seus limites, restando confinado a uma dimensão endoprocessual, enquanto o erro de direito, por sua natureza, mostra aptidão para expandir-se e assim contagiar os casos análogos, passando a operar como um (equivocado e pernicioso) precedente judiciário.[38]

Esta última finalidade – a preservação da integridade do Direito Positivo e da uniformidade na sua interpretação – é particularmente verdadeira em se tratando de Tribunais Superiores, porque esse altiplano judiciário não tem como atuar como *mais uma* instância revisora, antes cabendo-lhe a seara da *excepcionalidade recursal*, na qual não bastam alegações fundadas na injustiça do julgado, má apreciação da prova ou deficiente interpretação do contrato ou da declaração de vontade, deficiências a serem combatidas com recursos de tipo comum, de devolutividade ampla, máxime a apelação (Súmulas STF 279 e STJ 7 e 13).

As funções do STF espraiam-se na dúplice projeção de suas competências originária e recursal, esta última bifurcada em ordinária e extraordinária (CF,

---

37 Do recurso especial para o Superior Tribunal da Justiça. In: TEIXEIRA, Sálvio de Figueiredo (coord.). *Recursos no...* cit., 1991, p. 52.

38 No ponto, v. Alfredo Buzaid, Nova conceituação do recurso extraordinário na Constituição do Brasil. In: *Estudos de direito*, São Paulo: Saraiva, 1972, p. 183.

art. 102 e incisos II e III, nessa ordem). Em apertada síntese, pode-se dizer do STF que sua competência recursal é disciplinada em função de ser ele o *guarda da Constituição* (art. 102, *caput*) e esse é o parâmetro para a aferição do enquadramento da espécie in concreto: (*i*) nas hipóteses de recurso extraordinário – alíneas do art. 102, III, da CF – isto é, saber se o acórdão local (TJ's) ou regional (TRF's) implicou em: "*a) contrariar o texto constitucional; b) declarar a inconstitucionalidade de tratado ou lei federal; c) julgar válida lei ou ato de governo local contestado em face desta Constituição; d) julgar válida lei local contestada em face de lei federal*"; esta última alínea, acrescida pela EC 45/2004, justifica-se nisso que cabe ao STF aferir, no acórdão recorrido, se a validação da norma local, em detrimento da federal, porventura não terá infringido a distribuição das competências legislativas entre os entes políticos (CF, arts. 21-23), o que já de per si configura uma *questão constitucional*; (*ii*) nas hipóteses de sua competência recursal *ordinária*, deflagrada pela chamada *apelação constitucional*, por comportar também a devolução da matéria de fato, permitindo a revisão de acórdãos de Tribunais Superiores, prolatados em instância única em ações envolvendo liberdades públicas, quando denegatória a decisão, além do crime político (art. 102, II): não se tratando de recurso de direito estrito, de fundamentação vinculada, não se aplica ao recurso ordinário constitucional a exigência do *prequestionamento* (RTJ 158/977).

Já sob a competência *originária* do STF (art. 102, I) encontram-se outras funções: *a)* fixação da exegese do próprio texto constitucional (ações no controle direto); *b)* julgamento dos mais altos mandatários do país, em matéria penal (competência ratione muneris); *c)* processo e julgamento de parlamentares indigitados em CPI da prática de atos de improbidade e outras imputações; *d)* tutela constitucional das liberdades (*habeas corpus*, *habeas data*, mandados de segurança e de injunção em face de atos e condutas das altas Autoridades da República); *e)* defesa da soberania nacional e relações internacionais (extradição; litígio com Estado estrangeiro ou organismo internacional); *f)* preservação da relação harmônica entre os órgãos jurisdicionais (*conflitos de competência*); *g)* prevenção ou resolução de conflitos entre Estados, que apresentem intensidade capaz de pôr em risco a coesão interna do modelo federativo: *h)* preservação da autoridade e validade de suas decisões, competência deflagrada por meio do instituto da *reclamação*, como no caso de recusa imotivada/equivocada ou aplicação indevida da súmula vinculante (CF, art. 102, I, *l*, c/c § 3.º do art. 103-A; CPC, art. 988, III, inciso acrescido pela Lei 13.256/2.016).

Dada essa pletora de atribuições, compreende-se que o STF, conquanto afirmadamente concebido para ser uma Corte Constitucional, venha enfrentando dificuldades para atuar como tal. Tanto mais em se considerando que, de tempos a esta parte, tem se avantajado a postura *pró-ativa* da Colenda Corte, atraída a certos *vácuos*, provocados pela omissão ou leniência - deliberada ou não - ora do Executivo (que, *v.g.*, não se posiciona nem combate eficazmente a devastação da Amazônia - CF, art. 225 e §§ 3.º e 4.º - assim fazendo proliferar as ações civis públicas ambientais), ora do Legislativo, que, *v.g.*, retarda o poder-dever de suprimir do ordenamento as normas declaradas inconstitucionais pelo STF no controle difuso - CF, art. 52, X - levando a Corte a ter que emprestar eficácia *erga omnes* a tais pronunciamentos incidentais.[39]

Sob outra mirada, vê-se o STF induzido a posicionar-se sobre conflitos de largo impacto sócio-político-econômico, que poderiam e deveriam ter sido resolvidos nas instâncias primárias, ou ao menos, aí deveriam ter alcançado um desejável ponto de maturação e definição. Na ausência de tal postura, vê-se o STF induzido a assumir um protagonismo exacerbado, julgando temas polêmicos, em princípio melhor vocacionados à atuação parlamentar ou da Administração Pública: aqui, emite súmula vinculante sobre bingos e outros jogos lotéricos; ali, posiciona-se sobre a greve no serviço público, adiante, dispõe sobre o direito à vida dos fetos anencéfalos, acolá, delibera sobre o plantio de cultivares transgênicos, ou sobre a pesquisa com células-tronco embrionárias, ou ainda, sobre a demarcação de terras indígenas. Com isso, vai a Corte se expondo à crítica de um ativismo imoderado, que complica seu posicionamento no contexto federativo e, como efeito colateral, serve de álibi para as instâncias faltosas ou lenientes, as quais, *preferindo* não assumir os riscos e os ônus imanentes às assertivas deliberações nos temas de largo impacto para a coletividade, folgam ao saber que eles foram judicializados, ficando assim o caso *sub judice*.

Esse *ativismo excessivo*, se, por um lado, evidencia um engajamento da Colenda Corte nas grandes questões contemporâneas, mesmo não jurídicas, ou parajurídicas, de outro lado, porém, engendra o risco de converter o STF em *legislador positivo*, papel para o qual carece de legitimidade, por não dispor de mandato popular para fazer escolhas primárias ou opções políticas. Já há tempos esse contexto vem se configurando, podendo ser lembrada a matéria publicada no jornal *O Estado de S. Paulo*, em 05.11.2007, cad. A-15, acerca de *ADIn* então pendente de julgamento, questionando a pesquisa científica com embriões, autorizada pela Lei 11.105/2005, interessando saber se tal

---

39 V. os comentários a decisões do STF nesse teor, em Luiz Guilherme Marinoni e Daniel Mitidiero, *Repercussão geral no recurso extraordinário*, São Paulo: Revista dos Tribunais, 2007, p. 66-71.

procedimento se restringia aos organismos congelados ou também aos vivos. "'Há gente que diz que só há vida quando nasce, quando a criança vem para o mundo exterior. Agora, é preciso que a Suprema Corte decida quando começa a vida, e para isso está se valendo de toda uma reflexão científica que nós estamos fazendo', diz o ex-Procurador-Geral da República, Cláudio Fonteles, autor da ação que questiona no STF a pesquisa com células-tronco embrionárias".[40] Já no tocante ao pré-citado julgamento sobre o direito de greve no funcionalismo, aquele mesmo jornal, em matéria de 26.10.2007, cad. A-4, assim repercutia o tema: "Em 1988, a Constituição estabeleceu que uma lei complementar definiria os limites das greves no setor público. Até hoje, a lei não foi votada. Em casos assim, cabe ao STF, quando provocado, definir a regra a ser cumprida. 'A essa inércia ou inapetência legislativa corresponde um ativismo judiciário francamente autorizado pela Constituição', justificou o Ministro do STF, Carlos Ayres Britto".

Acerca do tema que ora se vai discorrendo, escreve Elival da Silva Ramos: "(...) deve-se incluir dentre os fatores de estímulo ao ativismo a assunção de atividade normativa atípica por parte do Supremo Tribunal Federal, vale dizer, o exercício pelo órgão de cúpula do Judiciário brasileiro de competências normativas que, se não confrontam com o princípio da separação dos Poderes, dele não decorrem e, mais do que isso, não contribuem para o seu fortalecimento; ao contrário, provocam uma certa tensão em relação ao conteúdo prescritivo de seu núcleo essencial. Dessa natureza é a competência para edição de súmulas de jurisprudência sobre questões constitucionais, de observância obrigatória por todo o aparato judiciário e pelas entidades e órgãos da Administração Pública de todos os níveis federativos, bem como a nova configuração emprestada pelo Supremo Tribunal ao mandado de injunção, ao apreciar a questão do direito de greve dos servidores públicos, segundo a qual, ao ensejo do acolhimento do *writ*, lhe cabe proceder, subsidiária e provisoriamente, à regulamentação do modo do exercício do direito protegido, com eficácia *erga omnes* e sem vinculação ao caso concreto".[41]

Verdade que a sobrecarga de trabalho do STF apresenta ainda outras concausas, dentre elas a tendência à *constitucionalização* crescente de temas

---

40 Duas ADIN's foram propostas pelo MP Federal, questionando dispositivos da Lei 11.105/2005: nº 3510-0, atinente ao art. 5.º e parágrafos, rel. Min. Carlos Brito, julgada improcedente em maio/2008; outra, nº 3526-6, contra os arts. 6.º, VI, arts. 10, 14, 16 30, 34 – 37 e 39, rel. Min. Celso de Mello, pendente de julgamento, cf. sítio www.stf.jus.br, acesso em 13.12.2.019.

41 *Ativismo judicial – parâmetros dogmáticos*, São Paulo: Saraiva, 2010, p. 314.

que, anteriormente, ou eram normatizados pela Administração Pública, ou eram deixados para o plano da legislação ordinária, e, nesta dimensão, não se vocacionavam a provocar querela constitucional, chegando, no máximo, a constituir *questões federais*, preordenadas à resolução pelo STJ. Focando o ponto numa projeção mais larga, José Carlos Barbosa Moreira falava na "expansão constante da demanda de prestação jurisdicional – fenômeno para cuja manifestação a rigor bastaria o crescimento da população em todo o mundo, mas que se vê magnificado pela proliferação de conflitos de interesses, corolário inevitável da complexidade cada vez maior das atividades econômicas e das relações sociais, e pela incessante expansão da área em que a Justiça é chamada a atuar: temas como da proteção do consumidor e o da defesa do ambiente não costumavam ser levados senão excepcionalmente à apreciação judicial, ao passo que agora respondem por parcela bastante ponderável de trabalho que os juízes têm de enfrentar no seu dia a dia. O Judiciário vê-se convocado a tentar solucionar uma série de problemas que tradicionalmente se deixavam aos cuidados da Administração Pública: e o fenômeno amplia-se a cada hora".[42]

A sobrecarga de trabalho do STF acaba repercutindo no âmbito de sua prestação jurisdicional como um todo, tanto no quesito do *tempo razoável* para os julgamentos como no da desejável fundamentação destes, sabido que também na função judicial do Estado opera o aforisma pelo qual a *quantidade afeta a qualidade*. Ives Gandra da Silva Martins Filho refere certa intervenção do Min. Gilmar Mendes, no 1.º Ciclo de Palestras Jurídicas do CEAC – Centro de Atividades Culturais (Brasília, 30.05.2001) em que S. Exa., após observar que se deve reconhecer aos tribunais superiores "a possibilidade de utilização de um sistema de seleção das causas que deverão efetivamente julgar, com total discricionariedade na escolha", rematou: "Há uma *distorção na mensuração da eficiência* dessas Cortes, que passam a referir a quantidade como parâmetro de eficiência, mais do que a qualidade das soluções que deram aos conflitos".[43]

Em verdade, quando do advento da CF de 1988, perdeu-se propícia oportunidade para *enxugar* as competências do STF, por modo a dotá-lo das condições para que pudesse atuar como uma vera *Corte Constitucional*, provendo sobre casos realmente singulares, complexos, e/ou de relevantes efeitos externos; não assim no *varejo* dos conflitos intersubjetivos, mas nos conflitos sobre temas transcendentes, que tocam ao interesse nacional ou a

42 O problema da duração dos processos: premissas para uma discussão séria. *Temas de direito processual*, 9.ª série, São Paulo: Saraiva, 2007, p. 369-370.

43 *Critério de transcendência...* cit., *Revista LTr*, vol. 65, nº 08, ago./2001, p. 915.

vastos segmentos da sociedade civil, ideário a que vem vocacionada a exigência da "repercussão geral da questão constitucional", no juízo de admissibilidade do recurso extraordinário (CF, § 3.º do art. 102; CPC, art. 1.035 e § 1º).

Ao propósito, a publicação Supremo em Ação, divulgada pelo CNJ em 2.018, ano-base 2.017 informa: "Desde a regulamentação do instituto o Supremo Tribunal Federal já apreciou a repercussão geral de 943 temas dos quais 633 (67,1%) tiveram a repercussão geral da matéria reconhecida. (...) 0 Supremo Tribunal Federal negou a existência de repercussão geral em outros 308 casos: em 266 oportunidades reputou a matéria como infraconstitucional e em 42, como irrelevantes". [44]

Até que se altere o *estado da arte* seguirá o STF a sina de se ver engolfado na crise numérica de processos, na (desconfortável) posição de operar menos como um afirmado *guarda da Constituição* e mais próximo a uma *terceira ou quarta instância*, da qual não se subtraem sequer as decisões oriundas dos Juizados Especiais (Súmula 640 do STF), nem tampouco a apuração de questões que ressumam do ambiente político, como as concernentes ao dito *escândalo do mensalão* (ação penal nº 470).[45]

O recebimento, em 2.017, pelo STF, de 102.227 processos (13,6% a mais do que no ano anterior) [46] evidencia que ele não vem operando como um precípuo *guarda da Constituição* (CF, art. 102, *caput*), e nem o conseguiria, dada a diversidade de matérias a seu cargo, o que, além de pôr em risco a qualidade da resposta jurisdicional, ocupa o tempo que poderia e deveria ser destinado ao exame aprofundado das grandes controvérsias de amplitude nacional, realmente singulares e complexas.

3. A DEFESA DAS LIBERDADES PÚBLICAS.

Não se registra consenso acerca do conteúdo de expressões como *liberdades públicas*, *direitos subjetivos públicos*, *direitos do homem*; *direitos naturais*, donde, não raro, elas virem empregadas indistintamente, senão já como sinônimas. De concreto, pode-se dizer que os Estados liberais, na era moderna, apresentaram três etapas na linha evolutiva das liberdades, em simetria com as sucessivas *gerações* dos novos direitos que se foram configurando: (*i*) liberda-

---

44. Sítio www.cnj.jus.br, acesso em 15.11.2018, p. 74 e 75 do documento impresso.

45 Súmula STF 640: "É cabível recurso extraordinário contra decisão proferida por juiz de primeiro grau nas causas de alçada, ou por turma recursal de juizado especial cível e criminal".

46 Caderno *Supremo em Ação*, sítio cnj.jus.br, acesso em 13.12.2.019, p. 13 do documento impresso.

des de tipo *negativo*, em que o Estado ficou impedido de tolher ou embaraçar o exercício dos direitos e garantias individuais, não podendo, *v.g.*, tolher a liberdade de ir e vir ou de se reunir pacificamente; (*ii*) liberdades de tipo *positivo*, em que o Estado é chamado a assegurar, mediante a adoção de providências e condutas assertivas, o exercício de certos direitos estabelecidos, como, *v.g.*, a garantia à duração razoável dos processos judiciais, podendo-se então falar de verdadeiros *créditos* públicos em face do Estado; (*iii*) contemporaneamente, fala-se em direitos de terceira e mesmo de quarta geração – ditos direitos de fraternidade – não confinados a barreiras geopolíticas, nem titularizáveis por indivíduos determinados, mas esparsos pela inteira humanidade, como o direito a um meio ambiente ecologicamente equilibrado, preservado para a presente e futuras gerações, ou o direito de todos e de cada um à realização pessoal e profissional ao interno da coletividade.

Em paralelo a esse evolver histórico das liberdades, Boaventura de Souza Santos, Maria Manuel Leitão Marques e João Pedroso identificam três períodos na configuração do Estado moderno, em contemplação à função judicial desempenhada em cada um deles: (*a*) *Estado liberal*, abrangendo todo o século XIX e se estendendo até a I Guerra Mundial: neutralização política do Judiciário, com predominância do Legislativo, apresentando-se a prestação jurisdicional em modo retrospectivo e reativo, ofertando justiça retributiva a lides intersubjetivas; (*b*) *Estado-providência*: do final da I Guerra Mundial, estendendo-se até o último quartel do século XX, com ênfase na promoção do bem-estar social (*Welfare State*), com a consagração de diversos direitos sociais e coletivos, garantidos pela "juridificação da justiça distributiva. A liberdade a proteger juridicamente deixa de ser um mero vínculo negativo para passar a ser um vínculo positivo, que só se concretiza mediante prestações do Estado"; a essa maior oferta de direitos correspondeu um incremento na demanda por justiça, implicando novos e maiores investimentos no setor, engedrando pontos de tensão entre os Poderes; (*c*) *crise do Estado-providência*: instaurada no último quartel do século passado, revelou-se na crescente incapacidade financeira do Estado para atender ao prodigalizado espectro de direitos provindos do período anterior, levando a situações paradoxais: "quanto maior é o desemprego, mais elevado é o montante dos subsídios do desemprego, mas menores são os recursos para os financiar, uma vez que os desempregados deixam de contribuir".[47]

47 Os tribunais nas sociedades contemporâneas. *Revista Brasileira de Ciências Sociais*, n. 30, fev./1996, p. 32- 37, *passim*.

Entre nós, este último período (*crise do Estado-providência*) é bem nítido: as vastas expectativas criadas pela vigente *Constituição Cidadã* vão se dissolvendo em frustrações diversas, que, à sua vez, fomentam a litigiosidade: a reforma agrária não se concretiza com a dimensão e celeridade prometidas no art. 184 da CF, donde o aumento da tensão no campo, com recorrentes invasões a glebas rurais, perpetradas por grupos ditos *sem-terra (ao propósito, o vigente CPC traz regulamentação específica para o caso de "litígio coletivo pela posse de imóvel": art. 565 e §§)*; o valor do salário mínimo está longe de poder atender às utilidades indicadas no art. 7.º, VI, da CF, obrigando vastos segmentos da população a complementarem seus ganhos na chamada economia informal, com evidente evasão tributária; a seguridade social não consegue fechar suas contas, levando a que os aposentados tenham que continuar contribuindo (!) contra toda lógica e senso de justiça; o sistema público de saúde é notoriamente deficiente, fazendo com que parcela da população tenha que recorrer a convênios ou seguro-saúde, particulares, ao passo que a grande maioria não tem outra alternativa a não ser submeter-se às filas e deficiências do sistema público de saúde (SUS).

Os fatos evidenciam, portanto, que a formal e singela inserção no texto constitucional, de liberdades públicas, direitos subjetivos públicos, direitos naturais, todavia desacompanhados de condutas, provisões, programas e estratégias idôneas a dar-lhes concreção, não apenas esvazia seu conteúdo como provoca, como *externalidade negativa*, diversas reversões de expectativa, que fomentam a frustração e acirram a litigiosidade entre os indivíduos e destes em face do Estado, convertendo-se em expressiva concausa da crescente judicialização dos conflitos, que assoberba o Poder Judiciário.

A Constituição Federal de 1988 apresenta alguns grandes traços característicos: é *analítica e detalhista,* no sentido de tratar, esmiuçadamente os assuntos mais díspares, que poderiam e deveriam ser deixados à legislação complementar ou mesmo ordinária; promove excessiva *constitucionalização* de muitos temas, chegando a tratar das condições para o ajuizamento de certas ações – *v.g.*, art. 129, III, e § 1.º; art. 5.º, LXXIII; amplia consideravelmente o espectro dos *direitos* – sobretudo os que se exercem em face do Estado – em detrimento dos *deveres*; prodigaliza o acesso à Justiça estatal, em modo aproximado de um *convite à litigância*, ao invés de estimular a busca por meios alternativos de solução dos conflitos, que, se bem ativados, muito contribuiriam para o desafogo da Justiça estatal e para o desenvolvimento da cidadania (não bastando a singela sinalização, programática, para a "solução pacífica dos conflitos" _ art. 4º, VII).

Assim é que o texto constitucional elenca nada menos de 78 itens sob a rubrica "direitos e garantias individuais" (incisos do art. 5.º), e ainda assim em *numerus apertus*, já que "não excluem outros decorrentes do regime e dos princípios por ela [a CF] adotados, ou dos tratados internacionais em que a República Federativa do Brasil seja parte" (§ 2.º daquele artigo); isso sem falar dos 34 direitos sociais (incisos do art. 7.º). Embora, doutrinariamente, prevaleça o entendimento de que as previsões constantes do texto constitucional são autoimpositivas, revestidas de exequibilidade plena (*self enforcing*), sabe-se que vários desses enunciados carecem de efetividade, ora porque o constituinte *dixit plus quam voluit* (como se deu durante certo tempo com o *mandado de injunção* - inciso LXXI do art. 5.º - , que durante certo tempo ficou um tanto esvaziado em face da exegese restritiva que de início lhe emprestara o STF: *v.g.*, MI 168-5-RS, rel. Min. Sepúlveda Pertence, *RDA* n. 181, p. 182-219), ora porque a concreção do quanto prometido no texto depende de providências de diversa ordem, como se passa com a "garantia" da "razoável duração do processo" (inciso LXXVIII do art. 5º), ou com o rol de bens e utilidades a que o trabalhador teria acesso com o salário mínimo (art. 7.º, IV).

Algo semelhante se passa com as liberdades públicas prodigalizadas no texto constitucional, colocando os cidadãos como credores e o Estado como obrigado a prestações diversas, atinentes a direitos fundamentais, a valores exponenciais, genericamente reportados ao *standard* fundamental da *existência digna*. Na verdade, valores e interesses transcendentais, como o direito ao trabalho, o salário justo, o acesso à informação, a educação de qualidade, o transporte público eficiente, a proba administração, não têm como ser garantidos "no papel", teoricamente, vale dizer, pela singela inserção no texto constitucional, por aí se incidindo no vezo da singela nomocracia.

A observação do que se passa na realidade da vida exibe um contexto muito discrepante das "garantias anunciadas": multidões não conseguem o primeiro emprego, e outros tantos não logram reentrar no mercado de trabalho; as remunerações ficam aquém das necessidades básicas dos trabalhadores; reiteram-se os casos de publicidade enganosa, lesivas aos consumidores de bens e serviços; a educação pública é deficiente; o transporte público é sucateado ou insuficiente, levando a que pessoas tentem adquirir veículos, assim superdimensionando a frota nacional, com externalidades negativas bastante conhecidas; nos três Poderes avolumam-se os casos de improbidade administrativa etc.; o *custo Brasil* cresce em proporção ao inchaço do serviço público, provocado por desmesurada admissão de pessoal, não raro em cargos de livre provimento.

Em suma, descura-se que os problemas de um país não se resolvem pela *nomocracia*, isto é, o vezo de responder a eles com (mais) normas; ao contrário, a *fúria legislativa* só faz agregar complexidade e tornar agudos os problemas que deveriam ser enfrentados com programas de ação e estratégias de governo bem estruturadas, realistas e efetivas: a *telocracia*.

Mutatis mutandis, algo semelhante vem se passando no Judiciário, onde a propalada "facilitação do acesso à Justiça" e o correlato gigantismo da máquina judiciária não conseguem acompanhar o acúmulo crescente dos processos, evidenciando o erro de diagnóstico: a solução não está em, singelamente, oferecer "mais Justiça" (centrada na dimensão quantitativa, no fetiche da *celeridade* e no pragmatismo das *decisões massivas*), e sim em preservar a *solução adjudicada estatal*, numa perspectiva residual ou subsidiária, para os casos efetivamente singulares, complexos ou tornados incompossíveis por outros meios e modos, os quais deveriam ser estimulados e divulgados; com isso se resolveriam as pendências em sua origem, seja pelo concurso dos próprios interessados, seja pela intercessão de facilitadores (mediadores, conciliadores, árbitros).

Dessa nova mentalidade adviria, como *externalidade positiva*, o *encaminhamento residual* das controvérsias à Justiça estatal, valorizando-a e poupando o tempo dos magistrados para o exame e resolução das crises jurídicas mais intrincadas. É dizer: o serviço estatal de distribuição de Justiça passaria a ser visto como *oferta residual*, ou como uma *cláusula de reserva*, e não como prestação primária (tais como a educação, a saúde, o transporte público, a infraestrutura, o saneamento básico); do contrário, a judicialização exacerbada arrisca, ao fim e ao cabo, converter o direito de ação em... *dever de ação*.

Esse *demandismo judiciário* é particularmente pernicioso em face dos Tribunais Superiores, que estão distantes da matéria de fato e também das partes, ficando jungidos às *quaestiones iuris*, as quais se apresentam em número crescente, especialmente no caso do STF, à vista da desmesurada *constitucionalização* dos temas jurídicos os mais diversos. Embora o STF se apresente, formalmente, como *guarda da Constituição* (CF, art. 102, *caput*), na prática, não raro, acaba atuando como terceira ou quarta instância, a ponto de o constituinte revisor ter positivado a repercussão geral da questão constitucional como pré-requisito genérico à admissão do recurso extraordinário (§ 3.º do art. 102: EC 45/2.004), elemento de contenção conceituado no art. 1.035 e § 1º do vigente CPC.

O tema das *liberdades públicas* em verdade se insere na rubrica mais ampla da *jurisdição constitucional*, que, para José Afonso da Silva, compreende "três setores básicos: a) *jurisdição constitucional da liberdade*, que compreende a atuação judiciária mediante provocação por um dos remédios consagrados nas constituições (*habeas corpus*, mandado de segurança e outros) para a tutela dos direitos fundamentais, direta ou indiretamente; b) *jurisdição constitucional orgânica*, destinada a solucionar os conflitos que se instauram entre os diversos órgãos do poder em relação com o alcance de suas competências e atribuições consubstanciadas nas normas constitucionais; c) finalmente, *jurisdição constitucional de caráter comunitário ou internacional*, destinada a solucionar conflitos derivados da aplicação das disposições internacionais e comunitárias incorporadas ao ordenamento interno, quando são afetadas por atos de autoridade ou disposições legislativas contrárias a essas normas de fontes externas".[48]

Ao longo de sua história o STF desempenhou *mais de uma função*, além da propriamente judicante: na CF de 1891, suas atribuições incluíam as de um *poder moderador*, prevenindo e compondo conflitos e tensões entre as instâncias da incipiente República, como se colhe à leitura do art. 59, inciso I e alíneas; na vigente CF, ao decidir as arguições de descumprimento de preceito fundamental (§ 1.º do art. 102), a Colenda Corte acaba exercendo uma sorte de *jus respondendi*, como deflui à leitura da Lei regulamentadora do instituto - 9.882/99, e o reconhece Georghio Alessandro Tomelin.[49]

Ainda sob a óptica da vigente Constituição, segundo Alexandre de Moraes, "as competências do STF relacionadas com os denominados remédios constitucionais, caracterizaram-no como um Tribunal de Defesa das Liberdades Públicas, na construção e aplicação de inúmeras teorias que acabam por conceder maior efetividade aos direitos e garantias fundamentais. Assim, o Supremo deve processar e julgar originariamente os casos em que os direitos fundamentais das mais altas autoridades da República estiverem sob ameaça ou concreta violação, ou quando estas autoridades estiverem violando os direitos fundamentais dos cidadãos (CF, art. 102, I, *d*, *i* e *q*)".[50]

Exemplo dessa atuação do STF se observa nos indiciamentos de cidadãos e de agentes públicos em ocorrências sindicadas por Comissões Parlamentares de Inquérito, ambiente político em que não raro, por conta das paixões

48 Tribunais constitucionais e Jurisdição constitucional. *Revista Brasileira de Estudos Políticos*, nºs 60-61, jan./jul. 1985, p. 500-501.

49 Argüição de descumprimento de preceito fundamental: instrumento para uma remodelada "interpretação autêntica" dos direitos fundamentais. In: GRAU, Eros Roberto e CUNHA Sérgio Sérvulo da (coords.). *Estudos de direito constitucional em homenagem a José Afonso da Silva*, São Paulo: Malheiros, 2003, p. 660, 678.

50 *Jurisdição constitucional e tribunais constitucionais*, São Paulo: Atlas, 2000, p. 257.

políticas e até de vinditas pessoais, direitos fundamentais vêm postergados ou afrontados nessas instâncias, levando a que inconformismos diversos afluam em número crescente ao STF, único ou último abrigo contra arbitrariedades prenunciadas ou consumadas. No ponto, comentam Nery & Nery: "O controle jurisdicional dos atos de Comissão Parlamentar de Inquérito (CPI), que envolvam ilegalidade ou ofensa a direito individual, compete, originariamente, ao STF, dado que o Pretório Excelso tem competência originária para julgar HC e MS contra ato das Mesas da Câmara dos Deputados e do Senado Federal (CF 102, I, *d* e *i*), pois a CPI procede como se fora a Câmara dos Deputados, o Senado Federal ou o Congresso Nacional (STF-RDA 199/205)".[51]

Outra relevante atribuição do STF tangencia, a um tempo, a presunção de *plenitude* da ordem jurídica e a afirmada eficácia plena (*self enforcing power*) dos preceitos constitucionais assecuratórios dos direitos e garantias individuais e liberdades públicas. Estas últimas, conquanto consintam certa fluidez conceitual, podem ser entendidas como situações de vantagem atribuídas aos indivíduos em face do Poder Público, ora tomando conotação *negativa* (quando o Estado *não* pode obstaculizar o seu exercício, como se dá na liberdade de expressão), ora acepção *positiva*, vertente mais prestigiada contemporaneamente, quando o Estado *deve* adotar condutas assertivas, idôneas a assegurar, *praticamente*, a fruição de certas liberdades, como explica Claude-Albert Colliard: "La liberté de réunion par exemple suppose qu'il y ait des services de police pour la garantir, et c'est dans la mesure où le risque apparaît de la difficulté à la garantir que l'autorité de police sera amnenée, sous le contrôle du juge, à ne pas permettre l'usage de cette liberté".[52]

Pode dar-se que as utilidades e situações de vantagem prometidas pelo ordenamento aos indivíduos nas suas relações com o Estado ou com a Autoridade não tenham como se realizar na prática, seja por mora legislativa ou regulamentar, assim gerando uma situação de *aporia* ou de vacuidade, senão já de perplexidade, por ser inconcebível que o texto constitucional assegure direitos daquele porte, que, todavia, não têm como ser usufruídos por seus titulares, reduzindo-se a singelas *normas programáticas*. Para resolver tais situações, o constituinte de 1988 erigiu o STF como a instância originariamente competente para processar e julgar "mandado de injunção sempre que a falta de norma regulamentadora torne inviável o exercício dos direitos e liberdades constitucionais e das prerrogativas inerentes à nacionalidade, à soberania e à cidadania" (CF, art. 5.º, LXXI), desde que a legitimação passiva remeta às

51 *Constituição Federal comentada e legislação constitucional*, 3ª ed., 2012, cit., p. 614.

52 *Libertés publiques*, 6ª ed., Paris: Dalloz, 1982, p. 26.

Autoridades Federais de primeiro escalão, nos três Poderes, enunciadas no art. 102, I, *q*, da CF. A Lei 13.300/2.016 regulamenta o mandado de injunção, inclusive em sua modalidade coletiva.

Conforme antes acenado, houve um *leading case* na matéria (MI 107-3-DF, rel. Min. Moreira Alves, *DJU* 21.09.1990, p. 9.782) no qual o STF estabeleceu que a declaração da omissão constitucional limita-se a "que se dê ciência ao omisso dessa declaração, para que se adotem as providências necessárias à semelhança do que ocorre com a ação direta de inconstitucionalidade por omissão (art. 103, § 2.º)". Depois, essa exegese rigorosa foi gradualmente se abrandando, como se colhe deste acórdão: "Mora legislativa na edição da lei necessária ao gozo do direito à reparação econômica contra a União, outorgado pelo art. 8º, § 3.º, ADCT: deferimento parcial, com estabelecimento de prazo para purgação da mora, e, caso subsista a lacuna, facultando o titular do direito obstado a obter, em juízo, contra a União, sentença líquida de indenização por perdas e danos" (RDA 185/204, MI 283, rel. Min. Sepúlveda Pertence).

O mandado de injunção na modalidade coletiva, antes mencionada, fora antes excogitado em certa versão do *Anteprojeto de Código Brasileiro de Processos Coletivos*, nos moldes do art. 50: "A sentença que conceder o mandado de injunção coletivo formulará, com base na equidade, a norma regulamentadora e, no mesmo julgamento, a aplicará ao caso concreto, determinando as obrigações a serem cumpridas pelo legitimado passivo para o efetivo exercício das liberdades e prerrogativas constitucionais dos integrantes do grupo, categoria ou classe. Parágrafo único. Na sentença, o juiz poderá fixar multa diária ao réu caso haja descumprimento da ordem judicial, independentemente do pedido do autor".[53]

A Lei 13.300/2.016, como antes dito, veio regulamentar o mandado de injunção coletivo, podendo ser destacado o art. 13, caput, dispondo que "a sentença fará coisa julgada limitadamente às pessoas integrantes da coletividade, do grupo, da classe ou da categoria substituídos pelo impetrante, sem prejuízo do disposto nos §§ 1º e 2º do art. 9º" (isto é, sem prejuízo de que, mesmo no mandado de injunção individual seus efeitos possam vir a se expandir ultra partes ou mesmo erga omnes, "quando isto for inerente ou indispensável ao exercício do direito, da liberdade ou da prerrogativa objeto da impetração", certo ainda que, uma vez transitada em julgado a decisão no

53 *Rumo a um Código Brasileiro de Processos Coletivos: documentos básicos para análise e discussão*, coord. Carlos Alberto de Salles, São Paulo: Revista dos Tribunais, 2005, p. 20.

mandado individual, "seus efeitos poderão ser estendidos aos casos análogos por decisão monocrática do relator".

Deve-se ainda registrar que outros direitos fundamentais vêm atribuídos tanto ao STF como ao STJ, explicando-se essa divisão ora em função de singularidades da espécie, ora em função do *status* dos agentes públicos envolvidos, considerando-se a organização hierárquica em que se inserem (competência *ratione muneris*). Assim, (*i*) o direito de ir, vir e permanecer, tutelável via *habeas corpus*, de que conhecem originariamente aquelas Cortes superiores quando o coator ou paciente for uma das altas Autoridades Federais mencionadas no art. 102, I, *b*, *c*, *d* e *i*; ou no art. 105, I, *a* e *c*, da CF; (*ii*) o direito subjetivo público à informação quanto aos dados dos cidadãos, inclusive para retificá-los, via *habeas data*, quando "constantes de registros ou bancos de dados de entidades governamentais ou de caráter público" (CF, art. 5.º, LXXII, *a* e *b*, c/c art. 105, I, *b*, e art. 102, II, *a*; Lei 9.507/97, art. 20, incisos e alíneas); (*iii*) os direitos individuais e coletivos, líquidos e certos, ameaçados ou afrontados por atos ilegais ou arbitrários de Autoridade, tuteláveis via mandado de segurança, nas modalidades individual ou coletiva (CF, art. 5.º, LXIX e LXX; art. 102, II, *a*; 105, II, *b; Lei 12.016/2.009, vindo o mandado de segurança coletivo regulado nos arts. 21 e 22 desta Lei*).

4. A PREVENÇÃO/RESOLUÇÃO DAS TENSÕES INTERNAS DA FEDERAÇÃO.

A palavra *federal* qualifica a expressão "Supremo Tribunal" num sentido deveras singular, diverso do que se poderia intuir numa primeira leitura. É que a Justiça brasileira é *unitária* e nossa jurisdição é *nacional*, de sorte que os qualificativos *estadual* e *federal* concernem antes à estrutura e organização judiciária, reportadas, respectivamente, à União e aos Estados, e não a *tipos de Justiça*. É por isso que o STJ, sem embargo de estar à cumeeira da "Justiça Federal", na verdade é um *Tribunal da Federação*, porque, na sua competência recursal, conhece de recursos especiais tirados de acórdãos tanto da Justiça Federal, comum, como daquela dos Estados, à condição de que esteja prequestionado um tema federal (CF, art. 105, III e alíneas). Em modo análogo, o STF é o outro *Tribunal da Federação*, porque a sua competência recursal lhe permite conhecer de recursos extraordinários tirados de acórdãos provindos dos diversos ramos da Justiça Brasileira (até mesmo de decisões dos Colégios Recursais e Turmas de Uniformização nos Juizados Especiais: Súmula 640 – e mesmo de recursos extraordinários interpostos de acórdãos do STJ), à condição de estar prequestionada uma questão constitucional, e de se tratar de causa decidida, a par da exigência de que a questão constitucional se revista de *repercussão geral* (CF, art. 102, III e § 3º; CPC, art. 1.035 e § 1º).

Portanto, para além de atuar o STF como *guarda da Constituição* (CF, art. 102, *caput*, expressão que sugere uma *Corte Constitucional*, nos moldes das existentes em países europeus), nossa Colenda Corte é um Tribunal *nacional, de superposição*, sobranceiro a toda nossa *Justiça*, em sentido largo. Sem embargo, obtempera José Afonso da Silva *não ser fácil* "conciliar uma função típica de guarda dos valores constitucionais (pois guardar a forma ou apenas tecnicamente é falsear a realidade constitucional) com sua função de julgar, mediante recurso extraordinário, as causas decididas em única ou última instância (base do critério de controle difuso), quando ocorrer uma das questões constitucionais enumeradas nas alíneas do inc. III do art. 102, que o mantém como Tribunal de julgamento do caso concreto que sempre conduz à preferência pela decisão da lide, e não pelos valores da Constituição, como nossa história comprova".[54] Nesse sentido, dispõe a súmula STF 456: "O Supremo Tribunal Federal, conhecendo do recurso extraordinário, julgará a causa aplicando o direito à espécie", assertiva reproduzida, no essencial, no art. 1.034, caput, do vigente CPC, com alusão também ao STJ.

Sobrecarregado de múltiplas funções, o STF recebe uma pletora de processos que vai além de sua capacidade instalada e do empenho de seus onze Ministros, registrando a pesquisa nominada Supremo em Números, veiculada em 2.018, ano-base 2.017, que em 2.016 ingressaram na Corte 89.959 processos, dos quais "83,25% foram Recursos Extraordinários, o que dá a dimensão da carga de trabalho empregada para análise da admissibilidade de tais recursos e, por consequência, sua filtragem pelo mecanismo da repercussão geral". [55]

Todo esse meritório esforço, contudo, *não elimina nem desfoca o fulcro do problema*, que é o da *crise numérica de processos em termos absolutos*, atingindo cifras muito acima da capacidade de uma Corte Superior, de amplitude nacional. O expediente que se vem adotando para o enfrentamento do problema, mormente o julgamento *em bloco* ou por amostragem de recursos extraordinários repetitivos,[56] – engendra o risco da inserção, na extensa lista de processos agrupados, de alguns porventura estranhos ao *thema decidendum*, sem falar que *julgamentos massivos* não se coadunam com o perfil e a finalidade de um Tribunal de cúpula na organização judiciária nacional.

---

54 *Curso de direito constitucional positivo*, 19ª ed., São Paulo: Malheiros, 2001, p. 558.

55 Sítio www.cnj.jus.br, acesso em 15.10.2.018, p. 75 do documento impresso.

56 CPC vigente, arts. 1.036-1.041.

A resposta judiciária massiva, sobre não se coadunar com o que se espera da Justiça estatal, implica no risco de se ofertar decisões pouco maturadas e/ ou não bastante fundamentadas, podendo engendrar o risco da "substituição" de uma crise por outra: a *de quantidade trocada pela de qualidade*. No ponto, assevera Bruno Dantas Nascimento: "(...) é opinião comum entre estudiosos e operadores do Direito que o STJ e, em menor medida o STF não vêm dedicando à seleção do recurso-piloto, representativo da controvérsia jurídica, a atenção que a nova técnica exige para ser aplicada com correção e legitimidade".[57] Aliás, segundo gráfico divulgado pelo STF o exame preliminar da repercussão geral registrava um desempenho oscilante: foram examinados 114 processos em 2.008, 83 em 2.009, 111 em 2.010, 153 em 2011, 92 em 2012, 79 em 2013, 106 em 2014, 91 em 2015, 65 em 2016, 62 em 2017, 47 em 2018 e 52 em 2019. [58]

O Supremo Tribunal Federal compõe – em modo sobranceiro – os quadros do Judiciário nacional (CF, art. 92, I), configuração que lhe permite exercer a *jurisdição*, tanto na competência originária como na recursal, esta última bifurcada em ordinária e extraordinária (CF, art. 102, II e III). Mas, enquanto *guarda da Constituição*, seu papel vai além disso, cabendo-lhe ainda interceder nos conflitos que contrapõem e polarizam órgãos e autoridades, ao largo e ao longo do território nacional. Quando esses dissensos ocorrem entre órgãos judiciais, sobre matéria jurisdicional, dizem-se *conflitos de competência* (por vezes, erradamente, chamados *conflitos de jurisdição*, residindo a atecnia nisso que a jurisdição é *una, nacional, e imanente à investidura no cargo de magistrado*, não se podendo conceber divisões no que é substancialmente íntegro). (Diversamente se passa com o conflito de atribuição, envolvendo autoridade judiciária e administrativa – CPC, art. 959; CF, art. 105, I, g).

Já a *competência*, justamente por derivar da *distribuição de massas de processos aos órgãos judiciais*, por critérios diversos (*ratione loci, materiae, personae, muneris*, etc.) é que pode gerar dissenso, tanto *positivo* (mais de um juiz ou Tribunal receptivos a um dado processo) como *negativo* (juiz ou Tribunal refratários a um dado processo). Entre nós, vários fatores concorrem para a complexidade das questões atinentes à competência, tais como a inexistência do Contencioso Administrativo, que poderia recepcionar os conflitos entre os jurisdicionados e o próprio Estado; a expressiva população,

57 "Tutela recursal plurindividual no Brasil – formulação, natureza, regime jurídico, efeitos", tese de doutorado cit., PUC – São Paulo, 2013, p. 122.

58 Fonte: http: [www.stf.jus.br/portal/cms/verTexto.asp?servico=jurisprudenciaRepercussaoGeral&pagina=numeroRepercussao]. Acesso em: 13.12.2019.

dispersa por um país de extensão continental; a extensão do Direito Positivo, abrangendo vários ramos de Direito Privado e de Direito Público, a par de subdivisões, remetendo a foros diversos da Justiça Federal e Estadual; a cultura judiciarista, pouco afeita a outros modos, auto e heterocompositivos de solução de conflitos, etc.

O conflito de competência é matéria multipositivada no ordenamento brasileiro, sendo, no caso do STF, prevista ou regulada: (*i*) na Constituição Federal, que lhe comete dirimir o conflito entre o STJ "e quaisquer tribunais, entre Tribunais Superiores, ou entre estes e qualquer outro tribunal" (art. 102, I, *o*); (*ii*) no CPC, com a possibilidade de decisão monocrática do Relator no conflito de competência, em havendo súmula do STF ou do STJ ou ainda do próprio tribunal na matéria (art. 955, § único, I); (*iii*) no RISTF, onde a matéria vem disciplinada nos arts. 163 a 168 e no RISTJ, arts. 193-198.

O conflito de competência não se confunde com o *de atribuição*, residindo o discrímen nisso que aquele primeiro imbrica órgãos judiciais entre si, sobre matéria jurisdicional, enquanto o de *atribuição* contrapõe órgão judicial e administrativo acerca de matéria *não jurisdicional* (por exemplo: Vara de Execuções Penais e Conselho Penitenciário, dissentindo sobre o espaço físico das celas de um dado presídio, em face do número de detentos; Vara de Infância e Juventude e Conselho Tutelar, acerca da regulamentação de visitas nos estabelecimentos especializados; Vara Federal de cidade litorânea e Inspetoria da Alfândega, acerca da *quarentena* de produtos importados e depositados no porto. Na lição de José Cretella Júnior, tal conflito "é a luta de competência administrativa entre agentes ou órgãos que entendem ser, simultaneamente, aptos para o conhecimento e solução de determinado assunto, afastada, desde logo, qualquer ideia de jurisdição".[59]

Sobre o conflito de atribuição dispõe o vigente CPC, art. 959: "O regimento interno do tribunal regulará o processo e o julgamento do conflito de atribuições entre autoridade judiciária e autoridade administrativa".

Compreende-se que assim seja porque, se a *vexata quaestio* for de natureza jurisdicional (*v.g.*, reabertura de estabelecimento comercial em virtude de liminar em mandado de segurança), a rigor não se pode falar em *impasse* entre Juízo e Administração Pública, porque, tirante a hipótese de evidente abuso de autoridade, em regra as ordens judiciais são cogentes e impositivas, donde a resistência a elas configurar o delito do art. 330 do CP. O *conflito de*

59 Do conflito de atribuição no direito brasileiro. In: WALD, Arnold (coord.). *O direito na década de 80 – Estudos jurídicos em homenagem a Hely Lopes Meirelles*, São Paulo: Revista dos Tribunais, 1985, p. 80.

atribuição já esteve inserido na competência originária do STF (EC 01/69, art. 119, I, *f*), mas, com o advento da CF de 1988, veio repassado ao STJ – art. 105, I, *g*.

Como antes dito, o conflito m causa não pode ser "de jurisdição" (como, erradamente, diz o art. 113 do CPP), dada a impossibilidade de divisão entre o que é substancialmente *uno*, cabendo antes falar-se em conflito de competência, porque esta, dizia Athos Gusmão Carneiro, ainda ao tempo do CPC/73, reportando-se à melhor doutrina (Aristides Manassero, José Frederico Marques), os juízes "a exercem *numa certa medida*, dentro de *certos limites*. São, pois, '*competentes*' somente para processar e julgar determinadas causas. A '*competência*' assim, é a 'medida da jurisdição' ou, ainda, é a jurisdição na medida em que pode e deve ser exercida pelo juiz". Daí prossegue adiante, o conflito de competência pode dar-se "quando dois ou mais *juízes* (a expressão 'juízes' empregada no CPC, art. 115, compreende tanto os juízes de primeiro grau como os juízes colegiados de segundo grau) se *declaram competentes* para conhecer de determinada causa – conflito *positivo* de competência –, ou quando se consideram *incompetentes* para conhecer da causa – conflito *negativo de competência*".[60]

Houve época, impregnada pelo autoritarismo, em que se atribuiu ao STF uma *avocatória*, pela qual podia a Corte processar e julgar originariamente "as causas processadas perante quaisquer juízos ou Tribunais, cuja avocação deferir, a pedido do Procurador-Geral da República, quando decorrer imediato perigo de grave lesão à ordem, à saúde, à segurança, ou às finanças públicas, para que se suspendam os efeitos de decisão proferida e para que o conhecimento integral da lide lhe seja devolvido" (EC 01/69, art. 119, I, *o*) – salvo se já houvesse trânsito em julgado ou se coubesse recurso com efeito suspensivo (RISTF, § único do art. 252).

Tal registro hoje é de interesse apenas histórico, porque a vigente CF de 1988 não recepcionou o instituto da avocatória. Sem embargo, vale salientar que, por *outras vias*, compatíveis com o atual desenho constitucional, continua o STF a intervir, em maior ou menor intensidade, em causas em que se registre querela constitucional: (*i*) por ação constitucional sumária ou por arguição incidental em causa pendente pode o STF conhecer de alegação de descumprimento de preceito fundamental da CF (CF, § 1.º do art. 102; Lei 9.882/99, arts. 1.º e § único), com vistas a "evitar ou reparar lesão a preceito fundamental, resultante de ato do Poder Público", sendo que a liminar "poderá consistir na determinação de que juízes e tribunais suspendam o andamento

60 *Jurisdição e competência*, 10ª ed., São Paulo: Saraiva, 2000, p. 53, 175.

de processo ou os efeitos de decisões judiciais, ou de qualquer outra medida que apresente relação com a matéria objeto da arguição de descumprimento de preceito fundamental, salvo se decorrentes da coisa julgada" (Lei 9.882/99, § 3º do art. 5º);[61] (*ii*) nas cautelares inominadas, ações popular e civil pública e, em geral, nas ações movidas contra o Poder Público ou seus agentes, pode o Presidente de qualquer Tribunal a quem caiba conhecer do recurso porventura cabível "suspender, em despacho fundamentado, a execução da liminar" (...) "a requerimento do Ministério Público ou da pessoa jurídica de direito público interessada, em caso de manifesto interesse público ou de flagrante ilegitimidade, e para evitar grave lesão à ordem, à saúde, à segurança e à economia públicas" (Lei 8.437/92, art. 4.º e § 1.º); (*iii*) no mandado de segurança originário (CF, art. 102, I, *d*), em sendo "relevante o fundamento e do ato impugnado puder resultar a ineficácia da medida, caso deferida, o Relator determinar-lhe-á a *suspensão*, salvo nos casos vedados em lei" (RISTF, § 1.º do art. 203).

O STF desempenha ainda importante papel para a mantença da coesão interna e da harmonia dos entes políticos – União, Estados, Municípios e Distrito Federal – nos conflitos entre eles e ainda em face de suas entidades de administração indireta, fazendo-o através da competência originária estabelecida na alínea *f* do art. 102, I, da CF, a saber, quando o dissenso seja de molde a pôr em risco a unidade nacional, o pacto federativo, a paz social e a ordem pública. Nery & Nery anotam que tal competência originária do STF lhe permite "julgar litígio entre Estados da federação, que contendem sobre limites e fronteiras entre eles. O Estado do Mato Grosso pede ao STF que declare pertencer a ele parte do território do Pará, incorporado a esse Estado indevidamente em 1922 (STF, ACO 714, rel. Min. Marco Aurélio, v.u., *DJU* 20.05.2004)".[62]

A intervenção da Colenda Corte nesse tipo de controvérsia é conotada por absoluta excepcionalidade, inclusive em homenagem à separação entre

---

61 Para Nery & Nery, na modalidade *direta* a *ADPF* "possui também caráter interpretativo, funcionando de forma parecida com a que ocorria no sistema constitucional revogado (CF/69 119 I *l* – ação direta interpretativa, na redação dada pela EC 7, de 13.4.1977)"; já na modalidade *incidental* é uma "verdadeira prejudicial de inconstitucionalidade, porquanto a Corte Constitucional (STF), quando 'for relevante o fundamento da controvérsia constitucional', poderá ser chamada a pronunciar-se a respeito da matéria, em decisão de caráter geral, com eficácia contra todos (*erga omnes*) e vinculante aos demais órgãos do Poder Público (LADPF 10 § 3.º)" (*Constituição Federal...*, 3ª ed., 2012, cit., notas 3 e 10 ao art. 1.º da Lei 9.882/99, p. 1179).

62 *Código de Processo Civil...*, 8. ed., cit., 2004. p. 249.

os Poderes, ficando limitada a casos extremos, em que realmente se delineie a inviabilidade de solução consensual, com risco para a estabilidade das instituições e para o contexto jurídico-político do país; esse o grave ambiente que pode justificar a intercessão do mais alto Tribunal da Federação. Luís Roberto Barroso colaciona jurisprudência do STF evidenciando essa configuração: "Risco para a Federação. Excepcionalidade da regra: A jurisprudência do Supremo Tribunal Federal, na definição do alcance da regra do art. 102, I, *f*, tem enfatizado o seu caráter de absoluta excepcionalidade, restringindo a sua incidência às hipóteses de litígio cuja potencialidade ofensiva revela-se apta a vulnerar os valores que informam o princípio fundamental que rege, em nosso ordenamento jurídico, o pacto da Federação (STF, RT 152/336)". "Causas de conteúdo estritamente patrimonial, fundadas em títulos executivos extrajudiciais, sem qualquer substrato político, não justificam se instaure a competência do Supremo Tribunal Federal prevista no art. 102, I, *f*, da Constituição, ainda que nelas figurem, como sujeitos da relação litigiosa, uma pessoa estatal e um ente dotado de paraestatalidade" (STF, RTJ 152/366, ACOr 359-SP, rel. Min. Celso de Mello)".[63]

Um *Tribunal da Federação*, por sua posição sobranceira em face dos outros dois Poderes, cujos atos e condutas são sindicáveis judicialmente, não pode limitar-se a uma atuação apenas e estritamente centrada na *crise jurídica*, e por isso, não raro, suas intervenções aparecem tisnadas de alguma conotação *política*, no sentido próprio do termo. Tal já ocorria antes, ao tempo da *arguição de relevância* (que incluía os "aspectos morais, econômicos, políticos ou sociais da causa" – RISTF, primitiva redação do § 1.º do art. 327), e agora torna à atualidade, sob as vestes da "repercussão geral da questão constitucional", na admissibilidade do recurso extraordinário, explicitando o § 1.º do art. 1.035 do vigente CPC que por esse viés a Corte aferirá "a existência ou não, de questões relevantes do ponto de vista econômico, político, social ou jurídico que ultrapassem os interesses subjetivos do processo". José Manoel de Arruda Alvim Netto não hesita em afirmar que o "reconhecimento da repercussão social não é ato de julgamento (...) senão que é ato de avaliação política, prévio à possibilidade de admissão do recurso extraordinário".[64]

Por conta dessa postura *jurídico-política*, pode ocorrer que o STF, instado a pronunciar-se sobre questão de que dependa a continuidade de em-

63 *Constituição da República Federativa do Brasil comentada*, 4ª ed., São Paulo: Saraiva, 2003, p. 533.

64 A EC 45 e o instituto da repercussão geral. In: WAMBIER, Teresa Arruda Alvim *et al.* (coord.). *Reforma do Judiciário*... cit., 2005, p. 74-75.

preendimento governamental de grande porte, revele preocupação em não impor obstáculo, como, *v.g.*, num caso envolvendo política pública de recursos hídricos, como parece ter ocorrido por ocasião da judicialização do mega-empreendimento governamental envolvendo a *transposição das águas do Rio São Francisco.*

Sobre tal episódio nos manifestamos em outra sede, a propósito do incidente processual suscitado em ação civil pública envolvendo a citada obra (Proc. 2.005.38.00.002238-0, 12.ª Vara Federal de Belo Horizonte), tendo sido concedida liminar, nesse primeiro grau. A D. Presidência do STF, atendendo reclamação apresentada pela AGU, invocando o art. 102, I, *f*, da CF, entendeu "configurada a usurpação de competência do STF, por se cuidar de questão envolvendo política governamental, transcendente ao interesse de um Estado, tendo assim cassado a liminar até o julgamento do mérito da reclamação". No referido estudo, ponderamos que "(...) a citada norma tem como endereço casos extremos, de exacerbada litigiosidade entre os entes políticos, e em tal intensidade que implique em pôr em risco a harmonia entre os Estados e a própria coesão interna da estrutura jurídico-política do país. (...) A se entender de outro modo, ou seja, a se dar excessivo elastério à expressão *conflito entre Estados*, correr-se-ia o risco de prodigalizar a intervenção incidente (que devera ser) pontual e excepcional do STF nas causas pendentes nos demais órgãos judiciais do país, ficando assim o incidente previsto na citada alínea *f* do art. 102, I, da CF assimilado a uma sorte de *avocatória branca*, que alcançaria até mesmo casos não raro ocorrentes, como aqueles em que se verificam exigências tributárias em duplicidade, exercidas por dois Estados sobre um mesmo fato gerador, ou ainda, conflitos acerca de obra pública em região fronteiriça (ponte, viaduto), cujas extremidades se encontrem em Estados diversos. (...) A prosperar a interpretação extensiva do contido na alínea *f* do art. 102, I, da CF, incorre-se em dois indesejados efeitos colaterais: (*i*) abre-se precedente *contra* a efetiva garantia de acesso à Justiça (CF, art. 5.º, XXXV), já que então, ações de finalidade coletiva poderão, sob aquele argumento, vir a ser abortadas ainda na fase postulatória, já que a assunção do *thema decidendum* pelo STF, ainda que em cognição parcial e não exauriente, operará em certa medida um efeito similar ao de uma *prejudicialidade externa*, assim condicionando em boa parcela o resultado final da lide; (*ii*) maltrata-se o princípio do *juiz natural* (CF, art. 5.º, LIII), que, na leitura de Nery & Nery, vem a ser aquele '*preconstituído* pela lei, isto é, constituído primeiro do que o fato a ser julgado'. No caso enfocado (*rio que é bem da União, por ser interestadual; dano de caráter regional; demanda dirigida em face de entes públicos federais*), o foro *naturalmente competente* vem a ser o de primeiro grau, seção judiciária da

Justiça Federal na Capital dos Estados (Lei 7.347/85, art. 2.º, c/c Lei 8.078/90, arts. 93, II e 117), podendo o *thema decidendum* ser, oportunamente, alçado às instâncias superiores, pela *via normal*, isto é, a recursal".[65]

Um papel importante que o STF desempenha na prevenção/resolução de focos de tensão entre os entes políticos ou entre as Autoridades constituídas é propiciado pela *arguição de descumprimento de preceito fundamental decorrente da Constituição* (§ 1.º do art. 102), justamente porque esse instituto abre à Colenda Corte oportunidade de operar uma sorte de *ius respondendi* acerca de uma querela prenunciada ou mesmo já instaurada, numa ação em curso em qualquer instância judicial. Com efeito, por vezes se instaura uma *zona de penumbra* acerca dos direitos previstos na Carta Magna (*penumbral rights*), tornando necessária e adequada a interferência do *guarda da Constituição*, seja para aclarar a extensão-compreensão de um dado dispositivo, seja para autorizar a sua aplicação à hipótese porventura não explicitamente subsumida. Não por acaso, o § 2.º do art. 5.º da CF diz que os direitos e garantias nela previstos "não excluem outros *decorrentes* do regime e dos princípios por ela adotados, ou dos tratados internacionais (...)", o que se completa com o disposto no § 1.º do art. 102, dizendo que o STF *apreciará* a ADPF (não que a *julgará*): aliás, tal arguição não está arrolada nos casos de competência originária, em que o STF processa e *julga* – alíneas do inciso I do art. 102.

Essa exegese é reforçada pela lei regulamentadora da ADPF – nº 9.882/99 – ao esclarecer que tal arguição "terá por objeto evitar ou reparar lesão a preceito fundamental, resultante de ato do Poder Público", sendo ainda cabível "quando for relevante o fundamento da controvérsia constitucional sobre lei ou ato normativo federal, estadual ou municipal, incluídos os anteriores à Constituição" (art. 1º, § único, I). Analisa, a propósito, Georghio Alessandro Tomelin: "Pela ADPF se está a atribuir ao Supremo Tribunal Federal a função de traçar os limites dos direitos fundamentais decorrentes da Constituição, os quais servirão como limite negativo das políticas públicas. Interpretação diversa tornaria letra morta os dispositivos inseridos no § 2.º do art. 5.º e no § 1.º da Constituição Federal".[66]

---

65 Reflexos do licenciamento na competência da ação civil pública, intervenção apresentada no 9.º Congresso Internacional de Direito Ambiental, 10.º Congresso Brasileiro de Direito Ambiental, São Paulo, 31.05 a 03.06.2005, publicado em *Paisagem, Natureza e Direito*, vol. I, org. Antonio Hermann Benjamin, ed. Imprensa Oficial do Estado (SP), 2005, p. 378-380, *passim*.

66 Argüição de descumprimento de preceito fundamental: instrumento para uma remodelada "interpretação autêntica" dos direitos fundamentais. In: GRAU, Eros Roberto

Outro importante papel do STF na prevenção/resolução de focos de tensão ao interno dos órgãos da Administração Pública e também destes em face das pessoas físicas e jurídicas que com ela se relacionam é desempenhado pela *súmula vinculante*, na medida em que tais enunciados obrigam assim os órgãos judiciais como a Administração Pública: as decisões judiciais e os atos administrativos que, equivocada ou imotivadamente, recusem incidência a tais enunciados ou os apliquem indevidamente, tornam-se, respectivamente, passíveis de cassação ou anulação (CF, § 3.º do art. 103-A: EC 45/2004), valendo observar que o art. 992 do CPC prevê que o acolhimento da reclamação pode ainda resultar na determinação de "medida adequada à solução da controvérsia".

As súmulas vinculantes preordenam-se a exercer importante papel de prevenção e pacificação dos conflitos surgidos no trato com o Poder Público, na medida em que os administrados podem desde logo saber como deverá se pautar a Autoridade, nos processos cujo objeto se insira no raio de incidência de um daqueles enunciados, evitando que os dissensos se prolonguem ou se convertam em lides judiciais. Assim é que o § 3.º do art. 56 da Lei 9.784/99, sobre o processo administrativo federal, dispõe: "Se o recorrente alegar que a decisão administrativa contraria enunciado da súmula vinculante, caberá à autoridade prolatora da decisão impugnada, senão a reconsiderar, explicitar, antes de encaminhar o recurso à autoridade superior, as razões da aplicabilidade ou inaplicabilidade da súmula, conforme o caso" (parágrafo acrescido pela Lei 11.417/2.006).

A propósito, já escrevemos: "Tirante o *ato privado puro*, estabelecido entre duas ou mais partes capazes, para consecução de certo negócio envolvendo interesse disponível, no mais, e de ordinário, as pessoas físicas e jurídicas, de direito privado e público, relacionam-se com os Poderes constituídos, formulando pretensões ou resistências junto às instâncias administrativa e judicial; assim, de modo *indireto ou reflexo*, cidadãos e empresas privadas e públicas colocam-se sob a irradiação dos efeitos das súmulas vinculantes".[67]

5. O RECURSO EXTRAORDINÁRIO E SUA TRÍPLICE FINALIDADE.

Proclamada a República em 1889, a estrutura judiciária da incipiente Federação brasileira contava até então com as Justiças dos Estados, as quais, todavia, aplicavam (também) o direito federal, este tradicionalmente mais

---

e CUNHA, Sérgio Sérvulo da (coords.). *Estudos de Direito Constitucional em homenagem a José Afonso da Silva*, São Paulo: Malheiros, 2003, p. 685.

67 Cf. o nosso *Divergência jurisprudencial e súmula vinculante*, 6. ed., Salvador: JusPodivm, 2.018, p. 470.

volumoso do que o local, característica que se manteria até nossos dias, como se colhe à simples leitura da vasta competência legislativa da União: CF vigente, art. 22, I. (Essa, de resto, uma das mais relevantes diferenças entre o nosso arcabouço legislativo e o norte-americano, o que explica em boa medida a sobrecarga de trabalho do STF em comparação com o que se passa na *U.S. Supreme Court*; nesse sentido, fala Leda Boechat Rodrigues que o Congresso norte-americano está "impedido de legislar em caráter nacional numa enorme esfera de assuntos, cada Estado com o seu próprio direito substantivo, constituído da *common law* e da *equity* locais e das leis emanadas dos legislativos estaduais, cada um diferente dos outros (...)").[68]

Dada a virtualidade de um mesmo texto federal ser interpretado e aplicado em cada um dos Estados, logo se tornou palpável o risco de exegeses diversas e até contraditórias, o que, de um lado, não se compadecia com o tratamento isonômico devido aos jurisdicionados e, de outro lado, laborava contra a coesão interna da República Federativa, fortemente fincada no Poder central. Dado tal contexto, compreende-se que, ainda antes da primeira Constituição Republicana (1891), tenha sido editado o Dec. 848, de 1890, que organizou a Justiça federal e criou o Supremo Tribunal Federal. A este competia, dentre outras atribuições, julgar um recurso – então inominado – cabível "das sentenças das justiças dos Estados em última instância" (...) *a)* quando se questionar sobre a validade ou a applicação de tratados e leis federaes, e a decisão do tribunal do Estado fôr contra ella; *b)* quando se contestar a validade de leis ou de actos dos governos dos estados em face da Constituição, ou das leis federaes, e a decisão do tribunal do Estado considerar validos esses actos, ou essas leis impugnadas" (CF de 1891, § 1.º e alíneas do art. 59). Em seu primeiro Regimento Interno viria então nominado o citado apelo, como "recurso extraordinário", denominação depois repetida no art. 24 da Lei 221, de 20.11.1894 e nos arts. 678, *d*, e 744 do Dec. 3.084, de 05.11.1898, parte III.

Notoriamente inspirado no *writ of error*, que deflagrava o acesso à Suprema Corte norte-americana, o nosso recurso extraordinário teve o respaldo de juristas como Lúcio Mendonça, Epitácio Pessoa, Pedro Lessa. A propósito, explicava Alfredo Buzaid que o apelo extremo atendia, "de um lado, à índole do regime federativo, que autorizava a dualidade legislativa, emanada respectivamente da União e dos Estados e, de outro lado, à dualidade de justiças, uma federal e outra estadual; reconhecida a soberania da União e a obrigatoriedade das leis federais em todo o território da República, fôrça era colocá-las sob a

---

68 A Corte Suprema dos Estados Unidos – sua jurisdição e o atual Regimento Interno. *Revista Forense*, vol. 159, maio/jun. 1955, p. 23.

proteção de um Tribunal Federal que lhes reconhecesse a supremacia quando desconhecida ou negada a sua validade e aplicação pelas Magistraturas dos Estados. Se o Congresso Constituinte não tivesse incluído entre as atribuições do Supremo o poder de anular tais sentenças, cada Estado se arvoraria em unidade soberana na aplicação do direito e poderiam surgir tantas maneiras de dizer a lei quantas fôssem as justiças locais".[69]

O recurso extraordinário era inicialmente cabível naquelas duas hipóteses antes anotadas, depois ampliadas para quatro, na reforma constitucional de 1926, uma delas concernente à divergência de interpretação da lei federal pelos Tribunais locais; nova ampliação, esta de curta duração, adveio com o art. 1.º do Dec. 23.055, de 09.08.1933, prevendo um recurso extraordinário *de ofício*, interponível pelo Presidente do Tribunal local ou da Câmara julgadora. Também de breve curso foi a ampliação advinda com o art. 76, parágrafo único da CF de 1934, autorizando tal recurso pelo Presidente do Tribunal local ou pelo Ministério Público, fundado em divergência de interpretação da lei federal entre as Justiças estaduais, ou entre algumas delas e o STF ou outro tribunal federal.

Mantido basicamente esse modelo até a CF de 1988, art. 102, III, eis que a EC 45/2004 viria a repassar, do STJ (antiga alínea *b* do art. 105, III) para o STF, a competência para julgar o recurso extraordinário tirado de acórdão que "julgar válida lei local contestada em face de lei federal" (alínea *d*, acrescida ao art. 102, III). Justifica-se a alteração nisso que, subjacente à discussão sobre o acerto ou não do acórdão recorrido que priorizou a lei local em detrimento da normação federal, encontra-se aninhada uma *questão constitucional atinente à distribuição da competência legislativa*. José Miguel Garcia Medina denomina essa hipótese de *questão constitucional complexa indireta*, ocorrente "quando houver conflito entre normas infraconstitucionais, suscetível de violar o princípio da hierarquia das leis, tal como traçada pela Constituição Federal".[70]

Retomando o fio histórico, vale registrar que dentre os modelos de Corte Constitucional que à época poderiam ter servido como parâmetro para a primeira *moldagem* do STF destacavam-se o da *cassação francesa* e o da *revisão germânica*. Segundo Alfredo Buzaid, o "primeiro foi adotado pela Itália, Bélgica, Holanda, Luxemburgo, Espanha e Grécia. O segundo pela Alemanha,

---

69 A crise do Supremo Tribunal Federal. *Revista de Direito Processual Civil*, vol. 6, jul./dez. 1962, p. 36.

70 Variações recentes sobre os recursos extraordinário e especial – breves considerações. In: FUX, Luiz *et al.* (coord.). *Processo e Constituição*... cit., p. 1.056.

Áustria, Suíça e Portugal".[71] Todavia, como se sabe, optou-se entre nós por tomar como modelo a Corte Suprema dos Estados Unidos,[72] inclusive no que tange ao seu recurso específico – *writ of error*. Tal alvitre, todavia, não levara na devida conta um relevante discrímen histórico entre os dois países: o Brasil nasceu como Estado unitário, federativo, com forte ênfase no governo central, donde o consequente primado do direito federal, desenho que remanesce até hoje (CF, art. 22, I); já os Estados Unidos nasceram sob um desenho político diverso, com as treze primitivas colônias formando uma confederação, certo que, depois, cada unidade foi cedendo parte de sua competência originária para a configuração do Poder Central, donde se explicar que até hoje predomine o direito dos Estados em muitos temas relevantes, como a pena de morte, o aborto e a própria tipificação penal de várias condutas.

Essas singularidades históricas até hoje projetam consequências diversas numa e noutra dessas Cortes Superiores: nos Estados Unidos, a Corte Suprema conhece de uma quantidade reduzida de processos, em comparação com o que se passa com o nosso STF, para o que concorre, em larga medida, o poder reconhecido à Suprema Corte dos Estados Unidos para *escolher* os feitos que lhe pareçam *meritorius or importants*: o *discretionary review*. Registra, a propósito, Gilmar Ferreira Mendes: "(...) há muito resta evidente que a Corte Suprema americana não se ocupa da correção de eventuais erros das Cortes ordinárias. Em verdade, com o *Judiciary Act* de 1925 a Corte passou a exercer um pleno domínio sobre as matérias que deve ou não apreciar".[73]

Já o nosso STF, tendo perdido, a partir da CF de 1988, o elemento de contenção até então representado pela arguição *de relevância* (que só reapareceria com a EC 45/2004, na figura da *repercussão geral da questão constitucional* – § 3.º do art. 102), segue sobrecarregado com o afluxo excessivo de recursos

---

71 A crise do Supremo Tribunal Federal. *Revista de Direito Processual Civil*, vol. 6, jul./dez. 1962, p. 29.

72 Algo semelhante passou-se na Argentina, como dá notícia José Carlos Barbosa Moreira: "O instituto [o *writ of certiorari*] passara, no século XIX, ao direito argentino, com a Lei 27, de 1862, e mais nitidamente com a Lei 48, de 1863, em que o texto do art. 14 é quase a tradução da Secção 25 do primeiro *Judiciary Act*. Refere-se o diploma aos casos em que 'podrá apelarse a la Corte Suprema de las sentencias definitivas pronunciadas por los tribunales superiores de provincias'. A prática e a legislação posterior é que deram a essa 'apelação', de características singulares, a denominação de 'recurso extraordinário'" (*Comentários ao Código de Processo Civil*, vol. 5, 16ª ed., Rio de Janeiro: Forense, 2012, p. 579).

73 Novas perspectivas do recurso extraordinário: a experiência dos Juizados Especiais Federais e sua repercussão sobre o sistema judicial comum. *Repertório de Jurisprudência IOB*, 2.ª quinzena de abril de 2005, nº 8, vol. 3, p. 247.

extraordinários, segundo a visão crítica de especialistas, exposta há algum tempo: "(...) o STF, apesar de muito beneficiado com a repercussão geral, ainda encontra dificuldades para lidar com o volume de casos. Apenas metade dos processos relacionados à repercussão geral foram julgados de 2007 até 2010. Isso nos mostra que o STF tem capacidade para lidar com apenas 50% dos processos que chegam com preliminar de repercussão geral. O número máximo de casos que ele poderia receber hoje seria, portanto, metade dos mais de 30 mil processos que está recebendo. Do contrário, pode-se esperar novo acúmulo de processos futuramente".[74] Ao propósito, o boletim Supremo em Ação, do CNJ, divulgado em 2.018, informa: "Desde a regulamentação do instituto até 31.07.2.018, o Supremo Tribunal Federal apreciou a repercussão geral de 1.004 temas, dos quais 676 (67,3%) tiveram a repercussão geral da matéria reconhecida. De todos os temas reconhecidos, 367 já tiveram o mérito julgado e 340 permanecem pendentes". [75]

Na busca de um *modus operandi* que permitisse ao menos *gerenciar* os recursos extraordinários plúrimos e repetitivos, inclusive os oriundos dos Juizados Especiais (Súmula STF 640), houve por bem o legislador ordinário instituir, desde o CPC/73 (art. 543-C, cf. Lei 11.672/2.008) o julgamento do recurso extraordinário *por amostragem, recepcionado no vigente* CPC (arts. 1.036-1.041), modelo basicamente caracterizado pelo envio ao STF de um ou mais recursos representativos de uma dada controvérsia, cujo julgamento – inclusive no tocante à antes citada *repercussão geral* – depois se estenderá aos demais apelos sobrestados na origem, versando sobre a mesma matéria (CPC, arts. 1.040, I e II).

Esse julgamento *em bloco*, modalidade de *justiça de massa*, se, por um lado, concorre para a sensível redução da *crise numérica* de processos, para o tratamento isonômico dos jurisdicionados e para agilizar os trâmites, por outro lado engendra riscos ponderáveis, tal o da virtual inserção, em meio ao acervo dos recursos represados na origem, de alguns que diferem ou não se limitam à *questão central discutida* no processo tomado como paradigma, gerando equívocos, vazios e injustiças, de difícil ou incerta reparação ulterior. Bem por isso, de resto, cabe à parte cujo recurso não se enquadre no desenho do apelo afetado como representativo da controvérsia, expor essa distinção,

---

74 Joaquim Falcão, Pablo de Camargo Cerdeira e Diego Werneck Arguelhes: "I Relatório Supremo em Números – o múltiplo Supremo". Fundação Getúlio Vargas, Direito-Rio, 2011, p. 61 do documento.

75. Sítio cnj.jus.br/pesquisas-judiciarias/supremo-em-acao/. Acesso em 13.12.2.019, p. 57 do documento.

pleiteando que seu recurso fique excluído do rol dos sobrestados no tribunal de origem, retomando normal andamento – CPC, § 9º do art. 1.037.

Além disso, em termos de técnica processual tal alvitre é questionável, porque, ou bem se está na *jurisdição singular*, em que os casos são tomados em sua individualidade (permitida alguma expansão nos casos de cúmulo de pedidos, reunião de processos por conexão, litisconsórcio, intervenção de terceiros), ou bem se está na *jurisdição coletiva*, para onde devem ser conduzidos os megaconflitos, cujo objeto é indivisível e os sujeitos se apresentam indeterminados, sendo o interesse metaindividual portado em Juízo por um adequado representante: *tertium non datur*! Nem por outro motivo, há tempos o PLC 5.139/2009, à época voltado a regular a nova ação civil pública, previa no art. 64: "As ações coletivas terão trâmite prioritário sobre as ações individuais".[76]

O antes referido risco de inclusão equivocada de processo(s) no rol daqueles supostamente idênticos, reunidos para julgamento *em grupo*, fora há algum tempo ressaltado no julgamento dos REs 492.837 – MG e 495.735 – MG, tendo a relatora no STF, Min. Cármen Lúcia, em *questão de ordem* (julgamento iniciado em 29.10.2007 e suspenso por pedido de vista), proposto que se tornasse sem efeito o julgamento daqueles recursos, ocorrido em 09.02.2007, em razão da ocorrência de erro material, consistente no fato de que eles "foram incluídos, equivocadamente, em lista de recursos extraordinários, interpostos pelo INSS, que tratavam de outra questão relativa à pensão previdenciária, tendo sido, naquela ocasião, providos. Divergiu da proposta o Min. Marco Aurélio, acompanhado pelos Ministros Joaquim Barbosa e Cezar Peluso, entendendo incabível a retificação, ao fundamento de que ela seria possível somente se houvesse a interposição de embargos de declaração, já que se teria modificação substancial do que decidido". O episódio, quanto mais não seja, serviu a revelar que o tratamento massivo de processos, numa Corte superior, preordenada a ser *guarda da Constituição* (art. 102, *caput*), abre flanco para que ocorram esses e outros equívocos, conforme há algum tempo repercutido na mídia, *v.g.*, o *Boletim Valor Econômico*, edição de 14.01.2008: "O julgamento de ações em massa no Supremo, ainda que reconhecido como uma saída para o excesso de processos na corte, gera apreensão entre advogados diante do risco de jogar na vala comum casos com peculiaridades ou aspectos processuais próprios".

---

76 Dito projeto acabou arquivado na Comissão de Constituição, Justiça e Cidadania da Câmara Federal.

Justamente porque a natural vocação do CPC é para a jurisdição singular (sujeitos determinados; interesse individual; coisa julgada inter partes) é que é dado ao juiz, em se deparando com afluxo expressivo de demandas seriais, oficiar aos colegitimados do art. 5º da Lei 7.347/85 e do art. 82 da Lei 8.078/90, a fim de que avaliem a oportunidade de ajuizamento da ação coletiva adequada à espécie: art. 139, X.

Ao longo da história do STF, a *tendência ampliativa* das hipóteses que desafiam recurso extraordinário não foi acompanhada do aumento do número de Ministros, tendo mesmo se registrado uma redução: eram 15 em 1891; 11 em 1931, cifra mantida ainda hoje, com breve intervalo em que o número subiu a 16, no curto período entre a CF de 1967 e o AI 6/1969, tornando a 11 na CF vigente – art. 101, caput. A agravar esse estado de coisas, registrou-se a intercorrência de algumas concausas que redundaram na sobrecarga de trabalho no STF: o *expressivo crescimento da população*, hoje excedendo a 200 milhões de pessoas; a *profusão legislativa* nos três entes políticos do país, com destaque para a produção normativa federal; as *modulações da competência legislativa* em modo exclusivo, comum, concorrente e residual; a *explosão da litigiosidade*, resultante de crises sócio-político-econômicas; a *migração da população rural para os grandes centros urbanos* e consequente aumento das tensões provocadas por carências básicas, como emprego e moradia, confluindo para a formação de uma sociedade conflitiva e massificada. Todos esses fatores exacerbaram a demanda por justiça, e, insuflaram o número de processos que, após longa tramitação, alcançaram o STF, liberados pela supressão da *arguição de relevância* no período que medeou entre o advento da vigente CF (1988) até a EC 45/2004, a qual veio a inserir a exigência da *repercussão geral da questão constitucional no juízo de admissibilidade do recurso extraordinário* (§ 3º do art. 102).

A propósito desse histórico, comenta J. J. Calmon de Passos: "E o Supremo, que não teve os seus quadros proporcionalmente aumentados, nem teve suas competências proporcionalmente reduzidas, viu-se a braços com sério problema: o do congestionamento dos feitos submetidos a seu julgamento, o que, sem dúvida, também determinou, sob a pressão dos interesses legítimos, progressiva perda de substância nas decisões por ele proferidas. Esta a famosa crise do STF, profligada constantemente, jamais solucionada, antes, agravada a cada passo, na medida em que se retardam no tempo as providências indispensáveis".[77]

---

77 O recurso extraordinário e a Emenda 3 do Regimento Interno do Supremo Tribunal Federal. *Revista de Processo*, n. 5, jan./mar. 1977, p. 44.

A postura do STF, no juízo de admissibilidade do recurso extraordinário, não se revela homogênea, conforme se trate de uma ou outra das hipóteses de cabimento: na maioria dos casos, ao pressuposto de estar demonstrada a repercussão geral da questão constitucional, basta para o conhecimento daquele recurso o singelo enquadramento formal da *fattispecie* num dos tipos constitucionais (alíneas *b*, *c* e *d* do inciso III do art. 102), que por isso mesmo se podem dizer *axiologicamente neutros*, na sugestiva expressão de José Carlos Barbosa Moreira; já no tocante à hipótese sub alínea *a* ("quando a decisão recorrida *contrariar* dispositivo desta Constituição"), por conta de aquele verbo já induzir um juízo de valor negativo, o conhecimento do RE por tal fundamento pressupõe uma *efetiva* contrariedade à Constituição, ensejando que o recurso venha a ser desde logo *provido*. Na lição daquele consagrado autor, "se ficar demonstrada a realização do 'tipo', o recorrente não fará jus ao mero *conhecimento*, senão ao *provimento* do recurso. Para empregar técnica semelhante à das letras *b*, *c*, e *d*, deveria o legislador constituinte ter dito na letra *a*: 'quando a decisão recorrida *for impugnada sob a alegação* de contrariar dispositivo desta Constituição'".[78]

Essa hipótese de cabimento do recurso extraordinário, ao possibilitar que o STF afaste as decisões cujo conteúdo esteja em contrariedade ao texto constitucional, respalda-se no princípio da *supremacia da Constituição*, primado inarredável e necessário, tanto à coesão interna da República Federativa como ao próprio ordenamento jurídico do país. Explica José Afonso da Silva: "É no princípio da rigidez que a constituição, como *lei superior*, encontra seu fundamento. Da rigidez deflui, como primordial consequência, o princípio da *supremacia constitucional*, que significa que a constituição se coloca no vértice do sistema jurídico de um país, a que confere validade, e que todos os poderes estatais só são legítimos na medida em que ela os reconheça e na proporção por ela distribuídos".[79]

Note-se que aí não se trata de *inconstitucionalidade superveniente*, que se verifica quando a lei preexistente revela-se incompatível com a nova ordem constitucional, o que se resolve pela técnica da *não recepção* da indigitada normação infraconstitucional. Este último caso pode mesmo induzir falta de interesse recursal (= necessidade mais utilidade), já que não faria sentido contrastar a nova ordem constitucional com lei ou ato normativo em verdade

---

78 *Comentários ao Código de Processo Civil*, vol.5, 16ª ed., Rio de Janeiro: Forense, 2012, p. 585.

79 Tribunais constitucionais e jurisdição constitucional. *Revista Brasileira de Estudos Políticos*, nºs. 60-61, jan./jul. 1985, p. 502.

já tornados *insubsistentes* por ulterior incompatibilidade com o superveniente pacto fundamental.

Aliás, também no controle direto ou abstrato de constitucionalidade (*ADIn*, *ADCon*), sempre se entendeu que o texto – lei ou ato normativo – em desconformidade com a superveniente ordem constitucional, justamente por não terem sido por esta *recepcionados*, não comportam contraste judicial. A exceção – que confirma a regra – adveio com a Lei 9.882/99, regulamentadora do processo da *arguição de descumprimento de preceito fundamental* (CF, § 1.º do art. 102): além de incluir nesse contraste judicial a lei ou ato normativo *municipal*, tal incidente abrange no juízo de delibação a lei ou ato "anteriores à Constituição" (Lei 9.882/99, art. 1º, § único, I).

É expressivo o papel que a *ADPF* desempenha na amenização de dois graves e crônicos problemas da Justiça brasileira – o crescimento desmesurado das ações repetitivas, múltiplas, e a resposta judiciária não isonômica – na medida em que, por meio de tal ação, o STF é instado diretamente a pronunciar-se sobre questão constitucional controvertida (*v.g.*, lei municipal increpada de ofensa a direito ou garantia individual), operando sua resposta como uma *prejudicial* a ser aplicada em todos os demais processos em que o tema venha agitado, já que a eficácia desse pronunciamento do STF é *erga omnes e vinculativa* (§ 3.º do art. 10 da Lei 9.882/99). O objetivo de tal processo vem esclarecido por Nery & Nery: "Evitar ou reparar lesão a preceito constitucional fundamental, impedindo que o ato do Poder Público seja praticado (*efeito inibitório*) ou anulado e reparado o ato que já tenha sido praticado (*efeito constitutivo*). A decisão do STF na arguição de descumprimento de preceito constitucional fundamental possui também caráter interpretativo, funcionando de forma parecida com a que ocorria no sistema constitucional revogado (CF/69 119, I, *l* – ação direta interpretativa, na redação dada pela EC 7, de 13.04.1977)".[80]

É crescente a tendência à valorização do perfil *objetivo* do acórdão do STF em recurso extraordinário, a saber, sua aptidão para ir além da resolução do caso *sub judice*, por modo que, tomado como paradigma, passe a projetar efeitos pan-processuais em face de casos análogos, dado que uma querela constitucional, uma vez resolvida pelo Tribunal máximo do país, deve ter seu aproveitamento otimizado, não se justificando que sua eficácia se confine ao estreito horizonte endoprocessual. Por essa vertente, o pronunciamento sobre questão constitucional, embora feito incidentemente no bojo de recurso extraordinário, projeta efeito extra-autos, ou ao menos ultrapartes, podendo

80 *Constituição Federal...*, 3. ed., 2012, cit., nota n. 3 ao art. 1.º da Lei 9.882/99, p. 1179.

em certos casos dispensar a observância da *reserva de Plenário* (CF, art. 97) e mesmo, segundo certo entendimento, a intervenção ulterior do Senado Federal (CF, art. 52, X). O primeiro desses tópicos já está positivado no § único do art. 949 do CPC, c/c súmula vinculante nº 10 e, no tocante à potencialização da eficácia das decisões do STF, mormente no tocante aos Temas reconhecidos ou não com repercussão geral, dispõe o art. 329 do STF que a Presidência "promoverá ampla e específica divulgação do teor das decisões sobre repercussão geral, bem como formação e atualização de banco eletrônico de dados a respeito", na esteira da chamada *objetivação* do recurso extraordinário.

Além disso, a função paradigmática exercida pelos Tribunais da Federação provoca efeitos *já em primeiro grau*, seja ao dispensar a remessa necessária da sentença prolatada contra a Fazenda Pública, quando estiver fundada em súmula desses Tribunais ou em suas decisões-quadro no regime dos recursos repetitivos (CPC, § 4º, I e II do art. 496), seja ao autorizar a liminar improcedência do pedido que se revela contrário a súmula do STF ou do STJ (CPC, art. 332, I e II), seja ainda aos dispensar a caução, na execução provisória de sentença alinhada com súmula ou com decisão-quadro desses Tribunais firmada no rito dos recursos repetitivos (CPC, art. 521, IV). Além disso, o título judicial condenatório pode perder a exigibilidade (e, pois, a exequibilidade) se estiver fundado "em lei ou ato normativo considerado inconstitucional pelo Supremo Tribunal Federal, ou fundado em aplicação ou interpretação da lei ou do ato normativo tido pelo Supremo Tribunal Federal como incompatível com a Constituição Federal, em controle de constitucionalidade concentrado ou difuso" (CPC, § 12º do art. 525; § 5.º do art. 535).[81]

No STF, o Min. Gilmar Mendes refere-se a essa tendencial *objetivação* do recurso extraordinário como "um caso clássico de mutação constitucional", argumentando que o Min. Maurício Corrêa, "ao julgar o RE 228.844-SP, no qual se discutia a ilegitimidade do IPTU progressivo cobrado pelo Município de São José do Rio Preto, no Estado de São Paulo, valeu-se de fundamento fixado pelo Plenário deste Tribunal, precedente oriundo do Estado de Minas Gerais, no sentido da inconstitucionalidade de lei do Município de Belo Horizonte, que instituiu alíquota progressiva do IPTU". Adiante, pondera: "De fato, é difícil admitir que a decisão proferida em ADIn ou ADC e na ADPF possa ser dotada de eficácia geral e a decisão proferida no âmbito do

---

81 Nery & Nery criticam esse dispositivo: "Sem autorização constitucional expressa não pode haver 'objetivação' do recurso extraordinário, entendimento que só pode ser considerado *de lege ferenda*". (*Comentários* ao *Código de Processo Civil...*, cit., 2.015, nota nº 17 ao art. 535, p. 1.335).

controle incidental – esta muito mais morosa porque em geral tomada após tramitação da questão por todas as instâncias – continue a ter eficácia restrita entre as partes".[82]

No tocante especificamente à Administração Pública, registre-se que com o advento da súmula vinculante do STF (art. 103-A e § 3.º: EC 45/2004), as suas condutas processuais comissivas e omissivas devem agora afinar-se com os enunciados obrigatórios que porventura incidam na espécie (descabendo recusa ou juízo discricionário, vez que tais súmulas não são persuasivas, e sim impositivas), até porque tais enunciados têm como destinatários *diretos* não só os órgãos judiciais, mas também os *administrativos*. Estes últimos, se adotarem condutas, comissivas ou omissivas, infringentes a tais enunciados obrigatórios ou se os aplicarem indevidamente, ficarão sujeitos a terem seus atos *anulados*, ficando ainda jungidos a conformar seus atos futuros aos moldes do enunciado vinculativo, "sob pena de responsabilização pessoal nas esferas cível, administrativa e penal" (art. 64-B da Lei 9.784/99, cf. Lei 11.417/2006).

Um dado instigante fora, há tempos, sobrelevado pelo Min. Gilmar Mendes, do STF, ao surpreender a relação direta entre a efetiva implementação, pela AGU, da autorização para a não propositura de ações e de recursos contrários a teses assentadas na jurisprudência do STF e demais Tribunais superiores (Lei 9.469/97, art. 4º) e o decréscimo no número de processos: tal decorreu, dizia, "certamente, das medidas tomadas no âmbito da Administração Pública Federal relacionadas com a desistência de demandas, edição de súmulas e outras medidas adotadas pela AGU e acordos judiciais, além do encerramento das questões ligadas ao ciclo inflacionário".[83] Aliás, não só a AGU, mas também o Secretário da Receita Federal, o Procurador-Geral da Fazenda Nacional e o INSS – instâncias notoriamente reconhecidas como *clientes habituais* do Judiciário – têm autorização para, em casos que tais, autorizar o não ajuizamento de ações ou execuções, desistência das já propostas e a não interposição de recursos (Dec. Federal 2.346/97, art. 4.º, inc. IV; art. 5.º; art. 6.º, § 2.º, *c*). No Município de São Paulo o § 9.º do art. 49 da Lei 14.107/2005, inserido pela Lei 15.690/2013, dispõe: "O Chefe da Representação Fiscal deverá solicitar autorização ao Secretário Municipal de Finanças e Desenvolvimento Econômico para a não interposição de recurso de revisão com fundamento em decisões definitivas de mérito, proferidas pelo Supremo Tribunal Federal em matéria constitucional ou pelo Superior Tribunal de Justiça em matéria infraconstitucional, em consonância com a sistemática prevista nos arts. 543-B

---

82 O papel do Senado Federal no controle de constitucionalidade: um caso clássico de mutação constitucional. *Revista de Informação Legislativa*, n. 162, abr./jun. 2004, p. 162, 165.

83 Novas perspectivas... cit., *Repertório de Jurisprudência IOB* nº 8/2005 cit., p. 250.

e 543-C do Código de Processo Civil [CPC/73; no CPC vigente, arts. 1.036-1.041]", é dizer: quando o STF tiver avaliado a existência de repercussão geral na espécie ou esse Tribunal e o STJ tiverem emitido decisão-quadro no RE ou REsp afetado como representativo da controvérsia.

A expressiva participação do Poder Público como autor, réu ou interveniente, na formação do acervo de processos judiciais foi objeto de aguda análise por Cláudio Baldino Maciel, à época presidente da Associação dos Magistrados Brasileiros, a partir de dados numéricos sobre o ajuizamento de recursos extraordinários e agravos no STF em 1998, constantes de voto em separado da Bancada do PT na Comissão Especial da Câmara dos Deputados que analisava o PEC 96/92,[84] do qual o autor colacionara este excerto: "Esses dados falam por si: hoje, o maior responsável pelo comprometimento da prestação jurisdicional da mais alta Corte do país é a União Federal. Seja de forma direta, por intermédio da Procuradoria da Fazenda Nacional, do INSS e de outras autarquias e fundações, seja de forma indireta, por intermédio da sociedade de economia mista, que é o Banco do Brasil, seja por intermédio da empresa pública, que é a Caixa Econômica Federal, podemos afirmar que o Governo Federal é responsável por 52,49% (108.059) dos recursos extraordinários e agravos que chegam ao Supremo Tribunal Federal". Na sequência Baldino Maciel avaliava que a "intensidade litigante" desses entes públicos "aumentou em escala exponencial, inviabilizando em termos práticos, a célere prestação jurisdicional e a administração da justiça. Diante desse quadro, perguntamo-nos: se o Poder Executivo tem os mecanismos legais para administrar a sua litigância, uniformizando a atuação da Administração Pública direta e indireta, de tal modo que sejam evitados os recursos contra matéria já pacificada, em relação às quais já exista jurisprudência iterativa dos Tribunais, por que ele não os utiliza? Qual o fundamento da súmula vinculante se o Poder Executivo pode, por iniciativa própria, submeter a Administração às decisões dos Tribunais Superiores? Se a morosidade da Justiça é um dos grandes entraves à célere prestação jurisdicional e, por conseguinte, à 'segurança dos contratos', por que o Poder Executivo não se utiliza dos mecanismos que possui para evitar o verdadeiro atravancamento dos Tribunais com recursos eminentemente procrastinatórios?"[85]

84 Disponível em [http://www.pt.org.br/assessor/voto.pdf] e no *Diário da Câmara dos Deputados* - vol. II, Ano LIX - Suplemento ao n. 209, 14.12.1999 - Brasília, p. 1.050 a 1.099.

85 Súmula administrativa da Advocacia-Geral da União: por que o Poder Executivo não a utiliza? (Artigo datado de 21.06.2004, obtido no endereço eletrônico da AMB em Brasília: amb@amb.com.br).

Nesse ponto é de se louvar o advento da Lei 13.140/2.015 autorizando o emprego da mediação nos conflitos envolvendo a administração público, inclusive nos casos de "interesses indisponíveis que admitam transação" (art. 3º, *caput*; v. também art. 32, incisos e parágrafos).

É tão evidente a relação entre o crescimento do acervo de processos pendentes e a intensa atuação judicial da administração pública que, buscando de algum modo prevenir ou amenizar esse demandismo, o CPC vigente prevê, no caso de o incidente de resolução de demandas repetitivas reportar-se a "questão relativa à prestação de serviço concedido, permitido ou autorizado", que se faça comunicação "ao órgão, ao ente ou à agência reguladora competente para fiscalização da efetiva aplicação, por parte dos entes sujeitos a regulação, da tese adotada" (§ 2º do art. 985); por análoga razão, a decisão-quadro do STF ou do STJ tomada no rito dos RE's ou RESp's repetitivos, deverá em casos que tais ser igualmente comunicada aos órgãos, entes ou agência reguladoras concernentes à matéria objeto do julgamento(CPC, inciso IV do art.1.040). Por certo, busca-se com tais expedientes conseguir que as controvérsias envolvendo particulares e Poder Público possam ser equacionadas e resolvidas à luz de tais parâmetros decisórios, evitando a judicialização. Ainda no tocante ao citado incidente de resolução de demandas repetitivas, saliente-se que, em sendo tirado RE ou REsp do acórdão local ou regional, a tese jurídica que vier a ser firmada pelo STF ou STJ "será aplicada no território nacional a todos os processos individuais ou coletivos que versem sobre idêntica questão de direito" (CPC, § 2º do art. 987). O que confirma o caráter claramente precedentalista do vigente CPC.

Por vezes tem-se baralhado, ou tomado como sinônimas as expressões controle *difuso* e *concreto*, quando em verdade elas não se imbricam nem se confundem: o controle difuso significa que qualquer órgão judicial do país pode, *incidenter tantum*, conhecer, mesmo de ofício, de querela constitucional emergente numa lide pendente; contrapõe-se, portanto, ao *controle concentrado*, atribuído a determinados Tribunais (TJ's, no caso de uma *ADIn* local; STF, numa *ADIn* federal) para, nessa via direta, dirimirem, com eficácia *erga omnes*, uma questão constitucional envolvendo lei ou ato do Poder Público. Todavia, como não existem "graus ou dimensões de inconstitucionalidade" (um texto *é ou não é* constitucional), não há sentido lógico ou prático em que a resolução da questão constitucional, pelo Tribunal de *sobreposição nacional*, tenha apenas eficácia endoprocessual, restrita às partes, como se uma declaração de tal porte pudesse aplicar-se a alguns sujeitos e não a outros em igual situação.

Figure-se, ao propósito, que vem a transitar em julgado o acórdão em recurso extraordinário sendo partes, de um lado, uma empresa e, de outro, o Fisco, tendo o STF, *incidenter tantum*, afirmado a inconstitucionalidade do dispositivo de lei tributária onde se fundara a exigência fiscal: outra empresa, situada no mesmo local, praticante do mesmo fato gerador, deverá continuar sujeita ao pagamento do mesmo tributo, pelo mesmo fato impositivo?!

A propósito, analisa Fredie Didier Jr.: "Nada impede, porém, que o controle de constitucionalidade seja difuso, mas abstrato: a análise da constitucionalidade é feita em tese, embora por qualquer órgão judicial. Obviamente, porque tomada em controle difuso, a decisão não ficará acobertada pela coisa julgada e será eficaz apenas *interpartes*. Mas a análise é feita em tese, que vincula o tribunal a adotar o mesmo posicionamento em outras oportunidades. É o que acontece quando se instaura o incidente de arguição de inconstitucionalidade perante os tribunais (art. 97 da CF/1988 e arts. 480 a 482 do CPC [Código vigente: arts. 948-950]): embora instrumento processual típico do controle difuso, a análise da constitucionalidade da lei, neste incidente, é feita em abstrato. Trata-se de incidente processual de natureza objetiva (é exemplo de processo objetivo, semelhante ao processo da ADIn ou ADC). (...) O STF, ao examinar a constitucionalidade de uma lei em recurso extraordinário, tem seguido esta linha. A decisão sobre a questão da constitucionalidade seria tomada em *abstrato*, passando a orientar o tribunal em situações semelhantes."[86]

O que então se verifica é que o recurso extraordinário, sob esse prisma, passa a desempenhar *tríplice função*: (*i*) *nomofilácica*, para realização da ordem normativa e preservação de sua higidez, a saber, sua inteireza positiva, autoridade e validade; (*ii*) *dikelógica*, de resolução equânime e convincente do caso concreto, em simetria com o "dar a cada um o que é seu", consubstanciado na Súmula 456 do STF: "O Supremo Tribunal Federal, conhecendo do recurso extraordinário, *julgará a causa aplicando o direito à espécie*", por modo a assegurar a *justiça* da decisão; e (*iii*) *paradigmática*, função uniformizadora, decorrente de sua posição como órgão de sobreposição na hierarquia judiciária brasileira, e de seu *status* de *guarda da Constituição*, missão agora sobrelevada com o advento da súmula vinculante (CF, art. 103-A: EC 45/2004). Poder-se-ia indagar qual dessas funções é prevalecente, mas tratar-se-ia de tarefa de parca utilidade prática, porque aquelas missões se integram e se complementam: nem o recurso extraordinário é deflagrado no só interesse do recorrente, irresignado com o acórdão do Tribunal *a quo*, que lhe acarretou situação de

86 Transformações do recurso extraordinário. In: FUX, Luiz *et al.* (coord.). *Processo e Constituição*... cit., p. 983.

sucumbência, nem, por outro lado, vem interposto no só "interesse da lei", voltado apenas à preservação do Direito Positivo.

Esse instigante ponto, não raro mal compreendido pelos operadores do Direito, vem assim dirimido por José Carlos Barbosa Moreira: "O recurso extraordinário (como o especial, ramificação dele) não dá ensejo a novo reexame da causa, análogo ao que propicia a apelação. Com as ressalvas que a seu tempo hão de consignar-se, nele unicamente se discutem *quaestiones iuris*, e destas apenas as relativas ao direito *federal*. No seu âmbito, contudo, parece excessivo negar que também sirva de instrumento à tutela de direitos subjetivos das partes ou de terceiros prejudicados. Quando interposto pelo Ministério Público, na qualidade de *custos legis*, então, sim, visará de modo precípuo ao resguardo da ordem jurídica positiva, do direito objetivo; mas essa não é uma peculiaridade do recurso extraordinário, pois o Ministério Público, no exercício daquela função, se legitima à interposição de *qualquer* recurso".[87]

Esses dois planos são igualmente tocados quando o RE ou REsp *repetitivos* seguem o trâmite hoje previsto nos arts. 1.036 a 1.041 do CPC, como, há algum tempo, afirmara Bruno Dantas Nascimento: "O recurso-piloto nada mais é do que o veículo que conduzirá ao STJ ou ao STF duas pretensões distintas e sucessivas: uma de interesse público, consistente na definição da questão de direito repetitiva, e outra de interesse individual do recorrente, alusiva à aplicação da tese ao seu caso concreto".[88] É justamente por conta dessa dualidade que o pedido de desistência do recurso já reconhecido com repercussão geral ou afetado como representativo da controvérsia pode ser deferido, mas sem prejuízo da "análise de questão cuja repercussão geral já tenha sido reconhecida e daquele objeto de julgamento de recursos extraordinários ou especiais repetitivos" (CPC, § único do art. 998), porque em tais casos avulta o interesse público ou quando menos o interesse legítimo na irradiação da eficácia panprocessual de tais padrões decisórios.

Não se pode perder de vista que o *recurso extraordinário*, embora tenha um caráter excepcional, por ser de estrito direito, nem por isso se desconecta do gênero *Recursos* – CPC, art. 994 e incisos – por modo que o conhecimento de qualquer desses apelos depende, dentre outros pressupostos, da demonstração do *interesse em recorrer*, quesito à sua vez fundado na situação de

---

87 *Comentários ao Código de Processo Civil*, 16ª ed., Rio de Janeiro: Forense, 2012, vol. 5, p. 582.

88 "Tutela recursal plurindividual no Brasil...", cit., tese de doutorado, PUC – São Paulo, 2013, conclusão n. 42, p. 154.

prejuízo - a *sucumbência* - acarretada pela decisão da qual se recorre (CPC, art. 996, caput), disciplina que também se estende aos recursos excepcionais. Logo, não há negar que o recurso extraordinário, ao ser conhecido e provido, a par de restaurar o império da ordem normativa - sobretudo a *supremacia da Constituição* -, igualmente atende ao precípuo interesse do recorrente, até por conta do efeito *substitutivo* (CPC, art. 1.008); a par disso, em se alinhando tal acórdão do STF com outros consonantes, sobre a mesma matéria, dará ensejo à configuração da jurisprudência dominante ou mesmo sumulada, parametrizando as decisões das demais instâncias judiciárias no tema em questão (CPC, art. 927, III, IV).

Nesse sentido, Juan Carlos Hitters, escrevendo em face do recurso extraordinário argentino, reconhece sua "*finalidad trifásica*": por meio do apelo extremo, prossegue, "no sólo se busca el control del cumplimiento del derecho objetivo (*función nomofiláctica*); o la uniformidad de la jurisprudencia (*función uniformadora*), sin también y como no podía ser de otro modo, *la justicia del caso* (*función dikelógica*) y esto último teniendo en cuenta que el órgano de marras *pertenece al poder judicial y cumple funciones jurisdiccionales*. Claro está que estos tres 'fines' deben funcionar - según advertimos - en forma subordinada y armoniosamente, sin prevalencia de uno sobre otros, para evitar que las elongaciones produzcan un excessivo formalismo (si se le da preeminencia a la función nomofiláctica) o una lisa y llana tercera instancia (si se le da prioridad a la función dikelógica) que nos es aconsejable".[89]

Dentre nós, a tendência à *objetivação* do recurso extraordinário - que passa pela expansão pan-processual da decisão incidental sobre a questão constitucional - segue prestigiada, salientando-se que no julgamento do AI 375.011, relatora a Min. Ellen Gracie, amenizou-se a exigência do prequestionamento, para que ao caso fosse estendida a tese fixada no julgamento de *outro* recurso extraordinário (*Informativo STF* n. 365); conduta análoga empregou-se no julgamento da MC no RE 376.852, rel. Min. Gilmar Mendes (Plenário, maioria, *DJ* 27.03.2003). A evolução daquela tendência vai ao ponto de se excogitar o emprego da *reclamação* - remédio voltado a garantir a autoridade e preservar a competência do STF: CF, art. 102, I, *l* - aos casos em que o pronunciamento *incidental* sobre inconstitucionalidade, no bojo de recurso extraordinário, venha desatendido em casos análogos pelas diversas instâncias judiciárias. Fredie Didier Jr. admite "a ampliação do *cabimento da reclamação constitucional*, para abranger os casos de desobediência a decisões

---

89 *Técnica de los recursos extraordinarios y de la casación*, La Plata: Libreria Editora Platense, Argentina, 1998, p. 182-183.

tomadas pelo Pleno do STF em controle difuso de constitucionalidade, independentemente da existência de enunciado sumular de eficácia vinculante. É certo, porém, que não há previsão expressa neste sentido (fala-se de reclamação por desrespeito à 'súmula' vinculante e à decisão em ação de controle concentrado de constitucionalidade). Mas a nova feição que vem assumindo o *controle difuso* de constitucionalidade, quando feito pelo STF, permite que se faça essa interpretação extensiva, até mesmo como forma de evitar decisões contraditórias e acelerar o julgamento das demandas".[90]

Tratar-se ia, pois, de atribuir mais uma utilidade ao instituto da *reclamação*, que, de resto, vem de ganhar especial relevo com o advento da *súmula vinculante* do STF, por ser a reclamação idônea para impugnar a decisão judicial ou o ato administrativo que a recuse ou a aplique indevidamente, por modo que o STF, acolhendo a reclamação, "anulará o ato administrativo ou cassará a decisão judicial reclamada, e determinará que outra seja proferida com ou sem a aplicação da súmula, conforme o caso" (§ 3.º do art. 103-A: EC 45/2004). O vigente CPC autoriza reclamação para "garantir a observância de súmula vinculante" (art. 988, III, inciso acrescido pela Lei 13.256/2.016), prevendo ainda que ao acolher tal incidente, o tribunal "cassará a decisão exorbitante de seu julgado ou determinará medida adequada à solução da controvérsia" (art. 992).

Como anota José Henrique Mouta Araújo, "com a apreciação da reclamação pelo STF, sendo a mesma considerada procedente, haverá verdadeira *preclusão hierárquica*, já que impedirá que o magistrado do feito novamente aprecie a questão". O autor colaciona este aresto do STF, relator o Min. Celso de Mello: "Reclamação. Tutela antecipada. Incorporação imediata de servidores públicos inabilitados em concurso. ADC n. 4. Reclamação. Tutela antecipada. Decisão que concedeu tutela antecipada determinando a imediata incorporação ao quadro dos soldados da Polícia Militar dos autores da ação que haviam sido considerados inaptos em exame psicotécnico, reputado ilegal pelo magistrado. Desrespeito à decisão do Plenário na ADC n. 4. Proibição, dirigida a qualquer juiz ou Tribunal, de prolatar decisão sobre pedido de antecipação de tutela que tenha como pressuposto a questão específica da constitucionalidade, ou não, da norma inscrita no art. 1.º da Lei 9.494/97, conforme explicitado na Pet. N. 1.401-5/MS". Ante a previsível prolação de decisões em desconformidade com a letra ou o espírito dos enunciados sumulados, Mouta Araújo prevê que "a reclamação também terá o caráter de

90 Transformações... cit. In: FUX, Luiz *et al.* (coord.). *Processo e Constituição*... cit., p. 986.

sucedâneo recursal, já que irá expurgar do mundo jurídico a decisão que desatendeu a súmula do pretório excelso".[91]

6. O CONTROLE DE CONSTITUCIONALIDADE.

O controle de leis e atos normativos num Estado de Direito revela-se, de um lado, *complexo*, porque comporta análise sob vários ângulos, tanto jurídicos como políticos; de outro lado, é *multidisciplinar*, tocando em mais de um ponto do Direito Positivo: começa pela Constituição Federal, estende-se pelas Constituições Estaduais, avança pela legislação processual codificada e extravagante e chega, mesmo, a textos de organização judiciária, tanto nos Estados como nos Regimentos Internos dos Tribunais.

Basicamente, o tema é encimado pelo princípio da *supremacia da Constituição*, por aí se entendendo que, sem embargo de o ordenamento positivo se espraiar em múltiplas competências – legislativas e administrativas – envolvendo todos os entes políticos, fato é que todo esse vasto ambiente normativo tem sua *condição de validade* vinculada à conformação, formal e material, ao texto constitucional, que assim opera como paradigma de toda normação subjacente, na assim chamada *compatibilidade vertical*. De outra parte, enquanto leis e atos do Poder Público são alteráveis e mesmo revogáveis por simples aplicação de regras de direito intertemporal, isto é, de vigência no tempo, já o texto constitucional é preordenado à permanência, à estabilidade, donde as dificuldades e exigências, tanto políticas como jurídicas, para sua revisão.

O ponto é assim explicado por José Afonso da Silva: "Da rigidez emana, como primordial consequência, o *princípio da supremacia da constituição* que, no dizer de Pinto Ferreira, 'é reputado como uma pedra angular, em que assenta o edifício do moderno direito político'. Significa que a constituição se coloca no vértice do sistema jurídico do país, a que confere validade, e que todos os poderes estatais são legítimos na medida em que ela os reconheça e na proporção por ela distribuídos. É, enfim, a lei suprema do Estado, pois é nela que se encontram a própria estruturação deste e a organização de seus órgãos; é nela que se acham as normas fundamentais de Estado, e só nisso se notará sua superioridade em relação às demais normas jurídicas".[92]

Esse complexo panorama, no que concerne ao seu *controle*, engendra:

---

91 Reflexões que envolvem a nova hipótese de reclamação junto ao STF advinda da EC n. 45. *Repertório IOB de Jurisprudência*, nº 8, 2.ª quinzena de abril de 2005, p. 241-242.

92 *Curso de direito constitucional positivo*, 19ª ed., São Paulo: Malheiros, 2001, p. 45.

I) tipos diversos de inconstitucionalidade: (*i*) *por ação ou atuação*: CF, art. 102, I, *a*, e III, *a*, *b*, *c*, a saber, quando a lei ou ato normativo infringem, comissivamente, o texto constitucional, e (*ii*) *por omissão*, quando a leniência ou a recusa na emissão do ato – condição (lei ou ato normativo) inviabilizam ou obstaculizam a fruição de direito assegurado em norma constitucional de eficácia contida, como pode dar-se com certos direitos concernentes à saúde e educação – arts. 196, 205;[93]

II) sistemas diversos de controle de constitucionalidade: (*i*) *político*, quando a delibação é entregue a órgão de natureza política, como na França o *Conseil Constitutionnel* (Constituição, arts. 56 a 63); (*ii*) *jurisdicional*, como nos Estados Unidos, onde opera a *judicial review*, desempenhada pela Corte Suprema; (*iii*) *misto ou eclético*, como se pode dizer do nosso, no qual conflui mais de uma instância controladora, tanto no plano *preventivo* (parecer contrário da Comissão de Constituição e Justiça; veto presidencial, mandado de segurança preventivo[94] impetrado por parlamentar contra a Mesa da Câmara ou do Senado) como *repressivo – judicial*, mediante instrumentos e métodos diversos, enquadráveis num ou noutro grupo de controle: a) *direto, abstrato, concentrado, por via de ação*; b) *incidental, concreto, difuso, por via de exceção*.

Na experiência brasileira o controle judicial de constitucionalidade seguiu, ao longo do tempo, percurso sinuoso. Inicialmente, ao tempo da Constituição Republicana de 1891, por influência do constitucionalismo norte-americano, prosperou o sistema *difuso*, critério que remanesceria nas Cartas subsequentes, as quais, porém, foram gradualmente abrindo espaço a modalidades reportadas ao sistema concentrado ou por via de ação, assim pavimentando o caminho para que nosso sistema de controle acabasse por se qualificar como *misto ou eclético*. A CF de 1934, a par de manter o regime *difuso*, introduziu a *ação direta interventiva* (art. 12, VII, e § 5.º) e a atribuição ao Senado para suspender a execução de lei ou ato declarados inconstitucionais pelo Judiciário (art. 91, IV); de interesse, outrossim, o disposto no art. 9.º das Disposições Transitórias: "O Supremo Tribunal Federal, com os seus actuaes ministros, passará a constituir a Côrte Suprema". Sob a égide da CF de 1946, sobreveio a EC 16/65, que trouxe a *ação direta de inconstitucionalidade de*

93 Observa José Afonso da Silva que a CF "traz inúmeros exemplos de normas dependentes de lei, como o art. 7.º, X (a lei protegerá o salário, se a lei não for criada o salário não terá a proteção), XI (participação no lucro, dependente de definição legal) e XXIII (adicional de remuneração para atividades penosas, dependente da forma da lei) etc. (*Curso*... 19ª ed. cit., p. 52, rodapé 21).

94 Esse meio de controle *preventivo* de constitucionalidade veio admitido pelo STF no julgamento do MS 22.503-3/DF (Pleno, *Ementário STF* 1.872-03).

lei ou ato normativo federal ou estadual, ajuizável pelo Procurador-Geral da República (art. 2.º, *k*), além de abrir caminho para as *ADIns* locais, de competência dos Tribunais de Justiça (art. 19). A EC 01/69 instituiu a *ação direta interventiva no plano estadual*, a ser promovida pelo MP Estadual e julgada pelo TJ (art. 15, § 3.º, *d*). A tendência ampliativa do controle direto prosseguiu com a vigente CF de 1988: *inconstitucionalidade por omissão* (§ 2.º do art. 103);[95] *ampliação da legitimidade ativa* para a *ADIn* e *ADCon* (art. 103, *caput* e incisos, com nova redação pela EC 45/2004, ações regulamentadas pela Lei 9.868/99); *arguição por descumprimento de preceito fundamental* (§ 1.º do art. 102, com nova redação pela EC 3/93 e regulamentação pela Lei 9.882/99).

Um dos fatores da sobrecarga de trabalho do STF está em nosso próprio sistema misto ou eclético de controle de constitucionalidade, porque a Colenda Corte é originariamente competente para o rol das ações diretas antes referidas (CF, art. 102, I, *a* e § 2.º, este último c/c Lei 9.868/99, art. 1.º), além de pronunciar-se, na via incidental, sobre as arguições de inconstitucionalidade suscitadas em quaisquer ações em trâmite no país, que ali afluem no bojo dos recursos extraordinários; isso sem falar nas arguições incidentais por *descumprimento de preceito fundamental* (Lei 9.882/99, parágrafo único, I, do art. 1.º). Quanto a estas, esclarecem Nery & Nery: "Objetivo da arguição. Evitar ou reparar lesão a preceito constitucional fundamental, impedindo que o ato do Poder Público seja praticado (*efeito inibitório*) ou anulando e reparando o ato que já tenha sido praticado (*efeito constitutivo*). A decisão do STF na arguição de descumprimento de preceito constitucional fundamental possui também caráter interpretativo, funcionando de forma parecida com a que ocorria no sistema constitucional revogado (CF/69 119, I, *l* – ação direta interpretativa, na redação dada pela EC 7, de 13.04.1977)".[96]

Tal contexto é tão mais instigante quanto se considere a recepção, no CPC, da chamada *relativização da coisa julgada ou da coisa julgada inconstitucional*, a permitir, segundo o § 12º do art. 525 e o § 5º do art. 535, que o título judicial condenatório perca a *exigibilidade* (e, pois, a exequibilidade!) quando

---

95 Um *subtipo* de inconstitucionalidade por omissão pode ensejar o manejo do *mandado de injunção* (CF, art. 5.º, LXXI), o qual se insere na competência originária do STF, "quando a elaboração da norma regulamentadora for atribuição do presidente da República, do Congresso Nacional, da Câmara dos Deputados, do Senado Federal, das Mesas de uma dessas Casas Legislativas, do Tribunal de Contas da União, de um dos Tribunais Superiores, ou do próprio Supremo Tribunal Federal" (art. 102, I, *q*). A Lei regulamentadora, nº 13.300/2.016, prevê inclusive o *mandado de injunção coletivo*: arts. 12, 13.

96 *Constituição Federal...*, 3ª ed., 2012, cit., nota nº 3 ao art. 1.º da Lei 9.882/99, p. 1179.

a norma legal ou o ato normativo em que se fundou a sentença ou acórdão tenha sido "considerado inconstitucional pelo Supremo Tribunal Federal, ou fundado em aplicação ou interpretação da lei ou do ato normativo tido pelo Supremo Tribunal Federal como incompatível com a Constituição Federal, em controle de constitucionalidade concentrado ou difuso"). [97]

Essa *superexposição* do STF no controle da constitucionalidade das leis e atos normativos explica-se, de um lado, por que é ele o *guarda da Constituição* - CF, art. 102, *caput* - e, de outro lado, por se tratar, a um tempo, de *órgão de cúpula*, em face das demais instâncias judiciárias, e *órgão de sobreposição* em face dos outros Poderes. Essas especiais qualificações legitimam a Colenda Corte a se pronunciar tanto sobre as inconstitucionalidades arguidas *incidenter tantum*, no bojo de recursos extraordinários, como também em via principal, nas ações diretas. Um fator que concorre para inflacionar estas últimas reside nas falhas do próprio processo nomogenético, que exibe deficiências de ordem formal (*v.g.*, vícios de iniciativa) ou material (impropriedades de conteúdo), sem falar que muitos textos deixam a desejar no quesito da qualidade redacional. Daí observar Ives Gandra da Silva Martins Filho, reportando-se ao então Min. Nelson Jobim (ciclo de palestras jurídicas, Brasília, 2001): "(...) pelo modo como são feitas as leis, sempre haverá necessidade de recurso ao Poder Judiciário. Isto porque, nos embates congressuais na elaboração legislativa, sempre que nenhum dos grupos de interesses é suficientemente forte para fazer prevalecer seu ponto de vista, tem-se uma *redação legal criptográfica*, cujo sentido parece atender aos grupos em confronto, mas que apenas transfere para o Poder Judiciário a disputa que não se conseguiu vencer no Poder Legislativo".[98]

É dizer: a má redação (por atecnia, desinformação ou interesses subalternos) das leis e atos normativos acaba por induzir o Judiciário a atuar, querendo ou não, numa sorte de *coautoria*, advinda *a posteriori*, como se lhe competisse, num primeiro momento, dar um *acabamento* ao texto, para, depois, *interpretá-lo*, seja dizendo o que o legislador omitiu (*lex dixit minus*

---

97 A projeção pan-processual que vai alcançando a decisão de mérito do STF no controle de constitucionalidade, mesmo no plano incidental ou difuso, induz a refletir sobre a premência de estudos específicos sobre a questão da responsabilidade de quem - seja autoridade, agente público, órgão ou instância - de algum modo concorreu para a emissão de lei ou ato normativo eivado de inconstitucionalidade.

98 Critério de transcendência no recurso de revista - Projeto de Lei 3.267/00. *Revista LTr*, vol. 65, n. 8, ago. 2001, p. 916. (O excerto ora colacionado permite evocar a conhecida frase atribuída ao chanceler alemão Otto von Bismarck: "Se o povo soubesse como são feitas as leis e as salsichas...").

quam voluit), seja decotando os excessos (*lex dixit plus quam voluit*), assim enveredando por arriscada senda, que não raro coloca o Judiciário na incômoda posição de "legislador positivo *malgré lui*". Dado que as leis e os atos normativos, em princípio, se presumem editados em conformidade ao texto constitucional, e não contrariamente a este, segue-se que a interferência do STF, nesse campo, deveria ser... *excepcional.*

Todavia, por todos os motivos antes apontados – e, também, por uma estratégia política do Legislativo e do Executivo, que intentam "dividir" com o STF o custo político das normações que produzem – o afluxo de ações no controle direto de constitucionalidade no STF é bastante expressivo. Esclarecem Nery & Nery, com respeito à ADCon, que a decisão aí proferida, "quando definitiva e de mérito, fará coisa julgada erga omnes, a todos obrigando (os órgãos do Poder Judiciário e da Administração Pública em todos os níveis), com a natureza de avocatoria branca e efeito de verdadeira decisão normativa". [99]

Sob outra mirada, vai-se criando uma nova e perniciosa cultura, qual seja, a de colocar o *jus novum* sob uma sorte de *quarentena*, por modo que ele entra em vigor sob uma aura de *desconfiança*, desde logo acompanhado de uma sorte de "condição resolutiva", *sui generis*: o texto vale, se e enquanto o STF não o venha declarar inconstitucional... Com isso se perdem, entre outros relevantes valores, a *segurança*, a *certeza*, a *estabilidade*, que são imanentes ao Direito Positivo, a par de ocupar o tempo útil da Corte que, de outro modo, poderia vir empregado no exame e julgamento das tantas outras incumbências em sua persona recursal e originária, mormente o julgamento dos recursos extraordinários.

Acerca da antes referida deficiência na redação de vários textos normativos, vale registrar que, em cumprimento à determinação constitucional para que fosse elaborada lei para regulamentar "a elaboração, redação, alteração e consolidação das leis" (CF, § único do art. 59), foi promulgada a Lei Complementar 95/98, que, embora voltada a nortear o processo nomogenético, tem sido amíude descumprida, sendo comum a profusão de textos que deixam a desejar, seja na qualidade redacional, seja quanto ao próprio objetivo almejado pelo legislador. Exemplo emblemático é o apêndice – "nos limites da competência territorial do órgão prolator" – aposto, originalmente por Medida Provisória (!), ao art. 16 da Lei 7.347/85, descurando-se, todavia, que este dispositivo não trata de competência – matéria versada no art. 2.º dessa lei, c/c art. 93 da Lei 8.078/90 –, e sim de *limites subjetivos da coisa julgada*, tema que nada tem a ver com o elemento *território*, até porque a ação civil pública

99 *Constituição Federal comentada...*, 3ª ed., 2.012, cit., nota nº 66 ao art. 102, p. 600.

concerne a megaconflitos, envolvendo sujeitos indeterminados e apresentando objeto indivisível (Lei 7.347/85, art. 1.º, c/c Lei 8.078/90, art. 81 e incisos de seu parágrafo único).[100] Outra *pérola* redacional está no art. 30 da Lei 9.605/98, sobre os crimes ambientais: "Exportar *para o exterior* peles e couros...".

Como observa Humberto Theodoro Júnior, entre as diretrizes fixadas na LC 95/98 está a "exigência da limitação de cada lei ao tratamento de um único objeto e a vedação de inclusão de matérias estranhas a seu objeto, assim como a interdição do disciplinamento do mesmo assunto em mais de uma lei (art. 7.º)", mas, na sequência, o autor indica vários exemplos de normas confusas e/ou atécnicas: "Pela Medida Provisória 2.180/2001 o prazo de embargos à execução, previsto no art. 730 do CPC, foi confusamente alterado por introdução de artigo novo na Lei 9.494, cujo objeto era a disciplina das antecipações de tutela contra a Fazenda Pública", (...) num "exemplo de como se legisla desastrosamente, desrespeitando os mais elementares princípios traçados pela Lei Complementar n. 95. Mais recentemente, a Lei 10.391, de 02.08.2004 (...) tratou, na mais completa promiscuidade, de assuntos de natureza inteiramente diversos" (...) "e para completar a miscelânea, nas 'disposições finais' foram introduzidas alterações na Lei de Incorporações (Lei 4.591, de 16.12.64); na Lei do Mercado de Capitais (Lei 4.728, financiamento imobiliário); até o Código Civil foi alterado, assim como a Lei de Registros Públicos, a Lei de FGTS e a Lei do Inquilinato".[101]

A agravar esse confuso contexto, registra-se ainda a promulgação de leis versando, basicamente, sobre um mesmo tema, tal o Estatuto da Pessoa com Deficiência (Lei 13.146/2.015) e a Lei de apoio às pessoas com deficiência (Lei 7.853/89); o Estatuto da Juventude (Lei 12.852/2.013) e o Estatuto da Criança e do Adolescente (Lei 8.069/90); o Estatuto da Cidade(Lei 10.257/2.001) e o Estatuto da Metrópole (Lei 13.089/2.015); o Estatuto do Idoso (Lei 10.741/2.003) e a Lei do "mais idoso" (Lei 13.466/2.017).

Essa profusão monogenética acaba operando como uma con*causa* – agora reportada ao funcionamento do Legislativo – que vem agravar a *crise numérica* de processos judiciais, sobretudo no STF, sendo inegável que esse confuso contexto normativo contribui para gerar ou acirrar controvérsias,

100 A propósito, v. o nosso *Ação civil pública*, 15ª ed., São Paulo: Thomson Reuters- Revista dos Tribunais, 2019, p. 409 e s.

101 A onda reformista do direito positivo e suas implicações com o princípio da segurança jurídica. In: CALDEIRA, Adriano; FREIRE, Rodrigo da Cunha Lima (org.). *Terceira etapa da reforma do Código de Processo Civil*, Salvador: JusPodivm, 2007, p. 203-204 e rodapé n. 45.

que, depois, acabam fomentando ações judiciais, tanto as intersubjetivas como aquelas voltadas a aferir a constitucionalidade dessa profusão de normas.

José Afonso da Silva visualiza a *Jurisdição constitucional* exercida pelo STF sob três vertentes, assim sumariadas: (*i*) *Jurisdição constitucional com controle de constitucionalidade*: "por via de ação direta, interventiva ou genérica, e por via de exceção", esta última via recurso extraordinário; (*ii*) *Jurisdição constitucional da liberdade*: *habeas corpus*, mandado de segurança, *habeas data*, mandado de injunção, incluindo os recursos ordinários tirados contra acórdãos em tais matérias, proferidos em instância única pelos Tribunais Superiores, e ainda a extradição; (*iii*) *Jurisdição constitucional sem controle de constitucionalidade*: "crimes de membros de outros Poderes"; litígios envolvendo extraterritorialidade, em sentido largo ("aqui, sua atuação é mais como *Tribunal da Federação* do que de jurisdição constitucional"); revisão criminal e ação rescisória; reclamação; execução de sentença ("essas três últimas hipóteses entram como forma de exercício da jurisdição constitucional, porque visam a tutela e preservação da competência constitucional do próprio STF"); conflitos de competência. O autor ressalva, ainda, que a competência originária do STF para julgar ação de interesse geral da magistratura (art. 102, I, *n*) não envolve, "necessariamente, um conflito de interesse de natureza constitucional". (Outras atribuições que, segundo o autor, não têm, exatamente, índole constitucional - homologação de sentença estrangeira; concessão de *exequatur* - foram, *pour cause*, repassadas ao STJ pela EC 45/2004: art. 105, I, *i*).[102]

Em nossa percepção, o controle, pelo STF, da constitucionalidade de leis ou atos do Poder Público pode ser assim apreendido:

(**I**) Controle *difuso, indireto, por via de exceção ou in concreto*, no bojo das causas de competência originária e recursal: nesse caso, a questão prejudicial - que na jurisdição singular ficaria restrita às partes: CPC, art. 503 e § 1º - vem a ter sua eficácia expandida *erga omnes*, com a ulterior intercessão do Senado, quando delibera emitir resolução suprimindo a vigência do texto tisnado de inconstitucionalidade (CF, art. 52, X; Regimento Interno do Senado, art. 386). Embora haja certo dissenso acerca da natureza da conduta do Senado nesses casos – se discricionária ou vinculada –,[103] Alexandre de

102 *Curso*... cit., 19. ed., 2001, p. 559-561, *passim*.

103 Ives Gandra da Silva Martins e Celso Ribeiro Bastos entendem que o Senado, "em exercendo função própria do Legislativo, não se pode furtar à suspensão de lei declarada inconstitucional pelo STF desde que se tenham verificado os requisitos para tanto" (*Comentários à Constituição do Brasil*, São Paulo: Saraiva, 1988, vol. 4, t. 1, p. 179).

Moraes alerta que "tanto o STF quanto o Senado Federal entendem que este não está obrigado a proceder à edição da resolução suspensiva do ato estatal cuja inconstitucionalidade, em caráter irrecorrível, foi declarada *in concreto* pelo Supremo Tribunal; sendo, pois, ato discricionário do Poder Legislativo, classificado como deliberação essencialmente política, de alcance normativo (...)".[104]

No tocante ao *termo inicial* da eficácia da suspensão do texto, pelo Senado, conquanto se trate de matéria controvertida, parece-nos que tal eficácia deve operar *ex nunc*, porque é só *a partir* dessa deliberação do Senado - de natureza apenas declaratória, pois - que o enunciado de inconstitucionalidade, até então confinado ao caso concreto decidido pelo STF, ganha foro de generalidade e abstração, projetando-se *erga omnes*, com a supressão da norma ou do ato normativo sindicados. Gregório Assagra de Almeida observa que "diferentemente do controle concentrado da constitucionalidade, cujos efeitos da decisão do STF são, em regra, *ex tunc*, salvo manipulação em sentido contrário desses efeitos (art. 27 da Lei 9.868/99 e art. 11 da Lei 9.882/99), a decisão do Senado Federal (art. 52, X, da CF) que suspende por resolução a eficácia da lei declarada inconstitucional definitivamente em controle difuso ou incidental pelo STF produz, pela orientação majoritária, efeitos *ex nunc* (a partir de então) e não *ex tunc*".[105]

Por conta desse controle *a posteriori*, de perfil jurídico-político que o Senado exerce em face das decisões do STF em matéria constitucional que lhe são encaminhadas, pode dar-se que, em caso de retardamento nessa deliberação, ocorra, no interstício temporal, que a mesma norma reconhecida inconstitucional, *incidentemente*, num dado recurso extraordinário, todavia continue a ser aplicada em outros casos envolvendo matéria análoga, tudo implicando, ao fim e ao cabo, *tratamento desigual a situações iguais*.

Daí a tendência, antes referida, a reconhecer que a intervenção do Senado, para os fins previstos no art. 52, X, da CF, deve ser vista num caráter apenas *declaratório*, a saber, um registro formal, para conhecimento geral, da inconstitucionalidade afirmada pelo STF; por esse viés, uma norma legal ou ato normativo fulminados pelo STF, ainda que no controle incidental,

---

104 *Jurisdição constitucional e tribunais constitucionais*, São Paulo: Atlas, 2000, p. 254.

105 *Manual das ações constitucionais*, Belo Horizonte: Del Rey, 2007, p. 705. (*Contra*, Luís Roberto Barroso: "d) embora a matéria ainda suscite ampla controvérsia doutrinária, afigura-se fundada em melhor lógica e em melhores argumentos a atribuição de efeitos *ex tunc* à suspensão do ato normativo pelo Senado". *O controle de constitucionalidade no direito brasileiro*, São Paulo: Saraiva, 2004, p. 91).

podem *desde logo* ser desconsiderados pelos demais órgãos judiciais nos processos em que oficiam. No ponto, observa Gilmar Mendes: "De qualquer sorte, a natureza idêntica do controle de constitucionalidade, quanto às suas finalidades e aos procedimentos comuns dominantes para os modelos difuso e concentrado, não mais parece legitimar a distinção quanto aos efeitos das decisões proferidas no controle direto e no controle incidental. Somente essa nova compreensão parece apta a explicar o fato de o tribunal ter passado a reconhecer efeitos gerais à decisão proferida em sede de controle incidental, independentemente da intervenção do Senado. O mesmo há de se dizer das várias decisões legislativas que reconhecem *efeito transcendente* às decisões do STF tomadas em sede de controle difuso" (...) "É possível, sem qualquer exagero, falar-se aqui de uma autêntica mutação constitucional em razão da completa reformulação do sistema jurídico e, por conseguinte, da nova compreensão que se conferiu à regra do art. 52, X, da Constituição de 1988. Valendo-nos dos subsídios da doutrina constitucional a propósito da mutação constitucional, poder-se-ia cogitar aqui de uma autêntica *reforma da Constituição sem expressa modificação do texto* (FERRAZ, 1986, p. 64 et seq. 102 *et seq*; JELLINEK, 1991, p. 15-35; HSÜ, 1998, p. 68 *et seq.*)."[106]

Realmente, parece não existir discrimen tecnicamente consistente, sob o ponto de vista *substancial*, entre uma declaração de constitucionalidade feita na via direta/concentrada, em face daquela ocorrida na via incidental/difusa, pela boa razão de que a aferição, pelo STF, sobre a constitucionalidade de uma lei ou ato do Poder Público não comporta *gradação axiológica*, mas apenas uma avaliação bipolar e dicotômica (positiva ou negativa), ou seja: ou o ato/lei sindicados são constitucionais ou não o são, concedendo-se apenas que possa haver modulação temporal na eficácia da declaração (Lei 9.868/99, art. 27; Lei 9.882/99, art.11). A se entender de outro modo, abrir-se-ia ensejo a iniquidades e injustiças diversas: um contribuinte ficaria liberado de um tributo porque na *sua* ação individual contra a Fazenda a lei fora incidentemente declarada inconstitucional pelo STF, enquanto para os demais, praticantes do mesmo fato gerador, a indigitada lei continuaria impositiva. De todo modo, adverte Luiz Dellore que aí "trata-se de uma tendência, pois de modo algum se pode afirmar que há total identidade entre os efeitos da decisão proferida nos controles difuso e concentrado. Somente com a evolução do tema, tanto

106 O papel do Senado Federal no controle de constitucionalidade: um caso clássico de mutação constitucional. *Revista de Informação Legislativa* (Senado Federal), n. 162, abr.-jun. 2004, p. 164-165.

do ponto de vista legislativo como jurisprudencial, será possível verificar se essa tendência de aproximação se confirma ou se reflui".[107]

Para mais, impende ter presente que o tratamento *isonômico* perante a lei é garantido a todos (CF, art. 5.º, *caput* e inciso II), o que, naturalmente, abrange os *jurisdicionados* em geral, sendo desarrazoado pretender que a norma fosse igualitária enquanto está *in abstracto* no ordenamento, e, paradoxalmente, perdesse essa isonomia quando aplicada *in concreto* nas lides judiciais; análogo raciocínio é válido, *mutatis mutandis*, no cotejo entre o controle direto e o incidental da constitucionalidade. Registre-se, porém, o pensamento de Gregório Assagra de Almeida, ponderando que "as dimensões do *controle difuso e incidental* são diversas das do controle *abstrato e concentrado da constitucionalidade* (...); isso, dentre outras razões, porque "poderá ocorrer que uma lei ou ato normativo seja considerado inconstitucional diante de uma situação concretamente ventilada, mas não seja em outras hipóteses fáticas relativas à sua esfera de incidência. Por isso, a comunicação ao Senado Federal para que ele possa analisar a conveniência da retirada da vigência, em todo o território nacional, portanto com validade *erga omnes*, da lei ou do ato normativo declarado inconstitucional pelo STF em controle difuso e incidental da constitucionalidade".[108]

O Min. Gilmar Mendes reconhece "uma grande irracionalidade metodológica e um excessivo conservadorismo processual na prática brasileira do sistema difuso, que, ressalte-se, não tem paradigma no mundo", observando ainda que o "modelo americano há muito se desvencilhou da concepção de que seria possível, no âmbito da Suprema Corte, fazer justiça individual às partes". (...) Na sequência, colacionando Triepel, remata: "Portanto, há muito resta evidente que a Corte Suprema americana não se ocupa da correção de eventuais erros das Cortes ordinárias. Em verdade, com o *Judiciary Act* de 1925 a Corte passou a exercer um pleno domínio sobre as matérias que deve ou não apreciar. Ou, nas palavras do *Chief Justice* Vinson: 'para permanecer efetiva, a Suprema Corte deve continuar a decidir apenas os casos que contenham questões cuja resolução haverá de ter importância imediata para além das situações particulares e das partes envolvidas'. ('To remain effective, the Suprem Court must continue to decide only those cases which present questions whose resolutions will have immediate importance far beyond the particular facts and parties involved')".[109]

---

107. *Estudos sobre coisa julgada e controle de constitucionalidade*, São Paulo: Gen-Forense, 2.013, p. 353.

108 *Manual das ações constitucionais*, Belo Horizonte: Del Rey, 2007, p. 704-705.

109 Novas perspectivas... cit., *Repertório de Jurisprudência IOB* n. 8/2005 cit., p. 247. (Em nota de rodapé n. 9 o Ministro colaciona Stephen Griffin, *Theories of Constitucional*

Essa doutrina repercute entre nós e já está positivada em mais de um ponto do ordenamento: (*i*) a admissibilidade do recurso extraordinário, pelo STF, fica a depender da "demonstração da *repercussão geral* da questão constitucional discutida nos autos" (CF, art. 102, § 3.º), entendendo-se como tais as "questões relevantes do ponto de vista econômico, político, social ou jurídico, que *ultrapassem os interesses subjetivos do processo*" (CPC, art. 1.035 e § 1º), certo ainda que tal *repercussão, a teor do § 3º do art. 1.035 do CPC fica presumida* "sempre que o recurso impugnar acórdão que: I - contrarie súmula ou jurisprudência dominante do Supremo Tribunal Federal; II (revogado pela Lei 13.256/2.016); III – tenha reconhecido a inconstitucionalidade de tratado ou de lei federal, nos termos do art. 97 da Constituição Federal" (v. súmula vinculante STF nº 10); (*ii*) a eventual avaliação negativa do STF quanto à *repercussão geral* de uma dada questão constitucional preordena-se a uma eficácia pan-processual em face dos demais recursos extraordinários sobrestados (§ 8º do art. 1.035), a par de operar como desestímulo à interposição daqueles apelos extremos cuja pretensão contraria tal parâmetro excludente fixado pelo STF; (*iii*) a admissibilidade da revista trabalhista, pelo TST (ela mesma um recurso de tipo excepcional), condiciona-se ao reconhecimento de que "a causa oferece *transcendência* com relação aos reflexos gerais de natureza econômica, política, social ou jurídica" (CLT, art. 896-A), tendo a Lei 13.467/2.017 inserido parágrafo 1º, explicitando o conteúdo de tal transcendência.

Natural, portanto, que a declaração do STF sobre a inconstitucionalidade de uma dada lei ou ato do Poder Público possa – independentemente de ulterior intervenção do Senado – projetar eficácia expansiva em face de outros feitos pendentes nos diversos órgãos judiciais do país, onde igual questão venha agitada. É o que se colhe da *ratio* do § único do art. 949 do CPC: "Os órgãos fracionários dos tribunais *não* submeterão ao plenário, ou ao órgão especial, a arguição de inconstitucionalidade quando *já houver pronunciamento destes ou do plenário do Supremo Tribunal Federal sobre a questão*". Ao propósito, dispõe a súmula vinculante STF nº 10: "Viola a cláusula de reserva de plenário (Constituição Federal, artigo 97) a decisão de órgão fracionário de Tribunal que, embora não declare expressamente a inconstitucionalidade de lei ou ato normativo do poder público, afasta sua incidência, no todo ou em parte".

Aí uma *releitura*, pois, do art. 97 da CF, sede da chamada *reserva de plenário* para as declarações de inconstitucionalidade, interpretação assim

Interpretation, 1962-2-002, *paper* apresentado na reunião anual da *American Political Science Association*, 2002, p. 34).

explicitada pelo Min. Ilmar Galvão, relator designado para o acórdão no RE 190.728, 1.ª Turma, maioria (*Diário da Justiça*, [S.1], 30.05.1997): "Esta nova e salutar rotina que, aos poucos, vai tomando corpo – de par com aquela anteriormente assinalada, fundamentada na esteira da orientação consagrada no art. 101 do RI/STF, onde está prescrito que 'a declaração de constitucionalidade ou inconstitucionalidade de lei ou ato normativo, pronunciada por maioria qualificada, aplica-se aos novos feitos submetidos às Turmas ou ao Plenário' – além de por igual, não merecer a censura de ser afrontosa ao princípio insculpido no art. 97 da CF, está em perfeita consonância não apenas com o princípio da economia processual, mas também com o da segurança jurídica, merecendo, por isso, todo encômio, como procedimento que vem ao encontro da tão desejada racionalização orgânica da instituição judiciária brasileira. Tudo, portanto, está a indicar que se está diante de norma que não deve ser aplicada com rigor literal, mas, ao revés, tendo-se em mira a finalidade objetivada, o que permite a elasticidade do seu ajustamento às variações da realidade circunstancial".

O controle incidental de constitucionalidade que o STF desempenha, mormente no bojo dos recursos extraordinários, é particularmente relevante num país de estrutura federativa, espraiado num território de dimensão continental, com expressiva e crescente população. Além disso, uma vez que a todo juiz é dado exercer tal controle *in concreto* – deixando de aplicar, motivadamente, a lei ou ato normativo que entenda inconstitucional – torna-se imperiosa a uniformidade interpretativa que se projete em face dos demais processos em que venha suscitada igual querela constitucional, sob pena de se pôr em risco o tratamento isonômico devido aos jurisdicionados. Mauro Cappelletti diz que nesses casos poderiam, "certamente, formar-se verdadeiros 'contrastes de tendências' entre órgãos judiciários de tipo diverso – que se manifestam, por exemplo, em perigosos contrastes entre os órgãos da justiça ordinária e os da justiça administrativa –, ou entre órgãos judiciários de diverso grau: por exemplo, uma maior inclinação dos órgãos judiciários inferiores, compostos usualmente de juízes mais jovens, e, portanto, menos ligados a um certo passado, a declarar a inconstitucionalidade de leis que os juízes superiores (e mais velhos) tendem, ao contrário, a julgar válidas (...). (...) A consequência, extremamente perigosa, de tudo isto, poderia ser uma grave situação de conflito entre órgãos e de incerteza do direito, situação perniciosa quer para os indivíduos como para coletividade e o Estado."[110]

---

110 *O controle...* cit., p. 77-78.

No sentido de prevenir esse preocupante contexto labora a *súmula vinculante* do STF, na medida em que permite seja cassada a decisão judicial ou anulado o ato administrativo que recusem imotivadamente ou apliquem indevidamente tal enunciado obrigatório (CF, § 3.º do art. 103-A: EC 45/2004; CPC, art. 988, III, inciso acrescido pela Lei 13.256/2.016; art. 992). No que tange à Administração Pública, a Lei 9.784/99, sobre o processo administrativo federal regula o tema nos arts. 64-A e B, inseridos pela Lei 11.417/2.006.

(**II**) Controle *direto, concentrado ou abstrato*: nesse caso, põe-se a premonitória questão de saber se na própria Constituição Federal – originária ou derivada – poderiam lobrigar-se dispositivos *inconstitucionais*, o que ensejaria uma sorte de *contraste endógeno*, introjetado na própria Carta Magna. A doutrina alemã (Krüger, Giese) distingue entre normas constitucionais superiores e inferiores e Otto Bachof fala em Constituição *material* e *formal*.[111] Para José Afonso da Silva, "*constituição material* é concebida em sentido amplo e em sentido estrito. No primeiro, identifica-se com a organização total do Estado, com regime político. No segundo, designa as normas constitucionais escritas ou costumeiras, inseridas ou não num documento escrito, que regulam a estrutura do Estado, a organização de seus órgãos e os direitos fundamentais. Neste caso, constituição só se refere à matéria essencialmente constitucional; as demais, mesmo que integrem uma constituição escrita, não seriam constitucionais. A *constituição formal* é o peculiar modo de existir do estado, reduzido, sob forma escrita, a um documento solenemente estabelecido pelo poder constituinte e somente modificável por processos e formalidades especiais nela própria estabelecidos".[112]

Tal distinção, importante que seja ao ângulo doutrinário, já não o é tanto ao nível da *praxis* judiciária, tendo já decidido o STF que uma norma inserida pelo poder constituinte *derivado* pode ser objeto de ação no controle direto (RDA 191/214; *ADIn* 2.024-2DF, rel. Min. Sepúlveda Pertence, *DJU* 01.12.2000, p. 70). Assim, ad argumentandum, poderia ser objeto de *ADIn* o art. 103-B da CF (EC 45/2004), que criou o Conselho Nacional de Justiça, ao argumento de ser tal órgão incompatível com a autonomia e autogoverno do Poder Judiciário, operando como controle externo; também por aquele instrumento poderia ser questionada alteração constitucional afirmada como infringente a alguma das cláusulas pétreas (art. 60, § 4.º). Já decidiu o STF:

111 *Normas constitucionais inconstitucionais ?*, trad. José Manuel M. Cardoso da Costa, Coimbra: Almedina, 1994: p. 39, 54 e s., *passim*.

112 *Curso de direito constitucional positivo*, 19ª ed., São Paulo: Malheiros, 2001, p. 40-41.

"Uma Emenda Constitucional, emanada, portanto, de Constituinte derivada, incidindo em violação à Constituição originária, pode ser declarada inconstitucional, pelo Supremo Tribunal Federal, cuja função precípua é de guarda da Constituição (CF 102, I, *a*)" (JSTF 186/69). (Aliás, a própria ADCon, trazida com a EC n. 3/93, teve sua *constitucionalidade* questionada no STF, o qual, em questão de ordem, considerou constitucional o instituto, pelo voto vencedor do Min. Moreira Alves – ADCon n. 1-1/DF).[113]

Tomando da antes referida distinção entre normas *materialmente* e *formalmente* constitucionais, afirma José Miguel Garcia Medina: "(...) considerando que integram a constituição material as normas relativas às atribuições, estrutura e competência dos órgãos supremos do Estado, as normas relativas ao recurso extraordinário e ao recurso especial integrariam a constituição material".[114] E assim, *gratia argumentandi*, poderia ser questionada a inserção do quesito adicional da *demonstração da repercussão geral da questão constitucional discutida no caso*, no juízo de admissibilidade do recurso extraordinário (§ 3.º do art. 102: EC 45/2004), ao argumento de que, por um lado, isso implica dar ao STF poder de "escolher" as causas de que conhece – atribuição que não lhe veio conferida pela CF de 1988 – e, de outro lado, que tal implicaria desequiparação ilegítima entre os jurisdicionados, já que o *ser relevante ou não* é uma prejudicial que remete ao *mérito* da controvérsia (um *posterius*, portanto), não podendo ser reduzida ou reconvertida a pressuposto de admissibilidade, que, logicamente, só pode ser um *prius*.

Isso, em linha de princípio, porque, pragmaticamente, não há negar que um Tribunal constitucional não pode operar eficazmente num ambiente de sobrecarga de processos em muito superior à sua capacidade instalada, donde a inevitabilidade de algum filtro ou *elemento de contenção*, papel antes desempenhado pela *arguição de relevância* e depois atribuído à pré-citada *repercussão geral da questão constitucional*. Assim também se passa com o fator "gravedad institucional", operante na Corte Suprema da Argentina, como referido por Augusto Mario Morello: "(...) la idea reduccionista (en U.S.A. y Argentina)

---

113 *Contra*, afirmam Nery & Nery: "Se o particular alega que determinada lei, declarada constitucional pelo STF, ofende direito seu, o juiz não pode examinar essa lesão de direito, porque já se sabe o único resultado possível no julgamento. Há, portanto, ofensa ao princípio do direito de ação. De consequência, como a EC 3/93 restringiu e apequenou garantia fundamental estatuída na CF 5.º, XXXV, é inconstitucional por ferir o CF 60 § 4.º IV (cláusula pétrea), já que, conquanto não tenha abolido, foi editada 'tendente' a abolir garantia fundamental" (*Constituição Federal...*, 3ª ed., 2012, cit., nota 36 ao art. 102, p. 595).

114 *O prequestionamento...* cit., p. 112, rodapé n. 17.

es limitar el ingreso a 250 o 300 causas anuales. Las demás quedan en el camino, juzgadas por los órganos inferiores. Este hecho, por demás llamativo, ilustra las pretensiones de las Cortes Federales de reservarse para si un alto y discrecional poder de 'pescar' las causas que por su gravedad institucional, repercusión sociologica, uniformidad de criterios interpretativos, reforzamiento de las garantías de las libertades fundamentales, del principio de separación de poderes o similares a ellos, reconducen a la Corte al modelo originario, es decir, Tribunal de Garantías Constitucionales y de un fino árbitro final en las causas de mayor repercusión institucional".[115]

Um subtipo de ação direta de inconstitucionalidade reside na *representação interventiva*: embora o art. 18 da CF estabeleça a autonomia entre os entes federados, pode dar-se, excepcionalmente, que, sobrevenha afronta aos interesses e valores que constituem o *núcleo essencial* do pacto federativo, exposto nos incisos I a VII do art. 34 da CF; uma das hipóteses é a de "prover a execução de lei federal, ordem ou decisão judicial" (inc. VI); outra, a de afronta aos chamados *princípios sensíveis*, enumerados nas alíneas do inciso VII desse art. 34. Em casos que tais, o decreto interventivo dependerá "de provimento, pelo Supremo Tribunal Federal, de representação do Procurador-Geral da República (...)" (inc. III do art. 36, redação da EC 45/2004).

(**III**) *ADPF*: *arguição por descumprimento de preceito fundamental:* (§ 1.º do art. 102 da CF, c/c Lei 9.882/99).

Trata-se de modalidade singular, não redutível exatamente às figuras precedentes (ADIn, ADCon), justificando-se na medida em que não compete ao Judiciário exercer atividade consultiva, mas apenas *decidir* as lides *in concreto*, inclusive as controvérsias não resolvidas pelos meios homo ou heterocompositivos, e ainda assim, quando venha instado para isso, visto tratar-se de função estatal de cunho *substitutivo* e, pois, dependente de provocação.

O ora afirmado, sem embargo de ser verdadeiro, não pode, todavia, ser tomado em excessiva latitude: primeiro, o Judiciário não intervém apenas nas lides consumadas (danos sofridos), mas também naquelas virtuais (danos temidos), podendo para tanto emitir provimentos cautelares no âmbito da tutela provisória; segundo, o interesse pelo acesso à Justiça não é necessariamente deflagrado pelo propósito de formação de um título condenatório, desconstitutivo ou mandamental, bem podendo o interesse de agir cingir-se

115 Recursos extraordinários: visión comparada brasileña y argentina. *Revista de Processo*, nº 79, jul./set. 1995, p. 17.

ao mero acertamento, ou seja, a singela *eliminação da incerteza*, autorizando o manejo das ações meramente declaratórias (CPC, art. 19 e incisos); em terceiro lugar, o conceito contemporâneo de jurisdição não se confina na *decisão de mérito* (dita *solução adjudicada*), mas, antes e superiormente, tem o seu foco na *justa composição do conflito*, donde a oferta de várias oportunidades e meios para a solução negociada do conflito, mediante arbitramento, conciliação, mediação, renúncia, desistência, transação, vale dizer, modalidades compositivas / resolutivas fora e além da estrutura judiciária estatal, o que, aliás, vem incentivado no vigente CPC (§ 3º do art. 3º; art. 139, IV) e na legislação extravagante (Lei 13.140/2.015);[116] enfim, tenha-se presente que o TSE – órgão de cúpula na Justiça Eleitoral – atende a *consultas* formuladas, mormente por partidos políticos, exercendo, pois, um *ius respondendi* (Código Eleitoral: Lei 4.737/65, art. 23, XII).

A atividade *responsorial* da Justiça estatal não pode ser considerada inédita ou excrescente, porque já no Direito Romano previa-se, a par do *jus dicere*, também, excepcionalmente, o *jus respondendi*, que completava, ou integrava, por via da exegese, o conteúdo da *mens legis*, a fim de que esta viesse aplicada em sua exata extensão/compreensão. Ensinam Alexandre Correia e Gaetano Sciacia: "Na primeira metade do segundo século d.C., um rescrito do imperador Adriano regulou o *ius respondendi* dos juristas, estabelecendo que quando houvesse respostas concordes de vários juristas a sua opinião tinha força de lei; no caso de divergência o juiz podia seguir o parecer que quisesse". (...) Já no período pós-clássico, prosseguem os autores, "com a decadência da jurisprudência se citam e utilizam as respostas dos juristas clássicos. Com o fim de eliminar a confusão, que então se verificara, os imperadores Teodósio II e Valenciano III baixaram a chamada *Lei das Citações*, em 426, pela qual somente as opiniões de Papiniano, Ulpiano, Paulo, Modestino e Gaio tinham força de lei. No caso de discordância prevalecia a opinião da maioria, no de igualdade, a opinião de Papiniano, quando alegada".[117]

---

116 Nem outra coisa se colhe da Res. CNJ 125/2010 (*DJe* 01.12.2010, republicada no *DJe* 01.03.2011), que estabelece a *Política Judiciária Nacional*, lendo-se em seus *consideranda* que "o direito de acesso à Justiça, previsto no art. 5.º, XXXV da Constituição Federal além da vertente formal perante os órgãos judiciários, implica acesso à ordem jurídica justa", de sorte que *cabe ao Judiciário* "(...) organizar, em âmbito nacional, não somente os serviços prestados nos processos judiciais, como também os que possam sê-lo mediante outros mecanismos de solução de conflitos, em especial dos consensuais, como a mediação e a conciliação", ideário reafirmado no § único do art. 1º, redação da ER nº 2/2.016.

117 *Manual do direito romano*, São Paulo: Saraiva, 1957, vol. 1, p. 28-29, § 10.

A seu turno, Georghio Alessandro Tomerlin distingue "duas ordens de fenômenos: ou bem se identifica o que o texto da norma significa, ou se identifica a norma e se adita o conteúdo do seu texto. Na primeira hipótese a interpretação da norma é meio para se atingir um resultado jurídico; na segunda, já é fim. Eis aí o que desde a Roma Antiga se convencionou denominar *ius respondendi*, que se coloca um passo à frente do *ius decidendi*. Este representa atividade ordinária do órgão incumbido de decidir; aquele, atividade extraordinária. O que tentaram Justiniano, Gregório VII e Napoleão foi reservar para si o poder de aditar, por interpretação, as pautas por eles próprios fixadas".[118]

Entre nós, modalidade remota de prestação jurisdicional "consultiva" residiu na ação direta *interpretativa*, prevista na EC 01/69, art. 119, I, *l*, redação da EC 7/77, portanto inserida na competência originária do STF. Na atualidade, a *ADPF*, embora endereçada ao STF, todavia não consta, *expressis verbis*, no rol de sua competência originária, e isso, por uma boa razão: é que, justamente, a atividade do STF, nessa singular ação, é antes a de "apreciar" (= delibar, esclarecer) e não propriamente "julgar" (= decidir o mérito). Para Georghio Alessandro Tomelin, o acórdão do STF nessa arguição "tem força vinculatória decursiva da própria Constituição, pois o Supremo Tribunal Federal foi o único órgão afetado a esta nobre função. Este ato de deliberação mais se assemelha, assim, a um 'parecer com força vinculante' do que a uma decisão judicial típica (regra individual que certifica disposições anteriores)".[119] (Nem por outra razão, aliás, o texto constitucional diz que o STF *apreciará* a alegação de descumprimento de preceito fundamental; não que a *julgará*: § 1º do art. 102).

A fórmula sucinta com que a arguição por descumprimento de preceito fundamental veio expressa nesse § 1.º do art. 102 da CF não joga muitas luzes sobre o instituto, mas a leitura da lei regulamentadora – 9.882/99 – permite inferir que: (*i*) tal arguição comporta assim a *via direta*, por ação (art. 1.º, *caput*), como a via *indireta*, incidental (§ único, inc. I do art. 1.º), tendo ambos os casos o endereço comum da competência originária do STF; (*ii*) o objeto da arguição há de ser um ato do Poder Público idôneo a lesar preceito fundamental constante da CF, buscando o autor, ou *impedir* a consumação (efeito

---

118 Argüição de descumprimento de preceito fundamental: instrumento para uma remodelada 'interpretação autêntica' dos direitos fundamentais. In: GRAU, Eros Roberto e CUNHA, Sérgio Sérvulo da (coord.). *Estudos de direito constitucional em homenagem a José Afonso da Silva*, São Paulo: Malheiros, 2003, p. 660.

119 Idem, p. 674, rodapé nº 41.

inibitório), ou torná-lo insubsistente (efeito desconstitutivo); (*iii*) o texto original da Lei 9.882/99 estendia a legitimidade ativa para "qualquer pessoa lesada ou ameaçada por ato do Poder Público", mas o alvitre foi objeto de veto presidencial, dentre outros motivos por se considerar suficiente o "amplo rol de entes legitimados para a promoção do controle abstrato de normas inscrito no art. 103 da Constituição Federal" (*DOU* 6.12.1999, p. 10); (*iv*) a *ADPF* tem caráter subsidiário ou residual, não sendo admitida "quando houver qualquer outro meio eficaz de sanar a lesividade" (§ 1º do art. 4.º da Lei 9.882/99).

"Preceitos fundamentais", para José Afonso da Silva, configuram uma expressão que excede ao sentido de "princípios fundamentais", visto que aquela primeira fórmula, "mais ampla, abrange a estes e todas as prescrições que dão o sentido básico do regime constitucional, como são, por exemplo, as que apontam para a autonomia dos Estados, do Distrito Federal e especialmente as designativas de direitos e garantias fundamentais".[120]

Uma visualização do que sejam tais *preceitos fundamentais* é inferida do rol exemplificativo fornecido por Nery & Nery: "São fundamentais, entre outros, os preceitos constitucionais relativos: I – aos fundamentos da república: a) estado democrático de direito (CF, 1.º, *caput*); b) soberania nacional (CF 1.º I); c) cidadania (CF 1.º, II); d) dignidade da pessoa humana (CF 1.º, III); e) valores sociais do trabalho e da livre iniciativa (CF 1.º, IV); f) pluralismo político (CF 1.º, V); II – às cláusulas pétreas (CF 60 § 4.º); g) direitos e garantias fundamentais (CF 5.º); h) direitos sociais (CF 6.º a 11); i) forma federativa do Estado brasileiro; j) separação e independência entre os poderes; l) voto universal, secreto, direto e periódico".[121]

Sob a modalidade incidental, a *ADPF* opera como uma *prejudicial externa de constitucionalidade*, podendo implicar a suspensão do processo em que veio inserida (CPC, art. 313, V, *a*), prevendo-se que, em caso de "extrema urgência ou perigo de lesão grave, ou ainda, em período de recesso, poderá o relator conceder a liminar, ad referendum do Tribunal Pleno (Lei 9.882/99, § 1º do art. 5º).[122]

O art. 10 da Lei 9.882/99 não deixa dúvida de que a ADPF deflagra um *ius respondendi* por parte do STF, ao dispor que, julgada a ação, serão oficiados os interessados, "fixando-se as condições e o modo de interpretação e

---

120 *Curso de direito constitucional positivo* cit., 19ª ed., 2001, p. 561.

121 *Constituição Federal...*, 3ª ed., cit., 2012, nota nº 2 ao art. 1.º da Lei 9.882/99, p. 1179.

122. O STF, em liminar concedida em 05.12.2001 na ADIn 2.231-8, suspendeu a eficácia do § 3º do art. 5º da Lei 9.882/99, que dispunha sobre o alcance da liminar do STF em face dos demais órgãos jurisdicionais.

aplicação do preceito fundamental". Algo semelhante se observa na conduta da Colenda Corte quando acolhe *reclamação* interposta ao argumento de ter a Autoridade ou o órgão público recusado, imotivadamente, aplicação à *súmula vinculante* ou tê-la aplicado indevidamente (CF, § 3.º do art. 103-A): nesses casos, dar-se-á "*ciência* à autoridade prolatora e ao órgão competente para o julgamento do recurso [administrativo], que deverão adequar as futuras decisões administrativas em casos semelhantes, sob pena de responsabilização pessoal nas esferas cível, administrativa e penal" (art. 64-B da Lei 9.784/99, inserido pela Lei 11.417/2006).

Aquele efeito *pan-processual* da decisão do STF na arguição de descumprimento de preceito fundamental, a par do fato de que a decisão do STF na *ADPF* projeta "eficácia contra todos e efeito vinculante relativamente aos demais órgãos do Poder Público" (§ 3.º do art. 10 da Lei 9.882/99), permitiriam inferir que por aí se promoveu uma *reentrée* da antiga *avocatória*, outrora atribuída ao STF, a qual, entre outros efeitos deletérios, implicava afronta ao princípio do juiz natural. Mas, do modo como resultou regulamentada a *ADPF*, é possível inferir que se trata, antes, de um *incidente prejudicial de inconstitucionalidade*, à semelhança dos existentes em alguns países europeus, como na Alemanha com o *Verfassugnsbeschwerde*, embora este último instituto, adverte José Afonso da Silva, corresponda à "atribuição do direito de ação a *quisquis de populo* (ação popular)".[123] Essa legitimação popular chegou a ser excogitada entre nós, mas depois acabou descartada pelo veto presidencial, como antes referido.

Sob outra mirada, a missão precípua do STF de proceder ao controle de constitucionalidade de leis e atos governamentais, seja pela via direta/concentrada ou pela via indireta/difusa, permite que a Excelsa Corte atinja outro importante objetivo, que é o de preservar o tratamento isonômico a que fazem jus todos os jurisdicionados em face dos textos normativos. Figure-se que um Estado da Federação intente recrutar servidores para provimento de certos cargos públicos, prevendo, na lei de regência, algumas condições discriminatórias, a par de certas desequiparações ilegítimas, assim afrontando os princípios que norteiam a Administração Pública (CF, art. 37 e incisos I e II). Provida a *ADIn* no STF, daí resultará a insubsistência da lei ou do ato do poder público sindicados, em decisão com "eficácia contra todos e efeito vinculante" (§ 2.º do art. 102, cf. EC 45/2004), o mesmo podendo dizer-se no tocante à interpretação que venha fixada pelo STF numa *ADPF* (§ 3.º do art. 10 da Lei 9.882/99). A essa eficácia se agregará um outro valor, qual seja, o da

123 *Curso*... cit., 19ª ed., p. 562.

preservação da igualdade substancial (e não apenas formal) de todos perante a lei (CF, art. 5º e inciso II).

Sobre o ponto, afirma o Min. Celso de Mello, do STF: "O princípio da isonomia, que se reveste de autoaplicabilidade, não é – enquanto postulado fundamental de nossa ordem político-jurídica – suscetível de regulamentação ou de complementação normativa. Esse princípio – cuja observância vincula, incondicionalmente, todas as manifestações do poder público – deve ser considerado, em sua precípua função de obstar discriminações e de extinguir privilégios, sob duplo aspecto: a) o da igualdade na lei e b) o da igualdade perante a lei. A igualdade na lei – que opera numa fase de generalidade puramente abstrata – constitui exigência destinada ao legislador que, no processo de sua formação, nela não poderá incluir fatores de discriminação, responsáveis pela ruptura da ordem isonômica. A igualdade perante a lei, contudo, pressupondo lei já elaborada, traduz imposição destinada aos demais poderes estatais, que, na aplicação da norma legal, não poderão subordiná-la a critérios que ensejem tratamento seletivo ou discriminatório. A eventual inobservância desse postulado pelo legislador imporá ao ato estatal por ele elaborado e produzido a eiva de inconstitucionalidade".[124]

Em suma, conquanto o controle de constitucionalidade, realizado pelo STF, na via incidental ou na direta, seja, naturalmente, imanente ao Tribunal que é o *guarda da Constituição* (art. 102, *caput*), não há negar que: (*i*) aquela missão institucional tem se agigantado em modo crescente, pelas razões antes expostas, ocupando grande parte do tempo que a Corte, de outro modo, poderia dedicar ao exame e resolução do próprio mérito dos recursos extraordinários e das ações e incidentes inseridos em sua competência originária; (*ii*) com o advento do quesito adicional da *repercussão geral da questão constitucional*, no juízo de admissibilidade dos recursos extraordinários (CF, § 3.º do art. 102: EC 45/2004), é razoável prever-se uma retração no afluxo das arguições incidentais de inconstitucionalidade, na medida em que esses mesmos recursos tenderão a se reduzir numericamente, por conta da *filtragem* propiciada por aquele *elemento de contenção*, máxime com relação aos apelos múltiplos e repetitivos (CPC, arts. 1036-1.041; RISTF, art. 326, cf. ER 21/2.007).

7. A FUNÇÃO *PARADIGMÁTICA* DO STF: A SÚMULA VINCULANTE, A *OBJETIVAÇÃO* DO RECURSO EXTRAORDINÁRIO E O SEU MANEJO *POR AMOSTRAGEM*.

O STF, ao *conhecer* do recurso extraordinário (= juízo de admissibilidade positivo, inclusive quanto ao reconhecimento da *repercussão geral* – CF, § 3.º

124 STF, Pleno, MI 58/DF, rel. para o acórdão Min. Celso de Mello, *DJ*, Seção I, 19, abr./1991, p. 4.580.

do art. 102), ato contínuo "decide a causa aplicando o direito à espécie" (Súmula 456; CPC, art. 1.034, caput). Com isso, a Colenda Corte desempenha a dupla função *nomofilácica* e *dikelógica*: a primeira, reportada à preservação da inteireza positiva, validade e autoridade do ordenamento positivo, e a última, voltada à resolução justa da lide *in concreto*, nos limites em que o permite o efeito devolutivo de um recurso de tipo excepcional, de estrito direito, exigindo prequestionamento e apresentando fundamentação vinculada à CF (art. 102, III). Saliente-se que a competência recursal de nossa Corte Suprema não se confina ao recurso extraordinário, mas abrange ainda a instância recursal ordinária (art. 102, II); além disso, toca-lhe ainda um expressivo rol de ações e incidentes inseridos em sua competência originária (art. 102, I).

Além daquelas duas funções antes referidas, sendo o STF o *guarda da Constituição*, atuante num país de dimensão continental, compreende-se que deva o STF desempenhar ainda mais uma missão, qual seja a de fornecer parâmetros para a resolução das muitas questões constitucionais suscitadas nas instâncias judiciárias, visto que a qualquer juiz é dado delas conhecer, incidentemente (embora a *declaração* a respeito, com eficácia *ultra partes*, exija a chamada *reserva de plenário* – CF, art. 97; súmula vinculante 10).

É dizer, a *função paradigmática* é imanente a uma Corte Suprema, e ela a exerce tanto *in abstracto*, nas ações que questionam a constitucionalidade de leis e atos do Poder Público, como *in concreto*, nas arguições incidentes nas lides intersubjetivas, componentes de sua competência recursal ou originária. Tratando-se do controle difuso, a *expansão extra-autos* dos efeitos da decisão dada *inter partes* fica a depender de ulterior concurso do Senado, nos termos do art. 52, X, da CF, sem embargo do tendencial entendimento pela chamada *objetivação do recurso extraordinário, que busca uma aproximação eficacial entre aqueles dois modos de controle de constitucionalidade.*

Nada há de estranho ou excrescente n função *paradigmática do STF, em se* considerando-se que a ele cabe operar como *Corte Constitucional*, que sobrepaira a tudo e a todos, nas searas pública e particular, donde ser perfeitamente compreensível que suas decisões projetem uma eficácia expansiva *pan-processual*, em face dos entes políticos, demais instâncias decisórias, Administração Pública, jurisdicionados em geral e até mesmo ao interno da sociedade civil como um todo. Nesse sentido pronunciou-se, no início do século passado, o *Chief Justice* Hughes, da Suprema Corte norte-americana: "Estamos todos sob a égide da Constituição, mas ela é o que a Corte Suprema diz que ela é".[125] Exemplo expressivo é lembrado por Marcelo José Magalhães

125 Sobre esse período da história judiciária norte-americana, v. Tercio Ferraz Sampaio, O Judiciário frente à divisão dos Poderes: um princípio em decadência? *Revista USP*, n. 21, mar./maio 1994, p. 16.

Bonício: "Já no início dos anos 80, ante a demora com que o Poder Público fazia (e faz) o pagamento de seus precatórios, o Supremo Tribunal Federal permitia a realização de nova perícia para nova fixação do valor do bem desapropriado, não obstante a existência de coisa julgada fixando um determinado valor, levando em consideração que o 'lapso de tempo desgastou o sentido da coisa julgada'".[126]

Se essa proeminência extra-autos já ocorre a partir dos acórdãos *singulares* proferidos pelo STF, por uma de suas duas Turmas, ou pelo Pleno, com maior razão se há de reconhecer essa eficácia expandida nos graus mais elevados de sua produção pretoriana: a jurisprudência (*i*) *dominante*; (*ii*) *extratificada em súmula*; (*iii*) *otimizada pela agregação da força obrigatória, no caso da súmula vinculante.*

Esse contexto está em simetria com a tendência à *valorização do precedente*, tanto nas instâncias judiciais (*v.g.*, os TRTs "procederão, obrigatoriamente, à uniformização de sua jurisprudência": CLT, § 3º do art. 896, redação do parágrafo cf. Lei 13.015/2.014; o STF "promoverá ampla e específica divulgação do teor das decisões sobre repercussão geral (...)": art. 329 do RISTF, cf. ER 21/2007) como nas instâncias parajurisdicionais, por exemplo: os Tribunais de Contas, assim como os de Impostos e Taxas costumam condensar em enunciados normativos seus acórdãos reiterados; a Advocacia Geral da União pode fazer o mesmo, a partir da jurisprudência predominante no STF e no STJ, competindo ao Chefe da instituição "editar enunciados de súmula administrativa, resultantes de jurisprudência iterativa dos Tribunais" (Lei Complementar federal 73/93, art. 4.º, XII). O CPC arrola os padrões decisórios impositivos a juízes e tribunais (art. 927 e incisos), dispondo ainda no art. 926, *caput*: "Os tribunais devem uniformizar sua jurisprudência e mantê-la estável, íntegra e coerente", cabendo-lhes ainda editar "enunciados de súmula correspondentes a sua jurisprudência dominante" - § 1º desse artigo.

No tocante ao direito sumular, verifica-se que, enquanto os enunciados assentados pelos órgãos colegiados em geral projetam eficácia *persuasiva* – o que se aplica às mais de setecentas súmulas *simples* do próprio STF – outra realidade se passa com os enunciados que a Excelsa Corte, autorizada pelo art.

---

126 *Proporcionalidade e processo. A garantia constitucional da proporcionalidade, a legitimação do processo civil e o controle das decisões judiciais.* Coleção Atlas de Processo Civil, coord. Carlos Alberto Carmona, São Paulo: Atlas, 2006, p. 183. (Em nota de rodapé o autor colaciona acórdãos do STF alusivos ao afirmado no texto: RE 93.412, j. 04.05.1982, rel. Min. Rafael Mayer; RE 105.012, j. 09.02.1998, rel. Min. Néri da Silveira).

8º da EC 45/2004, afirma como *vinculantes*: estas últimas revestem-se de um *plus*, qual seja a eficácia *dissuasória*, na medida em que não se vocacionam a operar como singela sinalização, mas em verdade *obrigam* juízes e administradores públicos, a par de projetarem relevante influência – preventiva e repressiva – em face dos atos e condutas praticados ao interno da coletividade como um todo (destinatários *indiretos ou por via reflexa*). Uma aplicação do ora afirmado está na presunção de repercussão geral quando a decisão recorrida contrariar "súmula ou jurisprudência dominante do Supremo Tribunal Federal" – CPC, § 3º, I, do art. 1.035.

No ponto, já escrevemos: "À primeira vista o efeito vinculativo da súmula alcançaria somente os juízes e os administradores públicos (CF, art. 103-A, *caput*), mas essa perspectiva é parcial e reducionista. Tirante o *ato privado puro*, estabelecido entre duas ou mais partes capazes, para consecução de certo negócio envolvendo interesse disponível, no mais, e de ordinário, as pessoas físicas e jurídicas, de direito privado e público, relacionam-se com os Poderes constituídos, formulando pretensões ou resistências junto às instâncias administrativa e judicial; assim, de modo *indireto ou reflexo*, cidadãos e pessoas jurídicas privadas e públicas colocam-se sob a irradiação dos efeitos das súmulas vinculantes. Por exemplo, determinada cláusula poderá deixar de ser inserida num edital de concurso público, por se revelar desconforme ao enunciado de súmula vinculante, assim afetando os interessados no certame; um contrato praticado massivamente poderá ter sua redação reformulada, para conformá-lo ao enunciado de certa súmula vinculante, por modo a preservar sua higidez, caso venha a ser judicializada a controvérsia".[127]

Assim se passa porque a decisão judicial e o ato administrativo resistentes à súmula vinculante ou que a apliquem indevidamente ficam, respectivamente, sujeitos à *cassação* e *anulação* (CF, § 3.º do art. 103-A; § 2.º do art. 7.º da Lei 11.417/2006; CPC, art. 992). Tão severas sanções só podem ser explicadas a partir da deliberação do constituinte revisor de promover, senão uma equiparação, quando menos uma estreita aproximação entre a súmula vinculante e a norma legal, já que ambas apresentam as mesmas características de *abstração, generalidade, impessoalidade e obrigatoriedade geral*, diferindo apenas quanto ao ambiente de onde promanam. Aliás, não haveria excesso em reconhecer que a certos respeitos tais súmulas até se avantajam sobre as normas legais, porque enquanto estas, impregnadas pelo ambiente dialético do Parlamento, vocacionam-se a ser interpretadas, não raro alcançando mais

---

127 *Divergência jurisprudencial e súmula vinculante*, 6. ed., Salvador: JusPodivm, 2010, p. 469, 470.

de uma inteligência, já as súmulas vinculantes, representando o substrato de reiteradas decisões do STF sobre matéria constitucional, preordenam-se antes e superiormente, a serem *cumpridas em sua literalidade*, assim beneficiando de uma sorte de "interpretação autorreferente", ou *autopoiética*. Sem embargo, consente-se um certo espaço para a aferição da extensão/compreensão do enunciado sumulado, com vistas a alcançar seu fiel significado, até como condição para a possível subsunção ao caso concreto. Aliás, o § 1º do art .489 do CPC considera não fundamentada (e, pois, é nula: CF, art. 93, IX) a decisão judicial que (...) "V – se limitar a invocar precedente ou enunciado de súmula, sem identificar seus fundamentos determinantes, nem demonstrar que o caso sob julgamento se ajusta àqueles fundamentos".

Esclarece Vanice Lírio do Vale: "É de se observar ainda que, mesmo em se cuidando de precedente de adesão obrigatória, é de se reconhecer ao juiz que o aplica ao caso concreto, a necessidade de aplicação do mesmo *iter* percorrido para a extração do critério jurídico de solução a partir do texto legislativo. Afinal, o modelo nacional de precedentes vinculantes se referencia, não a um caso com a íntegra de seus elementos determinantes, mas sim a um enunciado abstrato, que em tudo e por tudo se assemelha à função legislativa positiva – aquela mesma que o Supremo Tribunal Federal, por várias vezes, negou possuir".[128]

Não há negar a tendência crescente, entre nós, ao reconhecimento de *força obrigatória* aos precedentes judiciais, especialmente quando revelados como jurisprudência dominante ou sumulada dos tribunais superiores. No ponto, indagava o Min. Francisco Rezek, votando na *ADCon* n. 1-1-DF, em que se questionava sobre a EC 03/1993, instituidora da ação declaratória de constitucionalidade: "De modo que me pergunto: faz sentido não ser vinculante uma decisão da Suprema Corte do país? Não estou falando, naturalmente, de fatos concretos, cada um com seu perfil, reclamando o esforço hermenêutico da lei pelo juiz que conhece as características próprias do caso. Estou me referindo à hipótese de pura análise jurídica. Tem alguma seriedade a ideia de que se devam fomentar decisões expressivas de rebeldia? A que serve isso? Onde está o interesse público em que esse tipo de política prospere? Vejo como sábio e bem-vindo aquilo que diz o § 2.º do art. 102, por força da Emenda n. 3, e a única coisa que lamento é que isso não tenha sido, desde o início, a regra pertinente à ação direta declaratória de inconstitucionalidade". (Em consonância com esse voto, anos depois a EC 45/2004 viria dar nova redação

128 Impasses sistêmicos da versão brasileira de precedentes vinculantes. *Revista Forense*, vol. 384, mar./abr. 2006, p. 513.

àquele parágrafo, para dotar de "eficácia contra todos e efeito vinculante" a decisão de mérito tanto na *ADIn como na ADCon*).

Por conta da antes assinalada tendência à potencialização dos precedentes sumulados, escrevia José Rogério Cruz e Tucci, *ainda antes* do advento da súmula vinculante do STF, pela EC 45/2004: "Não há dúvida, outrossim, de que a força obrigatória, supra referenciada, acentua o caráter de fonte de direito dos *precedentes judiciais* do Supremo Tribunal Federal. Como bem pontuado, a propósito, os efeitos vinculantes da jurisprudência, previstos expressamente pelo ordenamento legal, alçam a atividade judicial ao mesmo nível da hierarquia da lei, em todos aqueles sistemas nos quais esta ocupara posição de absoluta preeminência".[129]

Vale obtemperar que a impositividade da súmula vinculante do STF não dispensa nem impede o labor interpretativo de tal enunciado por parte de seus destinatários - o órgão judicial ou administrador público - porque, cuidando-se de um enunciado normativo, torna-se inevitável a exegese voltada a precisar o seu conteúdo (extensão-compreensão), tanto quanto a exata caracterização da *fattispecie*. Dito de outra forma, a incidência da súmula vinculante se apresenta como um *posterius*, em face do *prius* que é a atividade intelectiva voltada a precisar: (*i*) o real alcance do preceito sumulado e, (*ii*) a exata definição do objeto litigioso.

Em sede monográfica sobre o tema, colocamos a indagação: "A súmula vinculante comporta interpretação pelo juiz e pelo administrador público?", a ela respondendo *afirmativamente*, pelos argumentos ali expostos, aqui não reproduzidos, *brevitatis causa*.[130] Também o magistrado paulista Walter Alexandre Mena avalia que cabe ao juiz "verificar se o enunciado é adequado para o caso concreto, se esse se enquadra perfeitamente na proposição. Aliás, não há aqui, nenhuma novidade: isso o juiz já faz em relação ao texto legal, igualmente abstrato, através dos processos de subsunção (ato de subordinar o caso concreto à norma jurídica geral e abstrata) e de imputação (ação que une a consequência jurídica à hipótese normativa)".[131]

Em sua longa existência, as súmulas do STF prestaram grandes serviços, bastando lembrar seu contributo para o tratamento isonômico aos casos

---

129 *Precedente judicial como fonte do direito*, São Paulo: Revista dos Tribunais, 2004, p. 275.

130 *Divergência jurisprudencial e súmula vinculante*, 6. ed., 2.018, cit., p. 475-477.

131 Súmulas da jurisprudência predominante do Tribunal de Justiça de São Paulo – necessidade e inevitabilidade de sua instituição. *Revista da Escola Paulista da Magistratura*, ano 8, n. 2, jul./dez. 2007, p. 26.

assemelhados; a redução do tempo incorrido nos julgamentos; a abreviação dos ritos, e, mesmo, a projeção de um *efeito preventivo geral*, consistente no desestímulo ao ajuizamento de pretensões que desde logo se mostram em desalinho com o entendimento sumulado (*v.g.*, a pretensão do professor de ver computado para fins de aposentadoria o tempo dispendido na assistência ao alunado na biblioteca da Escola, em face do disposto na Súmula STF 726: "Para efeito de aposentadoria especial de professores, não se computa o tempo de serviço prestado fora da sala de aula"). De outra parte, dispõe o art. 332 do CPC: "Nas causas que dispensem a fase instrutória, o juiz, independentemente da citação do réu, julgará liminarmente improcedente o pedido que contrariar: I – enunciado de súmula do Supremo Tribunal Federal ou do Superior Tribunal de Justiça".

Historicamente, apesar de não ter vingado a proposta de Alfredo Buzaid, no seu *Anteprojeto de Código de Processo Civil* (1964) para a inserção dos assentos jurisprudenciais obrigatórios em nosso sistema, ainda assim as súmulas do STF exerceram, desde sua criação em 1963, notável *força persuasiva*, ainda que não propriamente vinculativa. Assim, manteve-se o primado da norma legal como fonte primária ou forma de expressão principal do Direito (CF, art. 5.º e inc. II: reserva legal; CPC, art. 140, *caput*: critério de legalidade estrita), complementada, quando necessário, pelas fontes secundárias ou meios de integração (Dec. Lei 4.657/1.942 – Lei de Introdução às normas do Direito Brasileiro, assim redenominado pela Lei 12.376/2010 – art. 4.º; CPC, § único do art. 140). É dizer, o juiz aplica a norma, mas não a cria enquanto enunciado geral, abstrato e impessoal, embora possa, quando expressamente autorizado, cunhar o parâmetro ou a diretriz que resolverão a lide *in concreto*, decidindo por equidade (CPC, § único do art. 140; Lei 9.099/95, art. 6º). Nessa linha se insere a contemporânea proposta do consequencialismo das decisões, positivada na Lei 13.655/2.018, que para tal inseriu dispositivos na antes referida Lei de Introdução às normas do Direito Brasileiro.

Antes da criação do STJ pela CF de 1988, ao qual ficou atribuída a exegese final do direito federal comum, essa competência competia ao STF, que a exercia sobretudo no plano do recurso extraordinário (EC 01/69, art. 119, III), donde se explicar o extenso rol das súmulas do STF. Com o início do funcionamento do STJ, este foi gradualmente sumulando sua jurisprudência, sem embargo de que por vários anos as súmulas do STF, mormente em matéria processual, continuaram a ser prestigiadas pelo STJ. O fato de o STF ter editado as súmulas *vinculantes* num rol apartado, portanto *descontinuando a numeração anterior*, parece sinalizar no sentido de que, ao menos numa primeira fase, o STF optará por não alterar ou revogar suas súmulas em matéria *infraconstitucional*, deixando que elas, por defasadas, caiam, gradual e naturalmente em desuso, e sejam assim paulatinamente "absorvidas" pelas do STJ, Tribunal competente no âmbito do direito federal, comum. Assim já ocorreu com as Súmulas STF 279, 283, 286 e 454, "substituídas", respectivamente, pelas de nºs. 7, 126, 83 e 5 do STJ. Considere-se ainda que o STF, valendo-se do permitido pelo art. 8.º da EC 45/2004, *confirmou*, como vinculante, sob nº 7, a súmula simples de nº 648.

Neste passo, é de justiça relembrar que o advento das súmulas do STF deveu-se ao empenho do saudoso Min. Victor Nunes Leal. Em estudo publicado em 1964 – portanto nos primórdios da implantação da "Súmula da Jurisprudência Predominante do Supremo Tribunal Federal" – explicava que ela "atende, portanto, a vários objetivos: é um sistema oficial de referência dos precedentes judiciais, mediante a simples citação de um número convencional; distingue a jurisprudência firme da que se acha em vias de fixação; atribui à jurisprudência firme consequências processuais específicas para abreviar o julgamento dos casos que se repetem e exterminar as protelações deliberadas. (...) A 'Súmula' realiza, por outro lado, o ideal do meio-têrmo, quanto à estabilidade da jurisprudência. Como observou o Prof. José Frederico Marques, ela ficou entre a dureza implacável dos antigos assentos da Casa da Suplicação, 'para inteligência geral e perpétua da lei', e a virtual inoperância dos atuais prejulgados. É um instrumento flexível, que simplifica o trabalho da Justiça em todos os graus, mas evita a petrificação, porque a 'Súmula' regula o procedimento pelo qual pode ser modificada. Ela não estanca o fluxo criador da jurisprudência, nem impede a sua adaptação às condições emergentes. Apenas exige, para ser alterada, mais aprofundado esforço dos advogados e juízes. Deverão eles procurar argumentos novos, ou aspectos inexplorados nos velhos argumentos, ou realçar as modificações operadas na própria realidade social e econômica. Com essa precaução, a 'Súmula' substitui a *loteria judiciária* das maiorias ocasionais pela perseverança esclarecida dos autênticos profissionais do direito".[132]

Assim é que o sistema jurídico brasileiro conta hoje com duas vertentes ou dois ambientes de direito sumular: (*i*) o *vinculante*, impositivo, como aquela palavra já o indica, de cunho dissuasório, exclusivo do STF, e (**ii**) o *persuasivo*, operando no plano da influência, próprio das súmulas simples – inclusive as do STF e do STJ. Vale ter presente que, a nosso ver, era às súmulas *vinculantes* que o legislador, ao tempo do CPC/73, deve(ria) ter-se referido no § 1.º do art. 518, que autorizava o não recebimento de apelação tirada contra sen-

132 Atualidade do Supremo Tribunal, *Revista Forense*, vol. 208, out./dez. 1964, p. 17-18.

tença confortada por *súmula* desses Tribunais; é que, tirante uma possível (e improvável) retratação por parte do juiz (§ 2.º daquele artigo), fato é que tais súmulas, malgrado desprovidas do efeito vinculativo, acabavam por engendrar o severo efeito de trancar o acesso ao segundo grau de jurisdição. Tendo o legislador descurado de justapor à palavra súmula o qualificativo *vinculante*, expôs-se a ver questionada a inconstitucionalidade do dispositivo, que, da forma singela como restara escrito, era, como avaliava Teresa Arruda Alvim Wambier, "irremediável e escancaradamente inconstitucional".[133]

Outra manifestação da *função paradigmática* do STF está na tendência à *objetivação do recurso extraordinário*, antes referida. Na concepção tradicional, em que pese a natureza excepcional dos recursos de estrito direito, de fundamentação vinculada ao texto constitucional, a decisão de mérito neles proferida projeta eficácia apenas *inter partes*, de sorte que é nesses lindes que a coisa julgada vem agregar imutabilidade-indiscutibilidade à decisão de mérito. Todavia, se tal *eficácia contida* é aceitável para os recursos de tipo comum, em que o interesse do recorrente deriva da situação de prejuízo (sucumbência) acarretada pela decisão *a quo* (nesse sentido, fala o art. 996 do CPC em *parte vencida*), igual desenho não se traslada exatamente aos recursos de extração constitucional – RE e REsp – porque são de estrito direito e se endereçam aos *Tribunais da Federação*, cuja missão não se esgota na resolução do caso concreto, mas vai além, para alcançar uma finalidade *de interesse público*, qual seja, a de parametrizar o julgamento de casos análogos nas instâncias judiciárias do país.

Essa função *paradigmática*, no caso do STF, justifica-se porque enquanto as leis podem comportar mais de uma interpretação, dissenso que, depois, vai sendo gradualmente decantado e assentado por conta dos recursos fundados em divergência jurisprudencial (v.g., REsp pela alínea c do art. 105, III da CF), já o texto constitucional é de aplicação expandida a todas as instâncias judiciárias, tendo no STF o seu intérprete máximo e definitivo, que dá a *ultima ratio* e fixa a *única* interpretação cabível, ficando excluídas as demais, por imposição lógica de coesão interna do sistema e impositividade do pacto fundamental: não pode(ria) uma norma ou um ato do Poder Público serem (in)constitucionais apenas em face de *alguns* sujeitos e não de outros. De outra parte, a Constituição Federal estabelece como direito e garantia individual o

133 Súmulas e inadmissibilidade da apelação. In: CALDEIRA, Adriano; FREIRE, Rodrigo da Cunha Lima (org.). *Terceira etapa da reforma do Código de Processo Civil – estudos em homenagem ao Min. José Augusto Delgado*, Salvador: JusPodivm, 2007, p. 322.

tratamento isonômico de todos perante a lei – e, portanto, *a fortiori*, perante a norma constitucional.

Apesar disso, a eficácia apenas *inter partes* da inconstitucionalidade afirmada incidentalmente num conflito intersubjetivo possibilita, por exemplo, que uma empresa possa isentar-se de certo tributo se o STF, acolhendo o *seu* recurso extraordinário, afirma, *incidenter tantum*, ser inconstitucional o dispositivo legal em que se fundara a pretensão fiscal. À míngua de projeção expandida extra-autos, poderá dar-se que tal obrigação tributária continue exigível em face das demais empresas do mesmo ramo de atividade, praticantes do mesmo fato gerador, que não ingressaram em juízo, como se um texto legal pudesse ser inconstitucional em face de alguns e não de outros!

Há de ter sido com o objetivo de prevenir ou sanar tais situações de iniquidade que o § 12º do art. 525 e o § 5º do art. 535 do CPC vigente (correspondentes ao § 1º do art. 475-L e ao § único do art. 741 do CPC/73 e a), consideram inexigível (e, pois, inexequível) a "obrigação reconhecida em título executivo judicial fundado em lei ou ato normativo considerado inconstitucional pelo Supremo Tribunal Federal, *ou fundado em aplicação ou interpretação da lei ou do ato normativo tido pelo Supremo Tribunal Federal como incompatível com a Constituição Federal, em controle de constitucionalidade concentrado ou difuso*": eficácia *erga omnes*, portanto, ou ao menos pan-processual, configurada ainda antes, e independentemente da intervenção do Senado Federal (art. 52, X, da CF).[134] Aliás, o legislador ordinário já ameniza a exigência da *reserva de Plenário* (CF, art. 97), no reconhecimento incidental de inconstitucionalidade, ao prever no § único do art. 949 do CPC: "Os órgãos fracionários dos tribunais não submeterão ao plenário, ou ao órgão especial, a arguição de inconstitucionalidade quando já houver pronunciamento destes ou do plenário do Supremo Tribunal Federal sobre a questão"(v., também, súmula vinculante STF nº 10).

Visto que análogo dispositivo vinha previsto no CPC/73 (§ único do art. 481), no RE 190.728 (*DJ* 30.05.1997), o relator para o acórdão, Min. Ilmar Galvão, ressaltou que aquela nova vertente exegética acerca da referida *reserva de Plenário* está "em perfeita consonância não apenas com o princípio da economia processual, mas também com o da segurança jurídica, merecendo, por isso, todo encômio, como procedimento que vem ao encontro da tão desejada racionalização orgânica da instituição judiciária brasileira", ressaltando que se

---

134 À época a OAB ajuizara a *ADIn* 3.740 no STF, em face do art. 4.º da Lei 11.232/2005 que inserira no CPC o art. 475-L, § 1º. Foi julgada improcedente em 27.09.2.019, por maioria, rel. Min. Gilmar Mendes.

cuidava "de norma que não deve ser aplicada com rigor literal, mas, ao revés, tendo-se em mira a finalidade objetivada, o que permite a elasticidade do seu ajustamento às variações da realidade circunstancial". Reportando esse julgado, aduz o Min. Gilmar Mendes: "(...) a natureza idêntica do controle de constitucionalidade, quanto às suas finalidades e aos procedimentos comuns dominantes para os modelos difuso e concentrado, não mais parece legitimar a distinção quanto aos efeitos das decisões proferidas no controle direto e no controle incidental. Somente essa nova compreensão parece apta a explicar o fato de o Tribunal ter passado a reconhecer efeitos gerais à decisão proferida em sede de controle incidental, independentemente da intervenção do Senado. O mesmo há de se dizer das várias decisões legislativas que reconhecem efeito transcendente às decisões do STF tomadas em sede de controle difuso. A multiplicação de processos idênticos no sistema difuso - notória após 1988 - deve ter contribuído, igualmente, para que a Corte percebesse a necessidade de atualização do aludido instituto".[135]

O crescente afluxo à Justiça de processos múltiplos e repetitivos representa um retrocesso e uma atecnia em termos de condução processual dos megaconflitos, porque a função judicial do Estado não se preordena a ser desempenhada em modo massivo, em face de milhares de causas envolvendo um mesmo *thema decidendum*; macrolides, quando vêm a ser judicializadas, devem, precípua e superiormente, ser encaminhadas à jurisdição coletiva, buscando-se assim uma de simetria entre o alcance do objeto judicializado e o modus procedendi. Nem por outro motivo o CPC vigente autoriza o juiz, em se deparando com afluxo importante de demandas seriais, a oficiar aos colegitimados do art. 5º da lei 7.347/85 e do art. 82 da Lei 8.078/90, para que verifiquem a oportunidade de ajuizamento da ação coletiva adequada à espécie (art. 139, X).

Aliás, num panorama ideal, os conflitos de interesse de largo espectro deveriam, num primeiro momento, ser encaminhados à apreciação e possível resolução pela Administração Pública, que, bem por isso, está autorizada a "aplicar a lei, de ofício", a exercer o seu poder de polícia e a fazer escolhas primárias e opções de caráter político.

Desse modo se estaria a enfrentar na origem a extraordinária judicialização de demandas que antes poderiam e deveriam ser encaminhadas à administração pública direta e indireta e às agências reguladoras, para exame e

---

135 Passado e futuro da súmula vinculante: considerações à luz da Emenda Constitucional 45/2004. In: RENAULT, Sérgio Rabello Tamm; BOTTINI, Pierpaolo (coords.). *Reforma do Judiciário*, São Paulo: Saraiva, 2005, p. 367-369, *passim*.

solução, de que é exemplo emblemático o INSS, sabidamente um dos grandes clientes do Judiciário, juntamente com a União Federal. Com tal estratégia, a Justiça estatal remanesceria numa perspectiva residual, recepcionando os casos tornados incompossíveis em outras instâncias e bem assim os singulares e complexos, a par daqueles refratários aos demais meios auto e heterocompositivos, por conta de singularidades de matéria ou de pessoa.

No ponto, lamenta Aluísio Gonçalves de Castro Mendes que "prossegue-se no caminho atomizado da prestação jurisdicional, embora os direitos individuais homogêneos, coletivos e difusos estejam cada dia mais presentes na sociedade de massa, que, no caso brasileiro, atinge o quantitativo de quase 185 milhões de pessoas. A solução individual torna-se não apenas inviável como também injusta, na medida em que o permite a diversidade de soluções para situações idênticas, fomentando a desigualdade diante da lei".[136]

Ao propósito, Bruno Dantas do Nascimento sustenta que a tutela judicial *plurindividual* vem se avantajando no vácuo deixado pelo parco conhecimento sobre as especificidades do processo coletivo e pelos equívocos verificados em sua *praxis*: "O mau funcionamento do modelo de tutela coletiva de direitos individuais homogêneos, somado à necessidade de se adotar técnicas que permitam a eficiência e a racionalização da atividade do Poder Judiciário, foi a causa eficiente da elaboração em nosso país de técnicas de tutela plurindividual".[137] Sem embargo, Patrícia Miranda Pizzol sustenta que o processo coletivo "é o ambiente adequado para a discussão das questões jurídicas relevantes para sociedade, permitindo que a solução dos conflitos transindividuais seja obtida de modo democrático e legítimo, com a participação da sociedade (especialmente por intermédio de seus representantes adequados e a cooperação dos sujeitos do processo". [138]

A potencialização da eficácia das decisões de mérito do STF, mesmo nos conflitos intersubjetivos, vem ao encontro do desejável tratamento isonômico aos jurisdicionados, pela curial razão de que, sendo ele o *guarda da Constituição*, e sendo esta o parâmetro maior da ordem normativa no país, justifica-se que a exegese acerca dos dispositivos constitucionais não se restrinja apenas

136 O Poder Judiciário no Brasil. In: ASSIS, Araken de *et al.* (coord.). *Direito civil e processo – Estudos em homenagem ao professor Arruda Alvim*, São Paulo: Revista dos Tribunais, 2008, p. 978-979.

137 "Tutela recursal plurindividual...", tese de doutorado sustentada e aprovada na PUC–São Paulo, em 2013, conclusão n. 33, p. 151.

138. *Tutela coletiva – processo coletivo e técnicas de padronização das decisões*, São Paulo: Thomson Reuters-Revista dos Tribunais, 2.019, p. 664.

às partes de cada processo singularmente considerado, mas possa estender-se aos demais onde se debata igual *thema decidendum* (se *A* é, então *B*, tendo a mesma natureza, também deve ser).

É o que se verifica, no âmbito do STF, com a fixação dos Temas, reconhecidos ou não com repercussão geral, aos quais é dada ampla divulgação (RISTF, art. 329). Igualmente, labora no sentido da otimização da eficácia das decisões do STF a antes referida *objetivação do recurso extraordinário*, fundada na premissa de que o apelo extremo empolga uma querela de extração constitucional, cuja resolução pelo Tribunal deve ter seus efeitos potencializados, sob pena de o STF perder-se na imensidão de recursos que gravitam em torno de idênticas *quaestiones juris, a par do risco de* situações de iniquidade e até de perplexidade em face dos jurisdicionados, inconformados com o trato desigual a situações iguais.

A propósito, comentam Luiz Guilherme Marinoni e Daniel Mitidiero: "Se por um lado as ações de controle abstrato são seguramente processos objetivos, por outro se pode afirmar, novamente, que existe um processo irreversível de objetivação do controle concreto da constitucionalidade no âmbito do Supremo Tribunal Federal. É por isso que o Min. Celso de Mello, no que foi acompanhado por seus pares, fez a seguinte ponderação no julgamento da Reclamação nº 2986: 'Com efeito, o Supremo Tribunal Federal, em recentes julgamentos, vem dando mostras de que o papel do recurso extraordinário na jurisdição constitucional está em processo de redefinição, de modo a conferir maior efetividade às decisões. Recordo a discussão que se travou na Medida Cautelar no RE 376852, de relatoria do Min. Gilmar Mendes (Plenário, por maioria, *DJ* 27.03.2003). Naquela ocasião, asseverou Sua Excelência o caráter objetivo que a evolução legislativa vem emprestando ao recurso extraordinário, como medida racionalizadora de efetiva prestação jurisdicional'".[139]

A seu turno, Gregório Assagra de Almeida, conquanto ressalve que "esse assunto ainda não é pacífico no STF, havendo divergências entre os seus Ministros quanto à admissibilidade da tese referente à 'abstrativização' do controle difuso da constitucionalidade", admite haver "uma nítida tentativa no Brasil, atualmente, no sentido da 'abstrativização' do controle difuso e incidental da constitucionalidade, principalmente no âmbito do que é denominado de 'objetivização do recurso extraordinário'".[140]

---

139 *Repercussão geral no recurso extraordinário*, São Paulo: Revista dos Tribunais, 2007, p. 67-68.

140 *Manual das ações constitucionais*, 2007, cit., p. 702-703.

Em sintonia com essa tendência que vem marcando o recurso extraordinário coloca-se a técnica de seu julgamento *por amostragem*, em ordem a permitir, a um tempo, a prevenção do trâmite concomitante e desnecessário de recursos repetitivos, a agilização dos trâmites e a racionalização do julgamento, tanto nas instâncias de origem como no STF; e, enfim, busca-se com isso assegurar tratamento isonômico aos jurisdicionados, valendo lembrar, quanto a estes, a finalidade *social* do procedimento em causa, já que podem afluir ao STF decisões oriundas dos Colégios Recursais e Turmas de Uniformização no âmbito dos Juizados Especiais (súmula 640 do STF), foro esse propício às causas cíveis de menor complexidade, demandas seriais e infrações penais de menor potencial ofensivo.

O tema é versado no art. 127, caput, do RISTF: "Podem ser julgados conjuntamente os processos que versarem a mesma questão jurídica, ainda que apresentem peculiaridades". E, especificamente no tocante ao pressuposto genérico da *repercussão geral da questão constitucional* (CF, § 3.º do art. 102: EC 45/2004), a matéria vem regrada no art. 1.035 e § 1º do CPC, valendo salientar: (*a*) se o STF, na análise do(s) recurso(s) paradigma(s) remetido(s) pelo Tribunal de origem entender ausente aquele pressuposto, então os demais recursos sobrestados nos TJ's e TRF's sobre "matéria idêntica" terão seguimento denegado – § 8º daquele artigo; (*b*) terão igualmente seguimento denegado nos tribunais de origem os recursos extraordinários repetitivos ali sobrestados "se o acórdão recorrido coincidir com a orientação do tribunal superior" (CPC, art. 1.040, I). Algo semelhante já se passava ao tempo do CPC/73, como afirmava Bruno Dantas Nascimento analisando a normação então em vigor: "Quando o STF ou o STJ aprecia o recurso-piloto e emitem juízo de cassação acompanhado da expedição de comando normativo sobre a questão de direito, a consequência prática é que todos os acórdãos impugnados nos recursos sobrestados na origem deixam de existir juridicamente, seguindo o mesmo destino do acórdão impugnado no recurso-piloto".[141]

José Miguel Garcia Medina lembra que ocorrendo de a causa ainda estar "em trâmite em 1º grau de jurisdição, após a publicação do acórdão paradigma poderá o autor desistir da ação que versar sobre questão idêntica à resolvida no recurso representativo da controvérsia (cf. § 1º do art. 1.040 do CPC/2015), inclusive se já citado o réu, independentemente de seu consentimento (cf. § 3º do art. 1.040 do CPC/2015). Se a desistência ocorrer antes da contestação,

141 Tese de doutorado cit., PUC- São Paulo, 2.013, conclusão 56, p. 157.

o autor ficará isento de custas processuais e honorários de sucumbência (cf., §§ 1º a 3º do art. 1.040 do CPC/2015)".[142]

A fim de que o STF se assegure de que o(s) recurso(s) a ele remetido(s) *por amostragem* realmente representa(m) a inteira *quaestio juris* constitucional, alguns cuidados hão de ser tomados, tais os que vêm alvitrados por Marinoni & Miditiero: encaminhamento de "dois ou mais recursos, a fim de que, conjugadas as razões, possa-se alcançar um panorama que represente de maneira adequada a questão constitucional debatida"; além disso, prosseguem, "afigura-se apropriado que os Tribunais ouçam as entidades de classe para proceder à escolha (por exemplo, OAB, MP etc.), quiçá organizando sessão pública para tanto. A matéria inclusive pode ganhar disciplina nos regimentos internos dos Tribunais de origem (art. 24, XI, da CF)".[143]

No âmbito do STJ, o Regimento Interno dispõe sobre o trâmite do REsp nos arts. 255, §§ e incisos, cf. ER's 22 e 24/2.016, e, especificamente sobre os repetitivos, nos arts. 256 e 256-A a X (ER 24/2.016), a par de disposições complementares nos arts. 257, 257-A a E, cf. ER 24/2.016.

Juan Carlos Hitters, escrevendo para o recurso extraordinário argentino, embora admita que os três fins desse apelo extremo – *nomofiláctico, dikelógico* e *paradigmático* – devem laborar "en forma subordinada e armoniosamente, sin prevalencia de uno sobre otros", na sequência reconhece a proeminência da *misión uniformadora*, em ordem à preservação da *homogeneidade exegética* dos textos submetidos ao exame de uma Corte Constitucional: "Lo cierto es que el Tribunal Supremo no puede cumplir a satisfacción su alta misón si no extiende su inspección a toda la esfera de interpretación propiamente jurídica. El mero examen nomofiláctico sirve para poco, y no justifica el mantenimiento de todo un campo casatorio para revisar más que eso".[144]

---

142 *Novo Código de Processo Civil comentado*, 5ª ed., 2.017, cit., nota III ao art. 1.040, p. 1.610.

143 *Repercussão geral*... cit., p. 60. (Nota: dispõe o § 4º do art. 1.035 do CPC: "O relator poderá admitir, na análise da repercussão geral, a manifestação de terceiros, subscrita por procurador habilitado, nos termos do Regimento Interno do Supremo Tribunal Federal").

144 *Técnica de los recursos extraordinarios y de la casación*, La Plata: Libreria Editora Platense, 1998, p. 402, 403.

Capítulo 8

O GUARDA DO DIREITO FEDERAL COMUM: O SUPERIOR TRIBUNAL DE JUSTIÇA

Sumário: 1. Criação do STJ na Constituição Federal de 1988. 2. O REsp e sua tríplice finalidade. 3. Os elementos de contenção: o direito sumular, no plano da jurisprudência defensiva, e a *repercussão geral da questão federal, na admissibilidade do recurso extraordinário*. 4. A tutela das liberdades públicas. 5. O controle difuso de constitucionalidade. 6. Extraterritorialidade dos comandos judiciais. 7. Prevenção e resolução das tensões internas entre autoridades judiciais, e destas em face de órgãos administrativos. 8. Tutela às situações de urgência. 9. Criação do direito pretoriano. 10. A função paradigmática do STJ.

1. CRIAÇÃO DO STJ NA CONSTITUIÇÃO FEDERAL DE 1988.

A criação do STJ deve ser vista e entendida no contexto das medidas que, ao longo do tempo, foram sendo excogitadas e implementadas no propósito de, por um lado, aliviar a sobrecarga do STF – acentuada depois que a CF de 1988 não recepcionou o *elemento de contenção* antes representado pela *arguição de relevância* – e, de outro lado, fazer com que esta Colenda Corte pudesse, efetivamente, operar como um *Tribunal Constitucional*, e não como uma terceira ou quarta instância.

Manifestações de apreensão quanto à chamada *crise do STF* já se faziam sentir nos anos quarenta do século passado, informando Alfredo Buzaid que desde "1942 a nação fôra alertada para a crise do Supremo com as publicações feitas por Filadelfo Azevedo, Levi Carneiro e outros eminentes juristas nacionais. Que o constituinte de 1946 não estava alheio ao problema, prova-o interêsse com que procurou criar o Tribunal Federal de Recursos, a fim de desafogar a hipertrofia do Supremo Tribunal Federal".[1] Depois, a Lei 3.396 de 1958, alterando os arts. 864 e 865 do CPC (1939), viria permitir certa *triagem*

---

1 A crise do Supremo Tribunal Federal. *Revista de Direito Processual Civil*, vol. 6, jul./dez. 1962, p. 43. (De interesse observar que, na CF de 1988, o conteúdo competencial do TFR – que então operava como a segunda instância da justiça federal comum – acabou *distribuído* entre os cinco Tribunais Regionais Federais então criados; a seu turno, o

dos recursos extraordinários pelo Presidente do Tribunal *a quo*, embora com reexame do despacho denegatório pelo STF; posteriormente, na sessão plenária de 13.12.1963, o STF aprovaria sua *Súmula da Jurisprudência Predominante*, que desde então muito tem contribuído, seja para *desestimular* a interposição de RE's contrários aos seus enunciados (inclusive com trancamento pelo próprio Relator: RISTF, § 2º do art. 21; CPC vigente, art. 932, IV, a), seja para assegurar *tratamento isonômico* aos recorrentes, seja, enfim, para *agilizar* o trâmite dos RE's admitidos (RISTF, § 4º do art. 102).

Vale registrar que o crescimento e a aplicabilidade do direito pretoriano indicam tendência que se dirá irreversível, valendo lembrar que a contrariedade do acórdão recorrido a uma súmula ou jurisprudência dominante do STF já basta para configurar o pressuposto da *repercussão geral da questão constitucional*, necessário à admissão do recurso extraordinário – CF, § 3.º do art. 102: EC 45/2004; CPC, § 3.º, I, do art. 1.035. Além disso, pelo art. 332 do CPC, está o juiz autorizado a julgar "liminarmente improcedente *o pedido* que contrariar: I - enunciado de súmula do Supremo Tribunal Federal ou do Superior Tribunal de Justiça" (...); IV – enunciado de súmula de tribunal de justiça sobre direito local", dispositivos que estão em sintonia com o disposto no art. 927, IV do CPC.

Nos anos sessenta do século passado notabilizou-se no STF o Min. Victor Nunes Leal, em sua luta contra a *crise numérica* dos processos que em proporção crescente e alarmante afluíam à Corte, cuja composição todavia restara estacionada em onze Ministros. Em estudo publicado em 1962,[2] o saudoso magistrado avaliava algumas propostas que, segundo ele, "ainda que bem intencionadas, conduzem a consequências perniciosas do ponto de vista da boa distribuição da Justiça". E exemplificava: (*i*) supressão dos RE's pela letra *a* do art. 101, III, da CF (de 1946) "quando se tratar de violação de lei federal ordinária. Por ela, entretanto, questões de maior importância, por suas implicações práticas e teóricas, ficariam subtraídas ao conhecimento do Supremo Tribunal"; (*ii*) exigência de prévia ação rescisória como pressuposto para o RE pela citada alínea *a*, hipótese todavia descartada porque, entre outros inconvenientes, "deixa longo tempo as partes em suspenso, por ser de cinco anos a decadência do direito de propor ação rescisória"; (*iii*) bifurcação do RE em duas categorias, conforme versassem matéria legal ou

---

também criado STJ passou a ser a última instância no âmbito do direito federal comum, competência antes empolgada pelo STF).

2 O requisito da "relevância" para redução dos encargos do Supremo Tribunal. *Revista de Direito Processual Civil*, vol. 6, jul./dez. 1962, p. 12-24.

constitucional, alvitre também descartado: "Pela frequente dúvida sobre se uma decisão envolve apenas matéria de lei ou também matéria constitucional, obrigaria muitas vêzes o advogado a interpor dois recursos extraordinários simultâneos, no mesmo processo, para evitar o risco de perder a causa pelo mau enquadramento da questão",[3] e também porque o "tribunal federal, que devesse julgar recursos extraordinários sôbre matéria de lei ordinária, levaria muito tempo para ter sua própria jurisprudência, ao passo que o Supremo Tribunal já conta com uma tradição de 75 anos";[4] (*iv*) aumento de Turmas no STF: "Isto seria um mal, que a nossa própria experiência comprova, como também a experiência oposta da Corte Suprema dos Estados Unidos, que só funciona em tribunal pleno. Também das turmas, além de surgirem frequentes conflitos de competência".[5]

Assim é que, após avaliar – e descartar – cada qual desses alvitres, Victor Nunes Leal exaltava os méritos da então incipiente *Súmula* do STF (que seria publicada em março de 1964: ER nº 28, de agosto de 1963), augurando que, além dela, "conviria adotar um esquema diferente dos que têm sido sugeridos, isto é, um *critério flexível* de redução dos seus encargos, como se fêz nos Estados-Unidos. Essa flexibilidade deve ser entendida sob dois aspectos distintos: de um lado, redução parcial da competência propriamente dita; de outro, alívio dos encargos, mas sem mutilação da sua competência". Nesse contexto, o Ministro sugeria a adoção de algum *elemento de contenção* (que, anos depois, se concretizaria na figura da *arguição de relevância* e, depois, sob as vestes da "repercussão geral da questão constitucional" – CF, § 3.º do art. 102: EC 45/2004): "exigir que seja de *alta relevância a questão federal suscitada*, para se admitir recurso de mandado de segurança ou recurso extraordinário (mantidos os demais requisitos hoje existentes)".[6]

---

3 Preocupação que, muitos anos depois, levaria a EC 45/2004 a inserir na competência do STF o RE pela alínea *d* do art. 102, III da CF (contraste entre lei local e lei federal); demais disso, havendo no acórdão recorrido matéria legal e constitucional torna-se necessária a interposição *conjunta* de RE e REsp (CPC, art. 1.031 e §§), sob pena de preclusão consumativa: Súmulas STF 283 e STJ 126.

4 Prognóstico que, todavia, não viria a se confirmar, levando-se em conta que o STJ, criado na CF 1988, tem promovido a uniformização da exegese sobre o direito federal comum (função paradigmática), sobretudo emitindo expressivo número de súmulas – superior a seiscentas – *proporcionalmente* maior do que as mais de setecentas emitidas pelo STF, em se considerando o tempo de existência de cada Corte.

5 O requisito da relevância... cit., *Revista de Direito Processual Civil*, vol. 6, jul./dez. 1962 cit., p. 14-15.

6 O requisito..., cit., *Revista de Direito Processual Civil*, vol. 6, jul.-dez.1962, p. 16, 17.

Ainda antes da criação do STJ pela CF de 1988, Theotônio Negrão publicara estudo onde alertava para iminente *débacle* do STF, caso não viesse a ser criado um Tribunal, igualmente de cúpula, encarregado da tutela ao direito federal comum. "Há crise do STF, que, mesmo depois que foi aliviado da sobrecarga relativa ao julgamento de recursos ordinários em mandado de segurança, não teve possibilidade de apreciar todos os recursos extraordinários, o que forçou o restabelecimento de um critério limitativo, totalmente ilógico, decorrente do valor da causa, critério, esse, que constitui verdadeiro contrassenso, uma vez que o recurso extraordinário tem por objetivo uniformizar a jurisprudência e pacificar o entendimento em torno de preceitos de lei federal, e isso nada tem que ver com o valor da causa: os dissídios jurisprudenciais e as negativas de vigência de lei tanto podem surgir nas causas de pequeno, como nas de médio ou de alto valor".[7] Na sequência, Theotônio Negrão lembrava que das duas funções que podia desempenhar o STF – "ou é o supremo intérprete da Constituição Federal; ou declara o exato entendimento da lei federal, (...) a primeira é a sua função inalienável e indelegável, e que de forma alguma poderá ser restringida ou cerceada. A outra, não; a ela se agregou por motivos de conveniência política ou, talvez, mesmo por mera economia (como coube outrora ao STF, por esse motivo, o julgamento, em grau de recurso, das causas decididas, em primeira instância, pelos juízes federais ou da Fazenda Nacional, até que se criasse o TFR)".[8]

Não há, pois, negar que dentre as concausas da criação do STJ preponderava a crescente sobrecarga de processos, que assolava a Justiça brasileira em geral e em especial o STF, retardando os trâmites processuais, tumultuando o ambiente judiciário, frustrando as partes e comprometendo a qualidade dos julgamentos (*a quantidade afeta a qualidade*), levando a que, na época, assim se expressasse Cândido Rangel Dinamarco: "O Superior Tribunal de Justiça foi instituído no Brasil em momento de grande desproporção entre a solicitação de serviços e a capacidade de trabalho do Supremo Tribunal Federal. Eram mais de vinte Estados com seus Tribunais de Justiça e alguns de Alçada, mais o Tribunal Federal de Recursos, mais os tribunais das Justiças Especiais da União, alimentando o Supremo com causas que ali iam ter pela via do recurso extraordinário e agravos de instrumento (afora a competência

7 Uma nova estrutura para o Judiciário. Republicado na *RT* n. 639, jan./ 1989, p. 243. (A Súmula STF 640 viria ao encontro do quanto afirmado nessa passagem – "É cabível recurso extraordinário contra decisão proferida por juiz de primeiro grau nas causas de alçada, ou por turma recursal de juizado especial cível e criminal". Já o STJ não conhece de recurso especial tirado de decisão de segundo grau desses Juizados: súmula 203).

8 Idem, p. 244.

originária e casos de recursos ordinários). A mais alta Corte do país, então como único órgão de superposição, era manifestamente insuficiente para acolher tanta solicitação".[9]

A ideia da criação do STJ, em sua gênese, remonta a uma reunião da chamada *Comissão dos Notáveis*, em mesa-redonda instalada em 1965, na Fundação Getulio Vargas, presidida pelo Min. Themístocles Brandão Cavalcanti e integrada pelos juristas Caio Tácito, Lamy Filho, Flávio Bauer Novelli, Miguel Seabra Fagundes, Alcino de Paula Salazar, Caio Mário da Silva Pereira, José Frederico Marques, Gilberto de Ulhôa Canto, Levy Fernandes Carneiro, Mário Pessoa e Miguel Reale. Lê-se no item 9.º do relatório desse encontro: "Decidiu-se, sem maior dificuldade, pela criação de um novo tribunal. As divergências sobre a sua natureza e o número de tribunais, que a princípio suscitaram debates, pouco a pouco se encaminharam por uma solução que mereceu afinal o assentimento de todos. Seria criado um único tribunal que teria uma função eminente como instância federal sobre matéria que não tivesse, com especificidade, natureza constitucional, ao mesmo tempo que teria a tarefa de apreciar os mandados de segurança e *habeas corpus* originários, os contra atos dos Ministros de Estado e os recursos ordinários das decisões denegatórias em última instância federal ou dos Estados. Assim, também os recursos extraordinários fundados exclusivamente na lei federal seriam encaminhados a esse novo Tribunal, aliviando o Supremo Tribunal Federal".[10]

(Verdade que a ideia da criação de outro Tribunal da Federação já se encontrava também delineada no chamado *substitutivo Accioly*, um projeto de reforma do Poder Judiciário que, todavia, não chegou a termo, sendo abortado pelo Governo Federal, em 1977).

É justo também registrar que ainda antes das efemérides ora reportadas, nos idos de 1963 – ano em que o STF implantara a Súmula de sua Jurisprudência Predominante – José Afonso da Silva já houvera propugnado a criação de um Tribunal da Federação que poderia aliviar a sobrecarga do STF. Essa Corte, dizia o eminente constitucionalista, "que denominaríamos *Tribunal Superior de Justiça*, por uma questão de uniformidade terminológica relativamente aos já existentes, teria como competência fundamental, entre outras, julgar, em grau de recurso, as causas decididas em única ou última instância

9 Superior Tribunal de Justiça e acesso à ordem jurídica justa. In: TEIXEIRA, Sálvio de Figueiredo (coord.), *Recursos no Superior Tribunal de Justiça*, São Paulo: Saraiva, 1991, p. 249.

10 Cf. Carlos Mário da Silva Velloso, O Superior Tribunal de Justiça – competências originária e recursal. In: *Recursos no*... cit., coord. Sálvio de Figueiredo Teixeira, p. 9.

pelos tribunais ou juízes estaduais, dos feitos da fazenda nacional e militares: a) quando a decisão recorrida fosse contrária à letra de tratado ou lei federal; b) quando se contestasse a validade de lei ou ato de governo local em face de lei federal, e a decisão recorrida aplicasse a lei ou ato impugnado; c) quando na decisão recorrida a interpretação da lei federal invocada fosse diversa da que lhe haja dado qualquer tribunal estadual, ou tribunal militar ou o Tribunal Federal de Recursos, ou divergisse de decisão por ele próprio proferida".[11]

É de justiça registrar que Theotônio Negrão, em trabalho publicado em 1974, propugnara pela criação de outro Tribunal da Federação, aludindo a um "Superior Tribunal de Justiça para julgar os recursos extraordinários, tanto da Justiça federal como da Justiça estadual, bem como todas as demais questões retiradas da competência atual do STF".[12]

A ideia-força, a coalizar essas iniciativas, era a de dotar a República de *dois Tribunais da Federação*: um, o STF, postado à cumeeira da organização judiciária, operando como o *guarda da Constituição*; outro, o STJ, colegiado restrito ao manejo do direito federal comum.

Cândido Rangel Dinamarco assim avaliava o papel do novo Tribunal, nos albores de sua instalação: "Caracterizado o Supremo Tribunal como *corte constitucional* e confiada a matéria infraconstitucional ao Superior Tribunal de Justiça, essa *bipartição* funcional do antigo recurso extraordinário trouxe consigo, pelo aspecto aqui considerado, o mérito de alargar a via de acesso à instância de superposição. Já temos dois, e não mais somente um *órgão de superposição*. Na prática, são ao todo quarenta e quatro ministros nessa instância, e não mais somente os antigos onze do Supremo Tribunal. A capacidade de trabalho, portanto, ficou quadruplicada. Esse é um inegável fator de ampliação do conhecimento das *federal questions*, ao menos reduzindo aquele crescente estrangulamento que representava ilegítima restrição ao *desideratum* de pleno acesso à ordem jurídica justa".[13]

Como se percebe do evolver histórico ora sumarizado, a criação do STJ na CF de 1988 não surgiu de inopino, mas revelou-se como um alvitre estratégico, que foi tomando corpo à medida que iam sendo descartadas outras alternativas preconizadas a aliviar a sobrecarga do STF. Assim, praticamente *por exclusão*,

---

11 *Do recurso extraordinário no direito processual brasileiro*, São Paulo: Revista dos Tribunais, 1963, p. 456.

12 Uma nova estrutura para o Judiciário, texto republicado na *RT* nº 639, em 1990, p. 242, quando já estava em vigor a atual Constituição Federal (1988).

13 Superior Tribunal de Justiça e acesso à ordem jurídica justa. In: *Recursos no*... cit., coord. Sálvio de Figueiredo Teixeira, p. 252-253.

sobejou o alvitre da criação de um Tribunal Superior que receberia parcela da competência antes exercida pelo STF, a saber, o zelo pela *inteireza positiva, autoridade, validade e uniformidade exegética do direito federal comum*. A bem dizer, com o STJ o Brasil passou a contar com *dois Tribunais da Federação*: um, o STF, postado como *guarda da Constituição* – CF, art. 102, *caput* (embora sua larga e variada competência em certa medida desfigure sua persona enquanto uma vera Corte Constitucional); outro, o STJ, postado como a *ultima ratio* no extenso direito federal comum, assim entendido aquele emanado da União, fora e além das searas trabalhista, militar ou eleitoral, matérias estas afetas a outros Tribunais de cúpula: TST, STM e TSE, nessa ordem.

A criação do STJ veio cercada da expectativa de que, uma vez a ele repassada a tutela do direito federal comum, com isso se reduziria, expressivamente, a sobrecarga de trabalho do STF, que, assim, poderia efetivamente atuar como uma precípua Corte Constitucional. Em conferência proferida nos primórdios da instalação do STJ, afirmava o Min. Carlos Mário da Silva Velloso: "Esse Tribunal, que tem sabor de novidade, foi, entretanto, imaginado há mais de vinte anos por eminentes juristas deste país. E isso se explica. É que, principalmente a partir dos anos cinquenta, um grande número de processos que davam entrada na secretaria do Supremo Tribunal Federal originou o fenômeno a que se denominou de crise do Supremo Tribunal. Não obstante o esforço desenvolvido pelos seus juízes, a Corte Suprema não conseguia dar vazão àquele mundo de causas e de recursos. Os seus Ministros mais criativos imaginavam solução para a crise". Dentre as alternativas então excogitadas, prossegue, destacou-se a alvitrada pelo Min. Victor Nunes Leal, para "adoção do requisito da relevância da questão de direito federal discutida, (...) ideia inspirada na experiência da Suprema Corte americana, que passou a praticá-la a partir da reforma de 1925". Quanto à exigência da "arguição de relevância da questão federal"(ER nº 03/75), o Min. Velloso, reportando-se à conferência proferida pelo Min. Washington Bolívar, observava que "embora tenha atenuado, não conseguiu resolver a denominada 'crise do STF'".[14]

(Em paralelo, excogitou-se a inserção de outras barreiras, por meio do direito sumular, seja para exigir o prévio e explícito *prequestionamento* da questão federal (Súmulas STF 282, 317, 356), seja para inadmitir o apelo extremo quando a interpretação dada pelo Tribunal *a quo* à lei federal se tivesse

---

14 O Superior Tribunal de Justiça na Constituição, *RDA*, n. 175, p. 9; O Superior Tribunal de Justiça – competências originária e recursal, cit., In: TEIXEIRA, Sálvio de Figueiredo (coord.). *Recursos no Superior Tribunal de Justiça*, São Paulo: Saraiva, 1991, p. 4-7, *passim*.

mostrado *razoável*: Súmula STF 400; seja para inadmitir ação rescisória por ofensa a literal disposição de lei (hoje "violar manifestamente norma jurídica" – CPC, art. 966, V) "quando a decisão rescindenda se tiver baseado em texto legal de interpretação controvertida nos tribunais" – súmula STF 343).

Ao longo do tempo, todavia, a chamada *crise do STF* foi se revelando resistente e refratária aos tantos expedientes implementados para debelá-la ou mesmo para atenuá-la, mormente aqueles voltados a impedir ou restringir a admissibilidade do recurso extraordinário: assim a arguição de relevância da questão federal (EC 01/69, § único do art. 119, c/c RISTF, ER 01/75, art. 326), que vigorou por treze anos, até a CF de 1988 (que não a recepcionou), passando por vários enunciados da *Súmula*, de caráter claramente restritivo ao exercício do RE: súmula 279: *reexame de prova*; 280: *ofensa a direito local*; 281: *não esgotamento das impugnações cabíveis*; 282, 296, 356: *omissão de prequestionamento*; 283: *subsistência de fundamento inatacado*; 284, 287: *deficiência de fundamentação*; 285: *irrazoabilidade da arguição de inconstitucionalidade*; 286: *divergência superada*; 288, 639: *falha na instrução da petição de interposição do RE ou do agravo*; 322: *recurso manifestamente incabível, intempestivo ou maldirecionado*; 355: *exigência de cuidar-se de causa decidida*; 399: *ofensa a regimento de tribunal*; 400: *razoabilidade da interpretação dada à lei federal questionada*; 454: *interpretação de cláusula contratual*; 505: *acórdão da Justiça trabalhista, desprovido de questão constitucional*; 636: *quando a aferição de ofensa ao princípio da legalidade implique incursionar em norma infraconstitucional*; 637: *acórdão de TJ que deferiu pedido de intervenção estadual em Município*; 733: *decisão proferida no processamento de precatório*; 735: *acórdão que defere medida liminar*. Elenco de claro teor restritivo à admissibilidade do recurso extraordinário, autorizando hoje falar-se na jurisprudência defensiva.

Sem embargo, foi se evidenciando a insuficiência dessas restrições ao acesso ao STF, ante o contínuo crescimento da sobrecarga de processos, dando azo à retomada da antiga ideia da criação de um *outro* Tribunal da Federação, encarregado da exegese do direito federal comum. Indica-se, como antes dito, aquela *mesa-redonda* ocorrida em 1965, na Fundação Getulio Vargas, como a gênese da criação do STJ (*Revista de Direito Público e Ciência Política*, daquela Fundação, vol. VIII, tomo 2, maio/agosto de 1965, p. 134 e segs.), embora tal preeminência venha questionada por José Afonso da Silva: "A criação do *Superior Tribunal de Justiça* – STJ foi proposta por mim em livro publicado em 1963: *Do Recurso Extraordinário no Direito Processual Brasileiro*, p. 456: 'Esse é o defeito que precisa ser eliminado com a criação de, pelo menos, um Tribunal Superior, cuja função será a de exercer as atribuições de órgão de cúpula e de composição das estruturas judiciárias defeituosas, há pouco mencionadas. Tal órgão, que denominaríamos de Tribunal Superior de Justiça, por uma questão de uniformidade terminológica relativamente aos já existentes, teria como competência fundamental [...]', e então indicávamos a competência que veio a assumir pela atual Constituição. Por isso, *data venia* do ínclito Prof. Miguel Reale, que reivindica para si a proposta, que diz ter feito em 1965, num debate na Fundação Getúlio Vargas, a ideia originária é minha, com a máxima vênia do admirado mestre, da qual se serviu o Prof. Frederico Marques, citando-me (pois, ele honrou-me com o prefácio do livro), para sugeri-la ao Min. Milton Campos, mas foi recusada e até combatida pelo STF, por especial influência do Min. Víctor Nunes Leal. Mas é justo dizer que não fora por mim sugerida agora. Foi adotada na Comissão Afonso Arinos, aí sim por influência do prof. Miguel Reale".[15]

No rigor histórico, as funções hoje atribuídas ao STF e ao STJ já vinham – em reduzida dimensão e de modo incipiente – desenvolvidas por órgãos judiciários existentes desde o Império brasileiro, ditos *Tribunais da Relação*. Focando o *Poder Judicial*, então disciplinado na Constituição Imperial de 1824 (arts. 151-164), dizia Moacyr Lobo da Costa: "Para julgar as causas em segunda e última instância haveria nas províncias as Relações que fossem necessárias para comodidade do povo".[16] E previa o art. 163 da citada Constituição: "Na Capital do Império, além da Relação, que deve existir, assim como nas demais Províncias, haverá também um Tribunal com a denominação de Supremo Tribunal de Justiça – composto de Juízes Letrados tirados das Relações por suas antiguidades (...)".[17]

Com a invasão de Portugal por Napoleão Bonaparte e a consequente fuga de d. João VI e sua Corte ao Brasil, as decisões daqueles tribunais brasileiros não tinham mais como ser revistas, em última instância, em Portugal. Assim, a Corte de Relação do Rio de Janeiro passou a fazer as vezes de uma Corte Superior, como explica Aliomar Baleeiro: "Temos, pois, na Casa da Suplicação do Brasil o primeiro Tribunal que, em nosso país, exerceu um papel de disciplina e revisão sobre os Tribunais locais das Capitanias, unificando a interpretação do Direito já sob atmosfera brasileira, embora dêle participassem magistrados nascidos em Portugal, lá formados e que, necessariamente, aplicavam o di-

15 *Curso de direito constitucional positivo*, 19ª ed., São Paulo: Malheiros, 2001, p. 556, rodapé n. 4.

16 *Breve notícia histórica do Direito Processual Civil Brasileiro e de sua literatura*, São Paulo: RT e USP, 1.9, p. 3.

17 Cf. Alexandre Sanches Cunha, *Todas as Constituições Brasileiras*, 1.ª ed., Campinas (SP): Bookseller, 2001, p. 39.

reito reinol, ainda quando êste, como não era excepcional, muitas vezes fôsse legislado para as condições especiais e peculiares do Brasil. Assinale-se, pois, o alvará de 10.05.1808, como marco inicial, básico, da organização judiciária do Brasil, dando-se por cúpula a Casa da Suplicação, no Rio".[18]

Depois, o Dec. 848/1890, baixado pelo Governo Provisório, criaria o Supremo Tribunal Federal, o qual permaneceria como a *ultima ratio* nos planos constitucional e do direito federal comum até 1988, quando a Constituição Federal repassou esta última seara para o então instituído Superior Tribunal de Justiça, mediante o manejo do igualmente criado *recurso especial* (art. 105, III), a par de sua competência *originária* e *recursal ordinária*: incisos I e II daquele artigo, respectivamente. No entretempo, em 1975, o Min. Djaci Falcão, à época presidente do STF, enviou ao Presidente da República o documento "Diagnóstico do Supremo Tribunal Federal sobre a Reforma do Poder Judiciário", em noventa e quatro volumes, realizado pela Comissão Especial composta pelos ministros Thompson Flores, Rodrigues Alckmin e Xavier de Albuquerque. Tal estudo vem reportado por Adhemar Ferreira Maciel como "o mais sério e capilar jamais feito no País, pois foram ouvidos, previamente, todos os segmentos sociais interessados, acabou por ter repercussões na legislação processual extravagante e, bem mais tarde, na própria Constituição de 1988". Sem embargo, esclarece Ferreira Maciel, "nenhuma das três 'ideias' aventadas no Diagnóstico foi acolhida *in integrum*". A primeira ideia consistia na criação de mais tribunais regionais federais de recursos. Essa hipótese foi prontamente rechaçada, uma vez que as 'dissensões de interpretação' dos diversos tribunais acabariam por exigir a criação de uma corte superior para 'unificar a jurisprudência'. A segunda ideia consistia no alargamento do então TFR, que teria um órgão (Conselho) para em matéria de plenário (inconstitucionalidade de lei, disponibilidade e aposentadoria compulsória de juiz etc.), evitar a reunião de todos os juízes na mesma sessão. A terceira variação era a de criar-se uma justiça federal em três graus, à semelhança da justiça eleitoral e da justiça trabalhista. A Constituição, como se sabe, não foi fiel a qualquer das três ideias".[19]

Retomando o fio histórico, após a independência do país (1822), a Constituição Imperial de 1824 recepcionou o antes referido Tribunal de Relação do Rio de Janeiro, mas determinou que "na Capital do Império, além da

18 *O Supremo Tribunal Federal: esse outro desconhecido*, Rio de Janeiro: Forense, 1968, p. 17-18.

19 Observações sobre os Tribunais Regionais Federais. In: TEIXEIRA, Sálvio de Figueiredo (coord.). *Recursos no Superior Tribunal de Justiça* cit., p. 298, rodapé nº 3.

Relação que deve existir, assim como nas demais províncias, haverá também um Tribunal com a denominação de – Supremo Tribunal de Justiça – composto de juízes letrados, tirados as Relações por suas antiguidades, e serão condecorados com o título de Conselheiros (...)"; a tal Corte Superior caberia, dentre outras atribuições, "conceder ou denegar revistas nas causas e pela maneira que a lei determinar" (arts. 163, 164, *passim*). (Na primeira Constituição Republicana – 1891 – aquela nomenclatura apareceria como *Supremo Tribunal Federal* – art. 59 – assim permanecendo até hoje). De outra parte, na gênese mais remota, o Tribunal de Relação do Rio de Janeiro prenunciaria a Corte Superior que, ao final do século XX, a CF de 1988 instituiria como o *Superior Tribunal de Justiça*, a este repassando a tutela do direito federal comum, atribuição até então afeta, em *ultima ratio*, ao STF. No ponto, escreve José Saraiva: "As competências atribuídas à Casa de Suplicação e ao Superior Tribunal de Justiça, já esboçavam funções que, posteriormente, vieram a ser exercidas pelo Supremo Tribunal Federal, em recurso extraordinário ou em competência originária, e, após 1988, pelo Superior Tribunal de Justiça, em recurso especial ou na sua competência originária".[20]

A realidade judiciária exibida a partir de 1990 – data de instalação do STJ – e os sucessos ulteriores, todavia, não viriam confirmar a expectativa inicial de que ocorreria uma vera *divisão de trabalho* entre os Tribunais da Federação: nem o STF ficou *só* com as questões constitucionais – como fazia crer o epíteto *guarda da Constituição* (art. 102, *caput*) – nem o STJ quedou-se *apenas* com o direito federal comum, porque a *praxis* veio revelar que em mais de um ponto esses dois planos se tangenciam e interpenetram, como uma contingência inevitável de nosso desenho jurídico-político, em que a maioria absoluta do direito material e processual é *federal* (art. 22, I), vindo indicados na Constituição Federal os órgãos, as Autoridades, o processo legislativo e os princípios retores de todo aquele arcabouço infraconstitucional, donde resultar praticamente impossível vislumbrar-se um tema ou questão reportado em modo *integral e absoluto* tão só pela Constituição ou tão só pelo direito federal comum. Aliás, justamente por isso teve o legislador ordinário que regular a hipótese em que se impõe a interposição *conjunta* de RE e REsp, pena de preclusão do acórdão recorrido, ao argumento do chamado *fundamento inatacado*: CPC, art. 1.031 e §§; Súmulas STF 283 e STJ 126.

Tão otimista era, à época, o prognóstico quanto à *performance* esperada do então criado STJ que sequer se excogitou, na CF de 1988, de dotá-lo de algum elemento de contenção, algo próximo à arguição de relevância que

20 *Recurso especial e o STJ*, São Paulo: Saraiva, 2002, p. 69.

vicejou por treze anos no STF (1975-1988), hoje em certa medida *substituída* pela "repercussão geral da questão constitucional" (CF, § 3.º do art. 102: EC 45/2004). No ponto, avalia Gleydson Kleber Lopes de Oliveira: "O legislador constituinte manteve a tendência de encartar grande quantidade de matérias na competência legislativa privativa da União Federal, dado esse que, em tese, viabiliza a possibilidade de interposição de elevado número de recursos especiais. Por outro lado, não se contemplou a relevância da questão federal como requisito específico de admissibilidade dos recursos classificados como extraordinários, induzindo à inferência de que todas as decisões, satisfeitos os requisitos genéricos e específicos, são relevantes para ser objeto de impugnação por meio daqueles recursos".[21]

Mesmo não tendo sido previsto tal elemento de contenção para o STJ, parece certo que nem todas as *questões federais* são relevantes em termos jurídicos, sociais, políticos ou econômicos, nesse sentido de projetarem-se para *além* do estreito perímetro do objeto litigioso e do exclusivo interesse das partes, consentindo falar-se, mesmo, numa litigância do cotidiano.

Considere-se que os Juizados Especiais – tanto os Estaduais como os Federais – são regidos por *leis federais* (9.099/95, 10.259/2001; 11.340/2.006, 12.153/2009); todavia, o STJ arredou de sua competência os recursos contra decisões proferidas naquelas instâncias – Súmula nº 203 – provavelmente porque, de um lado, elas recepcionam causas cíveis de menor complexidade e infrações penais de menor potencial ofensivo (CF, art. 98, I) e, de outro, porque das decisões monocráticas dos Juizados cabe um recurso de devolutividade ampla ao Colégio Recursal (Lei 9.099/95, arts. 42-46), o que, razoavelmente, basta para atender ao *duplo grau de jurisdição*, tornando dispensável *mais um* reexame da causa por um Tribunal Superior da República. A par disso, a Lei 10.259/2001 prevê um "pedido de uniformização de interpretação de lei federal quando houver divergência entre decisões sobre questões de direito material proferidas por Turmas Recursais na interpretação da lei" (art. 14, *caput*); análoga disposição se encontra no art. 18 e §§ da Lei 12.153/2009.

Tenha-se ainda presente que, ao ver do constituinte revisor, nem toda questão constitucional é *relevante* – nesse sentido de projetar-se para além do estrito âmbito das partes do processo – e, por isso mesmo, dispôs a EC 45/2004 que para a *admissão* (*sic*) do RE é necessária a demonstração da *repercussão geral* da questão constitucional: CF, § 3.º do art. 102, c/c CPC, § 1º do art. 1.035), em modo análogo ao pré-requisito genérico da *transcendência*

21 *Recurso especial* cit., 2002, p. 144.

da questão trabalhista, para fim de admissão do recurso de revista no TST (CLT, art. 896-A e § 1º, este último acrescido pela Lei 13.467/2.017).

A excogitada *súmula impeditiva de recurso*, então prevista para o STJ no bojo do PEC 358/2005 (parte do PEC n. 29/2000 que voltou para a Câmara Federal), é o maior indicativo de que deve ter havido uma *falha de prognóstico* na suposição inicial de que um Tribunal criado para emitir a *ultima voce* sobre a imensidão das questões federais pudesse, com seus 33 Ministros, dar conta do afluxo de recursos especiais provindos de todos os rincões de um país com expressiva população, território de dimensão continental, com notória predominância do direito federal, sem falar na competência originária e recursal ordinária (CF, art. 105, I e II), além de outros encargos institucionais, como, por exemplo, a participação de um Ministro no Conselho Nacional de Justiça (CF, art. 103-B, II: EC 45/2004).

Não se confirmaram, assim, ao menos em sua plenitude, os prognósticos alvissareiros, como o do Min. do STF, José Carlos Moreira Alves, de que o STJ vinha para resolver a "crise do recurso extraordinário",[22] ou o de Cândido Rangel Dinamarco, valorizando o fato de que na "prática, são ao todo quarenta-e-quatro ministros nessa instância, e não mais somente os antigos onze do Supremo Tribunal. A capacidade de trabalho, portanto, ficou quadruplicada. Esse é um inegável fator de ampliação do conhecimento das *federal questions*, ao menos reduzindo aquele crescente estrangulamento que representava ilegítima restrição ao *desideratum* de pleno acesso à ordem jurídica justa".[23]

O número crescente de processos em ambos os Tribunais da Federação veio evidenciar que a defecção, na competência do STF, do direito federal comum, repassada ao STJ, não se revelou *suficiente* para resolver a *crise*, como logo o viria revelar o formidável acervo de processos, muito acima da capacidade de trabalho dos Ministros; numa palavra, não haveria excesso em dizer que, contrariando as melhores expectativas, *à crise do STF veio se somar a crise do STJ*. Na avaliação de José Saraiva, "praticamente, reinstalou-se a realidade que muito contribuiu para as críticas a respeito da sistemática de recursos extraordinários (*lato sensu*) no ordenamento processual". Concede, porém, o autor que, na origem dos males, "tal situação não decorre tão somente do sistema recursal em si; mas, em muito, da atuação dos partícipes da atividade jurisdicional, ou seja, de advogados, de juízes e do próprio Poder Público, en-

22 O recurso extraordinário no âmbito trabalhista, antes e depois da nova Constituição Brasileira. *Revista LTr*, nº 53, 1989, p. 524.

23 Superior Tribunal de Justiça e acesso à ordem jurídica justa. In: TEIXEIRA, Sálvio de Figueiredo. *Recursos no Superior Tribunal de Justiça*, São Paulo: Saraiva, 1991, p. 253.

quanto parte nas demandas e gestor da coisa pública. O congestionamento de recursos nas Cortes Superiores decorre, muitas vezes, da atividade protelatória patrocinada pelos advogados, na defesa de interesses públicos ou privados, bem como da relutância de juízes e tribunais de seguir a jurisprudência dos Pretórios últimos".[24]

Interessante observar que, embora seja o STJ um *Tribunal da Federação*, atuando em sobreposição a todos os TJ's e TRF's do país, os processos oriundos do Estado de São Paulo, em número de 136.122, representam 39,7% de todos os que foram distribuídos e registrados por unidade da Federação, de janeiro a novembro de 2.019.[25]

Não se questiona o empenho dos eminentes Ministros do STJ no manejo da quantidade extraordinária de processos, bastando considerar que o número de processos distribuídos em 2.019 alcançou a cifra de 348.754, tendo sido julgados 503.555. [26] No boletim Supremo em Ação, do CNJ, divulgado em 2.018, ano-base 2.017, informa-se: "Na série histórica nota-se queda nas decisões terminativas no período 2011-2013, e tendência de crescimento a partir de 2.014, atingindo o pico em 2017, com 105.329 decisões".[27]

Como se vê, gritam os números, evidenciando a desproporção entre o *in put* e o *out put* de processos, o que, claramente, foi o fator determinante para a positivação da técnica de julgamento em bloco, por amostragem, dos REsp's repetitivos, primeiramente no CPC/73, art. 543-C, cf. Lei 11.672/2008, e, depois, no CPC vigente, arts. 1.036-1.041.[28] Impende que outras medidas continuem sendo excogitadas (*v.g.*, a *súmula impeditiva de recursos*, cogitada na PEC nº 358/2005; a *repercussão geral da questão federal*), a fim de que o STJ, recebendo um *input* menor de processos, possa oferecer uma resposta de qualidade, resolvendo lides efetivamente singulares, complexas e relevantes, cujo objeto transcenda o estrito interesse individual das partes diretamente envolvidas.

Do contrário, pode-se excogitar que em curto prazo advirão ao menos duas externalidades negativas: (*i*) o previsível esgotamento da capacidade de

24 *Recurso especial e o STJ* cit., p. 82, 83.

25. Sítio stj.jus.br/webstj/processo/boletim/verpagina.asp?vpag=0&vseq=341. Acesso em 13.12.2.019, p. 19.

26 Sítio stj.jus.br/webstj/processo/boletim/verpagina.asp?vpag=0&vseq=341. Acesso em 13.12.2.019, p. 34.

27 Sítio cnj.jus.br/pesquisas-judiciarias/supremo-em-acao/, p. 32, acesso em 13.12.2.019.

28 Ao propósito, v. nossa análise acerca desses dispositivos in SCARPINELLA BUENO, Cassio, (coord.), *Comentários ao Código de Processo Civil*, v.4, São Paulo: Saraiva, 2.017, p.547-603.

trabalho do Tribunal, considerando a persistência de fatores como o aumento da população, a exacerbação da litigiosidade ao interno da sociedade, a *fúria legislativa* federal; (*ii*) o açodamento na prestação jurisdicional, engendrando uma *justiça de massa*, com excessiva *funcionarização* dos trabalhos, levando a que a *quantidade acabe por comprometer a qualidade*. Com isso, o resultado final, juridicamente inconsistente e praticamente insatisfatório, que "elimina o processo mas não resolve a crise de justiça", acabará num ponto futuro fomentando novas controvérsias, num deletério círculo vicioso.

Focando o excessivo número de processos em trâmite na Justiça brasileira, aduz Aluísio Gonçalves de Castro Mendes: "A quantidade excessiva de processos distribuídos e julgados acarreta a perda de qualidade nos pronunciamentos judiciais, que não comportam, inobstante o auxílio de funcionários e recursos materiais, produção em escala industrial, tendo em vista a natureza da atividade que se desenvolve, ou deveria ser realizada, com razoável firmeza e segurança, por meio do exame minucioso dos autos, da análise das provas, dos fatos e do direito".[29]

Em que pese o fato de o recurso especial ser de estrito direito, sujeito ainda ao *prequestionamento*, que delimita o interesse recursal, ainda assim aplica-se-lhe o efeito *substitutivo* (CPC, art. 1.008), por modo que, uma vez provido o apelo, o acórdão do STJ se sobrepõe ao do Tribunal *a quo*,[30] e é sobre aquele primeiro que, oportunamente, se estenderá a imutabilidade-indiscutibilidade da coisa julgada material, de modo que, a esse ângulo, o STJ atua a um tempo como Corte *de cassação e de revisão*, conforme se apresente a espécie. Essa disciplina, de resto, é comum a ambos os recursos excepcionais – RE e REsp –, como esclarece Nelson Nery Junior: "Os nossos recursos constitucionais têm aptidão para modificar o acórdão recorrido. O provimento, tanto do recurso especial quanto do extraordinário, tem como consequência fazer com que o STF e o STJ reforme ou anule o acórdão recorrido. (...) O provimento do RE ou REsp, no que tange a esse juízo de cassação, implica a rescisão da decisão inconstitucional ou ilegal. No entanto, esses recursos têm, também, o juízo de

29 O Poder Judiciário no Brasil. In: ASSIS, Araken *et al.* (coord.). *Direito civil e processo – Estudos em homenagem ao professor Arruda Alvim*, São Paulo: Revista dos Tribunais, 2008, p. 978.

30 RISTJ, § 5º do art. 255 inserido pela ER 24/2.016: "No julgamento do recurso especial, verificar-se-á, preliminarmente, se o recurso é cabível. Decidida a preliminar pela negativa, a Turma não conhecerá do recurso; se pela afirmativa, *julgará a causa, aplicando o direito à espécie*, com observância da regra prevista no art. 10 do Código de Processo Civil" [vedação à não-surpresa]. (Nota: O art. 1.034, *caput*, do vigente CPC, recepciona, no essencial, essa fórmula).

revisão, que se constitui no *segundo momento* do julgamento do RE e do REsp, ou seja, na *consequência* do provimento dos recursos excepcionais. Provido o recurso com a *cassação* da decisão ou acórdão, é necessário que o STF ou STJ passem a julgar a lide em toda a sua inteireza (*revisão*)".[31]

Sob outra mirada, não sendo o STJ vocacionado a operar como terceira ou quarta instância – reavaliando fatos e provas –, é correta a análise do Min. Antonio de Pádua Ribeiro, então no STJ, no sentido de que "sua função precípua é dar prevalência à tutela de um interesse geral do Estado sobre os interesses dos litigantes (Liebman). O motivo está, segundo lembra Buzaid, em que o erro de fato é menos pernicioso do que o erro de direito. Com efeito, o erro de fato, por achar-se circunscrito a determinada causa, não transcende os seus efeitos, enquanto o erro de direito contagia os demais juízes, podendo servir de antecedente judiciário. (...) Em suma, a função do recurso especial é tutelar a *autoridade e unidade* da lei federal. E essa função é exercida, segundo ensinamentos de Pontes de Miranda, assegurando a sua *inteireza positiva* (art. 105, III, *a*), a sua *autoridade* (art. 105, III, *b*) e a sua *uniformidade de interpretação* (art. 105, III, *c*)".[32]

O recurso especial, dotado de tão largo espectro e desprovido de algum elemento de contenção em sua admissibilidade, logo engendrou uma (previsível) *crise numérica*, levando o STJ a lançar mão do expediente de emitir súmulas de claro conteúdo *inibitório* desses apelos (sob a égide da chamada jurisprudência defensiva), permitindo afastar os apelos que visam "simples interpretação de cláusula contratual" (nº 5); "simples reexame de prova" (nº 7); "divergência de julgados do mesmo Tribunal" (nº 13); "quando a orientação do Tribunal se firmou no mesmo sentido da decisão recorrida" (nº 83); "contra decisão proferida por órgão de segundo grau dos Juizados Especiais" (nº 203); "quando cabíveis embargos infringentes contra o acórdão proferido no tribunal de origem" (nº 207; v., porém, art. 942 e §§ do vigente CPC); envolvendo "questão federal que, a despeito da oposição de embargos declaratórios, não foi apreciada pelo Tribunal *a quo*" (nº 211; súmula hoje superada pelo art. 1.025 do vigente CPC); envolvendo questão federal "somente ventilada no voto vencido" (nº 320); "interposto antes da publicação dos embargos de declaração, sem posterior ratificação" (nº 418; súmula cancelada em sessão da Corte Especial de 01.07.2.016).

31 *Teoria geral dos recursos*, 6ª ed., São Paulo: Revista dos Tribunais, 2.004, p. 441-442.

32 Do recurso especial para o Superior Tribunal de Justiça. In: TEIXEIRA, Sálvio de Figueiredo (coord.). *Recursos no Superior Tribunal de Justiça* cit., 1991, p. 51-52.

É dizer, tendo-se perdido, na CF de 1988, oportunidade de dotar o STJ de adequado *elemento de contenção* do afluxo de recursos especiais, tem-se tentado suprir essa lacuna mediante um direito sumular de perfil restritivo, senão já dissuasório da recorribilidade, num implícito reconhecimento de que uma Corte Superior não pode operar como terceira ou quarta instância, num plexo recursal bastante amplo, sendo antes indispensável algum *filtro* que permita um discrímen entre os recursos, em função da *transcendência* da matéria neles veiculada. Por identidade de razão, é o que se passa com a revista trabalhista – também um recurso de natureza excepcional – que só é admitida no TST em resultando positiva a prévia avaliação de que "a causa oferece *transcendência* com relação aos reflexos gerais de natureza econômica, política, social ou jurídica" (CLT, art. 896-A e § 1º, este acrescido pela Lei 13.467/2.017).

É de augurar que em futuro próximo possa o STJ contar com um adequado (e necessário) *elemento de contenção* do afluxo de recursos especiais, a fim de que ele possa, sem prejuízo da qualidade da prestação jurisdicional, cumprir a elevada missão de zelar pela *inteireza positiva, validade, autoridade e uniformidade exegética do direito federal comum*, parafraseando a clássica expressão com que Francisco Cavalcanti Pontes de Miranda se reportara ao recurso extraordinário, anteriormente à vigente Constituição Federal.[33] A seu turno, José Manoel de Arruda Alvim Netto constatara, à vista dos números disponíveis à época (1999) que já no primeiro bimestre daquele ano o STJ recebera "uma carga de trabalho equivalente àquela do ano todo de 1990, o que revela a insustentabilidade da abertura recursal atualmente existente"; na sequência, o Professor se reportava a um seu estudo publicado em 1991: "(...) pensávamos, e continuamos a pensar favoravelmente, a respeito da adoção da relevância em relação ao recurso especial, tendo, então, escrito: 'Ainda que entre nós dependa de reforma constitucional [ou seja, alteração da Constituição de 1988], parece-nos que o caminho adequado seria o restabelecimento da arguição de relevância, para as finalidades colimadas pela atividade judicante do STJ'".[34]

Algo nesse sentido chegara a ser cogitado no bojo do PL nº 1.343/2004 da Câmara dos Deputados, propugnando a inserção de um § 2.º ao art. 541 do CPC/73, por modo que o REsp "por ofensa à lei federal somente será

---

33 *Comentários à Constituição de 1967, com a Emenda n. 1 de 1969*, t. IV, 3. ed., Rio de Janeiro: Forense, 1987, p. 107.

34 A alta função jurisdicional do Superior Tribunal de Justiça no âmbito do recurso especial e a relevância das questões. *Revista de Processo* n. 96, out./dez. 1999, p. 39.

conhecido quando o julgado recorrido tiver repercussão geral, aferida pela importância social ou econômica da causa, requisito que será dispensado quando demonstrada a gravidade do dano individual".[35]

2. O RESP E SUA TRÍPLICE FINALIDADE.

Conquanto o RE e o REsp sejam recursos autônomos (CPC, art. 994, VI, VII), dirigidos a Tribunais distintos – STF, STJ – reportando-se cada qual desses apelos a específicos fundamentos constitucionais (CF, arts. 102, III; 105, III e respectivas alíneas), ainda assim os *elementos comuns*, aglutinadores daqueles recursos, *preponderam sobre as diferenças.*

É compreensível que assim seja, porquanto, até a CF de 1988, o recurso extraordinário abarcava o plano constitucional e o infraconstitucional (as *federal questions*, deduzíveis no *writ of certiorari*, no sistema norte-americano), de sorte que é nessa *origem comum* que radicam as sensíveis convergências entre os recursos extraordinário e o especial. Humberto Theodoro Júnior explica: "Com o advento do sistema de 1988, parte das matérias que se discutiam no recurso extraordinário migrou para o recurso especial, atribuído ao novo Superior Tribunal de Justiça, mantidas, porém, as características básicas do primitivo remédio impugnativo. Exonerou-se o Supremo Tribunal Federal de algumas antigas atribuições, tornando-o uma autêntica Corte Constitucional. E as que passaram ao Superior Tribunal de Justiça, embora submetidas a recurso com outra nominação (**especial** em lugar de **extraordinário**), mantiveram-se sujeitas às mesmas exigências e condicionamentos antes vigorantes para o antigo recurso de onde se desdobrou o novo".[36]

Assim é que o RE e o REsp: (*i*) são recursos de tipo excepcional, com âmbito de devolutividade restrita às *quaestiones iuris*, desde que prequestionadas (CPC, art. 1.025); (*ii*) exigem que se trate de *causa decidida*, ou seja, que as questões de direito devolvidas ao STF ou STJ tenham sido cumpridamente enfrentadas no acórdão recorrido, estando esgotadas as possibilidades impugnativas na origem ("causa decidida"); (*iii*) não se preordenam, em regra, à revisão da matéria probatória, nem à aferição de injustiça no julgado, tampouco à reavaliação de errônea interpretação do contrato ou de declaração de vontade; (*iv*) embora nosso ordenamento não contemple, autonomamente, *recurso de cassação*, ou mesmo aquele interponível *no exclusivo interesse da*

35 *Apud* Cadernos IBDP – Instituto Brasileiro de Direito Processual, vol. 4, set. 2005, org. Petrônio Calmon Filho, p. 183.

36 Recurso especial – prequestionamento. *Informativo INCIJUR*, Instituto de Ciências Jurídicas, Florianópolis (SC), nº 65, dez./2004, p. 2 (negritos no original).

lei, como se passa em outros sistemas jurídicos, tanto o RE como o REsp acabam desempenhando uma e outra dessas funções, quando entram a "julgar a causa", na medida em que também a esses apelos excepcionais se aplica o *efeito substitutivo* (CPC, art. 1.008), e assim o acórdão do STF ou do STJ "fica no lugar" do acórdão recorrido, *engolfado* por aquele do Tribunal superior, no limite em que se tenha dado a devolutividade. (Naturalmente, não incidirá tal "efeito substitutivo" quando o acórdão recorrido for afastado pelo Tribunal da Federação ao fundamento de *error in procedendo* insanável e insuprível (plano de cassação), porque aí, simplesmente, a decisão *a quo* fica insubsistente ("anulada"), descabendo falar, propriamente, numa *substituição*).

Em outra sede afirmamos: "Pesquisas têm revelado que, sem embargo do epíteto 'Tribunal da Cidadania', o fato é que o STJ tem sua enorme carga de trabalho insuflada pelo próprio Poder Público, já que o Estado brasileiro é o grande cliente do Judiciário; a desmesurada judicialização das demandas estatais acaba, via instância recursal, repercutindo nos Tribunais Superiores, em modo de vasos comunicantes".[37]

É sob a égide do efeito devolutivo que se deve entender o § 5º do art. 255 do RISTJ, acrescido pela ER 24/2.016 (cuja dicção é análoga à da Súmula STF 456): "No julgamento do recurso especial, verificar-se-á, preliminarmente, se o recurso é cabível. Decidida a preliminar pela negativa, a Turma não conhecerá do recurso; *se pela afirmativa, julgará a causa, aplicando o direito à espécie com observância da regra prevista no art. 10 do Código de Processo Civil*"; tal fórmula aparece recepcionada, no essencial, no art. 1.034, caput, do vigente CPC. Tais enunciados significam que os Tribunais da Federação, uma vez superados os umbrais do juízo de admissibilidade, entram a apreciar a causa em si mesma, isto é, *a lide*, e é por isso que, sendo provido o recurso, é o acórdão do STJ ou do STF que formará o título condenatório a ser cumprido (CPC, art. 515, I).

Comenta Nelson Nery Junior: "Aplicar o direito à espécie é exatamente julgar a causa, examinando amplamente todas as questões suscitadas e discutidas nos autos, inclusive as de ordem pública que não tiverem sido examinadas pelas instâncias ordinárias. É que, removido o óbice constitucional da *causa decidida* (CF 102 III e 105 III), o que só se exige para o *juízo de cassação* dos RE e REsp, o STF e o STJ ficam livres para, amplamente, rever a causa. O reexame de provas, portanto, não é viável no juízo de cassação dos RE e REsp, mas é absolutamente normal e corriqueiro no juízo de revisão".[38]

---

37 *Recurso extraordinário e Recurso especial*, 14ª ed., São Paulo: Thomson Reuters-Revista dos Tribunais, 2.018, p. 129.

38 *Teoria geral dos recursos*, 6ª ed., 2004, cit., p. 442.

É dizer: ao "julgar a causa, aplicando o direito à espécie", na dicção dos dispositivos antes lembrados, o STJ e o STF cumprem uma das suas três funções, a saber, a *dikelógica*: decisão justa do caso concreto.

Por conta da antes referida *predominância dos elementos comuns* entre o RE e o REsp, houve por bem o legislador tratar de ambos *conjuntamente*, nos arts. 1.029-1.035 do CPC, reservando os arts. 1.036-1.041 para o rito dos RE's e REsp's repetitivos, valendo lembrar a virtualidade da interposição *conjunta desses apelos*, necessária quando o acórdão atacado contempla capítulos que relevam, a um tempo, do texto constitucional *e* do direito federal comum; é que, de outro modo, o *fundamento deixado inatacado* bastaria para sustentar o acórdão guerreado, tornando inócuo o eventual provimento do recurso isoladamente interposto. Nesse sentido, dispõe a súmula STF 283: "É inadmissível o recurso extraordinário, quando a decisão recorrida assenta em mais de um fundamento suficiente e o recurso não abrange todos eles", enunciado encampado, por identidade de razão, na Súmula 126 do STJ.

A propósito do *modus* como resultou regulado o rito do RE e do REsp no CPC, comentava José Carlos Barbosa Moreira, ao tempo do CPC/73: "A bipartição do antigo recurso extraordinário, perfeitamente explicável à luz da reestruturação da cúpula do Poder Judiciário, não deixou de causar problemas de ordem prática. Temos agora dois recursos em vez de um só, interponíveis ambos, em larga medida, contra as mesmas decisões. Daí a necessidade de articulá-los, e o sistema resultante teria de ficar, como na verdade ficou, bastante complicado em mais de um ponto. É inegável que o novo regime acarreta, muitas vezes, aumento considerável na duração do processo. Não parece muito feliz, por outro lado, a opção do legislador de disciplinar *sempre em conjunto* o recurso extraordinário e o especial – primeiro na Lei 8.038 (arts. 26 e segs), agora no Código (arts. 541 e segs) –, como se assim fossem ambos *necessariamente* interpostos. Aqui e ali, a disciplina resultou mais difícil de compreender do que se poderia conseguir com tratamento diferenciado".[39]

O recurso extraordinário ao STF consente interposição a partir de decisão de Juizado Especial (porque o art. 102, III, da CF não fala em "acórdão de Tribunal" – Súmula STF 640), mas já o mesmo não se passa com o REsp ao STJ, porque o art. 105, III, da CF fala em "causas decididas, em única ou última instância, pelos *Tribunais* (...)", donde a Súmula STJ 203, vedando REsp a partir

---

39 *Comentários ao Código de Processo Civil*, 16. ed., Rio de Janeiro: Forense, 2012, vol. 5, p. 583. (No vigente CPC, a interposição conjunta do RE e do REsp é tratada no art. 1.031 e §§, por nós comentados em outra sede: SCARPINELLA BUENO, Cassio (coord.), *Comentários...*, 2.017, cit., p. 514-518).

de decisão dos Juizados Especiais; *em compensação*, admite-se o "pedido de uniformização de interpretação de lei federal", em regra dirigido às Turmas de Uniformização, mas podendo alcançar o STJ, se "a orientação acolhida pela Turma de Uniformização, em questões de direito material, contrariar súmula ou jurisprudência dominante no Superior Tribunal de Justiça (...), que dirimirá a divergência" (art. 14 e §§ 1.º a 4.º da Lei 10.259/2001; arts. 18 e 19 da Lei 12.153/2009). Verdade que, *nos demais casos*, haveria o risco de, eventualmente, serem proferidas decisões que ficassem privadas de controle por parte do Tribunal Superior encarregado da uniformidade exegética do direito federal comum. Tal inconveniente, porém, é em boa parte atenuado por duas circunstâncias:

(i) O funcionamento das Turmas Regionais e da Turma Nacional de Uniformização de Jurisprudência foi regulamentada pela Resolução 586/2019 do Conselho da Justiça Federal, que dispõe sobre o regimento interno da Turma Nacional de Uniformização de Jurisprudência dos Juizados Especiais Federais. Mônica Sifuentes afirmara, acerca da precedente Resolução 330/2003 do Conselho da Justiça Federal, que por aí não havia "dúvidas sobre o caráter vinculante, ao menos interno, das suas decisões".[40] Ao propósito, assim se expressa Joel Dias Figueira Júnior acerca dos *pedidos de uniformização da jurisprudência*, nos Juizados Especiais: "(...) o constituinte, deliberadamente, ao defrontar-se com esses dois valores mencionados [segurança jurídica e celeridade] fez a inquestionável opção pela prestação de tutela jurisdicional mais rápida e simplificada, ao agasalhar a justiça participativa (participação de leigos) e coexistencial(autocomposição), orientada pelo princípio da oralidade em grau máximo, donde exsurge a consequente incidência de todos os seu subprincípios (simplicidade, concentração, informalidade, celeridade e economia). Nessa mesma linha, acenou o mesmo constituinte para que os julgamento dos recursos (leia-se meios de impugnação) fossem realizados por "turmas de juízes de primeiro grau", de maneira que as Turmas Recursais fossem a última e única instância recursal, ressalvadas as hipóteses de violação a texto constitucional, quando então a irresignação aportaria ao Supremo Tribunal Federal através de recurso extraordinário".[41]

(ii) As matérias atribuídas aos Juizados Especiais, respectivos Colégios Recursais e Turmas de Uniformização são propícias à formação de recursos

40 *Súmula vinculante: um estudo sobre o poder normativo dos tribunais*, São Paulo: Saraiva, 2005, p. 247.

41 *Juizados Especiais da Fazenda Pública – comentários à Lei 12.153, de 22 de dezembro de 2009*, 2. ed., São Paulo: Revista dos Tribunais, 2011, p. 261.

extraordinários múltiplos e repetitivos; esses apelos, além de se sujeitarem ao pressuposto genérico da prévia demonstração da "repercussão geral da questão constitucional" (art. 102, § 3.º, da CF: EC 45/2004), seguem o rito previsto nos arts. 1.036-1.041 do vigente CPC e no RISTF, art. 328 cf. ER 21/2007, dispondo o parágrafo único desse dispositivo regimental: "Quando se verificar subida ou distribuição de múltiplos recursos com fundamento em idêntica controvérsia, a Presidência do Tribunal ou o(a) Relator(a) selecionará um ou mais representativos da questão e determinará a devolução dos demais aos tribunais ou turmas de juizado especial de origem, para aplicação dos parágrafos do art. 543-B do Código de Processo Civil[1973]".

Desse modo, atenuou-se o rigor da postura restritiva do STJ no que concerne ao recurso especial no âmbito dos Juizados Especiais (citada súmula STJ nº 203), ficando razoavelmente circunscrito o risco de que uma decisão porventura teratológica venha a transitar em julgado naquelas instâncias, de resto voltadas a decidir causas cíveis de menor complexidade e infrações penais de menor potencial ofensivo (CF, art. 98, I).

Além da função *nomofilácica* (preservação da higidez, autoridade e validade do direito federal comum) e *dikelógica* (resolução justa do caso concreto), o STJ desempenha ainda a relevante função *paradigmática* ou uniformizadora, o que é perfeitamente explicável em se tratando de um Tribunal da Federação, competente para fixar, em *ultima ratio*, a exegese do vasto direito federal comum, perfil que o singulariza em face dos TJ's e TRF's, porque, se é verdade que estes igualmente interpretam e aplicam o direito federal comum, fato é que seus acórdãos se preordenam à revisão pelo STJ, via recurso especial ou até mesmo recurso ordinário constitucional. Nesse sentido, avalia José Manuel de Arruda Alvim Netto: "A expectativa, senão mesmo a imprescindível necessidade social – em relação às decisões de um Tribunal de cúpula, e, no caso, o Superior Tribunal de Justiça é o fecho da abóbada da justiça sobre a legalidade infraconstitucional –, é a de que sejam paradigmáticas, pois que o rumo dessas vale como roteiro para os demais Tribunais e jurisdicionados, mercê dos precedentes assentados".[42]

Essa função *paradigmática* se espraia por vários campos e atende diversas finalidades: (*i*) facilita as decisões monocráticas dos Relatores, em todos os Tribunais do país, no juízo de admissibilidade dos recursos (CPC, art. 932, IV e V), dispondo, ao propósito, a súmula nº 568: "O relator, monocraticamente, e no Superior Tribunal de Justiça, poderá dar ou negar provimento ao recurso quando houver entendimento dominante acerca do tema"; (*ii*) autoriza a

42 A alta função... cit., *Revista de Processo* n. 96, out./dez. 1999 cit., p. 38.

liminar improcedência do pedido contrário ao direito sumular (CPC, art. 332, I e IV); (*iii*) nos REsp's interpostos com fundamento em divergência jurisprudencial (CF, art. 105, III, *c*) o STJ, além de decidir o caso concreto (função *dikelógica*), dirime a divergência existente entre Tribunais acerca da interpretação do texto de direito federal comum, com o que se atinge mais de um objetivo: a) preserva a higidez do direito federal comum em sua exata extensão e compreensão e, reflexamente, assegura sua autoridade e validade ao largo e ao longo do território nacional – função *nomofilácica*; b) previne ou elimina as tensões que surgem quando um mesmo texto de direito federal recebe diversas inteligências, resultando em tratamento antiisonômico às partes ou interessados, assim entre eles como também nas suas relações com a administração pública; (*iv*) agiliza a solução das arguições incidentais de inconstitucionalidade de lei ou ato do Poder Público, porque, apesar de se cuidar de atribuição estendida, difusamente, aos Tribunais de todo país (CF, art. 97; CPC, art. 949 e § único), não há negar que o pronunciamento assentado no STJ tem peso superlativo, por conta de sua posição sobranceira na dicção do direito federal comum.

Sobre este último aspecto há algum tempo manifestara-se José Carlos Barbosa Moreira, em sede de parecer: "Antes de mais nada, cumpre afastar com energia qualquer dúvida sobre a competência, *in genere*, do Superior Tribunal de Justiça para conhecer arguições de inconstitucionalidade de leis ou de outros atos normativos do poder público (...). Ora, não há supor que de semelhante atribuição, deferida genericamente a órgãos de qualquer grau e de qualquer ramo do Poder Judiciário, esteja privado, solitariamente, o Superior Tribunal de Justiça. A restrição que se lhe impõe é a mesma que o art. 97 da Carta Federal impõe aos outros tribunais: a eventual declaração de inconstitucionalidade – ainda que em caráter incidente consoante ocorre no controle 'difuso' apenas se faz possível 'pelo voto da maioria absoluta de seus membros ou dos membros do respectivo órgão especial'".[43]

Essa justa preocupação com o tratamento igualitário devido aos jurisdicionados alinha-se ao objetivo de prevenir a chamada *contradição lógica entre julgados*, que ocorre quando duas ou mais lides, com igual fundamento jurídico, vêm a receber respostas judiciárias díspares, quando não contraditórias. Esse fenômeno – admissível em primeiro grau de jurisdição, dada a existência de mais de um órgão judicial competente para uma mesma massa de processos (*v.g.*, mais de uma Vara de Fazenda Pública) – todavia começa a tornar-se desarrazoada a partir do segundo grau (TJ'S; TRFs; TRT's), pela

43 *Direito aplicado* II, Rio de Janeiro: Forense, 2000, p. 255-256.

boa razão de que os Tribunais têm, entre suas funções, a de unificar sua jurisprudência (CPC, art. 926, *caput*), tanto para agilizar os trabalhos como para tratar igualmente os processos que envolvem análogo objeto litigioso. Por aí se compreende tenha a Lei 9.756/98 determinado que os TRT's procedam, *obrigatoriamente*, à uniformização de sua jurisprudência (CLT, § 3.º do art. 896, redação da Lei 13.015/2.014), como também se explicam os diversos incidentes voltados a prevenir ou superar o dissenso interpretativo, tais os incidentes de resolução de demandas repetitivas (CPC, art. 976 e incisos), o de *assunção de competência* (CPC, § 3.º do art. 947) e bem assim os recursos fundados no dissídio interpretativo, como os embargos infringentes de ofício(CPC, art. 942 e §§), os embargos de divergência no STF e STJ (CPC, arts. 1.043, 1.044) e, especialmente, o recurso especial ao STJ pela alínea *c* do art. 105, III, cabível quando o acórdão local ou regional "der à lei federal interpretação divergente da que lhe haja atribuído outro tribunal".

Por uma e outra dessas razões o vigente CPC dispõe, muito acertadamente, no art. 926, caput: "Os tribunais devem uniformizar sua jurisprudência e mantê-la estável, íntegra e coerente".

O objetivo da uniformidade exegética na interpretação e aplicação do direito federal comum fornece o conteúdo da chamada *função paradigmática* do STJ e constitui o *leit motiv* do recurso especial fundado na alínea *c* do art. 105, III, da CF. A divergência sobre o entendimento de um texto federal, se é tolerável em primeiro grau, como antes dito, deve começar a ser combatida quando a causa alcança os Tribunais locais e regionais e, com maior razão, se ela chega ao STJ, justamente por ser este o intérprete máximo do direito federal comum. Não se compreenderia que, no âmbito dessa Corte Superior, se consentissem várias inteligências sobre um mesmo texto, implicando tratamento desigual entre processos análogos; antes, há que entender-se que, se uma dada interpretação é fixada como a correta, as demais não o podem ser, devendo ser afastadas; essa, de resto, a função dos *embargos de divergência*, destinados a superar o dissenso endógeno, ou seja, entre as Turmas do STJ e do STF, a teor dos arts. 1.043 e 1.044 do CPC.

Assim se dá porque, ao contrário do que se passa com os *princípios*, que, por expressarem conteúdos axiológicos abertos, ou indeterminados, apresentam certa fluidez, consentindo por isso a técnica da *ponderação* (sopesamento-balanceamento entre valores), já as *regras legais*, por expressarem conteúdos axiológicos precisos e específicos, seguem outra metodologia para sua aplicação *in concreto*. Nesse sentido, explica Luís Roberto Barroso que as regras se exteriorizam como "relatos objetivos, descritivos de determinadas condutas aplicáveis a um conjunto delimitado de situações. Ocorrendo a hipótese prevista no seu relato, a regra deve incidir, pelo mecanismo tradicional de subsunção: enquadram-se os fatos na previsão abstrata e produz-se uma conclusão. A aplicação de uma regra se opera na modalidade tudo ou nada: ou ela regula a matéria em sua inteireza ou é descumprida. Na hipótese do conflito entre duas regras, só uma será válida e irá permanecer".[44]

Por aí se explica o rigor dos critérios de revogação das leis, como estabelecido no § 1.º do art. 2.º da *Lei de Introdução às normas do Direito Brasileiro* [45] embora hoje o tema venha sendo revisitado, ganhando corpo a tese de que os textos de regência não devem se excluir uns aos outros, devendo antes interagir no limite do possível, no que Erik Jayme chamou o *diálogo das fontes*, como método de resolver, por exemplo, os conflitos que relevam a um tempo do Código Civil e do Código de Defesa do Consumidor: este último, voltado a regular relações *entre diferentes*, sendo lex specialis e mais antiga, não raro prefere àquele primeiro, vocacionado a regular relações *entre iguais*, sendo lei mais geral e mais recente.[46] A propósito dos conflitos consumeristas, que ocupam vasto e crescente espaço na pauta judiciária no país, o STJ tem desempenhado importante função, por exemplo ao pacificar relevantes polêmicas, tais as de saber se as operações bancárias e os contratos de seguro-saúde integram as relações de consumo, emitindo, nessa ordem, estas súmulas: 297 - "O Código de Defesa do Consumidor é aplicável às instituições financeiras"; 608 – "Aplica-se o Código de Defesa do Consumidor aos contratos de plano de saúde, salvo os administrados por entidades de autogestão".

Nem sempre, porém, a intervenção uniformizadora do STJ se faz com a presteza e precisão desejáveis, não raro ocorrendo que a pacificação do dissídio só advém quando a cizânia jurisprudencial já se dispersou e escapou de controle, deixando passar a oportunidade para uma atuação mais pronta e eficiente do STJ, que se dá quando ele acode a tempo de *prevenir* a instalação do dissídio ou ao menos circunscrever seus efeitos, antes que se espalhe por todo o organismo judiciário.

---

44 *A nova interpretação constitucional – Ponderação, direitos fundamentais e relações privadas*, São Paulo: Renovar, 2003, p. 338.

45 Nova denominação da antiga Lei de Introdução ao Código Civil (1942), dada pela Lei 12.376/2010; a Lei 13.655/2.018 aí introduziu dispositivos de relevante interesse exegético, mormente na avaliação de atos e condutas de agentes públicos, positivando a contemporânea proposta do *consequencialismo* das decisões.

46 No ponto, v. Claudia Lima Marques, *Contratos no Código de Defesa do Consumidor – O novo regime das relações contratuais*, 5ª ed., São Paulo: Revista dos Tribunais, 2006, p. 663.

Assim se deu com relação à importante polêmica quando ao conceito de consumidor: tratava-se de saber se deveria prevalecer a conotação subjetiva, isto é, o consumidor tomado como o *destinatário final* do produto ou serviço, ou a corrente objetiva, pela qual se deveria ali incluir os demais sujeitos intervenientes ao longo da corrente de consumo, por exemplo o odontólogo que adquire o amálgama a ser utilizado nos tratamentos. Comenta, a propósito, a Min. Fátima Nancy Andrighi, do STJ: "A segunda linha de entendimento recebe a denominação de escola objetiva, e defende que, ainda que o destinatário desempenhe atividade econômica civil ou empresarial, será considerado consumidor sempre que adquirir o bem para fins diversos da integração na cadeia produtiva. A relação de consumo fica caracterizada pela destruição do valor de troca do bem ou do serviço. Trata-se, portanto, da contraposição, de um lado, do conceito econômico do consumidor, e de outro, do seu conceito jurídico. Até há pouco tempo, a Quarta e a Sexta Turmas do STJ adotavam o conceito econômico de consumidor direto, ou seja, filiavam-se à escola subjetiva. A Primeira e a Terceira Turmas, por outro lado, adotavam um conceito jurídico de consumidor direto e, portanto, filiavam-se à escola objetiva. Após muita discussão o conceito que veio a prevalecer na Segunda Seção foi o conceito jurídico de consumidor direto, ou seja, uniformizou-se quanto à definição de consumidor o conceito defendido pela escola objetiva. A pacificação quanto à definição de quem pode ser considerado consumidor ocorreu em junho de 2004 e serve para demonstrar, no ano em que se comemora os 15 anos de vigência do CDC, que CONSUMIMOS nada mais, nada menos, que 14 anos para uniformizar, nas Turmas de Direito Privado, o conceito de consumidor. Todavia, para mim, considero que, além de uma significativa vitória para os consumidores, a pacificação do conceito em torno da escola objetiva representou também a vitória do trabalho sério, incansável e persistente daqueles advogados que, mesmo vendo suas teses inovadoras quedarem-se, não se abateram e, com isso, colaboraram significativamente para a conscientização de muitos juízes do dever inexorável que temos todos na defesa do cidadão hipossuficiente".[47]

Essa função uniformizadora é justificada por razões de ordem jurídico-política, que relevam do desenho republicano-federativo de nosso país,

47 Os direitos do consumidor na Jurisprudência do STJ (Palestra proferida no *III Ciclo sobre Jurisprudência do STJ no âmbito do Direito Público e Privado*, realizado no Auditório Antônio Carlos Amorim, Palácio da Justiça, Rio de Janeiro, 02.12.2005, p. 3-4). (Sobre o tema, v. Flávio Tartuce, *Manual de Direito do Consumidor - direito material e processual* (obra em parceria com Daniel Amorim Assumpção Neves, 8ª ed., São Paulo: Gen-Método, 2.019, p. 123 e s.)

cujo território alcança dimensão continental, com população acima dos 200 milhões de indivíduos. Dada a predominância quantitativa e qualitativa do direito federal (CF, art. 22, I) sobre o estadual (residual) e o municipal (local), há flagrante interesse público em que um mesmo texto federal seja aplicado com a mesma extensão-compreensão em todos os rincões do país, a partir do paradigma axiológico fixado pelo STJ, porque do contrário uma mesma norma alcançaria várias inteligências nos múltiplos órgãos judiciários locais e regionais, ao final implicando o trato desigual a... *brasileiros*, conforme se encontrassem submetidos à jurisdição estadual ou federal, a este ou aquele órgão judicial, ou fossem domiciliados num ou noutro Estado.

Tal contexto, além de incompatível com o princípio federativo, arrisca pôr em risco o sobreprincípio da legalidade: "Todos são *iguais* perante a lei" (CF, art. 5.º, *caput*), isonomia que há de ser operante não só em face da norma postada abstratamente no ordenamento, como também àquela que vem a ter sua *passagem judiciária*, sendo interpretada e aplicada a um caso concreto. No ponto, escreve José Saraiva: "No sistema federativo, a lei representa o liame que une todos os entes federados e, por isso, ela deve ter primazia no ordenamento jurídico nacionalmente aplicado. Do contrário, caso fosse facultada a cada unidade federada a livre interpretação das normas nacionais pelos poderes locais, ter-se-ia a 'estadualização' do direito federal. Donde decorre a necessidade de existirem tribunais nacionais para assegurar a validade uniforme das leis federais para todos os cidadãos a elas sujeitos".[48]

Embora haja um permissivo constitucional específico para que o STJ opere sua função uniformizadora (CF, alínea *c* do art. 105, III, da CF, a saber, quando o acórdão recorrido "der à lei federal interpretação divergente da que lhe haja atribuído outro tribunal"), é preciso ter presente que esse desiderato de interesse público permeia, em maior ou menor intensidade, as demais competências, recursais e originárias do STJ. Isso porque é ele o exegeta máximo do direito federal comum, de modo que essa alta atribuição vem a ser exercida em todos os processos que lhe são submetidos, empolgando diversos ramos do Direito: cível, penal, processual, internacional, administrativo, previdenciário, tributário. Assim, pode-se afirmar que o STJ desempenha tal função precipuamente, mas não exclusivamente, quando conhece de recurso especial pela pré-citada alínea do permissivo constitucional.

Mais se exacerba a importância de tal função paradigmática quanto se considere que o recurso especial ao STJ é um instrumento de *direito estrito* – infenso, pois, ao propósito de reavaliação da matéria fática e de sua prova:

---

48 *Recurso especial e o STJ* cit., p. 88.

Súmulas do STJ 5 e 7 – sobejando apenas a revisão do *error in iudicando* sobre matéria *estritamente jurídica*, desde que *prequestionada* (Súmulas do STJ 98, 211). Com isso, ganha projeção espacial o espectro de atuação do STJ, justamente porque, enquanto o mero *error facti* tem seu efeito confinado a um determinado processo envolvendo lide entre sujeitos determinados, já o *error iuris* projeta efeitos deletérios de largo alcance, na medida em que se multiplica por muitos outros processos em que se discute matéria análoga, espalhando-se como rastilho de pólvora, dada a natural proeminência dos acórdãos emanados das Cortes Superiores.

No ponto, observa Alfredo Buzaid: "(...) para o legislador brasileiro, em consonância com o melhor entendimento da doutrina, os erros na apreciação de fato, embora fôssem deploráveis e dêles pudessem resultar injustiças, não têm a mesma gravidade dos erros de direito". Na sequência, colacionava José Alberto dos Reis: "É incontestável que os erros de direito *têm significado mais alarmante* e constituem *perigo muito mais grave* do que os erros de fato. Significado mais alarmante, porque são o sintoma de uma anomalia estranha na ordem jurídica. O Juiz, em vez de respeitar escrupulosamente a lei, ditando o comando concreto efetivamente conforme ao comando abstrato expresso na norma jurídica, permite-se violar a regra legal; em vez de se limitar a *declarar* o direito, vai até ao ponto de *criar* direito em oposição com o que o legislador formulou. Quer dizer, comete uma *usurpação* no domínio mais delicado da ordem jurídica: o domínio *constitucional*. Perigo *mais grave* na esfera social, porque, como muito bem nota Carnelutti, 'o êrro de direito tem esta nocividade específica: é um *êrro contagioso*, no sentido de que tende a propagar-se a outras decisões'".[49]

A propósito da *função paradigmática* do STJ, afirma José Saraiva: "(...) o resultado do recurso especial, fruto da apreciação de magistrados oriundos de diversos centros da federação, deve afastar, na medida do possível, o 'individualismo' exegético para refletir 'a síntese axiológica' da nação. De qualquer forma, o recurso especial visa atingir o vício das decisões de segundo grau na interpretação e aplicação das leis federais, pois esses 'erros' da jurisdição têm graves repercussões no pacto federativo e, ao mesmo tempo, efeito multiplicador na exegese equivocada das normas nacionais pelos demais juízes e jurisdicionados".[50]

---

49 A crise do Supremo Tribunal Federal, *Revista de Direito Processual Civil*, vol. 6, jul./dez. 1962, p. 34-35.

50 *Recurso Especial e o STJ* cit., p. 90-91.

Portanto, o STJ, mormente por meio do REsp, busca alcançar o tríplice objetivo de preservação da higidez da norma legal (função *nomofilácica*), de resolução justa do caso concreto (função *dikelógica*) e de fixação da exegese do direito federal comum (função *paradigmática*). Por aquele primeiro viés, o STJ tutela a ordem infraconstitucional em sua inteireza positiva, autoridade e validade; pela segunda vertente, busca dirimir as lides com justiça, resolvendo em modo satisfatório o caso concreto; enfim, pela terceira senda, ele fixa, no plano nacional, a melhor e definitiva exegese para o direito federal comum, que, depois, se espraiará ao largo e ao longo do território nacional pela atividade dos diversos Tribunais, contribuindo, a um tempo, para a coesão interna da República Federativa e para o tratamento isonômico às partes. Em ocorrendo a reiteração de acórdãos consonantes, sobre uma dada matéria, cabe ao STJ emitir *súmula a respeito*, que projetará relevantes efeitos panprocessuais, como se colhe de vários dispositivos do CPC: art. 332, I; 927, IV; 932, IV, a e V, a; 955, § único, I; §§ 5º e 6º acrescidos ao art. 966 pela Lei 13.256/2.016.

Esclarece José Carlos Barbosa Moreira que tanto no recurso extraordinário como no especial "unicamente se discutem *quaestiones iuris*, e destas apenas as relativas ao direito *federal*. No seu âmbito, contudo, parece excessivo negar que também sirva de instrumento à tutela de direitos subjetivos das partes ou de terceiros prejudicados. Quando interposto pelo Ministério Público, na qualidade de *custos legis*, então, sim, visará de modo precípuo ao resguardo da ordem jurídica positiva, do direito objetivo (...)". Mais adiante, aduz que o STF ou o STJ, "em conhecendo do recurso, não se limita a censurar a decisão recorrida à luz da solução que dê à *quaestio iuris*, eventualmente cassando tal decisão e restituindo os autos ao órgão *a quo*, para novo julgamento. Fixada a tese jurídica a seu ver correta, o tribunal *aplica-a à espécie*, isto é, julga 'a causa' (*rectius*: a matéria objeto da impugnação). Nisso se distinguem os nossos recursos extraordinário e especial não apenas dos 'recursos de cassação' de tipo francês, mas também do seu equivalente argentino, tal como tem funcionado na prática".[51]

Na verdade, as várias funções desempenhadas pelo STJ operam, ao fim e ao cabo, como facetas de uma mesma realidade: o recorrente, no seu interesse individual, busca a reversão do acórdão local/regional que lhe foi desfavorável, mas, fazendo-o, propicia ao STJ desempenhar outra missão, já agora de interesse público, qual seja, a preservação do direito federal comum e da unidade em sua interpretação, a fim de que a lei federal tenha um só conteúdo

---

51 *Comentários ao Código de Processo Civil*, 16. ed., Rio de Janeiro: Forense, 2012, vol. 5, p. 582, 601.

axiológico em âmbito nacional. Nesse sentido, o ex-Ministro do STJ, Francisco Cláudio de Almeida Santos, observava que o recurso especial tem "uma dupla finalidade: uma pública e outra privada". (...) "A primeira dessas finalidades é, portanto, a defesa do direito objetivo e a unificação da jurisprudência, como ensina Piero Calamandrei, em sua celebérrima obra *A cassação civil*. (...) O outro fim, que para Jaime Gusp é o único, pois, segundo ele, nenhum instituto processual tem índole predominantemente política, corresponde à função que Juan Carlos Hitters denomina *dikelógica*, isto é, fazer justiça do caso concreto, aparecendo, destarte, o recurso como meio impugnativo da parte para reparar um agravo a direito seu, ainda que a decisão contenha em si algo mais grave, qual seja a contravenção da lei".[52]

3. OS ELEMENTOS DE CONTENÇÃO: O DIREITO SUMULAR, NO PLANO DA JURISPRUDÊNCIA DEFENSIVA E A *REPERCUSSÃO GERAL DA QUESTÃO FEDERAL, NA ADMISSIBILIDADE DO RECURSO EXTRAORDINÁRIO.*

Ao contrário do que uma apressada (ou ingênua) leitura - *ufanista e irrealista* - da garantia de acesso à Justiça (CF, art. 5.º, XXXV) possa sugerir, a prestação jurisdicional do Estado não pode ser prodigalizada em modo de uma oferta primária e generalizada, como se passa com os serviços de saneamento básico, transporte público, educação, saúde, e isso sob pena de consequências deletérias:

(*i*) para os próprios jurisdicionados que, assim *incentivados* a judicializar suas pendências (a "cultura demandista"), não se motivam a resolvê-las por si próprios, ou por outros meios auto e heterocompositivos, optando por *repassá-las* ao Estado-juiz; esse comportamento, repercutido e expandido ao interno da coletividade, acaba por acarretar uma excessiva demanda por justiça, o que, à sua vez, leva ao retardamento da resposta judiciária, em que pese a garantia (?) norma programática (?) da *duração razoável* dos processos (CF, art. 5.º, LXXVIII);

(*ii*) para a função judicial do Estado, que, tentando gerenciar a imensa quantidade de processos, acaba por incidir no grave equívoco de promover o *gigantismo* da máquina judiciária - mais juízes, mais servidores, mais fóruns, mais equipamentos de informática, enfim, mais custeio - num crescimento físico obsessivo e infindável, que nem por isso assegura a contrapartida de

52 Recurso especial - visão geral. In: TEIXEIRA, Sálvio de Figueiredo (coord.). *Recursos no Superior Tribunal de Justiça* cit., p. 93-94.

uma *resposta jurisdicional de qualidade*, vale dizer, aquele revestida de seis atributos: justa, jurídica, econômica, tempestiva, razoavelmente previsível e idônea a assegurar a efetiva fruição do direito, valor ou bem da vida reconhecidos no julgado;

(*iii*) para o Poder Judiciário como um todo, que, não podendo apresentar um bom produto final – porque a quantidade acaba por afetar a qualidade – acaba desacreditado socialmente, a par de abrir flanco para que os chamados "clientes habituais" (*repeat players*), tirem proveito das deficiências da Justiça estatal: esses clientes habituais não são por elas afetados, mas, ao contrário, beneficiam-se da chamada *mora judicialmente legalizada*, podendo ser lembrados o próprio Poder Público, os Bancos, as chamadas *financeiras*, as empresas de seguro-saúde, de telefonia, de cartões de crédito, os devedores contumazes de modo geral, etc.: esses trabalham em economia de escala nas suas relações com o Judiciário, de sorte que seus custos com Departamento Jurídicos, advocacias de partido, Procuradorias, já estão pré-avaliados e estruturados, é dizer: embutidos no produto final.

Em nosso sentir, a prestação jurisdicional deve apresentar-se como uma oferta estatal de caráter *subsidiário*, de incidência residual, por aí se entendendo que deva ela ficar reservada para os casos realmente singulares, complexos, e bem assim aqueles que, por singularidades de pessoa ou de matéria, mereçam passagem judiciária (inclusive as ações ditas necessárias) e, ainda, de modo geral, aqueles casos que se tenham revelado incompossíveis perante outros modos auto e heterocompositivos: a conciliação, a mediação, a avaliação neutra de terceiro, o juízo arbitral, os Juizados de Paz, as comissões de conciliação prévia nos conflitos trabalhistas; os tribunais desportivos; no mais, no tocante aos danos de pouca monta, são cabíveis, conforme a espécie, a renúncia e a desistência, na esteira do milenar aviso romano: *de minimis non curat praetor*.

Para alcançar esse ponto ótimo na distribuição da justiça, impende que haja, em primeiro lugar, uma *mudança de mentalidade*, buscando superar a tradicional *cultura judiciarista*, por modo a fazê-la migrar para a *cultura da pacificação dos conflitos com justiça*, preordenada a resolver não só a crise *jurídica*, mas também a crise *sociológica* subjacente, em contraposição à *solução adjudicada estatal*, que busca eliminar só aquela primeira, deixando, por isso mesmo, um rastro de pontos conflitivos periféricos, os quais, num momento futuro, tenderão a formar novas lides, num deletério círculo vicioso.

Numa palavra, o que está constitucionalmente assegurado (art. 5.º, XXXV e LV) é o *direito de ação* (ainda assim bastante condicionado), que, em não vindo devidamente apreendido com as reduções antes indicadas, arrisca degenerar em *dever de ação, instalando-se um ambiente flagrantemente adversarial entre partes e interessados, acirrando os ânimos e não raro obstaculizando os trâmites*. Em nome da vera cidadania e da paz social, deveriam os contraditores ser primeiramente induzidos a buscar, de per si, ou com auxílio de agente facilitador, a superação de suas divergências, até porque a observação do que ordinariamente acontece revela que as soluções assim alcançadas tendem a ser satisfatórias e duradouras, pela boa razão de terem sido concretizadas através de meios escolhidos pelos próprios interessados. No ponto, escreve Marcelo José Magalhães Bonício: "Ocorre que, no Brasil, assim como em tantos outros países do mundo, há vários obstáculos que impedem as pessoas de ter acesso à justiça, tais como a pobreza e a falta de cultura e informações, e a inexistência de programas e posturas oficiais a este respeito. De que adianta, então, a garantia da inafastabilidade, se grande parte da população não consegue sequer acessar a justiça, para fazer valer seus direitos ?".[53]

O que ora se vem expondo não se confina apenas ao momento em que a lide se configura – quando uma ação *pode* vir a ser proposta, caso não haja auto ou heterocomposição –, mas é igualmente aplicável às demandas judicializadas, tomando-se, como objeto de análise, o estágio em que estas alcançam a instância recursal. Nesse ponto, é preciso ter presente que o chamado *princípio do duplo grau de jurisdição* – assim como se passa com o do acesso à Justiça – não pode ser tomado *à outrance*, como fora uma cláusula pétrea ou uma garantia incontornável. Na verdade, o que o sistema visa ofertar é *uma* resposta judicial monocrática – não necessariamente de mérito, porque o direito de ação é abstrato e autônomo em face da pretensão material, a que *pode* se seguir *uma* decisão colegiada no Tribunal *ad quem*, deflagrada por um recurso de devolutividade ampla, interposto pelo vencido, pelo Ministério Público ou pelo terceiro prejudicado (CPC, art. 996 e § único).

Numa fórmula simples, o propalado *duplo* grau reduz-se a uma singela equação "*um mais um*", ou seja: a oferta de *uma* decisão singular em primeiro grau, seguida, em havendo recurso (ou remessa necessária), de *uma* decisão colegiada. Quanto ao acesso aos Tribunais Superiores, cuida-se de outra perspectiva: são Cortes de direito estrito, refratárias à singela revisão de matéria de fato, reavaliação da prova, interpretação de declaração de vontade, exigindo ainda o prequestionamento da questão de direito, a par de certas exigências adicionais, como a repercussão geral da questão constitucional (STF) ou a transcendência da questão (TST).

53 *Proporcionalidade e processo. A garantia constitucional da proporcionalidade, a legitimação do Processo Civil e o controle das decisões judiciais*. Coleção Atlas de Processo Civil, coord. Carlos Alberto Carmona, São Paulo: Atlas, 2006, p. 68.

Ao contrário do que num primeiro momento possa parecer, não há no sistema – constitucional ou da legislação ordinária – norma ou princípio, explícito ou implícito, a *garantir* que os acórdãos proferidos pelos Tribunais locais ou regionais (TJ's, TRF's, TRT's) desafiem revisões nos Tribunais Superiores (STF, STJ, TST), argumento falacioso que, se levado a crédito, faria com que esses órgãos de cúpula passassem a operar como órgãos de terceira ou quarta instância, desvirtuando sua finalidade e comprometendo a qualidade de seu trabalho, ante a pletora de processos que a eles aflui.

No caso da Justiça trabalhista, vale ter presente o art. 896-A da CLT, dispondo que o TST só conhecerá do recurso de revista quando a causa oferecer "*transcendência* com relação aos reflexos gerais de natureza econômica, política, social ou jurídica" (cf. Med.Prov. 2.226/2001),[54] cuja Exposição de Motivos já alertava: "O Tribunal Superior do Trabalho encontra-se, atualmente, em situação de colapso, pela total incapacidade de fazer frente ao volume descomunal de processos que a ele chegam diariamente. Mesmo tendo julgado mais de 120.000 processos no ano de 2000, terminou o ano com um saldo de 140.000 aguardando julgamento. Atualmente, cada um de seus ministros possui um estoque de 10.000 processos para julgar. O Tribunal não dispõe sequer de espaço físico para guardar tamanha quantidade de processos, tendo alugado um prédio só para esse fim e sendo obrigado a alugar um segundo com a mesma destinação, e em face do comprometimento das estruturas do prédio ora alugado. O STF e o STJ encontram- se em situação semelhante, ainda que não tão dramática no que diz respeito à precariedade das instalações, e tem se verificado que a técnica a ser adotada para o desafogamento dos Tribunais Superiores, simplificação dos recursos e caracterização dessas Cortes como instâncias extraordinárias é a da demonstração da relevância federal ou transcendência política, social, econômica ou jurídica das causas que merecerão a apreciação pelos Tribunais Superiores".[55]

54 Essa MP veio a ser objeto da *ADIn* 2.527-9 promovida pela OAB, rel. Min. Carmen Lúcia. Consta a prolação deste despacho: "Em 16.08.2007, o Plenário deste Supremo Tribunal Federal deferiu em parte a medida cautelar pleiteada para suspender o art. 3.º da Medida Provisória 2.226/2001" (despacho de 10.12.2007, publicado no *DJ* 14.12.2007). No sítio www.stf.jus.br, consultado em 13.12.2019, consta que os autos estão conclusos com a Ministra relatora.

55 Num contraponto com a *transcendência*, considere-se que para o conhecimento do recurso extraordinário pela Corte Suprema da Argentina, exige-se o quesito da *gravedad institucional* da questão, cf. Augusto Mário Morello – Recursos extraordinários: visión comparada brasileña e argentina. *Revista de Processo*, nº 79, jul./set. 1995, p. 17.

É preciso ter presente, antes de mais nada, que a verdade perseguida no processo judicial não aspira ao nível de certeza absoluta, mas apresenta-se relativizada, bastando considerar que a própria coisa julgada material, em si mesma, é neutra, imunizando assim a decisão de mérito bem lançada como aquela menos fundamentada, ou até eventualmente injusta, sem falar no sistema de presunções, que, por exemplo, infere a veracidade das alegações de fato em caso de revelia (CPC, art. 344); dispensa a prova dos fatos que sejam notórios (CPC, art. 374, I); extrai, em cognição por verossimilhança, uma avaliação positiva quanto a evidência da pretensão, a partir do "manifesto propósito protelatório" da contraparte (CPC, art. 311, I). Desse modo, o vezo de tentar levar a causa, já passada por dois graus de jurisdição, até o cimo da pirâmide judiciária, além de sobrecarregar o sistema, nem mesmo assegura que o acórdão a ser proferido pelo Tribunal de cúpula será, necessariamente, de qualidade superior ao primeiro que foi proferido nos autos, embora, pelo efeito substitutivo do recurso, venha a se sobrepor ao acórdão recorrido.

O próprio CPC, em várias passagens, confirma as precedentes ponderações: o pedido inicial pode ser julgado liminarmente improcedente se for contrário a algum dos padrões decisórios impositivos listados nos incisos do art. 332; a extinção do processo em primeiro grau, sem julgamento do mérito, não impede que, em se tratando de causa madura, o Tribunal avance sobre o fulcro da demanda, sob o desejável ideário do processo civil de resultados (§ 3.º, I, do art. 1.013), superada, assim, ao menos parcialmente, a clássica "restituição dos autos em homenagem ao duplo grau"; o acórdão do Tribunal *a quo* pode não configurar um julgamento justo ou pode ter apreciado mal a prova, mas tais alegações não bastam para que o STJ dê provimento ao recurso especial, que é de estrito direito, de fundamentação vinculada ao texto constitucional e focado nas *quaestiones iuris*, de direito federal comum, antes prequestionadas (Súmula 7); enfim, mas não menos importante, considere-se que a afirmada injustiça do julgado não consta como fundamento autônomo para a o manejo da ação rescisória (art. 966 e incisos).

No ponto, afirma André Luiz Santa Cruz Ramos: "De fato, os Tribunais Superiores do país estão hoje superlotados, não obstante seja cada vez maior o número de processos julgados por ano. Diante deste contexto, é salutar a criação de mecanismos que reduzam o número de causas a serem apreciadas pelas instâncias extraordinárias, até porque o duplo grau de jurisdição (juízes singulares e tribunais locais e regionais) já assegura às partes litigantes garantia de revisão das decisões".[56] O autor colaciona este acórdão do STF, relator

56 Da necessidade de demonstração da repercussão geral das questões constitucionais discutidas no recurso extraordinário (art. 102, § 3.º, da CF/88). *Revista Dialética de Direito Processual*, nº 32, nov./2005, p. 11 e rodapé n. 7.

Min. Carlos Velloso: "(...) Não há, no ordenamento jurídico-constitucional brasileiro, a garantia constitucional do duplo grau de jurisdição. Prevalência da Constituição Federal em relação aos tratados e convenções internacionais (...)" (AI n. 513.044/SP, *DJ* 08.04.2005, p. 31).

A vigente Constituição criou o STJ, a partir da defecção de competências antes afetas ao STF, mas, não recepcionou no âmbito deste último a preexistente arguição de relevância, nem tampouco atentou para o fato, de sabença geral, de que Cortes Superiores precisam contar com algum sistema de filtro ou de contenção, porque elas se situam num patamar de *sobreposição* no organograma judiciário e assim vocacionam-se a conhecer as grandes questões nacionais. De outro lado, impende ter presente que o compromisso estatal com a distribuição da Justiça se completa, ordinariamente, com uma resposta em primeiro grau, seguida da possibilidade de uma revisão por Tribunal, através de recurso de devolutividade ampla, como, entre nós, se dá com a apelação. No ponto, Augusto Mario Morello: "En el mundo de estas horas, las altas Cortes sólo deven ocuparse de las cuestiones y asuntos judiciales de verdadera entidad que afecten el tejido social, y los principios y valores que hacen al soporte económico, cultural, ético e institucional del pueblo".[57]

É preciso ter presente que, ao contrário do que se passa nos ramos de direito material privado, em que há uma conexão entre direitos e obrigações (*jus et obligatio correlata sunt*), é outra a lógica e a dialeticidade no plano processual, onde se alternam faculdades que, bem aproveitadas, levam a situações de vantagem (*v.g.*, a interposição do recurso protrai para um ponto futuro o momento em que a decisão ficará definitiva) e, não aproveitadas ou mal manejadas, conduzem a situações de ônus ou de sujeições (*v.g.*, revelia, presunções diversas, perda do direito a certa prova). Enquanto os recursos de tipo comum, máxime a apelação, fundam-se na alegação de sucumbência, caracterizada pelo *déficit* entre o que poderia a parte esperar do julgado e o que acabou obtendo, já os recursos de tipo *excepcional* – RE, REsp, revista trabalhista – regem-se por outra lógica, em simetria com o altiplano onde se encontram as Cortes Superiores, donde a absoluta indispensabilidade de exigências específicas e adicionais para alcançá-las.

Uma expressiva evidência do antes exposto está no fato de que o STF, por ter perdido o filtro da *arguição de relevância*, desde o advento da Constituição Federal de 1988 até a EC 45/2004, a qual inseriu a exigência da repercussão geral da questão constitucional, via-se prestes a soçobrar ante o exacerbado

57 Recursos extraordinários, cit., *Revista de Processo*, nº 79, jul./set. 1995, p. 13.

afluxo de recursos extraordinários,[58] o que o levou a *retomar o caminho antigo*, isto é, a busca de outro elemento de contenção, desta vez na figura da citada *repercussão geral* (CF, § 3º do art. 102: ER 45/2.004), aplicável inclusive aos recursos múltiplos e repetitivos, tirados "com fundamento em idêntica questão de direito" (CPC, art. 1.036, caput), técnica que tem se mostrado efetiva em boa medida, como se colhe de pesquisa divulgada pelo CNJ.[59]

Já desde o *Relatório de Atividades* do STF em 2007, a Corte estimava que esse expediente contribuiria para o desafogo da sobrecarga de processos e para a agilização dos julgamentos: "Esse filtro recursal deve levar em conta a relevância social, econômica, política ou jurídica da matéria a ser apreciada e por essa razão trata-se de um requisito de admissibilidade, de aferição rigorosa em preliminar formal. Espera-se a redução do número de recursos em toda a Justiça e maior disponibilidade da Corte para o exame de graves questões de repercussão nacional". Dos primeiros julgamentos envolvendo esse quesito já fora possível ter-se uma primeira impressão sobre sua aptidão para os propósitos colimados: *RE 556.385*. Ausência de repercussão geral: mandado de segurança. Redução de ofício da multa fixada pelo Juiz. Art. 461, § 6.º do Código de Processo Civil"; *RE 566.471*. Há repercussão geral. Controvérsia sobre a obrigatoriedade de o Poder Público fornecer medicamento de alto custo".[60]

No *Relatório Supremo em Ação, divulgado em 2.018* consta esta informação: "Embora nos anos de 2013 a 2017 o número de Temas com mérito julgado tenha crescido comparativamente ao período 2007-2012, o ritmo de julgamento de 37 processos ao ano (média 2013-2017)é ainda pequeno, frente aos 340 Temas pendentes". [61]

Quanto ao ano-base de 2.016, informa o boletim Supremo em Ação, divulgado pelo CNJ em 2.017: "Desde a regulamentação do instituto, o Supremo Tribunal Federal já apreciou a repercussão geral de 943 temas dos quais 633 (67,1%) tiveram a repercussão geral da matéria reconhecida". (...) "Somente em 2016, dos 89.959 processos ingressados no STF, 83,25% foram Recursos

---

58 V. o documento *I Relatório Supremo em Números – o múltiplo Supremo* (Joaquim Falcão, Pablo de Camargo Cerdeira e Diego Werneck Arguelhes), Fundação Getúlio Vargas, - Direito Rio, 2.011, p. 53 e s.

59 *Justiça Pesquisa – a força normativa do direito judicial*. Sítio www.cnj.jus.br., acesso em 11.11.2018.

60 Fonte: www.stf.gov.br/arquivocms/principal. Destaque/anexo/relativo 2007.pdf, acesso em: 04.01.2008.

61 Sítio cnj.jus.br/pesquisas-judiciarias/supremo-em-acao/. Acesso em 13.12.2.019.

Extraordinários, o que dá a dimensão da carga de trabalho empregada para análise da admissibilidade de tais recursos, e, por consequência, sua filtragem pelo mecanismo da repercussão geral".[62]

Quanto ao STJ – também afetado pela massiva e crescente pletora de processos - passou a trilhar a senda antes seguida pelo STF na admissão dos recursos extraordinários *por amostragem* (CPC/73, art. 543-B), a teor do então previsto no art. 543-C desse Código, advindo com a Lei 11.672/2008, prevendo-se que em caso de existirem recursos especiais represados nos Tribunais locais e regionais, de idêntica conformação jurídica, o STJ receberia apenas um ou alguns "representativos da controvérsia", por modo que a decisão que viesse proferida no(s) recurso(s) afetados como paradigma(s) operaria como parâmetro no juízo de admissibilidade dos demais, retidos na origem. O ponto encontra-se regulamentado no art. 256-R, incisos e § único do RISTJ, incluídos pela ER 24/2.016.

No tocante ao STF, nos RE's *singulares* (não massivos), o quesito da "repercussão geral" se apresenta como um *filtro*, já que o juízo de admissibilidade positivo *depende* do atendimento a esse pressuposto genérico (CF, art. 102, § 3.º; CPC, art. 1.035 e § 1º), ainda que a inadmissão desse recurso, por carência desse requisito, exija a "manifestação de dois terços de seus membros" .

Já o regime processual dos RE's e REsp's massivos e repetitivos (CPC, arts. 1.036-1.041), aparece preordenado a uma outra finalidade, qual seja a de permitir o julgamento *concentrado ou em bloco* dos apelos represados na origem, os quais se apresentam uniformizados por relevarem da mesma *quaestio juris*, fator que enseja o julgamento conjunto, mediante contraste com o quanto venha firmado na decisão-quadro do STF ou do STJ no recurso afetado como representativo. O discrímen ora posto não passou despercebido a Marco Aurélio Serau Júnior e Silas Mendes dos Reis, escrevendo ao tempo do CPC/73, observando que no caso dos Resp's repetitivos, "não se trata de modalidade de *filtro* ou barreira para interposição de recursos" (...), mas, antes, cuida-se de "mecanismo/sistemática de julgamento em bloco de recursos especiais, voltado, especialmente, à consecução do *direito fundamental à celeridade processual* e ao aprimoramento da função especial do Superior Tribunal de Justiça".[63]

Não há dúvida quanto à indispensabilidade de algum elemento de contenção para que as Cortes Superiores de qualquer país possam funcionar a

---

62. Sítio www.cnj.jus.br, acesso em 15.10.2.018, p. 74 e 75 do documento impresso.

63 *Recursos especiais repetitivos no STJ*, São Paulo: Método, 2009, p. 81, itálicos no original.

contento, sem o que elas arrisquem converter-se em *mais uma* instância de revisão, despojando-se de suas elevadas funções de tutor máximo da inteireza positiva, autoridade, validade e uniformidade interpretativa da ordem normativa federal em sentido largo. Assim, como se sabe, na *U.S. Supreme Court*, o *writ of certiorari* abre ensejo a que os *Justices* escolham, fazendo valer o *discretionary method of review*, as causas que lhes pareçam merecedoras de serem efetivamente julgadas (a *discuss list*, por contraposição à *dead list*); na Argentina, o conhecimento do recurso extraordinário fica a depender de uma análise positiva, pela Suprema Corte, quanto à sua *gravedad institucional*, como alude a doutrina portenha. Para Ives Gandra da Silva Martins Filho, "criou-se, o que mais tarde foi chamado, pelos doutrinadores argentinos, de *certiorari criollo*, ou seja, a versão argentina do processo americano".[64] Diz o art. 280 do CPC argentino, alterado pela Lei 23.774: "La Corte, según su sana discreción y con la sola invocación de esta norma podrá rechazar el recurso extraordinario, por falta de agravio federal suficiente o cuando las cuestones planteadas resultaren insustanciales o carentes de trascendencia".

A propósito, avalia Augusto Mario Morello: "La reducción notable de la jurisdicción obligatoria (reglada) para dar paso a la jurisdicción descrecional, en donde la Corte Suprema tiene un amplio campo selectivo de aquellos asuntos relevantes, trascendentes, de lata significación institucional y una potestad de descarte, en lo que sin dar razones o fundamentos ostensibles, la indole del asunto o su intrascendencia, la habilitan para no darle curso. Este fenómeno, insisto – que es por lo demás universal – está dictado por la enorme presión de la sobrecarga que inunda la capacidade receptora y de respuesta de las Cortes Supremas; frente a 4.000 o 5.000 causas anuales, la ideia reduccionista (en USA y Argentina) es limitar el ingreso a 250 o 300 causas anuales."[65]

Quanto ao STJ, tirante o julgamento *por amostragem* dos recursos especiais massivos e repetitivos, advindo apenas em 2008 com a Lei 11.672 (CPC/73, art. 543-C), a Corte não contava, desde sua instalação em 1989, com algum instrumento redutor do afluxo de processos, por aí se explicando que já em 2007 os recursos especiais haviam alcançado a cifra de 91.851, correspondendo a 54,37% do movimento global da Corte.[66] Até então, o STJ apenas contara com as próprias restrições constantes dos dispositivos constitucionais

64 O critério de transcendência no recurso de revista na Justiça do Trabalho – Constitucionalidade da MP n. 2.226/01. In: *As vertentes do direito constitucional contemporâneo*. Rio de Janeiro: América Jurídica, 2002, p. 386.

65 Recursos extraordinários... cit., *Revista de Processo*, n. 79, jul.-set. 1995, p. 16, 17.

66 Sítio [http://www.stj.gov.br/webstj/Processo/Boletim], acesso em: 04.01.2008.

(*v.g.*, o art. 105, III, da CF fala em *acórdão* e não em decisão, e, por isso, o STJ não conhece de REsp's oriundos dos Juizados Especiais – Súmula 203). De outro lado, valeu-se a Corte da emissão de súmulas de nítido caráter restritivo, senão já dissuasório do manejo do recurso especial, *v.g.*: quando se trate de simples interpretação de cláusula contratual (nº 5); para simples reexame de prova (nº 7); em caso de divergência jurisprudencial endógena (nº 13); em caso de acórdão com dupla fundamentação – constitucional e legal – caso tenha sido manejado só o REsp (nº 126); quando, no Tribunal de origem, não se esgotaram as possibilidades impugnativas (nº 207); quando haja ponto não prequestionado (nº 211); quando a questão federal tenha sido ventilada apenas no voto vencido do acórdão recorrido (nº 320); quando interposto antes da publicação do acórdão nos embargos de declaração, sem posterior ratificação (nº 418; súmula cancelada pela Corte Especial em sessão de 01.07.2.016; v. súmula nº 579). Vale ainda frisar que, com base em súmula, pode o Relator, monocraticamente, negar ou dar provimento ao REsp, conforme a espécie (CPC, art. 932, IV, a; V, a) em decisão agravável (CPC, art. 1.021, caput), o mesmo se passando, já agora em face de jurisprudência dominante na Corte, a teor da súmula STJ nº 568; v., também, RISTJ, art. 34, VII e XVIII e alíneas, redações das ER's 24 e 22/2.016, nessa ordem.

Mesmo com o *efeito dissuasório* que as súmulas restritivas projetam em face dos muitos recursos especiais que desse modo deixam de ser interpostos, ainda assim segue sendo importante sua expressão numérica, donde, ao longo do tempo, se ter excogitado, dois elementos de contenção: (*i*) a extensão, a essa Corte, do pressuposto genérico da "repercussão geral" (PLC 1.343/2004 que pretendia introduzir um § 2.º ao art. 541 do CPC/73), por modo que, em prosperando aquela proposta legislativa, tal exigência passaria a se estender ao recurso especial dirigido ao STJ, sob a forma de repercussão geral da *questão federal*;[67] (*ii*) a inserção, no sistema recursal, da *súmula impeditiva de recurso*

---

67 Renato Luís Benucci anotava, a respeito: "Por uma questão de simetria, instrumento semelhante [a repercussão geral] deve ser introduzido pelo legislador constituinte derivado também para o recurso especial, no âmbito do Superior Tribunal de Justiça, uma vez que nem todas as questões em que é discutida a lei federal, em sede de recurso especial, por óbvio, são relevantes. De fato, no Projeto de Emenda Constitucional (PEC) 29, do qual resultou a Emenda Constitucional 45/2004, constava a inclusão da 'repercussão geral' como requisito de admissibilidade até mesmo do recurso especial, proposta que acabou não sendo aprovada. Contudo, ainda tramita a Proposta de Emenda Constitucional (PEC) 358, de 2005, que permitirá ao legislador infraconstitucional estabelecer os casos de inadmissibilidade do recurso especial por falta de repercussão geral". (A repercussão geral no recurso extraordinário como instrumento de gestão judiciária.

(PEC 358/2005, dita *paralela* à "Reforma do Judiciário", parte do PEC 29/2000, que retornou à Câmara dos Deputados).

Apesar de ambos os casos representarem ocorrências de valor apenas histórico, remanesce interesse em saber se haveria necessidade de emenda à Constituição Federal. Parece-nos que a resposta é afirmativa, por se tratar de recurso de estrito direito e de fundamentação *vinculada ao texto constitucional* (art. 105, III), faltando, assim, espaço para o legislador ordinário prover originariamente a respeito, mormente em se tratando de pressuposto de *admissibilidade* de recurso de perfil constitucional. Sob essa perspectiva, sobejariam ao legislador ordinário as explicitações procedimentais acerca daquelas exigências adicionais, à semelhança do que o faz o art. 1.035 e §§ do vigente CPC, em face da exigência da repercussão geral da questão constitucional (CF, § 3º do art. 102).

Nem por outro motivo, a antiga *arguição de relevância* fora prevista na EC 01/1969, e, depois disso, a exigência da *repercussão geral* adveio também por obra do constituinte revisor: EC 45/2004. Verdade que o quesito da *transcendência*, na revista trabalhista (CLT, art. 896-A), veio inserido por singela Medida Provisória – 2.226/2001 –, que, aliás, chegara a ser questionada no STF: *ADIn* 2.527-9, ajuizada pela OAB; presentemente, a Lei 13.467/2.017 inseriu o § 1º àquele dispositivo da CLT, explicitando o conteúdo da transcendência da questão.

Na verdade, a então excogitada exigência da "repercussão geral" para admissão do REsp no STJ poderia vir a se concretizar no bojo do pré-citado *PEC* n. 358/2005 (Reforma do Judiciário), por conta do então projetada inserção do § 3.º ao art. 105 da CF, dispondo que "*a lei* estabelecerá os casos de inadmissibilidade do recurso especial"; com isso, ficaria o legislador ordinário autorizado a explicitar o tema, tal como o fizera no antes lembrado exemplo da "repercussão geral", regulamentado pela Lei 11.418/2006, inserindo o art. 543-A ao CPC/73. A propósito das várias iniciativas legislativas tendentes a dotar o STJ de algum elemento de contenção do afluxo dos recursos especiais, observa Nelson Rodrigues Netto: "A utilização de mecanismo de seleção das questões que contêm controvérsia relevante, a exigir o julgamento de uma Suprema Corte ou uma Corte Constitucional, é prática adotada em vários países, como a Argentina, a Alemanha, os Estados Unidos e o Japão. Funcionando como guardião do direito infraconstitucional comum, o Superior Tribunal de Justiça tem função semelhante ao Supremo Tribunal Federal, ao apreciar

Revista Dialética de Direito Processual nº 63, jun./2008, p. 117). O PLC 1343/2.004 não teve seguimento exitoso.

o recurso especial. Por esta razão seria apropriado que a repercussão geral também tivesse sido estendida ao recurso especial, como aliás, ocorria com a arguição de relevância da *questão federal* (e não questão constitucional), na vigência da ordem constitucional anterior."[68]

Já no que tange à antes referida *súmula impeditiva de recurso, à época excogitada para o STJ*, vale observar que, se é verdade que o vigente CPC não recepcionou o previsto no § 1.º do art. 518 do CPC/73 (autorização para o juiz não receber a apelação interposta contra sentença confortada por súmula do STF ou do STJ), não é menos verdade que uma modalidade daquele dispositivo pode ser identificada no vigente CPC, configurada na atribuição ao relator, nos tribunais, para descartar ou dar provimento a recurso segundo ele esteja ou não conforme a súmula do STF ou do STJ (art. 932, IV, a; V, a). Nery & Nery criticam tal autorização conferida ao relator: "(...)é conferir à súmula efeito vinculante que não lhe foi outorgado pela Constituição. Ainda que inconstitucional, o CPC 932 V a autoriza o relator a assim decidir".[69] A seu turno, José Miguel Garcia Medina, colacionando José Carlos Barbosa Moreira, considera que, em tal caso, "o relator atua como 'porta voz', de modo que sua decisão 'representaria' aquilo que seria decidido, caso o recurso fosse submetido à apreciação do órgão colegiado".[70]

4. A TUTELA DAS LIBERDADES PÚBLICAS.

A expressão *liberdades públicas* por vezes sugere uma sinonímia com certas categorias jurídicas afins, tais como os *direitos subjetivos públicos*, os *direitos fundamentais*, tratando-se, em qualquer sorte, de posições jurídicas de extração constitucional e transcendente eficácia, tradicionalmente confinadas às relações entre indivíduo e Estado. Todavia, este último critério configurador, fundado na contraposição "man *versus* the State", pode ser questionado com vistas a trazê-lo a presente realidade de uma sociedade massificada, competitiva, oprimida num mundo globalizado, onde sobrepaira um Estado leviatã, onipresente.

Essa atualização-contextualização permite conceber que os direitos fundamentais possam também se tornar exigíveis e oponíveis nas relações *entre os particulares*: *a uma*, porque o texto constitucional, ao mencioná-los no rol

68 A aplicação da repercussão geral da questão constitucional no recurso extraordinário consoante a Lei 11.418/2006. *Revista Dialética de Direito Processual Civil*, nº 49, abr./2007, p. 129.

69 *Comentários ao Código de Processo Civil...*, cit., 2.015, nota nº 16 ao art. 932, p. 1.852.

70 *Novo Código de Processo Civil comentado*, 5ª ed., 2.017, cit., nota III ao art. 932, p. 1.356.

do art. 5º, incisos e § 2.º, não os confina em *numerus clausus* nem os limita à relação pessoa-Estado, descabendo ao intérprete fazê-lo; *a duas*, porque tais garantias a pouco ou nada se reduziriam se nas relações entre os particulares elas pudessem ser descumpridas ou contornadas, como se dá, por exemplo, nos recorrentes flagrantes de trabalho escravo nos rincões mais remotos do país; nos casos de cárcere privado; no assédio nos ambientes de trabalho etc.

Para além da perspectiva *vertical ou subordinante*, que contrapõe indivíduo e Autoridade, há que se abrir espaço, também, como alude Pedro Henrique Pedrosa Nogueira, com apoio em Pontes de Miranda e J. J. Gomes Canotilho, para a "chamada eficácia externa ou horizontal. De fato, embora historicamente o nascimento dos direitos humanos se ligue à concepção de defesa do indivíduo frente ao poder absoluto do soberano, como expressão e conquista dos ideais liberais-burgueses, do ponto de vista jurídico-positivo, é inegável a existência de certos direitos (*v.g.*, direito à vida, à liberdade de locomoção) que podem ser exercidos diretamente – e como tal são garantidos pela Constituição – contra quaisquer membros da comunidade sejam entidades públicas ou entidades de caráter privado, ou, ainda, pessoas físicas. Não seria acertado, segundo nos parece, limitar o alcance da proteção conferida pelas regras de direitos fundamentais, hoje, para apenas considerar como seu destinatário o Estado. A Constituição Federal (CF/88, art. 5.º § 1.º) foi categórica ao estabelecer a aplicabilidade imediata das normas de direitos fundamentais, pondo assim em segundo plano a necessidade de mediação dos outros Poderes Públicos para sua aplicação, inclusive no âmbito privado".[71]

Afina-se com essa exegese ampliativa a gradativa aceitação do mandado de segurança – típico remédio constitucional de defesa das liberdades – também para tutela de danos efetivos ou iminentes imputados a determinados sujeitos que não se identificam, propriamente, com *agentes políticos* ou mesmo com o conceito de *Autoridade*. Assim, já decidiu o STJ no AgInt no RMS 44385-MG: "(...) III – O acórdão recorrido está em confronto com orientação do Supremo Tribunal Federal, pacificada nos termos da súmula 510 do STF "Praticado o ato por autoridade, no exercício de competência delegada, contra ela cabe o mandado de segurança ou a medida judicial" (1ª Turma, rel. Min. Regina Helena Costa, j. 28.11.2017, DJe 05.12.2.017).

É que, como esclarece José Afonso da Silva, a redação do inciso LXIX do art. 5.º da CF vigente "amplia o espectro passivo do mandado de segurança, compreendido em dois grupos: (a) autoridades públicas; (b) agentes de

71 Sobre o direito fundamental à jurisdição. In: DIDIER, Fredie *et al.* (coord.). *Constituição e processo.* Salvador: JusPodivm, 2007, p. 549.

pessoas jurídicas no exercício de atribuições do Poder Público. No primeiro grupo, entram todos os *agentes públicos*, expressão que abrange todas as pessoas físicas que exercem alguma função estatal, como os *agentes políticos*, os *agentes administrativos* e os *agentes delegados*, entrando neste último grupo os exercentes de funções delegadas (concessionários e permissionários de obras ou serviços, os serventuários, os notários e oficiais de registro público – para estes, art. 236 – e exercentes de atividades sujeitas à autorização do Poder Público). Logo, no segundo grupo entram todos os agentes de pessoas jurídicas privadas que executem, a qualquer título, atividades, serviços e obras públicas".[72]

Confirmando essa exegese construtiva, a Lei 12.016/2.009 estende o conceito de autoridade, para fim de legitimação passiva no mandado de segurança, aos "representantes ou órgãos de partidos políticos e aos administradores de entidades autárquicas, bem como os dirigentes de pessoas jurídicas ou as pessoas naturais no exercício de atribuição do poder público, somente no que disser respeito a essas atribuições" (§ 1º do art. 1º).

Também a Lei 8.429/92, sobre a ação judicial contra ato de improbidade administrativa, abre o espectro da legitimação passiva, por modo a abranger os "atos de improbidade praticados por qualquer agente público, *servidor ou não*, contra a administração direta, indireta ou fundacional de qualquer dos Poderes (...)" – art. 1.º –, reputando como agente público "todo aquele que exerce, ainda que transitoriamente ou sem remuneração, por eleição, nomeação, designação, contratação ou qualquer outra forma de investidura ou vínculo, mandato, cargo, emprego ou função nas entidades mencionadas no artigo anterior" – art. 2º.

Sob o critério cronológico, configuraram-se primeiro as liberdades públicas ditas *negativas*, vindo depois as chamadas *positivas*, residindo o discrímen nisso que, inicialmente, as liberdades se reduziam a um pleito de *não* intervenção do Estado (não impedir o direito de reunião; não obstaculizar o direito de ir e vir), sendo que num momento posterior – já agora ao influxo do Estado Social de Direito – as liberdades passaram a exigir uma postura *comissiva* ou, se se quiser, *pró-ativa* por parte do Estado, já agora encarregado de ofertar as condições e as prestações para que direitos de espectro transcendente, ligados ao indivíduo de per si (direito à existência digna) ou à sua inserção e desenvolvimento na coletividade (direito de voto, de greve)

72 *Curso de direito constitucional positivo*, 19. ed., São Paulo: Malheiros, 2001, p. 448-449. (Obs.: a ação de mandado de segurança inclui a modalidade *coletiva* – Lei 12.016/2.009, arts. 21 e 22).

pudessem ser eficazmente exercidos. Ainda, outras denominações, com conteúdos diversos, foram por vezes aproximadas às liberdades públicas, como os *direitos naturais do homem.*[73]

A expressão "liberdade pública", à força de ser repetida, foi perdendo concreção e identidade conceitual, vindo por vezes associada ou assimilada a outras do gênero, como os *direitos subjetivos públicos*, *direitos humanos* e até mesmo os *direitos naturais*. De fato, essa dificuldade conceitual aumenta em proporção à profusão de expressões de conteúdo aproximado, como as listadas por José Afonso da Silva: "Direitos naturais, direitos humanos, direitos do homem, direitos individuais, direitos públicos subjetivos, liberdades fundamentais, liberdades públicas e direitos fundamentais do homem".[74]

Se no campo da sociologia ou da filosofia a pluralidade vernacular e semântica é tolerável, por se tratar de ciências especulativas, já no campo do Direito a imprecisão terminológica engendra graves inconvenientes, porque o Direito é um ramo do conhecimento preordenado a se realizar no plano prático, no cotidiano dos atos individuais e relacionais, tanto entre as pessoas físicas e jurídicas como destas em face do Poder Público, donde a imperiosidade da *precisão* nos conceitos e na diferenciação das diversas categorias e institutos jurídicos. (Assim, por exemplo, se passa com a união estável, que se define a partir dos elementos claramente indicados no art. 1.723, caput, do Código Civil).

Jacques Robert recepciona as *libertés publiques* em dois sentidos: "D'abord un sens étroit: les libertés publiques seraient les libertés inscrites dans le texte des Déclarations de Droits, le but des Déclarations ou Préambules étant précisement d'énoncer les libertés et droits essentiels. Mais toute liberté publique n'est point une liberté 'constitutionnellement' *déclarée.* (...) La liberté de l'enseignement n'était pas inscrite dans la Constitution de 1946 alors qu'elle était indiscutablement une liberté publique. *Dans un sens large*, serait, au contraire, consideré comme liberté publique tout droit reconnu par la loi, celle-ci englobant évidemment les textes constitutionnels et les déclarations de droits. A la notion de liberté déclarée se substituerait la notion de *liberté reconnue.* (...) Force est donc d'adopter une définition intermédiaire. Pour qu'il y ait liberté publique, il faudrait, à notre sens, que l'on trouve en présence de droits d'une certaine importance, de libertés fondamentales. (...) Il faudrait, en toute hypothèse, distinguer deux grandes catégories: les libertés 'personnelles'

73 Cf. Jaques Robert: "On peut avancer la coïncidence des libertés publiques et des droits naturels de l'homme". (*Libertés publiques*, Paris: Montchrestien, 1982, p. 26).

74 *Curso...*, cit., 19ª ed., p. 179.

et les libertés 'collectives'. Dans les libertés personneles, figurerait en premier lieu la liberté individuelle ou physique, c'est-a-dire la liberté de se déplacer librement, de n'être point arrêté arbitrairement ou séquestré, d'être jugé avec toutes les garanties légales (respect du principe de l'égalité, des droits de la défense, présomption d'innocence), de ne pas être atteint dans son intégrité physique, dans son intimité... Il faudrait également y faire figurer *les libertés de l'esprit*, c'est-à-dire la liberté d'opinion, de religion, la liberté de la presse, la liberté d'enseignement; également *les libertés économiques*: droit au travail, liberté du commerce et de l'industrie. A côté de ces libertés personnelles, il faudrait bien sûr, aussi, faire leur place aux libertés collectives, par exemple la liberté de réunion, la liberté d'association, la liberté syndicale, le droit de grève...".[75]

Pode-se ainda distinguir as liberdades em *públicas* e *privadas*, como propõe Jacques Robert: "La liberté publique est un liberté accordée à tous d'une façon telle que son exercice par chacun ne conduise en aucun cas à porter atteinte à l'exercice de ces mêmes libertés par autrui. Le critère d'une liberté publique est qu'elle appartient à tous. *A contrario*, la liberté privée se caracterise par le fait qu'elle n'est réservée qu'à certains; elle constitue un privilège accordé à un petit nombre, refusé aux autres. Ainsi, le droit de propriété. La propriété est indiscutablement une liberté en ce sens qu'elle est le droit pour son titulaire d'accomplir des actes d'usage, de jouissance et de disposition qui ne sont objet ni d'obligation ni d'interdiction. Parallèlement, elle suppose une obligation générale, imposée à tous ceux qui ne sont pas propriétaires de la chose, d'accepter que le propriétaire exerce pleinement son droit sur elle et de s'abstenir de faire quoi que ce soit qui puisse s'y opposer".[76]

(Verdade que num Estado de Direito não se pode conceber a existência de direitos absolutos, donde o direito de propriedade vir, dentre nós, condicionado a certos parâmetros ou exigências, sendo "garantido o direito de propriedade", porém atendida "sua função social"(CF, art. 5.º, incisos XXII e XXIII), a par de certos deveres respeitantes à preservação do meio ambiente - CCi, § 1º do art. 1.228).

Entre nós as liberdades públicas, por sua estreita ligação com os direitos fundamentais do ser humano, radicam em vários dispositivos da Constituição Federal, no capítulo dedicado aos "direitos e garantias fundamentais". Justamente por isso, em ocorrendo de tais liberdades virem cerceadas ou impedidas, é no texto constitucional que se encontram os

75 *Libertés publiques*, 3ª ed., Paris: Montchrestien, p. 25-27, *passim*.

76 Idem, p. 19.

instrumentos para fazê-las valer, donde o uso corrente da expressão *jurisdição constitucional das liberdades.*

A tutela jurisdicional das liberdades públicas não é centrada exclusivamente nos *Tribunais da Federação* – STF e STJ –, vindo igualmente exercida por outros órgãos judiciais, tanto de cúpula, tal o TST (CF, art. 114 e incisos), como no plano regional, tais os TRF's, aos quais compete processar e julgar "os mandados de segurança e os *habeas data* contra ato do próprio Tribunal ou de juiz federal", e os "*habeas corpus*, quando a autoridade coatora for juiz federal" (CF, art. 108, I, *c* e *d*). De todo modo, por conta da relevância dos valores concernentes às liberdades públicas (privacidade, informação, dignidade da pessoa humana) e da necessidade de lhes conferir maior estabilidade e proeminência, o tema é positivado no patamar constitucional, embora alguns tópicos tenham regulamentação na legislação ordinária, como se dá com o *habeas data* – Lei 9.507/97; o *habeas corpus* – CPP, art. 648; os mandados de segurança e de injunção – Leis 12.016/2.009 e 13.300/2.016, nessa ordem. Sobre o primeiro desses remédios esclarece Luiz Pinto Ferreira que ele "visa a assegurar o acesso a informações para a tutela da honra, da tranquilidade, do patrimônio, da vida privada, entre diversos valores, contra os atentados efetivados por organismos públicos ou de caráter público na anotação de dados e informações acerca das pessoas"; já quanto ao segundo daqueles *writs*, esclarece o autor que as liberdades por ele tuteladas "são as de ir, vir, ficar e estar, dentro da acepção ampliativa do direito de locomoção, o *jus manendi, ambulandi, eundi ultro citroque*".[77]

É bem de ver que, quando se fala em *liberdade*, sob a *óptica jurídica*, não se está tomando o termo no sentido meramente ideal ou mesmo utópico, de um "livre-arbítrio absolutamente incondicionado", até porque o Direito é um modo de regulação da *vida em sociedade*, e esta, como se sabe, impõe uma série de restrições, concessões e exigências para todos, donde ser usual dizer que "o direito de um sujeito termina onde começa o do outro". Assim, a liberdade, sob o prisma jurídico, aproxima-se da *facultas agendi*, a saber, a conduta comissiva ou omissiva daquilo que é *possível*, em face dos critérios e limites impostos pelo próprio sistema, o qual, de um lado, respalda e protege a conduta praticada conforme o modelo positivado e, de outro, sanciona e pune a conduta contrária a ele.

77 Os instrumentos processuais protetores dos direitos humanos. In: GRAU, Eros Roberto; CUNHA, Sérgio Sérvulo da (coord.). *Estudos de direito constitucional em homenagem a José Afonso da Silva*, São Paulo: Malheiros, 2003, p. 597, 599.

É preciso ter presente que a singela "liberdade", em si mesma, pouco significa em termos práticos, se não vier acompanhada dos meios e recursos que a tornem *efetiva* ao interno da coletividade, tanto nas relações intersubjetivas como naquelas que contrapõem os sujeitos e o Estado: tome-se o exemplo do vasto contingente de escravos "libertados" no Brasil em 1888, que, carentes de informação sobre os seus "direitos" e alijados dos meios de subsistência, "preferiram" ficar, como agregados, ou colonos, nas próprias fazendas onde estavam radicados. Sob outra mirada, considere-se que a interação realmente *livre* entre os indivíduos depende de que haja *paridade de condições* entre eles – sob as ópticas social, econômica, cultural – porque, do contrário, a *liberdade* perde conteúdo e pouco ou nada passa a significar. Daí dizer Andrè de Laubadère que *entre o forte e o fraco, é a lei que liberta, e a liberdade que escraviza*, pensamento que se ajusta ao de Manon Roland: "*O liberté, que de crimes on commet en ton nom* !".

Sob o prisma processual, a singela "liberdade", singelamente exercida à margem do ordenamento, corresponderia, *mutatis mutandis*, ao genérico e incondicionado "direito de demandar", que, por ser desprovido de um mínimo *status* jurídico, não permite a formação nem de uma "ação", nem de um "processo"; é por isso que o *acesso à Justiça*, em seu sentido substancial e não apenas retórico ou formal, exige o atendimento a uma pauta mínima, representada pelas condições da ação e pelos pressupostos processuais, por modo que o Estado-juiz, apreciando o mérito, possa dizer se a pretensão é ou não *fundada; é sob esses lindes que cabe apreender o contido no art. 4º do vigente CPC: "As partes têm o direito de obter (...) a solução integral do mérito (...)".* É também por isso que vêm positivados certos alvitres de disponibilidade processual (v.g., art. 357 e § 2º do CPC), embora autor e réu tenham ambos, em princípio, *direito ao processo: assim,* pode dar-se que, tal seja a atecnia ou a falha substancial da petição inicial, venha esta a ser indeferida *in limine* - CPC, art. 330 e incisos; estando o pedido em dissonância com súmula do STF ou do STJ a ação será julgada liminarmente improcedente – CPC, art. 332, I; ocorrendo de a pretensão inicial enquadrar-se no desenho da decisão-quadro proferida pelo STF ou STJ no rito dos RE's e REsp's repetitivos, é dado ao autor, a partir dessa aferição, desistir da ação, inclusive sem anuência do réu se ainda não proferida sentença – CPC, §§ do art. 1.040.

O *direito ao processo* é, naturalmente, assegurado a ambas as partes (afastado o temível *processo civil de autor!*), e, justamente por isso, não cabe condescender com sua utilização abusiva ou para fins subalternos, excessos que levam a graves sanções: CPC, arts. 79; 80 e incisos; 142; Lei 4.717/65 (ação popular), arts. 13, 14 e §§. Justamente por isso, contemporaneamente se fala na *boa-fé objetiva processual* que, para Fredie Didier Júnior "é a fonte normativa da proibição do exercício inadmissível de posições jurídicas processuais, que podem ser reunidas sob a rubrica do 'abuso do direito' processual (desrespeito à boa-fé objetiva)". [78] Vale observar que esse ideário se aplica inclusive na fase satisfativa do processo, na qual os embargos manifestamente protelatórios são tipificados como "conduta atentatória à dignidade da justiça" – CPC, art. 918, III e § único.

Focando o *Direito Constitucional positivado*, José Afonso da Silva distingue as *liberdades* em "cinco grandes grupos: (1) *liberdade da pessoa física* (liberdades de locomoção, de circulação); (2) *liberdade de pensamento*, com todas as suas *liberdades* (de opinião, religião, informação, artística, comunicação do conhecimento); (3) *liberdade de expressão coletiva* em suas várias formas (de reunião, de associação); (4) *liberdade de ação profissional* (livre escolha e de exercício de trabalho, ofício e profissão); (5) *liberdade de conteúdo econômico e social* (liberdade econômica, livre iniciativa, liberdade de comércio, liberdade ou autonomia contratual, liberdade de ensino e liberdade de trabalho), de que trataremos entre os *direitos econômicos e sociais*, porque não integram o campo dos direitos individuais, mas o daqueles".[79]

A tutela de algumas dessas liberdades não depende – ao menos num primeiro momento – exclusivamente de sua exposição na via judicial, valendo lembrar, por exemplo, que a liberdade de *livre-iniciativa* – que pressupõe a livre concorrência e a proteção contra a cartelização do segmento econômico – é tutelada pelo *CADE* (Conselho Administrativo de Defesa Econômica, autarquia do Ministério da Justiça, certo que, sobrevindo decisão do Pleno, de conteúdo prestacional, ela se reveste da força de título executivo extrajudicial – Lei 12.529/2011, art. 93; CPC, art. 784 XII); a liberdade de *livre locomoção e circulação* é de ser garantida pelos agentes estatais de segurança pública; a *liberdade profissional* fica a cargo dos Conselhos e demais órgãos reguladores das diversas atividades regulamentadas, como se dá com a OAB, o CRM ou o CREA. De sorte que a tutela judicial, no largo campo das liberdades públicas, não é algo imposto, mas na verdade *ofertado*, surgindo e operando como uma *cláusula de reserva*, uma *oferta residual*, seja para atender às situações de urgência, seja para aquelas que não foram tuteladas nas instâncias primárias – ou não o foram eficazmente –, incluída a Administração Pública, e, enfim,

78 Multa coercitiva, boa-fé processual e *supressio*: aplicação do *duty to mitigate the loss* no processo civil. *Revista de Processo* nº 171, maio/2009, p. 43.

79 *Direito constitucional positivo*, 19ª ed., São Paulo: Malheiros, 2001, p. 238.

aquelas controvérsias refratárias à resolução por outros meios auto e heterocompositivos, ou quando estes se tenham frustrado na espécie.

Pela leitura dos arts. 102, I e II, e 105, I e II da CF (respectivamente, competência originária e recursal-ordinária do STF e do STJ) percebe-se que nesses textos vem *distribuída* entre esses *Tribunais da Federação* a tutela de algumas liberdades públicas. O endereçamento a uma ou outra daquelas Cortes decorre de mais de um critério, tal a natureza da matéria, o grau hierárquico do órgão ou Autoridade envolvidos (chamada competência *ratione muneris*), configurando uma competência de tipo funcional, ou por prerrogativa de função, vale dizer, *absoluta*. Alguma vez, a competência originária do STJ vem fixada *residualmente* no contraste daquela atribuída ao STF, como nos mandados de injunção, cabíveis "quando a elaboração da norma regulamentadora for atribuição de órgão, entidade ou autoridade federal, da administração direta ou indireta, excetuados os casos de competência do Supremo Tribunal Federal e dos órgãos da Justiça Militar, da Justiça Eleitoral, da Justiça do Trabalho e da Justiça Federal" (CF, art. 105, I, *h*).

De outra parte, buscando agilizar e conferir uniformidade aos julgamentos envolvendo conflitos de competência, o STJ houve por bem *sumular* alguns entendimentos que se foram assentando em sua jurisprudência, *v.g.*: nº 3: "Compete ao Tribunal Regional Federal dirimir conflito de competência verificado, na respectiva região, entre juiz federal e juiz estadual investido de jurisdição federal"; nº 41: "O Superior Tribunal de Justiça não tem competência para processar e julgar, originariamente, mandado de segurança contra ato de outros tribunais ou dos respectivos órgãos"; nº 177: "O Superior Tribunal de Justiça é incompetente para processar e julgar, originariamente, mandado de segurança contra ato de órgão colegiado presidido por Ministro de Estado"; nº 208: "Compete à Justiça Federal processar e julgar prefeito municipal por desvio de verba sujeita a prestação de contas perante órgão federal". Vale ressaltar que, no conflito de competência, instaurado no âmbito dos tribunais, é dado ao relator julgá-lo de plano, quando sua decisão se fundar em súmula do STF ou do STJ (CPC, art. 955, § único, I).

Acerca das competências atribuídas constitucionalmente ao STJ, discorre José Afonso da Silva: "Dentre essas atribuições judicantes do STJ, algumas constituem matéria de jurisdição constitucional da liberdade, como sua competência originária para processar e julgar os mandados de segurança e os *habeas data* contra ato de Ministro de Estado, dos Comandantes da Marinha, do Exército e da Aeronáutica ou do próprio tribunal; o *habeas corpus*, quando o coator ou o paciente for qualquer das pessoas mencionadas no art. 105, I, *a*, ou quando for Ministro de Estado, dos Comandantes da Marinha, do Exército e da Aeronáutica; o mandado de injunção, assim como a competência para julgar, em recurso ordinário: os *habeas corpus* e os mandados de segurança decididos em única ou última instância pelos TRFs ou pelos Tribunais dos Estados, do Distrito Federal e de Territórios, quando a decisão for denegatória".[80]

A cláusula "se denegatória a decisão", presente na competência recursal-ordinária tanto do STF como do STJ – CF, art. 102, II, *a* e 105, II, *a* e *b* – explica-se nisso que a tutela judicial das liberdades públicas espraia-se pelo sistema judiciário do país, desde o primeiro grau, podendo encontrar derradeiro abrigo nos Tribunais da Federação, os quais, todavia, só têm sua competência deflagrada se, precedentemente, a afronta ou a ameaça a uma dada liberdade pública já não tiver antes sido conjurada, aí residindo o *interesse em recorrer* ao STF ou STJ, conforme a natureza da espécie. Algo semelhante se passa no *habeas data*, já agora no que toca ao *interesse de agir*, já que a petição inicial deve ser instruída com a demonstração da recusa ou leniência do agente público em atender a pretensão do interessado (Lei 9.507/1997, art. 8.º, § único e incisos; súmula STJ nº 2).

No período anterior a 1988 a chamada *jurisdição constitucional das liberdades* estava praticamente restrita a poucos remédios, tais o *habeas corpus* e o mandado de segurança, este na modalidade individual. Com o advento da vigente Carta, alargou-se o espectro dessas garantias ubicadas nos incisos do art. 5º, assim como o próprio *conceito* delas, para abranger o mandado de segurança em modalidade *coletiva* (inc. LXX) e o *mandado de injunção* (inc. LXXI, tendo a Lei 13.300/2.016 regulado a modalidade coletiva – art. 12, incisos e § único; art. 13 e § único); novos instrumentos no controle objetivo de constitucionalidade, notadamente a *ADPF* (CF, § 1.º do art. 102), sendo que este último instrumento permite a "qualquer interessado" (*cuivis de populo*) "mediante representação, solicitar a propositura de arguição de descumprimento de preceito fundamental ao Procurador Geral da República (...)" – § 1º do art. 2º da Lei 9.882/99 – valendo lembrar que dentre os *preceitos fundamentais* alinham-se alguns que configuram *liberdades públicas*, tais os que relevam da cidadania (art. 1.º, II), da dignidade da pessoa humana (art. 1.º, III), dos valores sociais do trabalho e da livre-iniciativa (art. 1.º, IV), e, de modo geral, dos direitos e garantais fundamentais (art. 5º e incisos) e dos direitos sociais (art. 6º).

Destaca-se ainda, nesse rol, a ação de inconstitucionalidade por omissão (§ 2º do art. 103) e bem assim a ampliação dos colegitimados ativos para as ações diretas de (in)constitucionalidade (art. 103). Com a vigente

---

80 Idem, p. 563.

Constituição advieram ainda o *habeas data* (art. 5.º, LXXII; Lei 9.507/99), a ampliação do objeto da ação popular, depassando os lindes do patrimônio público (art. 1.º e § 1.º da Lei 4.717/65), passando a abarcar a *moralidade administrativa* e o *meio ambiente* (art. 5.º, LXXIII), este último definido como um "bem de uso comum do povo e essencial à sadia qualidade de vida" (art. 225, *caput*). [81] A EC 45/2004 ampliou ainda mais esse panorama, positivando o direito subjetivo público – porque exercido em face do Estado-juiz – *à razoável duração do processo* (inciso LXXVIII do art. 5.º), além de ter alçado ao patamar de emenda constitucional os "tratados e convenções internacionais sobre direitos humanos que forem aprovados, em cada Casa do Congresso Nacional, em dois turnos, por três quintos dos votos dos respectivos membros", caso em que "serão equivalentes às emendas constitucionais" (§ 3º do art. 5º).

Tem-se aí, pois, um quadro sucinto da *Jurisdição Constitucional das Liberdades*, expressão ainda carecedora de melhor sedimentação conceitual e doutrinária, vindo assim referida por André Ramos Tavares: "A ideia de uma jurisdição constitucional tem sido trabalhada para identificar a parcela de atividade pela qual se realiza, jurisdicionalmente, vale dizer, consoante um método jurídico-processual, a proteção da Constituição em todas as suas dimensões".[82]

Em modo mais abrangente, aduz José Joaquim Gomes Canotilho: "No constitucionalismo recente parece defender-se, em geral, a conexão entre constituição e jurisdição constitucional. (...) A título de noção tendencial e aproximativa, pode definir-se justiça constitucional como o complexo de actividades jurídicas desenvolvidas por um ou vários órgãos jurisdicionais, destinadas à fiscalização da observância e cumprimento das normas e princípios constitucionais vigentes. (...) A justiça constitucional é hoje também um aparo para a defesa de direitos fundamentais, possibilitando-se aos cidadãos, em certos termos e dentro de certos limites, o direito de recurso aos tribunais constitucionais, a fim de defenderem, de forma autônoma, os direitos fundamentais violados ou ameaçados (a justiça constitucional no sentido de 'jurisdição da liberdade')".[83]

---

81. Sobre o objeto da ação popular v. o nosso *Ação Popular*, 8ª ed., 2.015, São Paulo: Thomson Reuters-Revista dos Tribunais, p. 89-129.

82 *Teoria da justiça constitucional*, São Paulo: Saraiva, 2005, p. 144.

83 *Direito constitucional e teoria da Constituição*, 6ª ed., Coimbra: Almedina, 2002, p. 886-888.

Evidentemente, se não pudessem tais liberdades públicas serem reconhecidas e tuteladas judicialmente, não seriam propriamente liberdades, no sentido *jurídico* a que de início nos referimos, porque uma afirmada posição de vantagem, todavia desprovida dos meios para fazê-la valer quando ameaçada ou afrontada, com certeza não se constitui num direito, e muito menos público, isto é aquele que seu titular pode exercer em face do Estado. A se entender de outro modo, tais *liberdades* quedariam no plano retórico ou acadêmico, sem possibilidade de concreção e de fruição pelos titulares, o que não justificaria sua inserção no capítulo dos "Direitos e Deveres Individuais e Coletivos", encimados sob o título "Dos Direitos e Garantias Fundamentais" (preâmbulo do art. 5º da CF), valendo lembrar que *jus et obligatio correlata sunt*: se o pacto fundamental do país estabelece interesses legítimos, situações de vantagem, direitos a serem exercidos perante o Estado, é porque cabe a este garanti-los e prestá-los, seja espontaneamente, ou, então, coercitivamente, via judicial.

Bem por isso, não parece, *data venia*, convincente a tese de que existiriam "deveres fundamentais autônomos", como sustenta, entre outros, José Carlos Vieira de Andrade,[84] vale dizer, deveres do Estado a que não corresponderiam correlatos direitos dos cidadãos (*v.g.*, dever genérico de cumprimento aos atos do Poder Público; dever de prestar serviço militar). É que as relações jurídicas são reflexivas, existem em contemplação de uma integração entre os sujeitos concernentes ou destes em face do Estado. Como observa Pedro Henrique Pedrosa Nogueira, "há sempre algum outro sujeito na posição contraposta; todo dever, fundamental ou não, está atrelado a um direito, porque somente é juridicamente possível dever-se algo a alguém – o titular da situação de vantagem a que chamamos 'direito'".[85]

Está-se, pois, a falar de verdadeiros *direitos de prestação*, a serem ofertados pelo Estado, aos quais correspondem *créditos* assegurados aos destinatários: liberdade de ir e vir; garantia de ter seus direitos líquidos e certos reconhecidos e atendidos pela Administração Pública; de obter informação constante de registros e bancos de dados; de não ser tolhido no exercício dos direitos, liberdades e prerrogativas por ausência de norma regulamentadora; de ser ressarcido pelo prejuízo decorrente da irrazoável duração do processo judicial e administrativo; de ter seu histórico de dano temido ou sofrido examinado por juiz competente e imparcial, num foro constituído antes dos fatos. Nesse sentido, Jean Rivero aduz que as liberdades públicas "sont des pouvoirs en

84 *Os direitos fundamentais na Constituição Portuguesa de 1976*, Coimbra: Almedina, 1987, p. 151, *passim*.

85 Sobre o direito... cit., em *Constituição e Processo*... cit., 2007, p. 554-555.

vertu desquels l'homme, dans les divers domaines de la vie sociale, choisit lui-même son comportement, pouvoirs reconnus et organisés par le droit positif, qui leur accorde une protection renforcée en les élevant au niveau constititutionnel".[86]

A propósito, é emblemático o exemplo antes lembrado do direito (subjetivo público, porque exercido em face do Estado-juiz) à *razoável duração do processo* (inc. LXXVIII do art. 5.º: EC 45/2004): tal enunciado não pode ser tomado como singela *diretriz*, norma *programática*, ou de eficácia *contida*, mas, ao contrário, impende reconhecer que se trata de garantia plena – *self enforcing* –, porque, de outro modo, ela se reduziria à letra morta; aliás, não somente a *razoável duração do processo* (o continente) vem assegurada, mas também o *modo* como a *prestação estatal* será desempenhada, a saber, a oferta dos "meios que garantam a celeridade de sua [do processo] tramitação", e bem assim o *conteúdo* dessa relação processual, qual seja a decisão judicial, preferencialmente aquela que resolva *o processo e a lide, sob o ideário do processo civil de resultados*. Nessa linha se coloca a busca pela prestação específica do direito, valor ou bem da vida reconhecidos no título exequendo: CPC, art. 139, IV; art. 536 e § 1º.

Saliente-se o disposto no § 1º do art. 5.º da CF: "As normas definidoras dos direitos e garantias fundamentais têm *aplicação imediata*". Assim, ao *dever* do Estado-juiz de ofertar um processo sem dilações indevidas, corresponde um *direito* do jurisdicionado e do administrado de, por um lado, *exigirem* aquela prestação em modo eficiente e tempestivo e, de outro lado, de serem ressarcidos pelos prejuízos morais e materiais em caso de desatendimento. Nem a outro desiderato se destina o art. 4º do vigente CPC: "As partes têm o direito de obter em prazo razoável a solução integral do mérito, incluída a atividade satisfativa".

É, aliás, a solução prevista no direito italiano, desde a Lei 89, de 24.03.2001, dita *Legge Pinto* (cognome de um dos senadores autores do *disegno di legge* – projeto de lei), cujo art. 2º assegura: "1. Chi ha subito un danno patrimoniale o non patrimoniale per effetto di violazione della Convenzione per la salvaguardia dei *diritti dell'uomo* e delle *libertá fondamentali*, ratificata ai sensi della Legge 4 agosto 1955, n. 848, sotto il profilo del mancato rispetto del *termine ragionevole* di cui all'articolo 6, paragrafo 1 della Convenzione, há *dirito ad un equa riparazione*". Paulo Hoffman informa, a respeito, que o "principal critério para a definição do *quantum* da indenização é da *posta in gioco*, isto é, o valor pessoal, patrimonial e moral envolvido na causa em

86 *Les libertés publiques*, Paris: Presses Universitaires de France, 1981, t. I, p. 30.

discussão, assim como as consequências que a demora acarreta na vida, na honra, nos interesses e no destino do jurisdicionado lesado com a duração exagerada do processo".[87]

Apesar da rubrica "jurisdição *constitucional* das liberdades" evocar desde logo o STF, enquanto *guarda da Constituição* (CF, art. 102, *caput*), ainda assim pareceu ao constituinte de 1988 adequado *distribuir* as competências nessa matéria entre o STF e o então criado STJ. Isso, para preservar o desenho *piramidal* da estrutura judiciária brasileira, por isso mesmo não se justificando uma tutela judicial exercida *per saltum*, diretamente ao STF, em detrimento do STJ, este último adstrito ao direito federal comum, campo onde se *explicitam* as liberdades públicas já positivadas. Observa o Min. Carlos Mário da Silva Velloso: "Ao Superior Tribunal de Justiça conferiu a Constituição vasta competência originária no campo dessa jurisdição constitucional das liberdades. (...) No que concerne ao mandado de segurança, registre-se que a competência engloba, evidentemente, os mandados de segurança individuais e coletivos".[88] De se ter ainda presente que, via recurso especial (CF, art. 105, III, *a*), pode o STJ dirimir casos de "grave violação de direitos humanos", decorrentes de afronta a tratados internacionais firmados pelo Brasil (CF, art. 109, V-A e § 5.º, acrescidos pela EC 45/2004).

Quanto ao *mandado de injunção*, que se insere na competência originária do STJ "quando a elaboração da norma regulamentadora for atribuição de órgão, entidade ou autoridade federal, da administração direta ou indireta (...)" – CF art. 105, I, *h* –, saliente-se que numa das versões do *Anteprojeto de Código Brasileiro de Processos Coletivos* chegou-se a cogitar a modalidade *coletiva* desse writ, inserida na competência do STJ, então se prevendo que a decisão "formulará, com base na equidade, a norma regulamentadora e, no mesmo julgamento, a aplicará ao caso concreto, determinando as obrigações a serem cumpridas pelo legitimado passivo para o efetivo exercício das liberdades e prerrogativas constitucionais dos integrantes do grupo, categoria ou classe" (art. 50). Augurava-se, naquela época, uma possível superação da exegese restritiva até então adotada pelo STF para o mandado de injunção em *caso líder* (n. 107-3-DF, *Questão de Ordem*, rel. Min. Moreira Alves, *DJU*

87 O direito à razoável duração do processo e a experiência italiana. In: WAMBIER, Teresa Arruda Alvim *et al.* (coord.). *Reforma do Judiciário – Primeiras reflexões sobre a EC 45/2004*, São Paulo: Revista dos Tribunais, 2005, p. 584.

88 O Superior Tribunal de Justiça – competências originária e recursal. In: TEIXEIRA, Sálvio de Figueiredo (coord.). *Recursos no Superior Tribunal de Justiça*, São Paulo: Saraiva, 1991, p. 14.

21.09.1990, p. 9.782), quando a Excelsa Corte, em contemplação à separação entre os Poderes, entendera que o acolhimento desse *mandamus* apenas poderia resultar numa comunicação ao órgão ou autoridade assim reconhecido em *mora regulamentar*, "para que adote as providências necessárias, à semelhança do que ocorre com a ação direta de inconstitucionalidade por omissão (art. 103, § 2.º da Carta Magna), e de que se determine, se se tratar de direito constitucional oponível contra o Estado, a suspensão dos processos judiciais ou administrativos de que possa advir para o impetrante dano que não ocorreria se não houvesse a omissão inconstitucional". A versão sequencial daquele anteprojeto (junho/2007), não reteve aquele então excogitado mandado de injunção coletivo,[89] o que, todavia, viria a ser suprido na lei regulamentadora - n. 13.300/2.016, arts. 12, incisos e § único; art. 13 e § único.

5. O CONTROLE DIFUSO DE CONSTITUCIONALIDADE.

O STF é o *guarda da Constituição* (CF, art. 102, *caput*) e, por isso, a ele afluem as ações no chamado *controle direto de constitucionalidade* (Ações interventivas, *ADPF*, *ADIn*, *ADCon*, inconstitucionalidade por omissão: CF, art. 34, VII, c/c art. 36, III; §§ 1º e 2º do art. 102; § 2º do art. 103, nessa ordem). Todavia, por um lado, pode dar-se que a querela constitucional seja *local*, confinada ao âmbito de um Estado, caso em que a competência para a ação direta se desloca para o respectivo Tribunal de Justiça (CF, § 2.º do art. 125); de outro lado, o sistema brasileiro de controle de constitucionalidade não se esgota nas ações diretas (controle abstrato, concentrado, por ação direta) mas contempla também o sistema difuso, incidental, ou por via de exceção, no qual é dado a qualquer magistrado reconhecer a inconstitucionalidade de lei ou ato, assim recusando-lhe aplicação *in concreto*. Apenas, não pode o juiz singular *declarar* tal inconstitucionalidade, com eficácia *erga omnes* (pan-processual), porque tal grau de eficácia expandida exige a intervenção do Plenário, nos Tribunais, no que se costuma chamar *reserva de Plenário* (CF, art. 97; CPC, § único do art. 949).

A propósito, emitiu o STF a *Súmula Vinculante* nº 10: "Viola cláusula de reserva de plenário (Constituição Federal, artigo 97) a decisão de órgão fracionário de Tribunal que, embora não declare expressamente a inconstitucionalidade de lei ou ato normativo do poder público, afasta sua incidência, no todo ou em parte".

---

89 V. o texto em GRINOVER, Ada Pellegrini *et al.* (coord.). *Direito processual coletivo e o anteprojeto de Código Brasileiro de Processos Coletivos*, São Paulo: Revista dos Tribunais, 2007, p. 453-464.

Figure-se uma execução fiscal na qual o contribuinte, além de impugnar a pretensão fazendária em seu mérito, argui, *incidenter tantum*, a inconstitucionalidade da lei tributária invocada na peça inicial; o juiz, entendendo fundada tal questão prejudicial, acolhe-a na sentença de procedência dos embargos do contribuinte, implicando na insubsistência da pretensão fiscal; supondo-se que tal julgamento venha mantido nas instâncias superiores, até o trânsito em julgado, a exação fiscal não mais poderá ser oposta a esse contribuinte vencedor, embora possa vir a sê-lo em face de outros que, em situações análogas, ou não suscitaram tal inconstitucionalidade, ou a tiveram rejeitada. Assim o permite o nosso sistema, porque, na jurisdição singular, a coisa julgada só opera perante as partes entre as quais é dada (CPC, art. 506). Se um tal regime é compreensível nas lides intersubjetivas envolvendo direitos disponíveis concernentes a sujeitos determinados (ações no clássico desenho *Tício versus Caio*), já o mesmo não se aplica – ao menos não exatamente – quando se trata de querela constitucional, porque aí prepondera o interesse público no deslinde da questão, a qual só comporta resposta unitária: ou bem um texto é inconstitucional ou não o é, e, em qualquer caso, há que sê-lo em face de todos os sujeitos concernentes à mesma ocorrência fático-jurídica.

Disso apercebeu-se José Afonso da Silva: começando por reconhecer, criticamente, que "a questão de constitucionalidade, na jurisdição difusa, fica sujeita a critérios de interesse privado", aduz que isso "provoca sérias injustiças, porque contribui para o desrespeito ao princípio da igualdade perante a Justiça. Há até quem observa que, nessa matéria, os demandantes ficam divididos em dois grupos. Um, que seria daqueles de mais sorte, que tiveram mais condições de arranjar um advogado com visão mais ampla do problema constitucional, e tiveram condições de alegar com mais propriedade a inconstitucionalidade de lei ou ato que fundamenta a pretensão do autor, com real possibilidade de obter a declaração de inconstitucionalidade de lei ou ato e assim livrar-se da condenação judicial ou de algo semelhante. O outro grupo, seria daqueles que, por qualquer razão, não tiveram sorte de arranjar um advogado alertado para o problema, que, por qualquer motivo, não invocaram a inconstitucionalidade da mesma lei ou ato e, por isso, ficaram sujeitos a um julgamento da lide em seu desfavor. Ora, como a decisão, no primeiro caso, não importa coisa julgada em relação ao segundo, no que tange à declaração de inconstitucionalidade, porque esta só tem efeito *inter partes*, temos que um mesmo fundamento da lide teve tratamento desigual. O leigo realmente não pode compreender uma coisa dessas, e há de ficar indagando pelo resto da vida: como que o primeiro demandante teve ganho de causa com a declaração da inconstitucionalidade da lei, julgada assim inaplicável ao caso concreto, enquanto o segundo perdeu a causa exatamente porque foi aplicada a mesma lei ao seu caso?...".[90]

A questão em causa tangencia a contemporânea e controvertida tese da *coisa julgada inconstitucional*: saber se a ordem jurídica deve recepcionar decisões que, embora trânsitas em julgado, apresentam conteúdo que vai de encontro a princípios fundantes da própria ordem jurídica de extração constitucional, máxime os da igualdade de todos perante a lei, e seu corolário judiciário, a saber, que respostas judiciárias qualitativamente uniformes devem ser prolatadas nos processos envolvendo o mesmo *thema decidendum*. Confluem aí os valores (*i*) *certeza – segurança* e (*ii*) *justiça – isonomia*, caso em que, como sucede nos embates entre princípios, o problema deve se resolver pela técnica da *ponderação*, porque, ao contrário dos conflitos entre normas ou regras, que se resolvem numa lógica de *inclusão-exclusão*, ou de *soma zero*, já a contraposição entre princípios não comporta tal redução, justamente porque cada um deles, a seu modo, é relevante e indispensável à coesão interna do próprio sistema.

Dentre as várias técnicas hermenêuticas excogitadas para solução desses delicados conflitos (*colisão entre princípios fundamentais*), sobreleva a da *ponderação* entre os bens e valores envolvidos, como explicam Clèmerson Merlin Clève e Alexandre Reis Siqueira Freire, com apoio em Konrad Hesse: "(...) impõe-se o método da ponderação de bens nas situações em que existam pelo menos dois bens ou direitos albergados em normas jurídicas que, em determinadas situações, não possuem suas potencialidades otimizadas. Nessa esteira, 'excluem-se, por conseguinte, relações de preferência *prima facie*, pois nenhum bem é, *prima facie*, quer excluído, porque se afigura excessivamente débil, quer privilegiado, porque *prima facie*, se afigura com valor 'reforçado' ou até absoluto'. Desta forma o método da ponderação de bens consiste em técnica capaz de propiciar em um campo de tensão principiológica a escolha do princípio que possui maior peso ou valor".[91]

Campo propício para essa ponderação entre princípios se dá nas chamadas *relações multiplexas*, amiúde ocorrentes na competitiva e massificada

---

90 Tribunais constitucionais e Jurisdição constitucional. *Revista Brasileira de Estudos Políticos*, nºs. 60-61, jan./jul. 1985, p. 517.

91 Algumas notas sobre colisão de direitos fundamentais. In: GRAU, Eros Roberto e CUNHA, Sérgio Sérvulo da (coords.). *Estudos de direito constitucional em homenagem a José Afonso da Silva*, São Paulo: Malheiros, 2003: p. 241-242. (A obra do autor colacionado é *Elementos de Direito Constitucional da República Federal da Alemanha*, trad. de Luís Afonso Heck, Porto Alegre: Sérgio Antônio Fabris, 1998, p. 67).

sociedade contemporânea, como se deu há algum tempo com a demarcação, por intervenção do STF, da terra indígena chamada "Raposa – Terra do Sol", no extremo norte de Roraima, onde um megaconflito contrapunha interesses diversos, relevantes e de difícil composição, envolvendo, de um lado, grupos e segmentos diversificados e, de outro, agentes públicos de variado escalão, operantes em órgãos diversos. Em tais casos, a chamada *solução adjudicada estatal* (decisão judicial de mérito) encontra dificuldade para se impor no plano prático, justamente porque o processo civil impõe certas reduções que, ao fim e ao cabo, fazem com que a decisão se confine à crise jurídica, não resolvendo os demais pontos conflitivos periféricos, o que reduz em muito sua operacionalidade: pode-se dizer que, em tais casos, quando do trânsito em julgado, não raro se constata que o *território encontrado ficou aquém do indicado no mapa.*

A aplicação da técnica da *ponderação* à antes referida questão da *coisa julgada inconstitucional* resulta em que se possa ter por insubsistente uma dada decisão judicial, apesar de transitada em julgado, quando aquele julgado implica afronta a princípios constitucionalmente assegurados, *mormente o da igualdade de todos perante a lei*, isonomia que não pode se restringir apenas à lei enquanto abstratamente inserida no ordenamento, mas há de se estender também à lei aplicada *in concreto*, nos processos judiciais. A propósito, aduz Paulo Roberto de Oliveira Lima: "O princípio da legalidade não pode ser sacrificado em homenagem à coisa julgada, tampouco o princípio da isonomia. No choque entre uns e o outro, a imutabilidade tem de ceder passagem àqueles princípios basilares do constitucionalismo nacional".[92]

A seu turno, aduz Cândido Rangel Dinamarco: "A posição defendida tem apoio também no equilíbrio, que há muito venho postulando, entre duas exigências opostas, mas conciliáveis – ou seja, entre a exigência de *certeza ou segurança*, que a autoridade da coisa julgada prestigia, e a de *justiça e legitimidade das decisões*, que aconselha não radicalizar essa autoridade. Nessa linha, repito: *a ordem constitucional não tolera que se eternizem injustiças a pretexto de não eternizar litígios*".[93]

Sem embargo de cuidar-se de tese controvertida,[94] vale registrar que o ordenamento positivo, em boa medida, mostra-se a ela receptivo, ao dispor,

---

92 *Teoria da coisa julgada*, São Paulo: Revista dos Tribunais, 1997, p. 114.

93 Relativizar a coisa julgada material. In: NASCIMENTO, Carlos Valder do (coord.). *Coisa julgada inconstitucional*, Rio de Janeiro: América Jurídica, 2003, p. 72.

94 Por todos, v. José Carlos Barbosa Moreira, Considerações sobre a chamada "relativização" da coisa julgada material, *Temas de direito processual*, 9.ª série, São Paulo: Saraiva,

no § 5.º do art. 535 do vigente CPC, que considera-se *inexigível* (vale dizer: inexequível) "o título executivo judicial fundado em lei ou ato normativo considerado inconstitucional pelo Supremo Tribunal Federal, ou fundado em *aplicação ou interpretação* da lei ou do ato normativo tido pelo Supremo Tribunal Federal como incompatível com a Constituição Federal, em controle de constitucionalidade concentrado ou difuso" (análoga disposição encontra-se no § 12º do art. 525).

Ao propósito do tema ora versado, decidiu o STJ: "Não podem ser desconsideradas as decisões do Plenário do STF que reconhecem constitucionalidade ou a inconstitucionalidade de diploma normativo. Mesmo quando tomadas em controle difuso, são decisões de incontestável e natural vocação expansiva, com eficácia imediatamente vinculante para os demais tribunais, inclusive o STJ (CPC [73], art. 481, § ún.), e, no caso das decisões que reconhecem a inconstitucionalidade de lei ou ato normativo, com força de inibir a execução de sentenças judiciais contrárias, que se tornam inexigíveis (CPC [73], art. 741, § único; art. 475-L, § 1.º, redação da Lei 11.232/2005." (1.ª T., REsp 819.850, rel. Min. Teori Zavascki, j. 01.06.2006, negaram provimento, v.u., *DJU* 19.06.2006, p. 125).

Todos esses elementos parecem convergir para uma *rota de aproximação* entre as eficácias das declarações de inconstitucionalidade proclamadas nos sistemas difuso e concentrado, em ordem a permitir que o reconhecimento, embora *incidenter tantum* num caso concreto, da inconstitucionalidade de uma norma ou ato normativo, por um *Tribunal da Federação*, possa projetar eficácia pan-processual, permitindo sua aplicação aos demais casos análogos, ainda antes, ou independentemente, da ulterior intervenção do Senado Federal, numa *relativização*, se assim podemos nos expressar, do disposto no art. 52, X, da Constituição Federal.

Essa releitura tem resultado numa *tendência à aproximação entre as eficácias das declarações de inconstitucionalidade nos regimes direto e incidental*, em decorrência do crescente reconhecimento da *função paradigmática* e da *eficácia expandida* das decisões do STF em matéria constitucional, no bojo de recursos extraordinários, como reconhecido pelo Min. Gilmar Mendes, do STF: "De qualquer sorte, a natureza idêntica do controle de constitucionalidade, quanto às suas finalidades e aos procedimentos comuns dominantes

---

2007, p. 235-265. Nery & Nery assim se manifestam acerca do § 5º do art. 535: "Sem autorização constitucional expressa não pode haver 'objetivação' do recurso extraordinário, entendimento que só pode ser considerado *de lege ferenda*". (*Comentários ao Código de Processo Civil...*, 2.015, cit., nota nº 17 ao art. 535, p. 1.335).

para os modelos difuso e concentrado, não mais parece legitimar a distinção quanto aos efeitos das decisões proferidas no controle direto e no controle incidental. Somente essa nova compreensão parece apta a explicar o fato de o Tribunal ter passado a reconhecer efeitos gerais à decisão proferida em sede de controle incidental, independentemente da intervenção do Senado. O mesmo há de se dizer das várias decisões legislativas que reconhecem *efeito transcendente* às decisões do STF tomadas em sede de controle difuso".[95]

Saliente-se que a tese da coisa julgada inconstitucional, recepcionada no § 5º do art. 535 do CPC, igualmente pode ser suscitada no bojo da impugnação do devedor ao cumprimento de título executivo judicial que reconhece obrigação de pagar quantia certa, a teor do § 12º do art. 525 do CPC, no que se convencionou chamar exceção de pré-executividade. Ao propósito, comentam Teresa Arruda Alvim Wambier et al.: "Ao que parece algumas polêmicas envolvendo tal dispositivo continuarão vivas. Indaga-se, por exemplo: após o prazo para impugnação poderá ser alegado tal vício ou haverá preclusão? A nosso ver, tal vício não preclui, de forma que poderá ser suscitado após findo o prazo para impugnação, em sede de ação rescisória ou mesmo de ação declaratória de inexistência".[96]

O ordenamento positivo vem recepcionando a tendência ao reconhecimento de eficácia vinculativa aos pronunciamentos de mérito do STF, mesmo fora e além do controle *direto* de constitucionalidade: (*i*) nos TJ's e TRF's, as arguições incidentais de constitucionalidade não precisam passar pelo Pleno, "quando já houver pronunciamento destes ou do plenário do Supremo Tribunal Federal sobre a questão" (CPC, § único do art. 949; Súmula Vinculante STF nº 10); (*ii*) o título judicial condenatório *perde exigibilidade* – e, pois, exequibilidade – nos casos antes referidos do § 5º do art. 535 e do § 12 do art. 525 do CPC, sob a égide da chamada coisa julgada inconstitucional, configurada a partir de pronunciamento do STF; (*iii*) dispensa-se o reexame necessário da sentença proferida contra a Fazenda quando a decisão estiver confortada por acórdão do STF ou do STJ em julgamento de recursos repetitivos (CPC, § 3.º, II, do art. 496 do CPC); (*iv*) a prestação de caução, no cumprimento provisório do título exequendo, pode ser dispensada quando a sentença "estiver em consonância com súmula da jurisprudência do Supremo Tribunal

---

95 O papel do Senado Federal no controle de constitucionalidade: um caso clássico de mutação constitucional. *Revista de Informação Legislativa* nº 141, abr./jun. 2004, p. 164.

96 *Primeiros comentários ao Código de Processo Civil, artigo por artigo*, São Paulo: Thomson Reuters-Revista dos Tribunais, 2.015, p. 876.

Federal ou do Superior Tribunal de Justiça ou em conformidade com acórdão proferido no julgamento de casos repetitivos" (CPC, art. 521, IV).

Há algum tempo, o PL da Câmara Federal nº 5.139/2009, então voltado a regular a nova ação civil pública, recepcionava a possibilidade de arguição incidental de inconstitucionalidade nas ações de tipo coletivo (superando, pois, o contra-argumento de que a coisa julgada desse modo se projetaria *erga omnes*, convertendo tais demandas em sucedâneos de ações diretas de inconstitucionalidade – *v.g.*, art. 16 da Lei 7.347/85; art. 103, I, da Lei 8.078/90), prevendo o projetado § único do art. 2.º: "A análise da constitucionalidade ou inconstitucionalidade de lei ou ato normativo poderá ser arguida incidentalmente, como questão prejudicial, pela via do controle difuso".[97]

O controle de constitucionalidade das leis e atos normativos, esparso pelos órgãos judiciais do país, também concerne, por maior razão, ao STJ, em que pese não lhe ter sido atribuída a missão de *guarda da Constituição*, como se deu com o STF (CF, art. 102, *caput*). Em primeiro lugar, tanto quanto o STF, o STJ é um *Tribunal da Federação*, órgão de sobreposição no sistema judiciário, atuando como *guarda do direito federal comum*, cuja exegese ele fixa em última instância, podendo perfeitamente incluir uma aferição – *incidenter tantum* – de questão constitucional, por exemplo quando lhe caiba examinar o acerto ou desacerto do acórdão local que prestigiou norma ou ato local, em detrimento de lei federal – CF, alínea *b* do art. 105, III, redação da EC 45/2004 – porque essa delibação pressupõe investigar se porventura terá resultado malferida a competência legislativa da União (CF, art. 22, I). Em segundo lugar, parece indisputável que ao STJ, enquanto *Tribunal* superlativamente posicionado no tocante ao direito federal comum, não pode ser subtraída a atribuição - comum a todos os Tribunais judiciários - de apreciar, incidentemente, querela constitucional (CPC, art. 949 e § único, c/c CF, art. 97 e Súmula Vinculante STF nº10). Por fim, pode dar-se que no acórdão recorrido se mesclem capítulos que relevam do plano constitucional e da legislação ordinária federal (por exemplo, a autorização para o juiz inverter o ônus da prova em prol do consumidor – art. 6.º, VIII, da Lei 8.078/90 – em face do art. 5.º, *caput*, da CF, onde se estabelece o tratamento igualitário de todos perante a lei, o que inclui as partes no processo judicial; em tais casos, é de rigor a interposição conjunta de RE e REsp – CPC, art. 1.031 e §§).

Nessa derradeira hipótese exsurge o ônus de tal interposição conjunta do RE ao STF e do REsp ao STJ, sob pena de *preclusão consumativa*, porque,

---

97 Dito projeto acabou arquivado na Comissão de Constituição, Justiça e Cidadania da Câmara Federal.

de outro modo, o acórdão recorrido se manteria hígido pelo *fundamento inatacado*, tese assentada em ambos os Tribunais da Federação: *Súmula STF n. 283*: "É inadmissível o recurso extraordinário, quando a decisão recorrida assenta em mais de um fundamento suficiente e o recurso não abrange todos eles"; *Súmula STJ n. 126*: "É inadmissível recurso especial, quando o acórdão recorrido assenta em fundamentos constitucional e infraconstitucional, qualquer deles suficiente, por si só, para mantê-lo, e a parte vencida não manifesta recurso extraordinário". Justamente por isso, o CPC reconhece a *prejudicialidade* da questão constitucional sobre a de direito federal comum, autorizando o relator do REsp, em vislumbrando tal ocorrência, a sobrestar o julgamento daquele apelo, à espera do pronunciamento do STF no recurso extraordinário (art. 1.032 e § único).

Portanto, o fato de o STF estar postado no ápice da pirâmide jurisdicional, como *guarda da Constituição*, não impede que, *incidenter tantum*, os demais órgãos judiciais – notadamente o STJ – se pronunciem sobre querelas constitucionais porventura suscitadas nos processos que têm a seu cargo. Essa é uma forte tendência nos Estados de direito, observando José Afonso da Silva que entre os três tipos de controle constitucional – *político*, *jurisdicional* e *misto* – "o *jurisdicional* encontra-se generalizado hoje em dia, denominado *judicial review* nos Estados Unidos da América do Norte".[98] Em sentido consonante a essa assertiva, esclarece José Carlos Barbosa Moreira: "(...) cumpre afastar com energia qualquer dúvida sobre a competência, *in genere*, do Superior Tribunal de Justiça para conhecer de arguições de inconstitucionalidade de leis ou de outros atos normativos do poder público. (...) É um corolário inafastável do regime de hierarquia de normas entre nós adotado, e em particular do princípio de que, no contraste entre normas hierarquicamente diversas, deve prevalecer a de mais alto nível, recusando-se aplicação à de nível mais baixo."[99]

Por influência do constitucionalismo norte-americano, nossa Constituição republicana de 1891 instituíra o controle difuso ou incidental ou ainda por via de exceção, o qual perdura até hoje, consentindo que qualquer juiz de primeiro grau, em qualquer processo, possa, motivadamente, afastar a incidência *in concreto* de um dado texto legal ou ato normativo, reconhecendo sua inconstitucionalidade, ficando a eficácia de tal declaração introjetada nos autos, com eficácia, portanto, confinada *inter partes*. Com efeito, a Lei Federal 222, de 1894, completando as disposições do Dec. 848 de 1890, previa no §

98 *Curso de direito constitucional positivo*, 19ª ed., 2.001, cit., p. 49.

99 *Direito aplicado II: pareceres*, Rio de Janeiro: Forense, 2000, p. 255-256.

10.º do art. 13: "Os juízes e tribunaes apreciarão a validade das leis e regulamentos e deixarão de aplicar aos casos occurentes as leis manifestamente inconstitucionaes e os regulamentos manifestamente incompatíveis com as leis ou com a Constituição". Sendo tal *cognitio* (não propriamente um *decisum*!) feita *incidentemente*, ela não se inclui nos *limites objetivos* da coisa julgada material, seja porque o juiz de primeiro grau dela não poderia conhecer como *pedido autônomo* (CF, art. 97), seja porque a questão prejudicial, decidida incidentemente, só integra os limites objetivos da coisa julgada se presentes uma das três condições previstas nos incisos do § 1º do art. 503 do CPC, dentre as quais se destaca a relação de prejudicialidade entre aquela questão e o julgamento do mérito.

A querela constitucional que, via recursal ou em ação de competência originária, venha apreciada por Tribunal, deverá observar a chamada *reserva de Plenário* (CF, art. 97), tratando-se aí de competência *absoluta*, porque de natureza *funcional* (especialidade do órgão judicial), embora o próprio STF venha amenizando tal exigência: "A declaração de inconstitucionalidade de determinada lei ou ato normativo, pela maioria absoluta dos membros de certo Tribunal, afasta a aplicabilidade da cláusula de reserva do plenário prevista no art. 97 da CF, nos demais casos, assim como a declaração pelo plenário do Supremo Tribunal Federal da inconstitucionalidade de norma permite que os órgãos fracionários de outros tribunais acolham essa decisão na fundamentação de casos concretos ulteriores, prescindindo de submeter a questão da constitucionalidade ao seu próprio plenário" (*RT* 746/162).[100] Igualmente, decidiu o STF: "Uma vez já declarada a inconstitucionalidade de determinada norma legal pelo Órgão Especial ou pelo Plenário do Tribunal, ficam as Turmas ou Câmaras da Corte autorizadas a aplicar o precedente aos casos futuros sem que haja a necessidade de nova remessa àqueles órgãos, porquanto já preenchida a exigência contida no art. 97 da CF" (RE 199.017-1-RS, rel. Min. Ilmar Galvão, *RT* 767/174); e ainda: "A decisão plenária do Supremo Tribunal, declaratória de inconstitucionalidade da norma, posto que incidente, sendo pressuposto necessário e suficiente a que o Senado lhe confira efeitos *erga omnes*, elide a presunção de sua constitucionalidade: a partir daí, podem os órgãos parciais dos outros tribunais acolhê-la para fundar a decisão de casos concretos ulteriores, prescindindo de submeter a questão de constitucionalidade ao seu próprio plenário" (RE 192.218-BA, rel. Min. Sepúlveda Pertence, *RTJ* 164/1093).

---

100 *Apud* Luís Roberto Barroso, *Constituição da República Federativa do Brasil*, anotada, 4. ed., São Paulo: Saraiva, 2004, p. 498.

Embora o Brasil, sob influência do constitucionalismo norte-americano, tenha numa primeira fase priorizado o controle difuso ou incidental, fato é que as Constituições que sucederam a de 1891 foram, aos poucos, introduzindo inovações nesse sistema, tendo a CF de 1934 trazido três delas, existentes até hoje: a *ADIn* interventiva (art. 7.º, I, *a* e *b*), a antes referida *cláusula de reserva de Plenário* (art. 97) e o controle político, pelo Senado, a permitir a suspensão do texto declarado inconstitucional pelo STF (art. 52, X). Depois, em 1965, a EC nº 16 lançou o gérmen do controle direto ou abstrato, ao dar competência ao STF para processar e julgar originariamente a representação de inconstitucionalidade de lei ou ato normativo federal ou estadual (art. 2.º, *k*), ao tempo em que autorizou a edição de lei voltada a regular a ação, de competência originária dos Tribunais de Justiça, para declaração de inconstitucionalidade de lei ou ato municipal, em confronto com a Constituição estadual (art. 19).

A vigente Constituição de 1988 aditou ao sistema novos instrumentos: a *arguição por descumprimento de preceito fundamental* (§ 1.º do art. 102, depois com redação da EC 03/93); a *ação de inconstitucionalidade por omissão* (§ 2.º do art. 103), a par de ter ampliado a legitimação ativa à *ADIn* (art. 103 e incisos), antes concentrada no Procurador-Geral da República. Ainda, a EC 03/93 viria introduzir a *ADCon*, depois inserida pela EC 45/2004 no § 2.º do art. 102, passando a partilhar, com a *ADIn*, o mesmo permissivo constitucional, sendo ambas reguladas na Lei 9.868/99.

Com esse contexto ora sumarizado, não há negar que o sistema de controle de constitucionalidade existente no Brasil tornou-se *eclético ou misto*, abrangendo os regimes: (*i*) abstrato, em tese, concentrado ou por ação direta; (*ii*) incidental, *in concreto*, difuso ou por via de exceção. O elemento aglutinador de ambas essas vertentes reside na exigência da *reserva de Plenário* (CF, art. 97; Súmula vinculante STF nº 10), comum a ambos os regimes (STF: RF 349/230), valendo observar que no caso da *ADPF* (CF, § 1.º do art. 102) mesclam-se ambos os regimes, já que ela comporta as modalidades incidental e direta, nos moldes da Lei 9.882/99: art. 1.º e § único; art. 10 e §§.

O STJ, não sendo, propriamente, uma *Corte Constitucional*, não detém competência para as ações no controle *direto*, mas, nada obstante, desempenha importantes funções que tangenciam, em maior ou menor intensidade, o ambiente constitucional, cabendo-lhe: deliberar sobre o pedido de intervenção em Estado ou Município, em virtude de desobediência a ordem ou decisão daquela Corte (CF, art. 36, II, c/c art. 105, I, *f*); aferir, na hipótese de interposição conjunta de RE e REsp, se a questão constitucional se oferece como *prejudicial*, em face daquela de direito federal comum, caso em que o relator do REsp, oportunizando ao recorrente prazo para que se manifeste sobre a questão constitucional e sua repercussão geral, "remeterá o recurso ao Supremo Tribunal Federal" (CPC, § único do art. 1.032);[101] proceder ao controle *difuso, incidental* da querela constitucional, podendo para tanto proceder mesmo *de ofício*, como sustentado pelo Min. Domingos Franciulli Neto,[102] conquanto não seja essa sua função *precípua*.

Com efeito, observa José Saraiva: "Embora o faça raramente, pode o Superior Tribunal de Justiça exercer o controle difuso de constitucionalidade das normas federais e, por isso, suscitar o incidente respectivo, previsto no art. 480 do Código de Processo Civil [de 1973; no CPC, vigente, v. art. 948], em sede de recurso especial, inserindo no julgamento desta matéria de cunho constitucional. Assim ocorrendo, o acórdão respectivo restará sujeito ao recurso extraordinário nos termos do art. 102, III, *b*, da Magna Carta".[103]

O RISTJ regula o procedimento para tal declaração incidental, no controle difuso, valendo observar que além do *quorum* qualificado – "maioria absoluta dos membros da Corte Especial" – tal cognição apresenta natureza

---

101 Elucidativo, nesse ponto, o voto do Min. Celso de Melo no AI no RE 239.590-7-SP, rel. Min. Marco Aurélio (j. 26.06.1999 – *DJ* 01.06.2001): "A circunstância de o STJ haver examinado o mérito da causa, negando provimento ao recurso especial – e, assim, resolvendo a controvérsia de mera legalidade instaurada nessa via excepcional – não prejudica o conhecimento do recurso extraordinário, que, visando à solução de litígio de índole essencialmente constitucional, foi interposto, simultaneamente, pela mesma parte recorrente, contra o acórdão por ela também impugnado em sede recursal especial. (...) Tenho para mim, portanto, que a decisão do STJ – precisamente porque nela não se veiculou a resolução, *incidenter tantum*, da controvérsia de índole constitucional – não pode substituir o acórdão proferido pelo tribunal inferior, seja este Tribunal local ou TRF, cujo pronunciamento, em tema de constitucionalidade, continua sujeito, na via recursal extraordinária, ao controle jurisdicional do STF" (*Revista de Processo*, n. 118, nov./dez. 2004, p. 198).

102 "A arguição de inconstitucionalidade, por conseguinte, é questão de direito, de ordem pública, e, por isso, é sempre possível a iniciativa oficial". O Ministro esclarecia que, a se entender de outra forma, "se um recurso especial cuidasse de norma que admite a escravidão, por hipótese, e estivessem discutindo vendedor e comprador de escravos, contrato de compra e venda de pessoa humana, o Superior Tribunal de Justiça deixaria de apreciar a inconstitucionalidade da norma porque incabível o exame de cláusulas contratuais em recurso especial, ou, pior, porque não haveria benefício para o recorrente, ou o recorrido. O objeto do contrato, isto é, o escravo, como não era parte no feito e nem arguiu a inconstitucionalidade teria ficado completamente desamparado" (Arguição de inconstitucionalidade em recurso especial, *Informativo Jurídico da Biblioteca Oscar Saraiva* – STJ, vol. 13, n. 2, jul./dez. 2001, p. 183).

103 *Recurso especial e o STJ* cit., 2002, p. 308.

dúplice, porque pode resultar tanto no reconhecimento da *in*constitucionalidade como da *con*stitucionalidade do texto sindicado (§ 2.º do art. 199).

Esta última função tem lugar quando o REsp vem fundado na alínea *b* do art. 105, III – acórdão recorrido que "julgar válido ato de governo local contestado em face de lei federal" (redação da EC 45/2004, a qual suprimiu a menção à *lei local*, que passou a tipificar hipótese de cabimento de RE ao STF: lei local *versus* lei federal – alínea *d* do art. 102, III), pela boa razão de que naquele caso *fica subjacente uma questão constitucional*, consistente em saber se a priorização do direito local, em detrimento da normação federal, porventura não terá malferido o texto constitucional, especialmente no tocante à repartição das competências legislativas entre os entes políticos (arts. 22-24).

Desse modo, restaram atendidos os reclamos da doutrina, registrando-se que José Afonso da Silva, escrevendo ainda antes do advento da EC 45/2004, já detectara que a redação da alínea *b* do art. 105, III "não se limita a proteger a incolumidade da lei federal. Também o é, talvez principalmente o seja. Contudo, na base dela está uma questão constitucional, já que se tem que decidir a respeito da competência constitucional para legislar sobre a matéria da lei ou ato de governo local. Pode acontecer que a validade seja mesmo da lei ou ato local, por ser matéria que a Constituição atribuiu aos Estados, Distrito Federal ou Municípios. Significa isso que a questão é suscetível de apreciação pelo STF, mediante recurso extraordinário".[104]

Essa *constitucionalidade latente ou virtual*, há tempos identificada no pré-citado dispositivo constitucional, está à base da teoria do *fundamento suficiente*, à sua vez informadora das pré-citadas Súmulas STF 283 e STJ 126, como explica Nelson Rodrigues Netto: "A teoria do fundamento suficiente, que é aplicável isoladamente, tanto ao recurso extraordinário, quanto ao recurso especial, significa que uma decisão lastreada em mais de um fundamento, e sendo qualquer deles suficiente para manter o conteúdo do julgado, exigirá do recorrente a impugnação de todos os fundamentos, sob pena de incorrer na ausência de requisito genérico e intrínseco de admissibilidade recursal, o interesse recursal".[105]

Em simetria com a virtualidade dessa interposição conjunta dos dois recursos excepcionais, cada qual com seu fundamento e dirigido a cada um dos *Tribunais da Federação* (matéria constitucional: STF; matéria de direito federal comum: STJ), resulta que não pode este último *avançar* sobre a ques-

---

104 *Curso*... cit., 19ª ed., 2001, p. 564.

105 *Interposição conjunta de recurso extraordinário e de recurso especial*, São Paulo: Dialética, 2005, p. 128, 129, conclusão nº 17.

tão constitucional que fora adrede prequestionada no acórdão recorrido *em contemplação do oportuno conhecimento pelo STF*, situação processual de todo distinta daquela antes enfocada, em que uma questão constitucional vem arguida, incidentemente, no bojo do recurso especial. A situação, contudo, se altera em já havendo pronunciamento do STF recusando repercussão geral na vexata quaestio, conforme nos pronunciamos em outra sede: "Naturalmente, aquela Súmula STJ n. 126 é de ser vista om o devido temperamento quando o STF já tiver assentado entendimento pela inexistência de repercussão geral sobre o tema constitucional de que se trata porque nessa hipótese a interposição de recurso extraordinário seria inútil, a teor do § 3º do art. 102 da CF e dos arts. 326 e 327 do RISTF, já que tal recurso estaria fadado à inadmissão".[106]

Quid juris se o STJ, no controle difuso, depara-se com hipótese em que a guerreada norma de direito federal comum em verdade *reproduz* texto constitucional? "Se o dispositivo legal tido como violado não passa de mera reprodução de norma constitucional, que o absorve totalmente, é do STF a competência exclusiva para dispor sobre a temática controvertida" (STJ, *RT* 698/118). A se entender de outro modo, correr-se-ia o risco de uma *constitucionalização* de todo e qualquer texto federal (mormente ante uma Constituição analítica e abrangente como a de 1988), engendrando a virtualidade de uma contradição lógica: o STJ poderia decidir sobre o texto legal, repetitivo do texto constitucional, em modo *diverso* do que o fizesse o STF, quando instado, via recurso extraordinário, a interpretar tal texto. No ponto, esclarece José Saraiva: "Caso isso ocorra, a jurisprudência do Superior Tribunal de Justiça deverá adequar-se à da Corte Suprema, uma vez que o dispositivo de lei federal não pode ter um significado diverso do constitucional que reproduz".[107]

6. EXTRATERRITORIALIDADE DOS COMANDOS JUDICIAIS.

A *Jurisdição*, tomada como emanação do *Poder*, vincula-se à ideia de *soberania* (dimensão *estática* do termo jurisdição), donde se segue que, ao menos teoricamente, não haveria óbice a que um determinado país estabelecesse em seu pacto fundamental que seus juízes conheceriam de *todas* as ações propostas no planeta, sem limitações territoriais ou geográficas. Tal perspectiva, porém, reduz-se a mera conjectura, porque, na realidade, vários fatores concorrem para que o poder de julgar inclua o de *autolimitação*. Assim se dá, até mesmo como condição para que o país possa se relacionar eficazmente

106. Comentário ao art. 1.031 do CPC, in SCARPINELLA BUENO, Cassio (coord.). In *Comentários ao Código de Processo Civil*, v. 4, São Paulo: Saraiva, 2.017, p. 516.

107 *Recurso especial e o STJ* cit., 2002, p. 301.

com os demais no plano do comércio jurídico internacional, especialmente em se considerando que os comandos judiciais provindos dos diversos Estados de direito pressupõem acordos - expressos ou tácitos - de reciprocidade e colaboração. Assim, o CPC estabelece os parâmetros da Cooperação Internacional, na qual se incluem o auxílio direto e a carta rogatória (arts. 28, 36).

Por isso, aquela hipótese de início excogitada resulta de todo impraticável, mormente no contemporâneo contexto de um mundo globalizado, tudo confluindo para reduzir aquela ideia, no dizer de Amílcar de Castro, a uma "inútil ameaça ou vã exibição de força".[108] Em senso consonante, afirma Celso Agrícola Barbi: "*Princípio da efetividade* - Mas o poder de tornar efetivo aquilo que foi decidido sofre limitações, porque existem outros países, também organizados, e que não reconheceriam a validade da sentença em seu território e, portanto, não permitiriam sua execução nele, o que tornaria inútil a sentença. Acresce que, sendo o Estado uma organização com finalidade prática, não seria do seu interesse ocupar seus juízes com questões que não se liguem ao seu ordenamento jurídico por qualquer circunstância, como o domicílio das partes ou a localização do objeto da demanda no seu território, ou a ocorrência neste dos fatos que originam a demanda etc.".[109]

Ao longo do tempo têm variado os critérios para o manejo das relações jurídicas internacionais, valendo lembrar que, no plano do Direito material, têm os países se valido de Tratados e Convenções, como os de Genebra, sobre títulos de crédito, e, entre nós, o Mercosul, sobre atividades mercantis e acordos alfandegários. No plano do Direito Processual, não se tem registrado uniformidade quanto ao critério determinador: os romanos, tomando por base a *nacionalidade*, aplicavam, aos cidadãos, o *jus civile* e, aos estrangeiros, o *jus gentium*, critério recepcionado em Códigos antigos de alguns países europeus, como informa Hélio Tornaghi.[110] Já nossa tradição é no sentido da igualdade entre nacionais e estrangeiros, não tendo a competência internacional sido normatizada nos textos mais antigos, como o Regulamento n. 737, de 1850, nem nos Códigos Estaduais de Processo, nem no CPC de 1939,[111] fazendo com que a matéria se concentrasse, por largo tempo, nas diretrizes constantes dos arts. 12 e 17 da *Lei de Introdução ao Código Civil* (Dec.-lei 4.657, de 1942),

---

108 *Direito internacional privado*, Rio de Janeiro: Forense, 1956, vol. 2, p. 253.

109 *Comentários ao Código de Processo Civil*, Rio de Janeiro: Forense, 1981, vol. 1, p. 393.

110 *Comentários ao Código de Processo Civil*, São Paulo: Revista dos Tribunais, 1976, vol. 1, p. 303 e s.

111 Cf. Cândido Rangel Dinamarco, *Direito processual civil*, São Paulo: Bushatsky, 1975, p. 104.

depois redenominada *Lei de Introdução às normas do Direito Brasileiro*, pela Lei 12.376/2010, certo ainda que relevantes dispositivos aí foram acrescidos pela Lei 13.655/2.018.

A competência internacional se estabelece, por assim dizer, por exclusão em face da competência interna, que, naturalmente, constitui a regra e tem a primazia, como se colhe à leitura conjunta dos arts. 21 a 25 do CPC. Ao propósito, decidiu o STJ: "(...) Deve-se analisar a existência de interesse da autoridade judiciária brasileira no julgamento da causa, na possibilidade de execução da respectiva sentença (princípio da efetividade) e na concordância, em algumas hipóteses, pelas partes envolvidas, em submeter o litígio à jurisdição nacional (princípio da submissão)" (3ª T., RO 64/SP, j. 13.05.2.008, rel. Min. Nancy Andrighi).[112]

Cada qual das três acepções em que pode ser tomada a *Jurisdição* – Poder, Função, Atividade – corresponde a uma das *dimensões dessa função estatal, respectiv*amente, a *estática*, a *dinâmica* e a *operacional*. Assim é que a *atividade jurisdicional* tem a ver com o conteúdo ocupacional da judicatura, passando pelo autogoverno da magistratura, ideia por sua vez ligada à própria independência da instituição, abrangendo os aspectos organizativo, estrutural, orçamentário-financeiro, censório e de planejamento, tarefas em sua maior parte concentradas no Conselho Nacional da Justiça – CF, art. 103-B, § 4.º e incisos, cf. EC 45/2004; já a *função jurisdicional* exterioriza-se no *produto final*, a saber, a composição justa dos conflitos, não só mediante a *solução adjudicada* – sentença ou acórdão de mérito –, mas também por meio de técnicas, órgãos ou agentes auto ou heterocompositivos, tais a conciliação, mediação ou, no âmbito dos Juizados Especiais, mediante juízo arbitral (art. 24 da Lei 9.099/95; Res. CNJ nº 125/2010, estabelecendo a *Política Judiciária Nacional*).

Enfim, o Judiciário enquanto *Poder* liga-se, de um lado, ao desenho republicano-federativo do país, alicerçado em três Poderes, harmônicos e independentes (CF, art. 2.º) e, de outro lado, à ideia de *soberania*, se resolve num plano bifronte: (*i*) causas que competem exclusivamente à autoridade judiciária brasileira (imóveis situados no Brasil, inclusive seu inventário e partilha - CPC, art. 23 e incisos); (*ii*) causas que, posto aqui sejam processadas, consentem eventual trâmite paralelo em Justiça estrangeira (ações pessoais com réu domiciliado no Brasil, ou em que aqui deva ser cumprida a obrigação, ou ainda se o ato ou fato aqui foram praticados - CPC, art. 21 e incisos - casos em que não se configura a litispendência, a teor do art. 24, caput).

---

112 *Apud* José Miguel Garcia Medina, *Código de Processo Civil comentado*, 5ª ed., 2.017, cit., nota ao art. 23, p. 108.

A matéria ora desenvolvida é multidisciplinar, presente em mais de um ramo do Direito Positivo (Constitucional, Comercial, Civil, Processual Civil, Internacional). Assim é que os arts. 15 e alíneas e 17 da Lei de Introdução às normas do Direito Brasileiro (Dec.Lei 4.657/1.942, redenominado pela lei 12.376/2.010) estabelecem pressupostos *positivos* (juiz competente, citação regular ou revelia consumada, trânsito em julgado, tradução ao vernáculo, homologação) a par dos *negativos* (não ofensa à soberania nacional, ordem pública e bons costumes).

Os julgados e deprecações emanados da Justiça estrangeira e que aqui devam produzir efeitos realizam-se por meio do *exequatur* (no bojo da carta de sentença), da *carta rogatória* e do *pedido de extradição*, este último na esfera penal. Por se cuidar de procedimentos que pressupõem a integração do Brasil no concerto das Justiças dos demais países, a matéria radica no texto constitucional, razão pela qual o CPC pouco acrescenta, salvo no art. 515, cujo inciso VIII arrola dentre os títulos executivos judiciais "a sentença estrangeira homologada pelo Superior Tribunal de Justiça", rubrica à qual se deve acrescer a "sentença arbitral estrangeira", nos termos dos art. 36-40 da Lei 9.307/96.[113] Registre-se a aplicação, nesse campo, da Lei 11.419/2.006, dispondo o art. 7º: "As cartas precatórias, rogatórias, de ordem e, de um modo geral, todas as comunicações oficiais que transitem entre órgãos do Poder Judiciário, bem como entre os deste e os dos demais Poderes, serão feitas preferentemente por meio eletrônico". Já a homologação de sentença estrangeira e a concessão de exequatur, vêm reguladas nos arts. 216-A-216-X do RISTJ, cf. ER's 18/2.014 e 24/2.016.

Anteriormente à EC 45/2004 a matéria ora versada continha-se na competência originária do STF – art. 102, I, *h* –, mas, no *realinhamento* das funções entre ambos os Tribunais da Federação, promovido por aquela Emenda, migrou para o STJ "a homologação de sentenças estrangeiras e a concessão de *exequatur* às cartas rogatórias" (art. 105, I, *i*). De interesse ressaltar que o art. 216-B do RISTJ (ER 24/2.016), ao dispor que sem prévia homologação pelo STJ a decisão estrangeira não terá *eficácia no Brasil*, parece-nos ter-se filiado à corrente que reconhece a natureza *constitutiva*, e não apenas declaratória, da sentença homologatória, proferida ao final do juízo de delibação. No ponto, a análise de Humberto Theodoro Júnior: "Sem essa medida judicial, que é de caráter constitutivo, a sentença estrangeira não possui autoridade em nosso território, em decorrência da soberania nacional, da qual é parte integrante a

---

113 A propósito, v. Carlos Alberto Carmona: *Arbitragem e processo – um comentário à Lei nº 9.307/96*, 3ª ed., São Paulo: Atlas, 2009, p. 449-483.

função jurisdicional. Mas, após a homologação, equipara-se a decisão alienígena, em toda extensão, aos julgados de nossos juízes. Dá-se, em linguagem figurada, a nacionalização da sentença".[114]

Outros pontos disciplinados no RISTJ para a homologação de sentenças estrangeiras, concessão de *exequatur* e expedição de cartas rogatórias têm o mérito de contribuir para a pacificação de certas questões que remanesciam em aberto: (*i*) considerando que o procedimento de homologação é reportado à sentença estrangeira, isto é, à *solução adjudicada* (decisão judicial de mérito), controvertia-se acerca da possibilidade de homologação de *outras fórmulas* auto e heterocompositivas, não propriamente judiciais. Esclarecendo esse tópico, dispõe o § 1.º do art. 216-A do RISTJ (ER 18/2.014): "Serão homologados os provimentos não judiciais que, pela lei brasileira, teriam natureza de sentença" (isto é, os equivalentes jurisdicionais); (*ii*) viabilizou-se também a homologação *parcial* de decisão estrangeira (§ 2.º do art. 216-A); (*iii*) admite-se a possibilidade de tutela provisória nos procedimentos de homologação de decisão estrangeira (art. 216-G), vale dizer, liminares, cautelares e antecipações de efeitos. Nessa linha mais abrangente, permite-se, outrossim, que as cartas rogatórias tenham por base "atos decisórios ou não decisórios" (§ 1º do art. 216-O).

Outrossim, nessa regulamentação regimental transparece o caráter *jurisdicional* (e não apenas administrativo) da homologação de decisão estrangeira no STJ porque, *citado* o interessado e oferecida *contestação* à homologação ou impugnação à carta rogatória, a competência se desloca da Presidência para a Corte Especial (arts. 216-K e T). Corolariamente é lícito afirmar que o acórdão de mérito do STJ no processo de homologação é apto a revestir-se de coisa julgada material, devendo-se apenas, como alertam Nery & Nery, com apoio em Barbosa Moreira, fazer esta distinção: "Indeferido o pedido por faltar algum requisito, embora esse acórdão seja acobertado pela coisa julgada material, o pedido pode ser renovado se for implementada a condição faltante, pois nesse caso a causa de pedir será outra, não havendo identidade de ações entre aquele em que o pedido foi rejeitado e a nova, na qual se pede a homologação fundada em outros fatos".[115] Já a execução das cartas de sentença nos procedimentos de homologação e o cumprimento das rogatórias se fazem perante a Justiça Federal de primeiro grau (CF, art. 109, X).

A questão da extraterritorialidade das decisões pode também ser apreendida a partir do contraste entre *jurisdição* e *competência*. Segundo prestigiada

---

114 *Curso de direito processual civil*, 39ª ed., Rio de Janeiro: Forense, 2006, vol. 2, p. 77.

115 *Código de Processo Civil...* cit., 11. ed., 2010, nota 7 ao art. 483, p. 802.

corrente (Couture, José Frederico Marques), a competência vem a ser "a medida da jurisdição", assim se estabelecendo entre os dois termos uma relação de gênero para espécie, ou de continente e conteúdo, por modo que eles se implicam mutuamente e se complementam. Assim é que todo juiz exerce jurisdição (nesse sentido dos predicados da judicatura, exercida a partir da posse no cargo), mas é curial que nem todo juiz é competente *in genere*, porque a incidência da jurisdição num caso concreto (= competência) depende, por razões pragmáticas escolhidas pelo legislador, de certos critérios determinativos ou modificativos, preordenados a distribuir a massa de processos entre os vários órgãos judiciais do país, monocráticos e colegiados, elencados em *numerus clausus* no art. 92 e incisos da CF.

Nem por isso a noção de *competência* é exclusiva de órgãos judiciários, porque outras instâncias decisórias, não jurisdicionais, têm suas atribuições estabelecidas em lei – *Tribunal de Arbitragem*: Lei 9.307/96; *Tabeliães*: CPC, § 1º do art. 610; art. 733, caput; CADE: Lei 12.529/2.011, art. 93; ou até mesmo na Constituição Federal: *Tribunal de Contas*, arts. 70 e § 3º do art. 71; *Juizados de Paz*, art. 98, II; Justiça Desportiva, art. 217 e § 1º.

Pode-se reconhecer uma *ordem escalonada de abordagem*, na perquirição da competência, fazendo-se indagações sequenciais, cada uma delas condicionando ou preparando a resolução do item subsequente, figurando-se um dado caso concreto. Assim: **1)** A causa está submetida à Justiça estatal ou a algum equivalente jurisdicional? (Porque, *v.g.*, podem as partes ter optado pela arbitragem – pressuposto processual negativo –, caso em que fica excluído o exame do mérito pelo Estado-juiz: CPC, art. 485, VII; Lei 9.307/96, art. 7.º, 18, 31).[116] Pode ainda a causa competir a órgão jurisdicional atípico, como o Senado (CF, art. 52, I), ou pode estar sujeita à prévia apreciação em Tribunal não judiciário, como os Desportivos (CF, art. 217 e § 1.º); **2)** Estando a causa submetida à Justiça *estatal*, trata-se de jurisdição *interna* (brasileira) ou *internacional* (CPC, arts. 21-25)? **3)** Tratando-se de jurisdição brasileira, qual a *Justiça* competente? (A resposta conduz a um dos dois grandes ramos

---

116 Esclarecem NERY & NERY: "O Dleg 93/95 (*DOU* 23.6.1995, p. 9197) aprovou o texto da Convenção Interamericana sobre Eficácia Extraterritorial das Sentenças e Laudos Arbitrais Estrangeiros, concluída em Montevidéu, em 08.05.1979. O texto integral da convenção se encontra publicado no *Diário do Congresso Nacional* (Seção II), de 23.6.1995". (...) "O D 2411, de 02.12.1997 (DOU 03.12.1997, p. 28436) promulgou a Convenção Interamericana sobre Eficácia Extraterritorial das Sentenças e Laudos Arbitrais Estrangeiros, concluída em Montevidéu, em 08.05.1979". (*Código de Processo Civil comentado e legislação extravagante*, 11ª ed., São Paulo: Revista dos Tribunais, 2010, nota nº 2 ao art. 482, p. 801).

da organização judiciária: Justiça dos Estados (TJ's) ou Federal, bifurcada em *comum* – juiz federal, TRF's, STJ – e *especial*: trabalhista, eleitoral, militar). **4)** Qual é o foro competente? (Na Justiça federal, a divisão territorial é feita em seções, agrupadas em regiões; na Justiça estadual, nas comarcas, agrupadas em entrâncias); **5)** Qual é o juízo competente? (Porque pode dar-se que haja uma especificação de Varas, por exemplo, de Fazenda Pública, de Registros Públicos, de Conflitos Agrários, as quais preferirão às demais, pelo critério da especialidade); **6)** Enfim, a perquirição pode chegar até ao chamado *juiz certo* (ou órgão fracionário certo): *v.g.*, o juiz que decidiu a causa em primeiro grau é o competente para o cumprimento de sentença (CPC, art. 516, II); no Tribunal, o relator do recurso ou da causa de competência originária é o competente para decidir o incidente de desconsideração da personalidade jurídica interposto em segundo grau (CPC, art. 932, VI).

O que ora de perto interessa – processo envolvendo extraterritorialidade de comando judicial – diz com a indagação sob nº 2, supra, estando a matéria distribuída entre o STF e o STF. Assim é que, nos termos da Constituição, compete ao STF processar e julgar "o litígio entre Estado estrangeiro ou organismo internacional e a União, o Estado, o Distrito Federal ou o Território" (alínea *e* do art. 102, I), cabendo ao STJ processar e julgar "a homologação de sentenças estrangeiras e a concessão de *exequatur* às cartas rogatórias" (alínea *i* do art. 105, I, atribuição que lhe foi repassada pela EC 45/2004), e ainda "julgar, em recurso ordinário (...) as causas em que forem partes Estado estrangeiro ou organismo internacional, de um lado e, do outro, Município ou pessoa residente ou domiciliada no País" (alínea *c* do art. 105, II, c). A par desta última atribuição do STJ, que é *recursal ordinária* – e que em primeiro grau compete a juiz federal: CF, art. 109, II –, deve-se ter presente que, se o conflito polariza, de um lado, a União, os Estados, o Distrito Federal e, de outro, Estado estrangeiro ou organismo internacional, a competência, originária, é do STF – CF, art. 102, I, *e*.

Quando a jurisdição, em sua dimensão espacial, extravasa o território brasileiro, fica sujeita a certos limites ou condicionamentos, a seguir sumariados. (*i*) *Relativização da imunidade jurisdicional dos Estados soberanos*: o STF, superando anterior posicionamento, entende que tal imunidade pode ser afastada nos casos concernentes a reclamação trabalhista, processos de indenização civil por danos e outros litígios em que o Estado estrangeiro pratique atos de comércio ou atue como particular, *more privatorum* (*RTJ* 133/159); sem embargo, o STJ já decidiu, recepcionando a plena imunidade de jurisdição, que a Justiça brasileira é incompetente para processar e julgar ação indenizatória proposta contra Estado estrangeiro: *DJU*, 13.12.1993, p.

27.402;[117] (*ii*) *Princípio da efetividade*: segundo Athos Gusmão Carneiro, "o juiz brasileiro somente atua, relativamente àquelas causas de alguma forma vinculadas a país estrangeiro, se houver possibilidade de tornar efetiva, de realmente *fazer cumprir* sua sentença. Este é um princípio geralmente assente em direito internacional".[118]

Vale registrar que decidiu o STJ: "(...) 3. O Brasil adotou o sistema que prevê ser de jurisdição internacional concorrente com a estrangeira, e não exclusiva, o conhecimento das questões relacionadas à guarda de menores e a alimentos, de modo que o simples ajuizamento de uma ação judicial no Brasil não inviabiliza, por si só, a homologação da sentença estrangeira que versou sobre as mesmas matérias" (HDE 1396/EX, rel. Min. Nancy Andrighi, j. 23.09.2.019, DJe 26.09.2.019, v.u.).

Essas diretrizes estão subjacentes aos dispositivos do CPC que tratam da "Cooperação Internacional" (arts. 26, 27), os quais fixam *parâmetros bipolares* para a projeção espacial, extraterritorial, dos comandos judiciais brasileiros e estrangeiros, repartindo a matéria em competência *exclusiva* e *concorrente*. Essa delimitação, escreve Humberto Theodoro Júnior, "decorre do entendimento de que só deve haver jurisdição até onde o Estado efetivamente consiga executar soberanamente suas sentenças. Não interessa a nenhum Estado avançar indefinidamente sua área de jurisdição sem que possa tornar efetivo o julgamento de seus tribunais".[119]

Numa síntese, em *cinco hipóteses* é competente a autoridade judiciária brasileira para conhecer, processar e julgar litígios que, de um modo ou outro, tangenciam a soberania do Estado brasileiro e/ou seu território: (*i*) quando o réu é domiciliado no país – art. 21, I; (*ii*) quando aqui tiver de ser cumprida a obrigação – art. 21, II; (*iii*) quando o fundamento consista em fato ocorrido ou ato aqui praticado - art. 21, III; (*iv*) quando os imóveis estiverem situados no Brasil – art. 23, I; (*v*) quando a ação diga respeito a inventário e partilha de bens situados no Brasil – art. 23, II. Nos casos descritos nesses dispositivos, a jurisdição é imanente à autoridade brasileira, portanto com exclusão de quaisquer outras, significando que a Justiça brasileira desconhece possíveis atos e decisões praticados alhures, Já nos casos do art. 24 e § único (ação em

---

117 Por aí se entende que, nos desastres aéreos com número elevado de vítimas fatais, tendo a empresa fabricante da aeronave sede em território norte-americano, não raro as famílias "preferem" ajuizar as pretensões indenizatórias diretamente na Justiça desse país.

118 *Jurisdição e competência*, 10ª ed., São Paulo: Saraiva, 2000, p. 56.

119 *Curso de direito processual civil*, 44ª ed., Rio de Janeiro: Forense, 2006, vol. 1, p. 179.

trâmite em país estrangeiro) e art. 25 e §§ (quando haja cláusula de eleição de foro exclusivo estrangeiro),nossa jurisdição é concorrente, podendo o juiz brasileiro processar a ação, independentemente de estar em curso outra, análoga, na Justiça estrangeira.

Essas regras são de aplicar-se, com maior ou menor intensidade, às competências que o STJ desempenha no campo da extraterritorialidade dos comandos judiciais (homologação de sentença estrangeira, cumprimento de cartas rogatórias: CF, art. 105, I, *i*) e dos conflitos envolvendo, de um lado, Estado estrangeiro ou organismo internacional e, de outro, Município ou pessoa aqui residente ou domiciliada (CF, art. 105, II, *c*).

Em modo análogo ao que se passa nas *ADIns*, em que a decisão de procedência tem caráter *desconstitutivo* (nulidade com eficácia *ex tunc*, salvo as modulações temporais autorizadas pelo art. 27 da Lei 9.868/99), e a decisão de *improcedência* é apenas declaratória, também o procedimento de homologação de sentença estrangeira apresenta caráter *dúplice*: quando a delibação pelo STJ resulta *positiva*, a decisão toma caráter constitutivo, porque agrega ao comando judicial estrangeiro uma eficácia complementar, que lhe permite projetar efeitos no território brasileiro; quando *negativo*, o juízo do STJ tem caráter meramente declaratório. Vale relembrar que a sentença estrangeira homologada pelo STJ é *título executivo judicial* (CPC, art. 515, VIII), devendo ser distribuída ao juízo federal competente: CF, art. 109, X).

Interessante observar que no caso de ação envolvendo, de um lado, Estado estrangeiro ou organismo internacional e, de outro, Município ou pessoa domiciliada ou residente no País, a competência em primeiro grau é do juiz federal (CF, art. 109, II), de sorte que, ordinariamente, caberia apelação ao TRF (CF, art. 108, II). No entanto, houve por bem o constituinte, nesse caso, colocar o STJ como segundo grau de jurisdição, cabendo-lhe processar e julgar o recurso ordinário, por isso mesmo dito *apelação constitucional (CF, art. 105, II, c)*. Esclarecem Nery & Nery: "Em resumo: o julgamento dessas causas compete: no primeiro grau de jurisdição, ao juiz federal (CF 109 II); no segundo grau de jurisdição, a uma das Turmas do STJ (CF 105 II c e RISTJ 13 III). Ao TRF não cabe nenhuma função, quer originária, quer recursal, na matéria aqui analisada"[120]

Ainda sob o enfoque da extraterritorialidade, em senso largo, cabe ao STJ (ou ao STF, conforme o acórdão regional federal suscite questão federal

120 *Constituição Federal comentada e legislação constitucional*, 3ªed., São Paulo: Revista dos Tribunais, 2012, nota 10 ao art. 105, p. 679.

ou constitucional) julgar em REsp ou RE, respectivamente, "as causas fundadas em tratado ou contrato da União com Estado estrangeiro ou organismo internacional" e, no âmbito penal, "os crimes previstos em tratado ou convenção internacional, quando, iniciada a execução no País, o resultado tenha ou devesse ter ocorrido no estrangeiro, ou reciprocamente"; as causas relativas a direitos humanos, objeto de tratado de que o Brasil seja signatário (CF, art. 109, III, V e V-A, c/c § 5.º, nessa ordem).

7. PREVENÇÃO E RESOLUÇÃO DAS TENSÕES INTERNAS ENTRE AUTORIDADES JUDICIAIS, E DESTAS EM FACE DE ÓRGÃOS ADMINISTRATIVOS.

Em nossa República Federativa os Poderes são autônomos e independentes (CF, art. 2.º), mas essa separação entre Legislativo, Executivo e Judiciário há muito deixou de ser rígida e estanque, havendo vários exemplos dessa *reengenharia* do Poder: (*i*) o Judiciário *administra*, quando exerce o autogoverno da magistratura (aí incluídas as atividades de planejamento, censória e financeiro-orçamentária, hoje supervisionadas pelo CNJ – CF, art. 103-B, § 4.º e incisos), e, se é verdade que o Judiciário não "legisla", no sentido técnico da *nomogênese*, fato é que nas ações no controle direto de constitucionalidade acaba operando como "legislador negativo"; enfim, a súmula vinculante do STF, na medida em que é obrigatória não só aos órgãos judiciais como também à Administração Pública (CF, art. 103-A, § 3.º), projeta eficácia geral, abstrata e impessoal, atributos que também assistem a norma legal; (*ii*) o Executivo *decide*, quando concede indulto, demite servidores, comuta penas, homologa licitações ou veta projeto de lei; e em certo modo *legisla*, quando elabora lei delegada, dá início ao processo legislativo ou emite medida provisória; (*iii*) o Legislativo *julga*, quando o Senado processa o Presidente da República por crime de responsabilidade, e *administra*, quando elabora os Regimentos Internos da Câmara e do Senado ou provê sobre o que concerne à sua economia interna.

Essa intercomunicação das funções estatais, a par de implicar numa *relativização* da separação entre os Poderes, também promove o *balanceamento* entre aquelas funções, assim contribuindo para prevenir que um Poder se avantaje e avance demasiadamente sobre as atribuições dos outros, o que colocaria em risco a coesão interna do sistema e a estabilidade das instituições. Nesse sentido, escreve Hermes Zaneti Júnior: "A independência, autonomia e harmonia entre os poderes é requisito essencial para a boa atuação de suas funções. Como o poder freia poder, a ideia é que esse equilíbrio se concretize pelo método dos freios e contrapesos (*checks and balances*). Trata-se da clássica distinção entre a faculdade de instituir e a faculdade de impedir". (...) "Esse arranjo estrutural da vida dos poderes irá diferir de Estado para Estado. O certo é que onde existe uma divisão das funções executiva, legislativa e judiciária, nenhum desses poderes atua isoladamente e em função pura. Sempre haverá uma parcela de atividade atípica e um espaço de ingerência (controle) sobre os demais poderes".[121]

O fato de o *Poder* ser uno e indivisível, originário do povo, seu titular por legitimidade primária, não impede que os espaços de Poder sejam manejados pelo Estado – o mandatário político –, que assim distribui certas *massas de atribuições* por diferentes instâncias, órgãos e agências. Além dessa *repartição* de parcelas do Poder – aspecto reportado à *independência e à autonomia* –, a estabilidade do sistema depende ainda de que os destinatários daquela partilha exerçam entre si algum tipo de *controle*, aspecto já agora ligado à preservação da *harmonia*, igualmente assinalada no art. 2º da Constituição. Assim é que (*i*) o Legislativo controla o Executivo, com auxílio do Tribunal de Contas (CF, art. 71 e incisos); o Judiciário submete-se, no plano macro, às elevadas atribuições de planejamento, direção e compliance do Conselho Nacional de Justiça (CF, art. 103-B: EC 45/2004); (*ii*) o Executivo controla o Legislativo quando veta projetos de lei (CF, art. 84, V) e de certa maneira participa da composição dos Tribunais quando nomeia seus integrantes pelo chamado *quinto constitucional* da advocacia e do Ministério Público (CF, arts. 84, XIV; 94 e § único); (*iii*) o Judiciário em certo modo controla a Administração Pública quando a sujeita às súmulas vinculantes do STF (CF, § 3.º do art. 103-A; Lei 9.784/99, art. 64-B, acrescido pela Lei 11.417/2.006) e também controla, *a posteriori*, o Legislativo quando acolhe uma *ADIn* em que se increpa uma lei de ser afrontosa à Constituição (CF, § 2.º do art. 102).

O próprio Ministério Público, por vezes apresentado como um *quarto Poder*, também se sujeita a controles, tanto *interno*, pelos seus órgãos censórios, como *externo*, por meio do Conselho Nacional do *parquet* (CF, art. 130-A, incisos e parágrafos, cf. EC 45/2.004). Fechando o círculo, o povo – titular originário do Poder – também é legitimado a participar da gestão da coisa pública, seja através de ação popular, ajuizada em defesa da moralidade administrativa e de outros valores transcendentes (CF, art. 5.º, LXXIII), seja por meio de projeto de lei de iniciativa popular (CF, § 2.º do art. 61), seja, enfim, quando uma associação ajuiza ação civil pública em defesa de interesses socialmente relevantes, tais como o meio ambiente, o patrimônio público, a

121 *Processo constitucional – O modelo constitucional do processo civil brasileiro*, Rio de Janeiro: Lumen Juris, 2007, p. 118.

ordem econômica (CF, art. 129, III e § 1.º; Lei 7.347/85, art. 1.º e incisos); além disso, qualquer cidadão é parte legítima para provocar procedimentos de compliance no tocante a ocorrências de interesse da administração pública, podendo "representar à autoridade administrativa competente para que seja instaurada investigação destinada a apurar a prática de ato de improbidade" (Lei 8.429/92, art. 14, *caput*).

Porém, nem todos esses controles internos e externos podem impedir que haja excessos, extrapolações e invasões de competência, isto é, que uma instância venha porventura a se sobrepor ilegitimamente em face de outra, quadro agravado pelo fato de o Legislativo e o Executivo exercerem suas funções por *mandato popular*, o que lhes permite fazer opções políticas e escolhas primárias, ao passo que o Judiciário atua por uma legitimação derivada, de caráter técnico (recrutamento por concurso público ou ingresso pelo *quinto constitucional*). Esse discrímen acarreta relevante consequência: enquanto o legislador e o governante atuam *de ofício* (apresentação de projeto de lei; poder de polícia da Administração), já o juiz precisa ser provocado – *nemo iudex sine actore* (princípio da inércia: CPC, art. 2.º) – e só pode responder no limite dessa provocação, donde a vedação do julgamento *infra, cifra ou extra petita* – CPC, arts. 490, 492, *caput*.

Por conta disso, pode dar-se que em certos casos o Judiciário se exceda no controle aos atos e condutas da Administração, avançando em certas *faixas de insindicabilidade*, como pode ocorrer no controle judicial das políticas públicas (figure-se a deliberação governamental de alteração do sistema de saúde pública) ou quando se trata de atos puramente políticos (*v.g.*, alteração do padrão monetário), ou de cunho discricionário (*v.g.*, priorização a um dado sistema de transporte público em detrimento de outro).

Tampouco o complexo arcabouço de controles internos e externos pode assegurar que não surjam conflitos entre órgãos públicos e respectivas Autoridades, virtualidade que apresenta diversa etiologia: de um lado, a *fúria legislativa*, engendrando que uma mesma matéria seja excessivamente normatizada, não raro provocando superfetações e *zonas cinzentas* entre as atribuições dos diversos órgãos; de outro, a existência de um sistema complexo de competências – *exclusiva, concorrente, residual, comum* – distribuídas entre os entes políticos, como se dá em matéria de meio ambiente; enfim, o fato de nossa Justiça ser *unitária e nacional*, mas ao mesmo tempo apresentar estrutura multifacetada, dispersa pelos ramos Federal (comum e especial) e Estadual, sendo desprovida do *Contencioso Administrativo*, que poderia recepcionar e resolver, isonômica e celeremente, os conflitos envolvendo Administração Pública e pessoas físicas e jurídicas de direito privado. (É pensável que esse panorama venha a se alterar em se implementando o disposto na Lei 13.140/2.015, que autoriza o emprego da mediação nos conflitos envolvendo a administração pública – arts. 32 e s.).

Não admira, presente tal contexto, o expressivo tempo incorrido, nos Tribunais, com o processo e julgamento de número expressivo de conflitos de competência entre órgãos judiciais, malgrado a existência de súmulas que objetivam agilizar o seu trâmite (*v.g.*, nº 59 do STJ: "Não há conflito de competência se já existe sentença com trânsito em julgado, proferida por um dos juízos conflitantes"), a par de *técnicas aceleratórias*, tal a autorização para o relator, em decisão monocrática agravável, negar provimento a recurso contrário a súmula do STF, do STJ ou do próprio tribunal (CPC, art. 932, IV, a), ou ainda para o relator decidir de plano o conflito de competência quando sua decisão se baseie em súmula do STF ou do STJ (CPC, art. 955, § único, I), entendendo Nery & Nery, neste caso, que tal decisão monocrática "que resolve o conflito de competência pelo mérito, por ser singular, é impugnável por agravo interno, que deve ser julgado pelo órgão colegiado competente para julgar o conflito de competência" (CPC 1021)". [122]

O risco de o Judiciário, eventualmente, avançar sobre áreas reservadas à discricionariedade administrativa ou sobre certas faixas de insindicabilidade judicial, assim incidindo em excesso de ativismo, é uma virtualidade ou um *preço a pagar* ante o desenho republicano-federativo, em que o Judiciário é o Poder que *sobrepaira* aos demais, não só porque julga com definitividade os atos e condutas comissivos e omissivos dos outros dois Poderes, como também porque só a Justiça pode rever os atos tipicamente jurisdicionais, na assim chamada *reserva de sentença*. Quando o Judiciário é chamado a dirimir os *pontos de tensão* prenunciados ou consumados entre as diversas Autoridades, órgãos e instâncias, ele desempenha, para além da função *dikelógica*, de resolução do caso concreto, ainda um relevante papel na preservação da *coesão interna* do regime democrático, permitindo a eficiente continuidade dos serviços que têm como destinatários o jurisdicionado e o administrado. Não haveria excesso em reconhecer que, ao promover a pacificação dessas tensões, acaba o Judiciário por atuar em modo de um *Poder Moderador*, recuperando o papel que, no Brasil-colônia, fora desempenhado pelo Imperador, instado a que "incessantemente vele sobre a manutenção da Independência, equilíbrio, e harmonia dos mais Poderes políticos" (art. 98 da CF de 1824).[123]

---

122 *Comentários ao Código de Processo Civil*, 2.015, cit., nota nº 7 ao art. 955, p. 1.887.

123 Cf. *Todas as Constituições brasileiras*, por Alexandre Sanches Cunha, 1. ed., Campinas (SP): Bookseller, 2001, p. 31.

Para José Afonso da Silva, por esse dispositivo constitucional se estava "convertendo o monarca em titular do *poder neutro* – o *poder moderador* – e, como tal em *guardião da constituição*. A defesa da constituição repousava no poder moderador, encarregado de resolver os conflitos constitucionais entre os poderes executivo, legislativo e judiciário, de acordo com a formulação de Benjamin Constant, pois, 'quando esses poderes crescem desordenadamente, chocam-se entre si e se estorvam – diz ele –, é necessária uma força que os reduza a seu próprio lugar. Essa força não pode estar em nenhum deles, porque serviria para destruir os demais. É preciso que esteja fora, que seja neutra, em certo modo, para que sua ação se aplique necessariamente onde seja necessária sua aplicação e para que seja preservadora, reparadora, sem ser hostil'".[124]

Enquanto os conflitos de competência configurados na contraposição entre o STJ e os demais tribunais, inclusive os Superiores, são dirimidos pelo STF (CF, art. 102, I, *o*), já os dissensos entre tribunais, bem como entre eles e juízes não vinculados ou ainda que se vinculam a tribunais diversos – competem, originariamente, ao STJ (CF, art. 105, I, *d*), a par, naturalmente, dos conflitos entre os seus próprios órgãos fracionários (RISTJ, art. 198, § 2º). O conflito de competência, embora seja uma virtualidade previsível, ante a complexidade e extensão da organização judiciária brasileira, não contribui para o ideal da *razoável duração do processo* (CF, art. 5.º, LXXVIII), na medida em que, de um lado, introduz uma discussão paralela, distinta do fulcro da demanda e, por outro, pode implicar o sobrestamento ou ao menos o retardo do feito onde foi suscitado, na medida em que opera como uma *prejudicialidade interna* (CPC, art. 955, *caput*).

A competência é questão *endoprocessual*, envolvendo os critérios de distribuição da *massa de processos* entre os diversos órgãos, justificando-se ainda pelo fato de que o devido processo legal compõe-se não só do binômio *contraditório-ampla defesa*, mas também de pressupostos concernentes ao próprio órgão julgador, que, além de ser *imparcial* (não impedido e não suspeito), deve ainda ser *competente* (o juiz natural, constituído *ex lege*, antes dos fatos), especialmente com relação aos critérios que induzem a competência absoluta – em razão da matéria, da pessoa, ou ainda o elemento funcional. Da observância de todos esses quesitos depende a higidez técnico-formal do processo e, consequentemente, a futura estabilidade-indiscutibilidade do julgado aí proferido, mediante a agregação da coisa julgada material.

124 Tribunais constitucionais e Jurisdição constitucional. *Revista Brasileira de Estudos Políticos*, nºs. 60-61, jan./jul. 1985, p. 498.

Com efeito, o primeiro poder-dever do órgão judiciário, monocrático ou colegiado, é o de aferir sua própria competência *in concreto* – a chamada *Kompetenz-Kompetenz* do direito alemão – [125] até porque os atos judiciais inquinados de incompetência absoluta induzem nulidade insanável e decretável a qualquer tempo e grau de jurisdição, mesmo de ofício, sob pena de ulterior desconstituição do julgado, seja por ação rescisória, ou por embargos do executado (CPC, arts. 966, II; 525, VI, nessa ordem). Já a incompetência relativa – em função de território ou valor – justamente por não concernir a elementos essenciais, de existência e validade da relação processual, dependem de arguição pela parte a quem aproveite, dispondo a Súmula 33 do STJ: "A incompetência relativa não pode ser declarada de ofício".

Saliente-se que o reconhecimento de ofício da incompetência absoluta (CPC, § 1º do art. 64) sofre mitigação no âmbito dos recursos excepcionais (extraordinário ao STF e especial ao STJ), por se tratar de recursos de estrito direito, que exigem o prequestionamento do *thema decidendum* devolvido a essas Cortes (STF, Súmulas 282, 356; STJ, Súmulas 98, 211), não podendo os *Tribunais da Federação* conhecer em primeira mão dessa *quaestio juris*, sem que sobre ela se tenha pronunciado o Tribunal *a quo*, aí descabendo aplicar o chamado efeito *translativo* (CPC, § 1º do art. 1.013), geralmente invocável no tocante às questões de ordem pública. Assim, afirma Nelson Nery Junior: "Os EDcl prequestionadores não têm cabimento quando se prestarem a agitar, pela primeira vez, matéria sobre a qual o juiz ou tribunal não tinha o dever de pronunciar-se, vale dizer, sobre a qual não tenha havido omissão".[126] Ainda sobre a matéria, discorrem Nery & Nery: "Como as instâncias do RE e do REsp não são ordinárias, mas sim excepcionais, por meio deles não se pode alegar, pela primeira vez, a incompetência absoluta. É preciso que a questão tenha sido efetivamente decidida pelos tribunais inferiores (prequestionamento: CF 102, III e 105, III, STF 282 e 356), para que o STF ou STJ possa rever a matéria por meio do RE ou REsp".[127]

No regime da EC 01/69 podia o STF dirimir um sucedâneo do conflito de competência, configurado no instituto da *avocatória* (art. 119, I, *o*), pela qual lhe cabia processar e julgar, originariamente, "as causas processadas perante quaisquer juízos ou Tribunais, cuja avocação deferir, a pedido do procurador-geral da República, quando decorrer imediato perigo de grave

125 Atribuição que também se aplica ao árbitro: art. 8º e § único da Lei 9.307/96. V. Carlos Alberto Carmona, *Arbitragem e Processo*, 3ª ed., 2009, cit., p. 175-177.

126 *Comentários ao Código de Processo Civil...*, 2.015, cit., nota nº 3 ao art. 1.025, p. 2.135.

127 Idem, nota nº 11 ao art. 64, p. 357.

lesão à ordem, à saúde, à segurança ou às finanças públicas, para que se suspendam os efeitos de decisão proferida e para que o conhecimento integral da lide lhe seja devolvido".

A vigente CF de 1988 não recepcionou tal instrumento - depois estigmatizado como resíduo do chamado *entulho autoritário* - e, colhendo o ensejo da criação do STJ, houve por bem *distribuir as cargas competenciais* para o julgamento dos conflitos de *atribuição* e de *competência*. Com relação àqueles primeiros, em que pese o art. 959 do CPC a eles se referir como um dissenso de "atribuições entre autoridade judiciária e autoridade administrativa", assim remetendo sua regulação aos regimentos internos dos Tribunais, na verdade o legislador *dixit minus quam voluit*, faltando dizer que o conflito deve incidir sobre *matéria não jurisdicional* (*v.g.*, entre Juízo da Vara da Infância e Juventude e Conselho Tutelar acerca do número/limite de menores infratores num dado estabelecimento correcional; entre a Vara de Execução Penal e o Conselho Penitenciário sobre o regime de visita aos presidiários; sobre a Vara Federal de cidade portuária e a Capitania dos Portos, acerca do regime de quarentena dos passageiros sob suspeita de doença contagiosa; entre a Vara de Conflitos Agrários e o Incra, acerca do realojamento dos agricultores ditos sem-terra, retirados da área rural invadida).

Justamente por isso, não há falar em conflito de competência entre órgãos do Ministério Público - já que não são jurisdicionais! -, podendo, todavia, configurar-se *conflito de atribuição*, por exemplo, entre as Promotorias da Cidadania e a de Urbanismo, em face de ilícito perpetrado contra monumento público, competindo ao Procurador-Geral de Justiça dirimir tais dissensos: Lei 8.625/93, art. 10, X.

Refogem, assim, ao âmbito do conflito de atribuição: (*i*) o dissenso entre Juízos de um mesmo Foro (*v.g.*, o Cível e o de Família acerca da responsabilidade por ato praticado por menor adotado por casal homoafetivo), ou mesmo entre Justiças diversas (*v.g.*, Justiça trabalhista ou Cível, acerca de conflito consumerista), que se resolvem em conflito de competência; (*ii*) o dissídio entre autoridade judiciária e administrativa *sobre matéria propriamente jurisdicional*, porque: (*a*) a irresignação ou insurgência a comando judicial só pode fazer-se por meio do recurso cabível, que levará a outra decisão judicial (a chamada *reserva de sentença*), ou, em casos extremos, por impetração de mandado de segurança; (*b*) o descumprimento imotivado da ordem judicial é multirreprimida pelo sistema: crime de desobediência - CP, art. 330; *reclamação* ao Tribunal "para a preservação de sua competência e garantia da autoridade de suas decisões" - CF, art. 102, I, *l*; 105, I, *f*; meio igualmente idôneo em caso de recusa imotivada/inconsistente ou aplicação indevida/

equivocada de súmula vinculante do STF – CF, § 3.º do art. 103-A (CPC, art. 988, III, inciso acrescido pela Lei 13.256/2.016); ou ainda, em casos extremos, a *ADIn* interventiva – CF, art. 34, VI.

Na distribuição das cargas competenciais entre o STF e o STJ, aquele foi menos onerado, não lhe tocando os *conflitos de atribuição*, mas sim apenas os de competência "entre o Superior Tribunal de Justiça e quaisquer tribunais, entre Tribunais Superiores, ou entre estes e qualquer outro tribunal (art. 102, I, *o*), ao passo que ao STJ couberam tanto "os conflitos de atribuições entre autoridades administrativas e judiciárias da União, ou entre autoridades judiciárias de um estado e administrativas de outro ou do Distrito Federal, ou entre as deste e da União" (art. 105, I, *g*), como ainda os "conflitos de competência entre quaisquer tribunais, ressalvado o disposto no art. 102, I, *o*, bem como entre tribunal e juízes a ele não vinculados e entre juízes vinculados a tribunais diversos" (art. 105, I, *d*).

Impende ter presente que essa diversa distribuição da carga judiciária entre os *Tribunais da Federação* não se fez aleatoriamente ou em consequência de mera injunção política por ocasião da assembleia constituinte, mas explica-se, tecnicamente, a mais de um título: o STF é o *guarda da Constituição* (art. 102, *caput*), sendo o Tribunal postado no ápice da pirâmide judiciária do país, cabendo-lhe dirimir questões jurídicas de alta transcendência (v. o quesito da *repercussão geral* no recurso extraordinário: § 3º do art. 102; processo e julgamento de altas Autoridades da República: art. 102, I, b, c, d), não havendo sentido em que lhe fosse cometida função de dirimir dissenso que a rigor não é precipuamente... *jurídico*, já que o conflito de atribuição se caracteriza, justamente, por incidir sobre matéria *não jurisdicional*. Nesse sentido, José Cretella Junior: "Conflito de atribuições é a luta de competência administrativa entre agentes ou órgãos que entendem ser, simultaneamente, aptos para o conhecimento e solução de determinado assunto, afastada, desde logo, qualquer ideia de jurisdição".[128]

Ao propósito, decidiu o STJ: "Não se caracteriza como conflito de atribuições entre a autoridade administrativa e a autoridade judiciária o pronunciamento desta no exercício da jurisdição" (1.ª Seção, CA 150AgRg, Min. José Delgado, j. 28.04.2004, *DJU* 31.05.2004). Ainda do STJ, este julgado: "(...) há conflito de atribuições quando integrantes de Poderes distintos, atuando na incerteza dos seus limites, se arrogam do direito de conhecer e decidir a mes-

---

128 Do conflito de atribuição no direito brasileiro. In: WALD, Arnold (coord.). *O direito na década de 80 – Estudos em homenagem a Hely Lopes Meirelles*, Rio de Janeiro: Forense, 1985, p. 80, verb. nº 143.

ma questão" (CAt 83/RJ, 3ª Seção, j. 13.12.1999, rel. p/ acórdão Min. Edson Vidigal; no mesmo sentido, ainda do STJ, o acórdão da 1ª Seção, j. 08.10.2014, rel. Min. Mauro Campbell Marques, AgRg no CC 134.070/RN.

Compreende-se, assim, tenha o constituinte deixado ao STJ a competência para dirimir os conflitos de atribuição, até porque é ele o *guarda do direito federal comum*, e é curial que naquele tipo de incidente se invocarão textos de lei federal (CF, art. 22, I), por exemplo, o *Estatuto da Criança e do Adolescente* (Lei 8.069/90), como no exemplo figurado por Athos Gusmão Carneiro: "Se juiz da infância e adolescência e autoridade administrativa tutelar de menores consideram-se, ambos, dotados da atribuição de editar portaria a respeito de algum assunto relativo a proteção aos menores".[129]

Já no tocante aos conflitos de competência, impende considerar que os órgãos judiciais estão hierarquizados, por modo que, numa dada vertente judiciária – por exemplo, a trabalhista – o órgão postado *a montante*, no caso o TST, detém *competência de derrogação* em face daquele colocado *a jusante*, o TRT, de sorte que não se poderia configurar um vero *conflito* entre eles. Nesse sentido decidiu o STF ser incabível o conflito entre tribunais "organizados hierarquicamente, como acontece entre o STJ e os TRFs, entre o TST e os TRTs, entre o TSE e os TREs (CC 6.663, Plenário, ac. de 26.02.1998, rel. Min. Maurício Corrêa, DJU, 17.04.1998, p. 2). Essa mesma motivação estava à base da antiga Súmula STJ nº 22 – "Não há conflito de competência entre o Tribunal de Justiça e Tribunal de Alçada do mesmo Estado-membro" (enunciado depois superado, pela supressão dos TA's, determinada pelo art. 4º da EC 45/2004). Por isso, o constituinte deixou ao STF atribuição para processar e julgar originariamente os conflitos de competência de maior envergadura no organograma do Judiciário, envolvendo o outro Tribunal da Federação – STJ – e os demais Tribunais do país, e ainda os dissensos entre os Tribunais Superiores – TST, TSE, STM – ou ainda entre estes e outro tribunal (alínea *o* do art. 102, I).

Quanto ao STJ, que é o outro *Tribunal da Federação*, toca-lhe fixar a *ultima ratio* no direito federal *comum*, no desempenho de uma competência *residual*, como se colhe da alínea *d* do art. 105, I: "Os conflitos de competência entre quaisquer tribunais, *ressalvado o disposto no art. 102, I, o* [competência do STF], bem como entre tribunal e juízes a ele não vinculados e entre juízes vinculados a tribunais diversos". Explica-se a frase "tribunal e juízes a ele *não vinculados*", nisso que, a ser de outro modo, perderia sentido falar-se em *conflito*, ante a *posição de proeminência* do STJ em face dos tribunais que o precedem

129 *Jurisdição e competência*, 10ª ed., São Paulo: Saraiva, 2000, p. 183.

na linha do direito federal comum: TJ's e TRF's. Já a frase "juízes vinculados a tribunais diversos" prende-se a que, de outro modo (*v.g.*, conflito entre Juízo de Direito no exercício de competência trabalhista delegada – CF, art. 112, redação da EC 45/2004 – e Vara do Trabalho), a competência para dirimir o conflito passa a ser do Tribunal ao qual se reportam esses órgãos judiciários, a saber, o TRT; nesse sentido a Súmula STJ 180: "Na lide trabalhista, compete ao Tribunal Regional do Trabalho dirimir conflito de competência verificado, na respectiva região, entre Juiz Estadual e junta de conciliação e julgamento". A mesma *ratio* encontra-se à base da Súmula STJ nº 3: "Compete ao Tribunal Regional Federal dirimir conflito de competência verificado, na respectiva região, entre juiz federal e juiz estadual investido de jurisdição federal".

Por outro lado, a Súmula STJ 236 – "Não compete ao Superior Tribunal de Justiça dirimir conflitos de competência entre juízos trabalhistas vinculados a Tribunais Regionais do Trabalho diversos" – afigura-se-nos dissonante do texto constitucional, na medida em que vai de encontro ao disposto na alínea *d* do art. 105, I, da CF, que dá competência ao STJ para dirimir conflitos de competência "entre juízes vinculados a Tribunais diversos". No ponto, Sérgio Pinto Martins escreve que o conflito de competência pode ocorrer entre "duas Varas do Trabalho pertencentes a Regiões diversas, sendo competente o STJ, por se tratar de juízes vinculados a tribunais diversos (art. 105, I, *d*, da Constituição)".[130]

Saliente-se que o conflito – positivo ou negativo – de competência só pode subsistir com relação a *um mesmo processo*, porque, de outro modo, a ocorrência configuraria: (*i*) uma *litispendência* – trâmite concomitante de ações idênticas (CPC, § 3º do art. 337, c/c art. 485, V), resolvendo-se a ocorrência com a extinção do processo repetido; ou (*ii*) um fator modificativo da competência, seja por *conexão* – reunião de processos que têm em comum o objeto ou a causa (CPC, art. 55, *caput*) – seja por *continência*: uma modalidade potencializada dessa ocorrência, quando "houver identidade quanto às partes e à causa de pedir, mas o pedido de uma, por ser mais amplo abrange o das demais" – CPC, art. 56. O núcleo comum entre essas duas figuras está em que ambas ensejam a reunião dos processos para julgamento conjunto, ficando *prevento* o Juízo que despachou em primeiro lugar (CPC, arts. 58, 59). Sobre o tema, esclarece a Súmula 235 do STJ: "A conexão não determina a reunião dos processos, se um deles já foi julgado".

A fixação da competência por *prevenção* tem sido adotada pelo STJ no desate do (deletério) *trâmite concomitante de ações coletivas sobre um mesmo*

130 *Direito processual do trabalho*, 25ª ed., São Paulo: Atlas, 2006, p. 142.

megaconflito,[131] como sói acontecer em temas socialmente impactantes e de largo espectro sócio-político-econômico: implementação de programas governamentais concernentes à poupança popular ou à moradia para a população de baixa renda; conflitos consumeristas; planos de seguro-saúde; telefonia celular; distribuição de medicamentos pela farmácia popular, etc. Um *leading case* no STJ configurou-se por ocasião da privatização da companhia Vale do Rio Doce, tendo afirmado o Min. Demócrito Reinaldo em seu voto condutor: "O malefício das decisões contraditórias sobre a mesma relação de direitos consubstancia a espinha dorsal da construção doutrinária inspiradora do princípio do *simultaneus processus* a que se reduz a criação do *forum conexitatis materialis*. O acatamento e o respeito às decisões da Justiça constituem o alicerce do Poder Judiciário que se desprestigiaria na medida em que dois ou mais Juízes proferissem decisões conflitantes sobre a mesma relação jurídica ou sobre o mesmo objeto da prestação jurisdicional. A configuração do instituto da conexão não exige perfeita identidade entre as demandas, senão que, entre elas preexista um liame que as torne passíveis de decisões unificadas" (CC 22123-MG, 1.ª Seção, j. 14.04.1999, *DJ* 14.06.1999, p. 100).

Assim também entendeu o STJ em rumoroso caso envolvendo empresas de telefonia, dizendo o voto condutor do Min. Castro Meira: "Cuida-se de conflito de competência, como bem asseverou o Ministro-presidente, de repercussão nacional, sendo necessária a reunião das diversas ações populares e ações civis públicas a fim de que esteja garantida a segurança jurídica nos contratos de concessão de serviço de telefonia. Compulsando os autos, verifico a presença dos requisitos necessários à conexão de causas, de vez que todos os processos objetivam combater o aumento das tarifas de telefonia autorizado pela ANATEL às empresas concessionárias" (CC 39590-RJ, 1.ª Seção, j. 27.08.2003, *DJ* 15.09.2003, p. 229).

Registre-se que o PL 5.139/2009,[132] à época voltado a regular a nova ação civil pública, trazia importante contribuição para o aclaramento desse tema, a teor do previsto no § 1.º do art. 5.º: "Na análise da identidade da causa de pedir e do objeto, será preponderantemente considerado o *bem jurídico* a ser protegido". Justificava-se esse excogitado alvitre, porque o ambiente do

131 Fenômeno depois ressurgido em episódio envolvendo pluralidade de ações coletivas movidas contra os Bancos, por conta de prejuízos causados aos *poupadores* em junho de 1987, no chamado *Plano Bresser*, panorama agravado com a intercorrência de milhares de demandas individuais, gravitando em torno de um mesmo objeto litigioso.

132 Dito projeto acabou arquivado na Comissão de Constituição, Justiça e Cidadania da Câmara Federal.

processo coletivo é muito distinto daquele da jurisdição singular, apropriado aos conflitos intersubjetivos, em que as partes são determinadas e, geralmente, apresentam-se em legitimação ordinária. Para a isonômica solução dos megaconflitos, porém, há que se priorizar o elemento *objetivo* – a configuração da *fattispecie*, os limites e a natureza da lide – sobre todos os demais, como forma de evitar os males da pluralidade de ações coletivas sobre um mesmo *thema decidendum*, o que engendra o risco de julgamentos discrepantes, tudo depois agravado pela *eficácia expandida* das coisas julgadas que oportunamente se irão produzir (Lei 8.078/90, art. 103), levando a contradições não só no plano lógico, como também no plano *prático*, como já buscamos explicar em sede doutrinária.[133]

Bem por isso, em boa hora o CPC vigente veio prever que a reunião de processos para julgamento conjunto deve igualmente ter lugar quando os processos "possam gerar risco de prolação de decisões conflitantes ou contraditórias caso decididos separadamente, mesmo sem conexão entre eles" (§ 3º do art. 55). Mesmo em se tratando de dispositivo inserido em codificação processual vocacionada aos conflitos individuais, é sustentável sua aplicação, enquanto diretriz, no âmbito do processo coletivo.

Enfim, ao intervir nos conflitos de atribuição e nos de competência, a seu cargo, labora o STJ no sentido de prevenir ou dirimir os *pontos de tensão* entre as Autoridades constituídas, assim preservando a convivência harmônica das instâncias e dos agentes detentores das diversas parcelas do Poder, seja ao interno do Judiciário (conflito de competência), seja entre órgãos judiciais e administrativos em matéria não jurisdicional (conflito de atribuição), tudo em consonância com seu elevado papel de defensor da inteireza positiva, validade, autoridade e uniformidade interpretativa do direito federal comum. Ambos aqueles conflitos estão regulamentados no RISTJ, salientando-se que o Relator, de ofício ou a requerimento, pode, "determinar, quando o conflito for positivo, seja sobrestado o processo, e, neste caso, bem assim no de conflito negativo, designar um dos órgãos para resolver, em caráter provisório, as medidas urgentes" (art. 196 do RISTJ), redação consonante ao disposto no art. 955, *caput*, do CPC vigente.

---

133 A concorrência de ações coletivas sobre um mesmo *thema decidendum*. In: MARTINS, Ives Gandra e REZEK, Francisco (coords.). *Constituição Federal – avanços, contribuições e modificações no processo democrático brasileiro*, São Paulo: Revista dos Tribunais, 2008, p. 471-491.

8. TUTELA ÀS SITUAÇÕES DE URGÊNCIA.

Ao contrário dos ramos de direito material, que objetivam *constituir* situações jurídicas - *v.g.*, a usucapião, que converte a posse em domínio - o processo civil é vocacionado a *instrumentar* as pretensões materiais,[134] nesse sentido devendo entender-se o que vinha disposto no art. 75 do precedente Código Civil: "A todo o direito corresponde uma ação que o assegura".[135] Verdade que essa regra sempre exigiu algum temperamento exegético, visto que a *ação* - direito subjetivo público, abstrato e autônomo de pleitear a apreciação judicial num caso concreto - não *assegura,* propriamente, o *direito material*: caso contrário, ficariam sem explicação as ações julgadas improcedentes, em que, todavia, se exerceu plenamente o direito de ação, num processo existente e válido. Por aquele dispositivo caberia entender-se que toda pretensão, em princípio, comporta judicialização, donde pode resultar a resolução do mérito da questão, desde que presentes as condições da ação e os pressupostos de existência e validade do processo; ausentes aquelas e/ou estes, o Estado-juiz se desonera de adentrar o fulcro da demanda. Essa mesma exegese, ao nosso ver, é útil para se alcançar o melhor entendimento quanto ao previsto no art. 4º do vigente CPC, dizendo que as partes "têm o direito de obter (...) a solução integral do mérito (...)"

Ovídio Baptista da Silva propugna um autônomo *direito substancial de cautela*: "A proteção cautelar é instrumental de um direito ou de uma pretensão que são assegurados por ela. A dependência, ou acessoriedade se se quiser, estabelece-se no plano do direito material e não no plano do direito processual";[136] em outra de suas obras, o autor melhor esclarece seu pensamento: "O chamado *direito substancial de cautela*, na perspectiva do processo cautelar, é ingrediente que entra como um dado, como um pressuposto a legitimar a outorga da tutela assegurativa; pressuposto este, todavia, que não encontrará, jamais, ambiente para se ver declarado existente na demanda cautelar, permanecendo, mesmo depois da sentença final de procedência, como uma simples hipótese, uma simples possibilidade de existência efetiva".[137]

---

134 Sem embargo, há pretensões que têm base no próprio ambiente processual, como a produção antecipada de prova, que tem em vista preservar a higidez de certos fatos relevantes para a instrução probatória da ação judicial - CPC, art. 381 e incisos; ou ainda a ação rescisória fundada em incompetência absoluta do juiz - CPC, art. 966, II.

135 Dispositivo não recepcionado no vigente Código Civil, embora o art. 189 traga enunciado um tanto semelhante.

136 *A ação cautelar inominada no direito brasileiro*, 3ª ed., Rio de Janeiro: Forense, 1991, p. 99.

137 *Do processo cautelar*, 2ª ed., Rio de Janeiro: Forense, 1999 cit., p. 68.

Em senso contrário, colacionando Giuseppe Chiovenda ["é mera ação, que não se pode considerar como acessório do direito acautelado, porque existe como poder atual quando ainda não se sabe se o direito acautelado existe (...)"], Antonio Cláudio da Costa Machado afirma que "a ação cautelar é portanto 'mera ação', posto que não veicula pretensão substancial alguma, mas somente a processual, no sentido de afastar o risco de ineficácia da futura prestação definitiva, risco este gerado pela demora inerente ao trâmite dos procedimentos judiciais".[138] Esta última posição encontra respaldo no ordenamento positivo, na medida em que o CPC vigente serve-se da expressão "Tutela Provisória", compreensiva dos históricos de urgência ou de evidência (art. 294, caput), comportando revogação ou *modificação* (art. 296, *caput*) o que tudo labora em prol da natureza predominantemente *processual* desse tipo de tutela, a qual pode se apresentar em modo cautelar, ou então, antecipado, consentindo ainda deferimento em caráter antecedente ou, então, incidental – CPC, § único do art. 294.

Neste passo, vale ter presente que o acesso à Justiça (CF, art. 5.º, XXXV)[139] é de ser visto em três patamares sequencialmente pressupostos: num primeiro momento, o singelo *direito à demanda*, consistente na mera movimentação da máquina judiciária do Estado, que até mesmo por ser abortada ante a não formação do processo, caso haja o indeferimento liminar da petição inicial (CPC, art. 330, e incisos, c/c art. 485, I); num segundo estágio, em estando presentes as condições da ação e os pressupostos processuais positivos e ausentes os negativos, eleva-se o *status* processual, já agora para assegurar uma decisão de mérito, ou seja, a *solução adjudicada estatal*, representada pela procedência, improcedência ou procedência parcial da pretensão do autor ou do réu reconvinte, e, bem, assim de eventuais terceiros intervenientes (CPC,

---

138 Considerações sobre a função cautelar; *tertium genus*, "direito substancial de cautela" e preventividade cautelar. *Revista da Escola Paulista de Direito*, nº 3, out./dez. 2006, p. 21. (O excerto de Chiovenda, colacionado pelo autor, remete à obra *Instituições de direito processual civil*, trad. J. G. Menegale, São Paulo: Livraria Acadêmica Saraiva, 1942, p. 384-385).

139 Garantia essa que, para nós, deve antes e superiormente ser vista como uma *cláusula de reserva*, ofertada subsidiariamente pelo Estado, para o caso de conflitos que, no plano pré-processual, não foram (ou não puderam) ser auto ou heterocompostos, concepção que remete a um sentido renovado do próprio interesse de agir (necessidade e utilidade da prestação jurisdicional). Ao propósito, v. o nosso estudo O direito à tutela jurisdicional: o novo enfoque do art. 5.º, XXXV, da Constituição Federal. *RT nº* 926, dez./2012, p. 135-176, posteriormente republicado, revisto e atualizado, na obra coletiva *Novo Código de Processo Civil – principais alterações do sistema processual civil*, coord. Luís Antônio Giampaulo Sarro, 2ª ed., São Paulo, Rideel, 2.016, p. 409-438.

art. 515, I); uma vez alcançado esse patamar, verifica-se que a chamada *tutela jurisdicional* só pode concernir aos casos de procedência total ou ao menos parcial da pretensão judicializaada, porque a palavra *tutela* tem o sentido unívoco de proteção, acolhimento, guarida, o que a torna inaplicável aos casos em que a decisão de mérito tenha *repelido* a pretensão do autor ou a do réu reconvinte. A se entender diversamente, chegar-se-ia ao paradoxal *diritto di aver torto*, referido por Giuseppe Chiovenda.[140]

Nesse sentido, Cândido Rangel Dinamarco afirma que "a *tutela jurisdicional* constitui o grau mais elevado na escalada que vai da mera *faculdade de ingresso em juízo*, passa pela *ação* e pelo efetivo *direito ao provimento de mérito* e só finalmente chega a ela. (...) Quando se fala em tutela jurisdicional não se pensa no meio, mas no resultado útil da experiência processual."[141]

Por aí se alcança o melhor sentido da *garantia de acesso à Justiça* – despojada do excesso interpretativo que ao longo do tempo se lhe foi atribuindo – e, de outra parte, firma-se a acepção correta da *instrumentalidade do processo*. Do contrário, aquela garantia e esta diretriz acabariam recebendo leitura exacerbada e despropositada, arriscando degenerar num deletério *convite à litigância*, a par de projetar, como externalidade negativa, a concepção da prestação jurisdicional como oferta primária, incondicionada e prodigalizada.

Impende ter presente que o processo civil opera como uma *caixa de ressonância* do que se passa ao interno da sociedade civil, recepcionando suas necessidades, valores e interesses; a todos esses influxos o processo busca responder com a oferta dos meios adequados a canalizar as *crises* diversas (de *certeza*: processo de conhecimento; de *satisfação*: execução e cumprimento do julgado; de *segurança* a pessoas, coisas, situações ou ao próprio processo: tutela provisória, com ou sem o requisito e urgência). Dado que a maior parte dos processos releva da necessidade de eliminar a incerteza e ao mesmo tempo propiciar a formação de um título que induza a satisfação do direito reconhecido, compreende-se a predominância das ações *condenatórias* ou prestacionais(CPC, art. 515, I).

Sem embargo, ressalva o CPC que, mesmo nos casos em que as ações condenatórias sejam cabíveis, é lícito pleitear apenas o singelo acertamento, mediante ação meramente declaratória (art. 20); ainda neste caso pode dar-se que certos provimentos declaratórios operem como fundamento para a

140 L'azione nel sistema dei diritti, *Saggi di diritto processuale civil*, 2. ed., Roma: Foro Italiano, 1930, t. I, n. 6, p. 13.

141 *Fundamentos do processo civil moderno*, 3ª ed., São Paulo: Malheiros, 2000, t. II, p. 820 e 823, rodapé nº 56.

exigibilidade de certas condutas pela parte vencida, por exemplo quando resulta declarado que certo tributo foi pago indevidamente ou em montante superior ao devido, valendo lembrar que o art. 515, I, do CPC refere-se às "decisões proferidas no processo civil que reconheçam a exigibilidade de obrigação (...)". [142]

Na concepção clássica, hoje superada, da radical separação entre os Poderes, a tutela imediata (dano temido ou lesão iminente) das ocorrências da vida em sociedade ficava a cargo do Executivo, ao qual se reconhecia o poder-dever de atuar de ofício, por meio do *poder de polícia* da Administração, restando ao Judiciário uma atuação *a posteriori*, de caráter substitutivo, fazendo incidir a vontade da lei nos históricos de lesão já consumada, ou seja, nos danos sofridos. Num tal desenho, compreende-se que a tutela judicial aos danos apenas *prenunciados* – o justo temor de dano; o risco ao resultado útil do processo – tenha de início provocado forte resistência, temendo-se que desse modo o Judiciário estaria, por assim dizer, *antecipando-se* aos acontecimentos, ou quando menos sobre eles atuando de imediato, assim *atropelando* a seara precípua do Administrador.

Nesse sentido, Luiz Guilherme Marinoni observa que até o final do século XIX, "a jurisdição tinha a função de viabilizar a reparação do dano, uma vez que, nessa época, não se admitia que o juiz pudesse atuar antes de uma ação humana ter violado o ordenamento jurídico. Se a liberdade era garantida na medida em que o Estado não interferia nas relações privadas, obviamente não se podia dar ao juiz o poder de evitar a prática de uma conduta sob o argumento de que ela poderia violar a lei. Na verdade, qualquer ingerência do juiz, sem que houvesse sido violada uma lei, *seria vista como um atentado à liberdade individual*".[143]

Daí se compreender que a tutela judicial de cunho cautelar seja, historicamente, mais recente em comparação às demais, subsistindo ainda hoje alguns resquícios de controvérsias conceituais, por exemplo: a questão das cautelares *satisfativas*, que, possivelmente, configuram um falso problema, já que a cautelaridade prende-se à nota da provisoriedade da tutela, a qual, à sua vez, pressupõe situação emergencial, de difícil ou incerta reparação *a posteriori*; a questão da tutela antecipada requerida em caráter cautelar e da tutela

142. Em senso contrário, v., porém, as judiciosas ponderações de Nery & Nery, in *Comentários ao Código de Processo Civil...*, 2.015, cit., nota 6 ao art. 515, p. 1.266, 1.267.

143 A jurisdição no Estado contemporâneo. In: MARINONI, Luiz Guilherme (coord.). *Estudos de direito processual civil em homenagem ao Professor Egas Dirceu Moniz de Aragão*, São Paulo: Revista dos Tribunais, 2006, *p. 18.*

cautelar requerida em caráter antecedente, tratando-se a rigor de incidentes de conhecimento, provimentos provisórios agora regulados no vigente CPC (arts. 303-310); a questão das situações de intensa verossimilhança (o "direito provável"), justificando um adiantamento da resposta jurisdicional, como se dá na tutela da evidência (CPC, art. 311, incisos e § único), buscando evitar que a duração do processo labore contra a pretensão da parte que, acima de qualquer dúvida razoável, afigura-se estar amparada pelo bom direito, assim se preservando a isonomia no sentido substancial: tratamento igual aos iguais e desigual aos desiguais.

Sob outra mirada, provimentos jurisdicionais voltados à compactação dos ritos e agilização dos trâmites, tais as liminares, as medidas inseridas na tutela provisória, as cautelares, as tutelas antecipadas, o julgamento de recursos extraordinários e especiais em bloco, por amostragem, a liminar improcedência do pedido, o descarte de recurso contrário a súmula do STF e do STJ, projetam como externalidade positiva a prevenção dos chamados *tempos mortos*, em boa medida responsáveis pela excessiva dilação dos processos, enquadrando-se na contemporânea rubrica dos *elementos aceleratórios*, à sua vez respaldados pela diretriz constitucional da *razoável duração dos processos* - art. 5.º, LXXVIII: EC 45/2004.

Escrevendo *ainda antes* dessa inovação constitucional, José Rogério Cruz e Tucci reconhecia "a existência de dois postulados que, em princípio, são opostos: o da segurança jurídica, exigindo, como já salientado, um lapso temporal razoável para a tramitação do processo ('*tempo fisiológico*'), e o da efetividade deste, reclamando que o momento da decisão final não se procrastine mais do que o necessário ('*tempo patológico*'). Obtendo-se um equilíbrio destes dois regramentos – segurança/celeridade –, emergirão as melhores condições para garantir a justiça no caso concreto, sem que, assim, haja diminuição no grau de efetividade da tutela jurisdicional. (...) Não basta, pois, que se assegure o acesso aos tribunais, e, consequentemente, o *direito ao processo*. Delineia-se, inafastável, também, a absoluta *regularidade* deste (*direito no processo*), com a verificação efetiva de todas as garantias resguardadas ao consumidor da justiça, *em um breve prazo de tempo*, isto é, dentro de um *tempo justo*, para a consecução do escopo que lhe é reservado."[144]

Dado que as situações emergenciais, de *justo temor de dano de difícil ou incerta reparação*, assim como de risco para o resultado útil do processo, podem se apresentar tanto em primeiro como em segundo grau, compreen-

---

144 Garantia do processo sem dilações indevidas. *Revista Jurídica*, n. 277, nov. 2000, p. 7 e 23.

de-se que não só os juízes, mas também os Relatores, nos Tribunais, estejam autorizados, a conceder, monocraticamente, em decisão agravável, liminares, cautelares, antecipações de efeitos, como se colhe do expressivo rol de atribuições afetas ao relator: CPC, art. 932, incisos e § único; 955 e § único; 977, I; 1.019, I. Dentre essas atribuições do relator cabe destacar a que lhe permite conceder efeito suspensivo a RE ou REsp que já lhe tenha sido distribuído, permitindo-nos afirmar noutra sede: "Assim é que, firmada a diretriz do efeito apenas devolutivo dos recursos, admite-se, todavia, em casos específicos e devidamente justificados, que uma determinação judicial possa atribuir efeito suspensivo a um recurso, como, por exemplo, pode dar-se no âmbito da ação civil pública (Lei 7.347/85, art. 14) ou no caso do § 5º do art. 1.029 do CPC/2015, em comento".[145]

No regime dos RE's e REsp's repetitivos, em ocorrendo que na massa de processos sobrestados na origem após a afetação do processo-piloto como representativo da controvérsia, pode dar-se que algum ou alguns desses recursos suspensos não se enquadrem no desenho do recurso paradigma, caso em que é dado à parte requerer ao juiz ou ao relator a exclusão de seu processo daquele rol (destrancamento), para que ele retome andamento (CPC, art. 1.037, §§ 9º e 10º). Em outra sede, comentamos tal possibilidade: "A ocorrência evoca, a certos respeitos, o instituto do distinguishing, de uso corrente no common law, quando o interessado busca evidenciar que o precedente exposto no leading case não se ajusta ao seu caso, ante a diversidade das situações confrontadas".[146]

É dizer, tanto em primeiro como em segundo grau de jurisdição, a instrumentalidade, quando agregada à prevenção de danos virtuais, aderentes a situações emergenciais, realiza-se por meio dos instrumentos inseridos na tutela provisória, ao pressuposto do risco ao resultado útil do processo a tutela cautelar (L. III do CPC), demandando demonstração do binômio *fumus boni juris* e *periculum in mora*, visando, nas cautelares propriamente jurisdicionais, a dupla função de *preservar o presente e preparar o futuro*, por modo a garantir: (*i*) a *utilidade prática* do provimento judicial a ser proferido principaliter; (*ii*) na instância recursal, a antecipação do valor, direito ou interesse envolvidos, ou mesmo imprimir efeito suspensivo a recurso que não o tenha. Nesse sentido, dispõe o art. 34 do RISTJ que compete ao Ministro Relator: (...) V – submeter à

---

145 In SCARPINELLA BUENO, Cassio (coord.), *Comentários ao Código de Processo Civil*, v. 4, 2.017, cit., p. 500.

146 Comentário ao art. 1.037, in SCARPINELLA BUENO, Cassio (coord.), *Comentários ao Código de Processo Civil*, v. 4, 2.017, cit., p. 571.

Corte Especial, à Seção ou à Turma, nos processos da competência respectiva, medidas cautelares ou tutelas provisórias necessárias à proteção de direito suscetível de grave dano de incerta reparação, ou ainda destinadas a garantir a eficácia da ulterior decisão da causa; VI – determinar, em caso de urgência, as medidas ou tutelas do inciso anterior, *ad referendum* da Corte Especial, da Seção ou da Turma" (redações da ER 24/2.016).

A respeito do tema ora versado, discorre Humberto Theodoro Júnior: "A experiência da vida nos ensina que o processo contencioso não pode prescindir da duração temporal, em razão mesmo de sua natureza dialética e contraditória. Daí que, enquanto se aguarda o transcurso desse inevitável lapso de tempo, os bens jurídicos podem submeter-se ao risco de mutações ou deteriorações capazes de alterar o equilíbrio inicial das partes e comprometer a utilidade esperada da prestação jurisdicional. Diante desse risco, ensina Carnelutti que se pode reconhecer: 'Al processo cautelare in ogni sua forma, anche quando produce un immediato mutamento, il fine di *evitare, nei limite del possibile, quelle alterazioni nell'equilibri iniziale delle parti*, che possono derivare dalla durata del processo" (*Diritto e processo*, Napoli, Ed. Morano, 1958, p. 357, n. 234)'. Para Calamandrei, todas as providências jurisdicionais, em última análise, são instrumentos de atuação do direito material, mas as medidas cautelares assumem uma 'instrumentalidade qualificada', porque atuam como 'meio predisposto para o melhor êxito da providência definitiva, que, à sua vez, é um meio para a atuação do direito; são, na realidade, 'instrumento do instrumento'. E, destarte, é lícito dizer que a finalidade imediata das medidas cautelares é 'assegurar a eficácia prática da providência definitiva, que servirá, à sua vez, para atuar o direito' (*Introduzione allo studio sistematico dei provvedimenti cautelari*, Padova, 1936, *apud* Willard de Castro Villar, *Medidas cautelares*, São Paulo, Revista dos Tribunais, 1971, p. 53)".[147]

De outra parte, a evolução da ciência processual permitiu a identificação de uma *faixa intermediária*, situada num dado ponto da escala dos níveis de cognição, a saber, entre a *probabilidade* – que legitima a tutela cautelar – e a *certeza* – que induz a decisão de mérito sobre o fulcro da pretensão. Essa faixa intermédia dir-se-ia postada num ponto equidistante entre a *probabilidade* e a *certeza* (*mais* que aquela e *menos* do que esta): nesse nicho acomodaram-se as antecipações de tutela, em sua dupla modalidade (CPC, arts. 303 e §§; art. 305 e § único), cuja cognição é, basicamente, fundada na *plausibilidade*, aferida numa cognição por *verossimilhança, com vistas a* evitar que a excessiva

147 Tutela cautelar durante tramitação de recurso. In: TEIXEIRA, Sálvio de Figueiredo (coord.). *Recursos no Superior Tribunal de Justiça*. São Paulo: Saraiva, 1991, p. 232-233.

duração do processo labore contra a parte que, sob uma prospectiva razoável, afigura-se estar protegida pelo bom direito.

A tutela de urgência apresenta cunho provisório e por isso "não será concedida quando houver perigo de irreversibilidade dos efeitos da decisão" (CPC, § 3º do art. 300), podendo em certos casos ser exigida caução ("contracautela") e justificação prévia (CPC, §§ 1º e 2º do art. 300), sem embargo de eventual responsabilização do requerente da tutela em ocorrendo qualquer das situações descritas no art. 302, incisos e § único do CPC. Já as antecipações de tutela colocam-se, por assim dizer, a meio-caminho entre as estritas medidas cautelares e os julgamentos antecipados (total ou parcialmente) do mérito (CPC, arts. 355 e incisos; 356, incisos e §§). Com esse arcabouço processual não há mais espaço nem utilidade para o manejo das então chamadas (impropriamente) cautelares *satisfativas* (que constituíam uma *contradictio in re ipsa*: se um provimento é satisfativo não é cautelar...). Com isso, afasta-se, também, o vezo do uso (anômalo) do mandado de segurança, antes utilizado para pleitear efeito suspensivo a recurso que não o tinha e para outras situações carentes de meio processual específico.

Com relação ao desiderato de imprimir efeito suspensivo a recurso, o CPC vigente disponibiliza meios mais apropriados: nos agravos de instrumento pode dar-se o chamado *efeito ativo* – concessão, pelo relator, de medida urgente não atendida em primeiro grau – estando ainda o relator autorizado a "atribuir efeito suspensivo ao recurso (art. 1.019, I), cabendo-lhe ainda "apreciar o pedido de tutela provisória nos recursos e nos processos de competência originária do tribunal" (art. 932, II).

Participam também desse ambiente de proteção às situações de urgência e de tutela aos direitos evidentes os incidentes de suspensão de liminar ou de sentença, remotamente previstos na Lei 4.348/64,[148] sobre mandado de segurança, e depois disseminados em outros textos, tendo por justificativa o risco iminente de grave lesão a valores sociais importantes, como a ordem, a segurança, a saúde e economia públicas – Leis 7.347/85, 6.513/77, 8.437/92 e 9.494/97 –, textos positivados sob o CPC/73, respectivamente concernentes à ação civil pública, às cautelares e à tutela antecipada. A eventual suspensão de comandos mandamentais opera em modo de uma *contracautela, valendo ter ainda presente a súmula nº 626 do STJ: "A suspensão da liminar em mandado de segurança, salvo determinação em contrário da decisão que a deferir, vigorará até o trânsito em julgado da decisão definitiva de concessão da segurança,*

148 Nota: a vigente lei sobre mandado de segurança – 12.016/2009 – em seu art. 29 revogou, expressamente, a Lei 4.348/64.

ou, havendo recurso, até a sua manutenção pelo Supremo Tribunal Federal, desde que o objeto da liminar deferida coincida, total ou parcialmente, com o da impetração".

Interessante dissenso registra-se quanto a saber se, na análise do pedido de suspensão da liminar, deve o Tribunal *ad quem* levar em conta apenas aqueles valores – de índole predominantemente política – ou se deve também perscrutar sua consistência jurídica. A respeito, aduz Gleydson Kleber Lopes de Oliveira: "Segundo parcela da doutrina e da orientação majoritária da jurisprudência, nesse incidente não se investiga acerca do mérito da decisão, de forma que a suspensão deve ser pautada por motivos de índole exclusivamente políticos" (o autor indica estudo da Min. Ellen Gracie Northfleet in *Revista de Processo* n. 97, p. 189 e acórdão do STJ, Corte Especial, Rcl 541, rel. Min. Antônio de Pádua Ribeiro, j. 18.12.1998, v.u., *DJ* 12.04.1999, p. 84). O autor perfilha a corrente oposta, inclusive invocando a *interpretação conforme a Constituição*: "Parece-nos que necessariamente o pedido de suspensão de liminar ou de sentença tem que estar lastreado, também, por critérios jurídicos".[149]

Essa parece constituir a melhor senda, porque os dados político, social, econômico não são um *fim* em si mesmos, mas, antes, intervêm na fase de *elaboração* da norma, quando o Legislativo pondera sobre a conveniência ou a necessidade de positivar determinado valor, interesse ou conduta; noutras palavras, aqueles elementos são os *insumos para a nomogênese*. O Direito não é autopoiético ou autorreferente, mas legitima-se a partir do atendimento eficaz a anseios, carências e necessidades que, avaliados como relevantes num determinado momento histórico, vêm a ser positivados. Assim, por exemplo, deu-se com a normatização da união estável, da penhora *on line*, e é o que se passa com a criação ou supressão de recursos, não se podendo conceber que no ambiente de um Tribunal judiciário se venha a dar mais peso a elementos... *metajurídicos*, que relevam de outros ramos do conhecimento.

Conforme assinalou o Min. Sepúlveda Pertence, tratando-se de uma contracautela, "não há regra nem princípio segundo os quais a suspensão da segurança devesse dispensar o pressuposto do *fumus boni iuris*, que, no particular, se substantiva na probabilidade de que, mediante o futuro provimento do recurso, venha a prevalecer a resistência oposta pela entidade estatal à pretensão do impetrante" (*RT* 742/165).

Tenha-se ainda presente que a EC 45/2004 veio exigir, sob pena de nulidade, a *fundamentação* (obviamente jurídica) de *todos* (sic) os julgamentos

149 *Recurso especial*, São Paulo: Revista dos Tribunais, 2002, p. 115-116.

dos órgãos do Poder Judiciário (inc. IX do art. 93). É o que, *mutatis mutandis*, deve ser observado pelo STF quando da avaliação da "repercussão geral da questão constitucional", conceito indeterminado, genericamente referenciado a "questões relevantes do ponto de vista econômico, político, social ou jurídico, que ultrapassem os interesses subjetivos do processo" (CPC, § 1º do art. 1.035), avaliação a ser feita, num primeiro momento, por órgãos monocráticos: Presidente do STF ou, precipuamente, o Relator (RISTF, alínea *c* do art. 13, V (ER 24/2008); § 1.º do art. 21 (ER 21/2007); art. 327 e § 1.º (ER 21/2007).

Trata-se, aí, de (mais uma) aplicação da crescente tendência à *ampliação dos poderes do Relator* – prenunciada desde textos mais antigos (o RISTF, em 1963, já permitia ao Relator "mandar arquivar o recurso extraordinário ou o agravo de instrumento indicando o correspectivo número da Súmula" – art. 15, IV) e ora reforçada em cores fortes no vigente CPC: art. 932, incisos, alíneas e § único; art. 955, § único e incisos; art. 1.037 e §§. Como antes dito, por força da exigência da "demonstração da repercussão geral da questão constitucional", no juízo de admissibilidade do recurso extraordinário (CF, art. 103-A: EC 45/2004), ampliaram-se ainda mais os poderes do Relator, que, agora, incluem a admissão de *amicus curiae* (CPC, art. 138 e parágrafos) na análise daquela repercussão geral (CPC, § 4.º do art. 1.035) e bem assim no rito de afetação do RE ou REsp como representativo da controvérsia (CPC, art. 1.038, I).

Se, por um lado, tais expedientes buscam democratizar os procedimentos e agilizar os trâmites nos Tribunais, mormente os Superiores, pode-se objetar, gratia argumentandum, que eles acabam por implicar numa certa mitigação ao *princípio da colegialidade*, que sobrepaira os julgamentos dos órgãos colegiados, pondo ênfase na avaliação *coletiva* da pretensão recursal, seja ao interno dos órgãos fracionários ou do Plenário ou do Órgão Especial (diferentemente, pois, do que se passa com o julgamento em primeiro grau, baseado na persuasão racional do juiz: CPC, art. 140 e § único). Além disso, o propalado ganho de tempo é um tanto relativo, porque das decisões monocráticas do Relator cabe *agravo interno* (CPC, art. 1.021 e incisos), além do que as liminares concedidas nos históricos de urgência devem depois passar pelo órgão fracionário (RISTJ, art. 34, V e VI – ER 24/2.016; RISTF, art. 21, IV e V).

Cândido Rangel Dinamarco anota que essa tendência à potencialização das funções do relator "vem de encontro à linha adotada na Itália, onde em tempo recente se deu precisamente o contrário. O art. 350 do *codice di procedura civile*, que atribuía uma série grande de atividades ao *istruttore* em grau de apelação, foi alterada pela Reforma de 1990. Operou-se então uma visível e intencional opção pela '*rigorosa colegialità del processo d'appello in ogni sua fase*', inclusive mediante '*la conseguente soppressione della figura del giudice istruttore*' (Giuseppe Tarzia). Essa observação em nada desmerece o que no Brasil se vem fazendo, dado que se trata de opções de caráter pragmático destinadas a dar solução a dificuldades contingenciais da vida judiciária de cada país".[150]

Sendo a tutela cautelar, em sentido largo, perfeitamente postulável na instância recursal nos Tribunais locais e regionais, assim da Justiça comum – Federal/Estadual – como da especializada, esse quadro se exacerba, por intuitivas razões, nos *Tribunais da Federação*, seja por sua colocação à cumeeira da organização judiciária nacional, seja porque, não raro, dá-se que a parte oprimida pela situação de urgência não consiga êxito em sua postulação junto ao Tribunal de origem – TJ ou TRF. Estando a tutela cautelar *constitucionalizada* (já que o art. 5.º, XXXV, da CF fala em "lesão ou *ameaça* a direito"), não poderia o STJ, enquanto *guarda do direito federal comum*, ficar excluído de conceder tão importante tutela. Caberia, aí, uma interpretação *conforme a Constituição*, por modo a relativizar-se a dicção do art. 105, III, da CF (exigência de que o REsp seja tirado a partir de *causa decidida*), porque a cognição nas cautelares e liminares não é ampla e exauriente, mas parcial e sumarizada, isto é, focada no elemento *emergencial* da controvérsia e no *binômio fumus boni iuris – periculum in mora.*

Assim é que o RISTJ permite ao *Presidente* decidir "os pedidos de suspensão da execução de medida liminar ou de sentença, sendo ele o relator das reclamações para preservar a sua competência ou garantir a autoridade das suas decisões nesses feitos"; "durante o recesso do Tribunal ou nas férias coletivas dos seus membros, os pedidos de liminar em mandado de segurança, podendo, ainda, determinar liberdade provisória ou sustação de ordem de prisão, e demais medidas que reclamem urgência" (art. 21, XIII, *b* e *c*); ao passo que ao *Relator* cabe "submeter à Corte Especial, à Seção ou à Turma, nos processos da competência respectiva, medidas cautelares ou tutelas provisórias necessárias à proteção de direito suscetível de grave dano de incerta reparação, ou ainda destinadas a garantir a eficácia da ulterior decisão da causa"; "determinar, em caso de urgência, as medidas ou tutelas do inciso anterior, *ad referendum* da Corte Especial, da Seção ou da Turma" (art. 34, V e VI, redações da ER 24/2.016); ainda, prevê o RISTJ que são admissíveis a "tutela de urgência ou tutela da evidência requeridas em caráter antecedente ou

---

150 O relator, a jurisprudência e os recursos. In: WAMBIER, Teresa Arruda Alvim e NERY JUNIOR, Nelson. *Aspectos polêmicos e atuais dos recursos cíveis de acordo com a Lei 9.756/98*, São Paulo: Revista dos Tribunais, 1999, p. 130.

incidental na forma da lei processual", ficando o relator autorizado a "apreciar a liminar e a própria tutela de urgência, ou submetê-las ao Órgão Julgador competente" – art. 288 e § 2.º, redações da ER 22/2.016.

De todo modo, não há negar que esse notório incremento das decisões monocráticas do relator, projeta a externalidade apontada por Nery & Nery: "Com as atribuições concedidas ao relator para negar e dar provimento a recurso (CPC 932, IV e V), a colegialidade das decisões de tribunal, em sua competência recursal, está sensivelmente reduzida". [151]

O nível de cognição judicial nas cautelares e liminares – inclusive nos Tribunais Superiores – não atinge o plano da *certeza* quanto ao fundo da pretensão, que é próprio do processo de conhecimento, voltado a decidir o mérito da causa e vocacionado à oportuna agregação da coisa julgada material. Por isso, no ambiente das cautelares e das liminares, estando a cognição calcada em critérios que relevam de valores como a razoabilidade, a probabilidade do histórico de justo temor de dano irreparável ou de difícil reparação, em contemplação à preservação da utilidade prática de um provimento judicial futuro, é razoável se reconhecer certa *discricionariedade* na formação da convicção do Ministro do STJ oficiante na espécie. Essa particularidade é assim vista por Humberto Theodoro Júnior: "É claro que discricionariedade não é o mesmo que arbitrariedade, mas apenas possibilidade de escolha ou opção dentro dos limites traçados pela lei. Na verdade, a outorga de um poder discricional resulta de um ato de confiança do legislador no juiz, não porém num *bill* para se desvencilhar dos princípios e parâmetros que serviram de fundamento à própria outorga. Esses poderes absolutos, obviamente, nenhum órgão estatal os detém, no moderno Estado Democrático de Direito".[152]

Daí a importante missão do STJ na implementação da tutela às situações urgentes, aos danos temidos, às ameaças a direitos, ao justo temor de dano, de difícil ou incerta reparação, valendo ressaltar que embora também possa o STF, naturalmente, conceder tutela cautelar (*v.g.*, em *ADIn* e *ADCon*: arts. 10 e §§; art. 21 e § único da Lei 9.868/99) e medidas liminares (*v.g.*, em *ADPF*: art. 5.º e §§ da Lei 9.882/99), não há negar que sendo mais extenso o espectro do direito federal comum na comparação com o do direito constitucional, superabundam as situações da vida carentes de urgente proteção junto ao STJ, por não terem sido tuteladas, ou ao menos não eficazmente, nos Tribunais de origem.

---

151 *Comentários ao Código de Processo Civil...*, 2.015, cit., nota nº 11 ao art. 932, p. 1.851.

152 Tutela cautelar... cit., In: TEIXEIRA, Sálvio de Figueiredo (coord.). *Recursos no...* cit., 1991, p. 235.

Assim, bem pode suceder que o acórdão local ou regional, hostilizado por recurso especial, que não tem efeito suspensivo, exponha aos perigos decorrentes da duração do processo certas situações que necessitam continuar sob proteção judicial. Numa interpretação *conforme a Constituição*, que busca compatibilizar os textos de regência, e tendo presente que o poder geral de cautela é imanente ao conteúdo ocupacional do magistrado, podendo ser exercido em qualquer tempo e *grau* de jurisdição, o RISTJ prevê tutelas provisórias e, naturalmente, a antecipação de certas tutelas, quando o seja o caso, tudo a depender de consistente motivação. É razoável o entendimento de que, não havendo ainda relator designado, o Presidente possa prover sobre situações emergenciais (cf. RISTJ, art. 21, XIII, *c*), atentando-se ao aviso de que, nas tutelas de urgência, deve-se priorizar a efetividade e presteza da resposta judicial, antes do que o receio de algum atrito às regras de competência (*quando est periculum in mora incompetentia non atenditur*).

Na matéria, aduz Humberto Theodoro Júnior: "Se há necessidade de medida cautelar e seu retardamento se torna injustificável, nas circunstâncias do caso concreto, não se deve perder no emaranhado das regras processuais de competência. A medida haverá de ser examinada e deferida por aquele juiz que, no momento, se acha nas condições fáticas de impedir a consumação do dano ameaçado ou temido. O importante não é a exegese da lei disciplinadora da competência, mas sim a eliminação do risco de dano que está a comprometer a utilidade e eficácia da tutela jurisdicional, como um todo".[153] Deparando-se o juiz com situações carecedoras de tutela de urgência, indica Cândido Rangel Dinamarco qual deva ser a postura adequada: "Evitará quanto possível as cautelas constritivas que discrepem do direito substancial, mas preferirá errar concedendo as cautelas do que errar negando-as: em situações de riscos equilibrados, é preferível optar por soluções que não deixem o direito material sujeito a sacrifício".[154]

Quid juris se o recurso especial não foi ainda admitido no Tribunal de origem, mas a parte necessita que ele venha processado com efeito suspensivo? Dado que a procedibilidade dos recursos excepcionais segue um regime bipartido entre o Tribunal *a quo* (juízo de admissibilidade provisório) e o *ad quem* (juízo de admissibilidade definitivo), a rigor, enquanto não deferido o seguimento do recurso especial, não haveria como pleitear, no STJ, a concessão de efeito suspensivo. Mas, ao contrário da conduta mais restritiva, perfilhada

153 Tutela cautelar..., cit., In: TEIXEIRA, Sálvio de Figueiredo (coord.). *Recursos no*... cit., 1991, p. 242.

154 *A instrumentalidade do processo*, 6ª ed., São Paulo: Malheiros, 1998, p. 260.

pelo STF (Súmula 634), o STJ tem atenuado esse rigor, em contemplação à efetividade do processo, que se exacerba nas situações de urgência. No vigente CPC, o § 5º do art. 1.029 prevê que o pedido de efeito suspensivo ao RE ou ao REsp é de ser dirigido, conforme as hipóteses descritas nos incisos daquele parágrafo: (i) ao STF ou STJ; (ii) ao relator; (iii) ao presidente ou vice presidente do tribunal recorrido. Acerca deste último caso, analisa José Miguel Garcia Medina: "Realizado o juízo de admissibilidade perante o tribunal a quo, este deixa de ter competência para decidir sobre o efeito suspensivo dos recursos extraordinário e especial, e o tribunal superior passa a ser competente".[155] Ao propósito, dispõe o § único do art. 299 do CPC: "Ressalvada disposição especial, na ação de competência originária de tribunal e nos recursos a tutela provisória será requerida ao órgão jurisdicional competente para apreciar o mérito".

Questão relevante se coloca quando a parte vencedora no acórdão local ou regional intenta executá-lo desde logo, ao argumento de que os recursos que dele cabem – RE e REsp – não têm efeito suspensivo. É preciso, todavia, aguardar a publicação do acórdão e a passagem, *in albis*, do prazo para eventuais embargos de declaração pela contraparte, até porque esses embargos – que também podem operar como *prequestionadores*: Súmula STJ 98; CPC, art. 1.025 – em certos casos podem suspender a eficácia da decisão (CPC, art. § 1º do art. 1.026) e objetivam a *integração* do julgado, purgando a contradição, a obscuridade, suprindo a omissão, podendo ainda servir à correção de erro material (CPC, art. 1.022 e incisos). Nesse sentido, Nery & Nery: "A oposição dos EDcl tem, ainda, o efeito de interromper o prazo para a interposição dos demais recursos que se lhe seguem, conforme estabelece o CPC 1026 caput. O prazo para interpor-se o recurso seguinte só se iniciará com a intimação da decisão que julgar os EDcl".[156]

Registre-se que, no rito de julgamento *em bloco ou por amostragem* de REsps repetitivos, se exacerba a responsabilidade do STJ na prevenção de danos a direitos postos em situação de risco, na perspectiva do binômio *fumus boni iuris – periculum in mora*, que preside o ambiente cautelar. Com efeito, encaminhado (s) pelo Tribunal *a quo*, ao STJ, "2 (dois) ou mais recursos representativos da controvérsia", e uma vez proferida a decisão de afetação no STF ou no STJ, o relator "determinará a suspensão do processamento de todos

155 *Novo Código de Processo Civil comentado*, 5ª ed., 2.017, cit., nota XV ao art. 1.030, p. 1.576.

156 *Comentários ao Código*... cit., 2.015, nota nº 5 ao art. 1.023, p. 2.131.

os processos pendentes, individuais ou coletivos, que versem sobre a questão e tramitem no território nacional" (CPC, § 1º do art. 1.036, c/c art. 1.037, II).

Tal suspensividade, sendo excepcional, em face da regra do mero efeito devolutivo do REsp, induz a virtualidade de danos de difícil ou incerta reparação, dando azo à interposição de medidas cautelares, tanto nas Cortes de origem como no STJ, panorama assim visualizado por Marco Aurélio Serau Júnior e Silas Mendes dos Reis: "Por derradeiro, devemos registrar nossa preocupação com a eventual sobrecarga de trabalho na instância ordinária proporcionada, eventualmente, pela ocasional demora de apreciação, no C. Superior Tribunal de Justiça, dos recursos representativos das demandas múltiplas. Em tal quadro, pode acontecer o aumento do número de medidas cautelares ajuizadas na instância comum (sendo o ideal sua apreciação pela instância extraordinária), assim como o prolongamento de seus efeitos no tempo, advinda da eventual dilação na definição dos julgamentos por parte daquele Tribunal da Federação".[157]

9. CRIAÇÃO DO DIREITO PRETORIANO.

O STJ, como *Tribunal da Federação*, encarregado da *guarda do direito federal comum*, realiza missão tríplice: (*i*) resolve o caso concreto - a função *dikelógica* - ao *substituir* (CPC, art. 1.008) pelo seu o acórdão recorrido, no âmbito da devolutividade consentida a um recurso de direito estrito, nesse sentido dizendo o § 5º do art. 255 do RISTJ que a Corte, uma vez *conhecido* o REsp, "julgará *a causa*, aplicando o direito à espécie", fórmula assimilada no art. 1.034, *caput*, do CPC; (*ii*) preserva a inteireza positiva, autoridade e validade do direito federal comum - a função *nomofilácica*; (*iii*) fixa, em *ultima ratio*, a exegese da lei federal, assim parametrizando sua aplicação nos demais órgãos judiciais do país - a função *paradigmática - encampada no art. 927, III e IV do CPC.*

A jurisprudência do STJ, dominante ou sumulada, projeta eficácia panprocessual, como se colhe do art. 926, § 1º, c/c art. 927, III e ainda do § 5º do art. 966 do CPC, parágrafo acrescido pela Lei 13.256/2.016, passando a servir a mais de um propósito: (a) resolve, em modo isonômico, os demais processos em trâmite na Justiça que se enquadram no desenho desse padrão decisório; (b) previne a formação de (novos) processos judiciais ou abrevia o trâmite daqueles já instaurados. O efeito *preventivo-genérico* projetado pela jurisprudência assentada no Tribunal que está na cúpula da Justiça federal, co-

157 *Recursos especiais repetitivos no STJ*, São Paulo: Editora Método, 2009, p. 74, 75.

mum, se evidencia, dentre outros casos, na liminar improcedência do pedido que se revela contrário ao direito sumular do STF e do STJ – CPC, art. 332, I.

Na *praxis* judiciária brasileira são muitos os exemplos da eficácia *pan-processual* da jurisprudência dominante ou sumulada de nossos Tribunais Superiores, em especial do STJ, pela circunstância de o direito federal comum apresentar espectro ainda mais amplo do que o constitucional, como se constata à simples leitura do art. 22, I, da CF. Em que pese o fato de as condutas comissivas e omissivas terem por parâmetro a *norma legal* (CF, art. 5.º e inciso II) e de a *Lei de Introdução às normas do Direito Brasileiro* (redenominação da antiga Lei de Introdução – 1942 – dada pela Lei 12.376/2010) não mencionar a *jurisprudência* entre as fontes secundárias ou meios de integração do Direito (art. 4º), fato é que o § 2º do art. 59 de nossa primeira Constituição Republicana (1891) já autorizava a então incipiente Justiça federal a consultar "a jurisprudência dos tribunaes Federaes, quando houverem de interpretar leis da União". Hoje, é tal a eficácia panprocessual do direito pretoriano que se considera não fundamentada a decisão que "deixar de seguir enunciado de súmula, jurisprudência ou precedente invocado pela parte, sem demonstrar a existência de distinção no caso em julgamento ou a superação do entendimento" (CPC, § 1º, VI, do art.489).

Desde aquele pioneiro permissivo constitucional, outras invocações à *jurisprudência* foram surgindo: no art. 8.º da CLT (1943); no RISTF, que, a partir de 1964, determinava que a "jurisprudência assentada pelo Tribunal será compendiada na Súmula do Supremo Tribunal Federal", sendo que a "citação da Súmula, pelo número correspondente, dispensará, perante o Tribunal, a referência a outros julgados no mesmo sentido" (art. 102, e § 4.º); na Lei 5.010/66, sobre a organização da Justiça Federal, cujo art. 63 autorizava o TFR a emitir súmulas; no CPC/73, cujo art. 479 previa que no incidente de uniformização de jurisprudência, a tese assentada por maioria absoluta do Tribunal "será objeto de súmula e constituirá precedente na uniformização da jurisprudência";[158] na Lei Orgânica da Magistratura (LC 35/79, alínea *c* do § 3.º do art. 101) prevendo que às Seções do Tribunal cabe processar e julgar "a uniformização da jurisprudência, quando ocorrer divergência na interpretação do direito entre as Turmas que a integram"; na Lei dos Recursos –8.038/90, art. 38, autorizando o relator, no STF e STJ, a decidir pedido ou recurso que (...) "contrariar, nas questões predominantemente de direito, Súmula do res-

---

158. V. o nosso *Incidente de uniformização de jurisprudência*, São Paulo: Saraiva, 1.989, p. 26 e s.

pectivo Tribunal"; [159] a EC 3/93, alterando o § 2.º do art. 102 da CF, previu que as decisões de mérito do STF, no controle direto de constitucionalidade, produziriam "eficácia contra todos e efeito vinculante, relativamente aos demais órgãos do Poder Judiciário e ao Poder Executivo", redação depois alterada e otimizada pela EC 45/2004; a Lei 9.756/98 viria alterar vários dispositivos do CPC/73, no sentido de ampliar a eficácia da jurisprudência, sobretudo aquela dominante ou sumulada (§ único do art. 120; § 3.º do art. 475; § único do art. 481; art. 557 e § 1.º-A); a Lei 13.015/2.014 deu nova redação ao § 3º do art. 896 da CLT, dispondo que os TRT's "procederão, obrigatoriamente, à uniformização de sua jurisprudência"; a EC 45/2004 autorizou o STF a emitir súmulas vinculantes, por modo a permitir a cassação de decisão judicial ou a anulação do ato administrativo que as contrariem ou as apliquem indevidamente (§ 3.º do art. 103-A); o relator está autorizado a prover ou desprover recurso a partir de sua conformidade ou não com súmula do STF, do STJ ou do próprio tribunal (CPC vigente, art. 932, IV, a; V, a); o vigente CPC, ainda em outros dispositivos, revela-se alinhado a essa tendencial valorização do direito jurisprudencial, como se colhe de vários dispositivos: arts. 332 e incisos; art.521, IV; 926 e §§; 927 e incisos; § 3º do art. 947; § único do art. 955; § 5º do art. 966, parágrafo acrescido pela Lei 13.256/2.016; 985 e incisos; 988 e incisos; 1.040, I e II.

Poder-se-ia objetar, ad argumentandum, que todas essas expansões do elemento jurisprudencial confinam-se, ao fim e ao cabo, ao ambiente judiciário em sentido estrito, isto é, vocacionam-se a projetar efeitos endoprocessuais, diferentemente do que se passa com a norma legal, que, sendo *geral, abstrata e impessoal*, opera tanto ao interno da coletividade como nos processos judiciais em que ela venha invocada. A alegação, todavia, não resiste à análise: de um lado, esses três atributos também revestem o direito sumular, já que, depois de assentado o enunciado, ele projeta efeitos não só sobre os processos pendentes, como, em boa medida, sobre o comércio jurídico em geral, já que, por hipótese, uma súmula do STJ dispondo sobre o pagamento do IPTU – matéria de direito federal comum – irá repercutir na elaboração dos contratos de locação, na cláusula alusiva a esse tópico, até pela curial razão de que a resistência a respeito seria prejudicial à parte recalcitrante em caso de judicialização da controvérsia; noutro exemplo, a súmula STJ 343, tornando "obrigatória a presença de advogado em todas as fases do processo administrativo disciplinar", acaba por afetar toda a Administração Pública, que não

159. O art. 1.072, IV, do vigente CPC revogou artigos da Lei 8.038/90, dentre eles o de nº 38.

desejará ver os seus inquéritos anulados por inobservância desse enunciado, caso o servidor apenado recorra à Justiça. Bem por isso, um transcendente padrão decisório – a tese jurídica firmada no incidente de resolução de demandas repetitivas – atendidas certas condições, deve ser "comunicada ao órgão, ao ente ou à agência reguladora competente para fiscalização da efetiva aplicação, por parte dos entes sujeitos à regulação, da tese dotada" – CPC, § 2º do art. 985.

O mesmo se diga da decisiva influência da *súmula vinculante* do STF junto à Administração Pública, cujos atos podem vir a ser anulados em caso de acolhimento de reclamação fundada em recusa imotivada/inconsistente ou aplicação indevida/equivocada daqueles enunciados obrigatórios (CF, § 3.º do art. 103-A; CPC, art. 988, III, inciso com redação da Lei 13.256/2.016; Lei 9.784/99, art. 64-B, acrescido pela Lei 11.417/2.006).

Aliás, há tempos a jurisprudência dominante e sumulada dos Tribunais, sobretudo dos superiores, vem parametrizando os atos e condutas do Executivo: o Advogado Geral da União está autorizado a "editar enunciados de súmula administrativa, resultantes de jurisprudência iterativa dos Tribunais" (inciso XII do art. 4.º da Lei Complementar federal 73/1993); na cidade de São Paulo, as decisões-quadro do STF e do STJ emitidas nos RE's e REsp's afetados como *representativos da controvérsia* projetam efeito transcendente: o § 2º do art. 44-A da Lei 14.107/2005, acrescido pela Lei 15.690/2013, autoriza a extração de "súmula, de caráter vinculante para todos os órgãos da Administração Tributária, decorrente de decisões definitivas de mérito, proferidas pelo Supremo Tribunal Federal em matéria constitucional ou pelo Superior Tribunal de Justiça em matéria infraconstitucional, em consonância com a sistemática prevista nos arts. 543-B e 543-C do Código de Processo Civil (...)" [de 1973, correspondente ao art. 1.040, I e II do vigente CPC].

No contexto comparativo entre as eficácias da lei e da súmula – sobremodo a vinculante do STF – é preciso ter presente que, enquanto a norma legal, sendo originária do Parlamento, segue impregnada do ambiente político-dialético, assim reclamando interpretação que pode levar a mais de uma inteligência em sua aplicação, já o enunciado sumulado provém do *ambiente judiciário*, representando já a síntese da iterativa corrente de acórdãos convergentes sobre uma dada matéria, por aí se compreendendo que as súmulas, *em princípio*, não se preordenam a serem propriamente "discutidas", mas sim *aplicadas*, na medida em que já representam a condensação da *ratio decidendi* dos acórdãos que lhe deram origem; nem por outro motivo dispõe o § 1º do art. 926 do CPC que os tribunais "editarão enunciados de súmula correspondentes a sua jurisprudência dominante".

Desse modo, não seria demasiado afirmar que a súmula, além de apresentar, em termos práticos, eficácia *equiparada* à da norma legal, a certos respeitos pode até suplantá-la, porque, enquanto uma norma legal, subsumida a uma lide judicial, pode consentir dissensos exegéticos, desde o primeiro grau até o STF ou STJ, já as súmulas dessas Cortes percorrem caminho inverso, "de cima para baixo", sinalizando *a priori* o desfecho da controvérsia subsumida nesses enunciados.

Nesse sentido, Lênio Luís Streck fala num *poder de controlabilidade difusa das Súmulas*, o qual atua como uma forma de *violência simbólica*: "O poder de violência simbólica exercido pelas Súmulas sobre os juristas em sua prática cotidiana é resultado de uma situação que pode ser chamada de controlabilidade difusa do sistema jurídico sobre os operadores do Direito. Esse controle difuso funciona como poder normativo".[160]

Sem embargo, em sede monográfica a respeito, suscitamos o seguinte questionamento: "A súmula vinculante comporta interpretação pelo juiz e pelo administrador público?". Observadas certas limitações então por nós deduzidas naquela oportunidade (ora aqui não transcritas *brevitatis causa*), ali escrevemos: "A súmula vinculante do STF, na medida em que constitui um enunciado geral, abstrato, impessoal e obrigatório, participa da mesma natureza – nomotética – reconhecida à lei, ficando a esta *praticamente* equiparada, e, como tal, sujeita à 'interpretação' (...)". E, mais adiante: "Dado que o descumprimento à súmula vinculante, no sentido antes indicado nas respostas anteriores, acarreta sérias consequências (CF, § 3.º do art. 103-A; Lei 11.417/2006, § 2.º do art. 7.º; CPC, art. 988, III, redação da Lei 13.256/2.016 e 992), a "interpretação" de tal enunciado obrigatório há de ser *parcimoniosa e restrita*: (*i*) o juiz, na formação de sua persuasão racional (CPC, art. 140, *caput*), se limitará a fixar o alcance (extensão-compreensão) do enunciado vinculativo, mormente com vistas a verificar se o caso concreto nele se enquadra: em caso positivo, aplicará a súmula; caso contrário, *motivadamente*, declinará – *não por dela discordar ou por questionar seu acerto ou oportunidade* – mas por estar convencido de sua inaplicabilidade à espécie; a não se entender assim, se incidiria numa interminável 'interpretação da interpretação' que retiraria toda funcionalidade ao instituto e engendraria o risco de deflagrar na Excelsa Corte uma nova crise numérica, já agora de reclamações por descumprimento ou aplicação equivocada de súmula vinculante; (*ii*) o administrador, cuja competência já, é, ordinariamente, *vinculada* (CF, art. 37, *caput*), avisado da

---

160 *Súmulas no direito brasileiro: eficácia, poder e função: a ilegitimidade constitucional do efeito vinculante*, 2ª ed., Porto Alegre: Livraria do Advogado, 1998, p. 227.

existência de súmula vinculante sobre a matéria que lhe está submetida, 'explicitará as razões da aplicabilidade ou inaplicabilidade da súmula, conforme o caso' (§ 3.º do art. 56 e art. 64-A da Lei 9.784/99, cf. Lei 11.417/2006). Ainda assim, caso sobrevenha reclamação acolhida pelo STF, a Corte, além de *anular* o ato, cientificará a autoridade para que de futuro parametrize suas decisões pelo enunciado vinculante (art. 64-B da Lei 9.784/99, cf. Lei 11.417/2006)".[161]

É imensa a repercussão da jurisprudência do STJ – sobretudo a dominante ou sumulada – nos processos pendentes e no comércio jurídico em geral, pela boa razão de que nessa Corte se concentra a exegese definitiva do direito federal comum, cujo largo espectro se denota à simples leitura das matérias sujeitas à competência legislativa da União (CF, art. 22 e incisos). Essa influência pan-processual é facilmente constatável em certas súmulas que vieram fixar a exegese definitiva sobre a normação aplicável nas controvérsias de largo impacto no mundo dos negócios e ao interno da coletividade em geral. Assim, por exemplo, estes enunciados do STJ: nº *323*: "A inscrição do nome do devedor pode ser mantida nos serviços de proteção ao crédito por, no máximo, 5 (cinco) anos, independentemente da prescrição da execução" (redação cf. deliberado na Sessão de 25.11.2.009); nº *309*: "O débito alimentar que autoriza a prisão civil do alimentante é o que compreende as três prestações anteriores ao ajuizamento da execução e as que se vencerem no curso do processo" (redação cf. deliberado pela 2ª Seção no HC 53068, DJU 05.04.2.006); nº *302*: "É abusiva a cláusula contratual de plano de saúde que limita no tempo a internação hospitalar do segurado"; nº *301*: "Em ação investigatória, a recusa do suposto pai a submeter-se ao exame de DNA induz presunção *juris tantum* de paternidade"; nº *297*: "O Código de Defesa do Consumidor é aplicável às instituições financeiras"; nº 356: "É legítima a cobrança da tarifa básica pelo uso dos serviços de telefonia fixa"; nº 388: A simples devolução indevida de cheque caracteriza dano moral"; nº 600: "Para a configuração da violência doméstica prevista no art. 5º da Lei 13.340/2006 (Lei Maria da Penha) não se exige a coabitação entre autor e vítima"; nº 608: "Aplica-se o Código de Defesa do Consumidor aos contratos de plano de saúde, salvo os administrados por entidades de autogestão".

Além desses enunciados já sumulados, o STJ pontifica em sua *missão paradigmática* e em alguns casos até *criadora* do Direito, considerando-se os tantos pontos lacunosos encontradiços na legislação federal, que vêm a ser colmatados pela jurisprudência do STJ, contribuindo para a desejável *plenitude*

---

161 *Divergência jurisprudencial e súmula vinculante*, 6. ed., Salvador: JusPodivm, 2.018, p.476, 477.

da ordem jurídica e para sua aplicabilidade no plano prático. Assim, a Min. Fátima Nancy Andrighi, do STJ, no III Ciclo de Palestras sobre Jurisprudência do STJ no âmbito do Direito Público e Privado (Palácio da Justiça do Rio de Janeiro, 02.12.2005 – http://bdjur.stj.gov.br) deu notícia de julgamentos "cujas consequências se fazem sentir na prática judiciária": no *REsp 471.924/BA*, decidiu-se que a *inversão do ônus da prova*, prevista no art. 6.º, VIII, do CDC, "não implica obrigar o fornecedor a arcar com os custos de determinada prova – como, por exemplo, uma perícia, requerida pelo consumidor. O que a inversão acarreta é meramente a incumbência de o fornecedor produzir a contraprova dos fatos alegados pelo consumidor, se entender necessário". (...) "Em hipótese alguma estará obrigado a custear a prova requerida por outrem"; no *REsp 464.466/MT*, definiu-se que nas hipóteses dos arts. 13, § único, e 88 do CDC a vedação da denunciação da lide, na ação de regresso, "não abrange, portanto, as hipóteses de ações visando à reparação de danos por fato do serviço, tratadas no art. 14, do CDC." Prosseguia a Ministra: "No plano do *direito material*, também há precedentes muito interessantes. O STJ já firmou seu posicionamento no sentido de que as ofertas publicitárias vinculam o fornecedor de maneira estrita".

Também sobre a controvertida tese da *relativização da coisa julgada*[162] o STJ tomou posição, revelando-se inicialmente resistente a tal proposta (3.ª T., REsp 107.248-GO, j. 07.05.1998, rel. Min. Menezes Direito, v.u., *DJU* 29.06.1998, p. 160), mas depois posicionando-se favoravelmente (4.ª T., REsp 226.436-PR, j. 28.06.2001, rel. Min. Sálvio de Figueiredo Teixeira, v.u., *DJU* 04.02.2002, p. 370; REsp 109.114-RS, rel. Min. César Asfor Rocha (*Revista do STJ*, 153:309, 2002); REsp 189.306-MG, j. 25.06.2002, rel. Min. César Asfor Rocha, maioria, *DJU* 14.10.2002, *RePro*, n. 114, p. 257). Comenta, a propósito, Marcelo José Magalhães Bonício: "É importante ressaltar, neste ponto, a força dos precedentes judiciais sobre o tema da relativização da coisa julgada. Tal como ocorre no sistema de *common law*, as decisões do Superior Tribunal de Justiça passaram a exercer forte influência sobre os julgamentos que ocorreram depois, contribuindo, em muito, para garantir a 'certeza e a previsibilidade do direito' e também a igualdade dos cidadãos perante a distribuição da justiça, porque situações assemelhadas são tratadas do mesmo modo".[163] (Ao

162 V. estudos a respeito na obra *Coisa julgada inconstitucional*, coord. Carlos Valder do Nascimento, Rio de Janeiro: América Jurídica, 2003.

163 *Proporcionalidade e processo. A garantia constitucional da proporcionalidade, a legitimação do processo civil e o controle das decisões judiciais.* Coleção Atlas de Processo Civil, coord. Carlos Alberto Carmona, São Paulo: Atlas, 2006, p.101.

propósito desse instigante tema, v. o disposto no § 12º do art. 525 e no § 5º do art. 535 do vigente CPC).

Em outros casos, a jurisprudência do STJ aplica o binômio *razoabilidade-proporcionalidade*, buscando amenizar o rigor de certos dispositivos, como no caso da prisão civil do depositário infiel (CF, art. 5.º, LXVII), objeto da Súmula STJ n. 304: "É ilegal a decretação da prisão civil daquele que não assume expressamente o encargo de depositário judicial".[164] Análoga técnica foi empregada na interpretação do art. 1.694 do Código Civil, sobre os alimentos devidos a parentes, cônjuges ou companheiros, "de modo compatível com sua condição social", tendo o STJ entendido que tal locução deve ser lida à luz do que seja efetivamente necessário para prover a existência digna do beneficiário, tendo, no caso concreto, *exonerado* ex-marido de continuar pagando pensão à ex-mulher, por restar comprovado que esta dispunha de condições financeiras suficientes (REsp 933.355, 3.ª T., rel. Min. Fátima Nancy Andrighi, v.u.), conforme divulgado no *Jornal da OAB*, abril de 2008, sob a rubrica "STJ cancela pensão de ex-mulher que queria aumento". Na linha da interpretação analógico-extensiva, o STJ estendeu o alcance do *bem de família* (Lei 8.009/90; CCi, arts. 1711 a 1722), assentando na Súmula 486: "É impenhorável o único imóvel residencial do devedor que esteja locado a terceiros, desde que a renda obtida com a locação seja revertida para a subsistência ou a moradia da sua família".

Essa missão do STJ, não apenas paradigmática, mas em alguns casos até *criadora* do Direito (dita jurisprudência construtiva), justifica uma breve incursão sobre a clássica *teoria tridimensional do Direito*, pela qual Miguel Reale intentou explicar a *nomogênese*, valendo-se desta imagem: "um raio luminoso (impulsos e exigências axiológicas) que, incidindo sobre um prisma (o multifacetado domínio dos fatos sociais, econômicos, técnicos etc.), se refracta em um leque de 'normas possíveis', uma das quais apenas se converterá em 'norma jurídica' dada a interferência do Poder".[165] A erudita explicação deixa, porém, espaço para um questionamento sobre qual deva ser o *foro* e o *modus procedendi* na produção do Direito: (*i*) se fica restrito ao Parlamento, como instância emissora de normas representativas da *vontade geral*, assim legitimado a fazer as escolhas primárias e as opções políticas quanto aos in-

---

164 A EC 45/2004 erigiu os pactos internacionais ao *status* constitucional (§ 3.º do art. 5.º) e o *Pacto de São José da Costa Rica*, dentre nós internalizado pelo Dec.-lei 911, de 06.11.1994, dispõe no art. 7.º, item 7, que ninguém deve ser detido por dívida, exceto no caso de inadimplemento de *obrigação alimentar*.

165 *Filosofia do direito*, 5ª ed., São Paulo: Saraiva, 1969, vol. 2, p. 485-486.

teresses e valores que mereçam ser positivados, ou (*ii*) se a nomogênese pode ainda derivar de outras fontes, como o costume, a equidade, os princípios gerais, ou mesmo as decisões dos Tribunais, estas últimas quando reiteradas e harmônicas, ou seja, quando se apresentam otimizadas, permitindo configurar a *jurisprudência, dominante ou sumulada.* A questão reveste-se de tal transcendência que, conforme a opção que seja feita, um país pode restar filiado a uma ou outra *família jurídica*: *civil law* – família romano-germânica, dos direitos codicísticos, onde o primado dos direitos e obrigações reside na norma legal (CF, art. 5.º e inciso II), ou *common law* – família anglo-saxã, radicada na *equity* – onde predominam os precedentes judiciários, mormente os potencializados como *leading* ou *binding precedents: "stare decisis et non quieta movere".*

Está bem de ver que o problema passa pela divisão entre os Poderes do Estado, visto que, embora hoje não mais se reconheça uma rígida divisão entre Legislativo, Executivo e Judiciário, ainda assim remanescem relevantes questionamentos, não resolvidos por aquela tripartição: o Executivo não raro se excede em suas atribuições, ao valer-se da profusão de medidas provisórias sobre temas não urgentes, infringindo, assim, a *reserva legal*; o Legislativo tergiversa sobre sua missão precípua, perdendo-se em intermináveis e inconclusivas investigações sobre corrupção ou ineficiência de órgãos e agentes públicos, deixando de aplicar o tempo útil em suas atribuições específicas, tal como a de suprimir a vigência de norma declarada inconstitucional pelo STF (CF, art. 52, X); o Judiciário – sobretudo os Tribunais Superiores – tem deixado a desejar no tocante à sua relevante função *paradigmática,* que pressupõe a uniformização de sua jurisprudência, necessária ao tratamento isonômico dos casos que lhe são submetidos. Com efeito, não raro se verifica que mesmo ao interno do STF e do STJ – *guardas, respectivamente, da Constituição e do direito federal comum* – uma mesma *quaestio iuris* vem a receber diversa inteligência em seus órgãos fracionários, assim desorientando o ambiente jurídico nacional e dando azo ao tratamento desigual a situações afins. Por aí se compreende tenha o vigente CPC estabelecido no art. 926, *caput*: "Os tribunais devem uniformizar sua jurisprudência e mantê-la estável, íntegra e coerente".

Verdade que no plano nomogenético não existem, como observa Hermes Zaneti Júnior, "modelos puros", nem entre as chamadas *famílias jurídicas*, nem ao interno dos países que compõem cada uma delas: "O sistema da criação judicial do direito não deu conta das necessidades modernas, viu-se e vê-se obrigado a um sem-número de leis escritas para diversas matérias, notadamente para regular o direito processual civil. Essas regras, denominadas *statutes*, representam a necessidade de ordem e de limites no processo, em uma palavra, de legalidade". Em contrapartida, prossegue, nos países onde impera o positivismo, "em que a lei era a fonte primária única e se apresentava confiável para solucionar em abstrato todas as questões surgidas no sistema, foi substituído por técnicas legislativas mais abertas, a exemplo das chamadas 'cláusulas gerais', obrigando o juiz à criação no caso concreto e a doutrina à busca de modelos normativos jurisprudenciais para conferir certa estabilidade ao direito aplicado".[166]

Dado que um emblemático país da família *common law* – a Inglaterra – editou o seu *Código de Processo Civil* (1999), ao passo que o Brasil, típico país de *civil law*, positivou no texto constitucional a *súmula vinculante* do STF (art. 103-A: EC 45/2004), parece não haver mais dúvida de que, por um lado, o processo de criação do Direito não é monopólio do Parlamento, e que, por outro lado, a função judiciária não se restringe à mecânica aplicação da norma aos fatos narrados num único e singular processo, mas antes impende *potencializar a eficácia dessa atividade:* ao interpretar o direito posto e, principalmente, ao integrá-lo quando lacunoso ou quando expresso em termos vagos e indeterminados, o julgador acaba, em boa medida, *participando* da nomogênese. Reconheceu-o Mauro Cappelletti, salientando que "a única diferença possível entre jurisdição e legislação não é, portanto, de natureza mas sobretudo de frequência ou quantidade, ou seja, de grau, consistindo na maior quantidade e no caráter usualmente mais detalhado e específico das leis ordinárias e dos precedentes judiciários ordinários, em relação às normas constitucionais – usualmente contidas em textos sucintos e formuladas em termos mais vagos – como da mesma forma relativamente às decisões da justiça constitucional. (...) Do ponto de vista substancial, portanto, não é diversa a 'natureza' dos dois processos, o legislativo e o jurisdicional. *Ambos constituem processo de criação do direito*."[167]

Ao longo da evolução da ciência jurídica diversificaram-se os padrões da nomogênese, alternando períodos de maior prestígio da produção legislativa, com outros em que pontificou a produção pretoriana. A causa remota desse fenômeno está em que, enquanto as normas filosóficas ou morais são *autopoiéticas*, realizando-se pelo mero enunciado, desprovido de exigibilidade ou oponibilidade (*v.g.*, "as pessoas devem tratar-se com urbanidade"), já as

---

166 *Processo constitucional – O modelo constitucional do processo civil brasileiro*, Rio de Janeiro: Lumen Juris, 2007, p. 64.

167 *Juízes legisladores?* trad. Carlos Alberto Alvaro de Oliveira (reimpressão), Porto Alegre: Ed. Sérgio Antonio Fabris, 1999, p. 26, 27.

normas jurídicas apresentam dupla dimensão: uma *in abstracto*, enquanto postadas no ordenamento positivo; outra, *in concreto*, quando se tornam *operantes*, seja em face de um negócio jurídico (*v.g.*, um contrato de locação), seja no bojo de um processo judicial (*v.g.*, a norma que determina o ressarcimento do dano causado, numa ação indenizatória). Note-se que essa vocação da norma jurídica a se realizar *in concreto* (exigibilidade-oponibilidade) ocorre em vários ambientes: nos negócios entre particulares (direito das obrigações), na relação com o Poder Público (uma licitação para contratação de obra ou serviço); tanto na jurisdição singular (uma ação de despejo) como na coletiva (uma ação civil pública em defesa de interesse difuso); tanto na jurisdição contenciosa (uma ação possessória) quanto na voluntária, a qual hoje vai tomando novos contornos sob a tendencial *desjudicialização das controvérsias*, de que é exemplo emblemático a atribuição aos Tabeliães para processarem separações consensuais, inventários, partilhas, observadas certas condições (CPC, § 1º do art. 610; art. 733, *caput*) ou a consignação em pagamento feita em Banco oficial (CPC, art. 539 e § 1º).

Como observa Miguel Reale, "é esse caráter concreto da norma jurídica, em razão de seus enlaces fáticos e axiológicos, que corresponde ao '*ser de situação*' que é o ser humano. O homem não pode ser concebido como um ente solto, ou isolado, no espaço ou no tempo. Estamos sempre em função do já dado, governados de certa forma por aquilo que vem atrás de nós no tempo e por aquilo que se apresenta na particularidade do mundo circundante. Daí dever dizer-se que o homem que interessa ao direito não é um abstrato *homo juridicus*, mas um ser concreto, que carrega consigo todas as suas circunstâncias".[168]

Acreditamos que essa notória necessidade de *concreção* da norma jurídica contribua, expressivamente, para impulsionar o Direito forjado nos Tribunais a patamares cada vez mais altos, e a níveis de eficácia cada vez mais expandidos (considere-se a "eficácia contra todos e efeito vinculante" das decisões de mérito do STF em *ADIn* e *ADCon*: CF, § 2.º do art. 102, e ainda a igual projeção atribuída às súmulas vinculantes do STF: CF, art. 103-A e parágrafos; a eficácia erga omnes da coisa julgada na ação civil pública - Lei 7.347/85, art. 16).

A essa potencialização do produto judiciário estatal agregou-se o fenômeno há algum tempo identificado por José Carlos Barbosa Moreira como a *transmigração do individual para o coletivo* (ação popular, ação civil pública, mandado de segurança e de injunção coletivos, ações coletivas consumeristas,

168 *Filosofia do direito*, 5ª ed., São Paulo: Saraiva, 1969, vol. 2, p. 486-487.

ADIn, *ADCon*, *ADPF*), chegando ao ponto, aduz, a seu turno, Cândido Rangel Dinamarco, "que o direito positivo brasileiro veio a instituir *uma nova fonte de direito*, o que fez ao disciplinar as sentenças condenatórias genéricas a serem proferidas para a tutela jurisdicional dos titulares de *direitos individuais homogêneos* (CDC, arts. 95-97)". Esse título judicial diferenciado prossegue Dinamarco, "abre caminho para uma 'liquidação' que é mais do que uma *liquidação*, na medida em que cada sedizente lesado deduzirá em sede 'liquidatória' individual uma pretensão mais complexa que aquela ordinariamente deduzida em sede de processo liquidatório de cunho tradicional. (...) Do ponto de vista institucional e da separação funcional entre os chamados *Poderes do Estado* essa novidade consiste em dotar o juiz do processo de conhecimento tutelar de interesses individuais homogêneos do poder de ditar uma norma quase-abstrata (mas *norma*) que se destinará a reger a situação daqueles que se disserem lesados. É, como se vem dizendo, uma nova fonte do direito."[169]

Sobretudo com relação à jurisprudência assentada ou dominante, mesmo num país de direito codicístico como o nosso, fala-se num *direito sumular*, chegando Rubens Limongi França a referir-se a um *costume judiciário*: "É a nosso ver, quando, pela força da reiteração e, sobretudo, da necessidade de bem regular, de modo estável, uma situação não prevista, ou não resolvida expressamente pela lei, ela assume os caracteres de verdadeiro *costume judiciário*".[170]

Com relação aos países do *common law*, Mauro Cappelletti observa que "a própria expressão direito judiciário ('*judiciary law*') foi usada há mais de século e meio pelo grande filósofo e jurista Jeremy Bentham para definir (e condenar) o fato de que, no ordenamento inglês, '*embora o juiz, como se diz, nominalmente não faça senão declarar o direito existente, pode-se afirmar ser em realidade criador do direito*'". (...) "O próprio Bentham, na verdade, era consciente que nem mesmo a completa codificação teria eliminado inteiramente do caminho o direito judiciário. Mas o que ele nunca poderia talvez prever foi que, paradoxalmente, justamente na época que se lhe seguiu, e especialmente no século XX, o próprio fenômeno da impressionante expansão do direito legislativo – ocorrido tanto nos países de 'Common Law' quanto nos de 'Civil Law' –, constituiu, como veremos, uma das principais causas do ulterior fenômeno da geral, e não menos impressionante, expansão no mundo moderno também do direito judiciário, ou 'jurisprudencial' e, assim, do papel criativo dos juízes".(...) "Em suma, o esclarecimento que se torna necessário

---

169 Efeito vinculante das decisões judiciárias. *Fundamentos do processo civil moderno*, 3ª ed., São Paulo: Malheiros, 2000, t. II, p. 1.131, 1.136, 1.138.

170 *O direito, a lei e a jurisprudência*, São Paulo: Revista dos Tribunais, 1974, p. 178-179.

é no sentido de que, quando se fala dos juízes como criadores do direito, afirma-se nada mais do que uma óbvia banalidade, um truísmo privado de significado: é natural que toda interpretação seja criativa e toda interpretação judiciária 'law making'. Ainda nas palavras de Lord Radcliffe: jamais houve controvérsia mais estéril do que a concernente à questão de se o juiz é criador do direito. É óbvio que é. Como poderia não sê-lo?'."[171]

Presente esse contexto, afigura-se natural que dentre nós o STJ – enquanto *guarda do direito federal comum* – pontifique na produção do chamado *direito judiciário*, a que se agrega a natural *força paradigmática* de suas decisões, mormente as prolatadas nos recursos especiais fundados na alínea *c* do art. 105, III, da CF, a saber, quando o acórdão recorrido "der à lei federal interpretação divergente da que lhe haja atribuído outro tribunal", caso em que se abre ensejo para que o STJ fixe qual a interpretação – dentre as existentes – é *a melhor* e deverá ser seguida. Essa *força paradigmática* é ainda mais notável na decisão-quadro que o STJ emite no REsp afetado como *representativo da controvérsia, implicando: (i) no descarte, na origem, dos recursos repetitivos aí represados, quando o acórdão guerreado "coincidir com a orientação do tribunal superior (CPC, art. 1.040, I); ou (ii) no reexame do "processo de competência originária, [da] remessa necessária ou [do] recurso anteriormente julgado, se o acórdão recorrido contrariar a orientação o tribunal superior" (CPC, art. 1.040, II).* [172]

Assim também se passa na Justiça do Trabalho, que, além de dispor do *poder normativo* no âmbito dos dissídios coletivos (CF, § 2.º do art. 114, redação da EC 45/2004), tem no *direito judiciário* (súmulas, orientações jurisprudenciais) o seu ponto forte, observando-se que os enunciados do TST alcançam eficácia praticamente equiparada à da norma trabalhista, a ponto de o recurso de revista ao TST ser cabível, dentre outras hipóteses, quando o acórdão do TRT contrariar "(...)súmula de jurisprudência uniforme [do TST] ou súmula vinculante do Supremo Tribunal Federal" (CLT, alínea a do art. 896, redação da alínea cf. Lei 13.015/2.014).[173]

---

171 *Juízes legisladores?*, trad. Carlos Alberto Alvaro de Oliveira cit., p. 17-18, 24-25.

172 Ao propósito, v. nossa análise in *Comentários ao Código de Processo Civil*, v. 4, coord. Cassio Scarpinella Bueno, 2.017, cit., p. 586-590.

173 No ponto, a crítica de Lênio Luís Streck, lamentando um "*fechamento do sistema*, mormente pelo fato de que, ao editar uma Súmula, o Tribunal Superior do Trabalho, como instância máxima da justiça especializada, assume foros de legislador. *Mais do que isso, assume foros de legislador e intérprete final (juiz) de seu próprio produto, uma vez que, em um primeiro momento, a Corte maior Trabalhista 'legisla', concebendo a 'correta interpretação' de uma norma do sistema; logo em seguida, quando*

Em verdade, desde sua criação na CF de 1988, o STJ tem buscado colmatar lacunas do ordenamento positivo, assentando entendimentos que têm possibilitado resolver, em modo justo e isonômico, expressivo número de processos, conforme os exemplos lembrados pelo Min. Sálvio de Figueiredo Teixeira. Assim, no direito de família, a distinção entre a concubina e a companheira *more uxório*, tanto para assegurar a inventariança no espólio do companheiro (REsp 520-CE) quanto para receber legado em disposição de última vontade (REsp 196-RJ), e bem assim para participar do patrimônio comum, mesmo não tendo exercido atividade econômica fora do lar (REsp 1.404-RJ). No campo das obrigações, o afastamento da Súmula 621 do STF, para reconhecer os embargos de terceiro como meio hábil para excluir da penhora bem adquirido por compromisso de compra e venda, ainda não registrado (REsp 1310-SP), e, ainda nesses casos, para reconhecer o direito à adjudicação compulsória (REsp 30-DF). Em matéria processual civil, se os embargos do executado não foram regularmente opostos, a desistência da execução independe da anuência do embargante (REsp 767-GO); se a penhora abrangeu imóvel do casal, o prazo para embargar começa após a intimação do cônjuge do devedor (REsp 767-GO); em matéria de honorários advocatícios, o "direito autônomo" do advogado pressupõe não tenha ele sido remunerado por seu constituinte (REsp 1.144-RJ).[174]

No campo das relações de consumo, o Min. Sidnei Beneti, após resenhar acórdãos da Corte envolvendo muitos tópicos dessa relevante matéria, afirma: "(...) a visão equilibrada e imparcial do sentido geral dos julgados do Tribunal é suficiente para, por si só, demonstrar que, simplesmente, jamais teria ocorrido o extraordinário desenvolvimento do Direito do Consumidor sem a abertura e amparo ao ideário do consumidor no STJ. Vinte anos após a edição do Código de Defesa do Consumidor, tempo suficiente para a observação histórica, pode-se perguntar: que seria do Direito do Consumidor no Brasil não fosse o 'fator STJ'" ?[175]

---

algum tribunal de hierarquia inferior elabora interpretação diferente acerca dessa mesma norma, o mesmo TST impede, de plano, a discussão sobre essa divergência jurisprudencial, mediante a aplicação da combinação do conteúdo da alínea *a* e do § 5.º do art. 896. Cria-se, assim, uma autêntica aporia". (*Súmulas*... cit., 2ª ed., 1998, p. 151, itálicos no original).

174 O recurso especial e o Superior Tribunal de Justiça. In: TEIXEIRA, Sálvio de Figueiredo (coord.). *Recursos no*... cit., 1991, p. 80-81, *passim*.

175 O 'fator STJ' no Direito do Consumidor brasileiro. *Revista de Direito do Consumidor*, nº 79, jul./set. 2011, p. 40.

10. A FUNÇÃO PARADIGMÁTICA DO STJ.

Numa Corte Superior há uma inegável correlação entre as funções *nomofilácica* (preservação da higidez, validade e autoridade do ordenamento positivo), *dikelógica* (resolução justa do caso concreto) e *paradigmática* (emissão de entendimentos assentados, com vistas à aplicação isonômica aos casos neles subsumidos). As duas primeiras funções já foram abordadas nos itens anteriores, cabendo agora um enfoque mais direto sobre a missão *paradigmática*, possivelmente um aspecto menos desenvolvido na doutrina, mas nem por isso menos relevante. Nesse sentido, Juan Carlos Hitters comenta as conclusões alcançadas nas *VI Jornadas Ibero-Americanas de Derecho Procesal* (Valencia, Venezuela, 06.08.1978): "Las Jornadas se han encaminado a una afirmación de la necesidad de una via procesal – la casación reformada o un recurso extraordinario de ilegalidad – que asegure *la última palabra del ordenamiento juridico a cargo de un Tribunal Supremo*, para establecer la justicia legal del caso concreto y dar *orientaciones para la unidad jurisprudencial* y así asegurar el *princípio de igualdad ante la justicia*, según el modo de proceder del proceso".[176]

Assim é que o STJ, ao pronunciar a exegese definitiva do direito federal comum, tanto em sua competência recursal excepcional como na recursal-ordinária (CF, art. 105, II e III), não só resolve o caso concreto (no sentido do disposto no § 5º do art. 255 do RISTJ), mas, por força de sua proeminência na estrutura judiciária nacional, consente a *expansão da eficácia* de sua interpretação. Essa projeção se dá ao largo e ao longo do território nacional em dupla perspectiva: (i) *horizontal*, porque é nessa dimensão que se espraia o direito federal comum, cuja inteligência cabe ao STJ fixar, em *ultima ratio (ii) vertical*, em face dos diversos órgãos judiciários sujeitos à sua irradiação exegética.

Dito de outro modo, não sendo o STJ uma terceira ou quarta instância, mas um *Tribunal da Federação*, encarregado da dicção final sobre a exegese do direito federal comum, é natural que seus pronunciamentos se irradiem *ultra partes*, para além do caso concreto, projetando uma eficácia pan-processual. Nesse objetivo labora a função *paradigmática*, porque a jurisprudência do STJ, sobretudo a dominante e a sumulada, estabelece padrões interpretativos que projetam um efeito multiplicador, em face da pletora de processos em trâmite nos vários órgãos judiciais do país. Já aqui se trata da antes referida *perspec-*

176 *Técnica de los recursos extraordinarios y de la casación*, La Plata: Libreria Editora Platense, 1998, p. 164, rodapé nº 14 (itálicos nossos).

tiva vertical, uma natural influência que a jurisprudência do STJ sobre uma dada *quaestio iuris* acaba projetando sobre as demais instâncias judiciárias, especialmente quando dominante e, com maior razão, quando sumulada. (Interessante observar que o § 1º do art. 926 do CPC entrelaça as expressões súmula e jurisprudência dominante).

José Manoel de Arruda Alvim Netto sobreleva a função *paradigmática* do STJ em passagem que merece transcrita: "Avulta, por tudo quanto se disse, enormemente de importância o reflexo do conteúdo das soluções, em face de determinados pronunciamentos jurisdicionais, diante da posição ocupada pelo Tribunal na estrutura do Poder Judiciário, alojada no cume da sua pirâmide. Conquanto a validade e a eficácia das decisões sejam, normalmente, circunscritas às partes, as proferidas pelos Tribunais de cúpula transcendem o ambiente das partes, e, com isto, projetam-se o prestígio e autoridade da decisão nos segmentos menores da atividade jurídica, de todos quantos lidam com o direito, e, mesmo em espectro maior, para a sociedade toda. É nesta segunda perspectiva, em grau máximo, que se inserem, por excelência, as decisões do Superior Tribunal de Justiça. Sendo o mais elevado Tribunal em que se aplica o direito federal infraconstitucional, ao afirmar a correta inteligência do direito federal – é sempre isso que afirma o STJ e não outra coisa –, o valor e o peso inerentes a tais decisões é enorme, por causa da posição pinacular do STJ. Esta é a razão em virtude da qual tais pronunciamentos exorbitam do interesse das partes, projetando-se para toda a sociedade *a verdade do seu entendimento* e nesta influindo. A expectativa, senão mesmo a imprescindível necessidade social – em relação às decisões de um Tribunal de cúpula, e, no caso, o Superior Tribunal de Justiça é o fecho da abóbada da justiça sobre a legalidade infraconstitucional, é a de que sejam paradigmáticas, pois que o rumo dessas vale como roteiro para os demais Tribunais e jurisdicionados, mercê dos precedentes assentados".[177]

É importante observar que a função paradigmática da jurisprudência do STJ não é, *necessariamente*, restrita àquela que se apresenta dominante ou sumulada, mas, não raro, pode emanar de um determinado julgado que, pela importância e atualidade da matéria e/ou pela consistência da fundamentação, passa a operar como um *leading case*, abrindo o sulco por onde correrão muitos outros julgamentos pelos órgãos judiciários do país. Assim se passou, v.g., quando, no REsp 954.859, DJ 16.08.2007, o rel. Min. Humberto de Barros assentou o entendimento de que uma vez tornada definitiva a decisão conde-

177 A alta função jurisdicional do Superior Tribunal de Justiça no âmbito do recurso especial e a relevância das questões. *Revista de Processo*, nº 96, out./dez. 1999, p. 38.

natória de dívida pecuniária, o prazo para o devedor cumpri-la conta-se da publicação do julgado, não dependendo, pois, de sua específica intimação, diversamente do que vinha sendo entendido por expressivo segmento de doutrinadores, como Gisele Santos Fernandes Góes: "O devedor deve cumprir, mas não pode o procedimento deixar de estar cercado de garantias constitucionais, como a do devido processo legal. Impõe-se a intimação, não só pelo aspecto técnico-jurídico-processual, mas também por causa da praticidade no dia a dia forense, no que se finaliza que essa comunicação do ato processual deve ser realizada não de modo pessoal para o devedor, mas sim na pessoa do seu advogado, como medida que vem somar esforços em prol da razoável duração do processo".[178] Registre-se que o art. 523, caput, do vigente CPC prevê que o executado deve ser "intimado para pagar o débito no prazo de 15 (quinze) dias, acrescido de custas, se houver". [179]

Outro exemplo da influência do elemento jurisprudencial deu-se no tocante ao acalorado dissenso, que perdurou por longo tempo, quanto ao critério para caracterização do consumidor (CDC, art. 2.º), a saber, se devia ser (*i*) o *subjetivo*, também dito finalista ou econômico, que distinguia, conforme o bem ou serviço se destinasse diretamente ao próprio comprador/tomador, ou para integração na cadeia produtiva (o que excluiria, por exemplo, o odontólogo, que adquire o amálgama para utilização no tratamento dos pacientes), ou (*ii*) o *objetivo*, também dito maximalista ou jurídico, que considera "o *destinatário fático* do produto, aquele que o retira do mercado e o utiliza, o consome, por exemplo, a fábrica de toalhas que compra algodão para transformar, a fábrica de celulose que compra carros para o transporte dos visitantes, o advogado que compra uma máquina de escrever para o seu escritório, ou mesmo o Estado, quando adquire canetas para uso nas repartições, e, é claro, a dona de casa que adquire produtos alimentícios para a família".[180]

Em palestra proferida em 2005,[181] a Min. Fátima Nancy Andrighi, do STJ, informou que a Corte conseguira, enfim, pacificar seu entendimento a

178 Aspectos procedimentais dos arts. 475-J da Lei 11.232/2005 e 740, parágrafo único, da Lei 11.232/2005. Ênfase no prazo de 15 dias e a natureza jurídica das multas. In: SANTOS, Ernane Fidelis dos *et al.* (coord.). *Execução civil – Estudos em homenagem ao Professor Humberto Theodoro Júnior*, São Paulo: Revista dos Tribunais, 2007, p. 811.

179 V., ao propósito, as considerações de José Miguel Garcia Medina, *Novo Código de Processo Civil comentado,* 5ª ed., 2.017, cit., notas ao art. 523, p. 870-875.

180 Cf. Claudia Lima Marques, *Comentários ao Código de Defesa do Consumidor* (obra em conjunto com Antonio Herman V. Benjamin e Bruno Miragem), São Paulo: Ed. RT, 2006, p. 84.

181 Sítio [http://bdjur.stj.gov.br], acesso em: 04.01.2008.

esse respeito, cumprindo, assim, sua missão paradigmática: "Até há pouco tempo, a Quarta e a Sexta Turmas do STJ adotavam o conceito econômico de consumidor direto, ou seja, filiavam-se à escola *subjetiva*. A Primeira e a Terceira Turmas, por outro lado, adotavam um conceito jurídico de consumidor direto, e, portanto, filiavam-se à escola *objetiva*. Após muita discussão, o conceito que veio a prevalecer na Segunda Seção foi o conceito *jurídico* de consumidor direto, ou seja, uniformizou-se quanto à definição de consumidor o conceito defendido pela escola *objetiva*. A pacificação quanto à definição de quem pode ser considerado consumidor ocorre em junho de 2004, e serve para demonstrar, no ano em que se comemora os 15 anos de vigência do CDC, que CONSUMIMOS nada mais, nada menos, que 14 anos para uniformizar, nas Turmas de Direito Privado, o *conceito de consumidor*".

Presentemente, tem ganhado corpo a teoria dita finalista aprofundada ou mitigada, no tocante ao conceito de consumidor. Flávio Tartuce tece considerações a respeito, colacionando o decidido no REsp 1.195.642/RJ, rel. Min. Nancy Andrighi, j. 13.11.2.012, afirmando o autor que dito julgado "é louvável, por também levar em conta a dependência econômica nas relações interempresariais como um critério ampliador das relações de consumo. Lamenta-se apenas a utilização do termo 'vulnerabilidade', pois, na opinium deste autor, o que há de ser considerado é a hipossuficiência – conceito fático – e não a vulnerabilidade – conceito jurídico decorrente de uma presunção absoluta da condição de consumidor". [182]

Outro exemplo relevante da *intervenção paradigmática* do STJ pode ser identificada no momentoso tema da *penhora on line* (art. 11 da Lei 6.830/80; CTN, art. 185-A; Convênio BACEN-STJ-CJF/ 2001), de livre curso na Justiça do Trabalho e, em menor escala, nas demais instâncias judiciárias do país, expediente que, ao nosso ver, afronta princípios básicos da execução, mormente o da *menor onerosidade*. Observa Sidnei Amendoeira Júnior, evocando a jurisprudência do STJ: "O E. Superior Tribunal de Justiça já teve a oportunidade de proclamar expressamente que o preceito sobre gradação dos bens sujeitos à penhora é '*norma que há de ser interpretada em consonância com o princípio geral que se acha consagrado no art. 620 do CPC*'" [RMS n. 28-SP, 2.ª T., rel. Min. Ilmar Galvão, *DJU* 25.06.1990]. Assim, prossegue o autor, "entende-se que a admissão da penhora de dinheiro somente deve ocorrer quando todas as possibilidades de penhora forem esgotadas pelo Exequente" [REsp 557.294/SP, 2.ª T., rel. Min. Eliana Calmon, j. 06.11.2003,

182. *Manual de Direito do Consumidor...*, obra em parceria com Daniel Amorim Assumpção Neves, 8ª ed., 2.019, cit., p. 82.

DJU 15.12.2003, p. 284]. "Penhorar dinheiro ou saldo em conta corrente é o equivalente a privar uma empresa de seu capital de giro, suprimindo-lhe o elemento que lhe assegura a vida, e é o mesmo que condená-la à inanição, e, consequentemente, à extinção. É por isso que entendemos que, embora em princípio lícita, a penhora de dinheiro não pode ser admitida '*porquanto não tem o juízo meios de aquilatar os efeitos da penhora pretendida sobre o fluxo financeiro da executada*" [REsp 36.870-7-SP, 2.ª T., rel. Min. Hélio Mosimann, j. 15.09.1993, *RSTJ* 56/339.][183]

Embora a jurisprudência do STJ, mesmo dominante ou sumulada, projete eficácia persuasiva, atuando no plano da influência, daí não se infere que o entendimento do Tribunal da Federação, que é o guarda do direito federal comum, possa limitar-se a irradiar efeitos apenas endoprocessuais, restritos aos contraditores de um dado caso concreto, dando azo a que em outros processos análoga *quaestio iuris* continue a receber interpretações discrepantes, o que provocaria externalidades negativas: desprestígio para a Corte Superior, desserviço à higidez do Direito Positivo, tratamento antiisonômico aos jurisdicionados. Observa José Rogério Cruz e Tucci que nosso sistema jurídico "não pode conviver com tamanho desvio das decisões provindas das mais altas Cortes do país, justamente encarregadas pela Lei Maior de desenvolver a tarefa de controle da constitucionalidade (STF) e da legalidade infraconstitucional (STJ)".[184]

Sob esse mesmo enfoque, pondera José Saraiva: "Por conseguinte, mesmo não existindo a vinculação obrigatória, a referida transferência de poder para as Cortes de segundo grau importa, também, no aumento da necessidade de elas harmonizarem o respectivo entendimento com a jurisprudência do Superior Tribunal de Justiça, pois, do contrário, estar-se-á caminhando, novamente, para o comprometimento ainda maior do grau de previsibilidade das decisões, tal como ocorria quando da vigência da Súmula 400 do Excelso Pretório. Entretanto, na prática forense tem sido muito comum a adoção nas instâncias ordinárias de decisões contrárias não só à jurisprudência, mas às súmulas do Superior Tribunal de Justiça, conduta que tem contribuído sig-

---

183 *Poderes do juiz e tutela jurisdicional. A utilização racional dos poderes do juiz como forma de obtenção da tutela jurisdicional efetiva, justa e tempestiva.* Coleção Atlas de Processo Civil, coord. Carlos Alberto Carmona, São Paulo: Atlas, 2006, p. 204-205. (As remissões jurisprudenciais encontram-se às notas de rodapé n. 266 a 268, p. 205).

184 *Precedente jurisprudencial como fonte do Direito*, São Paulo: Revista dos Tribunais, 2004, p. 277-278.

nificativamente para o descrédito da prestação jurisdicional oferecida e para a demora na solução dos litígios".[185]

Aplicações da *força paradigmática* que a decisão de um Tribunal Superior projeta em face das demais instâncias judiciárias encontram-se ao longo do vigente CPC: no procedimento de arguição incidental de inconstitucionalidade, o § único do art. 949 do CPC, *relativiza* a cláusula de *reserva de Plenário* (CF, art. 97), [186] ao dispor que os órgãos fracionários do Tribunal "não submeterão ao plenário, ou ao órgão especial, a arguição de inconstitucionalidade, quando já houver pronunciamento destes ou do plenário do Supremo Tribunal Federal sobre a questão"; o § 4.º do art. 496 do CPC, *dispensa o reexame necessário da sentença*, quando esta "estiver fundada em: I - súmula de tribunal superior"; o inciso IV do art. 521 do CPC dispensando a caução, no cumprimento provisório do julgado, quando este "estiver em consonância com súmula da jurisprudência do Supremo Tribunal Federal ou do Superior Tribunal de Justiça ou em conformidade com acórdão proferido no julgamento de casos repetitivos".

A *função paradigmática* da jurisprudência do STJ opera, assim, em duas frentes: (**i**) *em face dos demais Tribunais do País* onde venha aplicado o direito federal comum, cuja interpretação final é dada pela Corte, sobretudo ao prover sobre recurso especial tirado com fundamento na alínea *c* do art. 105, III, da CF, isto é, quando TRF's ou TJ's dissentirem na exegese de questões federais; (**ii**) *ao interno do próprio STJ*: (*a*) no objetivo de prevenir ou superar dissenso interno, e para isso, nos termos do art. 14 do RISTJ, as "Turmas remeterão os feitos de sua competência à Seção de que são integrantes: I – quando algum dos Ministros propuser revisão da jurisprudência assentada em súmula pela Seção; II – quando convier pronunciamento da Seção, em razão da relevância da questão e para prevenir divergência entre as Turmas da mesma Seção; III – nos incidentes de assunção de competência" [inciso com redação da ER 24/2.016]. Nos *embargos de divergência* (CPC, art. art. 1.043, 1.044), dispõe o art. 266 do RISTJ que tal recurso é cabível "contra acórdão de Órgão Fracionário que, em recurso especial, divergir do julgamento atual de qualquer outro Órgão Jurisdicional deste tribunal (...)" (redação cf. ER 22/2.016).

A propósito desses embargos de divergência no STJ escreve José Saraiva: "A função primordial do Superior Tribunal de Justiça é garantir a unidade e o cumprimento do direito federal, uniformizando a jurisprudência conflitante existente nos tribunais de segundo grau. Tal mister não pode ser alcançado ca-

---

185 *Recurso especial e o STJ*, São Paulo: Saraiva, 2002, p. 384.

186 No ponto, v. a Súmula Vinculante nº 10, do STF.

so os órgãos internos daquela Corte interpretem e apliquem as normas federais de maneira divergente. Aliás, essa é a pior espécie de dissensão jurisprudencial que pode haver, pois, em ocorrendo, em vez de orientar o sistema jurídico, o Superior Tribunal de Justiça contribui fortemente para a insegurança na interpretação das leis federais. Ao mesmo tempo, se frequente, reduz sobremaneira a força influenciadora de sua jurisprudência sobre os demais órgãos judiciários e agentes do direito. Nos Tribunais Superiores a jurisprudência merece ser prestigiada quando dos julgamentos futuros, porque, caso haja entendimento dissidente em qualquer dos órgãos internos, restará abalada, profundamente, a função paradigmática das decisões proferidas por esses Pretórios Extraordinários, na medida em que gerará insegurança a respeito da exegese correta do direito nacional".[187]

Evidentemente, para que essa função paradigmática do STJ possa ser exercida plenamente, impende que os Ministros disponham de *mais tempo* para o exame acurado das questões federais qualificadas como *relevantes*, *singulares* e *complexas*, tarefa em boa medida comprometida no panorama atual, com a Corte sobrecarregada de um número excessivo de processos, em boa medida pela falta de um *elemento de contenção* que operasse uma adequada *triagem*. Nesse sentido, o PL 1.343/2003, da Câmara dos Deputados, preordenava-se a inserir um § 2.º ao art. 541 do CPC/73: "O recurso especial por ofensa à lei federal somente será conhecido quando o julgado recorrido tiver repercussão geral, aferida pela importância social ou econômica da causa, requisito que será dispensado quando demonstrada a gravidade do dano individual".[188]

Assim deve ser porque a projeção pan-processual da eficácia dos julgados de um Tribunal Superior é absolutamente necessária e compatível com os órgãos de cúpula da organização judiciária, podendo ser lembrada a afirmação do *Chief Justice* Vinson, colacionada pelo Min. Gilmar Mendes: "Para permanecer efetiva, a Suprema Corte deve continuar a decidir apenas os casos que contenham questões cuja resolução haverá de ter importância imediata para além das situações particulares e das partes envolvidas".[189] Nem por outro

187 *Recurso especial...*, cit., p. 384.

188 *Apud Cadernos IBDP – Instituto Brasileiro de Direito Processual*, org. Petrônio Calmon Filho, vol. 4, out./ 2005, p. 183. Citado projeto de lei teve última movimentação em 2.003. Sítio câmara.leg.br/proposicoesweb/fichadetramitacao?idproposicao=121654. Acesso em 13.12.2.019.

189 Novas perspectivas do recurso extraordinário: a experiência dos Juizados Especiais Federais e sua repercussão sobre o sistema judicial comum. *Repertório IOB de Jurisprudência*, n. 8, 2.ª quinzena de abril de 2005, vol. 3, p. 247.

motivo, de resto, adveio com a EC 45/2004 a exigência da *repercussão geral da questão constitucional*, na admissibilidade do recurso extraordinário ao STF, a ser reconhecida quando na espécie se apresentem "questões relevantes do ponto de vista econômico, político, social, ou jurídico, que *ultrapassem os interesses subjetivos do processo*" (CPC, § 1.º do art. 1.035).

A *eficácia expandida* a que se preordena a jurisprudência firmada no STJ deve, para ser efetiva, harmonizar-se com a gênese dos direitos e obrigações, que dentre nós é ubicada na *norma legal* (CF, art. 5º, II), como de resto se dá nos países filiados ao *civil law*: assim, impende ter presente desde logo que a lei federal, antes de ser aplicada, deve ser *interpretada*, sendo o STJ seu exegeta máximo, por atribuição constitucional; a par disso, cabe ter presente que a presunção da *completude* ou da *plenitude* da ordem jurídica não é absoluta, mas antes pressupõe a lei enquanto forma de expressão *principal* (e, pois, não única) do Direito, consentindo, ainda, o concurso dos chamados *meios secundários ou de integração*, dentre os quais hoje sobreleva o dado jurisprudencial, tanto na instância recursal (CPC, § 3.º do art. 947; § único do art. 955, art. 932, IV, a; V, a; art. 1.040, I e II) como até mesmo em primeiro grau: CPC, art. 332 e incisos.

Dentre os padrões decisórios impositivos listados no art. 927 e incisos do CPC destacam-se as súmulas do STF e do STJ, as decisões-quadro desses Tribunais no rito dos RE's e REsp's repetitivos e ainda a tese jurídica firmada no âmbito do incidente de resolução de demandas repetitivas, sendo bastante significativo considerar que a sentença prolatada contrariamente ao interesse fazendário, quando se tenha baseado em tais parâmetros, fica dispensada da remessa necessária ao tribunal (CPC, § 4º, I, II, III do art. 496), até porque o colegiado ad quem também estaria vinculado a tais padrões decisórios. De outro lado, sabidamente, o Poder Público é o maior dentre os *clientes habituais* do Judiciário, donde bem se compreender que a tese firmada no IRDR e a decisão-quadro assentada no rito do RE's e REsp's repetitivos, quando se trate de matéria concernente a órgão, ente ou agência reguladora, a estes devem ser comunicadas, para fiscalização da efetiva aplicação do quanto decidido (CPC, § 2º do art. 985; inciso IV do art. 1.040). Tal comunicação, por certo, muito contribuirá para amenizar a exacerbada judicialização de controvérsias envolvendo as instâncias do setor público, que é um dos fatores da sobrecarga de trabalho dos órgãos jurisdicionais, mormente o STJ.

A prevenção do *in put* excessivo de processos em curso nos Tribunais Superiores constitui-se numa empreita cujo sucesso depende da atuação conjunta e harmônica de vários atores e instâncias: (*i*) o Judiciário deve *fazer sua parte*, assentando sua jurisprudência ou mesmo sumulando-a sempre que possível

(CPC, art. 926 e §§; CLT, § 3º do art. 896, redação da Lei 13.015/2.014);[190] (*ii*) o Poder Público deve se conscientizar de que o interesse fazendário não deve se sobrepor ao interesse público, cabendo às Procuradorias empenhar-se junto à Administração por modo a que não venham ajuizadas ações ou interpostos recursos sustentando pretensões contrárias às teses uniformizadas ou sumuladas nas Cortes Superiores;[191] (*iii*) os advogados devem alertar os clientes para os riscos inerentes ao ajuizamento de pretensões contrárias a enunciados jurisprudenciais assentados, assim evitando dispêndio inútil de tempo e dinheiro, ao risco de liminar improcedência do pedido (CPC, art. 332, I e IV).

Em suma, os julgados do STJ, mormente quando condensados em sua jurisprudência dominante ou sumulada, devem cumprir uma *função paradigmática*, projetando um *efeito multiplicador*, para além dos casos concretos decididos singularmente, a fim de que o produto final da Corte seja otimizado e possa cumprir dupla finalidade: (*i*) um *efeito preventivo geral*, ou dissuasório, em face das controvérsias pendentes ao interno da sociedade, na expectativa de que se resolvam por outros meios, auto e heterocompositivos, quando a *vexata quaestio* já tenha alcançado entendimento assentado nos Tribunais superiores, com isso evitando a formação de processos judiciais cujo desfecho já é previsível; (*ii*) um *efeito compactador e aceleratório*, em face dos processos em trâmite, que poderão ter seu curso abreviado, mediante aplicação dos paradigmas fixados pelo STJ e STF, com o que se alcançará, paralelamente, o tratamento isonômico aos jurisdicionados, numa composição justa e tempestiva dos conflitos. Como observam Boaventura de Souza Santos, Maria Manuel Leitão Marques e João Pedroso, "os efeitos extrajudiciais da atuação dos tribunais passaram a ser o verdadeiro critério da avaliação do desempenho judicial e, nessa medida, esse desempenho deixou de ser exclusivamente retrospectivo para passar a ter uma dimensão prospectiva".[192]

A eficácia *vinculativa* da jurisprudência do STF e do STJ, no regime dos RE's e REsp's repetitivos sobrestados na origem, fica evidenciada em face daqueles cuja pretensão se mostre contrária à orientação assentada naquelas

190 Até o momento (nov./2.019) as súmulas do STF já vão além das setecentas e as do STJ ultrapassam seiscentas.

191 Dispõe o art. 4º da Lei 9.469/97 que, em não havendo súmula da AGU, "o Advogado-Geral da União poderá dispensar a propositura de ações ou a interposição de recursos judiciais quando a controvérsia jurídica estiver sendo iterativamente decidida pelo Supremo Tribunal Federal ou pelos Tribunais Superiores".

192 Os tribunais nas sociedades contemporâneas. *Revista Brasileira de Ciências Sociais*, n. 30, fev./1996, p. 38.

Cortes, já que eles terão seguimento denegado (CPC, art. 1.030, I, b, alínea acrescida pela Lei 13.256/2.016). Nesse sentido, escreviam Marco Aurélio Serau Júnior e Silas Mendes dos Reis, ao tempo do CPC/73 que também contemplava aquele rito: "(...) a partir da implantação da nova sistemática processual do recurso especial, esta produzirá efeitos semelhantes aos do controle *abstrato* de constitucionalidade: definirá, *in abstracto*, a interpretação da norma jurídica, projetando, ademais (e aqui reside a importância da alteração legislativa produzida), efeitos vinculantes aos demais Tribunais e processos em trâmite ou a serem ajuizados. Essa 'força vinculante' dos efeitos do julgamento do recurso especial representativo fica bem demonstrada nas hipóteses de negativa de seguimento a recurso especial suspenso pleiteando tese contrária ao entendimento do Superior Tribunal de Justiça, bem como da devolução de processo ao relator originário no caso de o acórdão recorrido divergir do posicionamento adotado pela Corte Superior (...)".[193]

A outro ângulo, tal técnica se harmoniza com a tese da *objetivação* dos recursos excepcionais, dirigidos aos *Tribunais da Federação*, proposta justificada pelo fato de que em tais impugnações, sem embargo do legítimo interesse individual perseguido pelo recorrente, sobreleva o interesse público à higidez, autoridade, validade e uniformidade interpretativa do ordenamento positivo (Constituição: STF; direito federal comum: STJ), a legitimar a expansão da eficácia das decisões aos demais casos nelas subsumidos, em ordem ao tratamento *isonômico* devido aos jurisdicionados em face da lei (CF, art. 5º, caput e inciso II) e à *agilização* da resposta jurisdicional (CF, art. 5.º, LXXVIII). Por aí se explica que o atendimento ao pedido de desistência de RE que já tenha sido reconhecido com repercussão geral ou de RE/REsp já afetados como representativos da controvérsia não impede a sequência do rito, para final emissão da decisão-quadro (CPC, § único do art. 998).

193 *Recursos especiais...*, cit., 2009, p. 30.

CONSIDERAÇÕES CONCLUSIVAS

1. A propalada *crise do Judiciário* remonta a uma complexa etiologia, até hoje não completamente diagnosticada, começando (*i*) pela *cultura demandista* (fomentada por uma leitura exacerbada e irrealista do acesso à Justiça (CF, art. 5º, XXXV), em detrimento dos outros meios auto e heterocompositivos), passando (*ii*) pelo *déficit* de qualidade das normas legais e sua excessiva quantidade (a *fúria legislativa*, a par da redação deficiente, vícios de iniciativa e de constitucionalidade, sobreposição de textos sobre um mesmo assunto), até chegar (*iii*) à carência ou oferta insuficiente de fontes de custeio para a adequada estruturação da Justiça estatal. Tais concausas agravam a insegurança e a instabilidade no ambiente jurídico como um todo, e vêm retroalimentar a *explosão de litigiosidade*, dando margem à formação de novos processos judiciais, num deletério círculo vicioso.

2. A monopolização, pelo Estado, da distribuição da Justiça não mais consegue atender à demanda, insuflada pela contenciosidade crescente ao interno de uma sociedade massificada e competitiva, comprimida num mundo globalizado. A antiga concepção do "monopólio estatal da Justiça", sobre desestimular a busca por outros meios, auto e heterocompositivos, vem gerando severas *externalidades negativas*: (*i*) exacerba a expectativa social sobre o serviço judiciário, demanda que o Estado já não consegue responder (ou, tentando fazê-lo, fornece justiça de massa, excessivamente funcionarizada e, não raro, tecnicamente inconsistente); (*ii*) compromete parcelas cada vez mais importantes do orçamento público, em função do gigantismo crescente da máquina judiciária, gerando pontos de tensão com o Executivo; (*iii*) desserve à parte assistida pelo bom direito e beneficia os que se valem das mazelas da justiça estatal para postergar suas obrigações, na medida em que a resposta judiciária se realiza num processo lento, oneroso e de desfecho imprevisível, tudo contribuindo para a desalentada e difundida percepção da impunidade geral, que grassa ao interno da população.

3. A leitura – *ufanista e irrealista* – do contido no inciso XXXV do art. 5.º da CF (dita "inafastabilidade do controle jurisdicional" ou "ubiquidade da justiça")[1] tem levado à falaciosa percepção de que toda e qualquer controvér-

---

1 No ponto, v. o nosso estudo O direito à tutela jurisdicional: o novo enfoque do art. 5.º, XXXV, da Constituição Federal. *RT* nº 926, dez./ 2012, p. 135-176. Republicado, revisto

sia deve ser judicializada, o que, de um lado, fomenta a *cultura judiciarista*, praticamente, transmudando o *direito* de ação num *dever de ação*, e, de outro lado, desmotiva os contraditores a buscarem, primeiramente, a resolução das pendências pela via negociada, o que viria fortalecer os laços de cidadania e fraternidade, a par de aliviar a sobrecarga dos órgãos judiciais. Fora e além do ambiente consensual dos meios auto e heterocompositivos, campeiam os fatores que têm esgarçado o tecido social: o acirramento das hostilidades, não raro degenerando em justiçamentos privados; a frustração da população com a Justiça estatal, mesmo aquela ofertada pelos (hoje também congestionados) *Juizados Especiais*, originalmente preordenados a recepcionar a chamada *litigiosidade contida*.

4. A chamada *solução adjudicada* – resolução das lides na Justiça estatal – vocaciona-se a resolver apenas a *crise jurídica* (de certeza, de segurança, de satisfação), e ainda assim nos estreitos limites em que o permite o objeto litigioso, cujo perímetro usualmente não abrange a inteira controvérsia; ademais, o Estado-juiz não tem como garantir a *efetividade prática* dos comandos condenatórios, a saber, a real outorga ou fruição do bem da vida. Desse modo, frustra-se a parte declarada *vencedora*, a par de ficarem em aberto as crises subjacentes ou periféricas, de cunho sócio-político-econômico, as quais, exacerbadas pela própria judicialização do conflito, tenderão a formar novos focos de tensão, gerando lides futuras, assim retroalimentando a demanda. Uma alternativa a esse contexto consiste no chamado processo de *estrutura cooperatória (CPC vigente, art. 6º)*, desenvolvido num ambiente de *justiça coexistencial*, em que se recepciona a crise emergente como uma oportunidade para a solução justa e tempestiva da controvérsia, fora e além, portanto, do esquema *contencioso-adversarial*, que polariza as partes em vencedor e vencido, não raro exacerbando as hostilidades e postergando o desfecho da demanda.[2]

5. O processo civil busca preservar a relação de adequação e proporcionalidade entre fins e meios, isto é, entre a natureza ou amplitude das lides e os meios disponibilizados para sua apropriada judicialização, de modo a evitar assim os excessos como as carências, que poderiam retardar o trâmite

---

e atualizado in SANPAULO SARRO, Luís Antônio(coord.), *Novo Código de Processo Civil – principais alterações do sistema processual civil*, 2ª ed., São Paulo: Rideel, 2.016, p. 409-438.

2 No sentido desse ideário sinaliza a Res. CNJ 125/2010 (*Dje* de 01.12.2010, republicada no *DJe* de 01.03.2011), que estabelece as bases da *Política Judiciária Nacional*, em especial o § único do art. 1º, redação da Emenda nº 2/2.016.

ou comprometer a eficácia do resultado final. A jurisdição singular é indicada para os conflitos nos quais sujeitos determinados – singularmente ou litisconsorciados – perseguem objetivos que lhes são próprios, donde bastar uma coisa julgada *inter partes* para imprimir imutabilidade/indiscutibilidade à decisão de mérito (CPC, art. 506) –, ao passo que a jurisdição coletiva é o ambiente propício à recepção dos megaconflitos, em que os sujeitos são indeterminados e o objeto é indivisível, reclamando uma legitimação por "representação adequada", concorrente-disjuntiva e a formação de uma coisa julgada de eficácia expandida – *erga omnes* ou *ultra partes*. Da correta observância desse discrímen decorre, como *externalidade positiva*, a prevenção da pulverização do megaconflito em múltiplas e repetitivas demandas individuais, deletéria ocorrência que, ademais, agrega o risco adicional de decisões discrepantes sobre um mesmo *thema decidendum*. Entre um e outro desses dois planos judiciários vem se inserindo, de tempos a esta parte, a tutela dita *plurindividual*, voltada ao manejo de ações múltiplas e de recursos repetitivos, mediante a afetação de um processo ou recurso-piloto, técnica em boa medida ensejada pela incompreensão e dificuldade reveladas no manejo dos interesses individuais homogêneos.[3]

6. Dentre os alvitres para a prevenção ou resolução das controvérsias, fora e além do aparato judiciário estatal (*solução adjudicada*), têm avultado os *compromissos de ajustamento de conduta (CAC's)*, que se harmonizam com a tendência à *desjudicialização dos conflitos* e com a contemporânea proposta do processo de *estrutura cooperatória*, desenvolvido no ambiente de uma justiça coexistencial. Tais instrumentos têm se revelado eficazes em áreas propícias a conflitos de largo espectro, como meio ambiente, consumerismo, patrimônio público, programas governamentais, contribuindo para evitar a formação de processos judiciais de trâmite demorado, custo elevado e desfecho imprevisível. Conquanto disponibilizados aos órgãos públicos em geral, os *CAC's* têm sido, predominantemente, manejados pelo Ministério Público, no bojo dos inquéritos civis, e, uma vez submetidos à homologação judicial – sendo o caso –, convertem-se em títulos executivos judiciais (CPC, art. 515, III). Dentre os

3 Bruno Nascimento Dantas afirma: "O mau funcionamento do modelo de tutela coletiva de direitos individuais homogêneos, somado à necessidade de se adotar técnicas que permitam a eficiência e a racionalização da atividade do Poder Judiciário, foi a causa eficiente da elaboração em nosso país de técnicas de tutela plurindividual". *Tutela recursal plurindividual no Brasil – formulação, natureza, regime jurídico, efeitos*. Tese de doutorado, PUC, São Paulo, sob orientação da Prof. Teresa Arruda Alvim Wambier, sustentada e aprovada em 23.08. 2013, conclusão nº 33, p. 151.

fatores do êxito no cumprimento dos CAC's destaca-se a natural predisposição dos transatores em prestigiar a solução por eles mesmos alvitrada.

7. Na original concepção da separação entre os Poderes, o Judiciário não aparecia propriamente como um *Poder*, soberano e autônomo, sendo-lhe mesmo vedada a interpretação dos textos legais, o que reduzia sua atividade à mera declaração da literalidade daqueles. Ao longo da evolução histórica, e sobretudo desde a segunda metade do século passado, o Judiciário foi se estruturando e se fortalecendo como instância de sobreposição, à medida que se firmaram certas garantias fundamentais, tais como a *inafastabilidade do controle judicial*, a *cláusula de reserva de sentença*, os predicativos da magistratura e o postulado do devido processo legal. Todavia, em termos de funcionalidade, vale dizer, de efetividade, o Judiciário deixa a desejar, premido por antigas e crônicas limitações, postado como um Poder *inerte*, jungido a responder quando provocado e nos limites em que o seja, a par de restar preso a rígidas *regras de julgamento* e de avaliação das provas. A contemporânea *explosão da litigiosidade*, aliada à positivação da democracia participativa e ao pluralismo nas iniciativas judiciais, mormente no tocante ao controle das políticas públicas, foram alterando o clássico perfil da instituição, o que, de um lado aumenta o peso político de sua intervenção, mas de outro pode induzir um ativismo exacerbado, levando a atritos com os demais Poderes.

8. O processo civil brasileiro, de tradição romanista, desenvolveu-se num contexto de lides intersubjetivas ("Tício *versus* Caio"), marcadas pela contraposição de direitos portados por seus próprios titulares, no ambiente da jurisdição singular, consentindo entender-se que as controvérsias de maior espectro, empolgando crises de outra natureza, esparsas por coletividades mais ou menos vastas, deveriam ser recepcionadas, ou pelo Legislativo (situações ditas de norma necessitada), ou pela Administração Pública (v.g., o poder de polícia e a autoexecutoriedade), conforme o caso. Em simetria com esse ambiente, a postura tradicional do juiz brasileiro caracterizou-se por um extremado distanciamento e pela neutralidade, limitando-se à aplicação do direito posto ("critério de legalidade estrita"), segundo o alegado e provado nos autos. Esse tradicional contexto tende a se alterar em virtude de intercorrências diversas, tais como a conscientização quanto aos novos direitos individuais e coletivos, a oferta de novos instrumentos processuais, o crescente afluxo à Justiça de megaconflitos, cujo objeto depassa a crise jurídica, exigindo avaliações e posicionamentos em face de instigantes questões que relevam de outros campos do conhecimento (*v.g.*, a questão do "início da vida" na polêmica sobre as células-tronco embrionárias; a questão da eutanásia passiva; as cotas raciais nas Universidades). Por isso mesmo, hoje se excogita de uma

parcialidade positiva do juiz,[4] a par de se lhe reconhecer atribuição de gerenciamento (*management*) do processo, mormente no que tange ao processo de estrutura cooperatória, ao estímulo aos meios auto e heterocompositivos, e à chamada *distribuição dinâmica do ônus da prova* (CPC, art. 6º; § 3.º do art. 3º; § 1º do art. 373, nessa ordem).

9. A característica *abstrata* do direito de ação apenas significa que, em princípio, ele é disponibilizado a quem tenha ou não razão segundo o Direito material - aspecto este já atinente ao *meritum causae* –, não implicando, todavia, uma desconexão *absoluta* entre os planos processual e substancial, porque do contrário ficaria comprometido o caráter *instrumental* do processo, passando este a configurar um fim em si mesmo. Em modo análogo, a relação processual - que opera como *continente* em face da ação, que lhe fornece o *conteúdo* - apresenta-se autônoma em face da lide discutida nos autos, mas nem por isso se opera uma desconexão absoluta, porque a ciência processual busca preservar simetria e proporcionalidade entre a natureza/extensão do direito material historiado e o tipo de instrumento que lhe é adequado. Daí que as pretensões à segurança (de coisas, pessoas, situações e até do próprio processo) são recepcionadas pela tutela provisória; as que visam eliminar incerteza, pelo *processo de conhecimento*; e as que objetivam a satisfação dos direitos já reconhecidos, pelo *processo de execução*, ou pela *fase de cumprimento do julgado*. Ainda assim, essas configurações não são estanques nem excludentes, mas, ao contrário, se intercomunicam, sempre que necessário e possível, para a consecução dos escopos jurídicos e políticos do processo.

10. Na distribuição dos encargos entre os Poderes do Estado, coube de início à Administração Pública, enquanto gestora do interesse geral, a tarefa de prover as necessidades básicas da população (infraestrutura urbana, transporte, educação, saúde, segurança etc.), buscando, inclusive, *antecipar-se* aos acontecimentos e demandas: o chamado *Estado-providência*. Daí se compreender que a atividade de prevenção, ou de acautelamento, como hoje a conhecemos, tenha, de origem, se revelado em certa medida refratária à tutela judicial, reservando-se esta para o histórico de lesões sofridas, dos danos consumados, donde a predominância dos comandos judiciais condenatórios ou prestacionais, tendentes à recuperação, ao ressarcimento, ao retorno ao

4 Artur César de Souza explica tratar-se de "um princípio consubstanciado na ética material, isto é, no sentido de que o juiz, durante a relação jurídica processual, reconheça as diferenças sociais, econômicas e culturais das partes, e paute sua decisão com base nessas diferenças, humanizando o processo civil ou penal" (Análise dos casos judiciais sob a ótica do princípio da "parcialidade positiva do juiz". *Revista de Processo* nº 180, fev./ 2010, p. 267).

statu quo ante, numa dimensão precipuamente *retrospectiva*. Não por acaso, a tutela judicial mais ocorrente é a que comina prestações comissivas ou omissivas: fazer, abster-se, pagar, entregar, cumprir. Com a deflagração da contemporânea sociedade de risco, aliada à premência das necessidades sociais emergentes, informadas pela necessidade crescente de segurança, tornou-se indispensável a busca por uma tutela judicial idônea a acudir o aumento da demanda pela *prevenção* dos danos temidos, das lesões *prenunciadas*, das situações que põem em risco o resultado útil do processo, por aí se explicando o notório crescimento dos provimentos cautelares e de urgência[5] e dos elementos aceleratórios, aquelas e estes ofertados em várias modalidades no ordenamento processual.

11. É da tradição do constitucionalismo brasileiro a garantia do acesso à Justiça, não raro acoplada a expressões enfáticas, como *ubiquidade*, *indeclinabilidade*, *inafastabilidade* ou *universalidade* da jurisdição. Todavia, esse direito subjetivo público veio, com o tempo, sofrendo uma leitura exacerbada e irrealista, ganhando a conotação de uma prodigalizada e incondicionada oferta estatal de justiça, o que acabou por lhe desvirtuar o sentido mais profundo, tudo ao fim e ao cabo degenerando num vero *estímulo à litigância*, que exacerba a contenciosidade social, desprestigia os demais meios de prevenção e resolução de conflitos e sobrecarrega a Justiça estatal. Este último efeito se oferece como uma *externalidade negativa*, na forma da notória *crise numérica* de processos que assombra e compromete o funcionamento da Justiça brasileira, desde o primeiro grau até os Tribunais Superiores, aproximando-se da cifra de oitenta milhões de processos em trâmite segundo informa o CNJ no boletim Justiça em Números, divulgado em 2.019, ano-base 2.018. [6] As agudas transformações por que vem passando a sociedade brasileira desde meados do século passado estão a exigir uma releitura da citada cláusula (geralmente ubicada – um tanto *à outrance* – no art. 5º, XXXV, da CF), porque, a persistir o panorama atual, o maior prejudicado seguirá sendo o próprio jurisdicionado (mormente o *cliente eventual*), fadado a ser o receptor de uma resposta de baixa qualidade: defasada, onerosa, massiva, não raro tecnicamente inconsistente e imprevisível. Impende, portanto, que a chamada *3.ª onda de renovação do processo civil*, na qual Cappelletti e Garth enalteceram a oferta

5 A tutela cautelar é de extração constitucional, falando o inc. XXXV do art. 5º em lesão ou *ameaça* a direito. A propósito desse inciso, observe-se que seu destinatário não é, propriamente, o jurisdicionado, e sim o legislador, que fica avisado para não positivar situações excluídas, *a priori*, à apreciação judicial.

6. Sítio www.cnj.jus.br, acesso em 15.11.2.019, p. 79 do documento impresso.

de mecanismos informais e diversificados de prevenção e resolução de conflitos, seja hoje recepcionada em simetria com o contemporâneo conceito de *jurisdição*, despojado do ranço do *monopólio estatal*, mas antes arejado pelo pluralismo participativo, e centrado na *justa, tempestiva e efetiva composição do conflito*, preservada uma boa relação custo-benefício, não importando o órgão ou instância por cuja intercessão se alcance esse desiderato.

12. A proibição da justiça de mão própria e de outras formas de justiçamento privado, em decorrência da evolução dos costumes e da estruturação do Estado de direito, trouxe, em paralelo, a assunção, por este último, do poder-dever de dirimir as lides judicializadas, tendo-se mesmo inserido no texto constitucional a vedação da exclusão de conflitos à apreciação do Judiciário. Com o tempo, essa diretriz foi se convertendo num *monopólio estatal de distribuição da Justiça*, em modo próximo ao de uma cláusula pétrea, embora o enunciado constitucional (art. 5.º, XXXV) venha precipuamente endereçado ao Legislador, e só reflexa ou indiretamente aos jurisdicionados. A leitura ufanista e até simplista desse texto acabou por exacerbar o espírito demandista ao interno da coletividade, em detrimento da cultura da pacificação, da solução negociada e da via consensual, meios alternativos cuja adoção hoje se propugna como antídoto à *crise numérica* de processos que assola o Judiciário e o impede de ofertar resposta de qualidade, a saber, aquela revestida de seis atributos: *justa, jurídica, econômica, tempestiva, razoavelmente previsível e idônea a assegurar a efetiva fruição do direito, valor ou bem da vida reconhecidos no julgado.*

13. Desde o último quartel do século passado registra-se nítido fenômeno de aproximação entre as tradicionais famílias jurídicas: do *common law* (o precedente judiciário; a *equity*; o *stare decisis et non quieta movere*) e do *civil law* (o primado da norma legal; o direito codicístico). Embora dentre nós a norma legal se apresente como um comando geral, abstrato, impessoal, de obrigatoriedade a todos imposta, fonte primária de direitos e obrigações (CF, art. 5.º e inciso II), é inegável a abertura de espaços cada vez mais amplos no campo nomogenético, em especial para a jurisprudência, sobretudo aquela dominante ou sumulada. Essa escala ascendente hoje encontra seu ápice na *súmula vinculante* do STF, cujo descumprimento – ou aplicação indevida –, pelo juiz ou pelo administrador público, leva, respectivamente, à *cassação* do julgado ou à *anulação* do ato (CF, § 3.º do art. 103-A: EC 45/2004), desafiando reclamação ao tribunal (CPC, art. 988, III, inciso com redação da Lei 13.256/2.016; art. 992). Tal linha evolutiva, iniciada com a Súmula do STF (1963), reforçada na chamada *Lei dos Recursos* (8.038/90, art. 38), incrementada pelo incidente de uniformização de jurisprudência (CPC/73,

arts. 476-479) intensificou-se com as reformas por que foi gradualmente passando esse Código (Leis 9.756/98, 10.352/2001, 11.276/2006, 11.418/2006, 11.672/2008, 12.322/2010), dando azo a que se pudesse qualificar a jurisprudência, otimizada como predominante ou sumulada, como *fonte do Direito*, quando menos enquanto critério paradigmático para solução isonômica de lides judicializadas. Presentemente, a jurisprudência, em suas formas potencializadas (súmulas, simples e vinculantes; decisões-quadro emitidas pelos Tribunais Superiores, nos RE's ou REsp's afetados como *representativos da controvérsia; teses firmadas nos incidentes de resolução de demandas repetitivas e de assunção de competência; orientações do Plenário ou do Órgão Especial dos Tribunais)*, passam a operar como *paradigmas* para solução isonômica das controvérsias e como *elemento de contenção, assim de ações como de recursos cujas pretensões contrariam aqueles padrões decisórios.*

14. O conceito contemporâneo de *jurisdição* não a reduz aos lindes da Justiça estatal, mas encontra sua *condição legitimante* na *composição justa e tempestiva dos conflitos*, por meios diversos, auto e heterocompositivos, observada uma boa relação custo-benefício. Além disso, hoje se entende que a jurisdição não mais pode se limitar a *dizer o Direito*, singelamente (o mero *acertamento*), mas deve disponibilizar os meios idôneos a garantir a *eficácia prática* do quanto venha decidido, por modo a assegurar a *efetiva* recomposição do *statu quo* alterado pela conduta ilícita ou pelo inadimplemento; com isso, busca-se, a um tempo, preservar a higidez do ordenamento positivo e a autoridade da decisão nele respaldada. Na visão contemporânea, a jurisdição não pode se restringir à *cognitio*, mas deve abranger o *imperium* (força coercitiva, voltada a assegurar a efetiva fruição do direito, valor ou bem da vida reconhecidos a quem de direito: a jurissatisfação), o que explica o crescimento e o prestígio das ações de cunho cominatório e mandamental, reforçadas por provimentos injuncionais (*astreintes*, medidas de apoio), preordenadas ao cumprimento *específico* da obrigação. Nisso, tais provimentos sobrelevam aos condenatórios, ou prestacionais, cuja realização prática fica a depender, ou de ato volitivo da parte vencida ou da existência de patrimônio do devedor. Numa palavra, a jurisdição só se realiza completamente quando também inclua a execução, ou, sendo o caso, a exitosa fase de cumprimento do julgado, o que bem se compreende, como um ônus a cargo do Estado, em contrapartida pela vedação da justiça privada. Nesse sentido prevê o novo CPC, art. 4.º: "As partes têm o direito de obter em prazo razoável a solução integral do mérito, incluída a atividade satisfativa", ficando o juiz autorizado a valer-se das medidas de apoio que se façam necessárias: CPC, § 3º do art. 3º; art. 139, IV; art. 536 e § 1º.

15. A *solução adjudicada* estatal não é a única, e em vários casos nem é a melhor forma de dirimir conflitos, hoje se reconhecendo que ela representa uma manifestação de força do Estado-juiz, cuja fórmula sentencial é imposta coativamente aos contraditores, convertendo os originais interessados em vencedor e vencido, com isso exacerbando a animosidade preexistente. Ademais, a sentença de mérito pressupõe uma visão em retrospectiva dos acontecimentos – decisão segundo o alegado e provado – em detrimento da desejável visão *prospectiva*, que busca valorizar a continuidade das relações entre as partes envolvidas, sobretudo nas chamadas *relações multiplexas*. A tudo acresce o fato de a sentença, por conta de ser geralmente impugnável por recurso de efeito suspensivo, não raro hoje é vista como um *rito de passagem* para os Tribunais, onde se quedará por tempo expressivo, ante a notória sobrecarga dos serviços. Ademais, uma vez transitado em julgado o título condenatório, o devedor buscará manejar todas as resistências possíveis para postergar o cumprimento, levando a uma situação de verdadeira aporia, exasperando o vencedor da causa e desprestigiando a função judicial. No vácuo aberto por tais deficiências têm-se alojado e prosperado os chamados *meios alternativos de solução de conflitos*, afinados com o ideário de uma justiça restaurativa, portanto não–adversarial, propugnada pelo CNJ na Res. 225/2.016.

16. A difundida expressão "meios alternativos de resolução de conflitos", tradução de "*ADRs – alternative dispute resolutions*", induz a percepção de que essas modalidades surgiram como um *posterius* em face da jurisdição estatal. A verdade histórica, porém, é que esta última se estruturou sequencialmente à franca e generalizada utilização de modos diversos de resolução de controvérsias, seja mediante concessões recíprocas, ou por submissão da parte mais vulnerável, ou por renúncia/desistência, ou mesmo por atos de força (anexação de território, justiçamentos populares, duelos, ordálias, juízos de Deus), modalidades genericamente enfeixadas na chamada autotutela. Resquícios desse contexto histórico podem ainda hoje ser perscrutados: nos países de *common law*, os "duelos forenses" franqueados pelo *adversarial system*; entre nós, em várias ocorrências, tais como a tendência à desjudicialização de certas controvérsias (*v.g.*, CPC, § 1º do art. 610; art. 733, *caput*); a homologação judicial de acordos celebrados pelas partes (CPC, art. 487, III, b); a autorização para a prática de atos de desforço pessoal (CCi, § 1.º do art. 1.210); a existência de órgãos, agências e instâncias, não jurisdicionais, autorizados a dirimir certos conflitos (*v.g.*, Tribunais Desportivos: CF, art. 217 e § 1.º; Tribunais de Arbitragem: Lei 9.307/96; Tribunais de Contas: CF, art. 71, § 3.º; CADE: Lei 12.529/2011, arts. 4º e 93).

17. As controvérsias podem ser compostas de diversa maneira, fora e além da decisão judicial de mérito (*solução adjudicada estatal*), a começar pelos atos de disposição do direito material ou da situação de vantagem, por parte de seu titular, tipificando os *meios unilaterais* de prevenção ou resolução de conflitos, tudo a evidenciar que o direito de ação *pode* ser exercido, mas não necessariamente... *deve* sê-lo. Tais meios compreendem, precipuamente: **A**) *Renúncia*: livre deliberação pelo não exercício de um direito, interesse ou vantagem, ao pressuposto de sua disponibilidade, podendo em certos casos configurar a *supressio*, definida por Fredie Didier Júnior como "a perda de uma situação jurídica de vantagem, pelo não exercício em lapso de tempo tal que gere no sujeito passivo a expectativa legítima de que a situação jurídica não seria mais exercida".[7] **B**) *Desistência*: é também ato de disposição, mas distingue-se da renúncia nisso que pressupõe ato *já praticado* ou ao menos iniciado (prova requerida, ação proposta, recurso interposto), cuja continuidade ou efeitos ficam, assim, obstados. **C**) *Confissão*: implica admissão de fato contrário ao confitente e favorável à contraparte, atuando como *elemento acelerador*, quando incide sobre o objeto litigioso, por tornar os fatos incontroversos. **D**) *Reconhecimento do pedido*: categoria tangencial à confissão, desta se distinguindo por implicar a admissão não só da veracidade dos fatos, mas também das consequências jurídicas daí extraídas por quem os deduziu em juízo; por isso engendra, a um tempo, a extinção do processo e a resolução da lide.

18. A concepção hodierna de *Jurisdição* vai se desconectando do aparato estatal, vale dizer, da sua afetação exclusiva aos órgãos judiciais elencados em *numerus clausus* no art. 92 da CF, já agora se entendendo que o objetivo de prevenir ou dirimir conflitos em sociedade consente um pluralismo nas iniciativas (dita *jurisdição compartilhada*), em simetria com a democracia plural e participativa, podendo assim aquele desiderato ser buscado por todos os meios, auto e heterocompositivos. Nesse contexto, a justiça estatal passa a ser vista não mais como receptora única dos históricos de dano sofrido ou temido, nem tampouco como fonte de uma *oferta primária*, incondicionada e prodigalizada, para já agora tomar caráter *residual*, atuando em modo subsidiário, ficando assim restrita: (*i*) aos casos que, *ope legis*, reclamam necessária passagem judiciária (*v.g.*, ações ditas *necessárias*; ocorrências inseridas na competência originária dos Tribunais); (*ii*) aos casos tornados incompossíveis, após passagem por instâncias paraestatais (*v.g.*, o juízo arbitral: art. 24 da Lei 9.099/95; mediação/conciliação: Lei 13.140/2.015; CPC, arts. 165-175); (*iii*)

7 Multa coercitiva, boa-fé processual e *supressio*: aplicação do *duty to mitigate the loss* no processo civil. *Revista de Processo* nº 171, maio / 2009, p. 36.

às hipóteses que não comportam resolução por esses meios alternativos, em função de certas peculiaridades, seja em razão da matéria (*v.g.*, direitos indisponíveis, insuscetíveis de transação) ou da pessoa (*v.g.*, tutela de incapazes; situações de competência ratione muneris); (*iv*) aos casos realmente *singulares e complexos*, inclusive aqueles em que a coisa julgada deve projetar eficácia expandida, *erga omnes* ou *ultra partes*, por modo a otimizar a eficácia do julgado e prevenir a multiplicação de processos sobre o mesmo *thema decidendum*.

19. A conciliação e a transação apresentam-se como os meios bilaterais mais ocorrentes na resolução ou prevenção de conflitos, tanto no plano pré-processual como nas lides judiciais em andamento, podendo mesmo ter lugar em segundo grau, como se tem experimentado, exitosamente, no TJSP com o Núcleo Permanente de Métodos Consensuais de Solução de Conflitos" (Provto. CSM 1.868/2.011). Outrossim, dispõe o Provto. CSM 1857/2.011: "Art. 6.º Obtida a conciliação, será lavrado o respectivo termo, assinado pelas partes, pelos advogados e pelo conciliador, e submetido à homologação do Presidente da Seção a que corresponder o processo. Art. 7.º Frustrada a conciliação, o processo retornará à posição anterior em relação à expectativa de distribuição ou de julgamento". Entre a conciliação e a transação há uma relação de continente e conteúdo: a primeira é o meio, ou o método, pelo qual a finalidade – a transação – pode vir a ser alcançada, por meio de concessões recíprocas. (Nesse sentido, no âmbito do CPC, observe-se que na audiência preliminar o que é obrigatória é a *tentativa* de conciliação, não a efetiva composição (art. 334, § 4º, I e II). O acordo ou a transação não se predispõem a alcançar o *ponto ótimo* na resolução da controvérsia ("não se pode obter tudo"), e sim ensejar a composição *equânime e razoável* dentre as alternativas que se apresentam, numa variante da contemporânea proposta da "reserva do possível". Valoriza-se, no caso, a vantagem decorrente do encerramento precoce do litígio, poupando-se os transatores dos encargos e incertezas da propositura da ação judicial ou de sua continuidade, conforme o caso. A transação apresenta maior aplicação no processo civil, mas é também praticável no campo penal (*v.g.*, art. 72 da Lei 9.099/95), operando, num e noutro caso, como *elemento aceleratório* do processo. O CPC incentiva claramente o manejo dos meios auto e heterocompositivos, seja ao credenciar a arbitragem (§ 1º do art. 3º), seja ao dispor no § 3.º do art. 3.º: "A conciliação, a mediação e outros métodos de solução consensual de conflitos deverão ser estimulados por magistrados, advogados, defensores públicos e membros do Ministério Público, inclusive no curso do processo judicial". A Lei 13.140/2.015, a seu turno, veio autorizar a mediação nas controvérsias envolvendo a administração pública, inclusive quanto a "direitos indisponíveis que admitam transação" (art. 3º, *caput*).

20. A heterocomposição dos conflitos não se identifica, exata ou necessariamente, com os chamados *meios alternativos*, porque aquela expressão refoge, conceitualmente, à dicotomia Justiça *estatal e paraestatal*, para alcançar o significado de resolução de controvérsias mediante a intercessão de um *tertius*, que pode ser um juiz togado, um árbitro, um tribunal desportivo, um juiz de paz; pode, ainda, tal objetivo vir a ser alcançado em função dos elementos constantes de uma avaliação neutra de terceiro, ou mesmo em face de subsídios trazidos com a intervenção de um *amicus curiae*. Nesse ponto, a "hetero" se distingue da "auto" composição, porque nesta última são os próprios contraditores que previnem ou resolvem suas pendências por si mesmos, podendo, sem embargo, consentir o auxílio de um agente facilitador. A heterocomposição pode transitar entre os planos da Justiça togada e parajurisdicional, como se observa com a sentença arbitral quando vem a ser questionada em Juízo (art. 33 e §§ da Lei 9.307/96, cf. Lei 13.129/2.015) ou ainda com a migração das partes da Justiça estatal para o Juízo Arbitral, como pode dar-se nos Juizados Especiais, em caso de conciliação frustrada (art. 24 e § 1.º da Lei 9.099/95); ou mesmo quando um plano de recuperação extrajudicial de uma empresa é levado à homologação do juiz (art. 161 e parágrafos da Lei 11.101/2005).

21. Embora não haja base estatística para estabelecer uma relação direta e necessária entre o crescimento quantitativo/qualitativo dos chamados *equivalentes jurisdicionais* e, de outro lado, o *déficit* de credibilidade social na função judicial do Estado, não se pode negar alguma repercussão entre os polos dessa equação, a qual tem por base a *explosão da litigiosidade* e tem engendrado uma crescente e incessante *demanda por justiça*. Na verdade, o Estado brasileiro não soube preparar-se, adequada e oportunamente, para a eclosão desse fenômeno, todavia prenunciado desde o último quartel do século passado. Adotando serôdias e paliativas providências, fiou-se o Estado em que poderia "responder" à demanda crescente apenas com o crescimento físico da máquina judiciária, estratégia claramente insuficiente, até porque deixa em aberto a *causa primordial*, a saber, a *cultura demandista*, em larga medida responsável pelo aumento geométrico do número de processos, tanto em primeiro como em segundo grau. Daí a crescente insatisfação popular com a Justiça estatal – lenta, burocratizada, onerosa, imprevisível –, deficiências que, por um lado, fazem eclodir *novos bolsões de litigiosidade* e, por outro, estão à base da onda migratória em direção aos chamados *meios alternativos de resolução das controvérsias*. Na verdade, o gigantismo da máquina judiciária, sobre não resolver a crise numérica dos processos, ainda a exacerba, por aplicação do princípio pelo qual *o incremento da oferta retroalimenta a demanda*.

22. Os meios heterocompositivos paraestatais desenvolvem-se no ambiente de uma *justiça coexistencial*, valendo-se de um processo de perfil *cooperatório e não adversarial*, que provoca menor impacto entre os contraditores e os predispõe à solução negociada da pendência. Por isso, aqueles meios reúnem melhores condições para equacionar e dirimir os conflitos que se avolumam em quantidade e complexidade ao interno da competitiva sociedade de massa, mormente nas chamadas *relações multiplexas*, envolvendo sujeitos que, por circunstâncias diversas (escola, trabalho, comunidade, vizinhança) têm que interagir diuturnamente, nas assim chamadas relações de continuidade. Além disso, esses equivalentes jurisdicionais laboram numa dimensão *prospectiva*, procurando, a um tempo, resolver o fulcro da demanda e ainda, os possíveis pontos conflitivos periféricos, por modo a evitar que estes últimos, no futuro, venham a engendrar novas controvérsias, assim comprometendo ou reduzindo a eficiência da composição antes alcançada. Nisso, esses meios heterocompositivos se avantajam sobre a solução adjudicada estatal, de perfil retrospectivo, autoritário e impactante. Bem por isso o CNJ propugna pela Justiça Restaurativa (Res.225/2.016) regida por estes princípios: "a corresponsabilidade, a reparação dos danos, o atendimento às necessidades de todos os envolvidos, a informalidade, a voluntariedade, a imparcialidade, a participação, o empoderamento, a consensualidade, a confidencialidade, a celeridade e a urbanidade" (art. 2º, *caput*).

23. Entre os meios heterocompositivos parajurisdicionais, a arbitragem tem conquistado prestígio crescente, sendo precipuamente vocacionada aos conflitos corporativos, questões de livre-concorrência, fusão de empresas, controvérsias societárias, interpretação de cláusulas em contratos de grande expressão econômico-financeira. A exigência de cuidar-se de interesses *disponíveis* (Lei 9.307/96, art. 1º, caput) vem sendo gradualmente amenizada, hoje se cogitando do emprego da arbitragem no campo trabalhista e nos contratos com a Administração Pública, por exemplo os decorrentes de parcerias público-privadas. Dentre os fatores do êxito da arbitragem contam-se: a livre escolha pelos interessados; a confidencialidade; a especialização do árbitro acerca do objeto litigioso; maior previsibilidade no deslinde da controvérsia; celeridade no procedimento; formação de título executivo judicial (CPC, art. 515, VII); virtualidade de conciliação incidental.

24. A mediação tem se destacado dentre os meios alternativos de resolução de controvérsias,[8] avantajando-se sobre a singela conciliação, porque,

8 Na matéria, por todos, v. Fernanda Tartuce, *Mediação no conflitos civis*, 5ª ed., São Paulo: Gen-Método, 2019. A obra radica em dissertação de mestrado por nós orientada,

enquanto nesta as partes são, em algum modo, induzidas ao acordo, pela intercessão de um elemento facilitador (que assim em certa medida acaba interferindo no conflito), já a mediação é uma técnica menos invasiva e mais isenta, na qual o profissional escolhido faz a aproximação entre os contraditores, procurando não influir na escolha do alvitre final, deixando-o à livre deliberação dos interessados. Limita-se, pois, o mediador a esclarecer objetivamente o contexto litigioso, mostrando as vantagens e desvantagens das possíveis alternativas de solução, a fim de que as partes possam optar por uma delas ou, mesmo, excogitar outras. Por isso, é importante que o mediador disponha de razoável conhecimento acerca do tema controvertido, o que lhe permitirá angariar a confiança e a credibilidade das partes na sua atuação, aumentando, consequentemente, as chances da solução consensual. O vigente CPC conceitua a conciliação e a mediação nos parágrafos 2º e 3º do art. 165, nessa ordem, incluindo os agentes que as conduzem dentre os auxiliares da justiça (art. 149).

25. A separação entre os Poderes, tal como originalmente preconizada por Montesquieu, não mais guarda aderência à realidade contemporânea dos Estados de Direito, nos quais a referência ao *Poder* (dimensão estática, ligada à noção de soberania) veio gradualmente superada pelo conceito de *Função* (dimensão dinâmica, configurada no *desempenho* na consecução de um objetivo adrede estabelecido: a telocracia). Nesse contexto, o Judiciário não mais pode ser visto sob uma concepção majestática, apenas como instância de sobreposição, mas passa a ser *avaliado* como uma instituição que se legitima *se e na medida* em que consegue responder à demanda por justiça, ofertando uma resposta qualificada por seis atributos: *justa, jurídica, econômica, tempestiva, razoavelmente previsível e idônea a assegurar a efetiva fruição do direito, valor ou bem da vida reconhecidos no julgado*. A par disso, verifica-se que os três Poderes não são estanques, mas se intercomunicam, desempenhando, a par das funções que lhes são inerentes, ainda outras, anômalas ou atípicas, constantes, explícita ou implicitamente, do texto constitucional. Todo esse contexto evidencia, assim, a redução da teoria da separação dos Poderes, nos dias de hoje, a um interesse praticamente histórico.

26. A função judicial do Estado, tradicionalmente centrada na *Jurisdição*, no sentido clássico e etimológico de *dizer o Direito* (= eliminação da incerteza, aplicando o Direito à espécie), hoje não mais consente essa leitura reducionista e acanhada. A concepção do Estado contemporâneo como cor-

---

na FADUSP, tendo ainda integrado a Banca os Professores Teresa Celina de Arruda Alvim Wambier e Kazuo Watanabe.

responsável, juntamente com a comunidade, pela boa gestão da coisa pública e pela preservação do interesse geral, exige que a função judicial vá além da dicção do direito aplicável, para abranger o zelo pela efetiva *realização* do direito declarado no comando judicial, por modo que o bem da vida, a situação jurídica ou o direito ali reconhecidos sejam, no limite do praticamente possível, efetivamente outorgados ao vencedor da causa. Não por acaso, já ao tempo do CPC/73 a Lei 11.232/2005 suprimira, na redação do art. 463 do CPC, a fórmula que, equivocadamente, dava por cumprido e acabado o ofício jurisdicional, tanto que publicada a decisão de mérito. Corolariamente, o direito de ação, afastando-se um tanto de sua clássica concepção abstrata, passa a abranger o *direito à tutela executiva adequada*, mormente no caso dos comandos condenatórios ou prestacionais. O legislador processual brasileiro tem-se mostrado receptivo a esse ideário, ao promover alteração na redação antes alusiva à "sentença condenatória" (art. 584, I, do CPC/73), para já agora *otimizar* a eficácia desse título, dispondo o art. 515 do vigente CPC: "São títulos executivos judiciais (...): I - as decisões proferidas no processo civil que reconheçam a exigibilidade de obrigação de pagar quantia, de fazer, de não fazer ou de entregar coisa".

27. Assim como o Estado-administrador não pode limitar-se à tarefa primária de *arrecadação-fiscalização*, mas deve, antes e superiormente, assumir o encargo de prover as utilidades necessárias ao bem-estar e segurança da população, também o Estado-juiz, dada a vedação do justiçamento de mão própria, e na medida em que avocou a distribuição da justiça em face dos conflitos tornados incompossíveis entre os próprios contraditores (a chamada *inafastabilidade do controle jurisdicional*), não pode limitar-se a ofertar uma *qualquer* resposta judiciária, descomprometida com sua real efetividade prática e com a cabal pacificação do conflito, aí incluída a *crise sociológica* subjacente. Presentemente, é de considerar defasada e superada qualquer ideia de *reserva de mercado* ou *monopólio estatal na distribuição da Justiça*, devendo antes o Judiciário abrir espaço e reconhecer legitimidade às demais instâncias, órgãos e agências capazes de produzir idôneos *equivalentes jurisdicionais*.

28. O *déficit* de confiabilidade da população no serviço judiciário estatal apresenta diversa e complexa etiologia, entremeando causas estruturais, organizacionais e até conceituais, resultando, ao fim e ao cabo, numa avaliação negativa acerca da resposta jurisdicional: lenta, onerosa, estressante para as partes e operadores do Direito e de imprevisível desfecho. A notória *crise numérica* dos processos judiciais, todavia, não representa a origem dos males, como usualmente se supõe, e sim é a *resultante* da intercorrência de algumas concausas: (*i*) a *cultura demandista*, estimulada pela leitura ufanista

e irrealista do acesso à Justiça; (*ii*) a desinformação quanto às outras vias de prevenção e resolução dos conflitos, fora e além do aparato judiciário estatal; (*iii*) o desvirtuamento, senão já o abuso da via judicial, por parte dos chamados *clientes habituais* (*repeat players*), dentre os quais se destaca o próprio Poder Público: esses não são prejudicados pelas deficiências do processo judicial, senão que, não raro, daí tiram proveito, beneficiando-se da assim chamada "mora judicialmente legalizada", decorrente do confortável *álibi* de estar a matéria *sub judice*.

29. A via judicial tem sido, tradicionalmente, buscada para resolução das crises propriamente *jurídicas* (de segurança, de satisfação, de acertamento) no ambiente dos conflitos intersubjetivos, afetos à jurisdição singular. Tal se deve, de um lado, às origens romanas de nosso processo, com ênfase na tutela de pretensões confinadas num titular determinado, e, de outro lado, ao tradicional entendimento, de corte conservador, pelo qual conflitos de largo espectro (sócio-político-econômicos), ditos multiplexos, por se reportarem a vastos segmentos, ou mesmo ao interesse geral da coletividade, têm o o Legislativo ou a Administração Pública, conforme o caso, como seus naturais receptores. Todavia, a intercorrência de fatores diversos, como a massificação da sociedade, a explosão da litigiosidade, a globalização da economia, a intercomunicação das funções do Estado, não mais permitem aquela visão estanque e compartimentada dos valores e dos interesses, tudo a reclamar uma releitura, contextualizada e atualizada, da separação entre os Poderes. A esse renovado panorama não pode se esquivar o Judiciário, devendo antes assumir postura *pró-ativa*, prudente e responsável, até como condição para a legitimidade de sua atuação e para sua credibilidade social, mormente quando convocado a pronunciar-se sobre megaconflitos em temas socialmente impactantes, o que vem ocorrendo cada vez com mais intensidade, indicando uma vera tendência contemporânea.

30. Os predicativos imanentes à magistratura – *inamovibilidade, vitaliciedade, irredutibilidade dos vencimentos* – até hoje prestaram-se a assegurar a desejável autonomia e isenção da função judicial, mas tais garantias não foram suficientemente acompanhadas, por parte dos órgãos censórios e de fiscalização, de uma contínua e criteriosa *avaliação de desempenho* em face dos resultados, descurando-se que a função judicial, como as demais do Estado contemporâneo, apenas se legitima e se justifica na medida em que consegue, *eficientemente*, atingir os fins a que se preordena, a saber: a oferta, aos jurisdicionados, de uma resposta de qualidade, em tempo razoável, sob uma boa equação custo-benefício. O constituinte revisor (EC 45/2004) detectou essa carência e buscou supri-la ao nível macro, com a instituição do *Conselho Na-*

cional de Justiça, do qual se espera que, superada a (inconsistente) crítica que inicialmente o associara a um *controle externo*, possa efetivamente promover a devida fiscalização, planejamento e acompanhamento da Justiça brasileira, aos ângulos quantitativo e, sobretudo, qualitativo.

31. O princípio da igualdade de todos perante a lei, se aplicado em sua plenitude, aderente ao seu conteúdo substancial, levaria a que a norma legal recebesse uma interpretação homogênea, na subsunção aos casos análogos. Todavia, essa isonomia, conquanto seja almejada pelo sistema, não tem como ser cumpridamente assegurada na *praxis judiciária*, seja por conta da *persuasão racional* reconhecida a cada julgador, seja pela própria diversidade dos órgãos judiciais, de primeiro e segundo graus, que aplicam a norma a uma infinidade de casos concretos, cada qual com suas singularidades, seja pela existência de órgãos fracionários no âmbito dos próprios tribunais (turmas, seções, câmaras). Essa discrepância, por outro lado, prende-se à própria *conformação piramidal* da Justiça, com órgãos singulares à base, Tribunais locais e Regionais de permeio e Tribunais Superiores à cumeeira, atuando como instâncias de revisão ou por vezes de cassação, escalonadas em *competência de derrogação*. O sistema pressupõe, portanto, a virtualidade ou a inevitabilidade da divergência jurisprudencial, embora procure preveni-la ou mesmo superá-la (*v.g.*, incidentes de assunção de competência e de resolução de demandas repetitivas; decisões-quadro do STF e do STJ nos RE's e REsp's afetados como representativos da controvérsia; embargos de divergência no STF e no STJ). Em última análise, trata-se da instigante dicotomia entre *certeza-segurança* e *justiça-ampla defesa*, a ser enfrentada através de uma prudente ponderação entre princípios, sob a égide do binômio *razoabilidade-proporcionalidade.*

32. A resposta judiciária, tradicionalmente, tem sido direcionada à prevenção ou resolução das crises propriamente *jurídicas* (de segurança: tutela provisória; de satisfação: *processo de execução*; cumprimento de sentença; de certeza: *processo de conhecimento*), ao pressuposto de que os conflitos de maior envergadura, concernentes às searas sócio-político-econômica, deveriam seguir afetos às *instâncias primárias* – Legislativo ou Administração Pública – que têm o condão de atuar de ofício, não dependendo de provocação, ao contrário, pois, do Judiciário, instância de *substituição*. Todavia, o crescente acesso à Justiça dos megaconflitos, empolgando interesses metaindividuais, concernentes a sujeitos indeterminados, aderentes a um objeto indivisível, veio alterar profundamente aquele quadro, levando a um gradual protagonismo do Judiciário, instado a assumir papel relevante na *cogestão da coisa pública* em sentido largo, ao prover sobre a tutela de valores socialmente impactantes (*v.g.*, o STF e a questão da extensão do território indígena no Estado de Roraima,

ou ainda as polêmicas envolvendo a ortotanásia, os cultivares transgênicos, os fetos anencéfalos), contexto que vem acarretando o fenômeno da *judicialização da política*, e que pode, se não contido em lindes razoáveis, engendrar o risco da *politização do Judiciário*.

33. O processo civil opera como *caixa de ressonância* do que sucede ao interno da coletividade, donde sua vocação a ofertar os instrumentos adequados a que novos valores, interesses e necessidades, quando ameaçados ou lesados, possam ser adequadamente portados em Juízo. Caracterizando-se a contemporânea sociedade pela eclosão de conflitos de massa, empolgando vastos segmentos, quando não a inteira coletividade, compreende-se que a tônica do processo civil esteja migrando do plano individual para o coletivo, em ordem à obtenção de uma resposta judiciária *tempestiva, unitária e abrangente*, idônea ao tratamento isonômico devido aos jurisdicionados. Como externalidade positiva, esse ideário possibilitaria prevenir a pulverização dos megaconflitos em múltiplas e repetitivas demandas individuais, fenômeno que tem sobrecarregado o serviço judiciário estatal, inclusive o STF e o STJ, os quais têm procurado um manejo racional desse estoque massivo, mediante a produção de *jurisprudência defensiva* e da técnica de julgamento de recursos em bloco ou *por amostragem* (CPC, arts. 1.036-1.041). O notório crescimento da demanda por justiça está a reclamar uma postura pró-ativa por parte dos órgãos judiciais – um *engajamento convicto e responsável* – preordenado à eficiente pacificação dos megaconflitos em modo racional e unitário, evitando sua pulverização em multifárias demandas individuais.

34. As decisões judiciais beneficiam de independência e autonomia na sua formação, o que não impede venham a ser eventualmente revistas, ou mesmo cassadas, até por conta da própria organização *piramidal* do Judiciário, com órgãos sobrepostos, atuando em competência de derrogação. A chamada *garantia do duplo grau* deve hoje ser vista com temperamentos, entendendo-se bastante a oferta de uma decisão monocrática ou singular, impugnável por recurso de devolutividade ampla (fato e direito, mais as questões de ordem pública), dirigido a um órgão colegiado, local (TJ) ou regional (TRF, TRT), ou, no caso dos Juizados Especiais, o Colégio Recursal (art. 41, § 1.º, da Lei 9.099/95) ou as Turmas de Uniformização (art. 14 da Lei 10.259/2001). O acesso aos Tribunais da cúpula judiciária (STJ, STF, TST, STM, TSE) é de ser propiciado sob outra óptica, de registro excepcional, porque radicada em pressupostos diferenciados e se vocaciona a outras finalidades, donde já não bastar a situação de mera sucumbência, ou a inconformidade com a avaliação da prova ou ainda a alegação de errônea interpretação do contrato feitas no acórdão *a quo*, tornando-se indispensável o implemento de quesitos

específicos, tais como a impugnabilidade restrita às *quaestiones iuris*, o prequestionamento, o esgotamento das faculdades impugnativas precedentes, a fundamentação vinculada ao texto constitucional e, no caso do RE ao STF, ainda a demonstração da *repercussão geral da questão constitucional* (CF, § 3.º do art. 102: EC 45/2004; CPC, art. 1.035 e § 1º).

35. Tradicionalmente, a instância máxima do Judiciário brasileiro era representada pelo STF, encarregado de zelar pela inteireza positiva, autoridade, validade e uniformidade interpretativa do direito federal *em sentido largo*, compreensivo da Constituição e da legislação federal infraconstitucional. Todavia, a partir da vigente CF, o sistema judiciário passou a contar com *dois Tribunais da Federação*, mediante a criação do STJ, ao qual foi repassada a *guarda do direito federal comum*, isto é, aquele não regido por legislação especial (*CLT*: TST; *Código Eleitoral*: TSE: *Código Penal Militar*: STM). A expectativa era de que, com aquela defecção na competência recursal do STF, ocorreria uma expressiva redução na *crise numérica de processos* que o assoberbava; todavia, por fatores diversos, que vão desde a *fúria legislativa* federal até a supressão do elemento de contenção antes representado pela *arguição de relevância* (EC n. 01/69, art. 119, § único), passando pela virtualidade da interposição concomitante de RE e REsp (CPC, art. 1.031 e §§), aquele prognóstico não veio a se confirmar. Daí a (re)inserção no ordenamento de um sucedâneo, representado pelo pressuposto genérico da *repercussão geral da questão constitucional*, para a admissibilidade do RE ao STF, assim como também se chegou a excogitar da *súmula impeditiva de recurso* no âmbito do STJ (*PEC* n. 358/2005) preordenada a inserir o art. 105-A no texto constitucional, proposta que, todavia, não prosperou.

36. A assim chamada *crise do STF*, que se tentou debelar ou ao menos atenuar desde a introdução da *Súmula* (1963), apresenta variada e complexa etiologia, abrangendo múltiplos fatores: a incompreensão dos jurisdicionados e operadores do Direito quanto ao papel específico das Cortes Superiores; a cultura judiciarista; a dimensão continental do território; a expressiva e crescente população; a explosão da litigiosidade ao interno da sociedade massificada e competitiva; o texto constitucional excessivamente analítico, garantista e abrangente (farto em direitos e parco em deveres...); a supressão da *arguição de relevância* no interstício de 1988 a 2004; a atuação impactante dos chamados clientes habituais do Judiciário. Hoje, constatada a incapacidade de o STF operar como uma vera *Corte Constitucional*, tal a pletora de suas competências originária e recursal – situação que a criação do STJ não conseguiu aplacar – impõe-se uma *reengenharia* nas atribuições de ambas as Cortes, por modo que a elas afluam apenas questões realmente *singulares*,

complexas, de transcendente interesse e *não resolúveis por outros meios*. De outro modo, elas continuarão a operar como terceira ou quarta instâncias, ofertando *justiça de massa* e prodigalizando julgamentos *em bloco* ou *por amostragem*, em detrimento da qualidade que se espera dos Tribunais da cúpula judiciária.

37. Nos recursos de tipo comum, aos quais basta a *sucumbência* acarretada pela decisão recorrível, e dirigidos aos Tribunais locais ou regionais, compreende-se que a eficácia do acórdão se prenda às partes, sem maiores expansões, em simetria, aliás, com os quadrantes da jurisdição singular e com os limites da coisa julgada nesse ambiente. Já no tocante aos recursos de tipo excepcional, de estrito direito, máxime o recurso extraordinário ao STF, outro panorama se descortina, porque o pronunciamento do *guarda da Constituição* acerca da higidez, validade e exegese de um texto ou ato normativo questionados em face da Carta Magna não pode se restringir apenas às esferas do recorrente e do recorrido, até mesmo em face do caráter *unitário* e *nacional* da interpretação do texto constitucional, que não se compadece com restrições territoriais nem com singularidades em face dos jurisdicionados. (Nem por outra razão a decisão de mérito do STF, no controle direto de constitucionalidade, projeta *eficácia contra todos e efeito vinculante*: CF, § 2.º do art. 102). A posição sobranceira do STF na organização judiciária brasileira, encarregado da *ultima ratio* sobre o texto constitucional, está a recomendar que os seus acórdãos nos recursos extraordinários – independentemente da eventual intervenção do Senado, *a posteriori* – CF, art. 52, X – projetem uma *eficácia pan-processual*, como forma de otimizar as decisões da mais alta Corte do país e de assegurar tratamento isonômico aos jurisdicionados. Tal tese, dita *objetivação do recurso extraordinário*, vem alterando o perfil do controle difuso ou incidental da constitucionalidade.

38. Os Tribunais postos de permeio na *pirâmide judiciária* (TJ's, TRF's, TRT's) têm sua competência deflagrada por recursos nos quais o interesse à infringência do julgado decorre da situação de *sucumbência*, parcial ou total, acarretada pela decisão atacada, donde se compreender a ampla devolutividade da apelação ou do recurso ordinário trabalhista, a permitir que o acórdão do Tribunal *ad quem* venha *substituir* a decisão atacada (CPC, art. 1.008; CLT, art. 895, I). Já os *Tribunais da Federação* não podem operar como *terceira ou quarta instâncias* e por isso seguem outra lógica, confinados à matéria estritamente jurídica, e ainda assim *prequestionada* (mais a demonstração da *repercussão geral*, no caso do RE ao STF). Esse discrímen permite compreender que o STF e o STJ, para além da função *dikelógica* (resolução justa do caso concreto) que desempenham em comum com os demais Tribunais, se singularizam, porém, pela agregação de outras duas funções, de transcendente

importância: a *nomofilácica* (preservação da higidez da ordem normativa ao nível nacional) e a *paradigmática*: formação de entendimentos assentados, idôneos a parametrizar os julgamentos dos casos análogos, subsumidos nesse direito pretoriano, como se dá, precipuamente, com as decisões-quadro firmadas nos RE's e REsp's afetados como representativos da controvérsia ou com o RE reconhecido com repercussão geral.

39. A função judicial não se limita à resolução das *lides* (jurisdição contenciosa: conflitos *inter nolentes*) ou ao equacionamento de interesses convergentes (jurisdição voluntária: relações *inter volentes*), mas ainda se presta a dirimir dissensos que não raro se instalam entre órgãos e instâncias diversos, contrapondo o espaço institucional de cada qual, o que pode ocorrer: (*i*) entre os próprios órgãos judiciais (CF, art. 92 e incisos), deflagrando *conflitos de competência*, positivos ou negativos, e (*ii*) entre esses órgãos e alguma instância administrativa, sobre matéria não jurisdicional, engendrando *conflitos de atribuição*. Esses dissensos provocam indesejáveis *focos de tensão* entre as Autoridades constituídas e, a depender da natureza da matéria e da hierarquia dos órgãos envolvidos, dão azo à competência originária do STF ou do STJ, conforme o caso (CF, art. 102, I, *f* e *o*; art. 105, I, *d* e *g*). Nesse campo se evidencia uma relevante *missão institucional* desses Tribunais da Federação, qual seja, a de pacificar esses conflitos que, de outro modo, protrairiam a um ponto futuro a resolução do *meritum causae*, lembrando sempre que a natureza da prestação jurisdicional é de serviço público *contínuo*, prestado ou posto à disposição dos interessados.

40. Com a oferta de *uma revisão*, por órgão colegiado, das decisões monocráticas proferidas por órgão judicial de primeiro grau, cumpre-se o dever estatal de apreciar (e, sendo o caso, dirimir) os históricos de lesões sofridas ou temidas (CF, art. 5º, XXXV), dando-se, outrossim, por atendido o chamado *duplo grau de jurisdição*. Desse ponto em diante, a postura da Justiça estatal deve se alterar profundamente, cabendo tomar-se sob um registro excepcional o acesso aos Tribunais Superiores, seja porque as decisões judiciais não podem ficar sujeitas a sucessivas e infindáveis impugnações, seja porque esses órgãos de cúpula não se destinam a rever matéria de fato, reavaliar provas ou suprir declarações de vontade, seja, enfim, porque sua intervenção só se justifica quando se trate de *quaestiones iuris* singulares, complexas, de relevante interesse geral e devidamente prequestionadas. Daí a indispensabilidade de os Tribunais Superiores contarem com *elementos de contenção* capazes de *filtrar*, de *triar* os processos a eles dirigidos, como ora se dá com a *repercussão geral da questão constitucional*, no juízo de admissibilidade do recurso extraordinário (CF, § 3.º do art. 102: EC 45/2004; CPC, art. 1.035 e § 1º),

assim como com o quesito da *transcendência*, na revista trabalhista ao TST (CLT, art. 896-A e § 1º, este acrescido pela Lei 13.467/2.017), valendo lembrar, no Direito estrangeiro, o quesito da *gravedad institucional*, na admissão do recurso extraordinário argentino.

41. A excessiva duração do processo judicial não vinha despertando especial atenção, em comparação com outros temas, tanto em sede doutrinária como na legislativa, possivelmente por conta da (equivocada) percepção de que o tempo incorrido no processo judicial fosse um mal inevitável, um fator infenso a prognósticos, sujeito a intercorrências diversas e incontroláveis, tais como as vicissitudes probatórias, a conduta das partes e de seus advogados, as pautas sobrecarregadas, a influência dos ritos previstos para certas ações, os chamados tempos mortos, etc. De tempos a esta parte, todavia, o fator *tempo* vem sendo revisto e valorizado, chegando, a justo título, a ser incluído entre os atributos configuradores do devido processo legal, ao lado do contraditório e da ampla defesa. Isso pela curial constatação de que há uma relação inversa entre a *eficácia prática* da decisão (o direito, valor ou bem da vida nela reconhecidos) e o *lapso temporal* transcorrido até o término do processo ("tempo que passa é verdade que foge"). A essa tendência contemporânea, recepcionada no *Pacto de San José da Costa Rica* e entre nós internalizado pelo Dec. 678, de 09.11.1992, aderiu o constituinte revisor (EC 45/2004), incluindo no rol dos direitos e garantias individuais a "razoável duração do processo e os meios que garantam a celeridade de sua tramitação" (art. 5.º, LXXVIII), almejando-se que tal previsão possa se concretizar em modo de uma efetiva proteção ao jurisdicionado, e não se converta em singela diretriz ou norma programática. Nesse sentido, o art. 4º do vigente CPC reconhece que as "partes têm o direito de obter em prazo razoável a solução integral do mérito (...)".

42. A organização judiciária brasileira é complexa e multifacetada, espraiando-se pelos ramos *Federal* – comum e especial – e *Estadual*, sendo aquela primeira organizada em Seções, reunidas em regiões, e a segunda em Comarcas, agrupadas em entrâncias. Além disso, a cúpula do sistema judiciário compreende vários Tribunais, constituídos em função de critérios determinativos diversos – *ratione loci, materiae, personae, muneris* (STF, STJ, TST, STM, TSE) –, tudo concorrendo para configurar, à primeira vista, a imagem de um sistema judiciário um tanto fragmentário. Essa percepção, todavia, é equivocada, podendo-se antes afirmar que nossa jurisdição é *unitária e nacional*, porque: (*i*) a lei não pode subtrair ao Judiciário a apreciação dos históricos de lesão sofrida ou temida – CF, art. 5.º, XXXV; (*ii*) conquanto projetado no art. 111 da EC 01/69, não chegou a ser implementado o *Contencioso Administrativo*, preordenado a absorver as causas envolvendo o

Poder Público e os administrados; (*iii*) a dispersão de órgãos judiciais, antes referida, em verdade não remete ao Judiciário enquanto *Poder* (dimensão estática) ou *Função* (dimensão dinâmica), e sim quanto a peculiaridades de sua *Atividade* (dimensão operacional), a qual pressupõe o largo campo da *competência*, ou seja, a distribuição da massa de processos entre os diversos órgãos, monocráticos e colegiados, por critérios adrede estabelecidos, sob a égide do juiz natural; (*iv*) uma decisão judicial - sentença, acórdão - só por outra decisão desse mesmo Poder pode ser revista ou cassada: a chamada *reserva de sentença, como se dá, v.g., na ação rescisória.*

43. O controle de constitucionalidade no Brasil hoje se pode dizer *eclético*, mormente a partir da recepção da chamada *objetivação* do recurso extraordinário, praticamente equiparando a eficácia pan-processual dos sistemas concentrado e difuso, ao argumento principal de que a decisão sobre matéria constitucional é de natureza *unitária* (avaliação positiva ou negativa: *tertio non datur*), não se concebendo que a declaração do *guarda da Constituição* se restrinja só às partes do processo em que fora suscitada incidentemente, assim dando azo a toda sorte de distorções, injustiças e desequiparações ilegítimas. O Direito brasileiro dá mostras de estar receptivo a essa proposta, como se colhe do vigente CPC (§ 12º do art. 525; § 5º do art. 535), salientando-se que essa tendência à aproximação das cargas eficaciais de ambas aquelas modalidades de controle já vinha sinalizada desde a Lei 9.756/98, que dispensou a prévia oitiva do Pleno ou do órgão especial dos Tribunais nas arguições incidentais, em havendo "pronunciamento destes ou do plenário do STF sobre a questão" (CPC, § único do art. 481 do CPC/73), previsão recepcionada no vigente CPC, no § único do art. 949. Dispõe ainda sobre o tema a Súmula Vinculante do STF nº 10.

44. Desde a Constituição Imperial (1824) e a primeira republicana (1891) a organização judiciária brasileira tem observado a forma *piramidal*, com órgãos singulares à base, locais/regionais de permeio e a Corte Constitucional no cimo. Essa forma geométrica é de per si eloquente a indicar uma oferta franca de justiça no primeiro acesso, o que na sequência vai gradativamente se estreitando, para, ao fim e ao cabo, revelar-se excepcional no patamar das Cortes postadas à cúpula do sistema. Esse gradual *fechamento* é compreensível, em se considerando a desproporção entre os onze Ministros do STF e os trinta e três do STJ, em face da dimensão continental do território, com expressiva população que já suplantou a casa dos duzentos milhões. Por força da intercorrência de fatores diversos (*v.g.*, a percepção, ao tempo do CPC/73, de que as súmulas simples do STF e as do STJ projetavam eficácia apenas persuasiva, operando no plano da influência; a não recepção da arguição

de relevância na CF de 1988, criando um vácuo só mais tarde preenchido com a exigência da repercussão geral da questão constitucional; a expansão desmedida do direito federal; o crescimento da litigiosidade ao interno da coletividade; a arraigada cultura judiciarista), instalou-se na Excelsa Corte uma *crise numérica* de processos que nem mesmo a criação do STJ – ao qual se repassou a guarda do direito federal comum – até agora conseguiu aplacar. Tentou-se, ainda uma vez, controlar o *in put* de processos na Excelsa Corte, já agora com a exigência da *repercussão geral da questão constitucional*, no juízo de admissibilidade do RE (CF, § 3.º do art. 102: EC 45/2004; CPC, art. 1.035 e § 1º), a par da *súmula vinculante* (CF, art. 103-A: EC 45/2004); de outra parte, positivou-se a técnica dos *julgamentos em bloco, por amostragem*, desses recursos, quando repetitivos (CPC, arts. 1.036-1.041).

45. A CF de 1988 procedeu a um *realinhamento* da cúpula judiciária do país, com a criação do STJ, a partir da defecção de competência antes afeta ao STF (tutela do direito federal comum) e da extinção do TFR, com a distribuição das atribuições deste último pelos então criados cinco TRF's. Todavia, com o tempo, tais alterações vieram a se revelar insuficientes para o fim de resolver ou ao menos atenuar a *crise numérica* de processos no STF. Aliás, numa reversão de expectativa, tal crise acabou por se estender ao STJ, como o revelam os números disponíveis nos *Relatórios* de ambas as Cortes, disponibilizados em seus sítios na *internet*. Dentre as concausas ou explicações para esse fenômeno avulta o fato de se ter, por tempo demasiado, descurado que uma Corte Superior não pode atuar satisfatoriamente sem contar com *um elemento de contenção*, capaz de proceder a uma *triagem* nos processos a ela dirigidos, por modo a liberar a passagem apenas àqueles representativos de casos singulares, complexos, socialmente relevantes, cuja decisão *transcenda* o interesse das partes diretamente envolvidas. Assim é que, a par das medidas já implementadas para o STF (cf. parte final do tópico precedente), estendeu-se ao STJ atribuição para julgar, *por amostragem*, recursos especiais repetitivos, emitindo decisão-quadro naquele afetado como *representativo da controvérsia*, a par de já se ter cogitado para essa Corte outros *elementos de contenção, que contudo, não se concretizaram*: (*i*) a *súmula impeditiva de recursos* (*PEC* 358/2005); (*ii*) a exigência da *repercussão geral da questão federal* (PL n. 1.343/2004; PL 408/2007).

46. A *tutela constitucional das liberdades*, desempenhada em *ultima ratio* pelo STF, enquadra-se entre suas missões institucionais, enquanto *guarda da Constituição* – CF, art. 102, *caput* –, ao contrário de certas atribuições que se diriam anômalas ou mesmo excrescentes, como a de apuração de *escândalos* financeiros e outras ocorrências de cunho preponderantemente político. As

liberdades públicas, ou direitos subjetivos públicos, de início tiveram conotação *negativa*, no sentido de um dever de abstenção por parte do Estado (*v.g.*, não obstar a livre reunião para fins pacíficos), para, depois, evoluírem para um sentido *positivo*, passando a representar verdadeiros *créditos* em face do Estado, sobretudo com o advento do *Wellfare State* e, depois, sob a égide do contemporâneo *Estado-providência*. Corolariamente, a recusa ou oferta insuficiente das devidas prestações ou contrapartidas por parte do Estado têm gerado focos de tensão e insatisfações diversas (*v.g.*, crises de segurança pública, de moradia, escassez de emprego), que inflacionam a crescente litigiosidade ao interno da coletividade, fomentando novos processos judiciais, tudo a agravar a *crise numérica* que assola o Judiciário.

47. A tarefa de aplicação da norma de regência aos fatos nela subsumidos não pode ser monopolizada pelos órgãos judiciais, mas, antes e superiormente, deve fazer-se sob a égide da democracia pluralista e participativa, deve também ser franqueada a outras instâncias, singulares e colegiadas, esparsas pela Administração Pública, pelo chamado foro extrajudicial, e mesmo pelo *terceiro setor*, dando assim um *sentido largo* à palavra *Jurisdição*, desconectando-a, em boa medida, dos órgãos da Justiça Estatal, elencados em *numerus clausus* no art. 92 e incisos da CF. A par disso, o ordenamento positivo exibe *pontes e conexões* entre a atuação de certos órgãos colegiados e o Judiciário, como, por exemplo, as decisões dos *Tribunais de Contas*, dos *Tribunais de Arbitragem* e do *CADE* – Conselho Administrativo de Defesa Econômica, as quais formam *título executivo* (CF, art. 71, § 3.º; CPC, art. 515, VII; Lei 12.529/2011, art. 93, nessa ordem). De outra parte, a própria *nomogenese* não provém de fonte única, mas exsurge de vários entes políticos e suas ramificações, consentindo ainda modalidades competenciais de diversa intensidade: exclusiva, comum, concorrente, residual. Por fim, a Jurisdição, em sentido estrito, conquanto seja *unitária e nacional*, realiza-se por meio de um sistema complexo e radicular, a partir de dois grandes ramos – *Justiça Federal*, comum e especial, e *Estadual*, cada qual organizada por critérios distintos. Todos esses fatores, ao se interpenetrarem, engendram conflitos que, em suas dimensões mais elevadas – em razão da matéria ou da pessoa –, deflagram a competência originária do STF ou do STJ, cuja intervenção elimina ou arrefece os *focos de tensão* entre os núcleos de Poder, contribuindo para a pacificação e a coesão interna do sistema republicano-federativo. Vale observar que é dado ao relator, nos tribunais, decidir monocraticamente o conflito de competência quando sua decisão se basear em súmula do STF, do STJ ou do próprio tribunal, ou ainda em tese firmada nos incidentes de resolução de demandas repetitivas e de assunção de competência (CPC, § único e incisos do art. 955)

48. O STF, *guarda da Constituição*, conhece do recurso extraordinário enquanto *órgão de sobreposição* na hierarquia judiciária nacional, donde sua natural proeminência em face das demais instâncias judiciárias, a par da atribuição para emitir súmulas vinculantes, em face de todos os órgãos judiciais e, igualmente, da Administração Pública (CF, § 3.º do art. 103-A). Daí se compreender que seus acórdãos de mérito não devam confinar-se a uma eficácia apenas *endoprocessual*, mas possam projetar efeitos expandidos, para além dos interesses das partes no caso concreto, como forma de otimizar a eficácia dos julgados da mais alta Corte de Justiça e promover o tratamento isonômico aos jurisdicionados. Por isso, ao prover sobre o recurso extraordinário, o STF desempenha tríplice missão: a *nomofilácica* (preservação da higidez, validade e autoridade da ordem constitucional); a *dikelógica* (comum aos demais Tribunais, consistindo em resolver de modo justo e tempestivo o caso concreto); a *paradigmática* (formação de jurisprudência dominante ou sumulada, capaz de parametrizar o julgamento de casos análogos, tanto ao interno do STF como nas demais instâncias judiciárias).

49. Precípua missão do STF, enquanto *guarda da Constituição*, é a do *controle de constitucionalidade*, que ele desempenha tanto na via direta, concentrada, ou por ação (*ADin, ADCon, ADPF, inconstitucionalidade por omissão, mandado de injunção*) como na modalidade incidental, difusa ou *in concreto*, esta última no bojo das arguições suscitadas nos recursos extraordinários. Tendo inicialmente prevalecido o controle difuso, por influência do modelo norte-americano, ocorreu, depois, uma gradual expansão da via direta, hoje se podendo dizer que entre nós vigora um sistema *misto ou eclético*. A linha evolutiva nesse campo exibe um tendencial crescimento do controle direto, assim nas modalidades ofertadas, como na intensidade de seu oferecimento, o que, se de um lado traduz uma vigilância maior quanto à conformidade das leis e atos normativos em face do modelo constitucional, de outro lado exibe as falhas e carências do processo nomogenético, tanto de ordem substancial como formal. No tocante ao controle incidental, é razoável intuir-se uma certa retração, à medida que tende a diminuir o fluxo de recursos extraordinários, barrados na triagem desempenhada pelo quesito genérico e prejudicial da *repercussão geral da questão constitucional* (CF, § 3.º do art. 102: EC 45/2004) e, também, por conta do julgamento *em bloco* dos RE's (STF) e REsp's (STJ) massivos e repetitivos, na medida em que a decisões – quadro, emitidas por aquelas Cortes parametrizam a solução dos recursos sobrestados nos TJ's e TRF's (CPC, art. 1.030, I e alíneas, cf. lei 13.256/2.016; art. 1.040, I, II).

50. Embora se reconheça ao recurso extraordinário – e, por extensão, ao STF – a *tríplice função* antes referida na conclusão de n. 48 supra, tem-se

presentemente sobrelevado a *missão paradigmática* (formulação de padrões decisórios, em forma de jurisprudência dominante ou sumulada): de um lado por se tratar de um Tribunal de sobreposição na estrutura judiciária nacional e, de outro, porque a inteligência do texto constitucional só pode ser unitária, construída ao interno da Corte Suprema. Assim, e principalmente ao influxo do crescente prestígio da tese da *objetivação do recurso extraordinário* (em certa medida recepcionada no CPC: § único do art. 949), tem avultado a importância do papel do STF na fixação de parâmetros para o julgamento de processos afins, em trâmite na Justiça brasileira como um todo. Esse renovado ambiente, além de propiciar o *tratamento isonômico* aos jurisdicionados (trato igual aos iguais e desigual aos desiguais), propicia ainda, como externalidade positiva, um *efeito preventivo geral* na virtual formação de novos processos, ao *desestimular* a judicialização de pretensões contrárias aos entendimentos assentados nas Cortes mais altas do país; por exemplo, o vigente CPC prevê a *improcedência liminar* do pedido, mesmo sem citação do réu, quando aquela pretensão "contrariar enunciado de súmula do Supremo Tribunal Federal ou do Superior Tribunal de Justiça" (art. 332, I).

51. A criação do STJ na CF de 1988 remete a algumas *concausas*, entre as quais o reconhecimento – desde meados do século passado – da incapacidade de o STF englobar a dupla atribuição de pronunciar a *ultima ratio* em matéria constitucional e ainda no direito federal comum. Entre as providências ao longo do tempo excogitadas ou implementadas, de cunho preventivo ou dissuasório, notabilizou-se o instituto da *arguição de relevância* no juízo de admissibilidade do RE, a qual perdurou por treze anos (ER 03/1975 – CF 1988). A experiência, todavia, não se pode dizer exitosa, tendo mesmo ficado estigmatizada como um fator de *desequiparação ilegítima*, porquanto uma *quaestio iuris federal* há de ser (ou não) *relevante* por sua própria natureza e dimensão, e não em decorrência de avaliação *a posteriori* que possa merecer, e, ainda, sem que se dê a conhecer as razões dessa motivação.[9] Sem embargo, a experiência das Cortes Superiores de todo o mundo revela a indispensabilidade de algum *elemento de contenção* para que elas se preservem como tal e não se convertam em terceira ou quarta instâncias. Em simetria com essa tendência, a EC 45/2004 introduziu no juízo de admissibilidade do RE no STF a exigência da *repercussão geral da questão constitucional* (§ 3.º do art.

9 RISTF na versão da época, art. 151, I. O saudoso Theotônio Negrão comentava: "São secretas as reuniões de Conselho para julgamento de arguição de relevância, tomando os interessados ciência das decisões pela publicação no 'Diário da Justiça' (art. 328, VIII)". (*Código de Processo Civil e legislação processual em vigor*, 17ª ed., São Paulo: Revista dos Tribunais, 1987, nota nº 3 ao art. 151 do RISTF, p. 82).

102), a par da *súmula vinculante*, que também opera como *filtro*, ao projetar um efeito preventivo-geral, na medida em que permite a *cassação* de decisões que contrariem tal súmula ou a apliquem indevidamente (§ 3.º do art. 103-A: EC 45/2004; CPC, art. 988, III, redação da Lei 13.256/2.016).

52. Ordinariamente, a *situação de sucumbência* basta para deflagar o *interesse em recorrer* (CPC, art. 996, *caput*), mas no caso dos recursos de direito estrito, de fundamentação vinculada à CF, tal o REsp ao STJ, exige-se que ao singelo e imediato interesse do recorrente agreguem-se outras exigências, compatíveis com as missões de uma Corte Superior. Cuida-se aí das três missões desempenhadas pelo STJ, como o *guarda do direito federal comum*: a *nomofilácica*, dizendo respeito à higidez da ordem normativa, no caso, do direito federal comum; a *dikelógica*, concernindo à solução justa, consistente e tempestiva da controvérsia; a *paradigmática*, tocando à finalidade uniformizadora dos dissensos já estabelecidos ou prenunciados acerca da inteligência das leis federais nos diversos órgãos judiciários do país. Esta última tarefa vem ganhando corpo, por sua aptidão a projetar, como externalidade positiva, um *bloqueio* nos recursos especiais *múltiplos e repetitivos*, derivados de milhares de ações individuais (ditas demandas seriais) que, de resto, poderiam e deveriam ter sido coalizadas num único processo coletivo. Essas ações múltiplas soem eclodir em face dos históricos de prejuízos causados aos particulares por parte dos chamados *clientes habituais* do Judiciário – *v.g.*, o próprio Poder Público, Bancos, empresas de planos de saúde, de telefonia, de crédito e financiamento – especialmente as chamadas *demandas sazonais*). Nesse sentido, dá-se o trancamento, na origem, dos demais recursos contrários ao entendimento já assentado no STF ou no STJ na decisão-quadro lançada no recurso afetado como representativo da controvérsia (CPC, art. 1.030, I e alíneas, cf. Lei 13.256/.016; art.1.040, I, II). [10]

53. O constituinte de 1988, ao criar o STJ com o triplo, *no mínimo*, do número de Ministros do STF, cuidou que com isso a Corte conseguiria levar a bom termo a guarda do direito federal comum, considerando-se que no regime precedente, o STF, sozinho, pronunciava a *ultima ratio*, tanto no direito constitucional como no federal comum. Alguns fatores intercorrentes, porém, quiçá subavaliados à época (*v.g.*, a expressiva predominância do direito federal em face do local; a profusão desmesurada da legislação federal;

10 Nesse sentido, afirma Bruno Dantas Nascimento: "O juízo realizado pelo STF e pelo STJ no exercício da tutela recursal plurindividual deixou de ser puramente de *revisão* e passou a ser também de *cassação* e *reenvio*". "Tutela recursal plurindividual...", tese de doutorado, PUC – São Paulo, 2013, cit., conclusão nº 50, p. 156.

a virtual interposição conjunta de RE e REsp; a inexistência de elementos de contenção), levaram a que, com o tempo, a crise do STF viesse a se comunicar ao STJ, cujo notório crescimento físico, em termos estruturais e funcionais, não tem conseguido recepcionar a crescente pletora de processos. Esse fato remonta há alguns anos, vindo reconhecido na Exposição de Motivos do PL 1.213/2007, embrião da Lei 11.672/2008 (acresceu o art. 543-C ao CPC/73), dizendo o Ministro da Justiça à época que "somente em 2005, foram remetidos mais de 210.000 processos ao Superior Tribunal de Justiça, grande parte deles fundados em matéria idêntica, com entendimento já pacificado naquela Corte. Já em 2006, esse número subiu para 251.020, o que demonstra preocupante tendência de crescimento". É dizer, já ao tempo do CPC/73 *gritavam os números*, evidenciando que uma Corte Superior não se compadece com o trato massivo de processos, ao risco de perda de qualidade de sua produção, e consequente desprestígio da instituição.

54. A chamada *tutela constitucional das liberdades*, por sua própria natureza e dimensão, que toca aos planos individual e social, espraia-se pelos órgãos judiciais de primeiro e segundo graus, podendo alcançar, no âmbito mais elevado, os *Tribunais da Federação*, em sua competência originária e recursal-ordinária, a depender da matéria e da autoridade ou órgão público envolvidos (neste último caso, a chamada competência *ratione muneris*). Assim é que os *writs* se distribuem, nesse altiplano, pelo STF e STJ, com alguma preeminência para o STF (CF, art. 102, I, *h* e II, *a*), valendo observar que tais ações relevam, a um tempo, do texto constitucional e da legislação ordinária, como se observa da normação atinente ao *habeas corpus*, ao mandado de segurança, ao *habeas data*. Quanto ao *mandado de injunção*, tem perfil aproximado ao da *inconstitucionalidade por omissão*, ao passo que o mandado de segurança coletivo vinha tendo seu rito adaptado da modalidade individual, até receber manejo especifico, segundo o disposto nos arts. 21 e 22 da Lei 12.016/2009; já o mandado de injunção vem regulado na Lei 13.300/2.016, inclusive na modalidade coletiva. A tutela das liberdades (ou dos direitos subjetivos públicos) ganhou espaço na CF de 1988, por um conjunto de fatores, entre os quais a expressiva constitucionalização dos novos direitos, individuais e sociais; a facilitação do acesso à Justiça; o ideário de uma democracia não apenas representativa, mas plural e participativa.

55. Enquanto o controle *federal* de constitucionalidade, na via *direta*, concentra-se no STF (CF, § 2º do art. 102) e o controle *local* nos TJ's (CF, § 2º do art. 125), já o crivo pelo modo difuso, incidental ou *in concreto*, se espraia pelos órgãos judiciários de todo o país, monocráticos ou colegiados, pela boa razão de que a presunção de constitucionalidade das leis e atos públicos

é *relativa*, podendo ser infirmada tanto por razões de fundo como de forma. A diferença entre os dois regimes reside, pois, menos na substância intrínseca e mais na projeção da eficácia da declaração final, porque no controle difuso o pronunciamento sobre a querela constitucional tem efeitos confinados às partes, ficando a expansão dessa eficácia a depender da chamada *reserva de Plenário* (cf. art. 97, c/c CPC, art. 949 e § único; Súmula Vinculante nº 10), enquanto a supressão final do texto glosado depende de ulterior intervenção do Senado (CF, art. 52, X) ou, no caso das *ADIns* locais, das Assembleias Legislativas. Embora o STJ não seja o *guarda da Constituição*, não há dúvida de que, tanto quanto os demais tribunais – e até por maioria de razão – pode ele pronunciar-se acerca de questão constitucional suscitada incidentemente, não se podendo aí perscrutar, absolutamente, qualquer excesso ou invasão na competência do STF. Esses dois planos ficam bem evidentes quando se dá a interposição *conjunta* de RE e REsp, nos moldes do previsto no art. 1.031 e §§ do CPC.

56. O manejo da *extraterritorialidade* dos comandos judiciais – nacionais e estrangeiros – reporta-se à *soberania* do Estado brasileiro, aspecto à sua vez atinente à *dimensão estática* do Judiciário, ou seja, à acepção deste enquanto P*oder*. De outra parte, o trato daquela matéria obedece à logística da *reciprocidade e mútua colaboração* entre os Estados soberanos, por aí se compreendendo que a competência – originária e recursal ordinária – nesse campo esteja afeta aos *Tribunais da Federação* (STF e STJ), segundo critérios diversos, *ratione materiae, personae ou muneris*, estabelecidos na CF. A EC n. 45/2004 inovou nessa repartição de competências, ao repassar para o STJ a homologação das sentenças estrangeiras e a concessão do *exequatur* às cartas rogatórias (art. 105, I, *i*), ao tempo em que manteve sua competência (recursal ordinária) para julgar casos envolvendo, de um lado, Estado estrangeiro/organismo internacional e, de outro, Município/pessoa residente ou domiciliada no Brasil (art. 105, II, *c*). Já o STF remanesce competente, originariamente, para julgar litígio entre Estado estrangeiro/organismo internacional e nossos entes políticos (art. 102, I, *e*), a par da extradição pedida por país estrangeiro (art. 102, I, *g*).

57. Nossa Constituição Imperial (1824) previa um *Poder Moderador*, atribuído ao Imperador, "para que incessantemente vele sobre a manutenção da Independência equilíbrio e harmonia dos mais Poderes Públicos" (art. 98). Não recepcionada tal fórmula nas Cartas subsequentes, pode-se, todavia, perscrutar um resquício nas competências do STF e do STJ para que tais Cortes previnam ou dirimam conflitos entre órgãos judiciais ("conflitos de competência") ou entre eles e autoridade administrativa sobre matéria não

jurisdicional ("conflitos de atribuição"). Ideal seria que esses incidentes não eclodissem de modo tão frequente na cena judiciária, pelo fato de por aí se deflagrar uma discussão *paralela* ao mérito da controvérsia, assim tomando o tempo que, de outro modo, seria aplicado no deslinde do fulcro dos litígios. De todo modo, tais dissensos afiguram-se inevitáveis, no ambiente de uma estrutura judiciária tão radicular e complexa como a brasileira, que ademais, em vários pontos, tangencia atribuições decisórias de certas instâncias administrativas, tudo a predispor que sua resolução possa até mesmo se alçar até o STJ ou STF, a depender da matéria e da hierarquia das autoridades e órgãos envolvidos: CF, arts. 102, I, *o*; 105, I, *d*, *g*.

58. Historicamente, a tutela cautelar, vocacionada às situações de dano *temido*, configurou-se num tempo posterior à elaboração das tutelas de *conhecimento* (eliminação de incerteza) e de *execução* (satisfação do direito reconhecido). Isso deveu-se principalmente a que, na concepção original da separação entre os Poderes, ao Judiciário tocava a atribuição para dirimir os históricos de *lesão consumada*, ficando os danos iminentes ou prenunciados a cargo da Administração Pública, como provedora do bem-estar da coletividade e gestora do interesse geral, falando-se hoje no *Estado-providência*. Com o evolver dos acontecimentos, mormente com a gradual instalação da *sociedade de risco*, aquele quadro veio a se alterar, afirmando-se a autonomia do processo cautelar, sem prejuízo de sua *instrumentalidade* em relação aos outros dois processos, tendo mesmo a CF de 1988 inserido a tutela preventiva no âmbito da garantia do acesso à Justiça (art. 5.º, XXXV). Nos Tribunais da Federação, por isso mesmo, registra-se expressivo espaço para a tutela de situações de risco, tanto nas competências originárias do STF e do STJ como nas suas disposições regimentais, para finalidades diversas: imprimir efeito suspensivo ao RE ou ao REsp; suspender eficácia a certas decisões locais ou regionais; preservar a utilidade prática de provimento judicial futuro; antecipar a tutela de pretensão recursal; conceder liminar em situações que expõem a perigo valores relevantes, tais como a segurança pública, a ordem econômica ou social. Tais providências, antes subsumidas na rubrica do Processo Cautelar (CPC/73), hoje se reportam ao âmbito da Tutela Provisória (CPC vigente, Livro V da Parte Geral), compreensiva das pretensões fundadas em urgência ou evidência, sendo que a tutela de urgência pode ser concedida em caráter antecedente ou incidental (CPC, art. 294 e incisos).

59. Considerando-se a filiação do Brasil à família *civil law*, dos direitos codicísticos, a fonte principal ou primária de expressão do Direito fixou-se, tradicionalmente, na *norma legal* (CF, art. 5º e inciso II), falando-se mesmo no princípio ou no primado da *reserva legal* para a criação de direitos e

obrigações. Já o *produto final* dos Tribunais, quando venha qualificado pela reiteração harmônica dos pronunciamentos sobre uma dada matéria – a *jurisprudência* – não consta, ao menos *expressis verbis*, entre os meios secundários ou de integração do ordenamento positivo, ao lado do costume, da analogia, da equidade, dos princípios gerais, das regras de experiência comum. Sem embargo, a jurisprudência, desde o último quartel do século passado, vem passando por crescente valorização, passando a ocupar espaços gradualmente mais expressivos e a produzir efeitos transcendentes aos interesses particulares dos sujeitos envolvidos – sobretudo nas modalidades *dominante e sumulada* – especialmente quando oriunda dos Tribunais da Federação, dada sua natural proeminência sobre os demais órgãos judiciais. Essa *eficácia pan-processual* da jurisprudência dominante ou sumulada está recepcionada em vários pontos do ordenamento positivo, assim no texto constitucional (CF, § 2.º do art. 102; § 3.º do art. 103-A), como no vigente CPC (arts. 332 e incisos; § 1º, V, VI, do art. 489; § 4º, incisos I a III do art. 496; § 3º do art. 947; § único e incisos do art. 955; art. 985 e incisos; art. 988, III, inciso acrescido pela Lei 13.256/2.016); art. 1.040, I e II).

60. Ao longo da evolução histórica, a resolução dos conflitos observou um *movimento pendular*, indo desde as formas privadas de justiçamento ao outro extremo do monopólio estatal da jurisdição. Hoje, ambas essas polaridades exacerbadas podem-se dizer superadas, voltando o pêndulo à virtude do meio termo, cabendo antes reconhecer a premissa de que os dissensos e controvérsias esgarçam o tecido social e engendram pontos de tensão tendencialmente formadores de processos judiciais, cuja notória *crise numérica* sobrecarrega os órgãos jurisdicionais, ao final engendrando uma justiça de baixa qualidade: excessivamente lenta, onerosa e de desfecho imprevisível, que frustra o jurisdicionado, desprestigia o sistema e cria focos de tensão que retroalimentam a contenciosidade social. A atribuição de *dizer o Direito* não mais deve ficar restrita exclusivamente ao Estado, mas deve ser reconhecida a todo órgão ou instância capaz de prevenir ou compor com justiça e em tempo razoável os litígios, registrando-se, nesse sentido, tendência contemporânea à *desjudicialização dos conflitos*, na esteira do ideário da democracia *participativa e pluralista*. Esse ambiente renovado repercute na própria natureza da relação processual, que vai deixando seu tradicional perfil *adversarial*, que ao final transmuda as partes em vencedor e vencido, para converter-se num foro dialético e de aproximação entre os contraditores, em ordem a uma possível solução consensual, a que a doutrina vem chamando processo de *estrutura cooperatória*, desenvolvido no ambiente de uma *justiça coexistencial*. Essa renovada concepção – cujo êxito depende de uma prudente postura *pró-ativa* dos

juízes e do engajamento dos demais operadores do Direito – projeta diversas *externalidades positivas*: prestigia e estimula os meios auto e heterocompositivos, fora e além da estrutura judiciária estatal; reduz a expectativa social sobre a distribuição *oficial* da Justiça, que de outra forma fica concentrada somente sobre o Estado; abre espaço para que juízes e Tribunais, liberados da carga dos processos resolvidos pelos próprios interessados ou com a intercessão de outros órgãos ou instâncias, possam concentrar-se nos casos efetivamente carentes de *passagem judiciária*: as ações ditas *necessárias*, os casos tornados incompossíveis por outros meios, os conflitos sobre direitos irremissivelmente indisponíveis, os que apresentem singularidades de matéria ou de pessoa, os inseridos na competência originária dos Tribunais, e, de modo geral, os que, realmente complexos e transcendentes, demandem *cognitio et imperium*. Trata-se de uma concepção atualizada e contextualizada da *Jurisdição*, compatível com a explosão de litigiosidade emergente numa sociedade massificada e competitiva, sob um ideário aderente à modernidade e a uma democracia *pluralista e participativa*. Os *Tribunais da Federação* – STF e STJ – por sua colocação no ápice da pirâmide judiciária, como órgãos de sobreposição, têm papel relevante e mesmo decisivo em todo esse contexto, cabendo-lhes, para além da resolução justa do caso concreto (função *dikelógica*), ainda, o desempenho das funções *nomofilácica* (preservação da higidez, autoridade e validade da ordem normativa) e *paradigmática* (formulação de parâmetros jurisprudenciais capazes de nortear a resolução dos casos neles subsumidos). Disso tudo resultará, a um tempo, o *tratamento isonômico*, devido aos jurisdicionados, e o alívio da *crise numérica* de processos que hoje assola o Judiciário e compromete a qualidade e a tempestividade de suas decisões.[11]

---

11 O ideário ora exposto está em simetria com a Res. CNJ 125/2010, que fixou as bases da *Política Judiciária Nacional* e, também, com vários dispositivos do vigente CPC: art. 3º e §§; arts. 4º; 6º; 139, IV; 489, § 1º e incisos; 536 e § 1º.

BIBLIOGRAFIA

ABBUD, André de Albuquerque Cavalcanti. O conceito de terceiro no processo civil. *Revista da Faculdade de Direito da USP*, vol. 99, 2004, p. 849-886.

ALESSI, Renato. *Sistema istituzionale del diritto amministrativo italiano*. Milão: Giuffrè, 1953.

ALBERTON, Genacéia da Silva. Repensando a jurisdição conflitual. In: CARNEIRO, Athos Gusmão; CALMON, Petrônio (org.). *Bases científicas para um renovado direito processual*. Brasília: Instituto Brasileiro de Direito Processual, 2008. vol. 1.

ALVES, Rafael Francisco. A arbitragem no direito ambiental: a questão da disponibilidade de direitos. In: SALLES, Carlos Alberto de; SILVA, Solange Teles da; NUSDEO, Ana Maria de Oliveira (coord.). *Processos coletivos e tutela ambiental*. São Paulo: Universitária Leopoldianum, 2006.

ALVIM, Artur da Fonseca. Coisa julgada nos Estados Unidos. *RePro* n. 132, p. 75-81, fev. 2006.

ALVIM NETTO, José Manuel de Arruda. A alta função jurisdicional do Superior Tribunal de Justiça no âmbito do recurso especial e a relevância das questões. *RePro*, n. 96, out.-dez. 1999, p. 37-44.

______. A EC 45 e o instituto da repercussão geral. In: WAMBIER, Teresa Arruda Alvim *et al.* (coord.). *Reforma do Judiciário – Primeiras reflexões sobre a EC 45/2004*. São Paulo: Ed. RT, 2005.

______. *Mandado de segurança, direito público e tutela coletiva*. São Paulo: Ed. RT, 2000.

______. O antigo recurso extraordinário e o recurso especial (na Constituição Federal de 1988). In: TEIXEIRA, Sálvio de Figueiredo (coord.). *Recursos no Superior Tribunal de Justiça*. São Paulo: Saraiva: 1991.

AMENDOEIRA JUNIOR, Sidnei. *Poderes do juiz e tutela jurisdicional. A utilização racional dos poderes do juiz como forma de obtenção da tutela jurisdicional efetiva, justa e tempestiva* (Coleção Atlas de Processo Civil). CARMONA, Carlos Alberto (coord.). São Paulo: Atlas, 2006.

ANDOLINA, Ítalo. *Cognizione e "esecuzione forzata" nel sistema della tutela giurisdizionale*. Milão: Giuffrè, 1993.

ANDRADE, José Carlos Vieira de. *Os direitos fundamentais na Constituição Portuguesa de 1976*. Coimbra: Almedina, 1987.

ANDRADE, Sabrina Dourado França. O princípio da proporcionalidade e o poder de criatividade judicial. In: DIDIER JR., Fredie *et al.* (coord.). *Constituição e processo*. Salvador-BA: Podivm, 2007.

ANDREWS, Neil. Mediação e arbitragem na Inglaterra. *RePro* n. 211, p. 281-316, set. 2012.

ANDRIGHI, Fátima Nancy. Mediação – um instrumento judicial para a paz social. *Revista do Advogado* (AASP), n. 87, 2006, p. 134-137.

ARAGÃO, Egas Dirceu Moniz de. *Comentários ao Código de Processo Civil*. 9. ed. Rio de Janeiro: Forense, 1998. vol. 2.

______. O processo civil no limiar de um novo século. *RT*, n. 781, São Paulo: Ed. RT, nov. 2000, p. 51-70.

ARAÚJO, Mouta José Henrique. O julgamento de recursos especiais por amostragem: Notas sobre o art. 543-C do CPC. *Revista Dialética de Direito Processual* 65, ago. 2008, p. 55-62.

______. Reflexões que envolvem a nova hipótese de reclamação junto ao STF advinda da EC n. 45. *Repertório de Jurisprudência IOB*, n. 8, São Paulo, abr. 2005, p. 241-246.

ARENHART, Sérgio da Cruz. A tutela de direitos individuais homogêneos e as demandas ressarcitórias em pecúnia. In: GRINOVER, Ada Pellegrini *et al.* (coord.). *Direito Processual Coletivo e o anteprojeto de Código Brasileiro de Processos Coletivos*, São Paulo: Ed. RT, 2007.

ARMELIN, Donaldo. *Legitimidade para agir no direito processual civil brasileiro*. São Paulo: Ed. RT, 1979.

______. Acesso à Justiça. *Revista da Procuradoria Geral do Estado de São Paulo*, n. 31, jun. 1989, p. 171-182.

ASSAGRA DE ALMEIDA, Gregório. *Direito processual coletivo brasileiro – um novo ramo do direito processual*. São Paulo: Saraiva, 2003.

______. *Manual das ações constitucionais*. Belo Horizonte: Del Rey, 2007.

ASSIS, Araken. O Direito comparado e a eficiência do sistema judiciário. *Revista do Advogado* (AASP), n. 43, jun. 1994.

AZEVEDO, André Gomma. Autocomposição e processos construtivos: uma breve análise de projetos-piloto de mediação forense e alguns de seus resultados. In: AZEVEDO, André Gomma (org.). *Estudos em arbitragem, mediação e negociação*. Brasília: Brasília Jurídica, 2002. vol. 3.

______; CARVALHO E SILVA, Cyntia Cristina. Autocomposição, processos construtivos e advocacia: breves comentários sobre a atuação de advogados em processos autocompositivos. *Revista do Advogado* (AASP), n. 87, set. 2006, p. 115-124.

BACHOF, Otto. *Normas constitucionais inconstitucionais*? Trad. José Manuel M. Cardoso da Costa. Coimbra: Almedina, 1994.

BALEEIRO, Aliomar. *O Supremo Tribunal Federal: esse outro desconhecido*. Rio de Janeiro: Forense, 1968.

BARBI, Celso Agrícola. *Comentários ao Código de Processo Civil*. Rio de Janeiro: Forense, 1981. vol. 1.

BARIONI, Rodrigo. O recurso extraordinário e as questões constitucionais de repercussão geral. In: WAMBIER, Teresa Arruda Alvim *et al.* (coord.). *Reforma do Judiciário -Primeiras reflexões sobre a EC 45/2004*. São Paulo: Ed. RT, 2005.

BARROSO, Luis Roberto. *A nova interpretação constitucional : ponderação, direitos fundamentais e relações privadas*. São Paulo: Renovar, 2003.

______. A proteção coletiva dos direitos no Brasil e alguns aspectos da *class action* norte-americana. *De Jure - Revista Jurídica do Ministério Público do Estado de Minas Gerais*, n. 8, jan.-jul., Belo Horizonte, 2007, p. 34-55.

______. Constitucionalidade e legitimidade da criação do Conselho Nacional de Justiça. In: RENAULT, Sérgio Rabello Tamm e BOTTINI, Pierpaolo (coord.). *Reforma do Judiciário*. São Paulo: Saraiva, 2005.

______. *Constituição da República Federativa do Brasil anotada*. 4. ed. São Paulo: Saraiva, 2003.

______. *Interpretação e aplicação da Constituição*. São Paulo: Saraiva, 2004.

______. *O controle de constitucionalidade no direito brasileiro*. São Paulo: Saraiva, 2004.

BASTOS, Celso Ribeiro. *Hermenêutica e aplicação constitucional*. 2. ed. São Paulo: Celso Bastos, editor (Instituto Brasileiro de Direito Constitucional), 1999.

BAUR, Fritz. Transformações do processo civil em nosso tempo. Trad. José Carlos Barbosa Moreira. *Revista Brasileira de Direito Processual*, n. 7, 1976 (texto republicado na mesma Revista, n. 59, jul.-set .2007, p. 111-122).

BEDAQUE, José Roberto dos Santos. *Efetividade do processo e técnica processual*. São Paulo: Malheiros, 2006.

______. Os elementos objetivos da demanda examinados à luz do contraditório. In: TUCCI, José Rogério Cruz; BEDAQUE, José Roberto dos Santos (coord.). *Causa de pedir e pedido no processo civil*. São Paulo: Ed. RT, 2002.

______. *Poderes instrutórios do juiz.* 2. ed. São Paulo: Ed. RT, 1994.

BENJAMIN, Antônio Herman de Vasconcellos e. Código Brasileiro de Defesa do Consumidor comentado pelos autores do anteprojeto, 12ª ed., São Paulo: Gen-Forense, 2.019.

BENETI, Sidnei Agostinho. *Da conduta do juiz.* 3. ed. São Paulo: Saraiva, 2003.

______. Resolução alternativa de conflito e constitucionalidade. *Revista do Instituto dos Advogados de São Paulo*, n. 9, jan.-jun.2002.

BENUCCI, Renato Luís. A repercussão geral no recurso extraordinário como instrumento de gestão judiciária. *Revista Dialética de Direito Processual* n. 63, jun. 2008, p. 116-125.

BEZERRA, Márcia Fernandes. O direito à razoável duração do processo e a responsabilidade do Estado pela demora na outorga da prestação jurisdicional. In: WAMBIER, Teresa Arruda Alvim *et al.* (coord.). *Reforma do Judiciário – Primeiras reflexões sobre a EC 45/2004.* São Paulo: Ed. RT, 2005.

BONÍCIO, Marcelo José Magalhães. *Proporcionalidade e processo: a garantia constitucional da proporcionalidade, a legitimação do processo civil e o controle das decisões judiciais.* São Paulo: Atlas, 2006. Coleção Atlas de Processo Civil, coord. Carlos Alberto Carmona.

BOTELHO JUNQUEIRA, Eliane. *A sociologia do direito no Brasil.* Rio de Janeiro: Lumen Juris, 1993.

BRAGHITTONI, Rogério Ives. *Recurso extraordinário – uma análise do acesso do Supremo Tribunal Federal.* São Paulo: Atlas, 2007. Coleção Atlas de Processo Civil, coord. Carlos Alberto Carmona.

BUENO, Cássio Scarpinella. Amicus curiae *no processo civil brasileiro: um terceiro enigmático.* São Paulo: Saraiva, 2006.

______. *Curso sistematizado de direito processual civil.* São Paulo: Saraiva, 2007. vol. 2, t. I e, 2008, v.5

______. Os princípios do processo civil transnacional e o Código de Processo Civil Brasileiro. *RePro*, n. 122, abr. 2005, p. 167-186.

BUZAID, Alfredo. A crise do Supremo Tribunal Federal. *Revista de Direito Processual Civil*, vol. 6, jul.-dez. 1962, p. 25-58.

______. *Da ação direta de declaração de inconstitucionalidade no direito brasileiro.* São Paulo: Saraiva, 1958.

______. Nova conceituação do recurso extraordinário na Constituição do Brasil. *Estudos de Direito.* São Paulo: Saraiva, 1972.

CABRAL, Antonio do Passo. O novo procedimento – modelo (*Musterverfahren*) alemão: uma alternativa às ações coletivas. *RePro*, n. 147, maio 2007, p. 123-146.

CALAMANDREI, Piero. *Direito processual civil.* Trad. Luiz Abesia e Sandra Drina Fernandez Barbery. Campinas-SP: Bookseller, 1999. vol. 2

CALMON DE PASSOS, José Joaquim. Democracia, participação e processo. In: GRINOVER, Ada Pellegrini *et al.* (coord.). *Participação e processo.* São Paulo: Ed. RT, 1988.

______. *Direito, poder, justiça e processo: julgando os que nos julgam.* Rio de Janeiro: Forense, 1999.

______. O recurso extraordinário e a Emenda n. 3 do Regimento Interno do Supremo Tribunal Federal. *RePro*, n. 5, jan.-mar. 1977, p. 43-60.

______. Reflexões, fruto de meu cansaço de viver ou de minha rebeldia? In: SANTOS, Ernane Fidélis dos *et al.* (coord.). *Execução Civil – estudos em homenagem ao Professor Humberto Theodoro Júnior.* São Paulo: Ed. RT, 2007.

______. Súmula vinculante. *Genesis – Revista de Direito Processual Civil*, n. 6, set.-dez. 1997, p. 625-638.

CALMON FILHO, Petrônio. *Fundamentos da mediação e da conciliação.* 2ª ed. Brasília: Gazeta Jurídica, 2013.

______ (org.). *Cadernos IBDP – Instituto Brasileiro de Direito Processual*, vol. 4, set. 2005.

CAMARGO CERDEIRA, Pablo de; FALCÃO, Joaquim; WERNECK ARGUELHES, Diego. I Relatório supremo em números – O múltiplo supremo, Rio de Janeiro: FGV – Direito – Rio, 2011.

CAMPILONGO, Celso Fernandes. O Judiciário e a democracia no Brasil. *Revista USP*, n. 21, mar.-maio 1994, p. 117-125.

______. Direitos fundamentais e Poder Judiciário. In ______. *O direito na sociedade complexa.* São Paulo: 2000.

CAMPOS, Hélio Sílvio Ourem. Questão de repercussão geral. Propostas. *Revista da ESMAPE – Escola Superior da Magistratura de Pernambuco*, n. 21, jan.-jun. 2005, p. 221-236.

CANOTILHO, José Joaquim Gomes. *Arbitragem e processo: um comentário à Lei n. 9.307/96.* São Paulo: Malheiros, 1998.

______. *Direito constitucional e teoria da Constituição.* 6. ed. Almedina: Lisboa, 2002.

______. Um olhar jurídico-constitucional sobre a judicialização da política. *RDA*, n. 245, maio-ago. 2007, p. 87-95.

CAPPELLETTI, Mauro. Acesso à Justiça e função do jurista em nossa época. *RePro*, n. 61, p. 144-160.

______. *Giudice Legislatori?* Milão: Giuffrè, 1984. (Tradução brasileira por Carlos Alberto Alvaro de Oliveira: *Juízes legisladores?*, Porto Alegre: Sérgio Antonio Fabris, 1999).

______. *Juízes irresponsáveis?* Trad. e revisão de Carlos Alberto Alvaro de Oliveira. Porto Alegre: Sérgio Antonio Fabris, 1989.

______. *O controle judicial de constitucionalidade das leis no direito comparado*. Trad. Aroldo Plínio Gonçalves, revisão de José Carlos Barbosa Moreira. Porto Alegre: Sérgio Antonio Fabris, 1984.

______. Os métodos alternativos de solução de conflitos no quadro do movimento universal de acesso à justiça. *Revista Forense*, n. 326, abr.-jun. 2004, trad. J.C.Barbosa Moreira, p. 121-130.

______. Problemas de reforma do processo civil nas sociedades contemporâneas. In: MARINONI, Luiz Guilherme (coord.). *O processo civil contemporâneo*. Curitiba: Juruá, 1994. (Também publicado *in RePro*, n. 65, jan.-mar. 1992, trad. J.C. Barbosa Moreira, p. 127-143).

______; GARTH, Bryan. *Acesso à justiça*. Trad. Ellen Gracie Northfleet. Porto Alegre: Fabris, 1988.

CARMONA, Carlos Alberto. *Arbitragem e processo – Um comentário à Lei n.º 9.307/96*. 3.ed., São Paulo: Atlas, 2009.

CARNEIRO, Athos Gusmão. A conciliação no novo Código de Processo Civil. Disponível em: [http://www.icj.com.br/artigos.htm#artigo01]. Acesso em: 19.09.2007.

______. Anotações sobre o recurso especial. In: TEIXEIRA, Sálvio de Figueiredo (coord.). *Recursos no Superior Tribunal de Justiça*. São Paulo: Saraiva, 1991.

______. *Jurisdição e competência*. 10. ed. São Paulo: Saraiva, 2000.

______. Requisitos específicos de admissibilidade do recurso especial. In: WAMBIER, Teresa Arruda Alvim e NERY, Nelson (coord.). *Aspectos polêmicos e atuais dos recursos cíveis de acordo com a Lei n. 9.756/98*. São Paulo: Ed. RT, 1999.

CARNEIRO, Levi. Ainda a crise do Supremo Tribunal Federal. *Arquivos do Ministério da Justiça e dos Negócios Interiores*, n. 02, ago. 1943, p. 1-26.

CARNEIRO, Paulo Cezar Pinheiro. Acesso à Justiça – Juizados Especiais Cíveis e Ação civil pública – uma nova sistematização da Teoria Geral do Processo, 2.ª ed., Rio de Janeiro: Forense, 2000.

CARNELUTTI, Francesco. *Diritto e processo*, n. 232, Nápoles: Morano, 1953-1958.

______. *Sistema di diritto processuale civile*. Padova: Cedam, 1936.

CARRESI, Franco. Verbete "Transazione (diritto vigente)". *Novissimo Digesto italiano*, vol. 19, p. 483.

CARVALHO FILHO, José dos Santos. *Ação civil pública*. 3. ed. Rio de Janeiro: Lumen Juris, 2001.

CASTRO, Amílcar de. *Direito Internacional Privado*. Rio de Janeiro: Forense, 1956. vol. 2.

CHIMENTI, Ricardo Cunha. Órgão Especial. O Conselho Nacional de Justiça e os predicamentos da magistratura. In: TAVARES, André Ramos *et al. Reforma do Judiciário, analisada e comentada*. São Paulo: Método, 2005.

CHIOVENDA, Giuseppe. Dell"azione nascente dal contrato preliminare. *Saggi de diritto processuale civile*. 2. ed. Roma: Foro Italiano, 1930. t. I, n. 3, p. 110.

______. *Instituições de direito processual civil*. 2. ed. Campinas (SP): Bookseller, 2002. vol. 2.

______. L'azione nel sistema dei diritti. *Saggi di diritto processuale civile*. t. I, 2. ed., Roma: Foro Italiano, 1930.

CINTRA, Antonio Carlos de Araújo. *Comentários ao Código de Processo Civil*. 3. ed. Rio de Janeiro: Forense, 2008. vol. 4.

CINTRA, Roberto Ferrari de Ulhôa. A pirâmide da solução dos conflitos, Brasília: Senado Federal, 2008.

CLÈVE, Clèmerson Merlin. Poder Judiciário: autonomia e justiça. *RT*, n. 691, maio 1993, p. 34-44.

______; FREIRE, Alexandre Reis Siqueira. Algumas notas sobre colisão de direitos fundamentais. In: GRAU, Eros Roberto e CUNHA, Sérgio Sérvulo da (coord.). *Estudos de Direito Constitucional em homenagem a José Afonso da Silva*. São Paulo: Malheiros, 2003, p. 231-243.

COLLIARD, Claude-Albert. *Libertes publiques*. 6. ed. Paris : Dalloz, 1982.

COMPARATO, Fábio Konder. Ensaio sobre o juízo de constitucionalidade de políticas públicas *RT*, n. 737, mar. 1997, p. 11-22.

______. Novas funções judiciais no Estado Moderno. *RT*, n. 614, dez. 1986, p. 14-22.

CORREA, Fábio Peixinho Gomes. Governança judicial. Modelos de controle das atividades dos sujeitos processuais. Tese de doutorado, Faculdade de Direito da Universidade de São Paulo, orientação do Prof. José Rogério Cruz e Tucci, aprovada em 12.06.2008.

CORREIA, Alexandre e SCIACIA, Gaetano. *Manual do direito romano*. São Paulo: Saraiva, 1957. vol. 1.

CÔRTES, Osmar Mendes Paixão. *Recurso extraordinário – Origem e desenvolvimento no Direito Brasileiro*. Rio de Janeiro: Forense, 2005.

COSTA, Susana Henriques da. Comentários ao art. 5.º da Lei n. 7.347/85. In: COSTA, Susana Henriques da (coord.). *Comentários à Lei de Ação Civil Pública e Lei de Ação Popular*. São Paulo: *Quartier Latin*, 2006, p. 384-428.

CRETELLA JUNIOR, José. *Direito romano*. São Paulo: Ed. RT, 1963.

______. Do conflito de atribuição no direito brasileiro. In: WALD, Arnold (coord.). *O direito na década de 80 – Estudos em homenagem a Hely Lopes Meirelles*. Rio de Janeiro: Forense, 1985.

CUNHA, Alexandre Sanches (org.). *Todas as Constituições brasileiras*. Campinas (SP): Bookseller, 2001.

CUNHA, Luciana Gross. *Juizado Especial: criação, instalação, funcionamento e a democratização do acesso à Justiça*. São Paulo: Saraiva, 2008.

______. Segurança jurídica: performance das instituições e desenvolvimento. In: *Poder Judiciário e desenvolvimento do mercado de valores mobiliários brasileiro*. São Paulo: Fundação Getúlio Vargas/Saraiva/Bovespa, 2007.

______; MONTEIRO GABBAY, Daniela. *Litigiosidade, morosidade e litigância repetitiva no Judiciário – Uma análise crítica*. São Paulo: Saraiva – Direito GV, 2012.

DANTAS, Ivo. Supremo Tribunal Federal: Corte Constitucional ou academia sociológica? *Revista Consulex*, ano V, n. 108, jul. 2001, p. 66.

DELGADO, José Augusto. Reforma do Poder Judiciário – art. 5.º, LXXVIII da CF. In: WAMBIER, Teresa Arruda Alvim *et al.* (coord.). *Reforma do Judiciário – Primeiras reflexões sobre a EC 45/2004*. São Paulo: Ed. RT, 2005.

DENTI, Vittorio. Giustizia e partecipazione nella tutela dei nuovi diritti. In: GRINOVER, Ada Pellegrini *et al.* (coord.). *Participação e processo*. São Paulo: Ed. RT, 1988. p. 11-23.

______. I procedimenti non giudiziali di conciliazione come istituzioni alternative. *Rivista di Diritto Processuale*, n. 3, 2.ª serie, jul.-set. 1980, p. 410-437.

DELLORE, Luiz. Estudos sobre a coisa julgada e controle de constitucionalidade, São Paulo: Gen-Forense, 2.019.

DI PIETRO, Maria Sylvia Zanella. *Direito administrativo*. 13. ed. São Paulo: Atlas, 2001.

DIAS, Jefferson Aparecido. A efetividade das decisões proferidas em ação civil pública. In: OLIVEIRA NETO, Olavo (coord.). *Tutelas coletivas e efetividade do processo*. Bauru (SP): Centro de Pós-Graduação do Instituto Toledo de Ensino, 2005. p. 45-71.

DIDIER JÚNIOR, Fredie. O princípio da cooperação: uma apresentação. *RePro*, n. 127, set. 2005, p. 75-79.

______. Transformações do recurso extraordinário. In: FUX, Luiz *et al.* (coord.). *Processo e Constituição: estudos em homenagem ao professor José Carlos Barbosa Moreira*. São Paulo: Ed. RT, 2006.

______. Multa coercitiva, boa-fé processual e *supressio*: aplicação do *duty to mitigate the loss* no processo civil. *RePro* n. 171, p. 35-48, maio. 2009,.

DINAMARCO, Cândido Rangel. A função das Cortes Supremas na América Latina. *Fundamentos do processo civil moderno*. 3. ed. São Paulo: Malheiros, 2000, p. 779-796. t. II.

______. *A instrumentalidade do processo*. 6. ed. São Paulo: Malheiros, 1998.

______. *A Reforma da reforma*. 4. ed. São Paulo: Malheiros, 2003.

______. Aspectos constitucionais dos juizados especiais de pequenas causas. In: WATANABE, Kazuo (org.). *Juizados especiais de pequenas causas*. São Paulo: Ed. RT, 1985.

______. Competência dos tribunais de superposição. *Instituições de direito processual Civil*. 2. ed., São Paulo: Malheiros, 2002. t. I.

______. Direito e processo. *Fundamentos do processo civil moderno*. 3. ed. São Paulo: Malheiros, 2000. t. I.

______. *Direito processual civil*. São Paulo: Bushastky, 1975.

______. Efeito vinculante das decisões judiciárias. *Fundamentos do processo civil moderno*. 3. ed. São Paulo: Malheiros, 2000. t. II.

______. Escopos políticos do processo. In: GRINOVER, Ada Pellegrini *et al.* (coord.). *Participação e Processo*. São Paulo: Ed. RT, 1988.

______. *Fundamentos do processo civil moderno*. 3. ed. São Paulo: Malheiros, 2000. t. II.

______. *Manual das pequenas causas*. São Paulo: Ed. RT, 1986.

______. O processo civil na reforma constitucional do Poder Judiciário. In: RENAULT, Sérgio Rabello Tamm e BOTTINI, Pierpaolo (coord.). *Reforma do Judiciário*. São Paulo: Saraiva, 2005.

______. O relator, a jurisprudência e os recursos. In: WAMBIER, Teresa Arruda Alvim e NERY JUNIOR, Nelson (coord.). *Aspectos polêmicos e atuais dos recursos cíveis de acordo com a Lei n. 9.756/98*. São Paulo: Ed. RT, 1999.

______. Os escopos do processo e a técnica processual. *Instituições de direito processual civil*. 6. ed. São Paulo: Malheiros, 2009. t. I.

______. Os gêneros de processo e os objetos da causa. *Fundamentos do processo civil moderno*. 3. ed. São Paulo: Malheiros, 2000. t. II.

______. Polêmicas do processo civil. *Fundamentos do processo civil moderno*. 3. ed. São Paulo: Malheiros, 2000. t. I.

______. Relativizar a coisa julgada material. In: NASCIMENTO, Carlos Valder do (coord.). *Coisa julgada inconstitucional*. Rio de Janeiro: América Jurídica, 2003.

______. Súmulas vinculantes. *Revista Forense*, vol. 347, jul.-set. 1999, p. 51-65.

______. Superior Tribunal de Justiça e acesso à ordem jurídica justa. In: TEIXEIRA, Sálvio de Figueiredo (coord.). *Recursos no Superior Tribunal de Justiça*. São Paulo: Saraiva, 1991.

______. Universalizar a tutela jurisdicional. *Fundamentos do processo civil moderno*. 3. ed. São Paulo: Malheiros, 2000. t. II.

______.

FABRICIO, Adroaldo Furtado. As novas necessidades do processo civil e os poderes do juiz. *Revista de Direito do Consumidor*, n. 7, 1993.

FALCÃO, Joaquim. Estratégias para a reforma do Judiciário. In: RENAULT, Sérgio Rabello Tamm e BOTTINI, Pierpaolo (coord.). *Reforma do Judiciário*. São Paulo: Saraiva, 2005.

______. CAMARGO CERDEIRA, Pablo de; WERNECK ARGUELHES, Diego. I relatório supremo em números – O múltiplo supremo. Rio de Janeiro: FGV – Direito - Rio, 2011.

FARIA, José Eduardo. O Judiciário e seus dilemas. *Revista do Advogado* (AASP), n. 56, set. 1999, p. 64-67.

______. O sistema brasileiro de Justiça: experiência recente e futuros desafios. *Revista Estudos Avançados* (USP), n. 51, maio-ago. 2004, p. 103-125.

FIGUEIRA JÚNIOR, Joel Dias. O princípio constitucional da igualdade em confronto com a lei que confere tratamento processual privilegiado aos idosos – análise da constitucionalidade da Lei n. 10.173, de 09.01.2001. *RePro*, n. 106, abr.-jun. 2002, p. 293-296.

______. *Juizados Especiais da Fazenda Pública – Comentários à Lei 12.153, de 22 de dezembro de 2009*. 2. ed. São Paulo: Ed. RT, 2011.

______; TOURINHO NETO, Fernando da Costa. Juizados Especiais Estaduais Cíveis e Criminais – comentários à Lei 9.099/95, 7ª ed., São Paulo: Revista dos Tribunais, 2011.

FISS, Owen. A sedução do individualismo. Também o texto Contra o acordo. In: *Um novo processo civil – estudos norte-americanos sobre jurisdição, constituição e sociedade*. Trad. Daniel P. G. da Silva, Melina de M. Rós, coord. da tradução Carlos Alberto de Salles. São Paulo: Ed. RT, 2004.

FLEURY, José Théophilo. *Recurso especial e extraordinário. Interposição simultânea. Fundamentos suficientes e prejudicialidade*. Curitiba: Juruá, 2007.

FRANÇA, Rubens Limongi. *O direito, a lei e a jurisprudência*. São Paulo: Ed. RT, 1974.

FRANCIULLI NETO, Domingos. Argüição de inconstitucionalidade em recurso especial. *Informativo Jurídico da Biblioteca Oscar Saraiva* – STJ, vol. 13, n. 2, jul.-dez. 2001, p.177-194.

______. Reforma do Judiciário. Controle externo. Súmula vinculante. In: WAMBIER, Teresa Arruda Alvim *et al.* (coord.). *Reforma do Judiciário – Primeiras reflexões sobre a EC 45/2004*. São Paulo: Ed. RT, 2005, p. 141-151.

FRANCO, Afonso Arinos de Melo. *Curso de Direito Constitucional Brasileiro*. Rio de Janeiro: Forense, 1960.

FRANCO, Alberto da Silva. O perfil do juiz na sociedade em processo de globalização. In: YARSHELL, Flávio Luiz e MORAES, Maurício Zanoide de (coord.). *Estudos em homenagem à Profa. Ada Pellegrini Grinover*. São Paulo: DPJ, 2005.

FREITAS, Fabiana Paschoal de. Risco de poluição das águas subterrâneas: o caso do aquífero Guarani em Ribeirão Preto (SP). Anais do IX Congresso Internacional de Direito Ambiental; X Congresso Brasileiro de Direito Ambiental, org. Antonio Hermann Benjamin e Instituto "O Direito por um Planeta Verde", São Paulo, 03.05 a 03.06.2005, publ. Imprensa Oficial do Estado, vol. 2, 2005, p. 47-60.

GAJARDONI, Fernando da Fonseca. O princípio constitucional da tutela jurisdicional sem dilações indevidas e o julgamento antecipadíssimo da lide. *Revista de Direito Civil e Processual Civil*, n. 45, jan.-fev. 2007, p. 102-131.

______. *Técnicas de aceleração do processo*. São Paulo: Lemos & Cruz, 2003.

GALANTER, Marc. Why the 'haves' come out ahead: speculations on the limits of legal change. Denver: *Law and Society Review*, The Association, vol. 9, n. 1, 1974.

GARCEZ, José Maria Rossani. *Negociação. ADRs. Mediação, conciliação e arbitragem*. 2. ed. Rio de Janeiro: Lumen Juris, 2004.

GARCIA, Emerson. O combate à corrupção no Brasil: responsabilidade ética e moral do Supremo Tribunal Federal na sua desarticulação. *Boletim de Direito Administrativo*, vol. 23, n. 3, 2007, p. 291-307.

GARTH, B. G. Privatization and the new formalism: making the Courts safe for bureaucracy. In: *Law and Social Inquiry*, 13 (1988), p. 157-174.

GIDI, Antonio. *Coisa julgada e litispendência em ações coletivas*. São Paulo: Saraiva, 2005.

______. *Rumo a um Código de Processo Civil Coletivo – a codificação das ações coletivas no Brasil*, Rio de Janeiro: Forense, 2008.

GODINHO, Robson Renault. Por uma leitura constitucional da admissibilidade da demanda e da distribuição do ônus da prova. In: CARNEIRO, Athos; CALMON, Petrônio (org.) *Bases científicas para um renovado Direito Processual*, vol. 2, Brasília: Instituto Brasileiro de Direito Processual, 2008.

GÓES, Gisele Santos Fernandes. Aspectos procedimentais dos arts. 475-J da Lei n. 11.232/2005 e 740, parágrafo único, da Lei n. 11.313/2005. Ênfase no prazo de 15 dias e a natureza jurídica das multas. In: SANTOS, Ernane Fidélis dos *et al.* (coord.). *Execução Civil – estudos em homenagem ao Professor Humberto Theodoro Júnior*. São Paulo: Ed. RT, 2007.

GOMES, Luiz Flávio. *A dimensão da Magistratura no Estado constitucional e democrático de direito*, São Paulo: Ed. RT, 1997.

GOMES PINTO, Renato Sócrates. Críticas à implementação da justiça restaurativa no Brasil. *Revista MPD Dialógico* (SP), n. 25, 2009.

GRAMSTRUP, Erik Frederico. Conselho Nacional de Justiça e controle externo: roteiro geral. In: WAMBIER, Teresa Arruda Alvim *et al.* (coord.). *Reforma do Judiciário – Primeiras reflexões sobre a EC 45/2004*. São Paulo: Ed. RT, 2005.

GRECO, Leonardo. A função da tutela cautelar. In: ASSIS, Araken *et al.* (coord.). *Direito Civil e Processo – estudos em homenagem ao Professor Arruda Alvim*, São Paulo: Ed. RT, 2008.

______. A reforma do Poder Judiciário e o acesso à Justiça. *Revista dialética de direito processual*, 27, jun. 2005, p. 67-87.

GRECO FILHO, Vicente. *Direito processual civil brasileiro*. 17. ed. São Paulo: Saraiva, 2006. vol. 2.

______. *Direito processual civil brasileiro*. 19. ed. São Paulo: Saraiva, 2006. vol. 1.

______. Uma visão atual do sistema processual e da classificação das ações. *Revista da Escola Paulista de Direito*, n. 3, out.-nov. 2006, p. 27-35.

GRINOVER, Ada Pellegrini. *Código Brasileiro de Defesa do Consumidor* comentado pelos autores do anteprojeto. 12ª ed. Rio de Janeiro: Gen-Forense, 2019.

______. Significado social, político e jurídico da tutela dos interesses difusos. In: *A marcha do Processo*. Rio de Janeiro: Forense Universitária, 2000. (Também publicado em *RePro*, n. 97, jan.-mar. 2000, p. 9-15).

______. *O Processo – estudos e pareceres*, 2. ed., São Paulo: DPJ, 2009.

______. Da *class action for damages* à ação de classe brasileira: os requisitos de admissibilidade. In: MILARÉ, Édis (coord.). *Ação civil pública - Lei n. 7.347/85 - 15 anos*. 2. ed. São Paulo: Ed. RT, 2002.

______. Conciliação e Juizados de Pequenas Causas - deformalização do processo e deformalização das controvérsias. *Novas tendências do direito processual de acordo com a Constituição de 1988*. Rio de Janeiro: Forense, 1990.

______. Tutela jurisdicional diferenciada - a antecipação e sua estabilização. In: MARINONI, Luiz Guilherme (coord.). *Estudos de direito processual civil: homenagem ao professor Egas Dirceu Moniz de Aragão*. São Paulo: Ed. RT, 2006.

______. A conciliação extrajudicial no quadro participativo. In: *Novas tendências do Direito Processual de acordo com a Constituição de 1988* . Rio de Janeiro: Forense Universitária, 1990. (Também publicado *in* GRINOVER, Ada Pellegrini *et al.* [coords.]. *Participação e processo*. São Paulo: Ed. RT, 1988).

______. Direito Processual Coletivo. In: Paulo Henrique dos Santos Lucon (coord.). *Tutela coletiva*. São Paulo: Atlas, 2006. (Também publicado *in* GRINOVER, Ada Pellegrini *et al.* [coords.]. *Direito Processual Coletivo e o Anteprojeto de Código Brasileiro de Processos Coletivos*. São Paulo: Ed. RT, 2007).

______. Projeto de lei sobre a mediação e outros meios de pacificação. *O processo - estudos e pareceres*. São Paulo: DPJ, 2006.

______. Modernidade do direito processual brasileiro. *O processo em evolução*. Rio de Janeiro: Forense Universitária, 1996.

______. A crise do Poder Judiciário. In: *O Processo em evolução*. Rio de Janeiro: Forense Universitária, 1996, p. 19-28. (Também publicado *in Revista da Procuradoria Geral do Estado de São Paulo*, n. 34, dez. 1990, p. 11-25).

______. Os fundamentos da Justiça conciliativa. *Revista de Arbitragem e Mediação*, n. 14, jul.-set.2007, p. 16-21.

HARO, Ricardo. El rol paradigmático de las Cortes y Tribunales Constitucionales en el ejercicio del control jurisdiccional de constitucionalidad. In: GRAU, Eros Roberto e CUNHA, Sérgio Sérvulo (coord.). *Estudos de Direito Constitucional em homenagem a José Afonso da Silva*. São Paulo: Malheiros, 2003.

HITTERS, Juan Carlos. Legitimación democrática del poder judicial y control de constitucionalidad. In: GRINOVER, Ada Pellegrini *et al.* (coord.). *Participação e processo*. São Paulo: Ed. RT, São Paulo, 1988.

______. *Técnica de los recursos extraordinarios y de la casación*. La Plata: Libreria Editora Platense, 1998.

HOFFMAN, Paulo. O direito à razoável duração do processo e a experiência italiana. In: WAMBIER, Teresa Arruda Alvim *et al.* (coord.). *Reforma do Judiciário - Primeiras reflexões sobre a EC 45/2004*. São Paulo: Ed. RT, 2005.

______. *Razoável duração do processo*, São Paulo: Quartier Latin, 2006.

JOLOWICZ, John Anthony. Justiça substantiva e processual no processo civil: uma avaliação do processo civil. Trad. José Carlos Barbosa Moreira. *RePro*, n. 135, maio 2006, p. 161-178.

KELSEN, Hans. *Teoria pura do direito*. Trad. João Baptista Machado. São Paulo: Martins Fontes, 2012..

KNIJNIK, Danilo. *O recurso especial e a revisão da questão de fato pelo Superior Tribunal de Justiça*. Rio de Janeiro: Forense, 2005.

KOZIKOSKI, Sandro Marcelo. A repercussão geral das questões constitucionais e o juízo de admissibilidade do recurso extraordinário. In: WAMBIER, Teresa Arruda Alvim *et al.* (coord.). *Reforma do Judiciário - Primeiras reflexões sobre a EC 45/2004*. São Paulo: Ed. RT, 2005.

KUJAWSKI, Gilberto de Mello. A perda de identidade do juiz. *O Estado de S. Paulo*, caderno A-2, edição 15.03. 2007.

LACERDA, Galeno. *Comentários ao Código de Processo Civil*. 2. ed. Rio de Janeiro: Forense, 1984. vol. 8, t. I.

LAMY, Eduardo de Avelar. Repercussão geral no recurso extraordinário: a volta da argüição de relevância?. In: WAMBIER, Teresa Arruda Alvim *et al.* (coord.). *Reforma do Judiciário - Primeiras reflexões sobre a EC 45/2004*. São Paulo: Ed. RT, 2005.

LEAL, Victor Nunes. Atualidade do Supremo Tribunal. *Revista Forense*, vol. 208, out.-dez., 1964, p. 15-18.

______. O requisito da "relevância" para redução dos encargos do Supremo Tribunal. *Revista de Direito Processual Civil*, vol. 6, jul.-dez. 1962, p. 12-24.

LEITÃO MARQUES, Maria Manuel; SOUZA SANTOS, Boaventura de; PEDROSO, João. Os tribunais nas sociedades contemporâneas. *Revista Brasileira de Ciências Sociais*, n. 30, p. 29-62, 1996.

LEONEL, Ricardo de Barros. Anteprojeto de Código Brasileiro de Processos Coletivos: a ação popular, a ação de improbidade, o mandado de segurança coletivo e o mandado de injunção. In: SALLES, Carlos Alberto de *et al.* (coord.). *Processos coletivos e tutela ambiental*. São Paulo: Editora Universitária Leopoldianum, 2006.

______. *Manual do processo coletivo*. 2. ed., São Paulo: Ed. RT, 2011.

______. *Reclamação constitucional.* São Paulo: Ed. RT, 2012.

LENZA Pedro. Direito constitucional esquematizado, 23ª ed., São Paulo: Saraiva, 2.019.

LESSA, Pedro. *Do Poder Judiciário.* Rio de Janeiro: Francisco Alves, 1915.

LIEBMAN, Enrico Tullio. *Manuale di diritto processuale civile.* Milão: Giuffré, 1981. t. II.

______. Perspectivas do recurso extraordinário. *Revista Forense*, vol. LXXXV, jan. 1941, p. 601-605.

______. Per un nuovo Codice di Procedura Civile. *Rivista di Diritto Processuale Civile*, 1982, p. 25-29.

LIMA, Alcides de Mendonça. Recurso Extraordinário e recurso especial. In: TEIXEIRA, Sálvio de Figueiredo (coord.). *Recursos no Superior Tribunal de Justiça.* São Paulo: Saraiva, 1991.

LIMA, Paulo Roberto de Oliveira. *Teoria da coisa julgada.* São Paulo: Ed. RT, 1997.

LINDBLOM, Per Henrik. La privatizzazione della giustizia: osservazioni circa alcuni recenti sviluppi nel diritto processuale americano e svedese. Revisão e atualização por Alessandro Simoni; tradução por Elena Urso. *Rivista Trimestrale di Diritto e Procedura Civile*, n. 4, dez. 1995, p. 1385-1402.

LISBOA, Celso Anicet. A aproximação recíproca dos diversos ordenamentos jurídicos por meio dos Códigos-Modelo. *RePro*, n. 116, jul.-ago. 2004, p. 231-247.

LOBO, Arthur Mendes. Breves comentários sobre a regulamentação da súmula vinculante. *Revista de Direito Civil e Processual Civil*, n. 45, jan.-fev. 2007, p. 77-101.

LOBO DA COSTA, Moacyr. *Breve notícia histórica do Direito Processual Civil Brasileiro e de sua literatura*, São Paulo: RT e USP, 1970.

LOPES, João Batista. Princípio da proporcionalidade e efetividade do processo civil. In: MARINONI, Luiz Guilherme (coord.). *Estudos de processo civil: homenagem ao professor Egas Dirceu Moniz de Aragão.* São Paulo: Ed. RT, 2006.

LOPES, José Reinaldo Lima. Justiça e Poder Judiciário ou a virtude confronta a instituição. *Revista USP*, n. 21, mar.-maio 1994, p. 23-33.

LUISO, Francesco F. Presente e futuro della conciliazione in Italia. In: YARSHELL, Luiz Flávio e MORAES, Maurício Zanoide de (coord.). *Estudos em homenagem à professora Ada Pellegrini Grinover.* São Paulo: DPJ, 2006.

MACHADO, Antonio Cláudio da Costa. Considerações sobre a função cautelar; *tertium genus*, "direito substancial de cautela" e preventividade cautelar. *Revista da Escola Paulista de Direito*, n. 3, out.-dez. 2006, p. 13-26.

MACIEL, Claúdio Baldino. Súmula administrativa da Advocacia-Geral da União: por que o Poder Executivo não a utiliza?, artigo datado de 21.06.2004. Sítio da *AMB* (Associação dos Magistrados Brasileiros) em Brasília: [amb@amb.com.br].

MACIEL, Ferreira Adhemar. Observações sobre os Tribunais Regionais Federais. In: TEIXEIRA, Sálvio de Figueiredo (coord.). *Recursos no Superior Tribunal de Justiça*. São Paulo: Saraiva, 1991.

MANCUSO, Rodolfo de Camargo. *Ação civil pública*. 15ª. ed. São Paulo: Thomson Reuters – Revista dos Tribunais, 2019.

______. *Ação popular*. 8ª ed. São Paulo: Thomson Reuters-Revista dos Tribunais, 2.015.

______. A concomitância de ações coletivas, entre si e em face das ações individuais. *RT* nº 782, dez./2000, p. 20-47. (Também publicado *in Revista da Faculdade de Direito da Universidade de São Paulo*, vol. 96, 2001, p. 371-409).

______. Considerações acerca de certa tendência legislativa à atenuação do dogma *nemo ad factum praecise cogi potest*. In: TUCCI, José Rogério Cruz e (coord.). *Processo Civil – evolução – 20 anos de vigência*. São Paulo: Saraiva, 1995.

______. *Divergência jurisprudencial e súmula vinculante*. 6. ed. Salvador: Jus Podivm, 2.018.

______. *Incidente de uniformização de jurisprudência*. São Paulo: Saraiva, 1989.

______. *Interesses difusos: conceito e legitimação para agir*. 9ª ed. São Paulo: Thomson Reuters-Revista dos Tribunais, 2.019.

______. *Jurisdição coletiva e coisa julgada*. 3. ed. São Paulo: Revista dos Tribunais, 2012.

______. O controle jurisdicional do conteúdo da programação televisiva. *RT*, nº 793, nov./2001, p. 89-102. (Também publicado no *Boletim dos Procuradores da República*, nº 40, ago./2001, e na *Revista Consulex*, nº 132, jul./ 2002, p. 42-50).

______. O plano piloto de conciliação em segundo grau de jurisdição, do E. Tribunal de Justiça de São Paulo, e sua possível aplicação aos feitos de interesse da Fazenda Pública. *RT* nº 820, fev./2004, p. 11-49. (Também publicado in: MARINONI, Luiz Guilherme (coord.). *Estudos de direito processual civil: homenagem ao professor Egas Dirceu Moniz de Aragão*. São Paulo: Revista dos Tribunais, 2006, p. 850-885; *Revista Autônoma de Processo*, da Faculdade Autônoma de Direito – *FADISP*, nº 1, out./dez. 2006, p. 133-197). Republicado, revisto e atualizado, in nosso Advocacia do Setor Público – estudos temáticos de Direito, São Paulo: Saraiva, 2.012, p. 81-174.

______. *Recurso extraordinário e recurso especial.* 14. ed. São Paulo: Thomson Reuters –Revista dos Tribunais, 2.018.

______. Reflexos do licenciamento na competência da ação civil pública. In: *Anais do IX Congresso Internacional de Direito Ambiental*; X Congresso Brasileiro de Direito Ambiental, org. Antonio Hermann Benjamin e Instituto "O Direito por um Planeta Verde". Imprensa Oficial do Estado, São Paulo: maio/2005, p. 371-380.

______. Transposição das águas do Rio São Francisco: uma abordagem jurídica da controvérsia. *Revista de Direito Ambiental*, nº 37, jan./mar. 2005, p. 28-79. (Também publicado in: MILARÉ, Édis (coord.). *Ação civil pública após vinte anos: efetividade e desafios*. São Paulo: Revista dos Tribunais, 2005).

______. A concorrência de ações coletivas sobre um mesmo *thema decidendum*. In: SILVA MARTINS, Ives Gandra e REZEK, Francisco (coords.). *Constituição Federal - Avanços, contribuições e modificações no processo democrático brasileiro*. São Paulo: Revista dos Tribunais e Centro de Extensão Universitária, 2008, p. 471-491.

______.*Collateral estoppel* e eficácia preclusiva *secundum eventum litis. RT* nº 608, p. 23-33, jun./1986.

______.O direito à tutela jurisdicional: o novo enfoque do art. 5.º, XXXV, da Constituição Federal. *RT* n. 926, p. 135-176, dez. /2012. Republicado, revisto e atualizado, in GIAMPAULO SARRO, Luis Antônio (coord.) Novo Código de Processo Civil - principais alterações do sistema processual civil, 2ª ed., São Paulo: Rideel, 2.016, p.409-418.

______. *Manual do consumidor em Juízo.* 5ª ed., São Paulo: Saraiva, 2013.

______. *Acesso à Justiça - Condicionantes legítimas e ilegítimas.* 3.ed., Salvador: Juspodivm, 2.018.

______. Teoria Geral do Processo, São Paulo: Gen-Forense, 2.018.

______. Incidente de resolução de demandas repetitivas, 2ª ed., São Paulo: Thomson Reuters-Revista dos Tribunais, 2.019.

______. Advocacia do setor público - estudos temáticos de Direito, São Paulo: Saraiva, 2.013.

______. Sistema brasileiro de precedentes - natureza, eficácia, operacionalidade, 3ª ed., Salvador: Jus Podivm, 2.019.

______. Comentários aos arts. 1.029-1.041 do CPC. In SCARPINELLA BUENO, Cassio (coord.), Comentários ao Código de Processo Civil, v. 4, São Paulo: Saraiva, 2.017.

MARINONI, Luiz Guilherme. A jurisdição no Estado contemporâneo. In: MARINONI, Luiz Guilherme (coord.). *Estudos de direito processual civil: homenagem ao professor Egas Dirceu Moniz de Aragão*. São Paulo: Ed. RT, 2006.

______. Direito à tempestividade da tutela jurisdicional. *Gênesis – Revista de Direito Processual Civil*, n. 17, jul.-set. 2000, p. 542-556.

______. *Tutela antecipatória, julgamento antecipado e execução imediata da sentença*. 4. ed. São Paulo: Ed. RT, 2000.

______; MITIDIERO, Daniel. *Repercussão geral no recurso extraordinário*. São Paulo: Ed. RT, 2007.

MARQUES, Claudia Lima. *Comentários ao Código de Defesa do Consumidor* (obra coletiva). 2. ed. São Paulo: Ed. RT, 2006.

______. *Contratos no Código de Defesa do Consumidor – o novo regime das relações contratuais*. 5. ed. São Paulo: Ed. RT, 2006.

MARTINS, Ives Gandra da Silva. Conselho Nacional de Justiça. In: RENAULT, Sérgio Rabello Tamm e BOTTINI, Pierpaolo (coord.). *Reforma do Judiciário*. São Paulo: Saraiva: 2005.

______. Critério de transcendência no recurso de revista – Projeto de Lei n. 3.267/00. *Revista LTr*, vol. 65, n. 8, ago. 2001, p. 905-918.

______. O critério de transcendência no recurso de revista na Justiça do Trabalho – constitucionalidade da MP n. 2.226/01. In: *As vertentes do Direito Constitucional contemporâneo*. Rio de Janeiro: América Jurídica, 2002.

______; BASTOS, Celso Ribeiro. *Comentários à Constituição do Brasil*. São Paulo: Saraiva, 1988. vol. 4, t. I.

MARTINS, Sérgio Pinto. *Direito processual do trabalho*. 25. ed. São Paulo: Atlas, 2006.

MATOS PEIXOTO, José Carlos. *Recurso extraordinário*. Rio de Janeiro: Freitas Bastos, 1935.

MAZZILLI, Hugo Nigro. *A defesa dos interesses difusos em juízo*. 30. ed. São Paulo: Saraiva, 2017.

______. Compromisso de ajustamento de conduta – Análise à luz do Anteprojeto do Código Brasileiro de Processos Coletivos. In: GRINOVER, Ada Pellegrini *et al.* (coord.). *Direito processual coletivo e o Anteprojeto de Código Brasileiro de Processos Coletivos*. São Paulo: Ed. RT, 2007.

MEDINA, José Miguel Garcia. *O prequestionamento nos recursos extraordinário e especial*. 3. ed. São Paulo: Ed. RT, 2002.

______. Novo *Código de Processo Civil comentado, 5ª ed.*, São Paulo: Thomson Reuters-Revista dos Tribunais, 2.017.

______. Variações recentes sobre os recursos extraordinário e especial – breves considerações. In: FUX, Luiz *et al.* (coord.). *Processo e Constituição – estudos em homenagem ao professor José Carlos Barbosa Moreira*. São Paulo: Ed. RT, 2006.

______; WAMBIER, Luiz Rodrigues; WAMBIER, Teresa Arruda Alvim. A súmula vinculante, vista como meio legítimo para diminuir a sobrecarga de trabalho dos tribunais brasileiros. *Revista do Advogado* (AASP), n. 92, jul. 2007, p. 7-22.

______; WAMBIER, Luiz Rodrigues e WAMBIER, Teresa Arruda Alvim. Repercussão geral e súmula vinculante. Relevantes novidades trazidas pela EC n. 45/2004. In: WAMBIER, Teresa Arruda Alvim *et al.* (coord.). *Reforma do Judiciário – Primeiras reflexões sobre a EC 45/2004*. São Paulo: Ed. RT, 2005.

MELLO, Celso Antonio Bandeira. *Curso de direito administrativo*. São Paulo: Malheiros, 2003.

MELO FILHO, Hugo Cavalcanti. A reforma do Poder Judiciário Brasileiro: motivações, quadro atual e perspectivas. *Revista do Conselho da Justiça Federal*, n. 21, abr.-jun. 2003.

MENA, Valter Alexandre. Súmulas da jurisprudência predominante do Tribunal de Justiça de São Paulo – necessidade e inevitabilidade de sua instituição. *Revista da Escola Paulista da Magistratura*, ano 8, n. 2, jul.-dez.2007, p. 11-28.

MENDES, Aluísio Gonçalves de Castro. Breves considerações em torno da questão da inafastabilidade da prestação jurisdicional. In: MARINONI, Luiz Guilherme (coord.). *Estudos de direito processual civil: homenagem ao Professor Egas Dirceu Moniz de Aragão*. São Paulo: Ed. RT, 2006.

______. O Poder Judiciário no Brasil. In: ASSIS, Araken de *et al.* (coord.). *Direito civil e processo: estudos em homenagem ao professor Arruda Alvim*. São Paulo: Ed. RT, 2008.

MENDES, Gilmar. Novas perspectivas do recurso extraordinário: a experiência dos Juizados Especiais Federais e sua repercussão sobre o sistema judicial comum. *Repertório de Jurisprudência IOB*, n. 08, vol. 3, 2.ª quinzena de abril de 2005, p. 246-250.

______. O papel do Senado Federal no controle de constitucionalidade: um caso clássico de mutação constitucional. *Revista de Informação Legislativa*, n. 162, abr.-jun. 2004, p. 149-168.

______; PFLUG, Samantha Meyer. Passado e futuro da súmula vinculante: considerações à luz da Emenda Constitucional n. 45/2004. In: RENAULT, Sérgio Rabello Tamm e BOTTINI, Pierpaolo (coord.). *Reforma do Judiciário*. São Paulo: Saraiva, 2005.

MESQUITA, José Ignácio Botelho de. A autoridade da coisa julgada. *Teses, estudos e pareceres de processo civil*. São Paulo: Ed. RT, 2005. vol. 2.

______. As novas tendências do direito processual: uma contribuição para o seu reexame. *Teses, estudos e pareceres de processo civil*. São Paulo: Ed. RT, 2005. vol. 1.

______. Uniformização de jurisprudência. *LEX – Jurisprudência do STF*, n. 226, out. 1997, p. 7-8.

MILARÉ, Édis. O compromisso de ajustamento de conduta e a responsabilidade penal ambiental. In: MILARÉ, Édis (coord.). *Ação civil pública após vinte anos: efetividade e desafios*. São Paulo: Ed. RT, 2005.

______; LOURES, Flávia Tavares Rocha. A responsabilidade penal ambiental em face dos compromissos de ajustamento de conduta. In: YARSHELL, Flávio e MORAES, Maurício Zanoide de (coord.). *Estudos em homenagem à professora Ada Pellegrini Grinover*. São Paulo: DPJ, 2005.

MONACIANI, Luigi. *Azione e legittimazione*. Milão: Giuffrè, 1951.

MONTEIRO, Samuel. *Recurso especial e extraordinário*. São Paulo: Hemus, 1992.

MONTESQUIEU. *De l'esprit des lois*. L. XI, cap. VI. MASSON, A. (org.). *Oeuvres completes de Montesquieu*. Paris: Les Editions Nagel, 1950. t. I.

MOORE, James William; COQUILLETTE, Daniel R. *Moore's federal practice*. 3. ed. New York: Matthew Bender, 1997.

MORAES, Alexandre de. *Jurisdição constitucional e tribunais constitucionais*. São Paulo: Atlas, 2000.

______. Jurisdição constitucional: breves notas comparativas sobre a estrutura do Supremo Tribunal Federal e a Corte Suprema Norte-Americana. *Revista direito Mackenzie*, Universidade Presbiteriana Mackenzie (SP), n. 2, 2001, p. 39-61.

MOREIRA, Advane de Souza; ARAUJO, Maria do Carmo. A O.J. 130 da S.D.I. II do Col. Tribunal Superior do Trabalho – competência territorial e alcance da decisão proferida na ação civil pública. *Revista trabalhista – Direito e processo*, vol. 12, out.-dez. 2004, p. 427-452.

MOREIRA, José Carlos Barbosa. Ações coletivas na Constituição Federal de 1988, *RePro*, nº 61, p. 187-200.

______. A duração dos processos: alguns dados comparativos. *Informativo INCIJUR* – Instituto de Ciências Jurídicas – Joinville (SC), n. 60, jul. 2004, p. 1-4.

______. A Emenda Constitucional n. 45 e o processo. *Revista forense*, vol. 383, jan.-fev. 2006, p. 181-191.

______. A revolução processual inglesa. *Temas de direito processual.* 9.ª série. São Paulo: Saraiva, 2007.

______. A Suprema Corte norte-americana: um modelo para o mundo? *Temas de direito processual.* 8.ª série. São Paulo: Saraiva, 2004.

______. *Comentários ao Código de Processo Civil.* 16. ed. Forense, Rio de Janeiro: 2012. vol. 5.

______. Considerações sobre a chamada "relativização" da coisa julgada material. *Temas de direito processual.* 9.ª série. São Paulo: Saraiva, 2007.

______. *Direito aplicado II – Pareceres.* Rio de Janeiro: Forense, 2000.

______. Dois cientistas políticos, três economistas e a justiça brasileira. *Temas de direito processual.* 9.ª série. São Paulo: Saraiva, 2007.

______. Duelo e processo. *RePro*, n. 112, out.-dez. 2003, p. 177-185.

______. Notas sobre o problema da efetividade do processo. *Temas de direito processual.* 3.ª série. São Paulo: Saraiva, 1984.

______. O futuro da justiça: alguns mitos. *Temas de direito processual.* 8.ª série. São Paulo: Saraiva, 2004.

______. O problema da duração dos processos: premissas para uma discussão séria. *Temas de direito processual.* 9.ª série. São Paulo: Saraiva, 2007.

______. Privatização do processo? *Temas de direito processual.* 7.ª série. São Paulo: Saraiva, 2001.

______. Súmula, jurisprudência, precedentes: uma escalada e seus riscos. *Temas de direito processual.* 9.ª série. São Paulo: Saraiva, 2007.

______. Tutela sancionatória e tutela preventiva. *Temas de direito processual.* 2.ª série. São Paulo: Saraiva, 1988.

______. Uma novidade: o Código de Processo Civil inglês. *Temas de direito processual.* 7.ª série. São Paulo: Saraiva, 2001.

______. Vicissitudes da audiência preliminar. *Temas de direito processual.* 9.ª série. São Paulo: Saraiva, 2007.

MOREIRA ALVES, José Carlos. O Supremo Tribunal Federal em face da nova Constituição: questões e perspectivas. *Arquivos do Ministério da Justiça.* Brasília, jul.-set. 1989, p. 1-15.

______. O recurso extraordinário no âmbito trabalhista, antes e depois da nova Constituição Brasileira. *Revista LTr*, n. 53, 1989, p. 517-525.

MOREIRA NETO, Diogo de Figueiredo. Governo e governança em tempos de mundialização: reflexões à luz dos novos paradigmas do direito. *Revista do Tribunal de Contas de Minas Gerais*: [www.tce.mg.gov.br].

MORELLO, Mário. Recursos extraordinários: visión comparada brasileña e argentina. *RePro*, n. 79, jul.-set. 1995, p. 10-19.

MOSCARINI, Lúcio e CORBO, Nicola. Verbete "Transazione - Dirito civile". *Enciclopédia Giuridica*, vol. 31.

NALINI, José Renato. A democratização da administração dos Tribunais. In: RENAULT, Sérgio Rabello Tamm; BOTTINI, Pierpaolo (coord.). *Reforma do Judiciário*. São Paulo: Saraiva, 2005.

______. Nem tudo é dinheiro. *O Estado de S. Paulo*, 02.07.2007, caderno A-2.

______. *A rebelião da toga*. Campinas-SP: Millenium, 2006.

______. *O juiz e o acesso à justiça*. 2. ed. São Paulo: Ed. RT, 2000.

______. Os três eixos da Reforma do Judiciário. *Revista do Advogado* (AASP) n. 75, abr. 2004, p. 67.

NASCIMENTO, Amauri Mascaro. Novas competências da Justiça do Trabalho. In: RENAULT, Sérgio Rabello Tamm e BOTTINI, Pierpaolo (coord.). *Reforma do Judiciário*. São Paulo: Saraiva, 2005.

NASCIMENTO, Bruno Dantas. *Repercussão geral*. 3. ed. São Paulo: Ed. RT, 2012. .

_______. *Tutela recursal plurindividual no Brasil - Formulação, natureza, regime jurídico, efeitos*. Tese de Doutorado, PUC – São Paulo, aprovada em 23.08.2013, sob orientação da Professora Teresa Arruda Alvim Wambier.

NASCIMENTO, Carlos Valder do. Coisa julgada inconstitucional, Rio de Janeiro: América Jurídica, 2.013.

NEGRÃO, Theotonio. Uma nova estrutura para o judiciário. Texto republicado *in RT*, n. 639, jan. 1989, p. 242-247.

______. *Código de Processo Civil e legislação processual em vigor*. 17. ed. São Paulo: Ed. RT, 1987.

NERY JUNIOR, Nelson. Codificação ou não do processo coletivo?. *De Jure - Revista do Ministério Público do Estado de Minas Gerais*, n. 7, jul.-dez. 2006, p. 147-156.

______. Código Brasileiro de Defesa do Consumidor comentado pelos autores do anteprojeto 12ª ed., São Paulo: Gen-Forense, 2.019.

______. *Teoria geral dos recursos*. 6. ed. São Paulo: Ed. RT, 2004.

______; NERY, Rosa Maria de Andrade. *Código de Processo Civil comentado e legislação processual extravagante*. 8ª, 9ª e 11ª ed. São Paulo: Revista dos Tribunais, 2004, 2006, 2011.

______; Comentários ao Código de processo Civil – novo CPC – Lei 13.105/2.015, São Paulo: Thomson Reuters-Revista dos Tribunais, 2015.

______; Leis constitucionais comentadas e anotadas, São Paulo: Thomson Reuters--Revista dos Tribunais, 2.019.

______; Constituição Federal comentada e legislação constitucional, 3ª ed., São Paulo: Thomson Reuters-Revista dos Tribunais, 2.012.

NEVES, Antonio Castanheira. *O instituto dos assentos e a função jurídica dos Supremos Tribunais*. Coimbra: Ed. Coimbra, 1983.

NEVES, Daniel Amorim Assumpção. Novo Código de Processo Civil comentado, 3ª ed., São Paulo: JusPodivm, 2.018.

______; TARTUCE, Flávio. Manual de Direito do Consumidor – direito material e processual, 8ª ed., São Paulo: Gen-Método, 2.019.

NOGUEIRA, Pedro Henrique Pedrosa. Sobre o direito fundamental à jurisdição. In: DIDIER JÚNIOR, Fredie *et al.* (coord.). *Constituição e processo*. Salvador--BA: Podivm, 2007.

OLIVEIRA, Carlos Alberto Alvaro de. Direito material, processo e tutela jurisdicional. In: FUX Luiz *et al.* (coord.). *Processo e Constituição: estudos em homenagem ao professor José Carlos Barbosa Moreira*. São Paulo: Ed. RT, 2006.

______. O formalismo valorativo no confronto com o formalismo excessivo. *RePro* n. 137, jul. 2006, p. 7-31.

______. Poderes do juiz e visão cooperativa do processo. Disponível em: [http://www.mundojuridico.adv.br]. Acesso em: 22.05.2008.

OLIVEIRA, Euclides Benedito de. O percurso entre o conflito e a sentença nas questões de família. *Revista do Advogado* (AASP), n. 62, mar. 2001, p. 101-108.

______. *União estável – Do concubinato ao casamento, antes e depois do novo Código Civil*. 3. ed. São Paulo: Método, 2003.

OLIVEIRA, Gleydson Cleber Lopes. Prejudicialidade do recurso extraordinário em relação ao recurso especial. In: NERY JUNIOR, Nelson; WAMBIER, Teresa Arruda Alvim (coord.). *Aspectos polêmicos e atuais dos recursos cíveis e de outras formas de impugnação às decisões judiciais*. São Paulo: Ed. RT, 2001.

______. *Recurso especial*. São Paulo: Ed. RT, 2002.

OLIVEIRA, Ribamar de. Trajetória explosiva. *O Estado de S. Paulo*, 19.03.2007, caderno B-2.

OLIVEIRA FILHO, Cândido de. A crise do Supremo Tribunal Federal. *RT*, n. 156, abr. 1945, p. 868-883.

OLIVEIRA LEITE, Eduardo de. A mediação no direito de família ou um meio de reduzir o litígio em favor do consenso. In: ______ (coord.). *Grandes temas da atualidade: mediação, arbitragem e conciliação*. Rio de Janeiro: Forense, 2008.

PAZZAGLINI FILHO, Marino. Lei de improbidade administrativa comentada. 6. ed., São Paulo: Atlas, 2.015.

PACHÁ, Andréa. A sociedade merece um bom acordo. *Revista MPD Dialógico* (SP), n. 25, 2009.

PEDRON, Flávio Quinaud. A ponderação de princípios pelo STF: balanço crítico. *Revista do Centro de Estudos Judiciários* (CEJ), Brasília, n. 40, jan.-mar.2008, p. 20-30.

PEDROSO, João; SOUZA SANTOS, Boaventura de; LEITÃO MARQUES, Maria Manuel. Os tribunais nas sociedades contemporâneas. *Revista Brasileira de Ciências Sociais*, n. 30, p. 29-62, fev. 1996.

PERROT, Roger. Crise du juge et contentieux judiciaire civil en droit français. *La crise du juge*. Paris, LGDJ, 1990.

______. O processo civil francês na véspera do século XXI. Trad. José Carlos Barbosa Moreira. *Revista Forense*, vol. 342, abr.-jun. 1998, p. 161-168.

PESSOA, Fabio Guidi Tabosa. O título executivo declaratório na Lei n. 11.232/2005. *Revista da Escola Paulista da Magistratura*, n. 2, jul.-dez. 2006, p. 137-174.

PETRY, André. A burrice do rei. *Revista Veja*, n. 18, p. 53, maio 2007.

PICANÇO FACCI, Lúcio. Conciliação no direito processual público: novos paradigmas e a experiência recente da Advocacia Geral da União. *Revista Dialética de Direito Processual*, n. 106, jan./2012.

PINHO, Humberto Dalla Bernardina de. *Teoria geral do processo civil contemporâneo*. Rio de Janeiro: Lumen Juris, 2007.

PINTO, José Augusto Rodrigues. O pressuposto da repercussão geral no recurso extraordinário. *Revista LTr*, n. 69-01, jan. 2005.

PINTO FERREIRA, Luiz. Os instrumentos processuais protetores dos direitos humanos. In: GRAU, Eros Roberto; CUNHA, Sérgio Sérvulo da. *Estudos de direito constitucional em homenagem a José Afonso da Silva*. São Paulo: Malheiros, 2003.

PIZZOL, Patrícia Miranda. Tutela coletiva - processo coletivo e técnicas de padronização das decisões, São Paulo: Thomson Reuters-Revista dos Tribunais, 2.019.

PONTES DE MIRANDA, Francisco Cavalcanti. *Comentários à Constituição de 1967, com a Emenda n. 1 de 1969*. 3. ed. Rio de Janeiro: Forense, 1987. t. IV.

PORTO, Sérgio Gilberto. A crise de eficiência do processo – a necessária adequação processual à natureza do direito posto em causa, como pressuposto de efetividade. In: FUX, Luiz *et al.* (coord.). *Processo e Constituição: estudos em homenagem ao professor José Carlos Barbosa Moreira*. São Paulo: Ed. RT, 2006.

PORTO SOARES, Marcos José. O *collateral estoppel* no Brasil. *Revista de Processo* n. 211, p.115-140, set. 2012,.

POUND, Roscoe. The administration of justice in the modern city. *Harvard Law Review*, n. 26 (1912-1913), p. 302-328.

RACHKORSKY, Márcio. Ditadura da minoria X função social da propriedade. *Carta Forense*, São Paulo, maio 2007, p. 49.

RAMOS, André Luiz Santa Cruz. Da necessidade de demonstração da repercussão geral das questões constitucionais discutidas no recurso extraordinário (art. 102, § 3.º, da CF/88). *Revista Dialética de Direito Processual*, n. 32, nov. 2005, p. 9-20.

RAMOS, Elival da Silva. *Ativismo judicial – parâmetros dogmáticos*. São Paulo: Saraiva, 2010.

______. Controle jurisdicional de políticas públicas: a efetivação dos direitos sociais à luz da Constituição Federal de 1988. *Revista da Faculdade de Direito da USP*, vol. 102, 2007.

REALE, Miguel. *Filosofia do direito*. 5. ed. São Paulo: Saraiva, 1969. vol. 2.

REALE JÚNIOR, Miguel. Valores fundamentais da Reforma do Judiciário. *Revista do Advogado* (AASP) n. 75, abr. 2004.

REIS, Silas Mendes dos; SERAU JÚNIOR, Marco Aurélio. *Recursos especiais Repetitivos no STJ*, São Paulo: Método, 2009.

RENAULT, Sérgio Rabello Tamm; BOTTINI, Pierpaolo. Primeiro passo. In: RENAULT, Sérgio Rabello Tamm; BOTTINI, Pierpaolo (coord.). *Reforma do Judiciário*. São Paulo: Saraiva, 2005.

RIBEIRO, Antonio de Pádua. Do recurso especial para o Superior Tribunal de Justiça. In: TEIXEIRA, Sálvio de Figueiredo (coord.) *Recursos no Superior Tribunal de Justiça*. São Paulo: Saraiva, 1991.

RIVERO, Jean. *Les libertés publiques*. Paris: Presses Universitaires de France, 1981. t. I.

ROBERT, Jacques. *Libertés publiques*. 3. ed. Paris: Editions Montchrestien, 1982.

RODRIGUES, Geisa de Assis. *Ação civil pública e termo de ajustamento de conduta: teoria e prática*. Rio de Janeiro: Forense, 2002.

RODRIGUES, Leda Boechat. A Corte Suprema dos Estados Unidos – Sua jurisdição e o atual Regimento Interno. *Revista Forense*, vol. 159, maio-jun. 1955, p. 22-38.

RODRIGUES NETTO, Nelson. A aplicação da repercussão geral da questão constitucional no recurso extraordinário consoante a Lei n. 11.418/2006. *Revista Dialética de Direito Processual Civil*, n. 49, abr. 2007, p. 112-129.

______. *Interposição conjunta de recurso extraordinário e de recurso especial*. São Paulo: Dialética, 2005.

ROSAS, Roberto. A causa como pressuposto do recurso. In: TEIXEIRA, Sálvio de Figueiredo (coord.). *Recursos no Superior Tribunal de Justiça*. São Paulo: Saraiva, 1991.

ROSENFIELD, Denis Lerrer. Ameaça à vista. *O Estado de S. Paulo*, ed. 28.04.2008, cad. A-2.

SADEK, Maria Teresa A. Efetividade de direitos e acesso à Justiça. In: RENAULT, Sérgio Rabello Tamm e BOTTINI, Pierpaolo (coord.). *Reforma do Judiciário*. São Paulo: Saraiva, 2005.

______; ARANTES, José Bastos. A crise do Judiciário e a visão dos juízes. *Revista USP*, n. 21, mar.-maio 1994, p. 35-45.

______; LAGRASTA, Caetano. Morosidade da justiça. *O Estado de S. Paulo*, ed. 26.06.2008, cad. C-3.

______; LIMA, Fernão Dias de; ARAUJO, José Renato de Campos. O Judiciário e a prestação de Justiça. In: SADEK, Maria Teresa (org.). *Acesso à justiça*. Biblioteca da Faculdade de Filosofia, Ciências e Letras da USP, n. 23, São Paulo: Fundação Konrad Adenauer, 2001.

SALLES, Carlos Alberto de. Ações coletivas: premissas para comparação com o sistema jurídico norte-americano. In: SALLES, Carlos Alberto de *et al.* (coord.). *Processos coletivos e tutela ambiental*. São Paulo: Universitária Leopoldianum, 2006.

______. Mecanismos alternativos de solução de controvérsias e acesso à justiça: a inafastabilidade da tutela jurisdicional recolocada. In: FUX, Luiz *et al.* (coord.). *Processo e Constituição: estudos em homenagem ao professor José Carlos Barbosa Moreira*. São Paulo: Ed. RT, 2006.

______. Processo civil de interesse público. In: ______ (org.). *Processo civil e interesse público: o processo como instrumento de defesa social*. São Paulo: Associação Paulista do Ministério Público e RT, 2003.

______. (coord.) *Rumo a um Código Brasileiro de Processos Coletivos: documentos básicos para análise e discussão*. São Paulo: Ed. RT, 2005.

SALES, Lilia Maia de Morais. *Justiça e mediação de conflitos*. Belo Horizonte: Del Rey, 2003.

SAMPAIO JUNIOR, Tercio Ferraz. O Judiciário frente à divisão dos Poderes: um princípio em decadência?. *Revista USP*, n. 21, mar.-maio 1994, p. 13-21.

SANCHES, Sydney. *Uniformização de jurisprudência*. São Paulo: Ed. RT, 1975.

SANTOS, Francisco Cláudio de Almeida. Recurso especial – visão geral. In: TEIXEIRA, Sálvio de Figueiredo (coord.). *Recursos no Superior Tribunal de Justiça*. São Paulo: Saraiva, 1991.

SARAIVA, José. *Recurso especial e o STJ*. São Paulo: Saraiva, 2002.

SCOTT, Kenneth E. Two models of the Civil Process. *Stanford Law Review*, n. 27, (1974-1975), p. 937-950.

SEÑA, Jorge Malen. A corrupção dos juízes. *Revista de Direito Mercantil*, n. 108, out.-dez. 1997, p. 139-170.

SERAU JÚNIOR, Marco Aurélio; REIS, Silas Mendes dos. *Recursos especiais repetitivos no STJ*. São Paulo: Método, 2009.

SIFUENTES, Monica. *Súmula vinculante: um estudo sobre o poder normativo dos Tribunais*. São Paulo: Saraiva, 2005.

SILVA, Bruno Mattos e. *Prequestionamento, recurso especial e recurso extraordinário – roteiro para a advocacia no STJ e no STF*. Rio de Janeiro: Forense: 2002.

SILVA, Eduardo Silva da. Meios Alternativos de acesso a Justiça: fundamentos para uma teoria geral. *Revista Processo e Constituição*, Faculdade de Direito da Universidade Federal do Rio Grande do Sul, n. 01, dez. 2004, p. 163-192.

______. Meios complementares de acesso à justiça: fundamentos para uma teoria geral. *Revista Processo e Constituição*, Faculdade de Direito da UFRGS: Porto Alegre, 2004, p. 163-192.

______; Cristiano de Andrade Iglesias. Contribuições da mediação ao Processo Civil: elementos para uma nova base científica ao Processo Civil. In: CARNEIRO, Athos Gusmão; CALMON, Petrônio (orgs.). *Bases científicas para um renovado direito processual*. Brasília: Instituto Brasileiro de Direito Processual, 2008. vol. 1.

SILVA, Ovidio A. Baptista da. *Do processo cautelar*. 2. ed. Rio de Janeiro: Forense,1999.

______. *Processo e ideologia: o paradigma racionalista*. Rio de Janeiro: Forense, 2004.

______. Recurso especial por violação de princípio jurídico. *RT*, vol. 738, abr. 1977, p. 100-111.

SILVA, José Afonso. *Curso de direito constitucional positivo*. 19. ed. São Paulo: Malheiros, 2001.

______. *Do recurso extraordinário no direito processual brasileiro*. São Paulo: Ed. RT, 1963.

______. Tribunais constitucionais e jurisdição constitucional. *Revista Brasileira de Estudos Políticos*, ns. 60-61, jan.-jul. 1985, p. 495-524.

SMITH, David. A warmer way of disputing: mediation and conciliation. Vol. *Law in the USA, in the bicentennial era*, suplemento ao vol. 26 do *American Journal of Comparative Law*, 1978.

SOUZA, Artur César de. Análise dos casos judiciais sob a ótica do princípio da "parcialidade positiva do juiz". *Revista de Processo* n. 180, p. 263-289, fev. 2010,.

SOUZA NETO, Claudio Pereira. Fundamentação e normatividade dos direitos fundamentais: uma reconstrução teórica à luz do princípio democrático. In: BARROSO, Luiz Roberto (org.). *A nova interpretação constitucional.* Rio de Janeiro: Renovar, 2003.

SOUZA SANTOS, Boaventura de. Introdução à sociologia da administração da justiça. In: FARIA, José Eduardo (org.). *Direito e Justiça – a função social do Judiciário*, São Paulo: Ática, 1989.

SOUZA SANTOS, Boaventura de; LEITÃO MARQUES, Maria Manuel; PEDROSO, João. Os tribunais nas sociedades contemporâneas. *Revista Brasileira de Ciências Sociais*, n. 30, fev. 1996, p. 29-62.

SPALDING, Alessandra Mendes. Direito fundamental à tutela jurisdicional tempestiva à luz do inciso LXXVIII do art. 5.º da CF, inserido pela EC n. 45/2004. In: WAMBIER, Teresa Arruda Alvim *et al.* (coord.). *Reforma do Poder Judiciário – Primeiras reflexões sobre a EC 45/2004.* São Paulo: Ed. RT, 2005.

STRECK, Lênio Luís. *Súmulas no direito brasileiro: eficácia, poder e função – a ilegitimidade constitucional do efeito vinculante.* 2. ed. Porto Alegre: Livraria do Advogado, 1998.

______. O efeito vinculante das súmulas e o mito da efetividade: uma crítica hermenêutica. *Revista do Instituto de Hermenêutica Jurídica*, vol. 1, n. 3, 2005, p. 83-128.

TALAMINI, Eduardo. A (in)disponibilidade do interesse público: conseqüências processuais. *RePro*, n. 128, out. 2005, p. 59-77.

TARTUCE, Fernanda. *Mediação nos conflitos civis.* 5ª. ed., São Paulo: Gen-Método, 2019.

________ Lei n. 11.232/05, art. 475-N, inciso IV: acordo extrajudicial de qualquer natureza homologado em juízo como título executivo judicial. *Revista da Escola Paulista de Direito*, n. 3, p. 233-252, out./nov. 2006.

______. *Igualdade e vulnerabilidade no processo civil.* Rio de Janeiro: Gen-Forense, 2012.

TARTUCE, Flávio e NEVES, Daniel Amorim Assumpção. Manual de Direito do Consumidor – direito material e processual, 8ª ed., São Paulo: Gen-Método, 2.019.

TARUFFO, Michelle. Adeguamenti delle tecniche di composizione dei conflitti di interesse. *Rivista Trimestrale di Diritto e Procedura Civile*, n. 3, set. 1999, p. 779-792.

______. Dimensioni transculturali della giustizia civile. *Rivista Trimestrale di Diritto e Procedura Civile*, n. 4, dez. 2000, p. 1.047-1.084.

______. Observações sobre os modelos processuais de *civil law* e de *common law*. Trad. José Carlos Barbosa Moreira. *RePro*, n. 110, p. 141-158.

TAVARES, André Ramos. *Teoria da justiça constitucional*. São Paulo: Saraiva, 2005.

______. *Tratado da arguição de descumprimento de preceito fundamental*, São Paulo: Saraiva, 2001.

TAYLOR, Hannis. *Jurisdiction and Procedure of Supreme Court of the United States*. Nova Iorque: Ed. The Lawyers Cooperative Publishing Company, 1905.

TEIXEIRA, Sálvio de Figueiredo. A arbitragem no sistema jurídico brasileiro. *Revista dos Tribunais*, n. 735, jan. 1997, p. 39-48.

______. O recurso especial e o Superior Tribunal de Justiça. In: TEIXEIRA, Sálvio de Figueiredo (coord.). *Recursos no Superior Tribunal de Justiça*. São Paulo: Saraiva, 1991.

TEIXEIRA, Rodrigo Valente Giublin. Recursos especiais repetitivos: aplicação, por analogia, ao § 1.º do art. 518 do CPC. *Revista de Processo* n. 212, p. 165-182. out. 2012.

THEODORO JÚNIOR, Humberto. A arbitragem como meio de solução de controvérsias. *Revista Síntese de Direito Civil e Processual Civil*, n. 2, nov.-dez. 1999, p. 5-16.

______. *As novas reformas do Código de Processo Civil*. Rio de Janeiro: Forense, 2006.

______. A onda reformista do direito positivo e suas implicações com o princípio da segurança jurídica. In: CALDEIRA, Adriano; FREIRE, Rodrigo da Cunha Lima (org.). *Terceira etapa da reforma do Código de Processo Civil – estudos em homenagem ao Min. José Augusto Delgado*. Salvador: Podivm, 2007.

______. Celeridade e efetividade da prestação jurisdicional. Insuficiência da reforma das leis processuais. *Revista Síntese de Direito Civil e Processual Civil*, n. 36, jul.-ago. 2005, p. 19-37.

______. *Curso de direito processual civil*. 39. ed. Rio de Janeiro: Forense, 2006. vol. 2.

______. *Curso de direito processual civil*. 44. ed. Rio de Janeiro: Forense, 2006. vol. 1.

______. Recurso especial – prequestionamento. *Informativo INCIJUR*, do Instituto de Ciências Jurídicas, Joinville, (SC), n. 65, dez. 2004, p. 1-4.

______. Tutela cautelar durante tramitação de recurso. In: TEIXEIRA, Sálvio de Figueiredo (coord.). *Recursos no Superior Tribunal de Justiça*. São Paulo: Saraiva, 1991.

______. O futuro do processo civil brasileiro. Revista do Tribunal Regional Federal da 1ª Região, v. 30, n. 7/8, jul./ago.2.018, p. 28-39.

TOMERLIN, Georghio Alessandro. Argüição de descumprimento de preceito fundamental: instrumento para uma remodelada "interpretação autêntica" dos direitos fundamentais. In: GRAU, Eros Roberto; CUNHA, Sérgio Sérvulo da. *Estudos em homenagem a José Afonso da Silva*. São Paulo: Malheiros, 2003.

TORQUATO, Gaudêncio. A judiciocracia ameaça? *O Estado de S. Paulo*, edição 05.05.2007, cad. A-2.

TORNAGHI, Hélio. *Comentários ao Código de Processo Civil*. São Paulo: Ed. RT, 1976. vol. 1.

TOURINHO NETO, Fernando da Costa; FIGUEIRA JÚNIOR, Joel Dias. Juizados Especiais Estaduais Cíveis e Criminais - comentários à Lei 9099/95, 7ª ed., São Paulo: Revista dos Tribunais, 2011.

TUCCI, José Rogério Cruz e. Anotações sobre a *repercussão geral* como pressuposto de admissibilidade do recurso extraordinário. *Revista do Advogado* (AASP), n. 92, jul. 2007, p. 23-31.

______. Dano moral decorrente da excessiva duração do processo. In: *Temas polêmicos de processo civil*. São Paulo: Saraiva, 1990.

______. Garantia do processo sem dilações indevidas. *Revista Jurídica*, n. 277, nov. 2000, p. 5-25.

______. *Limites subjetivos da eficácia da sentença e da coisa julgada civil*. São Paulo: Ed. RT, 2007.

______. *Precedente judicial como fonte do Direito*. São Paulo: Ed. RT, 2004.

______. *Tempo e processo*. São Paulo: Ed. RT, 1997.

______; AZEVEDO, Luís Carlos. *Lições de história do processo civil romano*. São Paulo: Ed. RT, 1996.

UZZO, Valter. A reforma trabalhista necessária é possível. *Revista Estudos Avançados*, USP, n. 51, maio-ago. 2004, p. 209-211.

VALLE, Vanice Lírio do. Impasses sistêmicos da versão brasileira de precedentes vinculantes. *Revista Forense*, vol. 384, mar.-abr. 2006, p. 503-516.

VELTEN, Paulo. O executor das sentenças ambientais em ações de jurisdição coletiva contra a administração pública. *Revista de Direitos Difusos*, vol. 36, mar.-abr. 2006, p. 107-118.

VELLOSO, Carlos Mário da Silva. O Superior Tribunal de Justiça – Competências originária e recursal. In: TEIXEIRA, Sálvio de Figueiredo (coord.). *Recursos no Superior Tribunal de Justiça*. São Paulo: Saraiva, 1991.

______. O Superior Tribunal de Justiça na Constituição. *RDA*, n. 175, p. 9-27.

VENTURI, Elton. *Processo civil coletivo – A tutela jurisdicional dos direitos difusos, coletivos e individuais homogêneos no Brasil – Perspectivas de um código brasileiro de processos coletivos*. São Paulo: Malheiros, 2007. .

VERISSIMO, Marcos Paulo. Comentário ao art. 16 da lei de ação civil pública. In: COSTA, Susana Henriques da (coord.). *Comentários à lei de ação civil pública e à lei de ação popular*. São Paulo: Quartier Latin, 2006, p. 524-553.

VERDE, Giovanni. Arbitrato e giurisdizione. *In L'arbitrato secondo la Legge 28/83*, Nápoles: Jovene Editore, 1985.

VÉSCOVI, Henrique. Una forma natural de participación popular en el control de la justicia: el proceso por audiência pública. In: GRINOVER, Ada Pellegrini *et al.* (coord.). *Participação e Processo*. São Paulo: Ed. RT, 1988.

VEZZULLA, Juan Carlos. Mediação como meio de composição de conflitos civis, dissertação de mestrado, FADUSP, maio 2007.

VIEIRA, Fernando Grella. A transação na esfera da tutela dos interesses difusos e coletivos: compromisso de ajustamento de conduta. In: MILARÉ, Édis (coord.). *Ação civil pública – Lei n. 7.347/85 – 15 anos*. 2. ed. São Paulo: Ed. RT, 2002, p. 262-290.

VIEIRA, Oscar Vilhena. Que reforma? *Revista Estudos Avançados*, USP, n. 51, vol. 18, 2004, p. 195-207.

VIGLIAR, José Marcelo de Menezes. A súmula vinculante n. 8 *versus* dois antecedentes paulistas. Disponível em: [www..ultima instancia.com.br]. Acesso em: 01.04.2008.

______. Litigiosidade contida (e o contingenciamento da litigiosidade). In: SALLES, Carlos Alberto de (coord.). *As grandes transformações do processo civil brasileiro: homenagem ao Professor Kazuo Watanabe*. São Paulo: Quartier Latin, 2009.

VITA, Ana de. La tutela giurisdizionale degli interessi collettivi nella prospettiva del sistema francese. Aspetti principali del problema e specificazioni in tema di protezione degli interesse dei consumatori. In: *La tutela degli interesse difusi nel diritto comparato*. Milão: Giuffrè, 1976.

WAMBIER, Luiz Rodrigues. Do manejo da tutela cautelar para obtenção de efeito suspensivo no recurso especial e no recurso extraordinário. In: WAMBIER, Teresa Arruda Alvim; NERY JUNIOR, Nelson (coord.). *Aspectos polêmicos e atuais do recurso especial e do recurso extraordinário*. São Paulo: Ed. RT, 1997.

WAMBIER, Teresa Arruda Alvim. Súmulas e inadmissibilidade da apelação. In: CALDEIRA, Adriano e FREIRE, Rodrigo da Cunha Lima (org.). *Terceira Etapa da Reforma do Código de Processo Civil – estudos em homenagem ao Ministro José Augusto Delgado*. Salvador: Podivm, 2007.

______; WAMBIER, Luiz Rodrigues e MEDINA, José Miguel Garcia. Repercussão geral e súmula vinculante – relevantes novidades trazidas pela EC n. 45/2004. In: WAMBIER, Teresa Arruda Alvim *et al.* (coord.). *Reforma do Judiciário – Primeiras reflexões sobre a EC 45/2004*. São Paulo: Ed. RT, 2005.

WATANABE, Kazuo. Acesso à justiça e sociedade moderna. In: GRINOVER, Ada Pellegrini *et al.* (coord.). *Participação e Processo*. São Paulo: Ed. RT, 1988.

______. *Código Brasileiro de Defesa do Consumidor comentado pelos autores do anteprojeto* (obra coletiva), 12ª ed., São Paulo: Gen-Forense, 2019.

______. Cultura da sentença e cultura da pacificação. In: YARSHELL, Flávio Luiz e MORAES, Maurício Zanoide de (coord.). *Estudos em homenagem à professora Ada Pellegrini Grinover*. São Paulo: DPJ, 2005.

______. Relação entre demanda coletiva e demandas individuais. In: GRINOVER, Ada Pellegrini *et al.* (coord.). *Direito processual coletivo e o Anteprojeto de Código Brasileiro de Processos Coletivos*. São Paulo: Ed. RT, 2007.

WERNECK ARGUELHES, Diego; FALCÃO, Joaquim; CAMARGO CERDEIRA, Pablo de. I relatório supremo em números – O múltiplo supremo. Rio de Janeiro: FGV – Direito. Rio, 2011.

YARSHELL, Flávio Luiz. *Tutela jurisdicional*. São Paulo: Atlas, 1999.

ZAFARONI, Raúl. *Poder Judiciário: crise, acertos e desacertos*. Trad. Juarez Tavares. São Paulo: Ed. RT, 1995.

ZANETTI JUNIOR, Hermes. *Processo constitucional: o modelo constitucional do processo civil brasileiro*. Rio de Janeiro: Lumen Juris, 2007.

ZAVASCKI, Teori Albino. *Comentários ao Código de Processo Civil*. 2. ed. São Paulo: Ed. RT, 2003. vol. 8.

______. *Processo coletivo – Tutela de direitos coletivos e tutela coletiva de direitos*. São Paulo: Ed. RT, 2006.

Websites consultados

www.conjur.com.br. Acesso em: 06.02.2007

http://www.icj.com.br/artigoshtm#artigo01. Acesso em: 19.02.2007

http://www.icj.com.br/artigos.htm#artigo01. Acesso em: 19.09.2007

www.ultimainstancia.com.br. Acesso em: 01.01.2008

www.stf.gov.br/arquivo cms/principal Destaque/anexo/relativo 2007.pdf. Acesso em: 01.01.2008

www.stf.gov.br. Acesso em: 11.11.2019

http://bdjur.stj.gov.br. Acesso em: 11.11.2019

http://www.pt.org.br/assessor/voto.pdf. Acesso em: 04.01.2008

amb@amb.com.br. Acesso em: 04.01.2008

http://www.stj.gov.br. Acesso em: 11.11.2019

http://www.stj.gov.br/webstj/Processo/Boletim. Acesso em: 04.01.2008

www.tce.mg.gov.br. Acesso em: 19.05.2008

http://www.tj.sp.gov.br/portaltj/Paginas/Pesquisas/Primeira_Instancia/Civel. Acesso em: 26.03.2009

http://www.cnj.jus.br/images/conteudo2008/relatorios_anuais/relatorio_anual_cnj_2008.pdf. Acesso em: 14.04.2009

http://www.stf.jus.br/portal/cms/ver/Texto.asp?serviço=estatistica&pagina=movimentoProcessual. Acesso em: 14.04.2009

http://www.stj.jus.br/webstj/Processo/Boletim/sumario.asp. Acesso em: 14.04.2009

http://www.stf.jus.br/portal/cms/verTexto.asp?serviço=estatistica&pagina=pesquisaCla... Acesso em: 14.04.2009

http://globo.globo.com/politica/brasil-faz-18-leis-por-dia-a-maioria-vai-para-lixo-2873389. (Alessandra Duarte e Chico Otávio, 31.05.2.016). Acesso em 11.09.2.018.

www.cnj.jus.br – Justiça em Números, 2.019, ano base 2.018, acesso em 11.11.2.019.

OUTRAS OBRAS DO AUTOR

Ação civil pública. 15ª. ed. São Paulo: Thomson Reuters-Revista dos Tribunais, 2.019.

Ação popular. 8ª ed. São Paulo: Thomson Reuters-Revista dos Tribunais, 2.015.

Acesso à Justiça – condicionantes legítimas e ilegítimas. 3.ed. Salvador: JusPodivm, 2.018.

Divergência jurisprudencial e súmula vinculante. 6. ed. Salvador: Jus Podivm, 2.018.

Incidente de uniformização de jurisprudência. São Paulo: Saraiva, 1989.

Interesses difusos: conceito e legitimação para agir. 9ª. ed. São Paulo: Thomson Reuters-Revista dos Tribunais, 2.019.

Jurisdição coletiva e coisa julgada – teoria geral das ações coletivas. 3ª ed. São Paulo: Revista dos Tribunais, 2012.

Leasing. 3ª ed. São Paulo: Revista dos Tribunais, 2002.

Manual do Consumidor em Juízo. 5ª ed. São Paulo: Saraiva, 2013.

Recurso extraordinário e recurso especial. 14. ed. São Paulo: Thomson Reuters-Revista dos Tribunais, 2.018.

Teoria Geral do Processo, São Paulo: Gen-Forense, 2.018.

Advocacia do setor público – estudos temáticos de Direito, São Paulo: Saraiva, 2.013.

Sistema brasileiro de precedentes, 3ª. ed., Salvador: Jus POdivm, 2.019.

Incidente de resolução de demandas repetitivas, 2ª ed., Salvador: Jus Podivm, 2.019.

Comentários aos arts. 1.029-1.041 do CPC. In SCARPINELLA BUENO, Cassio (coord.), Comentários ao Código de Processo Civil, v. 4, São Paulo: Saraiva, 2.017.

EDITORA
JusPODIVM
www.editorajuspodivm.com.br